T0366207

MONTEALEGRE

Order this book online at www.trafford.com
or email orders@trafford.com

Most Trafford titles are also available at major online book retailers.

Printed in the United States of America.

ISBN: 978-1-4669-0300-5 (sc)
ISBN: 978-1-4669-0299-2 (e)

Trafford rev. 10/29/2011

www.trafford.com

North America & international
toll-free: 1 888 232 4444 (USA & Canada)
phone: 250 383 6864 • fax: 812 355 4082

MONTEALEGRE

Fotos de la contraportada:
Don Mariano Montealegre Romero, fundador de la familia en la ciudad de Chinandega, Nicaragua
Don Augusto César Montealegre Lacayo
Don Augusto César Montealegre Salvatierra
Da. Lily Montealegre Seydel
Da. Leticia Montealegre Venerio
Da. Eulogia Sarria Montealegre
Isabela "Tuti" Torrente Rivera
Da. Ilú Montealegre Zapata
Victoria "Pinina" Arbesú Rivera

Leonor de Aquitania, antepasada de los Montealegre

Dedicatoria:
A mi abuelo Don Augusto César "Cuco" Montealegre Salvatierra
A mis padres Don José Santos Rivera Siles y Doña Ilú Montealegre
A mi esposa Ligia Bermúdez Varela
A mis hijas Ilú y Flavia Rivera Bermúdez
A mis bellas e inteligentes nietecitas Isabella y Victoria

Diseño de portada y contraportada, y Diagramación por Flavio Rivera Montealegre, Arquitecto (UNAN) y Diseñador Gráfico (CBT College)

Genealogía de la familia

MONTEALEGRE

Nicaragua, Costa Rica y Guatemala

Antepasados en Europa y sus descendientes en América

Volumen I

Investigación realizada por
Flavio Rivera Montealegre

Trafford Publishing
USA

2012

Reconocimientos

El presente trabajo es el producto de muchos años de investigaciones realizadas por muchas personas en distintas generaciones. Por su extensión, era imposible que una sola persona llevara a feliz término semejante investigación. La genealogía que a continuación ofrecemos, se inicia con las investigaciones realizadas por nuestros bisabuelos en Nicaragua y Costa Rica, movidos indudablemente por la curiosidad de conocer sus ancestros, una actitud que se hereda por la sangre y la cultura de aquellos pueblos que tienen por costumbre llevar el registro de sus antepasados y sus descendientes. Fue así que, desde la ciudad de Chinandega en Nicaragua, don Augusto César Montealegre Lacayo y su hijo don Augusto César Montealegre Salvatierra, dieron inicio a tal proyecto y comenzaron a intercambiar correspondencia con don Julián Volio y don Norberto Castro Tossi en Costa Rica, para conocer de las relaciones familiares con los Montealegre de Costa Rica.

Hubo otras personas en las siguientes generaciones que se interesaron por este tema y continuaron con la costumbre, acumulando datos, fechas de nacimiento y defunción, matrimonios, bautizos, anécdotas e intimidades de la familia, aportes al desarrollo de la sociedad, logros empresariales y profesionales, los filántropos de la familia, los políticos, en fin, todo lo que en la familia ha acontecido a lo largo de su existencia. Anteriormente, por las limitaciones propias de los tiempos, no fue posible concretizar tanta información e historia de nuestra familia, extensa por cierto, en forma impresa; pero, hoy con las facilidades del internet y la flexibilidad que provee la tecnología de las computadoras, con la vocación y el esfuerzo de nuevos miembros de la familia por preservar el legado histórico de la familia, han surgido espíritus renovadores en el empeño de dar a conocer nuestros nexos de sangre, y es así que un grupo de genealogistas en todo el sentido de la palabra, hemos establecido lazos estrechos en el intercambio de nuestras bases de datos para alcanzar lo que hoy podremos apreciar en esta obra que la presentamos como un legado histórico para las presentes y futuras generaciones.

Debo agradecer la colaboración desinteresada de los miembros de la familia, entre ellos mi tía Mira Nohemí Tigerino Montealegre, mis primas Montealegre Valle, el arquitecto D. Eduardo Chamberlain Gallegos quien publicó toda la genealogía en la Revista de la Academia Costarricense de Ciencias Genealógicas con la estrecha colaboración de Da. Betsy Montealegre de Dalliè, de D. Guillermo Castro Echeverría (q.e.p.d.), de D. Rodolfo Gurdián Montealegre (q.e.p.d.); y muchos años antes que nosotros, D. Norberto Castro Tossi y D. Juan Edgar Aparicio, a quienes debemos importante y valiosa información genealógica de muchas familias en Centro América, a mi estimado primo, el Dr. Elías Montealegre Alemán, quien me suministró gentilmente el escudo de armas de la familia Montealegre, a D. Luis Maldonado de la Cerda, en Guatemala, descendiente de Da. Paula Montealegre Romero, a nuestro primo en cuarto grado de consanguinidad por el lado de la familia Lacayo, Lic. Norman Caldera Cardenal, quien es un entusiasta investigador de nuestras familias, a mis primos por el lado Montealegre, Don Marco Cardenal Tellería y Lic. Roberto Cardenal Tellería quien ya ha publicado su libro "Historia y Genealogía de la Familia Cardenal en Nicaragua", debo agradecer especialmente a mi primo hermano, Sergio Mario Montealegre Álvarez, q.e.p.d., que en mis inicios de la investigación fue un soporte importante en el suministro de datos y dándome apoyo incondicional, fue nuestra relación de verdaderos hermanos, nos identificamos por nuestra vocación por la música, pues ambos, junto con nuestros primos, Charles Ulvert (descendiente de los Solórzano Montealegre) y Bernardo Gallo Aguilar (a quien siempre le decimos "Fernando"), nuestro pariente doble, por Montealegre y por Lacayo, en nuestros tiempos de juventud, fuimos integrantes de grupos musicales, ellos tocaban las guitarras y quien escribe estas líneas tocaba la batería.

Dicen que la sangre llama, y es cierto, con mis parientes que fueron mis compañeros en el colegio, siempre hubo una extraña química de simpatía para con ellos, sin saber que eran mis primos muy cercanos, entre ellos debo mencionar a Salvador Mayorga Sacasa, Ricardo y Álvaro Reyes Portocarrero, Milton Ramos Argüello, entre otros.

También debo agradecer especialmente a mi parienta, Nora Bonilla Rosales, quien es descendiente de Don Federico Solórzano Reyes, quien me suministró gentilmente muchas fotos de la familia Solórzano-Montealegre (un retrato al óleo de Don Ramón Solórzano Montealegre), los Bonilla-Solórzano y los Bonilla-LaPrade, sus ancestros. A mi primo hermano, Dr. Augusto C. Montealegre Valle, por facilitarme fotos de la familia, en especial, de nuestro bisabuelo, Lic. Augusto César Montealegre Lacayo.

Debo agradecer el contacto que hiciera con este servidor, mi distinguido y gentil pariente, Pedro Ramírez Sierra, quien a su corta edad ya investiga nuestros nexos de sangre en la familia Montealegre y quien gentilmente me enviara fotos de sus padres y hermanos, además, un par de importantes fotos de Da. Eulogia Sarria Montealegre y Francisco Aguilar Sacasa. Mi estimado y distinguido primo, Juan Carlos Montealegre Lacayo, quien me facilitara fotos de su familia, en especial la foto de Da. Lily Montealegre Seydel, su ditinguidísima abuela. Pido disculpas si se me quedado en el teclado de la computadora algún otro pariente a quien deba agradecer.

Flavio Rivera Montealegre, Arquitecto y Genealogista
Secretario General del Movimiento Cultural Nicaragüense
Miami, Florida, Estados Unidos de América

Introducción

La genealogía es una disciplina auxiliar de la Historia. Puedo asegurar que es una ciencia exacta, basada en documentos que dan fe de una verdad incuestionable, sellada por los lazos de sangre, y que hoy podemos decir que esas verdades científicas son confirmadas por la genética, por los resultados del genoma de cada persona, de sus ancestros y sus descendientes, por el mapa genético que nos brinda el ADN de cada persona. El hecho que una persona sea hijo de un solo padre y una sola madre, desde el punto de vista biológico, nos dice lo que en matemáticas dos mas dos es cuatro. La genealogía, además, contribuye grandemente a realizar estudios más completos que nos lleven a conclusiones más claras, cuando contribuye a las ciencias sociales como la Educación, la Economía, la Higiene, la Criminología, y hasta los hechos que en materia de Política, sin los auxilios de la genealogía, al correr de los tiempos y si los historiadores no ahondaron en ese aspecto, verdad es que por esos libros con tales carencias, no podremos entender muchos acontecimientos con sus antecedentes y sus consecuencias.

Varias son las razones que sustentan lo antes dicho, especialmente en naciones de reciente formación, como efectivamente lo son todas las que se ubican en el continente americano, a quienes debe interesar todos los detalles y factores que tienen incidencia en el desarrollo de las mismas naciones o sociedades. Detalles como la composición de los grupos étnicos que sustentan su propia vida social y política. Conociendo tales factores y que puestos en el contexto técnico de las herramientas de las ciencias sociales, sabremos conocer nuestros defectos, nuestras posibilidades y las virtudes que nos caracterizan, con el objeto de eliminar aquellas que nos perjudican y desarrollar las que nos favorecen.

El valor histórico de la Genealogía se puede resumir en tres aspectos: biológico, geográfico y el social. El biológico nos permite conocer los elementos raciales que conforman todos los sectores políticos y sociales, con sus características inherentes. El geográfico nos permite ubicar los puntos en donde convergieron los tipos raciales desde sus orígenes y que han dado lugar a la formación de nuevas tipologías en los seres humanos, como las mezclas de los distintos tipos en la península ibérica, en donde convergieron judíos, moros, godos, normandos, bretones, vascos, astures, fenicios, romanos, celtas y otras etnias; en América convergieron esos europeos con los seres humanos que habitaban en estas tierras descubiertas por Cristóbal Colón y antes que el Almirante, los vikingos llegaron a Groenlandia, llamados indios o aborígenes, y el negro traído como mano de obra esclava desde el oeste de África. En América, pues, surge el mestizo, el mulato, el pardo, y la mezcla del negro con el indio, del blanco con el indio, del blanco con el negro, del mulato con el negro y con el indio, etc, y todas sus combinaciones posteriores, que algunos historiadores asignan una buena cantidad de términos raros como el cuarterón y otros que no es mi objetivo mencionar aquí.

En el estudio de las genealogías en Nicaragua no serían completas sin la relación de los hombres que desde la llegada del Almirante Don Cristóbal Colón, llegaron a Mesoamérica (México y Centro América) y en algunos casos las relaciones se remontan hasta el Virreinato del Perú y de la Nueva Granada (Colombia). Las familias establecidas en la Capitanía General o Virreinato de Guatemala, se esparcieron por todas sus provincias, dejando descendencia en todas y cada una de ellas. En algunos casos se quedaron específicamente en una ciudad, como decir Antigua o Ciudad Guatemala, en otros casos se ubicaron en Tegucigalpa, en Choluteca, en Danlí; en el caso de Nicaragua podemos mencionar cuatro grandes centros poblacionales, en el norte La Nueva Segovia, en occidente El Realejo, León que fue capital provincial, Chinandega y El Viejo que se poblaron en mayor cantidad durante el siglo XIX; en oriente las ciudades de Granada, Rivas, Masaya y Nandaime. En Costa Rica el poblado de Cartago es el tronco principal en donde los españoles colonizadores se establecieron con sus familias y se multiplicaron, se mezclaron con la gente de Rivas, de Granada, de Masaya y de otras ciudades pertenecientes al Virreinato de Guatemala. Las razones son muchas, una veces porque el jefe de la familia es enviado a ocupar o desempeñar las funciones de un cargo, otras, por razones económicas, otras veces huyendo de la Santa Inquisición de tal manera que radicaban en medio de las montañas inaccesibles, como es el caso de la gente de norte de Nicaragua (Jinotega, Matagalpa, Las Segovias), muchos de ellos de origen sefardita, convertidos al cristianismo para que los dejaran de perseguir y que no les robaran sus riquezas, como realmente aconteció en México con la familia Carvajal, para recordar solamente un ejemplo.

De igual manera que universalmente conocemos en el linaje de la familia monárquica de Inglaterra, el hecho hereditario desde los hijos de la reina Victoria, quienes algunos padecieron de hemofilia, como el caso del hijo de Nicolás II Romanov, Zar de Rusia, y su esposa Alejandra de Hesse-Saxe-Coburgo y Hanover, nieta de la Reina Victoria; de esa misma forma el resto de la humanidad hereda a sus descendientes las enfermedades genéticas. Este problema aterroriza a sus descendientes de hasta sexta generación, factor por el cual algunos miembros de esta familia temen contraer matrimonio y heredar a alguno de sus hijos la temida hemofilia.

Por otro lado, el tema del linaje de las familias o de la Genealogía, es visto por algunas o muchas personas como un tema muy clasista y fuera de tiempo, es decir, arcaico. Hoy, las sociedades modernas y progresistas pregonan la igualdad de todos los seres humanos. Esta idea es sublime y conmovedora. Pero no existe tal cosa, ni siquiera en las naciones más desarrolladas, siendo esa igualdad solamente en apariencia y en otros temas. Por ejemplo, todos son iguales para ser explotados. Que a nadie se le ocurra organizar un sindicato para proteger sus derechos en igualdad de condiciones legales, porque inmediatamente se le acusa de comunista, de izquierdista, y otros calificativos, para condenarlo a la esclavitud, a una desigualdad. La Declaración Universal de los Derechos Humanos proclama a los cuatro vientos que todos los hombres nacen iguales. No es cierto, esta es la mentira más grande que el hombre haya inventado. Lo que si puedo decir es que todos los seres humanos podemos investigar nuestros ancestros, hasta donde nos sea posible y los documentos existentes o las instituciones que los guardan nos lo permitan. De tal manera que, dejando a un lado los prejuicios y los complejos, todos podemos conformar nuestros árboles genealógicos, y conocer a nuestros antepasados remotos y que nuestros descendientes tengan pleno conocimiento de sus ancestros, de abolengo o humildes, pero sus ancestros en fin de cuentas.

Este conocimiento nos permite darnos cuenta de las relaciones familiares insospechadas, y, posiblemente concluir que realmente el mundo es chiquito, que la humanidad es tal cual y como lo dice la Biblia, que todos somos descendientes de esos personajes míticos que representan, por falta de documentos, el origen de la humanidad y que conocemos como Adán y Eva, pero que realmente nuestros antepasados se remontan millones de años antes de los tiempos en que la Biblia ubica a esta pareja. La ciencia lo confirma desde los finales del siglo XIX y principios del siglo XXI, con los adelantos tecnológicos alcanzados por los cerebros privilegiados.

Debo aclarar que en estas genealogías no es mi objetivo, ni mucho menos mi intención recóndita y a mansalva, desprestigiar a todos aquellos miembros de la familia que son el producto de una relación extramarital, pues no soy la persona para emitir una condena o un juicio sobre los actos de nuestros semejantes y antepasados. También debo decir que para enriquecer a las simples listas de nombres, debe considerarse interesante el incluir datos históricos del personaje, integrar toda aquella labor social, laboral, política o económica, ejercida por los miembros relevantes de la familia; así también he considerado importante, para enriquecer el trabajo, incluir las anécdotas, secretos y curiosidades de la familia. No con la malsana intención de ofender, si no, con la finalidad de conocernos a nosotros mismos y entender mejor los hechos del pasado y del presente.

Flavio Rivera Montealegre, Arquitecto y Genealogísta
Secretario General del Movimiento Cultural Nicaragüense
Miembro Correspondiente de la Academia Nicaragüense de Ciencias Genealógicas
Febrero 5, 2005
Miami, Florida, Estados Unidos de América

Mapa parcial de España, en donde se puede ubicar a Murcia, al sur-este de la península Ibérica.

Origen de la villa de Montealegre en el Reino de Murcia

Alfonso X y Jaime I concertaron el matrimonio del hijoséptimo de Fernando III el Santo, **don Manuel**, con la hija segunda del rey aragonés, **doña Constanza**, dándoles en dote parte de la conquista de ambos y territorios de los reinos de Castilla y Aragón, formando con todos ellos un feudo que llamaron Estados de Villena, por ser ésta la ciudad elegida para residencia.

Durante este tiempo se pierde por completo el nombre de Ello y aparece en su lugar,por primera vez en la historia, un nuevo nombre. Entre los lugares que entraron a formar parte de la dote, había uno denominado Castillo de Montealegre. Era una fortaleza árabe levantada en lugar estratégico de la frontera cristiana y situada en las proximidades de la antigua Ello o Eliph. Hoy todavía pueden contemplarse las ruinas de este castillo, a cuyos pies se extiende la villa de Montealegre, estaba edificado en un cerro, dominando la extensa llanura por los cuatro costados inexpugnable.

Fallecida doña Constanza, don Manuel casó por segunda vez con doña Beatriz de Saboya, de cuyo matrimonio nació don Juan Manuel en 1282, el cual heredó dos años más tarde los Estados de su padre. Tuvo don Juan Manuel un hijo ilegítimo llamado **don Sancho Manuel** que recibió en vida el castillo de Montealegre y gran parte de terreno tomado de Villena, formando un señorío aparte. Don Sancho Manuel, primer señor de Montealegre, fue hermano de doña Juana Manuel, mujer de don Enrique de Trastamara, que sería rey de Castilla. Al recibir don Sancho Manuel el Estado de Montealegre, lo encontró despoblado y trajo colonos para que los cultivaran. Los colonos y labradores se agruparon, construyeron casas en torno al castillo, dando origen a la villa.

Sucedió a **don Sancho Manuel** su hija **doña Constanza**, casada con **Micer Gómez García de Albornoz**, copero del rey don Pedro y mayordomo de Enrique de Trastamara. En este tiempo aumentó notablemente la población de Montealegre, debiendo adquirir entonces el título de villa.

Estando en guerra el rey don Pedro con su hermano Enrique, la señora de Montealegre se puso de parte de este último, y las huestes de don Pedro quemaron y maltrataron esta villa, sufriendo su castillo los estragos del incendio que destruyó las torres y habitaciones situadas encima de la puerta principal, frente al aljibe, pasando, además, sus dominios al Concejo de Chinchilla.

Muerto el rey **don Pedro** en los campos de Montiel y,ocupado el trono por **Enrique de Trastamara**, doña Constanza reclamó su estado de Montealegre. Hubo continuas negativas del Concejo y, unos veinte años después, se mandó por Real ejecutoria firmada en Valladolid el día 2 de septiembre de 1399, se entregase el Estado y su lugar de Montealegre a doña Constanza. Murió esta señora en 1403 y se sucedieron varios señores hasta que, en 1430, don **Diego Hurtado de Mendoza**, quinto y último señor de esta línea, heredó de su hijo, muerto sin sucesión, y permutó estos estados por otros a don **Fernando de Rivera**. Doña Violante, heredera de don Fernando,vendió en 1453 la villa de Montealegre con su castillo y fortaleza a don Miguel Ruiz de Tragacete, alcalde mayor de Villena, Oídor del Consejo Real de Castilla en el reinado de Juan II y Enrique IV. En tiempos de Juan II sufrió Montealegre las correrías del sublevado señor de Villena, don Enrique de Aragón y, en 1447, la de los moros de Granada que asolaron las fronteras de este Estado aprovechando las discordias internas de Castilla.

El hijo de don Miguel Ruiz de Tragacete, don Juan Ruiz de Montealegre, de la Orden de Santiago, luchó en Andalucía y, concretamente, en Granada con don Enrique IV y con los Reyes Católicos, de los cuales obtuvo licencia, por facultad real, para fundar el Mayorazgo de Montealegre, constituido en 7 de octubre de 1495. En este tiempo Montealegre había crecido en población y en caserío; tenía la iglesia parroquial en la plaza de S. Sebastián, el palacio de los señores se levantaba en la plaza de la actual iglesia parroquial y sus montes eran frondosos bosques de pinos.

Muchas cuestiones se suscitaron entre la villa de Montealegre y sus señores con el Concejo de la Mesta, resolviéndose a favor de los primeros, declarándose a Montealegre "coto antiguo, auténtico y privilegiado". Los señores de Montealegre, usando de sus derechos, dieron a la villa unas Ordenanzas para el mejor gobierno de la misma, en 1623. Fueron hechas por doña **Isabel de Guzmán** y rigieron, de hecho, hasta que se perdió el poder jurisdiccional de los señores en 1809, en que se sublevaron contra tal supremacía los vecinos de Montealegre.

El 2 de marzo de 1579 esta villa envió la relación exigida por Felipe II y conservada en la Real Biblioteca de El Escorial, en el tomo V de la "Descripción de los pueblos antiguos de España". En ella se dice que la villa de Montealegre deba su nombre a sus verdes y lozanos montes de pino; cuenta con 150 vecinos, aumentando en poco tiempo su población, por sus fértiles terrenos y sus ricos pastos; que es villa de jurisdicción particular y pertenece a Castilla y reino de Murcia. Sus asuntos se ventilan en la Cancillería de Granada y pertenece al obispado de Cartagena. Habla de sus muchos montes y dehesas, con abundante caza de liebres, conejos y perdices y escasa agua potable. Es rica en ganado lanar y cabrío y produce trigo, cebada y centeno. Se menciona que en términos de la villa, en un apartado donde está edificada una ermita con la advocación de Nuestra Señora de la Consolación, parece que hay cierta demostración de edificios muy antiguos. No serían éstos sino las ruinas de la ciudad ibérica del actual Llano de la Consolación. Tiene, continúa, a Santiago por patrono y tres ermitas: a Nuestra Señora de la Consolación, a San Sebastián y a San Cristóbal y se está erigiendo otra a la Concepción de Nuestra Señora. Habla confusamente esta relación de la existencia de una población, según han oído a sus mayores, que podrían ser las ruinas del Cerro de los Santos que, extrañamente, no se menciona en la misma, cuando ya era conocido anteriormente con tal nombre.

Origen del apellido Montealegre

Investigado por Flavio Rivera Montealegre

Origen del apellido y lugares geográficos

Montealegre es el nombre de varios sitios geográficos ubicados en distintos puntos de España. Uno de ellos se ubica en la provincia de León, en el municipio de Villagatón. Otro se ubica en el municipio de Orense, es una aldea. Una iglesia lleva este nombre, en la parroquia de la Santísima Triidad de Afuera de Orense. También es el nombre de una villa compuesta por treinta y dos casas aisladas, en la provincia de Valladolid. Este nombre, Montealegre, se menciona por primera vez y referido a esta villa, en Valladolid, en un documento de Don Alfonso VIII que lleva la fecha de 1171, época en que dicho señorío pertenecía a Don Alfonso Téllez, Señor de Montealegre. En 1219, siendo señor de estas tierras Don Alonso Téllez de Meneses, la Orden de Santiago concedió fuero a Montealegre, y Don Alfonso X El Sabio, Rey de Castilla y de León, otorgó un privilegio por el que se establecían los pechos (impuestos) que habían de pagar sus habitantes, según el fuero de Soria y siguiendo el privilegio de Deza, dado en Sevilla el 31 de Julio de 1263. En el reinado de Don Sancho "El Bravo", fue el señor de Montealegre, Don Enrique Manuel, quien era hijo natural del infante Don Juan Manuel "El Escritor", y en el reinado de Don Fernando IV lo fue un sobrino de Da. María de Molina. El rey Fernando IV le concedió el 16 de Junio y el 3 de Noviembre de 1466 privilegios que fueron confirmados por los Reyes Católicos, en atención a los servicios que había prestado al rey Don Fernando IV. En 1520 las tropas de Carlos I Habsburgo, Rey de España, el señorío de Montealegre le fue arrebatado a los comuneros, mediante negociaciones con su alcaide, sin que los comuneros lograran rescatarla. A fines del siglo XVI, el señorío de Montealegre pertenecía a la provincia y al obispado de Palencia y contaba con 199 vecinos y tres parroquias; en 1646 tenía solamente 72 vecinos, y finalmente en el siglo XVIII era villa de señorío secular con gobernador y alcalde ordinarios, y correspondía a la provincia de Palencia, partido de Campos. En la provincia de Albacete, Murcia, existe otra villa del mismo nombre, Montealegre, que en el censo de 1910 contaba con 3,935 habitantes, perteneciente a la diócesis de Cartagena, situada en los límites del noroeste de la provincia de Murcia.

En cuanto a títulos bajo el nombre de Montealegre, existe el de Marqueses de Montealegre, es un título del reino con grandeza otorgado en 1625 por el rey Don Felipe IV a Don Martín de Guzmán. Fue el segundo marqués de Montealegre, Don Luis Francisco Núñez de Guzmán, virrey de Sicilia y general de los galeones, y el tercer marqués de Montealegre lo fue Don Pedro Núñez de Guzmán, que fue uno de los gobernadores del reino durante la menor edad de Carlos II Habsburgo. Esta casa se refundió con la de los condes de Oñate, y desde 1910 ostenta el título el duque de Nájera.

El apellido Montealegre es de origen castellano del lugar del mismo nombre en la provincia de Valladolid, España. Según afirman los genealogistas, la familia Montealegre procede del Infante Don Manuel de Castilla y Hohenstauffen, hijo de Don Fernando III "El Santo", Rey de Castilla y de León; y de su esposa Da. Elizabeth von Hohenstauffen. El rey don Fernando III "El Santo" reinó desde 1217 a 1252. Sus descendientes tuvieron importante casa solar en Huerta de Valdecarayano, Toledo, y también en Albacete, en el Reino de Murcia, situado al sur este de la península española; con líneas que se extendieron por otros puntos de Castilla, Andalucía, por el Virreinato de Nueva España (México), en Chile, en la Capitanía General de Guatemala (Centro América, especialmente en Costa Rica y Nicaragua), en Colombia, en Filipinas, y hasta llegaron a Inglaterra. En Alemania convirtieron el apellido Montealegre en Freudenberg y/o Frohenberg.

Algunos datos de los miembros de la familia Montealegre

Se tiene conocimiento de este apellido desde el siglo X. Se tiene conocimiento de Doña de Montealegre quien en el año 1160 contrajo matrimonio con Don Bernardo Díaz de Asturias. En el año 1530 Don Ruíz Gonzaltz de Montealegre nace en Fembluque, España. Don Pedro de Montealegre contrajo matrimonio con Da. Catalina, de este matrimonio nace Don Pedro de Montealegre que fue bautizado el 7 de Febrero de 1557 en Pinel de Abajo, y en 1596 contrajo matrimonio con Da. María Tarabilla, teniendo como hijo a Don Andrés de Montealegre Tarabilla que es bautizado el 21 de Marzo de 1597 en Pinel de Abajo, Valladolid, España. El 29 de Octubre de 1553 es bautizada Da. Juana Varocos Montealegre, en San Miguel, Valladolid, España, era hija de Don Antonio de los Varocos y de Da. Marina de Montealegre. El 20 de Marzo de 1602 es bautizado Don Martín de Montealegre Arexpe y Muñoz, en Santa María de la Asunción, Cenarruza, Vizcaya, España; hijo de Da. Antonia de Montealegre Arexpe y Muníoz. Nace el la villa de Toro Josefa de Montealegre y Chico hija de Don

Jerónimo de Montealegre y Da. María Chico. Nace Miguel de Montealegre y de la Serna, en la villa de Villaverde, Trusios, España; hijo de Don Mariano de Montealegre y de Da. Francisca de la Serna. Nace Da. María Ponce de León y Montealegre, en Málaga, Málaga, España; hija de Don Francisco Ponce de León y Da. Francisca de Montealegre. Don Francisco Xavier Ramón de Montealegre y de la Serna es bautizado el 8 de Abril de 1801 en San Severino, Valmaseda, Vizcaya, España; hijo de Don Mariano Montealegre y Da. Francisca de la Serna. Otra hija de Don Mariano y Da. Francisca fue Teodora Nimpha de Montealegre y de la Serna, es bautizada el 12 de Noviembre de 1802 en San Sererino, Valmaseda, Vizcaya. En 1815 nace Don Diego de Montealegre, en Málaga, España, y en 1838 contrae matrimonio con Da. María García, fueron los padres de: Emilia de Montealegre y García (n. 1839, en Málaga), entre otros, y contrajo matrimonio con Don José Muñoz Acuña, en 1864. El 26 de Marzo de 1844 es bautizada María Asunción de Montealegre y Guerra, en San Severino, Valmaseda, Vizcaya, España; hija de Don Pedro de Montealegre y Da. Demetria de Guerra. El 14 de Marzo de 1845 es bautizado José Francisco de Montealegre y Berriozabal, en Santos Juanes, Bilbao, Vizcaya, España; hijo de Don Miguel de Montealegre y Da. María Ascensión de Berriozabal. Su otro hijo, Manuel María de Montealegre y Berriozabal, es bautizado el 14 de Marzo de 1845 y fallece el 20 de Marzo de 1845, en Santos Juanes, Bilbao, Vizcaya. En 1839 nace en Calasparra, Murcia, España, Da. Elvira de Montealegre y Martínez, y el 8 de Julio de 1885 contrae matrimonio con Don Segundo Ruíz Pérez. El 22 de Marzo de 1870 es bautizada María de la Concepción Francisca de Montealegre y Barrecheguren, en Sagrario, Granada, Granada, España; es hija de Don Vitoriano de Montealegre y Da. María de los Dolores Barrecheguren. El 17 de Enero de 1872 es bautizado Victoriano Manuel María de Montealegre y Barrecheguren, en Granada, Granada, España; es hijo de Don Victoriano de Montealegre y Da. María de los Dolores Barrecheguren. El 15 de Octubre de 1868 nace en Málaga, Emilio María Muñoz y Montealegre, hijo de Don José Muñoz Acuña y Da. Emilia Montealegre García (n.1839). En 1889 nace en España, Ramón de Montealegre y en 1928 contrae matrimonio con Amada Matías, en Ponteverde, Capia, Filipinas.

Don Tomás de Montealegre y Da. Francisca Martín, vecinos del sitio llamado Huerta de Valdecarayano, Toledo; fueron los padres de Don Juan de Montealegre y Martín, registrado como noble, en los años 1603 y 1623, quien contrajo matrimonio en ese mismo sitio el 18 de Abril de 1591 con Da. Inés Vanegas, con quien procreó a Don Manuel de Montealegre y Vanegas (nace el 6 de Enero de 1598), de la misma naturaleza, es decir, empadronado como noble entre 1634 y 1648. Era la costumbre en esos tiempos que cuando se llegaba a residir a una ciudad o villa era necesario registrarse ante las autoridades como una persona de condición para disfrutar de todas las prerrogativas a las que tenían derecho.

Don Manuel de Montealegre y Vanegas contrajo matrimonio en Huerta de Valdecarayano, el 24 de Junio de 1637, con Da. María Serrano y Serra, ellos fueron los padres de Don Jerónimo de Montealegre y Serrano Serra venido al mundo en el solar de sus mayores el 7 de Diciembre de 1649 y de mayor se traslada a la ciudad de Sevilla, siendo recibido como hidalgo en la villa de Bollullos en 1691, de donde fue alcalde en 1696 y contrajo matrimonio con Da. Ana María de Andrade y Aguilar, en la citada capital andaluza y fueron los padres de Don Joaquín de Montealegre y de Andrade Aguilar nacido en Sevilla el 20 de Marzo de 1692, fue oficial de la Secretaría de Despacho Universal de Estado, fue embajador y ministro de Don Carlos III de Borbón y Monpentsier, (nieto de Luis I de Borbón, Conde de Monpensiert, que era tataranieto de Luis I Capeto y su esposa Da. María de Hainault),
Rey de España; fue Caballero de la Orden de Santiago en 1730, ostentó los títulos del Reino de las Dos Sicilias: Duque de Montealegre y Marqués de Salas.

Don Joaquín de Montealegre y de Andrade, Duque de Montealegre y Marqués de Salas, contrajo matrimonio con Da. Nicolasa García Morél, natural de Alcalá de Henares, y con ella procrea entre otros hijos a Da. Margarita de Montealegre y García Morél, que vio la luz en Madrid y en esta ciudad natal contrajo matrimonio en la parroquia de San Sebastián, el 2 de Junio de 1757, con el malagueño Don Antonio de Acosta y Godoy, ellos fueron los padres de Don José de Acosta-Godoy y Montealegre (nace en Chile en 1766) y de Don Joaquín de Acosta-Godoy y Montealegre (nace en Chile en 1769). El apellido Montealegre también lo usó como propio Don Antonio de Acosta y Godoy, es decir, firmaba como Antonio de Montealegre y Acosta-Godoy. Ambos hermanos fueron admitidos en la Orden Militar de Santiago en 1797, en cuya institución caballeresca probaron su nobleza de sangre.

Don Joaquín de Acosta-Godoy y Montealegre sentó plaza como cadete en una de las reales compañías de caballeros guardias marinas españolas, donde acreditó la calidad de su estirpe en 1783.

Don Pedro de Montealegre y Gasco, natural de Segura de la Sierra, Jaén, como "religioso" vistió el hábito de la Orden de Santiago en 1704.

La Orden de Carlos III admitió en 1816 a Don Francisco Aguado y Melo de Portugal y Fernández Macía y de Montealegre, natural de Quiroga, Lugo; y a Don Joaquín Acosta y Godoy y Montealegre, natural de Santiago de Chile, en 1830, ya citado en las líneas anteriores.

Don Román de Montealegre, vecino de Villafranca de la Puente del Arzobispo, litigó ante la Sala de los Hijosdalgo de la Real Chancillería de Valladolid, con las justicias de dicha población por el reconocimiento de su calidad, obteniendo se le guardasen allí las preeminencias que le correspondían por su linaje, en el año de 1725.

En la Universidad de Alcalá de Henares, y en el Colegio de San Antonio, cursó estudios de teología Don Martín de Montealegre, natural de la villa de Montealegre, en 1558, probando previamente su "limpieza de sangre".

Doña Paula de Montealegre y Romero, natural de la Capitanía General de Guatemala, nacida en Cartago, Costa Rica y radicada en la ciudad de León Santiago de los Caballeros, Provincia de Nicaragua, España, hizo demostración de pureza de sangre, ante las autoridades castrenses españolas, con el objeto de contraer matrimonio con Don José Manuel Martínez de Sobral, ayudante mayor de milicias de infantería en Nicaragua.

En 1688 fue designado alcalde mayor de Verapaz, en la Capitanía General de Guatemala, Don Lucas de Montealegre y Niño de Guevara.

Armas de la familia Montealegre

Las más comúnmente utilizadas por los Montealegre, se describen de la siguiente manera: En campo de oro (dorado o amarillo oro), un águila de sable (de color negro), coronada (sobre su cabeza una corona del rango de Duque, por ser descendientes de reyes), que lleva entre sus garras una llave de azur (una llave tipo antigua de color azul); el jefe (la parte superior del escudo) de azur (de fondo azul) con tres flores de lis de oro (la flor de lis es el símbolo de los descendientes de los duques de Anjou y de los Plantagenet originarios de Francia), mal ordenadas o en línea horizontal; el escudo tiene alrededor una bordura de oro.

Los Montealegre cercanos a la familia de la Casa de Haro y de Lara, usan el escudo cuartelado en cruz (dividido en cuatro partes haciendo una cruz o equis), sobre las líneas de la equis colocan una flor de lis en cada sector, es decir, son cuatro flor de lis, dos arriba y dos abajo; en los segmentos de arriba y abajo se coloca una caserola o caldero color negro sobre fondo azul, que es la usada por la Casa de Haro y de Lara; en los dos segmentos de la izquierda y la derecha se colocan cinco flor de lis, haciendo una cuadrado, es decir, una en cada esquina y una en el centro sobre fondo blanco o plateado; bordura dividida en dieciséis espacios, con ocho espacios en oro con un león rampante en color rojo, y ocho espacios en rojo con una torre en color oro.

Escudo de la izquierda facilitado por mi tío, Dr. Sergio Mario Montealegre Zapata, ya fallecido; trabajo realizado por un conocedor de la heráldica. El escudo de la derecha, me lo facilitó gentilmente mi primo, Dr. Elías Montealegre Alemán, quien a su vez lo recibió como un obsequio por parte de amigos mexicanos, conocedores del mundo de la heráldica. Nuestro agradecimiento y reconocimiento a ambos. Es importante que la familia sepa que existen por lo menos otros cuatro escudos heráldicos que fueron usados por nuestros antepasados en España.

Genealogía de la familia Montealegre

Descendientes en Nicaragua y Costa Rica del Profeta Mahoma

Tomado de la Revista de la Academia Costarricense de Ciencias
Genealógicas. Investigación realizada por el Arquitecto Carlos Hernán
Segura Rodríguez, Miembro de Número.
Adaptado y aumentado por Flavio Rivera Montealegre*

MAHOMA

He recibido desde Costa Rica, la Revista No. 37 de la Academia Costarricense de Ciencias Genealógicas, enviada gentilmente por el Arq. Eduardo Chamberlain Gallegos, quien junto con Da. Betsy Montealegre Castellanos de Dalliès, investigan la genealogía de la familia Montealegre en Centroamérica.

En esta Revista, la No.37, viene un artículo, que es el producto de la investigación realizada por el Arq. Carlos Segura Rodríguez, en los Archivos de Indias en Sevilla, que viene a confirmar mis investigaciones realizadas de manera independiente, con fuentes de información coincidentes en algunos casos y en otros obtenidos de personas que como el Lic. Norman Caldera Cardenal, se dedican a obtener información de nuestros antepasados, acumulando bases de datos, desde documentos hasta información obtenida por otras personas en lugares como el Archivo de Sevilla y de la Iglesia de los Santos de los Ultimos Dias, conocida como los Mormones.

A continuación deseo compartir con el lector, y en especial con aquéllas personas que les interesa el tema, de manera textual y con agregados para los descendientes en Nicaragua, puesto que tenemos antepasados en común con los de Costa Rica, el artículo que aparece en la página 264 de la Revista en mención:

"Como complemento del artículo anterior referente a algunos antepasados históricos de don Luis Méndez de Sotomayor y Cerrato, Encomendero de Masaya (Nicaragua), genearca de muchos linajes costarricenses, se presenta ahora su ascendencia del Profeta Muhammad, más conocido en el mundo de habla castellana como Mahoma.

Es de advertir que algunos cristianos españoles trataron de alterar los registros que indicasen ancestro musulmán en sus Casas Reales, pero que de acuerdo con fuentes fidedignas marroquíes, aún se conservan en Marruecos archivos que dan fe de esa realidad, los cuales datan de la época en que fue exiliado el Rey de Sevilla, conocido como Abenabeth, padre de la mora ZAIDA, bautizada para contraer matrimonio con ALFONSO VI, tomando el nombre de MARIA ISABEL.

De nuevo se corre el riesgo de ser catalogado como un caso de demencia sin remedio por muchos lectores no avezados en los estudios genealógicos pero, en cualquier caso, se citan aquí las fuentes de donde se ha obtenido la información correspondiente, que son las mismas del artículo que le precede (aquí se refiere a la genealogía desde Julio César, pasando por el Emperador Romano, Augusto, y por Alfonso X "El Sabio", hasta llegar a los Conquistadores en Costa Rica y Nicaragua); agregando tres más:

a) "Historia de los hechos de España o Historia Gótica" de Rodrigo Jiménez de Rada (RJR), (ca.1170+1247), el célebre Arzobispo de Toledo, cuya obra está considerada por los entendidos como la cumbre de la cronística hispánica cristiana del medioevo.
b) "Memorias de la Reinas Católicas de España, Historia Genealógica de la Casa Real de Castilla y de León" de Fray Enrique Florez de Setien (EFS), (1702+1773), connotado historiador español, cuya obra contó para su publicación con la licencia del Abogado de los Reales Consejos y Teniente Vicario de la Villa de Madrid, el Licenciado don José Armendáriz y Arbeloa, "atento a que de nuestra orden han sido vistos y reconocidos, y no contienen cosa alguna que se oponga a nuestra santa fe católica y buenas costumbres" (sic).
c) "Caballería y Linaje en la Sevilla Medieval. Estudio Genealógico y Sociológico" (1988), del Dr. don Rafael Sánchez Sauz (RSS), quien ha ahondado de manera singular en el estudio de linajes andaluces.

Este estudio que aquí presentamos es el resultado de varios años de investigación y esperamos que sea del agrado e interés del lector."

A continuación expongo la genealogía de Mahoma y sus descendientes, en sentido inverso al que lo presentara el Arq. Segura, quien pusiera a Mahoma al final, aquí lo expongo al inicio y continúo con sus descendientes, hasta llegar a Centroamérica, pasando por España:
GENERACION XCI
El tatarabuelo tercero de Mahoma fue Fihr conocido también como Quraysh, el nombre de su esposa no se conoce, fueron los padres de
GENERACION XC
El tatarabuelo segundo de Mahoma fue Quşayy (n.400), el nombre de su esposa no se conoce, fueron los padres de
GENERACION XXXIX
El tatarabuelo de Mahoma fue Abd Manāf (n.430), el nombre de su esposa no se conoce, fueron los padres de
GENERACION XXXVIII

El bisabuelo de Mahoma fue Häshim (n.464), el nombre de su esposa no se conoce, fueron los padres de
GENERACION XXXVII
El abuelo de Mahona fue Abd al Muttalib (n.495), el nombre de su esposa no se conoce, fueron los padres de
GENERACION XXXVI
Abed Allah ben Abed ben al-Mottaleb (Abdullah) contrajo nupcias con Amina ben Wahb, que son los padres del profeta Mahoma.

GENERACION XXXV

MAHOMA, el Profeta, nació en La Meca, el 25 de Marzo del año 570, d.C., muere en Medina el 8 de Junio del año 632, d.C. Fundador de la religión musulmana. Descendiente de ilustre familia, sus padres, Abed Allah ben Abed ben al-Mottaleb y Amina ben Wahb, ambos de la tribu de los Koraichitas, murieron en la infancia de Mahoma, y fue entonces educado por su tío abuelo Abu Taleb. Su juventud estuvo marcada por el signo de la pobreza; y se vio obligado a aceptar bajas ocupaciones tales como guardador de camellos. Más tarde entró al servicio de una viuda acaudalada, llamada Khadiya, con la que se casó a los 25 años de edad. Khadiya había casado antes con Abu Hala al-Tamini, de quien tuvo dos hijos, y con Uttayyic, que le dió otro.

Finalmente casó con Mahoma con Khadiya, que la hizo madre de cinco hijos, entre ellos, Fátima. Los hermanos de Fátima o Fäţimah fueron: Al Qäsim, Zaynab, Ruqayyah, Umm Kulthüm, Ibrahïm y Abdullah.
Mahoma tuvo siete esposas más, siendo la última María, una cristiana copta.

Su hija Fátima casó con:

GENERACIÓN XXXIV
Ali ben Abu Taleb (+661), cuarto de los Califas, (656), hijo del Califa Abu Taleb, pariente de Mahoma. Alí casó en 623 con Fátima (606+632), hija de Mahoma, a quien hizo madre de Hasán ben Ali y Husayn. Fátima, está considerada como la progenitora de todos los descendientes del Profeta Mahoma. Su hijo:
GENERACIÓN XXXIII
Hasán ben Ali, (+670) quinto de los Califas, (661), Reinó seis meses y murió envenenado por Zaida, esposa suya, por instigación del Gobernador de Siria, Mu' úwiya (Mohawiah), pariente de Mahoma, quien a partir de ese momento asumió el Califato y lo convirtió en hereditario para sus descendientes. Se dice que el asesinado Hasán tuvo 90 esposas. Su hijo:
GENERACIÓN XXXII
Hussein ben al -Hasán, su hija:
GENERACIÓN XXXI

Zohra, casó con Abu ben Abed Fârisi, hijo de Abed ben Qabus, a quien hizo madre de Na'im al -Lakhmi ben Abu.
GENERACIÓN XXX
Na'im al -Lakhmi ben Abu, su hijo:
GENERACIÓN XXIX
Na'im ben Na'im al-Lakhmi, su hijo:
GENERACIÓN XXVIII
Itaf ben Naim, su hijo:
GENERACIÓN XXVII
Amr ben Itaf, su hijo:
GENERACIÓN XXVI
Aslan ben Amr, su hijo:
GENERACIÓN XXV
Amr ben Aslan, su hijo:
GENERACIÓN XXIV
Abed ben Amr, su hijo:
GENERACIÓN XXIII
Qarais ben Abed, su hijo:
GENERACIÓN XXII
Ismael ben Qarais, Cadí e Imán de Sevilla, su hijo:
GENERACIÓN XXI
Abd ul-Kásim Muhammad ben Ismael, (1023+1042), Cadí, Gentilhombre de Cámara de Sevilla (1023), su hijo:
GENERACIÓN XX
Abu Amr Abed ben Muhammad, (+1068), al-Mutatid, Gentilhombre de Cámara de Sevilla, (1042), su hijo:
GENERACIÓN XIX
Abd ul-Kásim Muhammad ben Abed, (+1095, en Aghmar, Marruecos), al-Mutamid, Emir de Sevilla, (1068), conocido en el mundo cristiano de la época como ABENABETH. Personaje grande y trágico. Poeta excelente y buen estadísta, a quien el destino le hizo probar tanto las cosas más dulces de la vida como las más amargas.
Fue desterrado en Marruecos por los Almorávides, que desconfiaban de él por haber casado a su hija con el Rey cristiano. Es famoso por la belleza de la poesía que le inspiró su esposa, una ex-esclava, a quien colmó de amor y de valiosísimos regalos, llamada I'TAMID, que fue la madre de ZAIDA, su hija:

GENERACIÓN XVIII
ZAIDA casó con ALFONSO VI (1030+1109), Rey de León y de Castilla, Emperador de España, hijo de Fernando I "El Magno", Rey de León y de Castilla (1035-1065) y de Sancha I Reina de León, ésta hija de Alfonso V Rey de León, Oviedo y Galicia, y de su esposa doña Elvira Meléndez hija del Conde Don Melendo González. Fue su cuarta esposa la princesa mora, Zaida, conocida como

Isabel de Sevilla, con la cual casó en 1097 y que murió de parto en 1107. La Crónica General de don Alfonso X el Sabio, Rey de Castilla y de León, dice "que oyendo Zaida la gran fama del Rey don Alfonso, grande en los Estados, mayor en el ánimo, amable en la piedad, dulce en el trato y gallardo en el cuerpo, se enamoró de sus prendas con toda la tenacidad propia de una mujer enamorada. Sabía que su padre deseaba la amistad de don Alfonso, como vecino más poderoso, y viendo tan buena disposición, autorizó la hija su deseo con el beneplácito del Rey Abenabeth, proponiéndole el nuevo vínculo, que ella suspiraba contraer. Envió embajada al Rey, pidiéndole que señalase lugar donde pudiesen verse, y que si gustaba tomarla por mujer (hallándose el Rey entonces viudo) le daría las ciudades y castillos de su legítima, que eran muchos en número y mejores en la calidad, por hallarse en los confines de Toledo, donde el Rey había adelantado sus conquistas. Éste consultó la propuesta con los señores, y todos aprobaron que la diese gusto en ir a verse con ella, pues hacía con mucha urbanidad la petición. Viéronse en el lugar señalado, y si la princesa culpó a la fama de escasa en relación de las prendas del Rey, no quedó éste menos enamorado de ella, pues era hermosa, crecida, proporcionada; y tratando del desposorio, la dijo el Rey si se haría cristiana. Respondóles que sí, y, en efecto se bautizó, recibiendo el nombre de María; pero el Rey no quiso sino que la llamasen Isabel, y al punto recibió el Rey en dote a Cuenca, Huete, Consuegra, Ocaña, Mora, Uclés, Alarcos y otros castillos (que luego se perdieron), y Zaida pasó a vivir con el Rey".

La Crónica General añade "que se velaron y que no fue barragana o amiga, sino mujer legítima" en contradicción con lo que han sostenido algunos cronistas cristianos, que la han calificado de concubina. Esta Reina le dió a Alfonso VI, además de sus hijas Sancha y Elvira, el único hijo varón que tuvo de sus cinco esposas, Sancho, que habría heredado el trono de no haber sido por su muerte a la temprana edad de 18 años en la batalla de Uclés. Su hija:

GENERACIÓN XVII

Su hija **Sancha de Castilla**, casó con **Rodrigo González de Lara**, "el Franco", Señor de Liébana, Quintanilla, Ventosa, Cisneros y otras villas, y tuvo, además, los Gobiernos de Toledo, Segovia, Extremadura, Asturias de Santillana y otros. Fue hijo de Gonzalo Núñez de Lara, Conde y Señor de la Casa de Lara y Gobernador de Lara y Osma, y de su esposa Da. Godo González Salvadórez. Casó primero en 1120 con Sancha, a quien hizo madre de:

GENERACIÓN XVI

Rodrigo Rodríguez de Lara, (1123), Ricohombre, Señor de Peñalva, Quintanilla y Traspinedo. Casó con Da. Gracia de Azagra, su hija:

GENERACIÓN XV

Doña SANCHA Rodríguez de Lara casó con Gonzalo Ruiz de Girón (+1231), Ricohombre del Rey Alfonso VIII, de Enrique I y de Fernando III, hasta su muerte. Fue hijo de Rodrigo Gutiérrez (o González de Cisneros) y de Da.

MAYOR. Casó primero con Da. Sancha Rodríguez de Lara y Azagra. La hija de ambos, Da. Sancha y Don Gonzalo, fue María:

GENERACIÓN XIV

Da. MARIA GONZALEZ GIRON, (de la forma como se le conoce), o como Da. María RUIZ de GIRON y RODRIGUEZ de LARA casó con Guillén Pérez de Guzmán (mitad del Siglo XIII), Señor de Becilla. Ricohombre de Castilla, hijo de Pedro Díaz de Guzmán, Señor de Guzmán , Núñez, Lara y Aguilar, y de su segunda esposa Da. Urraca Díaz. Don Guillén casó con Da. María González Girón, su hijo fue:

GENERACIÓN XIII

Pedro GUILLEN de GUZMAN y GONZALEZ GIRON (mitad del Siglo XIII), Señor de Derrunada y San Román, Ricohombre de Castilla. Adelantado Mayor de Castilla. Casó con Da. Urraca ALFONSO, hija de ALFONSO IX (1171-1230), Rey de León, y de Teresa GIL de Vidaure, su joven amante y que fue esposa de Jaime I El Conquistador, Rey de Aragón (1208-1276) . El hijo de Pedro Guillén y Urraca Alfonso fue:

GENERACIÓN XII

Fernán PEREZ de GUZMAN y ALFONSO, (segunda mitad del Siglo XIII), Ricohombre, Señor de Badalazor y Adelantado Mayor de Murcia y Andalucía. Casó con Da. Sancha RODRIGUEZ de CABRERA, hija de Rodrigo de VALDUERNA, "el Feo".

La hija de Fernán Pérez de Guzmán y Alfonso con Sancha Rodríguez de Cabrera fue:

GENERACIÓN XI

Juana de Guzmán y Rodríguez de Cabrera casó con

Diego (o Día) GóMEZ de CASTAñEDA, (la mitad del Siglo XIV), Ricohombre y Señor de Castañeda y las Hormazas, hijo de Pedro Díaz de Castañeda, quinto Señor de Castañeda, y de su esposa, Da. Mayor Alonzo de Celada. Da. Juana de Guzmán y Rodríguez de Cabrera, Señora de Badalazor, y su esposo Diego Gómez de Castañeda, procrearon a su hijo:

GENERACIÓN X

Ruy GONZALEZ de CASTAñEDA, (+1356), Ricohombre de Castilla, Señor de las Hormazas y de Santa Olaya de León. Casó con Da. Elvira LASSO de la VEGA, hija de Garci Lasso de la Vega y de Da. Urraca Rodríguez de Rojas. Don Garci Lasso de la Vega, era Señor de la Vega y de los Valles de Santillana, Justicia mayor y Merino mayor de Castilla. La hija de Ruy González y Elvira Lasso de la Vega fue:

GENERACIÓN IX

MARIA RODRIGUEZ DE CASTAñEDA casó con Don Sancho MANUEL y SABOYA, (1283+ca.1325), Conde de Carrión, Ricohombre de Castilla, Teniente Alcaide del Castillo de Murcia y Teniente Adelantado Mayor del Reino de

Murcia. Su padre fue Don Juan Manuel, "El Escritor", Infante de Castilla y de León, y su madre fue Da. Beatrice de Saboya. Su hijo fue:

GENERACIÓN VIII

Juan Sánchez Manuel-Saboya y Rodríguez de Castañeda, (ca.1350+1390), segundo Conde de Carrión en 1368. Casó con Da. Juana de Aragón-Xérica, Princesa de la Casa Real de Aragón, hija de Pedro de Aragón, Señor de la Baronía de Xérica, su madre fue Da. Buenaventura de Arbórea. Su hija fue:

GENERACIÓN VII

Inés MANUEL de VILLENA y ARAGÓN-XÉRICA, casó con Garcí Fernández de Villodre, Señor de las Salinas de Monteagudo en Albacete. Su hija:

GENERACIÓN VI

Catalina Sánchez MANUEL de VILLODRE casó con Luis Méndez de Sotomayor (+1395), primero del nombre y quinto Señor de El Carpio y de Morente y de otras villas. Hijo de Garcí Méndez de Sotomayor, cuarto Señor de El Carpio, y de Da. Juana Ruiz de Baeza. Su hijo fue:

GENERACIÓN V

Garcí Méndez de Sotomayor casó en primeras nupcias con Da. María de Figueroa y Messía, hija de Lorenzo Suárez de Figueroa, Maestre de Santiago, y de Da. Isabel de Messía, su primera esposa. Garcí Méndez de Sotomayor fue 5o. del nombre, 6o. Señor de El Carpio, Señor de Morente y de otras villas. Su hijo fue:

GENERACIÓN IV

Luis Méndez de Sotomayor quien tuvo sucesión sin contraer matrimonio con Da. Inés Méndez. Dn. Luis Méndez de Sotomayor fue 2o. del nombre, 7o. Señor de El Carpio, de Morente y de otras villas y Consejero del Rey Don Juan II. Su hijo con Da. Inés fue:

GENERACIÓN III

Garcí Méndez de Sotomayor (+1569). Casó con Da. Marina Fernández de Córdoba, conocida también como Da. Marina de Solier, hija de Alfonso Fernández de Córdoba, IV Señor de los Humeros, y de Da. Mayor Venegas. Fue su hijo:

GENERACIÓN II

Alonso Fernández de Córdoba casó con Da. Inés Cerrato. Don Alonso nació en Montilla, Córdoba, España. Heredó ciertas propiedades de su madre. Estaba ya en Indias (América) al testar ella. Testó Don Alonso en la ciudad de Granada, Nicaragua, el 15 de Marzo de 1564.

Da. Inés Cerrato Contreras, es hija del Dr. Juan López Cerrato, natural de Mengabril, Badajoz, España, y de Da. María de Contreras, natural de Medellín, Badajoz, España. Fue hijo de ellos:

GENERACIÓN I

LUIS MENDEZ de SOTOMAYOR casó con Da. Juana de Vera y Toro de Ulloa. Don Luis nació en 1560 en Granada, Nicaragua. Fue Capitán, Encomendero de Masaya, Nicaragua. Su matrimonio con Da. Juana de Vera y Toro de Ulloa, se realizó cerca de 1566, ella era hija de Don Diego de Herrera y Da. Juana de Vera y Toro de Ulloa, ambos de Xeréz de la Frontera, España. Don Diego era Alcaide de San Lúcar de Barrameda. Sus hijos dejaron descendencia en Costa Rica y en Nicaragua. Siendo ellos:

GENERACIONES EN CENTROAMERICA:
De esta generación descienden muchas familias en Costa Rica y en Nicaragua, aquí expondré sus descendientes que han dejado muchas generaciones en Costa Rica y Nicaragua.
GENERACIÓN I

I-1 Alonso Méndez de Sotomayor cc María Calderón, sus hijos fueron:

a) José Méndez de Sotomayor cc Juana de Zúñiga, hermana de Francisca de Zúñiga
b) Isabel Méndez de Sotomayor, bautizada en Cartago en 1620.
c) Clara Méndez de Sotomayor, bautizada en Cartago en 1621.

I-2 Juana de Vera y Sotomayor (1590-1657) cc García Ramiro Corajo y Zuñiga, hijo del Capitán Francisco Corajo Ramiro y de Da. Francisca de Zúñiga (hermana de Da. Juana de Zúñiga).

Da. Juana de Vera y Sotomayor casó con Don García Ramiro Corajo y Zúñiga en la ciudad de Granada, Nicaragua, en 1620.

Los hijos de García Ramiro Corajo y Juana de Vera son:

a) Capitán Francisco Ramiro de Vera y Sotomayor, casó con Da. Maria de Retes-Peláez y Vázquez de Coronado descendiente de Juan Vázquez de Coronado y Anaya, Conquistador de Costa Rica. De este matrimonio descienden muchas familias en Nicaragua, por la línea de Da. Casimira Romero Sáenz quien casó con Don Mariano Ignacio Montealegre Balmaceda, natural de Guatemala y nieto de Don Mariano Montealegre quien llegara a Guatemala desde España alrededor de 1780.

b) Capitán Diego Ramiro de Vera y Sotomayor.
c) Alférez Fernando Ramiro de Vera y Sotomayor, casó con Da. Antonia Zapata, hija de Cristóbal de Zapata y de Da. Ana de Echavarría Ocampo.
d) Da. Juana de Vera Ramiro, casó con el Alférez Gil

de Alvarado, hijo de Jorge de Alvarado y de Da. Juana de Benavides.

e) Da. Francisca de Zúñiga, casó con el Alférez Francisco de Cháves, hijo de Cristóbal de Cháves y de Da. María de Alfaro.

f) Da. María Ramiro de Vera y Sotomayor, casó con José de Sandoval Ocampo, hijo del Capitán Francisco de Ocampo Golfín y Da. Inés de Benavides y Solano.

Da. María Ramiro de Vera y Sotomayor, muere en la ciudad de Cartago el 27 de Marzo de 1688. Dn. José de Sandoval Ocampo nació en 1612 y muere el 13 de Septiembre 1669 en la ciudad de Cartago, en Costa Rica.

g) Da. Micaela Ramiro de Vera y Sotomayor.

Generación II en Centro América
Capitán Francisco Ramiro-Corajo de Vera y Sotomayor casó con María Retes-Peláez y Vázquez de Coronado, hija de María Peláez Vázquez de Coronado y Jerónimo Retes López y Ortega; nieta de Andrea Vázquez de Coronado y Diego Peláez Lermos; bisnieta de Gonzalo Vázquez de Coronado y Arias y de Ana Rodriguez del Padrón; tataranieta de Juan Vázquez de Coronado y Anaya e Isabel Arias D'Avila Gonzalez Hoz. La hija de Francisco Ramiro-Corajo y Maria Rosa Retes Peláez fue:

Generación III en Centro América
María Rosa Vázquez de Coronado y Ramiro-Corajo casó con Pedro José Sáenz Lanini, hijo de Juan Francisco Sáenz Vázquez de Quintanilla y Sendín de Sotomayor (ver Datos Biográficos) y de su esposa Da. Bárbara Lanini Priamo. Su hijo fue:

Generación IV en Centro América
Sargento Mayor Manuel Sáenz Vázquez de Coronado casó con Ana Antonia Bonilla Astúa, hija de Alonso de Bonilla Chacón y Juana Benita Calvo Pereira de Astúa. Su hija fue:

Generación V en Centro América
Bárbara Antonia Sáenz Bonilla (ya era viuda de Dn. Manuel Saborío) casó con Cecilio Antonio Romero Parajales, natural de Andalucía, España; hijo de Mateo Romero y Ana Parajales, quienes contrajeron matrimonio en San José, Costa Rica

el 24 de Mayo de 1762. Don Mateo Romero era natural de España. La hija de Cecilio Romero y Bárbara Sáenz fue:

Generación VI en Centro América
Manuela Casimira Romero Sáenz casó con Mariano Ignacio Montealegre Balmaceda, hijo de Mariano Montealegre, el nombre de la madre no se conoce. Los Montealegre son originarios de Valladolid, España. Don Mariano Ignacio Montealegre antes de casar con Da. Manuela Casimira Romero, fue padre de dos hijos, uno con Isidora Rueda, su hijo fue Juan Montealegre Rueda, con descendencia en Guatemala; el otro con Josefa Bustamante, su hijo fue Mariano Montealegre Bustamante fundador de los Montealegre en Costa Rica. Los hijos de Mariano Ignacio Montealegre Balmaceda y Manuela Casimira Romero Sáenz fueron los siguientes:

Generación VII en Centro América
1) Francisco Montealegre Romero, sin descendencia.
2) Cipriana Montealegre Romero casó con Cornelio Ramírez Areas.
3) Rafaela Montealegre Romero casó con Juan Francisco Parajón.
4) Gertrudis Montealegre Romero casó en primeras nupcias con Vicente Solórzano Pérez de Miranda. De este primer matrimonio desciende el presidente Carlos Solórzano Gutiérrez y el candidato inhibido, a la Alcaldia de Managua, Pedro Solórzano Castillo.

   En segundas nupcias casó con José del Carmen Salazar Lacayo.
   De este segundo matrimonio descienden Mariano Salazar Montealegre, fusilado por William Walker, y compañero de luchas del Gral. Máximo Jeréz Tellería. También desciende Jorge Salazar Argüello, asesinado en tiempos apocalípticos del frentismo. También son sus descendientes los hermanos Cardenal Tellería, entre ellos: Alfonso, Francisco "Chicano", Marco Antonio y Roberto.
5) Paula Montealegre Romero casó en primeras nupcias con José Manuel Martínez de Sobral. En segundas nupcias con Basilio Zeceña. Sus descendientes se encuentran en Guatemala. Don Enrique Guzmán, en su "Diario Intimo", menciona al Ministro de Relaciones Exteriores de Guatemala, Dr. Enrique Martínez Sobral, hijo del matrimonio Martínez de Sobral Montealegre. (Revista Conservadora, No.10, Julio 1961).
6) Francisca Montealegre Romero casó con Ramón de Sarria y Reyes. De este matrimonio descienden los presidentes Roberto

Sacasa Sarria, Juan Bautista Sacasa Sacasa y su hermana Da. Casimira Sacasa Sacasa que casó con el Dr. Luis H. Debayle Pallais, sus nietos: los hermanos Luis y Anastasio Somoza Debayle, Benjamín Lacayo Sacasa y todos los funcionarios de la administración Alemán que llevan el apellido Sacasa.

7) Mariano Montealegre Romero casó en primeras nupcias con Carmen Fuentes-Sansón, originaria de León, procrearon solamente un hijo, Mariano Montealegre Fuentes-Sansón, sus restos descansan en la Catedral de León, junto con los de su esposa Dolores Sacasa Sarria, su sobrina, hay descendencia, entre ellos los Argüello-Solórzano.(Ver "Mis Cuatro Abuelos", de Don Rafael Sevilla Sacasa).

En segundas nupcias casó con María Manuela Bárbara Lacayo Agüero, hija de José Antonio Lacayo Marenco (n. 23 de Febrero de 1826) y Pilar Agüero López (+ 30 de Enero de 1895). (Ver libro de los descendientes del Gral. José Antonio Lacayo de Briones y Palacios, Gobernador de Costa Rica y Nicaragua", del Lic. Norman Caldera Cardenal).

GENERACIÓN VIII en Centro América:

Los hijos del segundo matrimonio de Don Mariano Montealegre con Da. María Manuela Bárbara Lacayo Agüero, fueron los siguientes:

7a) Manuel Ignacio Montealegre Lacayo cc Natalia Delgado.
7b) Cipriana Montealegre Lacayo cc José María Gasteazoro Robelo
7c) Paula Montealegre Lacayo cc Manuel Balladares Terán.
7d) Gertrudis Montealegre Lacayo cc Benjamín Midence.
7e) Carmen Montealegre Lacayo cc Gabriel Dubón Echevers.
7f) Samuel Montealegre Lacayo cc Teresa Seydel Venerio.
7g) Abraham Montealegre Lacayo cc Victoria Callejas Sansón.
7h) Elías Montealegre Lacayo cc Julia Gasteazoro Robelo
7i) Isaac Montealegre Lacayo cc Julia Gasteazoro Robelo, viuda de Elías Montealegre Lacayo, compañero de lucha con el Gral. Máximo Jeréz y Mariano Salazar Montealegre.
7j) Augusto César Montealegre Lacayo cc Isabel Salvatierra Ricarte y Fábrega. Tuvo cinco hijos con Francisca Cigú.
7k) Adán Montealegre Lacayo, sin descendencia.

A partir de estas generaciones, éstos últimos son nuestros bisabuelos, hay muchas más personas que son sus descendientes hasta nuestros dias, de ello existe información de la genealogía de cada una de las ramas de cada familia, por ejemplo, las hay de la familia Solórzano, investigada por Dn. José Solórzano Martínez (descendiente del Gral. Tomás Martínez Guerrero), de la familia Sacasa, investigada por Dn. Rafael Sevilla Sacasa y otras personas, de la familia Salazar, investigada por el Lic. Norman Caldera Cardenal, incluidas muchas familias por ser descendientes del General José Antonio Lacayo de Briones y Palacios, de la familia Montealegre, investigada en Costa Rica y Guatemala por Da. Betsy Montealegre Castellanos de Dalliès junto con el Arq. Eduardo Chamberlain Gallegos y Don Luis Maldonado de la Cerda, en Guatemala, entre otras personas. Siendo que en Costa Rica y Guatemala tienen excelentes bases de datos que han sido bien conservados y constantemente se divulgan a través de las Revistas publicadas por las respectivas Academias de Ciencias de la Genealogía.

GENERACIÓN IX en Nicaragua, Centro América:
El hijo del Lic. Don Augusto C. Montealegre Lacayo y Da. Isabel Salvatierra Ricarte y Fábrega, fue, entre otros, el
Dr. Don Augusto C. Montealegre Salvatierra, quien contrajo matrimonio con la Prof. Da. María Cristina Zapata Malliè, sus hijos fueron los siguientes

GENERACIÓN X en Nicaragua, Centro América:
1.- Dra. Augusta Patria Montealegre Zapata
2.- Dr. Noel Salvador Montealegre Zapata
3.- Dr. Sergio Mario Montealegre Zapata
4.- Prof. Ilú Montealegre Zapata, contrajo matrimonio con el Profesor Don José Santos Rivera Siles, hijo del Coronel EDSN y Profesor Don José Santos Rivera Zeledón y la Profesora Da. Angela Siles Zelaya, sus hijos fueron los siguientes:

GENERACIÓN XI en Nicaragua, Centro América:
1.- José Augusto Rivera Montealegre
2.- Flavio César Rivera Montealegre, contrajo matrimonio con Ligia Asunción Bermúdez Varela, natural de Managua, hija de Don Carlos Bermúdez Lanzas y Da. Angela Varela, originarios de la ciudad de León, Nicaragua. Procrearon dos hijas: Ilú de los Angeles y Flavia Ilú Rivera Bermúdez.
3.- José Santos Rivera Montealegre
4.- José Eustacio Rivera Montealegre

Breve bibliografía:

1.- Base de datos suministrada por el Lic. Norman Caldera Cardenal, que a su vez ha sido el producto de investigaciones de un grupo de personas de la misma familia, que ha recopilado datos en los Archivos de la Capitania General de Guatemala, en el Archivo de Indias en Sevilla, España; en Marruecos y en los archivos de la Academia de Ciencias Genealógicas de Costa Rica.
2.- "El origen judío de las monarquías europeas. El mayor secreto de la Historia", por Joaquín Javaloys, Editorial EDAF.
3.- "Enciclopedia de Historia Universal. Desde la Prehistoria hasta la II Guerra Mundial" por William L. Langer, editado por Alianza Diccionarios, Madrid.
4.- "Así se hizo España" por José Antonio Vaca de Osma, Editorial Espasa-Calpe, Madrid, 1981.
5.- "The Forgotten Monarchy of Scotland" por HRH Príncipe Michael de Albania, Jefe de la Casa Real de los Stewart, Editado por Element Books Inc., Boston, USA, 1998.
6.- "Oxford Illustrated History of the British Monarchy" por John Cannon y Ralph Griffiths, Oxford University Press, 1988.
7.- "The Mammoth Book of British Kings and Queens" por Mike Ashley, editado por Carroll and Graf Publishers, Inc., Nueva York, USA, 1998.
8) Investigaciones realizadas por el Prof. Dr. Herbert Stoyan, Director del Instituto de Inteligencia Artificial de la Universidad Friedich Alexander, de Erlangen, Nüremberg, Alemania, disponibles en la www de internet.
9) Investigaciones del Dr. Bryan C. Tompset, Jefe del Departamento de Ciencias de Computación de la Universidad de Hull, en Inglaterra, disponibles en la www de internet en Genealogias de las familias reales. (www.hulluniversity.com)

10) Ancient Genealogies, del Historiador y Genealogísta Eward Pawlicki, disponible en la www de internet.
11) Les Ancêtres de Charlemagne, de Christian Settipani, reconocido como una de las máximas autoridades en la genealogía del Emperador, libro que le fuera obsequiado al Arq. Hernán Segura R., por el Dr. D. Ives de Ménorval.
12) Estudio Histórico de algunas familias españolas, de D. Alfonso de Figueroa y Melgar.
13) Investigaciones realizadas por el Arq. Segura Rodríguez en el Archivo General de Indias, en Sevilla, España.
14) Base de datos de la Iglesia de los Mormones, disponible en Internet.
15) Revista de la ACCG, No.37, San José, Costa Rica, Junio 2000.
16) La España del Siglo de Oro, François Piétri, Ediciones Guadarrama, entre otros libros y muchos sitios que se pueden acceder en internet en Google.com.
17.-"The Plantagenet Ancestry" by Lt.-Col. W. H. Turton, D.S.O., Genealogies Publishers, Inc., 1993.
18.- "Lines of Succession. Heraldry of the Royal Families of Europe" by Jiri Louda and Michael Maclagan, Barnes and Noble Books, New York, 2002.
19.- "Pedigree and Progress" (1975) and "The Jewish kings or princes of Narbonne", por Anthony Wagner.
20.- "A Jewish princedom in feudal France: 768-900" (1972), por Arthur Zuckerman.

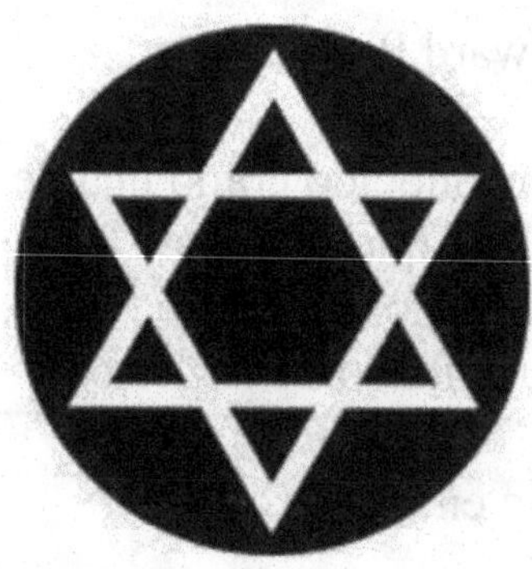

Genealogía de la familia Montealegre
Los descendientes del rey David en Nicaragua

Investigada por Flavio Rivera Montealegre*

Los monarcas cristianos de Europa tenían un común denominador: se consideraban los líderes de la Cristiandad, el nuevo pueblo elegido. En las iglesias y castillos en Europa, los reyes de Israel y de Judá, ocupan un lugar importante. Estos reyes de la Europa cristiana tienen la convicción de que son las personas elegidas para llevar a cabo la misión de continuar gobernando al pueblo elegido de Dios, inicialmente Israel, pero que, en los siglos XIII y XVI era ya toda la Cristiandad, por lo que existía una continuidad entre los antiguos reyes israelitas y sus sucesores los reyes cristianos, Capetos o Austrias. Realmente, los reyes europeos son los continuadores de los reyes de Israel y Judá, por ser descendientes de la misma estirpe del rey David: el linaje davídico, tienen legitimidad para gobernar por derecho divino y consecuentemente deben cumplir con todo lo implican los mandatos divinos de Dios. Los historiadores bien documentados como Jean Hani y Joaquín Javaloys, han demostrado que los reyes de Francia y España son descendientes del rey David. Por alguna razón, que hoy se explica, las fachadas de algunos palacios, castillos e iglesias, muestran en sus fachadas a los reyes de Israel y Judá. La catedral de Reims y en El Patio de los Reyes en El Escorial, sucede tal detalle en su arquitectura, y son un ejemplo de lo afirmado. Estos ascendientes, han sido un secreto en la historia de los monarcas europeos, y que en los libros de historia, no mencionan el verdadero origen de las monarquías, por las líneas maternas, y por eso que solamente se menciona un nombre sin dejar saber su verdadera identidad judía, como es el caso de Eleanor o Leonor de Aquitania y muchas otras esposas de los monarcas de Alemania, Francia y España. Los historiadores mencionados, han dejado al descubierto, lo que hoy en día ya no es un secreto, lo que antes era un tema tabú, hoy se ve claramente por donde vienen nuestras raíces sefarditas en América Latina, y en nuestro caso, Nicaragua y Costa Rica que nos toca muy de cerca, y que, muchas de nuestras familias somos descendientes de las Casas de David, y de las primeras monarquias inglesas y francesas (los Plantagenet), y las que se formaron en la península ibérica antes del siglo XV, y que con el descubrimiento realizado por Don Cristóbal Colón y los crímenes cometidos por la Inquisición, nuestros antepasados tuvieron la inteligencia de emigrar al Nuevo Mundo, para evitar ser exterminados y acabar carbonizados en una hoguera. Cabe mencionar que el historiador, Joaquín Javaloys, define la expresión "sangre real" y dice textualmente que "puede entenderse la que corresponde a los descendientes del rey David de Israel, que se refugiaron en el sur de Francia y allí formaron la célula germinal de la nobleza europea".

Estas investigaciones me han tomado diez años, a otras personas les ha tomado muchos años investigando en diferentes países, otros se han especializado en sus propias familias en Nicaragua, pero todas, han servido para conformar una gigantesca base de datos que hoy me permite compartir de manera sintetizada nuestros antepasados. Para unos, esto es una locura, para otros, puede ser una pedantería, pero, para el verdadero historiador es una ventana al pasado, basado en documentos reales simplemente. Y para los genealogistas que pretendemos, sin presumir, profundizar en nuestras investigaciones, simplemente esto significa que es posible urgar en el pasado y encontrar la historia cronológica de nuestros antepasados, siempre y cuando existan los libros y documentos que nos ayuden a conformarla, dejando a un lado los prejuicios. Quien escribe estas líneas no pretende convencer a los ingenuos o de mentes muy pero muy limitadas, a que cambien su forma de pensar. Al igual que un árbol, que crece torcido, cuando la mente torcida de una persona llega a la edad adulta, ya no se puede enderezar, es mission imposible y una necedad pretender semejante hazaña, y yo, Flavio Rivera Montealegre, no voy a realizar semejante necedad en esta etapa de mi vida.

A continuación los descendientes del rey David en Francia, Inglaterra, España y Nicaragua.

1.- David, Rey de Israel (n. 1010, antes de Cristo y m. 971 antes de Cristo) contrajo nupcias con Betsabé (BathSheba), hija de Isaí. Reinó durante cuarenta años. El hijo de ambos fue:
2.- Salomón, hijo de David, Rey de Israel. Contrajo nupcias con Naamah, el hijo de ambos fue:
3.- Roboam, hijo de Salomón, Rey de Judá. Jeroboam, hijo de Nabat, fue el Rey de Israel. El reino queda dividido.
4.- Abias, hijo de Jeroboam, Rey de Israel.
5.- Asa, hijo de Salomón, Rey de Judá, hubo diez años de paz.
Asa, hijo de Abias, Rey de Israel.
6.- Basa, hijo de Abias, Rey de Israel.
7.- Josafat, hijo de Asa y nieto de Salomón, Rey de Judá.
Ajab, emparentado con Josafat, fue Rey de Israel.
8.- Ocosías, Rey de Israel.

A Josafat le sucede su hijo Jorám, Rey de Judá.
9.- Ocozías, hijo menor de Jorám y Atalia hija de Omri, Rey de Judá.
10.- Atalía, madre de Ocozías asume el reinado de Judá, fue Reina de Judá. El Rey de Israel era Jehú.
11.- Joás, hijo de Ocozías, asume el reinado a la muerte de su abuela Atalía. Rey de Judá. El Rey de Israel era Joacaz, hijo de Jehú.
12.- Amasías, hijo de Joás y su esposa Jehoadán. Rey de Judá.
El Rey de Israel era Joás de Israel, hijo de Joacaz.
13.- Le sucede a Amasías, su hijo Azarías u Ozías quien reinó cincuenta y dos años en Jerusalén. Rey de Judá.
14.- Jotam, le sucede a su padre Azarías u Ozías y su esposa Jedusa hija de Sadoc, como Rey de Judá.
15.- Ajaz, le sucede a su padre Jotam como Rey de Judá.
16.- Ezequías, le sucede a su padre Ajaz, su madre era Abiyá hija de Zacarías, como Rey de Judá.
17.- Manasés, le sucede a su padre Ezequías, como Rey de Judá.
18.- Amón, le sucede a su padre Manasés, como Rey de Judá.
19.- Josías, le sucede a su padre Amón, como Rey de Judá.
20.- Joajaz, le sucede a su padre Josías, como Rey de Judá.
21.- Eliaquim o Joaquim, le sucede a su hermano Joajaz, como Rey de Judá. Fue Nabucodonosor, Rey de Babilonia, quien lo captura y se lo lleva encadenado a Babilonia.
22.- Le sucede su hijo Joaquin, como Rey de Judá.
23.- Le sucede su hermano Sedecias, como Rey de Judá. Fue capturado por el Rey de Babilonia y por Ciro, Rey de Persia, para que respetara la Ley de Yavé. Pasaron setenta años y Ciro los hizo regresar a sus tierras. Zorobabel reconstruye el Templo de Jerusalén, lo acompañan una gran cantidad de familias en el regreso a la tierra prometida.
24.- Zorobabel fue Gobernador de Jerusalén desde el 538 al 520 antes de Cristo.
25.- Simei, Rey de Judá. Le sucede su hijo.
26.- Mesulam, Rey de Judá. Le sucede su hijo.
27.- Jehoiakim, Rey de Judá en Jerusalén. Le sucede su hijo.
28.- Jeconiah o Joaquín, Rey de Judá y exiliarca en Babilonia.
29.- Shealtiel (Pedaiah), exiliarca
30.- Zerubbabel, exiliarca
31.- Hananiah, exiliarca
32.- Jeshaiah (Jasadia), exiliarca
33.- Rephaiah, exilarca.
34.- Arnan, exilarca.
35.- Obadiah, (Obadia) exilarca
36.- Shecaniah, exilarca
37.- Shemaiah, exilarca
38.- Neariah, exilarca.

39.- Elioenai, exilarca.
40.- Akkub, exilarca
41.- Johanan, exilarca
42.- Shaphat, exilarca
42.- Huna (Anani), exilarca (...-210 d. de Cristo)
43.- Nathan 'Ukba, exilarca (....-270 d. de Cristo)
44.- Nehemiah, exilarca (....-313 d. de Cristo)
45.- Mar 'Ukba II, exilarca (...-337 d. de Cristo)
46.- Abba Mari, exilarca (...-370 d. de Cristo)
47.- Nathan II, exilarca (...-400 d. de Cristo)
48.- Mar Zutra I, exilarca (...-455 d. de Cristo)
49.- Kahana II, exilarca (....-465 d. de Cristo)
50.- Huna VI, exilarca (...-508 d. de Cristo)
51.- Mar Zutra II, exilarca (493-520 d. de Cristo)
52.- Huna Mar, exilarca (...-560 d. de Cristo)
53.- Kafnai, exilarca (...-581 d. de Cristo)
54.- Haninai David, exilarca de Babilonia, Heredero y Jefe del linaje del Rey David (590-...)
55.- Bostanai o Bustanai ben Haninai David, exilarca de Babilonia (610-660 d. de Cristo), contrajo nupcias dos veces, con una judia de nombre Adai o Adal, y, con una persa.
Haninai bar Adai (linaje davídico puro, en la generación siguiente, los hijos de Adai.
Hisdai Shahrijar (linaje davídico-persa, exilarca 635-665 antes de Cristo.

56.- Haninai bar Adai o Bar'Adal David, exilarca (627-689). Bar significa "hijo de".
57.- Nehemiah Ben Hanini David (650-...), exilarca.
58.- Natronai Ben Nehemiah David, gaon (670-...), exilarca.
59.- Haninai Ben Natronai (Habibai) (687-...), exilarca.
60.- MAKHIR-NATRONAI DAVID o

Makhir-Theodoric I David-Toulouse contrajo nupcias dos veces, primero con una judia de quien se desconoce el nombre, en segundas nupcias con una hija de Carlos Martel (hijo de Pepín II de Heristal,m.714, y su esposa Alphaida), de nombre Auda Martel (hermana de Pepino El Breve y de Carloman). Se radica en el sur de Francia por invitación de Pepin El Breve (casado con Bertrada) y su hijo el futuro Emperador Carlomagno. Le dan todas las facilidades para establecer un reino judio en Francia, lo reconocen como Nasi o Príncipe de Francia y Jefe de la Casa Real de David (davídicos), lo nombran Duque de Toulouse, Conde de Narbona. Sus hijos fueron los siguientes:

61.- Primera Generación en Francia
Sus hijos con su esposa judía fueron los siguientes:

1.- Doña Raeburth o Redburth David-Toulouse (n.788) contrajo nupcias con Egbert de Saxe-Wessex (775-839), hay extensa descendencia de este matrimonio en Alemania y en Europa.
2.- Theodoric David-Toulouse
3.- Sibille o Blanca Flor David-Toulouse
4.- Haim o Aymo David-Toulouse
5.- Chorso David-Toulouse
Los hijos con su esposa carolingia, Auda-Aldana Martel, fueron los siguientes:
6.- San Guillermo I David-Toulouse y Martel, Conde de Toulouse, Marqués de Septimania, Nasi de Francia (771-822), contrajo nupcias con Guiboure de Hombach (n.778), hay extensa descendencia de este matrimonio.
7.- Berta de David-Toulouse y Martel (n.775) contrajo nupcias con Pepin I Carloman , m. 810, (hermano de Luis I El Piadoso, m.840, casado con Judith hija de Welf)
8.- Auda-Aldana de David-Toulouse y Martel contrajo nupcias dos veces, primero con Fredelon y en segundas nupcias con Nivelon El Historiador, Conde de Borgoña (m.805).
Los sarcófagos de esta familia se encuentran actualmente en el monasterio de Saint-Guilhem-le-Désert, en Francia, los de Makhir-Theodoric I, su esposa Auda Martel y todos sus hijos.

62.- Segunda Generación en Francia
Los hijos de San Guillermo I David-Toulouse y Martel, Conde de Toulouse, Marqués de Septimania, Nasi de Francia (771-822), y de su esposa Guiboure de Hombach (n.778), fueron los siguientes:
1.- Da. Waildrauth (Witgar o Wiltrud) de David-Toulouse (790-812) contrajo nupcias con Rutpert III (Roberto III), Conde de Wormsgau (751-812). Su hijo fue Roberto El Fuerte.
2.- Herbert de David-Toulouse, tuvo una hija, Cuningunda de David-Toulouse que contrajo nupcias con su tio Bernard Rey de Italia, hijo de Berta de David-Toulouse y Pepin I Carloman Rey de Italia.
3.- Bernard I de David-Toulouse, Conde de Toulouse, Marqués de Septimania y Nasi o Príncipe de Francia (805-844) contrajo nupcias con Duoda Carolingia hija de Carlomagno y su esposa Madelgard, procrearon a un hijo de nombre Bernard de David-Toulouse quien fue asesinado en el 872 por Bernard de Gotia, y, otra hija llamada Sancha David-Toulouse que contrajo nupcias con Wulgrin I Taillefer de quienes desciende Endregota Galíndez de Aragón.
4.- Theodoric de David-Toulouse (n.802), Conde de Autun, su hijo fue Buvin de David-Toulouse.

63.- Tercera Generación en Francia
El hijo de Theodoric de David-Toulouse, fue:

1.- Buvin de David-Toulouse (m. 864), Conde de Italia y Abad de Gorze, contrajo matrimonio con Richilda de Arles, el hijo de ambos fue Boson de David-Toulouse y de Arles.

La hija de Herbert de David-Toulouse fue:
1.- Cuningunda de David-Toulouse (797-835) quien contrajo nupcias con su tio Bernard de David-Toulouse, Rey de Italia.

El hijo de Da. Waildrauth de David-Toulouse y Hombach con su esposo Roberto III Conde de Wormsgau, fue
1.- Roberto "El Fuerte" de David-Toulouse y Wormsgau, Duque de Neustria (820-866) contrajo nupcias con Adelaida de Alsacia (818-866), el hijo de ambos fue Roberto I de David-Toulouse y Alsacia, Rey de los Francos (866-923).

64.- Cuarta Generación en Francia
El hijo de Buvin de David-Toulouse y Richilda de Arles, fue
1.- Boson de David-Toulouse y de Arles, Rey de Provenza y Conde de Berry, quien contrajo nupcias con Ermengarde Carolingia quien es descendiente del Emperdor Luis II (822-875), la hija de ambos fue Ermengarde o Engelberga de Aquitania.
El hijo de Cuningunda de David-Toulouse y su tio Bernard Rey de Italia, fue
1.- Pepín de Italia, Conde de Vermandois y Señor de San Quintín (818-892), contrajo nupcias con Rothaide, Condesa de Vermandois, procrearon dos hijos, ver el No.90.

El hijo de Roberto "El Fuerte" de David-Toulouse y Wormsgau, Duque de Neustria (820-866) y de Adelaida de Alsacia (818-866), fue
1.- Roberto I de David-Toulouse y Alsacia, Rey de los Francos (866-923), contrajo nupcias con su parienta Beatriz de Vermandois, fueron los padres de Hugo "El Grande".

65.- Quinta Generación en Francia
La hija de Boson de David-Toulouse y de Arles con su esposa Da. Ermengarde Carolingia, fue
1.- Ermengarde de David-Toulouse y Carolingia, conocida como Ermengarde de Provenza, procreó un hijo con William I El Piadoso, Duque de Aquitania, que fue Ratburns I.

Los hijos de Pepín de Italia, Conde de Vermandois y de su esposa Rothaide, Condesa de Vermandois, fueron los siguientes
1.- Herbert I Conde de Vermandois (848-900) quien contrajo nupcias con Berta de Morvois, procrearon hijos.
2.- Pepín I de Senlis, Conde de Valois

El hijo del matrimonio formado por Roberto I de David-Toulouse y Alsacia, Rey de los Francos (866-923) y su esposa y parienta Da. Beatriz de Vermandois, fue
1.- Hugo "El Grande" de David-Toulouse y Vermandois, Duque de los Francos (900-956) contrajo nupcias con Da. Hedwige de Sajonia (918-965), el hijo de ambos fue Hugo Capeto.

66.- Sexta Generación en Francia
El hijo de Ermengarde de David-Toulouse y Carolingia, fue
1.- Ratburns I de David-Toulouse, Vizconde de Vienne, le tuvieron una hija, Gerberga.

Los hijos de Herbert I Conde de Vermandois (848-900) y su esposa Berta de Morvois, fueron
1.- Beatriz de Vermandois quien contrajo matrimonio con Roberto I Rey de los Francos, son los padres de Hugo el Grande y los abuelos de Hugo Capeto.
2.- Herbert II Conde de Vermandois (880-940) contrajo nupcias con Adela de Francia (887- 945), el hijo de ambos fue Roberto de Vermandois.

67.-Séptima Generación en Francia
El hijo del matrimonio formado por Hugo "El Grande" de David-Toulouse y Vermandois, Duque de los Francos (900-956) y de su esposa Da. Hedwige de Sajonia (918-965), fue
1.- Hugo Capeto, Rey de Francia (941-996) contrajo nupcias con Adelaida de Aquitania, hija de los descendientes de Theodoric I Thierry de David-Toulouse y su esposa Auda-Aldana Martel, y , de Carlomagno: Guillermo III Duque de Aquitania y Conde de Poitiers (925-963) descendiente de Carlomagno, y de su esposa, Da. Gerloc o Adela de Normandía que desciende de Berta de David-Toulouse y su esposo Pepín I Carloman, Rey de Italia.
El hijo de ambos fue Roberto II "El Piadoso" Capeto, Rey de Francia (972-1031).

La hija de Ratburns I de David-Toulouse, fue
1.- Gerberga de Vienne y David-Toulouse, quien contrajo nupcias con Fulque o Foulques II, El Bueno, Conde de Anjou (920-958) era hijo de Foulques I, El Rojo, Conde de Anjou (m.942) y de Roscilla de Loches, era nieto paterno de Ingelger (m.900) y Aelendis de Amboise, y, bisnieto de Tortulf de Rennesh (The Wodman of Nid-de-Merle), el hijo de ambos en la siguiente generación.

El hijo Herbert II Conde de Vermandoias y Adela de Francia, fue
1.- Roberto de Vermandois quien contrajo nupcias con Adelaida de Borgoña quien a su vez era descendiente de Teodoric II Thierry de David-Toulouse, Conde de Autun y Duque de Toulouse (conocido como Chorso o Aymo). La hija de Roberto y Adelaida fue Adelaida de Vermandois.

El hijo de Hugo Capeto, Rey de Francia (941-996) y su esposa Da. Adelaida de Aquitania, fue
1.- Roberto II "El Piadoso" Capeto, Rey de Francia (972-1031) quien contrajo nupcias con otra descendiente de Theodoric II Thierry de David-Toulouse, Da. Constance de Toulouse Provenza-Arles, el hijo de ambos fue Enrique I de Francia.

68.- Octava Generación en Francia
Los hijos de Gerberga de Vienne con Foulques II, El Bueno, Conde de Anjou, fueron
1.- Godofredo o Geoffroi I (Greygown) Grisegonelle, Conde de Anjou (m.987), contrajo nupcias con Adelaida de Vermandois, el hijos de ambos en la siguiente generación.
2.- Blanca Adelaida de Anjou, fue la segunda esposa de Otton Guillermo de Borgoña y Maçon quien era hijo de Otto Guillermo de Borgoña y Maçon, y era nieto de Enrique de Borgoña y su esposa Da. Gerberga de Maçon y Besançon quien en segundas nupcias contrajo matrimonio con Adalberto de Ivrea, Rey de Italia, quien le adopta a su hijo tenido con Enrique o Henri de Borgoña.

La hija de Roberto de Vermandois y Adelaida de Borgoña, fue
1.- Adelaida de Vermandois (934-982) quien contrajo nupcias con Godofredo o Geoffroi I Conde de Anjou ((960-987), fueron los padres de Fulk o Foulques III. Es de hacer notar que Geoffroi I era hijo de Fulk o Foulques II y Gerberga de David-Toulouse que era hija de Ratburns I.

El hijo de Roberto II "El Piadoso" Capeto, Rey de Francia (972-1031) y su esposa Da. Constance o Constanza de Toulouse Provenza-Arles, fue
1.- ENRIQUE I de Francia, Rey de Francia (1004-1060) contrajo nupcias con Ana Yaroslavna de KIEV, Princesa de Kiev (1024-1075) hija de Vladimir de Kiev y Anna de Bizancio que era hermana del Emperador Constantino VIII (reinó en el periodo 1025-1028) e hijos del Emperador de Bizancio, Romanus II (959-963) y su esposa Theophano, y, que a su vez era hijo del Emperador Constantino VII (913-959) y su esposa Helena que era hija del Co-Emperador Romanus I Lecapenus (919-944). A su vez, Constantino VII era hijo del Emperador de Bizancio Leo VI "El Sabio" (886-912) y su esposa Zoe. Leo VI era hijo del Emperador de Bizancio Basil I (en el periodo 866-886) y su esposa Eudocia. El hijo Enrique I y Ana de Kiev fue Felipe I Rey de Francia.

69.- Novena Generación en Francia
El hijo de Godofredo o Geoffroi I, Conde de Anjou y de su esposa Adelaida de Vermandois, fue
1.- Foulques III Palmer, (El Negro) Conde de Anjou (m.1040), contrajo nupcias con Hildegarde, el hijo de ambos en la siguiente generación.

El hijo de Enrique I Rey de Francia y la princesa Ana de Kiev fue
1.- .- FELIPE I Rey de Francia (1060-1108) contrajo nupcias con Bertha de Holanda, su hijo fue Luis VI Capeto, Rey de Francia.

70.- Décima Generación en Francia
La hija de Foulques III Palmer, Duque de Anjou y de su esposa Hildegarde, fue
1.- Hermengarde Palmer de Anjou (1018-1076), contrajo nupcias con Geoffroi Conde de Gâtinais (1000-1046), la hija de ambos en la siguiente generación.

El hijo de Felipe I Capeto y su esposa Da. Berta de Holanda fue
1.- Luis VI Capeto, Rey de Francia (1081-1137), contrajo matrimonio en segundas nupcias con Adelaida de Saxony De Maurienne, de quient tuvo a su hijo el futuro Luis VII Rey de Francia. En primeras nupcias había casado con LEONOR DE AQUITANIA, procrearon dos hijas y luego se divorciaron. El hijo de ambos en la siguiente generación.

71.- Generación en Francia
La hija de Hermengarde de Anjou y Geoffroi, fue
1.- Foulques IV El Defensor, Duque de Anjou (1043-1119) contrajo segundas nupcias con Bertrade de Monfort (1059-1117), el hijo de ambos en la siguiente generación.

El hijo del matrimonio formado por Don Luis VI Capeto, Rey de Francia y su esposa Da. Adelaida de Saxony De Maurienne, fue
1.- Luis VII Capeto, Rey de Francia (1121-1180) contrajo primeras nupcias con Da. LEONOR DE AQUITANIA, procrearon dos hijas y luego se divorciaron. Casó en segundas nupcias con ALIX o ADELA DE CHAMPAGNE hija de Teobaldo II Conde de Champagne, el hijo de ambos, de Adela y Luis VII, fue Felipe II Augusto Capeto.

72.- Generación en Francia
1.- Foulques V de Anjou, El Joven, Rey de Jerusalem y Conde de Anjou (1092-1143) contrajo segundas nupcias con Ermengarde (Ermentrude o Aremburg) de Maine hija de Elias de Maine, Conde de Maine y de su esposa Matilde De Chateau Du Loire. El hijo de Foulques V de Anjou y su esposa Ermengarde, en la siguiente generación.

El hijo de Luis VII Capeto y su esposa Alix o Adela de Champagne, fue
1.- Felipe II Augusto Capeto (n.1165-m.1223), Rey de Francia en el periodo 1180 al 1223. Contrajo nupcias con Da. Isabel de Flandes Hainault (n.1170-m.1190), Condesa de Artois, hija de Baldwin VIII Conde de Flandes y descendiente de Rainero IV Conde de Hainault (950-1013, descendiente de Carlomagno) y su

esposa Hedwige-Avoise de Francia (912-1013) hija de Hugo Capeto. El hijo de Felipe II Augusto Capeto y Da. Isabel, fue el futuro Don Luis VIII Rey de Francia.

73.- Generación en Inglaterra y Francia
El hijo de Foulques V de Anjou, Rey de Jerusalem y Conde de Anjou, y, de su esposa Ermengarde de Maine, fue
1.- GODOFREDO o GEOFFROI V PLANTAGENET, Conde de Anjou y Duque de Normandia (1113-1151) contrajo nupcias con Matilda (Maud) de Inglaterra, hija de Enrique I de Inglaterra, Rey de Inglaterra, y de Matilda o Edith de Escocia que era hija de Malcom III Canmore, Rey de Escocia. El hijo de ambos fue

El hijo de Felipe II Augusto Capeto y su esposa Da. Isabel de Flandes Hainault, fue
1.- Luis VIII Capeto, Rey de Francia, cuyo reinado fue muy corto, desde el 1223 al 1226; contrajo nupcias con BLANCA DE CASTILLA Y DE INGLATERRA, hija de Alfonso VII "el de las Navas" Rey de Castilla (1155-1214) y de su esposa Da. Eleanor o Leonor de Inglaterra (1162-1214) que era hija de Enrique II Plantagenet (1138-1189) Rey de Inglaterra, y de su esposa Eleanor o Leonor de Aquitania, Duquesa de Aquitania (1123-1204). El hijo de Luis VIII Capeto y su esposa Da. Blanca de Castilla fue Luis IX Capeto.

74.- Generación en Francia, Inglaterra y España
El hijo de Godofredo V Plantagenet y Matilda de Inglaterra, fue
1.- Enrique II Plantagenet, Rey de Inglaterra (1138-1189), contrajo nupcias con Eleanor de Aquitania, hija de Guillermo X Duque de Aquitania (1099-1137)(descendiente de Auba-Aldana de David-Toulouse y su esposo Fredelon), y de Eleanor de Rochefoucauld (1105-1130). La hija de Enrique II Plantagenet y Eleanor de Aquitania, el hijo de ambos en la siguiente generación.

Escudo de Armas de Godofredo V Plantagenet

El hijo del matrimonio formado por Luis VIII Capeto, Rey de Francia y su esposa Da. Blanca de Castilla, fue
1.- Luis IX Capeto "El Santo" (San Luis)(1214-1270), Rey de Francia, contrajo nupcias con Margarita Berenguer de Provenza (n.1221-m.1295), la hija de ambos fue Blanche o Blanca de Francia.

75.- Generación en Francia, España e Inglaterra
La hija de Enrique II Plantagenet y Eleanor de Aquitania, fue

1.- Eleanor Plantagenet y de Rochefoucauld, Duquesa de Aquitania, contrajo nupcias con Alfonso VIII El de las Navas, Rey de Castilla (1155-1214) hijo de Sancho III "El Deseado" Rey de Castilla y de su esposa Da. Blanca de Navarra. Los hijos de Eleanor Plantagenet y Alfonso VIII, los hijos de ambos en la siguiente generación.

La hija de Luis IX Capeto, "El Santo", Rey de Francia, y su esposa Da. Margarita Berenguer de Provenza, fue
1.- Blanche o Blanca de Francia, contrajo nupcias con Don Fernando De la Cerda, hijo de Alfonso X "El Sabio" Rey de León y de Castilla (n. 23 de Noviembre de 1221) y de su esposa Da. Violante o Yolanda de Aragón que era hija de Don Jaime I de Aragón, Rey de Aragón y de su esposa Da. Violante de Hungría. El hijo de Blanca de Francia y Fernando De la Cerda, fue Fernando De la Cerda II.

76.- Generación en España
Los hijos de Eleanor Plantagenet de Inglaterra y Rochefoucauld con su esposo Don Alfonso VIII, Rey de Castilla, los siguientes
1.- Da. Urraca de Castilla y Plantagenet (1185-1220) contrajo nupcias con Alfonso II Rey de Portugal (1185-1223).
2.- Da. Leonor de Castilla y Plantaneget contrajo nupcias con Don Jaime I Rey de Aragón.
3.- Da. Blanca de Castilla y Plantagenet contrajo nupcias con Don Luis VIII Capeto, Rey de Francia.
4.- Enrique I de Castilla y Plantagenet, Rey de Castilla en el periodo 1214 al 1217, es tutelado por su hermana Da. Berenguela y luego le sucede a su hermana.
5.- Da. BERENGUELA de Castilla y Plantagenet (1180-1246), Reina de Castilla, en el 1197 contrajo nupcias con Alfonso IX Rey de León, fundador de la Universidad de Salamanca (n. Agosto 15,1171, en Zamora-m. Septiembre 24, 1230 en Villanueva de Sarria) que era hijo de Fernando II Rey de León y de Da. Teresa de Lara tia de Don Juan Núñez de Lara, II Jefe de la Casa de Lara y de Da. Teresa Alvarez de Azagra, V Señora de Albarracín. Los hijos de Da. Berenguela de Castilla-Plantagenet y Alfonso IX Rey de León, en la siguiente generación.
La Casa de Lara
Se trata de un linaje noble y antiquísimo. Remitimos a la obra “Historia de la Casa de Lara” escrita por don Luis de Salazar y Castro al lector curioso de detalles. Coinciden todos los tratadistas en afirmar que los Laras tienen por remotos progenitores a los Reyes Godos y por inmediatos a los Condes de Castilla, de los que se desprendió esta casa apellidada de Lara, por haber poseído el Señorío de Lara, cuyo nombre tomó.
SUS ARMAS. Las primitivas del linaje fueron: De gules, con dos calderas puestas en palo, jaqueladas de oro y sable, y gringoladas de ocho cabezas de sierpe de sinople.

Fue Lara la ciudad de Ausina, una de las grandes poblaciones de la antigüedad, que según el testimonio de Fray Prudencio de Sandoval, Obispo de Pamplona, sus ruinas ocupaban más de tres cuartos de legua. Tenía un alto castillo y se hallaba a cuatro leguas de la ciudad de Burgos. Fue destruida por los moros y reedificada por orden del Rey don Alonso el Católico, convirtiéndose en la villa de Lara.
Primeros ascendientes, los reyes Godos del reino visigodo de Toledo:
Amalarico (Rey en 515),
Liuva I (hijo del anterior),
Leovigildo (hijo del anterior, muerto en 586),
Hermenegildo (hijo del anterior y martirizado en el año 595 por negarse a recibir la comunión de un Obispo arriano)
Ervigio (nieto del anterior, muerto en 687)
Uvitiza (nieto del anterior, falleció en 710)
Fruela I (nieto de Ervigio y primo hermano del anterior, fue Rey de España en 766).
Ascendientes directos, los Condes de Castilla:
Rodrigo Frolaz (primer Conde de Castilla en 762),
Diego Rodríguez (hijo del anterior, Conde de Castilla en 800),
Doña Urraca Paterna (hija del anterior, Condesa de Castilla y mujer del Rey Ramiro I de Asturias y Galicia),
Rodrigo II (hijo de la anterior, Conde de Castilla en 862),
Diego Rodríguez (hijo del anterior, Conde de Castilla en 886),
Fernando Díaz (hijo del anterior, Conde de Castilla en 902),
Gonzalo Fernández (Conde de Castilla y Señor de Burgos, Lara y Amaya),
Fernán González (primer Conde Soberano de Castilla, Amaya, Álava y Lara, que pobló en Sepúlveda en 940),
Garci Fernández (hijo del anterior, segundo Conde Soberano de Castilla por la muerte, en vida de su padre, de los dos hermanos mayores. Tomó parte en numerosas batallas contra Almanzor),
Sancho García (hijo del anterior), tercer Conde Soberano de Castilla,
García Sánchez (hijo del anterior), cuarto Conde Soberano de Castilla. Fue asesinado en León por los hijos del Conde Don Vela, el 13 de mayo de 1028. Como no dejó sucesión vino a heredarle su hermana
Munia Mayor (hermana del anterior), quinta Condesa Soberana de Castilla. Casó con el Rey don Sancho el Mayor de Navarra). El hijo mayor García VI fue Rey de Navarra
Fernando, segundo hijo de Munia, fue primer Rey de Castilla, León, Asturias, Galicia y Portugal que por sus virtudes fue llamado el Magno, y casó con la infanta de León, doña Sancha, la misma que estuvo para casar con su tío García Sánchez, cuarto Conde Soberano de Castilla cuando fue asesinado por los hijos del Conde Don Vela.

Otra línea de ascendientes es la de los Condes de Osorno, que portan las mismas armas, cuartelándolas con otras de alianza.

EN MADERUELO:De este apellido no hay nadie en Maderuelo, pero a lo largo de la reconquista, la relación de los Condes de Castilla con la zona sur del Duero, donde se encuentra nuestro pueblo, fue intensa al ser frontera en la lucha contra los moros. Una vez conquistada, fue repoblada por los mismos Condes. Maderuelo es Villa y Tierra de realengo pero cuando la frontera se desplaza más al sur es sometido al señorío, en este caso de un Lara, que también procede de esta familia, el Conde de Osorno.
Gabriel Manrique de Lara (hijo segundo de los Marqueses de Aguilar de Campoó) fue primer Conde de Osorno, Duque de Galisteo, Comendador Mayor de Castilla, Trece de la Orden de Santiago y Señor de Maderuelo, Fuenteguinaldo, San Martín del Monte y otras villas y lugares. También fué concedido por el Rey don Juan II de Castilla, el 31 de agosto de 1445, a don Gabriel Fernández Manrique.

77.- Generación en España
Los hijos de Da. BERENGUELA de Castilla y Plantagenet con su esposo Don Alfonso IX de León, fueron los siguientes
1.- Fernando III "El Santo", nace en 1199 y muere en 1252. El 30 de Noviembre de 1219, en España, contrajo nupcias con Beatrice Elizabeth von Hohenstaufen, Princesa de Suabia (nace en 1202-m. Noviembre 5, 1245, en Toro) hija de Felipe de Suabia Hohenstaufen, Rey de Alemania, y de su esposa Da. Irene de Bizancio, Princesa de Bizancio que era hija de Isaac II de Bizancio Ángelus. Don Fernando III contrajo segundas nupcias, en 1237, con Joan de Aumale, hija de Simón Conde de Aumale, tuvieron dos hijos.
2.- Da. Berengaria de Castilla
3.- Don Alfonso de Molina y Mesa, nace en 1204 y muere en 1272. Contrajo matrimonio en tres ocasiones: primero con Majoria Téllez, segundas nupcias con Mafalda Pérez, y, en terceras nupcias con Teresa Pérez. Este es el origen de la Casa de Molina.
4.- Da. Constanza, Infanta de Castilla.
5.- Da. Leonor, Infanta de Castilla.

78.- Generación en España
Los hijos de Fernando III "El Santo" Rey de Castilla y de León (n. 1199) con su esposa Beatrice de Hohenstaufen, fueron los siguientes
1.- Alfonso X "El Sabio", nace en Toledo el 23 de Noviembre de 1221, asume el trono el 1 de Junio de 1252, en 1254 contrae nupcias con Da. Violante de Aragón que era hija de Jaime I de Aragón y Da. Violante de Hungria. Muere en Sevilla el 4 de Abril de 1284. Sus hijos en la siguiente generación.
2.- Fadrique, Infante de Castilla, nace en 1224.
3.- Enrique, Infante de Castilla, nace en 1230.
4.- Felipe de Castilla, Arzobispo de Sevilla, nace en 1231. En primeras nupcias contrajo matrimonio, en 1258, con Da. Cristina de Noruega hija de Hakon IV Rey de Noruega. En segundas nupcias contrajo matrimonio con Da. Eleanor de Castro.

5.- Berenguela de Castilla, monja, n.1233.
6.- Manuel de Castilla, Señor de Villena, Peñafiel y Escalona, n. 1234 y muere en 1283. Sus primeras nupcias fue con Da. Constanza de Aragón hija de Don Jaime I de Aragón. En segundas nupcias contrajo matrimonio con Da. Beatriz de Saboya hija de Amadeo IV de Saboya, Conde de Saboya. Entre sus hijos se cuenta al Infante Don Juan Manuel, conocido como El Escritor, autor de varias obras literarias.
7.- Maria de Castilla, Infanta de Castilla, n. Noviembre 5, 1235.
Sus dos hijos con Joan de Aumale fueron los siguientes:
8.- Leonor de Castilla (n.1244-m.1290) contrajo matrimonio, en 1254, con Eduardo I Plantagenet, Rey de Inglatgerra.
9.- Fernando de Castilla, Conde de Aumale, muere en 1260.

79.- Generación en España
Los hijos de Alfonso X "El Sabio" Rey de Castilla y de León y su esposa Da. Violante de Aragón, fueron los siguientes
1.- Fernando De la Cerda (n.1256-m. 1275) contrajo matrimonio con Da. Blanca de Francia (n.1253-m.1300), hija de Luis IX Capeto (descendiente de Roberto II Capeto, El Piadoso, Rey de Francia), llamado El Santo, Rey de Francia, y su esposa Da. Margarita de Provenza hija de Raymond V Conde de Provenza. De este matrimonio se forma la Casa De la Cerda y son los antepasados de los Duques de Medinacelli. Sus hijos en la siguiente generación.
2.- Beatriz de Castilla (n.1253-m.1280) contrajo matrimonio, en 1271, con William VII, Margrave de Montferrate (m.1292).
3.- Pedro de Castilla contrajo matrimonio con Da. Margarita de Narbonne.
4.- Juan de Valencia contrajo matrimonio primero con Da. Isabel de Montferrat y luego con María Díaz de Haro.
5.- Sancho IV de Castilla, Rey de Castilla, contrajo matrimonio con Da. María de Molina hija de Alfonso de Molina.

80.- Generación en España
Los hijos de Fernando De la Cerda y su esposa Da. Blanca de Francia, fuerons los siguientes:
1.- Alfonso De la Cerda
Alfonso De la Cerda, Infante de Castilla, n.1270. Contrajo nupcias con Mafalda de Narbonne, del linaje davídico, procrearon un hijo de nombre Luis De la Cerda que contrajo matrimonio con Leonora de Guzmán (tuvieron siete hijos) quien a su vez, Da. Leonora, tuvo muchos hijos con Alfonso XI de Castilla (tuvieron diez hijos, entre ellos a Enrique II Trastámara) que era tio de su marido.

2.- Fernando De la Cerda II
Fernando De la Cerda II, Infante de Castilla, (n.1272-m. Junio 1, 1322). Contrajo nupcias con Da. Juana Núñez de Lara y Haro (n.1285) hija de Juan Núñez de Lara,

Primer Jefe de la Casa de Lara, y de su esposa Da. Teresa de Haro, era nieta de Lope Núñez de Haro y Da. Urraca, que a su vez son descendientes de Guillermo Ramón de Moncada y Bearne. Los hijos de este matrimonio en la siguiente generación.

81.- Generación en España
Los hijos de Fernando De la Cerda II y Da. Juana Núñez de Lara y Haro, fueron los siguientes
1.- Blanca De la Cerda (n.1311) contrajo nupcias con su pariente Don Juan Manuel de Castilla, "El Escritor", Infante de Castilla y Señor de Villena, Peñafiel y Escalona, hijo del Infante Don Juan Manuel de Castilla, Señor de Villena (n.1234) hijo de Alfonso X El Sabio, y de su esposa Da. Beatrice de Hohenstaufen.
2.- Margarita De la Cerda, monja, (n.1312)
3.- Juana Núñez de Lara y De la Cerda, Señora de Lara y de Vizcaya, (n.1314).
4.- Maria De la Cerda, Dama de Lunel, (n.1315).

82.- Generación en España
El hijo de Da. Blanca De la Cerda con su esposo y pariente, tío abuelo, Don Juan Manuel de Castilla "El Escritor", Infante de Castilla y Señor de Villena, Peñafiel y Escalona, fue
1.- Juana Manuel de Castilla, Señora de Villena (1339-1381) contrajo nupcias con su pariente, primo en tercer grado, Don Enrique II de Castilla Trastámara, Rey de Castilla, que era hijo fuera de matrimonio de Alfonso XI Rey de Castilla con Da. Leonor de Guzmán.

El hijo de Da. Juana Manuel de Castilla y su primo en tercer grado y esposo, Don Enrique II de Castilla Trastámara, fue:
1.- Juan Manuel I de Castilla, Rey de Castilla y de Leon, contrajo nupcias con Da. Inés de Castañeda Lasso de la Vega, el hijo de ambos fue:

83.- Generación en España
1.- Don Sancho Manuel de Castilla y Laso de la Vega, Infante de Castilla contrajo nupcias con Da. Leonor Gonzalez de Manzanedo, el hijo de ambos fue:

84.- Generación en España
1.- Don Juan Sanchez Manuel y Gonzalez de Manzanedo contrajo nupcias con Da. Uriza Sanz Diez, la hija de ambos fue:

85.- Generación en España

1.- Da. Inés Sanchez Manuel de Villena contrajo nupcias con Don Garci Fernandez Villodre, Señor de Las Salinas de Monteagudo en Albacete, Murcia, la hija de ambos fue:

86.- Generación en España

1.- Da. Catalina Sanchez de Villodre y Manuel contrajo nupcias con Don Luis Méndez de Sotomayor y Ruiz de Baeza, (+1395), primero del nombre y quinto Señor de El Carpio y de Morente y de otras villas. Hijo de Garcí Méndez de Sotomayor, cuarto Señor de El Carpio, y de Da. Juana Ruiz de Baeza. El hijo de ambos fue.

87.- Generación en España

1.- Don Garci Méndez de Sotomayor y Sanchez Villodre-Manuel contrajo nupcias con Da. Maria de Figueroa y Messía, hija de Lorenzo Suárez de Figueroa, de Guatemala, Maestre de Santiago, y de Da. Isabel de Messía, su primera esposa. Garcí Méndez de Sotomayor fue 5° del nombre, 6° Señor de El Carpio, Señor de Morente y de otras villas. El hijo de ambos fue:

88.- Generación en España

1.- Don Luis Méndez de Sotomayor de Figueroa y Messía contrajo nupcias con Da. Maria de Solier y Fernández de Cordoba, conocida también como Da. Marina de Solier, hija de Alfonso Fernández de Córdoba, IV Señor de los Humeros, y de Da. Mayor Venegas. El hijo de ambos fue:

89.- Generación en la Capitania General de Guatemala, España. Radicados en Nicaragua.

1.- Don Alfonso Fernández de Sotomayor de Figueroa y Messía contrajo nupcias con Da. Inés Cerrato, Don Alfonso nació en Montilla, Córdoba, España. Heredó ciertas propiedades de su madre. Estaba ya en Indias (América) al testar ella. Testó Don Alonso en la ciudad de Granada, Nicaragua, el 15 de Marzo de 1564.

Da. Inés Cerrato Contreras, es hija del Dr. Juan López Cerrato, natural de Mengabril, Badajoz, España, y de Da. María de Contreras, natural de Medellín, Badajoz, España. El hijo de ambos, Don Alfonso y Da. Inés, fue:

90.- Generación en la Capitania General de Guatemala, España. Radicados en Nicaragua.

1.- Don Luis Méndez Sotomayor contrajo matrimonio con Da. Juana de Vera y Toro de Ulloa. Don Luis nació en 1560 en Granada, Nicaragua. Fue Capitán, Encomendero de Masaya, Nicaragua. Su matrimonio con Da. Juana de Vera y Toro de Ulloa, se realizó cerca de 1566, hija de Don Diego de Herrera y Da. Juana de Vera y Toro de Ulloa, ambos de Xeréz de la Frontera, España. Don Diego era Alcaide de San Lúcar de Barrameda. Sus hijos dejaron descendencia en Costa Rica y en Nicaragua. La hija de ambos, de Don Luis y Da. Juana, fue:

91.- Generación en la Capitania General de Guatemala, España. Radicados en Nicaragua.
1.- Da. Juana de Vera Sotomayor contrajo nupcias con Don Garcia Ramiro Corajo, hijo del Capitán Francisco Ramiro Corajo y de Da. Francisca de Zúñiga (hermana de Da. Juana de Zúñiga). Da. Juana de Vera y Sotomayor casó con Don García Ramiro Corajo y Zúñiga en la ciudad de Granada, Nicaragua, en 1620. El hijo de ambos fue:

92.- Generación en la Capitania General de Guatemala, España. Radicados en Costa Rica y Nicaragua.
1.- Don Francisco Ramiro-Corajo Vera contrajo nupcias con Da. Maria Retes Pelaez Vázquez de Coronado, hija de María Peláez Vázquez de Coronado y Jerónimo Retes López y Ortega; nieta de Andrea Vázquez de Coronado y Diego Peláez Lermos; bisnieta de Gonzalo Vázquez de Coronado y Arias y de Ana Rodriguez del Padrón; tataranieta de Juan Vázquez de Coronado y Anaya e Isabel Arias D'Avila Gonzalez Hoz. La hija de ambos fue:

93.- Generación en la Capitania General de Guatemala, España. Radicados en Costa Rica y Nicaragua.
1.- Da. Maria Rosa Vázquez Ramiro-Corajo contrajo nupcias con Don Pedro José Sáenz Lanini, hijo de Juan Francisco Sáenz Vázquez de Quintanilla y Sendín de Sotomayor (ver Datos Biográficos) y de su esposa Da. Bárbara Lanini Priamo. El hijo de ambos fue:

94.- Generación en la Capitania General de Guatemala, España. Radicados en Costa Rica y Nicaragua.
1.- Don Manuel Sáenz Vázquez contrajo nupcias con Da. Ana Antonia Bonilla Astúa, hija de Alonso de Bonilla Chacón y Juana Benita Calvo Pereira de Astúa. La hija de ambos fue:

95.- Generación en la Capitania General de Guatemala, España. Radicados en Costa Rica y Nicaragua.
1.- Da. Bárbara Antonia Sáenz Bonilla contrajo nupcias con Don Cecilio Antonio Romero Parajales, la hija de ambos fue:

96.- Generación en Costa Rica, Centro América
1.- CASIMIRA ROMERO SÁENZ contrajo nupcias con Don Mariano Ignacio Montealegre Balmaceda, descendiente por el lado Montealegre de la familia Plantagenet en Francia y descendiente del Infante Don Manuel de Castilla, sus

antepasados se establecieron en el Reinado de Murcia, siendo los Montealegre orignarios desde entonces de la ciudad de Albacete, ubicada en dicho Reinado. Don Mariano era natural de España y que llega a Guatemala alrededor de 1780, los hijos de ambos, de Don Mariano y Da. Casimira, fueron los siguientes:

97.- Generación en la ciudad de León, Nicaragua

97.1.-

Gertrudis Montealegre Romero contrajo primeras nupcias con don Vicente Solórzano Pérez de Miranda, de este matrimonio nacieron dos hijos: Ramón y Francisco Solórzano Montealegre, de ellos dos descienden la gran parte de los Solórzano en Nicaragua.

Casó en segundas nupcias, Da. Gertrudis, con don José del Carmen Salazar Lacayo hijo de don José del Carmen Salazar, nacido en la ciudad de León, Nicaragua y de Da. María Tomasa Lacayo de Briones, de este matrimonio nacieron varios hijos:

1.- Pilar Salazar Montealegre casó con José Antonio Ariza.

2.- Salvadora Salazar Montealegre casó con Pedro Solís Terán.

Los hijos de este matrimonio son:

a.1.- Pedro Solís Salazar

a.2.- Crisanto Solís Salazar

a.3.- Joaquín Solís Salazar

a.4.- Trinidad Solís Salazar casó con Bernabé Portocarrero Baca.

a.5.- Josefa Solís Salazar

a.6.- Salvadora Solís Salazar casó con Simón Terán Balladares, de este matrimonio descienden la familia Cardenal Tellería.

3.- Mariano Salazar Montealegre (1823-1856) casó con Esmeralda Catellón Jeréz.

4.- Mercedes Salazar Montealegre casó con Crisanto Medina que fue embajador de Nicaragua en Francia en tiempos en que el poeta Rubén Darío fue nombrado Cónsul en París y le hizo la vida imposible al retenerle el salario.

5.- José Trinidad Salazar Montealegre casó con Lorenza Selva Estrada, hija de Da. Sabina Estrada. Da. Lorenza fue hecha prisionera el 4 de Julio de 1854 por el presidente de Nicaragua, el Gral. Fruto Chamorro Pérez.

97.2.- Francisco Montealegre Romero, sin descendencia.

97.3.- Cipriana Montealegre Romero contrajo nupcias con Don Cornelio Ramírez Areas (hermano del Jefe de Estado, Don Norberto Ramírez Areas), sus dos hijos fueron: Margarita que contrajo nupcias con Rafael Salinas Barquero, y Norberto Ramírez Montealegre. De esta familia son descendientes el Lic. Máximo H. Salinas Zepeda, la familia Navas-Salinas y los Salinas-Sacasa.

97.4.- Rafaela Montealegre Romero contrajo nupcias con Don Juan Francisco Parajón, padres del Gral. Francisco Parajón.

97.5.- Paula Montealegre Romero (n.1788, Granada) contrajo nupcias dos veces, primero con Don José Manuel Martínez de Sobral, y luego con Basilio Zeceña y Fernández de Córdoba. Sus descendientes hoy viven en Guatemala.
97.6.- Francisca Montealegre Romero contrajo nupcias con Ramón de Sarria y Reyes. De este matrimonio nacieron siete hijos: Casimira Sarria Montealegre contrajo nupcias con Juan Bautista Sacasa Méndez que fueron los padres del presidente Dr. Roberto Sacasa Sarria y abuelos del presidente Juan Bautista Sacasa Sacasa, fueron bisabuelos de Da. Salvadora Debayle Sacasa que era hija de Da. Casimira Sacasa Sacasa y el Dr. Luis H. Debayle.
97.7.- Mariano Antonio Montealegre Romero contrajo primeras nupcias con Da. Carmen Fuentes Sanson . Y, en 2das. Nupcias con Maria Manuela Barbara Lacayo Agüero, sus hijos en la siguiente generación.

98.- Generación en la República de Nicaragua. Chinandega.
Los hijos del matrimonio de Don Mariano Montealegre Romero y su primera esposa, Da. Carmen Fuentes-Sansón, y de su segunda esposa Da. Maria Manuela Bárbara Lacayo Agüero, fueron los siguientes:
1.- Mariano Montealegre Fuentes-Sansón, hijo único de su primer matrimonio del cual queda viudo de Da. Carmen y contrae segundas nupcias diez años después de quedar viudo con Da. Manuela Lacayo.
2.- Manuel Ignacio "Tucho" Montealegre Lacayo contrajo nupcias con Natalia Delgado Páiz.
3.- Cipriana Montealegre Lacayo contrajo nupcias con José María Gasteazoro Robelo.
4.- Paula Montealegre Lacayo contrajo nupcias con el Gral. Manuel Balladares Terán, ellos son los padres de la conocida dama del liberalismo, Da. Angélica Balladares Montealegre, quien se trasladó a vivir a Granada con esposo que era natural de esa ciudad. Ella fue "la primera dama del liberalismo".
5.- Gertrudis Montealegre Lacayo contrajo nupcias con Benjamín Midence.
6.- Carmen Montealegre Lacayo contrajo nupcias con Gabriel Dubón Echevers.
7.- Samuel Montealegre Lacayo contrajo nupcias con Teresa Seydel Venerio, de este matrimonio es descendiente quien fuera el Comisionado General de la Policia Nacional, Franco Montealegre Callejas.
8.- Abraham Montealegre Lacayo contrajo nupcias Victoria Callejas Sansón.
9.- Elías Montealegre Lacayo contrajo nupcias con Julia Gasteazoro Robelo. Muere en Honduras, cuando andaba en las luchas con el Gral. Máximo Jeréz Tellería, durante la Guerra Nacional. Su esposa, al quedar viuda, contrae nupcias con su cuñado. Tuvieron tres hijos.
10.- Isaac Montealegre Lacayo contrajo nupcias con la viuda de su hermano, Julia Gasteazoro Robelo, procrearon muchos hijos y su descendencia es extensa. De ellos descienden el Dr. Eduardo Montealegre Callejas y muchos otros.

11.- Augusto César Montealegre Lacayo contrajo nupcias con Isabel Salvatierra Ricarte hija de Don Bruno Salvatierra Fábrega proveniente de las familias de Panamá (el Gral. José de Fábrega) y Colombia.
12.- Adán Montealegre Lacayo, muere en la infancia.
13.- Francisco Morazán Moncada, hijo del Gral. Francisco Morazán Quesada, Presidente de Centro América, crece como otro hijo bajo la protección de Don Mariano Montealegre, que, junto con sus hermanos de padre en Costa Rica, fueron muy amigos del General Morazán, y que al momento de ser fusilado en Costa Rica, les encomienda el cuido de su hijo que le acompañaba. Con el tiempo, sus bisnietas enlazaron matrimonialmente con la familia Montealegre. Francisco Jr. contrajo nupcias con una joven de la ciudad de El Viejo, Carmen Venerio Gasteazoro, de las viejas familias españolas radicadas en esta población. Sus restos descansan junto con miembros de la familia Montealegre en el cementerio local de Chinandega.

99.- Generación en Chinandega, Nicaragua
Uno de los hijos de Don Augusto César Montealegre Lacayo y Da. Isabel Salvatierra Ricarte y Fábrega que era natural de la ciudad de Rivas y sus antepasados de Costa Rica y Panamá-Colombia, fue:

100.- Generación en Chinandega, Nicaragua
1.- El Dr. Augusto César Montealegre Salvatierra, abogado y notario público, contrajo nupcias con María Cristina Zapata Malliè, natural de Chichigalpa, Chinandega, hija del Dr. Román Zapata y Da. Marie Louise Malliè, francesa, que era hija de un inmigrante francés radicado en la ciudad de León, Don Louis Malliè. Los hijos del matrimonio del Dr. Augusto Montealegre y Da. Maria Cristina Zapata, fueron los siguientes:

101.- Generación en Nicaragua
1.- Dra. Augusta Patria Montealegre Zapata, odontóloga graduada en la Universidad Católica de Washington, contrajo nupcias con Don Tomás Peralta Mazza, salvadoreño, procrearon dos hijas.
2.- Dr. Noel Salvador Montealegre Zapata, abogado y notario público, contrajo nupcias con Da. María Elsa Valle, son los padres del Dr. Augusto César Montealegre Valle, abogado, procrearon ocho hijos.
3.- Dr. Sergio Mario Montealegre Zapata, abogado, contrajo nupcias con Da. Connie Alvarez, mexicoamericana, procrearon tres hijos: Sergio Mario (q.ep.d.), Laura Lynn y Roberto Felipe.
4.- Profesora Ilú Montealegre Zapata contrajo nupcias con el Profesor José Santos Rivera Siles, natural de San Rafael del Norte, Jinotega e hijo del Coronel-EDSN, Don José Santos Rivera Zeledón, filántropo, caficultor, maestro y político liberal, y de su esposa la Profesora Da. Angelita Siles Zelaya quien presta su nombre a la

Escuela "Angela Siles de Rivera" en San Rafael del Norte, Jinotega. Procrearon cinco hijos:

102.- Generación en Nicaragua
1.- José Augusto Rivera Montealegre, natural de Jinotega, Jinotega, hay descendencia en México, D.F.
2.- Román Rivera Montealegre, natural de Jinotega, muere en la infancia.
3.- Flavio César Rivera Montealegre (n.1951), autor de la presente investigación, natural de San Rafael del Norte, Jinotega. Contrajo matrimonio con Da. Ligia Bermúdez Varela hija de Don Carlos Bermúdez Lanzas y Da. Angela Varela. Procrearon dos hijas: Ilú y Flavia, hay descendencia en Miami, Fla., Estados Unidos de América.
4.- José Santos Rivera Montealegre, natural de Chinandega. Contrajo matrimonio con mexicana, sus hijos nacieron en Moscú, Unión Sovietica, hay descendencia en Managua, Nicaragua.
5.- José Eustasio Rivera Montealegre, natural de Managua, soltero.

Breve bibliografía:
1.- Base de datos suministrada por el Lic. Norman Caldera Cardenal, que a su vez ha sido el producto de investigaciones de un grupo de personas de la misma familia, que ha recopilado datos en los Archivos de la Capitania General de Guatemala, en el Archivo de Indias en Sevilla, España; en Marruecos y en los archivos de la Academia de Ciencias Genealógicas de Costa Rica.
2.- "El origen judío de las monarquías europeas. El mayor secreto de la Historia", por Joaquín Javaloys, Editorial EDAF.
3.- "Enciclopedia de Historia Universal. Desde la Prehistoria hasta la II Guerra Mundial" por William L. Langer, editado por Alianza Diccionarios, Madrid.
4.- "Así se hizo España" por José Antonio Vaca de Osma, Editorial Espasa-Calpe, Madrid, 1981.
5.- "The Forgotten Monarchy of Scotland" por HRH Príncipe Michael de Albania, Jefe de la Casa Real de los Stewart, Editado por Element Books Inc., Boston, USA, 1998.
6.- "Oxford Illustrated History of the British Monarchy" por John Cannon y Ralph Griffiths, Oxford University Press, 1988.
7.- "The Mammoth Book of British Kings and Queens" por Mike Ashley, editado por Carroll and Graf Publishers, Inc., Nueva York, USA, 1998.
8) Investigaciones realizadas por el Prof. Dr. Herbert Stoyan, Director del Instituto de Inteligencia Artificial de la Universidad Friedich Alexander, de Erlangen, Nüremberg, Alemania, disponibles en la www de internet.
9) Investigaciones del Dr. Bryan C. Tompset, Jefe del Departamento de Ciencias de Computación de la Universidad de Hull, en Inglaterra, disponibles en la www de internet en Genealogias de las familias reales. (www.hulluniversity.com)

10) Ancient Genealogies, del Historiador y Genealogísta Eward Pawlicki, disponible en la www de internet.
11) Les Ancêtres de Charlemagne, de Christian Settipani, reconocido como una de las máximas autoridades en la genealogía del Emperador, libro que le fuera obsequiado al Arq. Hernán Segura R., por el Dr. D. Ives de Ménorval.
12) Estudio Histórico de algunas familias españolas, de D. Alfonso de Figueroa y Melgar.
13) Investigaciones realizadas por el Arq. Segura Rodríguez en el Archivo General de Indias, en Sevilla, España.
14) Base de datos de la Iglesia de los Mormones, disponible en Internet.
15) Revista de la ACCG, No.37, San José, Costa Rica, Junio 2000.
16) La España del Siglo de Oro, François Piétri, Ediciones Guadarrama, entre otros libros y muchos sitios que se pueden acceder en internet en Google.com.
17.-"The Plantagenet Ancestry" by Lt.-Col. W. H. Turton, D.S.O., Genealogies Publishers, Inc., 1993.
18.- "Lines of Succession. Heraldry of the Royal Families of Europe" by Jiri Louda and Michael Maclagan, Barnes and Noble Books, New York, 2002.

Los descendientes de ODIN en Nicaragua
Investigación realizada por: Flavio Rivera Montealegre

ODIN es descendiente de unos de los hijos de Nohoa que casó con Emzara (Naamah). Rey de los dioses, era poderoso y terrorífico; no era una figura paternal benevolente. Era el dios especial de reyes, nobles y poetas, así como dios de la guerra, la magia y la sabiduría. El dominio que de la magia tenía Odín era legendario. Podía cambiar de forma a voluntad y sus habilidades mágicas hacían de él un formidable adversario. Tenía sólo un ojo, pues había perdido el otro en el pozo de Mimir a cambio de un bebedizo que otorgaba el conocimiento. Se invocaba a Odín en la batalla para obtener la victoria, pero el éxito siempre beneficiaba sus intereses y se le acusaba de atribuirse el triunfo injustamente.
La creación de la vida.
La estirpe de los gigantes procedía de Ymir, el gigante primigenio que apareció en los principios de los tiempos. Ymir sudaba mientras dormía, y bajo sus axilas crecieron un varón y una hembra, mientras que una de sus piernas engendró un hijo monstruoso de la otra. Ayudaba al Ymir una vaca, Audhumla, también engendrada espontáneamente en los inicios de la creación. Lamía la escarcha salada de las piedras y así se alimentaba. Mientras lamía empezó a brotar un pelo de hombre, al día siguiente una cabeza y al final del tercer día era ya un hombre completo, su nombre: Buri, que era alto, fuerte y apuesto. Tuvo un hijo, de nombre Bor, que casó con Bestla, hija de un gigante. Bor y Bestla tuvieron a su vez tres hijos: los dioses Odín, Vili y Ve.
Estos tres dioses mataron a Ymir y de su cuerpo formaron el mundo; crearon también a la humanidad formando un hombre y una mujer a partir de dos troncos que hallaron a orillas del mar. Odín dio a los nuevos seres el aliento y la vida; Vili les concedió la conciencia y el movimiento y Ve les dotó de rostros, habla, oído y vista. Al hombre lo llamaron Ask (fresno) y a la mujer Embla (su significado se desconoce). De estos dos seres procede la estirpe humana.

Sus descendientes son los siguientes
1.- Odin
2.- Skjold
3.- Fridleif
4.- Frodi
5.- Fridleif II
6.- Havar
7.- Frodi II
8.- Vermund
9.- Olaf I
10.- Dan
11.- Frodi III
12.- Fridleif III

13.- Frodi IV
14.- Halfdan, sus hijos fueron
15.- Helgi y Hroar. De Helgi desciende Ricardo I de Normandía. De Hroar desciende Harald Bluetooth quien es el padre de Gunnora de Dinamarca, y que a su vez, Gunnora de Dinamarca, contrajo matrimonio con Ricardo I de Normandía, quien es descendiente directo de Ragnar Lodbrok, Rey de los Daneses.
El hijo de Helgi fue
16.- Yrsa
17.- Eystein
18.- Ingvar
19.- Braut
20.- Braut
21.- Ingjald
22.- Olaf II
23.- Halfdan II
24.- Gudrod
25.- Olaf III
26.- Helgi II
27.- Ingjald II
28.- Olaf IV "El Blanco" contrajo matrimonio con Aud, hija de Ketil Flatnose, el hijo de ambos fue
29.- Ragnald, su hija fue
30.- Aseda Ragnaldsdottir, contrajo matrimonio con Eystein Glumra, Duque de las Tierras de Arriba (Uplanders), el hijo de ambos fue
31.- Ragnald II (m 894), Primer Señor de Orkney, contrajo matrimonio con Ragnhild, sus hijos fueron los siguientes
Generación No. 32
1.- Rolf (m. 927), Primer Duque de Normandía, contrajo matrimonio con Poppa de Valois, hija de Berenguer de Valois, el hijo de ambos fue
Generación No. 33
1.- William I Duque de Normandía, contrajo matrimonio con Spriota
Generación No. 34
1.- Richard I "El Valiente" Duque de Normandía (n. 933 - m. 996), contrajo matrimonio con Gunnora de Dinamarca, hija de Harald Bluetooth, Rey de Dinamarca. El hijo de ambos en la siguiente generación.
Generación No. 35
Ricardo II Duque de Normandía (m. 1026)
Generación No. 36
Roberto I Duque de Normandía (m. 1035), contrajo matrimonio con Herlêve. El hijo de ambos en la siguiente Generación.
Generación No. 37
William I "El Conquistador" (1027-1087), contrajo matrimonio con Matilde de Flanders (m. 1083)

Generación No. 38
Enrique I contrajo matrimonio con Matilda
Generación No. 39
Matilda en segundas nupcias contrajo matrimonio con Godofredo de Anjou
Generación No. 40
Enrique II Plantagenete, Rey de Inglaterra, contrajo matrimonio con Eleanor de Aquitania (m. 1204), la hija de ambos, entre otros hijos, fue:
Generación No. 41
Leonor Plantagenet de Aquitania (Leonor de Aquitania), contrajo matrimonio, primero con Luis VII Capeto, Rey de Francia, y en segundas nupcias con Alfonso VIII Rey de Castilla, los hijos de ambos fueron los siguientes:
Los hijos de Da. Leonor de Aquitania, fueron:
De su primer esposo, Luis VII Capeto, Rey de Francia:
1.- Mary Capeto de Francia y Aquitania
2.- Alicia Capeto de Francia y Aquitania
Los hijos con su segundo esposo, Enrique II Plantagenet, fueron:
1.- William Plantagenet (n.1153-m.1156)
2.- Enrique FitzHenry-Plantagenet (n.1155-m.1183) contrajo nupcias con Margaret Capeto (m.1198), hija de Luis VII (que fue el primer esposo de Da. Leonor de Aquitania) y Constanza de Castilla. Era llamado "the Young King"
3.- Matilda Plantagenet (n.1156-m.1189) contrajo nupcias con Enrique, Duque de Saxony (m.1195). Su hijo fue el Emperador Otto IV de Alemania.
4.- Ricardo I Plantagenet, Rey de Inglaterra desde 1189 a 1199, contrajo nupcias en el 1191 con Berengaria de Navarra (n.1163-m.1230) hija de Sancho VI, Rey de Navarra. Ver siguiente generación. Es conocido como Ricardo Corazón de León. Sus descendientes se unen con las casas reales de España.
5.- Geoffrey Plantagenet (n.1158-m.1186) contrajo nupcias con Constanza de Britania (m.1201) hija de Conan IV de Britania. En segundas nupcias casó con Guy de Thouars. Hay descendencia.
6.- Eleanor o Leonor Plantagenet, Princesa de Inglaterra contrajo nupcias con Don ALFONSO VIII Sánchez, "el de las Navas","el Noble" Rey de Castilla (n. Nov. 11, 1155-m.1214), era hijo de Sancho III y de su esposa Da. Blanca, Princesa de Navarra hija de Garcias V (VI) Ramírez, Rey de Navarra y su esposa Da. Margarita De L'Aiglie-Rotrou que a su vez era hija de Gilberto De L'Aiglie y Da. Julienne de Perche y Roucy. Procrearon, Da. Leonor y Alfonso VIII, doce hijos, ver siguiente Generación. De este matrimonio llegaron descendientes a Nicaragua.
7.- Joan Plantagenet (n.1165-m.1199) contrajo nupcias dos veces, primero con William II de Sicilia (m.1189) y con Raymond VI, Conde de Toulouse quien era descendiente del linaje del rey David.

8.- Juan Plantagenet o John Lackland (n.1167-m.1216), Rey de Inglaterra desde 1199 al 1216. Contrajo matrimonio primero con Isabella de Gloucester o Isabelle de Clare (m.1217) con quien se divorcia y no tienen hijos, y, en segundas nupcias con Isabella de Angoulême (m.1246) procrearon juntos a cinco hijos, ver siguiente Generación, porque una de sus descendientes, Catherine Plantagenet (n.1372-m.1418), contrajo nupcias con Enrique III Rey de Castilla y de León. Este rey fue conocido como Juan Sin Tierra.

GENERACIóN NO. 42
Los doce hijos del matrimonio formado por Da. Leonor Plantagenet, Princesa de Inglaterra, y su esposo Don Alfonso VIII El Noble, Rey de Castilla, fueron los siguientes:
1.- BERENGUELA, Reina de Castilla. Contrajo matrimonio dos veces, del primer matrimonio no tuvo hijos y en segundas nupcias con Don Alfonso IX Fernández, Rey de León (n.1171-m. Septiembre 24, 1230) hijo de Don Fernando II Rey de León y de Da. URRACA Enríquez quien a su vez era hija de Don Alfonso Enríquez de Portugal. Con este matrimonio se unen las dos monarquias. Ver sus hijos en la siguiente Generación y que son los antepasados de la familia Montealegre en Nicaragua.
2.- Sancho, Principe de Castilla
3.- Sancha, Princesa de Castilla
4.- ENRIQUE I, Rey de Castilla
5.- Urraca, Princesa de Castilla
6.- Blanca Alfonsez, Princesa de Castilla e Inglaterra, contrajo nupcias con Don Luis VIII Capeto, Rey de Francia. El hijo de ambos en la siguiente Generación.
7.- Fernando, Principe de Castilla
8.- Constanza, Princesa de Castilla
9.- Mafalda, Princesa de Castilla
10.- Leonor, Princesa de Castilla
11.- Constanza, muere muy jovencita.
12.- ENRIQUE II, Rey de Castilla, fue hijo fuera de matrimonio de Alfonso XI con Da. Leonor de Guzmán.

Alfonso VIII (n.1155 – m.1214)
Rey de Castilla desde 1158 a 1214

Hijo de Sancho III, accede al trono en 1158 cuando sólo contaba tres años de edad. Durante su minoría de edad, el reino de Castilla se ve acuciado por problemas nobiliarios - el enfrentamiento entre dos facciones enfrentadas, los De Castro y los De Lara- y por el ataque de los reinos rivales de Navarra y León. Así, Fernando II de León penetra en Castilla en 1162 y Sancho VI de Navarra consigue anexionar a su reino los territorios de Logroño y Cerezo. A los catorce años de edad, en 1169,

Alfonso pasa a reinar efectivamente sobre Castilla y contrae matrimonio con Leonor de Inglaterra (1162-1214) hija Enrique II Plantagenet de Inglaterra y Da. Leonor de Aquitania (1122-1204). Enrique II Plantagenet era hijo de Godofredo Plantagenet, Duque de Anjou y Normandia (Francia) y Matilda de Escocia. La lucha por la hegemonía peninsular enfrentará a Castilla con León y Navarra durante largas décadas.

La competencia con León, fundamentalmente por cuestiones fronterizas, será una constante durante todo su reinado. Firma el tratado de Fresno-Lavandera con Fernando II de León, que establece un período de estabilidad y buenas relaciones entre ambos reinos, hasta el punto de que el monarca castellano arma caballero al leonés, su primo, en la Curia de Carrión (1188). No obstante, más tarde se reactivaron los ataques, que se sucederán hasta la boda de Fernando II con la hija de Alfonso VIII, Berenguela, en 1197. El parentesco entre ambos cónyuges faculta al papa Inocencio III a declarar no válido el matrimonio, lo que deshace el acuerdo de paz y promueve de nuevo los enfrentamientos. Con respecto a Navarra, Alfonso VIII pretenderá recuperar los territorios conquistados, para lo que emprenderá entre 1173 y 1176 diversas expediciones tendentes a restaurar las fronteras anteriormente existentes. El estado de abierto enfrentamiento entre ambos reinos promueve la búsqueda de una solución pactada, a cargo de Enrique II de Inglaterra, que sin embargo no será respetada por Castilla. Reanudado el conflicto, los castellanos logran tomar Álava y Guipúzcoa en 1200.

Alfonso VIII El Noble, Rey de Castilla — Berenguela, Reina de Castilla

Alfonso VII de Castilla

Fernando III El Santo

Blanca de Castilla

La hostilidad entre Castilla y Navarra no impedirá, no obstante, la participación del rey navarro Sancho VII en la batalla de las Navas de Tolosa. Por otro lado, Aragón y Castilla fijan sus objetivos en la lucha contra los musulmanes, estableciendo mediante el tratado de Cazorla (1179) el trazado de la futura frontera entre ambos reinos a costa de los territorios bajo control almohade. Así, la colaboración entre ambos monarcas permite tomar Cuenca en 1177. La reacción almohade provocará el desembarco en la Península de Abu Yacub en 1195 y la gravosa derrota de los castellanos en el Castillo de Alarcos ese mismo año, iniciándose un período de dos años de hostigamiento musulmán y control del área central peninsular. La participación de Pedro II de Aragón fue fundamental para el posterior desarrollo de los acontecimientos, al permitir la victoria de los ejércitos cristianos sobre los musulmanes en la batalla de las Navas de Tolosa (1212). Con esta victoria, queda expedito el camino hacia el sur peninsular y el Imperio Almohade se derrumba definitivamente. Alfonso VII, el Noble, muere en 1214, heredando el trono su hijo Enrique al haber fallecido su primer hijo, Fernando, en 1211.

Los hijos de John Lackland o Juan Plantagenet con su segunda esposa Da. Isabelle de Angoulême, fueron los siguientes:

1.- ENRIQUE III Plantagenet (n.1207-m.1272), sucede a su padre en el trono de Inglaterra en 1216 hasta su muerte. Por esta línea se juntan en matrimonio con la monarquia de Castilla. Contrajo nupcias con Da. Eleanor o Leonor de Provenza (m.1291), hermana menor de la Reina de Francia, Blanche o Blanca de Francia. Con el Tratado de Paris, Enrique III por herencia era el duque de Normandia, de Maine y de Anjou, reteniendo la Gasconia. Procrearon cuatro hijos, ver siguiente Generación.

2.- Richard de Cornwall, Rey de los Romanos (n.1209-m.1272)

3.- Joan Plantagenet, Princesa de Inglaterra (1210-1238)

4.- Isabelle Plantagenet, Princesa de Inglaterra (1214-1241)
5.- Eleanor Plantagenet, Princesa de Inglaterra (1215-1275)

GENERACIóN NO. 43
Los hijos del matrimonio de Da. Berenguela, Reina de Castilla, y de Don Alfonso IX Fernández, Rey de León, fueron los siguientes:
1.- FERNANDO III "El Santo", Rey de León y de Castilla (n.1199-m.1252).
Asume como Rey de Castilla en 1217 y como Rey de León en 1230.
Fue canonizado en 1671 por el Papa Clemente X.
Casó en primeras nupcias en el año 1219 con Beatriz de Suabia, princesa alemana (conocida como Beatrice o Elizabeth von Hohenstaufen), hija de Felipe Hohenstaufen (1178-1206), Marqués de Toscana en 1195, Duque de Suabia en 1196, Emperador del Sacro Imperio Romano, y de su esposa Irene, Princesa de Constantinopla (Bizancio). El hijo de Fernando III "El Santo" y de su esposa Beatriz de Suabia fue el infante Don Juan Manuel y Alfonso X El Sabio, entre otros. Ver siguiente Generación.

2.- Da. Leonor, Princesa de León y de Castilla

El hijo de Da. Blanca Alfonsez, Princesa de Castilla e Inglaterra, con su esposo Don Luis VIII Capeto, Rey de Francia fue:
1.-
Luis IX "El Santo" Capeto, Rey de Francia (n.1214-m. 25 de Agosto de 1270), nunca separó la política con la ética. Contrajo nupcias con Margarita Berenguer de Provenza (n.1221-m.1295) quien es descendiente de Roberto II El Piadoso y de Makhir-Theodoric I de Autun David-Toulouse. La hija de Luis IX y Margarita, entre otros, fue Blanche o Blanca de Francia, ver la siguiente Generación.

Los hijos de Enrique III Plantagenet, Rey de Inglaterra, y su esposa Da. Leonor de Provenza, fueron los siguientes:
1.- EDUARDO I Plantagenet (n.1239-m.1307), Rey de Inglaterra. Contrajo nupcias dos veces, primero con Da. Leonor de Castilla, Infanta de Castilla (n. 1232-m.1290) hija de Don Fernando III El Santo, Rey de Castilla, y de su esposa Da. Beatrice von Hohenstaufen, y, hermana de Alfonso X El Sabio. En segundas nupcias con Da. Margarita de Francia. Con ambas tuvo hijos. Ver siguiente Generación.
2.- Edmund Crouchback, Conde de Lancaster (1245-1296) contrajo nupcias con Blanche o Blanca de Artois (m.1302).
3.- Margaret Plantagenet, contrajo nupcias con Alejandro III, Rey de los Scots (Escoceses).
4.- Beatrice Plantagenet, contrajo nupcias con John Duque de Britania.

GENERACIóN NO. 44
Los hijos de Don Fernando III El Santo, Rey de Castilla y de León (m. Junio 1, 1252), con su esposa Da. Beatriz de Suabia o Beatrice von Hohenstaufen, fueron los siguientes:
16.1.- Alfonso X "El Sabio", nace en Toledo el 23 de Noviembre de 1221, asume el trono el 1 de Junio de 1252, y, fallece en Sevilla el 4 de Abril de 1284. Contrajo nupcias con Da. Violante de Aragón, en 1249, hija de Jaime I El Conquistador, Rey de Aragón, y de su esposa Da. Violante de Hungría; los hijos de ambos en la siguiente generación.
16.2.- Fadrique, Infante de Castilla, n. 1224.
16.3.- Enrique, Infante de Castilla, n. 1230. Gobernador de Arcos y Lebrija, se rebeló contra su hermano Alfonso X El Sabio, se refugia en Túnez.
16.4.- Felipe de Castilla, Arzobispo de Sevilla, n. 1231. Contrajo nupcias con Da. Cristina de Noruega (n.1234-m.1262) perteneciente a la Casa de Yngling, hija de Hakon IV, Rey de Noruega, y de su esposa Margaret (m.1270) hija de Jarl Skule. A su vez, Cristina de Noruega es descendiente de Harold III Hardrada (n.1015'm.1066), Rey de Noruega, y de su esposa Elizabeth de Kiev que era hija del Gran Duque de Kiev de nombre Iaroslav o Yaroslav I Gran Duque de Kiev, sitio que pertenece al Bielorrusia, Ucrania.
16.5.- Leonor de Castilla, Infanta de Castilla, n. 1232, contrajo matrimonio con Eduardo I Plantagenet, Rey de Inglaterra.
16.6.- Berenguela de Castilla, monja, n. 1233.
16.7.- Sancho, Arzobispo de Toledo y Sevilla, n. 1233.
16.8.- Manuel de Castilla, Infante de Castilla, Señor de Villena, n. 1234. Contrajo nupcias con Da. Constanza de Suabia o de Saboya. Infante Don Juan Manuel de Castilla, fue un político beligerante. Don Juan Manuel de Castilla (muere en 1283), Infante de Castilla, Señor de Escalona, Señor de Peñafiel y de Villena, Alférez Mayor de Castilla, contrajo matrimonio en segundas nupcias en 1274 con Da. Constanza de Saboya y de Baux-Grange, hija de Amadeo IV (1157-1253), Conde de Saboya, Duque de Aosta y Príncipe de Piamonte, y de su esposa Cecilia de Baux. El hijo de ambos en la siguiente Generación.

16.9.- María, Infanta de Castilla, n. 5 de Noviembre de 1235.

La hija de Don Luis IX Capeto, conocido como El Santo, y su esposa Da. Margarita Berenguer de Provenza, fue:
1.- Blanche o Blanca de Francia, Capeto (1253-1321) del linaje descendiente del Rey David, davídicos; contrajo nupcias con FERNANDO DE LA CERDA (n.1255), hijo primogénito de Don Alfonso X El Sabio, Rey de Castilla quien también es descendiente de Da. Berta de David-Toulouse y su esposo Pepín, Rey de Italia (773-810); y de su esposa Da. Violante de Aragón hija de Don Jaime I de

Aragón y Da. Violante de Hungria. El hijo de Da. Blanca de Francia y Don Fernando De la Cerda, fueron dos, ver la siguiente Generación.

Los hijos de Eduardo I Plantagenet, Rey de Inglaterra, con sus dos esposas: Leonor de Castilla y Margarita de Francia.
Los hijos con Leonor de Castilla fueron los siguientes:
1.- EDUARDO II (1284-1327) Plantagenet, Rey de Inglaterra. Asume el trono en 1307. Contrajo nupcias con Isabella "La Bella" de Francia (n.1296-m.1358), hija de Felipe IV Valois "El Hermoso", Rey de Francia (m.1314), y su esposa Jeanne I Reina de Navarra; quien a su vez era hijo de Felipe III Rey de Francia y de Isabella de Aragón quien era hija de Don Jaime I de Aragón y su esposa Da. Violante de Hungria quien es descendiente de Yaroslav I Gran Duque de Kiev. De este matrimonio sus descendientes llegan hasta Nicaragua, con la familia Montealegre. Su esposa, Isabella de Francia lo manda a matar en 1327. Ver siguiente Generación.
2.- Eleanor o Leonor Plantagenet (m.1298), contrajo nupcias con Henry, Conde de Bar.
3.- Joan de Acre (1272-1307), contrajo nupcias con Gilbert de Clare, Conde de Gloucester (m.1295), y, en segundas nupcias con Ralph de Monthermer (m.1305).
4.- Margaret Plantagenet contrajo nupcias con John Duque de Lorraine.
5.- Elizabeth Plantagenet (1282-1316) fue la segunda esposa de Humphrey de Bohun, Conde de Hereford y Essex (m.1322).

Los hijos con Margarita de Francia fueron los siguientes:
6.- Thomas de Broterton, Conde de Norfolk (1300-1338) contrajo nupcias con Alice Italys. Sin hijos.
7.- Edmund Plantagenet (1307-1330), Conde de Kent, contrajo nupcias con Margarita Wake (m.1349). Una hija, Joan de Kent.

GENERACIóN NO. 45
Los hijos de Don ALFONSO X El Sabio, Rey de Castilla y de León, contrajo nupcias, en 1248, con Da. Violante de Aragón y Hungría que era hija de Don Jaime I Rey de Aragón y su esposa Da. Violante de Hungría, fueron los siguientes:
1.- Don Fernando De la Cerda, hijo primogénito (n.1256), era considerado por Don Jaime I de Aragón, su abuelo, que en donde hay emperadores, reyes y príncipes, su nieto Don Fernando De la Cerda es un auténtico primum inter pares. Don Fernando De la Cerda se hizo cargo del reino mientras su padre andaba en batalla contra los moros. Fallece entre Burgos y Ciudad Real, tratando de vengar una derrota contra los moros perpetrada contra Don Nuño González de Lara. Le sucede su hermano menor Don Sancho, quien a los 18 años de edad asume el reino tras convencer a Don Lope Díaz de Haro, Señor de Vizcaya, hombre de confianza de Don Alfonso X El Sabio. Contrajo nupcias con Da. Blanca de Francia, hermana de don Felipe III Rey de Francia, hijos de Luis IX Capeto "El Santo", Rey de

Francia, y su esposa Da. Margarita Berenguer de Provenza. Sus hijos en la siguiente Generación.
2.- Berenguela de Castilla.
3.- Sancho IV El Bravo, Rey de Castilla. Convenció a su padre que reuniese a la Cortes en Segovia para que lo declaran el heredero del reino en prejuicio de los hijos de Don Fernando De la Cerda quienes eran los verdaderos herederos del reino según las leyes establecidas en las Partidas Alfonsinas. Da. Violante al ver semejante atropello en contra de sus nietos decide llevárselos hacia Aragón para ponerlos a salvo de un eventual asesinato. Su ayudante fiel era su cuñado Fadrique, a quien lo mata su propio hermano Sancho IV, en Treviño. Contrajo nupcias con Da. Maria Alfonsa de Molina.

El hijo de Don Juan Manuel de Castilla y Da. Constanza Beatriz de Saboya y de Baux-Grange fue:
1.- Sancho MANUEL de Castilla (1283-ca.1325), Conde de Carrión, Ricohombre de Castilla, Teniente Alcaide del Castillo de Murcia y Teniente de Adelantado Mayor del Reino de Murcia.
Casó cerca de 1315 con Da. María Rodríguez de Castañeda, hija de Ruy González de Castañeda, Ricohombre de Castilla, Señor de Hornazas y Santa Olalla de León, y de su esposa Da. Elvira Lasso de la Vega. El hijo de Sancho Manuel y Da. María Rodríguez fue:

Los hijos del Infante Don Juan Manuel de Castilla con dos de sus tres esposas, fueron los siguientes
Con Da. Isabel de Mallorca fueron:
2.- Juana de Castilla y Mallorca, (1338-1371)
3.- Constanza Manuel de Villena y Escalona. Nace en 1318 y fallece el 13 de Noviembre de 1345 a los 27 años de edad. Contrajo nupcias, primero con Alfonso XI Fernández de Castilla y León, y en segundas nupcias con don Pedro I de Portugal.
Con Da. Blanca De la Cerda, procrearon a:
4.- Juana Manuel de Castilla, Señora de Villena, contrajo nupcias con Enrique II de Castilla Trastámara, Rey de Castilla, ver generación No.19.

Los hijos de Da. Blanca de Francia con su esposo Don Fernando De la Cerda, son los siguientes:
1.- Alfonso De la Cerda
2.- FERNANDO II De la Cerda contrajo nupcias con Da. Juana Núñez de Lara, juntos procrearon una hija. Da. Juana al enviudar contrajo segundas nupcias con Enrique II de Castilla en 1300. Ver sus descendientes en las siguientes Generaciones.

Los hijos de Eduardo II con su esposa Isabella de Francia, La Bella, fueron los siguientes:
1.- EDUARDO III (1313-1377) Plantagenet, Rey de Inglaterra. Asume el trono en 1327, a la edad de 14 años. Fue el primer rey que es regido por el parlamento. Contrajo nupcias con Da. Philippa de Hainault (m.1369), sus hijos en la siguiente Generación.
2.- John de Eltham, Duque de Cornwall (1376-1436)
3.- Eleanor o Leonor Plantagenet, contrajo nupcias con Reginaldo Duque de Guelders (m.1343)
4.- Joan Plantagenet (1321-1362), contrajo nupcias con David II, Rey de Escocia.

Eduardo III Plantagenet, Eduardo II Plantaneget y Eduardo I Plantagenet, Reyes de Inglaterra

GENERACIóN NO. 46

La hija de FERNANDO II De la Cerda y su esposa Da. Juana Núñez de Lara, fue:
1.- BLANCA De la Cerda y de Lara quien contrajo nupcias con Don Juan Manuel de Castilla, El Escritor, Sr. de Villena y Escalona, su hija en la siguiente Generación.

Los hijos de Eduardo III Plantagenet, Rey de Inglaterra, y su esposa Philippa de Hainault son los siguientes:
1.- Eduardo Plantagenet, el Príncipe Negro (the Black Prince) (1330-1376), contrajo nupcias con Joan de Kent (1328-1385).
2.- Isabella Plantagenet contrajo nupcias con Enguerrand de Courcy (m.1396).
3.- Joan Plantagenet (m.1348)
4.- Leonel de Antwerp-Plantagenet, Duque de Clarence (1338-1368) contrajo nupcias con Elizabeth de Burgh y Violante Visconti de Milán.
5.- JOHN DE GAUNT-Plantagenet, Duque de Lancaster, contrajo nupcias con Blanca de Lancaster quien es tataranieta de Enrique III Plantagenet y Leonor de Provenza; su segunda esposa fue Constanza de Castilla (m.1394) quien era hija de

Pedro I de Castilla "El Justiciero" y Blanca de Borbón, a su vez era tataranieta de Sancho IV El Bravo, Rey de Castilla y de León, y de su esposa Da. María Alfonsa de Molina, hija del infante Don Alfonso de Castilla, sus hijos en la siguiente Generación. Su tercera esposa fue Catherine Swynford.

GENERACIóN NO. 47
La hija de John de Gaunt-Plantagenet y su segunda esposa Da. Constanza de Castilla y Borbón fue:
1.- Catherine Plantagenet de Castilla y Borbón (n.1372-1418), contrajo nupcias con Enrique III de Trastámara (1390-1406) , Rey de Castilla y de León que era hijo de Don Juan I de Trastámara, Rey de Castilla, y su esposa Da. Leonor de Aragón.

La hija de Da. Blanca De la Cerda y de Lara con su esposo Don Juan Manuel de Castilla, El Escritor, Sr. de Villena y Escalona, fue
1.- Juana Manuel de Castilla cc primo en tercer grado de consanguinidad, Don Enrique II Rey de Castilla, hijo fuera de matrimonio de Alfonso XI Rey de Castilla con Da. Leonor de Guzmán.
El hijo de Da. Juana Manuel de Castilla y su esposo Don Enrique II de Castilla en la siguiente generación:

GENERACIóN NO. 48
El hijo de Da. Juana Manuel de Castilla y su primo en tercer grado de consanguinidad, Don Enrique II Trastamara Rey de Castilla, fue el siguiente:
1.- Juan Manuel I de Castilla, Rey de Castilla contrajo matrimonio con Da. Inés de Castañeda Laso de la Vega, su hijo:
GENERACIóN NO. 49
El hijo de Don Juan Manuel I de Castilla con su esposa Da. Da. Inés de Castañeda Laso de la Vega, fue:
1.- Sancho Manuel de Castilla cc Leonor González de Manzanedo. Su hijo en la siguiente generación.
Casó también con Da. María Rodríguez de Castañeda, su hijo:
GENERACIóN NO. 50
El hijo de Don Sancho Manuel de Castilla con su esposa Da. Leonor González de Manzanedo, fue el siguiente:
1.- Juan Sánchez Manuel de Castilla cc Juana de Aragón-Xérica, su hija:
GENERACIóN NO. 51
La hija de Don Juan Sánchez Manuel de Castilla y González con su esposa Da. Juana de Aragón-Xérica, fue la siguiente:
1.- Inés MANUEL DE VILLENA contrajo matrimonio con Don Garcí Fernández Villodre, su hija:
GENERACIóN NO. 52
1.- Catalina SáNCHEZ MANUEL de VILLODRE contrajo matrimonio

con Don Luis Méndez de Sotomayor. El hijo de ambos fue:
GENERACIóN NO. 53
1.- Garcí Méndez de Sotomayor casó con María de Figueroa y Messía, su hijo:
GENERACIóN NO. 54
1.- Luís Méndez de Sotomayor casó con Maria de Solier y Fernández de Córdoba, su hijo:
GENERACIóN NO. 55
1.- Alfonso Hernández de Sotomayor casó con Inés Cerrato, su hijo:
GENERACIóN NO. 56
1.- Luis Méndez Sotomayor casó con Juana de Vera, su hija:
GENERACIóN NO. 57
1.- Juana de Vera Sotomayor casó con García Ramiro Corajo.
Nota: García Ramiro-Corajo y Zúñiga contrajo brillantísimo matrimonio con Doña Juana de Vera y Sotomayor, de la casa de los Señores de la Encomienda de Diriega (Masaya, Nicaragua), descendiente por su varonía de la poderosa casa de Méndez de Sotomayor, Señores y luegos Marqueses del Carpio, y por femenina de la ilustre casa de Fernández de Córdoba, de la línea de los Señores de Zuheros y por consiguiente deuda en grado cierto del Gran Capitán. De este matrimonio nacieron ocho hijos, cuatro varones y cuatro hembras. Las mujeres enlazaron con las nobilísimas casas de Alvarado, Chaves y Ocampo-Golfín de Sandoval. Los hombres, llamados Don Francisco, Don Diego, Don Fernando y Don Antonio, fueron todos Caballeros de lustre, ocupando los más importantes cargos así en la Real Milicia como en los Cabildos de las Ciudades de Cartago y Esparza, Don Diego además fue Corregidor de Pacaca en 1651, pero particular mención se debe hacer de su hermano Don Anotnio Ramiro Corajo por haber sido el principal promotor en 1687 de la fundación de la población de Bagaces, no obstante la abierta oposición del Gobernador de la Provincia, en su calidad de más rico terrateniente de la región y propietario de la Hacienda de San Francisco de Buenaventura. Otro hermano, don Francisco, casó muy noblemente con Dona María de Retes y Vásquez de Coronado. (Castro Tosi)

El hijo de ambos, de Da. Juana y del Sargento Mayor Don García Ramiro Corajo fue el siguiente:
GENERACIóN NO. 58
1.- Francisco Ramiro Corajo Vera casó con Maria Retes Peláez Vázquez de Coronado, cuyo antepasado es Juan Vázquez de Coronado y Anaya.
Nació en 1592 en Trujillo, Extremadura, España.. Murió en 1650. LLegó a Costa Rica por 1573. El gobernador Alonso Anguciana de Gamboa le premió con la concesión de la rica Encomienda en Garabita (Chucasque) con los pueblos de Arián y Cora entre los Catapas y Tices, sucediéndole su hijo. En 1577 fue como Alférez a la expedición de Suerre para restaurar la Villa del Castillo de Austria, otrora fundada por el padre Rávago, primer intento para abrir el camino al Atlántico. Ejerció los cargos de Alcalde Ordinario de la Santa Hermandad y

Regidor tanto en Cartago como en Esparza. Una característica de esta familia Ramiro Corajo fue su doble vecindad en ambas ciudades. Los Corajo poseían la renombrada casa fuerte de "La Coraja", desde la que desafiaban a sus enemigos, y así fue como dieron muerte en Marta a un Caballero Trujillano Gonzalo Diaz, el cual resulta ser, nada menos, que el rebisabuelo del Marqués Don Francisco Pizarro, en línea recta de varón en varón. En realidad pocas fueron las familias en esta tierra de tan dorados blasones como la de Ramiro-Corajo cuya actuación en Costa Rica no merece más que elogios por su altruismo y desinterés. (Castro y Tossi). Entró con Perafán de Rivera, vino de Tierra Firme a Nicoya, de donde pasó en 1573 a Costa Rica, como caballero hidalgo, con casa poblada; vino con armas, criados y caballos. Tuvo además soldados sustentados a su costa y minción. Perafán de Ribera le favoreció con la encomienda de Bexú con 300 indios. En 1576 era vecino de Cartago, donde desempeñó el cargo de Alcalde de la Santa Hermandad. En 1577 residía en Esparza y era encomendero de Tices, Catapas y Garabito. En tiempos de Anguciana de Gamboa fue como alférez a descubrir el puerto de Suerre en 1574. En 1607 su hijo hizo probanza de méritos y servicios de su padre. (tomado de Fernández León 1881-1907; II: 195-221). (Hay biografía suya en Jiménez, Manuel J. 1946-49, II:219-220 (Meléndez).
La hija de Don Francisco Ramiro Corajo y su esposa fue:
GENERACIóN NO. 59
1.- María Rosa Vázquez Ramiro Corajo casó con Pedro José Sáenz Lanini, su hijo:
GENERACIóN NO. 60
1.- Manuel Sáenz Vázquez casó con Ana Antonia Bonilla Astúa, su hija:

GENERACIóN NO. 61
1.- Bárbara Antonia Sáenz Bonilla casó con Cecilio Antonio Romero Parajales, su hija:

GENERACIóN NO. 62
1.- Manuela Casimira Romero Sáenz casó con Mariano Ignacio Montealegre Balmaceda, hijo de Mariano Montealegre, el nombre de la madre no se conoce. Los Montealegre son originarios de Valladolid, España. Sus orígenes se remontan al Reino de Murcia y son descendientes del Infante Don Juan Manuel de Castilla. Don Mariano Ignacio Montealegre antes de casar con Da. Manuela Casimira Romero, fue padre de dos hijos, uno con Isidora Rueda, Juan Montealegre Rueda, con descendencia en Guatemala; el otro con Josefa Bustamante, Mariano Montealegre Bustamante con descendencia en Costa Rica. Los hijos de Mariano Ignacio Montealegre Balmaceda y Manuela Casimira Romero Sáenz fueron los siguientes:

GENERACIóN NO. 63
Los hijos de Don Mariano Montealegre Bustamante y Da. Manuela Casimira Romero Sáenz, fueron los siguientes:

1) Francisco Montealegre Romero, sin descendencia.
2) Cipriana Montealegre Romero casó con Cornelio Ramírez Areas, hermano del Jefe de Estado, Don Norberto Ramírez Areas.
3) Rafaela Montealegre Romero casó con Juan Francisco Parajón, son los padres del Gral. Francisco Parajón, liberal.
4) Gertrudis Montealegre Romero casó en primeras nupcias con Vicente Solórzano Pérez de Miranda. De este primer matrimonio desciende el presidente Carlos Solórzano Gutiérrez y el candidato inhibido, a la Alcaldia de Managua, Pedro Solórzano.
   En segundas nupcias casó con José del Carmen Salazar Lacayo.
   De este segundo matrimonio descienden Mariano Salazar Montealegre, fusilado por William Walker, y compañero de luchas del Gral. Máximo Jeréz. También desciende Jorge Salazar, asesinado en tiempos apocalípticos del frentismo.
   Los hermanos Cardenal Tellería son descendientes de este matrimonio: Alfonso, Franciso "Chicano", Marco Antonio, Roberto y sus hermanas, todos Cardenal Tellería.
5) Paula Montealegre Romero casó en primeras nupcias con José Manuel Martínez de Sobral. En segundas nupcias con Basilio Zeceña. Sus descendientes se encuentran en Guatemala.
6) Francisca Montealegre Romero casó con Ramón de Sarria y Reyes. De este matrimonio descienden los presidentes Roberto Sacasa Sarria, Juan Bautista Sacasa Sacasa, los hermanos Luis y Anastasio Somoza Debayle, Benjamín Lacayo Sacasa y todos los funcionarios de la administración de Alemán y de Bolaños, que llevan el Sacasa.
7) Mariano Montealegre Romero casó en primeras nupcias con Carmen Fuentes-Sansón, originaria de León, procrearon solamente un hijo, Mariano Montealegre Fuentes-Sansón, sus restos descansan en la Catedral de León, junto con los de su esposa Dolores Sacasa Sarria, su sobrina, hay extensa descendencia.
   De este matrimonio desciende Federico Argüello Solórzano, S.J.
   En segundas nupcias casó con María Manuela Bárbara Lacayo Agüero, hija de José Antonio Lacayo Marenco (+23 de Febrero de 1826) y Pilar Agüero López (+ 30 de Enero de 1895).
   Sus descendientes en las siguientes generaciones.

GENERACIóN NO. 64

El hijo del primer matrimonio, de Don Mariano y Da. Carmen, fue el siguiente:

1.- Don Mariano Montealegre Fuentes-Sansón quien contrajo matrimonio con su sobrina Da. Dolores Sacasa Sarria, hija de Don Juan Bautista Sacasa Méndez y Da. Casimira Sarria Montealegre que era hija de Don Ramón de Sarria y Reyes y su esposa Da. Francisca Montealegre Romero hermana de Don Mariano Montealegre Romero. Hay extensa descendencia hasta nuestros días.

Los hijos del segundo matrimonio, de Don Mariano y Da. María Manuela Bárbara Lacayo Agüero, fueron los siguientes:

1.- Manuel Ignacio Montealegre Lacayo cc Natalia Delgado Páiz.
2.- Cipriana Montealegre Lacayo cc José María Gasteazoro Robelo.
3.- Paula Montealegre Lacayo cc Manuel Balladares Terán.
4.- Gertrudis Montealegre Lacayo cc Benjamín Midence.
5.- Carmen Montealegre Lacayo cc Gabriel Dubón Echevers.
6.- Samuel Montealegre Lacayo cc Teresa Seydel Venerio.
7.- Abraham Montealegre Lacayo cc Victoria Callejas Sansón.
8.- Elías Montealegre Lacayo cc Julia Gasteazoro Robelo
9.- Isaac Montealegre Lacayo cc Julia Gasteazoro Robelo, viuda de Elías Montealegre Lacayo, compañero de lucha con el Gral. Máximo Heréz y Mariano Salazar Montealegre.
10.- Augusto César Montealegre Lacayo cc Isabel Salvatierra Ricarte y Fábrega. Tuvo hijos con Francisca Cigú.
11.- Adán Montealegre Lacayo, sin descendencia.

También crió, Don Mariano Montealegre Romero, al hijo del Gral. Francisco Morazán Quesada y Da. Carmen Moncada, quien era su amigo, y que se lo trajo de Costa Rica cuando fue fusilado su padre, su hijo, del mismo nombre: Francisco Morazán Moncada quien contrajo nupcias con la dama de El Viejo, Carmen Venerio Gasteazoro, sus descendientes contrajeron matrimonio con los descendientes de Don Mariano Montealegre Romero.

GENERACIóN NO. 65

Los hijos de Don Mariano Montealegre Fuentes-Sansón y Da. Dolores Sacasa Sarria, fueron los siguientes:

1.- Francisca Montealegre Sacasa, contrajo matrimonio con su pariente Don Fernando Solórzano Gutiérrez, hijo de Don Federico Solórzano Reyes que era hijo de Don Ramón Solórzano Montealegre, y éste era hijo de Don Vicente Solórzano Pérez de Miranda y su esposa Da. Gertrudis Montealegre Romero.

2.- Rafael Ignacio Montealegre Sacasa, contrajo matrimonio con Da. Pastora Venerio Olivares.

3.- Salvador Montealegre Sacasa, contrajo matrimonio con Da. Déborah Montealegre Cigú.

4.- Cipriana Montealegre Sacasa

Los hijos de Da. Cipriana Montealegre Lacayo con Don José María Gasteazoro Robelo, fueron los siguientes:
1.- Dr. José del Carmen Gasteazoro Montealegre cc Eva Mejía Morales. Médico, fue el doctor de cabecera de Da. Rosa Sarmiento, madre del poeta Rubén Darío, en El Salvador.
2.- Mariano Gasteazoro Montealegre cc Rita Rodríguez -Porth
3.- Carlos Alberto Gasteazoro Montealegre cc Francisca Bustamante, salvadoreña.
4.- Maximiliano Gasteazoro Montealegre
5.- Concepción Gasteazoro Montealegre cc en primeras nupcias con Leandro Rojas Suter, salvadoreño, y en segundas nupcias con Alfredo Suter, francés.
6.- Cipriana Gasteazoro Montealegre (m. Marzo 5, 1935) cc Octavio Cañas, salvadoreño.

Los hijos de Da. Paula Montealegre Lacayo con Don Manuel Balladares Terán, fueron los siguientes:
1.- Angélica Balladares Montealegre, fue condecorada por el Congreso Nacional y declarada la Primera Dama del Liberalismo. Vivió en Granada, en donde contrajo matrimonio con Enrique Castillo del Castillo y en sugundas nupcias con Guillermo Argüello Vargas.
2.- Manuel Balladares Montealegre cc Lucila Portocarrero
3.-Mariana Balladares Montealegre cc Joaquín Sansón Escoto, son los abuelos de la poetisa Mariana Sansón Argüello.
4.- Pastora Balladares Montealegre cc Justino Sansón Escoto.

Los hijos de Da. Gertrudis Montealegre Lacayo con Don Benjamín Midence, fueron los siguientes:
1.- Benjamín Midence Montealegre cc Margarita Martínez

Los hijos de Da. Carmen Montealegre Lacayo con Don Gabriel Dubón Echevers, fueron los siguientes:
1.- Marina Dubón Montealegre, tiene descendencia.
2.- Henry Dubón Montealegre (n. Sept. 17, 1917-m. Abril 24, 1989) cc Diana Cabrera García
3.- Virgilio Dubón Montealegre, muere el 26 de Febrero de 1958.
Nota: A este matrimonio se le murieron nueve hijos sin alcanzar la juventud.

Los hijos de Don Samuel Montealegre Lacayo con Da. Teresa Seydel Venerio, fueron los siguientes:
1.- Gustavo Montealegre Seydel cc Josefa Infante Morazán y con María "Mimí" D'Ambrun-D'Arbelles Izaguirre
2.- Lily Montealegre Seydel cc Isaac Montealegre Gasteazoro

3.- Arturo Montealegre Seydel cc Cruz Méndez
4.- Samuel Montealegre Seydel cc Esther Deshon Morazán
5.- Mariano Montealegre Seydel, muere soltero.
6.- Teresa Montealegre Seydel cc Francisco Reyes Callejas
7.- Enriqueta Montealegre Seydel cc José María Balladares Plazaola
8.- María Gertrudis Montealegre Seydel cc Arturo López Robelo

Los hijos de Don Elías Montealegre Lacayo con Da. Julia Gasteazoro Robelos, fueron los siguientes:
1.- Elías Montealegre Gasteazoro, muere soltero, a los 20 años.
2.- Mariano Montealegre Gasteazoro cc Amelia Mayorga Areas y tuvo una hija con Berta Meléndez. Hay extensa descendencia.
3.- Manuela "Yayita" Montealegre Gasteazoro, soltera, n. Oct. 19, 1893.

Los hijos de Don Isaac Montealegre Lacayo, con su esposa y cuñada viuda de su hermano, Da. Julia Gasteazoro Robelo, fueron los siguientes:
1.- Isaac Montealegre Gasteazoro cc Lily Montealegre Seydell
2.- María Cristina "Kika" Montealegre Gasteazoro cc Tomás Lacayo César
3.- Eduardo Montealegre Gasteazoro cc Celia Callejas Obregón
4.- María del Pilar "Mama Lai" Montealegre Gasteazoro cc primero con Félix Saravia Silva y en segundas nupcias con Francisco Herradora Silva.
5.- José Francisco Montealegre Gasteazoro, soltero, (n.1883-m.1925).
6.- Elia Montealegre Gasteazoro cc Mariano Dubón Montealegre
7.- Berta Montealegre Gasteazoro cc Eduardo Deshon Morazán, descendiente de los primeros inmigrantes del barco Mayflower y del Gral. Francisco Morazán Quesada, Presidente de Centro América.
8.- Casimira "Mira" Montealegre Gasteazoro cc Perfecto Tijerino Navarro.

Los hijos de Don Augusto César Montealegre Lacayo con su esposa Da. Isabel Salvatierra Ricarte y Fábrega. Tuvo hijos Don Augusto con Da. Francisca Cigú o Marie Debra Cigoue. Son los siguientes:
De su matrimonio con Da. Isabel son los siguientes:
1.- Augusto César Montealegre Salvatierra cc Ma. Cristina Zapata Malliè, hija del Dr. Román Zapata, abogado, y Marie Louise Malliè hija de Louis Malliè.
2.- Ernesto Montealegre Salvatierra cc Modesta Tábora Gómez
3.- Paula Montealegre Salvatierra cc Jacinto Serrano
4.- Abraham Montealegre Salvatierra cc Priscila Tábora
5.- María del Carmen Montealegre Salvatierra cc Eliseo Venerio
6.- Humberto Serafín "Pin" Montealegre Salvatierra cc en primeras nupcias con Pastora Plazaola y en segundas nupcias con Celia Mondragón.
7.- Augusta Montealegre Salvatierra cc John Alex Colston Cross
8.- Manuela Montealegre Salvatierra cc en primeras nupcias con Felipe Altamirano Callejas y en segundas nupcias con Fco. Alfredo Sandoval Fuentes.

9.- Berta Montealegre Salvatierra cc Louis Colvin, sin descendencia.
Los hijos con Francisca Cigú o Marie Debra Cigoue, son los siguientes:
10.- Abel Montealegre Cigoue cc Carmen Vázquez
11.- Aaron Montealegre Cigoue
12.- Julio Renato Montealegre Cigoue cc Hilda Córdoba Solórzano
13.- Hermicenda Montealegre Cigoue cc Miguel Madriz
14.- Deborah Montealegre Cigoue cc Salvador "Chelón" Montealegre Sacasa

GENERACIóN NO. 66
Los hijos del matrimonio formado por el Dr. Don Augusto César Montealegre Salvatierra y Da. María Cristina Zapata Malliè, fueron los siguientes:
1.- Dra. Augusta Patria Montealegre Zapata, odontóloga graduada de la Universidad Católica de Washington. Contajo matrimoni con Don Tomás Peralta Maza, salvadoreño, hay descendencia en El Salvador.
2.- Dr. Sergio Mario Montealegre Zapata, abogado graduado en la Universidad Católica de Washington. Contrajo matrimonio con Da. Connie Alvarez Padilla. Hay descendencia en Estados Unidos de América y México.
3.- Dr. Noel Salvador Montealegre Zapata, abogado graduado de la Universidad de León. Contrajo matrimonio con Da. María Elsa Valle Gámez
4.- Profesora Ilú Montealegre Zapata, contrajo matrimonio con el Profesor José Santos Rivera Siles, hijo del profesor, diputado por el Partido Liberal y coronel del Ejército Defensor de la Soberanía Nacional (EDSN), Don José Santos Rivera Zeledón y de su esposa la profesora Da. Angela Siles Zelaya. Los hijos de este matrimonio fueron los siguientes:
GENERACIóN NO. 67
Las hijas de la Dra. Augusta Patria Montealegre Zapata y Don Tomás Peralta Maza, en El Salvador, son las siguientes:
1.- María Augusta Peralta Montealegre, contrajo matrimonio con José Antonio Fernández Vázquez, hay descendencia.
2.- Carmen Elena Peralta Montealegre, contrajo matrimonio con José Antonio Acevedo Peralta, hay descendencia.

Los hijos del Dr. Noel Salvador Montealegre Zapata y Da. María Elsa Valle Gámez, son los siguientes:
1.- Prof. María Cristina Montealegre Valle, contrajo matrimonio con el Ing. Manuel Ignacio Terán González (n. 31 de Julio de 1942).
2.- Dr. Augusto César Montealegre Valle, abogado, contrajo matrimonio con Mayda Denueda Somarriba, con Lourdes Chamorro Sandino, con Patricia Frec. Zablah y con María José Coronel Novoa.
3.- Dra. Rosario Montealegre Valle, abogado, contrajo matrimonio con Isaac Travers Zeledón, con Ariel Argüello Paguaga y tuvo un hijo con Bernardo Orozco Matamoros.
4.- Dra. María Elsa Montealegre Valle, abogado, soltera.

5.- Lic. Admón. Claudia Montealegre Valle, soltera.
6.- María Noel Montealegre Valle, soltera.
7.- Fátima Montealegre Valle, contrajo matrimonio con Alfredo Salomón Benitez.
8.- Dra. María Augusta Montealegre Valle, doctora en medicina, contrajo matrimonio con Rafael Vallecillo Somarriba.

Los hijos del Dr. Sergio Mario Montealegre Zapata y Da. Connie Alvarez Padilla, son los siguientes:
1.- Sergio Mario Montealegre Alvarez (q.d.e.p.) cc Ana Lily Román Quintana, procrearon dos hijos.
2.- Lic. Roberto Felipe Montealegre Alvarez cc Patricia Spitale Reale (italiana) y con Gabriela Raya Clouthier (mexicana).
3.- Lic.-Arq. Laura Lynn Montealegre Alvarez, socióloga y arquitecta.

Los hijos de Da. Ilú Montealegre Zapata y Don José Santos Rivera Siles, son los siguientes:
1.- Dr. José Augusto Rivera Montealegre (n. 13 de Noviembre de 1948) contrajo nupcias con: Rosa Collin Oranday, mexicana, hay tres hijos, con María Elena Hernández, mexicana, hay cuatro hijos, y con Margarita Pérez Fonseca sin descendencia.
2.- Román Rivera Montealegre, fallece en la infancia.
3.- Arq. Flavio César Rivera Montealegre (n. 17 de Diciembre de 1951) contrajo matrimonio con Ligia Bermúdez Varela, hija de Don Carlos Bermúdez Lanzas y de Da. Angela Varela Mendiola, originarios de la ciudad colonial de León Santiago de los Caballeros, Nicaragua. Procrearon dos hijas, ver siguiente Generación.
4.- Lic. José Santos Rivera Montealegre (n. 24 de Diciembre de 1956) contrajo matrimonio con Mónica Rodríguez Helú, mexicana, procrearon dos hijos.
5.- José Eustacio Rivera Montealegre (n. 29 de Julio de 1963), soltero.

GENERACIóN NO. 69
Las hijas de Flavio Rivera Montealegre y Ligia Bermúdez Varela, son las siguientes:
1.- Ilú de los Ángles Rivera Bermúdez, n. 13 de Septiembre de 1974
2.- Flavia Ilú Rivera Bermúdez, n. 25 de Mayo de 1979

GENERACIóN NO. 70
La hija de Flavia Ilú Rivera Bermúdez y Shaun Torrente Thompson quien es hijo de William Torrente y Sandra "Sandy" Thompson Ponticolli hija a su vez de Frederick Thompson y Angela Ponticolli (q.e.p.d.); es la siguiente:
1.- Isabella Ángela Torrente Rivera, nació el 20 de Febrero de 2005, en el Hospital Bautista, en la ciudad de Miami, Florida, Estados Unidos de América.

La hija de Ilú de los Ángeles Rivera Bermúdez y Raymond Arbesú, es la siguiente:
1.- Victoria Ángela Arbesú Rivera, nació el 11 de Febrero de 2011, en la ciudad de Miami, Florida, Estados Unidos de América; en el Hospital Bautista.

Breve bibliografía:

1.- Base de datos suministrada por el Lic. Norman Caldera Cardenal, que a su vez ha sido el producto de investigaciones de un grupo de personas de la misma familia, que ha recopilado datos en los Archivos de la Capitania General de Guatemala, en el Archivo de Indias en Sevilla, España; en Marruecos y en los archivos de la Academia de Ciencias Genealógicas de Costa Rica.
2.- "El origen judío de las monarquías europeas. El mayor secreto de la Historia", por Joaquín Javaloys, Editorial EDAF.
3.- "Enciclopedia de Historia Universal. Desde la Prehistoria hasta la II Guerra Mundial" por William L. Langer, editado por Alianza Diccionarios, Madrid.
4.- "Así se hizo España" por José Antonio Vaca de Osma, Editorial Espasa-Calpe, Madrid, 1981.
5.- "The Forgotten Monarchy of Scotland" por HRH Príncipe Michael de Albania, Jefe de la Casa Real de los Stewart, Editado por Element Books Inc., Boston, USA, 1998.
6.- "Oxford Illustrated History of the British Monarchy" por John Cannon y Ralph Griffiths, Oxford University Press, 1988.
7.- "The Mammoth Book of British Kings and Queens" por Mike Ashley, editado por Carroll and Graf Publishers, Inc., Nueva York, USA, 1998.
8) Investigaciones realizadas por el Prof. Dr. Herbert Stoyan, Director del Instituto de Inteligencia Artificial de la Universidad
Friedich Alexander, de Erlangen, Nüremberg, Alemania, disponibles en la www de internet.
9) Investigaciones del Dr. Bryan C. Tompset, Jefe del Departamento de Ciencias de Computación de la Universidad de Hull, en Inglaterra, disponibles en la www de internet en Genealogias de las familias reales. (www.hulluniversity.com) o buscar en www.google.com como Directory of Royal Genealogical Data.
10) Ancient Genealogies, del Historiador y Genealogísta Eward Pawlicki, disponible en la www de internet.

11) Les Ancêtres de Charlemagne, de Christian Settipani, reconocido como una de las máximas autoridades en la genealogía del Emperador, libro que le fuera obsequiado al Arq. Hernán Segura R., por el Dr. D. Ives de Ménorval.
12) Estudio Histórico de algunas familias españolas, de D. Alfonso de Figueroa y Melgar.
13) Investigaciones realizadas por el Arq. Segura Rodríguez en el Archivo General de Indias, en Sevilla, España.
14) Base de datos de la Iglesia de los Mormones, disponible en Internet.
15) Revista de la ACCG, No.37, San José, Costa Rica, Junio 2000.
16) La España del Siglo de Oro, François Piétri, Ediciones Guadarrama, entre otros libros y muchos sitios que se pueden acceder en internet en Google.com.
17.-"The Plantagenet Ancestry" by Lt.-Col. W. H. Turton, D.S.O., Genealogies Publishers, Inc., 1993.
18.- "Lines of Succession. Heraldry of the Royal Families of Europe" by Jiri Louda and Michael Maclagan, Barnes and Noble Books, New York, 2002.
19.- "Pedigree and Progress" (1975) and "The Jewish kings or princes of Narbonne", por Anthony Wagner.
20.- "A Jewish princedom in feudal France: 768-900" (1972), por Arthur Zuckerman.
*el autor es Arquitecto, genealogísta aficionado, natural de San Rafael del Norte, Jinotega, Nicaragua.

Genealogía de la familia Montealegre

Genealogía de la familia Plantagenet, sus descendientes en Nicaragua y Costa Rica

Investigación realizada por: Flavio Rivera Montealegre*

GENERACIóN NO. 1

TORTULF de RENNESH (The Wodman of Nid-de-Merle)

GENERACIóN NO. 2

INGELGER (muere en el 900). Fundador de la Primera Dinastía Angevina. Contrajo nupcias con Da. Aelendis de Amboise, su hijo fue

GENERACIóN NO. 3

FOULQUES I "The Red" (El Rojo) o FULK I, muere en el 942, Conde de Anjou. Contrajo nupcias con Rosilla de Loches, su hijo fue

GENERACIóN NO. 4

FOULQUES II "The Good" (El Bueno) o FULK II de Anjou, Conde de Anjou, nace en el 909 y muere en el 961. Fue educado en literatura y artes liberales en la Corte de Hugo Capeto de Francia. Contrajo nupcias con Gerberga de Gatinais (m. 952) ella era hija de Ratburns I David de Autun-Toulouse, Vizconde de Vienne; nieta de Ermengarde David de Provenza; bisnieta de Boson David, Rey de Provenza y Conde de Berry, casado con Ermengarde Carolingia (n.855-m.896); tataranieta de Buvin David, Conde de Italia (m.869) casado con Richilda de Arles; tataranieta segunda de Theodoric David, Conde de Autun (n.802) quien es hijo de San Guillermo I David, Conde de Toulouse, Marqués de Septimania y Nasi o Príncipe de Francia (n.771-m.822) casado con Guibourc de Hombach (n.778), (San Guillermo es hijo de Makhir-Theodoric I David de Autun, Duque de Toulouse, del linaje davídico). El hijo de Foulques II y Gerberga de Gatinais (las siguientes generaciones son descendientes del rey David por línea femenina) fue:

GENERACIóN NO. 5

GODOFREDO GRISEGONELLE I (Greygown), o Geoffroi I, Conde de Anjou y Senescal de Francia. Ayudó a Hugo Capeto coronarse Rey de Francia. Contrajo nupcias en dos ocasiones, la segunda con Adelaida de Vermandois (934-982) hija de Roberto Capeto, Conde de Vermandois y Meaux y de su esposa Adelaida de Vermandois, el hijo de ambos en la siguiente Generación No.6. Es importante acotar que Roberto de Vermandois es descendiente directo de Bernard, Rey de Italia.

Otra hija de Foulques II con su esposa Gerberga de Gatinais, fue:

Blanca Adelaida de Anjou, quien fue la segunda esposa de Ottón Guillermo de Borgoña y Maçon que era hijo de Otto Guillermo de Borgoña y Maçon quien a su vez era hijo de Enrique de Borgoña y de su esposa Da. Gerberga de Maçon y Besançon, ésta se había casado en segundas nupcias con Adalberto de Ivrea y Tuscany, Rey de Italia, por lo cual adoptó al hijo de su esposa, es decir, a Otto Guillermo, existe extensa descendencia hasta Nicaragua.

GENERACIóN NO. 6

FOULQUES III NERRA (Palmer) "The Black" (El Negro), Conde de Anjou. Nace en el 956 y muere en el 1040. Fue el fundador de la capilla Beaulieu-lès-Loches (Francia), en donde fue sepultado al morir, junto con su esposa. Contrajo nupcias con Hildegarde (n. 964-muere en el 1046), los hijos de ambos fueron los siguientes

GENERACIóN NO. 7

1.-

GODOFREDO II MARTEL, fue Conde de Anjou desde 1040 al 1060 año en el que fallece sin hijos con su esposa Agnes de Borgoña que era hija de Otto Guillermo, Conde de Borgoña o Burgundy, y de su esposa Da. Ermetrude de Roucy hija de Renaud Roucy y su esposa Da. Albreda de Lorraine, de este matrimonio hubo su otro hijo Gilbert de Roucy (n.956) quien es el antepasado de Da. Blanca Princesa de Navarra por su madre Da. Margarita De La Aigle Rotrou esposa de Garcias V (VI) Ramírez, Rey de Navarra. Al ganar unas batallas se anexa las tierras de los condados de Vendômois y del Maine.

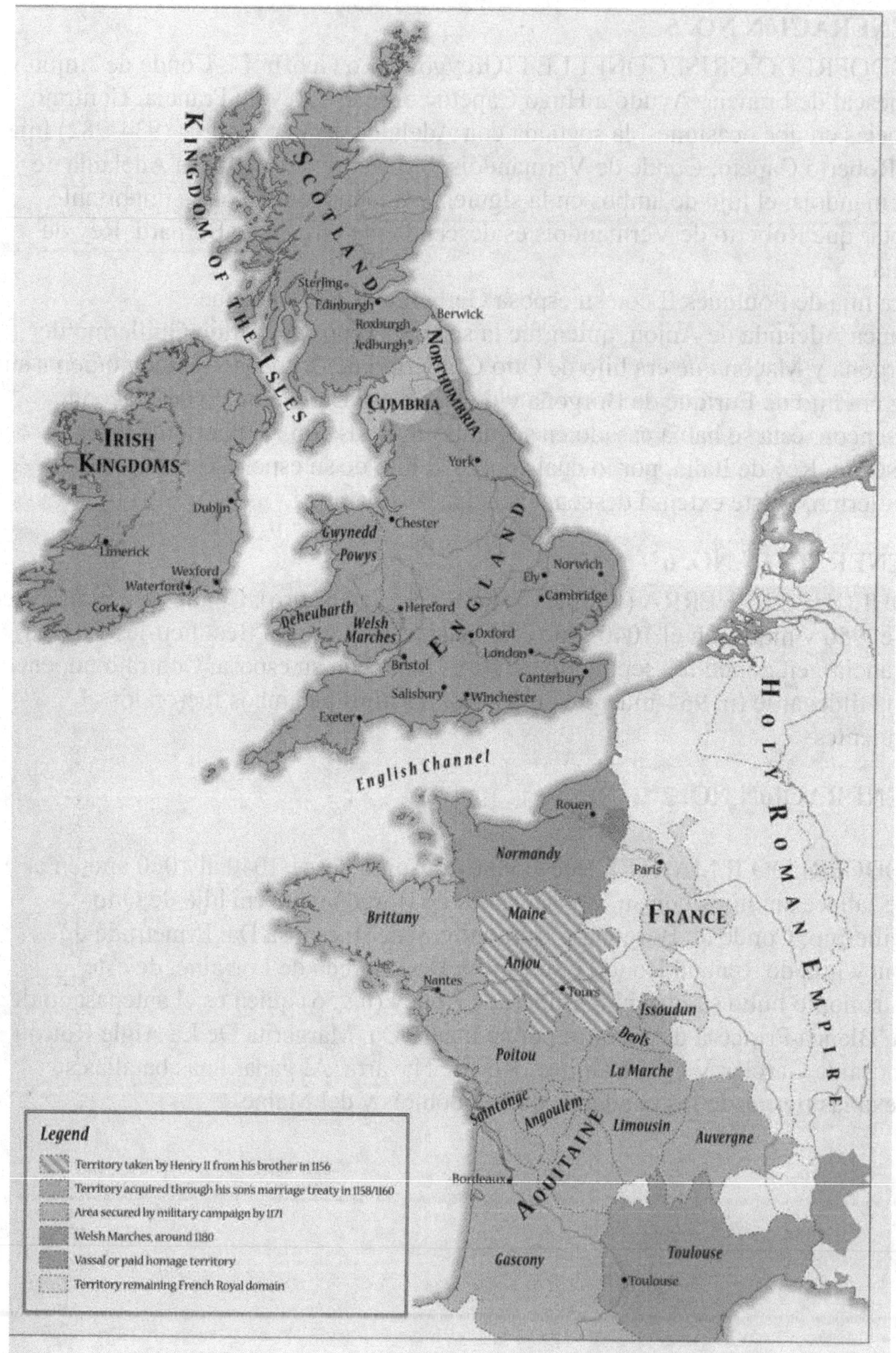

Mapa de los territorios pertenecientes a la monarquía de los Plantagenet

2.-
HERMENGARDE de ANJOU (1018-1076), Condesa de Anjou, contrajo nupcias dos veces, la primera con Geoffroi o Godofredo II (1000-1046), Conde de Gâtinais, su hijo en la siguiente generación, y es de quien descienden los que en un futuro llevarían como apellido el Plantagenet. En segundas nupcias con Gozelo I, Duque de Lower Lorraine, con quien solamente procrea un hijo sin descendencia, ver la siguiente generación.

GENERACIóN NO. 8

El hijo de Hermengarde con Geoffroi, Conde de Gâtinais, fue

2.1.- FOULQUES IV "The Quarreller", Conde de Anjou. Nace en el 1043 y muere en el 1109. Contrajo nupcias en dos ocasiones, primero con Hermengarde de Bourbon, con quien tuvo un hijo que no tuvo descendencia, ver siguiente generación. En segundas nupcias con Bertrada de Monfort (1059-1117) hija de Simón I de Montfort (1059-1117) y Agnes D'Evreux (n.1030), con quien tuvo un hijo, teniendo extensa descendencia hasta en Nicaragua y Costa Rica,América Central, ver siguiente generación.

El hijo de Hermengarde con Gozelo I, Duque de Lower Lorraine, fue
2.2.- Geoffroi III, Conde de Anjou, muere en el 1098 sin descendencia.

GENERACIóN NO. 9

El hijo de Foulques IV con Da. Hermengarde de Bourbon, fue

1.- Geoffroi IV Martel, Conde de Anjou, quien muere en el 1106 sin descendencia.
El hijo de Foulques IV con Da. Bertrada de Monfort, fue
2.- FOULQUES V, (1092-1143)Duque de Anjou y Rey de Jerusalén, quien contrajo nupcias en dos ocasiones. Primero con Aremburg de Maine (Ermengarde de Maine o Ermentrude Du Maine)(1096-1126) con quien procrea hijos, ver siguiente generación. Ermengarde Du Maine era hija de Helias Du Maine, Conde de Maine, (1060-1110) y de Matilde DeChateau DuLoire (1030-?) En segundas nupcias con Melisende sin descendencia.

GENERACIóN NO. 10

El hijo de Foulques V, Duque de Anjou y su primera esposa Da. Aremburg de Maine, fue
GEOFFROI o GODOFREDO V PLANTAGENET, Conde de Anjou. Es el primero en usar tal apellido, que se origina en su escudo que era una planta de ginesta el que origina el apellido que en francés es Plantagenet. Contrajo nupcias con la viuda del Emperador Enrique V de Alemania (m.1125), Matilda Edith (n. 1102-m. 1167), Princesa de Escocia, quien era hija de Enrique I Rey de Inglaterra (n.1133-m.1189) y de su esposa Edith Matilda Scots Atheling (hija de Malcolm III

de Escocia y Margaret Atheling (Santa Margarita), n.1045-m.1093, de la Casa Dunkeld y los Duques de Normandía), Margaret Atheling era hija de Edward Athling (m. 1057) y nieta de Edmund Ironside (m.1016), bisnieta de Ethelred II y Elfreda; Sta. Margarita era tataranieta de Richard I Conde de Normandía y su esposa Gunnor de Dinamarca. Con los hijos de este matrimonio se inicia el reinado de la dinastía Plantagenet en Inglaterra, quienes reinan desde 1154 hasta 1485. De esta familia se producen 14 reyes en Inglaterra y de ellos descienden la gran mayoría de los monarcas de las casas reales de Europa hasta la fecha, el siglo XXI. En la historia se le conoce como la dinastía Angevina o Casa de Anjou, y, sus descendientes son de la Casa de York, la Casa de Lancaster y la Casa Tudor. Los hijos de este matrimonio son los siguientes:

GENERACIóN NO. 11

1.- Enrique II Plantagenet (n.1133-m.1189), Rey de Inglaterra desde 1154 a 1189, y se convierte en el segundo esposo de Da. Leonor o Eleanor de Aquitania (n.1122-m.1204) quien se había divorciado de Luis VII Capeto, Rey de Francia y que procrearon dos hijas: Mary y Alicia.
Da. Leonor de Aquitania es hija de William X Duque de Aquitania (1099-1137) y de Da. Aenor o Eleanor de Chatellerault, y, nieta de William IX Duque de Aquitania y de Da. Philippa Matilde de Toulouse (1073-1117) quien es descendiente del linaje davídico. Procrearon ocho hijos, Enrique II y Da. Leonor, ver siguiente generación.
2.- Geoffrey VI de Anjou o Godofredo Plantagenet (n.1134-m.1157)
3.- William Plantagenet, Conde de Poitou (n. 1136-m.1163)

Historia breve de Enrique II Plantagenet, Rey de Inglaterra:
Rey de Inglaterra, primero de la dinastía Plantagenet (Le Mans, Francia, 1133 - Chinon, 1189). Era hijo de Godofredo V de Anjou y de Matilde, hija y heredera de Enrique I de Inglaterra. Al morir su abuelo en 1135, el Trono fue usurpado por Esteban de Blois (nieto de Guillermo I, *el Conquistador)* y se abrió una guerra civil (1139-53), que terminó cuando Esteban reconoció como sucesor al hijo de Matilde, Enrique II. Accedió, pues, al Trono, al morir Esteban en 1554, reuniendo bajo su dominio, además de Inglaterra, los feudos franceses de Normandía, Bretaña, Maine, Turena y Anjou, a los que añadió Aquitania por su matrimonio con Leonor de Aquitania (1152). Impulsó la conquista de las islas Británicas bajo dominio inglés, sometiendo Escocia y Gales e iniciando la conquista de Irlanda (1171).

El reinado de Enrique II se caracterizó por un reforzamiento del poder real, en lucha incesante contra los señores feudales y la Iglesia. Reorganizó la administración real en un sentido centralizador, implantando un sistema de inspectores reales itinerantes. Creó un Tribunal del Rey central y cinco tribunales permanentes con normas procesales establecidas, así como un sistema de jurados de elección popular. Impulsó el desarrollo del derecho común y de un ejército permanente *(Assize of Arms,* 1181). En su proceso de centralización del poder promulgó las Constituciones de Clarendon (1164), por las que reforzaba la jurisdicción real en detrimento de los tribunales feudales y eclesiásticos. Ello le hizo entrar en conflicto con el papa y con su propio canciller, el arzobispo de Canterbury Thomas Becket; a pesar de la amistad que había existido entre los dos, el rey hizo asesinar a Becket en su catedral en 1170. Arrepentido de aquel acto, Enrique acabó retirando las Constituciones de Clarendon (1172), pidió públicamente disculpas a la Iglesia e hizo penitencia sobre la tumba del arzobispo asesinado (1174), que había sido canonizado un año antes. Por esa época hubo de hacer frente a la rebelión de sus propios hijos, incitados por la reina Leonor y por el rey de Francia, Luis VII.

Reina Berengaria de Navarra, su esposo Ricardo I "Corazón de León" Plantagenet, y Ricardo II Plantagenet, Reyes de Inglaterra

GENERACIóN NO. 12

Los hijos del matrimonio de Enrique II Plantagenet y su esposa Da. Leonor de David-Toulouse, Princesa de Aquitania, son los siguientes:

1.- William Plantagenet (n.1153-m.1156)

2.- Enrique FitzHenry-Plantagenet (n.1155-m.1183) contrajo nupcias con Margaret Capeto (m.1198), hija de Luis VII (que fue el primer esposo de Da. Leonor de Aquitania) y Constanza de Castilla. Era llamado "the Young King"

3.- Matilda Plantagenet (n.1156-m.1189) contrajo nupcias con Enrique, Duque de Saxony (m.1195). Su hijo fue el Emperador Otto IV.

4.- Ricardo I Plantagenet, Rey de Inglaterra desde 1189 a 1199, contrajo nupcias con **Berengaria de Navarra** (n.1163-m.1230). Ver siguiente generación. Es conocido como Ricardo Corazón de León. Sus descendientes se unen con las casas reales de España.

5.- Geoffrey Plantagenet (n.1158-m.1186) contrajo nupcias con Constanza de Britania (m.1201) hija de Conan IV de Britania. En segundas nupcias casó con Guy de Thouars. Hay descendencia.

6.- Eleanor o Leonor Plantagenet, Princesa de Inglaterra contrajo nupcias con Don ALFONSO VIII Sánchez, "el de las Navas","el Noble" Rey de Castilla (n. Nov. 11, 1155-m.1214), era hijo de Sancho III y de su esposa Da. Blanca, Princesa de Navarra hija de Garcias V (VI) Ramírez, Rey de Navarra y su esposa Da. Margarita De L'Aiglie Rotrou que a su vez era hija de Gilberto De L'Aiglie y Da. Julienne de Perche y Roucy. Procrearon, Da. Leonor y Alfonso VIII, doce hijos, ver siguiente Generación. De este matrimonio llegaron descendientes a Nicaragua.

7.- Joan Plantagenet (n.1165-m.1199) contrajo nupcias dos veces, primero con William II de Sicilia (m.1189) y con Raymond VI, Conde de Toulouse quien era descendiente del linaje del rey David.

8.- Juan Plantagenet o John Lackland (n.1167-m.1216), Rey de Inglaterra desde 1199 al 1216. Contrajo matrimonio primero con Isabella de Gloucester o Isabelle de Clare (m.1217) con quien se divorcia y no tienen hijos, y, en segundas nupcias con Isabella de Angoulême (m.1246) procrearon juntos a cinco hijos, ver siguiente Generación, porque una de sus descendientes, Catherine Plantagenet (n.1372-m.1418), contrajo nupcias con Enrique III Rey de Castilla y de León. Este rey fue conocido como Juan Sin Tierra.

GENERACIóN NO.14

Los doce hijos del matrimonio formado por Da. Leonor Plantagenet, Princesa de Inglaterra, y su esposo Don Alfonso VIII El Noble, Rey de Castilla, fueron los siguientes:

1.- BERENGUELA, Reina de Castilla. Contrajo matrimonio dos veces, del primer matrimonio no tuvo hijos y en segundas nupcias con Don Alfonso IX Fernández, Rey de León (n.1171-m. Septiembre 24, 1230) hijo de Don Fernando II Rey de León y de Da. URRACA Enríquez quien a su vez era hija de Don Alfonso Enríquez de Portugal. Con este matrimonio se unen las dos monarquias. Ver sus hijos en la siguiente Generación y que son los antepasados de la familia Montealegre en Nicaragua.

2.- Sancho, Principe de Castilla

3. Sancha, Princesa de Castilla

4.- ENRIQUE I, Rey de Castilla

5.- Urraca, Princesa de Castilla

6.- Blanca Alfonsez, Princesa de Castilla e Inglaterra, contrajo nupcias con Don Luis VIII Capeto, Rey de Francia. El hijo de ambos en la siguiente Generación.

7.- Fernando, Principe de Castilla
8.- Constanza, Princesa de Castilla
9.- Mafalda, Princesa de Castilla
10.- Leonor, Princesa de Castilla
11.- Constanza, muere muy jovencita.

Los hijos de John Lackland o Juan Plantagenet con su segunda esposa Da. Isabelle de Angoulême, fueron los siguientes:
1.- ENRIQUE III Plantagenet (n.1207-m.1272), sucede a su padre en el trono de Inglaterra en 1216 hasta su muerte. Por esta línea se juntan en matrimonio con la monarquia de Castilla. Contrajo nupcias con Da. Eleanor o Leonor de Provenza (m.1291), hermana menor de la Reina de Francia, Blanche o Blanca de Francia. Con el Tratado de Paris, Enrique III por herencia era el duque de Normandia, de Maine y de Anjou, reteniendo la Gasconia. Procrearon cuatro hijos, ver siguiente Generación.
2.- Richard de Cornwall, Rey de los Romanos (n.1209-m.1272)
3.- Joan Plantagenet, Princesa de Inglaterra (1210-1238)
4.- Isabelle Plantagenet, Princesa de Inglaterra (1214-1241)
5.- Eleanor Plantagenet, Princesa de Inglaterra (1215-1275)

GENERACIóN NO.15

Los hijos del matrimonio de Da. Berenguela, Reina de Castilla, y de Don Alfonso IX Fernández, Rey de León, fueron los siguientes:
1.- FERNANDO III "El Santo", Rey de León y de Castilla (n.1199-m.1252).
Asume como Rey de Castilla en 1217 y como Rey de León en 1230.
Fue canonizado en 1671 por el Papa Clemente X.
Casó en primeras nupcias en el año 1219 con Beatriz de Suabia y Hohenstauffen, princesa alemana (conocida como Beatrice von Hohenstaufen), hija de Felipe I von Hohenstaufen (1178-1206), Marqués de Toscana en 1195, Duque de Suabia en 1196, Emperador del Sacro Imperio Romano, y de su esposa Irene Angel, Princesa de Constantinopla (Bizancio) hija del Emperador de Constantinopla: Isaac Angel. El hijo de Fernando III "El Santo" y de su esposa Beatriz de Suabia fue el infante Don Juan Manuel y Alfonso X El Sabio, entre otros. Ver siguiente Generación.

2.- Da. Leonor, Princesa de León y de Castilla

El hijo de Da. Blanca Alfonsez, Princesa de Castilla e Inglaterra, con su esposo Don Luis VIII Capeto, Rey de Francia fue:

1.-
Luis IX "El Santo" Capeto, Rey de Francia (n.1214-m. 25 de Agosto de 1270), nunca separó la política con la ética. Contrajo nupcias con Margarita Berenguer de Provenza (n.1221-m.1295) quien es descendiente de Roberto II El Piadoso y de Makhir-Theodoric I de Autun David-Toulouse. La hija de Luis IX y Margarita, entre otros, fue Blanche o Blanca de Francia, ver la siguiente Generación.

Los hijos de Enrique III Plantagenet, Rey de Inglaterra, y su esposa Da. Leonor de Provenza, fueron los siguientes:
1.- EDUARDO I Plantagenet (n.1239-m.1307), Rey de Inglaterra. Contrajo nupcias dos veces, primero con Da. Leonor de Castilla, Infanta de Castilla (n. 1232-m.1290) hija de Don Fernando III El Santo, Rey de Castilla, y de su esposa Da. Beatrice von Hohenstaufen, y, hermana de Alfonso X El Sabio. En segundas nupcias con Da. Margarita de Francia. Con ambas tuvo hijos. Ver siguiente Generación.
2.- Edmund Crouchback, Conde de Lancaster (1245-1296) contrajo nupcias con Blanche o Blanca de Artois (m.1302).
3.- Margaret Plantagenet, contrajo nupcias con Alejandro III, Rey de los Scots (Escoceses).
4.- Beatrice Plantagenet, contrajo nupcias con John Duque de Britania.

GENERACIóN NO.16

Los hijos de Don Fernando III El Santo, Rey de Castilla y de León (m. Junio 1, 1252), con su esposa Da. Beatriz de Suabia o Beatrice von Hohenstaufen, fueron los siguientes:
16.1.- Alfonso X "El Sabio", nace en Toledo el 23 de Noviembre de 1221, asume el trono el 1 de Junio de 1252, y, fallece en Sevilla el 4 de Abril de 1284. Contrajo nupcias con Da. Violante de Aragón, en 1249, hija de Jaime I El Conquistador, Rey de Aragón, y de su esposa Da. Violante de Hungría; los hijos de ambos en la siguiente generación.
16.2.- Fadrique, Infante de Castilla, n. 1224.
16.3.- Enrique, Infante de Castilla, n. 1230. Gobernador de Arcos y Lebrija, se rebeló contra su hermano Alfonso X El Sabio, se refugia en Túnez.
16.4.- Felipe de Castilla, Arzobispo de Sevilla, n. 1231. Contrajo nupcias con Da. Cristina de Noruega (n.1234-m.1262) perteneciente a la Casa de Yngling, hija de Hakon IV, Rey de Noruega, y de su esposa Margaret (m.1270) hija de Jarl Skule. A su vez, Cristina de Noruega es descendiente de Harold III Hardrada (n.1015'm.1066), Rey de Noruega, y de su esposa Elizabeth de Kiev que era hija del Gran Duque de Kiev de nombre Iaroslav o Yaroslav I Gran Duque de Kiev.
16.5.- Leonor de Castilla, Infanta de Castilla, n. 1232,
contrajo matrimonio con Eduardo I Plantagenet,
Rey de Inglaterra.

16.6.- Berenguela de Castilla, monja, n. 1233.
16.7.- Sancho, Arzobispo de Toledo y Sevilla, n. 1233.
16.8.- Manuel de Castilla, Infante de Castilla, Señor de Villena, n. 1234. Contrajo nupcias con Da. Constanza de Suabia o de Saboya. Infante Don Juan Manuel de Castilla, fue un político beligerante. Don Juan Manuel de Castilla (muere en 1283), Infante de Castilla, Señor de Escalona, Señor de Peñafiel y de Villena, Alférez Mayor de Castilla, contrajo matrimonio en segundas nupcias en 1274 con Da. Constanza de Saboya y de Baux-Grange, hija de Amadeo IV (1157-1253), Conde de Saboya, Duque de Aosta y Príncipe de Piamonte, y de su esposa Cecilia de Baux. El hijo de ambos en la siguiente Generación.

16.9.- María, Infanta de Castilla, n. 5 de Noviembre de 1235.

Infante Don Juan Manuel

ORIGEN DEL APELLIDO MANUEL

Castillo de Garcimuñoz ha dado a lo largo de su historia personajes ilustres tanto en el campo de las letras, como Don Juan Manuel, y posteriormente, en el siglo XVIII, Don Juan Manuel Fernández Pacheco, Cabrera y Bobadilla, como en el ámbito político que enumeraremos a continuación.

Personajes políticos

LA FAMILIA MANUEL

La familia Manuel es un linaje de la baja edad media castellana. Tuvo su origen en el infante Manuel, el menor de los hijos varones de Fernando III y de su esposa Beatriz de Suabia. El linaje alcanzó su mayor vitalidad en la primera mitad del s. XIV. Posteriormente la rama troncal de la familia fue reabsorbida por la corona, y las ramas laterales, instaladas en la cuenca del Duero, perdieron terreno ante la nueva nobleza trastamarista.

El infante Manuel, fundador del linaje, fue alférez mayor de Alfonso X. Pero fue su hijo, Juan Manuel, llamado también infante Juan Manuel aunque en realidad no lo era, el que elevó al máximo el prestigio de la familia.

DON JUAN MANUEL

Nace en Escalona en 1282 y muere en Córdoba en 1348. De su padre el infante Manuel había heredado el cargo de adelantado mayor del reino de Murcia y extensos dominios en aquella zona; el avance de Jaime II de Aragón le despojó del señorío de Elche, y se le compensó en Castilla concediéndole la villa de Alarcón. En 1299 contrajo matrimonio con la infanta Isabel, hija de Jaime II de Mallorca, pero ésta falleció en 1301, antes de haberse reunido con su esposo. Durante el reinado de Fernando IV y en la minoría de Alfonso XI, Juan Manuel, que se encontraba entre los más ricos señores del reino, fue uno de los magnates que aspiraron a imponerse a la corona y engendraron un estado de guerra civil endémica, aliados o enfrentados entre sí, y en relaciones fluctuantes con los monarcas. En 1302 casó con Constanza, hija de Jaime II de Aragón, quien le devolvió el señorío de Elche y le concedió el título de príncipe de Villena; la boda se celebró en Játiva en 1312. Sus relaciones con Fernando IV pasaron por diversas alternativas: se alió primero a Enrique del Senador contra el infante Juan, pero a la muerte de enrique se aproximó a Juan, y ambos abandonaron al rey en pleno cerco de Algeciras (1309)La minoría de Alfonso XI dio una nueva oportunidad a las ambiciones de estos nobles; Juan Manuel pareció contentarse al principio con el cargo de mayordomo mayor, y se ocupó en defender contra los musulmanes la frontera murciana, pero pronto se sumergió de lleno en la lucha por el poder. A partir de 1319, muertos los regentes, aspiró a sucederles, y se tituló regente en Toledo y Extremadura desde 1321, al fallecer María de Molina, mientras otros personajes hacían lo mismo en diversos puntos del país. En 1325, Alfonso XI asumió el poder y decidió prescindir de Juan Manuel, si bien le neutralizó de momento, fingiendo querer casarse con su hija Constanza. Viudo de su segunda esposa en 1327, Juan Manuel contrajo matrimonio dos años más tarde con Blanca de la Cerda, heredera de los señoríos de Lara y Vizcaya. En 1334 se restableció precariamente la concordia entre el infante y el monarca, a la vez que se concertaba la boda de Constanza Manuel con el heredero del trono portugués. Alfonso XI puso obstáculos a la boda, y Juan Manuel le declaró la guerra, apoyado por los portugueses. Éstos fueron vencidos en Barcarrota, y Juan Manuel, cercado en su castillo de Peñafiel, tuvo que huir a Valencia (1336). Al año siguiente hizo una nueva concordia con Alfonso, y regresó a Castilla; a partir de entonces se mostraría desengañado de sus ambiciones y leal al rey a quien acompañó en el batalla del Salado y en la toma de Algeciras. Dos de sus hijas llegaron a ser reinas: Constanza lo fue de Portugal, y Juana casada con Enrique de Trastámara, de Castilla.

En cuanto a su obra literaria, adscrita a las corrientes de la prosa de la época, refleja la personalidad del autor mostrando a un hombre de letras y a una persona implicada en las luchas e intrigas de su tiempo. Intenta aunar su idea de caballero y los propias ideas religiosas. Aunque de valor secundario, dan testimonio de la atención que Juan Manuel prestó a las peculiaridades del caballero el *Libro de la caza*, el *Tratado de las armas* y el *Libro infinido o Libro de los castigos o consejos* que hizo don Juan Manuel para su hijo Fernando. Este último, auténtico doctrinal para la educación de príncipes, presenta el esquema básico que el autor empleará en sus obras más importantes: el *Libro del caballero y el escudero*, el *Libro de los estados* y *El conde Lucanor o Libro de Patronio.*

Fernando Manuel

Hijo de Juan Manuel y Blanca de Lara y La Cerda. Fue adelantado de Murcia, pero su temprana muerte dejó el linaje en manos femeninas, su hija Blanca Manuel que falleció siendo niña y por tanto la herencia pasó a Juana Manuel.

Juana Manuel

Hija de Juan Manuel. Además del rico patrimonio de su familia paterna, revertían en ella los antiguos y prestigiosos linajes de Lara y Vizcaya. Casó con Enrique de Trastámara, bastardo de Alfonso XI y cuando éste ocupó el trono castellano (1369), la fabulosa herencia de su esposa quedó englobada en la corona.

LOS MARQUESES DE VILLENA

El título de marqués de Villena es otorgado por Enrique II Trastámara en 1366 al infante Alfonso de Aragón. El marquesado, que se extendía por parte de las actuales provincias de Almería, Murcia, Albacete, Alicante, Valencia y Cuenca, comprendía 23 localidades, entre ellas Villena, Belmonte, Alarcón, Chinchilla, Garcimuñoz, Iniesta, Jumilla, Albacete, Almansa, Utiel, Villarrobledo y Zafra del Záncara.

Alfonso de Aragón

Conde de Ribagorza y de Denia y duque de Gandía, era nieto de Jaime I de Aragón e hijo de Pedro, conde de Ribagorza. Durante la guerra civil castellana apoyó a Enrique de Trastámara, por lo que se le concedió el marquesado en 1366. Participó en la batalla de Nájera (1367), e intervino en la invasión castellana de Navarra (1387). Condestable de Castilla y miembro del consejo de regencia, a la muerte de Juan I y a pesara de haber sido designado tutor de Enrique III, se desentendió de la política castellana, por lo que fue excluido del consejo de regencia y desposeído del cargo de condestable. Después de haber ayudado a Juan I de Aragón a rechazar la invasión francesa dirigida por el conde de Armagnac, presionado por el monarca aragonés y por Carlos III de Navarra retornó a Castilla en 1394, para ayudar a Enrique III a sofocar una sublevación de la nobleza e intentar encaminar la política castellana en beneficio de la Corona de Aragón. Regresó a Aragón y se le desposeyó del señorío del marquesado, aunque no del título, y en 1410, a la muerte de Martín el Humano, presentó su candidatura al trono aragonés.

Tras suceder a Alfonso de Aragón en el título de marques de Villena su hijo y su nieto, posteriormente, **El infante Enrique**, hijo de Fernando I de Aragón, pretendió que se le entregase el marquesado como dote de su esposa Catalina, hija de Enrique III. En 1421, después del “golpe de estado de Tordesillas”, lo ocupó, pero derrotado por Juan II, tuvo que renunciar a él en 1427. Estuvo en poder de la corona hasta 1445 en que fue cedido a Juan Pacheco.

JUAN PACHECO

Duque de Escalona, primogénito de Alfonso Téllez Girón, fue recompensado con el marquesado de Villena, con sus tierras y riquezas, por su participación en la batalla de Olmedo. Después de haber intervenido en el destierro de Alvaro de Luna, pactó con él en 1448. Con el acceso al trono de Enrique IV en 1454 acrecentó su poder; a partir de 1457 desplazó del gobierno a Alfonso Carrillo y a Beltrán de la Cueva. Llevó a cabo una política intrigante: pactaba con la nobleza contraria a Enrique IV y con Juan II de Aragón (liga de Tudela de 1460), al tiempo que denunciaba al rey las conspiraciones nobiliarias que él mismo alentaba. A pesar de haber sido sustituido por Beltrán de la Cueva llevo a cabo las negociaciones que pusieron fin a la intervención de Enrique IV en la guerra civil catalana, por lo que éste lo destituyo. En 1464, junto con su hermano Pedro Giron, como representante de los nobles de la liga de Burgos, impuso a Enrique IV el pacto de Cabezon, preambulo de la proclamacion de Alfonso como rey de Castilla. Desencadenada la guerra civil a raíz de la proclamación de Alfonso, y derrotados los nobles en Olmedo, después del repentino fallecimiento de Alfonso, al que se dice mando envenenar, fue uno de los promotores de la concordia de los Toros de Guisando. En 1470, enojado por el matrimonio de Isabel con Fernando, pretendió que Enrique IV volviese a legitimar a Juana, lo que comporto su posterior apartamiento de la dirección de la política castellana.

Su hijo **Diego López Pacheco**, a la muerte de Enrique IV tomó partido por la Beltraneja. Tras la batalla de Toro le fueron arrebatadas sus posesiones, que pasaron definitivamente a la corona, pero conservó el título. Pareció someterse a Isabel, pero no se reconcilió con los Reyes Católicos hasta 1480.

JORGE MANRIQUE

Poeta español nacido en Paredes de Nava o en Segura de la Sierra en 1440. Participó en las intrigas y luchas que animaron la subida al trono de los Reyes Católicos, militando en el bando de Isabel contra las aspiraciones de la Beltraneja. Fue trece de la orden de Santiago y comendador de la misma en Montizón y estuvo protegido por Alfonso, el hermano de Isabel la Católica, y por Alfonso V, gran amigo de su padre, el primer conde de Paredes.

La breve pero importante obra poética de Jorge Manrique se reduce a una serie de composiciones menores y una sola de carácter elegíaco, que es la que le singulariza: *las Coplas a la muerte del maestre don Rodrigo o Coplas por la muerte de su padre*. El resto de su producción poética queda perfectamente encajado dentro de la poesía tradicional de la época.

Su relación con el Castillo de Garcimuñoz es que delante de sus muros fue herido de muerte, aunque no falleció allí, sino en una localidad próxima, Santa Maria de Campo Rus, donde tenía instalado su campamento.

Otros personajes naturales de Castillo

Letras
Ignacio Garcia Malo, escritor.
Doctor Pedro Núñez de Avedaño, escritor de derecho.
Juan de Caballón que sirvió a Felipe II y al Emperador Carlos V, eminente en letras y armas, en las islas de Canarias, Guatemala y en la Ciudad de León , y fue oidor en la real audiencia de la Nueva España, donde murió. Fundó la primera ciudad de Costa Rica y la llamó Castillo de Garcimuñoz.
Política
El Doctor Pero Saiz del Castillo, señor de la Puebla de Almenara y del Consejo del rey Juan I.
El Doctor Pero González del Castillo, señor de Santa Maria del Campo, el cual juntamente con el licenciado Juan González de Acevedo, fue al concilio del Constanzia por mandado del Rey Juan II y fue de su consejo, Canciller mayor del rey. Hernan González del Castillo, hermano del anterior, alcalde de corte del rey Juan II.
Pedro Herraiz de Lorca, contador del rey Enrique IV.
Gabriel de Caballón, Contador del rey Enrique IV.
Andres Jiménez de Pidrola, escribano mayor de rentas del rey Enrique IV y Juan II. Pero Sánchez del Castillo, escribano de cortes, señor de la Puebla de Almenara.
Díaz Saiz Delgadillo, escribano de cortes.
Luis Sánchez del Castillo, escribano de cortes.
Juan Pérez del Castillo, obispo de Cerdeña.
El Maestro Castillo, obispo electo de Canarias.
Alonso Pérez del Castillo, inquisidor del obispado de Cuenca, Sigüenza, Toledo, Burgos, y Córdoba; colegial del colegio de San Bartolomé de Salamanca.
Fray Francisco de Ortega, obispo de Nueva Cáceres.
Fray Gregorio de Alarcón, obispo de Cáceres, mas tarde obispo de Santiago de Cuba.
Fray Alonso de Mendoza, catedrático en Salamanca, discípulo de Fray Luis de León.
Tristan Ruiz de Molina, Comendador.
Diego de Alcaraz, Comendador
Armas.
Luis González del Castillo (Luis el Gordo) Capitán del Gran Capitán en las guerras de Nápoles.
Alonso de Piñan, el cual en el desafio de los once a once con los franceses fue señalado para combatir con ellos, y aunque la Historia del Gran Capitán le llaman Alonso de Pinar, su nombre es Alonso de Piñan.

La hija de Don Luis IX Capeto, conocido como El Santo, y su esposa Da. Margarita Berenguer de Provenza, fue:

1.- Blanche o Blanca de Francia, Capeto (1253-1321) del linaje descendiente del Rey David, davídicos; contrajo nupcias con FERNANDO DE LA CERDA (n.1255), hijo primogénito de Don Alfonso X El Sabio, Rey de Castilla quien también es descendiente de Da. Berta de David-Toulouse y su esposo Pepín, Rey de Italia (773-810); y de su esposa Da. Violante de Aragón hija de Don Jaime I de Aragón y Da. Violante de Hungria. El hijo de Da. Blanca de Francia y Don Fernando De la Cerda, fueron dos, ver la siguiente Generación.

Los hijos de Eduardo I Plantagenet, Rey de Inglaterra, con sus dos esposas: Leonor de Castilla y Margarita de Francia.
Los hijos con Leonor de Castilla fueron los siguientes:
1.- EDUARDO II (1284-1327) Plantagenet, Rey de Inglaterra. Asume el trono en 1307. Contrajo nupcias con Isabella "La Bella" de Francia (n.1296-m.1358), hija de Felipe IV Valois "El Hermoso", Rey de Francia (m.1314), y su esposa Jeanne I Reina de Navarra; quien a su vez era hijo de Felipe III Rey de Francia y de Isabella de Aragón quien era hija de Don Jaime I de Aragón y su esposa Da. Violante de Hungria quien es descendiente de Yaroslav I Gran Duque de Kiev. De este matrimonio sus descendientes llegan hasta Nicaragua, con la familia Montealegre. Su esposa, Isabella de Francia lo manda a matar en 1327. Ver siguiente Generación.
2.- Eleanor o Leonor Plantagenet (m.1298), contrajo nupcias con Henry, Conde de Bar.
3.- Joan de Acre (1272-1307), contrajo nupcias con Gilbert de Clare, Conde de Gloucester (m.1295), y, en segundas nupcias con Ralph de Monthermer (m.1305).
4.- Margaret Plantagenet contrajo nupcias con John Duque de Lorraine.
5.- Elizabeth Plantagenet (1282-1316) fue la segunda esposa de Humphrey de Bohun, Conde de Hereford y Essex (m.1322).

Los hijos con Margarita de Francia fueron los siguientes:
6.- Thomas de Broterton, Conde de Norfolk (1300-1338) contrajo nupcias con Alice Italys. Sin hijos.
7.- Edmund Plantagenet (1307-1330), Conde de Kent, contrajo nupcias con Margarita Wake (m.1349). Procrearon una hija, Joan de Kent.

Alfonso X "El Sabio", Rey de Castilla y León

GENERACIóN NO.17

Los hijos de Don ALFONSO X El Sabio, Rey de Castilla y de León, contrajo nupcias, en 1248, con Da. Violante de Aragón y Hungría que era hija de Don Jaime I Rey de Aragón y su esposa Da. Violante de Hungría, fueron los siguientes:

1.- Don Fernando De la Cerda, hijo primogénito (n.1256), era considerado por Don Jaime I de Aragón, su abuelo, que en donde hay emperadores, reyes y príncipes, su nieto Don Fernando De la Cerda es un auténtico **primum inter pares**. Don Fernando De la Cerda se hizo cargo del reino mientras su padre andaba en batalla contra los moros. Fallece entre Burgos y Ciudad Real, tratando de vengar una derrota contra los moros perpetrada contra Don Nuño González de Lara. Le sucede su hermano menor Don Sancho, quien a los 18 años de edad asume el reino tras convencer a Don Lope Díaz de Haro, Señor de Vizcaya, hombre de confianza de Don Alfonso X El Sabio. Contrajo nupcias con Da. Blanca de Francia, hermana de don Felipe III Rey de Francia, hijos de Luis IX Capeto "El Santo", Rey de Francia. Sus hijos en la siguiente Generación.

2.- Berenguela de Castilla.

3.- Sancho IV El Bravo, Rey de Castilla. Convenció a su padre que reuniese a la Cortes en Segovia para que lo declaran el heredero del reino en prejuicio de los hijos de Don Fernando De la Cerda quienes eran los verdaderos herederos del reino según las leyes establecidas en las Partidas Alfonsinas. Da. Violante al ver semejante atropello en contra de sus nietos decide llevárselos hacia Aragón para ponerlos a salvo de un eventual asesinato. Su ayudante fiel era su cuñado Fadrique, a quien lo mata su propio hermano Sancho IV, en Treviño. Contrajo nupcias con Da. Maria Alfonsa de Molina.

El hijo de Don Juan Manuel de Castilla y Da. Constanza Beatriz de Saboya y de Baux-Grange fue:

1.- Sancho MANUEL de Castilla (1283-ca.1325), Conde de Carrión, Ricohombre de Castilla, Teniente Alcaide del Castillo de Murcia y Teniente de Adelantado Mayor del Reino de Murcia.

Casó cerca de 1315 con Da. María Rodríguez de Castañeda, hija de Ruy González de Castañeda, Ricohombre de Castilla, Señor de Hornazas y Santa Olalla de León, y de su esposa Da. Elvira Lasso de la Vega. El hijo de Sancho Manuel y Da. María Rodríguez en la siguiente generación.

Los hijos del Infante Don Juan Manuel de Castilla con dos de sus tres esposas, fueron los siguientes

Con Da. Isabel de Mallorca fueron:

2.- Juana de Castilla y Mallorca, (1338-1371)

3.- Constanza Manuel de Villena y Escalona. Nace en 1318 y fallece el 13 de Noviembre de 1345 a los 27 años de edad. Contrajo nupcias, primero con Alfonso XI Fernández de Castilla y León, y en segundas nupcias con don Pedro I de Portugal.

Con Da. Blanca De la Cerda, procrearon a:

4.- Juana Manuel de Castilla, Señora de Villena, (1339-1381) contrajo nupcias con Enrique II de Castilla Trastámara, Rey de Castilla, hijo natural de Alfonso XI, Rey de Castilla y Da. Leonor de Guzmán, ver generación No.19.

Los hijos de Da. Blanca de Francia con su esposo Don Fernando De la Cerda, son los siguientes:

1.- Alfonso De la Cerda

2.- FERNANDO II De la Cerda contrajo nupcias con Da. Juana Núñez de Lara, juntos procrearon una hija. Da. Juana al enviudar contrajo segundas nupcias con Enrique II de Castilla en 1300. Ver sus descendientes en las siguientes Generaciones.

Los hijos de Eduardo II con su esposa Isabella de Francia, La Bella, fueron los siguientes:

1.- EDUARDO III (1313-1377) Plantagenet, Rey de Inglaterra. Asume el trono en 1327, a la edad de 14 años. Fue el primer rey que es regido por el parlamento. Contrajo nupcias con Da. Philippa de Hainault (m.1369), sus hijos en la siguiente Generación.

2.- John de Eltham, Duque de Cornwall (1376-1436)

3.- Eleanor o Leonor Plantagenet, contrajo nupcias con Reginaldo Duque de Guelders (m.1343)

4.- Joan Plantagenet (1321-1362), contrajo nupcias con David II, Rey de Escocia.

Escudo de armas de Fernando de la Cerda I

GENERACIóN NO.18

La hija de FERNANDO II De la Cerda y su esposa Da. Juana Núñez de Lara, fue:
1.- BLANCA De la Cerda y de Lara quien contrajo nupcias con Don Juan Manuel de Castilla, El Escritor, Sr. de Villena y Escalona, su hija en la siguiente Generación.

Los hijos de Eduardo III Plantagenet, Rey de Inglaterra, y su esposa Philippa de Hainault son los siguientes:
1.- Eduardo Plantagenet, el Príncipe Negro (the Black Prince) (1330-1376), contrajo nupcias con Joan de Kent (1328-1385).
2.- Isabella Plantagenet contrajo nupcias con Enguerrand de Courcy (m.1396).
3.- Joan Plantagenet (m.1348)
4.- Leonel de Antwerp-Plantagenet, Duque de Clarence (1338-1368) contrajo nupcias con Elizabeth de Burgh y Violante Visconti de Milán.
5.- JOHN DE GAUNT-Plantagenet, Duque de Lancaster, contrajo nupcias con Blanca de Lancaster quien es tataranieta de Enrique III Plantagenet y Leonor de Provenza; su segunda esposa fue Constanza de Castilla (m.1394) quien era hija de Pedro I de Castilla "El Justiciero" y María Yáñez de Padilla hija de Da. María Fernández de Henestrosa y Don Juan Garcés, a su vez era tataranieta de Sancho IV El Bravo, Rey de Castilla y de León, y de su esposa Da. María Alfonsa de Molina, hija del infante Don Alfonso de Castilla, sus hijos en la siguiente Generación. Su tercera esposa fue Catherine Swynford.
John de Gaunt-Plantagenet

GENERACIóN NO.19

La hija de John de Gaunt-Plantagenet y su segunda esposa Da. Constanza de Castilla y Borbón fue:
1.- Catherine Plantagenet de Castilla y Borbón (n.1354-1394), contrajo nupcias con Enrique III de Trastámara (1390-1406) , Rey de Castilla y de León que era

hijo de Don Juan I de Trastámara, Rey de Castilla, y su esposa Da. Leonor de Aragón

La hija de Da. Blanca De la Cerda y de Lara con su esposo Don Juan Manuel de Castilla, El Escritor, Sr. de Villena y Escalona, fue

1.- Juana Manuel de Castilla cc primo en tercer grado de consanguinidad, Don Enrique II Trastamara, Rey de Castilla, hijo fuera de matrimonio de Alfonso XI Rey de Castilla con Da. Leonor de Guzmán.
El hijo de Da. Juana Manuel de Castilla y su esposo Don Enrique II de Castilla en la siguiente generación:

GENERACIóN NO.20

El hijo de Da. Juana Manuel de Castilla y su primo en tercer grado de consanguinidad, Don Enrique II Trastamara Rey de Castilla, fue el siguiente:

1.- Juan Manuel I de Castilla, Rey de Castilla contrajo matrimonio con Da. Inés de Castañeda Laso de la Vega, su hijo en la siguiente generación.

El hijo de Catherine Plantagenet de Castilla y Enrique III, Rey de Castilla y León, fue el siguiente:
1.- Juan II de Trastámara y Plantagenet, Rey de Castilla y León, nació el 6 de Marzo de 1405 y falleció el 22 de Julio de 1454. Contrajo nupcias con Da. Isabella de Borgoña, hija de Joao de Portugal, Príncipe de Portugal, y de Da. Isabella de Braganza. Los hijos de ambos en la siguiente generación.

GENERACIóN NO.21

El hijo de Don Juan Manuel I de Castilla con su esposa Da. Da. Inés de Castañeda Laso de la Vega, fue:

1.- Sancho Manuel de Castilla cc Leonor González de Manzanedo. Su hijo en la siguiente generación.
Casó también con Da. María Rodríguez de Castañeda, su hijo en la siguiente generación.

Los hijos de Don Juan II de Trastámara y Plantagenet con su esposa Da. Isabella de Borgoña, fueron los siguientes:
1.- Enrique IV "El Impotente" de Trastámara, Rey de Castilla y León; contrajo nupcias con Da. Blanca de Navarra, hija de don Juan II de Aragón, Rey de Aragón; y de su esposa Da. Blanca I de Navarra, Reina de Navarra.
No tuvieron hijos. Le sucedió en el trono su hermana Isabela I "La Católica".

2.- Da. Isabela I "La Católica", Reina de Castilla y León, nació el 22 de Abril de 1451 y falleció el 26 de Noviembre de 1504. Contrajo nupcias con su primo en segundo grado, Don Fernando II de Aragón, Rey de Aragón. Ellos se conocen en la historia como los Reyes Católicos.

GENERACIóN NO.22

El hijo de Don Sancho Manuel de Castilla con su esposa Da. Leonor González de Manzanedo, fue el siguiente:

1.- Juan Sánchez Manuel de Castilla cc Juana de Aragón-Xérica, su hija:

GENERACIóN NO.23

La hija de Don Juan Sánchez Manuel de Castilla y González con su esposa Da. Juana de Aragón-Xérica, fue la siguiente:

1.- Inés MANUEL DE VILLENA contrajo matrimonio con Don Garcí Fernández Villodre, su hija:

GENERACIóN NO.24

1.- Catalina SáNCHEZ MANUEL de VILLODRE contrajo matrimonio con Don Luis Méndez de Sotomayor. El hijo de ambos fue:

GENERACIóN NO.25

1.- Garcí Madruga Méndez de Sotomayor casó con María de Figueroa y Messía, su hijo:

GENERACIóN NO.26

1.- Luís Méndez de Sotomayor casó con Maria de Solier y Fernández de Córdoba, su hijo:

GENERACIóN NO.27

1.- Alfonso Hernández de Sotomayor casó con Inés Cerrato, su hijo:

GENERACIóN NO.28

1.- Luis Méndez Sotomayor casó con Juana de Vera, su hija:

GENERACIóN NO.29

1.- Juana de Vera Sotomayor casó con García Ramiro Corajo.

Nota: García Ramiro-Corajo y Zúñiga contrajo brillantísimo matrimonio con Doña Juana de Vera y Sotomayor, de la casa de los Señores de la Encomienda de Diriega (Masaya, Nicaragua), descendiente por su varonía de la poderosa casa de Méndez de Sotomayor, Señores y luegos Marqueses del Carpio, y por femenina de la ilustre casa de Fernández de Córdoba, de la línea de los Señores de Zuheros y por consiguiente deuda en grado cierto del Gran Capitán. De este matrimonio nacieron ocho hijos, cuatro varones y cuatro hembras. Las mujeres enlazaron con las nobilísimas casas de Alvarado, Chaves y Ocampo-Golfín de Sandoval. Los hombres, llamados Don Francisco, Don Diego, Don Fernando y Don Antonio, fueron todos Caballeros de lustre, ocupando los más importantes cargos así en la Real Milicia como en los Cabildos de las Ciudades de Cartago y Esparza, Don Diego además fue Corregidor de Pacaca en 1651, pero particular mención se debe hacer de su hermano Don Anotnio Ramiro Corajo por haber sido el principal promotor en 1687 de la fundación de la población de Bagaces, no obstante la abierta oposición del Gobernador de la Provincia, en su calidad de más rico terrateniente de la región y propietario de la Hacienda de San Francisco de Buenaventura. Otro hermano, don Francisco, casó muy noblemente con Dona María de Retes y Vásquez de Coronado. (Castro Tosi)

El hijo de ambos, de Da. Juana y del Sargento Mayor Don García Ramiro Corajo fue el siguiente:

GENERACIóN NO.30

1.- Francisco Ramiro Corajo Vera casó con Maria Retes Peláez Vázquez de Coronado, cuyo antepasado es Juan Vázquez de Coronado y Anaya.
Nació en 1592 en Trujillo, Extremadura, España.. Murió en 1650. LLegó a Costa Rica por 1573. El gobernador Alonso Anguciana de Gamboa le premió con la concesión de la rica Encomienda en Garabita (Chucasque) con los pueblos de Arián y Cora entre los Catapas y Tices, sucediéndole su hijo. En 1577 fue como Alférez a la expedición de Suerre para restaurar la Villa del Castillo de Austria, otrora fundada por el padre Rávago, primer intento para abrir el camino al Atlántico. Ejerció los cargos de Alcalde Ordinario de la Santa Hermandad y Regidor tanto en Cartago como en Esparza. Una característica de esta familia Ramiro Corajo fue su doble vecindad en ambas ciudades. Los Corajo poseían la renombrada casa fuerte de "La Coraja", desde la que desafiaban a sus enemigos, y así fue como dieron muerte en Marta a un Caballero Trujillano Gonzalo Diaz, el cual resulta ser, nada menos, que el rebisabuelo del Marqués Don Francisco Pizarro, en línea recta de varón en varón. En realidad pocas fueron las familias en esta tierra de tan dorados blasones como la de Ramiro-Corajo cuya actuación en Costa Rica no merece más que elogios por su altruismo y desinterés. (Castro y Tossi). Entró con Perafán de Rivera, vino de Tierra Firme a Nicoya, de donde pasó en 1573 a Costa Rica, como caballero hidalgo, con casa poblada; vino con armas, criados y caballos. Tuvo además soldados sustentados a su costa y minción. Perafán de Ribera le favoreció con la encomienda de Bexú con 300 indios. En 1576 era vecino de Cartago, donde desempeñó el cargo de Alcalde de la Santa Hermandad. En 1577 residía en Esparza y era encomendero de Tices, Catapas y Garabito. En tiempos de Anguciana de Gamboa fue como alférez a descubrir el puerto de Suerre en 1574. En 1607 su hijo hizo probanza de méritos y servicios de

su padre. (tomado de Fernández León 1881-1907; II: 195-221). (Hay biografía suya en Jiménez, Manuel J. 1946-49, II:219-220 (Meléndez).
La hija de Don Francisco Ramiro Corajo y su esposa fue:

GENERACIóN NO.31

1.- María Rosa Vázquez Ramiro Corajo casó con Pedro José Sáenz Lanini, su hijo:

GENERACIóN NO.32

1.- Manuel Sáenz Vázquez casó con Ana Antonia Bonilla Astúa, hija de Don Juan de Bonilla Pereira y Da. Francisca Astúa Chávez. Don Juan era hijo de Don Alonso de Bonilla Chacón (1612) y Da. Juana Benita Calvo Pereira. A su vez, Don Alonso, era hijo de Don Martín de Bonilla López y Da. Juana Chacón Alarcón. Don Martín era hijo de Don Alonso Bonilla y Da. Ana Catalina López de Ortega.

Datos de Don Alonso de BONILLA

Nació in 1556 in León, Nicaragua.. He Murió in 1628. Entró con las huestes de Vázquez de Coronado. Era pariente de Fray Martín de Bonilla, con el cual vino a Costa Rica, a la edad de seis o siete años. Fue Alcalde de la Santa Hermandad en Cartago en 1597. A finales de 1607 el gobernador Ocón y Trillo le nombró lugarteniente en la Ciudad de Santiago de Talamanca, en donde construyó una Iglesia Fortaleza, de gran utilidad para la rebelión de los indios en 1610. En 1611 fue comisionado por el visitador Sánchez Araque para que redujese a los indios de Boruca y les hiciera iglesia y casas. En 1607 tenía la encomienda de Aserrí en 1605 visitó los indios Votos. Información de méritos y servicios en Fernández, León. 1881-1909, II:199. Hay biografía suya en Víquez Segreda, Juan Rafael, 1955-62.- (Meléndez.).- He was married to Ana Catalina LOPEZ DE ORTEGA

La hija de ambos, de Don Manuel y Da. Ana Antonia, fue:

GENERACIóN NO.33

1.- Bárbara Antonia Sáenz Bonilla casó con Cecilio Antonio Romero Parajales, su hija:

GENERACIóN NO.34

1.- Manuela Casimira Romero Sáenz casó con Mariano Ignacio Montealegre Balmaceda, hijo de Mariano Montealegre, el nombre de la madre no se conoce. Los Montealegre son originarios de Valladolid, España. Sus orígenes se remontan al Reino de Murcia y son descendientes del Infante Don Juan Manuel de Castilla. Don Mariano Ignacio Montealegre antes de casar con Da. Manuela Casimira Romero, fue padre de dos hijos, uno con Isidora Rueda, Juan Montealegre Rueda, con descendencia en Guatemala; el otro con Josefa Bustamante, Mariano Montealegre Bustamante con descendencia en Costa Rica. Los hijos de Mariano

Ignacio Montealegre Balmaceda y Manuela Casimira Romero Sáenz fueron los siguientes:

GENERACIóN NO.35

Los hijos de Don Mariano Montealegre Bustamante y Da. Manuela Casimira Romero Sáenz, fueron los siguientes:

1) Francisco Montealegre Romero, sin descendencia.

2) Cipriana Montealegre Romero casó con Cornelio Ramírez Areas, hermano del Jefe de Estado, Don Norberto Ramírez Areas.

3) Rafaela Montealegre Romero casó con Juan Francisco Parajón, son los padres del Gral. Francisco Parajón, liberal.

4) Gertrudis Montealegre Romero casó en primeras nupcias con Vicente Solórzano Pérez de Miranda, hijo de Don Francisco Solórzano Vasconcelos e Hinestrosa y de su esposa Da. María Isidora Pérez de Miranda, que llegaron desde México a Nicaragua. De este primer matrimonio desciende el presidente Carlos Solórzano Gutiérrez y el candidato inhibido, a la Alcaldia de Managua, Pedro Solórzano. Da. Gertrudis Montealegre Romero queda viuda. En segundas nupcias casó con José del Carmen Salazar Lacayo.
De este segundo matrimonio descienden Mariano Salazar Montealegre, fusilado por William Walker, y compañero de luchas del Gral. Máximo Jeréz. También desciende Jorge Salazar, asesinado en tiempos apocalípticos del frentismo. Los hermanos Cardenal Tellería son descendientes de este matrimonio: Alfonso, Francisco "Chicano", Marco Antonio, Roberto y sus hermanas, todos Cardenal Tellería.

5) Paula Montealegre Romero casó en primeras nupcias con José Manuel Martínez de Sobral. En segundas nupcias con Basilio Zeceña. Sus descendientes se encuentran en Guatemala.

6) Francisca Montealegre Romero casó con Ramón de Sarria y Reyes, hijo de Don Blas Joaquín de Sarria G. y Da. Casimira Reyes (m.1790), a su vez Don Blas era hijo de Don Santiago de Sarria y de su esposa Da. Maria Manuela González de San Miguel. De este matrimonio descienden los presidentes Roberto Sacasa Sarria, Juan Bautista Sacasa Sacasa, los hermanos Luis y Anastasio Somoza Debayle, Benjamín Lacayo Sacasa y todos los funcionarios de la administración de Alemán y de Bolaños, que llevan el Sacasa.

7) Mariano Montealegre Romero casó en primeras nupcias con Carmen Fuentes-Sansón, originaria de León, procrearon solamente un hijo, Mariano Montealegre Fuentes-Sansón, sus restos descansan en la Catedral de León, junto con los de su

esposa Dolores Sacasa Sarria, su sobrina, hay extensa descendencia.
De este matrimonio desciende Federico Argüello Solórzano, S.J., maestro en el Colegio Centroamérica, vive en Miami.
En segundas nupcias casó con María Manuela Bárbara Lacayo Agüero, hija de José Antonio Lacayo Marenco (+23 de Febrero de 1826) y Pilar Agüero López (+ 30 de Enero de 1895).
Sus descendientes en las siguientes generaciones.

Don Mariano Montealegre Romero, nació en León, Nicaragua
Fundador de la familia Montealegre en Chinandega, Nicaragua

GENERACIóN NO.36

El hijo del primer matrimonio, de Don Mariano Montealegre Romero y Da. Carmen Fuentes-Sansón, fue el siguiente:

1.- Don Mariano Montealegre Fuentes-Sansón quien contrajo matrimonio con su sobrina Da. Dolores Sacasa Sarria, hija de Don Juan Bautista Sacasa Méndez y Da. Casimira Sarria Montealegre que era hija de Don Ramón de Sarria y Reyes y su esposa Da. Francisca Montealegre Romero hermana de Don Mariano Montealegre Romero. Hay extensa descendencia hasta nuestros días.

Los hijos del segundo matrimonio, de Don Mariano y Da. María Manuela Bárbara Lacayo Agüero, fueron los siguientes:

1.- Manuel Ignacio Montealegre Lacayo cc Natalia Delgado Páiz.
2.- Cipriana Montealegre Lacayo cc José María Gasteazoro Robelo.
3.- Paula Montealegre Lacayo cc Manuel Balladares Terán.
4.- Gertrudis Montealegre Lacayo cc Benjamín Midence.
5.- Carmen Montealegre Lacayo cc Gabriel Dubón Echevers.
6.- Samuel Montealegre Lacayo cc Teresa Seydel Venerio.
7.- Abraham Montealegre Lacayo cc Victoria Callejas Sansón y Sarah Garay
8.- Elías Montealegre Lacayo cc Julia Gasteazoro Robelo
9.- Isaac Montealegre Lacayo cc Julia Gasteazoro Robelo, viuda de Elías Montealegre Lacayo, compañero de lucha con el Gral. Máximo Jeréz y Mariano Salazar Montealegre.
10.- Augusto César Montealegre Lacayo cc Isabel Salvatierra Ricarte y Fábrega. Tuvo hijos con Francisca Cigú.
11.- Adán Montealegre Lacayo, sin descendencia.

También crió, Don Mariano Montealegre Romero, al hijo del Gral. Francisco Morazán Quesada y Da. Carmen Moncada, quien era su amigo, y que se lo trajo de Costa Rica cuando fue fusilado su padre, su hijo, del mismo nombre: Francisco Morazán Moncada quien contrajo nupcias con la dama de El Viejo, Carmen Venerio Gasteazoro, sus descendientes contrajeron matrimonio con los descendientes de Don Mariano Montealegre Romero.

GENERACIóN NO.37

Los hijos de Don Mariano Montealegre Fuentes-Sansón y Da. Dolores Sacasa Sarria, fueron los siguientes:

1.- Francisca Montealegre Sacasa, contrajo matrimonio con su pariente Don Fernando Solórzano Gutiérrez, hijo de Don Federico Solórzano Reyes que era hijo

de Don Ramón Solórzano Montealegre, y éste era hijo de Don Vicente Solórzano Pérez de Miranda y su esposa Da. Gertrudis Montealegre Romero.
2.- Rafael Ignacio Montealegre Sacasa, contrajo matrimonio con Da. Pastora Venerio Olivares.
3.- Salvador Montealegre Sacasa, contrajo matrimonio con Da. Déborah Montealegre Cigú.
4.- Cipriana Montealegre Sacasa

Los hijos de Da. Cipriana Montealegre Lacayo con Don José María Gasteazoro Robelo, fueron los siguientes:
1.- Dr. José del Carmen Gasteazoro Montealegre cc Eva Mejía Morales. Médico, fue el doctor de cabecera de Da. Rosa Sarmiento, madre del poeta Rubén Darío, en El Salvador.
2.- Mariano Gasteazoro Montealegre cc Rita Rodríguez -Porth
3.- Carlos Alberto Gasteazoro Montealegre cc Francisca Bustamante, salvadoreña.
4.- Maximiliano Gasteazoro Montealegre
5.- Concepción Gasteazoro Montealegre cc en primeras nupcias con Leandro Rojas Suter, salvadoreño, y en segundas nupcias con Alfredo Suter, francés.
6.- Cipriana Gasteazoro Montealegre (m. Marzo 5, 1935) cc Octavio Cañas, salvadoreño.

Los hijos de Da. Paula Montealegre Lacayo con Don Manuel Balladares Terán, fueron los siguientes:
1.- Angélica Balladares Montealegre, fue condecorada por el Congreso Nacional y declarada la Primera Dama del Liberalismo. Vivió en Granada, en donde contrajo matrimonio con Enrique Castillo del Castillo y en sugundas nupcias con Guillermo Argüello Vargas.
2.- Manuel Balladares Montealegre cc Lucila Portocarrero
3.-Mariana Balladares Montealegre cc Joaquín Sansón Escoto, son los abuelos de la poetisa Mariana Sansón Argüello.
4.- Pastora Balladares Montealegre cc Justino Sansón Escoto.

Los hijos de Da. Gertrudis Montealegre Lacayo con Don Benjamín Midence, fueron los siguientes:
1.- Benjamín Midence Montealegre cc Margarita Martínez

Los hijos de Da. Carmen Montealegre Lacayo con Don Gabriel Dubón Echevers, fueron los siguientes:
1.- Marina Dubón Montealegre, tiene descendencia.
2.- Henry Dubón Montealegre (n. Sept. 17, 1917-m. Abril 24, 1989) cc Diana Cabrera García
3.- Virgilio Dubón Montealegre, muere el 26 de Febrero de 1958.
Nota: A este matrimonio se le murieron nueve hijos sin alcanzar la juventud.

Los hijos de Don Samuel Montealegre Lacayo con Da. Teresa Seydel Venerio, fueron los siguientes:
1.- Gustavo Montealegre Seydel cc Josefa Infante Morazán y con María "Mimí" D'Ambrun-D'Arbelles Izaguirre
2.- Lily Montealegre Seydel cc Isaac Montealegre Gasteazoro
3.- Arturo Montealegre Seydel cc Cruz Méndez
4.- Samuel Montealegre Seydel cc Esther Deshon Morazán
5.- Mariano Montealegre Seydel, muere soltero.
6.- Teresa Montealegre Seydel cc Francisco Reyes Callejas
7.- Enriqueta Montealegre Seydel cc José María Balladares Plazaola
8.- María Gertrudis Montealegre Seydel cc Arturo López Robelo
Los hijos de Don Elías Montealegre Lacayo con Da. Julia Gasteazoro Robelos, fueron los siguientes:
1.- Elías Montealegre Gasteazoro, muere soltero, a los 20 años.
2.- Mariano Montealegre Gasteazoro cc Amelia Mayorga Areas y tuvo una hija con Berta Meléndez. Hay extensa descendencia.
3.- Manuela "Yayita" Montealegre Gasteazoro, soltera, n. Oct. 19, 1893.

Los hijos de Don Isaac Montealegre Lacayo, con su esposa y cuñada viuda de su hermano, Da. Julia Gasteazoro Robelo, fueron los siguientes:
1.- Isaac Montealegre Gasteazoro cc Lily Montealegre Seydell
2.- María Cristina "Kika" Montealegre Gasteazoro cc Tomás Lacayo César
3.- Eduardo Montealegre Gasteazoro cc Celia Callejas Obregón
4.- María del Pilar "Mama Lai" Montealegre Gasteazoro cc primero con Félix Saravia Silva y en segundas nupcias con Francisco Herradora Silva.
5.- José Francisco Montealegre Gasteazoro, soltero, (n.1883-m.1925).
6.- Elia Montealegre Gasteazoro cc Mariano Dubón Montealegre
7.- Berta Montealegre Gasteazoro cc Eduardo Deshon Morazán, descendiente de los primeros inmigrantes del barco Mayflower y del Gral. Francisco Morazán Quesada, Presidente de Centro América.
8.- Casimira "Mira" Montealegre Gasteazoro cc Perfecto Tijerino Navarro.

Don Augusto César Montealegre Lacayo
(Foto propiedad de mi primo hermano, Dr. Augusto César Montealegre Valle)

Los hijos de Don Augusto César Montealegre Lacayo con su esposa Da. Isabel Salvatierra Ricarte y Fábrega. Tuvo hijos Don Augusto con Da. Francisca Cigú o Marie Debra Cigoue. Son los siguientes:
De su matrimonio con Da. Isabel son los siguientes:
1.- Augusto César Montealegre Salvatierra cc Ma. Cristina Zapata Malliè, hija de Román Zapata y Marie Louise Malliè hija de Louis Malliè.
2.- Ernesto Montealegre Salvatierra cc Modesta Tábora Gómez
3.- Paula Montealegre Salvatierra cc Jacinto Serrano
4.- Abraham Montealegre Salvatierra cc Priscila Tábora
5.- María del Carmen Montealegre Salvatierra cc Eliseo Venerio
6.- Humberto Serafín "Pin" Montealegre Salvatierra cc en primeras nupcias con Pastora Plazaola y en segundas nupcias con Celia Mondragón.
7.- Augusta Montealegre Salvatierra cc John Alex Colston Cross
8.- Manuela Montealegre Salvatierra cc en primeras nupcias con Felipe Altamirano Callejas y en segundas nupcias con Fco. Alfredo Sandoval Fuentes.
9.- Berta Montealegre Salvatierra cc Louis Colvin, sin descendencia.
Los hijos con Francisca Cigú o Marie Debra Cigoue, son los siguientes:
10.- Abel Montealegre Cigoue cc Carmen Vázquez
11.- Aaron Montealegre Cigoue
12.- Julio Renato Montealegre Cigoue cc Hilda Córdoba Solórzano
13.- Hermicenda Montealegre Cigoue cc Miguel Madriz
14.- Deborah Montealegre Cigoue cc Salvador "Chelón" Montealegre Sacasa

GENERACIóN NO.38
Los hijos del matrimonio formado por el Dr. Don Augusto César Montealegre Salvatierra y Da. María Cristina Zapata Malliè, fueron los siguientes:
1.- Dra. Augusta Patria Montealegre Zapata, odontóloga graduada de la Universidad Católica de Washington. Contajo matrimoni con Don Tomás Peralta Maza, salvadoreño, hay descendencia en El Salvador.
2.- Dr. Sergio Mario Montealegre Zapata, abogado graduado en la Universidad Católica de Washington. Contrajo matrimonio con Da. Connie Alvarez Padilla. Hay descendencia en Estados Unidos de América y México.
3.- Dr. Noel Salvador Montealegre Zapata, abogado graduado de la Universidad de León. Contrajo matrimonio con Da. María Elsa Valle Gámez
4.- Profesora Ilú Montealegre Zapata, contrajo matrimonio con el Profesor José Santos Rivera Siles, hijo del profesor, diputado por el Partido Liberal y Coronel del Ejército Defensor de la Soberanía Nacional (EDSN), Don José Santos Rivera Zeledón y de su esposa la profesora Da. Angela Siles Zelaya. Los hijos de este matrimonio fueron los siguientes:

GENERACIóN NO.39
Las hijas de la Dra. Augusta Patria Montealegre Zapata y Don Tomás Peralta Maza, en El Salvador, son las siguientes:

1.- María Augusta Peralta Montealegre, contrajo matrimonio con José Antonio Fernández Vázquez, hay descendencia.
2.- Carmen Elena Peralta Montealegre, contrajo matrimonio con José Antonio Acevedo Peralta, hay descendencia.

Los hijos del Dr. Noel Salvador Montealegre Zapata y Da. María Elsa Valle Gámez, son los siguientes:
1.- Prof. María Cristina Montealegre Valle, contrajo matrimonio con el Ing. Manuel Ignacio Terán González (n. 31 de Julio de 1942).
2.- Dr. Augusto César Montealegre Valle, abogado, contrajo matrimonio con Mayda Denueda Somarriba, con Lourdes Chamorro Sandino, con Patricia Frec. Zablah y con María José Coronel Novoa.
3.- Dra. Rosario Montealegre Valle, abogado, contrajo matrimonio con Isaac Travers Zeledón, con Ariel Argüello Paguaga y tuvo un hijo con Bernardo Orozco Matamoros.
4.- Dra. María Elsa Montealegre Valle, abogado, soltera.
5.- Lic. Admón. Claudia Montealegre Valle, soltera.
6.- María Noel Montealegre Valle, soltera.
7.- Fátima Montealegre Valle, contrajo matrimonio con Alfredo Salomón Benitez.
8.- Dra. María Augusta Montealegre Valle, doctora en medicina, contrajo matrimonio con Rafael Vallecillo Somarriba.

Los hijos del Dr. Sergio Mario Montealegre Zapata y Da. Connie Alvarez Padilla, son los siguientes:
1.- Sergio Mario Montealegre Alvarez (q.d.e.p.) cc Ana Lily Román Quintana, procrearon dos hijos.
2.- Lic. Roberto Felipe Montealegre Alvarez cc Patricia Spitale Reale (italiana) y con Gabriela Raya Clouthier (mexicana).
3.- Lic.-Arq. Laura Lynn Montealegre Alvarez, socióloga y arquitecta.

Los hijos de Da. Ilú Montealegre Zapata y Don José Santos Rivera Siles, son los siguientes:
1.- Dr. José Augusto Rivera Montealegre (n. 13 de Noviembre de 1948) contrajo nupcias con: Rosa Collin Oranday, mexicana, hay tres hijos, con María Elena Hernández, mexicana, hay cuatro hijos, y con Margarita Pérez Fonseca sin descendencia.
2.- Román Rivera Montealegre, fallece en la infancia.
3.- Arq. Flavio César Rivera Montealegre (n. 17 de Diciembre de 1951) contrajo matrimonio con Ligia Bermúdez Varela, hija de Don Carlos Bermúdez Lanzas y de Da. Angela Varela Mendiola, originarios de la ciudad colonial de León Santiago de los Caballeros, Nicaragua. Procrearon dos hijas, ver siguiente Generación.

4.- Lic. José Santos Rivera Montealegre (n. 24 de Diciembre de 1956) contrajo matrimonio con Mónica Rodríguez Helú, mexicana, procrearon dos hijos.
5.- José Eustacio Rivera Montealegre (n. 29 de Julio de 1963), soltero.

Arq. Flavio Rivera Montealegre, izquierda, y su abuelo materno, el Dr. Don Augusto César "Cuco" Montealegre Salvatierra, Abogado y Notario Público

GENERACIóN NO.40

Las hijas de Flavio Rivera Montealegre y Ligia Bermúdez Varela, son las siguientes:
1.- Ilú de los Ángles Rivera Bermúdez
2.- Flavia Ilú Rivera Bermúdez

Breve bibliografía:

1.- Base de datos suministrada por el Lic. Norman Caldera Cardenal, que a su vez ha sido el producto de investigaciones de un grupo de personas de la misma familia, que ha recopilado datos en los Archivos de la Capitania General de Guatemala, en el Archivo de Indias en Sevilla, España; en Marruecos y en los archivos de la Academia de Ciencias Genealógicas de Costa Rica.
2.- "El origen judío de las monarquías europeas. El mayor secreto de la Historia", por Joaquín Javaloys, Editorial EDAF.
3.- "Enciclopedia de Historia Universal. Desde la Prehistoria hasta la II Guerra Mundial" por William L. Langer, editado por Alianza Diccionarios, Madrid.
4.- "Así se hizo España" por José Antonio Vaca de Osma, Editorial Espasa-Calpe, Madrid, 1981.
5.- "The Forgotten Monarchy of Scotland" por HRH Príncipe Michael de Albania, Jefe de la Casa Real de los Stewart, Editado por Element Books Inc., Boston, USA, 1998.
6.- "Oxford Illustrated History of the British Monarchy" por John Cannon y Ralph Griffiths, Oxford University Press, 1988.

7.- "The Mammoth Book of British Kings and Queens" por Mike Ashley, editado por Carroll and Graf Publishers, Inc., Nueva York, USA, 1998.
8) Investigaciones realizadas por el Prof. Dr. Herbert Stoyan, Director del Instituto de Inteligencia Artificial de la Universidad
Friedich Alexander, de Erlangen, Nüremberg, Alemania, disponibles en la www de internet.
9) Investigaciones del Dr. Bryan C. Tompset, Jefe del Departamento de Ciencias de Computación de la Universidad de Hull, en Inglaterra, disponibles en la www de internet en Genealogias de las familias reales. (www.hulluniversity.com)
10) Ancient Genealogies, del Historiador y Genealogísta Eward Pawlicki, disponible en la www de internet.
11) Les Ancêtres de Charlemagne, de Christian Settipani, reconocido como una de las máximas autoridades en la genealogía del Emperador, libro que le fuera obsequiado al Arq. Hernán Segura R., por el Dr. D. Ives de Ménorval.
12) Estudio Histórico de algunas familias españolas, de D. Alfonso de Figueroa y Melgar.
13) Investigaciones realizadas por el Arq. Segura Rodríguez en el
Archivo General de Indias, en Sevilla, España.
14) Base de datos de la Iglesia de los Mormones, disponible en
Internet.
15) Revista de la ACCG, No.37, San José, Costa Rica, Junio 2000.
16) La España del Siglo de Oro, François Piétri, Ediciones Guadarrama, entre otros libros y muchos sitios que se pueden acceder en internet en Google.com.
17.-"The Plantagenet Ancestry" by Lt.-Col. W. H. Turton, D.S.O., Genealogies Publishers, Inc., 1993.
18.- "Lines of Succession. Heraldry of the Royal Families of Europe" by Jiri Louda and Michael Maclagan, Barnes and Noble Books, New York, 2002.
19.- "Pedigree and Progress" (1975) and "The Jewish kings or princes of Narbonne", por Anthony Wagner.
20.- "A Jewish princedom in feudal France: 768-900" (1972), por Arthur Zuckerman.

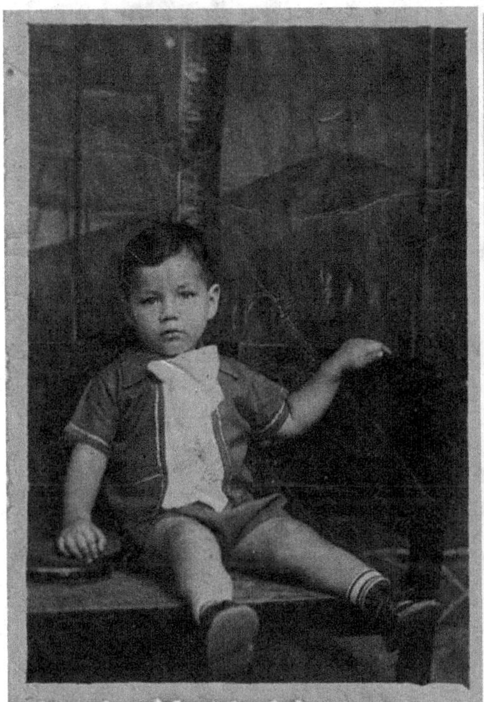

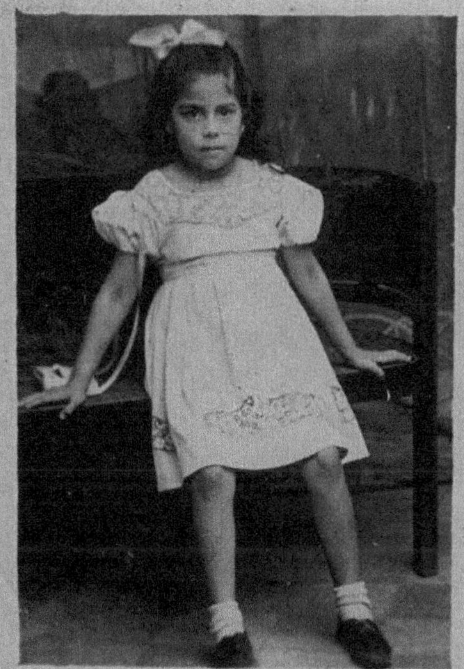

Augusto César y Maria Cristina Montealegre Valle

Dr. Noel Salvador Montealegre Zapata, abogado

De pie, segundo y tercero de derecha a izquierda: Dr. Sergio Mario Montealegre Zapata y Dr. Noel Salvador Montealegre Zapata, respectivamente.

Los descendientes en Nicaragua de la familia judía: Ben Qasi, Banu Qasi o Benu Qasi

Investigado por: Flavio Rivera Montealegre*

Con ocasión de la campaña del conquistador Muza (Musa ben Nusayr) desde Zaragoza, Ebro arriba, un noble godo llamado Casius o Casi banu Casi (Casi ben Casi) hizo acto de sumisión al califa al-Walid, abrazó el islamismo bajo su protección, entró en la clientela de los Omeyas y, probablemente, conservó así el mando de las tierras que gobernaba en nombre del rey visigodo Don Rodrigo. De él recibió su linaje el nombre con que la Historia le conoce: los Benu Qasi. Al cabo de medio siglo esa familia de conversos empezó a intervenir en las guerras civiles de al-Andalus. A Fortún, hijo de Casius, le había sucedido su hijo Muza o Musá ben Musá ben Fortún Banu Qasi (muere en el 862). En el 788 con ocasión de la lucha entre los dos hijos de Abderramán I, Sulayman e Hisam, el nieto de Casius tomó partido por el segundo, venció a los yemeníes y entró triunfante en Zaragoza. Pero fue asesinado por un liberto del jefe enemigo. Los soberanos de Córdoba favorecieron a sus leales, y un hijo de Muza ben Fortún, llamado Mutarrif, gobernaba en Pamplona a fines del s. VIII. Si bien los pamploneses se alzaron contra él y le dieron muerte el 798. Muza ben Fortún: El «Tercer rey de España». Antes del 803 tomaron el poder en Navarra los Arista. En esa fecha comenzaron a agitarse los BEN QASI o Benu Qasi en el valle del Ebro. Hijo de Muza ben Fortún fue el gran caudillo Muza, el futuro Tercer rey de España. Era hermano uterino (hermano de madre) de Iñigo y Fortún Iñiguez de Navarra. La vieja amistad, sellada con vínculos de sangre, entre los Arista y los Muza, hizo a ambos partícipes en la lucha contra los condes Eblo y Aznar, enviados en el 824 por Ludovico Pío (hijo de Carlomagno, Emperador del Sacro Imperio Romano-Germano) para someter a los vascones. Las buenas relaciones entre los muladíes del Ebro y Córdoba debieron perdurar algunos años. Muza Ben Fortùn mandaba la vanguardia del ejército musulmán, que combatió en la Cerdaña y en Narbona. En los combates contra los francos, dio muestra de singular bravura. Envidias y recelos le ocasionaron una grave querella con uno de los principales generales de la hueste cordobesa y la desavenencia llevó a Muza a alzarse otra vez en rebeldía. Se inicia así una larga contienda entre los Benu Qasi y los Omeyas que duró alrededor de 20 años.

Ejércitos de Abderramán II atacaron a Muza Ben Fortùn con frecuencia. Cuando la resistencia era imposible éste capitulaba, obtenía el aman (perdón) y seguía gobernando Tudela en nombre del emir. En el 844 los normandos penetraron por el Guadalquivir hasta Sevilla. La situación en Andalucía llegó a ser peligrosa y el emir solicitó auxilio de su cliente Muza Ben Fortùn. Su bravura y talento hicieron maravillas. Atacó y derrotó a los normandos quedando, a su regreso a la frontera superior - Aragón-, como la figura política más importante. Acompañó a Muhammad en su expedición contra Toledo, que terminó en la victoria de Guadacelete. Combatió al rey de Asturias y a los condes catalanes, penetrando en tierras de Alava y Castilla y llegando cerca de Barcelona. Se adueñó de Tarrasa. Dominó en Huesca, señoreó el Valle del Ebro hasta Monjardín y Montejurra y su hijo Lope Banu Qasi fue cónsul en Toledo, era hermano de Mutarrif que era Gobernador de Pamplona. Su audacia y poder no encontraron fronteras. A mediados de siglo, Muza Ben Fortùn había alcanzado un poder sin igual en las tierras hispano-musulmanas; con razón se hacía llamar el Tercer rey de España. Su estrella comenzó, sin embargo, a declinar. Se atrevió a edificar el castillo de Albelda desafiando al rey Ordoño I, Rey de Asturias y Duque de Cantabria, que gobernaba desde el país vasco hasta Galicia. En el 859 Ordoño I atacó a Muza Ben Fortùn y le derrotó en monte Laturce (Clavijo) y mientras Muza Ben Fortùn escapaba herido, Ordoño I entraba en Albelda. Al año siguiente las tropas de Córdoba atravesaban las tierras de Muza Ben Fortùn sin que éste opusiera resistencia. Su fin estaba próximo. En el curso de un ataque a Guadalajara fue herido de gravedad, muriendo antes de regresar a Tudela.

Los sucesores de Muza: Fin de la estirpe.

Sus hijos heredaron sus dominios, pero no su talento ni su autoridad. La boda del nuevo rey de Asturias, Alfonso III el Magno, con una princesa navarra, Jimena hija de Jimeno Duque de Vasconia, enlazó familiarmente a la dinastía asturiana con los Banu Qasi del Ebro (no olvidemos la hermandad entre Muza Ben Fortùn e Iñigo Iñiguez, el fundador del reino de Pamplona). La amistad que existió entre los Banu Qasi y Alfonso III en un principio, fue rota más tarde. En 882 el hijo de Lope (Lubb) Banu Qasi, el que fuera cónsul en Toledo, Muhammad Ben Lope Banu Qasi o simplemente Muhammad, sorprendió a sus parientes, se adueñó del poder, se acercó a Córdoba y atacó al rey cristiano. No se avino a entregar a sus familiares al emir y, acosado por los condes de Álava y Castilla, pidió la paz a Alfonso III. No aceptó éste tratar con quien había traicionado a sus amigos y en consecuencia, el jefe de los Banu Qasi combatió en adelante en dos frentes, contra Córdoba y contra Oviedo. En algún momento llegó a apoderarse de Toledo. En el 891 obtuvo una gran victoria frente al rey de Asturias. Pero alarmado por la instalación en Zaragoza de un miembro de la familia rival de los Tuchibíes (Tuyibíes), la combatió con furia; durante el cerco encontró la muerte en el 898. Había sido un digno sucesor de su abuelo, el gran Muza Ben Qasi o Musá Ben Musá Ben Fortùn Banu Qasi (m.862). Su hijo Lope ben Muhammad heredó la audacia y la bravura de su estirpe. En vida de su padre había dado ya pruebas de su arrojo, combatiendo contra diversos caudillos del Valle del Ebro y atacando al conde de Barcelona Wifredo el Velloso, quien vencido y herido por él, murió días después. Edificó el castillo de Monzón sobre el Cinca y el de Balaguer en tierras catalanas, y también en vida de su padre marchó hacia Andalucía, atacó y tomó la fortaleza de Cazlona e intentó pactar con Ornar (Umar ben Hafsum). Al recibir la noticia de la muerte de su padre volvió al Valle del Ebro. Reconoció teóricamente la soberanía de´Abd Allah y combatió con decisión a Alfonso III, venciéndole en Tarazona. Este éxito aseguró su autoridad en Toledo, cuyo gobierno encomendó a su hermano Mutarrif y prosiguió la lucha contra el rey Magno. Sitiaba éste Grañón, cuando Lope ben Muhammad penetró en tierras de Alava, conquistó el castillo de Bayas, al Norte del Ebro y obligó al soberano de Oviedo a abandonar el sitio de la plaza (904). Poco después atacaba al conde de Pallars y al año siguiente sitiaba Zaragoza. Sus triunfos y su audacia iban a ocasionar su pérdida en plena juventud y la ruina definitiva de su estirpe. El rey de Oviedo se alió con el conde de Pallars para dar un golpe de estado en Pamplona y llevar al trono una dinastía sin contacto con los renegados del Valle del Ebro. El golpe de estado triunfó en el 905 y Sancho Garcés ocupó el trono de Navarra. Tal vez el rey Magno logró al mismo tiempo que los toledanos se alzaran contra el pariente de Lope ben Muhammad que gobernaba la ciudad y que le asesinaran. El último miembro de los Benu Qasi reaccionó con su habitual temeridad y violencia. Penetró en Navarra irritado y desafiante. Intentó levantar frente a Pamplona una fortaleza, pero Sancho Garcés le tendió varias celadas. Cayó en ellas el bisnieto de Muza y pereció luchando el 29 de Septiembre de 907.

Había terminado la historia triunfante de los Banu Muza o Benu Qasi o Ben Qasi. Su hermano´Abd Allah procuró en vano recoger la herencia de la estirpe. Al-Tawil, señor de Huesca, se apoderó de Barbastro, Alquézar y de la Barbotania y más tarde de Monzón y de Lérida. El tuchibí que señoreaba Zaragoza entró en Ejea. Los toledanos reconocieron como caudillo a Lope ben Tarbisa probablemente amigo de Alfonso III El Magno.

Sancho Garcés se afirmó en Pamplona y los últimos descendientes de Casius y de Muza Ben Fortùn vivieron en la sombra. Los Banu Qasi o Ben Qasi, habían dominado en realidad el Valle del Ebro durante casi un siglo. Fueron exponente de la reacción de los muladíes contra sus dominadores orientales. Esas rebeliones en Tudela, Toledo, Mérida, Andalucía, etcétera, perturbaron la historia española del siglo IX, debilitando, **a veces hasta la impotencia, el poder de los emires cordobeses. Los caudillos muladíes nunca llegaron a aliarse entre** sí, lo que facilitó el avance cristiano.

El dominio del Ebro por los Muza o Musá y su hostilidad, salvo fugaces alianzas, al reino de Asturias, contribuyeron al nacimiento de Castilla. Amenazadas y atacadas en sus fronteras las tierras orientales del mismo, hubieron de vivir más de un siglo en lucha permanente, lo que no pudo menos de influir en la forja de la personalidad de la comunidad histórica que en ellas habitaba. Mientras el rey Alfonso III el Magno, Rey de Asturias y Duque de Cantabria, llegaba hasta Coimbra en el 878 y hasta el Duero, con la repoblación de Zamora en 893, todavía a principios del s. X veía entrar en Alava las huestes de Lope ben Muhammad ben Lope ben Muza, los nombres del último vástago de la estirpe del conde visigodo Casius.

La Genealogía del linaje de los Banu Qasi
Banu Qasž o Ben Qasi, desde el primero del que se tiene conocimiento, es de la siguiente manera:

Primera Generación

Qasi Banu Qasi (Casius), Conde de Borja, hijo de Fortún, Conde de Borja, un visigodo del Valle Ebro. Casius fue un caudillo que hizo acto de sumisión al califa Al-Walid. No se le conoce el nombre de su esposa. Sus hijos fueron:

Segunda Generación

1.- Fortùn Banu Qasi o Fortún Ben Qasi, Walí de Zaragoza, contrajo nupcias con Aisha Bint Abdul (n.670-m.717), ella era hija Abdul Yazid Al Wallid y de su esposa Egila von Cordoba (o Egilom Umm 'Assim), a su vez era nieta por el lado paterno de Abdul Al Mallik Umayyad (n.640) y de su esposa Ben-Marwan. Abdul Al Mallik, su abuelo, era hijo de Yazid Ben Umayad y de su esposa Kuttum Umm Kashim, a su vez, Yazid Ben Umayad era hijo de Muawiya Umayad que era hijo de Abu Sufyan. Su bisabuela, Kuttum Umm Kashim, era hija de Muhammad Kashim y de su esposa Khadidja Qarayshi hija de Khuwailid que a su vez era hijo de Asad. Muhammad Kashim era hijo de Abdallah Ben abd Muttalib y de su esposa Amina Ben Walib que era hija de Wahb Ben Arb Manaf. Los padres de Abdallah Ben abd Muttalib fueron Abd al-Muttalib aka Shêba al-Hamd y de su esposa Fatima Ben Amr, y, a su vez Abd al-Muttalib aka Shêba al-Hamd era hijo de Hâshim `Amr y su esposa Atika. Por otro lado, la abuela de Aisha Ben Abdul, la señora Ben-Marwan, era hija de Marwan I Ben Al Hakim y de su esposa Aisha Ben Muawiya Ben Al-Mughira.

Egila von Cordoba era hija Don Rodrigo von Cordoba, el último Rey Godo, y de su esposa Egilena. Era nieta, por el lado paterno, de Theodofredo von Cordoba y de Rekilona von Cordoba. Era bisnieta por el lado paterno de Chindaswind y de su esposa Da. Rekiberga. Era tataranieta paterna de Swintila y de su esposa Da. Theodora. A su vez, Swintila era hijo de Recaredo I (cuyos padres eran Leovigildo y Theodoria) y de su esposa Chlodoswintha von Franken que era hija de Sigiberto I von Franken y de su esposa Da. Brunichilde.

Los antepasados de Chlodoswintha von Franken son sus abuelos paternos Clotario I von Franken y Da. Ingunde von Thüringen (hija de Baderich von Thüringen).

Sus bisabuelos paternos son Chlowdig I von Franken y Da. Chrodechildis von Burgund. Sus tatarabuelos paternos son Childerico I von Franken y Da. Basina Andovera von Thüringen (hija de Banin von Thüringen). A su vez, Childerico I von Franken era hijo de Merowech von Franken y de su esposa Da. Verica, era nieto de Chlodion Merowech von Franken quien era hijo de Pharamund von Franken y de su esposa Merovna von Thüringen hija de Merwig von Thüringen.

El hijo de Fortùn Banu Qasi o Fortùn Ben Qasi y de su esposa Aisha Bint Abdul, fue la siguiente:

Tercera Generación

1.- Musá Ben Fortùn Benu Qasi, caudillo, Gobernador de Tudela, contrajo nupcias con Da. Ausona Inconnu (Asson, hija de Iñigo Iñigo Arista "El Vascón", Rey de Navarra) sus hijos fueron:

Cuarta Generación

1.- Musá II Ben Musá Ben Fortùn Banu Qasi (n. 775 y muere en el 862), se hizo llamar el Tercer Rey de España, fue Gobernador de Zaragoza, Borja y Tudela. Su hijo en la siguiente generación.
2.- Musá Loup Ibn Musá Banu Qasi, contrajo nupcias con Ayab Al-Bulatiya (nace en el 810), procrearon entre varios hijos a Aurea. Ver siguiente generación.

Quinta Generación

El hijo del matrimonio formado por Musá II Ben Musá Ben Fortùn Banu Qasi y de su esposa de quien no se le conoce el nombre, fue:

1.- Lope (Lubb) Banu Qasi Moro, una hija suya, de nombre Guiniguenta Banu Qasi, contrajo nupcias con Ramón I Ribagorza. Contrajo nupcias con Onneca quien estaba divorciada de Iñigo Jiménez de Pamplona, caudillo vasco hijo de Jimeno de Pamplona y su esposa Leodegundia hermana de Alfonso III El Magno, Rey de Asturias desde 866 a 911; y son de la Casa Arista de Pamplona. Acogió en su casa al hijo de Alfonso III El Magno para darle educación, ese fue Ordoño. Su hijo, Muhammad Ben Lope Banu Qasi, en la siguiente generación.
2.- Mutarrif ben Musa, fue Gobernador de Pamplona. Contrajo nupcias con Da. Velasquita Garcés de Pamplona, hija de García Íñiguez I de Pamplona y de su esposa Da. Urraca de Jiménez.

Nota: Uno de los grandes aciertos del rey astur, Alfonso III El Magno, es poner en contacto y amistad, uniéndolos a una empresa común, a los pueblos asturleoneses con los pirenaicos. Alfonso III El Magno contrajo nupcias con una navarra, Jimena hija de Jimeno Duque de Vasconia, y unió en matrimonio a su hermana Leodegundia con un magnate navarro de nombre Jimeno, Duque de Vasconia. Logrando de esa manera una alianza de las dos ramas de la dinastía de Pamplona, a los Iñiguez y a los Jiménez, aliados a su vez con los reyes del Ebro, de la España musulmana con los ben Muza (de Aragón), los ben Lope (de Toledo), con Ibn Marwan, el Gallego (en Extremadura) y con el famoso Omar ben Hafsun en tierras surorientales de Al-Andalus.

La hija del matrimonio formado por Musá Loup Ibn Musá Banu Qasi y su esposa Ayab Al Bulatiya (nace en 810), fue:
1.- Aurea Ben Musá Banu Qasi (Oria), quien contrajo nupcias con Fortùn Garcés Inconnu o Fortùn Garcés I de Pamplona, Rey de Navarra en el año 845. También contrajo nupcias con García Ximenes de Navarra. Se supone que Aurea Ben Musá Banu Qasi era hija de Lope ibn Musá Banu Qasi (n.800), de ella es descendiente Da. Isabela I "La Católica", Reina de Castilla y León. Su hija en la siguiente generación.

Sexta Generación

El hijo de Lope (Lubb) Banu Qasi y de su esposa Onneca, fue:

1.- Muhammad Ben Lope Banu Qasi (muere en el 898), el título nobiliario que ostentaba era Wali de Tudela o Príncipe de Tudela. Contrajo nupcias, pero no se conoce el nombre de su esposa, con quien procreó varios hijos, entre ellos al príncipe AbdAllah Ben Mohammed Banu Qasi. Sus hijos en la siguiente generación.

2.- Guiniguenta Banu Qasi, que nace en el 860, contrae nupcias en el 884 con Ramón I Ribagorza (nieto de Makhir I Theodoric de David-Toulouse) hijo de Llop Donat Bigorre o Lope I Bigorre y de su esposa, Berta de Toulouse, que era hija de Raymond I Toulouse de Rouergue y su esposa Da. Berta de Rèmy. A su vez, Llop Donat Bigorre era hijo de Donat Llop Bigorre (y de su esposa Da. Facquilo Bigorre hija de Mancio Bigorre) que era hijo de Llop Centull Gascon que era hijo de Ximeno Gascon quien contrajo nupcias en el 759. Su hijo en la siguiente generación.

El hijo del primer matrimonio de Onneca con Iñigo Jiménez de Pamplona, medio hermano de madre de Muhammad Ben Lope Banu Qasi, fue:
1.- Íñigo Íñiguez Arista, es quien inicia la Casa Arista, es el primer Rey de

Pamplona, desde 820 a 851, en sustitución de los Ben Qasi. Su hijo fue García Iñiguez (851-870) que le sucede en el trono, a éste le sucede su hijo Fortún Garcés (870-905) y le sucede su hermano Sancho I Garcés, El Grande, desde 905 hasta 926. Le sucede su hijo García Sánchez (926-970) quien contrae nupcias con Andragoto Galíndez, Condesa de Aragón. Con este matrimonio se une Navarra y Aragón, el hijo de ambos fue quien le sucede, su nombre fue Sancho II Garcés Abarca (970-994), su hijo fue su sucesor en el trono, de nombre García Sánchez II, El Tembloroso, reina desde 994 hasta el 1000. Le sucede su hijo Sancho III Garcés, El Mayor, desde 1000 al 1035, contrae nupcias con Da. Mayor Elvira, Condesa de Castilla, sus hijos fueron: Fernando I, El Magno, Rey de Castilla y que al contraer nupcias con Da. Sancha, Reina de León, se juntaron las dos coronas en Fernando I. Su hermano Gonzalo fue Rey de Sobrarbe y Ribagorza. Su hermano Ramiro I fue Rey de Aragón, sus descendientes son los reyes de Aragón y Cataluña, entre ellos Petronila casada con Ramón Berenguer IV. Su hermano García III fue Rey de Navarra, y que contrajo nupcias con Estefanía, de este matrimonio es hijo Sancho IV, llamado "el de Peñalén"

La hija de Aurea o Oria Banu Qasi con su esposo Fortùn Garcés I de Pamplona, fue:

1.- Oneca Fortùnez de Pamplona y Banu Qasi (n. 847), en el 863 contrae nupcias con
Al-Allâh'Abd ibn Muhammad, amir al-Qurtubi hijo de Muhammad I ibn Abd al-Rahman y su esposa Ishar; y, en el 880 contrajo segundas nupcias con Aznar Sánchez de Larraún, Señor de Larraún; ver a su hija Sancha Aznarez de Aragón en la siguiente generación.

Séptima Generación

El hijo de Muhammad Ben Lope Banu Qasi (m.898), fue:

1.- El príncipe AbdÁllah Ben Mohammed Banu Qasi. Fue Emir en la España musulmana que estuvo a punto de hundirse por causa, especialmente, de sus pleitos internos entre la misma familia. Esta situación la logra controlar el nieto del Emir Abd-Alla, que tuvo por nombre:Abd-el-Rahman III.

2.- URRACA BANU QASI, nace en el 877 en Tudela de Navarra, fue bautizada en el 924 y en el 900 había contraído nupcias con Fruela II, Rey de León y Conde de Cantabria, hijo de Alfonso III El Magno, Rey de Asturias y Duque de Cantabria y de su esposa Jimena Garces de Pamplona (Ximena de Navarra), hija de Jimeno Garces de Pamplona. Alfonso III era hijo de Ordoño I Rey de Asturias y de Munia de Cantabria. Ordoño I era hijo de Ramiro I Rey de Asturias que a su vez era hijo de Vermudo I El Diácono y de su esposa Usenda de Cantabria. Ver siguiente Generación No.7.

La hija del matrimonio formado por Oneca Fortùnez de Pamplona (n. 847), y su segundo esposo Aznar Sánchez de Larraún o Aznar II Galindo de Aragón (hijo de Galindo I Aznarez, Conde de Aragón, y de su esposa Guldregut, era nieto de Aznar I Galíndez, Conde de Aragón, Jaca, Urgel y Cerdaña), fue:
1.- Sancha Aznarez de Aragón
2.- Urraca Toda Aznarez de Aragón conocida también como TODA AZNAREZ, contrajo nupcias con Sancho I Garcés, Rey de Navarra y Pamplona (n. 865 y muere el 11 de Diciembre de 925), sus hijos en la siguiente generación.

El hijo de Da. Guiniguenta Banu Qasi con su esposo Ramón I de Ribagorza, 1er. Conde de Pallars, fue el siguiente:
1.- Bernardo Unifredo Banu-Qasi de Ribagorza, Conde de Ribagorza, contrajo matrimonio con Da. Toda Aznares hija de Galindo II Aznar, Conde de Aragón, y Da. Iñiga Onneca. El hijo de Bernardo Unifredo y Da. Toda Aznares en la siguiente generación.

Octava Generación

El hijo del Emir Abd-Allah Ben Mohammed Banu Qasi, fue
1.- Abd-el-Rahman II, Emir de Córdoba, que hará de Al-Andalus o Andalucía, un Estado bien organizado, culto, rico y temido, llegando a su esplendor en el siglo X.

Los hijos de URRACA BANU QASI "Usenda" y Fruela II "El Leproso" Rey de León y Conde de Cantabria, hijo de Alfonso III El Grande, Rey de Aragón y Galicia, y de su esposa Da. Jimena de Pamplona. Los hijos de Fuela II y Da. Urraca Banu Qasi fueron:
1.- Aurelio I
2.- Bermudo I, "el diácono", 8° Rey de Asturias contrajo matrimonio con Da. Ursinda Munilona de Coimbra, nieta del Rey Witiza. Son los padres de Ramiro I, ver siguiente generación.
3.- Rodrigo Frolaz I, Conde de Castilla, pobló la villa de Amaya. Contrajo matrimonio con Da. Sancha.
4.- Gonzalo, pobló la villa de Lara (Casa de Lara)
5.- Singerico, pobló Castrogeriz (Casa de Castro)
6.- Nuño, fundó con su padre y el Obispo don Valentín, en 769, el monasterio de monjas del Pedroso.

Los hijos formados por el matrimonio de Urraca Toda Aznarez de Aragón y su esposo Sancho I Garcés, Rey de Navarra y Pamplona (n. 865 y muere el 11 de Diciembre de 925), fueron los siguientes:

1.- Oneca de Navarra que en 923 contrajo nupcias con Alfonso IV El Monje, Rey de León y Asturias, que era hijo de Ordoño II, Rey de León y Asturias y de su esposa Da. Munia Elvira de Menéndez (m. 9 de Octubre de 921, en León)
2.- Sancha de Pamplona Banu Qasi quien contrajo nupcias con Fernán González, Conde de Lara, Conde de Castilla y de Álava (n.910 y m.970), sus hijos en la siguiente generación.
3.- García II Sánchez Banu Qasi, Rey de Navarra y de Pamplona (n. 919-m.970) contrajo nupcias con Da. Andregoto Galíndez, Condesa de Aragón, su hijo en la siguiente generación.
4.- Velasquita Sánchez de Pamplona, nació en el 917, contrajo matrimonio con Nuño López, Señor de Vizcaya, su hijo en la siguiente generación.

El hijo de Bernado Unifredo Banu-Qasi y Da. Toda Aznares, fue el siguiente:
1.- Ramón II Bigorre Banu-Qasi de Ribargorza y Aznares, Conde de Ribagorza, contrajo matrimonio con Da. Gersenda de Fezensac, la hija de ambos en la siguiente generación.

Novena Generación

El hijo del Emir Abd-el-Rahman II, fue
1.- Abd-el-Rahman III, este lleva a Pamplona a su máxima expresión cultural. Su nombre de pila era Muhammed Ben Abd-el-Rahman III Banu Qasi

Los hijos de Da. Sancha de Pamplona quien contrajo nupcias con Fernán González, Conde de Lara, Conde de Castilla y de Álava (n.910 y m.970), fueron los siguientes:
1.- Gonzalo Fernández
2.- Sancho Fernández
3.- García Fernández que viene a ser el mismo del nombre Garcia I de Castilla, Conde de Castilla (Conde en el periodo 970-995).
4.- Nuño Fernández de Castilla, sacerdote.
5.- Munia Fernández
6.- Da. URRACA Fernández de Castilla, quien contrajo nupcias en tres ocasiones. Primero con Ordoño III de León, Rey de León, sus descendientes son los reyes de este territorio junto con Asturias y Galicia. En segundas nupcias con el primo de su marido, Ordoño IV "El Malo" pero no tienen hijos. El tercero con Sancho II Garcés Abarca, Rey de Pamplona, sus hijos son los herederos del reino de Pamplona que se une con Navarra.

El hijo de Bermudo I, "el diácono", 8° Rey de Asturias con su esposa Da. Ursinda Munilona de Coimbra, nieta del Rey Witiza, fue el siguiente:

1.- Ramiro I Bermúdez, 11° Rey de Asturias y Galicia. Nació en 791 y fallece el 1° de Febrero de 850. Ganó la batalla de Clavijo y suprimió el tributo de "Las Cien Doncellas". En primeras nupcias contrajo matrimonio con Da. Gontroda, señora gallega, viuda de Don Bermudo Álvarez, sus hijos en la siguiente generación. En segundas nupcias contrajo matrimonio, en 842, con Da. Urraca Paterna de Castilla, Condesa de Castilla, hija de Don Diego Rodríguez de Castilla, sus hijos en la siguiente generación.

Nota.- Por estos tiempos en la peninsula ibérica se usa mucho el latín, especialmente en la escritura. Los sefarditas dominan tres idiomas en esos tiempos. Por otro lado, cabe recordar que el nombre de Castilla no era conocido hasta que en un documento del 759, su nombre original era Al-Quila o Tierra de los castillos que pasa a conocerse como Castilla.

La hija de Ramón II Bigorre Banu-Qasi de Ribagorza y Aznares, con su esposa Da. Gersenda Fezensac, fue:
1.- Da. Ava de Ribagorza Banu-Qasi Aznares y Fezensac, contrajo matrimonio con García I Fernández (n. 938), "el de la manos blancas", Conde de Castilla, en el periodo entre 970 y 995. Su hija en la siguiente generación.

El hijo de Velazquita Sánchez de Pamplona con su esposo Don Nuño López, Señor de Vizcaya, fue el siguiente:
1.- Don Lope Núñez, Señor de Vizcaya, contrajo matrimonio con Da. Usenda de León, el hijo de ambos en la siguiente generación.

Décima Generación

Las hijas de Abd-el-Rahman III, fueron las siguientes:
1.- Oria Banu Qasi contrajo nupcias con Garcia Ximenes de Navarra.
2.- Urraca Banu Qasi contrajo nupcias con Ramiro Alfonzo, Rey de León, Asturias y Galicia.

La hija de Da. Ava de Ribagorza Banu-Qasi Aznares y Fezensac con su esposo García I Fernández, Conde de Castilla, es la siguientes:
1.- Elvira Garcés de Castilla (971-1052), contrajo matrimonio con Bermudo II, Rey de León, (953-999), su hijo en la siguiente generación.

Los hijos de Don Ramiro I Bermúdez, 11° Rey de Asturias y Galicia, y su primera esposa, Da. Gontroda, señora gallega, viuda de Don Bermudo Álvarez, fueron los siguientes:
1.- Ordoño I Ramírez, 12o. Rey de Asturias y Galicia. Contrajo matrimonio con Da. Munia Nuña. Sus hijos en la siguiente generación.

2.- Gatón de El Bierzo, Conde de El Bierzo, contrajo matrimonio con Da. Egilo.
Los hijos de Don Ramiro I Bermúdez con su segunda esposa Da. Urraca Paterna de Castilla, Condesa de Castilla, hija de Don Diego Rodríguez de Castilla, fueron los siguientes:
3.- Rodrigo II, Conde de Castilla, repobló Amaya en el 860, y, fallece en el 873. Tiene sucesión en Castilla.
4.- García
5.- Ildonicia, nace ciega.

El hijo de Don Lope Núñez, Señor de Vizcaya, y Da. Usenda de León, fue el siguiente:
1.- Iñigo López “Esquerra”, Señor de Vizcaya, murió en 1076, contrajo nupcias con Da. Toda Ortíz de Nájera, el hijo de ambos en la siguiente generación.

Generación No. 11

El hijo de Da. Elvira Garcés de Castilla con su esposo Bermudo II "El Gotoso", Rey de León, es el siguiente:

1.- Alfonso V, Rey de León, (996-1028), contrajo matrimonio dos veces, primero con Da. Urraca Garcés. En segundas nupcias con Da. Elvira Menéndez, los hijos de ambos en la siguiente generación.

Los hijos de Ordoño I con su esposa Da. Munia Nuña Elvira de Menéndez, son los siguientes:
1.- Ramiro II Rey de Asturias y León, n. 900 y fallece el 1 de Enero de 951 en San Salvador de León. Contrajo matrimonio, primero con Da. Adosinda Gutiérrez (m. 931) hija del Conde Gutierre Ortiz y Da. Ildoncia Gutiérrez, y en segundas nupcias con Da. Urraca Teresa Florentina de Navarra, hija de Sancho I Garcés, Rey de Navarra y Pamplona, y de su esposa Da. Toda Aznar.
2.- Alfonso IV
Los hijos de Gatón de El Bierso, con su esposa Da. Egilo, son los siguientes:
1.- Bermudo Gatónez, Conde de Torres.
2.- Hermesenda Gatónez, en 865 contrajo matrimonio con el Conde Hermenegildo Gutiérrez, su hija en la siguiente generación.
3.- Savarico Gatónez, Obispo de Mondoñedo.

El hijo de Don Iñigo López “Ezquerra”, Señor de Vizcaya, y su esposa Da. Toda Ortíz de Nájera, fue el siguiente:
1.- Don Lope Iñiguez, Señor de Vizcaya, murió en el 1093, contrajo nupcias con Da. Tiella Díaz de Asturias, el hijo de ambos en la siguiente generación.

Generación No. 12

Los hijos de Alfonso V, Rey de León, y Da. Elvira Menéndez, fueron:
1.- Sancha Alfonzes de León, Reina de León (1013-1067), contrajo matrimonio con Fernando I, Rey de Castilla y luego lo fue de León (1017-1065), hijo de Sancho III "El Mayor", Rey de Navarra, y de Da. Muniadona Sánchez de Castilla; nieto de García Sánchez IV, Rey de Navarra (965-1004) y de Da. Jimena Fernández. Don García Sánchez IV es descendiente directo de Bernard I de David-Toulouse. El hijo de Da. Sancha Alfonzes de León con su esposo Fernando I, en la siguiente generación.
2.- Bermudo III Alfonzes, Rey de León, le sucede su hermana Sancha como Reina de León.

La hija de Da. Hermesenda Gatónez, que en 865 contrajo matrimonio con el Conde Hermenegildo Gutiérrez, fue la siguiente: 1.- Da. Munia Elvira, que en el 895 contrajo matrimonio con Don Ordoño II, Rey de Galicia y León.

El hijo de Ramiro II, Rey de Asturias y León con su primera esposa Da. Adosinda Gutiérrez, fue el siguiente:
1.- Ordoño III Ramírez Gutiérrez "El Bueno", Rey de León (n. 926-m. 955, Zamora, León), contrajo matrimonio con Da. Urraca Fernández de Castilla, su hijo en la siguiente generación.
Los hijos de Ramiro II, Rey de Asturias y León, con su segunda esposa Da. Urraca Teresa Florentina de Navarra (muere el 23 de Junio de 956) hija de Sancho I Garcés, Rey de Navarra y Pamplona, y de Da. Toda Aznarez, fueron los siguientes:
1.- Sancho I "El Graso", Rey de León, contrajo matrimonio con Da. Teresa Anzúres de Monzón, su hijo en la siguiente generación.
2.- Elvira de León

El hijo de Don Lope Iñiguez, Señor de Vizcaya, y su esposa Da. Tiella Díaz de Asturias, fue el siguiente:
1.- Don Diego López "El Blanco", Señor de Vizcaya, contrajo matrimonio con Da. María de Lemos, sus dos hijos en la siguiente generación.

Generación No. 13

El hijo de Da. Sancha Alfonzes de León con su esposo Fernando I, Rey de León y Castilla, fue

1.- Alfonso VI, Rey de León y Castilla (1040-), primero contrajo matrimonio con Da. Jimena Muñoz, y, en segundas nupcias con Da. Constanza de Borgoña, sus hijos en ambos matrimonios en la siguiente generación.

El hijo de Ordoño III "El Bueno", Rey de León, con su esposa Da. Urraca Fernández de Castilla, fue el siguiente:
1.- Bermudo II "El Gotoso" (n. 953 en León y m. Septiembre de 999 en Villabueno), Rey de León, contrajo matrimonio en segundas nupcias con Da. Elvira García de Castilla (n. 970, León, y m. 1 de Marzo de 1028 en León) hija de García I Fernández, Conde y Rey de Castilla (de la Casa Real de Lara, hijo de Fernán González de Lara y Da. Sancha Sánchez de Navarra, Reina de León), y de Da. Ava de Ribagorza Banu Qasi y Fezensac. Los hijos de ambos en la siguiente generación.

El hijo de Sancho I "El Graso", Rey de León, con su esposa Da. Teresa Anzúres de Monzón, fue el siguiente:
1.- Ramiro III, Rey de León, contrajo matrimonio con Da. Urraca.

Los dos hijos del matrimonio formado por Don Diego López "El Blanco", Señor de Vizcaya, y su esposa Da. María de Lemos, fueron los siguientes:
1.- Don Lope Díaz, Señor de Vizcaya, murió en el 1170, contrajo nupcias con Da. Aldonza Ruíz de Castro, n. 1147, hija de Don Rodrigo Fernández "El Calvo" de Castro y de Da. Estephania Pérez de Trava que era hija de Don Pedro Fruelas de Trava y Da. Mayor de Urgel. Sus hijos en la siguiente generación.
2.- Don Nuño Díaz, Señor de Henestrosa de las Quintanillas, en Cantabria, Esjpaña. Contrajo nupcias con Da. Elvira Gil de Ansúrez, su hijo en la siguiente generación.

Generación No. 14

La hija de Alfonso VI en su primer matrimonio con Da. Jimena Muñoz fue:
1.- Teresa Alfonzes de Castilla, Condesa de Portugal, contrajo matrimonio con Enrique de Borgoña, fundadores de la monarquía portuguesa.
La hija de Alfonso VI su segundo matrimonio con Da. Constanza de Borgoña, fue:
2.- Da. URRACA Alfonzes de Castilla, Reina de Castilla, contrajo matrimonio con Raymond de Borgoña (muere en 1107), Conde de Galicia y Coimbra, el hijo de ambos en la siguiente generación.

Los hijos de Bermudo II "El Gotoso", Rey de León, con su segunda esposa Da. Elvira García de Castilla, fueron los siguientes:
1.- Alfonso V "El Noble", Rey de Castilla y León, contrajo matrimonio con Da. Elvira Menéndez de Galicia, sus hijos en la siguiente generación.
2.- Da. Sancha de León, muere en Oviedo, Asturias.

Los hijos de Don Lope Díaz, Señor de Vizcaya, y su esposa Da. Aldonza Ruíz de Castro, fueron los siguientes:

1.- Diego II López "El Bueno", Señor de Vizcaya, contrajo matrimonio con Da. Toda Pérez de Azagra, su hija en la siguiente generación.
2.- Da. Urraca López de Haro y Vizcaya, n.1167-m.1223, Villena. Contrajo nupcias en Mayo del 1187, convirtiéndose en la tercera esposa de Don Fernando II, Rey de León (nació en 1137 y muere el 22 de Enero de 1188 en Benavente), hijo de Don Alfonso VII "El Emperador", Rey de Galicia, León y de Castilla, y de su esposa Da. Berenguela Berenguer Raimundo de Barcelona. Los hijos de Da. Urraca López de Haro y Vizcaya con Don Fernando II, Rey de León, en la siguiente generación.

El hijo de Don Nuño Díaz, Señor de Henestrosa de las Quintanillas, en Cantabria, España; con su esposa Da. Elvira Gil de Ansurez, fue el siguiente:
1.- Don Rodrigo Núñez, Señor de Henestrosa de las Quintanillas, no se conoce el nombre de su esposa. Su hijo en la siguiente generación.

Generación No. 15

El hijo de Da. Urraca, Reina de Castilla, con su esposo Raymond de Borgoña, Conde de Galicia y Coimbra, fue
1.- Alfonso VII, Rey de Castilla y León, "El Emperador", (1126-1157), contrajo matrimonio con Da. Berenguela Berenguer de Barcelona, hija de Ramón Berenguer III El Grande, Conde de Barcelona, de la Casa Montcada, hijo de Ramón Berenguer II "El Fratricida", Conde de Barcelona, y de su esposa Da. Matilde Guiscardo hija de Roberto Guiscardo, Duque de Apulia. Es nieto de Ramón Berenguer I "El Viejo", Conde de Barcelona, y de su tercera esposa Da. Almodis de la Marche, hija de Bernardo I Conde la la Marche. A su vez, Ramón Berenguer I es hijo de Berenguer Ramón I "El Curvo" y de Da. Sancha García hija de Sancho I García, Conde de Castilla. Los hijos de ambos en la siguiente generación.

Los hijos de Don Alfonso V "El Noble", Rey de Castilla y León, con su esposa Da. Elvira Menéndez de Galicia, fueron los siguientes:
1.- Bermudo III, Rey de León, contrajo matrimonio con Da. Ximena de Castilla. Su hermana, Da. Sancha, le sucede en el trono del reino.
2.- Da. Sancha Alfonzes y Menéndez, Reina de León, contrajo matrimonio con Don Fernando I "El Magno", Rey de Castilla, hijo de Sancho III Garcés "El Mayor", Rey de Navarra, y de su esposa Da. Munia Mayor de Castilla hija de Don Sancho de Castilla, Conde de Castilla (n.965) y de Da. Urraca, era nieta de García I de Castilla, Conde de Castilla y de Da. Ava de Ribagorza, era bisnieta de Fernán González de Lara, Conde de Lara (n. 910) y de Da. Sancha de Pamplona. Su hijo en la siguiente generación.

La hija de Don Diego II López "El Bueno", Señor de Vizcaya, y su esposa Da. Toda Pérez de Azagra, fue la siguiente:
1.- Da. Toda Díaz de Haro, contrajo matrimonio con Don Iñigo Ortíz Alfonsez, Señor de Zúñiga, hijo de Don Alfonso Ramírez, Señor de Zúñiga, y de Da. Sancha Iñiguez de Zúñiga, su hija en la siguiente generación.

El hijo de Don Rodrigo Núñez con su esposa cuyo nombre se desconoce, es el siguiente:
1.- Martín Rodríguez, Señor de Henestrosa, contrajo nupcias con Da. Mayor de Sandoval, el hijo de ambos en la siguiente generación.

Generación No. 16

Los hijos de Don Alfonso VII, Rey de Castilla y León, con su esposa Da. Berenguela Berenguer de Barcelona, fueron los siguientes:
1.- Sancho III, Rey de Castilla (1129-1158), contrajo matrimonio con Da. Blanca de Navarra, hija de García Ramírez VI, Rey de Navarra, y de Da. Margarita de L'Aglie. El hijo de ambos en la siguiente generación.
2.- Fernando II, Rey de León, contrajo matrimonio con Da. Urraca de Portugal, hija de Alfonso I Enríquez, Rey de Portugal, y de Da. Mafalda de Saboya. Son los padres de Alfonso IX, Rey de Castilla (Alfonso de Portugal) quien contrajo nupcias con su sobrina, hija de su primo hermano, Alfonso VIII, Rey de Castilla.

El hijo de Da. Sancha Alfonzes y Menéndez, Reina de León, con su esposo Don Fernando I "El Magno", Rey de Castilla e Infante de Navarra, fue el siguiente:
1.- Alfonso VI Fernández, "El Bravo", Rey de Castilla, nació en 1040 y fallece el 29 de Junio de 1109. Emperador de España y conquistó Toledo. Contrajo matrimonio en primeras nupcias con Da. Agnes de Pointou, en segundas nupcias con Da. Constanza Capeto de Burgundy, en terceras nupcias con Berta, tuvo hija fuera de matrimonio con Da. Jimena Muñoz, contrajo matrimonio en cuartas nupcias con Zaida a quien bautiza como Isabel de Sevilla.

Rey Don Alfonso VI Fernández "El Bravo", Rey de Castilla e Infante de Navarra, llamado también "El Emperador" de España. Conquistó Toledo. Su cuarta esposa Zaida es descendiente de Mahoma.

El hijo de Da. Toda Díaz de Haro con su esposo Don Iñigo Ortíz Alfonsez, Señor de Zúñiga, fue el siguiente:
1.- Don Diego López de Zúñiga, fallecido en 1215, contrajo nupcias con Da. Urraca Pérez de Bureba, el hijo de ambos en la siguiente generación.

El hijo de Don Martín Rodríguez, Señor de Henestrosa, con su esposa Da. Mayor de Sandoval, fue el siguiente:
1.- Don Ruy Martínez, Señor de Henestrosa, que falleció en 1248; contrajo nupcias con Da. Elvira Carrillo; el hijo de ambos en la siguiente generación.

Generación No. 17

El hijo de Don Sancho III, Rey de Castilla, con su esposa Da. Blanca de Navarra y de L'Aglie, fue el siguiente
1.- Alfonso VIII "el de las Navas", Rey de Castilla (1155-1214), contrajo matrimonio con Da. Leonor Plantagenet de Inglaterra y de Rochefoucault, hija de Da. Leonor de Aquitania y el Rey de Inglaterra, Enrique II Plantagenet. El hijo de ambos en la siguiente generación.

El hijo del matrimonio formado por Don Diego López de Zúñiga y Da. Urraca Pérez de Bureba, fue el siguiente:
1.- Don Lope Díaz Ortíz de Zúñiga, contrajo nupcias con Da. Teresa Fernández de Azagra, hija de Don Fernán Ruíz de Azagra y Da. Teresa Yáñez de Guevara. El hijo de ambos en la siguiente generación.

El hijo de Don Ruy Martínez, Señor de Henestrosa, y su esposa Da. Elvira Carrillo, es el siguiente:

1.- Don Pedro Ruíz y Carrillo, Señor de Henestrosa, quien falleciera en 1252; contrajo nupcias con su parienta Da. María de Zúñiga, hija de Don Fortún López Ortíz de Zúñiga y Da. Teresa de Rada. Ver sus hijos en la generación No. 20, ver también generación No. 19 que corresponde a Da. María de Zúñiga.

Generación No. 18

La hija de Don Alfonso VIII, Rey de Castilla, con su esposa Da. Leonor Plantagenet de Inglaterra y de Rochefoucault, fue la siguiente

1.- Berenguela de Castilla, Reina de Castilla, en 1197 contrajo matrimonio, en Valladolid, con Alfonso IX, Rey de León, los hijos de ambos en la siguiente generación. Los padres de Don Alfonso IX fueron Don Fernando II Rey de León y Da. Urraca de Portugal hija de Don Alfonso I Enriquez, Rey de Portugal, y Da. Mafalda de Saboya. Era nieta por el lado paterno de Don Enrique de Borgoña y Da. Teresa de Castilla, Condesa de Portugal, que era hija de Alfonso VI Rey de León y de Castilla con Da. Jimena Muñoz. Alfonso IX era nieto paterno de Alfonso VII "El Emperador", Rey de Castilla, y de su esposa Da. Berenguela Berenguer de Barcelona. Alfonso IX nació el 15 de Agosto de 1171 en Zamora, y, muere el 24 de Septiembre de 1230 en Villanueva de Sarria.

El hijo de Don Lope Díaz Ortíz de Zúñiga y Da. Teresa Fernández de Azagra, fue el siguiente:
1.- Don Fortún López Ortíz de Zúñiga, fallecido en 1270, contrajo nupcias con Da. Teresa de Rada, la hija de ambos en la siguiente generación.

Generación No. 19

Los hijos de Da. Berenguela de Castilla, Reina de Castilla, con su esposo Don Alfonso IX, Rey de León, fueron los siguientes

1.- Fernando III El Santo, Rey de Castilla y León, contrajo matrimonio con Elizabeth von Hohenstauffen, hija de Felipe von Hohenstauffen, Emperador del Sacro Imperio Germano Romano. Los hijos de ambos en la siguiente generación.
2.- Alonso de León (1204-1272), contrajo matrimonio con Da. Mafalda González de Lara, su hija, María de Molina, en la siguiente generación.

La hija de Don Fortún López Ortíz de Zúñiga y Da. Teresa de Rada, fue la siguiente:
1.- Da. María de Zúñiga, contrajo matrimonio con su pariente que viene a ser como tío abuelo, pues es tataranieto de Nuño Díaz y Elvira Gil de Ansúrez, su nombre es Don Pedro Ruíz, Señor de Henestrosa de las Quintanilla, en Cantabria, España, falleció en el 1252, procrearon un hijo, ver siguiente generación, que

convergen como descendientes de Don Lope Díaz, Señor de Vizcaya, y su hermano Don Nuño Díaz, Señor de Henestrosa de las Quintanillas.

Generación No. 20

Los hijos de Don Fernando III El Santo, Rey de Castilla y León, con su esposa Da. Beatriz o Elizabeth von Hohenstauffen, fueron los siguientes:

1.- Alfonso X "El Sabio", nace en Toledo el 23 de Noviembre de 1221, asume el trono el 1 de Junio de 1252, en 1254 contrae nupcias con Da. Violante de Aragón que era hija de Jaime I de Aragón y Da. Violante de Hungria. Muere en Sevilla el 4 de Abril de 1284. Sus hijos en la siguiente generación.

2.- Fadrique, Infante de Castilla, nace en 1224.

3.- Enrique, Infante de Castilla, nace en 1230.

4.- Felipe de Castilla, Arzobispo de Sevilla, nace en 1231. En primeras nupcias contrajo matrimonio, en 1258, con Da. Cristina de Noruega hija de Hakon IV Rey de Noruega. En segundas nupcias contrajo matrimonio con Da. Eleanor de Castro.

5.- Berenguela de Castilla, monja, n.1233.

6.- Manuel de Castilla, Señor de Villena, Peñafiel y Escalona, n. 1234 y muere en 1283. Sus primeras nupcias fue con Da. Constanza de Aragón hija de Don Jaime I de Aragón. En segundas nupcias contrajo matrimonio con Da. Beatriz de Saboya hija de Amadeo IV de Saboya, Conde de Saboya. Entre sus hijos se cuenta al Infante Don Juan Manuel, conocido como El Escritor, autor de varias obras literarias. De este personaje se deriva el apellido Manuel, que es decir es patronímico, descendientes del infante Don Manuel. Sus armas: Escudo cuartelado, en el 1° y 4° en campo de gules, una mano derecha alada, de oro, teniendo una espada de plata, guarnecida de oro; en el 2° y 3° en campo de plata, un león de gules, coronado, armado y lampasado de lo mismo. Los de Aragón traen solamente en campo de gules, una mano diestra, alada, de oro, teniendo una espada de plata, guarnecida de oro.

7.- Maria de Castilla, Infanta de Castilla, n. Noviembre 5, 1235.

Sus dos hijos con Joan de Aumale fueron los siguientes:

8.- Leonor de Castilla (n.1244-m.1290) contrajo matrimonio, en 1254, con Eduardo I Plantagenet, Rey de Inglatgerra.

9.- Fernando de Castilla, Conde de Aumale, muere en 1260.

El hijo del matrimonio formado por Da. María de Zúñiga y su esposo y pariente Don Pedro Ruíz y Carrillo, Señor de Henestrosa, fue el siguiente:

1.- Don Gonzalo Pérez y Zúñiga, Señor de Henestrosa, falleció en 1300; contrrajo nupcias con Da. Teresa González de Cebellos hija de Don Gonzalo Díaz de Cebellos y Da. Antolina Martínez de Hoces. El hijo de ambos en la siguiente generación.

Generación No. 21

Los hijos de Alfonso X "El Sabio" Rey de Castilla y de León y su esposa Da. Violante de Aragón, fueron los siguientes

1.- Fernando De la Cerda (n.1256-m. 1275) contrajo matrimonio con Da. Blanca de Francia (n.1253-m.1300), hija de Luis IX Capeto (descendiente de Roberto II Capeto, El Piadoso, Rey de Francia), llamado El Santo, Rey de Francia, y su esposa Da. Margarita de Provenza hija de Raymond V Conde de Provenza. De este matrimonio se forma la Casa De la Cerda y son los antepasados de los Duques de Medinacelli. Sus hijos en la siguiente generación.
2.- Beatriz de Castilla (n.1253-m.1280) contrajo matrimonio, en 1271, con William VII, Margrave de Montferrate (m.1292).
3.- Pedro de Castilla contrajo matrimonio con Da. Margarita de Narbonne.
4.- Juan de Valencia contrajo matrimonio primero con Da. Isabel de Montferrat y luego con María Díaz de Haro.
5.- Sancho IV de Castilla, Rey de Castilla, contrajo matrimonio con Da. María de Molina hija de Alfonso de Molina.

El hijo de Don Gonzalo Pérez y Zúñiga con su esposa Da. Teresa González de Cebellos, fue el siguiente:
1.- Don Fernán González Pérez y Zúñiga de Cebellos, Señor de Henestrosa; contrajo nupcias con Da. María Arias de Cifuentes, hija de don Aria Díaz de Cifuentes, Señor de Valderrábano, y su esposa Da. Aldonza Ramírez de Cifuentes, Señora de Alcanices. La hija de ambos en la siguiente generación.

Generación No. 22

Los hijos de Fernando De la Cerda y su esposa Da. Blanca de Francia, fueron los siguientes:
1.- Alfonso De la Cerda
Alfonso De la Cerda, Infante de Castilla, n.1270. Contrajo nupcias con Mafalda de Narbonne, del linaje davídico, procrearon un hijo de nombre Luis De la Cerda que contrajo matrimonio con Leonora de Guzmán (tuvieron siete hijos) quien a su vez, Da. Leonora, tuvo muchos hijos con Alfonso XI de Castilla (tuvieron diez hijos, entre ellos a Enrique II Trastámara) que era tio de su marido.

2.- Fernando De la Cerda II
Fernando De la Cerda II, Infante de Castilla, (n.1272-m. Junio 1, 1322). Contrajo nupcias con Da. Juana Núñez de Lara y Haro (n.1285) hija de Juan Núñez de Lara, Primer Jefe de la Casa de Lara, y de su esposa Da. Teresa de Haro, era nieta de Lope Núñez de Haro y Da. Urraca, que a su vez son descendientes de Guillermo Ramón de Moncada y Bearne. Los hijos de este matrimonio en la siguiente generación.

La hija de Don Fernán González Pérez y Zúñiga de Cebellos con su esposa Da. María Arias de Cifuentes, fue la siguiente:
1.- Da. María Fernández de Henestrosa, nació en 1284; contrajo nupcias con Don Juan Garcés, Señor de Villagera, hijo de Don García López de Padilla. La hija de ambos en la siguiente generación.

Generación No. 23, en España

Los hijos de Fernando De la Cerda II y Da. Juana Núñez de Lara y Haro, fueron los siguientes
1.- Blanca De la Cerda (n.1311) contrajo nupcias con su pariente Don Juan Manuel de Castilla, "El Escritor", Infante de Castilla y Señor de Villena, Peñafiel y Escalona, hijo del Infante Don Juan Manuel de Castilla, Señor de Villena (n.1234) hijo de Alfonso X El Sabio, y de su esposa Da. Beatrice de Hohenstaufen.
2.- Margarita De la Cerda, monja, (n.1312)
3.- Juana Núñez de Lara y De la Cerda, Señora de Lara y de Vizcaya, (n.1314).
4.- Maria De la Cerda, Dama de Lunel, (n.1315).

La hija del matrimonio formado por Da. María Fernández de Henestrosa con su esposo Don Juan Garcés, fue la siguiente:
1.- Da. María Yáñez de Padilla, nació en 1334 en Sevilla y murió en Julio de 1361 en Sevilla. Fue la primera esposa de Don Pedro I "el Cruel" de Castilla, Rey de Castilla, las hijas de ambos en la siguiente generación.

Generación No. 24, en España

El hijo de Da. Blanca De la Cerda con su esposo y pariente, primo en segundo grado, Don Juan Manuel de Castilla "El Escritor", Infante de Castilla y Señor de Villena, Peñafiel y Escalona, fue
1.- Juana Manuel de Castilla, Señora de Villena (1339-1381) contrajo nupcias con su pariente, primo en tercer grado, Don Enrique II de Castilla Trastámara, Rey de Castilla, que era hijo fuera de matrimonio de Alfonso XI Rey de Castilla con Da. Leonor de Guzmán.

El hijo de Da. Juana Manuel de Castilla y su primo en tercer grado y esposo, Don Enrique II de Castilla Trastámara, fue:
1.- Juan Manuel I de Castilla, Rey de Castilla y de Leon,
contrajo nupcias con Da. Inés de Castañeda Lasso de la Vega, el hijo de ambos en la siguiente generación.

Las hijas de Da. María Yáñez de Padilla con su esposo Don Pedro I de Castilla "el Cruel", Rey de Castilla, fue la siguiente:
1.- Da. Constanza Pérez de Castilla y León, Reina de Castilla y León; nació en el 1354 y falleció en Marzo 23, 1394. Contrajo nupcias el 21 de Septiembre de 1371 en Roquefort, Francia, con John de Gaunt Plantagenet, Duque de Lancaster, hijo de Eduardo III Plantagenet y Philippa de Avesnes. La hija de Da. Constanza y John de Gaunt en la siguiente generación.
2.- Isabel Pérez de Castilla y León, nació en 1355 y falleció el 23 de Noviembre de 1392.

Generación No. 25, en España

El hijo de Don Juan Manuel I de Castilla, Rey de Castilla y de León, con su esposa Da. Inés de Castañeda, fue el siguiente:
1.- Don Sancho Manuel de Castilla y Laso de la Vega, Infante de Castilla contrajo nupcias con Da. Leonor Gonzalez de Manzanedo, el hijo de ambos en la siguiente generación.

La hija de Da. Constanza Pérez de Castilla y León, Reina de Castilla y León; con su esposo John de Gaunt Plantagenet, fue la siguiente:
1.- Catherine Plantagenet de Castilla y León, nació el 6 de Junio de 1372 y falleció el 2 de Junio de 1418. Contrajo nupcias con Don Enrique III "El Doliente", Rey de Castilla y León, hijo de Juan I Rey de Castilla y León y de su esposa Da. Leonor de Aragón. El hijo de ambos en la siguiente generación.

Generación No. 26, en España

El hijo de Don Sancho Manuel de Castilla y Laso de la Vega, Infante de Castilla, con su esposa Da. Leonor González de Manzanedo, fue el siguiente:

1.- Don Juan Sanchez Manuel y Gonzalez de Manzanedo contrajo nupcias con Da. Uriza Sanz Diez, la hija de ambos en la siguiente generación.

El hijo de Da. Catherine Plantagenet y su esposo Don Enrique III de Castilla y

León, "El Doliente", Rey de Castilla y León, fue el siguiente:

1.- Juan II de Trastámara y Plantagenet, Rey de Castilla y León; nació el 6 de Marzo de 1405 y falleció el 22 de Julio de 1454. Contrajo nupcias con Da. Isabella de Borgoña hija de Joao de Portugal, Príncipe de Portugal, y de Da. Isabella de Braganza. Los hijos de ambos en la siguiente generación.

Generación No. 27, en España

La hija de Don Sancho Manuel de Castilla y Laso de la Vega con su esposa Da. Leonor González de Manzanedo, fue la siguiente:

1.- Da. Inés Sanchez Manuel de Villena contrajo nupcias con Don Garci Fernández Villodre, Señor de Las Salinas de Monteagudo en Albacete, Murcia, la hija de ambos en la siguiente generación.

Los hijos de Juan II de Trastámara y Plantagenet, Rey de Castilla y León, con su esposa Da. Isabella de Borgoña, fue el siguiente:

1.- Enrique IV "El Impotente" de Trastámara, Rey de Castilla y León; nació en 1425 y muere en 1474 sin descendencia. Contrajo nupcias con Da. Blanca de Navarra, hija de Don Juan II de Aragón, Rey de Aragón, y de Da. Blanca I de Navarra, Reina de Navarra.

2.- Da. Isabela I de Castilla y León, Reina de Castilla y León, conocida en la historia como "La Católica"; nació el 22 de Abril de 1451 y falleció el 26 de Noviembre de 1504. Contrajo nupcias con su primo segundo, Don Fernando II de Aragón, Rey de Aragón, conocido popularmente como "El Católico". Ambos reyes se conocen como "los reyes Católicos", fueron quienes ayudaron a don Cristóbal Colón a emprender el viaje que descubriera el Nuevo Mundo: lo que hoy es América. Sus descendientes son conocidos hasta llegar a los actuales reyes de España, don Juan Carlos I, Rey de España, casado con su prima en cuarto grado por ser tataranietos de la Reina Da. Victoria de Inglaterra; Da. Sofia de Grecia.

Generación No. 28, en España

La hija de Da. Inés Sánchez Manuel de Villena y su esposo Don Garci Fernández Villodre, fue la siguiente:

1.- Da. Catalina Sánchez de Villodre y Manuel contrajo nupcias con Don Luis Méndez de Sotomayor y Ruiz de Baeza, (+1395), primero del nombre y quinto Señor de El Carpio y de Morente y de otras villas. Hijo de Garcí Méndez de Sotomayor, cuarto Señor de El Carpio, y de Da. Juana Ruiz de Baeza. El hijo de ambos en la siguiente generación.

Generación No. 29, en España

El hijo de Da.Catalina Sánchez de Villodre y Manuel con su esposo Don Luis Méndez de Sotomayor y Ruíz de Baeza, fue el siguiente:

1.- Don Garci Méndez de Sotomayor y Sanchez Villodre-Manuel contrajo nupcias con Da. Maria de Figueroa y Messía, hija de Lorenzo Suárez de Figueroa, de Guatemala, Maestre de Santiago, y de Da. Isabel de Messía, su primera esposa. Garcí Méndez de Sotomayor fue 5º del nombre, 6º Señor de El Carpio, Señor de Morente y de otras villas. El hijo de ambos en la siguiente generación.

Generación No. 30, en España

El hijo de Don Garci Méndez de Sotomayor y Sánchez Villodre-Manuel con su esposa Da. María de Figueroa y Messia, fue el siguiente:

1.- Don Luis Méndez de Sotomayor de Figueroa y Messía contrajo nupcias con Da. Maria de Solier y Fernández de Cordoba, conocida también como Da. Marina de Solier, hija de Alfonso Fernández de Córdoba, IV Señor de los Humeros, y de Da. Mayor Venegas. El hijo de ambos fue:

Generación No. 31, en la Capitania General de Guatemala, España. Radicados en Nicaragua.

1.- Don Alfonso Fernández de Sotomayor de Figueroa y Messía contrajo nupcias con Da. Inés Cerrato. Don Alfonso nació en Montilla, Córdoba, España. Heredó ciertas propiedades de su madre. Estaba ya en Indias (América) al testar ella. Testó Don Alfonso en la ciudad de Granada, Nicaragua, el 15 de Marzo de 1564.

Da. Inés Cerrato Contreras, es hija del Dr. Juan López Cerrato, natural de Mengabril, Badajoz, España, y de Da. María de Contreras, natural de Medellín, Badajoz, España. El hijo de ambos, Don Alfonso y Da. Inés, fue:

Generación No. 32, en la Capitania General de Guatemala, España. Radicados en Nicaragua.

1.- Don Luis Méndez Sotomayor y Cerrato, contrajo matrimonio con Da. Juana de Vera y Toro de Ulloa. Don Luis nació en 1560 en Granada, Nicaragua. Fue Capitán, Encomendero de Masaya, Nicaragua. Su matrimonio con Da. Juana de Vera y Toro de Ulloa, se realizó cerca de 1566, hija de Don Diego de Herrera y Da. Juana de Vera y Toro de Ulloa, ambos de Xeréz de la Frontera, España. Don Diego era Alcaide de San Lúcar de Barrameda. Sus hijos dejaron descendencia en Costa Rica y en Nicaragua. La hija de ambos, de Don Luis y Da. Juana, fue:

Generación No. 33, en la Capitania General de Guatemala, España. Radicados en Nicaragua.

1.- Da. Juana de Vera Sotomayor contrajo nupcias con Don Garcia Ramiro Corajo, hijo del Capitán Francisco Ramiro Corajo y de Da. Francisca de Zúñiga (hermana de Da. Juana de Zúñiga). Da. Juana de Vera y Sotomayor casó con Don García Ramiro Corajo y Zúñiga en la ciudad de Granada, Nicaragua, en 1620. El hijo de ambos fue:

Generación No. 34, en la Capitania General de Guatemala, España. Radicados en Costa Rica y Nicaragua.

1.- Don Francisco Ramiro-Corajo y Vera Sotomayor, contrajo nupcias con Da. Maria Retes Pelaez Vázquez de Coronado, hija de María Peláez Vázquez de

Coronado y Jerónimo Retes López y Ortega; nieta de Da. Andrea Vázquez de Coronado y Diego Peláez Lermos; bisnieta de Gonzalo Vázquez de Coronado y Arias y de Ana Rodriguez del Padrón; tataranieta de Juan Vázquez de Coronado y Anaya e Isabel Arias D'Avila Gonzalez Hoz. La hija de ambos fue:

Generación No. 35, en la Capitania General de Guatemala, España. Radicados en Costa Rica y Nicaragua.

1.- Da. Maria Rosa Vázquez Ramiro-Corajo contrajo nupcias con Don Pedro José Sáenz Lanini, hijo de Juan Francisco Sáenz Vázquez de Quintanilla y Sendín de Sotomayor (ver Datos Biográficos) y de su esposa Da. Bárbara Lanini Priamo. El hijo de ambos fue:

Generación No. 36, en la Capitania General de Guatemala, España. Radicados en Costa Rica y Nicaragua.

1.- Don Manuel Sáenz Vázquez contrajo nupcias con Da. Ana Antonia Bonilla Astúa, hija de Alonso de Bonilla Chacón y Juana Benita Calvo Pereira de Astúa. La hija de ambos fue:

Generación No. 37, en la Capitania General de Guatemala, España. Radicados en Costa Rica y Nicaragua.

1.- Da. Bárbara Antonia Sáenz Bonilla contrajo nupcias con Don Cecilio Antonio Romero Parajales, la hija de ambos fue:

Generación No. 38 en Costa Rica, Centro América

1.- CASIMIRA ROMERO SÁENZ contrajo nupcias con Don Mariano Ignacio Montealegre Balmaceda, descendiente por el lado Montealegre de la familia Plantagenet en Francia y descendiente del Infante Don Manuel de Castilla, sus antepasados se establecieron en el Reinado de Murcia, siendo los Montealegre orignarios desde entonces de la ciudad de Albacete, ubicada en dicho Reinado. Don Mariano era natural de España y que llega a Guatemala alrededor de 1780, los hijos de ambos, de Don Mariano y Da. Casimira, fueron los siguientes:

Generación No. 39, en la ciudad de León, Nicaragua

38.1.-

Gertrudis Montealegre Romero contrajo primeras nupcias con don Vicente Solórzano Pérez de Miranda, de este matrimonio nacieron dos hijos: Ramón y Francisco Solórzano Montealegre, de ellos dos descienden la gran parte de los Solórzano en Nicaragua.

Casó en segundas nupcias, Da. Gertrudis, con don José del Carmen Salazar Lacayo hijo de don José del Carmen Salazar, nacido en la ciudad de León,

Nicaragua y de Da. María Tomasa Lacayo de Briones, de este matrimonio nacieron varios hijos:

1.- Pilar Salazar Montealegre casó con José Antonio Ariza.
2.- Salvadora Salazar Montealegre casó con Pedro Solís Terán.
Los hijos de este matrimonio son:
a.1.- Pedro Solís Salazar
a.2.- Crisanto Solís Salazar
a.3.- Joaquín Solís Salazar
a.4.- Trinidad Solís Salazar casó con Bernabé Portocarrero Baca.
a.5.- Josefa Solís Salazar
a.6.- Salvadora Solís Salazar casó con Simón Terán Balladares, de este matrimonio descienden la familia Cardenal Tellería.

3.- Mariano Salazar Montealegre (1823-1856) casó con Esmeralda Catellón Jeréz.
4.- Mercedes Salazar Montealegre casó con Crisanto Medina que fue embajador de Nicaragua en Francia en tiempos en que el poeta Rubén Darío fue nombrado Cónsul en París y le hizo la vida imposible al retenerle el salario.
5.- José Trinidad Salazar Montealegre casó con Lorenza Selva Estrada, hija de Da. Sabina Estrada. Da. Lorenza fue hecha prisionera el 4 de Julio de 1854 por el presidente de Nicaragua, el Gral. Fruto Chamorro Pérez.

38.2.- Francisco Montealegre Romero, sin descendencia.
38.3.- Cipriana Montealegre Romero contrajo nupcias con Don Cornelio Ramírez Areas (hermano del Jefe de Estado, Don Norberto Ramírez Areas), sus dos hijos fueron: Margarita que contrajo nupcias con Rafael Salinas Barquero, y Norberto Ramírez Montealegre. De esta familia son descendientes el Lic. Máximo H. Salinas Zepeda, la familia Navas-Salinas y los Salinas-Sacasa.
38.4.- Rafaela Montealegre Romero contrajo nupcias con Don Juan Francisco Parajón, padres del Gral. Francisco Parajón.
38.5.- Paula Montealegre Romero (n.1788, Granada) contrajo nupcias dos veces, primero con Don José Manuel Martínez de Sobral, y luego con Basilio Zeceña y Fernández de Córdoba. Sus descendientes hoy viven en Guatemala.
38.6.- Francisca Montealegre Romero contrajo nupcias con Ramón de Sarria y Reyes. De este matrimonio nacieron siete hijos: Casimira Sarria Montealegre contrajo nupcias con Juan Bautista Sacasa Méndez que fueron los padres del presidente Dr. Roberto Sacasa Sarria y abuelos del presidente Juan Bautista Sacasa Sacasa, fueron bisabuelos de Da. Salvadora Debayle Sacasa que era hija de Da. Casimira Sacasa Sacasa y el Dr. Luis H. Debayle.
38.7.- Mariano Antonio Montealegre Romero contrajo primeras nupcias con Da. Carmen Fuentes Sanson . Y, en 2das. Nupcias con Maria Manuela Barbara Lacayo Agüero, sus hijos en la siguiente generación.

Generación No. 40, en la República de Nicaragua. Chinandega.

Los hijos del matrimonio de Don Mariano Montealegre Romero y su primera esposa, Da. Carmen Fuentes-Sansón, y de su segunda esposa Da. Maria Manuela Bárbara Lacayo Agüero, fueron los siguientes:

1.- Mariano Montealegre Fuentes-Sansón, hijo único de su primer matrimonio del cual queda viudo de Da. Carmen y contrae segundas nupcias diez años después de quedar viudo con Da. Manuela Lacayo.

2.- Manuel Ignacio "Tucho" Montealegre Lacayo contrajo nupcias con Natalia Delgado Páiz.

3.- Cipriana Montealegre Lacayo contrajo nupcias con José María Gasteazoro Robelo.

4.- Paula Montealegre Lacayo contrajo nupcias con el Gral. Manuel Balladares Terán, ellos son los padres de la conocida dama del liberalismo, Da. Angélica Balladares Montealegre, quien se trasladó a vivir a Granada con esposo que era natural de esa ciudad. Ella fue "la primera dama del liberalismo".

5.- Gertrudis Montealegre Lacayo contrajo nupcias con Benjamín Midence.

6.- Carmen Montealegre Lacayo contrajo nupcias con Gabriel Dubón Echevers.

7.- Samuel Montealegre Lacayo contrajo nupcias con Teresa Seydel Venerio, de este matrimonio es descendiente quien fuera el Comisionado General de la Policia Nacional, Franco Montealegre Callejas.

8.- Abraham Montealegre Lacayo contrajo nupcias Victoria Callejas Sansón.

9.- Elías Montealegre Lacayo contrajo nupcias con Julia Gasteazoro Robelo. Muere en Honduras, cuando andaba en las luchas con el Gral. Máximo Jeréz Tellería, durante la Guerra Nacional. Su esposa, al quedar viuda, contrae nupcias con su cuñado. Tuvieron tres hijos.

10.- Isaac Montealegre Lacayo contrajo nupcias con la viuda de su hermano, Julia Gasteazoro Robelo, procrearon muchos hijos y su descendencia es extensa. De ellos descienden el Dr. Eduardo Montealegre Callejas y muchos otros.

11.- Augusto César Montealegre Lacayo contrajo nupcias con Isabel Salvatierra Ricarte hija de Don Bruno Salvatierra Fábrega proveniente de las familias de Panamá (el Gral. José de Fábrega es el fundador de la familia en la Nueva Granada) y Colombia.

12.- Adán Montealegre Lacayo, muere en la infancia.

13.- Francisco Morazán Moncada, hijo del Gral. Francisco Morazán Quesada, Presidente de Centro América, crece como otro hijo bajo la protección de Don Mariano Montealegre, que, junto con sus hermanos de padre en Costa Rica, fueron muy amigos del General Morazán, y que al momento de ser fusilado en Costa Rica, les encomienda el cuido de su hijo que le acompañaba. Con el tiempo, sus bisnietas enlazaron matrimonialmente con la familia Montealegre. Francisco Jr. contrajo nupcias con una joven de la ciudad de El Viejo, Carmen Venerio Gasteazoro, de las viejas familias españolas radicadas en esta población. Sus restos descansan junto con miembros de la familia Montealegre en el cementerio local de Chinandega.

Generación No. 41, en Chinandega, Nicaragua

Uno de los hijos de Don Augusto César Montealegre Lacayo y Da. Isabel Salvatierra Ricarte y Fábrega que era natural de la ciudad de Rivas y sus antepasados de Costa Rica y Panamá-Colombia, fue:

Generación No. 42, en Chinandega, Nicaragua

1.- El Dr. Augusto César Montealegre Salvatierra, abogado y notario público, contrajo nupcias con María Cristina Zapata Malliè, natural de Chichigalpa, Chinandega, hija del Dr. Román Zapata y Da. Marie Louise Malliè, francesa, que era hija de un inmigrante francés radicado en la ciudad de León, Don Louis Malliè. Los hijos del matrimonio del Dr. Augusto Montealegre y Da. Maria Cristina Zapata, fueron los siguientes:

Generación No. 43, en Nicaragua

1.- Dra. Augusta Patria Montealegre Zapata, odontóloga graduada en la Universidad Católica de Washington, contrajo nupcias con Don Tomás Peralta Mazza, salvadoreño, procrearon dos hijas.

2.- Dr. Noel Salvador Montealegre Zapata, abogado y notario público, contrajo nupcias con Da. María Elsa Valle, son los padres del Dr. Augusto César Montealegre Valle, abogado, procrearon ocho hijos.

3.- Dr. Sergio Mario Montealegre Zapata, abogado, contrajo nupcias con Da. Connie Alvarez, mexicoamericana, procrearon tres hijos: Sergio Mario (q.ep.d.), Laura Lynn y Roberto Felipe.

4.- Profesora Ilú Montealegre Zapata contrajo nupcias con el Profesor José Santos Rivera Siles, natural de San Rafael del Norte, Jinotega e hijo del Coronel-EDSN, Don José Santos Rivera Zeledón, filántropo, caficultor, maestro y político liberal, y de su esposa la Profesora Da. Angelita Siles Zelaya quien presta su nombre a la Escuela "Angela Siles de Rivera" en San Rafael del Norte, Jinotega. Procrearon cinco hijos:

Generación No. 44, en Nicaragua

1.- José Augusto Rivera Montealegre, natural de Jinotega, Jinotega, hay descendencia en México, D.F.
2.- Román Rivera Montealegre, natural de Jinotega, muere en la infancia.
3.- Flavio César Rivera Montealegre (n.1951), autor de la presente investigación, natural de San Rafael del Norte, Jinotega. Contrajo matrimonio con Da. Ligia Bermúdez Varela hija de Don Carlos Bermúdez Lanzas y Da. Angela Varela. Procrearon dos hijas: Ilú y Flavia, hay descendencia en Miami, Fla., Estados Unidos de América.
4.- José Santos Rivera Montealegre, natural de Chinandega. Contrajo matrimonio con mexicana, sus hijos nacieron en Moscú, Unión Sovietica, hay descendencia en Managua, Nicaragua.
5.- José Eustasio Rivera Montealegre, natural de Managua, soltero.

Generación No. 45, en Nicaragua

Los hijos de José Augusto Rivera Montealegre

1.- Augusto Rivera Oranday
2.- Erika Rivera Oranday
3.- Rivera Oranday
4.- Rivera Hernández
5.- Rivera Hernández
6.- Rivera Hernández
7.- Rivera Hernández
Las hijas de Flavio César Rivera Montealegre y su esposa Ligia Asunción Bermúdez Varela, son las siguientes
1.- Ilú de los Angeles Rivera Bermúdez
2.- Flavia Ilú Rivera Bermúdez
Los hijos de José Santos Rivera Montealegre
1.- Noelia Rivera Rodríguez
2.- Daniel Rivera Rodríguez

Generación No. 46, en Miami, Florida, Estados Unidos

La hija de Ilú Rivera Bermúdez y el Arquitecto Raymond Arbesú, es la siguiente:
1.- Victoria Angela Arbesú Rivera, nació el 11 de Febrero de 2011, Miami, Fla.
La hija de Flavia Ilú Rivera Bermúdez y Shaun Torrente Thompson, es la siguiente:
1.- Isabella Angela Torrente Rivera, nació el 20 de Febrero del 2005, en la ciudad de Miami, Condado Miami-Dade, Florida, Estados Unidos de América, a la 12:16 minutos del día domingo.

Breve bibliografía:

1.- Base de datos suministrada por el Lic. Norman Caldera Cardenal, que a su vez ha sido el producto de investigaciones de un grupo de personas de la misma familia, que ha recopilado datos en los Archivos de la Capitania General de Guatemala, en el Archivo de Indias en Sevilla, España; en Marruecos y en los archivos de la Academia de Ciencias Genealógicas de Costa Rica.
2.- "El origen judío de las monarquías europeas. El mayor secreto de la Historia", por Joaquín Javaloys, Editorial EDAF.
3.- "Enciclopedia de Historia Universal. Desde la Prehistoria hasta la II Guerra Mundial" por William L. Langer, editado por Alianza Diccionarios, Madrid.
4.- "Así se hizo España" por José Antonio Vaca de Osma, Editorial Espasa-Calpe, Madrid, 1981.
5.- "The Forgotten Monarchy of Scotland" por HRH Príncipe Michael de Albania, Jefe de la Casa Real de los Stewart, Editado por Element Books Inc., Boston, USA, 1998.
6.- "Oxford Illustrated History of the British Monarchy" por John Cannon y Ralph Griffiths, Oxford University Press, 1988.
7.- "The Mammoth Book of British Kings and Queens" por Mike Ashley, editado por Carroll and Graf Publishers, Inc., Nueva York, USA, 1998.
8) Investigaciones realizadas por el Prof. Dr. Herbert Stoyan, Director del Instituto de Inteligencia Artificial de la Universidad
Friedich Alexander, de Erlangen, Nüremberg, Alemania, disponibles en la www de internet.
9) Investigaciones del Dr. Bryan C. Tompset, Jefe del Departamento de Ciencias de Computación de la Universidad de Hull, en Inglaterra, disponibles en la www de internet en Genealogias de las familias reales. (www.hulluniversity.com)
10) Ancient Genealogies, del Historiador y Genealogísta Eward Pawlicki, disponible en la www de internet.
11) Les Ancêtres de Charlemagne, de Christian Settipani, reconocido como una de las máximas autoridades en la genealogía del Emperador, libro que le fuera obsequiado al Arq. Hernán Segura R., por el Dr. D. Ives de Ménorval.
12) Estudio Histórico de algunas familias españolas, de D. Alfonso de Figueroa y Melgar.
13) Investigaciones realizadas por el Arq. Segura Rodríguez en el
Archivo General de Indias, en Sevilla, España.
14) Base de datos de la Iglesia de los Mormones, disponible en
Internet.
15) Revista de la ACCG, No.37, San José, Costa Rica, Junio 2000.
16) La España del Siglo de Oro, François Piétri, Ediciones Guadarrama, entre otros libros y muchos sitios que se pueden acceder en internet en Google.com.
17.-"The Plantagenet Ancestry" by Lt.-Col. W. H. Turton, D.S.O., Genealogies Publishers, Inc., 1993.
18.- "Lines of Succession. Heraldry of the Royal Families of Europe" by Jiri Louda and Michael Maclagan, Barnes and Noble Books, New York, 2002.
19.- "Pedigree and Progress" (1975) and "The Jewish kings or princes of Narbonne", por Anthony Wagner.
20.- "A Jewish princedom in feudal France: 768-900" (1972), por Arthur Zuckerman.
21.- Articulos tomados de sitios españoles en internet, a través del buscador Google.

Los judios y las Casas Reales europeas

Un dato curioso, que confirma la influencia y la presencia de los sefarditas judíos en las casas reales de Europa, se materializa en dato muy curioso plasmado en la Catedral de Notre-Dame, en París, Francia, en cuya fachada se pueden observar veintiocho grandes estatuas, ellas, representan a los reyes de Israel y de Judá. En España, en el monasterio de San Lorenzo de El Escorial, en el Patio de los Reyes, en la fachada que da entrada al Templo, está rematada por seis grandes estatuas de los principales reyes de Israel y de Judá, encabezados por David y Salomón, ubicados al centro de ellas. La Catedral de Notre-Dame fue construida en el 1200, cuando reinaba en Francia el rey Don Felipe II Augusto Capeto. En el caso de El Escorial, fue construido durante todo el reinado de Don Felipe II de Habsburgo (n.1527-1598), quien asume el trono en 1556, fue quien ordena y dirige personalmente la construcción de El Escorial, diseñado por los Arquitectos Juan Monegro, Juan Bautista de Toledo y especialmente Juan de Herrera que finaliza la obra que duró veintisiete años su construcción, comenzando en 1557 hasta 1584. La presencia de los reyes de Israel y de Judá en un lugar destacado de esas importantes construcciones, tienen una razón esencial que consiste en que, los Capetos y los Austrias o Habsburgos fueron reyes convencidos de que tenían la misión de continuar gobernando al pueblo elegido por Dios, inicialmente Israel, pero que, en los siglos XIII y XVI era ya toda la Cristiandad, por lo que existía una continuidad entre los antiguos reyes israelitas y sus sucesores los reyes cristianos, que en realidad lo eran los Capetos, los Valois y los Habsburgos. Realmente todos los reyes de la Europa Occidental fueron los continuadores de los reyes de Isarel y de Judá, por ser descendientes de la misma estirpe del rey David.

Para llegar a estas conclusiones se ha investigado una historia oculta que nos revela un tema tabú y muy polémico: las uniones matrimoniales entre judíos sefarditas y cristianos al más alto nivel por enlaces entre príncipes de la Casa de David y la realeza europea. En la Edad Media, referirse a este tema era muy peligroso.

Según los historiadores, especialmente el autor Joaquín Javaloys, son de la opinion que, y cito textualmente: "En principio, resulta chocante que, como suele aceptarse generalmente, las grandes dinastías que reinaron en Europa, excepto los Capetos, que procedían de los Carolingios y de los Merovingios, remonten sus orígenes solamente hasta los siglos X y XI. Este es el caso de los Habsburgos, de los Hohenzollerns, de los Plantagenets, de los Holsteins, de los Saboyas y otros. Parece como si esas grandes familias reales hubiesen nacido en los siglos X y XI por generación espontánea, y careciesen ¡por ello de antepasados y de raíces" (tomado del libro "El origen judío de las monarquias europeas. La realidad de los hechos es que existe una historia oculta de la realeza europea que ha preferido disimular y esconder esos antepasados y esas raíces, haciendo que sus orígenes sean desconocidos o misteriosos. Antes de revelar los detalles resultants de mi investigación sobre este tema, parece conveniente tener en cuenta que, como Peter Berling ha explicado en las notas históricas de una obra suya (Le san des rois y El cáliz Negro), por **sangre real** puede entenderse la que corresponde a los descendientes del rey David de Israel, que se refugiaron en el sur de Francia, (en Burgundy) y allí formaron la **célula germinal** de la nobleza europea, partiendo del hecho de que cada uno estaba de alguna manera emparentado con el otro. Afirma Peter Berling, que **MON CHER COUSIN** era el nombre habitual que se daban los miembros de la alta nobleza europea, dando por entendido que estaban emparentados de alguna forma o haciendo referencia a la Casa Real de David", página 13 y 14).

El investigador Arthur J. Zucherman, en su libro "A Jews Princedom in Feudal France", reproduce textualmente una parte del contenido de la crónica hebráica llamada "Abdendum a ShK o Libro de la Orden de la Tradición o Sepher Ha-Kabbalah" de Abraham ben Daoud de Toledo, en donde el escrito expresa lo siguiente: "El emperador Carlomagno envió una petición al Rey de Babilonia, el Califa de Bagdad, para que le remitiese uno de sus judíos descendiente de la Casa Real de David. Él la acogió y le envoi uno de allí, un magnate y sabio, de nombre Rabbí Makhir. Y Carlomagno lo estableció en la capital de Narbona y lo instaló allí, donde le dio grandes posesiones cuando la capturó a los ismaelitas o árabes. Y Makhir tomó como esposa a una mujer de entre los magnates..y el Rey le hizo noble. Este príncipe Nasi Makhir-Theodorico I (Nasi es igual que decir príncipe) se convirtió en el caudillo de Septimania-Toulouse. Makhir-Theodorico I y sus descendientes emparentaron con el Rey y con todos sus descendientes..."

La principal responsabilidad de Nasi Makhir-Theodorico I y de la judería de Septimania-Toulouse era la de ser guardián de la frontera con España y de la costa mediterránea contra los ataques de los sarracenos Omeyas. La protección y expansion de la frontera sur tenía una importancia suprema para el Imperio de los francos. En los tiempos de los cátaros se forma, en el sur de Francia, el Priorato de Siòn, que se encargó de proteger a los descendientes de David, de sangre real, cuando era Gran Maestre del Priorato Marie de Saint-Clair, y un historiador descendiente de los Saint-Clair, de nombre Andrew Sinclair, de la familia davídico-carolingia, afirma que los Capetos pertenecen al linaje del rey David, y dice textualmente lo siguiente: "...el lirio o flor de lis era el símbolo que habían adoptado los reyes de Francia, y también era un símbolo de los Saint-Clair, que daba a entender la pertenencia de Cristo al linaje real de David, y también la pertenencia de los Capetos y de la familia Saint Clair, con su sangre francesa, al mismo linaje".

BREVE BIBLIOGRAFIA :

1.- BARRAU-DIHIGO, Recherches sur l'histoire politique du royaume asturien, «Rev. Hispanique», París-Nueva York 1921.

2.- C. SÁNCHEZ ALBORNOZ, La auténtica batalla de Clavijo, «Cuadernos de Historia de España». IX, Buenos Aires 1948; ÍD, Alfonso III y el particularismo castellano, lb. XIV, Buenos Aires 1950.

3.- E. LEVI PROVENÇAL, Historia de la España musulmana, en Historia de España, dir. R. MENÉNDEZ PIDAL, IV, Madrid 1950; ÍD, Problemas de la historia navarra del siglo IX. Príncipe de Viana, 74-75, Pamplona 1959.

4.- HILDA GRASSOTTI. Cortesía de Editorial Rialp. Gran Enciclopedia Rialp, 1991.

5.- Y del Website de la Iglesia Mormona, buscar con el apellido Qasi.

6.- "EL ORIGEN JUDIO DE LAS MONARQUIAS EUROPEAS. El mayor secreto de la Historia" por Joaquin Javaloys, Editoria EDAF, Madrid-México-Buenos Aires, Enero 2000.

Datos históricos de la familia Banu Qasi o Ben Qasi

El siglo IX en la Marca Superior de al-Andalus o Andalucía, es el siglo de los Banu Qasž. Son éstos una familia de muladíes descendientes de un conde Casias o Casius que gobernaba la tierras de Ejea en los tiempos de la conquista musulmana y, en esos primeros tiempos del Islam hispano, se convirtió haciéndose mawla de los omeyas. La primera aparición importante en la escena política de esta familia tiene lugar a fines del siglo VIII, en la persona de Musa ibn Fortún, defendiendo la causa del emir Hisam I ante la rebelión yemení. Pero también estos clientes, en cuanto se hicieron fuertes, cayeron en lo que ya parecía ser una constante de la Marca Superior, la tendencia a la autonomía local y al poder familiar, para lo que se aliaron con los cristianos pamploneses Iñigo Arista, con quienes tenían lazos familiares.

La función ofensivo-defensiva de esta zona obligó muchas veces a la autoridad central a reconocer amplias prerrogativas a los jefes locales, tanto más efectivos si eran autóctonos, como éstos. El ambiente político en el siglo IX está marcado por el juego de las dos potencias (carolingios y omeyas) y las relaciones variables con una y otra de los señores locales cuyos dominios se localizan entre ambas.

La historia de la Marca Superior durante este siglo es una sucesión de momentos de lealtad y de rebeldía del linaje Banu Qasž hacia el poder cordobés. Tras su fidelidad del 789, viene la rebeldía contra al-Hakam y luego la sumisión del 806 al 840. El 841 se produce la sublevación del gran Musa ibn Musa y, tras un primer arreglo por el que Musa participa en una campaña emiral contra zonas pirenaicas, estalla definitivamente en el 842, al arrebatarle el gobernador de Zaragoza Borja y Tudela; Musa se retiró a Arnedo donde buscó el apoyo de los pamploneses. Desde este momento y hasta mitad de siglo, la tensión y rebelión constante en la cuenca del Ebro hacen que los ejércitos emirales organicen cada año una expedición de castigo contra esta zona: 842, 843, 844, 845, 846, 847, 850.

A mediados de siglo la situación cambió de forma notable. Aparecen nuevos personajes: García Iñíguez en Pamplona, Muhammad I en Córdoba y Ordoño I en el reino asturiano. Musa, ahora gobernador de Tudela, orienta su amistad hacia el emir y participa en sus campañas contra los cristianos. Estos, a su vez, se unen entre sí (pamploneses, asturianos y carolingios). Los bloques religiosos van cerrando filas.

Musa ibn Musa, tras vencer a los cristianos en Albelda (851), inaugura el período de máxima grandeza y poder de la familia, que durará hasta aproximadamente el 860, y él mismo se titula «tercer rey de España». En el 852 sus dominios comprenden las tierras de Tudela, Zaragoza y quizás Calatayud y Daroca hasta

Calamocha y es nombrado wali de la Marca. Además, interviene en Huesca y en Toledo instala a su hijo Lope como gobernador. Pero sólo serían siete los años gloriosos, pues en el 859 Musa fue vencido en Clavijo por la liga leonesa-pamplonesa, a la que se unió el propio Lope ibn Musa. La reacción del emir consistió en enviar una aceifa contra Pamplona y retirar a Musa el cargo de gobernador de la Marca Superior en el 860. Dos años más tarde moría el «tercer rey de España» en una campaña hacia Guadalajara.

La década siguiente (862-872) es una etapa de declive silencioso para esta familia, que permanece fiel a Córdoba mientras ve menguar sus dominios territoriales. Por estas fechas las tierras cristianas pirenaicas y pamplonesas se habían sacudido la sumisión al Islam definitivamente.

En el 870 Amrus ibn'Umar ibn'Amrus, un muladí de Huesca, fue protagonista de una sublevación contra Córdoba que, en su momento final, enlaza con la gran rebelión de los hijos de Musa ibn Musa en el 872: Lope se alzó en Arnedo; sus hermanos enseguida le secundaron y, con la ayuda de García Iñíguez de Pamplona, rápidamente se hicieron dueños de la Marca Superior (excepto Barbitaniya). Tomaron Zaragoza, Tudela, Monzón y Huesca. Muhammad I reaccionó reforzando en Daroca y Calatayud a los Tugžbíes, familia de origen árabe asentada en la zona desde bastante tiempo atrás, y dirigiendo una campaña en el 873 en el curso de la cual recuperó Huesca gracias al muladí, antes rebelde, Amrus. Este personaje fue nombrado gobernador de Huesca, que constituiría el feudo familiar hasta mediados del siglo X. Al año siguiente al-Mflndir dirigió una razzia contra Zaragoza y Pamplona, pero la Marca siguió insumisa, los Banu Qasž tomaron Barbitaniya, de forma que toda la Marca, menos Huesca, era suya. No obstante, el emir tuvo que emplear sus fuerzas en otros asuntos y hasta el año 878 no volvió a ocuparse de la frontera norte. Ese año, envió una expedición militar al mando de al-Mflndir contra Zaragoza, Tudela y Pamplona. Las campañas fueron sucediéndose en 879, 881, 882 y 883, hasta que la del 884 abrió Zaragoza al emir. Así quedaban partidos en los dos dominios de los Banu Qasž: Lérida-Monzón por un lado (y peleando contra los Banu Ámrus de Huesca por la posesión de Barbitaniya) y las riberas navarra y riojana por otro, mientras Huesca estaba dirigida por los Banu Amrus, Zaragoza por el gobernador que el emir había nombrado y Daroca y Calatayud por los Tugibíes. Estas familias del Ebro quedaron durante algún tiempo fuera del control central, pues los emires debieron concentrar sus esfuerzos en combatir al rebelde'Umar ibn Hafsun en la Serranía de Málaga. Los Banu Qasž siguieron dando muestras de su rebeldía y ambición de poder: Muhammad se anexiona Tudela,Barbitaniya, Monzón y Lérida; sitian Zaragoza durante ocho años, Lope vence al gobernador de Huesca Muhammad al-Tawžl en el 887, Toledo se les entrega en 897, el mžsmo año Lope ažržge una žncursión a Aura (Barcelona), en el 898 se dirige a Jaén para tratar con 'Umar ibn Hafsun. Pero éste es el momento de ocaso definitivo de los Banu Qasi y su sustitución en la Marca Superior por otra familia en creciente ascenso, los

Tugibíes, que consiguen el gobierno de Zaragoza el año 889 y allí permanecen fieles a Córdoba soportando el cerco. A las pérdidas territoriales Lope de los Banu Qasž, señor de Tudela y Tarazona desde la muerte de su padre en 898, debe añadir los enfrentamientos con sus enemigos por todos los frentes: el leonés Alfonso III acomete contra el valle de Borja, el conde de Pallars le ataca por el nordeste, el conde de Barcelona por el este, Sancho Garcés de Pamplona por la Rioja Alta. Lope sólo es fiel al emir Abd Allah. Toledo se le entrega otra vez (de 903 a 906). Pero Lope muere en el 907 y el desastre es irreversible para esta familia, ahora sumisa a Córdoba, pero acosada por sus vecinos y sin apoyo del poder central. Van perdiendo más tierras hasta no conservar más que parte de la Rioja y de la ribera de Navarra, además de Tarazona y Borja. En el año 924 al-Nasir, cuya autoridad se impondría sobre los señores locales, los destituyó como gobernadores de Tudela y los llevó a Córdoba, donde servirían en el ejército. Al frente de Tudela puso al que ya lo estaba de Zaragoza, Muhammad ibn Abd alRahman al-Tflg;bí, cuya familia mantendría el poder de la Marca durante más de un siglo.

BIBLIOGRAFIA

1.- CAÑADA JUSTE, A. (1980): «Los Banu Qasi (714-924)». Principe de Viana, 158-159, pp.595. Pamplona.
2.- IBN AL-ATIR, I. (1901): Al-Kamilf~l-tarlh, trad. E Faguan. Argel.
3.- IBN'IDARI (1904): Kituib al-Bayain al-magrib ajbar al-Andulus wa l-Magrib, trad. E. Fagnan, t. II. Argel.
4.- LÉVI-PROVENÇAL, E. y GARCÍA GÓMEZ, E. (1945): «Textos inéditos del Muqtabis de Ibn H, ayyan sobre los orígenes del reino de Pamplona». Al-Andulus, XIX, pp.295-315. Madrid-Granada.
5.- SÁNCHEZ ALBORNOZ, C. (1974): Vascos y navarros en su primera historia. Madrid.
6.- VIGUERA. M. J. (1981): Aragón Musulmán. Zaragoza, (2.a ed. 1988).

Leonor de Aquitania
Blasón de los Duques de Aquitania

Genealogía de la familia Montealegre

Los descendientes de los Duques de Aquitania

Investigación realizada por: Flavio Rivera Montealegre*

DUQUES DE AQUITANIA

1) **Significado**: La palabra "Aquitania" procede de "Occitania", es decir, la región más occidental de la Galias durante la dominación romana.

2) **Casa solar**: Aquitania, Francia. Ver mapa de **Aquitania.** Era una de las partes en las que se hallaba dividida la Galia, al sur oeste. Antiguamente estaba constituida por más de 20 pueblos o gentes, ninguno muy numeroso. Los *aquitani* siempre fueron considerados más afines a los iberos de España que a los galos. La lengua tenía una clara afinidad con la onomástica vasca. Gascuña, al sur del Garona, formaba parte de la Aquitania. Los romanos, entorno al año del nacimiento de Cristo, la dividieron en tres "Aquitanias". Durante la administración visigótica (a partir del año 416 d.C.) la Aquitania forma una unidad con su centro

en Clermont Ferrand. Durante la dominación franca Aquitania pierde unidad por ser considerada como tierra de disputa entre los descendientes de Clodoveo. A principios del siglo VII el rey Dagoberto I entrega la Aquitania a su hermano Cariberto II como un "glacis aquitánico" que comprendía los condados de Tolosa, Cahors, Agen, Perigueux y Sanites, con capital en Toulouse. Estos condados desgajados volvieron a las manos de Dagoberto por la muerte de su hermano a mediados del siglo VII. Sin embargo, un hijo de Cariberto II de Neustria, llamado Boggis, se convierte en el primer duque de Gascuña (ver **Duques de Gascuña)** y principal señor de Aquitania. El bisabuelo de Carlomagno, Pipino de Hiristal, tuvo que luchar con Eudes (hijo de Boggis) por el dominio de la Aquitania. En época de Carlomagno, Aquitania fue constituida como reino e incluido en la Marca Hispánica. Luis "el Piadoso" gobernó Aquitania y luego también Carlos "el Calvo", que dividió el territorio de la antigua Aquitania dando una parte, en feudo, al duque de Poitiers y conde de Auvernia, Gerardo I, que estaba casado con una hermanastra suya, Rotruda. Los territorios desgajados por Carlos "el Calvo" (Poitou, Angomois, Saintogne) formaron el segundo ducado de Aquitania (el primero, la Guyena, quedó en la corona francesa de los capetos), que permaneció durante tres siglos en la Casa de Auvernia. Este territorio se enriqueció en el siglo XI con la anexión de la Gascuña. En 1137, al morir Guillermo VIII (ó X), último duque de Aquitania, Leonor su hija, casó con Enrique Plantagenet, rey de Inglaterra. De esta manera, el ducado de Aquitania quedó anexionado oficialmente a la corona inglesa, el año de 1203.

3) **Armas**: En campo de gules un leopardo de oro (*De gueules, au léopard d'or*). Es el blasón del Ducado de Guyena.

DUQUES DE GASCUÑA

1) **Significado**: La palabra *Gascuña* ó *Gascogne* (en francés), proviene de la palabra *Vasconia*, que deriva del pueblo primitivo, los vascones, que pobló esa región.

2) **Casa solar**: Gascuña (Gascogne), Aquitania, Francia. Ver mapa de **Aquitania.** Con el nombre de Gascuña se incluyen dos regiones pertenecientes a la Aquitania, la Gascuña *Gersoise* y las Landas de Gascuña. Es una antigua provincia de Francia situada al sur-oeste del país. Los orígenes históricos de Gascuña coniciden con los de Aquitania, pues formó parte de de la provincia romana denominada *Novempopulonia* o *Aquitania Tertia*. A finales del siglo VII comenzó a llamarse *Vasconia*, por las inmigracones de los vascones que la alcanzaron. Estos pueblos pirenáicos quedaron absorbidos por la monarquía merovingia. Hacia el año 630, Cariberto II de Neustria, rey franco, caso con Gisela de Gascuña y tuvieron por hijo al primer duque de Gascuña, Boggis.

3) **Armas**: Las que aparecen a la izquierda son posteriores: Escudo partido en cuatro: Primer y tercer campo: en azur, un leon rampante de plata. Segundo y cuarto campo: en gules, un haz de espigas de oro.

4) **Antepasados**: Nos parece de gran interés hacer notar que la dinastía de los duques de Gascuña desciende directamente, por vía de varón desde el siglo III, de los primeros régulos de origen franco, que conocemos en la Toxandría (Bélgica actual), y que se continúan con los reyes merovingios. Son 24 generaciones de antepasados varones, desde el siglo III al siglo X. Ya sabemos que este tipo de listas son más o menos legendarias (lo referente a los siglos III a V), pero con un sustrato histórico.

I. **Marcomir de Toxandría,**nació en la actúal Bélgica (Limburgo y Brabante) hacia el año 220 d.C. Murió el 281. Tuvo por hijo a

II. **Gonobaud I de Toxandría**, nació hacia el año 245. Murió hacia el 289. Tuvo por hijo a

III. **Ragaise de Toxandría**, nació hacia el año 270. Murió el 307. Tuvo por hijos a Malarico I de Toxandría (c.295) y a una hija (c.300) que casó con Guindomar de Alemania y tuvieron por hijo a Clodomer de Alemania ver su descendencia en **nota 1.**

IV. **Malarico I de Toxandría**, nació hacia el año 295. Tuvo por hijos a Mellobaude de Toxandría (c.320, ver su descendencia en nota 2) y a Priarios de Toxandría (c.324)

V. **Priarios de Toxandría**, nació el año 324. Murió en 396. Tuvo por hijo a

VI. **Sunno de los Francos**, nació hacia el año 358. Murió en 401. Casó con Merowna de Turingia, hija de Merwig I de Turingia. Tuvieron por hijo a

VII. **Meroveo I, rey de los Francos**, nació hacia el año 390. Murió en 445. Casó con Hatilde, hija de Asturius. Tuvieron por hijos a Meroveo II (411) y a Ragnachilda de Francia (420, ver su descendencia en nota 3).

VIII. **Meroveo II, rey de los Francos**, nació el año 411 y murió el 457. Casó con Chlodeswinthe de los Francos (hija de Chlodion "le Chevelu" de los Francos e Hildegunda de Colonia (ver nota 1 y nota 2). Tuvieron por hijo a

IX. **Childerico I, rey de los Francos**, nació hacia el año 436 y murió el 12-I-481/482. Casó con Basine de Colonia (hija de Chlodwig de Colonia y Basine de Sajonia: ver nota 2). Tuvieron por hijo a

X. **Clodoveo I, rey de los Francos**, nació en el año 466. Se convirtió a la fe cristiana y fue bautizado por San Remigio en Reims, con tres mil de sus hombres, el 25-XII-496. Murió el 27-XI-511. Casó en 493 con Santa Clotilde de los Burgundios (ver nota 4 para su ascendencia). Tuvieron por hijo a Clotario I de Soissons. En segundas nupcias casó con Amalaberga de los Hérulos (hija de Odoacro de los Hérulos y Evochilde de los Visigodos).Y tuvieron por hijo a Teodorico de Ausatrasia, que casó con Eustere de los Visigodos y tuvieron por hijo a Teodeberto de Austrasia (ver este linaje de 52 generaciones desde mediados del siglo IV hasta el siglo XX).

XI. **Clotario I "el Viejo" de Soissons**, nació hacia el año 497. Murió el 14-XII-561. Casó con Ingunda hacia 519 y tuvieron por hijo a Cariberto I de París (que caso con Ingobergue y tuvieron a Berta de París, que casó con Etelberto de Kent; ver nota 5). En segundas nupcias casó, en 536, con Arnegunda de Turingia (hija de Baderic de Turingia y nieta de Basin de Turingia) y tuvieron por hijo a Chilperico I de Neustria.

XII. **Chilperico I de Neustria**, nació el año 536. Murió en septiembre de 584. Casó con Fredegunda de Cambrai (hija de Brunulfo de Cambrai y Crotechilde de los Ostrogodos). Tuvieron por hijo a

XIII. **Clotario II de Neustria**, nació hacia el año 584. Murió en octubre de 629. Casó tres veces: 1) con Aldetruda tuvo por hija a Emma de Neustria (c.603), que casó con Eadbaldo de Kent, hijo de Etelberto de Kent; 2) con Bertruda de Borgoña (c.590, hija de Rochomer de Borgoña y Gertrudis de Hamage nota 6) tuvo por hijo a Dagoberto I de Neustria (c.606, ver nota nota 7) y Cariberto II dc Neustria (c,608, que sigue) y 3) con Sichilda de las Ardenas, en la cual tuvo por hija a Santa Oda de los Francos (que fue la mujer de Boggis de Gascuña: ver dos generaciones más abajo).

XIV. **Cariberto II de Neustria**, nació hacia el año 608. Murió hacia el 631. Casó con Gisela de Gascuña, probablemente oriunda de

Gascuña e hija de alguno de los magnates de Gascuña anteriores a la dinastía hereditaria que comienza con su hijo Boggis (c.630).

XV. **Boggis, duque de Gascuña**, nació hacia el año 630. Murió en el 688. Casó con Santa Oda de los Francos, que era hija de Clotario II de Neustria y Sichilda de las Ardenas (ver dos generaciones más arriba).

XVI. **Eudes, duque de Gascuña**, nació hacia el año 670. Murió en 735. Casó con Waltruda de Orleans en la cual tuvo dos hijos: Hatton (c.695) y Hunaldo (c.705). Hatton fue padre de Lupo I de Gascuña (c.715) que tuvo por hija a Adela de Gascuña (c.735), que casó con su tío Waifredo, duque de Gascuña (ver dos generaciones más abajo).

XVII. **Hunaldo, duque de Gascuña**, nació hacia el año de 705 y murió en 774. Tuvo por hijo a

XVIII. **Waifredo, duque de Gascuña**, nació hacia el año de 730. Murió el 768. Casó con su sobrina segunda Adela de Gascuña (ver dos generaciones más arriba). Tuvieron por hijo a

XIX. **Lupo II, duque de Gascuña**, nació hacia el año 755. Murió después del 778. Casó hacia el 770 con Numabela de Cantabria (c.755, hija de Fruela Pérez de Cantabria y nieta de Pedro, dux de Cantabria: ver Reyes de Asturias). Tuvieron por hijo a

XX. **Sancho I López, duque de Gascuña**, nació hacia el año 775. Murió el 816. Casó con Ascrida de Adger y fueron padres de Sancho Sánchez Mittara (c.800, que sigue). En segundas nupcias casó con Aznárez de Aragón (c.795, hija de Aznar Galindo I, conde de Aragón. Tuvieron por hija a Dhouda (ó Liegarda) de Gascuña (810-843, que fue la mujer del Margrave Bernardo de Septimania; ver nota nota 8).

XXI. **Sancho Sánchez I Mittara, duque de Gascuña**, nació hacia el año 800. Murió en 864. Casó con Quisilo García (hija de García Dat) y tuvieron por hijo a

XXII. **Sancho Sánchez II Mittara, duque de Gascuña**, nació hacia el año de 840. Murió el 886. Casó con una hija de Galindo Aznar I de Aragón, y tuvieron por hijo a

XXIII. **García II Sánchez de Gascuña**, nació hacia el año de 865. Murió hacia el 920. Casó con Munia de Agen (nacida en 856, en Angouleme, Poitou-Charentes, Francia; fue hija de Wulgrim de Angouleme y Sancha de Sepimania: ver nota nota 8) y tuvieron cuatro hijos, todos antepasados nuestros: 1) Acibella de Gascuña (c.880, casada con Galindo Aznar II de Aragón. 2) Guillermo I Garcés de Fezensac y Armagnac (c.895, que sigue), 3) Arnaud I García Nonat de Astarac (c.900, que tiene su descendencia en los linajes de Bigorra y Foix) y 4) Garsenda de Gascuña (c.905, que casó con Raimundo III, conde de Toulouse).

XXIV. **Guillermo I Garcés de Fezesac y Armañac**, nacio hacia el año de 895 y murió hacia el 960. Casó Garsenda de Toulouse (hermana de Raimundo III e hija de Raimundo II, conde de Toulouse y Albi, y Andregoto Garcés de Gascuña, y tuvieron por hija a

XXV. **Garsenda de Fezensac**, nació hacia el año de 915. Casó con Raimundo II, conde de Ribagorza y fueron padres de Ava de Ribagorza, esposa de García I Fernández, conde de Castilla.

5) **Ruta genealógica**: Duques de Gascuña-Toulouse-Ribagorza » **Reyes de Castilla»** De la Cerda » Manuel de Castilla » Fernández de Córdoba » Méndez de Sotomayor » Ramiro Corajo » Sáenz Vázquez » Sáenz Lanini » Romero Sáenz » Montealegre Romero » Montealegre Lacayo y sus descendientes en las diferentes ramas.

6) **Otros datos y notas**:

[1] Chlodomer de Alemania (c.320) fue padre de Blesinda de Alemania (c.350), que casó con Chloldio I de Colonia y fueron padres de Diocles de Colonia (c.365) y Blesinda de Colonia (c.375, que casó con Teodemir de Toxandría y tuvieron por hijo a Chlodion "le Chevelu" de los Francos"). Descendiente directo de Diocles de Colonia fue Cerdic de Wessex (c.470), fundador de la dinastía anglo-sajona de Cerdic, que entronca con Alfredo "el Grande", rey de Inglaterra (849). Ver Reyes de Wessex.

[2] Mellobaude de Toxandría (c.320) fue padre de Richimir de Toxandría (c.350), que casó con Ascyla y tuvo dos hijos, también antepasados nuestros: Teodemir de Toxandría (ver nota anterior) e Hildegunda de Lombardía, que casó con Marcomir de los Francos y tuvieron por hija a Hildegunda de Colonia, que casó con Chlodion "le Chevelu" de los Francos (ver nota anterior) y tuvieron tres hijos, de los cuales descendemos: Choldwig de Colonia (c.415, casado con Basine de Sajonia y cuya hija -Basine de Colonia- fue esposa de Childerico I de los

Francos y madre de Clodoveo), Clodeswinta de los Francos (c.418, casada con Meroveo II de los Francos: ver Reyes Francos) y Clodebau de Colonia (c.420, casada con Amalaberga). De Clodebau descienden directamente (de varón en varón) los mayordomos francos de la Casa de Heristal: Ansegisel de Metz, Pipino II de Heristal, Carlos Martel, etc (ver Carolingios).

[3] Ragnachilda de Francia nació el año 420 y casó con Eurico I de los Visigodos (hijo de Teodorico I de los Visigodos y Amalaberga de los Ostrogodos; y nieto de Alarico I de los Visigodos). Tuvieron por hijos a Evochilde de los Visigodos (446, que casó con Odoacro I de los Hérulos, y tuvieron por hija a Amalaberga de los Hérulos que casó con Clodoveo I de los Francos) y a Alarico II de los Visigodos (458-507; que casó con Tiudgotha de los Ostrogodos y tuvieron por hija a Eustere de los Visigodos que casó con Teodorico de Austrasia). Ver descendencia de Alarico de los Visigodos.

[4] Clotilde de los Burgundios nació en el año 475. Gracias a ella Clodoveo decidió hacerse cristiano. Murió el 7-VII-545. Chilperico (ó Childerico) II de los Burgundios y Caretena (ó Agripina). Su abuelo paterno fue Gondiuque (ó Choldio) de los Burgundios. Bisabuelos: Gondahar ó Gondichar de los Burgundios (c.400) y Clotilde de los Visigodos (c.414). Tatarabuelo: Gonthier de los Burgundios (375). Los padres de Clotilde de los Visigodos fueron Ataulfo de los Visigodos (c.355-415) y Galla Placidia de Roma (c.389-450). Galla Placidia era hija de Teodosio I "el Grande", emperador de Roma (347-395) y Galla de Roma.

[5] Etelberto de Kent era el rey de Kent, uno de los siete reinos de la heptarquia anglosajona. Etelberto se convirtió al cristianismo gracias a su mujer Berta. Fue bautizado en Canterbury el día de Navidad de 597 por San Agustín de Canterbury. Etelberto y Berta fueron padres de Eadbaldo de Kent (casado con Emma de Neustria, hija de Clotario II de Neustria).

[6] Richomer de Borgoña era hijo de Betón de Reims y Austregilda de Orleans. Gertrudis de Hamage era hija de Anserbertus, senador galo-romano, señor de Mosela (c.520), y Bitilda, princesa gala (c.520). Gertrudis tuvo una hermana llamada Gerberga (c.578), que caso con Ega de Alsacia (c.560, primer representante del linaje de los duques de Alsacia: ver sucesión en Casa de Anjou).

[7] Dagoberto I de Neustria nació hacia el año 606 y murió el 14-III-638/39. Casó dos veces: la primera con Ragnetruda, en la cual tuvo dos hijos: Sigeberto III de Austrasia (c.631), que casó con Imiquilda y tuvo por hija a Berswinda de Austrasia (tatarabuela de Hugo I de Tours: ver Casa de Anjou). Dagoberto, además, tuvo una hija N de Neustria (c.632), que casó con Teodardo de Oeren y fueron padres de Irmina de Oeren, que casó con Hugoberto de Austrasia y fueron padres de cuatro hijos, todos ellos antepasados nuestros: 1) Bertrada de Pruem (bisabuela de Carlomagno: ver Carolingios), 2) Crodelinda de Austrasia (bisabuela de San Guillermo de Toulouse: ver Condes de Toulouse), 3) Regentruda de Austrasia (tatarabuela de Pipino el Breve: ver Carolingios) y 4) Norberto de Aquitania (tatarabuelo de Raimundo I de Rouerge, conde de Toulouse: ver Condes de Toulouse). Dagoberto I casó en segundas nupcias con Nantilde de Bobigny y tuvo por hijo a Clodoveo II de Neustria (c.634), que casó con Santa Batilde hacia 649 y tuvieron por hijo a Teodorico III, rey de Neustria. Teodorico casó con Santa Clotilde de Metz -hermana de Pipino II de Herstal- y tuvieron por hijos a Childeberto III de Francia (670, que fue padre de Dagoberto III y del cual no descendemos) y Berta de Neustria (c.676, que tuvo dos hijas: una -N- entroncó con el linaje de Welf y otra -Nebi- con el de Vintzgau; Berta fue bisabuela de Hildegarda de Vintzgau, la esposa principal de Carlomagno: ver Carolingios).

[8] Bernardo de Septimania (800-844) fue hijo de San Guillermo Gellon, conde de Toulouse (nieto de Carlos Martel: ver Carolingios) y de Cunegunda de Austrasia (hija de Carlomán II de Austrasia y nieta de Pipino "el Breve"). Bernardo casó con Dhuoda de Gascuña en Aix-la-Chapelle (Alemania), el 24-VIII-824. Tuvieron tres hijos que son antepasados nuestros: 1) Guillermo I de Septimania (5-II-826/27, fue padre de Guillemette de Aquitania y abuelo de Bernardo I Substantion, primer representante de los linajes de Substantion y luego de Melgueil, que desemboca en los linajes de Anduze y Baux); 2) Sancha de Septimania (c.830, casó con Wulgrim de Angouleme, que por su madre era nieto de Begón, conde de París, y Alpaïs de Francia, hija de Luis "el Piadoso", emperador; fueron padres de Munia de Agen, que casó con García Sánchez de Gascuña: ver arriba), y 3) Bernardo "Plantapilosa", conde de Autun (22-III-840/41), que casó con Ermengada de Chalon y tuvieron tres hijos: Ava de Aquitania (c.865, a través de los Gatinais entronca con la Casa de Anjou), Adelinda de Aquitania (c.870, que entronca con los linajes de Carcasona y los Condes de Barcelona) y Guillermo "el Piadoso" (c.875), que casó con Engelberga de Provenza (hija de Bosón I de Lombardía -tataranieto de Carlomagno- y Ermengarda de Italia -hija de Luis II "el Joven" y Engelburga de Spoleto-; ver Carolingios). Guillermo y Engelberga fueron padres de Ermengarda de Aquitania, que fue madre de Boson III, conde de Arlés y Provenza: ver este linaje.

Según los historiadores y genealogístas europeos, los primeros Duques de Aquitania se remontan a Otsoa I Lupus, quien fuera Duque de Aquitania hasta el año 710, cuando sufrieron invasiones y fueron destituidos, pero sus descendientes y sus vasallos nunca aceptaron la autoridad de los invasores.
Con el tiempo volvieron a gobernar sus descendientes que fueron en el siguiente orden: Eúdo, Duque de Aquitania; Santxo Otsoa (778); Siguin (812); Gartzia Eneko (816); Otsoa III Wasco (819); tiempos en que llegan otros invasores y se inicia la monarquía de los Reyes de Iruñea y éstos son destituidos por Pepino El Breve y su hijo Carlomagno quien con el tiempo instala a su hijo Luis I El Piadoso

como el primer Rey de Aquitania, de este modo Aquitania se convierte en un reino; a continuación las generaciones de este linaje.

GENERACIÓN No. 1

William II de Aquitania, Duque de Aquitania (915-963), contrajo matrimonio con Da. Adela de Normandia (917-962) o Adele of Normandy. El hijo de ambos fue

GENERACIÓN No. 2

William IV de Aquitania, Duque de Aquitania (937-993), contrajo matrimonio con

Da. Emma Champagne (939-1003) hija de Teobaldo I Champagne y su esposa Da.

Luitgarde. El hijo de ambos fue

GENERACIÓN No. 3

William V de Aquitania, Duque de Aquitania (992-1030), contrajo matrimonio con Da. Agnes de Burgundy, Condesa de Burgundy (Borgoña), hija de Otto Guillermo Burgundy (reinó desde 1018 hasta 1026) y de su esposa Da. Ermetrude Rheims-Roucy quien a su vez es descendiente de Enrique I de Alemania (875-936). William V de Aquitania es hermano de Adelaida de Aquitania quien contrajo matrimonio con Hugo Capeto. El hijo de ambos, de William V de Aquitania y su esposa Da. Agnes de Burgundy, fue el siguiente:

GENERACIÓN No. 4

William VI de Aquitania, Duque de Aquitania (1026-1086), contrajo matrimonio con Hildegarde de Francia o Hildegarde Burgundy quien era hija de Roberto I Burgundy o Bourgogne en francés, Borgoña en español (1011-1076) y su esposa Da. Ella Ermengarde "Helie" Semur. El hijo de ambos fue

GENERACIÓN No. 5

William VII de Aquitania, Duque de Aquitania (1071-1127), contrajo matrimonio con Da. Philippa Matilde de Toulouse (1073-1117) hija de William IV Conde de Toulouse y su esposa Da. Matilde. El hijo de ambos fue

GENERACIÓN No. 6

William X de Aquitania, El Conquistador, Duque de Aquitania (1099-1137), contrajo matrimonio con Da. Leonor de Chatellerault (1103-1130) hija de Amauri I Chatellerault.

Datos de Da. Leonor de Chatellerault:

Leonor de Châtellerault de Rochefoucau nació en 1102 en Châtellerault, Vienne, Francia, y murió en 1130. Era hija de Aimery de Châtellerault y Dangereuse de L'Isle Bouchard. El primer vástago de la dinastía de L'Isle-Bouchard fue Bouchard y nació hacia 865. El primero del linaje de Châtellerault nació hacia 920. Una abuela de Leonor de Châtellerault se llamaba Leonor (Aénor) de Thouars (1050), y una abuela de esta se llamaba Leonor (Aénor) de

Blois (996). Leonor (Aénor) de Riviere es la más antigua Aénor y nació en 975. Fue tatarabuela de Dangereuse. El nombre de "Leonor" se hizo popular en España por Leonor de Inglaterra (ver **Casa de Anjou**), esposa de Alfonso VIII, hija de Enrique II de Inglaterra, nieta de Leonor de Aquitania y biznieta de Leonor de Châtellerault.

La hija de ambos, de William X de Aquitania y Da. Leonor de Chatellerault, fue:

GENERACIÓN No. 7

Da. Leonor de Aquitania, Princesa de Aquitania (1122-1204), contrajo matrimonio dos veces, primero con el Rey de Francia, Luis VII, con quien procrea dos hijas cuyos descendientes se unieron en matrimonio con los descendientes de Da. Leonor de Aquitania de su segundo matrimonio. En segundas nupcias contrae matrimonio con Enrique II Plantagenet "Curtmantle", Rey de Inglaterra, hijo de Geoffrey V Plantagenet, Conde de Anjou (1113-1151), y de su esposa Da. Matilda "Maud", Princesa de Inglaterra, hija de Enrique I Rey de Inglaterra y su esposa Matilda Edith "Atheling", Princesa de Escocia, hija de Malcolm III Canmore, Rey de Escocia, y su esposa Da. Santa Margarita "Atheling", Princesa de Inglaterra, hija de Eduardo Atheling y su esposa Da. Ágata de Alemania. Los hijos de Da. Leonor de Aquitania y sus dos esposos fueron los siguientes:

GENERACIÓN No. 8

Los hijos de Da. Leonor de Aquitania, fueron:
De su primer esposo, Luis VII Capeto, Rey de Francia:
1.- Mary Capeto de Francia y Aquitania
2.- Alicia Capeto de Francia y Aquitania
Los hijos con su segundo esposo, Enrique II Plantagenet, fueron:
1.- William Plantagenet (n.1153-m.1156)
2.- Enrique FitzHenry-Plantagenet (n.1155-m.1183) contrajo nupcias con Margaret Capeto (m.1198), hija de Luis VII (que fue el primer esposo de Da. Leonor de Aquitania) y Constanza de Castilla. Era llamado "the Young King"
3.- Matilda Plantagenet (n.1156-m.1189) contrajo nupcias con Enrique, Duque de Saxony (m.1195). Su hijo fue el Emperador Otto IV de Alemania.
4.- Ricardo I Plantagenet, Rey de Inglaterra desde 1189 a 1199, contrajo nupcias en el 1191 con Berengaria de Navarra (n.1163-m.1230) hija de Sancho VI, Rey de Navarra. Ver siguiente generación. Es conocido como Ricardo Corazón de León. Sus descendientes se unen con las casas reales de España.
5.- Geoffrey Plantagenet (n.1158-m.1186) contrajo nupcias con Constanza de Britania (m.1201) hija de Conan IV de Britania. En segundas nupcias

casó con Guy de Thouars. Hay descendencia.

6.- Eleanor o Leonor Plantagenet, Princesa de Inglaterra contrajo nupcias con Don ALFONSO VIII Sánchez, "el de las Navas","el Noble" Rey de Castilla (n. Nov. 11, 1155-m.1214), era hijo de Sancho III y de su esposa Da. Blanca, Princesa de Navarra hija de Garcias V (VI) Ramírez, Rey de Navarra y su esposa Da. Margarita De L'Aiglie-Rotrou que a su vez era hija de Gilberto De L'Aiglie y Da. Julienne de Perche y Roucy. Procrearon, Da. Leonor y Alfonso VIII, doce hijos, ver siguiente Generación. De este matrimonio llegaron descendientes a Nicaragua.

7.- Joan Plantagenet (n.1165-m.1199) contrajo nupcias dos veces, primero con William II de Sicilia (m.1189) y con Raymond VI, Conde de Toulouse quien era descendiente del linaje del rey David.

8.- Juan Plantagenet o John Lackland (n.1167-m.1216), Rey de Inglaterra desde 1199 al 1216. Contrajo matrimonio primero con Isabella de Gloucester o Isabelle de Clare (m.1217) con quien se divorcia y no tienen hijos, y, en segundas nupcias con Isabella de Angoulême (m.1246) procrearon juntos a cinco hijos, ver siguiente Generación, porque una de sus descendientes, Catherine Plantagenet (n.1372-m.1418), contrajo nupcias con Enrique III Rey de Castilla y de León. Este rey fue conocido como Juan Sin Tierra.

Alfonso VIII "El Noble", Rey de Castilla; su hija Berenguela, Reina de Castilla. Estatua de Alfonso VIII "El Noble" y estatua de Doña Berenguela, Reina de Castilla.

GENERACIóN NO. 9

Los doce hijos del matrimonio formado por Da. Leonor Plantagenet, Princesa de Inglaterra, y su esposo Don Alfonso VIII El Noble, Rey de Castilla, fueron los siguientes:

1.- BERENGUELA, Reina de Castilla. Contrajo matrimonio dos veces, del primer matrimonio no tuvo hijos y en segundas nupcias con Don Alfonso IX Fernández, Rey de León (n.1171-m. Septiembre 24, 1230) hijo de Don Fernando II Rey de León y de Da. URRACA Enríquez quien a su vez era hija de Don Alfonso Enríquez de Portugal. Con este matrimonio se unen las dos monarquias. Ver sus

hijos en la siguiente Generación y que son los antepasados de la familia Montealegre en Nicaragua.
2.- Sancho, Principe de Castilla
3.- Sancha, Princesa de Castilla
4.- ENRIQUE I, Rey de Castilla
5.- Urraca, Princesa de Castilla
6.- Blanca Alfonsez, Princesa de Castilla e Inglaterra, contrajo nupcias con Don Luis VIII Capeto, Rey de Francia. El hijo de ambos en la siguiente Generación.
7.- Fernando, Principe de Castilla
8.- Constanza, Princesa de Castilla
9.- Mafalda, Princesa de Castilla
10.- Leonor, Princesa de Castilla
11.- Constanza, muere muy jovencita.
12.- ENRIQUE II, Rey de Castilla, fue hijo fuera de matrimonio de Alfonso XI con Da. Leonor de Guzmán.

Alfonso VIII (n.1155 – m.1214)
Rey de Castilla desde 1158 a 1214

Hijo de Sancho III, accede al trono en 1158 cuando sólo contaba tres años de edad. Durante su minoría de edad, el reino de Castilla se ve acuciado por problemas nobiliarios - el enfrentamiento entre dos facciones enfrentadas, los De Castro y los De Lara- y por el ataque de los reinos rivales de Navarra y León. Así, Fernando II de León penetra en Castilla en 1162 y Sancho VI de Navarra consigue anexionar a su reino los territorios de Logroño y Cerezo. A los catorce años de edad, en 1169, Alfonso pasa a reinar efectivamente sobre Castilla y contrae matrimonio con Leonor de Inglaterra (1162-1214) hija Enrique II Plantagenet de Inglaterra y Da. Leonor de Aquitania (1122-1204). Enrique II Plantagenet era hijo de Godofredo Plantagenet, Duque de Anjou y Normandia (Francia) y Matilda de Escocia. La lucha por la hegemonía peninsular enfrentará a Castilla con León y Navarra durante largas décadas.

La competencia con León, fundamentalmente por cuestiones fronterizas, será una constante durante todo su reinado. Firma el tratado de Fresno-Lavandera con Fernando II de León, que establece un período de estabilidad y buenas relaciones entre ambos rcinos, hasta el punto de que el monarca castellano arma caballero al leonés, su primo, en la Curia de Carrión (1188). No obstante, más tarde se reactivaron los ataques, que se sucederán hasta la boda de Fernando II con la hija de Alfonso VIII, Berenguela, en 1197. El parentesco entre ambos cónyuges faculta al papa Inocencio III a declarar no válido el matrimonio, lo que deshace el acuerdo de paz y promueve de nuevo los enfrentamientos. Con respecto a Navarra, Alfonso VIII pretenderá recuperar los territorios conquistados, para lo que emprenderá entre 1173 y 1176 diversas expediciones tendentes a restaurar las fronteras anteriormente existentes. El estado de abierto enfrentamiento entre ambos reinos promueve la búsqueda de una solución pactada, a cargo de Enrique II de Inglaterra, que sin embargo no será respetada por Castilla. Reanudado el conflicto, los castellanos logran tomar Álava y Guipúzcoa en 1200. La hostilidad entre Castilla y Navarra no impedirá, no obstante, la participación del rey navarro Sancho VII en la batalla de las Navas de Tolosa. Por otro lado, Aragón y Castilla fijan sus objetivos en la lucha contra los musulmanes, estableciendo mediante el tratado de Cazorla (1179) el trazado de la futura frontera entre ambos reinos a costa de los territorios bajo control almohade. Así, la colaboración entre ambos monarcas permite tomar Cuenca en 1177. La reacción almohade provocará el desembarco en la Península de Abu Yacub en 1195 y la gravosa derrota de los castellanos en el Castillo de Alarcos ese mismo año, iniciándose un período de dos años de hostigamiento musulmán y control del área central peninsular. La participación de Pedro II de Aragón fue fundamental para el posterior desarrollo de los acontecimientos, al permitir la victoria de los ejércitos cristianos sobre los musulmanes en la batalla de las Navas de Tolosa (1212). Con esta victoria, queda expedito el camino hacia el sur peninsular y el Imperio Almohade se derrumba definitivamente. Alfonso VII, el Noble, muere en 1214, heredando el trono su hijo Enrique al haber fallecido su primer hijo, Fernando, en 1211.

John of Gaunt, Duque de Lancaster

Los hijos de John Lackland o Juan Plantagenet con su segunda esposa Da. Isabelle de Angoulême, fueron los siguientes:

1.- ENRIQUE III Plantagenet (n.1207-m.1272), sucede a su padre en el trono de Inglaterra en 1216 hasta su muerte. Por esta línea se juntan en matrimonio con la monarquia de Castilla. Contrajo nupcias con Da. Eleanor o Leonor de Provenza (m.1291), hermana menor de la Reina de Francia, Blanche o Blanca de Francia. Con el Tratado de Paris, Enrique III por herencia era el duque de Normandia, de

Maine y de Anjou, reteniendo la Gasconia. Procrearon cuatro hijos, ver siguiente Generación.
2.- Richard de Cornwall, Rey de los Romanos (n.1209-m.1272)
3.- Joan Plantagenet, Princesa de Inglaterra (1210-1238)
4.- Isabelle Plantagenet, Princesa de Inglaterra (1214-1241)
5.- Eleanor Plantagenet, Princesa de Inglaterra (1215-1275)

GENERACIóN NO. 10

Los hijos del matrimonio de Da. Berenguela, Reina de Castilla, y de Don Alfonso IX Fernández, Rey de León, fueron los siguientes:
1.- FERNANDO III "El Santo", Rey de León y de Castilla (n.1199-m.1252).
Asume como Rey de Castilla en 1217 y como Rey de León en 1230.
Fue canonizado en 1671 por el Papa Clemente X.
Casó en primeras nupcias en el año 1219 con Beatriz de Suabia, princesa alemana (conocida como Beatrice o Elizabeth von Hohenstaufen), hija de Felipe Hohenstaufen (1178-1206), Marqués de Toscana en 1195, Duque de Suabia en 1196, Emperador del Sacro Imperio Romano, y de su esposa Irene, Princesa de Constantinopla (Bizancio). El hijo de Fernando III "El Santo" y de su esposa Beatriz de Suabia fue el infante Don Juan Manuel y Alfonso X El Sabio, entre otros. Ver siguiente Generación.

2.- Da. Leonor, Princesa de León y de Castilla

El hijo de Da. Blanca Alfonsez, Princesa de Castilla e Inglaterra, con su esposo Don Luis VIII Capeto, Rey de Francia fue:
1.-
Luis IX "El Santo" Capeto, Rey de Francia (n.1214-m. 25 de Agosto de 1270), nunca separó la política con la ética. Contrajo nupcias con Margarita Berenguer de Provenza (n.1221-m.1295) quien es descendiente de Roberto II El Piadoso y de Makhir-Theodoric I de Autun David-Toulouse. La hija de Luis IX y Margarita, entre otros, fue Blanche o Blanca de Francia, ver la siguiente Generación.

Los hijos de Enrique III Plantagenet, Rey de Inglaterra, y su esposa Da. Leonor de Provenza, fueron los siguientes:
1.- EDUARDO I Plantagenet (n.1239-m.1307), Rey de Inglaterra. Contrajo nupcias dos veces, primero con Da. Leonor de Castilla, Infanta de Castilla (n. 1232-m.1290) hija de Don Fernando III El Santo, Rey de Castilla, y de su esposa Da. Beatrice von Hohenstaufen, y, hermana de Alfonso X El Sabio. En segundas nupcias con Da. Margarita de Francia. Con ambas tuvo hijos. Ver siguiente Generación.
2.- Edmund Crouchback, Conde de Lancaster (1245-1296) contrajo nupcias con Blanche o Blanca de Artois (m.1302).

3.- Margaret Plantagenet, contrajo nupcias con Alejandro III, Rey de los Scots (Escoceses).
4.- Beatrice Plantagenet, contrajo nupcias con John Duque de Britania.

GENERACIóN NO. 11

Los hijos de Don Fernando III El Santo, Rey de Castilla y de León (m. Junio 1, 1252), con su esposa Da. Beatriz de Suabia o Beatrice von Hohenstaufen, fueron los siguientes:

16.1.- Alfonso X "El Sabio", nace en Toledo el 23 de Noviembre de 1221, asume el trono el 1 de Junio de 1252, y, fallece en Sevilla el 4 de Abril de 1284. Contrajo nupcias con Da. Violante de Aragón, en 1249, hija de Jaime I El Conquistador, Rey de Aragón, y de su esposa Da. Violante de Hungría; los hijos de ambos en la siguiente generación.

16.2.- Fadrique, Infante de Castilla, n. 1224.

16.3.- Enrique, Infante de Castilla, n. 1230. Gobernador de Arcos y Lebrija, se rebeló contra su hermano Alfonso X El Sabio, se refugia en Túnez.

16.4.- Felipe de Castilla, Arzobispo de Sevilla, n. 1231. Contrajo nupcias con Da. Cristina de Noruega (n.1234-m.1262) perteneciente a la Casa de Yngling, hija de Hakon IV, Rey de Noruega, y de su esposa Margaret (m.1270) hija de Jarl Skule. A su vez, Cristina de Noruega es descendiente de Harold III Hardrada (n.1015'm.1066), Rey de Noruega, y de su esposa Elizabeth de Kiev que era hija del Gran Duque de Kiev de nombre Iaroslav o Yaroslav I Gran Duque de Kiev, sitio que pertenece al Bielorrusia, Ucrania.

16.5.- Leonor de Castilla, Infanta de Castilla, n. 1232, contrajo matrimonio con Eduardo I Plantagenet, Rey de Inglaterra.

16.6.- Berenguela de Castilla, monja, n. 1233.

16.7.- Sancho, Arzobispo de Toledo y Sevilla, n. 1233.

16.8.- Manuel de Castilla, Infante de Castilla, Señor de Villena, n. 1234. Contrajo nupcias con Da. Constanza de Suabia o de Saboya. Infante Don Juan Manuel de Castilla, fue un político beligerante. Don Juan Manuel de Castilla (muere en 1283), Infante de Castilla, Señor de Escalona, Señor de Peñafiel y de Villena, Alférez Mayor de Castilla, contrajo matrimonio en segundas nupcias en 1274 con Da. Constanza de Saboya y de Baux-Grange, hija de Amadeo IV (1157-1253), Conde de Saboya, Duque de Aosta y Príncipe de Piamonte, y de su esposa Cecilia de Baux. El hijo de ambos en la siguiente Generación.

16.9.- María, Infanta de Castilla, n. 5 de Noviembre de 1235.

La hija de Don Luis IX Capeto, conocido como El Santo, y su esposa Da. Margarita Berenguer de Provenza, fue:

1.- Blanche o Blanca de Francia, Capeto (1253-1321) del linaje descendiente del Rey David, davídicos; contrajo nupcias con FERNANDO DE LA CERDA (n.1255), hijo primogénito de Don Alfonso X El Sabio, Rey de Castilla quien también es descendiente de Da. Berta de David-Toulouse y su esposo Pepín, Rey de Italia (773-810); y de su esposa Da. Violante de Aragón hija de Don Jaime I de Aragón y Da. Violante de Hungria. El hijo de Da. Blanca de Francia y Don Fernando De la Cerda, fueron dos, ver la siguiente Generación.

Los hijos de Eduardo I Plantagenet, Rey de Inglaterra, con sus dos esposas: Leonor de Castilla y Margarita de Francia.
Los hijos con Leonor de Castilla fueron los siguientes:
1.- EDUARDO II (1284-1327) Plantagenet, Rey de Inglaterra. Asume el trono en 1307. Contrajo nupcias con Isabella "La Bella" de Francia (n.1296-m.1358), hija de Felipe IV Valois "El Hermoso", Rey de Francia (m.1314), y su esposa Jeanne I Reina de Navarra; quien a su vez era hijo de Felipe III Rey de Francia y de Isabella de Aragón quien era hija de Don Jaime I de Aragón y su esposa Da. Violante de Hungria quien es descendiente de Yaroslav I Gran Duque de Kiev. De este matrimonio sus descendientes llegan hasta Nicaragua, con la familia Montealegre. Su esposa, Isabella de Francia lo manda a matar en 1327. Ver siguiente Generación.
2.- Eleanor o Leonor Plantagenet (m.1298), contrajo nupcias con Henry, Conde de Bar.
3.- Joan de Acre (1272-1307), contrajo nupcias con Gilbert de Clare, Conde de Gloucester (m.1295), y, en segundas nupcias con Ralph de Monthermer (m.1305).
4.- Margaret Plantagenet contrajo nupcias con John Duque de Lorraine.
5.- Elizabeth Plantagenet (1282-1316) fue la segunda esposa de Humphrey de Bohun, Conde de Hereford y Essex (m.1322).

Los hijos con Margarita de Francia fueron los siguientes:
6.- Thomas de Broterton, Conde de Norfolk (1300-1338) contrajo nupcias con Alice Italys. Sin hijos.
7.- Edmund Plantagenet (1307-1330), Conde de Kent, contrajo nupcias con Margarita Wake (m.1349). Una hija, Joan de Kent.

GENERACIóN NO. 12
Los hijos de Don ALFONSO X El Sabio, Rey de Castilla y de León, contrajo nupcias, en 1248, con Da. Violante de Aragón y Hungría que era hija de Don Jaime I Rey de Aragón y su esposa Da. Violante de Hungría, fueron los siguientes:
1.- Don Fernando De la Cerda, hijo primogénito (n.1256), era considerado por Don Jaime I de Aragón, su abuelo, que en donde hay emperadores, reyes y príncipes, su nieto Don Fernando De la Cerda es un auténtico ***primum inter pares***. Don Fernando De la Cerda se hizo cargo del reino mientras su padre andaba en batalla contra los moros. Fallece entre Burgos y Ciudad Real, tratando de vengar

una derrota contra los moros perpetrada contra Don Nuño González de Lara. Le sucede su hermano menor Don Sancho, quien a los 18 años de edad asume el reino tras convencer a Don Lope Díaz de Haro, Señor de Vizcaya, hombre de confianza de Don Alfonso X El Sabio. Contrajo nupcias con Da. Blanca de Francia, hermana de don Felipe III Rey de Francia, hijos de Luis IX Capeto "El Santo", Rey de Francia, y su esposa Da. Margarita Berenguer de Provenza. Sus hijos en la siguiente Generación.
2.- Berenguela de Castilla.
3.- Sancho IV El Bravo, Rey de Castilla. Convenció a su padre que reuniese a la Cortes en Segovia para que lo declaran el heredero del reino en prejuicio de los hijos de Don Fernando De la Cerda quienes eran los verdaderos herederos del reino según las leyes establecidas en las Partidas Alfonsinas. Da. Violante al ver semejante atropello en contra de sus nietos decide llevárselos hacia Aragón para ponerlos a salvo de un eventual asesinato. Su ayudante fiel era su cuñado Fadrique, a quien lo mata su propio hermano Sancho IV, en Treviño. Contrajo nupcias con Da. Maria Alfonsa de Molina.

El hijo de Don Juan Manuel de Castilla y Da. Constanza Beatriz de Saboya y de Baux-Grange fue:
1.- Sancho MANUEL de Castilla (1283-ca.1325), Conde de Carrión, Ricohombre de Castilla, Teniente Alcaide del Castillo de Murcia y Teniente de Adelantado Mayor del Reino de Murcia.
Casó cerca de 1315 con Da. María Rodríguez de Castañeda, hija de Ruy González de Castañeda, Ricohombre de Castilla, Señor de Hornazas y Santa Olalla de León, y de su esposa Da. Elvira Lasso de la Vega. El hijo de Sancho Manuel y Da. María Rodríguez fue:

Los hijos del Infante Don Juan Manuel de Castilla con dos de sus tres esposas, fueron los siguientes
Con Da. Isabel de Mallorca fueron:
2.- Juana de Castilla y Mallorca, (1338-1371)
3.- Constanza Manuel de Villena y Escalona. Nace en 1318 y fallece el 13 de Noviembre de 1345 a los 27 años de edad. Contrajo nupcias, primero con Alfonso XI Fernández de Castilla y León, y en segundas nupcias con don Pedro I de Portugal.
Con Da. Blanca De la Cerda, procrearon a:
4.- Juana Manuel de Castilla, Señora de Villena, contrajo nupcias con Enrique II de Castilla Trastámara, Rey de Castilla, ver generación No.19.

Los hijos de Da. Blanca de Francia con su esposo Don Fernando De la Cerda, son los siguientes:

1.- Alfonso De la Cerda
2.- FERNANDO II De la Cerda contrajo nupcias con Da. Juana Núñez de Lara, juntos procrearon una hija. Da. Juana al enviudar contrajo segundas nupcias con Enrique II de Castilla en 1300. Ver sus descendientes en las siguientes Generaciones.

Los hijos de Eduardo II con su esposa Isabella de Francia, La Bella, fueron los siguientes:
1.- EDUARDO III (1313-1377) Plantagenet, Rey de Inglaterra. Asume el trono en 1327, a la edad de 14 años. Fue el primer rey que es regido por el parlamento. Contrajo nupcias con Da. Philippa de Hainault (m.1369), sus hijos en la siguiente Generación.
2.- John de Eltham, Duque de Cornwall (1376-1436)
3.- Eleanor o Leonor Plantagenet, contrajo nupcias con Reginaldo Duque de Guelders (m.1343)
4.- Joan Plantagenet (1321-1362), contrajo nupcias con David II, Rey de Escocia.

John de Gaunt, Duque de Lancaster, Leonor de Provenza y Blanca de Lancaster

GENERACIóN NO. 13

La hija de FERNANDO II De la Cerda y su esposa Da. Juana Núñez de Lara, fue:
1.- BLANCA De la Cerda y de Lara quien contrajo nupcias con Don Juan Manuel de Castilla, El Escritor, Sr. de Villena y Escalona, su hija en la siguiente Generación.

Los hijos de Eduardo III Plantagenet, Rey de Inglaterra, y su esposa Philippa de Hainault son los siguientes:
1.- Eduardo Plantagenet, el Príncipe Negro (the Black Prince) (1330-1376), contrajo nupcias con Joan de Kent (1328-1385).
2.- Isabella Plantagenet contrajo nupcias con Enguerrand de Courcy (m.1396).
3.- Joan Plantagenet (m.1348)

4.- Leonel de Antwerp-Plantagenet, Duque de Clarence (1338-1368) contrajo nupcias con Elizabeth de Burgh y Violante Visconti de Milán.
5.- JOHN DE GAUNT-Plantagenet, Duque de Lancaster, contrajo nupcias con Blanca de Lancaster quien es tataranieta de Enrique III Plantagenet y Leonor de Provenza; su segunda esposa fue Constanza de Castilla (m.1394) quien era hija de Pedro I de Castilla "El Justiciero" y Blanca de Borbón, a su vez era tataranieta de Sancho IV El Bravo, Rey de Castilla y de León, y de su esposa Da. María Alfonsa de Molina, hija del infante Don Alfonso de Castilla, sus hijos en la siguiente Generación. Su tercera esposa fue Catherine Swynford.

GENERACIóN NO. 14
La hija de John de Gaunt-Plantagenet y su segunda esposa Da. Constanza de Castilla y Borbón fue:
1.- Catherine Plantagenet de Castilla y Borbón (n.1372-1418), contrajo nupcias con **Enrique III de Trastámara** (1390-1406) , Rey de Castilla y de León que era hijo de Don Juan I de Trastámara, Rey de Castilla, y su esposa Da. Leonor de Aragón

La hija de Da. Blanca De la Cerda y de Lara con su esposo Don Juan Manuel de Castilla, El Escritor, Sr. de Villena y Escalona, fue
1.- Juana Manuel de Castilla cc primo en tercer grado de consanguinidad, Don Enrique II Rey de Castilla, hijo fuera de matrimonio de Alfonso XI Rey de Castilla con Da. Leonor de Guzmán.
El hijo de Da. Juana Manuel de Castilla y su esposo Don Enrique II de Castilla en la siguiente generación:

Enrique III Trastámara, Rey de Castilla (1390-1406)

GENERACIóN NO. 15

El hijo de Da. Juana Manuel de Castilla y su primo en tercer grado de consanguinidad, Don Enrique II Trastamara Rey de Castilla, fue el siguiente:

1.- Juan Manuel I de Castilla, Rey de Castilla contrajo matrimonio con Da. Inés de Castañeda Laso de la Vega, su hijo:

GENERACIóN NO. 16

El hijo de Don Juan Manuel I de Castilla con su esposa Da. Da. Inés de Castañeda Laso de la Vega, fue:

1.- Sancho Manuel de Castilla cc Leonor González de Manzanedo. Su hijo en la siguiente generación.
Casó también con Da. María Rodríguez de Castañeda, su hijo:

GENERACIóN NO. 17

El hijo de Don Sancho Manuel de Castilla con su esposa Da. Leonor González de Manzanedo, fue el siguiente:

1.- Juan Sánchez Manuel de Castilla cc Juana de Aragón-Xérica, su hija:

GENERACIóN NO. 18

La hija de Don Juan Sánchez Manuel de Castilla y González con su esposa Da. Juana de Aragón-Xérica, fue la siguiente:

1.- Inés MANUEL DE VILLENA contrajo matrimonio con Don Garcí Fernández Villodre, su hija:

GENERACIóN NO. 19

1.- Catalina SáNCHEZ MANUEL de VILLODRE contrajo matrimonio con Don Luis Méndez de Sotomayor. El hijo de ambos fue:

GENERACIóN NO. 20

1.- Garcí Méndez de Sotomayor casó con María de Figueroa y Messía, su hijo:

GENERACIóN NO. 21

1.- Luís Méndez de Sotomayor casó con Maria de Solier y Fernández de Córdoba, su hijo:

GENERACIóN NO. 22

1.- Alfonso Hernández de Sotomayor casó con Inés Cerrato, su hijo:

GENERACIóN NO. 23

1.- Luis Méndez Sotomayor casó con Juana de Vera, su hija:

GENERACIóN NO. 24

1.- Juana de Vera Sotomayor casó con García Ramiro Corajo.

Nota: García Ramiro-Corajo y Zúñiga contrajo brillantísimo matrimonio con Doña Juana de Vera y Sotomayor, de la casa de los Señores de la Encomienda de Diriega (Masaya, Nicaragua), descendiente por su varonía de la poderosa casa de Méndez de Sotomayor, Señores y luegos Marqueses del Carpio, y por femenina de la ilustre casa de Fernández de Córdoba, de la línea de los Señores de Zuheros y por consiguiente deuda en grado cierto del Gran Capitán. De este matrimonio nacieron ocho hijos, cuatro varones y cuatro hembras. Las mujeres enlazaron con las nobilísimas casas de Alvarado, Chaves y Ocampo-Golfín de Sandoval. Los hombres, llamados Don Francisco, Don Diego, Don Fernando y Don Antonio, fueron todos Caballeros de lustre, ocupando los más importantes cargos así en la Real Milicia como en los Cabildos de las Ciudades de Cartago y Esparza, Don Diego además fue Corregidor de Pacaca en 1651, pero particular mención se debe hacer de su hermano Don Anotnio Ramiro Corajo por haber sido el principal promotor en 1687 de la fundación de la población de Bagaces, no obstante la abierta oposición del Gobernador de la Provincia, en su calidad de más rico terrateniente de la región y propietario de la Hacienda de San Francisco de Buenaventura. Otro hermano, don Francisco, casó muy noblemente con Dona María de Retes y Vásquez de Coronado. (Castro Tosi)

El hijo de ambos, de Da. Juana y del Sargento Mayor Don García Ramiro Corajo fue el siguiente:

GENERACIóN NO. 25

1.- Francisco Ramiro Corajo Vera casó con Maria Retes Peláez Vázquez de Coronado, cuyo antepasado es Juan Vázquez de Coronado y Anaya. Nació en 1592 en Trujillo, Extremadura, España.. Murió en 1650. LLegó a Costa Rica por 1573. El gobernador Alonso Anguciana de Gamboa le premió con la concesión de la rica Encomienda en Garabita (Chucasque) con los pueblos de Arián y Cora entre los Catapas y Tices, sucediéndole su hijo. En 1577 fue como Alférez a la expedición de Suerre para restaurar la Villa del Castillo de Austria, otrora fundada por el padre Rávago, primer intento para abrir el camino al Atlántico. Ejerció los cargos de Alcalde Ordinario de la Santa Hermandad y Regidor tanto en Cartago como en Esparza. Una característica de esta familia Ramiro Corajo fue su doble vecindad en ambas ciudades. Los Corajo poseían la renombrada casa fuerte de "La Coraja", desde la que desafiaban a sus enemigos, y así fue como dieron muerte en Marta a un Caballero Trujillano Gonzalo Diaz, el cual resulta ser, nada menos, que el rebisabuelo del Marqués Don Francisco Pizarro, en línea recta de varón en varón. En realidad pocas fueron las familias en esta tierra de tan dorados blasones como la de Ramiro-Corajo cuya actuación en Costa Rica no merece más que elogios por su altruismo y desinterés. (Castro y Tossi). Entró con Perafán de Rivera, vino de Tierra Firme a Nicoya, de donde pasó en 1573 a Costa Rica, como caballero hidalgo, con casa poblada; vino con armas, criados y caballos. Tuvo además soldados sustentados a su costa y minción. Perafán de Ribera le favoreció con la encomienda de Bexú con 300 indios. En 1576 era vecino de Cartago, donde desempeñó el cargo de Alcalde de la Santa Hermandad. En 1577 residía en Esparza y era encomendero de Tices, Catapas y Garabito. En tiempos de Anguciana de Gamboa fue como alférez a descubrir el puerto de Suerre en 1574. En 1607 su hijo hizo probanza de méritos y servicios de su padre. (tomado de Fernández León 1881-1907; II: 195-221). (Hay biografía suya en Jiménez, Manuel J. 1946-49, II:219-220 (Meléndez).

La hija de Don Francisco Ramiro Corajo y su esposa fue:

GENERACIóN NO. 26
1.- María Rosa Vázquez Ramiro Corajo casó con Pedro José Sáenz Lanini, su hijo:
GENERACIóN NO. 27
1.- Manuel Sáenz Vázquez casó con Ana Antonia Bonilla Astúa, su hija:
GENERACIóN NO. 28
1.- Bárbara Antonia Sáenz Bonilla casó con Cecilio Antonio Romero Parajales, su hija:

GENERACIóN NO. 29
1.- Manuela Casimira Romero Sáenz casó con Mariano Ignacio Montealegre Balmaceda, hijo de Mariano Montealegre, el nombre de la madre no se conoce. Los Montealegre son originarios de Valladolid, España. Sus orígenes se remontan al Reino de Murcia y son descendientes del Infante Don Juan Manuel de Castilla. Don Mariano Ignacio Montealegre antes de casar con Da. Manuela Casimira Romero, fue padre de dos hijos, uno con Isidora Rueda, Juan Montealegre Rueda, con descendencia en Guatemala; el otro con Josefa Bustamante, Mariano Montealegre Bustamante con descendencia en Costa Rica. Los hijos de Mariano Ignacio Montealegre Balmaceda y Manuela Casimira Romero Sáenz fueron los siguientes:

GENERACIóN NO. 30
Los hijos de Don Mariano Montealegre Bustamante y Da. Manuela Casimira Romero Sáenz, fueron los siguientes:
1) Francisco Montealegre Romero, sin descendencia.
2) Cipriana Montealegre Romero casó con Cornelio Ramírez Areas, hermano del Jefe de Estado, Don Norberto Ramírez Areas.
3) Rafaela Montealegre Romero casó con Juan Francisco Parajón, son los padres del Gral. Francisco Parajón, liberal.
4) Gertrudis Montealegre Romero casó en primeras nupcias con Vicente Solórzano Pérez de Miranda. De este primer matrimonio desciende el presidente Carlos Solórzano Gutiérrez y el candidato inhibido, a la Alcaldia de Managua, Pedro Solórzano.
En segundas nupcias casó con José del Carmen Salazar Lacayo.
De este segundo matrimonio descienden Mariano Salazar Montealegre, fusilado por William Walker, y compañero de luchas del Gral. Máximo Jeréz. También desciende Jorge Salazar, asesinado en tiempos apocalípticos del frentismo. Los hermanos Cardenal Tellería son descendientes de este matrimonio: Alfonso, Franciso "Chicano", Marco Antonio, Roberto y sus hermanas, todos Cardenal Tellería.
5) Paula Montealegre Romero casó en primeras nupcias con

José Manuel Martínez de Sobral. En segundas nupcias con Basilio Zeceña. Sus descendientes se encuentran en Guatemala.

6) Francisca Montealegre Romero casó con Ramón de Sarria y Reyes. De este matrimonio descienden los presidentes Roberto Sacasa Sarria, Juan Bautista Sacasa Sacasa, los hermanos Luis y Anastasio Somoza Debayle, Benjamín Lacayo Sacasa y todos los funcionarios de la administración de Alemán y de Bolaños, que llevan el Sacasa.

7) Mariano Montealegre Romero casó en primeras nupcias con Carmen Fuentes-Sansón, originaria de León, procrearon solamente un hijo, Mariano Montealegre Fuentes-Sansón, sus restos descansan en la Catedral de León, junto con los de su esposa Dolores Sacasa Sarria, su sobrina, hay extensa descendencia.
De este matrimonio desciende Federico Argüello Solórzano, S.J.
En segundas nupcias casó con María Manuela Bárbara Lacayo Agüero, hija de José Antonio Lacayo Marenco (+23 de Febrero de 1826) y Pilar Agüero López (+ 30 de Enero de 1895).
Sus descendientes en las siguientes generaciones.

GENERACIóN NO. 31

El hijo del primer matrimonio, de Don Mariano y Da. Carmen, fue el siguiente:
1.- Don Mariano Montealegre Fuentes-Sansón quien contrajo matrimonio con su sobrina Da. Dolores Sacasa Sarria, hija de Don Juan Bautista Sacasa Méndez y Da. Casimira Sarria Montealegre que era hija de Don Ramón de Sarria y Reyes y su esposa Da. Francisca Montealegre Romero hermana de Don Mariano Montealegre Romero. Hay extensa descendencia hasta nuestros días.

Los hijos del segundo matrimonio, de Don Mariano y Da. María Manuela Bárbara Lacayo Agüero, fueron los siguientes:

1.- Manuel Ignacio Montealegre Lacayo cc Natalia Delgado Páiz.
2.- Cipriana Montealegre Lacayo cc José María Gasteazoro Robelo.
3.- Paula Montealegre Lacayo cc Manuel Balladares Terán.
4.- Gertrudis Montealegre Lacayo cc Benjamín Midence.
5.- Carmen Montealegre Lacayo cc Gabriel Dubón Echevers.
6.- Samuel Montealegre Lacayo cc Teresa Seydel Venerio.
7.- Abraham Montealegre Lacayo cc Victoria Callejas Sansón.
8.- Elías Montealegre Lacayo cc Julia Gasteazoro Robelo
9.- Isaac Montealegre Lacayo cc Julia Gasteazoro Robelo,

viuda de Elías Montealegre Lacayo, compañero de lucha con el Gral. Máximo Jeréz y Mariano Salazar Montealegre.

10.- Augusto César Montealegre Lacayo cc Isabel Salvatierra Ricarte y Fábrega. Tuvo hijos con Francisca Cigú.

11.- Adán Montealegre Lacayo, sin descendencia.

También crió, Don Mariano Montealegre Romero, al hijo del Gral. Francisco Morazán Quesada y Da. Carmen Moncada, quien era su amigo, y que se lo trajo de Costa Rica cuando fue fusilado su padre, su hijo, del mismo nombre: Francisco Morazán Moncada quien contrajo nupcias con la dama de El Viejo, Carmen Venerio Gasteazoro, sus descendientes contrajeron matrimonio con los descendientes de Don Mariano Montealegre Romero.

GENERACIóN NO. 32

Los hijos de Don Mariano Montealegre Fuentes-Sansón y Da. Dolores Sacasa Sarria, fueron los siguientes:

1.- Francisca Montealegre Sacasa, contrajo matrimonio con su pariente Don Fernando Solórzano Gutiérrez, hijo de Don Federico Solórzano Reyes que era hijo de Don Ramón Solórzano Montealegre, y éste era hijo de Don Vicente Solórzano Pérez de Miranda y su esposa Da. Gertrudis Montealegre Romero.

2.- Rafael Ignacio Montealegre Sacasa, contrajo matrimonio con Da. Pastora Venerio Olivares.

3.- Salvador Montealegre Sacasa, contrajo matrimonio con Da. Déborah Montealegre Cigú.

4.- Cipriana Montealegre Sacasa

Los hijos de Da. Cipriana Montealegre Lacayo con Don José María Gasteazoro Robelo, fueron los siguientes:

1.- Dr. José del Carmen Gasteazoro Montealegre cc Eva Mejía Morales. Médico, fue el doctor de cabecera de Da. Rosa Sarmiento, madre del poeta Rubén Darío, en El Salvador.

2.- Mariano Gasteazoro Montealegre cc Rita Rodríguez -Porth

3.- Carlos Alberto Gasteazoro Montealegre cc Francisca Bustamante, salvadoreña.

4.- Maximiliano Gasteazoro Montealegre

5.- Concepción Gasteazoro Montealegre cc en primeras nupcias con Leandro Rojas Suter, salvadoreño, y en segundas nupcias con Alfredo Suter, francés.

6.- Cipriana Gasteazoro Montealegre (m. Marzo 5, 1935) cc Octavio Cañas, salvadoreño.

Gral. Manuel Balladares Terán   Doña Paula Montealegre de Balladares

Los hijos de Da. Paula Montealegre Lacayo con Don Manuel Balladares Terán, fueron los siguientes:
1.- Angélica Balladares Montealegre, fue condecorada por el Congreso Nacional y declarada la Primera Dama del Liberalismo. Vivió en Granada, en donde contrajo matrimonio con Enrique Castillo del Castillo y en sugundas nupcias con Guillermo Argüello Vargas.
2.- Manuel Balladares Montealegre cc Lucila Portocarrero
3.-Mariana Balladares Montealegre cc Joaquín Sansón Escoto, son los abuelos de la poetisa Mariana Sansón Argüello.
4.- Pastora Balladares Montealegre cc Justino Sansón Escoto.

Los hijos de Da. Gertrudis Montealegre Lacayo con Don Benjamín Midence, fueron los siguientes:
1.- Benjamín Midence Montealegre cc Margarita Martínez

Los hijos de Da. Carmen Montealegre Lacayo con Don Gabriel Dubón Echevers, fueron los siguientes:
1.- Marina Dubón Montealegre, tiene descendencia.
2.- Henry Dubón Montealegre (n. Sept. 17, 1917-m. Abril 24, 1989) cc Diana Cabrera García
3.- Virgilio Dubón Montealegre, muere el 26 de Febrero de 1958.
Nota: A este matrimonio se le murieron nueve hijos sin alcanzar la juventud.

Los hijos de Don Samuel Montealegre Lacayo con Da. Teresa Seydel Venerio, fueron los siguientes:
1.- Gustavo Montealegre Seydel cc Josefa Infante Morazán y con María "Mimí" D'Ambrun-D'Arbelles Izaguirre
2.- Lily Montealegre Seydel cc Isaac Montealegre Gasteazoro
3.- Arturo Montealegre Seydel cc Cruz Méndez
4.- Samuel Montealegre Seydel cc Esther Deshon Morazán

5.- Mariano Montealegre Seydel, muere soltero.
6.- Teresa Montealegre Seydel cc Francisco Reyes Callejas
7.- Enriqueta Montealegre Seydel cc José María Balladares Plazaola
8.- María Gertrudis Montealegre Seydel cc Arturo López Robelo

Los hijos de Don Elías Montealegre Lacayo con Da. Julia Gasteazoro Robelos, fueron los siguientes:
1.- Elías Montealegre Gasteazoro, muere soltero, a los 20 años.
2.- Mariano Montealegre Gasteazoro cc Amelia Mayorga Areas y tuvo una hija con Berta Meléndez. Hay extensa descendencia.
3.- Manuela "Yayita" Montealegre Gasteazoro, soltera, n. Oct. 19, 1893.

Los hijos de Don Isaac Montealegre Lacayo, con su esposa y cuñada viuda de su hermano, Da. Julia Gasteazoro Robelo, fueron los siguientes:
1.- Isaac Montealegre Gasteazoro cc Lily Montealegre Seydell
2.- María Cristina "Kika" Montealegre Gasteazoro cc Tomás Lacayo César
3.- Eduardo Montealegre Gasteazoro cc Celia Callejas Obregón
4.- María del Pilar "Mama Lai" Montealegre Gasteazoro cc primero con Félix Saravia Silva y en segundas nupcias con Francisco Herradora Silva.
5.- José Francisco Montealegre Gasteazoro, soltero, (n.1883-m.1925).
6.- Elia Montealegre Gasteazoro cc Mariano Dubón Montealegre
7.- Berta Montealegre Gasteazoro cc Eduardo Deshon Morazán, descendiente de los primeros inmigrantes del barco Mayflower y del Gral. Francisco Morazán Quesada, Presidente de Centro América.
8.- Casimira "Mira" Montealegre Gasteazoro cc Perfecto Tijerino Navarro.

Los hijos de Don Augusto César Montealegre Lacayo con su esposa Da. Isabel Salvatierra Ricarte y Fábrega. Tuvo hijos Don Augusto con Da. Francisca Cigú o Marie Debra Cigoue. Son los siguientes:
De su matrimonio con Da. Isabel son los siguientes:
1.- Augusto César Montealegre Salvatierra cc Ma. Cristina Zapata Malliè, hija de Román Zapata y Marie Louise Malliè hija de Louis Malliè.
2.- Ernesto Montealegre Salvatierra cc Modesta Tábora Gómez
3.- Paula Montealegre Salvatierra cc Jacinto Serrano
4.- Abraham Montealegre Salvatierra cc Priscila Tábora
5.- María del Carmen Montealegre Salvatierra cc Eliseo Venerio
6.- Humberto Serafín "Pin" Montealegre Salvatierra cc en primeras nupcias con Pastora Plazaola y en segundas nupcias con Celia Mondragón.
7.- Augusta Montealegre Salvatierra cc John Alex Colston Cross
8.- Manuela Montealegre Salvatierra cc en primeras nupcias con Felipe Altamirano Callejas y en segundas nupcias con Fco. Alfredo Sandoval Fuentes.
9.- Berta Montealegre Salvatierra cc Louis Colvin, sin descendencia.
Los hijos con Francisca Cigú o Marie Debra Cigoue, son los siguientes:

10.- Abel Montealegre Cigoue cc Carmen Vázquez
11.- Aaron Montealegre Cigoue
12.- Julio Renato Montealegre Cigoue cc Hilda Córdoba Solórzano
13.- Hermicenda Montealegre Cigoue cc Miguel Madriz
14.- Deborah Montealegre Cigoue cc Salvador "Chelón" Montealegre Sacasa

GENERACIóN NO.33

Los hijos del matrimonio formado por el Dr. Don Augusto César Montealegre Salvatierra y Da. María Cristina Zapata Malliè, fueron los siguientes:

1.- Dra. Augusta Patria Montealegre Zapata, odontóloga graduada de la Universidad Católica de Washington. Contajo matrimoni con Don Tomás Peralta Maza, salvadoreño, hay descendencia en El Salvador.
2.- Dr. Sergio Mario Montealegre Zapata, abogado graduado en la Universidad Católica de Washington. Contrajo matrimonio con Da. Connie Alvarez Padilla. Hay descendencia en Estados Unidos de América y México.
3.- Dr. Noel Salvador Montealegre Zapata, abogado graduado de la Universidad de León. Contrajo matrimonio con Da. María Elsa Valle Gámez
4.- Profesora Ilú Montealegre Zapata, contrajo matrimonio con el Profesor José Santos Rivera Siles, hijo del profesor, diputado por el Partido Liberal y coronel del Ejército Defensor de la Soberanía Nacional (EDSN), Don José Santos Rivera Zeledón y de su esposa la profesora Da. Angela Siles Zelaya. Los hijos de este matrimonio fueron los siguientes:

GENERACIóN NO.34

Las hijas de la Dra. Augusta Patria Montealegre Zapata y Don Tomás Peralta Maza, en El Salvador, son las siguientes:
1.- María Augusta Peralta Montealegre, contrajo matrimonio con José Antonio Fernández Vázquez, hay descendencia.
2.- Carmen Elena Peralta Montealegre, contrajo matrimonio con José Antonio Acevedo Peralta, hay descendencia.

Los hijos del Dr. Noel Salvador Montealegre Zapata y Da. María Elsa Valle Gámez, son los siguientes:
1.- Prof. María Cristina Montealegre Valle, contrajo matrimonio con el Ing. Manuel Ignacio Terán González (n. 31 de Julio de 1942).
2.- Dr. Augusto César Montealegre Valle, abogado, contrajo matrimonio con Mayda Denueda Somarriba, con Lourdes Chamorro Sandino, con Patricia Frec. Zablah y con María José Coronel Novoa.
3.- Dra. Rosario Montealegre Valle, abogado, contrajo matrimonio con Isaac Travers Zeledón, con Ariel Argüello Paguaga y tuvo un hijo con Bernardo Orozco Matamoros.
4.- Dra. María Elsa Montealegre Valle, abogado, soltera.
5.- Lic. Admón. Claudia Montealegre Valle, soltera.
6.- María Noel Montealegre Valle, soltera.

7.- Fátima Montealegre Valle, contrajo matrimonio con Alfredo Salomón Benitez.
8.- Dra. María Augusta Montealegre Valle, doctora en medicina, contrajo matrimonio con Rafael Vallecillo Somarriba.

Los hijos del Dr. Sergio Mario Montealegre Zapata y Da. Connie Alvarez Padilla, son los siguientes:
1.- Sergio Mario Montealegre Alvarez (q.d.e.p.) cc Ana Lily Román Quintana, procrearon dos hijos.
2.- Lic. Roberto Felipe Montealegre Alvarez cc Patricia Spitale Reale (italiana) y con Gabriela Raya Clouthier (mexicana).
3.- Lic.-Arq. Laura Lynn Montealegre Alvarez, socióloga y arquitecta.

Los hijos de Da. Ilú Montealegre Zapata y Don José Santos Rivera Siles, son los siguientes:
1.- Dr. José Augusto Rivera Montealegre (n. 13 de Noviembre de 1948) contrajo nupcias con: Rosa Collin Oranday, mexicana, hay tres hijos, con María Elena Hernández, mexicana, hay cuatro hijos, y con Margarita Pérez Fonseca sin descendencia.
2.- Román Rivera Montealegre, fallece en la infancia.
3.- Arq. Flavio César Rivera Montealegre (n. 17 de Diciembre de 1951) contrajo matrimonio con Ligia Bermúdez Varela, hija de Don Carlos Bermúdez Lanzas y de Da. Angela Varela Mendiola, originarios de la ciudad colonial de León Santiago de los Caballeros, Nicaragua. Procrearon dos hijas, ver siguiente Generación.
4.- Lic. José Santos Rivera Montealegre (n. 24 de Diciembre de 1956) contrajo matrimonio con Mónica Rodríguez Helú, mexicana, procrearon dos hijos.
5.- José Eustacio Rivera Montealegre (n. 29 de Julio de 1963), soltero.

GENERACIóN NO.35

Las hijas de Flavio Rivera Montealegre y Ligia Bermúdez Varela, son las siguientes:
1.- Ilú de los Ángles Rivera Bermúdez
2.- Flavia Ilú Rivera Bermúdez

Breve bibliografía:

1.- Base de datos suministrada por el Lic. Norman Caldera Cardenal, que a su vez ha sido el producto de investigaciones de un grupo de personas de la misma familia, que ha recopilado datos en los Archivos de la Capitania General de Guatemala, en el Archivo de Indias en Sevilla, España; en Marruecos y en los archivos de la Academia de Ciencias Genealógicas de Costa Rica.
2.- "El origen judío de las monarquías europeas. El mayor secreto de la Historia", por Joaquín Javaloys, Editorial EDAF.
3.- "Enciclopedia de Historia Universal. Desde la Prehistoria hasta la II Guerra Mundial" por William L. Langer, editado por Alianza Diccionarios, Madrid.
4.- "Así se hizo España" por José Antonio Vaca de Osma, Editorial Espasa-Calpe, Madrid, 1981.
5.- "The Forgotten Monarchy of Scotland" por HRH Príncipe Michael de Albania, Jefe de la Casa Real de los Stewart, Editado por Element Books Inc., Boston, USA, 1998.
6.- "Oxford Illustrated History of the British Monarchy" por John Cannon y Ralph Griffiths, Oxford University Press, 1988.
7.- "The Mammoth Book of British Kings and Queens" por Mike Ashley, editado por Carroll and Graf Publishers, Inc., Nueva York, USA, 1998.
8) Investigaciones realizadas por el Prof. Dr. Herbert Stoyan, Director del Instituto de Inteligencia Artificial de la Universidad Friedich Alexander, de Erlangen, Nüremberg, Alemania, disponibles en la www de internet.
9) Investigaciones del Dr. Bryan C. Tompset, Jefe del Departamento de Ciencias de Computación de la Universidad de Hull, en Inglaterra, disponibles en la www de internet en Genealogias de las familias reales. (www.hulluniversity.com)

10) Ancient Genealogies, del Historiador y Genealogísta Eward Pawlicki, disponible en la www de internet.
11) Les Ancêtres de Charlemagne, de Christian Settipani, reconocido como una de las máximas autoridades en la genealogía del Emperador, libro que le fuera obsequiado al Arq. Hernán Segura R., por el Dr. D. Ives de Ménorval.
12) Estudio Histórico de algunas familias españolas, de D. Alfonso de Figueroa y Melgar.
13) Investigaciones realizadas por el Arq. Segura Rodríguez en el Archivo General de Indias, en Sevilla, España.
14) Base de datos de la Iglesia de los Mormones, disponible en Internet.
15) Revista de la ACCG, No.37, San José, Costa Rica, Junio 2000.
16) La España del Siglo de Oro, François Piétri, Ediciones Guadarrama, entre otros libros y muchos sitios que se pueden acceder en internet en Google.com.
17.-"The Plantagenet Ancestry" by Lt.-Col. W. H. Turton, D.S.O., Genealogies Publishers, Inc., 1993.
18.- "Lines of Succession. Heraldry of the Royal Families of Europe" by Jiri Louda and Michael Maclagan, Barnes and Noble Books, New York, 2002.
19.- "Pedigree and Progress" (1975) and "The Jewish kings or princes of Narbonne", por Anthony Wagner.
20.- "A Jewish princedom in feudal France: 768-900" (1972), por Arthur Zuckerman.

Leonor de Aquitania

Leonor de Aquitania
Reina de Francia y de Inglaterra

Blasón de la familia o Casa von Hohenstauffen

Los antepasados y descendientes de Beatrice von Hohenstauffen, esposa de Fernando III El Santo, Rey de Castilla y de León

Investigado por Flavio Rivera Montealegre*

Los antepasados de Beatrice von Hohenstauffen, por la línea de Federico I de Suabia von Hohenstauffen (1050-1105) de la familia van Büren, y, de su esposa Agnes de Alemania (1074-1143) quien era descendiente de Conrad II de Alemania (990-1039), de la casa de Franconia, quien a su vez es el antepasado de los emperadores del Sacro Imperio Germano-Romano, los herederos del Emperador Carlomagno (n.742-m. Enero 28, 814). Alemania o Germania estaba conformada por tres grandes casas nobiliarias, esas fueron la Casa de Sajonia situada al norte, la Casa de Franconia en el centro y la Casa de Suabia en el sur de Alemania.

En virtud del tratado de Verdún (en el 843), se formaron del Imperio Carolingio los tres Estados que hoy se conocen con los nombre de Francia, Italia y Alemania, que por cierto tuvieron vida anémica y en los que se extinguió pronto la dinastía carolingia. A Carlomagno le sucede su hijo Luis El Bondadoso o Ludovico Pio, a su vez le suceden sus hijos Pipino en el imperio, Lotario en Italia y la Lotaringia, Luis El Germánico en Alemania, y, Carlos El Calvo en Francia. En Alemania se extingue la rama carolingia con Luis El Niño (899-911), hijo de Arnulfo (887-899), nieto de Carlos II El Gordo (881-887) y bisnieto de Luis El Germánico (843-876). En Alemania entra a reinar la Casa de Sajonia, con Enrique I, luego su hijo Otón el Grande, Otón II, Otón III y Enrique II El Santo. A Enrique II El Santo le sucede la Casa de Franconia, con Conrado II o Conrad II de Alemania, le suceden Enrique III, Enrique IV y Enrique V. Luego le sucede la Casa de Suabia con Conrad III a quien le sucede Federico I Barbaroja, Otón IV y Federico II de Suabia Hohenstaufen, a este le sucede Felipe de Suabia Hohenstaufen quien contrajo nupcias con Irene de Bizancio, que son los padres de Beatrice von Hohenstaufen quien es la esposa de Fernando III El Santo, Rey de Castilla, con este enlace se unen las casas de Suabia y de Castilla.

Primera Generación

Berthold de Suabia o Arnulfo I de Carintia (n.863-m.899), contrajo nupcias con Oda. Arnulfo I de Carintia era hijo de Carloman (n.828-m.880), Emperador y Rey de Italia y de Baviera y de su esposa Da. Litwinde, era nieto de Luis Rey de Baviera (n.805-m.876) y de su esposa Da. Emma de Andech, era bisnieto de Luis I El Piadoso (n.778-m.840) y de su esposa Da. Ermengarde Hesbaye (n.778-m.818), era tataranieto del Emperador Carlomagno (n.742-m.814) y de Hildegarde de Suabia (n.757-m.783). Las hijas de ambos, Arnulfo I de Carintia y Da. Oda, fueron

Segunda Generación

1.-

Hedwige de Alemania (n.856-m.903), contrajo matrimonio con Otto, Duque de Sajonia (n.846-m.912), el hijo de ambos fue Otto I, Emperador, y su nieto fue Otto II, Emperador del Sacro Imperio Romano-Germano.

2.-

Kunigunde de Suabia, contrajo nupcias con Conrad I de Alemania, Emperador del Sacro Imperio Germano-Romano, su hija

Tercera Generación

Cunigunde de Alemania o Baviera, contrajo nupcias con Werner Conde de Worms (888-918), el hijo de ambos fue

Cuarta Generación

Conrad de Lotharingia "El Sabio", Duque de Lorena (n. 918-m. en el 955), contrajo nupcias con Liutgard de Saxony o de Alemania (hija del Emperador Otto I, n.912-m.973, y de Eadgyth o Edith de Inglaterra, 910-946), ambos descendientes de Carlomagno y de Makhir-Theodoric I David-Toulouse. El hijo de ambos fue

Quinta Generación

Otto II de Carinthia, Duque de Carintia y Franconia (947-1004) contrajo nupcias con Judith de Verdun, el hijo de ambos fue

Sexta Generación

Henry de Séller o Heinrich II o Enrique II "El Santo", Conde de Spires, Duque de Franconia y Carintia, Emperador del Sacro Imperio Germano-Romano, (n. 970-m. 1024), contrajo nupcias con Adelaida de Nordgau (m.1045), el hijo de ambos fue

Séptima Generación

Conrad II de Alemania "El Sálico", Emperador del Sacro Imperio Germano-Romano (n. 990-m. 1039), de la casa de Franconia; contrajo nupcias con Gisele de Schwaben o Gisela de Suabia (hija de Hermann II, Duque de Suabia y de Gerberga de Borgoña), el hijo de ambos fue

Octava Generación

Henry o Enrique III de Alemania "El Negro", Emperador del Sacro Imperio Germano-Romano (n.1017-m. 1056), contrajo nupcias con
Inés o Agnes de Aquitania-Poitou, el hijo de ambos fue

Novena Generación

Henry o Enrique IV de Alemania, Emperador del Sacro Imperio Germano-Romano (nace un 11 de Noviembre de 1050 y muere un 7 de Agosto de 1106). Al morir Enrique III dejaba su hijo, Enrique IV, de seis años de edad; su madre Agnes de Aquitania (1020-1077) y el Arzobispo de Colonia administraron su minoría de edad, es decir, fueron Regentes del Imperio. El 17 de Agosto de 1089, Enrique IV de Alemania, contrajo nupcias con Eufraxia Praxedis de Kiev, Princesa de Kiev, (también contrajo nupcias con la princesa Berta de Saboya y Maurienne, n.1050-m.1088). La hija de ambos, Enrique IV de Alemania y su esposa Eufraxia Praxedis de Kiev (descendiente de San Guillermo I David-Toulouse y Guibourc de Hombach, judíos de sangre real, de la Casa de David), fue

Generación No.10

Agnes de Sajonia o de Alemania, Princesa del Sacro Imperio Germano-Romano (n. 1074- m. 1143), hermana de Enrique V, contrajo nupcias con Federico I de Suabia von Hohenstauffen

(n. 1050- m. Abril 6, 1105), hijo de Federico van Büren y de su esposa Hildegarde de Suabia hija de Otto II de Suabia, Duque de Suabia. El hijo de Agnes y Federico I, fue

Generación No.11

Federico II de Suabia Hohenstauffen (n. 1090- m. 1147), contrajo nupcias con Judith de Bavaria, el hijo de ambos fue

Generación No.12

Federico I "Barbaroja" de Suabia Hohenstauffen, Emperador del Sacro Imperio Germano-Romano, (n.1122- m.1190), contrajo nupcias con Beatriz de Burgundy o Borgoña (n.1145-m.1184).
Amenazada la libertad de la Iglesia y de Italia por Federico I de Suabia y luego por sus sucesores, se levantó en armas el Norte de Italia, y se instituyó la Liga Lombarda destinada a luchar contra el opresor. Tras muchos y diversos sucesos, fue derrotado Federico I por los güelfos (sucesores de Welf, su caudillo) en Legnano, en 1176. Los gibelinos, en Alemania, eran los partidarios de las casas ducales de Suabia y Franconia, los güelfos eran partidarios de la casa de Sajonia y Baviera. Posteriormente eran partidarios de los emperadores (gibelinos) y partidarios de los Papas (los güelfos). Cambiando de política Federico I, casó a su hijo Enrique VI con la heredera de Sicilia, llamada Constanza de Sicilia hija de Róger II Rey de Sicilia; así quedaba el Papa aislado y solo. Pero, adivinando la astucia y previendo los pontífices que su soberanía y libertad, tan indispensables para el bien de la Iglesia corrían peligro, se opusieron a que el emperador alemán dominase en los reinos de Italia. El reinado de Federico II (1215-1250) se redujo a la ambición de juntar las coronas de Alemania y Sicilia, hasta que el Papa dio la investidura de los reinos de Nápoles y Sicilia a los reyes Capetos de Francia.
Los hijos de ambos, de Federico I de Suabia Hohenstauffen y su esposa Da. Beatriz de Burgundy, fueron:

Generación No.13

1.- Enrique VI Hohenstauffen y Burgundy (n. Nov. 1165), Emperador del Sacro Imperio Romano-Germano. Contrajo matrimonio con Constanza de Sicilia.
2.- Federico Hohestauffen y Burgundy, Duque de Suabia, muere en el 1191.
3.- Otón Hohenstauffen y Burgundy, Conde Palatino.
4.-
Felipe de Suabia Hohenstauffen y Burgundy, Emperador del Sacro Imperio Germano-Romano (n. 1176-muere asesinado el 21 de Junio de 1208), contrajo nupcias con Irene Ángelus y Montferrat de Bizancio, Princesa de Bizancio, hija del Emperador de Bizancio, Isaac II de Bizancio Ángelus y de su segunda esposa

Margarita María de Montferrat. Era nieta, por parte paterna, de Andronicus Ángelus Comnenus y de Euphrosyne. Era bisnieta de Constantino Ángelus y Teodora Comnenus Ducas que era hija de Alexius I Comnenus y de Irene Ducas. Era tataranieta de Juan Comnenus y Ana Dalassena. La hija de ambos, de Felipe de Suabia y de Irene de Bizancio, fue la siguiente:

Generación No.14

Beatrice von Hohenstauffen, Princesa del Sacro Imperio Germano-Romano, (n.1202-m. Noviembre 5, 1245, Toro, España), contrajo nupcias el 30 de Noviembre de 1219 en España con Don Fernando III "El Santo", Rey de Castilla y de León. Los hijos de ambos
fueron los siguientes

Generación No.15

15.1.- Alfonso X "El Sabio" de Castilla y Hohenstauffen, nace en Toledo el 23 de Noviembre de 1221, asume el trono el 1 de Junio de 1252, y, fallece en Sevilla el 4 de Abril de 1284. Contrajo nupcias con Da. Violante de Aragón, en 1249, hija de Jaime I El Conquistador, Rey de Aragón; los hijos de ambos en la siguiente generación. Sus hijos en la Gen. No.16
15.2.- Fadrique, Infante de Castilla, n. 1224.
15.3.- Enrique, Infante de Castilla, n. 1230.
15.4.- Felipe de Castilla, Arzobispo de Sevilla, n. 1231.
15.5.- Leonor de Castilla, Infanta de Castilla, n. 1232, contrajo matrimonio con Eduardo I Plantagenet, Rey de Inglaterra.
15.6.- Berenguela de Castilla, monja, n. 1233.
15.7.- Sancho, Arzobispo de Toledo y Sevilla, n. 1233.
15.8.- Manuel de Castilla, Infante de Castilla, Señor de Villena, n. 1234. Contrajo nupcias con Da. Constanza de Suabia o de Saboya. Sus hijos en la Gen. No.16.
15.9.- María, Infanta de Castilla, n. 5 de Noviembre de 1235.

Generación No.16

Los hijos de Alfonso X El Sabio y su esposa Da. Violante de Aragón fueron los siguientes

1.- Fernando De la Cerda, n. Diciembre 1255 y fallece en Agosto de 1275 en Ciudad Real, España, en batalla. Contrajo nupcias el 30 de Octubre de 1268 con Da. Blanche o Blanca de Francia, hija de Don Luis IX "El Santo", Capeto, Rey de Francia que a su vez es descendiente de Carlomagno y de la Casa Real de David, por el linaje de Makhir-Theodoric I de David-Toulouse, radicado en el sur de Francia. Sus hijos en la siguiente generación.

2.- Sancho IV de Castilla Alfonsez, Rey de Castilla y de León.

Los hijos del Infante Don Manuel de Castilla, Señor de Villena, n. 1234, y de su esposa Da. Constanza de Suabia o de Saboya, fueron los siguientes:

1.- Juan Manuel, El Escritor, Infante de Castilla, Señor de Villena, Escalona, Peñafiel y Alarcón. Nace el 5 de Mayo de 1282, en Escalona, Toledo, España, y fallece en 1348.
Contrajo nupcias primero con Isabel de Mallorca hija de Juan II de Mallorca, en segundas nupcias con Da. Constanza de Aragón hija de Jaime II Rey de Aragón, y, en terceras nupcias con Da. Blanca De la Cerda.
Sus descendientes en la siguiente generación.

Generación No.17

Los hijos de Fernando De la Cerda y Da. Blanca de Francia fueron los siguientes

1.- Alfonso De la Cerda, Infante de Castilla, n. 1270.
Contrajo nupcias con Mafalda de Narbonne, descendiente de la Casa Real del Rey David, por la linea de Nasi o Príncipe de Francia, Makhir-Theodoric I de David-Toulouse.
2.- Fernando II De la Cerda, Infante de Castilla, n. 1272 y fallece el 1 de Junio de 1322. Contrajo nupcias con Da. Juana Núñez de Lara, sus hijos en la siguiente generación.

Los hijos del Infante Don Juan Manuel de Castilla con dos de sus tres esposas, fueron los siguientes

Con Da. Isabel de Mallorca fueron:

1.- Juana Manuel de Castilla y Mallorca, (1338-1371)
2.- Constanza Manuel de Villena y Escalona. Nace en 1318 y fallece el 13 de Noviembre de 1345 a los 27 años de edad. Contrajo nupcias, primero con Alfonso XI Fernández de Castilla y León, y en segundas nupcias con don Pedro I de Portugal.
3.- Don Sancho Manuel, contrajo nupcias con Da. María de Castañeda, procrearon dos hijos, ver siguiente generación.

Con Da. Blanca De la Cerda, procrearon a:

3.- Juana Manuel de Castilla, Señora de Villena, contrajo nupcias con Enrique II de Castilla Trastámara, Rey de Castilla, ver generación No.19.

Generación No.18

1.- Blanca De la Cerda y Lara, n.1311. Contrajo nupcias con Don Juan Manuel de Castilla, Infante de Castilla,

conocido como El Escritor, (nace el 5 de Mayo de 1282 en Esalona, Toledo, España, y, muere en 1348, en Córdoba, a la edad de 64 años; hijo del Infante Don Manuel de Castilla (Señor de Villena) que era hijo de Fernando III El Santo y de Da. Beatrice de Hohenstaufen, y, hermano de Alfonso X El Sabio.
2.- Margarita De la Cerda, monja, n. 1312.
3.- Juana Núñez de Lara, Señora de Lara y Vizcaya, n. 1314.
4.- Maria De la Cerda, Dama de Lunel, n. 1315.

Los hijos de Don Sancho Manuel y Da. María de Castañeda fueron los siguientes:
1.- Juan Sánchez Manuel
2.- Hernán Sánchez Manuel contrajo nupcias con Da. González Romo, sus hijos y sus descendientes hoy en día se Ubican en el Paraguay, relacionados con los antepasados del guerrillero conocido como Ernesto "Che" Guevara, por la familia de Alonso Riquelme de Guzmán y Ponce de León casado con Da. Ursula de Irala, y por una de sus hijas de nombre Catalina de Vera y Guzmán esposa del Captn. Don Jerónimo López de Alanis, natural de Zaragoza, Procurador de Jeréz en el Guayra, Paraguay.

Generación No.19

El Infante Don Juan Manuel fue Adelantado Mayor de la Frontera de Murcia, con el Rey Don Fernando IV. Fue sepultado en 1348 en la Capilla Mayor del Monasterio de San Pablo, de la Orden de Predicadores, en su Villa de Peñafiel Los hijos de Blanca De la Cerda y el Infante Don Juan Manuel de Castilla, El Escritor, fueron los siguientes

Generación No. 20

1.- Juana Manuel de Castilla, Señora de Villena (1339-1381) caso con Enrique II de Castilla Trastámara, Rey de Castilla, su hijo:

Generación No. 21

1.- Juan Manuel I de Castilla, o Juan I Rey de Castilla y de León, tuvo un hijo fuera de matrimonio con Da. Inés de Castañeda Lasso de la Vega, hija de Don Ruy González de Castañeda y Da. Elvira de Sotomayor y Lasso de la Vega. El hijo de ambos, de Don Juan I y Da. Inés, fue:

Generación No. 22

1.- Sancho Manuel de Castilla
contrajo matrimonio con
Da. Leonor Gonzalez de Manzanedo, su hijo:

Generación No. 23

1.- Juan Sanchez Manuel
contrajo matrimonio con
Da. Uriza Sanz Diez, su hija:

Generación No. 24

1.-Ines Sanchez Manuel de Villena
contrajo matrimonio con
Don Garci Fernandez Villodre, su hija:

Generación No. 25

1.-Catalina Sanchez de Villodre y Manuel
contrajo matrimonio con
Don Luis Mendez de Sotomayor.
El hijo de Da. Catalina y Don Luis, fue

Generación No. 26

1.-Garci Mendez de Sotomayor
contrajo matrimonio con
Da. Maria de Figueroa y Messia, hija de
Don Lorenzo Suárez de Figueroa y
Da. Isabel de Messía. El hijo de ambos,
De Don Garci y Da. Maria de Figueroa, fue:

Generación No. 27

1.-Luis Mendez de Sotomayor
contrajo matrimonio con
Da. Maria de Solier y Fernandez de Cordoba,
hija de Don Martín Fernández de Córdoba y de
Da. Beatriz de Solier. El hijo de ambos fue:

Generación No. 28

1.- Alfonso Hernandez de Sotomayor o Alfonso Méndez de Sotomayor y Fernández de Córdoba,
contrajo matrimonio con Da. Inés Cerrato Contreras.
Da. Inés Cerrato Contreras, es hija del Dr. Juan López Cerrato, natural de Mengabril, Badajoz, España, y de Da. María de Contreras, natural de Medellín, Badajoz, España. El hijo de ellos, de Don Alfonso y Da. Inés, fue:

Generación No. 29

1.- Luis Mendez Sotomayor contrajo matrimonio con
Da. Juana de Vera y Toro de Ulloa, hija de
Don Diego de Herrera y Da. Juana de Vera y Toro de Ulloa,
ambos de Xeréz de la Frontera, España. Don Diego era Alcaide de San Lúcar de Barrameda. Sus hijos dejaron descendencia en Costa Rica y en Nicaragua.
La hija de ambos, de Don Luis y Da. Juana, fue:

Generación No. 30

1.- Juana de Vera Sotomayor contrajo matrimonio con
Don Garcia Ramiro Corajo y Zúñiga, hijo de Don Francisco Ramiro Corajo y Da. Francisca de Zúñiga.
El hijode ambos, de Da. Juana y Don Garcia, fue:

Generación No. 31

1.- Francisco Ramiro-Corajo y Vera-Sotomayor contrajo matrimonio con Da. Maria Retes Pelaez Vazquez de Coronado,
hija de María Peláez Vázquez de Coronado y Jerónimo Retes López y Ortega; nieta de Andrea Vázquez de Coronado y Diego Peláez Lermos; bisnieta de Gonzalo Vázquez de Coronado y Arias y de Ana Rodriguez del Padrón; tataranieta de Juan Vázquez de Coronado y Anaya e Isabel Arias D'Avila Gonzalez Hoz.
La hija de Francisco Ramiro-Corajo y Maria Rosa Retes Peláez fue:

Generación No. 32

1.- Maria Rosa Vazquez Ramiro-Corajo contrajo matrimonio con Don Pedro Jose Sáenz Lanini, hijo de Juan Francisco Sáenz Vázquez de Quintanilla y Sendín de Sotomayor y de su esposa Da. Bárbara Lanini Priamo. El hijo de Da. Maria y Don Pedro, fue:

Generación No. 33

1.- Manuel Sáenz Vázquez contrajo matrimonio con Da. Ana Antonia Bonilla Astúa, hija de Don Juan de Bonilla Pereira y Da. Francisca Astúa Cháves. La hija de ambos fue:

Generación No. 34

1.- Bárbara Antonia Sáenz Bonilla contrajo matrimonio con Don Cecilio Antonio Romero Parajales, hijo de Don Mateo Romero y Da. Ana Parajales. La hija de ambos fue:

Generación No. 35

1.- CASIMIRA ROMERO SAENZ contrajo matrimonio con Don Mariano Ignacio Montealegre Balmaceda, hijo de Don Mariano Montealegre. Este matrimonio contrajeron nupcias en la ciudad de Cartago, Costa Rica, luego se trasladaron a vivir a la ciudad de León, en la Provincia de Nicaragua, perteneciente al Reino de Guatemala. Los hijos de este matrimonio fueron los siguientes:

Generación No. 36

36.1.- Gertrudis Montealegre Romero cc en primeras nupcias con don Vicente Solórzano Pérez de Miranda, de este matrimonio nacieron dos hijos: Ramón y Francisco Solórzano Montealegre, de ellos dos descienden la gran parte de los Solórzano en Nicaragua.
Casó en segundas nupcias, Da. Gertrudis, con don José del Carmen Salazar Lacayo hijo de don José del Carmen Salazar, nacido en la ciudad de León, Nicaragua y de Da. María Tomasa Lacayo de Briones, de este matrimonio nacieron varios hijos:
36.1.1.- Pilar Salazar Montealegre casó con José Antonio Ariza.
36.1.2.- Salvadora Salazar Montealegre casó con Pedro Solís Terán.
Los hijos de este matrimonio son:
1.- Pedro Solís Salazar
2.- Crisanto Solís Salazar
3.- Joaquín Solís Salazar
4.- Trinidad Solís Salazar casó con Bernabé Portocarrero Baca.
5.- Josefa Solís Salazar
6.- Salvadora Solís Salazar casó con Simón Terán Balladares, de este matrimonio descienden la familia Cardenal Telleria: Alfonso, Francisco "Chicano", Roberto y Marco A. Cardenal Tellería y hermanas.
36.1.3.- Mariano Salazar Montealegre (1823-1856) casó con Esmeralda Catellón Jeréz.

36.1.4.- Mercedes Salazar Montealegre casó con Crisanto Medina.
361..5.- José Trinidad Salazar Montealegre casó con Lorenza Selva.

36.2.- Mariano Antonio Montealegre Romero cc Carmen Fuentes Sanson , 1ras Nupcias.
y en 2das. Nupcias con Maria Manuela Barbara Lacayo Agüero, su hijo:

Generación No. 37

Augusto Cesar Montealegre Lacayo cc Isabel Salvatierra Ricarte y Fábrega, su hijo:

Generación No. 38

Augusto Cesar Montealegre Salvatierra cc Maria Cristina Zapata Mallie, sus hijos:

Generación No. 39

Augusta Patria Montealegre Zapata cc Tomas Peralta Maza
Noel Salvador Montealegre Zapata cc Maria Elsa Valle
Sergio Mario Montealegre Zapata cc Connie Alvarez Padilla
Ilu Montealegre Zapata cc Jose Santos Rivera Siles: sus hijos:

Generación No. 40

40.1.- José Augusto Rivera Montealegre
cc Rosa Collin Oranday (mexicana): 3 hijos
thc Maria Elena Hernandez (mexicana): 4 hijos
cc Isabel ? (cubana), sin hijos
cc Margarita Perez Fonseca, sin hijos

40.2.- Flavio César Rivera Montealegre
cc Ligia Asunción Bermúdez Varela
Hijas: Ilú de los Angeles Rivera Bermudez (n. Sept. 13-1974)
Flavia Ilú Rivera Bermúdez (n. Mayo 25 -1979)

40.3.- José Santos Rivera Montealegre
cc Mónica Rodríguez Helú: 2 hijos

40.4.- José Eustacio Rivera Montealegre

Generación No. 41

Las hijas de Flavio C. Rivera Montealegre y Ligia A. Bermúdez Varela son las siguientes:

1.- Ilú de los Angeles Rivera Bermúdez (n. Sept. 13-1974)
2.- Flavia Ilú Rivera Bermúdez (n. Mayo 25 -1979)

Breve bibliografía:

1.- Base de datos suministrada por el Lic. Norman Caldera Cardenal, que a su vez ha sido el producto de investigaciones de un grupo de personas de la misma familia, que ha recopilado datos en los Archivos de la Capitania General de Guatemala, en el Archivo de Indias en Sevilla, España; en Marruecos y en los archivos de la Academia de Ciencias Genealógicas de Costa Rica.
2.- "El origen judío de las monarquías europeas. El mayor secreto de la Historia", por Joaquín Javaloys, Editorial EDAF.
3.- "Enciclopedia de Historia Universal. Desde la Prehistoria hasta la II Guerra Mundial" por William L. Langer, editado por Alianza Diccionarios, Madrid.
4.- "Así se hizo España" por José Antonio Vaca de Osma, Editorial Espasa-Calpe, Madrid, 1981.
5.- "The Forgotten Monarchy of Scotland" por HRH Príncipe Michael de Albania, Jefe de la Casa Real de los Stewart, Editado por Element Books Inc., Boston, USA, 1998.
6.- "Oxford Illustrated History of the British Monarchy" por John Cannon y Ralph Griffiths, Oxford University Press, 1988.
7.- "The Mammoth Book of British Kings and Queens" por Mike Ashley, editado por Carroll and Graf Publishers, Inc., Nueva York, USA, 1998.
8) Investigaciones realizadas por el Prof. Dr. Herbert Stoyan, Director del Instituto de Inteligencia Artificial de la Universidad Friedich Alexander, de Erlangen, Nüremberg, Alemania, disponibles en la www de internet.
9) Investigaciones del Dr. Bryan C. Tompset, Jefe del Departamento de Ciencias de Computación de la Universidad de Hull, en Inglaterra, disponibles en la www de internet en Genealogias de las familias reales. (www.hulluniversity.com)
10) Ancient Genealogies, del Historiador y Genealogísta Eward Pawlicki, disponible en la www de internet.
11) Les Ancêtres de Charlemagne, de Christian Settipani, reconocido como una de las máximas autoridades en la genealogía del Emperador, libro que le fuera obsequiado al Arq. Hernán Segura R., por el Dr. D. Ives de Ménorval.
12) Estudio Histórico de algunas familias espanolas, de D. Alfonso de Figueroa y Melgar.
13) Investigaciones realizadas por el Arq. Segura Rodríguez en el Archivo General de Indias, en Sevilla, España.

14) Base de datos de la Iglesia de los Mormones, disponible en Internet.
15) Revista de la ACCG, No.37, San José, Costa Rica, Junio 2000.
16) La España del Siglo de Oro, François Piétri, Ediciones Guadarrama, entre otros libros y muchos sitios que se pueden acceder en internet en Google.com.
17.-"The Plantagenet Ancestry" by Lt.-Col. W. H. Turton, D.S.O., Genealogies Publishers, Inc., 1993.
18.- "Lines of Succession. Heraldry of the Royal Families of Europe" by Jiri Louda and Michael Maclagan, Barnes and Noble Books, New York, 2002.
19.- "Pedigree and Progress" (1975) and "The Jewish kings or princes of Narbonne", por Anthony Wagner.
20.- "A Jewish princedom in feudal France: 768-900" (1972), por Arthur Zuckerman.

DESCENDIENTES DE LOS REYES DE TROYA, DEL LINAJE DAVÍDICO, DE LOS PLANTAGENÊT Y DEL EMPERADOR CARLOMAGNO EN EUROPA Y AMERICA CENTRAL

Los PLANTAGENÊT y CARLOMAGNO, via BLANCHE DE FRANCIA. Familia Montealegre, descendientes de los Plantagenêt via Casimira Romero Sáenz. Según algunos genealogístas, Montealegre, también desciende de Fernando III "El Santo", consecuentemente de su hijo Don Manuel y de su hijo don Alfonso X El Sabio y de su nieto el infante Don Juan Manuel El Escritor. De igual forma sucede con el apellido Ribera o Rivera, según asegura un escritor inglés en su libro sobre los descendientes de los Plantagenêt en Europa.

Investigado por: Flavio Rivera Montealegre - Mar 15, 2000

Se debe considerar, antes de iniciar la secuencia genealógica con respecto a Carlomagno, que los astures y los godos se unieron en enlaces matrimoniales con dos poderosas familias judías radicadas en Zaragoza, de apellido **Banu ben Qasi,** maladies descendientes del conde visigodo Casius y con los descendientes del exilarca del linaje davídico **Makhir Theodoric I de Toulouse**, descendiente del rey David y de su hijo Salomón, establecidos en el sur de Francia, en Toulouse y en Narbona. Estas mismas familias se unieron de la misma manera con los vascones agrupados en tierras de Pamplona, y son el grupo de guerreros agrupados bajo el mando del caudillo llamado **Enneco** o **Iñigo Iñiguez**, conocido como **Iñigo Arista**, rey de Pamplona, fundador de la dinastía en Pamplona, desde el 810 d. de Cristo, hasta 1054, y que entroncan con la familia de judíos conversos, los descendienetes del Nasi o Príncipe de Francia y descendiente de la Casa de David: Makhir-Theodorico I (en Francia) y los Benu ben Qasi (en España), que se oponían a los emiratos de Córdoba, lo que le permite extender el nuevo reino de Pamplona por toda la actual Navarra, y de quienes desciende **Fernando I El Magno, Rey de Castilla (1035-1065) y Rey de León (1037-1067) quien contrajo matrimonio con Sancha, Reina de León.** El Nasi o Príncipe de Francia, Makhir-Theodoric I David-Toulouse, un exiliarca de la Casa de David, fue obligado a exilarse en Occidente tras una rebelión política en Bagdad, convirtiéndose en el primer Nasi o Príncipe en las tierras de los Carolingios, como producto de una invitación de Pepín El Breve y de acuerdo con su hijo, Carlomagno, hicieron que se estableciera al sur de Francia (en el 768), en Narbona, para establecer un reino encabezado por judíos de la estirpe descendiente del rey David. Estos son los antepasados nobles de las casas reales de Europa. El entronque familiar entre los carolingios y esas dos familias judías, una en Francia y la otra en España. Con el correr del tiempo, en el periodo 785-790, las tropas del rey Carlomagno, comandadas por sus condes y duques, conquistaron Gerona, Ausona, Urgel y gran parte de la costa mediterránea. De hecho, el norte de España, en la zona pirenaica (el Rosellón), estaba ya totalmente sometido al rey de los Francos. Para el año 803, el rey Luis de Aquitania, junto con el Nasi Guillermo de Autun David-Toulouse y su hijo Heribert David-Toulouse, con tropas de Aquitania, Borgoña, Gasconia, Provenza y Septimania, conquistaron Barcelona. Esta campaña era con la finalidad de sacar a los Omeyas o musulmanes de las tierras de España. Tuvieron que pasar 700 años para su expulsión total que sucede cuando reinan los Reyes Católicos, Fernando e Isabel, que eran primos. Es de hacer notar que el pueblo hebreo destaca entre todos los pueblos orientales por su carácter netamente religioso. La religión es su gran fuerza creadora, su razón histórica, su motor espiritual. Es el único pueblo que mantiene un monoteísmo riguroso, que practica una moral severa y no admite la esclavitud ni la poligamia. Su Dios es Yahvé. Esta fe es mantenida por los Profetas y por la esperanza de un Libertador o Mesías. El Occidente recogerá, a través del Cristianismo, esta herencia religiosa. Encabezada en sus comienzos por los monarcas cristianos que reinaban por Mandato Divino, para guiar al pueblo escogido por Dios o por Yahvé, consecuentemente deben seguir estrictamente los principios establecidos por Dios a través de Jesucristo, de lo contrario corren el peligro de ser castigados por sus propios pueblos que fueron puestos bajo su cuidado. Muchos de ellos se han desviado del Mandato Divino, violando el juramento por el que fueron escogidos para guiar a sus pueblos, esos, son monarcas malditos. Otros, han seguido el camino que Dios les ha trazado. La humanidad sigue en la búsqueda del camino que Dios ha trazado e indicado por las Escrituras: la Biblia, el Corán y el Thalmud.

En España, o mejor dicho, en Hispania, en la zona noreste, el caso más importante es el de los Banu Qasi, descendientes del conde godo **Casius**, quien en 714 se islamizó, se trasladó a Siria y prestó obediencia al califa Walid. No sólo conservó sus propiedades y su poder político, sino que fundó una verdadera dinastía de magnates musulmanes, que gobernó el valle del Ebro durante siete generaciones (la familia con ese apellido se extingue en el 907). Frente a los emires cordobeses, los Banu Qasi jugaban alternativamente la carta de la sumisión o de la independencia, eran virreyes o reyezuelos a la sombra del poder del emir. Durante el siglo IX, Musa ibn Musa, el principal personaje de la dinastía Banu Qasi, puede ser considerado no solo "señor de la frontera superior", sino un auténtico "tercer rey de España". La existencia del dominio de la familia Banu Qasi, que actuaba de amortiguador, salvó la independencia navarra, frente a Córdoba y frente a Francia. En la segunda mitad del siglo, la repoblación leonesa se llevó a cabo gracias a la protección del estado intermedio de los Beni Berwan, los cuales hallaban buena acogida en los territorios de Alfonso III El Grande (866-909), Rey de Asturias y León, en caso de peligro.

A continuación, los antepasados de Carlomagno y sus descendientes en toda Europa (Alemania, Francia, Italia, España), en la Capitanía General o Virreinato de Guatemala, y, posteriormente en Centro América:

Los antepasados y descendientes de los Reyes de Troya e Israel

GENERACIóN No.1
Methuselah contrajo nupcias con Edna, sus hijos fueron los siguientes:
GENERACIóN No.2
1.- Lamech contrajo nupcias con Betenos Ashmua, su hijo en la siguiente generación,
2.- Rake'el y
3.- Eliakim
GENERACIóN No.3
El hijo de Lamech y Betenos Ashmua fue:
1.- Noah, contrajo nupcias con Emzara Naamah, sus hijos fueron los siguientes:
GENERACIóN No.4
1.- Shem, contrajo nupcias con Sedeqetelebab, su hijo en la siguiente generación.
2.- Ham y 3.- Japheth.
GENERACIóN No.5
El hijo de Shem y su esposa Sedeqetelebab fue:
1.- Arphaxad (Arpachshad), su hijo fue:
GENERACIóN No.6
Cainán (Kenan) contrajo nupcias con Melka, el hijo de ambos fue el siguiente:
GENERACIóN No.7
Salah (Shelah), sus hijos fueron los siguientes:
GENERACIóN No.8
1.- Eber (Heber) y 2.- Abin. El hijo de Eber fue:
GENERACIóN No.10
Peleg, el hijo de Peleg fue:
GENERACIóN No.11
Ren, el hijo de Ren fue:
GENERACIóN No.12
Serug, el hijo de Serurg fue:
GENERACIóN No.13
Nahor (Najor), el hijo de Nahor fue:
GENERACIóN No.14
Terah, contrajo nupcias dos veces, pero no se sabe el nombre de sus esposas, pero sus hijos fueron:
GENERACIóN No.15

Los hijos de Terah en su primer matrimonio fueron los siguientes:
1.- ABRAHAM (nace en Ur), padre de los creyentes, sus hijos en la siguiente generación.
2.- Nahor y 3.- Haran.
La hija de Terah en su segundo matrimonio fue la siguiente:
4.- Sarah (Saraí)
GENERACIóN No.16
ABRAHAM o Abram (n. 1996 antes de Cristo), Abraham significa Padre de los Pueblos, y Abram significa Padre venerado. Contrajo nupcias con su medio hermana de padre Sarah (Saraí) y procrearon a un hijo (hijo del milagro, porque Sarah no podía tener hijos, era estéril):
1.- Isaac, contrajo nupcias con Rebekah, su hijo en la siguiente generación.
Abraham tuvo otras esposas, Agar, con las que tuvo varios hijos, entre ellos a: 2.- Ishamel o Ismael y 3.- Midian.
Los hijos de Abraham con Queturá fueron: 4.- Zamram, 5.- Jecsán, 6.- Madán, 7.- Madián, 8.- Jesboc y 9.- Suraj.
GENERACIóN No.17
El hijo del matrimonio formado por Isaac y Rebekah, fue:
1.- Jacob (Isreal o Israel), Rey de Goshen, luchador perseverante, contrajo nupcias con Leah, sus hijos en la siguiente generación.
GENERACIóN No.18
Los hijos de Jacob (Israel) y su esposa Leah, fueron:
1.- Judah (Judá), contrajo nupcias con Tamar, sus hijos en la siguiente generación, y 2.- Leví.
GENERACIóN No.19
Los hijos de Judah y Tamar fueron los siguientes:
1.- Pharez o Farez (Perez) y 2.- Zerah (Zaraj) quien tuvo un hijo, ver la siguiente generación.
GENERACIóN No.20
El hijo de Zerah fue: Darda (Dardanus), Rey de Dardania, su hijo en la siguiente generación.
GENERACIóN No.21
El hijo de Darda y su esposa fue:
1.- Erichthonius (Erictanus), Rey de Dardania, contrajo nupcias con Astyoche, su hijo en la siguiente generación.
GENERACIóN No.22
Tros, Rey de Troya (Troy)contrajo nupcias con Callirhoe, sus hijos en la siguiente generación.
GENERACIóN No.23
Los dos hijos de Tros y su esposa Callirhoe, fueron:
1.- Ilus, Rey de Troya, y 2.- Assaracus. Los hijos de Ilus en la siguiente generación.
GENERACIóN No.24

Los hijos de Ilus fueron los siguientes:
1.- Laomedon contrajo nupcias con Da. Strymo, y 2.- Themiste. Los hijos de Laomedon en la siguiente generación.
GENERACIóN No.25
Los hijos de Laomedon, Rey de Troya, y su esposa Strymo (Placia), fueron los siguientes:
1.- Priam (Podarces), Rey de Troya, contrajo nupcias con Hecuba, sus hijos en la siguiente generación, y 2.- Tithonus, contrajo nupcias con Minon (Memnon) sus hijos en la siguiente generación.
GENERACIóN No.26
Los hijos de Priam, Rey de Troya, y Hecuba, fueron los siguientes:
1.- Troan, 2.- Alexander "Paris", 3.- Creusa, 4.- HELENUS, Rey de Epirus, en la siguiente generación su hijo, 5.- Laodice, 6.- Polyxena, 7.- Cassandra, 8.- Deiphobus, 9.- Hector, 10.- Pammon, 11.- Polites, 12.- Antphus, 13.- Hipponous, 14.- Polydorus y 15.- Troilus.
GENERACIóN No.27
El hijo de Helenus, Rey de Epirus, fue: Zenter (Genger), Rey de Troya, muere apróximadamente en el año 1149 antes de Cristo. Su hijo en la siguiente generación.
GENERACIóN No.28
El hijo Zenter (Genger), Rey de Troya, fue: Francus, Rey de Troya, su hijo en la siguiente generación.
GENERACIóN No.29
El hijo de Francus, Rey de Troya, fue: Esdron, Rey de Troya, su hijo en la siguiente generación.
GENERACIóN No.30
El hijo de Esdron, Rey de Troya, fue: Zelius (Gelio), Rey de Troya, su hijo en la siguiente generación.
GENERACIóN No.31
El hijo de Zelius, Rey de Troya, fue: Basavelian I (Basabiliano), Rey de Troya, su hijo en la siguiente generación.
GENERACIóN No.32
El hijo de Basavelian I, Rey de Troya, fue: Plaserius I (Plaserio), Rey de Troya, su hijo en la siguiente generación.
GENERACIóN No.33
El hijo de Plaserius (Plaserio), Rey de Troya, fue: Plesron I, Rey de Troya, su hijo en la siguiente generación.
GENERACIóN No.34
El hijo de Plesron I, Rey de Troya, fue: Eliacor, Rey de Troya, su hijo en la siguiente generación.
GENERACIóN No.35
El hijo de Eliacor, Rey de Troya, fue: Zaberian (Gaberiano), Rey de Troya, su hijo en la siguiente generación.

GENERACIóN No.36
El hijo de Zaberian (Gaberiano), Rey de Troya, fue: Plaserius II (Plaserio), Rey de Troya, su hijo en la siguiente generación.
GENERACIóN No.37
El hijo de Plaserius II (Plaserio), Rey de Troya, fue: Antenor I, Rey de Troya, su hijo en la siguiente generación.
GENERACIóN No.38
El hijo de Antenor I, Rey de Troya, fue: Priam II (Trianos), Rey de Troya, su hijo en la siguiente generación.
GENERACIóN No.39
El hijo de Priam II (Trianos), Rey de Troya, fue: Helenus II, Rey de Troya, su hijo en la siguiente generación.
GENERACIóN No.40
El hijo de Helenus II, Rey de Troya, fue: Plesron II, Rey de Troya, su hijo en la siguiente generación.
GENERACIóN No.41
El hijo de Plesron II, Rey de Troya, fue: Basabelian II (Basabiliano), Rey de Troya, su hijo en la siguiente generación.
GENERACIóN No.42
El hijo de Basabelian II (Basabiliano), Rey de Troya, fue: Alexandre, Rey de Troya, que fallece en el año 677 antes de Cristo, su hijo en la siguiente generación.
GENERACIóN No.43
El hijo de Alexandre, Rey de Troya, fue: Priam III, Rey de Cimmerians, su hijo en la siguiente generación.
GENERACIóN No.44
El hijo de Priam III, Rey de Cimmerians, fue: Gentilanor (Getmalor), Rey de Cimmerians, su hijo en la siguiente generación.
GENERACIóN No.45
El hijo de Gentilanor (Getmalor), Rey de Cimmerians, fue: Almadius (Almadion), Rey de Cimmerians, su hijo en la siguiente generación.
GENERACIóN No.46
El hijo de Almadius (Almadion), Rey de Cimmerians, fue:
Dilulius I (Diluglio), Rey de Cimmerians, su hijo en la siguiente generación.
GENERACIóN No.47
El hijo de Dilulius I (Diluglio), Rey de Cimmerians, fue: Helenus III, Rey de Cimmerians, su hijo que le sucede fue:
GENERACIóN No.48
El hijo de Helenus III, Rey de Cimmerians, fue: Plaserius III (Plaserio), Rey de Cimmerians, su hijo que le sucede fue:
GENERACIóN No.49
El hijo de Plaserius III (Plaserio), Rey de Cimmerians, fue:
Dilulius II (Diluglio), Rey de Cimmerians, su hijo que le sucede fue:
GENERACIóN No.50

El hijo de Dilulius II (Diluglio), Rey de Cimmerians, fue: Marcomir, Rey de Cimmerians, su hijo que le sucede fue:
GENERACIóN No.51
El hijo de Marcomir, Rey de Cimmerians, fue: Priam IV, Rey de Cimmerians, su hijo que le sucede fue:
GENERACIóN No.52
El hijo de Priam IV, Rey de Cimmerians, fue: Helenus IV, Rey de Cimmerians, su hijo que le sucede fue:
GENERACIóN No.53
El hijo de Helenus IV, Rey de Cimmerians, fue: Antenor II, Rey de Cimmerians, muere en 442 a. de C., su hijo que le sucede fue:
GENERACIóN No.54
El hijo de Antenor II, Rey Cimmerians, fue: Marcomir I, Rey de Sicambri, muere en el 412 a. de C., su hijo que le sucede fue:
GENERACIóN No.55
El hijo de Marcomir I, Rey de Sicambri, fue: Antenor II, Rey de Sicambri, muere en el 384 a. de C., su hijo que le sucede fue:
GENERACIóN No.56
El hijo de Antenor II, Rey de Sicambri, fue: Prenus (Priam), Rey de Sicambri, su hijo que le sucede fue:
GENERACIóN No.57
El hijo de Prenus (Priam), Rey de Sicambri, fue: Helenus I, Rey de Sicambri, muere en el 338 a. de C., su hijo que le sucede fue:

GENERACIóN No.58
El hijo de Helenus I, Rey de Sicambri, fue: Diocles, Rey de Sicambri, muere en el 300 a. de C., su hijo que le sucede fue:
GENERACIóN No.59
El hijo de Diocles, Rey de Sicambri, fue: Bassanus, Rey de Sicambri, muere en el 250 a. de C., su hijo que le sucede fue:
GENERACIóN No.60
El hijo de Bassanus, Rey de Sicambri, fue: Clodomir I, Rey de Sicambri, muere en el 232 a. de C., su hijo que le sucede fue:
GENERACIóN No.61
El hijo de Clodomir I, Rey de Sicambri fue: Nicanor, Rey de Sicambri, muere en el 198 a. de C., su hijo que le sucede fue:
Marcomir II, Rey de Sicambri, muere en el 170 a. de C.

GENERACIÓN No. 62

El hijo de Nicanor fue Marcomir II Rey de Sicambri

GENERACIÓN No. 63

El hijo de Marcomir II es Clodius I

GENERACIÓN No. 64

El hijo de Clodius I es Antenor III Rey de Sicambri

GENERACIÓN No. 65

El hijo de Antenor III esClodomir II Rey de Sicambri

GENERACIÓN No. 66

El hijo de Clodomir II es Merodochus

GENERACIÓN No. 67

El hijo de Merodochus (Merocadus), Rey de Sicambri, fue: Cassander, Rey de Sicambri, muere en el año 74 antes de Cristo, su hijo que le sucede ver siguiente generación.

El hijo de Clodomir, Rey de Sicambri, fue: Nicanor, Rey de Sicambri, muere en el 198 a. de C., su hijo que le sucede fue:

GENERACIóN No. 68

El hijo de Cassander, Rey de Sicambri, fue: Antharius (Antharicus), Rey de Sicambri, muere en el año 39 a. de C., su hijo que le sucede fue:

El hijo de Nicanor, Rey de Sicambri, fue: Marcomir II, Rey de Sicambri, muere en el 170 a. de C., su hijo que le sucede fue:

GENERACIóN No. 69

El hijo de Antharius (Antharicus), Rey de Sicambri, fue: Francus (Francio), caudillo germano y que da orígen al reinado de los Francos, ubicados al este y oeste del bajo Rhin, muere en el año 11 antes de Cristo, su hijo que le sucede ver siguiente generación.

El hijo de Marcomir II, Rey de Sicambri, y de su esposa **Athilde**, hija de Coilo, Rey de los Bretones (descendiente del Emperador Julio César); fue: Clodius I, Rey de Sicambri, muere en el 159 a. de C., su hijo que le sucede fue:

GENERACIóN No. 70

El hijo del caudillo godo, Francus (Francio), fue: Clodius II (Clogion), Rey de los Francos, muere en el año 20 después de Cristo, su hijo que le sucede fue:

El hijo de Clodius I, Rey de Sicambri, fue: Antenor III, Rey de Sicambri, muere en el 143 a. de C., su hijo que le sucede fue:

GENERACIóN No. 71

El hijo de Clodius II (Clogion), Rey de los Francos, fue:

Marcomir III, Rey de los Francos, nace en el año 3 d. de C. y muere en el 50 d. de C., su hijo que le sucede ver siguiente generación.

El hijo de Antenor III, Rey de Sicambri, fue: Clodomir II, Rey de Sicambri, muere en el 123 a. de C., su hijo que le sucede fue:

GENERACIóN No. 72

El hijo de Marcomir III, Rey de los Francos, fue: Clodomir III, Rey de los Francos, muere en el 63 d. de C., su hijo que le sucede ver en la siguiente generación.

El hijo de Clodomir II, Rey de Sicambri, fue: Merodochus (Merocadus), Rey de Sicambri, muere en el año 95 antes de Cristo, su hijo que le sucede fue:

GENERACIóN No. 73

El hijo de Clodomir III, Rey de los Francos, fue: Antenor IV, Rey de los Francos, muere en el 69 d.C., su hijo que le sucede en la siguiente generación.
GENERACIóN No. 74
El hijo de Antenor IV, Rey de los Francos, fue: Ratherios IV, Rey de los Francos, muere en el 90 d.C., su hijo que le sucede en la siguiente generación.
GENERACIóN No. 75
El hijo de Ratherios IV, Rey de los Francos, fue: Richimir, Rey de los Francos, muere en el 114 d.C., su hijo que le sucede en la siguiente generación.
GENERACIóN No.76
El hijo de Richimir, Rey de los Francos, fue: Odomir (Odemara), Rey de los Francos, muere en el 128 d.C., su hijo que le sucede en la siguiente generación.
GENERACIóN No. 77
El hijo de Odomir (Odemara), Rey de los Francos, fue:
1.- Marcomir IV, Rey de los Francos, muere en el 149 d.C., contrajo nupcias con Atheldus (Athildis), sus hijos que le suceden en la siguiente generación.
GENERACIóN No. 78
Los hijos de Marcomir IV, Rey de los Francos, y Atheldus (Athildis), fueron: 1.- Clodomir IV, Rey de los Francos, contrajo nupcias con Hashilda, y, 2.- Gaodhal, Rey de Gall.
GENERACIóN No. 79
El hijo de Clodomir IV, Rey de los Francos, y su esposa Hashilda, fue: Farabert o Faraberto (Farrobert), Rey de los Francos (n.122-m.186 d.C.), su hijo que le sucede en la siguiente generación.
GENERACIóN No. 80
El hijo de Faraberto, Rey de los Francos, fue: Sunno o Hunno (Huano), Rey de los Francos, (n.137-m.213 d.C.), su hijo en la siguiente generación.
GENERACIóN No. 81
El hijo de Hunno, Rey de los Francos fue: Hilderico (Hilderic), Rey de los Francos, (m.253d.C.), su hijo en la siguiente generación.
GENERACIóN No. 82
El hijo de Hilderico, Rey de los Francos, fue: Bartherus, Rey de los Francos (n.238-m.272 d.C.), su hijo que le sucede en la siguiente generación.
GENERACIóN No. 83
El hijo de Amal fue:
1.- Hisarnis, su hijo en la siguiente generación.
El hijo de Bartherus, Rey de los Francos, fue: Clodius III, Rey de los Francos del Este, muere en el 298 d.C., su hijo que le sucede en la siguiente generación.
GENERACIóN No. 84
El hijo de Hisarnis fue:
Ostrogotha, Rey de los Godos (Goths), su hijo en la siguiente generación.
El hijo de Clodius III, Rey de los Francos del Este fue: Walter, Rey de los Francos del Este, muere en el 306 d.C., su hijo que le sucede en la siguiente generación.
GENERACIóN No. 85

El hijo de Ostrogotha, Rey de los Godos, fue: Hunvil, su hijo en la siguiente generación.
El hijo de Walter, Rey de los Francos del Este, fue: Dagoberto I, Rey de los Francos del Este, con su esposa procrearon dos hijos, ver la siguiente generación.
GENERACIóN No. 86
El hijo de Hunvil fue: Athal, su hijo en la siguiente generación.
Los hijos de Dagoberto I, Rey de los Francos del Este, fueron:
1.- Genebaldo, Duque de los Francos del Este (n.262-m.358), su hijo en la siguiente generación, y, 2.- Clodomir.
GENERACIóN No. 87
El hijo de Athal fue: Achiulf, su hijo en la siguiente generación.
El hijo de Genebaldo, Duque de los Francos del Este, fue: Dagoberto, Duque de los Francos del Este (n.300-m.379), su hijo en la siguiente generación.
GENERACIóN No. 88
El hijo de Achiulf fue: Vultwulf, su hijo en la siguiente generación.
El hijo de Dagoberto, Duque de los Francos del Este, fue: Clodius I, Duque de los Francos del Este (n.324-m.389), su hijo en la siguiente generación.
GENERACIóN No. 89
El hijo de Vultwulf fue: Walaravans, su hijo en la siguiente generación.
El hijo de Clodius I, Duque de los Francos del Este, fue: Marcomir (n.347-m.404 d.C.), Duque de los Francos del Este, su hijo en la siguiente generación.
GENERACIóN No. 90
El hijo de Walaravans fue: Winithar, Rey de los Ostrogodos, muere en el 200 d.C., su hijo que le sucede en la siguiente generación.
El hijo de Marcomir, Duque de los Francos del Este, fue: Pharamond (Faramundo), Rey de los Francos Sálicos (n.370-m.427 d.C.), contrajo nupcias con Argotta, hija de Genebaldo, Duque de Genebald. Procrearon dos hijos, ver siguiente generación.
GENERACIóN No. 91
El hijo de Winithar, Rey de los Ostrogodos, fue: Wandalar, Rey de los Ostrogodos, muere en el 459 d.C., su hijo en la siguiente generación.
Los hijos de Faramundo, Rey de los Francos Sálicos y su esposa Argotta, fueron:
1.- Clodius V "Pelo Largo" (n.395-m.447), Rey de los Francos Sálicos, contrajo nupcias con Basina, su hijo en la siguiente generación.
GENERACIóN No. 92
El hijo de Wandalar, Rey de los Ostrogodos, fue: Thendemir, su hijo en la siguiente generación.
El único hijo de Clodius V "Pelo Largo", Rey de los Francos Sálicos (n.395-m.447), y su esposa Basina, fue: Merovech (Merewig), su hijo en siguiente generación.
GENERACIóN No. 93

El hijo de Thendemir fue: Theodorico (n.455-m.526 d.C.), Rey de los Ostrogodos y de Italia, Rey de los Visigodos Tolosanos, Regente al reinado Toledano del 510 al 526 d.C., con su esposa procrearon dos hijos, ver siguiente generación.
Los hijos de Merovech (Merewig), Rey de los Francos Sálicos (n.415-m.458), fueron:
1.- Childerico I, solamente, contrajo nupcias con Basina, ver sus hijos en la siguiente generación.
2.- Clodis I (Clodoveo), Rey de los Francos (en el periodo 466-511), contrajo nupcias con Santa Clotilde (475-545), sus descendientes son Clotario II Rey de Neustria o Neustrasia (584-629), de este matrimonio desciende Da. Hildegarde de Suabia casada con Carlomagno; y, San Arnoul de Heristal, Obispo de Metz (582-640) que contrajo nupcias con Da. Dode de Heristal, de este matrimonio desciende Pepín II de Heristal casado con Alpaida de Austrasia.
GENERACIóN No. 94
Las dos hijas de Theodorico, Rey de los Ostrogodos y de Italia, fueron: 1.- su hija Theodogotho contrajo nupcias con Alarico II Rey de los Visigodos (rey legislador, hizo códigos), ver siguiente generación, y, 2.- Theodora, madre de Theodosia casada con Leovigildo.
Los hijos de Childerico I, Rey de los Francos Sálicos (n.436-m.481) y su esposa Basina, fueron los siguientes: 1.- Clovis Magnus I, 2.- Audefleda, 3.- Alboflede, y, 4.- Lantechilde.
GENERACIóN No. 95
El hijo de Da. Theodogotho y su esposo Alarico II, Rey de los Visigodos, fue: Amalarico, Rey de los Visigodos Toledanos, contrajo nupcias con Da. Clotilda, sus hijos en la siguiente generación.
Los hijos de Clovis Magnus I (Chlodovech), Rey de los Francos (n.463-m.511) y su esposa Chrotechilde, fueron los siguientes:
1.- Chlodomer, 2.- Theuderic I, 3.- Childebert I, 4.- Clotario I, y, 5.- Clotilda. Ver los hijos de Clotario I en la siguiente generac.
GENERACIóN No. 96
Los hijos de Amalarico, Rey de los Visigodos Toledanos, y su esposa Clotilda, fueron: 1.- Athanagildo, Rey de los Visigodos Toledanos desde el 554 al 567, y, 2.- Leovigildo, Rey de los Visigodos Toledanos, contrajo nupcias con Theodosia, hija de Theodora. Fue uno de los reyes mas importantes de sus tiempos y fue gran conquistador que acabó con el reino de los suevos y otras regiones peninsulares, logrando dominar casi toda la península ibérica. Sus hijos en la siguiente generación.
Los hijos de Clotario I (Chlothar), Rey de los Francos, (n.497-m.511) y su esposa Da. Radegond de Thuringia (descendiente del linaje davídico), fueron los siguientes:
1.- Charibert I, 2.- Sigeberto I, 3.- Chilperico, 4.- Guntramm y 5.- Blithildis.
La hija de Sigeberto I, Rey de Austrasia, (n.523-m.575) y su esposa Brunhilda, fue: Ingunda

GENERACIóN No. 97
Los hijos de Leovigildo y su esposa Theodosia, fueron:
1.- Recaredo I (n.486-m.601), Rey de los Visigodos Toledanos, se convirtió al cristianismo al adjurar del arrianismo, sube al trono en el 586 hasta su muerte. Convocó el Concilio III de Toledo. Desde sus tiempos la religión católica fue la que imperaba en España, en sus tiempos fue un período de esplendor de las monarquias visigodas. En el año 552, por las luchas habidas entre los reyes visigodos Agila y Athanagildo, hijo de Amalarico, se trasladaron a España, para auxiliar a Athanagildo los ejércitos grecobizantinos que lograron entronizarlo, pero exigieron en pago los territorios del sureste de España, de los que posteriormente fueron expulsados.
2.- San Hermenegildo II, Rey de los Visigodos, capitaneaba a los católicos de Andalucía (Al-Andaluz), fue capturado y luego ejecutado por las tropas de su propio padre que era un arriano furibundo. Contrajo nupcias con Ingunda, hija de Sigiberto I, Rey de Austrasia (523-575 a.C.) y su esposa Brunhilda.

GENERACIóN No. 98
El hijo de San Hermenegildo II, Rey de los Visigodos y su esposa Ingunda, fue: Anthnagild o Antanagildo, que vivió los tiempos cuando los moros invadieron los territorios del norte, en donde estaban radicados los cristianos, y que comenzaba la decadencia de los reyes godos y visigodos, y, comenzaban a emerger los caudillos descendientes de ellos mismos, pero, agrupados en pequeños reinos emergentes que se conocieron como Asturias, León, Pamplona o Navarra, Aragón y el pequeño condado de Castilla (encabezado por Fernán González, Conde de Castilla) que con el tiempo creció tanto en territorios y poder, que predominó en la Reconquista.
GENERACIóN No. 99
El hijo de Antanagildo fue: Ardabast o Ardabasto, su hijo en la siguiente generación.
GENERACIóN No. 100
El hijo de Ardabast fue: Ervik, Rey de los Visigodos (m.687 d.C.), contrajo nupcias con Liubigotona, Reina de los Visigodos, ambos procrearon dos hijos, ver siguiente generación.
GENERACIóN No. 101
Los hijos de Ervik y Liubigotona, Reyes de los Visigodos, fueron:
1.- Cixillo, y, 2.- Pedro, Duque de Cantabria, su hijo en la siguiente generación.
GENERACIóN No. 102
Los hijos del caudillo Don Pedro, Duque de Cantabria, de quien no se conoce el nombre de su esposa, pero que procrearon dos hijos que le sobrevivieron, y son la raíz que da origen al linaje de todas las casas reales que, durante la Reconquista, se fueron formando hasta llegar a unirlas y construir lo que hoy se conoce como España y Portugal. Sus lazos familiares se extienden a las Casas Reales de Francia, Italia, Inglaterra, Alemania, Rusia, Ucrania, Austria, en fin, toda Europa.

Posteriormente, sus descendientes pasaron al Nuevo Mundo, a partir de su descubrimiento, en 1492. Los nombres de sus hijos con los que la Historia los conoce, fueron:
1.- Alfonso I, Rey de Asturias y Galicia, Duque de Cantabria, y,
2.- Don Fruela, Duque de Cantabria. Sus hijos y sus descendientes en las siguientes generaciones.
GENERACIóN No. 103
El hijo de Don Fruela, fue: Vermudo o Bermudo I, Rey de Asturias y Galicia, Duque de Cantabria. Contrajo nupcias con Da. Ursinda Munilona (Usenda) de Navarra, sus hijos en la siguiente generación.
GENERACIÓN No. 104
Vermudo I o Bermudo I "El Diácono" (n.750), llamado así porque llegó a tener órdenes, como sacerdote, antes de reinar y suceder a su primo hermano, Mauregato (reinado en el periodo 783-789) hijo natural de Alfonso I con una musulmana cautiva, por eso el nombre "maurus-captus". En el 759 se menciona por vez primera el nombre de "al-Quila" o de los Castillos que en el futuro será el Condado de Castilla. La poderosa familia judía, los Banu Qasi, forman parte de esta lucha contra los omeyas, y se entrelazan matrimonialmente con los hijos de Iñigo Arista, Rey de Pamplona. En los tiempos de Bermudo I, entra en el juego político contra los omeyas, el Emperador Carlomagno, a manera de un intervensionismo político-militar, y que, junto con una familia judia, los hijos de Makhir –Theodoric I de David-Toulouse, ayudan a los astures a combatir y contener el avance de los omeyas. Carlomagno llegó personalmente a combatir en las cercanias del Ebro y a sitiar Zaragoza. Bermudo I "El Diácono", Rey de Asturias, contrajo nupcias con Numila Usenda de Navarra y de Cantabria, el hijo de ambos fue:
GENERACIÓN No. 105
Ramiro I, "vara de la Justicia", Rey de Asturias (reinado en el periodo 842-850), era primo en segundo grado de Alfonso II (hijo de Fruela I) que estuvo reinando desde 791 al 842 a su muerte. Le sucede, pues, a su primo segundo en el año 842, Ramiro I tenía cincuenta años de edad. Repobló la ciudad de León para hacerla su capital en lugar de Oviedo; rechazó la invasión de los normandos o nordomanis cuando intentaron desembarcar en las costas de Gijón, luego entre Betanzos y La Coruña, y en Lisboa, llegaron a Cádiz y a Sevilla, atacaron Galicia, Algeciras, a las Baleares y se apoderaron de Pamplona. En ese mismo año, 842, contrajo segundas nupcias con Doña Paterna de Castilla, Señora de Castilla. En primeras nupcias había casado con Da. Urraca, en ambos matrimonio hay extensa descendencia. Sus hijos fueron:
GENERACIÓN No. 106
De su primer matrimonio, Ramiro I con Da. Urraca, nacieron los siguientes hijos, que dan lugar a extenso linaje, entre ellos los Condes de El Bierzo y los Condes de Castilla. Ellos fueron:

1.- Ordoño I de Asturias, Rey de Asturias, León y de Galicia (n.830), contrajo nupcias con Da. MUNIA Nuña de Cantabria, sus descendientes se enlazan matrimonialmente con los descendientes de la familia judia de Makhir-Theodoric I de David-Toulouse, por el linaje de los reyes de Pamplona o Navarra, los de Iñigo Arista quienes al mismo tiempo se unen a la familia judía Banu Qasi. También son sus descendientes los que llevan el apellido Bermúdez, por Fernando Bermúdez, Conde de Bermúdez. Ver su descendencia en la siguiente generación.
2.- Gatón de El Bierzo, Conde de El Bierzo, de quien hay extensa descendencia. Fue vencido por los musulmanes en la jornada militar de Guadacelete.
El hijo de su segundo matrimonio, Ramiro I con Da. Paterna de Castilla, de cuyo linaje se forman los Condes de Lara y de Castilla y los Núñez; su hijo fue el siguiente:
3.- Don Rodrigo de Castilla, Conde de Castilla (fallece en el 873), no se conoce el nombre de su esposa, pero le tuvieron hijos, ver siguiente generación.
GENERACIÓN No. 107
El hijo de Ordoño I de Asturias, Rey de Asturias, León y de Galicia con Da. Munia Nuña de Cantabria, fue el siguiente:
1.- Don Alfonso III de Asturias, "El Magno" Rey de Asturias, León y Galicia (866-910). Una vez vencida la rebelión del conde gallego Froila, que quería disputarle el trono, somete e incorpora a su señorío a los siempre rebeldes vascones y obtiene su primera victoria sobre los musulmanes en Ibrillos, al sur de Miranda. Uno de los grandes aciertos de Alfonso III de Asturias es poner en contacto y amistad, uniéndolos a una empresa común, a los pueblos astures y leoneses con los pirenaicos. Consigue la alianza de las dos ramas de la dinastía de Pamplona: los Iñiguez y los Jiménez, aliados a su vez de los reyes moros del Ebro, los Banu Qasi y otros; al contraer nupcias con una princesa navarra, Ximena de Navarra o Pamplona. Al mismo tiempo consigue que su hermana Leodegundia contraiga nupcias con el magnate navarro, Jimeno de Pamplona, Duque de Vasconia (su hijo, Iñigo Jiménez de Pamplona estuvo casado con Da. Onneca, que contrajo segundas nupcias con Muza ben Fortùn Banu Qasi Moro y son los padres de Iñigo Iñiguez Arista, primer rey de Pamplona y hermano de Muza Ben Fortùn, el III Rey de España, de la Casa Banu Qasi). Su hijo en la siguiente generación.
2.- Da. Leodegundia de Asturias, contrajo nupcias con el magnate navarro, Jimeno de Pamplona, Duque de Vasconia.
3.- Don Munio Ordóñez.

El hijo de Don Rodrigo de Castilla (m. 873) fue el siguiente:
1.- Don Diego Rodríguez de PORCELOS, Conde de Castilla, otros genealogistas lo identifican como Diego Fernández PORCELOS, fallece en el año 885. Don Diego es el fundador del pueblo conocido como Burgos. Contrajo matrimonio con Da. Assura Fernández, hija de . Procrearon dos hijas, Gutina y Sula, ver siguiente generación.

GENERACIÓN No.108

Los hijos de Don Alfonso III de Asturias, El Magno, y Da. Ximena de Navarra, fueron los siguientes, y a quienes les divide en herencia, su reino:

1.- García I de Asturias, Rey de León en el periodo 910 a 914, contrajo nupcias con Da. Munia.

2.- Ordoño II de Asturias, Rey de Galicia en el periodo de 914 a 924, feudatarios de su hermano García I. Figura clave de la Reconquista. Contrajo nupcias tres veces. En primeras con Da. Munia Elvira. En segundas con Da. Argonta. En terceras con Da. Sancha de Navarra. Es por los hijos de Ordoño II con su segunda esposa Da. Argonta, que el linaje llega hasta nuestros días, entrelazados con los descendientes de otros reinos, condados y señoríos. Ver la siguiente generación.

3.- Fruela II de Asturias, Rey Asturias y de León en el periodo 925 solamente y feudatario de su hermano García I. Sucede en el trono a su hermano Ordoño II. Contrajo nupcias con Da. Urraca Munia Banu Qasi, sus hijos en la siguiente generación.

Los hijos de don Diego Rodríguez (o Fernández) PORCELOS y su esposa Da. Assura Fernández, fueron los siguientes:

1.- Da. Gutina Fernández PORCELOS, contrajo matrimonio con Don Fernán Núñez.

2.- Da. Sula Fernández PORCELOS contrajo matrimonio con Don Nuño Belchides, que era un caballero alemán originario de la ciudad de Colonia y que por el año 884 se traslada a vivir a Castilla, el hijo de ambos en la siguiente Generación.

GENERACIÓN No.109

Los hijos de Don Ordoño II de Asturias, Rey de Galicia y al morir su hermano Rey de León, con su segunda esposa, Da. Argonta, fueron los siguientes:

1.- Sancho Ordóñez, Rey de Galicia desde 925 al 929.

2.- Alfonso IV "El Monge", Rey de León en el periodo desde 925 a 931. Sucede en el trono a su tio Don Fruela II. Contrajo nupcias con Da. Urraca Jiménez de Navarra.

3.- Ramiro II, Rey de León y de Galicia desde 931 hasta 995, cuando muere, después de una gran batalla contra los moros en Talavera, a orillas del río Tajo. Figura clave de la Reconquista. Hereda de su padre el trono, su temperamento y sus cualidades políticas y militares, es un caudillo con excelentes cualidades. Enfrenta con efectividad al califa Abderramán. Ayuda para librar a Toledo y se toma militarmente Madrid, nombre que aparece por primera vez en la historia. Fue aliado con su pariente Don Fernán González, Conde de Lara y de Castilla, derrota en Simancas al califa Abderramán. Contrajo nupcias dos veces, la primera con Da. Teresa Florentina de Navarra. En segundas nupcias con Da. Urraca. Sus hijos en la siguiente generación.

Los hijos de Da. Da. Sula Fernández PORCELOS que contrajo matrimonio con Don Nuño Belchides fueron los siguientes:
1.- Nuño Núñez Rasura quien contrajo matrimonio y le tuvieron una hija de nombre Teresa Núñez Vella, ver siguiente Generación.

GENERACIÓN No. 110
Los hijos de Don Ramiro II con Da. Teresa Florentina de Navarra, fueron los siguientes:
1.- Sancho I "El Craso", Rey de León durante dos periodos, primero desde 956 a 958, luego desde 960 a 966. Contrajo nupcias con Da. Teresa de Monzón, el hijo de ambos fue Ramiro III, quien le sucede en el trono de León.
2.- Ordoño III "El Bueno", Rey de León en el periodo de 951 al 956. Le sucede primero su primo hermano, con el nombre de Ordoño IV "El Malo" desde 958 a 960, era hijo de Alfonso IV hermano de su padre Ramiro II. Contrae nupcias dos veces, Ordoño III, primero con su parienta Da. Urraca Fernández de Castilla (ella contrajo nupcias tres veces, la tercera con Sancho II Garcés Abarca, Rey de Pamplona), hija de Don Fernán González, Conde de Lara y de Castilla, que fue repudiada, y luego contrajo nupcias con Ordoño IV con quien no tuvo hijos. Tuvieron varios hijos, ver siguiente generación. En segundas nupcias con Da. Elvira González.

La hija del matrimonio formado por Nuño Núñez Rasura quien contrajo matrimonio y le tuvieron una hija de nombre:
1.- Teresa Núñez Vella quien contrajo matrimonio con Don Laín Flavio Calvo, procrearon cuatro hijos, ver siguiente Generación.

GENERACIÓN No. 111
El hijo de Don Sancho I con Da. Teresa de Monzón, fue:
1.- Ramiro III Rey de León desde 966 hasta 984 y le sucede su primo hermano Don Bermudo III. Contrajo nupcias con Da. Urraca.
Los hijos de Don Ordoño III "El Bueno" con su parienta y esposa Da. Urraca Fernández de Castilla, fueron los siguientes:
1.- Bermudo II "El Gotoso" Rey de León, sucede en el trono a su primo hermano Ramiro III, y reina durante el periodo desde 984 hasta el 999. Contrajo nupcias con Da. Velasquita de León y en segundas nupcias con Da. Elvira Garcés de Castilla hija de Ava de Ribagorza y García I Conde de Castilla (n.940-m.995) ambos descendientes de Theodoric I de David-Toulousse, Conde de Narbona, del linaje davídico. El hijo de Bermudo II y Da. Velasquita en la siguiente generación.
2.- Ordoño de León, muere muy jovencito, en la infancia.

3.- Teresa de León, se hizo monja en el Convento de San Julián de León.

Los hijos de Da. **Urraca Fernández de Castilla**, con su tercer esposo, **Don Sancho II Garcés Abarca**, **Rey de Pamplona**, son hermanos de madre de los herederos de la corona de León. Esto es muy importante porque las casas de Pamplona o Navarra con el tiempo se enlazan con la casa de León y de Castilla. Sus hijos del tercer matrimonio fueron los siguientes:
1.- García II Sánchez "El Tímido", Rey de Pamplona, (nace en el 964), gobernó el Condado de Castilla del 995 al 1017. Además, fue Conde de Aragón. Contrajo nupcias con Da. Jimena Fernández hija de Don Fernando Bermúdez, Conde de Bermúdez y de su esposa Da. Elvita. Era nieta de Don Bermudo Núñez (m. 958) y Da. Velasquita. Era bisnieta de Don Munio Ordóñez (hermano de Alfonso III "El Magno" Rey de Asturias). Era tataranieta de Don Ordoño I de Asturias, Rey de Asturias y Galicia y de su esposa Da. Munia. Don Ordoño I de Asturias era hijo de Ramiro I de Asturias. Sus hijos en la siguiente generación.
2.- Ramiro de Navarra
3.- Gonzalo de Navarra

Los hijos de Da. Teresa Núñez Vella quien contrajo matrimonio con Don Laín Flavio Calvo y procrearon cuatro hijos, fueron los siguientes:
1.- Fernán Laínez, el mayor que pobló a Haro y de quien desciende el Cid Campeador, Don Ruy Díaz de Vivar. Su hijo en la siguiente Generación.
2.- Bermudo Laínez, de este descienden los que llevan el apellido Cárdenas.
3.- Laín Laínez
4.- Diego Laínez que pobló Peñafiel y de este descienden los que llevan el apellido de Castro, relacionados con las casas monárquicas de la España de la Edad Media. Contrajo matrimonio con Ximena Núñez que era hija de Don Nuño Álvarez de Amaya y de Da. Gondroda Gutierre quien a su vez era hija de Don Gutierre Señor de Castro-Xeriz. Sus hijos en la siguiente Generación.

GENERACIÓN No. 112
El hijo de Don Bermudo II "El Gotoso" con su esposa Da. Velasquita de León, fue:
1.- Alfonso V "El Noble" Rey de León, Asturias y Galicia, en el periodo 999 al 1028, cuando le sucede a su padre. Contrajo nupcias con Da. Elvira de Meléndez. Sus hijos en la siguiente generación.

El hijo de Don Fernán Laínez y su esposa fue:
1.- Don Fernando Laínez, su hijo en la siguiente Generación.

GENERACIÓN No. 113
Los hijos del matrimonio formado por Don Alfonso V "El Noble" y Da. Elvira de Meléndez, fueron los siguientes:

1.- Bermudo III que hereda a su padre como Rey de León, Asturias y Galicia. Su reinado comprende desde 1028 al 1037. Contrajo nupcias con Da. Urraca Teresa de Castilla. Le sucede en el trono su hermana Da. Sancha de León.
2.- Da. SANCHA de León, Reina de León al morir su hermano en el 1037, asume la corona y concluye su reinado hasta su muerte en el 1067. Al contraer matrimonio, se realiza la primera unión de dos reinados que han crecido con el tiempo, León y Castilla. Contrae nupcias con Fernando I Sánchez "El Magno" de Castilla, Rey de Castilla desde el 1035 al 1065. Al contraer matrimonio con Da. Sancha, es reconocido Rey de León desde el 1037 hasta su muerte en el 1065. Era hijo de Sancho III Garcés, Rey de Pamplona (n.991) y su esposa Da. Munia Mayor Sánchez (n.995). Era nieto de Da. Urraca Fernández de Castilla y de Don Ordoño III de León que a su vez, era el bisabuelo de Da. Sancha de León, en otras palabras era sobrina de su esposo Don Fernando I Sánchez, "El Magno", sus hijos en la siguiente generación. Aquí se juntan los linajes de Pamplona o Navarra, con los de Castilla, con los de León, con los Jiménez de Pamplona, con los Íñigo Iñiguez Arista, con los Banu Qasi.

El hijo de Don Fernando Laínez y su esposa fue:
1.- Don Fernando Rodríguez, su hijo en la siguiente Generación.

GENERACIÓN No. 114
Los hijos del matrimonio formado por Don Fernando I El Magno, Rey de Castilla y su esposa Da. SANCHA de León, Reina de León, fueron los siguientes:
1.- ALFONSO VI (n.1030-m.1109), Rey de León y de Castilla, Emperador de España, hijo de Fernando I "El Magno", Rey de León y de Castilla (1035-1065) y de Sancha I Reina de León, ésta hija de Alfonso V Rey de León, Oviedo y Galicia, y de su esposa doña Elvira Meléndez hija del Conde Don Melendo González. Fue su cuarta esposa la princesa mora, ZAIDA, conocida como **Isabel de Sevilla**, con la cual casó en 1097 y que murió de parto en 1107. La Crónica General de don Alfonso X el Sabio, Rey de Castilla y de León, dice "que oyendo Zaida la gran fama del Rey don Alfonso, grande en los Estados, mayor en el ánimo, amable en la piedad, dulce en el trato y gallardo en el cuerpo, se enamoró de sus prendas con toda la tenacidad propia de una mujer enamorada. Sabía que su padre deseaba la amistad de don Alfonso, como vecino más poderoso, y viendo tan buena disposición, autorizó la hija su deseo con el beneplácito del Rey Abenabeth, proponiéndole el nuevo vínculo, que ella suspiraba contraer. Envió embajada al Rey, pidiéndole que señalase lugar donde pudiesen verse, y que si gustaba tomarla por mujer (hallándose el Rey entonces viudo) le daría las ciudades y castillos de su legítima, que eran muchos en número y mejores en la calidad, por hallarse en los confines de Toledo, donde el Rey había adelantado sus conquistas. Éste consultó la propuesta con los señores, y todos aprobaron que la diese gusto en ir a verse con ella, pues hacía con mucha urbanidad la petición. Viéronse en el lugar señalado, y

si la princesa culpó a la fama de escasa en relación de las prendas del Rey, no quedó éste menos enamorado de ella, pues era hermosa, crecida, proporcionada; y tratando del desposorio, la dijo el Rey si se haría cristiana. Respondóles que sí, y, en efecto se bautizó, recibiendo el nombre de María; pero el Rey no quiso sino que la llamasen Isabel, y al punto recibió el Rey en dote a Cuenca, Huete, Consuegra, Ocaña, Mora, Uclés, Alarcos y otros castillos (que luego se perdieron), y Zaida pasó a vivir con el Rey, ella era descendiente de MAHOMA, era hija del Emir Abd ul-Kásim Muhammad ben Abed, (+1095, en Aghmar, Marruecos), al-Mutamid, Emir de Sevilla, (1068), conocido en el mundo cristiano de la época como ABENABETH. Personaje grande y trágico. Poeta excelente y buen estadísta, a quien el destino le hizo probar tanto las cosas más dulces de la vida como las más amargas.
Fue desterrado en Marruecos por los Almorávides, que desconfiaban de él por haber casado a su hija con el Rey cristiano. Es famoso por la belleza de la poesía que le inspiró su esposa, una ex-esclava, a quien colmó de amor y de valiosísimos regalos, llamada I'TAMID, que fue la madre de ZAIDA".
La Crónica General añade "que se velaron y que no fue barragana o amiga, sino mujer legítima" en contradicción con lo que han sostenido algunos cronistas cristianos, que la han calificado de concubina. Esta Reina le dió a Alfonso VI, además de sus hijas **Sancha** y Elvira, el único hijo varón que tuvo de sus cinco esposas, Sancho, que habría heredado el trono de no haber sido por su muerte a la temprana edad de 18 años en la batalla de Uclés. Su hija **Sancha** en la siguente generación.
2.- Sancho II Fernández "El Fuerte", Rey de León.
3.- García Fernández de Galicia, Rey de Galicia.
4.- Da. Urraca de Castilla.
5.- Da. Elvira de Castilla.

GENERACIÓN No. 115
Su hija **SANCHA**, casó con Rodrigo González de Lara, "el Franco", Señor de Liébana, Quintanilla, Ventosa, Cisneros y otras villas, y tuvo, además, los Gobiernos de Toledo, Segovia, Extremadura, Asturias de Santillana y otros. Fue hijo de Gonzalo Núñez de Lara, Conde y Señor de la Casa de Lara y Gobernador de Lara y Osma, y de su esposa Da. Godo González Salvadórez.
Origen de la Casa de Lara: Este linaje tiene un origen antiquísimo que entronca con los godos. Descienden de Pedro, duque de Cantabria que dio lugar a dos ramas: la de los reyes de Asturias, León y Castilla, y la de los Condes de Lara, uno de ellos, Manrique de Lara, vizconde de Narbona, recibe el condado o señorío de Molina, una importante plaza estratégica entre Castilla y Aragón. Uno de sus descendientes, Pedro González de Lara, guerrea con el rey Fernando III de Castilla y pierde la guerra, por lo que su hermana Mafalda, es casada con el infante don Alonso, hijo de don Alfonso IX, rey de León, y de su esposa doña Berenguela,

reina de Castilla, y lleva en dote el Señorío de Molina que pierde Pedro, que es conocido desde entonces como "el Desheredado".

Distribución: Los descendientes del "Desheredado" se fueron dispersando por toda España, creando importantes y nobles casas solares, principalmente en Murcia, Aragón, Andalucía y Extremadura. Los Fernández de Molina en Úbeda, los Ruiz de Molina en Molina, Huéscar, Madrid y Murcia. Los Molina Tirado en Aragón, Gómez de Molina en Málaga, Hernández de Molina en Sevilla. Etc. También pasaron a América y destacaron especialmente en Cuba, Guatemala, Colombia, El Salvador, Nicaragua, México, Ecuador, Chile y Argentina.

Don Rodrigo González de Lara, "el Franco", casó primero en el año 1120 con Doña Sancha, a quien hizo madre de:

GENERACIÓN No. 116

Rodrigo Rodríguez de Lara, (1123), Ricohombre, Señor de Peñalva, Quintanilla y Traspinedo. Casó con Da. Gracia de Azagra, su hija:

El hijo de Don Fernando Rodríguez y su esposa fue:
1.- Don Laín Fernández, su hijo en la siguiente Generación.

GENERACIÓN No. 117

Doña SANCHA casó con Gonzalo Ruiz de Girón (+1231), Ricohombre del Rey Alfonso VIII, de Enrique I y de Fernando III, hasta su muerte. Fue hijo de Rodrigo Gutiérrez (o González de Cisneros) y de Da. MAYOR. Casó primero con Da. Sancha Rodríguez de Lara y Azagra. La hija de ambos, Da. Sancha y Don Gonzalo, fue María González Girón:

El hijo de Don Laín Fernández y su esposa fue:
1.- Laín, su hijo en la siguiente Generación.

GENERACIÓN No. 118

Da. MARIA GONZALEZ GIRON, (de la forma como se le conoce), o como Da. María RUIZ de GIRON y RODRIGUEZ de LARA casó con Guillén Pérez de Guzmán (mitad del Siglo XIII), Señor de Becilla. Ricohombre de Castilla, hijo de Pedro Díaz de Guzmán, Señor de Guzmán , Núñez, Lara y Aguilar, y de su segunda esposa Da. Urraca Díaz. Don Guillén casó con Da. María González Girón, su hijo fue Don Pedro:

El hijo de Don Laín y su esposa fue:
1.- Don Álvaro, su hijo en la siguiente Generación.

GENERACIÓN No. 119

Pedro GUILLEN de GUZMAN y GONZALEZ GIRON (mitad del Siglo XIII), Señor de Derrunada y San Román, Ricohombre de Castilla. Adelantado Mayor de Castilla. Casó con Da. Urraca ALFONSO, hija de ALFONSO IX (1171-1230), Rey de León, y de Teresa GIL de Vidaure (m.1250, hija de Sancho I, Rey de Portugal), su joven amante pero contrajeron nupcias y se divorcian en 1198, y que fue esposa de Jaime I El Conquistador, Rey de Aragón (1208-1276) . El hijo de Pedro Guillén y Urraca Alfonso fue:

El hijo de Don Álvaro y su esposa fue:
1.- Don Eilo, su hijo en la siguiente Generación.

GENERACIÓN No. 120

Fernán PEREZ de GUZMAN y ALFONSO, (segunda mitad del Siglo XIII), Ricohombre, Señor de Badalazor y Adelantado Mayor de Murcia y Andalucía. Casó con Da. Sancha RODRIGUEZ de CABRERA, hija de Rodrigo de VALDUERNA, "el Feo".
El hijo Fernán Pérez de Guzmán y Alfonso con Sancha Rodríguez de Cabrera fue:

El hijo de Don Eilo y su esposa fue:
1.- Don Nuño Laínez, su hijo en la siguiente Generación.

GENERACIÓN No. 121

Juana de Guzmán y Rodríguez de Cabrera casó con
Diego (o Día) GóMEZ de CASTAñEDA, (la mitad del Siglo XIV), Ricohombre y Señor de Castañeda y las Hormazas, hijo de Pedro Díaz de Castañeda, quinto Señor de Castañeda, y de su esposa, Da. Mayor Alonzo de Celada. Da. Juana de Guzmán y Rodríguez de Cabrera, Señora de Badalazor, y su esposo Diego Gómez de Castañeda, procrearon a su hijo:

La hija de Don Nuño Laínez y su esposa fue:
1.- Da. Teresa Laínez de Reja quien contrajo matrimonio, su hijo en la siguiente Generación.

GENERACIÓN No. 122

Ruy GONZALEZ de CASTAñEDA, (+1356), Ricohombre de Castilla, Señor de las Hornazas y de Santa Olaya de León. Casó con
Da. Elvira LASSO de la VEGA, hija de Garci Lasso de la Vega y de Da. Urraca Rodríguez de Rojas. Don Garci Lasso de la Vega, era Señor de la Vega y de los Valles de Santillana, Justicia mayor y Merino mayor de Castilla. La hija de Ruy González y Elvira Lasso de la Vega fue:

El hijo de Da. Teresa Laínez de Reja y su esposo fue:
1.- Don Rodrigo Álvarez, Teniente del Castillo de Luna y de las Comarcas de Mormojón, Moradillo, Cellorigo y Curiel. Su hija en la siguiente Generación.

GENERACIÓN No. 124
MARIA RODRIGUEZ DE CASTAñEDA y LASSO DE LA VEGA, casó con Don Sancho MANUEL, (1283+ca.1325), Conde de Carrión, Ricohombre de Castilla, Teniente Alcaide del Castillo de Murcia y Teniente Adelantado Mayor del Reino de Murcia. Su padre, de Don Sancho Manuel, fue Don Juan Manuel, "El Escritor", Infante de Castilla y de León, y su madre fue Da. Beatrice de Saboya (muere en 1292, era hija de Amadeus IV, Conde de Saboya, m.1253, y su esposa Cecilia de Baux Orange ; Da. Beatrice de Saboya era nieta de Tomás I de Saboya y por tanto descendienta de Humberto I Conde de Saboya fallecido en 1042 o 1051, aproximadamente). Era nieto de Don Manuel de Castilla (hermano de Don Alfonso X El Sabio) y bisnieto de Fernando III El Santo. El hijo de Da. Maria y Don Sancho, verlo en la siguiente generación XXIII:

El hijo de Don Rodrigo Álvarez y su esposa fue:
1.- Don Laín Núñez, su hijo en la siguiente Generación.

GENERACIÓN No. 125
El hijo de Da. María Rodríguez de Castañeda y su esposo Don SANCHO MANUEL, fue:
Don Juan Sánchez Manuel y Rodríguez de Castañeda, (n. cerca de 1350-muere en 1390), segundo Conde de Carrión en 1368. Casó con Da. Juana de Aragón-Xérica, Princesa de la Casa Real de Aragón, hija de Don Pedro de Aragón, Señor de la Baronía de Xérica, su madre fue Da. Buenaventura de Arbórea. Su hija fue Da. Inés Manuel de Villena, ver Generación XXIV.

El hijo de Don Laín Núñez y su esposa fue:
1.- Don Rodríguez Laínez-Núñez, su hijo en la siguiente Generación.

GENERACIÓN No. 126
Da. Inés MANUEL de VILLENA casó con Garcí Fernández de Villodre, Señor de las Salinas de Monteagudo en Albacete. Su hija Da. Catalina, ver Gen. XXV.

El hijo de Don Rodríguez Laínez-Núñez y su esposa fue:
1.- Don Diego Laínez de Vivar, su hijo en la siguiente Generación.

GENERACIÓN No. 127

Da. Catalina Sánchez MANUEL de VILLODRE casó con Luis Méndez de Sotomayor (+1395), primero del nombre y quinto Señor de El Carpio y de Morente y de otras villas. Hijo de Garcí Méndez de Sotomayor, cuarto Señor de El Carpio, y de Da. Juana Ruiz de Baeza. Su hijo fue:

El hijo de Don Diego Laínez y su esposa fue:
1.- Don Rodrigo Díaz de Vivar, mejor conocido en la historia como el Cid Campeador. Contrajo matrimonio con Da. Jimena Díaz, procrearon dos hijas: Elvira Cristina Díaz de Vivar y María Díaz de Vivar.

GENERACIÓN No. 128
Garcí Méndez de Sotomayor casó en primeras nupcias con Da. María de Figueroa y Messía, hija de Lorenzo Suárez de Figueroa, Maestre de Santiago, y de Da. Isabel de Messía, su primera esposa. Garcí Méndez de Sotomayor fue 5o. del nombre, 6o. Señor de El Carpio, Señor de Morente y de otras villas. Su hijo en la Generación No.123:

Las hijas de Don Rodrigo Díaz de Vivar y su esposa Da. Jimena Díaz, fueron:
1.- Elvira Cristina Díaz de Vivar contrajo matrimonio con Don Ramiro Sánchez de Navarra, Conde de Monzón, hijo de Sancho García IV Rey de Navarra (m.1150, hijo de Ramiro de Navarra, tataranieto de Sancho III Rey de Navarra que era hijo de Sancho I el Grande Rey de Navarra y de Castilla, m. 1035) y de su esposa Da. Clemencia. Su hijo en la siguiente Generación No.123
2.- María Díaz de Vivar

GENERACIÓN No. 129
El hijo de Don Ramiro Sánchez de Navarra, Conde de Monzón, y de su esposa Da. Elvira Cristina Díaz de Vivar, fue:
1.- Garcia VI Ramírez y Díaz de Vivar, Rey de Navarra, casó con Margarita de L'Aiglie, su hija en la siguiente generación No.124

El hijo de Don Garcí Méndez de Sotomayor y su primera esposa Da. María de Figueroa y Messía, fue:
Don Luis Méndez de Sotomayor quien tuvo sucesión sin contraer matrimonio con Da. Inés Méndez. Dn. Luis Méndez de Sotomayor fue 2o. del nombre, 7o. Señor de El Carpio, de Morente y de otras villas y Consejero del Rey Don Juan II. Su hijo con Da. Inés fue:

GENERACIÓN No. 130
La hija del matrimonio formado por Garcia VI Ramírez y Díaz de Vivar, Rey de Navarra y su esposa Da. Margarita de L'Aiglie, fue:

1.- Blanche o BLANCA de Navarra (1134-1156)) contrajo matrimonio con Sancho III, Rey de Castilla, en Enero de 1151 en Calahorra. Sancho III (n.1135-m.1158) era hijo de Alfonso VII Rey de Galicia y Castilla (n.1105-m.1157), y su esposa Da. Berengaria Berenguer de Barcelona (m.1149) hija de Raymond Berenguer III, Conde de Barcelona. El hijo con Sancho III de Castilla y Blanca de Navarra, en la siguiente generación No.125:

El hijo de Don Luis Méndez de Sotomayor y Da. Inés Cerrato, fue:
Garcí Méndez de Sotomayor (+1569). Casó con Da. Marina Fernández de Córdoba, conocida también como Da. Marina de Solier, hija de Alfonso Fernández de Córdoba, IV Señor de los Humeros, y de Da. Mayor Venegas. Fue su hijo:

GENERACIÓN No. 131
El hijo de Don Sancho III de Castilla y Da. Blanca de Navarra, fue:
1.- Alfonso VIII "El Noble, el de Las Navas" Rey de Castilla (1155-1214) casó con Eleanor Plantagenet (1162-1214) en Septiembre de 1170, en la Catedral de Burgos, en Castilla. Da. Eleanor o Leonor era hija de Enrique II Plantagenet, Rey de Inglaterra y de su esposa Da. Leonor de Aquitania hija de William X Duque de Aquitania y su esposa Da. Leonor de Chatellerault (1103-1130) que a su vez era hija de Amauri I Chatellerault. Los hijos de Alfonso VIII y Da. Leonor, en la siguiente generación XXX.

El hijo Don Garcí Méndez de Sotomayor y Da. Marina Fernández de Córdoba o Marina de Solier, fue:
Alonso Fernández de Córdoba casó con Da. Inés Cerrato Contreras. Don Alonso nació en Montilla, Córdoba, España. Heredó ciertas propiedades de su madre. Estaba ya en Indias al testar ella. Testó Don Alonso en la ciudad de Granada, Nicaragua, el 15 de Marzo de 1564.
Da. Inés Cerrato Contreras, es hija del Dr. Juan López Cerrato, natural de Mengabril, Badajoz, España, y de su esposa Da. María de Contreras, natural de Medellín, Badajoz, España. Su hijo en la siguiente generación No.126.

GENERACIÓN No. 133
Los hijos de Don Alfonso VIII "El Noble, el de Las Navas" Rey de Castilla (1155-1214) y de su esposa Da. Eleanor o Leonor Plantagenet, Princesa de Inglaterra (1162-1214), hija de Enrique II Plantagenet, Rey de Inglaterra, y de su esposas Da. Leonor de Aquitania que era hija de William X Duque de Aquitania y de Da. Aenor de Chatellerault. Los hijos de Alfonso VIII y Da. Leonor Plantagenet fueron los siguientes:
1.- Berengaria o Berenguela de Castilla (1180-1246)(*), contrajo nupcias con Alfonso IX Rey de León (1171-1230). Su hijo en la Generación No.127.

2.- Sancho de Castilla
3.- Sancha de Castilla
4.- Mafalda de Castilla
5.- Urraca de Castilla (m.1220), en 1206 contrajo matrimonio con Alfonso II Rey de Portugal.
6.- Blanche de Castilla, n.1188-m.1252 (*), contrajo matrimonio con Luis VIII Capeto, Rey de Francia. Su nieta, hija de Luis IX El Santo, de nombre Blanche o Blanca de Francia contrajo matrimonio con Fernando de la Cerda, hijo de Alfonso X El Sabio, Rey de Castilla.
7.- Fernando de Castilla
8.- Leonor de Castilla, en 1221 contrajo matrimonio con Jaime I Rey de Aragón, su hija Violante de Aragón contrajo matrimonio con Alfonso X El Sabio, Rey de Castilla.
9.- Constanza de Castilla
10.- Henry I (Enrique I de Castilla, Rey de Castilla en 1214), n.1204-m.1217
11.- Henry muere en la infancia.
12.- Constance de Castilla

El hijo de Don Alonso Fernández de Córdoba y de su esposa Da. Inés Cerrato Contreras, fue:
LUIS MENDEZ de SOTOMAYOR casó con Da. Juana de Vera y Toro de Ulloa. Don Luis nació en 1560 en Granada, Nicaragua. Fue Capitán, Encomendero de Masaya, Nicaragua. Su matrimonio con Da. Juana de Vera y Toro de Ulloa, se realizó cerca de 1566, hija de
Don Diego de Herrera y Da. Juana de Vera y Toro de Ulloa, ambos de Xeréz de la Frontera, España. Don Diego era Alcaide de San Lúcar de Barrameda. Sus hijos dejaron descendencia en Costa Rica y en Nicaragua. Ver Generación No.134 en Centro América.

GENERACIÓN No. 134 (en España)

Los hijos de Da. Berengaria (1171-1244) Reina de Castilla y de su esposo Don Alfonso IX Fernández, (n.1171-m.1230), Rey de León, fueron:
1.- Fernando III "El Santo" Rey de Castilla y León (1191-1252) y
2.- Da. Berengaria.
Fernando casó con Joanna (Jane) de Dammartin, su hija: Eleanor de Castilla, Condesa de Ponthieu casó con Edward I Rey de Inglaterra.
Berengaria casó con Juan I de Brienne, Rey de Jerusalem, hijo de
Erard II.
Fernando III "El Santo", Rey de Castilla y León casó en segundas nupcias con Beatrice von Hohenstaufen (Elizabeth) (n.1202-m. Noviembre 5, 1245, en Toro, España) su hijo Alfonso X "El Sabio" casó con Violante de Aragón. Ver siguiente Generación.

3.- Alfonso de Castilla, Duque de Molina, con este hijo se inicia la Casa de Molina. Contrajo matrimonio tres veces. En primeras nupcias con Majoria Téllez. En segundas nupcias con Mafalda Pérez o Mafal González de Lara hermana de Pedro González de Lara (descendientes de Manrique de Lara, visconde de Narbona) , y, en terceras nupcias con Teresa Pérez.

Nota: Alfonso IX, Rey de León, era hijo de Don Fernando II (n.1137-m.1188), Rey de León, y de su esposa da. Urraca de Portugal (n.1151-m.1214), hija de Alfonso I Burgundy, Rey de Portugal y de su esposa Da. Matilde de Saboya hija de Amadeo III, Conde de Saboya, y, nieta por el lado paterno de Don Enrique de Burgundy, Conde de Portugal, y su esposa Da. Teresa de Castilla, hija natural de Don Alfonso VI, Rey de Castilla.

GENERACIONES EN CENTROAMERICA:

De esta generación descienden muchas familias en Costa Rica y en Nicaragua, aquí expondré sus descendientes en Nicaragua.

GENERACIÓN No. 134

I-1 Alonso Méndez de Sotomayor cc María Calderón, sus hijos fueron:

a) José Méndez de Sotomayor cc Juana de Zúñiga, hermana de Francisca de Zúñiga
b) Isabel Méndez de Sotomayor, bautizada en Cartago en 1620.
c) Clara Méndez de Sotomayor, bautizada en Cartago en 1621.

I-2 Juana de Vera y Sotomayor (1590-1657) cc García Ramiro Corajo y Zuñiga, hijo del Capitán Francisco Corajo Ramiro y de Da. Francisca de Zúñiga (hermana de Da. Juana de Zúñiga).

Da. Juana de Vera y Sotomayor casó con Don García Ramiro Corajo y Zúñiga en la ciudad de Granada, Nicaragua, en 1620.

Los hijos de García Ramiro Corajo y Juana de Vera son:

a) Capitán Francisco Ramiro de Vera y Sotomayor, casó con Da. Maria de Retes-Peláez y Vázquez de Coronado descendiente de Juan Vázquez de Coronado y Anaya, Conquistador de Costa Rica. De este matrimonio descienden muchas familias en Nicaragua, por la línea de Da. Casimira Romero Sáenz quien casó con Don Mariano Ignacio Montealegre Balmaceda, natural de Guatemala y nieto de Don Mariano Montealegre quien llegara a Guatemala desde España alrededor de 1780.

b) Capitán Diego Ramiro de Vera y Sotomayor.
c) Alférez Fernando Ramiro de Vera y Sotomayor, casó con Da. Antonia Zapata, hija de Cristóbal de Zapata y de Da. Ana de Echavarría Ocampo.
d) Da. Juana de Vera Ramiro, casó con el Alférez Gil de Alvarado, hijo de Jorge de Alvarado y de Da. Juana de Benavides.
e) Da. Francisca de Zúñiga, casó con el Alférez Francisco de Cháves, hijo de Cristóbal de Cháves y de Da. María de Alfaro.
f) Da. María Ramiro de Vera y Sotomayor, casó con José de Sandoval Ocampo, hijo del Capitán Francisco de Ocampo Golfín y Da. Inés de Benavides y Solano.

Da. María Ramiro de Vera y Sotomayor, muere en la ciudad de Cartago el 27 de Marzo de 1688. Dn. José de Sandoval Ocampo nació en 1612 y muere el 13 de Septiembre 1669 en la ciudad de Cartago, en Costa Rica.

g) Da. Micaela Ramiro de Vera y Sotomayor.

GENERACIÓN No. 134 (en España)

El hijo de Don Fernando III "El Santo", Rey de Castilla y León, y, de su segunda esposa Da. Beatrice von Hohenstaufen (Elizabeth), fueron los siguientes:
1.- Alfonso X "El Sabio" casó con Violante de Aragón, ver sus hijos en la siguiente generación.
2.- Infante Don Manuel de Castilla, Señor de Escalona, Peñafiel y de Villena, Alférez Mayor de Castilla. En 1274 contrajo segundas nupcias con Da. Beatriz de Saboya y de Baux-Granje, hija de Amado IV (1157-1253), Conde de Saboya, Duque de Aosta, Príncipe de Piamonte, y de su esposa Da. Cecilia Baux-Granje.
3.- Don Fadrique, Señor de Haro
4.- Eleanor o Leonor de Castilla (n.1244-m.1290) Condesa de Ponthieu, contrajo matrimonio con Eduardo I Plantagenete, Rey de Inglaterra (n.1239-m.1307), tuvieron 16 hijos, sus descendientes contrajeron nupcias con los descendientes de los reyes de Castilla.

El hijo de ambos, entre otros, fue Eduardo II Plantagenet, Rey de Inglaterra, contrajo matrimonio con Isabel Capeto de Francia, hija de Felipe IV Capeto, Rey de Francia.

Generación No. 135 en Centro América
Capitán Francisco Ramiro-Corajo de Vera y Sotomayor casó con
María Retes-Peláez y Vázquez de Coronado, hija de María Peláez Vázquez de Coronado y Jerónimo Retes López y Ortega; nieta de
Andrea Vázquez de Coronado y Diego Peláez Lermos; bisnieta de
Gonzalo Vázquez de Coronado y Arias y de Ana Rodriguez del
Padrón; tataranieta de Juan Vázquez de Coronado y Anaya e Isabel
Arias D'Avila Gonzalez Hoz. La hija de Francisco Ramiro-Corajo y Maria Rosa Retes Peláez , ver Generación No. XXXIII en Centro América:

Generación No. 135 en España
Los hijos de Don Alfonso X El Sabio, Rey de Castilla y de León, y, su esposa Da. Violante de Aragon (m.1300) hija de Don Jaime I Rey de Aragón y su esposa Da. Leonor de Castilla y Plantagenet que era hija de Alfonso VIII Rey de Castilla y Da. Leonor Plantagenet. Los hijos de ambos, de Alfonso X y Da. Violante, fueron los siguientes:
1.- Fernando de la Cerda, Infante de Castilla, el 30 de Octubre de 1268 contrajo matrimonio con
Blanche o Blanca de Francia (n.1253-m.1300), hija de San Luis IX El Santo, Rey de Francia, y de su esposa Da. Margarita Berenguer de Provenza hija de Raymond V Conde de Provenza. Sus hijos en la siguiente generación XXXIV.
2.- Alfonso de la Cerda

El hijo de el Infante Don Manuel y su esposa Da. Beatriz de Saboya, fue:
1.- Infante Don Juan Manuel de Castilla, conocido en la literatura como "El Escritor", Señor de Escalona y Villena. Contrajo matrimonio con Da. Blanca de la Cerda y de Lara.

Generación No. 136 en Centro América
La hija del matrimonio formado por Don Francisco Ramiro-Corajo y Maria Rosa Retes Peláez, fue:
María Rosa Vázquez de Coronado y Ramiro-Corajo casó con
Pedro José Sáenz Lanini, hijo de Juan Francisco Sáenz Vázquez de Quintanilla y Sendín de Sotomayor (ver Datos Biográficos) y de su esposa Da. Bárbara Lanini Priamo. Su hijo en la siguiente Generación.

Los hijos de Don Juan Manuel de Castilla "El Escritor" y Da. Blanca de la Cerda y de Lara, fueron:
1.- Beatriz Manuel de Castilla
2.- Juana Manuel de Castilla, n.1339, Señora de Villena, contrajo matrimonio con Don Enrique II Trastámara, Rey de Castilla, hermano de Alfonso X, por parte de padre, su hijo en la siguiente Generación.

Generación No. 136 en España
Los hijos de Fernando de la Cerda (n. Diciembre, 1255- m. Agosto, 1275, Ciudad Real) y Da. Blanca de Francia, fueron:
1.-
Fernando de la Cerda II, n.1272, Infante de Castilla, contrajo nupcias con Da. Juana Nuñez de Lara, de la Casa de Lara. Su hija en la Generación XXXV.
2.-
Alfonso de la Cerda, n. 1270, Infante de Castilla.
3.-
Eleanor de Castilla casó en primeras nupcias con Enrique III de Francia. En segundas nupcias con Alfonso III "El Liberal".

Los hijos de Da. Juana Manuel de Castilla y Don Enrique II Trastámara, Rey de Castilla, son los siguientes:
1.- Don Juan I Manuel Trastámara (n. 24 de Agosto de 1358), Rey de Castilla y León. Tuvo hijos con Da. Inés de Castañeda Lasso de la Vega (descendiente de Don Diego Hurtado de Mendoza), sus hijos fueron reconocidos en la sociedad porque ambos eran de familias nobles, el hijo de ambos en la siguiente Generación.
Contrajo matrimonio, el 18 de Junio de 1375, con Da. Leonor de Aragón, teniendo dos hijos. En segundas nupcias con Da. Beatriz de Portugal, sin hijos.
2.- Leonor de Castilla, Infanta de Castilla, n. 1363
3.- Juana de Castilla, Infanta de Castilla, n. 1367

Generación No. 137 en Centro América
Sargento Mayor Manuel Sáenz Vázquez de Coronado casó con Ana Antonia Bonilla Astúa, hija de Alonso de Bonilla Chacón y Juana Benita Calvo Pereira de Astúa. Su hija en la siguiente Generación.

El hijo de Don Juan I Manuel, Rey de Castilla, y su amante Da. Inés de Castañeda Lasso de la Vega, fue:
1.- Sancho Manuel de Castilla, contrajo matrimonio con Da. Leonor González de Manzanedo, el hijo de ambos en la siguiente Generación.
Los hijos de Don Juan I Manuel, Rey de Castilla, y su primera esposa Da. Leonor de Aragón, fueron los siguientes:

1.- Enrique III Trastamara, Rey de Castilla (n. 4 de Octubre, 1379)
2.- Fernando I de Antequera, Rey de Aragón (n. Nov. 27, 1380), contrajo matrimonio con Da. Leonor Urraca de Castilla, Condesa de Albuquerque, (n. 1374).

Generación No. 137 en España
La hija de Fernando de la Cerda II y su esposa Da. Juana Núñez de Lara, fue:
1.- Blanca de la Cerda y de Lara (n.1311) casó con Don Juan Manuel de Castilla, Señor de Villena y Escalona, hijo del Infante Don Manuel de Castilla, Señor de Villena, que era el hermano de Alfonso X El Sabio. Su hija en la Generación No.132.
2.- Margarita de la Cerda (n.1312), monja.
3.- Juana Núñez de Lara, Señora de Lara y Vizcaya, n.1314.
4.- María de la Cerda, Dama de Lunel, n.1315.

El hijo del matrimonio formado por Don Sancho Manuel de Castilla y su esposa Da. Leonor González de Manzanedo, fue:
1.- Don Juan Sánchez Manuel y de Castilla, contrajo matrimonio con Da. Juana de Aragón y Xérica, la hija de ambos en la siguiente Generación.

Generación No. 138 en Centro América
Bárbara Antonia Sáenz Bonilla (ya era viuda de Dn. Manuel Saborío) casó con Cecilio Antonio Romero Parajales, natural de Andalucía, España; hijo de Mateo Romero y Ana Parajales, quienes contrajeron matrimonio en San José, Costa Rica el 24 de Mayo de 1762. Don Mateo Romero era natural de España. La hija de Cecilio Romero y Bárbara Sáenz en la siguiente Generación.

La hija del matrimonio formado por Don Juan Sánchez Manuel y de Castilla, y su esposa Da. Juana de Aragón y Xérica, fue:
1.- Da. Inés Manuel de Villena, contrajo matrimonio con Don Garcí Fernández Villodre, la hija de ambos en la siguiente Generación.

Generación No. 138 en España
La hija del Infante Don Juan Manuel de Castilla y su esposa Da. Blanca de la Cerda y de Lara, fue:
1.- Juana Manuel de Castilla, Señora de Villena y Escalona, casó con Enrique II Trastámara, Rey de Castilla, hermano de Alfonso X "El Sabio", Rey de Castilla y León. Tío tatarabuelo de su esposa. Su hijo en la siguiente Generación No.134.

La hija del matrimonio formado por Da. Inés Manuel de Villena y su esposo Don García Fernández Villodre, fue:

1.- Da. Catalina Sánchez Manuel de Villodre, contrajo matrimonio con Don Luis Méndez de Sotomayor, ver siguientes generaciones, XC y XCI, cuyos descendientes llegan hasta la familia Montealegre en Nicaragua y Costa Rica.

Generación No. 139 en Centro América
La hija de Cecilio Romero y Bárbara Sáenz fue:
Da. Manuela Casimira Romero Sáenz casó con Don Mariano Ignacio Montealegre Balmaceda, hijo de Mariano Montealegre, el nombre de la madre no se conoce. Los Montealegre son originarios de Valladolid, España. Don Mariano Ignacio Montealegre antes de casar con Da. Manuela Casimira Romero, fue padre de dos hijos, uno con Isidora Rueda, su hijo fue Juan Montealegre Rueda, con descendencia en Guatemala; el otro con Josefa Bustamante, su hijo fue Mariano Montealegre Bustamante fundador de los Montealegre en Costa Rica. Los hijos de Mariano Ignacio Montealegre Balmaceda y Manuela Casimira Romero Sáenz fueron los siguientes:

Generación No. 139 en España
El hijo de Enrique II de Trastámara, Rey de Castilla y de León, y, de su esposa Da. Juana Manuel de Castilla, fue:
1.- Juan I de Castilla y León tuvo hijo fuera de matrimonio con Inés de Castañeda Lasso de la Vega, su hijo en la Generación No.135.

Generación No. 140 en Centro América
1) Francisco Montealegre Romero, sin descendencia.
2) Cipriana Montealegre Romero casó con Cornelio Ramírez Areas.
3) Rafaela Montealegre Romero casó con Juan Francisco Parajón.
4) Gertrudis Montealegre Romero casó en primeras nupcias con Vicente Solórzano Pérez de Miranda. De este primer matrimonio desciende el presidente Carlos Solórzano Gutiérrez y el candidato inhibido, a la Alcaldia de Managua, Pedro Solórzano Castillo.

En segundas nupcias casó con José del Carmen Salazar Lacayo.
De este segundo matrimonio descienden Mariano Salazar Montealegre, fusilado por William Walker, y compañero de luchas del Gral. Máximo Jeréz Tellería. También desciende Jorge Salazar Argüello, ascsinado en tiempos apocalípticos del frentismo. También son descendientes de este segundo enlace matrimonial la familia Cardenal-Tellería.
5) Paula Montealegre Romero casó en primeras nupcias con

José Manuel Martínez de Sobral. En segundas nupcias con Basilio Zeceña. Sus descendientes se encuentran en Guatemala. Don Enrique Guzmán, en su "Diario Intimo", menciona al Ministro de Relaciones Exteriores de Guatemala, Dr. Enrique Martínez Sobral, hijo del matrimonio Martínez de Sobral Montealegre. (Revista Conservadora, No.10, Julio 1961).

6) Francisca Montealegre Romero casó con Ramón de Sarria y Reyes. De este matrimonio descienden los presidentes Roberto Sacasa Sarria, Juan Bautista Sacasa Sacasa y su hermana Da. Casimira Sacasa Sacasa que casó con el Dr. Luis H. Debayle Pallais, sus nietos: los hermanos Luis y Anastasio Somoza Debayle, Benjamín Lacayo Sacasa y todos los funcionarios de la administración Alemán que llevan el apellido Sacasa.

7) Mariano Montealegre Romero casó en primeras nupcias con Carmen Fuentes-Sansón, originaria de León, procrearon solamente un hijo, Mariano Montealegre Fuentes-Sansón, sus restos descansan en la Catedral de León, junto con los de su esposa Dolores Sacasa Sarria, su sobrina, hay descendencia, entre ellos los Argüello-Solórzano.(Ver "Mis Cuatro Abuelos", de Don Rafael Sevilla Sacasa).

En segundas nupcias casó con María Manuela Bárbara Lacayo Agüero, hija de José Antonio Lacayo Marenco (n. 23 de Febrero de 1826) y Pilar Agüero López (+ 30 de Enero de 1895). (Ver libro de los descendientes del Gral. José Antonio Lacayo de Briones y Palacios, Gobernador de Costa Rica y Nicaragua", del Lic. Norman Caldera Cardenal).

Generación No. 140 en España
El hijo de Don Juan I de Castilla y León, y su hijo fuera de matrimonio con Inés de Castañeda Lasso de la Vega, fue:
1.- Sancho Manuel de Castilla casó con Leonor Gonzalez de Manzanedo, en hijo de ambos en la Gener. No.

GENERACIÓN No. 141 en Centro América:

Los hijos del segundo matrimonio, de Don Mariano Montealegre Romero y Da. María Manuela Bárbara Lacayo Agüero, fueron los siguientes:

7a) Manuel Ignacio Montealegre Lacayo cc Natalia Delgado.
7b) Cipriana Montealegre Lacayo cc José María Gasteazoro R.
7c) Paula Montealegre Lacayo cc Manuel Balladares Terán.
7d) Gertrudis Montealegre Lacayo cc Benjamín Midence.
7e) Carmen Montealegre Lacayo cc Gabriel Dubón Echevers.
7f) Samuel Montealegre Lacayo cc Teresa Seydel Venerio.

7g) Abraham Montealegre Lacayo cc Victoria Callejas Sansón.
7h) Elías Montealegre Lacayo cc Julia Gasteazoro Robelo
7i) Isaac Montealegre Lacayo cc Julia Gasteazoro Robelo, viuda de Elías Montealegre Lacayo, compañero de lucha con el
Gral. Máximo Jeréz y Mariano Salazar Montealegre.
7j) Augusto César Montealegre Lacayo cc Isabel Salvatierra Ricarte y Fábrega. Tuvo cinco hijos con Francisca Cigú.
7k) Adán Montealegre Lacayo, sin descendencia.

GENERACIóN No. 141
Los hijos de Don Mariano Montealegre Fuentes-Sansón y Da. Dolores Sacasa Sarria, fueron los siguientes:
1.- Francisca Montealegre Sacasa, contrajo matrimonio con su pariente Don Fernando Solórzano Gutiérrez, hijo de Don Federico Solórzano Reyes que era hijo de Don Ramón Solórzano Montealegre, y éste era hijo de Don Vicente Solórzano Pérez de Miranda y su esposa Da. Gertrudis Montealegre Romero.
2.- Rafael Ignacio Montealegre Sacasa, contrajo matrimonio con Da. Pastora Venerio Olivares.
3.- Salvador Montealegre Sacasa, contrajo matrimonio con Da. Déborah Montealegre Cigú.
4.- Cipriana Montealegre Sacasa

Los hijos de Da. Cipriana Montealegre Lacayo con Don José María Gasteazoro Robelo, fueron los siguientes:
1.- Dr. José del Carmen Gasteazoro Montealegre cc Eva Mejía Morales. Médico, fue el doctor de cabecera de Da. Rosa Sarmiento, madre del poeta Rubén Darío, en El Salvador.
2.- Mariano Gasteazoro Montealegre cc Rita Rodríguez -Porth
3.- Carlos Alberto Gasteazoro Montealegre cc Francisca Bustamante, salvadoreña.
4.- Maximiliano Gasteazoro Montealegre
5.- Concepción Gasteazoro Montealegre cc en primeras nupcias con Leandro Rojas Suter, salvadoreño, y en segundas nupcias con Alfredo Suter, francés.
6.- Cipriana Gasteazoro Montealegre (m. Marzo 5, 1935) cc Octavio Cañas, salvadoreño.

Los hijos de Da. Paula Montealegre Lacayo con Don Manuel Balladares Terán, fueron los siguientes:
1.- Angélica Balladares Montealegre, fue condecorada por el Congreso Nacional y declarada la Primera Dama del Liberalismo. Vivió en Granada, en donde contrajo matrimonio con Enrique Castillo del Castillo y en sugundas nupcias con Guillermo Argüello Vargas.
2.- Manuel Balladares Montealegre cc Lucila Portocarrero

3.-Mariana Balladares Montealegre cc Joaquín Sansón Escoto, son los abuelos de la poetisa Mariana Sansón Argüello.
4.- Pastora Balladares Montealegre cc Justino Sansón Escoto.

Los hijos de Da. Gertrudis Montealegre Lacayo con Don Benjamín Midence, fueron los siguientes:
1.- Benjamín Midence Montealegre cc Margarita Martínez

Los hijos de Da. Carmen Montealegre Lacayo con Don Gabriel Dubón Echevers, fueron los siguientes:
1.- Marina Dubón Montealegre, tiene descendencia.
2.- Henry Dubón Montealegre (n. Sept. 17, 1917-m. Abril 24, 1989) cc Diana Cabrera García
3.- Virgilio Dubón Montealegre, muere el 26 de Febrero de 1958.
Nota: A este matrimonio se le murieron nueve hijos sin alcanzar la juventud.

Los hijos de Don Samuel Montealegre Lacayo con Da. Teresa Seydel Venerio, fueron los siguientes:
1.- Gustavo Montealegre Seydel cc Josefa Infante Morazán y con María "Mimí" D'Ambrun-D'Arbelles Izaguirre
2.- Lily Montealegre Seydel cc Isaac Montealegre Gasteazoro
3.- Arturo Montealegre Seydel cc Cruz Méndez
4.- Samuel Montealegre Seydel cc Esther Deshon Morazán
5.- Mariano Montealegre Seydel, muere soltero.
6.- Teresa Montealegre Seydel cc Francisco Reyes Callejas
7.- Enriqueta Montealegre Seydel cc José María Balladares Plazaola
8.- María Gertrudis Montealegre Seydel cc Arturo López Robelo

Los hijos de Don Elías Montealegre Lacayo con Da. Julia Gasteazoro Robelos, fueron los siguientes:
1.- Elías Montealegre Gasteazoro, muere soltero, a los 20 años.
2.- Mariano Montealegre Gasteazoro cc Amelia Mayorga Areas y tuvo una hija con Berta Meléndez. Hay extensa descendencia.
3.- Manuela "Yayita" Montealegre Gasteazoro, soltera, n. Oct. 19, 1893.

Los hijos de Don Isaac Montealegre Lacayo, con su esposa y cuñada viuda de su hermano, Da. Julia Gasteazoro Robelo, fueron los siguientes:
1.- Isaac Montealegre Gasteazoro cc Lily Montealegre Seydell
2.- María Cristina "Kika" Montealegre Gasteazoro cc Tomás Lacayo César
3.- Eduardo Montealegre Gasteazoro cc Celia Callejas Obregón
4.- María del Pilar "Mama Lai" Montealegre Gasteazoro cc primero con Félix Saravia Silva y en segundas nupcias con Francisco Herradora Silva.
5.- José Francisco Montealegre Gasteazoro, soltero, (n.1883-m.1925).

6.- Elia Montealegre Gasteazoro cc Mariano Dubón Montealegre
7.- Berta Montealegre Gasteazoro cc Eduardo Deshon Morazán, descendiente de los primeros inmigrantes del barco Mayflower y del Gral. Francisco Morazán Quesada, Presidente de Centro América.
8.- Casimira "Mira" Montealegre Gasteazoro cc Perfecto Tijerino Navarro.

Los hijos de Don Augusto César Montealegre Lacayo con su esposa Da. Isabel Salvatierra Ricarte y Fábrega. Tuvo hijos Don Augusto con Da. Francisca Cigú o Marie Debra Cigoue. Son los siguientes:
De su matrimonio con Da. Isabel son los siguientes:
1.- Augusto César Montealegre Salvatierra cc Ma. Cristina Zapata Malliè, hija de Román Zapata y Marie Louise Malliè hija de Louis Malliè.
2.- Ernesto Montealegre Salvatierra cc Modesta Tábora Gómez
3.- Paula Montealegre Salvatierra cc Jacinto Serrano
4.- Abraham Montealegre Salvatierra cc Priscila Tábora
5.- María del Carmen Montealegre Salvatierra cc Eliseo Venerio
6.- Humberto Serafín "Pin" Montealegre Salvatierra cc en primeras nupcias con Pastora Plazaola y en segundas nupcias con Celia Mondragón.
7.- Augusta Montealegre Salvatierra cc John Alex Colston Cross
8.- Manuela Montealegre Salvatierra cc en primeras nupcias con Felipe Altamirano Callejas y en segundas nupcias con Fco. Alfredo Sandoval Fuentes.
9.- Berta Montealegre Salvatierra cc Louis Colvin, sin descendencia.
Los hijos con Francisca Cigú o Marie Debra Cigoue, son los siguientes:
10.- Abel Montealegre Cigoue cc Carmen Vázquez
11.- Aaron Montealegre Cigoue
12.- Julio Renato Montealegre Cigoue cc Hilda Córdoba Solórzano
13.- Hermicenda Montealegre Cigoue cc Miguel Madriz
14.- Deborah Montealegre Cigoue cc Salvador "Chelón" Montealegre Sacasa

GENERACIóN No. 142
Los hijos del matrimonio formado por el Dr. Don Augusto César Montealegre Salvatierra y Da. María Cristina Zapata Malliè, fueron los siguientes:
1.- Dra. Augusta Patria Montealegre Zapata, odontóloga graduada de la Universidad Católica de Washington. Contajo matrimoni con Don Tomás Peralta Maza, salvadoreño, hay descendencia en El Salvador.
2.- Dr. Sergio Mario Montealegre Zapata, abogado graduado en la Universidad Católica de Washington. Contrajo matrimonio con Da. Connie Alvarez Padilla. Hay descendencia en Estados Unidos de América y México.
3.- Dr. Noel Salvador Montealegre Zapata, abogado graduado de la Universidad de León. Contrajo matrimonio con Da. María Elsa Valle Gámez
4.- Profesora Ilú Montealegre Zapata, contrajo matrimonio con el Profesor José Santos Rivera Siles, hijo del profesor, diputado por el Partido Liberal y coronel del Ejército Denfensor de la Soberanía Nacional (EDSN), Don José Santos Rivera

Zeledón y de su esposa la profesora Da. Angela Siles Zelaya. Los hijos de este matrimonio fueron los siguientes:

GENERACIóN No. 143

Los hijos de Da. Ilú Montealegre Zapata y Don José Santos Rivera Siles, son los siguientes:

1.- José Augusto Rivera Montealegre contrajo nupcias con:
Rosa Collin Oranday, mexicana, hay tres hijos, con María Elena Hernández, mexicana, hay cuatro hijos, y con Margarita Pérez Fonseca sin descendencia.
2.- Román Rivera Montealegre, fallece en la infancia.
3.- Flavio César Rivera Montealegre contrajo matrimonio con Ligia Bermúdez Varela, hija de Don Carlos Bermúdez Lanzas y de Da. Angela Varela Mendiola, originarios de la ciudad colonial de León Santiago de los Caballeros, Nicaragua. Procrearon dos hijas, ver siguiente Generación.
4.- José Santos Rivera Montealegre contrajo matrimonio con Mónica Rodríguez Helú, mexicana, procrearon dos hijos.
5.- José Eustacio Rivera Montealegre, soltero.

GENERACIóN No. 144

Las hijas de Flavio Rivera Montealegre y Ligia Bermúdez Varela, son las siguientes:

1.- Ilú de los Ángles Rivera Bermúdez casó con el Arquitecto Raymond Arbesú
2.- Flavia Ilú Rivera Bermúdez casó con Shaun Torrente Thompson

Breve bibliografía:

1.- Base de datos suministrada por el Lic. Norman Caldera Cardenal, que a su vez ha sido el producto de investigaciones de un grupo de personas de la misma familia, que ha recopilado datos en los Archivos de la Capitania General de Guatemala, en el Archivo de Indias en Sevilla, España; en Marruecos y en los archivos de la Academia de Ciencias Genealógicas de Costa Rica.
2.- "El origen judío de las monarquías europeas. El mayor secreto de la Historia", por Joaquín Javaloys, Editorial EDAF.
3.- "Enciclopedia de Historia Universal. Desde la Prehistoria hasta la II Guerra Mundial" por William L. Langer, editado por Alianza Diccionarios, Madrid.
4.- "Así sc hizo España" por José Antonio Vaca de Osma, Editorial Espasa-Calpe, Madrid, 1981.
5.- "The Forgotten Monarchy of Scotland" por HRH Príncipe Michael de Albania, Jefe de la Casa Real de los Stewart, Editado por Element Books Inc., Boston, USA, 1998.
6.- "Oxford Illustrated History of the British Monarchy" por John Cannon y Ralph Griffiths, Oxford University Press, 1988.

7.- "The Mammoth Book of British Kings and Queens" por Mike Ashley, editado por Carroll and Graf Publishers, Inc., Nueva York, USA, 1998.
8) Investigaciones realizadas por el Prof. Dr. Herbert Stoyan, Director del Instituto de Inteligencia Artificial de la Universidad Friedich Alexander, de Erlangen, Nüremberg, Alemania, disponibles en la www de internet.
9) Investigaciones del Dr. Bryan C. Tompset, Jefe del Departamento de Ciencias de Computación de la Universidad de Hull, en Inglaterra, disponibles en la www de internet en Genealogias de las familias reales. (www.hulluniversity.com)
10) Ancient Genealogies, del Historiador y Genealogísta Eward Pawlicki, disponible en la www de internet.
11) Les Ancêtres de Charlemagne, de Christian Settipani, reconocido como una de las máximas autoridades en la genealogía del Emperador, libro que le fuera obsequiado al Arq. Hernán Segura R., por el Dr. D. Ives de Ménorval.
12) Estudio Histórico de algunas familias españolas, de D. Alfonso de Figueroa y Melgar.
13) Investigaciones realizadas por el Arq. Segura Rodríguez en el Archivo General de Indias, en Sevilla, España.
14) Base de datos de la Iglesia de los Mormones, disponible en Internet.
15) Revista de la ACCG, No.37, San José, Costa Rica, Junio 2000.
16) La España del Siglo de Oro, François Piétri, Ediciones Guadarrama, entre otros libros y muchos sitios que se pueden acceder en internet en Google.com.
17.-"The Plantagenet Ancestry" by Lt.-Col. W. H. Turton, D.S.O., Genealogies Publishers, Inc., 1993.
18.- "Lines of Succession. Heraldry of the Royal Families of Europe" by Jiri Louda and Michael Maclagan, Barnes and Noble Books, New York, 2002.
19.- "Pedigree and Progress" (1975) and "The Jewish kings or princes of Narbonne", por Anthony Wagner.
20.- "A Jewish princedom in feudal France: 768-900" (1972), por Arthur Zuckerman.

Genealogía de la familia Montealegre
Descendientes de Don Pedro, Duque de Cantabria y de Don Pelayo

Investigación por: Flavio Rivera Montealegre

El caudillo visigodo Don Pedro, Duque de Cantabria, sucesor de los reyes francos, godos, visigodos y ostrogodos, y, muy importante, descendiente del linaje davídico, por los todos los anteriores; se encuentra refugiado en las montañas del norte de la península ibérica, en donde se unen a la población indígena, que se ha mantenido al margen del proceso unificador por parte de los romanos o visigótico. De esta manera se incorpora una población que se mantuvo al margen de la Reconquista peninsular. Otro caudillo godo, noble y cortesano, Don Pelayo, une fuerzas y se pone al mando de un grupo no muy numeroso de visigodos y astures, para enfrentar a los omeyas o árabes comandados por Alkama y que se han adentrado por los valles de Al-Andalus (Andalucía). Combaten en una emboscada cerca del lugar conocido como Covadonga, en el año 718. Según los historiadores españoles, la información sobre estos hechos es muy escasa, y no se encuentran si no hasta en los tiempos de Alfonso III "El Magno", Rey de Asturias (866-911) cuyo tatarabuelo era Don Fruela hijo de Don Pedro, Duque de Cantabria.

A Don Pelayo, caudillo astur, (reinado en el periodo 718-737, casado con Da. Gaudiosa) le sucedió su hijo Favila (reinado en el periodo 737-739). Favila no tuvo hijos, pero su hermana Ermesinda contrajo nupcias con Alfonso I Duque de Cantabria (reinado en el periodo 739-757) que era hijo de Don Pedro, Duque de Cantabria. El linaje de Alfonso I se termina con Alfonso II "El Casto" (reinado en el periodo 791-842) que era su nieto, e hijo de Fruela I (reinado en el periodo 757-768, casado con Munia, vasca). El resto de la descendencia de Don Pedro, Duque de Cantabria, se extiende por la rama de su segundo hijo, Don Fruela.

Don Pelayo, Duque de Cantabria, izquierda, y su hijo Favila

GENERACIÓN I (Primera)
Don Pedro, Duque de Cantabria era hijo de Doña Liubigotona, Reina de los Visigodos y de ERVIK, Rey de los Visigodos (muere en 687). Ervik era hijo de Ardabast y éste era hijo de Antanagildo. Antanagildo era hijo de San Hermenegildo II Rey de los Visigodos, y de su esposa Da. Ingunda. Hermenegildo II era hermano de Recaredo I, ambos, eran hijos de Leovigildo y su esposa Teodosia. Es conocida la genealogía de todos los antepasados godos y visigodos de todos estos caudillos hasta llegar a los reyes de Troya (Troy) que son los descendientes del rey Abraham (n. 1996 antes de Cristo), Rey de Israel, y su mujer Sarah o Saraí, que fueron los padres de Isaac casado con Rebekah o Rebeca. No se conoce el nombre de la mujer de Don Pedro, pero se sabe que le tuvieron dos hijos: Alfonso I "El Católico" (reinado en el periodo 739-757) y Don Fruela. Seguimos con los descendientes de Don Fruela.

GENERACIÓN II (Segunda)
Don Fruela le ayudó a su hermano Alfonso I para extenderse hacia el Este de la península, en el norte, y hacia las Bardulias (que ahora se llama Castilla) que eran tierras de vascones y el núcleo originario del condado de Castilla. Llegaron a conquistar tierras ubicadas en la cordillera central, pero luego tuvieron que retroceder para poder controlar militarmente tan extensos territorios. A este factor se debe agregar la falta de unidad entre los diversos grupos (astures, cántabros, vascos y otros) y tacto político para manejar tal unidad. Don Fruela contrajo nupcias con Da. Gundecinda, procrearon al hijo que hereda el linaje astur y cántabro. Su hijo fue:

GENERACIÓN III (Tercera)
Vermudo I o Bermudo I "El Diácono" (n.750), llamado así porque llegó a tener órdenes, como sacerdote, antes de reinar y suceder a su primo hermano, Mauregato (reinado en el periodo 783-789) hijo natural de Alfonso I con una musulmana cautiva, por eso el nombre "maurus-captus". En el 759 se menciona por vez primera el nombre de "al-Quila" o de los Castillos que en el futuro será el Condado de Castilla. La poderosa familia judía, los Banu Qasi, forman parte de esta lucha contra los omeyas, y se entrelazan matrimonialmente con los hijos de Iñigo Arista, Rey de Pamplona. En los tiempos de Bermudo I, entra en el juego político contra los omeyas, el Emperador Carlomagno, a manera de un intervensionismo político-militar, y que, junto con una familia judia, los hijos de Makhir –Theodoric I de David-Toulouse, ayudan a los astures a combatir y contener el avance de los omeyas. Carlomagno llegó personalmente a combatir en las cercanias del Ebro y a sitiar Zaragoza. Bermudo I "El Diácono", Rey de Asturias, contrajo nupcias con Numila Usenda de Navarra y de Cantabria, el hijo de ambos fue:

GENERACIÓN IV (Cuarta)

Ramiro I, "vara de la Justicia", Rey de Asturias (reinado en el periodo 842-850), era primo en segundo grado de Alfonso II (hijo de Fruela I) que estuvo reinando desde 791 al 842 a su muerte. Le sucede, pues, a su primo segundo en el año 842, Ramiro I tenía cincuenta años de edad. Repobló la ciudad de León para hacerla su capital en lugar de Oviedo; rechazó la invasión de los normandos o nordomanis cuando intentaron desembarcar en las costas de Gijón, luego entre Betanzos y La Coruña, y en Lisboa, llegaron a Cádiz y a Sevilla, atacaron Galicia, Algeciras, a las Baleares y se apoderaron de Pamplona. En ese mismo año, 842, contrajo segundas nupcias con Doña Paterna de Castilla, Señora de Castilla. En primeras nupcias había casado con Da. Urraca, en ambos matrimonio hay extensa descendencia. Sus hijos fueron:

GENERACIÓN V (Quinta)
De su primer matrimonio, Ramiro I con Da. Urraca, nacieron los siguientes hijos, que dan lugar a extenso linaje, entre ellos los Condes de El Bierzo y los Condes de Castilla. Ellos fueron:
1.- Ordoño I de Asturias, Rey de Asturias, León y de Galicia (n.830), contrajo nupcias con Da. MUNIA Nuña de Cantabria, sus descendientes se enlazan matrimonialmente con los descendientes de la familia judia de Makhir-Theodoric I de David-Toulouse, por el linaje de los reyes de Pamplona o Navarra, los de Iñigo Arista quienes al mismo tiempo se unen a la familia judía Banu Qasi. También son sus descendientes los que llevan el apellido Bermúdez, por Fernando Bermúdez, Conde de Bermúdez. Ver su descendencia en la siguiente generación.
2.- Gatón de El Bierzo, Conde de El Bierzo, de quien hay extensa descendencia. Fue vencido por los musulmanes en la jornada militar de Guadacelete.
El hijo de su segundo matrimonio, Ramiro I con Da. Paterna de Castilla, de cuyo linaje se forman los Condes de Lara y de Castilla y los Núñez; su hijo fue el siguiente:
3.- Don Rodrigo de Castilla, Conde de Castilla (fallece en el 873), no se conoce el nombre de su esposa, pero le tuvieron hijos, ver siguiente generación.

GENERACIÓN VI (Sexta)
El hijo de Ordoño I de Asturias, Rey de Asturias, León y de Galicia con Da. Munia Nuña de Cantabria, fue el siguiente:
1.- Don Alfonso III de Asturias, "El Magno" Rey de Asturias, León y Galicia (866-910). Una vez vencida la rebelión del conde gallego Froila, que quería disputarle el trono, somete e incorpora a su señorío a los siempre rebeldes vascones y obtiene su primera victoria sobre los musulmanes en Ibrillos, al sur de Miranda. Uno de los grandes aciertos de Alfonso III de Asturias es poner en contacto y amistad, uniéndolos a una empresa común, a los pueblos astures y leoneses con los pirenaicos. Consigue la alianza de las dos ramas de la dinastía de Pamplona: los Iñiguez y los Jiménez, aliados a su vez de los reyes moros del Ebro, los Banu Qasi y otros; al contraer nupcias con una princesa navarra, Ximena de

Navarra o Pamplona. Al mismo tiempo consigue que su hermana Leodegundia contraiga nupcias con el magnate navarro, Jimeno de Pamplona, Duque de Vasconia (su hijo, Iñigo Jiménez de Pamplona estuvo casado con Da. Onneca, que contrajo segundas nupcias con Muza ben Fortùn Banu Qasi Moro y son los padres de Iñigo Iñiguez Arista, primer rey de Pamplona y hermano de Muza Ben Fortùn, el III Rey de España, de la Casa Banu Qasi). Su hijo en la siguiente generación.
2.- Da. Leodegundia de Asturias, contrajo nupcias con el magnate navarro, Jimeno de Pamplona, Duque de Vasconia.
3.- Don Munio Ordóñez.

El hijo de Don Rodrigo de Castilla (m. 873) fue el siguiente:
1.- Don Diego Rodríguez de PORCELOS, Conde de Castilla, otros genealogistas lo identifican como Diego Fernández PORCELOS, fallece en el año 885. Don Diego es el fundador del pueblo conocido como Burgos. Contrajo matrimonio con Da. Assura Fernández, hija de . Procrearon dos hijas, Gutina y Sula, ver siguiente generación.

GENERACIÓN VII (Séptima)
Los hijos de Don Alfonso III de Asturias, El Magno, y Da. Ximena de Navarra, fueron los siguientes, y a quienes les divide en herencia, su reino:
1.- García I de Asturias, Rey de León en el periodo 910 a 914, contrajo nupcias con Da. Munia.

2.- Ordoño II de Asturias, Rey de Galicia en el periodo de 914 a 924, feudatarios de su hermano García I. Figura clave de la Reconquista. Contrajo nupcias tres veces. En primeras con Da. Munia Elvira. En segundas con Da. Argonta. En terceras con Da. Sancha de Navarra. Es por los hijos de Ordoño II con su segunda esposa Da. Argonta, que el linaje llega hasta nuestros días, entrelazados con los descendientes de otros reinos, condados y señoríos. Ver la siguiente generación.

3.- Fruela II de Asturias, Rey Asturias y de León en el periodo 925 solamente y feudatario de su hermano García I. Sucede en el trono a su hermano Ordoño II. Contrajo nupcias con Da. Urraca Munia Banu Qasi, sus hijos en la siguiente generación.

Los hijos de don Diego Rodríguez (o Fernández) PORCELOS y su esposa Da. Assura Fernández, fueron los siguientes:
1.- Da. Gutina Fernández PORCELOS, contrajo matrimonio con Don Fernán Núñez.
2.- Da. Sula Fernández PORCELOS contrajo matrimonio con Don Nuño Belchides, que era un caballero alemán originario de la ciudad de Colonia y que por el año 884 se traslada a vivir a Castilla, el hijo de ambos en la siguiente Generación.

GENERACIÓN VIII (Octava)
Los hijos de Don Ordoño II de Asturias, Rey de Galicia y al morir su hermano Rey de León, con su segunda esposa, Da. Argonta, fueron los siguientes:
1.- Sancho Ordóñez, Rey de Galicia desde 925 al 929.

2.- Alfonso IV "El Monge", Rey de León en el periodo desde 925 a 931. Sucede en el trono a su tio Don Fruela II. Contrajo nupcias con Da. Urraca Jiménez de Navarra.

3.- Ramiro II, Rey de León y de Galicia desde 931 hasta 995, cuando muere, después de una gran batalla contra los moros en Talavera, a orillas del río Tajo. Figura clave de la Reconquista. Hereda de su padre el trono, su temperamento y sus cualidades políticas y militares, es un caudillo con excelentes cualidades. Enfrenta con efectividad al califa Abderramán. Ayuda para librar a Toledo y se toma militarmente Madrid, nombre que aparece por primera vez en la historia. Fue aliado con su pariente Don Fernán González, Conde de Lara y de Castilla, derrota en Simancas al califa Abderramán. Contrajo nupcias dos veces, la primera con Da. Teresa Florentina de Navarra. En segundas nupcias con Da. Urraca. Sus hijos en la siguiente generación.

Los hijos de Da. Da. Sula Fernández PORCELOS que contrajo matrimonio con Don Nuño Belchides fueron los siguientes:
1.- Nuño Núñez Rasura quien contrajo matrimonio y le tuvieron una hija de nombre Teresa Núñez Vella, ver siguiente Generación.

GENERACIÓN IX (Novena)
Los hijos de Don Ramiro II con Da. Teresa Florentina de Navarra, fueron los siguientes:
1.- Sancho I "El Craso", Rey de León durante dos periodos, primero desde 956 a 958, luego desde 960 a 966. Contrajo nupcias con Da. Teresa de Monzón, el hijo de ambos fue Ramiro III, quien le sucede en el trono de León.
2.- Ordoño III "El Bueno", Rey de León en el periodo de 951 al 956. Le sucede primero su primo hermano, con el nombre de Ordoño IV "El Malo" desde 958 a 960, era hijo de Alfonso IV hermano de su padre Ramiro II. Contrae nupcias dos veces, Ordoño III, primero con su parienta Da. Urraca Fernández de Castilla (ella contrajo nupcias tres veces, la tercera con Sancho II Garcés Abarca, Rey de Pamplona), hija de Don Fernán González, Conde de Lara y de Castilla, que fue repudiada, y luego contrajo nupcias con Ordoño IV con quien no tuvo hijos. Tuvieron varios hijos, ver siguiente generación. En segundas nupcias con Da. Elvira González.

La hija del matrimonio formado por Nuño Núñez Rasura quien contrajo matrimonio y le tuvieron una hija de nombre:
1.- Teresa Núñez Vella quien contrajo matrimonio con Don Laín Flavio Calvo, procrearon cuatro hijos, ver siguiente Generación.

GENERACIÓN X (Décima)
El hijo de Don Sancho I con Da. Teresa de Monzón, fue:
1.- Ramiro III Rey de León desde 966 hasta 984 y le sucede su primo hermano Don Bermudo III. Contrajo nupcias con Da. Urraca.
Los hijos de Don Ordoño III "El Bueno" con su parienta y esposa Da. Urraca Fernández de Castilla, fueron los siguientes:
1.- Bermudo II "El Gotoso" Rey de León, sucede en el trono a su primo hermano Ramiro III, y reina durante el periodo desde 984 hasta el 999. Contrajo nupcias con Da. Velasquita de León y en segundas nupcias con Da. Elvira Garcés de Castilla hija de Ava de Ribagorza y García I Conde de Castilla (n.940-m.995) ambos descendientes de Theodoric I de David-Toulousse, Conde de Narbona, del linaje davídico. El hijo de Bermudo II y Da. Velasquita en la siguiente generación.
2.- Ordoño de León, muere muy jovencito, en la infancia.
3.- Teresa de León, se hizo monja en el Convento de San Julián de León.

Los hijos de Da. **Urraca Fernández de Castilla**, con su tercer esposo, **Don Sancho II Garcés Abarca**, **Rey de Pamplona**, son hermanos de madre de los herederos de la corona de León. Esto es muy importante porque las casas de Pamplona o Navarra con el tiempo se enlazan con la casa de León y de Castilla. Sus hijos del tercer matrimonio fueron los siguientes:
1.- García II Sánchez "El Tímido", Rey de Pamplona, (nace en el 964), gobernó el Condado de Castilla del 995 al 1017. Además, fue Conde de Aragón. Contrajo nupcias con Da. Jimena Fernández hija de Don Fernando Bermúdez, Conde de Bermúdez y de su esposa Da. Elvita. Era nieta de Don Bermudo Núñez (m. 958) y Da. Velasquita. Era bisnieta de Don Munio Ordóñez (hermano de Alfonso III "El Magno" Rey de Asturias). Era tataranieta de Don Ordoño I de Asturias, Rey de Asturias y Galicia y de su esposa Da. Munia. Don Ordoño I de Asturias era hijo de Ramiro I de Asturias. Sus hijos en la siguiente generación.
2.- Ramiro de Navarra
3.- Gonzalo de Navarra

Los hijos de Da. Teresa Núñez Vella quien contrajo matrimonio con Don Laín Flavio Calvo y procrearon cuatro hijos, fueron los siguientes:
1.- Fernán Laínez, el mayor que pobló a Haro y de quien desciende el Cid Campeador, Don Ruy Díaz de Vivar. Su hijo en la siguiente Generación.
2.- Bermudo Laínez, de este descienden los que llevan el apellido Cárdenas.
3.- Laín Laínez

4.- Diego Laínez que pobló Peñafiel y de este descienden los que llevan el apellido de Castro, relacionados con las casas monárquicas de la España de la Edad Media. Contrajo matrimonio con Ximena Núñez que era hija de Don Nuño Álvarez de Amaya y de Da. Gondroda Gutierre quien a su vez era hija de Don Gutierre Señor de Castro-Xeriz. Sus hijos en la siguiente Generación.

GENERACIÓN XI (Décima Primera)
El hijo de Don Bermudo II "El Gotoso" con su esposa Da. Velasquita de León, fue:
1.- Alfonso V "El Noble" Rey de León, Asturias y Galicia, en el periodo 999 al 1028, cuando le sucede a su padre. Contrajo nupcias con Da. Elvira de Meléndez. Sus hijos en la siguiente generación.

El hijo de Don Fernán Laínez y su esposa fue:
1.- Don Fernando Laínez, su hijo en la siguiente Generación.

GENERACIÓN XII (Décima Segunda)
Los hijos del matrimonio formado por Don Alfonso V "El Noble" y Da. Elvira de Meléndez, fueron los siguientes:
1.- Bermudo III que hereda a su padre como Rey de León, Asturias y Galicia. Su reinado comprende desde 1028 al 1037. Contrajo nupcias con Da. Urraca Teresa de Castilla. Le sucede en el trono su hermana Da. Sancha de León.
2.- Da. SANCHA de León, Reina de León al morir su hermano en el 1037, asume la corona y concluye su reinado hasta su muerte en el 1067. Al contraer matrimonio, se realiza la primera unión de dos reinados que han crecido con el tiempo, León y Castilla. Contrae nupcias con Fernando I Sánchez "El Magno" de Castilla, Rey de Castilla desde el 1035 al 1065. Al contraer matrimonio con Da. Sancha, es reconocido Rey de León desde el 1037 hasta su muerte en el 1065. Era hijo de Sancho III Garcés, Rey de Pamplona (n.991) y su esposa Da. Munia Mayor Sánchez (n.995). Era nieto de Da. Urraca Fernández de Castilla y de Don Ordoño III de León que a su vez, era el bisabuelo de Da. Sancha de León, en otras palabras era sobrina de su esposo Don Fernando I Sánchez, "El Magno", sus hijos en la siguiente generación. Aquí se juntan los linajes de Pamplona o Navarra, con los de Castilla, con los de León, con los Jiménez de Pamplona, con los Íñigo Iñiguez Arista, con los Banu Qasi.

El hijo de Don Fernando Laínez y su esposa fue:
1.- Don Fernando Rodríguez, su hijo en la siguiente Generación.

GENERACIÓN XIII (Décima Tercera)
Los hijos del matrimonio formado por Don Fernando I El Magno, Rey de Castilla y su esposa Da. SANCHA de León, Reina de León, fueron los siguientes:

1.- ALFONSO VI (n.1030-m.1109), Rey de León y de Castilla, Emperador de España, hijo de Fernando I "El Magno", Rey de León y de Castilla (1035-1065) y de Sancha I Reina de León, ésta hija de Alfonso V Rey de León, Oviedo y Galicia, y de su esposa doña Elvira Meléndez hija del Conde Don Melendo González. Fue su cuarta esposa la princesa mora, ZAIDA, conocida como **Isabel de Sevilla**, con la cual casó en 1097 y que murió de parto en 1107. La Crónica General de don Alfonso X el Sabio, Rey de Castilla y de León, dice "que oyendo Zaida la gran fama del Rey don Alfonso, grande en los Estados, mayor en el ánimo, amable en la piedad, dulce en el trato y gallardo en el cuerpo, se enamoró de sus prendas con toda la tenacidad propia de una mujer enamorada. Sabía que su padre deseaba la amistad de don Alfonso, como vecino más poderoso, y viendo tan buena disposición, autorizó la hija su deseo con el beneplácito del Rey Abenabeth, proponiéndole el nuevo vínculo, que ella suspiraba contraer. Envió embajada al Rey, pidiéndole que señalase lugar donde pudiesen verse, y que si gustaba tomarla por mujer (hallándose el Rey entonces viudo) le daría las ciudades y castillos de su legítima, que eran muchos en número y mejores en la calidad, por hallarse en los confines de Toledo, donde el Rey había adelantado sus conquistas. Éste consultó la propuesta con los señores, y todos aprobaron que la diese gusto en ir a verse con ella, pues hacía con mucha urbanidad la petición. Viéronse en el lugar señalado, y si la princesa culpó a la fama de escasa en relación de las prendas del Rey, no quedó éste menos enamorado de ella, pues era hermosa, crecida, proporcionada; y tratando del desposorio, la dijo el Rey si se haría cristiana. Respondóles que sí, y, en efecto se bautizó, recibiendo el nombre de María; pero el Rey no quiso sino que la llamasen Isabel, y al punto recibió el Rey en dote a Cuenca, Huete, Consuegra, Ocaña, Mora, Uclés, Alarcos y otros castillos (que luego se perdieron), y Zaida pasó a vivir con el Rey, ella era descendiente de MAHOMA, era hija del Emir Abd ul-Kásim Muhammad ben Abed, (+1095, en Aghmar, Marruecos), al-Mutamid, Emir de Sevilla, (1068), conocido en el mundo cristiano de la época como ABENABETH. Personaje grande y trágico. Poeta excelente y buen estadísta, a quien el destino le hizo probar tanto las cosas más dulces de la vida como las más amargas.

Fue desterrado en Marruecos por los Almorávides, que desconfiaban de él por haber casado a su hija con el Rey cristiano. Es famoso por la belleza de la poesía que le inspiró su esposa, una ex-esclava, a quien colmó de amor y de valiosísimos regalos, llamada I'TAMID, que fue la madre de ZAIDA".

La Crónica General añade "que se velaron y que no fue barragana o amiga, sino mujer legítima" en contradicción con lo que han sostenido algunos cronistas cristianos, que la han calificado de concubina. Esta Reina le dió a Alfonso VI, además de sus hijas **Sancha** y Elvira, el único hijo varón que tuvo de sus cinco esposas, Sancho, que habría heredado el trono de no haber sido por su muerte a la temprana edad de 18 años en la batalla de Uclés. Su hija **Sancha** en la siguente generación.

2.- Sancho II Fernández "El Fuerte", Rey de León.

3.- García Fernández de Galicia, Rey de Galicia.
4.- Da. Urraca de Castilla.
5.- Da. Elvira de Castilla.

GENERACIÓN XIV (Generación No.14 o Décima Cuarta)
Su hija **SANCHA**, casó con Rodrigo González de Lara, "el Franco", Señor de Liébana, Quintanilla, Ventosa, Cisneros y otras villas, y tuvo, además, los Gobiernos de Toledo, Segovia, Extremadura, Asturias de Santillana y otros. Fue hijo de Gonzalo Núñez de Lara, Conde y Señor de la Casa de Lara y Gobernador de Lara y Osma, y de su esposa Da. Godo González Salvadórez.
Origen de la Casa de Lara: Este linaje tiene un origen antiquísimo que entronca con los godos. Descienden de Pedro, duque de Cantabria que dio lugar a dos ramas: la de los reyes de Asturias, León y Castilla, y la de los Condes de Lara, uno de ellos, Manrique de Lara, vizconde de Narbona, recibe el condado o señorío de Molina, una importante plaza estratégica entre Castilla y Aragón. Uno de sus descendientes, Pedro González de Lara, guerrea con el rey Fernando III de Castilla y pierde la guerra, por lo que su hermana Mafalda, es casada con el infante don Alonso, hijo de don Alfonso IX, rey de León, y de su esposa doña Berenguela, reina de Castilla, y lleva en dote el Señorío de Molina que pierde Pedro, que es conocido desde entonces como "el Desheredado".
Distribución: Los descendientes del "Desheredado" se fueron dispersando por toda España, creando importantes y nobles casas solares, principalmente en Murcia, Aragón, Andalucía y Extremadura. Los Fernández de Molina en Úbeda, los Ruiz de Molina en Molina, Huéscar, Madrid y Murcia. Los Molina Tirado en Aragón, Gómez de Molina en Málaga, Hernández de Molina en Sevilla. Etc. También pasaron a América y destacaron especialmente en Cuba, Guatemala, Colombia, El Salvador, Nicaragua, México, Ecuador, Chile y Argentina.
Don Rodrigo González de Lara, "el Franco", casó primero en el año 1120 con Doña Sancha, a quien hizo madre de:

GENERACIÓN XV
Rodrigo Rodríguez de Lara, (1123), Ricohombre, Señor de Peñalva, Quintanilla y Traspinedo. Casó con Da. Gracia de Azagra, su hija:

El hijo de Don Fernando Rodríguez y su esposa fue:
1.- Don Laín Fernández, su hijo en la siguiente Generación.

GENERACIÓN XVI
Doña SANCHA casó con Gonzalo Ruiz de Girón (+1231), Ricohombre del Rey Alfonso VIII, de Enrique I y de Fernando III, hasta su muerte. Fue hijo de Rodrigo Gutiérrez (o González de Cisneros) y de Da. MAYOR. Casó primero con Da. Sancha Rodríguez de Lara y Azagra. La hija de ambos, Da. Sancha y Don Gonzalo, fue María González Girón:

El hijo de Don Laín Fernández y su esposa fue:
1.- Laín, su hijo en la siguiente Generación.

GENERACIÓN XVII
Da. MARIA GONZALEZ GIRON, (de la forma como se le conoce), o como Da. María RUIZ de GIRON y RODRIGUEZ de LARA casó con Guillén Pérez de Guzmán (mitad del Siglo XIII), Señor de Becilla. Ricohombre de Castilla, hijo de Pedro Díaz de Guzmán, Señor de Guzmán , Núñez, Lara y Aguilar, y de su segunda esposa Da. Urraca Díaz. Don Guillén casó con Da. María González Girón, su hijo fue Don Pedro:

El hijo de Don Laín y su esposa fue:
1.- Don Álvaro, su hijo en la siguiente Generación.

GENERACIÓN XVIII
Pedro GUILLEN de GUZMAN y GONZALEZ GIRON (mitad del Siglo XIII), Señor de Derrunada y San Román, Ricohombre de Castilla. Adelantado Mayor de Castilla. Casó con Da. Urraca ALFONSO, hija de ALFONSO IX (1171-1230), Rey de León, y de Teresa GIL de Vidaure (m.1250, hija de Sancho I, Rey de Portugal), su joven amante pero contrajeron nupcias y se divorcian en 1198, y que fue esposa de Jaime I El Conquistador, Rey de Aragón (1208-1276) . El hijo de Pedro Guillén y Urraca Alfonso fue:

El hijo de Don Álvaro y su esposa fue:
1.- Don Eilo, su hijo en la siguiente Generación.

GENERACIÓN XIX
Fernán PEREZ de GUZMAN y ALFONSO, (segunda mitad del Siglo XIII), Ricohombre, Señor de Badalazor y Adelantado Mayor de Murcia y Andalucía. Casó con Da. Sancha RODRIGUEZ de CABRERA, hija de Rodrigo de VALDUERNA, "el Feo".
El hijo Fernán Pérez de Guzmán y Alfonso con Sancha Rodríguez de Cabrera fue:

El hijo de Don Eilo y su esposa fue:
1.- Don Nuño Laínez, su hijo en la siguiente Generación.

GENERACIÓN XX (Duodécima o Veinte)
Juana de Guzmán y Rodríguez de Cabrera casó con
Diego (o Día) GóMEZ de CASTAñEDA, (la mitad del Siglo XIV), Ricohombre y Señor de Castañeda y las Hormazas, hijo de Pedro Díaz de Castañeda, quinto Señor de Castañeda, y de su esposa, Da. Mayor Alonzo de Celada. Da. Juana de

Guzmán y Rodríguez de Cabrera, Señora de Badalazor, y su esposo Diego Gómez de Castañeda, procrearon a su hijo:

La hija de Don Nuño Laínez y su esposa fue:
1.- Da. Teresa Laínez de Reja quien contrajo matrimonio, su hijo en la siguiente Generación.

GENERACIÓN XXI
Ruy GONZALEZ de CASTAñEDA, (+1356), Ricohombre de Castilla, Señor de las Hornazas y de Santa Olaya de León. Casó con
Da. Elvira LASSO de la VEGA, hija de Garci Lasso de la Vega y de Da. Urraca Rodríguez de Rojas. Don Garci Lasso de la Vega, era Señor de la Vega y de los Valles de Santillana, Justicia mayor y Merino mayor de Castilla. La hija de Ruy González y Elvira Lasso de la Vega fue:

El hijo de Da. Teresa Laínez de Reja y su esposo fue:
1.- Don Rodrigo Álvarez, Teniente del Castillo de Luna y de las Comarcas de Mormojón, Moradillo, Cellorigo y Curiel. Su hija en la siguiente Generación.

GENERACIÓN XXII
MARIA RODRIGUEZ DE CASTAñEDA y LASSO DE LA VEGA, casó con Don Sancho MANUEL, (1283+ca.1325), Conde de Carrión, Ricohombre de Castilla, Teniente Alcaide del Castillo de Murcia y Teniente Adelantado Mayor del Reino de Murcia. Su padre, de Don Sancho Manuel, fue Don Juan Manuel, "El Escritor", Infante de Castilla y de León, y su madre fue Da. Beatrice de Saboya (muere en 1292, era hija de Amadeus IV, Conde de Saboya, m.1253, y su esposa Cecilia de Baux Orange ; Da. Beatrice de Saboya era nieta de Tomás I de Saboya y por tanto descendienta de Humberto I Conde de Saboya fallecido en 1042 o 1051, aproximadamente). Era nieto de Don Manuel de Castilla (hermano de Don Alfonso X El Sabio) y bisnieto de Fernando III El Santo. El hijo de Da. Maria y Don Sancho, verlo en la siguiente generación XXIII:

El hijo de Don Rodrigo Álvarez y su esposa fue:
1.- Don Laín Núñez, su hijo en la siguiente Generación.

GENERACIÓN XXIII
El hijo de Da. María Rodríguez de Castañeda y su esposo Don
SANCHO MANUEL, fue:
Don Juan Sánchez Manuel y Rodríguez de Castañeda, (n. cerca de 1350-muere en 1390), segundo Conde de Carrión en 1368. Casó con Da. Juana de Aragón-Xérica, Princesa de la Casa Real de Aragón, hija de Don Pedro de Aragón, Señor de la Baronía de Xérica, su madre fue Da. Buenaventura de Arbórea. Su hija fue Da. Inés Manuel de Villena, ver Generación XXIV.

El hijo de Don Laín Núñez y su esposa fue:
1.- Don Rodríguez Laínez-Núñez, su hijo en la siguiente Generación.

GENERACIÓN XXIV
Da. Inés MANUEL de VILLENA casó con Garcí Fernández de Villodre, Señor de las Salinas de Monteagudo en Albacete. Su hija Da. Catalina, ver Gen. XXV.

El hijo de Don Rodríguez Laínez-Núñez y su esposa fue:
1.- Don Diego Laínez de Vivar, su hijo en la siguiente Generación.

GENERACIÓN XXV
Da. Catalina Sánchez MANUEL de VILLODRE casó con Luis Méndez de Sotomayor (+1395), primero del nombre y quinto Señor de El Carpio y de Morente y de otras villas. Hijo de Garcí Méndez de Sotomayor, cuarto Señor de El Carpio, y de Da. Juana Ruiz de Baeza. Su hijo fue:

El hijo de Don Diego Laínez y su esposa fue:
1.- Don Rodrigo Díaz de Vivar, mejor conocido en la historia como el Cid Campeador. Contrajo matrimonio con Da. Jimena Díaz, procrearon dos hijas: Elvira Cristina Díaz de Vivar y María Díaz de Vivar.

GENERACIÓN XXVI
Garcí Méndez de Sotomayor casó en primeras nupcias con Da. María de Figueroa y Messía, hija de Lorenzo Suárez de Figueroa, Maestre de Santiago, y de Da. Isabel de Messía, su primera esposa. Garcí Méndez de Sotomayor fue 5o. del nombre, 6o. Señor de El Carpio, Señor de Morente y de otras villas. Su hijo en la Generación XXVII:

Las hijas de Don Rodrigo Díaz de Vivar y su esposa Da. Jimena Díaz, fueron:
1.- Elvira Cristina Díaz de Vivar contrajo matrimonio con Don Ramiro Sánchez de Navarra, Conde de Monzón, hijo de Sancho García IV Rey de Navarra (m.1150, hijo de Ramiro de Navarra, tataranieto de Sancho III Rey de Navarra que era hijo

de Sancho I el Grande Rey de Navarra y de Castilla, m. 1035) y de su esposa Da. Clemencia. Su hijo en la siguiente Generación XXVII
2.- María Díaz de Vivar

GENERACIÓN XXVII
El hijo de Don Ramiro Sánchez de Navarra, Conde de Monzón, y de su esposa Da. Elvira Cristina Díaz de Vivar, fue:
1.- Garcia VI Ramírez y Díaz de Vivar, Rey de Navarra, casó con Margarita de L'Aiglie, su hija en la siguiente generación XXVIII.

El hijo de Don Garcí Méndez de Sotomayor y su primera esposa Da. María de Figueroa y Messía, fue:

Don Luis Méndez de Sotomayor quien tuvo sucesión sin contraer matrimonio con Da. Inés Méndez. Dn. Luis Méndez de Sotomayor fue 2o. del nombre, 7o. Señor de El Carpio, de Morente y de otras villas y Consejero del Rey Don Juan II. Su hijo con Da. Inés fue:

GENERACIÓN XXVIII
La hija del matrimonio formado por Garcia VI Ramírez y Díaz de Vivar, Rey de Navarra y su esposa Da. Margarita de L'Aiglie, fue:
1.- Blanche o BLANCA de Navarra (1134-1156)) contrajo matrimonio con Sancho III, Rey de Castilla, en Enero de 1151 en Calahorra. Sancho III (n.1135-m.1158) era hijo de Alfonso VII Rey de Galicia y Castilla (n.1105-m.1157), y su esposa Da. Berengaria Berenguer de Barcelona (m.1149) hija de Raymond Berenguer III, Conde de Barcelona. El hijo con Sancho III de Castilla y Blanca de Navarra, en la siguiente generación XXIX:

El hijo de Don Luis Méndez de Sotomayor y Da. Inés Cerrato, fue:
Garcí Méndez de Sotomayor (+1569). Casó con Da. Marina Fernández de Córdoba, conocida también como Da. Marina de Solier, hija de Alfonso Fernández de Córdoba, IV Señor de los Humeros, y de Da. Mayor Venegas. Fue su hijo:

GENERACIÓN XXIX
El hijo de Don Sancho III de Castilla y Da. Blanca de Navarra, fue:

Doña Berenguela, izquierda, y Alfonso X "El Sabio"

1.- Alfonso VIII "El Noble, el de Las Navas" Rey de Castilla (1155-1214) casó con Eleanor Plantagenet (1162-1214) en Septiembre de 1170, en la Catedral de Burgos, en Castilla. Da. Eleanor o Leonor era hija de Enrique II Plantagenet, Rey de Inglaterra y de su esposa Da. Leonor de Aquitania hija de William X Duque de Aquitania y su esposa Da. Leonor de Chatellerault (1103-1130) que a su vez era hija de Amauri I Chatellerault. Los hijos de Alfonso VIII y Da. Leonor, en la siguiente generación XXX.

El hijo Don Garcí Méndez de Sotomayor y Da. Marina Fernández de Córdoba o Marina de Solier, fue:
Alonso Fernández de Córdoba casó con Da. Inés Cerrato Contreras. Don Alonso nació en Montilla, Córdoba, España. Heredó ciertas propiedades de su madre. Estaba ya en Indias al testar ella. Testó Don Alonso en la ciudad de Granada, Nicaragua, el 15 de Marzo de 1564.

Da. Inés Cerrato Contreras, es hija del Dr. Juan López Cerrato, natural de Mengabril, Badajoz, España, y de su esposa Da. María de Contreras, natural de Medellín, Badajoz, España. Su hijo en la siguiente generación XXX.

GENERACIÓN XXX (Generación No. 30)
Los hijos de Don Alfonso VIII "El Noble, el de Las Navas" Rey de Castilla (1155-1214) y de su esposa Da. Eleanor o Leonor Plantagenet, Princesa de Inglaterra (1162-1214), hija de Enrique II Plantagenet, Rey de Inglaterra, y de su esposas Da. Leonor de Aquitania que era hija de William X Duque de Aquitania y de Da. Aenor de Chatellerault. Los hijos de Alfonso VIII y Da. Leonor Plantagenet fueron los siguientes:
1.- Berengaria o Berenguela de Castilla (1180-1246)(*), contrajo nupcias con Alfonso IX Rey de León (1171-1230). Su hijo en la Generación XXXI.
2.- Sancho de Castilla
3.- Sancha de Castilla
4.- Mafalda de Castilla
5.- Urraca de Castilla (m.1220), en 1206 contrajo matrimonio con Alfonso II Rey de Portugal.
6.- Blanche de Castilla, n.1188-m.1252 (*), contrajo matrimonio con Luis VIII Capeto, Rey de Francia. Su nieta, hija de Luis IX El Santo, de nombre Blanche o Blanca de Francia contrajo matrimonio con Fernando de la Cerda, hijo de Alfonso X El Sabio, Rey de Castilla.
7.- Fernando de Castilla
8.- Leonor de Castilla, en 1221 contrajo matrimonio con Jaime I Rey de Aragón, su hija Violante de Aragón contrajo matrimonio con Alfonso X El Sabio, Rey de Castilla.
9.- Constanza de Castilla
10.- Henry I (Enrique I de Castilla, Rey de Castilla en 1214), n.1204-m.1217
11.- Henry muere en la infancia.
12.- Constance de Castilla

El hijo de Don Alonso Fernández de Córdoba y de su esposa Da. Inés Cerrato Contreras, fue:
LUIS MENDEZ de SOTOMAYOR casó con Da. Juana de Vera y Toro de Ulloa. Don Luis nació en 1560 en Granada, Nicaragua. Fue Capitán, Encomendero de Masaya, Nicaragua. Su matrimonio con Da. Juana de Vera y Toro de Ulloa, se realizó cerca de 1566, hija de
Don Diego de Herrera y Da. Juana de Vera y Toro de Ulloa, ambos de Xeréz de la Frontera, España. Don Diego era Alcaide de San Lúcar dc Barrameda. Sus hijos dejaron descendencia en Costa Rica y en Nicaragua. Ver Generación No.XXXII en Centro América.

GENERACIÓN XXXI (en España)
Los hijos de Da. Berengaria o Berenguela (1171-1244) Reina de Castilla y de su esposo Don Alfonso IX Fernández, (n.1171-m.1230), Rey de León, fueron:
1.- Fernando III "El Santo" Rey de Castilla y León (1191-1252) y

2.- Da. Berengaria.
Fernando casó con Joanna (Jane) de Dammartin, su hija: Eleanor de Castilla, Condesa de Ponthieu casó con Edward I Rey de Inglaterra.
Berengaria casó con Juan I de Brienne, Rey de Jerusalem, hijo de Erard II.
Fernando III "El Santo", Rey de Castilla y León casó en segundas nupcias con Beatrice von Hohenstaufen (Elizabeth) (n.1202-m. Noviembre 5, 1245, en Toro, España) su hijo Alfonso X "El Sabio" casó con Violante de Aragón. Ver siguiente Generación.
3.- Alfonso de Castilla, Duque de Molina, con este hijo se inicia la Casa de Molina. Contrajo matrimonio tres veces. En primeras nupcias con Majoria Téllez. En segundas nupcias con Mafalda Pérez o Mafal González de Lara hermana de Pedro González de Lara (descendientes de Manrique de Lara, visconde de Narbona) , y, en terceras nupcias con Teresa Pérez.

Nota: Alfonso IX, Rey de León, era hijo de Don Fernando II (n.1137-m.1188), Rey de León, y de su esposa da. Urraca de Portugal (n.1151-m.1214), hija de Alfonso I Burgundy, Rey de Portugal y de su esposa Da. Matilde de Saboya hija de Amadeo III, Conde de Saboya, y, nieta por el lado paterno de Don Enrique de Burgundy, Conde de Portugal, y su esposa Da. Teresa de Castilla, hija natural de Don Alfonso VI, Rey de Castilla.

Fernando III "el Santo" , Rey de Castilla

GENERACIÓN XXXII (en España)
Los hijos del segundo matrimonio de Don Fernando III El Santo, Rey de Castilla, con su esposa Da. Beatrice von Hohenstaufen, hija de Felipe de Suabia-Hohenstaufen, Rey de Alemania y su esposa Da. Irene de Bizancio, Princesa de Bizancio e hija del Emperador de Bizancio, Isaac II Ángelus; fueron los siguientes:
1.- Alfonso X "El Sabio" casó con su prima en tercer grado de consanguinidad, Da. Violante de Aragón, ver sus hijos en la siguiente generación.

2.- Infante Don Manuel de Castilla, Señor de Villena (n.1234)
3.- Don Fadrique, Infante de Castilla y Señor de Haro
4.- Enrique II de Trastámara, Infante de Castilla, Rey de Castilla (nace en 1230).
5.- Felipe de Castilla, Arzobispo de Sevilla, (n.1231)
6.- Sancho, Arzobispo de Toledo y Sevilla (n.1233)
7.- María de Castilla, Infanta de Castilla (n. Noviembre 5, 1235)

GENERACIONES EN CENTROAMERICA:
De esta generación descienden muchas familias en Costa Rica y en Nicaragua, aquí expondré sus descendientes en Nicaragua.

GENERACIÓN XXXII
I-1 Alonso Méndez de Sotomayor cc María Calderón, sus hijos fueron:

a) José Méndez de Sotomayor cc Juana de Zúñiga, hermana de Francisca de Zúñiga
b) Isabel Méndez de Sotomayor, bautizada en Cartago en 1620.
c) Clara Méndez de Sotomayor, bautizada en Cartago en 1621.

I-2 Juana de Vera y Sotomayor (1590-1657) cc García Ramiro Corajo y Zuñiga, hijo del Capitán Francisco Corajo Ramiro y de Da. Francisca de Zúñiga (hermana de Da. Juana de Zúñiga).

Da. Juana de Vera y Sotomayor casó con Don García Ramiro Corajo y Zúñiga en la ciudad de Granada, Nicaragua, en 1620.

Los hijos de García Ramiro Corajo y Juana de Vera son:

a) Capitán Francisco Ramiro de Vera y Sotomayor, casó con Da. Maria de Retes-Peláez y Vázquez de Coronado descendiente de Juan Vázquez de Coronado y Anaya, Conquistador de Costa Rica. De este matrimonio descienden muchas familias en Nicaragua, por la línea de Da. Casimira Romero Sáenz quien casó con Don Mariano Ignacio Montealegre Balmaceda, natural de Guatemala y nieto de Don Mariano Montealegre quien llegara a Guatemala desde España alrededor de 1780.

b) Capitán Diego Ramiro de Vera y Sotomayor.

c) Alférez Fernando Ramiro de Vera y Sotomayor, casó con Da. Antonia Zapata, hija de Cristóbal de Zapata y de Da. Ana de Echavarría Ocampo.

d) Da. Juana de Vera Ramiro, casó con el Alférez Gil de Alvarado, hijo de Jorge de Alvarado y de Da. Juana de Benavides.

e) Da. Francisca de Zúñiga, casó con el Alférez Francisco de Cháves, hijo de Cristóbal de Cháves y de Da. María de Alfaro.

f) Da. María Ramiro de Vera y Sotomayor, casó con José de Sandoval Ocampo, hijo del Capitán Francisco de Ocampo Golfín y Da. Inés de Benavides y Solano.

Da. María Ramiro de Vera y Sotomayor, muere en la ciudad de Cartago el 27 de Marzo de 1688. Dn. José de Sandoval Ocampo nació en 1612 y muere el 13 de Septiembre 1669 en la ciudad de Cartago, en Costa Rica.

g) Da. Micaela Ramiro de Vera y Sotomayor.

Generación XXXII en España
El hijo de Don Fernando III "El Santo", Rey de Castilla y León, y, de su segunda esposa Da. Beatrice von Hohenstaufen (Elizabeth), fueron los siguientes:
1.- Alfonso X "El Sabio" casó con Violante de Aragón, ver sus hijos en la siguiente generación.
2.- Infante Don Manuel de Castilla, Señor de Escalona, Peñafiel y de Villena, Alférez Mayor de Castilla. En 1274 contrajo segundas nupcias con Da. Beatriz de Saboya y de Baux-Granje, hija de Amado IV (1157-1253), Conde de Saboya, Duque de Aosta, Príncipe de Piamonte, y de su esposa Da. Cecilia Baux-Granje.
3.- Don Fadrique, Señor de Haro
4.- Enrique II de Trastámara, Rey de Castilla

Generación XXXII en Centro América
Capitán Francisco Ramiro-Corajo de Vera y Sotomayor casó con María Retes-Peláez y Vázquez de Coronado, hija de María Peláez Vázquez de Coronado y Jerónimo Retes López y Ortega; nieta de Andrea Vázquez de Coronado y Diego Peláez Lermos; bisnieta de Gonzalo Vázquez de Coronado y Arias y de Ana Rodriguez del Padrón; tataranieta de Juan Vázquez de Coronado y Anaya e Isabel Arias D'Avila Gonzalez Hoz. La hija de Francisco Ramiro-Corajo y Maria Rosa Retes Peláez , ver Generación No. XXXIII en Centro América:

Generación XXXIII en España
Los hijos de Don Alfonso X El Sabio, Rey de Castilla y de León, y, su esposa Da. Violante de Aragon (m.1300) hija de Don Jaime I Rey de Aragón y su esposa Da. Leonor de Castilla y Plantagenet que era hija de Alfonso VIII Rey de Castilla y Da. Leonor Plantagenet. Los hijos de ambos, de Alfonso X y Da. Violante, fueron los siguientes:
1.- Fernando de la Cerda, Infante de Castilla, el 30 de Octubre de 1268 contrajo matrimonio con
Blanche o Blanca de Francia (n.1253-m.1300), hija de San Luis IX El Santo, Rey de Francia, y de su esposa Da. Margarita Berenguer de Provenza hija de Raymond V Conde de Provenza. Sus hijos en la siguiente generación XXXIV.
2.- Eleanor de Castilla, Condesa de Ponthieu casó con Edward I Rey de Inglaterra, tuvieron 16 hijos, sus descendientes contrajeron nupcias con los descendientes de los reyes de Castilla.

El hijo de el Infante Don Manuel y su esposa Da. Beatriz de Saboya, fue:
1.- Infante Don Juan Manuel de Castilla, conocido en la literatura como "El Escritor", Señor de Escalona y Villena. Contrajo matrimonio con Da. Blanca de la Cerda y de Lara.

Generación XXXIII en Centro América
La hija del matrimonio formado por Don Francisco Ramiro-Corajo y Maria Rosa Retes Peláez, fue:
María Rosa Vázquez de Coronado y Ramiro-Corajo casó con
Pedro José Sáenz Lanini, hijo de Juan Francisco Sáenz Vázquez de Quintanilla y Sendín de Sotomayor (ver Datos Biográficos) y de su esposa Da. Bárbara Lanini Priamo. Su hijo en la siguiente Generación.

Los hijos de Don Juan Manuel de Castilla "El Escritor" y Da. Blanca de la Cerda y de Lara, fueron:
1.- Beatriz Manuel de Castilla
2.- Juana Manuel de Castilla, n.1339, Señora de Villena, contrajo matrimonio con Don Enrique II Trastámara, Rey de Castilla, hermano de Alfonso X, por parte de padre, su hijo en la siguiente Generación.

Generación XXXIV en España
Los hijos de Fernando de la Cerda (n. Diciembre, 1255- m. Agosto, 1275, Ciudad Real) y Da. Blanca de Francia, fueron:
1.- Fernando de la Cerda II, n.1272, Infante de Castilla, contrajo nupcias con Da. Juana Nuñez de Lara, de la Casa de Lara. Su hija en la Generación XXXV.
2.- Alfonso de la Cerda, n. 1270, Infante de Castilla.

3.- Eleanor de Castilla casó en primeras nupcias con Enrique III de Francia. En segundas nupcias con Alfonso III "El Liberal", su hijo Edward II, Rey de Inglaterra contrajo nupcias con Da. Isabel Capeto.

Los hijos de Da. Juana Manuel de Castilla y Don Enrique II Trastámara, Rey de Castilla, son los siguientes:
1.- Don Juan I Manuel Trastámara (n. 24 de Agosto de 1358), Rey de Castilla y León. Tuvo hijos con Da. Inés de Castañeda Lasso de la Vega (descendiente de Don Diego Hurtado de Mendoza), sus hijos fueron reconocidos en la sociedad porque ambos eran de familias nobles, el hijo de ambos en la siguiente Generación.
Contrajo matrimonio, el 18 de Junio de 1375, con Da. Leonor de Aragón, teniendo dos hijos. En segundas nupcias con Da. Beatriz de Portugal, sin hijos.
2.- Leonor de Castilla, Infanta de Castilla, n. 1363
3.- Juana de Castilla, Infanta de Castilla, n. 1367

Generación XXXIV en Centro América
Sargento Mayor Manuel Sáenz Vázquez de Coronado casó con Ana Antonia Bonilla Astúa, hija de Alonso de Bonilla Chacón y Juana Benita Calvo Pereira de Astúa. Su hija en la siguiente Generación.

El hijo de Don Juan I Manuel, Rey de Castilla, y su amante Da. Inés de Castañeda Lasso de la Vega, fue:
1.- Sancho Manuel de Castilla, contrajo matrimonio con Da. Leonor González de Manzanedo, el hijo de ambos en la siguiente Generación.
Los hijos de Don Juan I Manuel, Rey de Castilla, y su primera esposa Da. Leonor de Aragón, fueron los siguientes:
1.- Enrique III Trastamara, Rey de Castilla (n. 4 de Octubre, 1379)
2.- Fernando I de Antequera, Rey de Aragón (n. Nov. 27, 1380), contrajo matrimonio con Da. Leonor Urraca de Castilla, Condesa de Albuquerque, (n. 1374).

Generación XXXV en España
La hija de Fernando de la Cerda II y su esposa Da. Juana Núñez de Lara, fue:
1.- Blanca de la Cerda y de Lara (n.1311) casó con Don Juan Manuel de Castilla, Señor de Villena y Escalona, hijo del Infante Don Manuel de Castilla, Señor de Villena, que era el hermano de Alfonso X El Sabio. Su hija en la Generación XXXVI.
2.- Margarita de la Cerda (n.1312), monja.
3.- Juana Núñez de Lara, Señora de Lara y Vizcaya, n.1314.
4.- María de la Cerda, Dama de Lunel, n.1315.

El hijo del matrimonio formado por Don Sancho Manuel de Castilla y su esposa Da. Leonor González de Manzanedo, fue:
1.- Don Juan Sánchez Manuel y de Castilla, contrajo matrimonio con Da. Juana de Aragón y Xérica, la hija de ambos en la siguiente Generación.

Generación XXXV en Centro América
Bárbara Antonia Sáenz Bonilla (ya era viuda de Dn. Manuel Saborío) casó con Cecilio Antonio Romero Parajales, natural de Andalucía, España; hijo de Mateo Romero y Ana Parajales, quienes contrajeron matrimonio en San José, Costa Rica el 24 de Mayo de 1762. Don Mateo Romero era natural de España. La hija de Cecilio Romero y Bárbara Sáenz en la siguiente Generación.

La hija del matrimonio formado por Don Juan Sánchez Manuel y de Castilla, y su esposa Da. Juana de Aragón y Xérica, fue:
1.- Da. Inés Manuel de Villena, contrajo matrimonio con Don Garcí Fernández Villodre, la hija de ambos en la siguiente Generación.

Generación XXXVI en España
La hija del Infante Don Juan Manuel de Castilla y su esposa Da. Blanca de la Cerda y de Lara, fue:
1.- Juana Manuel de Castilla, Señora de Villena y Escalona, casó con Enrique II Trastámara, Rey de Castilla, hermano de Alfonso X "El Sabio", Rey de Castilla y León. Tío tatarabuelo de su esposa. Su hijo en la siguiente Generación XXXVII.

La hija del matrimonio formado por Da. Inés Manuel de Villena y su esposo Don García Fernández Villodre, fue:
1.- Da. Catalina Sánchez Manuel de Villodre, contrajo matrimonio con Don Luis Méndez de Sotomayor, ver siguientes generaciones, XC y XCI, cuyos descendientes llegan hasta la familia Montealegre en Nicaragua y Costa Rica.

Generación XXXVI en Centro América
La hija de Cecilio Romero y Bárbara Sáenz fue:
Da. Manuela Casimira Romero Sáenz casó con Don Mariano Ignacio Montealegre Balmaceda, hijo de Mariano Montealegre, el nombre de la madre no se conoce. Los Montealegre son originarios de Valladolid, España. Don Mariano Ignacio Montealegre antes de casar con Da. Manuela Casimira Romero, fue padre de dos hijos, uno con Isidora Rueda, su hijo fue Juan Montealegre Rueda, con descendencia en Guatemala; el otro con Josefa Bustamante, su hijo fue Mariano Montealegre Bustamante fundador de los Montealegre en Costa Rica. Los hijos de Mariano Ignacio Montealegre Balmaceda y Manuela Casimira Romero Sáenz fueron los siguientes:

Generación XXXVII en España
El hijo de Enrique II de Trastámara, Rey de Castilla y de León, y, de su esposa Da. Juana Manuel de Castilla, fue:
1.- Juan I de Castilla y León tuvo hijo fuera de matrimonio con Inés de Castañeda Lasso de la Vega, su hijo en la Generación XXXVIII.

Generación XXXVII en Centro América
1) Francisco Montealegre Romero, sin descendencia.
2) Cipriana Montealegre Romero casó con Cornelio Ramírez Areas.
3) Rafaela Montealegre Romero casó con Juan Francisco Parajón.
4) Gertrudis Montealegre Romero casó en primeras nupcias con Vicente Solórzano Pérez de Miranda. De este primer matrimonio desciende el presidente Carlos Solórzano Gutiérrez y el candidato inhibido, a la Alcaldia de Managua, Pedro Solórzano Castillo.

En segundas nupcias casó con José del Carmen Salazar Lacayo.
De este segundo matrimonio descienden Mariano Salazar Montealegre, fusilado por William Walker, y compañero de luchas del Gral. Máximo Jeréz Tellería. También desciende Jorge Salazar Argüello, asesinado en tiempos apocalípticos del frentismo. También son descendientes de este segundo enlace matrimonial la familia Cardenal-Tellería.
5) Paula Montealegre Romero casó en primeras nupcias con José Manuel Martínez de Sobral. En segundas nupcias con Basilio Zeceña. Sus descendientes se encuentran en Guatemala. Don Enrique Guzmán, en su "Diario Intimo", menciona al Ministro de Relaciones Exteriores de Guatemala, Dr. Enrique Martínez Sobral, hijo del matrimonio Martínez de Sobral Montealegre. (Revista Conservadora, No.10, Julio 1961).
6) Francisca Montealegre Romero casó con Ramón de Sarria y Reyes. De este matrimonio descienden los presidentes Roberto Sacasa Sarria, Juan Bautista Sacasa Sacasa y su hermana Da. Casimira Sacasa Sacasa que casó con el Dr. Luis H. Debayle Pallais, sus nietos: los hermanos Luis y Anastasio Somoza Debayle, Benjamín Lacayo Sacasa y todos los funcionarios de la administración Alemán que llevan el apellido Sacasa.
7) Mariano Montealegre Romero casó en primeras nupcias con Carmen Fuentes-Sansón, originaria de León, procrearon solamente un hijo, Mariano Montealegre Fuentes-Sansón, sus restos descansan en la Catedral de León, junto con los de su esposa Dolores Sacasa Sarria, su sobrina, hay descendencia,

entre ellos los Argüello-Solórzano.(Ver "Mis Cuatro Abuelos", de Don Rafael Sevilla Sacasa).

En segundas nupcias casó con María Manuela Bárbara Lacayo Agüero, hija de José Antonio Lacayo Marenco (n. 23 de Febrero de 1826) y Pilar Agüero López (+ 30 de Enero de 1895). (Ver libro de los descendientes del Gral. José Antonio Lacayo de Briones y Palacios, Gobernador de Costa Rica y Nicaragua", del Lic. Norman Caldera Cardenal).

Generación XXXVIII en España
El hijo de Don Juan I de Castilla y León, y su hijo fuera de matrimonio con Inés de Castañeda Lasso de la Vega, fue:
1.- Sancho Manuel de Castilla casó con Leonor Gonzalez de Manzanedo, en hijo de ambos en la Gener. XXXIX.

GENERACIÓN XXXVIII en Centro América:
Los hijos del segundo matrimonio, de Don Mariano Montealegre Romero y Da. María Manuela Bárbara Lacayo Agüero, fueron los siguientes:
7a) Manuel Ignacio Montealegre Lacayo cc Natalia Delgado.
7b) Cipriana Montealegre Lacayo cc José María Gasteazoro R.
7c) Paula Montealegre Lacayo cc Manuel Balladares Terán.
7d) Gertrudis Montealegre Lacayo cc Benjamín Midence.
7e) Carmen Montealegre Lacayo cc Gabriel Dubón Echevers.
7f) Samuel Montealegre Lacayo cc Teresa Seydel Venerio.
7g) Abraham Montealegre Lacayo cc Victoria Callejas Sansón.
7h) Elías Montealegre Lacayo cc Julia Gasteazoro Robelo
7i) Isaac Montealegre Lacayo cc Julia Gasteazoro Robelo, viuda de Elías Montealegre Lacayo, compañero de lucha con el Gral. Máximo Jeréz y Mariano Salazar Montealegre.
7j) Augusto César Montealegre Lacayo cc Isabel Salvatierra Ricarte y Fábrega. Tuvo cinco hijos con Francisca Cigú.
7k) Adán Montealegre Lacayo, sin descendencia.

A partir de estas generaciones, éstos últimos son nuestros bisabuelos, hay muchas más personas que son sus descendientes hasta nuestros días, de ello existe información de la genealogía de cada una de las ramas de cada familia, por ejemplo, las hay de la familia Solórzano, investigada por Dn. José Solórzano Martínez (descendiente del Gral. Tomás Martínez Guerrero), de la familia Sacasa, investigada por Dn. Rafael Sevilla Sacasa y otras personas, de la familia Salazar, investigada por el Lic. Norman Caldera Cardenal, incluidas muchas familias por ser descendientes del General José Antonio Lacayo de Briones y Palacios, de la familia Montealegre, investigada en Costa Rica y Guatemala por Da. Betsy

Montealegre Castellanos de Dalliès junto con el Arq. Eduardo Chamberlain Gallegos y Don Luis Maldonado de la Cerda, en Guatemala, entre otras personas. Siendo que en Costa Rica y Guatemala tienen excelentes bases de datos que han sido bien conservados y constantemente se divulgan a través de las Revistas publicadas por las respectivas Academias de Ciencias de la Genealogía.

Generación XXXIX en España
El hijo del matrimonio formado por Don Juan Sánchez Manuel de Castilla quien casó con Da. Uriza Sanz Díez, su hija en la Generación XC.

Generación XC en España
La hija del matrimonio formado por Don Juan Sánchez Manuel de Castilla y su esposa Da. Uriza Sanz Díez, fue:
1-- Inés Sanchez Manuel de Villena casó con Garcí Fernández Villodre, su hija:

GENERACION XCI en Centro América (Costa Rica y Nicaragua)
Catalina Sánchez de Villodre y Manuel casó con Luis Méndez de Sotomayor, su hijo:

GENERACION XCII
Garcí Méndez de Sotomayor casó con María de Figueroa y Messía, su hijo:

GENERACION XCIII
Luís Méndez de Sotomayor casó con Maria de Solier y Fernández de Córdoba, su hijo:

GENERACION XCIV
Alfonso Hernández de Sotomayor casó con Inés Cerrato, su hijo:

GENERACION XCV
Luis Méndez Sotomayor casó con Juana de Vera, su hija:

GENERACION XCVI
Juana de Vera Sotomayor casó con García Ramiro Corajo, su hijo:

GENERACION XCVII
Francisco Ramiro Corajo Vera casó con Maria Retes Peláez Vázquez de Coronado, cuyo antepasado es Juan Vázquez de Coronado y Anaya; su hija:

GENERACION XCVIII
María Rosa Vázquez Ramiro Corajo casó con Pedro José Sáenz Lanini, su hijo:

GENERACION XCIX
Manuel Sáenz Vázquez casó con Ana Antonia Bonilla Astúa, su hija:

GENERACION C (Cincuenta Generaciones)
Bárbara Antonia Sáenz Bonilla casó con Cecilio Antonio Romero Parajales, su hija:

GENERACION CI
Manuela Casimira Romero Sáenz casó con Mariano Ignacio Montealegre Balmaceda, su hijo:

GENERACION CII
Francisco Montealegre Romero
Cipriana Montealegre Romero cc Francisco Parajón
Rafaela Montealegre Romero cc Cornelio Ramírez Areas
Gertrudis Montealegre Romero cc Vicente Solórzano y J.C. Salazar
Paula Montealegre Romero cc José Manuel Martínez de Sobral.
Mariano Antonio Montealegre Romero "El Tatita" casó en primeras nupcias con Carmen Fuentes-Sansón. En segundas nupcias casó con María Manuela Bárbara Lacayo Agüero, sus hijos fueron:

GENERACION CIII
Mariano Montealegre Fuentes-Sansón
Manuel Ignacio Montealegre Lacayo
Cipriana Montealegre Lacayo
Paula Montealegre Lacayo
Gertrudis Montealegre Lacayo
Carmen Montealegre Lacayo
Samuel Montealegre Lacayo
Abraham Montealegre Lacayo
Elías Montealegre Lacayo
Isaac Montealegre Lacayo
Adán Montealegre Lacayo
Augusto César Montealegre Lacayo casó con Isabel Salvatierra Ricarte y Fábrega, su hijo:

GENERACION CIV
Augusto César Montealegre Salvatierra casó con María Cristina Zapata Malliè hija del Dr. Román Zapata y Mary Louise Malliè, ésta hija de Louis Malliè, francés inmigrante en León,Nicaragua; sus hijos:

GENERACION CV
Augusta Patria Montealegre Zapata cc Tomás Peralta Mazza

Sergio Mario Montealegre Zapata cc Connie Alvarez Padilla
Noel Salvador Montealegre Zapata cc María Elsa Valle
Ilú Montealegre Zapata cc José Santos Rivera Siles, hijo de José Santos Rivera Zeledón y Angela Siles Zelaya, nieto de Natividad Rivera Rodriguez y Victoria Zeledón.

Don José Santos Rivera Siles y Da. Ilú Montealegre Zapata

GENERACIÓN CVI
Los hijos del matrimonio formado por el Prof. José Santos Rivera Siles y la Prof. Ilú Montealegre Zapata, fueron los siguientes:
1.- José Augusto Rivera Montealegre, hay descendencia. Contrajo nupcias dos veces y tuvo hijos fuera de matrimonio, siete hijos, tres de matrimonio y cuatro fuera de matrimonio. Viven en México.
2.- Flavio Rivera Montealegre, contrajo matrimonio con Ligia Asunción Bermúdez Vaela, hay descendencia.
3.- José Santos Rivera Montealegre, contrajo nupcias con mexicana, hay descendencia.
4.- José Eustasio Rivera Montealegre, soltero.

GENERACIÓN CVII
Los hijos de Flavio Rivera Montealegre y Ligia Bermúdez Varela, hija de Don Carlos Bermúdez Lanzas y Da. Angela Varela Salmerón (o Angela Mendiola Varela, realmente), son:

1.- Ilú de los Angeles Rivera Bermúdez, nace en la ciudad capital de Managua, Nicaragua, un 13 de Septiembre de 1974.
2.- Flavia Ilú Rivera Bermúdez, nace en la ciudad capital Managua, Nicaragua, un 25 de Mayo de 1979, cuando Managua estaba en guerra entre el FSLN y la Guardia Nacional que luchaban para derrocar la dictadura del Gral. Anastasio Somoza Debayle primo en quinto grado de consanguinidad de las hermanas Rivera-Bermúdez, por esta razón su abuelo paterno le pone el sobrenombre de Falita Galil. Ambas vivieron en México, D.F., luego la familia se traslada exilada a la ciudad de Miami, Florida, desde el año 1982. Ambas estudian su primaria en el Calusa Elementary School y pasan al New World School of the Art y al Sunset Junior High School, respectivamente. La primera es diseñadora gráfica y la segunda licenciada en ciencias políticas.

FLAVIA RIVERA BERMUDEZ
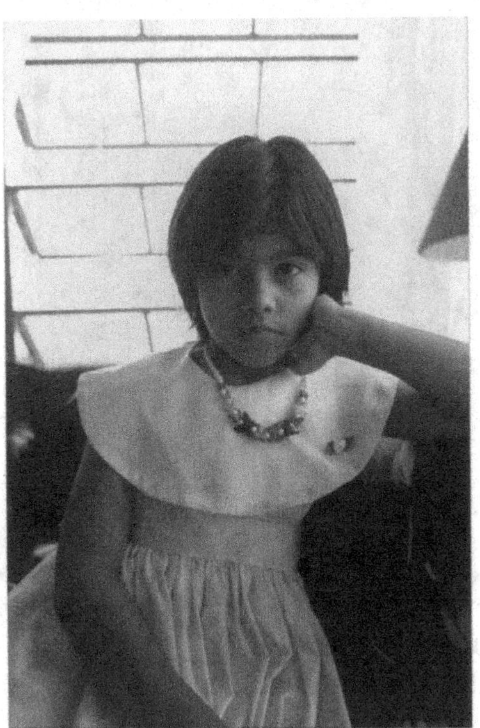

Flavia Rivera Bermúdez en dos etapas de su vida

Genealogía de la familia Montealegre

Los antepasados y descendientes del Emperador Carlomagno

Investigación realizda por: Flavio Rivera Montealegre

CAROLINGIOS (CASA DE HERISTAL)

1) **Significado**: Los *Carolingios* son los descendientes de Carlos Martel, de Heristal, mayordomo de los reyes merovingios.

2) **Casa solar**: Heristal, en la Renania (Alemania). Luego, Aquisgrán (Acheen), capital del Imperio Carolingio.

3) **Armas**: Desconocidas.

4) **Antepasados**: Los antepasados de Pipino II de Heristal, por línea de varón, entroncan con antepasados de los Reyes Francos y son los siguientes: Malarico I de Toxandría (c.295), Mellobaude de Toxandría (320), Richimir de Toxandría (c.350), Théodemir de Toxandría (c.374), Chodion "le Chevalu" de los Francos (c.392), Chlodebau de Colonia (c.420), Sigeberto "le Boiteux" de Colonia (455), Cloderico de Colonia (480), Munderico de Colonia (505), Gondolfo de Soissons (c.530), Bodogisel de Aquitania (c.562), Arnulfo "el Santo", obispo de Metz (582), Ansegisel de Metz (616-679), que casó con Santa Begga de Landen (615-693) —hija de Pipino de Landen (ver nota 1) y Idoberga de Nivelles (ver nota 2)— que tuvieron por hijos a Pipino II de Heristal (645, que sigue), Santa Clotilde de Metz (651, ver nota 3) y Martín, duque de Laon (c.655, ver nota 4). (Tomado de bisabuelos.com)

CAROLINGIOS (Otros datos)
Bibliografía:
+ Arnulfingos o Pipinidas: ver cuadro genealógico en *Historia Universal*, EUNSA, tomo IV, p. 29.
+ Descendencia de Carlos Martel: ver cuadro genealógico en *Historia Universal*, EUNSA, tomo IV, p. 51.
+ Descendencia de Carlomagno: ver cuadro genealógico en *Historia Universal*, EUNSA, tomo IV, p. 101.
+ Descendencia de Carlos, "el Calvo": ver cuadro genealógico en *Historia Universal*, EUNSA, tomo IV, p. 157.
Notas Generales:
[1] Pipino de Landen (37° abuelo) nació hacia el año 580 y murió el 640. Sus padres fueron Carlomán de Landen (c.555) y Gertrudis de Baviera (c.559, hija de Garibaldo I de Baviera y Waldrada de Lombardía).
[2] Idoberga (Itta) de Nivelles (37ª abuela) nació hacia el año 583. Casó con Pipino de Landen el 614. Murió el 652. Sus padres fueron Grimoaldo de Aquitania (c.554, hijo de Teobaldo, rey de Reims y Waldrada de Lombardía) e Itta de Gascuña (c.560-612, hija de Severus de Gascuña).
[3] Santa Clotilde "Dode" de Metz nació el año 651. Murió en 699. Fue hija de Ansegisel de Metz y Begga de Landen (ver línea principal). Casó con Thierry III, rey de Neustria (hijo de Clodoveo II, rey de Neustria y Santa Batilde de Ascanie, y nieto de Dagoberto I). Tuvieron por hijos a Childeberto III, rey de Francia (670 a 14-V-711) y Bertha de Neustria (c.676-740), que casó con Houching de Alemania (c.660, hijo de Godefrido de Alemania y Ragnetruda de Baviera, hija de Teodón I de Baviera) y tuvieron un hijo llamado Nebi (c.705, que fue padre de Imma de Alemania, casada con Gerold I von Vintzgau) y una hija (c.710, que casó con Engilbert II von Altdorf).
[4] Martín, duque de Laon nació hacia el año 655. Murió después del 696. Fue hijo de Ansegisel de Metz y Begga de Landen (ver arriba). Casó con Bertrada "la Anciana" de Pruem (c.675 a después de 721). Bertada era hija de Hugoberto de Austrasia e Irmina de Oeren (nieta de Dagoberto I, rey de Neustria). Martín y Bertrada tuvieron por hijo a Cariberto Hardrad, conde de Laon (nació antes de 696, casó con Gisela de Laon y tuvieron por hija a Bertrada de Laon (726 a 18-VIII-783), que casó con Pipino III "el Breve", rey de Francia (ver arriba).
[5] Thierry I, conde de Autun nació hacia el año 730 en Autún, Borgoña, Francia. Murió el 793. Su padre fue Teodorico Pruem (c.705), hijo de Garnier (Bernarius) de Rouerge y Crodelinda de Austrasia (hermana de Bertrada "La Anciana" de Pruem: ver nota 4). Casó con Aude (Aldane) Martel de Francia, y tuvieron por hijos a San Guillermo Gellone, conde de Toulouse (750, ver nota 6) y a Aube de Autún (c.755, que casó con Fredol, embajador y conde de Rouergue: ver Condes de Rouergue).

[6] San Guillermo Gellone de Toulouse nació el año 750 en Languedoc, Francia. Murió el 4-VIII-812 en Gellone, Herault, Francia. Casó dos veces. La primera con Witburge de Hornbach (c.760, hija de Lamberto de Hornbach, nieta de Gui de los Francos, conde Tréveris, y biznieta de San Lievin de Tréveris y Willigarda de Baviera, hija de Teodón II de Baviera). Tuvieron por hija a Rothilde de Gellone, que casó con Wala de Bobbio y fueron padres de Rothaide de Bobbio, esposa de Pipino II "Quintin", conde de Vermandois. La segunda esposa de San Guillermo fue Cunegunda de Austrasia (768 a 21-II-804/805), hija de Carlomán II de Austrasia (hijo de Pipino "el Breve" y Berta de Laon: ver arriba) y Gerberga de Lombardía. San Guillermo y Cunegunda fueron padres de Cunegunda de Gellone (795, esposa de Bernardo, rey de Lombardía e Italia y madre de Pipino II, conde de Vermandois) y Bernardo, margrave de Septimania (800, que casó con Dhouda de Gascuña).

[7] Carlomán II de Austrasia nació antes del año 747. Murió el 10-II-771/72. Fue hijo de Pipino "el Breve" y Berta de Laon. Casó con Gerberga de Lombardía (c.748-773, hija de Didier III de Nassau y Ansa de Lombardía. Abuelos paternos de Gerberga: Otón I de Nassau e Hilmetruda de las Ardenas. Abuelos maternos: Liutprando I de los Longobardos y Guntruda de Baviera, hija de Teodón II de Baviera.

[8] Ermengarda de Francia, hija de Pipino "el Breve" y Berta de Laon, nació el año 750. Casó con Isembart II von Altdorf y tuvieron por hijo a Welf de Suabia, conde de Andech y Baviera (760-824).

[9] Hildegarda de Vintzgau nació el año 758 en Aachen, Rhineland, Alemania. Murió el 7-VII-783 en Thoinville, Francia. Casó en 771 con Carlomagno en Aachen, Alemania. Sus padres fueron Gerold I von Vinzgau (+ antes del 786) e Imma de Alemania (+786), hija de Nebi de Alemania (c.705) y nieta de Houching de Alemania y Berta, princesa de Neustria (ver Reyes Francos y nota 3). Hildegarda de Vintzgau tuvo otros dos hermanos: Geroldo II de Vintzgau, que fue padre de Geroldo III y abuelo de Guillermo de Auvernia (c.780, abuelo de Bernardo I "el Viejo" de Auvernia y bisabuelo de Ermengarda de Chalon, que casó con Bernardo "Plantapilosa", conde de Autun, hijo de Bernardo de Septimania) y Gerardo de Auvernia (c.800 a 1-IX-841), que casó con Rotruda de Francia, hija de Luis "el Piadoso" y tuvieron por hijo a Ranulfo I, duque de Poitiers, que casó con Aldetruda de Maine.

[10] Billung de Sajonia nació hacia el año 895. De Ermengarda de Nantes (hija de Wipert de Nantes y Aldetruda) tuvo por hijos a

1) **Hermann Billung de Sajonia** (920 a 20-VI-973). Casó con Hildegarda de Westbourg y tuvieron por hijos a Matilda Billung de Sajonia (casada con Balduino III de Flandes, Godofredo"el Cautivo" de Limburgo y Godofredo "el Viejo" de las Ardenas), Swanhilda de Sajonia (casada con Thietmark de Ostmark; fueron cuartos abuelos de Conrad de Haldensleben casado con Gertrude de Ostfrise y padres de Gertrude von Haldensleben) y Bernardo I de Sajonia (casado con Hildegarda de Stade y padres de Bernardo II de Sajonia que casó con Heillika de

Schweinfurt y fueron antepasados de Berta de Holanda y Magnus de Sajonia, casado con Sofía de Hungría.
2) **Wichmann Billungen "el Viejo" de Sajonia** (+17-VII-944) casó con Frederuna de Francia, hija de Carlos III "el Simple" (ver arriba linaje principal) y Frederuna de Ringelheim. Tuvieron por hijo a Liudulfo I Billungen de Westfalia (c.940-993), que caso con Hidesvinta de Croacia y tuvieron por hijo a Bruno I de Brunswick (o de Westfalia), que casó con Gisela de Borgoña hacia 1005.
[11] Ermentruda de Orleans nació el 4-XII-830. Murió el 13-XII-869 en St.Denis, Aude. Está sepultada en St. Denis, París, Francia. Sus padres fueron Eudes, conde de Orleans(hijo de Adriánde Orleans y nieto de Gerold I von Vintzgau e Imma de Alemania, de ilustre ascendencia) y Engeltruda de Fezensac (hija de Leuthard I de Fezensac y nieta de Gerardo, conde de París).

La genealogía de los antepasados y descendientes del Emperador Carlomagno si inicia con Dagoberto I, Rey de Austrasia y Rey de los Francos, linaje del que existe información de los antepasados de Dagoberto I que son los Reyes de Troya e Israel, pero en este caso deseo iniciarlo con el Rey de los Francos y de Austrasia. A continuación este linaje que llega hasta Nicaragua y Costa Rica:

Generación No.1.-
DAGOBERTO I, Rey de Austrasia, Rey de los Francos contrajo nupcias con Nathilda, su hijo:
Generación No.2.-
CLOVIS II (633-656) contrajo nupcias con Batilde, su hijo:
Generación No.3.-
TEODORICO III, Rey de Austrasia, Rey de Burgundy y Rey de Neustria, se desconoce el nombre de su esposa, su hijo:
Generación No.4.-
CHILDEBERT III (695-711), se desconoce el nombre de su esposa, su hijo:
Generación No.5.-
DAGOBERTO III contrajo nupcias con la Princesa de Saxon, su hija:
Generación No.6.-
Princess BLANCHE FLEUR, (Flora de Hungria), contrajo nupcias con CARIBERT o Cariberto, Conde de Laon, su hija:
Generación No.7.-
Princesa BERTHA o Bertrada de Laon (merovingia) contrajo nupcias con PEPIN III El Breve (714-768), hijo de CARLOS MARTEL de Francia (Carlos Martel, fue hijo ilegítimo de Pepin de Heristral), sus hijos fueron:

Generación No.7.- Por el linaje de Carlos Martel
La hija de Carlos Martel con Swanchilda (Sunnichild) fue:
1.- Auda Martel quien contrajo nupcias con Makhir-Theodoric I David-Toulouse, exilarca, nasi o príncipe de Francia, cónsul de Narbona y príncipe de Septimania

(730-796) hijo de Haninai o Habibai, descendientes de Jehoiakim o Joaquín, Rey de Judá, de la Casa de David o davídicos.
El hijo de Carlos Martel con Rotrude fue:
2.- Pipino "El Breve" (715-768), Jefe de Palacio de Neustria y de Borgoña, Duque de Austrasia, primer Rey de los Francos de la dinastía Carolingia. Casó en 740 con Bertrade de Laón, "la del Pie Largo", hija de Cariberto Hardrad (fallecido en 762 aprox.), Conde de Laón en Francia, y de Gisela, su esposa.
Los hijos de Pipino El Breve y Bertrade fueron:
Generación No.8.-
1.- Carlomán Rey de Austrasia, hijo menor, casado con Gerberga; su hija Cunegunda de Austrasia contrajo nupcias con San Guillermo de David-Toulouse.
2.- CARLOMAGNO EL GRANDE, Rey de Francia, (n.742- m. 22 de Enero del 814), fue el restaurador de la unidad politica de Europa, contrajo nupcias cinco veces, una de ellas con Hildegarde de Swabia (Suabia) y de Vinagau (n.758), su tercera esposa, ella era descendiente de Dagoberto I Rey de los Francos por la via de Houching o Theutbold, Duque de Alemania (merovingios). El hijo de Carlomagno y su esposa Hildegarde, fue:
Generación No.9.-
PEPIN I Carlomán, Rey de Italia (773-810)(sus hermanos fueron Carlos Rey de Francia y Luis El Piadoso Rey de Aquitania y heredero como Emperador contrajo matrimonio con Ermengarde, Princesa de Alemania, de este matrimonio desciende Da. Leonor de Aquitania). PEPIN I Carlomán contrajo nupcias con Bertha o Bertana de David-Toulouse, hija del Nasi o Príncipe de Francia Makhir-Theodorico I, judíos descendientes del Rey David. El hijo de ambos fue:

Generación No.10.-
BERNHARD, Rey de Italia (797-818), fue torturado hasta la muerte por su tio carnal, Luis (Ludovico) El Piadoso, mandó que le sacaran los ojos (Luis, era hijo menor de Carlomagno). Contrajo nupcias con su sobrina Kunigunda Cunegonde

de Gellone o de David-Toulouse era nieta de Makhir-Theodoric I David. El hijo de ambos fue:

Generación No.11.-

PEPIN II SEIGNEUR o Señor de Peronne y San Quintín, Conde de Peronne y Vermandois, (817-840), contrajo nupcias con Rothide Toulouse-David, Condesa de Vermandois, judía del linaje davídico, el hijo de ambos fue:

Generación No.12.-

HUBERT o RUTPERT I SENLIS, Conde de Senlis y Conde de Vermandois y Wormsgau (850-900), contrajo nupcias con Waildrauth de David-Toulouse (nieta de Makhir-Theodoric I de David-Toulouse). La hija de Hubert y Waildrauth, fue:

Generación No.13.-

BEATRIZ DE VERMANDOIS (880-931), davídica, contrajo nupcias con el bisnieto de San Guillermo de David-Toulouse (linaje del rey David): ROBERTO I DE FRANCIA, Rey de Francia, su hijo:

Generación No.14.-

HUGO I DE FRANCIA, "el grande de Neustria (Neustrasia)" Duque de los Francos (895-956) contrajo nupcias con Eduvigis de Sajonia o Hedwige de Alemania, conocida también como Edhilda, hija de Enrique I "El Pajarero" Emperador sajón y Rey de Alemania. El hijo de Hugo I de Francia y Eduvigis fue:

Generación No.15.-

HUGO CAPETO, Rey de Francia (n.938), Conde de París y Duque de Francia. Contrajo nupcias con Adelaida de Aquitania (945-1004), Condesa de Poitou hija de Guillermo III Duque de Aquitania y Conde de Poitiers y de su esposa Gerloc o Adela de Normandía, siendo que él (Guillermo III) y ella (Gerloc) son descendientes del Emperador Luis El Piadoso por la vía de Ranulfo, Rey de Aquitania y descendiente de Makhir-Theodoric I David-Toulouse (730-793) y su esposa Auda Martel, hija de Carlos Martel. El hijo de ambos fue:

Generación No.16.-

ROBERTO II de Francia CAPETO, "El Pious, El Piadoso"
(971-1031), recibió una educación digna de un clérigo. Contrajo nupcias con Constanza de Provenza-Arles y Tolouse descendiente de igual manera que Adelaida de Aquitania, del Emperador Luis I El Piadoso y de Makhir-Theodoric I de Autun David-Toulouse. El
hijo de ambos fue:

Generación No.17.-

ENRIQUE I Capeto de Francia, Rey de Francia
(1004-1060) contrajo nupcias con Ana Agnesa Yaroslavna de KIEV, Princesa de Kiev (1024-1075) hija de Yaroslav I El Sabio (reinado desde 1019 a 1054, ruso-ucraniano, de Bielorusia) y de Ingegerda o Ingrid Olafsdotter, Princesa de Suecia (hija de Olaf III Rey de Suecia y su esposa Astrid Inegrid). Yaroslav I de Kierv era hijo de Vladimir I de Kiev (980-1015) y Rogneida, Princesa de Polotsk (hija de Rogvolod, Príncipe de Polotsk). Ana de Kiev tuvo ocho hermanos. A su vez, Vladimir I era hijo de Sviatoslav I, Gran Duque de Kiev (964-972) y Malusha de

Lubeck. Sviatoslav I era hijo de Igor, Gran Duque de Kiev (912-945) y su esposa Olga (945-969). Igor era hijo de Rurik, Gran Duque de Novgorod (862-879) y su esposa Efenda-Edvina. El hijo de ambos, de Enrique I Capeto y Ana de Kiev, fue:

Generación No.18.-

FELIPE I Augusto Capeto, Rey de Francia (1060-1108)

contrajo nupcias con Bertha de Holanda, hija de Floris I, Conde de Holanda (1017-1061) y Da. Gertrudis de Sajonia. Sus abuelos paternos fueron Dirk III "Hierosolymita" Conde de Holanda y Othlindis von der Nordmark. Sus abuelos maternos fueron Bernardo II de Sajonia y Heilika von Schweinfurt que era hija de Enrique Bamberg y Gerberga von Kinzisgau. Los padres de Dirk III Conde de Holanda fueron Arnulfo, Conde de Frislandia Oeste y Da. Liutgarda de Luxemburgo. El hijo de Felipe I Augusto Capeto y Da. Berta de Holanda, fue el siguiente:

Generación No.19.-

Luis VI Capeto, Rey de Francia (1081-1137) contrajo nupcias, en 1115, con Adelaida of Saxony De Maurienne (m.1154), hija de Humberto II Conde de Saboya. El hijo de Luis VI Capeto y Adelaida de Sajonia fue:

Generación No.20.-

Luis VII Capeto, Rey de Francia (1121-1180)

contrajo nupcias con LEONOR DE AQUITANIA, procrearon dos hija y se divorciaron. Casó en segundas nupcias con ALIX DE CHAMPAGNA cuyo hijo fue:

Generación No.21.-

Felipe Augusto II Capeto, Rey de Francia (1165-1223) contrajo nupcias con Isabel de Flandes Hainault (1170-1190) hija de Balduino VIII Conde de Flandes. El hijo de Felipe Augusto II y Da. Isabel de Flandes fue:

Generación No.22.-

Luis VIII Capeto, Rey de Francia casó con BLANCA DE CASTILLA e INGLATERRA (Plantagenêt) hija de Alfonso VIII "el de las Navas" Rey de Castilla y su esposa Da. Eleanor o Leonor Plantagenêt Princesa de Inglaterra, hija de Enrique II Rey de Inglaterra y Leonor de Aquitania. El hijo de ambos, de Luis VIII Capeto y Blanca de Castilla e Inglaterra, fue:

Generación No.23.-

Luis IX "El Santo" Capeto, Rey de Francia (n.1214-m. 25 de Agosto de 1270), nunca separó la política con la ética. Contrajo nupcias con Margarita Berenguer de

Provenza (n.1221-m.1295) quien es descendiente de Roberto II El Piadoso y de Makhir-Theodoric I de Autun David-Toulouse. La hija de Luis IX y Margarita, fue:

Generación No.24.-

Blanche o Blanca de Francia, Capeto (1253-1321) del linaje descendiente del Rey David, davídicos; contrajo nupcias con FERNANDO DE LA CERDA (n.1255), hijo primogénito de Don Alfonso X El Sabio, Rey de Castilla quien también es descendiente de Da. Berta de David-Toulouse y su esposo Pepín, Rey de Italia (773-810). El hijo de Da. Blanca de Francia y Don Fernando De la Cerda, fue:

Generación No.25.-

FERNANDO DE LA CERDA II (n. 1272) contrajo nupcias con Juana Nuñez de Lara, descendiente de la Casa de los Montcada o Moncada (n. 1285). La hija de ambos fue:

Generación No.26.-

Blanca de la Cerda y de Lara (n.1311-1347) contrajo nupcias con el Infante JUAN MANUEL DE CASTILLA, Señor de Villena y Escalona, conocido como "El Escritor", hijo del Infante Don Manuel de Castilla y Beatrice de Saboya y de Baux Orange (n.1250-m. 23 de Febrero de 1291), su segunda esposa, que era hija de Amadeo IV Conde de Saboya y de su esposa Da. Cecilia de Baux Orange. Este era el tercer matrimonio del Infante Don Juan Manuel. La hija de ambos fue:

Generación No.27.-

Juana Manuel de Castilla, Señora de Villena (1339-1381) contrajo nupcias con su primo en tercer grado de consanguinidad Enrique II de Castilla Trastámara, Rey de Castilla, hijo de Alfonso XI de Castilla. El hijo de Da. Juana Manuel de Castilla y Enrique II Trastamara, Rey de Castilla, fue:

Generación No.28.-

Juan Manuel I de Castilla, Rey de Castilla y de León,
contrajo nupcias con Inés de Castañeda Lasso de la Vega, su hijo:

Generación No.29.-

Sancho Manuel de Castilla contrajo nupcias con Leonor Gonzalez de Manzanedo, su hijo:

Generación No.30.-

Juan Sanchez Manuel contrajo nupcias con Uriza Sanz Diez, la hija de ambos fue:

Generación No.31.-

Inés Sánchez Manuel de Villena contrajo nupcias con Garci Fernández Villodre, la hija de ambos fue:

Generación No.32.-

Catalina Sánchez de Villodre y Manuel contrajo nupcias con Luis Méndez de Sotomayor.

Desde aqui en adelante, ver antepasados de Da. Casimira Romero Saenz, en Plantagenet. A partir del No.14, en el listado que a continuación se detalla:

GENEALOGIA PLANTAGENÊT-ROMERO- MONTEALEGRE

0.- William I de Inglaterra y II de Normandia (1027--1087) cc Matilda de Flandes (1032-1083), su hijo:

1.- Enrique I de Inglaterra (1068-1135) cc Matilda (hija de Malcolm III of Scotland) su hija, casa en segundas nupcias:

2.- Matilda (1102-1167) cc Geoffroi V Plantagenêt (1113-1151), Duque de Anjou y de Normandia, su hijo:

3.- Enrique II Rey de Inglaterra, Curtmantle Plantagenêt (1133-1189) cc Eleanor de Aquitania (1122-1204) hija de Guillermo X Duque de Aquitania (1099-1137) y de Eleanor de Rochefoucauld (1105-1130). La hija de Enrique II Plantagenêt y Eleanor de Aquitania fue:

4.- Eleanor Plantagenêt (1162-1214) cc Alfonso VIII "El Noble" Sanchez, Rey de Castilla (1155-1214). Hijo de Sancho III Alfonsez, Rey de Castilla. Su hija:

5.- Berengaria Reina de Castilla (1180-1246) cc Alfonso IX Fernandez, Rey de Leon y Castilla (1171-1230), su hijo:

6.- Fernando III "El Santo" (1201-1252) cc Beatrice von Hohenstaufen, conocida tambien como Elizabeth, Princesa de Swabia (1202-1235) hija de Felipe de Swabia Hohenstaufen, Emperador del Sacro Imperio Germano-Romano, y de su esposa Irene Princesa de Bizancio, su hijo:

7.- Alfonso X "El Sabio", Rey de Castilla y Leon cc Yolanda (Violante), Princesa de Aragon (1236-1301), su hijo:

8.- Fernando de la Cerda (1256-1275), Infante de Castilla cc Blanche, Princesa de Francia (1253-1320), nacida en Jaffa,Palestina; su hijo:

9.- Fernando de la Cerda II (n.1272) cc Juana Nuñez de Lara (n.1285), sus hijos:

10.- Blanca de la Cerda y de Lara cc Juan Manuel de Castilla, Señor de Villena y Escalona.

10.- Juan Nenez o Núñez de Lara cc Maria Diaz de Haro

Los hermanos de Alfonso X "El Sabio":

7.- Señor de Hadro Fadrique cc Catherine Komnenos
Hijo:Alonso Enriquez
Nieto: Fadrique Enriquez
Bisnieta: Juana Enriquez cc Juan II de Trastamara, Rey de Aragon

7.- Juan Manuel de Castilla cc Beatrixe de Savoie
Hijo: Juan Manuel de Castilla "El Escritor" cc Blanca de la Cerda
(Hija de Fernando de la Cerda II) , su hija:
Juana Manuel de Castilla cc Enrique II Rey de Castilla, hijo fuera de matrimonio del Alfonso XI, Rey de Castilla, y Da. Leonor de Guzmán.

10.- Juan Manuel I de Castilla, Rey de Castilla (Hijo de Enrique II de Castilla Trastamara y de Juana Manuel de Castilla, Señora de Villena, 1339-1381) contrajo nupcias con Inés de Castañeda Laso de la Vega, su hijo:

11.- Sancho Manuel de Castilla cc Leonor Gonzalez de Manzanedo, su hijo:

12.- Juan Sanchez Manuel cc Uriza Sanz Diez, su hija:

13.- Inés Sanchez Manuel de Villena cc Garci Fernandez Villodre, su hija:

Generación No.33.-

14.- Catalina Sánchez de Villodre y Manuel cc Luis Méndez de Sotomayor, su hijo:

Generación No.34.-

15.- Garci Méndez de Sotomayor cc Maria de Figueroa y Messia, su hijo:

Generación No.35.-

16.- Luis Méndez de Sotomayor cc Maria de Solier y Fernández de Córdoba, su hijo:

Generación No.36.-

17.- Alfonso Hernández de Sotomayor cc Inés Cerrato, su hijo:

Generación No.37.-

18.- Luis Méndez Sotomayor cc Juana de Vera, su hija:

Generación No.38.-

19.- Juana de Vera Sotomayor cc Garcia Ramiro Corajo, su hijo:

Generación No.39.-

20.- Francisco Ramiro-Corajo Vera cc Maria Retes Peláez Vázquez de Coronado, su hija:

Generación No.40.-

21.- Maria Rosa Vázquez Ramiro-Corajo cc Pedro José Sáenz Lanini, su hijo:

Generación No.41.-

22.- Manuel Sáenz Vázquez cc Ana Antonia Bonilla Astúa, su hija:

Generación No.42.-

23.- Bárbara Antonia Sáenz Bonilla cc Cecilio Antonio Romero Parajales, su hija:

Generación No.43.-

24.- CASIMIRA ROMERO SAENZ cc Mariano Ignacio Montealegre Balmaceda, sus hijos:

Generación No.44.-

25.- Gertrudis Montealegre Romero cc en primeras nupcias con don Vicente Solórzano Pérez de Miranda, de este matrimonio nacieron dos hijos: Ramón y

Francisco Solórzano Montealegre, de ellos dos descienden la gran parte de los Solórzano en Nicaragua.
Casó en segundas nupcias, Da. Gertrudis, con don José del Carmen Salazar Lacayo hijo de don José del Carmen Salazar, nacido en la ciudad de León, Nicaragua y de Da. María Tomasa Lacayo de Briones, de este matrimonio nacieron varios hijos:
25.1.- Pilar Salazar Montealegre casó con José Antonio Ariza.
25.2.- Salvadora Salazar Montealegre casó con Pedro Solís Terán.
Los hijos de este matrimonio son:
1.- Pedro Solís Salazar
2.- Crisanto Solís Salazar
3.- Joaquín Solís Salazar
4.- Trinidad Solís Salazar casó con Bernabé Portocarrero Baca.
5.- Josefa Solís Salazar
6.- Salvadora Solís Salazar casó con Simón Terán Balladares, de este matrimonio descienden la familia Cardenal Tellería.
25.3.- Mariano Salazar Montealegre (1823-1856) casó con Esmeralda Catellón Jeréz.
25.4.- Mercedes Salazar Montealegre casó con Crisanto Medina.
25.5.- José Trinidad Salazar Montealegre casó con Lorenza Selva.
25.- Mariano Antonio Montealegre Romero cc Carmen Fuentes Sanson , 1ras Nupcias.
y en 2das. Nupcias con Maria Manuela Barbara Lacayo Agüero, su hijo:
Generación No.45.-
26.- Augusto Cesar Montealegre Lacayo cc Isabel Salvatierra Ricarte y Fábrega, su hijo:
Generación No.46.-
27.- Augusto Cesar Montealegre Salvatierra cc Maria Cristina Zapata Mallie, sus hijos:
Generación No.47.-
28.- Augusta Patria Montealegre Zapata cc Tomas Peralta Maza
Noel Salvador Montealegre Zapata cc Maria Elsa Valle
Sergio Mario Montealegre Zapata cc Connie Alvarez Padilla
Ilú Montealegre Zapata cc Jose Santos Rivera Siles: sus hijos:
Generación No.48 y No.49.-
29.- José Augusto Rivera Montealegre
cc Rosa Collin Oranday (mexicana): 3 hijos
thc Maria Elena Hernandez (mexicana): 4 hijos
cc Isabel ? (cubana), sin hijos
cc Margarita Perez Fonseca, sin hijos

29.- Flavio César Rivera Montealegre
cc Ligia Asuncion Bermudez Varela

Hijas: Ilú de los Angeles Rivera Bermúdez (n. Sept. 13-1974)
Flavia Ilú Rivera Bermúdez (n.Mayo 25 -1979)

29.- José Santos Rivera Montealegre
cc Monica Rodriguez Helú: 2 hijos
29.- José Eustacio Rivera Montealegre, soltero.

Historia de Carlomagno, Emperador del Sacro Imperio Romano-Germano

No se conoce con certeza la fecha de nacimiento de Carlos, el hijo de Pipino el Breve y Bertrada. Se proponen dos fechas: 742 ó 747, cualquiera de ellas anterior al matrimonio de Bertrada y Pipino que tuvo lugar en el año 749. De esta manera podríamos considerar a Carlos como un hijo ilegítimo que fue legitimado por su padre, costumbre corriente en el mundo romano que sería asimilada por los germanos. Sobre su educación, infancia y adolescencia no tenemos noticias, toda vez que su principal biógrafo, Eginhardo, omite esta etapa de la vida del rey aludiendo a que "no ha quedado testimonio alguno por escrito que trate de ello". El 24 de septiembre del año 768 fallecía en París Pipino el Breve, víctima de la hidropesía. Había sido coronado rey de los francos por el papa Zacarías en el año 751, momento en el que el rey Childerico era depuesto. A la muerte de Pipino el Breve el reino correspondió a sus dos hijos, Carlos y Carlomán. La asamblea general de los francos proclamaron a ambos reyes con la condición de repartirse equitativamente el reino, de la misma manera que Pipino y su hermano Carlomán habían gobernado el reino como mayordomos reales durante el reinado de Childerico. Ambas partes aceptaron y se repartió el reino entre ambos hermanos, a pesar de que los partidarios de Carlomán deseaban romper esa alianza. Tras recibir la corona, Carlos continuó la guerra de Aquitania que su padre no había concluido. Solicitó ayuda a su hermano, ayuda que no fue concedida. La rebelión de Hunoldo (769) fue sofocada y éste se refugió en territorio vascón. Esta acción no fue del agrado de Carlos que envió una delegación a Lupo II para que el rebelde fuera entregado. El duque vascón entregó a Hunoldo y sometió sus territorios a la autoridad del monarca franco. En diciembre del año 771 fallecía Carlomán, tras tres escasos años de reinado. Este fallecimiento evitaría una más que probable guerra entre los partidarios de ambos monarcas. Carlos era nombrado, según Eginhardo, "único rey con el consenso de todos los francos". En realidad, Carlos no respetó los derechos a la corona de sus sobrinos y se proclamó rey de todos los francos. La esposa de Carlomán, sus hijos y sus partidarios tuvieron que huir a Italia, poniéndose bajo la protección de Desiderio, el rey de los longobardos, lo que indica que no eran bien acogidos en la corte franca. Una de las primeras acciones que emprendió Carlos como rey único de los francos fue hacerse eco de la solicitud del papa Adriano I para expulsar a los longobardos de Italia. La guerra se prolongó entre los años 773 y 774, consiguiendo la rendición del rey Desiderio y la expulsión de su hijo Adalgiso de Italia. El papa conseguía recuperar las tierras que formarán los Estados Pontificios pero las amenazas continuaban en la península Itálica. El duque de Fruil, Rodgauso, se rebeló en el año 776. Carlos volvió a Italia para acabar con la revuelta y una vez sofocados todos los fuegos impuso a su hijo Pipino como rey. Corría el año 781. Finalizadas las campañas en Italia, Carlos pudo destinar mayores esfuerzos a combatir a los sajones, pueblo germánico que ocupaban el territorio situado entre el Elba y el mar del Norte. La delimitación de fronteras -donde se producían continuos enfrentamientos- y cuestiones religiosas -los sajones se mostraban hostiles al cristianismo al considerarlo un elemento de penetración franca"- serían las causas de la guerra. Los cronistas hacen referencia a 33 años consecutivos de lucha, manifestando que los sajones nunca cumplían los tratados y las rendiciones firmados. Carlos se puso en varias ocasiones al frente de su ejército para luchar contra el peligro sajón, confiando también las tropas a los condes cuando otros asuntos requerían su presencia. La guerra acabó hacia el año 804. Diez mil sajones fueron deportados mientras que los restantes serían acogidos en la fe cristiana y obligados a guardar fidelidad al rey franco, "formando un solo pueblo". Las miras expansionistas de Carlos no se limitaban a la península Itálica o el territorio de los sajones. En el año de 778 inició una contundente expedición contra el norte de la península Ibérica, dominada por los musulmanes. Animado por los cristianos, Carlos llegó a la plaza fuerte de Zaragoza tras tomar Pamplona. El gobernador musulmán no rindió la plaza lo que motivó el inicio de un largo asedio. Las noticias que llegaron procedentes de Sajonia no eran muy halagüeñas por lo que Carlos se retiró a Francia a través del desfiladero de Roncesvalles. El 15 de agosto de 778 la retaguardia del ejército franco sufrió una emboscada por parte de grupos de vascones, posiblemente apoyados por musulmanes. Desde lo alto de los montes, los vascones atacaron a las tropas francas dirigidas por Roldán, prefecto de la marca de Bretaña. En la desigual lucha perecieron buena parte de la élite militar franca: Roldán, el senescal Egihardo y el conde Anselmo. Cuando la vanguardia quiso reaccionar, los asaltante huyeron aprovechando lo escarpado del terreno y la oscuridad "de la noche que ya empezaba a caer". Este episodio daría lugar al famoso cantar de gesta titulado "La chanson de Roland". En el enclave navarro de Roncesvalles se conserva un edificio conocido como el "Silo de Carlomagno" donde la tradición cuenta que están enterrados los huesos de los muertos en esta batalla. Más fácil es de creer que la cantidad de restos que se conservan en este lugar procedan de los cuerpos de los peregrinos enfermos que fallecían en este lugar de acceso al Camino de Santiago. La península de Armorica será el siguiente punto que Carlos someta a su dominio. Los pueblos bretones de esta zona se sometieron en el año 786 aunque su carácter rebelde les llevó a provocar nuevas intervenciones en los años 799 y 811. El sometimiento del ducado de Benevento, en el sur de Italia, será su próximo objetivo. El duque Aragiso se adelantó a los planes del rey franco y entregó a sus dos hijos como rehenes, al tiempo que juraba fidelidad. Carlos admitió las ofertas del duque y tras recibir los juramentos se retiró a tierras francas. En Baviera nos encontramos con el nuevo punto de conflicto debido al duque Tasilón y su alianza a los ávaros. Carlos no soportó esta desobediencia y se dirigió con un fuerte ejército la región de Baviera. El duque, ante la actitud amenazante del monarca franco, suplicó clemencia a Carlos con lo que se zanjó de manera rápida este frente de conflicto. Tasilón fue condenado a pena de prisión perpetua en el monasterio de Jumièges debido a sus antecedentes rebeldes -ya se había rebelado antes contra Carlomagno en el año 787 por lo que debió jurar fidelidad al rey franco-. En su actitud expansionista serán los eslavos los nuevos enemigos de Carlos luchando contra los welátabos a los que se aliaron los sajones. Estos pueblos del mar Báltico se rebelaron en diferentes ocasiones realizándose diversas expediciones militares contra ellos. Pero la guerra más importante de esta década de 790 es la emprendida contra los ávaros, en la que el rey intervino personalmente en las luchas que tuvieron lugar en la actual Hungría. Serían su hijo Pipino y los demás miembros de la nobleza quienes recibieron la confianza del monarca para dirigir la larga contienda pues duraría entre los años 791 y 803. La región de Panonia quedó deshabitada según Eginhardo mientras el dinero y los tesoros acumulados por los ávaros pasaron a manos francas. Las últimas guerras libradas por Carlos fueron contra los bohemios(805), los linones (808-811) y los daneses (810), pueblo este último que pretendía dominar toda la Germania dirigido por su rey Godofredo. Como consecuencia de todas estas luchas llevadas a cabo durante los cuarenta y siete años que duró el reinado, el reino de Carlos se duplicó en proporciones respecto a lo heredado de su padre. Las fronteras se extendieron hasta la península Ibérica y el centro de Europa, contando con Italia, Germania, Sajonia y la Dacia, estableciendo en el Danubio la frontera este. De ahí la denominación "Carolus Magnus" con la que ha trascendido su nombre a la Historia y la coronación de Carlos como emperador y augusto en Roma por el papa León III_ el 23 de diciembre del año 800, igualándose a los emperadores de Oriente que se consideraban los auténticos herederos de los emperadores romanos. Este nombramiento como emperador sería precedido por la ayuda solicitada a Carlos por el papa León III quien había sido atacado un año antes por un grupo de conjurados que le obligaron a escapar a Sajonia donde se encontró con Carlos, solicitando su ayuda. La intervención de Carlos permitió el restablecimiento de la paz en los Estados Pontificios. Al igual que la guerra, la diplomacia también será uno de los puntos fuertes de Carlos, estableciendo contactos con los reyes más reputados de su tiempo como Alfonso II el Casto de León, Harun al-Rachid_el califa abassí de Bagdad o los emperadores de Constantinopla.

Resulta francamente interesante conocer la vida privada del rey franco. Antes de sus numerosos matrimonios Carlos mantuvo relaciones con una joven noble llamada Himiltrudis, naciendo de esta relación un hijo llamado Pipino el Jorobado. Hacia el año 770 casó con Ermengarda, hija de Desiderio, el rey de los longobardos, a la que repudió por desconocidos motivos tras un año del enlace. La segunda esposa fue Hildelgarda, mujer noble de origen suabo con la que tuvo 9 hijos, cuatro varones -Carlos, Pipino y Ludovico entre ellos - y cinco mujeres -Rotrudis, Berta y Gisela son las que conocemos-. A la muerte de Hildelgarda -30 de abril del año 783- casó con Fastrada, de origen germánico, con quien al menos tuvo dos hijas: Teodorada y Hiltrudis mientras que una concubina le daba otra hija de nombre Rodaida. De nuevo viudo en el año 794 contrajo matrimonio con la alamana Liutgarda con la que no tuvo hijos. Al fallecer ésta se relacionó con cuatro concubinas: Madelgarda, con quien tuvo a Rotilda; Gersvinda, madre de Adeltrius; Regina que tuvo dos hijos, Drogón y Hugo; y Adelinda con la que tuvo a Teodorico. En total, diez relaciones conocidas de las que nacieron al menos 18 hijos conocidos. Todos estos hijos e hijas recibieron la formación típica medieval dividida en dos grupos: el "trivium" formado por la gramática, la retórica y la dialéctica y el "quadrivium" integrado por aritmética, geometría, música y astronomía. Eginhardo nos presenta a Carlos absolutamente preocupado por la educación de su vasta descendencia e incluso cuenta que ""nunca cenó sin ellos ni se fue de viaje sin llevárselos consigo". Entre los principales valores de Carlos encontramos, siempre según el cronista Eginhardo, la amistad, el interés por lo procedente de otras tierras, la honradez o el afecto hacia sus súbditos. En su descripción física alude a un hombre de alta estatura -1´92 metros según la exhumación de su cuerpo que se produjo en el año 1861-, "hermosa cabellera blanca y rostro agradable y alegre". El cronista dice que gozó de buena salud a excepción de sus últimos cuatro años en los que eran frecuentes las fiebres e incluso cojeó de un pie, pudiendo padecer la gota ya que los médicos le recomendaban la abstinencia de guisos asados, recomendaciones que el rey no seguía. Su moderación en la comida y en la bebida contrasta con esta atracción hacia los guisos. La comida siempre se acompañaba de música o de lecturas. Tras el almuerzo solía dormir dos o tres horas. Entre sus aficiones encontramos la caza, la equitación, los baños termales y la natación. Eginhardo dice que "vestía según la costumbre de su pueblo (...) sobre el cuerpo llevaba una camisa y unos calzones de lino; encima, una túnica ribeteada de seda y medias calzas y luego unas bandas alrededor de las piernas y calzado en los pies. (...) Se cubría con un manto azul y siempre llevaba ceñida una daga cuya empuñadura y cuya vaina eran de oro o plata". Durante el reinado de Carlos se manifiesta un importante renacimiento cultural al proteger a importantes personajes como Alcuino de York, quien se convirtió en uno de los principales impulsores de la cultura carolingia. El propio Carlos cultivó las artes liberales, especialmente la astronomía. También se intereso por la labor legislativa al unificar y completar las leyes francas al tiempo que ordenó la recopilación de todas las leyes de los pueblos que estaban bajo su mando. Al igual que los emperadores romanos Carlos también se preocupó por desarrollar una importante labor constructiva con la que demostrar la grandeza de su reinado como podemos constatar en los magníficos palacios de Aquisgran y su capilla palatina o la construcción de iglesias en todos los rincones de su reino. Antes de morir, Carlos asoció al trono a su hijo Ludovico, en aquellos momentos rey de Aquitania, y le nombró heredero de la corona imperial ante la asamblea de próceres. Esta ceremonia de coronación se realizó el 11 de septiembre del año 813. A primeros de noviembre, Carlos regresó de cazar a su palacio de Aquisgrán, donde sufrió un fuerte proceso febril en el mes de enero del año 814. La dieta que se le impuso para la recuperación no fue efectiva, complicándose la fiebre con "un dolor en el costado, lo que los griegos llaman pleuresía" en palabras de Eginhardo. El 28 de enero de ese año fallecía Carlomagno a la edad de 72 años, tras 47 de reinado. Su cuerpo fue sepultado en Aquisgrán.

Genealogía de la familia Montealegre

Descendientes de los vikingos en Nicaragua

Investigado por: Flavio Rivera Montealegre

Se debe considerar, antes de iniciar la secuencia genealógica con respecto a Carlomagno y los vikingos, que los astures y los godos se unieron en enlaces matrimoniales con una poderosa familia judía radicada en Zaragoza, de apellido **Banu ben Qasi,** maladies descendientes del conde visigodo Casius. Estas mismas familias se unieron de la misma manera con los vascones agrupados en tierras de Pamplona, y son el grupo de guerreros agrupados bajo el mando del caudillo llamado **Enneco** o **Iñigo Iñiguez**, conocido como **Iñigo Arista**, rey de Pamplona, fundador de la dinastía en Pamplona, desde el 810 d. de Cristo, hasta 1054, y que entroncan con la familia de judíos conversos, los Benu ben Qasi, que se oponian a los emiratos de Córdoba, lo que le permite extender el nuevo reino de Pamplona por toda la actual Navarra, y de quienes desciende **Fernando I El Magno, Rey de Castilla (1035-1065) y Rey de León (1037-1067) quien contrajo matrimonio con Sancha, Reina de León.**

Del primero que se tiene conocimiento, en los antepasados de la familia Montealegre en Nicaragua y Costa Rica, es el rey o caudillo de los suecos, nació cerca del año 214 después de Cristo, su nombre fue **Njord**, a quien no se le conoce el nombre de su mujer con quien procreó a su hijo, que fue:

Generación No.2
Yngvi-Frey, rey de los Suecos (King of Swedes),
Su esposa fue Gerd Gymersson, su hijo fue:

Generación No.3
Fjdner Yngvi-Freysson, no se conoce el nombre
de su esposa, su hijo fue:

Generación No.4
Svegdi Fjolnarsson, n.277, su esposa fue Vana, el hijo de ambos fue:

Generación No.5
Vanlandi Svegdasson, su esposa fue Driva Snaersson, n.275, hija de Snaer, Rey de Finlandia. El hijo de Vanlandi y Driva, fue:

Generación No.6
Visbur Vanlandasson, nació en el 319, no se conoce el nombre de su esposa, su hijo fue:

Generación No.7
Domaldi Visbursson, no se conoce el nombre de su esposa, su hijo fue:

Generación No.8
Dommar Domaldasson, su esposa fue Drott Sanpsson, el hijo de ambos se llamó:

Generación No.9
Dyggvi Domarsson, n.382, no se conoce el nombre de su esposa, pero el hijo de ambos fue:

Generación No.10
Dag Dyggvasson, n.403, no se conoce el nombre de su esposa, pero el hijo de ambos fue:

Generación No.11
Agni Dagsson, su esposa fue Skjalf Frostasson, el hijo de ambos fue:

Generación No.12
Alrek Agnasson, su esposa fue Dagreid Dagsson, el hijo de ambos fue:

Generación No.13
Yngvi Alreksson, no se conoce el nombre de su esposa, pero, el hijo de ambos fue:

Generación No.14
Jorund Yngvasson, no se conoce el

nombre de su esposa, pero, el hijo de ambos fue:

Generación No.15
Aun "El Viejo" (the Aged) Jorundsson, n.509, no se conoce el nombre de su esposa, pero, el hijo de ambos fue:

Generación No.16
Egil "Vendikraka" Aunsson, n.530, no se conoce el nombre de su esposa, pero, el hijo de ambos fue:

Generación No.17
Ottar Egilsson, no se conoce el nombre de su esposa, pero, el hijo de ambos fue:

Generación No.18
Adils Ottarsson, el nombre de su esposa,Yrsa Helgasson, el hijo de ambos fue:

Generación No.19
Eystein Adilsson, n.594, no se conoce el nombre de su esposa, pero, el hijo de ambos fue:

Generación No.20
Ingvar Eysteinsson, n.616, no se conoce el nombre de su esposa, pero, el hijo de ambos fue:

Generación No.21
Brant-Onund Ingvarsson, n.643, no se conoce el nombre de su esposa, pero, el hijo de ambos fue:

Generación No.22
Ingjald Brant-Onundsson, no se conoce el nombre de su esposa, pero, el hijo de ambos fue:

Generación No.23
Olaf Ingjaldsson, su esposa fue Solveig Halfdansson, el hijo de ambos fue:

Generación No.24
Halfdan Olafsson, su esposa fue Asa Eysteinsson, el hijo de ambos fue:

Generación No.25

Eysteinn I "Fretr" Halfdansson, no se conoce el
nombre de su esposa, pero, el hijo de ambos fue:

Generación No.26
Halfdan II "Milldi" Eysteinsson, n.762-m.800, su esposa fue
Hilf Daysdottir, el hijo de ambos fue:

Generación No.27
Ivar, Jarl of Norway, no se conoce el
nombre de su esposa, pero, el hijo de ambos fue:

Generación No.28
Eystein (Glumra) Ivarsson, su esposa fue
Aseda Rognvaldsson, el hijo de ambos fue:

Generación No.29
Rognvald I "El Sabio" More, Dueque de More y 1er. Duque de Orkney,m. 894, su esposa fue
Hilda (Ragnhild) Condesa More, el hijo de ambos fue:

Generación No.30
Roberto I "Rollo" Primer Duque de Normandía, m.927, tuvo dos hijos ilegítimos con Poppa de Valois, Duquesa de Normandía, hija de Berenguer de Bayeaux, sus dos hijos fueron:

Generación No.31
31.1.- Adela, muere en 962, casó con William III, Duque de Aquitania,m.963, procrearon dos hijos, ver siguiente generación.

31.2.- William I , murió en 943, su esposa fue Spriota, el hijo de ambos fue:

Generación No.32
De la hija de Adela y William III Duque de Aquitania, nacieron
31.1.1.- William IV Duque de Aquitania, m.995, de quien descienden todos los Duques de Aquitania.
31.1.2.- Adelais que casó con Hugo Capeto, Rey de Francia, de ellos desciende la dinastía de los reyes de Francia, los Capeto.

Del hijo de William y Spriota el hijo fue:
31.2.1.- Ricardo I, Duque de Normandía, m.996, su esposa fue Gunnora, m.1031, hija de Harald Bluetooth, Rey de Dinamarca. Procrearon seis hijos, que fueron los siguientes:

Generación No.33
1.- Ricardo II Duque de Normandía, m. 1027, contrajo nupcias en tres ocasiones. Primero con Judith de Britania, hermana de Geoffrey de Britania, sus hijos en la generación No.34. En segundas nupcias con Adela, hija de Roberto II de Francia. En terceras nupcias con Astrid, hija de Swein Forkbeard.
2.- Hawise contrajo nupcias con Geoffrey de Britania.
3.- Roberto, Arzobispo de Rouen.
4.- Godfrey, m.1015.
5.- Emma, contrajo nupcias con Athelred II, y con Canute.
6.- William, Conde de Eu.

Generación No.34
Los hijos de Ricardo II , Duque de Normandía y Judith de Britania fueron los siguientes:
1.- Ricardo III, Duque de Normandía, m. 1028.
2.- Roberto I, Duque de Normandía, m. 1035, contrajo nupcias con Releva, sus hijos en la generación No.35.
3.- Alice contrajo nupcias con Renaud, Conde de Burgundy.
4.- Eleanor, m. 1071, contrajo nupcias con Baldwin IV, Conde de Flanders.
5.- Mauger, Arzobispo de Rouen, tuvo descendencia.
6.- William, Conde de Arques.

Generación No.35
1.-
William II de Normandia y William I de Inglaterra "el Conquistador" Duque de Normandía y Rey de Inglaterra y Conde de Maine. Llamado también El Bastardo, nació en Falaise, Normandia, en 1028. Muere en St. Gervais, Rouen, el 9 de Septiembre de 1087. Contrajo matrimonio, en 1053, en Eu, con Matilda (1031-1083), hija de Baldwin V de Flanders. Procrearon diez hijos, son los siguientes, ver generación No.36:

2.-
Adeliza, muere en el 1087, contrajo nupcias con Lambert de Boloña o Boulogne.

Generación No.36
Los hijos de William I de Inglaterra, El Conquistador, y su esposa Matilda de Flanders, fueron los siguientes:
1.- Roberto II, Duque de Normandía, (1052-1134),
contrajo nupcias con Sybilla.
2.- Ricardo, m. 1081.
3.- William II, (1057-1100).
4.- Adela, contrajo matrimonio con Stephen, Conde de Blois,

(m. 1102).
5.- Enrique I de Inglaterra, Rey de Inglaterra (1068-1135), contrajo matrimonio con Matilda de Escocia, hija de Malcolm III de Escocia. Ver sus hijos en la generación No.37.
6.- Cecilia, muere jovencita en 1126.
7.- Adeliza, muere jovencita en 1065.
8.- Constanze, m.1090, contrajo nupcias con Alain IV de Britania.
9.- Ágata, muere en 1074.

Generación No.37
Los hijos de Enrique I de Inglaterra, Rey de Inglaterra, y, de su esposa Matilda de Escocia, fueron los siguientes:
1.- William, Duque de Normandía, muere en 1120.
2.- Ricardo, muere muy jovencito en 1120.
3.- Matilda de Normandía, fue la reina sin corona de Inglaterra, le sucede a su hermano, luego de quedar viuda de su primer esposo que fue Enrique V, Emperador de Alemania, que muere en 1125.
Matilda nace en 1102 y muere en 1167. Contrajo nupcias por segunda vez con **Godofredo o Geoffrey Plantagenet, Conde de Anjou** y luego **Duque de Normandía**, sus hijos con Matilda fueron los siguientes:

Generación No.38
Los hijos de Matilda de Normandía y su esposo Godofredo Plantagenet, Conde de Anjou (en Francia), es por esta relación que los ingleses reclaman territorios en Francia, y se gesta la Guerra de las Rosas, con sus parientes franceses, que dura cien años. Sus hijos fueron:
1.-
Enrique II Plantagenet, Rey de Inglaterra, n.1133-m.1189. Contrajo nupcias **con Eleanor o Leonor de Aquitania**,
n.1122-m.1204, hija de William X, Duque de Aquitania (n.1099-m.1137). Leonor ya había sido casada con Luis VII, Rey de Francia. Leonor de Aquitania es decendiente de Luis I Rey de Francia, y, descendiente de la Casa de Auvergne, Aquitania y Toulouse. William X era hijo de William IX (1071-1127), descendientes de Rainulf (m.867). Los hijos de Enrique II de Inglaterra y Leonor de Aquitania, fueron los siguientes, ver generación No.39.

2.- Geoffrey, Conde de Nantes.
3.- William, Conde de Poitou.

Generación No.39
Los hijos de Enrique II de Inglaterra y Leonor de Aquitania fueron los siguientes:
1.- William, Conde de Poitiers (1153-1156)

2.- Enrique, el Rey Joven, (1155-1183), contrajo nupcias con Margaret de Francia, hija de Luis VII Rey de Francia.
3.- Matilda, contrajo nupcias con Heinrich, El León, Duque de Saxonia (1129-1195), procrearon diez hijos.
4.- Ricardo I de Inglaterra (1157-1199), conocido como Ricardo Corazón de León, organizó la Tercer Cruzada a Tierra Santas, a su regreso a casa fue hecho prisionero por el Emperador Enrique VI de Alemania. Contrajo matrimonio con Berengaria de Navarra, hija de Sancho VI Rey de Navarra y hermana de Sancho VII Rey de Navarra, descendientes del caudillo conocido como Jimino.
5.- Godofredo o Geoffrey II, Duque de Britania (1158-1186), contrajo nupcias con Constanza, hija de Conan IV Duque de Britania y de Margaret que era nieta de David I Rey de Escocia.

6.- **Eleonor o Leonor Plantagenet de Inglaterra** (1162-1214), en Septiembre de 1170, en la Catedral de Burgos, en Castilla, contrajo matrimonio con **Alfonso VIII Sanchez, El Bueno, Rey de Castilla** (1156-1214), hijo de Sancho III El Deseado, Rey de Castilla (reinado en el periodo 1157-1158) y Blanca de Navarra. Nieto de Alfonso VII El Emperador, Rey de Castilla y de León (1126-1157) y de Berenguela que era hija de Ramón Berenguer III de la Casa de los Montcada o Moncada. Era bisnieto de Urraca Alfonzes, Reina de Castilla y León (1109-1126) y de su esposo Reimundo de Borgoña. Era tataranieto de Alfonso VI Fernández, El Bravo, Rey de León y de Castilla y de su esposa Isabel de Toledo o Zaida que era hija de Emir Motamid de Sevilla que a su vez era descendiente de Mahoma, El Profeta. Alfonso VI Fernández era hijo de Fernando I, El Magno, Rey de Castilla y León, y de su esposa Sancha que era Reina de León, por derecho propio (1037-1065). Todos descendientes de los reyes godos y visigodos, de Pedro Duque de Cantabria. Procrearon doce hijos, ver la generación No.40.

7.- Joan Plantagenet (1165-1199), contrajo nupcias con William II Rey de Sicilia, y, en segundas nupcias con Raymond VI Conde de Toulouse (1156-1222).
8.- John of Gaunt Plantagenet, 1167-1216, contrajo nupcias con Isabella de Gloucester, muere en 1217, y, en segundas nupcias con Isabella de Anglouleme. Con ambas tuvo hijos y sus descendientes se unieron en matrimonio con las monarquias de España y con las de Inglaterra misma.

Generación No.40
Los hijos de Leonor Plantagenet de Inglaterra y Alfonso VIII Sanchez, El Bueno, Rey de Castilla, fueron doce, sus nombres a continuación:
1.- BERENGARIA de Castilla, Reina de Castilla, nació en 1171 y muere en 1244. Contrajo matrimonio con Alfonso IX de León, Rey de León (nace en Zamora, el 15 de Agosto de 1171 y muere en Villanueva de Sarriá, el 24 de Septiembre de 1230), hijo de Fernando II de León, Rey de León, y de Da. Urraca de Portugal. Alfonso IX ya había contraído matrimonio en primeras nupcias con Teresa de

Portugal, el 15 de Febrero de 1191, procreando tres hijos. En segundas nupcias casa con Berengaria de Castilla, Reina de Castilla, en el 1197, en la ciudad de Valladolid. Procrearon cinco hijos, ver generación No.41.
2.- Sancho
3.- Sancha
4.- Mafalda
5.- Urraca
6.- BLANCHE o Blanca de Castilla, nace un 4 de Marzo de 1188, contrae matrimonio un 23 de Mayo de 1200 y muere un 27 de Noviembre de 1252 en Paris. Fue regente de la corona de Francia, contrajo nupcias con Luis VIII de Francia, Rey de Francia, hijo de Felipe II Augusto, Rey de Francia y de Isabel de Flanders, Condesa de Artois. Luis VIII de Francia nace un 5 de Septiembre de 1187, en Paris, y muere un 8 de Noviembre de 1226 en Montpensier, Francia.
7.- Fernando
8.- Leonor de Castilla contrajo nupcias con Jaime I de Aragón.
9.- Constanza
10.- ENRIQUE I de Castilla, Rey de Castilla
11.- Henry
12.- Constance

Generación No.41
Los hijos de Da. Berengaria de Castilla, Reina de Castilla, con su esposo Alfonso IX de León, Rey de León, fueron los siguientes:
1.- FERNANDO III, El Santo, de Castilla, Rey de Castilla y de León. Contrajo nupcias dos veces, primero con Da. Beatriz de Suabia, y en segundas nupcias con Juana de Ponthieu. Sus hijos en la generación No.42.
2.- Berengaria de Castilla, Infanta de Castilla.
3.- Alfonso de Molina y Castilla, Señor de Molina y Mesa.
4.- Constanza de Castilla
5.- Leonor de Castilla

Generación No.42
Los hijos de Fernando III El Santo, Rey de Castilla y de León, con su esposa Da. Beatriz de Suabia o Beatrice von Hohenstaufen, Princesa de Suabia, también conocida como Isabel de Saboya, sus hijos fueron:
1.- Alfonso X de Castilla, Rey de Castilla y de León, nace en Toledo el 23 de Noviembre de 1221, y comienza su reinado el 1 de Junio de 1252, cuando llevaba ocho años de casado con Da. Violante de Aragón, hija de Jaime I El Conquistador, Rey de Aragón (1213-1276) y de su esposa Violante de Hungría.

2.- Fadrique, Infante de Castilla, n. 1224.
3.- Enrique, Infante de Castilla, n. 1230.
4.- Felipe de Castilla, Arzobispo de Sevilla, n. 1231.

5.- Leonor de Castilla (1241-1290) contrajo nupcias con Eduardo I de Inglaterra (1239-1307), procrearon 16 hijos.
6.- Berenguela de Castilla, monja, n. 1233.
7.- Sancho de Castilla, Arzobispo de Toledo y Sevilla, n. 1233.
8.- Manuel de Castilla, Señor de Villena, n.1234. Contrajo nupcias con Constanza de Saboya. Sus hijos en la siguiente generación No.43, cuyos descendientes se enlazan matrimonialmente con los descendientes de su hermano Alfonso X El Sabio.
9.- María de Castilla, Infanta de Castilla, n. 5 de Noviembre de 1235.

Hay que hacer notar que Alfonso X de Castilla y Hohenstaufen, tiene lazos familiares con toda Europa, que, al ser hijo de Fernando III El Santo, y Beatrice von Hohenstaufen, es bisnieto del emperador Federico II de Alemania, yerno de Jaime I el Conquistador, consuegro del rey Luis IX, El Santo, Capeto de Francia, abuelo de don Dionis, Rey de Portugal, cuñado de Eduardo, príncipe de Gales, cuñado de Pedro III el Grande, Rey de Aragón, nieto de Da. Berenguela de Castilla, Reina de Castilla, suegro de Da. María de Molina, que fueron las dos grandes reinas de la Edad Media española.

Beatrice de Hohenstaufen era hija de Don Felipe de Suabia Hohenstaufen, Rey de Alemania, y de su esposa Irene de Bizancio, Princesa de Bizancio, hija del Emperador Isaac II de Bizancio Ángelus. Era nieta de Federico I Barbarosa (1122-1190) y de Beatriz de Burgundy (1145-1184). Era bisnieta de Federico II de Suabia Hohenstaufen (1090-1147) y de Judith de Bavaria. Era tataranieta de Federico I de Suabia von Hohenstaufen (1050-1105) y de Agnes de Alemania (1074-1143). Era tataranieta segunda de Federico van Büren y de Hildegarde de Suabia, que eran los padres de Federico I de Suabia von Hohenstaufen, y la esposa de éste, Agnes de Alemania (n. 1074), era hija de Enrique IV de Alemania (n. 11 de Noviembre de 1050- m. Agosto 7, 1106), Emperador del Sacro Imperio Romano, que el 17 de Agosto de 1089 contrajera matrimonio con Eufraxia de Kiev. A su vez, Enrique IV de Alemania, era hijo del Emperador Enrique III de Alemania (1017-1056) y de Agnes de Poitou. Enrique III de Alemania era hijo del Emperador Conrad II de Alemania (990-1039) y Gisele de Schwaben. Conrad II de Alemania era hijo de Enrique de Spenyer (970-995), el nombre de su madre no se conoce.

Generación No.43

Los hijos de Alfonso X, El Sabio, y su esposa Violante de Aragón:
1.- Sancho IV de Castilla, Rey de Castilla. Nace un 12 de Mayo de 1258 y muere un 25 de Abril de 1295, en Toledo. Contrajo nupcias con Maria Alfonsa de Molina o simplemente Maria de Molina (1322), hija de Alfonso de León (1271) y Mafalda Pérez de Manrique quien era tataranieta segunda de Garcia III de Navarra (n.1035-

m.1054) y Estefanía de Foix. Al morir su hermano Fernando de la Cerda, que era el hijo primogénito, Sancho IV era el segundogénito, el que hereda el trono.
2.- **Fernando De la Cerda, Infante de Castilla**, nace en Diciembre de 1255 y muere en Agosto de 1275 en Ciudad Real. El 30 de Octubre de 1268 contrae matrimonio con Blanca o Blanche de Francia, hija de Luis IX Capeto de Francia, El Santo, Rey de Francia, y de su esposa Margarita Berenguer de Provenza, procrearon dos hijos, ver generación No.44.

Generación No.44
El hijo de Sancho IV y Da. Maria Alfonza de Molina, fue:
1.- Fernando IV de Castilla, Rey de Castilla, (reina en 1295 a 1312) contrajo nupcias con Da. Constanza de Portugal, hija de Don Dionis o Denis de Portugal, nieto de Alfonso X El Sabio, y de su esposa Isabel de Aragón hija de Pedro El Grande III de Aragón, II de Cataluña, I de Sicilia, muere en 1285, y de su esposa Constanza de Sicilia, hija de Manfredo, Rey de Sicilia.

Los dos hijos de Fernando De la Cerda y Blanche de Francia, fueron los siguientes:
1.- Alfonso De la Cerda, n. 1270, Infante de Castilla. Contrajo nupcias con Mafalda de Narbonne.
2.- **Fernando De la Cerda II**, n. 1272, Infante de Castilla. Muere el 1 de Junio de 1322. Contrajo nupcias con Juana Núñez de Lara, sus hijos en la siguiente generación No.45.

Generación No.45
El hijo de Fernano IV de Castilla y Constanza de Portugal, fue:
1.- Alfonso XI quien tuvo relaciones extramaritales con Da. Leonora de Guzmán, juntos procrearon diez hijos. Contrajo nupcias con Da. Constanza Manuel de Castilla, hija del Infante Don Juan Manuel de Castilla, El Escritor, y de Da. Maria de Portugal.

El hijo de Alfonso De la Cerda y Mafalda de Narbonne, fue:
1.- Luis De la Cerda, Príncipe de Isla Canarias, nace en 1296 y muere en 1348. Contrajo nupcias con Da. Leonora de Guzmán, procrearon siete hijos. Da. Leonora de Guzmán, tuvo hijos fuera de matrimonio con Alfonso XI de Castilla, Rey de Castilla, hijos de Fernando IV que era primo hermano de Fernando II De la Cerda, y por tanto tío de su marido, pues era primo segundo de su suegro Don Alfonso De la Cerda; entre esos hijos que fueron diez, se encuentra Don Enrique II de Castilla Trastamara, Rey de Castilla, que nace en el año 1332. A su vez, Fernando IV era hijo de Sancho IV y de

Maria Alfonza de Molina.

Los hijos de Fernando De la Cerda II y de su esposa Juana Núñez de Lara, fueron los siguientes:
1.- **Blanca De la Cerda**, n. 1311, contrajo nupcias con el Infante de Castilla, **Don Juan Manuel de Castilla**, "El Escritor", Señor de Villena y Escalona, sus hijos en la siguiente generación No.46.
2.- Margarita De la Cerda, n. 1312, monja.
3.- Juana Núñez de Lara, n. 1314, Señora de Lara y de Vizcaya.
4.- María De la Cerda, n. 1315, Dama de Lunel.

Generación No.46
Alfonso XI de Castilla, quien tuvo relaciones extramaritales con Da. Leonora de Guzmán, esposa de su sobrino Luis De la Cerda, y con ella tuvo diez hijos que fueron:
1.- Pedro Alfonso, Señor de Aguilar, 1330.
2.- Sancho Alfonso, Señor de Ledesma, n. 1331.
3.- ENRIQUE II de Castilla , Primer Trastamara, Rey de Castilla, nace en 1332.
4.- FADRIQUE Alfonso, Señor de Haro, nace en 1333.
5.- Fernando Alfonso, Señor de Ledesma, nace en 1336.
6.- Tello de Castilla, Conde de Castañeda, nace en 1337.
7.- Juan de Castilla, Señor de Badajoz, nace en 1341.
8.- Sancho de Castilla, Conde de Albuquerque y Haro, n.1342.
9.- Pedro Alfonso, Señor de Aguilar, nace en 1345.
10.- Juana Alfonsa.

Los hijos de Da. Blanca De la Cerda y del Infante Don Juan Manuel de Castilla, El Escritor, fueron los siguientes:
1.- Beatriz Manuel de Castilla
2.- Juana Manuel de Castilla, n. 1339, Señora de Villena, contrajo nupcias con Enrique II de Castilla Trastamara, Rey de Castilla, su hijo en la siguiente generación No.47.

Generación No.47
El hijo de Da. Juana Manuel de Castilla, Señora de Villena y su esposo Don Enrique II de Castilla Trastamara, fue el siguiente:
1.- Juan Manuel I de Castilla, Rey de Castilla y León, contrajo matrimonio con Da. Inés de Catañeda Lasso de la Vega, su hijo fue:

Generación No.48
El hijo de Juan Manuel I de Castilla Trastamara, Rey de Castilla y León, y Da. Inés de Catañeda Laso de la Vega, su hijo fue:

1.-
Sancho Manuel de Castilla, contrajo nupcias con Leonor Gonzalez de Manzanedo, su hijo:

Generación No.49
El hijo de Sancho Manuel de Castilla y Da. Leonor Gonzalez de Manzanedo, fue:
1.- Juan Sanchez Manuel
caso con Uriza Sanz Diez, su hija fue:

Generación No.50
La hija Juan Sánchez Manuel y Da. Uriza Sanz Diez, fue:
1.- Inés Sánchez Manuel de Villena
contrajo nupcias con Garci Fernandez Villodre, su hija:

Generación No.51
La hija de Inés Sánchez Manuel de Villena y Garci Fernandez Villodre, fue:
1.- Catalina Sanchez de Villodre y Manuel contrajo matrimonio con Luis Mendez de Sotomayor, el hijo de ambos fue:

Generación No.52
1.- Garci Mendez de Sotomayor contrajo matrimonio con Maria de Figueroa y Messia, su hijo:

Generación No. 53
1.- Luis Mendez de Sotomayor contrajo matrimonio con Maria de Solier y Fernandez de Cordoba, su hijo:

Generación No. 54
1.- Alfonso Hernandez de Sotomayor contrajo nupcias con Ines Cerrato, su hijo:

Generación No. 55
1.- Luis Mendez Sotomayor contrajo nupcias con Juana de Vera, su hija:

Generación No. 56
1.- Juana de Vera Sotomayor contrajo nupcias con Garcia Ramiro Corajo, su hijo:

Generación No. 57
1.- Francisco Ramiro-Corajo Vera contrajo matrimonio con
Maria Retes Pelaez Vazquez de Coronado quien era descendieente del conquistador y Primer Adelantado, Don Juan Vázquez de Coronado y Anaya, su hija:

Generación No. 58
1.- Maria Rosa Vazquez Ramiro-Corajo contrajo matrimonio con Don Pedro Jose Saenz Lanini, su hijo:

Generación No. 59
1.- Manuel Saenz Vazquez contrajo nupcias con Ana Antonia Bonilla Astúa, su hija:

Generación No. 60
1.- Barbara Antonia Saenz Bonilla contrajo nupcias con Cecilio Antonio Romero Parajales, su hija:

Generación No. 61
1.- CASIMIRA ROMERO SAENZ contrajo nupcias con Don Mariano Ignacio Montealegre Balmaceda, sus hijos:

Generación No. 62
62.25.1.- Gertrudis Montealegre Romero cc en primeras nupcias con don Vicente Solórzano Pérez de Miranda, de este matrimonio nacieron dos hijos: Ramón y Francisco Solórzano Montealegre, de ellos dos descienden la gran parte de los Solórzano en Nicaragua, entre ellos el presidente Don Carlos Solórzano Gutiérrez. Casó en segundas nupcias, Da. Gertrudis, con don José del Carmen Salazar Lacayo hijo de don José del Carmen Salazar, nacido en la ciudad de León, Nicaragua y de Da. María Tomasa Lacayo de Briones, de este matrimonio nacieron varios hijos:
25.1.- Pilar Salazar Montealegre casó con José Antonio Ariza.
25.2.- Salvadora Salazar Montealegre casó con Pedro Solís Terán.
Los hijos de este matrimonio son:
1.- Pedro Solís Salazar
2.- Crisanto Solís Salazar
3.- Joaquín Solís Salazar
4.- Trinidad Solís Salazar casó con Bernabé Portocarrero Baca.
5.- Josefa Solís Salazar
6.- Salvadora Solís Salazar casó con Simón Terán Balladares, de este matrimonio descienden la familia Cardenal Tellería.

25.3.- Mariano Salazar Montealegre (1823-1856) casó con Esmeralda Catellón Jeréz.
25.4.- Mercedes Salazar Montealegre casó con Crisanto Medina.
25.5.- José Trinidad Salazar Montealegre casó con Lorenza Selva.

62.25.2- Francisca Montealegre Romero contrajo matrimonio con Don Ramón de Sarria y Reyes, una de sus hijas fue Da. Casimira Sarria Montealegre que contrajo nupcias con Don Juan Bautista Sacasa Méndez, que son los padres del presidente Roberto Sacasa Sarria, son los abuelos del presidente Juan Bautista Sacasa Sacasa, y son los abuelos de Da. Casimira Sacasa Sacasa esposa del Dr. Luis H. Debayle que a su vez son los padres de Da. Salvadora Debayle Sacasa casada con el dictador Anastasio Somoza Garcia.

62.25.3.- Cipriana Montealegre Romero contrajo nupcias con Don Cornelio Ramirez Areas, con extensa descendencia, entre ellos la familia Salinas, Navas, Aguilar Salinas.

62.25.4.- Rafaela Montealegre Romero contrajo nupcias con Don Juan Francisco Parajón, son los padres del Gral. Francisco Parajón.

62.25.5.- Paula Montealegre Romero contrajo nupcias dos veces, primero con Don José Manuel Martinez de Sobral y en segundas con don Basilio Zeceña Fernández de Córdoba, sus descendientes hoy se encuentran en Guatemala.

62.25.- Mariano Antonio Montealegre Romero cc Carmen Fuentes Sanson , 1ras Nupcias. En 2das. Nupcias con Maria Manuela Barbara Lacayo Agüero, sus hijos:

Generación No. 63

1.- Mariano Montealegre Fuentes-Sansón cc Dolores Sacasa Sarria.
2.- Manuel Ignacio Montealegre Lacayo cc Natalia Delgado Páiz.
3.- Cipriana Montealegre Lacayo cc Jose Maria Gasteazoro Robelo.
4.- Paula Montealegre Lacayo cc Manuel Balladares Terán.
5.- Gertrudis Montealegre Lacayo cc Benjamin Midence.
6.- Carmen Montealegre Lacayo cc Gabriel Dubón Echevers.
7.- Samuel Montealegre Lacayo cc Teresa Seydel Venerio.
8.- Abraham Montealegre Lacayo cc Victoria Callejas Sansón.
9.- Elias Montealegre Lacayo cc Julia Gasteazoro Robelo, ella queda viuda cuando muere su esposo en Honduras, que andaba en las luchas con el Gral. Máximo Jeréz Telleria. Contrae nupcias con su cuñado.
10.- Isaac Montealegre Lacayo cc Julia Gasteazoro Robelo.
11.- Adán Montealegre Lacayo, muere jovencito.
12.- Augusto Cesar Montealegre Lacayo (n. Abril, 1858-m. Febrero, 1927, en Chinandega) contrajo nupcias con Da. Isabel Salvatierra Ricarte y Fábrega, hija de Don Bruno Salvatierra Fábrega y de Da. Manuela Ricarte Ramírez ambos naturales de Rivas; sus hijos fueron:

Generación No. 64

1.- Ernesto Montealegre Salvatierra cc Modesta Tábora.

2.- Paula Montealegre Salvatierra cc Jacinto Serrano.

3.- Abraham Montealegre Salvatierra cc Priscila Tábora.

4.- Carmen Montealegre Salvatierra cc Eliseo Venerio.

5.- Humberto Montealegre Salvatierra cc Angélica Plazaola.

6.- Augusta Montealegre Salvatierra cc John Alexander Colston Cross, de origen irlandés.

7.- Dr. Augusto Cesar Montealegre Salvatierra, abogado y notario público, contrajo nupcias con Da. Maria Cristina Zapata Malliè, poetisa, periodista, revolucionaria, intelectual y maestra; hija del Dr. Román Zapata, abogado y periodista, y de su esposa Maria Luisa Malliè, dama francesa hija de don Louis Malliè. Sus hijos:

Generación No. 65

1.- Augusta Patria Montealegre Zapata cc Tomas Peralta Maza

2.- Noel Salvador Montealegre Zapata cc Maria Elsa Valle

3.- Sergio Mario Montealegre Zapata cc Connie Alvarez Padilla

4.- Ilú Montealegre Zapata cc José Santos Rivera Siles: sus hijos:

Generación No. 66

1.- Jose Augusto Rivera Montealegre
cc Rosa Collin Oranday (mexicana), divorciados: 3 hijos
thc Maria Elena Hernandez (mexicana): 4 hijos
cc Isabel ? (cubana), divorciados, sin hijos
cc Margarita Perez Fonseca, sin hijos

2.- Flavio Cesar Rivera Montealegre
cc Ligia Asuncion Bermudez Varela
Hijas: Ilu de los Angeles Rivera Bermudez (n. Sept. 13-1974)
Flavia Ilu Rivera Bermudez (n.Mayo 25 -1979)

3.- Jose Santos Rivera Montealegre
cc Monica Rodriguez Helu: 2 hijos

4.- Jose Eustacio Rivera Montealegre

Aunque esta relación es a través de Da. Casimira Romero Sáenz, natural de Cartago, Costa Rica; genealogistas españoles, mexicanos e ingleses, afirman que la familia Montealegre o De Montealegre y la familia Ribera, Rivera o De Ribera, son descendientes del Infante Don Juan Manuel de Castilla. De esos libros se pueden mencionar los siguientes que me ayudaron a conformar esta genealogia:

Breve Bigliografia
1.- El Lic. Norman Caldera Cardenal, don Carlos Molina Argüello y el Padre Federico Argüello Solórzano S.J., realizaron investigaciones en los Archivos de Indias, en Sevilla, España.
2.- Sitio Web de la Iglesia de los Santos de los Últimos Días o Mormones, en Utha. WebSite en el www.familysearch.org.
3.- Diario Excelcior, de Mexico, D.F., Blasones, por don Fernando Muñoz Altea.
4.- "The Plantagenet Ancestry" by Lt.-Col. W. H. Turton, D.S.O., 1993.
5.- "The Mammoth Book of British Kings and Queens", by Mike Ashley, 1998/
6) "The Forgotten Monarchy o Scotland" by HRH Prince Michael of Albany, Head of the Royal House of Stewart, 1998.
7.- WibSite de Genealogias de la Universidad de Hull, en Inglaterra.

Descendientes en Nicaragua del Almirante de Castilla Don Diego Hurtado de Mendoza

Investigación por: Flavio Rivera Montealegre*

Generación No. 1

1. DIEGO HURTADO DE MENDOZA, FUE NOMBRADO EN 1389 ALMIRANTE DE CASTILLA, HIJO DE DON PEDRO GONZÁLEZ DE MENDOZA (m. 1385) y de DA. ALDONZA PÉREZ DE AYALA que era hija de DON FERNÁN PÉREZ DE AYALA. Contrajo matrimonio en primeras nupcias con Da. María Enríquez hija del Rey Don Enrique II. En segundas nupcias contrajo matrimonio con Da. LEONOR LASSO DE LA VEGA, hija de Don GRACILAZO II DE LA VEGA (muere en 1367, en Nájera), y era viuda de Don JUAN TÉLLEZ sobrino del Rey Don Enrique II. La dote de Da. Leonor, como herencia de su esposa, eran Carrión de los Condes y el estado de Asturias de Santillana.

El hijo de Don DIEGO HURTADO DE MENDOZA, ALMIRANTE DE CASTILLA y Da. LEONOR LASSO DE LA VEGA es:

2. i.IÑIGO LÓPEZ DE MENDOZA, MARQUÉS DE SANTILLANA, **nace en Agosto 19, 1398.**

Su hija del primer matrimonio fue Da. ALDONZA HURTADO DE MENDOZA Y ENRIQUEZ, DUQUESA DE ARJONA, MUERE EN 1435. Hay historiadores que aseguran fue la madre de CRISTÓBAL COLON. Cuando Don Diego Hurtado de Mendoza fallece, sucede en casa de su amante Da. Mencía de Ayala, cuya casa estaba ubicada muy cerca de su hija Da. Aldonza, y muy lejos, en otro poblado, de la casa de su segunda esposa. Muere en los brazos de su hija Da. Aldonza.

Generación No. 2

2. IÑIGO LÓPEZ DE MENDOZA, MARQUÉS DE SANTILLANA *(DIEGO1HURTADO DE MENDOZA, ALMIRANTE DE CASTILLA)* nació en Agosto 19, 1398. Contrajo primeras nupcias con (1) Da. CATALINA SUÁREZ DE FIGUEROA. Contrajo segundas nupcias con (2) Da. INÉS DE CASTRO. Contrajo terceras nupcias con (3) Da. ISABEL DE ARAGÓN, en 1513, hija de ENRIQUE DE ARAGÓN,INFANTE DE ARAGÓN and GUIOMAR DE PORTUGAL-NORONHA. Da. Isabel nace en 1491.

Notas para INÉS DE CASTRO:

Historia de Inés de Castro y Sánchez

Entre 1325 y 1357, cuando el reino de Portugal pertenecía el rey Alfonso IV, y éste se hallaba envuelto en continuas guerras de poder contra los reyes de Castilla y Aragón se decidió, como era costumbre en la época, que lo mejor era desposar a su hijo primogénito, Pedro I, con doña Constanza de Castilla y obtener así, con esta alianza de sangre, la tregua de la paz. La infanta era hija de Juan Manuel II, descendiente de Alfonso X, y de la infanta Constancia de Aragón. La boda se realizó por poderes en 1339 y no fue, hasta cuatro años después, que el matrimonio pudo consumar su unión. Cuando el infante don Pedro salió entre la comitiva -música, danza, trovadores- al encuentro de Constanza, en lugar de prendarse de su esposa , cayó rendido ante la belleza de doña Inés de Castro, dama de compañía de la Infanta de Castilla y "un milagro de hermosura en aquel siglo", a quien llamaban cuello de cisne. Inés, hija del hidalgo Pedro Fernández de Castro, descendía de una poderosa familia gallega entroncada con Sancho IV, y había recibido una esmerada educación en el castillo familiar de Peñafiel, León. Poseía, además, inteligencia y talento y unos preciosos ojos azules.

Boda secreta y asesinato

En 1345 murió doña Constanza al dar a luz a su segundo hijo y, don Pedro viéndose libre de sus votos decidió convertir en esposa a su amante que era ya madre de sus tres hijos: los infantes don Pedro y don Dinis y la infanta Beatriz, en una ceremonia oficiada por el obispo de Braga. Desobedeciendo a su padre, que una vez más había buscado para él otra princesa, el infante se casó en secreto con doña Inés. Después, se instalaron en los pazos de Santa Clara, Coimbra, a la izquierda del río Mondego; y vieron crecer felices sus hijos -tuvieron cuatro, pero uno de ellos falleció al nacer- durante un tiempo. Hasta el momento en el que, en el hoy desaparecido palacio real, se tomó la decisión de condenarla a muerte por razones de estabilidad política.

Alfonso IV decretó la muerte de su nuera en 1355 y encargó el cometido a tres cortesanos llamados Pedro Coello , Diego López y Álvaro González que se trasladaron hasta Coimbra, la ciudad- sede de la corte portuguesa en el siglo XIV- donde vivía doña Inés. La degollaron delante de los ojos de sus hijos, en ausencia del infante Pedro, en los hermosos jardines de la Quinta das lágrimas, escenario de su amor secreto.
Doña Inés, sentada en el trono, fue coronada años después de morir El Infante, furioso y desesperado por la atroz muerte de doña Inés, se levantó en armas contra su progenitor y consiguió, tras promover una revuelta nobiliaria contra la autoridad del Rey, que el reino se dividiera en dos.
Para entonces, cuenta ya la historia entroncada con la leyenda, que don Pedro se cubrió el rostro con un velo negro para que nadie le viera llorar y que luchó endemoniadamente, durante años, al frente de sus tropas ofreciendo el pecho a las espadas enemigas. No hubo descanso para el Príncipe al que empezaron a llamar El justiciero - durante los años de sangrienta guerra civil hasta que, en 1357, tras la muerte de su padre, el rey Alfonso IV, asumió los derechos de la corona. Persiguió, entonces, a los asesinos de su esposa, torturó hasta la muerte a dos de ellos y convocó una asamblea donde proclamó que Inés de Castro había sido su esposa y la madre de sus hijos. Después, hizo exhumar sus restos de la tumba de Coimbra y los llevó a Alcobaça, donde ordenó que el esqueleto de su esposa fuera vestido con atuendos reales. El cadáver de doña Inés, arropado por tules y sentado en un trono, fue solemnemente coronado en 1361; Tras la ceremonia los cortesanos le besaron la mano. Pies contra pies para encontrarse de frente el día del Juicio final Como último tributo a su gran amor, el rey Pedro mandó construir en el Monasterio de Alcobaça dos tumbas. Talladas a mano, -constituyen auténticas obras de arte funerario gótico- dos estatuas yacentes, imágenes de ángeles y de las Cenas de la vida de Jesús, la Resurrección y el Juicio final. El infante don Pedro y doña Inés, según ordenó el Rey antes de morir, fueron colocados pies contra pies para que al despertar, en la eternidad, el día de juicio, sus miradas pudieran encontrarse frente a frente.

Algunos datos de la vida y obra de Don Iñigo López de Mendoza, el Marqués de Santillana (1398-1458)

Nació un 19 de Agosto de 1398 en Carrión de los Condes, Palencia, Guadalajara. Sus padres le brindaron una excelente educación, especialmente su madre Da. Leonor Lasso de la Vega, igualmente de parte de su abuela Da. Mencía de Cisneros, pues quedó huérfano de padre a los siete años. Ya en su vida adulta, Don Iñigo López de Mendoza, intervino de manera activa en la política de su tiempo, unas veces al lado del monarca y otras en contra. Peleó contra los moros, tomando Huelma, en 1436, y otras fortalezas. Participó en la batalla de Olmedo, en 1445, al lado del rey Don Juan II Trastámara, Rey de Castilla y de León, hijo de Enrique III Trastámara, Rey de Castilla y de León (descendientes de Don Alfonso VI y Da. Zaida o Isabel de Sevilla). Fue precisamente el rey Don Juan II quien le concedió,

a manera de reconocimiento y agradecimiento, el marquesado de Santillana y el condado del Real de Manzanares; fue encarnizado enemigo de Don Alvaro de Luna.
Don Don Iñigo López de Mendoza, el Marqués de Santillana (1398-1458), es el representante típico del primer Renacimiento español. Era muy aficionado a la intriga política, valiente guerrero, fue también un gran lector, logrando reunir una hermosa biblioteca que, conservada por los Duques de Osuna, se conserva en la Biblioteca Nacional de Madrid. Mandó traducir la "Ilíada", la "Eneida" y las "Tragedias" de Séneca, junto con otras obras latinas.

La obra en prosa de Don Iñigo López de Mendoza, el Marqués de Santillana, es breve, pero ofrece un interés singular, especialmente la famosa "Carta proemio al Condestable Don Pedro de Portugal", que antecedía a su cancionero. En ellas nos muestra su ideología literaria, sus gustos y aficiones, siendo al mismo tiempo el primer intento de tratado de crítica literaria escrito en español. Establece tres grados en los estilos poéticos: sublime, mediocre e ínfimo. Llama "sublimes" a los escritos griegos y latinos; "mediocres" a los que utilizan las lenguas vulgares; "ínfimos" a los que escriben romances y canciones, "sin ningún orden, regla ni cuento", según sus propias palabras. Se muestra al mismo tiempo buen conocedor de la poesía italiana, francesa y española. Su obra poética sigue con fidelidad las corrientes de su tiempo, y puede dividirse en tres grupos: 1) poemas de tendencia italianizante; 2) de tipo doctrinal y moralista; y, 3) obritas de diversión, amorosas y de tendencia galaico-portuguesa y provenzal. Su poema italianista más extenso es la "Comedieta de Ponza", dedicado a exaltar la figura del rey Alfonso V en la batalla naval de Ponza, donde cayó prisionero con sus hermanos, el infante Don Enrique y Don Juan. Como todos los poemas de su tiempo, el de Santillana se resiente por el exceso de nombres clásicos y absurdos latinismos. La parte épica es muy bella y de gran interés, especialmente la del "Beatus ille". Parecido carácter tienen los poemas "Defunción de don Enrique de Villena","Coronación de Mosén Iordi" y el "Infierno de los enamorados". Más interés que estos poemas ofrecen sus cuarenta y dos sonetos "fechos al itálico modo", con temas muy diversos, primer intento de aclimatar este género en España, no logrado por diversas causas. Las poesías de tipo doctrinal y sentencioso obtuvieron en su época un éxito extraordinario y las ediciones posteriores se multiplicaron. Se pueden distinguir en este grupo dos clases de poemas: unos de tipo político y otros de tipo moralizante. De toda su poesía, la que produjo con mejores resultados se encuentran en su obra "Arcipreste de Hita".

La hija de Don IÑIGO LÓPEZ DE MENDOZA, MARQUÉS DE SANTILLANA y su esposa Da. INÉS DE CASTRO, fue:
3. i.EMILIA IÑIGUEZ DE MENDOZA y De CASTRO.

Generación No. 3

3. EMILIA IÑIGUEZ DE MENDOZA y De CASTRO *(IÑIGO2LÓPEZ DE MENDOZA, MARQUÉS DE SANTILLANA, DIEGO1HURTADO DE MENDOZA, ALMIRANTE DE CASTILLA)* Contrajo nupcias con Don FERNÁN GUTIÉRREZ DE CASTRO hijo de Don GUTIERRE RUIZ DE CASTRO y Da. ELVIRA OSOREZ, a su vez Don Gutierre Ruiz de Castro, junto con su hermano RUI LÓPEZ DE HARO, eran hijos de la infanta Da. Estefania Alfonso de Castilla y su esposo Don Fernán Ruíz de Castro, Señor de Castro. Da. Estefania Alfonso de Castilla nació en el 1150 y fallece el 1 de Julio de 1180, era hija natural de Alfonso VII Rey de León y Castilla, con Da. Sancha Fernández de Castro (n.1128) que a su vez era hija de Don Fernán Fernández, Señor de Castro (n.1102, Toledo) y de su esposa Da. María Álvarez de Asturias.

La hija de Da. EMILIA IÑIGUEZ DE MENDOZA y Don FERNÁN GUTIÉRREZ DE CASTRO, fue :
4. i.INÉS FERNANDEZ DE CASTRO.

Generación No. 4

4. INÉS FERNANDEZ DE CASTRO *(EMILIA3 IÑIGUEZ DE MENDOZA, IÑIGO2LÓPEZ DE MENDOZA, MARQUÉS DE SANTILLANA, DIEGO1HURTADO DE MENDOZA, ALMIRANTE DE CASTILLA)* Contrajo nupcias con Don MARTÍN GIL DE SOBEROSA.

El hijo de Da. INÉS FERNANDEZ DE CASTRO y Don MARTÍN GIL DE SOBEROSA fue:
5. i.GIL MARTÍNEZ DE CASTRO Y SOBEROSA.

Generación No. 5

5. GIL MARTÍNEZ DE CASTRO Y SOBEROSA *(INÉS4 FERNANDEZ DE CASTRO, EMILIA3 IÑIGUEZ DE MENDOZA, IÑIGO2LÓPEZ DE MENDOZA, MARQUÉS DE SANTILLANA, DIEGO1HURTADO DE MENDOZA, ALMIRANTE DE CASTILLA)* Contrajo nupcias con la Infanta Da. BEATRIZ ALFONSO de Castilla, (hermana de Don Fernando IV El Emplazado), hija de Don SANCHO IV, REY DE CASTILLA Y DE LEON, y de su esposa Da. MARÍA ALFONSO DE MOLINA quien era hija de Don Alfonso de LEON y de Da. Mafalda PEREZ MANRIQUE.

El hijo de Don GIL MARTÍNEZ DE CASTRO Y SOBEROSA y Da. BEATRIZ ALFONSO de CASTILLA fue:
6. i.JUAN MARTÍNEZ DE CASTRO Y ALFONSO de CASTILLA.

Generación No. 6

6. JUAN MARTÍNEZ DE CASTRO Y ALFONSO de CASTILLA *(GIL5 MARTÍNEZ DE CASTRO Y SOBEROSA, INÉS4 FERNANDEZ DE CASTRO, EMILIA3 IÑIGUEZ DE MENDOZA, IÑIGO2LÓPEZ DE MENDOZA, MARQUÉS DE SANTILLANA, DIEGO1HURTADO DE MENDOZA, ALMIRANTE DE CASTILLA)* Contrajo nupcias con Da. JUANA DÍAZ TAFUR.

La hija de Don JUAN MARTÍNEZ DE CASTRO Y ALFONSO y Da. JUANA DÍAZ TAFUR fue:
7. i.INÉS MARTÍNEZ DE CASTRO Y ALFONSO DÍAZ TAFUR.

Generación No. 7

7. INÉS MARTÍNEZ DE CASTRO Y ALFONSO DÍAZ TAFUR *(JUAN6 MARTÍNEZ DE CASTRO Y ALFONSO, GIL5 MARTÍNEZ DE CASTRO Y SOBEROSA, INÉS4 FERNANDEZ DE CASTRO, EMILIA3 IÑIGUEZ DE MENDOZA, IÑIGO2LÓPEZ DE MENDOZA, MARQUÉS DE SANTILLANA, DIEGO1HURTADO DE MENDOZA, ALMIRANTE DE CASTILLA).* Contrajo nupcias con Don DIEGO FERNÁNDEZ DE CÓRDOBA HIJO DE DON FERNANDO ALFONSO DE CÓRDOBA Y DA. MARTA RUIZ DE BIEDMA.

El hijo de Da. INÉS MARTÍNEZ DE CASTRO Y ALFONSO DÍAZ TAFUR y Don DIEGO FERNÁNDEZ DE CÓRDOBA fue:
8. i.MARTÍN FERNÁNDEZ DE CÓRDOBA Y MARTíNEZ DE CASTRO.

Generación No. 8

8. MARTÍN FERNÁNDEZ DE CÓRDOBA Y MARTíNEZ DE CASTRO *(INÉS7 MARTÍNEZ DE CASTRO Y ALFONSO DÍAZ TAFUR, JUAN6 MARTÍNEZ DE CASTRO Y ALFONSO, GIL5 MARTÍNEZ DE CASTRO Y SOBEROSA, INÉS4 FERNANDEZ DE CASTRO, EMILIA3 IÑIGUEZ DE MENDOZA, IÑIGO2LÓPEZ DE MENDOZA, MARQUÉS DE SANTILLANA, DIEGO1HURTADO DE MENDOZA, ALMIRANTE DE CASTILLA)* Contrajo nupcias con Da. BEATRIZ DE SOLIER.

La hija de Don MARTÍN FERNÁNDEZ DE CÓRDOBA Y MTEZ. CASTRO y Da. BEATRIZ DE SOLIER fue:
9. i.MARÍA DE SOLIER Y FERNÁNDEZ DE CÓRDOBA-MARTÍNEZ DE CASTRO.

Generación No. 9

9. MARÍA DE SOLIER Y FERNÁNDEZ DE CÓRDOBA-MARTÍNEZ DE CASTRO *(MARTÍN8 FERNÁNDEZ DE CÓRDOBA Y MTEZ. CASTRO, INÉS7 MARTÍNEZ DE CASTRO Y ALFONSO DÍAZ TAFUR, JUAN6 MARTÍNEZ DE CASTRO Y ALFONSO, GIL5 MARTÍNEZ DE CASTRO Y SOBEROSA, INÉS4*

FERNANDEZ DE CASTRO, EMILIA3 IÑIGUEZ DE MENDOZA, IÑIGO2LÓPEZ DE MENDOZA, MARQUÉS DE SANTILLANA, DIEGO1HURTADO DE MENDOZA, ALMIRANTE DE CASTILLA) Contrajo nupcias con Don LUIS MÉNDEZ DE SOTOMAYOR.

El hijo de Da. MARÍA DE SOLIER Y FERNÁNDEZ DE CÓRDOBA-MARTÍNEZ DE CASTRO y Don LUIS MÉNDEZ DE SOTOMAYOR fue:
10. i.ALFONSO HERNÁNDEZ DE SOTOMAYOR.

Generación No. 10

10. ALFONSO HERNÁNDEZ DE SOTOMAYOR *(MARÍA9 DE SOLIER Y FERNÁNDEZ DE CÓRDOBA-CASTRO, MARTÍN8 FERNÁNDEZ DE CÓRDOBA Y MTEZ. CASTRO, INÉS7 MARTÍNEZ DE CASTRO Y ALFONSO DÍAZ TAFUR, JUAN6 MARTÍNEZ DE CASTRO Y ALFONSO, GIL5 MARTÍNEZ DE CASTRO Y SOBEROSA, INÉS4 FERNANDEZ DE CASTRO, EMILIA3 IÑIGUEZ DE MENDOZA, IÑIGO2LÓPEZ DE MENDOZA, MARQUÉS DE SANTILLANA, DIEGO1HURTADO DE MENDOZA, ALMIRANTE DE CASTILLA)* Contrajo nupcias con Da. INÉS CERRATO.

El hijo de Don ALFONSO HERNÁNDEZ DE SOTOMAYOR y Da. INÉS CERRATO fue:
11. i.LUIS MÉNDEZ SOTOMAYOR.

Generación No. 11

11. LUIS MÉNDEZ SOTOMAYOR *(ALFONSO10 HERNÁNDEZ DE SOTOMAYOR, MARÍA9 DE SOLIER Y FERNÁNDEZ DE CÓRDOBA-CASTRO, MARTÍN8 FERNÁNDEZ DE CÓRDOBA Y MTEZ. CASTRO, INÉS7 MARTÍNEZ DE CASTRO Y ALFONSO DÍAZ TAFUR, JUAN6 MARTÍNEZ DE CASTRO Y ALFONSO, GIL5 MARTÍNEZ DE CASTRO Y SOBEROSA, INÉS4 FERNANDEZ DE CASTRO, EMILIA3 IÑIGUEZ DE MENDOZA, IÑIGO2LÓPEZ DE MENDOZA, MARQUÉS DE SANTILLANA, DIEGO1HURTADO DE MENDOZA, ALMIRANTE DE CASTILLA)* Contrajo nupcias con Da. JUANA DE VERA.

La hija de Don LUIS MÉNDEZ SOTOMAYOR y Da. JUANA DE VERA fue:
12. i.JUANA DE VERA SOTOMAYOR.

Generación No. 12

12. JUANA DE VERA SOTOMAYOR *(LUIS11 MÉNDEZ SOTOMAYOR, ALFONSO10 HERNÁNDEZ DE SOTOMAYOR, MARÍA9 DE SOLIER Y FERNÁNDEZ DE CÓRDOBA-CASTRO, MARTÍN8 FERNÁNDEZ DE CÓRDOBA Y MTEZ. CASTRO, INÉS7 MARTÍNEZ DE CASTRO Y ALFONSO DÍAZ TAFUR, JUAN6 MARTÍNEZ DE CASTRO Y ALFONSO, GIL5 MARTÍNEZ DE CASTRO Y SOBEROSA, INÉS4 FERNANDEZ DE CASTRO, EMILIA3 IÑIGUEZ DE*

MENDOZA, IÑIGO2LÓPEZ DE MENDOZA, MARQUÉS DE SANTILLANA, DIEGO1HURTADO DE MENDOZA, ALMIRANTE DE CASTILLA) Contrajo nupcias con Don GARCÍA RAMIRO CORAJO Y ZÚÑIGA, HIJO LEGÍTIMO DE DON FRANCISCO RAMIRO CORAJO Y DA. FRANCISCA DE ZÚÑIGA.

El hijo de Da. JUANA DE VERA SOTOMAYOR y Don GARCÍA RAMIRO CORAJO Y ZÚÑIGA fue:
13. i.FRANCISCO RAMIRO CORAJO Y VERA.

Generación No. 13

13. FRANCISCO RAMIRO CORAJO Y VERA *(JUANA*12 *DE VERA SOTOMAYOR, LUIS*11 *MÉNDEZ SOTOMAYOR, ALFONSO*10 *HERNÁNDEZ DE SOTOMAYOR, MARÍA*9 *DE SOLIER Y FERNÁNDEZ DE CÓRDOBA-CASTRO, MARTÍN*8 *FERNÁNDEZ DE CÓRDOBA Y MTEZ. CASTRO, INÉS*7 *MARTÍNEZ DE CASTRO Y ALFONSO DÍAZ TAFUR, JUAN*6 *MARTÍNEZ DE CASTRO Y ALFONSO, GIL*5 *MARTÍNEZ DE CASTRO Y SOBEROSA, INÉS*4 *FERNANDEZ DE CASTRO, EMILIA*3 *IÑIGUEZ DE MENDOZA, IÑIGO2LÓPEZ DE MENDOZA, MARQUÉS DE SANTILLANA, DIEGO1HURTADO DE MENDOZA, ALMIRANTE DE CASTILLA).* Contrajo nupcias con Da. MARÍA RETES PELÁEZ VÁZQUEZ DE CORONADO, HIJA LEGÍTIMA DE DON JERÓNIMO DE RETES LÓPEZ DE ORTEGA Y DE DA. MARÍA PELÁEZ VÁZQUEZ DE CORONADO QUIEN ERA HIJA DE DON DIEGO PELÁEZ LERMOS Y DA. ANDREA VÁZQUEZ DE CORONADO QUE A SU VEZ ERA DESCENDIENTA DEL PRIMER ADELANTADO DE COSTA RICA, DON JUAN VÁZQUEZ DE CORONADO Y ANAYA.

La hija de Don FRANCISCO RAMIRO CORAJO Y VERA y Da. MARÍA RETES PELÁEZ VÁZQUEZ DE CORONADO fue:
14. i.MARÍA ROSA VÁZQUEZ RAMIRO CORAJO.

Generación No. 14

14. MARÍA ROSA VÁZQUEZ RAMIRO CORAJO *(FRANCISCO*13 *RAMIRO CORAJO Y VERA, JUANA*12 *DE VERA SOTOMAYOR, LUIS*11 *MÉNDEZ SOTOMAYOR, ALFONSO*10 *HERNÁNDEZ DE SOTOMAYOR, MARÍA*9 *DE SOLIER Y FERNÁNDEZ DE CÓRDOBA-CASTRO, MARTÍN*8 *FERNÁNDEZ DE CÓRDOBA Y MTEZ. CASTRO, INÉS*7 *MARTÍNEZ DE CASTRO Y ALFONSO DÍAZ TAFUR, JUAN*6 *MARTÍNEZ DE CASTRO Y ALFONSO, GIL*5 *MARTÍNEZ DE CASTRO Y SOBEROSA, INÉS*4 *FERNANDEZ DE CASTRO, EMILIA*3 *IÑIGUEZ DE MENDOZA, IÑIGO2LÓPEZ DE MENDOZA, MARQUÉS DE SANTILLANA, DIEGO1HURTADO DE MENDOZA, ALMIRANTE DE CASTILLA)* Contrajo nupcias con Don PEDRO JOSÉ SÁENZ LANINI, HIJO DE DON JUAN FRANCISCO SÁENZ VÁZQUEZ SENDIM Y DA. BÁRBARA LANINI PRIAMO.

El hijo de Da. MARÍA VÁZQUEZ RAMIRO CORAJO y Don PEDRO SÁENZ LANINI fue:

15. i.MANUEL SÁENZ VÁZQUEZ.

Generación No. 15

15. MANUEL SÁENZ VÁZQUEZ *(MARÍA ROSA14 VÁZQUEZ RAMIRO CORAJO, FRANCISCO13 RAMIRO CORAJO Y VERA, JUANA12 DE VERA SOTOMAYOR, LUIS11 MÉNDEZ SOTOMAYOR, ALFONSO10 HERNÁNDEZ DE SOTOMAYOR, MARÍA9 DE SOLIER Y FERNÁNDEZ DE CÓRDOBA-CASTRO, MARTÍN8 FERNÁNDEZ DE CÓRDOBA Y MTEZ. CASTRO, INÉS7 MARTÍNEZ DE CASTRO Y ALFONSO DÍAZ TAFUR, JUAN6 MARTÍNEZ DE CASTRO Y ALFONSO, GIL5 MARTÍNEZ DE CASTRO Y SOBEROSA, INÉS4 FERNANDEZ DE CASTRO, EMILIA3 IÑIGUEZ DE MENDOZA, IÑIGO2LÓPEZ DE MENDOZA, MARQUÉS DE SANTILLANA, DIEGO1HURTADO DE MENDOZA, ALMIRANTE DE CASTILLA)* Contrajo nupcias con Da. ANA ANTONIA BONILLA ASTÚA HIJA DE DON JUAN DE BONILLA PEREIRA Y DA. FRANCISCA ASTÚA CHÁVES.

La hija de Don MANUEL SÁENZ VÁZQUEZ y Da. ANA BONILLA ASTÚA fue:

16. i.BÁRBARA ANTONIA SÁENZ BONILLA, Nace en 1737, Cartago, Costa Rica, América Central; y fallece en Cartago, Costa Rica, América Central.

Generación No. 16

16. BÁRBARA ANTONIA SÁENZ BONILLA *(MANUEL15 SÁENZ VÁZQUEZ, MARÍA ROSA14 VÁZQUEZ RAMIRO CORAJO, FRANCISCO13 RAMIRO CORAJO Y VERA, JUANA12 DE VERA SOTOMAYOR, LUIS11 MÉNDEZ SOTOMAYOR, ALFONSO10 HERNÁNDEZ DE SOTOMAYOR, MARÍA9 DE SOLIER Y FERNÁNDEZ DE CÓRDOBA-CASTRO, MARTÍN8 FERNÁNDEZ DE CÓRDOBA Y MTEZ. CASTRO, INÉS7 MARTÍNEZ DE CASTRO Y ALFONSO DÍAZ TAFUR, JUAN6 MARTÍNEZ DE CASTRO Y ALFONSO, GIL5 MARTÍNEZ DE CASTRO Y SOBEROSA, INÉS4 FERNANDEZ DE CASTRO, EMILIA3 IÑIGUEZ DE MENDOZA, IÑIGO2LÓPEZ DE MENDOZA, MARQUÉS DE SANTILLANA, DIEGO1HURTADO DE MENDOZA, ALMIRANTE DE CASTILLA)* nació en 1737 en Cartago, Costa Rica, América Central, y fallece en Cartago, Costa Rica, América Central. Contrajo nupcias con Don CECILIO ANTONIO ROMERO PARAJALES, HIJO DE DON MATEO ROMERO Y DA. ANA PARAJALES . Don Cecilio nace en el 1730 en Cartago, Costa Rica, América Central, y fallece en Cartago, Costa Rica, América Central.

La hija de Da. BÁRBARA SÁENZ BONILLA y Don CECILIO ROMERO PARAJALES fue:

17. i.MANUELA CASIMIRA ROMERO SÁENZ.

Generación No. 17

17. MANUELA CASIMIRA ROMERO SÁENZ *(BÁRBARA ANTONIA*16 *SÁENZ BONILLA, MANUEL*15 *SÁENZ VÁZQUEZ, MARÍA ROSA*14 *VÁZQUEZ RAMIRO CORAJO, FRANCISCO*13 *RAMIRO CORAJO Y VERA, JUANA*12 *DE VERA SOTOMAYOR, LUIS*11 *MÉNDEZ SOTOMAYOR, ALFONSO*10 *HERNÁNDEZ DE SOTOMAYOR, MARÍA*9 *DE SOLIER Y FERNÁNDEZ DE CÓRDOBA-CASTRO, MARTÍN*8 *FERNÁNDEZ DE CÓRDOBA Y MTEZ. CASTRO, INÉS*7 *MARTÍNEZ DE CASTRO Y ALFONSO DÍAZ TAFUR, JUAN*6 *MARTÍNEZ DE CASTRO Y ALFONSO, GIL*5 *MARTÍNEZ DE CASTRO Y SOBEROSA, INÉS*4 *FERNANDEZ DE CASTRO, EMILIA*3 *IÑIGUEZ DE MENDOZA, IÑIGO*2*LÓPEZ DE MENDOZA, MARQUÉS DE SANTILLANA, DIEGO*1*HURTADO DE MENDOZA, ALMIRANTE DE CASTILLA)* Contrajo nupcias con Don MARIANO IGNACIO MONTEALEGRE BALMACEDA. Don Mariano nace en el 1753 en Granada, Nicaragua.

El hijo de Da. MANUELA ROMERO SÁENZ y Don MARIANO MONTEALEGRE BALMACEDA fue:

18. i.MARIANO ANTONIO MONTEALEGRE ROMERO. Y otras hermanas que son:

1. CIPRIANA MONTEALEGRE ROMERO cc CORNELIO RAMIREZ AREAS
2. RAFAELA MONTEALEGRE ROMERO cc JUAN FRANCISCO PARAJÓN
3. GERTRUDIS MONTEALEGRE ROMERO cc VICENTE SOLÓRZANO PÉREZ DE MIRANDA Y EN SEGUNDAS NUPCIAS CON JOSE DEL CARMEN SALAZAR LACAYO
4. PAULA MONTEALEGRE ROMERO cc JOSE MANUEL MARTINEZ DE SOBRAL Y EN SEGUNDAS NUPCIAS CON BASILIO ZECEÑA Y FERNANDEZ DE CORDOBA
5. FRANCISCA MONTEALEGRE ROMERO cc RAMON DE SARRIA Y REYES, DE TODAS ELLAS EXISTE EXTENSA DESCENDENCIA.

Generación No. 18

18. MARIANO ANTONIO MONTEALEGRE ROMERO *(MANUELA CASIMIRA*17 *ROMERO SÁENZ, BÁRBARA ANTONIA*16 *SÁENZ BONILLA, MANUEL*15 *SÁENZ VÁZQUEZ, MARÍA ROSA*14 *VÁZQUEZ RAMIRO CORAJO, FRANCISCO*13 *RAMIRO CORAJO Y VERA, JUANA*12 *DE VERA SOTOMAYOR, LUIS*11 *MÉNDEZ SOTOMAYOR, ALFONSO*10 *HERNÁNDEZ DE*

SOTOMAYOR, MARÍA9 DE SOLIER Y FERNÁNDEZ DE CÓRDOBA-CASTRO, MARTÍN8 FERNÁNDEZ DE CÓRDOBA Y MTEZ. CASTRO, INÉS7 MARTÍNEZ DE CASTRO Y ALFONSO DÍAZ TAFUR, JUAN6 MARTÍNEZ DE CASTRO Y ALFONSO, GIL5 MARTÍNEZ DE CASTRO Y SOBEROSA, INÉS4 FERNANDEZ DE CASTRO, EMILIA3 IÑIGUEZ DE MENDOZA, IÑIGO2LÓPEZ DE MENDOZA, MARQUÉS DE SANTILLANA, DIEGO1HURTADO DE MENDOZA, ALMIRANTE DE CASTILLA) Contrajo primeras nupcias con Da. Carmen Fuentes-Sanson y segundas nupcias con Da. MARÍA MANUELA BÁRBARA LACAYO AGÜERO.

El hijo de Don MARIANO MONTEALEGRE ROMERO y Da. MARÍA MANUELA BARBARA LACAYO AGÜERO fue:

19. i.AUGUSTO CÉSAR MONTEALEGRE LACAYO, ENTRE ONCE HERMANOS.

Generación No. 19

19. AUGUSTO CÉSAR MONTEALEGRE LACAYO *(MARIANO ANTONIO18 MONTEALEGRE ROMERO, MANUELA CASIMIRA17 ROMERO SÁENZ, BÁRBARA ANTONIA16 SÁENZ BONILLA, MANUEL15 SÁENZ VÁZQUEZ, MARÍA ROSA14 VÁZQUEZ RAMIRO CORAJO, FRANCISCO13 RAMIRO CORAJO Y VERA, JUANA12 DE VERA SOTOMAYOR, LUIS11 MÉNDEZ SOTOMAYOR, ALFONSO10 HERNÁNDEZ DE SOTOMAYOR, MARÍA9 DE SOLIER Y FERNÁNDEZ DE CÓRDOBA-CASTRO, MARTÍN8 FERNÁNDEZ DE CÓRDOBA Y MTEZ. CASTRO, INÉS7 MARTÍNEZ DE CASTRO Y ALFONSO DÍAZ TAFUR, JUAN6 MARTÍNEZ DE CASTRO Y ALFONSO, GIL5 MARTÍNEZ DE CASTRO Y SOBEROSA, INÉS4 FERNANDEZ DE CASTRO, EMILIA3 IÑIGUEZ DE MENDOZA, IÑIGO2LÓPEZ DE MENDOZA, MARQUÉS DE SANTILLANA, DIEGO1HURTADO DE MENDOZA, ALMIRANTE DE CASTILLA)* Contrajo nupcias con Da. ISABEL SALVATIERRA RICARTE Y FÁBREGA.

El hijo de Don AUGUSTO MONTEALEGRE LACAYO y Da. ISABEL SALVATIERRA RICARTE Y FÁBREGA fue:

20. i.AUGUSTO CÉSAR MONTEALEGRE SALVATIERRA.

Generación No. 20

20. AUGUSTO CÉSAR MONTEALEGRE SALVATIERRA *(AUGUSTO CÉSAR19 MONTEALEGRE LACAYO, MARIANO ANTONIO18 MONTEALEGRE ROMERO, MANUELA CASIMIRA17 ROMERO SÁENZ, BÁRBARA ANTONIA16 SÁENZ BONILLA, MANUEL15 SÁENZ VÁZQUEZ, MARÍA ROSA14 VÁZQUEZ RAMIRO CORAJO, FRANCISCO13 RAMIRO CORAJO Y VERA, JUANA12 DE VERA SOTOMAYOR, LUIS11 MÉNDEZ SOTOMAYOR, ALFONSO10 HERNÁNDEZ DE SOTOMAYOR, MARÍA9 DE SOLIER Y FERNÁNDEZ DE*

CÓRDOBA-CASTRO, MARTÍN8 FERNÁNDEZ DE CÓRDOBA Y MTEZ. CASTRO, INÉS7 MARTÍNEZ DE CASTRO Y ALFONSO DÍAZ TAFUR, JUAN6 MARTÍNEZ DE CASTRO Y ALFONSO, GIL5 MARTÍNEZ DE CASTRO Y SOBEROSA, INÉS4 FERNANDEZ DE CASTRO, EMILIA3 IÑIGUEZ DE MENDOZA, IÑIGO2LÓPEZ DE MENDOZA, MARQUÉS DE SANTILLANA, DIEGO1HURTADO DE MENDOZA, ALMIRANTE DE CASTILLA) Contrajo nupcias con Da. MARÍA CRISTINA ZAPATA MALLIÈ, hija del Dr. Don Roman Zapata, abogado, y de Da. Maria Louise Malliè, francesa, que era hija del frances Don Louis Malliè, radicado en la ciudad de León. .

Los hijos del Dr. Don AUGUSTO MONTEALEGRE SALVATIERRA y Da. MARÍA ZAPATA MALLIÈ, maestra, poetisa, periodista y politica liberal, fue:

21. i.ILÚ MONTEALEGRE ZAPATA, b. 1921; d. 1996.
    ii.NOEL SALVADOR MONTEALEGRE ZAPATA.
    iii.SERGIO MARIO MONTEALEGRE ZAPATA.
    iv.AUGUSTA PATRIA MONTEALEGRE ZAPATA.

Generación No. 21

21. ILÚ MONTEALEGRE ZAPATA *(AUGUSTO CÉSAR20 MONTEALEGRE SALVATIERRA, AUGUSTO CÉSAR19 MONTEALEGRE LACAYO, MARIANO ANTONIO18 MONTEALEGRE ROMERO, MANUELA CASIMIRA17 ROMERO SÁENZ, BÁRBARA ANTONIA16 SÁENZ BONILLA, MANUEL15 SÁENZ VÁZQUEZ, MARÍA ROSA14 VÁZQUEZ RAMIRO CORAJO, FRANCISCO13 RAMIRO CORAJO Y VERA, JUANA12 DE VERA SOTOMAYOR, LUIS11 MÉNDEZ SOTOMAYOR, ALFONSO10 HERNÁNDEZ DE SOTOMAYOR, MARÍA9 DE SOLIER Y FERNÁNDEZ DE CÓRDOBA-CASTRO, MARTÍN8 FERNÁNDEZ DE CÓRDOBA Y MTEZ. CASTRO, INÉS7 MARTÍNEZ DE CASTRO Y ALFONSO DÍAZ TAFUR, JUAN6 MARTÍNEZ DE CASTRO Y ALFONSO, GIL5 MARTÍNEZ DE CASTRO Y SOBEROSA, INÉS4 FERNANDEZ DE CASTRO, EMILIA3 IÑIGUEZ DE MENDOZA, IÑIGO2LÓPEZ DE MENDOZA, MARQUÉS DE SANTILLANA, DIEGO1HURTADO DE MENDOZA, ALMIRANTE DE CASTILLA)* Nace en Chinandega, Nicaragua en 1921, fallece en Managua en Mayo de 1996. Contrajo nupcias con el Prof. Don JOSÉ SANTOS RIVERA SILES, HIJO DE DON JOSE SANTOS RIVERA ZELEDON Y DA. ANGELA SILES ZELAYA. Nace en San Rafael del Norte, Jinotega, Nicaragua en Noviembre de 1922, y fallece en Managua en Noviembre de 1996.

Los hijos de Da. ILÚ MONTEALEGRE ZAPATA y Don JOSÉ Santos RIVERA SILES son:

22. i.FLAVIO CÉSAR RIVERA MONTEALEGRE, n. December 17, 1951, San Rafael del Norte, Jinotega, Nicaragua. Graduado de Arquitecto en la Universidad Nacional Autónoma de Nicaragua (UNAN).
    ii.JOSÉ AUGUSTO RIVERA MONTEALEGRE, N. 1948.

iii.JOSÉ SANTOS RIVERA MONTEALEGRE, N. 1956.
iv.JOSÉ EUSTASIO RIVERA MONTEALEGRE, N. 1961.

Generación No. 22

22. FLAVIO CÉSAR RIVERA MONTEALEGRE *(ILÚ21 MONTEALEGRE ZAPATA, AUGUSTO CÉSAR20 MONTEALEGRE SALVATIERRA, AUGUSTO CÉSAR19 MONTEALEGRE LACAYO, MARIANO ANTONIO18 MONTEALEGRE ROMERO, MANUELA CASIMIRA17 ROMERO SÁENZ, BÁRBARA ANTONIA16 SÁENZ BONILLA, MANUEL15 SÁENZ VÁZQUEZ, MARÍA ROSA14 VÁZQUEZ RAMIRO CORAJO, FRANCISCO13 RAMIRO CORAJO Y VERA, JUANA12 DE VERA SOTOMAYOR, LUIS11 MÉNDEZ SOTOMAYOR, ALFONSO10 HERNÁNDEZ DE SOTOMAYOR, MARÍA9 DE SOLIER Y FERNÁNDEZ DE CÓRDOBA-CASTRO, MARTÍN8 FERNÁNDEZ DE CÓRDOBA Y MTEZ. CASTRO, INÉS7 MARTÍNEZ DE CASTRO Y ALFONSO DÍAZ TAFUR, JUAN6 MARTÍNEZ DE CASTRO Y ALFONSO, GIL5 MARTÍNEZ DE CASTRO Y SOBEROSA, INÉS4 FERNANDEZ DE CASTRO, EMILIA3 IÑIGUEZ DE MENDOZA, IÑIGO2LÓPEZ DE MENDOZA, MARQUÉS DE SANTILLANA, DIEGO1HURTADO DE MENDOZA, ALMIRANTE DE CASTILLA)* was born December 17, 1951 in San Rafael del Norte, Jinotega, Nicaragua. Contrajo nupcias con LIGIA ASUNCIÓN BERMÚDEZ VARELA. Ligia nace en Agosto 15, 1950 en Managua, D.N.,Nicaragua. Hija de Don Carlos Bermúdez Lanzas y Da. Angela Varela Salmerón (o realmente Angela Mendiola Varela hija de Don Andrés Mendiola, naturales de la ciudad de León Santiago de los Caballeros, Nicaragua).

Las hijas del Arquitecto Don FLAVIO RIVERA MONTEALEGRE y Da. LIGIA BERMÚDEZ VARELA son:

i.ILÚ DE LOS ANGELES23 RIVERA BERMÚDEZ, n. September 13, 1974. Estudió Diseño Gráfico.
ii. FLAVIA ILÚ RIVERA BERMÚDEZ, n. May 25, 1979. Graduada en CIENCIAS POLITICAS de la FLORIDA STATE UNIVERSITY en Diciembre del 2004.

Genealogía de la familia Montealegre

Descendientes de la familia Méndez de Sotomayor en Nicaragua

Investigación realizada por: Flavio Rivera Montealegre*

Generación No.1

Garcí Méndez Sorodea, contrajo matrimonio con
Da. Urraca de Ron, su hijo fue

Generación No.2

Don Gómez Méndez Barroso, contrajo matrimonio con
Da. Chamoa Méndez de Souza, su hijo fue

Generación No.3

Payo Méndez Sorodea y Ron, contrajo matrimonio con
Da. Elvira Gudins, su hijo fue

Generación No.4

Men Páez Sorodea y Gudins, pobló el valle
de Soto y le llamó de Sotomayor.
Contrajo matrimonio con
Da. Inés Pérez de Ambía y Fernández, hija de
Pedro Pérez de Ambía y Da. Marina Fernández.
Don Pedro era hijo de Payo Arias de Ambía y
Da. María Rodríguez. A su vez, Don Payo era hijo de Don
Gonzalo Froila de Ambía y Da. Ilduara. A su vez
Don Gonzalo era hijo de Da. María Froila y
Sancho, Infante de León, quien era hijo de
Fruela II de León y Asturias y Da. Nunilo Jimena.
A su vez, Da. María Forila era hija de Don
Diego Froilaz de Asturias que a su vez era
Hijo de Don Pinio Froilaz de Braga.
El hijo de ambos, de Don Men Páez Sorodea y
Da. Inés Pérez de Ambía, fue

Generación No.5

Payo Méndez de Sotomayor y Ambía,
Contrajo matrimonio con
Da. Ermesenda Núñez Maldonado y Aldana,

el hijo de ambos fue

Generación No.6

Alvar Páez de Sotomayor y Maldonado, contrajo matrimonio con Da. Teresa Pérez Rodeiro, el hijo de ambos fue

Generación No.7

Pedro Álvarez de Sotomayor, contrajo matrimonio con Da. Elvira Yáñez Marino, el hijo de ambos fue

Generación No.8

Ruy Páez de Sotomayor y Maldonado, contrajo matrimonio con Da. Elvira López, el hijo de ambos fue

Generación No.9

Pedro Méndez de Sotomayor, no se conoce el nombre de su esposa, su hijo fue

Generación No.10

10.1.- Alvar Páez de Sotomayor II, contrajo matrimonio con Da. Inés de Castro (posiblemente su segundo apellido era Sánchez), el hijo de ambos en la siguiente Generación No.11, en el 10.1.1.

10.2.- Teresa Ruiz de Sotomayor, contrajo matrimonio con Don Garci Laso de la Vega, la hija de ambos en la siguiente Generación No.11, en el 10.2.1.

Generación No.11

10.1.1.- Garcí Méndez de Sotomayor, contrajo matrimonio con Da. Teresa Fernández de Saavedra (estuvo casada con Ruiz Suárez de Figueroa, queda viuda) era hija de Fernando Bermúdez de Trava y Da. Urraca Fernández de Temes. El hijo de ambos en la siguiente Generación No.12, en el 10.1.1.1.

10.2.1.- Elvira de Sotomayor y Laso de la Vega, contrajo matrimonio con Don Ruy González de Castañeda, la hija de ambos en la siguiente Generación No.12, en el 10.2.1.1.

Generación No.12

10.1.1.1.-

Alfonso García de Sotomayor, contrajo matrimonio con

Da. Urraca Pérez Barroso, el hijo de ambos en la siguiente Generación No.13, en el 10.1.1.1.1.
10.2.1.1.-
Inés Castañeda Laso de la Vega, contrajo matrimonio con
Don Juan Manuel I de Castilla, el hijo de ambos en la siguiente Generación No.13, en el 10.2.1.1.1.

Generación No.13

El hijo de Don Alfonso García de Sotomayor y su esposa
Da. Urraca Pérez Barroso fue
10.1.1.1.1.- Garcí Méndez de Sotomayor, contrajo matrimonio con
Da. Juana Rodríguez de Xódar, su hijo en la siguiente Generación No.14, en el 10.1.1.1.1.1.
El hijo de Da. Inés Castañeda Laso de la Vega y
Don Juan Manuel I de Castilla, Rey de Castilla, fue
10.2.1.1.1.- Sancho Manuel de Castilla, Infante de Castilla, contrajo matrimonio con Da. Leonor González de Manzanedo, su hijo en la siguiente Generación No.14, en el 10.2.1.1.1.1.

Generación No.14

El hijo de Don Garcí Méndez de Sotomayor y Da. Juana Rodríguez de Xódar, fue
10.1.1.1.1.1.-
Garcí Méndez de Sotomayor II contrajo nupcias con
Da. Urraca Alonso de Córdoba, el hijo de ambos fue

El hijo de Don Sancho Manuel de Castilla, Infante de Castilla, y su esposa Da. Leonor González de Manzanedo, fue
10.2.1.1.1.1.-
Juan Sánchez Manuel de Castilla, contrajo matrimonio con
Da. Uriza Sánz Díez, la hija de ambos fue

Generación No.15

El hijo de Garcí Méndez de Sotomayor y Da. Urraca Alonso de Córdoba, fue
10.1.1.1.1.1.1.-
Gómez García de Sotomayor, contrajo matrimonio con
Da. Guiomar Sánchez Baeza, el hijo de ambos fue
La hija de Don Juan Sánchez Manuel de Castilla y Da. Uriza Sánz Díez, fue
10.2.1.1.1.1.1.-
Inés Sánchez Manuel de Villena, contrajo matrimonio con Don Garcí Fernández Villodre, hijo de don Pedro Fernández Carrillo y Da. Beatriz Venegas. La hija de ambos fue

Generación No.16

El hijo de Don Gómez García de Sotomayor y Da. Guiomar Sánchez Baeza, fue
16.10.1.- Don Garcí Méndez de Sotomayor III, contrajo matrimonio con Da. Juana, no se conoce el apellido, el hijo de ambos fue
La hija de Da. Inés Sánchez Manuel de Villena con su esposo Don Garcí Fernández Villodre, fue
16.10.2.1.- Da. Catalina Sánchez de Villodre y Manuel, contrajo matrimonio con Don Luis Méndez de Sotomayor, hijo de Don Garcí Méndez de Sotomayor III y Da. Juana, el hijo de ambos fue

Generación No.17

El hijo de Da. Catalina Sánchez de Villodre y Manuel con su esposo Don Luis Méndez de Sotomayor, fue
1.- Don Garcí IV Méndez de Sotomayor y Sánchez-Villodre-Manuel, contrajo matrimonio con Da. María de Figueroa y Messía, hija de Don Lorenzo Suárez de Figueroa y Da. Isabel de Messía. El hijo de ambos fue

Generación No.18

1.- Don Luis II Méndez de Sotomayor y Figueroa-Messía, contrajo matrimonio con Da. María Marina de Solier y Fernández de Córdoba, hija de Don Martín Fernández de Córdoba y Martínez de Castro y de Da. Beatriz de Solier. El hijo de ambos fue

Generación No.19

1.- Don Alfonso Fernández de Sotomayor (Alfonso Méndez de Sotomayor y Fernández de Córdoba-Solier).
Nació en Montilla, Córdoba, España. Testó en la ciudad de Granada, Nicaragua, el 15 de marzo de 1564. Casó con Da. Inés Cerrato y Contreras, hija del Dr. Juan López Cerrato y Da. María de Contreras. El Dr. Juan López Cerrato era natural de Mengabril, Badajoz, España. Cabe mencionar que Da. Inés Cerrato y Contreras casó en segundas nupcias con Don Alonso Anguciana de Gamboa, Gobernador de la Provincia de Costa Rica. El hijo de Don Alfonso Fernández de Sotomayor y Da. Inés Cerrato fue:

Generación No.20

1.- Don Luis III Méndez de Sotomayor y Cerrato Contreras, fue Capitán Encomendero en Masaya; quien contrajo nupcias con Da. Juana de Vera y HERRERA (cerca de 1566), hija de Diego de Herrera y Da. Juana de Vera y Toro de Ulloa. Don Diego de Herrera era natural de Xeréz de la Frontera, Alcaide de San Lúcar de Barrameda. La familia Vera son descendientes del rey Don Ramiro, y por esa línea son descendientes de Da. Maria de Vera que era nieta catorce del rey Don Ramiro, y que contrajo nupcias con Don Diego Gómez de Mendoza, natural de Guadalajara, España, y que son los padres de Don Pedro de Vera (muere en 1498) casado con Beatriz de Hinojosa. Don Pedro de Vera era natural de Jeréz de la Frontera, España; fue conquistador, gobernador y capitán de las Canarias de 1480 a 1489. La hija de ambos fue:

Generación No.21

Doña Juana de Vera Sotomayor, quien contrajo nupcias con Don García RAMIRO CORAJO.

Nota:

García Ramiro-Corajo y Zúñiga contrajo brillantísimo matrimonio con Doña Juana de Vera y Sotomayor, de la casa de los Señores de la Encomienda de Diriega (Masaya, Nicaragua), descendiente por su varonía de la poderosa casa de Méndez de Sotomayor, Señores y luegos Marqueses del Carpio, y por femenina de la ilustre casa de Fernández de Córdoba, de la línea de los Señores de Zuheros y por consiguiente deuda en grado cierto del Gran Capitán. De este matrimonio nacieron ocho hijos, cuatro varones y cuatro hembras. Las mujeres enlazaron con las nobilísimas casas de Alvarado, Chaves y Ocampo-Golfín de Sandoval. Los hombres, llamados Don Francisco, Don Diego, Don Fernando y Don Antonio, fueron todos Caballeros de lustre, ocupando los más importantes cargos así en la Real Milicia como en los Cabildos de las Ciudades de Cartago y Esparza, Don Diego además fue Corregidor de Pacaca en 1651, pero particular mención se debe hacer de su hermano Don Anotnio Ramiro Corajo por haber sido el principal promotor en 1687 de la fundación de la población de Bagaces, no obstante la abierta oposición del Gobernador de la Provincia, en su calidad de más rico terrateniente de la región y propietario de la Hacienda de San Francisco de Buenaventura. (Castro Tosi).

El hijo de ambos, de Da. Juana de Vera y Don Garcí Ramiro Corajo, fue:

Generación No.22

Don Francisco RAMIRO-CORAJO VERA, quien contrajo nupcias con Da. María RETES PELáEZ VáZQUEZ de CORONADO.

Nació in 1592 in Trujillo, Extremadura, España.. Murió in 1650. LLegó a Costa Rica por 1573. El gobernador Alonso Anguciana de Gamboa le premió con la concesión de la rica Encomienda en Garabita (Chucasque) con los pueblos de Arián y Cora entre los Catapas y Tices, sucediéndole su hijo. En 1577 fue como Alférez a la expedición de Suerre para restaurar la Villa del Castillo de Austria, otrora fundada por el padre Rávago, primer intento para abrir el camino al Atlántico. Ejerció los cargos de Alcalde Ordinario de la Santa Hermandad y Regidor tanto en Cartago como en Esparza. Una característica de esta familia Ramiro Corajo fue su doble vecindad en ambas ciudades.- Los corajo poseían la renombrada casa fuerte de "La Coraja", desde la que desafiaban a sus enemigos, y así fue como dieron muerte en Marta a una Caballero Trujillano Gonzalo Diaz, el cual resulta ser, nada menos, que el rebisabuelo del Marqués Don Francisco Pizarro, en línea recta de varón en varón. En realidad pocas fueron las familias en esta tierra de tan dorados blasones como la de Ramiro-Corajo cuya actuación en

Costa Rica no merece más que elogios por su altruismo y desinterés. (Castro y Tossi).- Entró con Perafán de Rivera, Vino de Tierra Firme a Nicoya, de donde pasó en 1573 a Costa Rica, como caballero hidalgo, con casa poblada; vino con armas, criados y caballos. Tuvo además soldados sustentados a su costa y minción. Perafán de Ribera le favoreci con la encomienda de Bexú con 300 indios. En 1576 era vecino de Cartago, donde desempeñó el cargo de Alcalde de la Santa Hermandad. En 1577 residía en Esparza y era encomendero de Tices, Catapas y Garabito. En tiempos de Anguciana de Gamboa fue como alférez a descubrir el puerto de Suerre en 1574. En 1607 su hijo hizo probanza de méritos y servicios de su padre. (ver Fernández León 1881-1907; II: 195-221). (Hay biografía suya en Jiménez, Manuel J. 1946-49, II:219-220 (Meléndez).-
La hija de ambos fue

Generación No.23

María Rosa Vázquez de Coronado y Ramiro-Corajo casó con
Pedro José Sáenz Lanini, hijo de Juan Francisco Sáenz Vázquez de Quintanilla y Sendín de Sotomayor (ver Datos Biográficos) y de su esposa Da. Bárbara Lanini Priamo. Su hijo fue:

Generación No.24

Sargento Mayor Manuel Sáenz Vázquez de Coronado casó con Ana Antonia Bonilla Astúa, hija de Alonso de Bonilla Chacón y Juana Benita Calvo Pereira de Astúa. Su hija fue:

Generación No.25

Bárbara Antonia Sáenz Bonilla (ya era viuda de Dn. Manuel Saborío) casó con Cecilio Antonio Romero Parajales, natural de Andalucía, España; hijo de Mateo Romero y Ana Parajales, quienes contrajeron matrimonio en San José, Costa Rica el 24 de Mayo de 1762. Don Mateo Romero era natural de España. La hija de Cecilio Romero y Bárbara Sáenz fue:

Generación No.26

Manuela Casimira Romero Sáenz casó con Mariano Ignacio Montealegre Balmaceda, hijo de Mariano Montealegre, el nombre de la madre no se conoce. Los Montealegre son originarios de Valladolid, España, posteriormente se establecieron en Reino de Murcia. Don Mariano Ignacio Montealegre antes de casar con Da. Manuela Casimira Romero, fue padre de dos hijos, uno con Isidora Rueda, Juan Montealegre Rueda, con descendencia en Guatemala; el otro con Josefa Bustamante, Mariano Montealegre
Bustamante con descendencia en Costa Rica. Los hijos de Mariano Ignacio Montealegre Balmaceda y Manuela Casimira Romero Sáenz fueron los siguientes:

Generación No.27

1) Francisco Montealegre Romero, sin descendencia.
2) Cipriana Montealegre Romero casó con Cornelio Ramírez Areas.
3) Rafaela Montealegre Romero casó con Juan Francisco Parajón.
4) Gertrudis Montealegre Romero casó en primeras nupcias con Vicente Solórzano Pérez de Miranda. De este primer matrimonio desciende el presidente Carlos Solórzano Gutiérrez y el candidato inhibido, a la Alcaldia de Managua, Pedro Solórzano.
   En segundas nupcias casó con José del Carmen Salazar Lacayo.
   De este segundo matrimonio descienden Mariano Salazar Montealegre, fusilado por William Walker, y compañero de luchas del Gral. Máximo Jeréz. También desciende Jorge Salazar, asesinado en tiempos apocalípticos del frentismo.
5) Paula Montealegre Romero casó en primeras nupcias con José Manuel Martínez de Sobral. En segundas nupcias con Basilio Zeceña. Sus descendientes se encuentran en Guatemala.
6) Francisca Montealegre Romero casó con Ramón de Sarria y Reyes. De este matrimonio descienden los presidentes Roberto Sacasa Sarria, Juan Bautista Sacasa Sacasa, los hermanos Luis y Anastasio Somoza Debayle, Benjamín Lacayo Sacasa y todos los funcionarios de la administración de Arnoldo Alemán Lacayo, que llevan el apellido Sacasa.
7) Mariano Montealegre Romero casó en primeras nupcias con Carmen Fuentes-Sansón, originaria de León, procrearon solamente un hijo, Mariano Montealegre Fuentes-Sansón, sus restos descansan en la Catedral de León, junto con los de su esposa Dolores Sacasa Sarria, su sobrina, hay extensa descendencia.
   De este matrimonio desciende Federico Argüello Solórzano, S.J.
   En segundas nupcias casó con María Manuela Bárbara Lacayo Agüero, hija de José Antonio Lacayo Marenco (+23 de Febrero de 1826) y Pilar Agüero López (+ 30 de Enero de 1895).

   Los hijos del segundo matrimonio fueron los siguientes:
   7a) Manuel Ignacio Montealegre Lacayo cc Natalia Delgado Páiz.
   7b) Cipriana Montealegre Lacayo cc José María Gasteazoro Robelo.
   7c) Paula Montealegre Lacayo cc Manuel Balladares Terán.
   7d) Gertrudis Montealegre Lacayo cc Benjamín Midence.
   7e) Carmen Montealegre Lacayo cc Gabriel Dubón Echevers.

7f) Samuel Montealegre Lacayo cc Teresa Seydel Venerio.
7g) Abraham Montealegre Lacayo cc Victoria Callejas Sansón.
7h) Elías Montealegre Lacayo cc Julia Gasteazoro Robelo
7i) Isaac Montealegre Lacayo cc Julia Gasteazoro Robelo, viuda de Elías Montealegre Lacayo, compañero de lucha con el Gral. Máximo Jeréz y Mariano Salazar Montealegre.
7j) Augusto César Montealegre Lacayo cc Isabel Salvatierra Ricarte y Fábrega. Tuvo hijos con Francisca Cigú.
7k) Adán Montealegre Lacayo, sin descendencia.

También crió al hijo del Gral. Francisco Morazán, quien era su amigo, del mismo nombre: Francisco Morazán Moncada quien contrajo nupcias con la dama de El Viejo, Carmen Venerio Gasteazoro, cuyos descendientes casaron con los descendientes de Mariano Montealegre Romero.

Generación No.28

El hijo de Don Augusto César Montealegre Lacayo y Da. Isabel Salvatierra Ricarte y Fábrega, fue

Generación No.29

El Dr. Don Augusto César Montealegre Salvatierra, abogado y notario público, quien contrajo nupcias con Da. Maria Cristina Zapata Malliè, maestra, escritora, poetisa, revolucionaria y periodista, hija del Dr. Don Román Zapata, abogado y fundador del primer diario en Chichigalpa, Chinandega, Nicaragua. Los hijos de ambos fueron

Generación No.30

1.- Dra. Maria Augusta Montealegre Zapata contrajo nupcias con Don Tomás Peralta Mazza, natural de El Salvador.
2.- Dr. Noel Salvador Montealegre Zapata contrajo nupcias con Da. Maria Elsa Valle.
3.- Dr. Sergio Mario Montealegre Zapata contrajo nupcias con Da. Connie Alvarez, natural de Estados Unidos de América.
4.- Prof. Ilú Montealegre Zapata contrajo nupcias con el Prof. José Santos Rivera Siles, natural de San Rafael del Norte, Jinotega, hijo de Don José Santos Rivera Zeledón y de Da. Angela Siles Zelaya.

Generación No.31

Los hijos del matrimonio formado por Da. Ilú Montealegre Zapata y Don José Santos Rivera Siles, son
1.- José Augusto Rivera Montealegre
2.- Flavio César Rivera Montealegre contrajo nupcias con Da. Ligia Bermúdez Varela, hija de Don Carlos Bermúdez Lanzas y de

Da. Angela Varela Mendiola.
3.- José Santos Rivera Montealegre
4.- José Eustacio Rivera Montealegre

Generación No.32

Las hijas del matrimonio formado por Flavio C. Rivera Montealegre y Ligia Bermúdez Varela son
1.- Ilú de los Ángeles Rivera Bermúdez (n.1974) cc Arq. Raymond Arbesú
2.- Flavia Ilú Rivera Bermúdez (n.1979) cc Shaun Torrente Thompson

Genealogía de la familia Montealegre

Los Fernández de Córdoba y sus descendientes en Nicaragua

Investigación realizada por: Flavio Rivera Montealegre*

GENERACIÓN No.1
Don Fernando Pérez Froilaz contrajo matrimonio con Da. Briolanda, el hijo de ambos fue

GENERACIÓN No.2
Don Pedro Fernández de Trava, contrajo matrimonio con Da. Mayor de Urgel, el hijo de ambos fue

GENERACIÓN No.3
Don Ruy Fernández de Castro, (siglo XII), contrajo matrimonio con Da. Estefanía Pérez de Trava, hija de Don Bermudo Pérez de Trava y de su esposa Da. Urraca Enríquez de Borgoña y León. El hijo de ambos fue

GENERACIÓN No.4
Don Sancho Fernández de Aguilar, contrajo matrimonio con Da. Teresa Díaz de Haro-Lara, la hija de ambos fue

GENERACIÓN No.5
Da. Juana Fernández de Córdoba, contrajo matrimonio con Don Gómez Fernández Carrillo, hijo de Don Fernando Díaz Carrillo y Da. María García. El hijo de ambos fue

GENERACIÓN No.6
Don Alfonso Fernández de Córdoba, contrajo matrimonio con Da. Teresa Ximénez de Góngora, el hijo de ambos fue

GENERACIÓN No.7
Don Fernando Alfonso de Córdoba, contrajo matrimonio con Da. Marta Ruíz de Biedma, el hijo de ambos fue

GENERACIÓN No.8
Don Diego Fernández de Córdoba, fue Gobernador de Lucerna y virrey de Navarra en 1513. Contrajo matrimonio con Da. Inés Martínez de Castro y Alfonso Díaz Tafur, hija de Don Juan Martínez de Castro y Alfonso de Castilla y su esposa Da. Juana Díaz Tafur. El hijo de ambos fue

GENERACIÓN No.9
Don Martín Fernández de Córdoba y Martínez de Castro, contrajo matrimonio con Da. Beatriz de Solier, el hijo de ambos fue

GENERACIÓN No.10
Don Alfonso Fernández de Córdoba y Solier, contrajo matrimonio con Da. Mayor Venegas, la hija de ambos fue

GENERACIÓN No.11
Da. Marina de Solier y Fernández de Córdoba (o Marina Fernández de Córdoba Solier y Venegas), contrajo matrimonio con Don Garcí Méndez de Sotomayor (m.1569) hijo de Don Luis Méndez de Sotomayor y su amante Da. Inés Méndez, a su vez era nieto paterno de Don Garcí Méndez de Sotomayor y su esposa Da. María de Figueroa y Messía. El hijo de ambos, de Da. Marina de Solier y Don Garcí Méndez de Sotomayor, fue

GENERACIÓN No.12
Don Alonso Fernández de Córdoba y Méndez de Sotomayor, nació en Montilla, Córdoba, España. Heredó extensas propiedades de su madre, estando en América Central cuando testó su señora madre, Da. Marina. Viviendo en Granada, Nicaragua, Don Alonso testó el 15 de Marzo de 1564. Contrajo matrimonio con Da. Inés Cerrato Contreras, hija del Dr. Juan López Cerrato, natural de Mengabril, Badajoz, España, y de su esposa Da. María de Contreras, natural de Medellín, Badajoz, España. El hijo de Don Alonso y Da. Inés Cerrato, fue

GENERACIÓN No.13
Don Luis Méndez de Sotomayor y Fernández de Córdoba Cerrato, nació en 1560 en la villa de Granada, Nicaragua. Fue Capitán Encomendero de Masaya, Nicaragua. Contrajo matrimonio con Da. Juana de Vera y Herrera, hija de Don Diego de Herrera, natural de Xeréz de la Frontera, España, quien era Alcalde de San Lúcar de Barrameda, y de su esposa Da. Juana de Vera y Toro de Ulloa natural del mismo sitio. La hija de ambos fue

GENERACIÓN No.14
Da. Juan de Vera y Sotomayor (n.1590), contrajo matrimono con Don García Ramiro Corajo, hijo del Capitán Francisco Corajo Ramiro y de Da. Francisca de Zúñiga, los hijos de este matrimonio fueron los siguientes
GENERACIÓN No.15
1.- Capitán Francisco Ramiro-Corajo y Vera Sotomayor, contrajo matrimonio con Da. María de Retes y Vázquez de Coronado. Los hijos de este matrimonio en la siguiente Generación No.16.
2.- Captn. Diego Ramiro-Corajo y Vera Sotomayor
3.- Alférez Fernando Ramiro-Corajo y Vera Sotomayor, contrajo matrimonio con Da. Antonia Zapata Echavarría, hija de Don Cristóbal Zapata y Da. Ana de Echavarría Ocampo.
4.- Da. Juana de Vera Sotomayor y Ramiro-Corajo, contrajo matrimonio con el Alférez Gil de Alvarado y Benavides, hijo de Don Jorge de Alvarado y Da. Juana de Benavides.
5.- Da. Francisca de Zúñiga y Ramiro-Corajo de Vera Sotomayor, contrajo matrimonio con el Alférez Francisco de Cháves y Alfaro, hijo de Don Cristóbal de Cháves y Da. María de Alfaro.
6.- Da. María Ramiro-Corajo y Vera Sotomayor, contrajo matrimonio con Don José de Sandoval y Ocampo, hijo del Captn. Francisco de Ocampo-Golfín y de su esposa Da. Inés de Benavides Solano.
7.- Da. Micaela Ramiro-Corajo y Vera Sotomayor

GENERACIÓN No.16
La hija del matrimonio formado por el Capitán Francisco Ramiro-Corajo y Vera Sotomayor, y su esposa, Da. María de Retes y Vázquez de Coronado, fue la siguiente:
Da. María Rosa Vázquez Ramiro Corajo casó con Pedro José Sáenz Lanini, su hijo:

GENERACION No.17
Manuel Sáenz Vázquez casó con Ana Antonia Bonilla Astúa, su hija:

GENERACION No.18
Bárbara Antonia Sáenz Bonilla casó con Cecilio Antonio Romero Parajales, su hija:

GENERACION No.19
Manuela Casimira Romero Sáenz casó con Mariano Ignacio Montealegre Balmaceda, su hijo:

GENERACION No.16
Francisco Montealegre Romero
Cipriana Montealegre Romero cc Francisco Parajón
Rafaela Montealegre Romero cc Cornelio Ramírez Areas
Gertrudis Montealegre Romero cc Vicente Solórzano y J.C. Salazar
Paula Montealegre Romero cc José Manuel Martínez de Sobral.
Mariano Antonio Montealegre Romero "El Tatita" casó en primeras nupcias con Carmen Fuentes-Sansón. En segundas nupcias casó con María Manuela Bárbara Lacayo Agüero, sus hijos fueron:

GENERACION No.17
Mariano Montealegre Fuentes-Sansón
Manuel Ignacio Montealegre Lacayo
Cipriana Montealegre Lacayo
Paula Montealegre Lacayo
Gertrudis Montealegre Lacayo
Carmen Montealegre Lacayo
Samuel Montealegre Lacayo
Abraham Montealegre Lacayo
Elías Montealegre Lacayo
Isaac Montealegre Lacayo
Adán Montealegre Lacayo
Augusto César Montealegre Lacayo casó con Isabel Salvatierra Ricarte y Fábrega, su hijo:

GENERACION No.18
Augusto César Montealegre Salvatierra casó con María Cristina Zapata Malliè hija del Dr. Román Zapata y Mary Louise Malliè, ésta hija de Louis Malliè, francés inmigrante en León,Nicaragua; sus hijos:

GENERACION No.19
Augusta Patria Montealegre Zapata cc Tomás Peralta Mazza
Sergio Mario Montealegre Zapata cc Connie Alvarez Padilla
Noel Salvador Montealegre Zapata cc María Elsa Valle
Ilú Montealegre Zapata cc José Santos Rivera Siles, hijo de José Santos Rivera Zeledón y Angela Siles Zelaya, nieto de Natividad Rivera Rodriguez y Victoria Zeledón.

GENERACIÓN No.20
Los hijos del matrimonio formado por el Prof. José Santos Rivera Siles y la Prof. Ilú Montealegre Zapata, fueron los siguientes:

1.- José Augusto Rivera Montealegre, hay descendencia. Contrajo nupcias dos veces y tuvo hijos fuera de matrimonio, siete hijos, tres de matrimonio y cuatro fuera de matrimonio. Viven en México.
2.- Flavio Rivera Montealegre, contrajo matrimonio con Ligia Asunción Bermúdez Vaela, hay descendencia.
3.- José Santos Rivera Montealegre, contrajo nupcias con mexicana, hay descendencia.
4.- José Eustasio Rivera Montealegre, soltero.

GENERACIÓN No.21
Los hijos de Flavio Rivera Montealegre y Ligia Bermúdez Varela, hija de Don Carlos Bermúdez Lanzas y Da. Angela Varela Salmerón (o Angela Mendiola Varela, realmente), son:
1.- Ilú de los Angeles Rivera Bermúdez, nace en la ciudad capital de Managua, Nicaragua, un 13 de Septiembre de 1974.
2.- Flavia Ilú Rivera Bermúdez, nace en la ciudad capital Managua, Nicaragua, un 25 de Mayo de 1979, cuando Managua estaba en guerra entre el FSLN y la Guardia Nacional que luchaban para derrocar la dictadura del Gral. Anastasio Somoza Debayle primo en quinto grado de consanguinidad de las hermanas Rivera-Bermúdez, por esta razón su abuelo paterno le pone el sobrenombre de Falita Galil. Ambas vivieron en México, D.F., luego la familia se traslada exilada a la ciudad de Miami, Florida, desde el año 1982. Ambas estudian su primaria en el Calusa Elementary School y pasan al New World School of the Art y al Sunset Junior High School, respectivamente. La primera es diseñadora gráfica y la segunda licenciada en ciencias políticas.

GENERACIÓN No.22
La hija de Flavia Ilú Rivera Bermúdez y Sean Torrentes , hijo de William Torrentes y fue la siguiente
1.- Isabella Torrentes Rivera (n. Febrero, 2005)

Breve bibliografía:

1.- Base de datos suministrada por el Lic. Norman Caldera Cardenal, que a su vez ha sido el producto de investigaciones de un grupo de personas de la misma familia, que ha recopilado datos en los Archivos de la Capitania General de Guatemala, en el Archivo de Indias en Sevilla, España; en Marruecos y en los archivos de la Academia de Ciencias Genealógicas de Costa Rica.
2.- "El origen judío de las monarquías europeas. El mayor secreto de la Historia", por Joaquín Javaloys, Editorial EDAF.
3.- "Enciclopedia de Historia Universal. Desde la Prehistoria hasta la II Guerra Mundial" por William L. Langer, editado por Alianza Diccionarios, Madrid.

4.- "Así se hizo España" por José Antonio Vaca de Osma, Editorial Espasa-Calpe, Madrid, 1981.
5.- "The Forgotten Monarchy of Scotland" por HRH Príncipe Michael de Albania, Jefe de la Casa Real de los Stewart, Editado por Element Books Inc., Boston, USA, 1998.
6.- "Oxford Illustrated History of the British Monarchy" por John Cannon y Ralph Griffiths, Oxford University Press, 1988.
7.- "The Mammoth Book of British Kings and Queens" por Mike Ashley, editado por Carroll and Graf Publishers, Inc., Nueva York, USA, 1998.
8) Investigaciones realizadas por el Prof. Dr. Herbert Stoyan, Director del Instituto de Inteligencia Artificial de la Universidad
Friedich Alexander, de Erlangen, Nüremberg, Alemania, disponibles en la www de internet.
9) Investigaciones del Dr. Bryan C. Tompset, Jefe del Departamento de Ciencias de Computación de la Universidad de Hull, en Inglaterra, disponibles en la www de internet en Genealogias de las familias reales. (www.hulluniversity.com)
10) Ancient Genealogies, del Historiador y Genealogísta Eward Pawlicki, disponible en la www de internet.
11) Les Ancêtres de Charlemagne, de Christian Settipani, reconocido como una de las máximas autoridades en la genealogía del Emperador, libro que le fuera obsequiado al Arq. Hernán Segura R., por el Dr. D. Ives de Ménorval.
12) Estudio Histórico de algunas familias españolas, de D. Alfonso de Figueroa y Melgar.
13) Investigaciones realizadas por el Arq. Segura Rodríguez en el Archivo General de Indias, en Sevilla, España.
14) Base de datos de la Iglesia de los Mormones, disponible en Internet.
15) Revista de la ACCG, No.37, San José, Costa Rica, Junio 2000.
16) La España del Siglo de Oro, François Piétri, Ediciones Guadarrama, entre otros libros y muchos sitios que se pueden acceder en internet en Google.com.
17.-"The Plantagenet Ancestry" by Lt.-Col. W. H. Turton, D.S.O., Genealogies Publishers, Inc., 1993.
18.- "Lines of Succession. Heraldry of the Royal Families of Europe" by Jiri Louda and Michael Maclagan, Barnes and Noble Books, New York, 2002.
19.- "Pedigree and Progress" (1975) and "The Jewish kings or princes of Narbonne", por Anthony Wagner.
20.- "A Jewish princedom in feudal France: 768-900" (1972), por Arthur Zuckerman.

Los descendientes de la familia Suárez de Figueroa y de la familia Hurtado de Mendoza en Nicaragua

Investigación realizada por Flavio Rivera Montealegre*

La familia Figueroa, sus origenes

De origen gallego, los Figueroa, tienen por tronco más antiguo al caballero Froyla Ferrández o Fernández, uno de los magnates de la Monarquía goda, casado con Doña Glasiunta o Glasvinda, hija del rey Chindasvinto. Esta familia se extendió por toda la Península Ibérica durante la Reconquista, enlazando con los más nobles linajes y probando su nobleza en las Ordenes de Santiago, Calatrava y Alcántara. **Don Lorenzo Suárez de Figueroa**, señor de Zafra, Villalba y la Parra, fue creado Conde de Feria en 1460, título elevado a Ducado en 1567. **Don Gómez de Figueroa**, Marqués de Vegaflorida en 1691; **Don Gonzalo de Figueroa y Torres,** Conde de Mejorada del Campo en 1887; **Don Alvaro de Figueroa y Torres**, Conde de Romanones en 1893, con grandeza de España en 1909; Da. **Ana Josefa de Torres de Figueroa**, Marquesa de Tovar en 1893, título elevado a Ducado en 1906 a favor de su hijo Don Rodrigo de Figueroa y Torres, segundo Marqués de Tovar.
Heráldica: Son sus armas las siguientes: en campo de oro, cinco hojas de higuera de sinople (verde), puestas en aspa.

Por el lado de los Hurtado de Mendoza, uno de sus descendientes, Don Iñigo López de Mendoza, contrae matrimonio con una de las damas de los Suárez de Figueroa hasta llegar a la familia Montealegre en Nicaragua.

Generación No. 1
Don Froyla Ferrández contrajo matrimonio con Da. Glasvinda, su hijo fue:
Generación No.2
Don Sonna Ferrández contrajo matrimonio con la Duquesa de Cantabria, el hijo de ambos fue:
Generación No. 3
Don Fernando Ferrández contrajo matrimonio con Da. María Sánchez de Ulloa, el hijo de ambos fue:
Generación No. 4
Don Suero Ferrández contrajo matrimonio con Doña Teresa, el hijo de ambos fue el siguiente:
Generación No. 5

Don Suero Suárez de Figueroa, el primero en usar este apellido de tal manera que lo hereda a todos sus descendientes. Contrajo matrimonio con Da. URRACA CALVO de Castilla, hija de Don Rodrigo de Castilla quien a su vez era hijo de Don Rodrigo Frolaz de Castilla. El hijo de Don Suero y Da. Urraca fue el siguiente:
Generación No. 6
Don Pedro Suárez de Figueroa, contrajo matrimonio con Da. ...., el hijo de ambos fue el siguiente:
Generación No. 7
Don Odoario Pérez de Figueroa, contrajo matrimonio con Da. ....., el hijo de ambos fue el siguiente:
Generación No. 8
Don Gonzalo Odoariz de Figueroa, contrajo matrimonio con Da....., el hijo de ambos fue el siguiente:
Generación No. 9
Don Gonzalo González de Figueroa, contrajo matrimonio con Da. Ilduara, el hijo de ambos es el siguiente:
Generación No. 10
Don Remón González de Figueroa, contrajo matrimonio con Da....., el hijo de ambos fue el siguiente:
Generación No. 11
Don Juan Remón de Figueroa, contrajo matrimonio con Da....., el hijo de ambos fue el siguiente:
Generación No. 12
Don Pero Yánez de Figueroa, contrajo matrimonio con Da. María de Andrade, el hijo de ambos fue el siguiente:
Generación No. 13
Don Remón Pérez de Figueroa y Andrade, contrajo matrimonio con Da. María Yánez de Novoa, el hijo de ambos fue el siguiente:
Generación No. 14
Don Suer Remón de Figueroa, contrajo matrimonio con Da. Sánchez Pérez de Maldonado, el hijo de ambos fue el siguiente:
Generación No. 15
Don Ruíz Suárez de Figueroa, contrajo matrimonio con Da. Teresa Fernández de Saavedra, el hijo de ambos fue el siguiente:
Generación No. 16
Don Fernán Ruíz de Figueroa, contrajo matrimonio con Da. Elvira de Gallinato, la hija de ambos fue la siguiente:
Generación No. 17
Doña Elvira Sánchez de Figueroa, contrajo matrimonio con Don Ruz Fernández Barba, el hijo de ambos fue el siguiente:
Generación No. 18

Don Suer Fernández de Figueroa, contrajo matrimonio con Da. Sancha Bermúdez Prego Dos Montaos, el hijo de ambos fue el siguiente:
Generación No. 19
Don Gómez Suárez de Figueroa Moscoso, contrajo matrimonio con Da. Teresa López de Córdoba, la hija de ambos fue la siguiente:
Generación No. 20
Da. Teresa Suárez de Figueroa y López de Córdoba contrajo matrimonio con Don Suero Vázquez de Moscoso, su hijo fue:
Generación No. 21
Don Lorenzo Suárez de Figueroa y Vázquez de Moscoso (n. 1344-m. 1409) quien contrajo nupcias con Da. María Catalina de Orozco (n.1350), sus hijos en la siguiente Generación.

Generación No. 22
Los hijos del matrimonio formado por Don Lorenzo y Da. Ma. Catalina fueron los siguientes:
1.- Don Lorenzo Suárez de Figueroa y Orozco contrajo nupcias con Da. Isabel de Messía, su hijo en la siguiente Generación.
2.- Da. Catalina Suárez de Figueroa y Orozco (n. 1393) contrajo nupcias en 1416 con Don Iñigo López de Mendoza, hijo de Don Diego Hurtado de Mendoza y Da. Leonor Lasso de la Vega; sus descendientes se mezclan en matrimonio con los descendientes de su hermano Don Lorenzo y Da. Isabel, y llegan hasta Nicaragua con la familia Montealegre.

Don Diego Hurtado de Mendoza contrajo nupcias con Da. Leonor Lasso de la Vega, su hija en la siguiente Generación.

Generación No.23
Los hijos de Don Lorenzo Suárez de Figueroa con Da. Isabel de Messía, son los siguientes:
1.- Don Gómez Suárez de Figueroa Messía (m.1429), contrajo nupcias, en 1408, con Da. Elvira Lasso de la Vega.
2.- Da. María de Figueroa y Messía contrajo nupcias con Don Garcí Méndez de Sotomayor, de este matrimonio son descendientes muchas familias en Costa Rica y Nicaragua (especialmente la familia Montealegre).
Don Garcí Méndez de Sotomayor fue 5o. del nombre, 6o. Señor de El Carpio, Señor de Morente y de otras villas. Don Garcí Méndez de Sotomayor es hijo del matrimonio formado por Da. Catalina Sánchez MANUEL de VILLODRE (descendiente del Infante de Juan Manuel de Castilla, conocido como "El Escritor") y su esposo Don Luis Méndez de Sotomayor (+1395), primero del nombre y quinto Señor de El Carpio y de Morente y de otras villas. A su vez, Don Luis es hijo de Garcí Méndez de Sotomayor, cuarto Señor de El Carpio, y de Da. Juana Ruiz de Baeza.

La hija de Don Diego Hurtado de Mendoza y Da. Leonor Lasso de la Vega, es:
1.- Da. Elvira Lasso de la Vega contrajo nupcias con
Don Gómez Suárez de Figueroa Messía, sus hijos en la siguiente Generación.
2.- Don Iñigo López de Mendoza, quien contrajo matrimonio dos veces:
(1) CATALINA SUÁREZ DE FIGUEROA. En segundas nupcias con (2) INÉS DE CASTRO. Los antepasados de la familia Montealegre proceden de su segundo matrimonio.

El hijo de Da. Catalina Suárez de Figueroa y su esposo Don Iñigo López de Mendoza, es:
1.- Don Diego Hurtado de Mendoza y Suárez de Figueroa (n. 1417-m. 1479) contrajo nupcias en 1436 con Da. Brianda de Luna y Mendoza, sus hijos en la siguiente Generación.

Generación No. 24
Los hijos de Da. Elvira Lasso de la Vega con su esposo
Don Gómez Suárez de Figueroa Messía, fueron los siguientes:
1.- Aldonza Suárez de Figueroa y Lasso de la Vega contrajo nupcias, en 1444, con Don Juan Manuel de Villena Fonseca, hijo de Don Fernando Manuel de Villena y de Soussa y de Da. Mencía de Fonseca. Don Fernando Manuel de Villena es descendiente del Infante Don Manuel de Castilla, que era hermano de Alfonso X El Sabio, y ambos eran hijos de Don Fernando III El Santo, Rey de Castilla y de León. Sus hijos en la siguiente Generación.
2.- Da. Mencía Figueroa y Lasso de la Vega contrajo nupcias con Don Rodrigo Manrique, su hija en la siguiente Generación.
3.- Da. Beatriz de Figueroa y Lasso de la Vega contrajo nupcias con Don Fadrique Manrique.
4.- Pedro Suárez de Figueroa y Lasso de la Vega contrajo nupcias con Da. Blanca de Sotomayor, su hijo en la siguiente Generación.
5.- Don Lorenzo Suárez de Figueroa y Lasso de la Vega
6.- Da. Elvira Lasso de la Vega y Suárez de Figueroa

La hija de Don Iñigo López de Mendoza y su segunda esposa Da. Inés de Castro, fue:
Emilia Iñiguez de Mendoza y Castro, contrajo nupcias con Fernán Gutiérrez de Castro, su hija en la siguiente Generación No.25.

El hijo de Da. María de Figueroa y Messía, y su esposo Don Garcí Méndez de Sotomayor fue el siguiente:

Luis Méndez de Sotomayor quien tuvo sucesión sin contraer matrimonio con Da. Inés Méndez. Dn. Luis Méndez de Sotomayor fue 2o. del nombre, 7o. Señor de El Carpio, de Morente y de otras villas y Consejero del Rey Don Juan II. Su hijo con Da. Inés fue:

GENERACIÓN No. 25
La hija de Da. Emilia Iñiguez de Mendoza y Castro con su esposo Don Fernán Gutiérrez de Castro, fue:
Inés Fernández de Castro y Iñiguez de Mendoza, contrajo nupcias con Don Martín Gil de Soberosa, su hijo en la siguiente Generación No. 26.

El hijo de Luis Méndez de Sotomayor y Da. Inés Méndez, fue:
Garcí Méndez de Sotomayor (+1569). Casó con Da. Marina Fernández de Córdoba, conocida también como Da. Marina de Solier, hija de Alfonso Fernández de Córdoba, IV Señor de los Humeros, y de Da. Mayor Venegas. Su hijo en la siguiente Generación No.26

La hija de Da. Aldonza Suárez de Figueroa y Lasso de la Vega con su esposo Don Juan Manuel de Villena Fonseca, fue:
1.- Da. Elvira Manuel de Villena y Suárez de Figueroa, fue Camarera Mayor de la Reina de Inglaterra. Contrajo matrimonio con Don Pedro Gómez Manrique.

GENERACIÓN No. 26
El hijo de Da. Inés Fernández de Castro y Iñiguez de Mendoza con su esposo Don Martín Gil de Soberosa, fue:
Gil Martínez de Castro y Soberosa, contrajo matrimonio con Da. Beatriz Alfonso de Castilla, hija de Sancho IV El Bravo (n. 13 Mayo 1258-m.25 Abril 1295, Toledo), Rey de Castilla y de León, y de su esposa Da. María Alfonso de Molina, Regente del Reino a la muerte de su esposo (nace en 1262, fallece el 17 de Julio de 1321 en Valladolid). El hijo de ambos en la siguiente Generación No. 27

El hijo de Garci Méndez de Sotomayor y su esposa Da. Marina Fernández de Córdoba o Marina de Solier, fue:
Alonso Fernández de Córdoba casó con Da. Inés Cerrato. Don Alonso nació en Montilla, Córdoba, España. Heredó ciertas propiedades de su madre. Estaba ya en Indias al testar ella. Testó Don Alonso en la ciudad de Granada, Nicaragua, el 15 de Marzo de 1564.
Da. Inés Cerrato Contreras, es hija del Dr. Juan López Cerrato, natural de Mengabril, Badajoz, España, y de Da. María de Contreras, natural de Medellín, Badajoz, España. Fue hijo de ellos:

GENERACIÓN No. 27

El hijo de Don Alonso Fernández de Córdoba y su esposa Da. Inés Cerrato, fue el siguiente:
LUIS MENDEZ de SOTOMAYOR casó con Da. Juana de Vera y Toro de Ulloa. Don Luis nació en 1560 en Granada, Nicaragua. Fue Capitán, Encomendero de Masaya, Nicaragua. Su matrimonio con Da. Juana de Vera y Toro de Ulloa, se realizó cerca de 1566, hija de
Don Diego de Herrera y Da. Juana de Vera y Toro de Ulloa, ambos de Xeréz de la Frontera, España. Don Diego era Alcaide de San Lúcar de Barrameda. Sus hijos dejaron descendencia en Costa Rica y en Nicaragua. Sus hijos en la siguiente Generación No.28:

El hijo de Don Gil Martínez de Castro y Soberosa y su esposa Da. Beatriz Alfonso de Castilla, fue:
Don Juan Martínez de Castro y Alfonso de Castilla, contrajo matrimonio con Da. Juana Díaz Tafur, la hija de ambos en la siguiente Generación No.28

GENERACIONES EN CENTROAMERICA:
De esta generación descienden muchas familias en Costa Rica y en Nicaragua, aquí expondré sus descendientes en Nicaragua.
GENERACIÓN No. 28
Los hijos de Don Luis Méndez de Sotomayor y su esposa Da. Juan de Vera, fueron los siguientes:

I-1 Alonso Méndez de Sotomayor cc María Calderón, sus hijos fueron:
   a) José Méndez de Sotomayor cc Juana de Zúñiga, hermana de Francisca de Zúñiga
   b) Isabel Méndez de Sotomayor, bautizada en Cartago en 1620.
   c) Clara Méndez de Sotomayor, bautizada en Cartago en 1621.

I-2 Juana de Vera y Sotomayor (1590-1657) cc García Ramiro Corajo y Zuñiga, hijo del Capitán Francisco Corajo Ramiro y de Da. Francisca de Zúñiga (hermana de Da. Juana de Zúñiga).

Da. Juana de Vera y Sotomayor casó con Don García Ramiro Corajo y Zúñiga en la ciudad de Granada, Nicaragua, en 1620.

Los hijos de García Ramiro Corajo y Juana de Vera son:
a) Capitán Francisco Ramiro de Vera y Sotomayor, casó con Da. Maria de Retes-Peláez y Vázquez de

Coronado descendiente de Juan Vázquez de Coronado y Anaya, Conquistador de Costa Rica. De este matrimonio descienden muchas familias en Nicaragua, por la línea de Da. Casimira Romero Sáenz quien casó con Don Mariano Ignacio Montealegre Balmaceda, natural de Guatemala y nieto de Don Mariano Montealegre quien llegara a Guatemala desde España alrededor de 1780.

b) Capitán Diego Ramiro de Vera y Sotomayor.
c) Alférez Fernando Ramiro de Vera y Sotomayor, casó con Da. Antonia Zapata, hija de Cristóbal de Zapata y de Da. Ana de Echavarría Ocampo.
d) Da. Juana de Vera Ramiro, casó con el Alférez Gil de Alvarado, hijo de Jorge de Alvarado y de Da. Juana de Benavides.
e) Da. Francisca de Zúñiga, casó con el Alférez Francisco de Cháves, hijo de Cristóbal de Cháves y de Da. María de Alfaro.
f) Da. María Ramiro de Vera y Sotomayor, casó con José de Sandoval Ocampo, hijo del Capitán Francisco de Ocampo Golfín y Da. Inés de Benavides y Solano.

Da. María Ramiro de Vera y Sotomayor, muere en la ciudad de Cartago el 27 de Marzo de 1688. Dn. José de Sandoval Ocampo nació en 1612 y muere el 13 de Septiembre 1669 en la ciudad de Cartago, en Costa Rica.

g) Da. Micaela Ramiro de Vera y Sotomayor.

Generación No.28 en Centro América
La hija de Don Juan Martínez de Castro y Alfonso de Castilla con su esposa Da. Juana Díaz Tafur, fue:
Inés Martínez de Castro y Alfonso de Castilla y Díaz Tafur, contrajo matrimonio con Don Diego Fernández de Córdoba, el hijo de ambos en la siguiente Generación No.29

El hijo de Da. Juan de Vera y Sotomayor con su esposo Don García Ramiro Corajo y Zuñiga, fue el siguiente:

Capitán Francisco Ramiro-Corajo de Vera y Sotomayor casó con María Retes-Peláez y Vázquez de Coronado, hija de María Peláez Vázquez de Coronado y Jerónimo Retes López y Ortega; nieta de Andrea Vázquez de Coronado y Diego Peláez Lermos; bisnieta de Gonzalo Vázquez de Coronado y Arias y de Ana Rodriguez del Padrón; tataranieta de Juan Vázquez de Coronado y Anaya e Isabel Arias D'Avila Gonzalez Hoz. La hija de Francisco Ramiro-Corajo y Maria Rosa Retes Peláez fue:

Generación No. 29 en Centro América
El hijo de Da. Inés Martínez de Castro y Alfonso de Castilla y Díaz Tafur con su esposo Don Diego Fernández de Córdoba, fue:
Martín Fernández de Córdoba y Martínez de Castro, contrajo matrimonio con Da. Beatriz de Solier, la hija de ambos en la siguiente Generación No.30

La hija del Capitán Don Francisco Ramiro-Corajo de Vera y Sotomayor y su esposa Da. María Retes-Peláez y Vázquez de Coronado, fue:
María Rosa Vázquez de Coronado y Ramiro-Corajo casó con Pedro José Sáenz Lanini, hijo de Juan Francisco Sáenz Vázquez de Quintanilla y Sendín de Sotomayor (ver Datos Biográficos) y de su esposa Da. Bárbara Lanini Priamo. Su hijo fue el Sargento Mayor Don Manuel Sáenz y Vázquez de Coronado en la siguiente Generación No.30 :

Generación No. 30 en Centro América
La hija de Don Martín Fernández de Córdoba y su esposa Da. Beatriz de Solier, fue:
María de Solier y Fernández de Córdoba-Castro, contrajo matrimonio con Don Garci Méndez de Sotomayor, ver a su hijo en la anterior Generación No.26

El hijo de Da. María Rosa Vázquez de Coronado y Ramiro-Corajo con su esposo Don Pedro José Sáenz Lanini, fue:
Sargento Mayor Manuel Sáenz Vázquez de Coronado casó con Ana Antonia Bonilla Astúa, hija de Alonso de Bonilla Chacón y Juana Benita Calvo Pereira de Astúa. Su hija fue:

Generación No. 31 en Centro América
Bárbara Antonia Sáenz Bonilla (ya era viuda de Dn. Manuel Saborío) casó con Cecilio Antonio Romero Parajales, natural de Andalucía, España; hijo de Mateo Romero y Ana Parajales, quienes contrajeron matrimonio en San José, Costa Rica el 24 de Mayo de 1762. Don Mateo Romero era natural de España. La hija de Cecilio Romero y Bárbara Sáenz fue:

Generación No. 32 en Centro América
Manuela Casimira Romero Sáenz casó con Mariano Ignacio Montealegre Balmaceda, hijo de Mariano Ignacio Montealegre, el nombre de la madre no se conoce. Los Montealegre son originarios de Valladolid, España. Don Mariano Ignacio Montealegre antes de casar con Da. Manuela Casimira Romero, fue padre de dos hijos, uno con Isidora Rueda, su hijo fue Juan Montealegre Rueda, con descendencia en Guatemala; el otro con Josefa Bustamante, su hijo fue Mariano Montealegre Bustamante fundador de los Montealegre en Costa Rica. Los hijos de Mariano Ignacio Montealegre Balmaceda y Manuela Casimira Romero Sáenz fueron los siguientes:

Generación No. 33 en Centro América
1) Francisco Montealegre Romero, sin descendencia.
2) Cipriana Montealegre Romero casó con Cornelio Ramírez Areas.
3) Rafaela Montealegre Romero casó con Juan Francisco Parajón.
4) Gertrudis Montealegre Romero casó en primeras nupcias con Vicente Solórzano Pérez de Miranda. De este primer matrimonio desciende el presidente Carlos Solórzano Gutiérrez y el candidato inhibido, a la Alcaldia de Managua, Pedro Solórzano Castillo.

   En segundas nupcias casó con José del Carmen Salazar Lacayo.
   De este segundo matrimonio descienden Mariano Salazar Montealegre, fusilado por William Walker, y compañero de luchas del Gral. MáximoUeréz Tellería. También desciende Jorge Salazar Argüello, asesinado en tiempos apocalípticos del frentismo. También la familia Cardenal-Tellería son descendientes de este matrimonio: Alfonso, Francisco "Chicano", Marco Antonio, Roberto y sus hermanas, todos de apellido Cardenal Tellería.
5) Paula Montealegre Romero casó en primeras nupcias con José Manuel Martínez de Sobral. En segundas nupcias con Basilio Zeceña. Sus descendientes se encuentran en Guatemala. Don Enrique Guzmán, en su "Diario Intimo", menciona al Ministro de Relaciones Exteriores de Guatemala, Dr. Enrique Martínez Sobral, hijo del matrimonio Martínez de Sobral Montealegre. (Revista Conservadora, No.10, Julio 1961).
6) Francisca Montealegre Romero casó con Ramón de Sarria y Reyes. De este matrimonio descienden los presidentes Roberto Sacasa Sarria, Juan Bautista Sacasa Sacasa y su hermana Da. Casimira Sacasa Sacasa que casó con el Dr. Luis H. Debayle Pallais, sus nietos: los hermanos Luis y Anastasio Somoza Debayle, Benjamín Lacayo Sacasa y todos los funcionarios de la

administración Alemán que llevan el apellido Sacasa.

7) Mariano Montealegre Romero casó en primeras nupcias con Carmen Fuentes-Sansón, originaria de León, procrearon solamente un hijo, Mariano Montealegre Fuentes-Sansón, sus restos descansan en la Catedral de León, junto con los de su esposa Dolores Sacasa Sarria, su sobrina, hay descendencia, entre ellos los Argüello-Solórzano.(Ver "Mis Cuatro Abuelos", de Don Rafael Sevilla Sacasa).

En segundas nupcias casó con María Manuela Bárbara Lacayo Agüero, hija de José Antonio Lacayo Marenco (n. 23 de Febrero de 1826) y Pilar Agüero López (+ 30 de Enero de 1895). (Ver libro de los descendientes del Gral. José Antonio Lacayo de Briones y Palacios, Gobernador de Costa Rica y Nicaragua", del Lic. Norman Caldera Cardenal).

GENERACIÓN No. 34 en Centro América:

Los hijos del segundo matrimonio fueron los siguientes:

7a) Manuel Ignacio Montealegre Lacayo cc Natalia Delgado.
7b) Cipriana Montealegre Lacayo cc José María Gasteazoro Robelo
7c) Paula Montealegre Lacayo cc Manuel Balladares Terán.
7d) Gertrudis Montealegre Lacayo cc Benjamín Midence.
7e) Carmen Montealegre Lacayo cc Gabriel Dubón Echevers.
7f) Samuel Montealegre Lacayo cc Teresa Seydel Venerio.
7g) Abraham Montealegre Lacayo cc Victoria Callejas Sansón.
7h) Elías Montealegre Lacayo cc Julia Gasteazoro Robelo
7i) Isaac Montealegre Lacayo cc Julia Gasteazoro Robelo, viuda de Elías Montealegre Lacayo, compañero de lucha con el Gral. Máximo Jeréz y Mariano Salazar Montealegre.
7j) Augusto César Montealegre Lacayo cc Isabel Salvatierra Ricarte y Fábrega. Tuvo cinco hijos con Francisca Cigú.
7k) Adán Montealegre Lacayo, sin descendencia.

A partir de estas generaciones, éstos últimos son nuestros bisabuelos, hay muchas más personas que son sus descendientes hasta nuestros dias, de ello existe información de la genealogía de cada una de las ramas de cada familia, por ejemplo, las hay de la familia Solórzano, investigada por Dn. José Solórzano Martínez (descendiente del Gral. Tomás Martínez Guerrero), de la familia Sacasa, investigada por Dn. Rafael Sevilla Sacasa y otras personas, de la familia Salazar, investigada por el Lic. Norman Caldera Cardenal, incluidas muchas familias por ser descendientes del General José Antonio Lacayo de Briones y Palacios, de la familia Montealegre, investigada en Costa Rica y Guatemala por Da. Betsy

Montealegre Castellanos de Dalliès junto con el Arq. Eduardo Chamberlain Gallegos y Don Luis Maldonado de la Cerda, en Guatemala, entre otras personas. Siendo que en Costa Rica y Guatemala tienen excelentes bases de datos que han sido bien conservados y constantemente se divulgan a través de las Revistas publicadas por las respectivas Academias de Ciencias de la Genealogía.

GENERACIÓN No. 35 en Nicaragua, Centro América:
El hijo del Lic. Don Augusto C. Montealegre Lacayo y Da. Isabel Salvatierra Ricarte y Fábrega, fue, entre otros
Dr. Don Augusto C. Montealegre Salvatierra, quien contrajo matrimonio con la Prof. Da. María Cristina Zapata Malliè, sus hijos fueron los siguientes

GENERACIÓN No. 36 en Nicaragua, Centro América:
1.- Dra. Augusta Patria Montealegre Zapata
2.- Dr. Noel Salvador Montealegre Zapata
3.- Dr. Sergio Mario Montealegre Zapata
4.- Prof. Ilú Montealegre Zapata, contrajo matrimonio con el Profesor Don José Santos Rivera Siles, hijo del Coronel EDSN y Profesor Don José Santos Rivera Zeledón y la Profesora Da. Angela Siles Zelaya, sus hijos fueron los siguientes

GENERACIÓN No. 37 en Nicaragua, Centro América:
1.- José Augusto Rivera Montealegre
2.- Flavio César Rivera Montealegre, contrajo matrimonio con Ligia Asunción Bermúdez Varela, natural de Managua, hija de Don Carlos Bermúdez Lanzas y Da. Angela Varela, originarios de la ciudad de León, Nicaragua. Procrearon dos hijas: Ilú de los Angeles y Flavia Ilú Rivera Bermúdez.
3.- José Santos Rivera Montealegre
4.- José Eustacio Rivera Montealegre

Breve bibliografía:
1.- Base de datos suministrada por el Lic. Norman Caldera Cardenal, que a su vez ha sido el producto de investigaciones de un grupo de personas de la misma familia, que ha recopilado datos en los Archivos de la Capitania General de Guatemala, en el Archivo de Indias en Sevilla, España; en Marruecos y en los archivos de la Academia de Ciencias Genealógicas de Costa Rica.
2.- "El origen judío de las monarquías europeas. El mayor secreto de la Historia", por Joaquín Javaloys, Editorial EDAF.
3.- "Enciclopedia de Historia Universal. Desde la Prehistoria hasta la II Guerra Mundial" por William L. Langer, editado por Alianza Diccionarios, Madrid.
4.- "Así se hizo España" por José Antonio Vaca de Osma, Editorial Espasa-Calpe, Madrid, 1981.

5.- "The Forgotten Monarchy of Scotland" por HRH Príncipe Michael de Albania, Jefe de la Casa Real de los Stewart, Editado por Element Books Inc., Boston, USA, 1998.
6.- "Oxford Illustrated History of the British Monarchy" por John Cannon y Ralph Griffiths, Oxford University Press, 1988.
7.- "The Mammoth Book of British Kings and Queens" por Mike Ashley, editado por Carroll and Graf Publishers, Inc., Nueva York, USA, 1998.
8) Investigaciones realizadas por el Prof. Dr. Herbert Stoyan, Director del Instituto de Inteligencia Artificial de la Universidad Friedich Alexander, de Erlangen, Nüremberg, Alemania, disponibles en la www de internet.
9) Investigaciones del Dr. Bryan C. Tompset, Jefe del Departamento de Ciencias de Computación de la Universidad de Hull, en Inglaterra, disponibles en la www de internet en Genealogias de las familias reales. (www.hulluniversity.com)
10) Ancient Genealogies, del Historiador y Genealogísta Eward Pawlicki, disponible en la www de internet.
11) Les Ancêtres de Charlemagne, de Christian Settipani, reconocido como una de las máximas autoridades en la genealogía del Emperador, libro que le fuera obsequiado al Arq. Hernán Segura R., por el Dr. D. Ives de Ménorval.
12) Estudio Histórico de algunas familias españolas, de D. Alfonso de Figueroa y Melgar.
13) Investigaciones realizadas por el Arq. Segura Rodríguez en el Archivo General de Indias, en Sevilla, España.
14) Base de datos de la Iglesia de los Mormones, disponible en Internet.
15) Revista de la ACCG, No.37, San José, Costa Rica, Junio 2000.
16) La España del Siglo de Oro, François Piétri, Ediciones Guadarrama, entre otros libros y muchos sitios que se pueden acceder en internet en Google.com.
17.-"The Plantagenet Ancestry" by Lt.-Col. W. H. Turton, D.S.O., Genealogies Publishers, Inc., 1993.
18.- "Lines of Succession. Heraldry of the Royal Families of Europe" by Jiri Louda and Michael Maclagan, Barnes and Noble Books, New York, 2002.
19.- "Pedigree and Progress" (1975) and "The Jewish kings or princes of Narbonne", por Anthony Wagner.
20.- "A Jewish princedom in feudal France: 768-900" (1972), por Arthur Zuckerman.

Genealogía de la familia Montealegre

Genealogía del linaje de los Montcada o Moncada. Sus antepasados y sus descendientes en Nicaragua.

Investigación por: Flavio Rivera Montealegre*

No aparecen concretados ni definitivos ante la verdadera crítica histórica los orígenes de esta ilustre casa nobiliaria, que tuvo su tronco y raíz en Cataluña, en el siglo VIII. La tradición y la leyenda aunadas pretenden que el primer Moncada conocido fue don Dápifer, lugarteniente de Otger Catalón, jefe y caudillo de los llamados "nueve barones de la fama", que empezó desde los Pirineos la tarea de libertar el suelo catalán del yugo sarraceno. Se suponía a Don Dápifer descendiente de la casa de los Duques de Baviera, pero como no existe documento ni prueba alguna de tal aseveración, queda el origen de los Moncada envuelto en las brumas de la leyenda. Es pues, el cargo de Dápifer, el que se desempeña en el palacio de los reyes, y que comprendía la superintendencia sobre todos los otros oficios domésticos de la real casa. Los Moncada de Cataluña siguen mereciendo el nombre de restauradores de la nacionalidad durante los siglos XII, XIII y XIV. Se les ve combatir en las Navas de Tolosa, en Muret, y luego sellando con su sangre las primicias de la conquista de Mallorca. El gran almirante de Castilla, Don Pedro de Moncada, ayuda con su flota al rey Don Alfonso XI, guardando el estrecho de Gibraltar y cerrando el paso a los moros para facilitar de esa manera, al monarca, la victoria del Salado. Al correr de los tiempos, se conoce de la participación de los Moncada en la historia de España.

Se sabe que Don Róger de Moncada figura en los sucesos de Sicilia, en donde libertó a la infanta Da. María de Sicilia primera esposa de Martín I Rey de Sicilia e hija de Federico III Rey de Sicilia y Constanza de Aragón, y después aparece como Gobernador en Mallorca, en 1411. La historia registra a Don Hugo de Moncada como virrey de Sicilia, en 1518; le sucede en el mismo cargo Don Juan de Moncada, primer Conde de Aytona, en 1528. Don Miguel de Moncada era el virrey de Mallorca y luego de Cerdeña, en tiempos de Don Felipe II (1527-1528). Don Francisco de Moncada era el virrey de Cataluña en 1581 y luego lo fue de Valencia, mientras tanto Don Gastón de Moncada, II Marqués de Aytona, era el virrey de Cerdeña y Aragón en 1589; su hijo, Don Francisco de Moncada, III Marqués de Aytona y Conde de Osona, escribe la famosa "Expedición de catalanes y aragoneses a Oriente", y, finalmente, Don Ramón Guillermo de Moncada, IV Marqués de Aytona, fue virrey de Galicia, mayordomo mayor de la casa real y uno de los seis consejeros que dejó el rey Don Felipe IV Habsburgo a la reina gobernadora, su segunda esposa Da. Mariana de Austria, en la menor edad de Don Carlos II Habsburgo. Los Moncada combatieron en Nápoles, San Quintín y Lepanto. Se destacan en las cortes de Urgel, Huesca, Lérida, Gerona, Vich, Tarazona, Barcelona, Tarragona.

La rama de los Moncada del Bearne es la progenitora de los reyes de Francia, de tal manera que las casas de Borbón y de Orleáns son sus descendientes directos. La rama de Cataluña dio en las personas de Da. Elisenda de Moncada esposa de don Jaime II de Aragón y Da. Constanza de Moncada, esposas ilustres, son antepasados del rey Don Jaime II, El Justo, y, de Don Alfonso de Aragón. A su vez, una hija de Don Pedro II de Aragón, Da. Constanza de Aragón, contrajo nupcias en 1212, con Don Guillermo Ramón de Moncada.

Sepulcro de la Reina Elisenda de Moncada, esposa de Jaime II de Aragón

En el siglo XVIII, la casa de los Moncada entronca con la familia de los Duques de Medinaceli, en sus ramas de España.

El Dr. Don Antonio Rubió y Lluch, en su monografía dedicada al linaje de los Moncada, editada en Barcelona en 1886, resume así los méritos excepcionales de esta casa de la siguiente manera:
"No hay empresa arriesgada a la cual el nombre de los Moncada no ande asociado, ni documento importante de nuestra historia a cuyo pie su firma no se lea, ni conde, ni monarca de la nación catalano-aragonesa, en cuyo séquito no figuren, ni episodio importante del que no sean partícipes, ni suceso glorioso al cual no estén enlasados."

La casa de Moncada tomó su nombre del castillo y pueblo situados a orillas del Río Besós, a ocho kilómetros de Barcelona. El blasón de los Moncada está formado por un campo de gules, con ocho besantes de oro, alineados en dos pilas de a cuatro, no por tres besantes y medio, como traen equivocadamente ciertos historiadores, quienes, por haber visto varios escudos que terminaban en punta y el último besante de la fila cabía sólo en una mitad, tomaron por medio lo que debía ser uno entero.

Don Guillén de Montcada, Marqués de Aytona

Generación No.1
Dápifer, era el nombre de un cargo en la corte de un señorío en Europa central, que era el lugarteniente de Otger Catalón, un caudillo. De este cargo, se supone, se deriva el Ducado de Baviera. La hija de la persona que ostentaba este cargo fue Ermesinda y su hijo fue:

Generación No.2
Arnaldo o Arnao Mont Cathalo (cerca del año 820). Esta familia se origina en Cataluña. Su hijo:

Generación No.3
1.- Don Armengol, Primer Conde de Urgel, muerto posiblemente en el año 850. El título de Conde de Urgel le fue concedido por el Emperador Carlomagno, en el 791. Combatiò a los moros sin tregua ni descanso por tierra y por mar.
2.- Otón Mont Cathalo, tuvo por mujer a Hermesinda, su hijo fue:

Generación No.4
El hijo de Don Armengol, Conde de Urgel, fue:
1.- Don Gastón, su hijo fue Don Guillermo Dápifer, quien es el primero en usar el nombre del cargo como apellido.

2.- Arnaldo o Arnao de Montcada, es el primero que junta su nombre Mont Cathalo y pasa como apellido conocido en sus comienzos como Montcada, y que luego es usado en la modalidad de Moncada. Su hijo fue:

Generación No.5
El hijo de Don Gastón fue
1.- Don Guillermo Dápifer
El hijo de Arnaldo o Arnao de Montcada, fue:
1.- Gastón de Moncada, su hijo fue:

Generación No.6
Guillén de Moncada, su hijo fue:

Generación No.7
Ramón de Moncada, su hijo fue:

Generación No.8
Guillén Ramón de Moncada, su hijo fue:

Generación No.9
Guillén de Moncada, Primer Senescal de Cataluña, sus hijos fueron:

Generación No.10
1.- Guillermo de Moncada, contrajo nupcias con Da. Maria, Condesa de Bearne.
2.- Ramón de Moncada, su esposa fue Da. Sancha, procrearon varios hijos, entre ellos fue:

Generación No.11
Ramón Guillén de Moncada, su esposa fue Da. Felipa, procrearon dos hijos que fueron:

Generación No.12
12.1.- Berenguer Ramón, que tuvo extensa descendecia. El hijo de ambos en la siguiente Generación No.13.

12.2.- Ramón Gullén de Moncada, su esposa fue Da. Inés, procrearon varios hijos, entre ellos fue:

Generación No.13
El hijo de Berenguer Ramón fue
12.1.1.- Ramón Berenguer, "El Grande".

El hijo de Ramón Gullén de Moncada y su esposa Da. Inés, fue

12.2.1.- Guillén Ramón de Moncada, su esposa fue Da. Beatriz de Moncada, el hijo de ambos fue:

Generación No.14
Guillén Ramón de Moncada y Moncada, su esposa fue Da. Martha de Bearne, el hijo de ambos fue

Generación No.15
Guillermo Ramón de Moncada Bearne, su esposa fue Da. Guillermina de Castroviejo, el hijo de ambos fue

Generación No.16
Guillermo de Moncada Castroviejo, su esposa fue Da. Garsenda de Sobrén, la hija de ambos fue

Generación No.17
Constanza de Bearne y Moncada, contrajo nupcias con Don Diego López de Haro Alonso (1237-1254) hijo de Don Lope Díaz de Haro y Lara (1124-1170) Señor de Vizcaya y de su esposa Da. Urraca Alonso y era nieto de Don Lope Sarracines de Haro y de su esposa Dalsa. Los hijos de ambos en la siguiente Generación No.18.
Origen de la Casa de Lara: Este linaje tiene un origen antiquísimo que entronca con los godos. Descienden de Pedro, duque de Cantabria que dio lugar a dos ramas: la de los reyes de Asturias, León y Castilla, y la de los Condes de Lara, uno de ellos, Manrique de Lara, vizconde de Narbona, recibe el condado o señorío de Molina, una importante plaza estratégica entre Castilla y Aragón. Uno de sus descendientes, **Pedro González de Lara (ver Generación No.19)**, guerrea con el rey Fernando III de Castilla y pierde la guerra, por lo que su hermana Mafalda, es casada con el infante don Alonso, hijo de don Alfonso IX, rey de León, y de su esposa doña Berenguela, reina de Castilla, y lleva en dote el Señorío de Molina que pierde Pedro, que es conocido desde entonces como "el Desheredado".
Distribución: Los descendientes del "Desheredado" se fueron dispersando por toda España, creando importantes y nobles casas solares, principalmente en Murcia, Aragón, Andalucía y Extremadura. Los Fernández de Molina en Úbeda, los Ruiz de Molina en Molina, Huéscar, Madrid y Murcia. Los Molina Tirado en Aragón, Gómez de Molina en Málaga, Hernández de Molina en Sevilla. Etc. También pasaron a América y destacaron especialmente en Cuba, Guatemala, Nicaragua, Colombia, El Salvador, México, Ecuador, Chile y Argentina.

Generación No.18
18.1.- Nuño López de Haro González, contrajo nupcias con Da. Belasquita, los hijos de ambos fueron los siguientes, ver
Generación No.19.

18.2.- María Díaz de Haro Bearne, contrajo nupcias con Don Gonzalo Núñez de Lara, sus hijos fueron los siguientes, ver
Generación No.19.

Generación No.19
Los hijos de Nuño López de Haro González y su esposa Da. Belasquita, fueron
1.19.1.- Lope Núñez de Haro, contrajo nupcias con Da. Urraca, sus hijos en la siguiente Generación.
1.19.2.- Lope Iñiguez, contrajo nupcias con Da. Teresa Ximénez de Lara, su hijo en la siguiente Generación.

Los hijos de María Díaz de Haro Bearne y de su esposo Don Gonzalo Núñez de Lara fueron
2.19.1.- **Pedro González de Lara**, Conde de Lara y Señor de Molina, contrajo nupcias con Da. Eva Pérez de Trava Trastámara.
2.19.2.- Rodrigo González de Lara "El Franco", contrajo nupcias con Sancha de Castilla, hija de Zaida Isabel de Sevilla y de su esposo Alfonso VI, Rey de Castilla y León.

Generación No.20
Los hijos del matrimonio formado por Lope Núñez de Haro y Da. Urraca fueron los siguientes
1.- Da. Mayor Núñez de Lara quien contrajo nupcias con Rodrigo González Cisneros Girón II.
2.- Iñigo López de Haro, contrajo nupcias con Da. Toda Ortiz.
3.- Juan Núñez de Lara, contrajo nupcias con Teresa de Haro.

Los hijos de Don Rodrigo González de Lara, el Franco, y su esposa Sancha de Castilla, fue
1.- Gonzalo Rodríguez de Lara, quien contrajo nupcias con Da. Gracia de Azagra, sus hijos en la siguiente generación No.21.

El hijo de Lope Iñiguez y su esposa Da. Teresa Ximénez de Lara fue
1.- Iñigo López de Mendoza, Marqués de Santillana, quien contrajo nupcias con Da. Emilia López de Mendoza. Poeta, autor de "Serrannillas" y "Canciones y decires". También contrajo nupcias, con Da. Catalina Suárez de Figueroa y Da. Inés de Castro.
Sus descendientes han sido investigados en una genealogía aparte.

Generación No.21
Los hijos de Juan Núñez de Lara y su esposa Toda Ortíz, fueron los siguientes
1.- Juan Núñez de Lara II, quien contrajo nupcias con Da. Teresa Alvarez de Azagra.

2.- Lope Iñiguez de Haro Ortiz, quien contrajo nupcias con Da. Telo Díaz, procrearon dos hijos, ver siguiente generación No.22.

Generación No.22
El hijo de Da. Mayor Núñez de Lara y su esposo Don Rodrigo González Cisneros Girón II, fue el siguiente
1.- Gonzalo Ruíz Girón, quien contrajo nupcias con Sancha Rodríguez de Lara y Azagra hija de Gonzalo Rodríguez de Lara y de Gracia de Azagra, su hijo en la siguiente generación No.23.

La hija del matrimonio formado por Don Gonzalo Rodríguez de Lara y su esposa Da. Gracia de Azagra fue
1.- Da. Sancha Rodríguez de Lara y Azagra contrajo nupcias con su primo Don Gonzalo Ruiz Girón, su hijo en la siguiente generación No.23.

Los hijos de Lope Iñiguez de Haro Ortiz y su esposa Da. Telo Díaz, fueron los siguientes
1.- Lope Díaz de Haro Lara, quien contrajo nupcias con Da. Urraca Alonso.
2.- Diego López de Haro Díaz, contrajo nupcias con María Ordóñez.

Generación No.23
Los hijos de Don Gonzalo Ruíz Girón y de su esposa Da. Sancha Rodríguez de Lara y Azagra fueron
1.- Gonzalo González Girón y Rodríguez de Lara Azagra, quien contrajo nupcias con Da. Teresa Arias Quijada.
2.- María González Girón y Rodríguez de Lara, quien contrajo nupcias con Guillén Pérez de Guzmán, sus hijos en la siguiente Generación No.24.

Generación No.24
Los hijos de Da. María González Girón y Rodríguez de Lara, quien contrajo nupcias con Guillén Pérez de Guzmán, fueron
1.- Don Pedro Guillén de Guzmán y González Girón, quien contrajo nupcias con Da. Urraca Alfonso, hija de Don Alfonso IX de Castilla, Rey de Castilla y Da. Teresa Gil.
2.- Da. Leonor de Guzmán, quien tuvo relaciones extramaritales con Don Alfonso XI, Rey de Castilla, de esta relación nace el Infante Don Juan Manuel de Castilla, ver Generación No.25.

Generación No.25
El hijo de Don Pedro Guillén de Guzmán y González Girón con su esposa Da. Urraca Alfonso, fue

1.- Don Fernán Pérez de Guzmán y Alfonso, poeta, quien representa el propósito más claramente didáctico de la literatura española antigua, escribió: Loores de los claros varones de España y Generaciones y Semblanzas.

Los hijos fuera de matrimonio de Da. Leonor de Guzmán y Don Alfonso XI, Rey de Castilla, fueron los siguientes

1.- Enrique Manuel de Castilla, Conde de Trastámara, luego conocido como Enrique II de Castilla, Rey de Castilla, contrajo nupcias con su sobrina, Da. Juana Manuel de Castilla.
2.- Infante Don Dadrique, Maestre de la Orden de Santiago.
3.- Infante Don Tello, Conde de Vizcaya y Castañeda.
4.- Infante Don Sancho, Conde de Alburquerque.
5.- Infanta Da. Leonor de Castilla.
6.- Don Juan Manuel de Castilla y Guzmán, Infante de Castilla, Señor de Villena y Escalona,conocido como El Escritor, quien contrajo matrimonio con su sobrina Da. Blanca De la Cerda y de Lara (n.1311-m.1347) hija de Don Fernando De la Cerda II y de Da. Juana Núñez de Lara, a su vez era nieta de Don Fernando De la Cerda y Da. Blanca de Francia Capeto, y era bisnieta de Don Alfonso X El Sabio, Rey de Castilla y de León y de Da. Violante de Aragón. La hija de Don Juan Manuel de Castilla y Da. Blanca De la Cerda fue:

Generación No.26

Da. Juana Manuel de Castilla, Señora de Villena, Escalona y Peñafiel (n. 1339 y muere el 27 de Marzo de 1381, en Salamanca, España), contrajo nupcias con Don Enrique II de Castilla Trastámara, Rey de Castilla y Conde de Trastámara (n. 1333, Sevilla), hijo fuera de matrimonio de Don Alfonso XI de Castilla, Rey de Castilla y de León con Da. Leonora de Guzmán. El hijo de ambos en la Generación No.27.

Generación No.27

Los hijos del matrimonio formado por Da. Juana Manuel de Castilla con Don Enrique II de Castilla Trastámara, fueron los siguientes:

1.- Leonor de Castilla
2.- Juana de Castilla
3.- Juan Manuel I de Castilla, Rey de Castilla y León. Nació un 24 de Agosto de 1358 y muere un 9 de Octubre de 1390. Contrajo matrimonio dos veces y tuvo hijos fuera de matrimonio.

Contrajo nupcias, primero, con Da. Eleanor de Aragón, con quien procreara dos hijos que le sucedieron en el trono.

En segundas nupcias con Da. Beatriz de Portugal. Tuvo hijos con Da. Inés de Castañeda Lasso de la Vega, perteneciente a la misma familia real de las casas de Castilla, León y Aragón, ver sus hijos en la siguiente Generación No.28.

Generación No.28
Los hijos de Don Juan Manuel I de Castilla con su esposa Da. Eleanor de Aragón fueron:
1.- Enrique III de Castilla, Rey de Castilla.
2.- Fernando I de Aragón, Rey de Aragón.

El hijo de Don Juan Manuel I de Castilla con Da. Inés de Castañeda Lasso de la Vega, fue:
1.- Sancho Manuel de Castilla, quien contrajo nupcias con Da. Leonor González de Manzanedo, el hijo de ambos en la siguiente Generación No.29.

Generación No.29
El hijo de Sancho Manuel de Castilla con Da. Leonor González de Manzanedo, fue:
1.- Don Juan Sánchez Manuel, quien contrajo nupcias con Da. Uriza Sanz Díez, su hija fue:

Generación No.30
Da. Inés Sánchez Manuel de Villena quien contrajo nupcias con Don Garcí Fernández Villodre, la hija de ambos fue:

Generación No.31
Da. Catalina Sánchez de Villodre y Manuel de Castilla, quien contrajo nupcias con Don Luis Méndez de Sotomayor, el hijo de ambos fue:

Generación No.32
Don Garcí Méndez de Sotomayor, quien contrajo nupcias con Da. María de Figueroa y Messia, el hijo de ambos fue:

Generación No.33
Don Luis Méndez de Sotomayor y Figueroa Messia, quien contrajo nupcias con Da. María de Solier y Fernández de Córdoba hija de Don Martín Fernández de Córdoba y Martínez de Castro y de su esposa Da. Beatriz de Solier. Por el lado de Don Martín Fernández de Córdoba eran descendientes de Don Fernando I, Rey de Castilla y León, por su antepasada Da. Estefanía Alfonso de Castilla casada con Don Fernán Ruíz de Castro. El hijo de ambos fue:

Generación No.34
Don Alfonso FERNáNDEZ de CóRDOBA y MéNDEZ de SOTOMAYOR. Nació en Montilla, Córdoba, España. Testó en la ciudad de Granada, Nicaragua, el 15 de marzo de 1564. Casó con Da. Inés Cerrato y Contreras, hija del Dr. Juan López Cerrato y Da. María de Contreras. El Dr. Juan López Cerrato era natural de Mengabril, Badajoz, España. Cabe mencionar que Da. Inés Cerrato casó en

segundas nupcias con Don Alonso Anguciana de Gamboa, Gobernador de la Provincia de Costa Rica. El hijo de Don Alfonso Fernández y Da. Inés Cerrato fue:

Generación No.35
Don Luis Méndez Sotomayor y Cerrato, fue Capitán Encomendero en Masaya; quien contrajo nupcias con Da. Juana de Vera y HERRERA (cerca de 1566), hija de Diego de Herrera y Da. Juana de Vera y Toro de Ulloa. Don Diego de Herrera era natural de Xeréz de la Frontera, Alcaide de San Lúcar de Barrameda. La familia Vera son descendientes de rey Don Ramiro, y por esa línea son descendientes de Da. Maria de Vera que era nieta catorce del rey Don Ramiro, y que contrajo nupcias con Don Diego Gómez de Mendoza, natural de Guadalajara, España, y que son los padres de Don Pedro de Vera (muere en 1498) casado con Beatriz de Hinojosa. Don Pedro de Vera era natural de Jeréz de la Frontera, España; fue conquistador, gobernador y capitán de las Canarias de 1480 a 1489. La hija de ambos fue:

Generación No.36
Doña Juana de Vera Sotomayor, quien contrajo nupcias con Don García RAMIRO CORAJO, el hijo de ambos fue:

Generación No.37
Don Francisco RAMIRO-CORAJO VERA, quien contrajo nupcias con Da. María RETES PELáEZ VáZQUEZ de CORONADO, la hija de ambos fue

Generación No.38
María Rosa Vázquez de Coronado y Ramiro-Corajo casó con
Pedro José Sáenz Lanini, hijo de Juan Francisco Sáenz Vázquez de Quintanilla y Sendín de Sotomayor (ver Datos Biográficos) y de su esposa Da. Bárbara Lanini Priamo. Su hijo fue:

Generación No.39
Sargento Mayor Manuel Sáenz Vázquez de Coronado casó con Ana Antonia Bonilla Astúa, hija de Alonso de Bonilla Chacón y Juana Benita Calvo Pereira de Astúa. Su hija fue:

Generación No.40
Bárbara Antonia Sáenz Bonilla (ya era viuda de Dn. Manuel Saborío) casó con Cecilio Antonio Romero Parajales, natural de Andalucía, España; hijo de Mateo Romero y Ana Parajales, quienes contrajeron matrimonio en San José, Costa Rica el 24 de Mayo de 1762. Don Mateo Romero era natural de España. La hija de Cecilio Romero y Bárbara Sáenz fue:

Generación No.41
Manuela Casimira Romero Sáenz casó con Mariano Ignacio Montealegre Balmaceda, hijo de Mariano Montealegre, el nombre de la madre no se conoce. Los Montealegre son originarios de Valladolid, España, posteriormente se establecieron en Reino de Murcia. Don Mariano Ignacio Montealegre antes de casar con Da. Manuela Casimira Romero, fue padre de dos hijos, uno con Isidora Rueda, Juan Montealegre Rueda, con descendencia en Guatemala; el otro con Josefa Bustamante, Mariano Montealegre Bustamante con descendencia en Costa Rica. Los hijos de Mariano Ignacio Montealegre Balmaceda y Manuela Casimira Romero Sáenz fueron los siguientes:

Generación No.42
1) Francisco Montealegre Romero, sin descendencia.
2) Cipriana Montealegre Romero casó con Cornelio Ramírez Areas.
3) Rafaela Montealegre Romero casó con Juan Francisco Parajón.
4) Gertrudis Montealegre Romero casó en primeras nupcias con Vicente Solórzano Pérez de Miranda. De este primer matrimonio desciende el presidente Carlos Solórzano Gutiérrez y el candidato inhibido, a la Alcaldia de Managua, Pedro Solórzano.
   En segundas nupcias casó con José del Carmen Salazar Lacayo.
   De este segundo matrimonio descienden Mariano Salazar Montealegre, fusilado por William Walker, y compañero de luchas del Gral. Máximo Jeréz. También desciende Jorge Salazar, asesinado en tiempos apocalípticos del frentismo.
5) Paula Montealegre Romero casó en primeras nupcias con José Manuel Martínez de Sobral. En segundas nupcias con Basilio Zeceña. Sus descendientes se encuentran en Guatemala.
6) Francisca Montealegre Romero casó con Ramón de Sarria y Reyes. De este matrimonio descienden los presidentes Roberto Sacasa Sarria, Juan Bautista Sacasa Sacasa, los hermanos Luis y Anastasio Somoza Debayle, Benjamín Lacayo Sacasa y todos los funcionarios de la administración de Arnoldo Alemán Lacayo, que llevan el apellido Sacasa.
7) Mariano Montealegre Romero casó en primeras nupcias con Carmen Fuentes-Sansón, originaria de León, procrearon solamente un hijo, Mariano Montealegre Fuentes-Sansón, sus restos descansan en la Catedral de León, junto con los de su esposa Dolores Sacasa Sarria, su sobrina, hay extensa descendencia.
   De este matrimonio desciende Federico Argüello Solórzano, S.J.
   En segundas nupcias casó con María Manuela Bárbara Lacayo

Agüero, hija de José Antonio Lacayo Marenco (+23 de Febrero de 1826) y Pilar Agüero López (+ 30 de Enero de 1895).

Los hijos del segundo matrimonio fueron los siguientes:
7a) Manuel Ignacio Montealegre Lacayo cc Natalia Delgado Páiz.
7b) Cipriana Montealegre Lacayo cc José María Gasteazoro Robelo.
7c) Paula Montealegre Lacayo cc Manuel Balladares Terán.
7d) Gertrudis Montealegre Lacayo cc Benjamín Midence.
7e) Carmen Montealegre Lacayo cc Gabriel Dubón Echevers.
7f) Samuel Montealegre Lacayo cc Teresa Seydel Venerio.
7g) Abraham Montealegre Lacayo cc Victoria Callejas Sansón.
7h) Elías Montealegre Lacayo cc Julia Gasteazoro Robelo
7i) Isaac Montealegre Lacayo cc Julia Gasteazoro Robelo, viuda de Elías Montealegre Lacayo, compañero de lucha con el Gral. Máximo Jeréz y Mariano Salazar Montealegre.
7j) Augusto César Montealegre Lacayo cc Isabel Salvatierra Ricarte y Fábrega. Tuvo hijos con Francisca Cigú.
7k) Adán Montealegre Lacayo, sin descendencia.

También crió al hijo del Gral. Francisco Morazán, quien era su amigo, del mismo nombre: Francisco Morazán Moncada quien contrajo nupcias con la dama de El Viejo, Carmen Venerio Gasteazoro, cuyos descendientes casaron con los descendientes de Mariano Montealegre Romero.

Generación No.43

El hijo de Don Augusto C. Montealegre Lacayo y Da. Isabel Salvatierra Ricarte y Fábrega hija de Don Bruno Salvatierra Fábrega y Da. Isabel Ricarte, fue:

Generación No.44

El Dr. Don Augusto César Montealegre Salvatierra, abogado y notario público, quien contrajo nupcias con Da. Maria Cristina Zapata Malliè, maestra, escritora, poetisa, revolucionaria y periodista, los hijos de ambos fueron

Generación No.45

1.- Dra. Maria Augusta Montealegre Zapata contrajo nupcias con Don Tomás Peralta Mazza, natural de El Salvador.
2.- Dr. Noel Salvador Montealegre Zapata contrajo nupcias con Da. Maria Elsa Valle.
3.- Dr. Sergio Mario Montealegre Zapata contrajo nupcias con Da. Connie Alvarez, natural de Estados Unidos de América.
4.- Prof. Ilú Montealegre Zapata contrajo nupcias con el Prof. José Santos Rivera Siles, natural de San Rafael del Norte,

Jinotega, hijo de Don José Santos Rivera Zeledón y de Da. Angela Siles Zelaya.

Generación No.46
Los hijos del matrimonio formado por Da. Ilú Montealegre Zapata y Don José Santos Rivera Siles, son
1.- José Augusto Rivera Montealegre, casado tres veces con descendencia.
2.- Flavio C. Rivera Montealegre contrajo nupcias con Da. Ligia Bermúdez Varela, hija de Don Carlos Bermúdez Lanzas y de Da. Angela Varela Mendiola.
3.- José Santos Rivera Montealegre, casado y con descendencia.
4.- José Eustacio Rivera Montealegre

Generación No.47
Las hijas del matrimonio formado por Flavio C. Rivera Montealegre y Ligia Bermúdez Varela son
1.- Ilú Rivera Bermúdez (n. Septiembre, 1974) cc Arq. Raymond Arbesú
2.- Flavia Rivera Bermúdez (n. Mayo, 1979) cc Shaun Torrente Thompson

Descendientes de Jimino, caudillo godo

DESCENDIENTES DE JIMINO

Investigación realizada
Por Flavio Rivera Montealegre

Jimino o Jimeno de Pamplona o Ximeno "el Fuerte". Personaje que aparece en las crónicas hacia finales del siglo VIII (781 aproximadamente) como magnate o jefe militar de la baja Navarra. Nació aproximadamente en el año 745 y murió probablemente en el año 805. En las crónicas posteriores árabes es identificado como "Mothmin el-Akra",o Máximino Garcea "el Arce" o "del Arga" protector de la zona de Deyo con fortaleza en Monjardín junto al territorio dominado por "Malduthun al-Atlal", o Baldowin de Atalaric y enfrentados contra Abderramán I en su expedición de castigo en el año 779 tras la expedición de Carlomagno. Crónicas francas espurias informan sobre la campaña del rey franco en tierras altas del Ebro camino a Zaragoza, y en concreto del asedio y toma de la plaza fuerte de Pamplona para cubrir la retaguardia, entre ellos la captura o toma de rehenes de un posible hermano de éste, el caudillo hispano-vascón Furio o Fortunio, durante su ocupación. Tuvo dos hijos, Íñigo Jiménez y García Jiménez. Se le considera iniciador de la dinastía Jimena.

Generation No. 1

1. JIMINO[1]

Child of JIMINO is:
2. i. GARCÍA[2] JIMÉNEZ.

Generation No. 2

2. GARCÍA[2] JIMÉNEZ *(JIMINO[1])*

Child of GARCÍA JIMÉNEZ is:
3. i. JIMENA[3] GARCÍA.

Generation No. 3

3. JIMENA[3] GARCÍA *(GARCÍA[2] JIMÉNEZ, JIMINO[1])*

Child of JIMENA GARCÍA is:
4. i. GARCÍA[4]JIMÉNEZ, PRÍNCIPE DE NAVARRA.

Generation No. 4

4. GARCÍA[4]JIMÉNEZ, PRÍNCIPE DE NAVARRA *(JIMENA[3] GARCÍA, GARCÍA[2] JIMÉNEZ, JIMINO[1])*

Child of GARCÍAJIMÉNEZ, PRÍNCIPE DE NAVARRA is:
5. i. SANCHO I[5]GARCÉS, REY DE PAMPLONA, b. 865; d. December 11, 925.

Generation No. 5

5. SANCHO I[5]GARCÉS, REY DE PAMPLONA *(GARCÍA[4]JIMÉNEZ, PRÍNCIPE DE NAVARRA, JIMENA[3] GARCÍA, GARCÍA[2] JIMÉNEZ, JIMINO[1])* was born 865, and died December 11, 925. He married URRACA ANZÁREZ DE ARAGÓN.

Child of SANCHO GARCÉS, REY DE PAMPLONA and URRACA ANZÁREZ DE ARAGÓN is:
6. i. GARCÍA I[6]SÁNCHEZ, REY DE PAMPLONA, b. 919; d. 970.

Generation No. 6

6. GARCÍA I[6]SÁNCHEZ, REY DE PAMPLONA *(SANCHO I[5]GARCÉS, REY DE PAMPLONA, GARCÍA[4]JIMÉNEZ, PRÍNCIPE DE NAVARRA, JIMENA[3] GARCÍA, GARCÍA[2] JIMÉNEZ, JIMINO[1])* was born 919, and died 970. He married ANDREGOTOGALINDEZ, CDSA. DE ARAGÓN.

Notes for ANDREGOTOGALINDEZ, CDSA. DE ARAGÓN:
Da. Andregoto Galindez, Condesa de Aragón, es hija de Galindo II Aznárez, Conde de Aragón, y de su esposa Da. Sancha Garcés.

Child of GARCÍA SÁNCHEZ, REY DE PAMPLONA and ANDREGOTO GALINDEZ, CDSA. DE ARAGÓN is:
7. i. SANCHO II[7]GARCÉS ABARCA, REY DE PAMPLONA, b. 935; d. December 994.

Generation No. 7

7. SANCHO II[7]GARCÉS ABARCA, REY DE PAMPLONA *(GARCÍA I[6]SÁNCHEZ, REY DE PAMPLONA, SANCHO I[5]GARCÉS, REY DE PAMPLONA, GARCÍA[4]JIMÉNEZ, PRÍNCIPE DE NAVARRA, JIMENA[3] GARCÍA, GARCÍA[2] JIMÉNEZ, JIMINO[1])* was born 935, and died December 994. He married URRACA DE CASTILLA.

Notes for URRACA DE CASTILLA:
Da. Urraca de Castilla es hija de Don Fernán González, Conde de Lara, y de su esposa Da. Sancha de Pamplona.

Child of SANCHO GARCÉS ABARCA, REY DE PAMPLONA and URRACA DE CASTILLA is:
8. i. GARCÍA II[8]SÁNCHEZ, REY DE PAMPLONA, EL TEMBLÓN, b. 964; d. 1004.

Generation No. 8

8. GARCÍA II[8]SÁNCHEZ, REY DE PAMPLONA, EL TEMBLÓN *(SANCHO II[7]GARCÉS ABARCA, REY DE PAMPLONA, GARCÍA I[6]SÁNCHEZ, REY DE PAMPLONA, SANCHO I[5]GARCÉS, REY DE PAMPLONA, GARCÍA[4]JIMÉNEZ, PRÍNCIPE DE NAVARRA, JIMENA[3] GARCÍA, GARCÍA[2] JIMÉNEZ, JIMINO[1])* was born 964, and died 1004. He married JIMENA FERNÁNDEZ, daughter of FERNANDO BERMÚDEZ, CONDE DE BERMÚDEZ and ELVIRA.

Child of GARCÍA SÁNCHEZ, REY DE PAMPLONA, EL TEMBLÓN and JIMENA FERNÁNDEZ is:
9. i. SANCHO III[9]GARCÉS "EL GRANDE", REY DE PAMPLONA, b. 991.

Generation No. 9

9. SANCHO III[9]GARCÉS "EL GRANDE", REY DE PAMPLONA *(GARCÍA II[8]SÁNCHEZ, REY DE*

PAMPLONA, EL TEMBLÓN, SANCHO II[7]GARCÉS ABARCA, REY DE PAMPLONA, GARCÍA I[6]SÁNCHEZ, REY DE PAMPLONA, SANCHO I[5]GARCÉS, REY DE PAMPLONA, GARCÍA[4]JIMÉNEZ, PRÍNCIPE DE NAVARRA, JIMENA[3] GARCÍA, GARCÍA[2] JIMÉNEZ, JIMINO[1]) was born 991. He married SANCHA DE AYBAR.

Child of SANCHO GARCÉS "EL GRANDE", REY DE PAMPLONA and SANCHA DE AYBAR is:
10. i. RAMIRO I[10]SÁNCHEZ, REY DE ARAGÓN, b. 1035; d. 1069, Barbarosa, Reino de Aragón.

Generation No. 10

10. RAMIRO I[10]SÁNCHEZ, REY DE ARAGÓN *(SANCHO III[9]GARCÉS "EL GRANDE", REY DE PAMPLONA, GARCÍA II[8]SÁNCHEZ, REY DE PAMPLONA, EL TEMBLÓN, SANCHO II[7]GARCÉS ABARCA, REY DE PAMPLONA, GARCÍA I[6]SÁNCHEZ, REY DE PAMPLONA, SANCHO I[5]GARCÉS, REY DE PAMPLONA, GARCÍA[4]JIMÉNEZ, PRÍNCIPE DE NAVARRA, JIMENA[3] GARCÍA, GARCÍA[2] JIMÉNEZ, JIMINO[1])* was born 1035, and died 1069 in Barbarosa, Reino de Aragón. He married GILBERGA HERMESENDA ROGER.

Child of RAMIRO SÁNCHEZ, REY DE ARAGÓN and GILBERGA ROGER is:
11. i. SANCHO V[11]RAMÍREZ, REY DE ARAGÓN, b. 1042; d. June 04, 1094, Huesca, Reino de Aragón.

Generation No. 11

11. SANCHO V[11]RAMÍREZ, REY DE ARAGÓN *(RAMIRO I[10]SÁNCHEZ, REY DE ARAGÓN, SANCHO III[9]GARCÉS "EL GRANDE", REY DE PAMPLONA, GARCÍA II[8]SÁNCHEZ, REY DE PAMPLONA, EL TEMBLÓN, SANCHO II[7]GARCÉS ABARCA, REY DE PAMPLONA, GARCÍA I[6]SÁNCHEZ, REY DE PAMPLONA, SANCHO I[5]GARCÉS, REY DE PAMPLONA, GARCÍA[4]JIMÉNEZ, PRÍNCIPE DE NAVARRA, JIMENA[3] GARCÍA, GARCÍA[2] JIMÉNEZ, JIMINO[1])* was born 1042, and died June 04, 1094 in Huesca, Reino de Aragón. He married ISABEL DE URGEL.

Child of SANCHO RAMÍREZ, REY DE ARAGÓN and ISABEL DE URGEL is:
12. i. RAMIRO II[12]SÁNCHEZ, REY DE ARAGÓN, b. 1075; d. August 16, 1157, Huesca, Reino de Aragón.

Generation No. 12

12. RAMIRO II[12]SÁNCHEZ, REY DE ARAGÓN *(SANCHO V[11]RAMÍREZ, REY DE ARAGÓN, RAMIRO I[10]SÁNCHEZ, REY DE ARAGÓN, SANCHO III[9]GARCÉS "EL GRANDE", REY DE PAMPLONA, GARCÍA II[8]SÁNCHEZ, REY DE PAMPLONA, EL TEMBLÓN, SANCHO II[7]GARCÉS ABARCA, REY DE PAMPLONA, GARCÍA I[6]SÁNCHEZ, REY DE PAMPLONA, SANCHO I[5]GARCÉS, REY DE PAMPLONA, GARCÍA[4]JIMÉNEZ, PRÍNCIPE DE NAVARRA, JIMENA[3] GARCÍA, GARCÍA[2] JIMÉNEZ, JIMINO[1])* was born 1075, and died August 16, 1157 in Huesca, Reino de Aragón. He married AGNES DE AQUITANIA, daughter of WILLIAM IXDE AQUITANIA, DUQUE DE AQUITANIA.

Child of RAMIRO SÁNCHEZ, REY DE ARAGÓN and AGNES DE AQUITANIA is:
13. i. PETRONILA[13]DE ARAGÓN, REINA DE ARAGÓN, b. 1135; d. October 17, 1174, Barcelona, España.

Generation No. 13

13. PETRONILA[13]DE ARAGÓN, REINA DE ARAGÓN *(RAMIRO II[12]SÁNCHEZ, REY DE ARAGÓN, SANCHO V[11]RAMÍREZ, REY DE ARAGÓN, RAMIRO I[10]SÁNCHEZ, REY DE ARAGÓN, SANCHO III[9]GARCÉS "EL GRANDE", REY DE PAMPLONA, GARCÍA II[8]SÁNCHEZ, REY DE PAMPLONA, EL*

TEMBLÓN, SANCHO II^{7}GARCÉS ABARCA, REY DE PAMPLONA, GARCÍA I^{6}SÁNCHEZ, REY DE PAMPLONA, SANCHO I^{5}GARCÉS, REY DE PAMPLONA, GARCÍA^{4}JIMÉNEZ, PRÍNCIPE DE NAVARRA, JIMENA^{3} GARCÍA, GARCÍA^{2} JIMÉNEZ, JIMINO^{1}) was born 1135, and died October 17, 1174 in Barcelona, España. She married RAMÓN BERENGUER IV DE BARCELONA.

Child of PETRONILA DE ARAGÓN, REINA DE ARAGÓN and RAMÓN BERENGUER IV DE BARCELONA is:
14. i. ALFONSO II^{14} REY DE ARAGÓN Y 1RO. DE CATALUÑA, b. May 1154; d. 1196.

Generation No. 14

14. ALFONSO II^{14} REY DE ARAGÓN Y 1RO. DE CATALUÑA *(PETRONILA^{13}DE ARAGÓN, REINA DE ARAGÓN, RAMIRO II^{12}SÁNCHEZ, REY DE ARAGÓN, SANCHO V^{11}RAMÍREZ, REY DE ARAGÓN, RAMIRO I^{10}SÁNCHEZ, REY DE ARAGÓN, SANCHO III^{9}GARCÉS "EL GRANDE", REY DE PAMPLONA, GARCÍA II^{8}SÁNCHEZ, REY DE PAMPLONA, EL TEMBLÓN, SANCHO II^{7}GARCÉS ABARCA, REY DE PAMPLONA, GARCÍA I^{6}SÁNCHEZ, REY DE PAMPLONA, SANCHO I^{5}GARCÉS, REY DE PAMPLONA, GARCÍA^{4}JIMÉNEZ, PRÍNCIPE DE NAVARRA, JIMENA^{3} GARCÍA, GARCÍA^{2} JIMÉNEZ, JIMINO^{1})* was born May 1154, and died 1196. He married SANCHA DE CASTILLA, daughter of ALFONSO REY DE CASTILLA Y LEÓNEL EMPERADOR and RICHEZA DE POLONIA. She was born September 21, 1164.

Children of ALFONSO REY DE ARAGÓN Y 1RO. DE CATALUÑA and SANCHA DE CASTILLA are:
15. i. PEDRO II^{15}DE ARAGÓN, "EL CATÓLICO" REY DE ARAGÓN, b. 1177; d. 1213.
ii. SANCHO CONDE DE ROSELLÓN.

Generation No. 15

15. PEDRO II^{15}DE ARAGÓN, "EL CATÓLICO" REY DE ARAGÓN *(ALFONSO II^{14} REY DE ARAGÓN Y 1RO. DE CATALUÑA, PETRONILA^{13}DE ARAGÓN, REINA DE ARAGÓN, RAMIRO II^{12}SÁNCHEZ, REY DE ARAGÓN, SANCHO V^{11}RAMÍREZ, REY DE ARAGÓN, RAMIRO I^{10}SÁNCHEZ, REY DE ARAGÓN, SANCHO III^{9}GARCÉS "EL GRANDE", REY DE PAMPLONA, GARCÍA II^{8}SÁNCHEZ, REY DE PAMPLONA, EL TEMBLÓN, SANCHO II^{7}GARCÉS ABARCA, REY DE PAMPLONA, GARCÍA I^{6}SÁNCHEZ, REY DE PAMPLONA, SANCHO I^{5}GARCÉS, REY DE PAMPLONA, GARCÍA^{4}JIMÉNEZ, PRÍNCIPE DE NAVARRA, JIMENA^{3} GARCÍA, GARCÍA^{2} JIMÉNEZ, JIMINO^{1})* was born 1177, and died 1213. He married MARÍA DE MONTPELLIER.

Child of PEDRO DE ARAGÓN, "EL CATÓLICO" REY DE ARAGÓN and MARÍA DE MONTPELLIER is:
16. i. JAIME I^{16} "EL CONQUISTADOR" REY DE ARAGÓN.

Generation No. 16

16. JAIME I^{16} "EL CONQUISTADOR" REY DE ARAGÓN *(PEDRO II^{15}DE ARAGÓN, "EL CATÓLICO" REY DE ARAGÓN, ALFONSO II^{14} REY DE ARAGÓN Y 1RO. DE CATALUÑA, PETRONILA^{13}DE ARAGÓN, REINA DE ARAGÓN, RAMIRO II^{12}SÁNCHEZ, REY DE ARAGÓN, SANCHO V^{11}RAMÍREZ, REY DE ARAGÓN, RAMIRO I^{10}SÁNCHEZ, REY DE ARAGÓN, SANCHO III^{9}GARCÉS "EL GRANDE", REY DE PAMPLONA, GARCÍA II^{8}SÁNCHEZ, REY DE PAMPLONA, EL TEMBLÓN, SANCHO II^{7}GARCÉS ABARCA, REY DE PAMPLONA, GARCÍA I^{6}SÁNCHEZ, REY DE PAMPLONA, SANCHO I^{5}GARCÉS, REY DE PAMPLONA, GARCÍA^{4}JIMÉNEZ, PRÍNCIPE DE NAVARRA, JIMENA^{3} GARCÍA, GARCÍA^{2} JIMÉNEZ, JIMINO^{1})* He married (1) VIOLANTE DE HUNGRÍA. He met (2) TERESA GIL DE VIDAURRE. He married (3) LEONOR DE CASTILLA.

Notes for JAIME I "EL CONQUISTADOR" REY DE ARAGÓN:

Don Jaime I de Aragón, Rey de Aragón, conocido en la historia como "el Conquistador". Era príncipe de Cataluña, Rey de Valencia.

Child of JAIME "EL CONQUISTADOR" REY DE ARAGÓN and VIOLANTE DE HUNGRÍA is:
17. i. VIOLANTE[17] DE ARAGÓN.

Child of JAIME "EL CONQUISTADOR" REY DE ARAGÓN and TERESA GIL DE VIDAURRE is:
18. ii. JAIME I[17] DE ARAGÓN-XÉRICA, REY DE ARAGÓN-X.

Child of JAIME "EL CONQUISTADOR" REY DE ARAGÓN and LEONOR DE CASTILLA is:
iii. ALFONSO[17] DE ARAGÓN.

Generation No. 17

17. VIOLANTE[17] DE ARAGÓN *(JAIME I[16] "EL CONQUISTADOR" REY DE ARAGÓN, PEDRO II[15] DE ARAGÓN, "EL CATÓLICO" REY DE ARAGÓN, ALFONSO II[14] REY DE ARAGÓN Y 1RO. DE CATALUÑA, PETRONILA[13] DE ARAGÓN, REINA DE ARAGÓN, RAMIRO II[12] SÁNCHEZ, REY DE ARAGÓN, SANCHO V[11] RAMÍREZ, REY DE ARAGÓN, RAMIRO I[10] SÁNCHEZ, REY DE ARAGÓN, SANCHO III[9] GARCÉS "EL GRANDE", REY DE PAMPLONA, GARCÍA II[8] SÁNCHEZ, REY DE PAMPLONA, EL TEMBLÓN, SANCHO II[7] GARCÉS ABARCA, REY DE PAMPLONA, GARCÍA I[6] SÁNCHEZ, REY DE PAMPLONA, SANCHO I[5] GARCÉS, REY DE PAMPLONA, GARCÍA[4] JIMÉNEZ, PRÍNCIPE DE NAVARRA, JIMENA[3] GARCÍA, GARCÍA[2] JIMÉNEZ, JIMINO[1])* She married ALFONSO X "EL SABIO"DE CASTILLA, R DE CASTILLA, son of FERNANDO DE CASTILLA Y LEÓN and BEATRICE VON HOHENSTAUFFEN. He was born November 23, 1221.

Child of VIOLANTE DE ARAGÓN and ALFONSO DE CASTILLA, R DE CASTILLA is:
19. i. FERNANDO[18] DE LA CERDA, b. 1255.

18. JAIME I[17] DE ARAGÓN-XÉRICA, REY DE ARAGÓN-X *(JAIME I[16] "EL CONQUISTADOR" REY DE ARAGÓN, PEDRO II[15] DE ARAGÓN, "EL CATÓLICO" REY DE ARAGÓN, ALFONSO II[14] REY DE ARAGÓN Y 1RO. DE CATALUÑA, PETRONILA[13] DE ARAGÓN, REINA DE ARAGÓN, RAMIRO II[12] SÁNCHEZ, REY DE ARAGÓN, SANCHO V[11] RAMÍREZ, REY DE ARAGÓN, RAMIRO I[10] SÁNCHEZ, REY DE ARAGÓN, SANCHO III[9] GARCÉS "EL GRANDE", REY DE PAMPLONA, GARCÍA II[8] SÁNCHEZ, REY DE PAMPLONA, EL TEMBLÓN, SANCHO II[7] GARCÉS ABARCA, REY DE PAMPLONA, GARCÍA I[6] SÁNCHEZ, REY DE PAMPLONA, SANCHO I[5] GARCÉS, REY DE PAMPLONA, GARCÍA[4] JIMÉNEZ, PRÍNCIPE DE NAVARRA, JIMENA[3] GARCÍA, GARCÍA[2] JIMÉNEZ, JIMINO[1])* He married ELSA ALVAREZ DE ASAGRA, daughter of ALVARO PÉREZ DE ASAGRA and INÉS DE NAVARRA.

Child of JAIME DE ARAGÓN-XÉRICA, REY DE ARAGÓN-X and ELSA ALVAREZ DE ASAGRA is:
20. i. JAIME II[18] DE ARAGÓN-XÉRICA, REY DE ARAGÓN-X.

Generation No. 18

19. FERNANDO[18] DE LA CERDA *(VIOLANTE[17] DE ARAGÓN, JAIME I[16] "EL CONQUISTADOR" REY DE ARAGÓN, PEDRO II[15] DE ARAGÓN, "EL CATÓLICO" REY DE ARAGÓN, ALFONSO II[14] REY DE ARAGÓN Y 1RO. DE CATALUÑA, PETRONILA[13] DE ARAGÓN, REINA DE ARAGÓN, RAMIRO II[12] SÁNCHEZ, REY DE ARAGÓN, SANCHO V[11] RAMÍREZ, REY DE ARAGÓN, RAMIRO I[10] SÁNCHEZ, REY DE ARAGÓN, SANCHO III[9] GARCÉS "EL GRANDE", REY DE PAMPLONA, GARCÍA II[8] SÁNCHEZ, REY DE PAMPLONA, EL TEMBLÓN, SANCHO II[7] GARCÉS ABARCA, REY DE PAMPLONA, GARCÍA I[6] SÁNCHEZ, REY DE PAMPLONA, SANCHO I[5] GARCÉS, REY DE PAMPLONA, GARCÍA[4] JIMÉNEZ, PRÍNCIPE DE NAVARRA, JIMENA[3] GARCÍA, GARCÍA[2] JIMÉNEZ, JIMINO[1])* was born 1255. He married BLANCHE CAPETO DE FRANCIA, daughter of LUIS CAPETO, REY DE FRANCIA and MARGARITA BERENGUER DE PROVENZA. She was born 1253, and died 1321.

Children of FERNANDO DE LA CERDA and BLANCHE CAPETO DE FRANCIA are:
21. i. FERNANDO[19] DE LA CERDA II, b. 1272.
22. ii. ALFONSO DE LA CERDA, b. 1270.
iii. ELEANOR DE CASTILLA, m. ALFONSO III "EL LIBERAL".

20. JAIME II[18]DE ARAGÓN-XÉRICA, REY DE ARAGÓN-X *(JAIME I[17], JAIME I[16] "EL CONQUISTADOR" REY DE ARAGÓN, PEDRO II[15]DE ARAGÓN, "EL CATÓLICO" REY DE ARAGÓN, ALFONSO II[14] REY DE ARAGÓN Y 1RO. DE CATALUÑA, PETRONILA[13]DE ARAGÓN, REINA DE ARAGÓN, RAMIRO II[12]SÁNCHEZ, REY DE ARAGÓN, SANCHO V[11]RAMÍREZ, REY DE ARAGÓN, RAMIRO I[10]SÁNCHEZ, REY DE ARAGÓN, SANCHO III[9]GARCÉS "EL GRANDE", REY DE PAMPLONA, GARCÍA II[8]SÁNCHEZ, REY DE PAMPLONA, EL TEMBLÓN, SANCHO II[7]GARCÉS ABARCA, REY DE PAMPLONA, GARCÍA I[6]SÁNCHEZ, REY DE PAMPLONA, SANCHO I[5]GARCÉS, REY DE PAMPLONA, GARCÍA[4]JIMÉNEZ, PRÍNCIPE DE NAVARRA, JIMENA[3] GARCÍA, GARCÍA[2] JIMÉNEZ, JIMINO[1])* He married BEATRIZ LAURIA.

Child of JAIME DE ARAGÓN-XÉRICA, REY DE ARAGÓN-X and BEATRIZ LAURIA is:
23. i. BEATRIZ[19]DE ARAGÓN-XÉRICA, INFANTA DE ARAGÓN-X.

Generation No. 19

21. FERNANDO[19] DE LA CERDA II *(FERNANDO[18] DE LA CERDA, VIOLANTE[17] DE ARAGÓN, JAIME I[16] "EL CONQUISTADOR" REY DE ARAGÓN, PEDRO II[15]DE ARAGÓN, "EL CATÓLICO" REY DE ARAGÓN, ALFONSO II[14] REY DE ARAGÓN Y 1RO. DE CATALUÑA, PETRONILA[13]DE ARAGÓN, REINA DE ARAGÓN, RAMIRO II[12]SÁNCHEZ, REY DE ARAGÓN, SANCHO V[11]RAMÍREZ, REY DE ARAGÓN, RAMIRO I[10]SÁNCHEZ, REY DE ARAGÓN, SANCHO III[9]GARCÉS "EL GRANDE", REY DE PAMPLONA, GARCÍA II[8]SÁNCHEZ, REY DE PAMPLONA, EL TEMBLÓN, SANCHO II[7]GARCÉS ABARCA, REY DE PAMPLONA, GARCÍA I[6]SÁNCHEZ, REY DE PAMPLONA, SANCHO I[5]GARCÉS, REY DE PAMPLONA, GARCÍA[4]JIMÉNEZ, PRÍNCIPE DE NAVARRA, JIMENA[3] GARCÍA, GARCÍA[2] JIMÉNEZ, JIMINO[1])* was born 1272. He married JUANA NÚÑEZ DE LARA Y HARO. She was born 1285.

Children of FERNANDO DE LA CERDA II and JUANA NÚÑEZ DE LARA Y HARO are:
24. i. BLANCA[20] DE LA CERDA, b. 1311.
ii. MARGARITA DE LA CERDA, b. 1312.
iii. JUANA NÚÑEZ DE LARA Y DE LA CERDA, b. 1314.
iv. MARÍA DE LA CERDA, b. 1315.

22. ALFONSO[19] DE LA CERDA *(FERNANDO[18], VIOLANTE[17] DE ARAGÓN, JAIME I[16] "EL CONQUISTADOR" REY DE ARAGÓN, PEDRO II[15]DE ARAGÓN, "EL CATÓLICO" REY DE ARAGÓN, ALFONSO II[14] REY DE ARAGÓN Y 1RO. DE CATALUÑA, PETRONILA[13]DE ARAGÓN, REINA DE ARAGÓN, RAMIRO II[12]SÁNCHEZ, REY DE ARAGÓN, SANCHO V[11]RAMÍREZ, REY DE ARAGÓN, RAMIRO I[10]SÁNCHEZ, REY DE ARAGÓN, SANCHO III[9]GARCÉS "EL GRANDE", REY DE PAMPLONA, GARCÍA II[8]SÁNCHEZ, REY DE PAMPLONA, EL TEMBLÓN, SANCHO II[7]GARCÉS ABARCA, REY DE PAMPLONA, GARCÍA I[6]SÁNCHEZ, REY DE PAMPLONA, SANCHO I[5]GARCÉS, REY DE PAMPLONA, GARCÍA[4]JIMÉNEZ, PRÍNCIPE DE NAVARRA, JIMENA[3] GARCÍA, GARCÍA[2] JIMÉNEZ, JIMINO[1])* was born 1270. He married MAFALDA DE NARBONNE.

Child of ALFONSO DE LA CERDA and MAFALDA DE NARBONNE is:
25. i. LUIS[20] DE LA CERDA Y NARBONNE, b. 1296; d. 1348.

23. BEATRIZ[19]DE ARAGÓN-XÉRICA, INFANTA DE ARAGÓN-X *(JAIME II[18]DE ARAGÓN-XÉRICA, REY DE ARAGÓN-X, JAIME I[17], JAIME I[16] "EL CONQUISTADOR" REY DE ARAGÓN, PEDRO II[15]DE ARAGÓN, "EL CATÓLICO" REY DE ARAGÓN, ALFONSO II[14] REY DE ARAGÓN Y 1RO. DE CATALUÑA, PETRONILA[13]DE ARAGÓN, REINA DE ARAGÓN, RAMIRO II[12]SÁNCHEZ, REY DE ARAGÓN, SANCHO V[11]RAMÍREZ, REY DE ARAGÓN, RAMIRO I[10]SÁNCHEZ, REY DE ARAGÓN, SANCHO III[9]GARCÉS "EL GRANDE", REY DE PAMPLONA, GARCÍA II[8]SÁNCHEZ, REY DE*

PAMPLONA, EL TEMBLÓN, SANCHO II[7]GARCÉS ABARCA, REY DE PAMPLONA, GARCÍA I[6]SÁNCHEZ, REY DE PAMPLONA, SANCHO I[5]GARCÉS, REY DE PAMPLONA, GARCÍA[4]JIMÉNEZ, PRÍNCIPE DE NAVARRA, JIMENA[3] GARCÍA, GARCÍA[2] JIMÉNEZ, JIMINO[1]) She married PEDRO PONCE DE LEÓN, son of FERNÁN PONCE DE LEÓN and ISABEL DE GUZMÁN Y CORONEL.

Notes for PEDRO PONCE DE LEÓN:
Don Pedro Ponce de León es hijo de Don Fernán Ponce de León y Da. Isabel de Guzmán y Coronel; es nieto de Fernán Pérez Ponce de León (muerto en 1293) y de Da. Urraca Gutiérrez de Meneses; es bisnieto de Don Pedro Ponce de Cabrera (muerto en 1202) y de Da. Aldonza Alfonso de León, infanta de León, hija de Alfonso IX de León, Rey de León, y de su esposa Da. Aldonza Martínez de Silva; es tataranieto de el Conde Don Pedro Velaz de Cabrera y Da. Teresa de Guzmán.

Child of BEATRIZ DE ARAGÓN-XÉRICA, INFANTA DE ARAGÓN-X and PEDRO PONCE DE LEÓN is:
26. i. PEDRO[20] PONCE DE LEÓN Y ARAGÓN-XÉRICA.

Generation No. 20

24. BLANCA[20] DE LA CERDA *(FERNANDO[19] DE LA CERDA II, FERNANDO[18] DE LA CERDA, VIOLANTE[17] DE ARAGÓN, JAIME I[16] "EL CONQUISTADOR" REY DE ARAGÓN, PEDRO II[15]DE ARAGÓN, "EL CATÓLICO" REY DE ARAGÓN, ALFONSO II[14] REY DE ARAGÓN Y 1RO. DE CATALUÑA, PETRONILA[13]DE ARAGÓN, REINA DE ARAGÓN, RAMIRO II[12]SÁNCHEZ, REY DE ARAGÓN, SANCHO V[11]RAMÍREZ, REY DE ARAGÓN, RAMIRO I[10]SÁNCHEZ, REY DE ARAGÓN, SANCHO III[9]GARCÉS "EL GRANDE", REY DE PAMPLONA, GARCÍA II[8]SÁNCHEZ, REY DE PAMPLONA, EL TEMBLÓN, SANCHO II[7]GARCÉS ABARCA, REY DE PAMPLONA, GARCÍA I[6]SÁNCHEZ, REY DE PAMPLONA, SANCHO I[5]GARCÉS, REY DE PAMPLONA, GARCÍA[4]JIMÉNEZ, PRÍNCIPE DE NAVARRA, JIMENA[3] GARCÍA, GARCÍA[2] JIMÉNEZ, JIMINO[1])* was born 1311. She married JUAN MANUEL "EL ESCRITOR" DE CASTILLA.

Notes for JUAN MANUEL "EL ESCRITOR" DE CASTILLA:
Don Juan Manuel de Castilla, "El Escritor", era Infante de Castilla y Señor de Villena, Peñafiel y Escalona.

Child of BLANCA DE LA CERDA and JUAN MANUEL "EL ESCRITOR" DE CASTILLA is:
27. i. JUANA[21] MANUEL DE CASTILLA, b. 1339; d. 1381.

25. LUIS[20] DE LA CERDA Y NARBONNE *(ALFONSO[19] DE LA CERDA, FERNANDO[18], VIOLANTE[17] DE ARAGÓN, JAIME I[16] "EL CONQUISTADOR" REY DE ARAGÓN, PEDRO II[15]DE ARAGÓN, "EL CATÓLICO" REY DE ARAGÓN, ALFONSO II[14] REY DE ARAGÓN Y 1RO. DE CATALUÑA, PETRONILA[13]DE ARAGÓN, REINA DE ARAGÓN, RAMIRO II[12]SÁNCHEZ, REY DE ARAGÓN, SANCHO V[11]RAMÍREZ, REY DE ARAGÓN, RAMIRO I[10]SÁNCHEZ, REY DE ARAGÓN, SANCHO III[9]GARCÉS "EL GRANDE", REY DE PAMPLONA, GARCÍA II[8]SÁNCHEZ, REY DE PAMPLONA, EL TEMBLÓN, SANCHO II[7]GARCÉS ABARCA, REY DE PAMPLONA, GARCÍA I[6]SÁNCHEZ, REY DE PAMPLONA, SANCHO I[5]GARCÉS, REY DE PAMPLONA, GARCÍA[4]JIMÉNEZ, PRÍNCIPE DE NAVARRA, JIMENA[3] GARCÍA, GARCÍA[2] JIMÉNEZ, JIMINO[1])* was born 1296, and died 1348. He married LEONORA DE GUZMÁN.

Children of LUIS DE LA CERDA Y NARBONNE and LEONORA DE GUZMÁN are:
i. ALFONSO[21] DE LA CERDA Y GUZMÁN.
ii. LUIS DE LA CERDA Y GUZMÁN.
iii. FERNANDO DE LA CERDA Y GUZMÁN.
iv. JUAN DE LA CERDA Y GUZMÁN.
v. MARÍA DE LA CERDA Y GUZMÁN.
vi. BLANCA DE LA CERDA Y GUZMÁN.
vii. ISABEL DE LA CERDA Y GUZMÁN.

26. PEDRO[20] PONCE DE LEÓN Y ARAGÓN-XÉRICA *(BEATRIZ[19] DE ARAGÓN-XÉRICA, INFANTA DE ARAGÓN-X, JAIME II[18] DE ARAGÓN-XÉRICA, REY DE ARAGÓN-X, JAIME I[17], JAIME I[16] "EL CONQUISTADOR" REY DE ARAGÓN, PEDRO II[15] DE ARAGÓN, "EL CATÓLICO" REY DE ARAGÓN, ALFONSO II[14] REY DE ARAGÓN Y 1RO. DE CATALUÑA, PETRONILA[13] DE ARAGÓN, REINA DE ARAGÓN, RAMIRO II[12] SÁNCHEZ, REY DE ARAGÓN, SANCHO V[11] RAMÍREZ, REY DE ARAGÓN, RAMIRO I[10] SÁNCHEZ, REY DE ARAGÓN, SANCHO III[9] GARCÉS "EL GRANDE", REY DE PAMPLONA, GARCÍA II[8] SÁNCHEZ, REY DE PAMPLONA, EL TEMBLÓN, SANCHO II[7] GARCÉS ABARCA, REY DE PAMPLONA, GARCÍA I[6] SÁNCHEZ, REY DE PAMPLONA, SANCHO I[5] GARCÉS, REY DE PAMPLONA, GARCÍA[4] JIMÉNEZ, PRÍNCIPE DE NAVARRA, JIMENA[3] GARCÍA, GARCÍA[2] JIMÉNEZ, JIMINO[1])* He married SANCHA DE HARO, daughter of JUAN RUÍZ DE BAEZA and TERESA DE HARO.

Child of PEDRO PONCE DE LEÓN Y ARAGÓN-XÉRICA and SANCHA DE HARO is:
28. i. PEDRO[21] PONCE DE LEÓN Y DE HARO.

Generation No. 21

27. JUANA[21] MANUEL DE CASTILLA *(BLANCA[20] DE LA CERDA, FERNANDO[19] DE LA CERDA II, FERNANDO[18] DE LA CERDA, VIOLANTE[17] DE ARAGÓN, JAIME I[16] "EL CONQUISTADOR" REY DE ARAGÓN, PEDRO II[15] DE ARAGÓN, "EL CATÓLICO" REY DE ARAGÓN, ALFONSO II[14] REY DE ARAGÓN Y 1RO. DE CATALUÑA, PETRONILA[13] DE ARAGÓN, REINA DE ARAGÓN, RAMIRO II[12] SÁNCHEZ, REY DE ARAGÓN, SANCHO V[11] RAMÍREZ, REY DE ARAGÓN, RAMIRO I[10] SÁNCHEZ, REY DE ARAGÓN, SANCHO III[9] GARCÉS "EL GRANDE", REY DE PAMPLONA, GARCÍA II[8] SÁNCHEZ, REY DE PAMPLONA, EL TEMBLÓN, SANCHO II[7] GARCÉS ABARCA, REY DE PAMPLONA, GARCÍA I[6] SÁNCHEZ, REY DE PAMPLONA, SANCHO I[5] GARCÉS, REY DE PAMPLONA, GARCÍA[4] JIMÉNEZ, PRÍNCIPE DE NAVARRA, JIMENA[3] GARCÍA, GARCÍA[2] JIMÉNEZ, JIMINO[1])* was born 1339, and died 1381. She married ENRIQUE II DE CASTILLA TRASTÁMARA.

Notes for JUANA MANUEL DE CASTILLA:
Doña Juana Manuel de Castilla, Señora de Villena, era prima en tercer grado de su esposo, el rey de Castilla, Enrique II de Castilla Trastámara.

Notes for ENRIQUE II DE CASTILLA TRASTÁMARA:
Don Enrique II de Castilla Trastámara, fue Rey de Castilla. Fue hijo fuera de matrimonio de Alfonso XI, Rey de Castilla, con Da. Leonor de Guzmán.

Child of JUANA MANUEL DE CASTILLA and ENRIQUE DE CASTILLA TRASTÁMARA is:
29. i. JUAN I[22] MANUEL DE CASTILLA, REY DE CASTILLA LEÓN.

28. PEDRO[21] PONCE DE LEÓN Y DE HARO *(PEDRO[20] PONCE DE LEÓN Y ARAGÓN-XÉRICA, BEATRIZ[19] DE ARAGÓN-XÉRICA, INFANTA DE ARAGÓN-X, JAIME II[18] DE ARAGÓN-XÉRICA, REY DE ARAGÓN-X, JAIME I[17], JAIME I[16] "EL CONQUISTADOR" REY DE ARAGÓN, PEDRO II[15] DE ARAGÓN, "EL CATÓLICO" REY DE ARAGÓN, ALFONSO II[14] REY DE ARAGÓN Y 1RO. DE CATALUÑA, PETRONILA[13] DE ARAGÓN, REINA DE ARAGÓN, RAMIRO II[12] SÁNCHEZ, REY DE ARAGÓN, SANCHO V[11] RAMÍREZ, REY DE ARAGÓN, RAMIRO I[10] SÁNCHEZ, REY DE ARAGÓN, SANCHO III[9] GARCÉS "EL GRANDE", REY DE PAMPLONA, GARCÍA II[8] SÁNCHEZ, REY DE PAMPLONA, EL TEMBLÓN, SANCHO II[7] GARCÉS ABARCA, REY DE PAMPLONA, GARCÍA I[6] SÁNCHEZ, REY DE PAMPLONA, SANCHO I[5] GARCÉS, REY DE PAMPLONA, GARCÍA[4] JIMÉNEZ, PRÍNCIPE DE NAVARRA, JIMENA[3] GARCÍA, GARCÍA[2] JIMÉNEZ, JIMINO[1])* He married MARÍA DE AYALA, daughter of PEDRO LÓPEZ DE AYALA and LEONOR DE GUZMÁN.

Child of PEDRO PONCE DE LEÓN Y DE HARO and MARÍA DE AYALA is:
30. i. JUAN[22] PONCE DE LEÓN Y DE AYALA, CONDE, d. 1448.

Generation No. 22

29. JUAN I[22]MANUEL DE CASTILLA, REY DE CASTILLA LEÓN *(JUANA[21] MANUEL DE CASTILLA, BLANCA[20] DE LA CERDA, FERNANDO[19] DE LA CERDA II, FERNANDO[18] DE LA CERDA, VIOLANTE[17] DE ARAGÓN, JAIME I[16] "EL CONQUISTADOR" REY DE ARAGÓN, PEDRO II[15] DE ARAGÓN, "EL CATÓLICO" REY DE ARAGÓN, ALFONSO II[14] REY DE ARAGÓN Y 1RO. DE CATALUÑA, PETRONILA[13] DE ARAGÓN, REINA DE ARAGÓN, RAMIRO II[12] SÁNCHEZ, REY DE ARAGÓN, SANCHO V[11] RAMÍREZ, REY DE ARAGÓN, RAMIRO I[10] SÁNCHEZ, REY DE ARAGÓN, SANCHO III[9] GARCÉS "EL GRANDE", REY DE PAMPLONA, GARCÍA II[8] SÁNCHEZ, REY DE PAMPLONA, EL TEMBLÓN, SANCHO II[7] GARCÉS ABARCA, REY DE PAMPLONA, GARCÍA I[6] SÁNCHEZ, REY DE PAMPLONA, SANCHO I[5] GARCÉS, REY DE PAMPLONA, GARCÍA[4] JIMÉNEZ, PRÍNCIPE DE NAVARRA, JIMENA[3] GARCÍA, GARCÍA[2] JIMÉNEZ, JIMINO[1])* He married INÉS DE CASTAÑEDA Y LASSO DE LA VEGA.

Child of JUAN MANUEL DE CASTILLA, REY DE CASTILLA LEÓN and INÉS DE CASTAÑEDA Y LASSO DE LA VEGA is:
31. i. SANCHO[23] MANUEL DE CASTILLA Y LASSO DE LA VEGA.

30. JUAN[22] PONCE DE LEÓN Y DE AYALA, CONDE *(PEDRO[21] PONCE DE LEÓN Y DE HARO, PEDRO[20] PONCE DE LEÓN Y ARAGÓN-XÉRICA, BEATRIZ[19] DE ARAGÓN-XÉRICA, INFANTA DE ARAGÓN-X, JAIME II[18] DE ARAGÓN-XÉRICA, REY DE ARAGÓN-X, JAIME I[17], JAIME I[16] "EL CONQUISTADOR" REY DE ARAGÓN, PEDRO II[15] DE ARAGÓN, "EL CATÓLICO" REY DE ARAGÓN, ALFONSO II[14] REY DE ARAGÓN Y 1RO. DE CATALUÑA, PETRONILA[13] DE ARAGÓN, REINA DE ARAGÓN, RAMIRO II[12] SÁNCHEZ, REY DE ARAGÓN, SANCHO V[11] RAMÍREZ, REY DE ARAGÓN, RAMIRO I[10] SÁNCHEZ, REY DE ARAGÓN, SANCHO III[9] GARCÉS "EL GRANDE", REY DE PAMPLONA, GARCÍA II[8] SÁNCHEZ, REY DE PAMPLONA, EL TEMBLÓN, SANCHO II[7] GARCÉS ABARCA, REY DE PAMPLONA, GARCÍA I[6] SÁNCHEZ, REY DE PAMPLONA, SANCHO I[5] GARCÉS, REY DE PAMPLONA, GARCÍA[4] JIMÉNEZ, PRÍNCIPE DE NAVARRA, JIMENA[3] GARCÍA, GARCÍA[2] JIMÉNEZ, JIMINO[1])* died 1448. He married CATALINA GONZÁLEZ DE OVIEDO, daughter of PEDRO GONZÁLEZ DE OVIEDO.

Child of JUAN PONCE DE LEÓN Y DE AYALA, CONDE and CATALINA GONZÁLEZ DE OVIEDO is:
32. i. EUTROPO[23] PONCE DE LEÓN Y GONZÁLEZ DE OVIEDO.

Generation No. 23

31. SANCHO[23] MANUEL DE CASTILLA Y LASSO DE LA VEGA *(JUAN I[22] MANUEL DE CASTILLA, REY DE CASTILLA LEÓN, JUANA[21] MANUEL DE CASTILLA, BLANCA[20] DE LA CERDA, FERNANDO[19] DE LA CERDA II, FERNANDO[18] DE LA CERDA, VIOLANTE[17] DE ARAGÓN, JAIME I[16] "EL CONQUISTADOR" REY DE ARAGÓN, PEDRO II[15] DE ARAGÓN, "EL CATÓLICO" REY DE ARAGÓN, ALFONSO II[14] REY DE ARAGÓN Y 1RO. DE CATALUÑA, PETRONILA[13] DE ARAGÓN, REINA DE ARAGÓN, RAMIRO II[12] SÁNCHEZ, REY DE ARAGÓN, SANCHO V[11] RAMÍREZ, REY DE ARAGÓN, RAMIRO I[10] SÁNCHEZ, REY DE ARAGÓN, SANCHO III[9] GARCÉS "EL GRANDE", REY DE PAMPLONA, GARCÍA II[8] SÁNCHEZ, REY DE PAMPLONA, EL TEMBLÓN, SANCHO II[7] GARCÉS ABARCA, REY DE PAMPLONA, GARCÍA I[6] SÁNCHEZ, REY DE PAMPLONA, SANCHO I[5] GARCÉS, REY DE PAMPLONA, GARCÍA[4] JIMÉNEZ, PRÍNCIPE DE NAVARRA, JIMENA[3] GARCÍA, GARCÍA[2] JIMÉNEZ, JIMINO[1])* He married LEONOR GONZÁLEZ DE MANZANEDO.

Notes for SANCHO MANUEL DE CASTILLA Y LASSO DE LA VEGA:
Don Sancho Manuel de Castilla y Laso de la Vega fue Infante de Castilla.

Child of SANCHO MANUEL DE CASTILLA Y LASSO DE LA VEGA and LEONOR GONZÁLEZ DE

MANZANEDO is:
33. i. JUAN[24] SÁNCHEZ MANUEL Y GONZÁLEZ DE MANZANEDO.

32. EUTROPO[23] PONCE DE LEÓN Y GONZÁLEZ DE OVIEDO *(JUAN[22] PONCE DE LEÓN Y DE AYALA, CONDE, PEDRO[21] PONCE DE LEÓN Y DE HARO, PEDRO[20] PONCE DE LEÓN Y ARAGÓN-XÉRICA, BEATRIZ[19] DE ARAGÓN-XÉRICA, INFANTA DE ARAGÓN-X, JAIME II[18] DE ARAGÓN-XÉRICA, REY DE ARAGÓN-X, JAIME I[17], JAIME I[16] "EL CONQUISTADOR" REY DE ARAGÓN, PEDRO II[15] DE ARAGÓN, "EL CATÓLICO" REY DE ARAGÓN, ALFONSO II[14] REY DE ARAGÓN Y 1RO. DE CATALUÑA, PETRONILA[13] DE ARAGÓN, REINA DE ARAGÓN, RAMIRO II[12] SÁNCHEZ, REY DE ARAGÓN, SANCHO V[11] RAMÍREZ, REY DE ARAGÓN, RAMIRO I[10] SÁNCHEZ, REY DE ARAGÓN, SANCHO III[9] GARCÉS "EL GRANDE", REY DE PAMPLONA, GARCÍA II[8] SÁNCHEZ, REY DE PAMPLONA, EL TEMBLÓN, SANCHO II[7] GARCÉS ABARCA, REY DE PAMPLONA, GARCÍA I[6] SÁNCHEZ, REY DE PAMPLONA, SANCHO I[5] GARCÉS, REY DE PAMPLONA, GARCÍA[4] JIMÉNEZ, PRÍNCIPE DE NAVARRA, JIMENA[3] GARCÍA, GARCÍA[2] JIMÉNEZ, JIMINO[1])* He married CATALINA DE VERA ZURITA, daughter of RODRIGO DE VERA and MARÍA DE ZURITA.

Notes for CATALINA DE VERA ZURITA:
Da. Catalina de Vera Zurita es hija de Don Rodrigo de Vera y Da. María de Zurita; es nieta paterna de Pedro de Vera (muerto en 1498), fue Adelantado y conquistador de la Isla Gran Canaria, nació en Jeréz de la Frontera, y Da. Beatriz de Hinojosa; es bisnieta paterna de Don Diego Gómez de Mendoza casado con Da. María de Vera quien es nieta en 14 grado del rey Don Ramiro y era hija de Don Pedro de Vera y de Hinojosa casado con Da. Teresa Cabeza de Vaca y de Zurita.

Child of EUTROPO PONCE DE LEÓN Y GONZÁLEZ DE OVIEDO and CATALINA DE VERA ZURITA is:
34. i. VIOLANTE[24] PONCE DE LEÓN Y VERA ZURITA.

Generation No. 24

33. JUAN[24] SÁNCHEZ MANUEL Y GONZÁLEZ DE MANZANEDO *(SANCHO[23] MANUEL DE CASTILLA Y LASSO DE LA VEGA, JUAN I[22] MANUEL DE CASTILLA, REY DE CASTILLA LEÓN, JUANA[21] MANUEL DE CASTILLA, BLANCA[20] DE LA CERDA, FERNANDO[19] DE LA CERDA II, FERNANDO[18] DE LA CERDA, VIOLANTE[17] DE ARAGÓN, JAIME I[16] "EL CONQUISTADOR" REY DE ARAGÓN, PEDRO II[15] DE ARAGÓN, "EL CATÓLICO" REY DE ARAGÓN, ALFONSO II[14] REY DE ARAGÓN Y 1RO. DE CATALUÑA, PETRONILA[13] DE ARAGÓN, REINA DE ARAGÓN, RAMIRO II[12] SÁNCHEZ, REY DE ARAGÓN, SANCHO V[11] RAMÍREZ, REY DE ARAGÓN, RAMIRO I[10] SÁNCHEZ, REY DE ARAGÓN, SANCHO III[9] GARCÉS "EL GRANDE", REY DE PAMPLONA, GARCÍA II[8] SÁNCHEZ, REY DE PAMPLONA, EL TEMBLÓN, SANCHO II[7] GARCÉS ABARCA, REY DE PAMPLONA, GARCÍA I[6] SÁNCHEZ, REY DE PAMPLONA, SANCHO I[5] GARCÉS, REY DE PAMPLONA, GARCÍA[4] JIMÉNEZ, PRÍNCIPE DE NAVARRA, JIMENA[3] GARCÍA, GARCÍA[2] JIMÉNEZ, JIMINO[1])* He married URIZA SÁNZ DÍEZ.

Child of JUAN SÁNCHEZ MANUEL Y GONZÁLEZ DE MANZANEDO and URIZA SÁNZ DÍEZ is:
35. i. INÉS[25] SÁNCHEZ MANUEL DE VILLENA.

34. VIOLANTE[24] PONCE DE LEÓN Y VERA ZURITA *(EUTROPO[23] PONCE DE LEÓN Y GONZÁLEZ DE OVIEDO, JUAN[22] PONCE DE LEÓN Y DE AYALA, CONDE, PEDRO[21] PONCE DE LEÓN Y DE HARO, PEDRO[20] PONCE DE LEÓN Y ARAGÓN-XÉRICA, BEATRIZ[19] DE ARAGÓN-XÉRICA, INFANTA DE ARAGÓN-X, JAIME II[18] DE ARAGÓN-XÉRICA, REY DE ARAGÓN-X, JAIME I[17], JAIME I[16] "EL CONQUISTADOR" REY DE ARAGÓN, PEDRO II[15] DE ARAGÓN, "EL CATÓLICO" REY DE ARAGÓN, ALFONSO II[14] REY DE ARAGÓN Y 1RO. DE CATALUÑA, PETRONILA[13] DE ARAGÓN, REINA DE ARAGÓN, RAMIRO II[12] SÁNCHEZ, REY DE ARAGÓN, SANCHO V[11] RAMÍREZ, REY DE ARAGÓN, RAMIRO I[10] SÁNCHEZ, REY DE ARAGÓN, SANCHO III[9] GARCÉS "EL GRANDE", REY DE PAMPLONA, GARCÍA II[8] SÁNCHEZ, REY DE PAMPLONA, EL TEMBLÓN, SANCHO II[7] GARCÉS ABARCA, REY DE PAMPLONA, GARCÍA I[6] SÁNCHEZ, REY DE PAMPLONA, SANCHO I[5] GARCÉS, REY DE PAMPLONA, GARCÍA[4] JIMÉNEZ, PRÍNCIPE DE NAVARRA, JIMENA[3] GARCÍA, GARCÍA[2] JIMÉNEZ, JIMINO[1])* She married RUY DÍAZ DE GUZMÁN Y RIQUELME.

Notes for RUY DÍAZ DE GUZMÁN Y RIQUELME:
Don Ruy Díaz de Guzmán y Riquelme tenía como hermanos a Blanca de Guzmán, Elvira de Guzmán y Da. Madrina Inés de Padilla; eran hijos de Don Alonso Riquelme y Da. Brianda de Guzmán; eran nietos de Don Francisco Riquelme, Alcalde de Jeréz, casado con Da. Blanca Riquel; eran bisnietos de Don Pedro de Riquelme y eran tataranietos de don Juan de Riquelme.

Child of VIOLANTE PONCE DE LEÓN Y VERA ZURITA and RUY DÍAZ DE GUZMÁN Y RIQUELME is:
36. i. ALONSO[25] RIQUELME DE GUZMÁN Y P. DE LEÓN.

Generation No. 25

35. INÉS[25] SÁNCHEZ MANUEL DE VILLENA *(JUAN[24] SÁNCHEZ MANUEL Y GONZÁLEZ DE MANZANEDO, SANCHO[23] MANUEL DE CASTILLA Y LASSO DE LA VEGA, JUAN I[22] MANUEL DE CASTILLA, REY DE CASTILLA LEÓN, JUANA[21] MANUEL DE CASTILLA, BLANCA[20] DE LA CERDA, FERNANDO[19] DE LA CERDA II, FERNANDO[18] DE LA CERDA, VIOLANTE[17] DE ARAGÓN, JAIME I[16] "EL CONQUISTADOR" REY DE ARAGÓN, PEDRO II[15] DE ARAGÓN, "EL CATÓLICO" REY DE ARAGÓN, ALFONSO II[14] REY DE ARAGÓN Y 1RO. DE CATALUÑA, PETRONILA[13] DE ARAGÓN, REINA DE ARAGÓN, RAMIRO II[12] SÁNCHEZ, REY DE ARAGÓN, SANCHO V[11] RAMÍREZ, REY DE ARAGÓN, RAMIRO I[10] SÁNCHEZ, REY DE ARAGÓN, SANCHO III[9] GARCÉS "EL GRANDE", REY DE PAMPLONA, GARCÍA II[8] SÁNCHEZ, REY DE PAMPLONA, EL TEMBLÓN, SANCHO II[7] GARCÉS ABARCA, REY DE PAMPLONA, GARCÍA I[6] SÁNCHEZ, REY DE PAMPLONA, SANCHO I[5] GARCÉS, REY DE PAMPLONA, GARCÍA[4] JIMÉNEZ, PRÍNCIPE DE NAVARRA, JIMENA[3] GARCÍA, GARCÍA[2] JIMÉNEZ, JIMINO[1])* She married GARCÍ FERNÁNDEZ VILLODRE.

Notes for GARCÍ FERNÁNDEZ VILLODRE:
Don Garcí Fernández Villodre fue Señor de Las Salinas de Monteagudo, en Albacete, Reino de Murcia, España.

Child of INÉS SÁNCHEZ MANUEL DE VILLENA and GARCÍ FERNÁNDEZ VILLODRE is:
37. i. CATALINA[26] SÁNCHEZ DE VILLODRE Y MANUEL.

36. ALONSO[25] RIQUELME DE GUZMÁN Y P. DE LEÓN *(VIOLANTE[24] PONCE DE LEÓN Y VERA ZURITA, EUTROPO[23] PONCE DE LEÓN Y GONZÁLEZ DE OVIEDO, JUAN[22] PONCE DE LEÓN Y DE AYALA, CONDE, PEDRO[21] PONCE DE LEÓN Y DE HARO, PEDRO[20] PONCE DE LEÓN Y ARAGÓN-XÉRICA, BEATRIZ[19] DE ARAGÓN-XÉRICA, INFANTA DE ARAGÓN-X, JAIME II[18] DE ARAGÓN-XÉRICA, REY DE ARAGÓN-X, JAIME I[17], JAIME I[16] "EL CONQUISTADOR" REY DE ARAGÓN, PEDRO II[15] DE ARAGÓN, "EL CATÓLICO" REY DE ARAGÓN, ALFONSO II[14] REY DE ARAGÓN Y 1RO. DE CATALUÑA, PETRONILA[13] DE ARAGÓN, REINA DE ARAGÓN, RAMIRO II[12] SÁNCHEZ, REY DE ARAGÓN, SANCHO V[11] RAMÍREZ, REY DE ARAGÓN, RAMIRO I[10] SÁNCHEZ, REY DE ARAGÓN, SANCHO III[9] GARCÉS "EL GRANDE", REY DE PAMPLONA, GARCÍA II[8] SÁNCHEZ, REY DE PAMPLONA, EL TEMBLÓN, SANCHO II[7] GARCÉS ABARCA, REY DE PAMPLONA, GARCÍA I[6] SÁNCHEZ, REY DE PAMPLONA, SANCHO I[5] GARCÉS, REY DE PAMPLONA, GARCÍA[4] JIMÉNEZ, PRÍNCIPE DE NAVARRA, JIMENA[3] GARCÍA, GARCÍA[2] JIMÉNEZ, JIMINO[1])* He married URSULA DE IRALA.

Notes for URSULA DE IRALA:
Da. Ursula de Irala era hija del mítico gobernador del Paraguay, Don Domingo Martínez de Irala y Albisua Toledo, con una de las indígenas hija de un cacique y que era su empleada doméstica, de nombre Leonor, mujer muy bella.

Children of ALONSO RIQUELME DE GUZMÁN Y P. DE LEÓN and URSULA DE IRALA are:
i. DIEGO[26] PONCE DE LEÓN E IRALA, m. BEATRIZ DE SPINOLA.
ii. RUY DÍAZ DE GUZMÁN E IRALA, d. 1629.

Notes for RUY DÍAZ DE GUZMÁN E IRALA:
Don Ruy Díaz de Guzmán e Irala (o Diego Riquelme de Guzmán y Ponce de León e Irala), pacificó y pobló los territorios que hoy se conocen como República del Paraguay; además, es el fundador de la historiografia de la Argentina, cuando, escribió sobre la colonización y los gobernantes de sus tiempos en un libro que intituló "ARGENTINA", libro al que recurren todos los historiadores para referirse a los hechos y gobernadores de esa época.

38. iii. CATALINA DE VERA Y GUZMÁN E IRALA.
iv. ALONSO RIQUELME Y GUZMÁN E IRALA.
39. v. BLANCA RIQUELME DE GUZMÁN E IRALA.
40. vi. GABRIEL PONCE DE LEÓN Y GUZMÁN E IRALA.
vii. BRIANDA DE GUZMÁN E IRALA.
viii. URSULA DE GUZMÁN E IRALA, m. MARTÍN DE CONTRERAS.

Generation No. 26

37. CATALINA[26] SÁNCHEZ DE VILLODRE Y MANUEL *(INÉS[25] SÁNCHEZ MANUEL DE VILLENA, JUAN[24] SÁNCHEZ MANUEL Y GONZÁLEZ DE MANZANEDO, SANCHO[23] MANUEL DE CASTILLA Y LASSO DE LA VEGA, JUAN I[22]MANUEL DE CASTILLA, REY DE CASTILLA LEÓN, JUANA[21] MANUEL DE CASTILLA, BLANCA[20] DE LA CERDA, FERNANDO[19] DE LA CERDA II, FERNANDO[18] DE LA CERDA, VIOLANTE[17] DE ARAGÓN, JAIME I[16] "EL CONQUISTADOR" REY DE ARAGÓN, PEDRO II[15]DE ARAGÓN, "EL CATÓLICO" REY DE ARAGÓN, ALFONSO II[14] REY DE ARAGÓN Y 1RO. DE CATALUÑA, PETRONILA[13]DE ARAGÓN, REINA DE ARAGÓN, RAMIRO II[12]SÁNCHEZ, REY DE ARAGÓN, SANCHO V[11]RAMÍREZ, REY DE ARAGÓN, RAMIRO I[10]SÁNCHEZ, REY DE ARAGÓN, SANCHO III[9]GARCÉS "EL GRANDE", REY DE PAMPLONA, GARCÍA II[8]SÁNCHEZ, REY DE PAMPLONA, EL TEMBLÓN, SANCHO II[7]GARCÉS ABARCA, REY DE PAMPLONA, GARCÍA I[6]SÁNCHEZ, REY DE PAMPLONA, SANCHO I[5]GARCÉS, REY DE PAMPLONA, GARCÍA[4]JIMÉNEZ, PRÍNCIPE DE NAVARRA, JIMENA[3] GARCÍA, GARCÍA[2] JIMÉNEZ, JIMINO[1])* She married LUIS MÉNDEZ DE SOTOMAYOR Y RUÍZ DE BAEZA, son of GARCÍ MÉNDEZ DE SOTOMAYOR and JUANA RUÍZ DE BAEZA. He died 1395.

Notes for LUIS MÉNDEZ DE SOTOMAYOR Y RUÍZ DE BAEZA:
Primero del nombre y V Señor de El Carpio y de Morente y de otras villa.

Child of CATALINA SÁNCHEZ DE VILLODRE Y MANUEL and LUIS MÉNDEZ DE SOTOMAYOR Y RUÍZ DE BAEZA is:
41. i. GARCÍ[27] MÉNDEZ DE SOTOMAYOR Y SÁNCHEZ VILLODRE.

38. CATALINA[26] DE VERA Y GUZMÁN E IRALA *(ALONSO[25] RIQUELME DE GUZMÁN Y P. DE LEÓN, VIOLANTE[24] PONCE DE LEÓN Y VERA ZURITA, EUTROPO[23] PONCE DE LEÓN Y GONZÁLEZ DE OVIEDO, JUAN[22]PONCE DE LEÓN Y DE AYALA, CONDE, PEDRO[21] PONCE DE LEÓN Y DE HARO, PEDRO[20] PONCE DE LEÓN Y ARAGÓN-XÉRICA, BEATRIZ[19]DE ARAGÓN-XÉRICA, INFANTA DE ARAGÓN-X, JAIME II[18]DE ARAGÓN-XÉRICA, REY DE ARAGÓN-X, JAIME I[17], JAIME I[16] "EL CONQUISTADOR" REY DE ARAGÓN, PEDRO II[15]DE ARAGÓN, "EL CATÓLICO" REY DE ARAGÓN, ALFONSO II[14] REY DE ARAGÓN Y 1RO. DE CATALUÑA, PETRONILA[13]DE ARAGÓN, REINA DE ARAGÓN, RAMIRO II[12]SÁNCHEZ, REY DE ARAGÓN, SANCHO V[11]RAMÍREZ, REY DE ARAGÓN, RAMIRO I[10]SÁNCHEZ, REY DE ARAGÓN, SANCHO III[9]GARCÉS "EL GRANDE", REY DE PAMPLONA, GARCÍA II[8]SÁNCHEZ, REY DE PAMPLONA, EL TEMBLÓN, SANCHO II[7]GARCÉS ABARCA, REY DE PAMPLONA, GARCÍA I[6]SÁNCHEZ, REY DE PAMPLONA, SANCHO I[5]GARCÉS, REY DE PAMPLONA, GARCÍA[4]JIMÉNEZ, PRÍNCIPE DE NAVARRA, JIMENA[3] GARCÍA, GARCÍA[2] JIMÉNEZ, JIMINO[1])* She married GERÓNIMO LÓPEZ DE ALANIS. He was born in Zaragoza, Reino de España.

Notes for GERÓNIMO LÓPEZ DE ALANIS:
Don Gerónimo López de Alanis, fue Capitán y Procurador de Jeréz en el Guayra.

Child of CATALINA DE VERA Y GUZMÁN E IRALA and GERÓNIMO LÓPEZ DE ALANIS is:
42. i. RODRIGO[27] LÓPEZ DE ALANIS Y VERA GUZMÁN.

39. BLANCA[26] RIQUELME DE GUZMÁN E IRALA *(ALONSO[25] RIQUELME DE GUZMÁN Y P. DE LEÓN, VIOLANTE[24] PONCE DE LEÓN Y VERA ZURITA, EUTROPO[23] PONCE DE LEÓN Y GONZÁLEZ DE OVIEDO, JUAN[22] PONCE DE LEÓN Y DE AYALA, CONDE, PEDRO[21] PONCE DE LEÓN Y DE HARO, PEDRO[20] PONCE DE LEÓN Y ARAGÓN-XÉRICA, BEATRIZ[19] DE ARAGÓN-XÉRICA, INFANTA DE ARAGÓN-X, JAIME II[18] DE ARAGÓN-XÉRICA, REY DE ARAGÓN-X, JAIME I[17], JAIME I[16] "EL CONQUISTADOR" REY DE ARAGÓN, PEDRO II[15] DE ARAGÓN, "EL CATÓLICO" REY DE ARAGÓN, ALFONSO II[14] REY DE ARAGÓN Y 1RO. DE CATALUÑA, PETRONILA[13] DE ARAGÓN, REINA DE ARAGÓN, RAMIRO II[12] SÁNCHEZ, REY DE ARAGÓN, SANCHO V[11] RAMÍREZ, REY DE ARAGÓN, RAMIRO I[10] SÁNCHEZ, REY DE ARAGÓN, SANCHO III[9] GARCÉS "EL GRANDE", REY DE PAMPLONA, GARCÍA II[8] SÁNCHEZ, REY DE PAMPLONA, EL TEMBLÓN, SANCHO II[7] GARCÉS ABARCA, REY DE PAMPLONA, GARCÍA I[6] SÁNCHEZ, REY DE PAMPLONA, SANCHO I[5] GARCÉS, REY DE PAMPLONA, GARCÍA[4] JIMÉNEZ, PRÍNCIPE DE NAVARRA, JIMENA[3] GARCÍA, GARCÍA[2] JIMÉNEZ, JIMINO[1])* She married GARCÍA VENEGAS DE HOSES.

Child of BLANCA RIQUELME DE GUZMÁN E IRALA and GARCÍA VENEGAS DE HOSES is:
43. i. FRANCISCA[27] DE VERA Y GUZMÁN, b. 1620; d. 1682.

40. GABRIEL[26] PONCE DE LEÓN Y GUZMÁN E IRALA *(ALONSO[25] RIQUELME DE GUZMÁN Y P. DE LEÓN, VIOLANTE[24] PONCE DE LEÓN Y VERA ZURITA, EUTROPO[23] PONCE DE LEÓN Y GONZÁLEZ DE OVIEDO, JUAN[22] PONCE DE LEÓN Y DE AYALA, CONDE, PEDRO[21] PONCE DE LEÓN Y DE HARO, PEDRO[20] PONCE DE LEÓN Y ARAGÓN-XÉRICA, BEATRIZ[19] DE ARAGÓN-XÉRICA, INFANTA DE ARAGÓN-X, JAIME II[18] DE ARAGÓN-XÉRICA, REY DE ARAGÓN-X, JAIME I[17], JAIME I[16] "EL CONQUISTADOR" REY DE ARAGÓN, PEDRO II[15] DE ARAGÓN, "EL CATÓLICO" REY DE ARAGÓN, ALFONSO II[14] REY DE ARAGÓN Y 1RO. DE CATALUÑA, PETRONILA[13] DE ARAGÓN, REINA DE ARAGÓN, RAMIRO II[12] SÁNCHEZ, REY DE ARAGÓN, SANCHO V[11] RAMÍREZ, REY DE ARAGÓN, RAMIRO I[10] SÁNCHEZ, REY DE ARAGÓN, SANCHO III[9] GARCÉS "EL GRANDE", REY DE PAMPLONA, GARCÍA II[8] SÁNCHEZ, REY DE PAMPLONA, EL TEMBLÓN, SANCHO II[7] GARCÉS ABARCA, REY DE PAMPLONA, GARCÍA I[6] SÁNCHEZ, REY DE PAMPLONA, SANCHO I[5] GARCÉS, REY DE PAMPLONA, GARCÍA[4] JIMÉNEZ, PRÍNCIPE DE NAVARRA, JIMENA[3] GARCÍA, GARCÍA[2] JIMÉNEZ, JIMINO[1])* He married MARÍA DE TORALES IRMÁS.

Child of GABRIEL PONCE DE LEÓN Y GUZMÁN E IRALA and MARÍA DE TORALES IRMÁS is:
i. MARÍA[27] RIQUELME DE GUZMÁN, m. JERÓNIMO FERRÁZ DE ARAÚJO.

Generation No. 27

41. GARCÍ[27] MÉNDEZ DE SOTOMAYOR Y SÁNCHEZ VILLODRE *(CATALINA[26] SÁNCHEZ DE VILLODRE Y MANUEL, INÉS[25] SÁNCHEZ MANUEL DE VILLENA, JUAN[24] SÁNCHEZ MANUEL Y GONZÁLEZ DE MANZANEDO, SANCHO[23] MANUEL DE CASTILLA Y LASSO DE LA VEGA, JUAN I[22] MANUEL DE CASTILLA, REY DE CASTILLA LEÓN, JUANA[21] MANUEL DE CASTILLA, BLANCA[20] DE LA CERDA, FERNANDO[19] DE LA CERDA II, FERNANDO[18] DE LA CERDA, VIOLANTE[17] DE ARAGÓN, JAIME I[16] "EL CONQUISTADOR" REY DE ARAGÓN, PEDRO II[15] DE ARAGÓN, "EL CATÓLICO" REY DE ARAGÓN, ALFONSO II[14] REY DE ARAGÓN Y 1RO. DE CATALUÑA, PETRONILA[13] DE ARAGÓN, REINA DE ARAGÓN, RAMIRO II[12] SÁNCHEZ, REY DE ARAGÓN, SANCHO V[11] RAMÍREZ, REY DE ARAGÓN, RAMIRO I[10] SÁNCHEZ, REY DE ARAGÓN, SANCHO III[9] GARCÉS "EL GRANDE", REY DE PAMPLONA, GARCÍA II[8] SÁNCHEZ, REY DE PAMPLONA, EL TEMBLÓN, SANCHO II[7] GARCÉS ABARCA, REY DE PAMPLONA, GARCÍA I[6] SÁNCHEZ, REY DE PAMPLONA, SANCHO I[5] GARCÉS, REY DE PAMPLONA, GARCÍA[4] JIMÉNEZ, PRÍNCIPE DE NAVARRA, JIMENA[3] GARCÍA, GARCÍA[2] JIMÉNEZ, JIMINO[1])* He married MARÍA DE FIGUEROA Y MESSÍA, daughter of

LORENZO SUÁREZ DE FIGUEROA and ISABEL DE MESSÍA.

Notes for GARCÍ MÉNDEZ DE SOTOMAYOR Y SÁNCHEZ VILLODRE:
Don Garcí Méndez de Sotomayor fue 5o. del nombre, VI Señor de El Carpio, Señor de Morente y de otras villa. Su nombre completo es Garcí Méndez de Sotomayor y Sánchez Villodre-Manuel.

Child of GARCÍ MÉNDEZ DE SOTOMAYOR Y SÁNCHEZ VILLODRE and MARÍA DE FIGUEROA Y MESSÍA is:
44. i. LUIS[28] MÉNDEZ DE SOTOMAYOR FIGUEROA MESSÍA.

42. RODRIGO[27] LÓPEZ DE ALANIS Y VERA GUZMÁN *(CATALINA[26] DE VERA Y GUZMÁN E IRALA, ALONSO[25] RIQUELME DE GUZMÁN Y P. DE LEÓN, VIOLANTE[24] PONCE DE LEÓN Y VERA ZURITA, EUTROPO[23] PONCE DE LEÓN Y GONZÁLEZ DE OVIEDO, JUAN[22] PONCE DE LEÓN Y DE AYALA, CONDE, PEDRO[21] PONCE DE LEÓN Y DE HARO, PEDRO[20] PONCE DE LEÓN Y ARAGÓN-XÉRICA, BEATRIZ[19] DE ARAGÓN-XÉRICA, INFANTA DE ARAGÓN-X, JAIME II[18] DE ARAGÓN-XÉRICA, REY DE ARAGÓN-X, JAIME I[17], JAIME I[16] "EL CONQUISTADOR" REY DE ARAGÓN, PEDRO II[15] DE ARAGÓN, "EL CATÓLICO" REY DE ARAGÓN, ALFONSO II[14] REY DE ARAGÓN Y 1RO. DE CATALUÑA, PETRONILA[13] DE ARAGÓN, REINA DE ARAGÓN, RAMIRO II[12] SÁNCHEZ, REY DE ARAGÓN, SANCHO V[11] RAMÍREZ, REY DE ARAGÓN, RAMIRO I[10] SÁNCHEZ, REY DE ARAGÓN, SANCHO III[9] GARCÉS "EL GRANDE", REY DE PAMPLONA, GARCÍA II[8] SÁNCHEZ, REY DE PAMPLONA, EL TEMBLÓN, SANCHO II[7] GARCÉS ABARCA, REY DE PAMPLONA, GARCÍA I[6] SÁNCHEZ, REY DE PAMPLONA, SANCHO I[5] GARCÉS, REY DE PAMPLONA, GARCÍA[4] JIMÉNEZ, PRÍNCIPE DE NAVARRA, JIMENA[3] GARCÍA, GARCÍA[2] JIMÉNEZ, JIMINO[1])* He married ISABEL NAVARRO DE HUMANES.

Notes for RODRIGO LÓPEZ DE ALANIS Y VERA GUZMÁN:
Don Rodrigo es conocido también como Don Rodrigo Ponce de León, Maestre de Campo; contrajo matrimonio con Da. Isabel Navarro de Humanes.

Child of RODRIGO LÓPEZ DE ALANIS Y VERA GUZMÁN and ISABEL NAVARRO DE HUMANES is:
45. i. MARÍA[28] PONCE DE LEÓN Y NAVARRO.

43. FRANCISCA[27] DE VERA Y GUZMÁN *(BLANCA[26] RIQUELME DE GUZMÁN E IRALA, ALONSO[25] RIQUELME DE GUZMÁN Y P. DE LEÓN, VIOLANTE[24] PONCE DE LEÓN Y VERA ZURITA, EUTROPO[23] PONCE DE LEÓN Y GONZÁLEZ DE OVIEDO, JUAN[22] PONCE DE LEÓN Y DE AYALA, CONDE, PEDRO[21] PONCE DE LEÓN Y DE HARO, PEDRO[20] PONCE DE LEÓN Y ARAGÓN-XÉRICA, BEATRIZ[19] DE ARAGÓN-XÉRICA, INFANTA DE ARAGÓN-X, JAIME II[18] DE ARAGÓN-XÉRICA, REY DE ARAGÓN-X, JAIME I[17], JAIME I[16] "EL CONQUISTADOR" REY DE ARAGÓN, PEDRO II[15] DE ARAGÓN, "EL CATÓLICO" REY DE ARAGÓN, ALFONSO II[14] REY DE ARAGÓN Y 1RO. DE CATALUÑA, PETRONILA[13] DE ARAGÓN, REINA DE ARAGÓN, RAMIRO II[12] SÁNCHEZ, REY DE ARAGÓN, SANCHO V[11] RAMÍREZ, REY DE ARAGÓN, RAMIRO I[10] SÁNCHEZ, REY DE ARAGÓN, SANCHO III[9] GARCÉS "EL GRANDE", REY DE PAMPLONA, GARCÍA II[8] SÁNCHEZ, REY DE PAMPLONA, EL TEMBLÓN, SANCHO II[7] GARCÉS ABARCA, REY DE PAMPLONA, GARCÍA I[6] SÁNCHEZ, REY DE PAMPLONA, SANCHO I[5] GARCÉS, REY DE PAMPLONA, GARCÍA[4] JIMÉNEZ, PRÍNCIPE DE NAVARRA, JIMENA[3] GARCÍA, GARCÍA[2] JIMÉNEZ, JIMINO[1])* was born 1620, and died 1682. She married DIEGODE YEGROS, GRAL..

Children of FRANCISCA DE VERA Y GUZMÁN and DIEGO DE YEGROS, GRAL. are:
i. DIEGO[28] DE YEGROS Y VERA GUZMÁN.
ii. IGNACIA DE YEGROS Y VERA GUZMÁN.

Generation No. 28

44. LUIS[28] MÉNDEZ DE SOTOMAYOR FIGUEROA MESSÍA *(GARCI[27] MÉNDEZ DE SOTOMAYOR Y SÁNCHEZ VILLODRE, CATALINA[26] SÁNCHEZ DE VILLODRE Y MANUEL, INÉS[25] SÁNCHEZ MANUEL DE VILLENA, JUAN[24] SÁNCHEZ MANUEL Y GONZÁLEZ DE MANZANEDO, SANCHO[23] MANUEL DE CASTILLA Y LASSO DE LA VEGA, JUAN I[22]MANUEL DE CASTILLA, REY DE CASTILLA LEÓN, JUANA[21] MANUEL DE CASTILLA, BLANCA[20] DE LA CERDA, FERNANDO[19] DE LA CERDA II, FERNANDO[18] DE LA CERDA, VIOLANTE[17] DE ARAGÓN, JAIME I[16] "EL CONQUISTADOR" REY DE ARAGÓN, PEDRO II[15]DE ARAGÓN, "EL CATÓLICO" REY DE ARAGÓN, ALFONSO II[14] REY DE ARAGÓN Y 1RO. DE CATALUÑA, PETRONILA[13]DE ARAGÓN, REINA DE ARAGÓN, RAMIRO II[12]SÁNCHEZ, REY DE ARAGÓN, SANCHO V[11]RAMÍREZ, REY DE ARAGÓN, RAMIRO I[10]SÁNCHEZ, REY DE ARAGÓN, SANCHO III[9]GARCÉS "EL GRANDE", REY DE PAMPLONA, GARCÍA II[8]SÁNCHEZ, REY DE PAMPLONA, EL TEMBLÓN, SANCHO II[7]GARCÉS ABARCA, REY DE PAMPLONA, GARCÍA I[6]SÁNCHEZ, REY DE PAMPLONA, SANCHO I[5]GARCÉS, REY DE PAMPLONA, GARCÍA[4]JIMÉNEZ, PRÍNCIPE DE NAVARRA, JIMENA[3] GARCÍA, GARCÍA[2] JIMÉNEZ, JIMINO[1])* He married MARÍA DE SOLIER Y FERNÁNDEZ DE CÓRDOBA, daughter of ALFONSO FERNÁNDEZ DE CÓRDOBA, IV SR. HUMEROS and MAYOR VENEGAS.

Child of LUIS MÉNDEZ DE SOTOMAYOR FIGUEROA MESSÍA and MARÍA DE SOLIER Y FERNÁNDEZ DE CÓRDOBA is:

46. i. ALFONSO[29] FERNÁNDEZ DE SOTOMAYOR FIGUEROA MESSÍA, b. 1559, Montilla, Córdoba, España; d. 1566, Granada, Granada, Nicaragua.

45. MARÍA[28] PONCE DE LEÓN Y NAVARRO *(RODRIGO[27] LÓPEZ DE ALANIS Y VERA GUZMÁN, CATALINA[26] DE VERA Y GUZMÁN E IRALA, ALONSO[25] RIQUELME DE GUZMÁN Y P. DE LEÓN, VIOLANTE[24] PONCE DE LEÓN Y VERA ZURITA, EUTROPO[23] PONCE DE LEÓN Y GONZÁLEZ DE OVIEDO, JUAN[22]PONCE DE LEÓN Y DE AYALA, CONDE, PEDRO[21] PONCE DE LEÓN Y DE HARO, PEDRO[20] PONCE DE LEÓN Y ARAGÓN-XÉRICA, BEATRIZ[19]DE ARAGÓN-XÉRICA, INFANTA DE ARAGÓN-X, JAIME II[18]DE ARAGÓN-XÉRICA, REY DE ARAGÓN-X, JAIME I[17], JAIME I[16] "EL CONQUISTADOR" REY DE ARAGÓN, PEDRO II[15]DE ARAGÓN, "EL CATÓLICO" REY DE ARAGÓN, ALFONSO II[14] REY DE ARAGÓN Y 1RO. DE CATALUÑA, PETRONILA[13]DE ARAGÓN, REINA DE ARAGÓN, RAMIRO II[12]SÁNCHEZ, REY DE ARAGÓN, SANCHO V[11]RAMÍREZ, REY DE ARAGÓN, RAMIRO I[10]SÁNCHEZ, REY DE ARAGÓN, SANCHO III[9]GARCÉS "EL GRANDE", REY DE PAMPLONA, GARCÍA II[8]SÁNCHEZ, REY DE PAMPLONA, EL TEMBLÓN, SANCHO II[7]GARCÉS ABARCA, REY DE PAMPLONA, GARCÍA I[6]SÁNCHEZ, REY DE PAMPLONA, SANCHO I[5]GARCÉS, REY DE PAMPLONA, GARCÍA[4]JIMÉNEZ, PRÍNCIPE DE NAVARRA, JIMENA[3] GARCÍA, GARCÍA[2] JIMÉNEZ, JIMINO[1])* She married AGUSTÍN DE LABAYEN.

Child of MARÍA PONCE DE LEÓN Y NAVARRO and AGUSTÍN DE LABAYEN is:

47. i. JUANA[29] DE LABAYEN Y PONCE DE LEÓN.

Generation No. 29

46. ALFONSO[29] FERNÁNDEZ DE SOTOMAYOR FIGUEROA MESSÍA *(LUIS[28] MÉNDEZ DE SOTOMAYOR FIGUEROA MESSÍA, GARCI[27] MÉNDEZ DE SOTOMAYOR Y SÁNCHEZ VILLODRE, CATALINA[26] SÁNCHEZ DE VILLODRE Y MANUEL, INÉS[25] SÁNCHEZ MANUEL DE VILLENA, JUAN[24] SÁNCHEZ MANUEL Y GONZÁLEZ DE MANZANEDO, SANCHO[23] MANUEL DE CASTILLA Y LASSO DE LA VEGA, JUAN I[22]MANUEL DE CASTILLA, REY DE CASTILLA LEÓN, JUANA[21] MANUEL DE CASTILLA, BLANCA[20] DE LA CERDA, FERNANDO[19] DE LA CERDA II, FERNANDO[18] DE LA CERDA, VIOLANTE[17] DE ARAGÓN, JAIME I[16] "EL CONQUISTADOR" REY DE ARAGÓN, PEDRO II[15]DE ARAGÓN, "EL CATÓLICO" REY DE ARAGÓN, ALFONSO II[14] REY DE ARAGÓN Y 1RO. DE CATALUÑA, PETRONILA[13]DE ARAGÓN, REINA DE ARAGÓN, RAMIRO II[12]SÁNCHEZ, REY DE ARAGÓN, SANCHO V[11]RAMÍREZ, REY DE ARAGÓN, RAMIRO I[10]SÁNCHEZ, REY DE ARAGÓN, SANCHO III[9]GARCÉS "EL GRANDE", REY DE PAMPLONA, GARCÍA II[8]SÁNCHEZ, REY DE PAMPLONA, EL TEMBLÓN, SANCHO II[7]GARCÉS ABARCA, REY DE PAMPLONA, GARCÍA I[6]SÁNCHEZ, REY DE PAMPLONA, SANCHO I[5]GARCÉS, REY DE PAMPLONA, GARCÍA[4]JIMÉNEZ, PRÍNCIPE DE NAVARRA, JIMENA[3] GARCÍA, GARCÍA[2] JIMÉNEZ, JIMINO[1])* was born 1559 in Montilla, Córdoba, España, and died 1566 in Granada, Granada, Nicaragua. He married INÉS CERRATO.

More About ALFONSO FERNÁNDEZ DE SOTOMAYOR FIGUEROA MESSÍA:
Burial: 1566, Granada, Granada, Nicaragua

Child of ALFONSO FERNÁNDEZ DE SOTOMAYOR FIGUEROA MESSÍA and INÉS CERRATO is:
48. i. LUIS[30] MÉNDEZ SOTOMAYOR Y CERRATO.

47. JUANA[29] DE LABAYEN Y PONCE DE LEÓN *(MARÍA[28] PONCE DE LEÓN Y NAVARRO, RODRIGO[27] LÓPEZ DE ALANIS Y VERA GUZMÁN, CATALINA[26] DE VERA Y GUZMÁN E IRALA, ALONSO[25] RIQUELME DE GUZMÁN Y P. DE LEÓN, VIOLANTE[24] PONCE DE LEÓN Y VERA ZURITA, EUTROPO[23] PONCE DE LEÓN Y GONZÁLEZ DE OVIEDO, JUAN[22] PONCE DE LEÓN Y DE AYALA, CONDE, PEDRO[21] PONCE DE LEÓN Y DE HARO, PEDRO[20] PONCE DE LEÓN Y ARAGÓN-XÉRICA, BEATRIZ[19] DE ARAGÓN-XÉRICA, INFANTA DE ARAGÓN-X, JAIME II[18] DE ARAGÓN-XÉRICA, REY DE ARAGÓN-X, JAIME I[17], JAIME I[16] "EL CONQUISTADOR" REY DE ARAGÓN, PEDRO II[15] DE ARAGÓN, "EL CATÓLICO" REY DE ARAGÓN, ALFONSO II[14] REY DE ARAGÓN Y 1RO. DE CATALUÑA, PETRONILA[13] DE ARAGÓN, REINA DE ARAGÓN, RAMIRO II[12] SÁNCHEZ, REY DE ARAGÓN, SANCHO V[11] RAMÍREZ, REY DE ARAGÓN, RAMIRO I[10] SÁNCHEZ, REY DE ARAGÓN, SANCHO III[9] GARCÉS "EL GRANDE", REY DE PAMPLONA, GARCÍA II[8] SÁNCHEZ, REY DE PAMPLONA, EL TEMBLÓN, SANCHO II[7] GARCÉS ABARCA, REY DE PAMPLONA, GARCÍA I[6] SÁNCHEZ, REY DE PAMPLONA, SANCHO I[5] GARCÉS, REY DE PAMPLONA, GARCÍA[4] JIMÉNEZ, PRÍNCIPE DE NAVARRA, JIMENA[3] GARCÍA, GARCÍA[2] JIMÉNEZ, JIMINO[1])* She married GASPAR DE AVELLANEDA.

Children of JUANA DE LABAYEN Y PONCE DE LEÓN and GASPAR DE AVELLANEDA are:
49. i. MARÍA ROSA[30] DE AVELLANEDA Y LABAYEN.
50. ii. AGUSTINA DE AVELLANEDA Y LABAYEN.

Generation No. 30

48. LUIS[30] MÉNDEZ SOTOMAYOR Y CERRATO *(ALFONSO[29] FERNÁNDEZ DE SOTOMAYOR FIGUEROA MESSÍA, LUIS[28] MÉNDEZ DE SOTOMAYOR FIGUEROA MESSÍA, GARCÍ[27] MÉNDEZ DE SOTOMAYOR Y SÁNCHEZ VILLODRE, CATALINA[26] SÁNCHEZ DE VILLODRE Y MANUEL, INÉS[25] SÁNCHEZ MANUEL DE VILLENA, JUAN[24] SÁNCHEZ MANUEL Y GONZÁLEZ DE MANZANEDO, SANCHO[23] MANUEL DE CASTILLA Y LASSO DE LA VEGA, JUAN I[22] MANUEL DE CASTILLA, REY DE CASTILLA LEÓN, JUANA[21] MANUEL DE CASTILLA, BLANCA[20] DE LA CERDA, FERNANDO[19] DE LA CERDA II, FERNANDO[18] DE LA CERDA, VIOLANTE[17] DE ARAGÓN, JAIME I[16] "EL CONQUISTADOR" REY DE ARAGÓN, PEDRO II[15] DE ARAGÓN, "EL CATÓLICO" REY DE ARAGÓN, ALFONSO II[14] REY DE ARAGÓN Y 1RO. DE CATALUÑA, PETRONILA[13] DE ARAGÓN, REINA DE ARAGÓN, RAMIRO II[12] SÁNCHEZ, REY DE ARAGÓN, SANCHO V[11] RAMÍREZ, REY DE ARAGÓN, RAMIRO I[10] SÁNCHEZ, REY DE ARAGÓN, SANCHO III[9] GARCÉS "EL GRANDE", REY DE PAMPLONA, GARCÍA II[8] SÁNCHEZ, REY DE PAMPLONA, EL TEMBLÓN, SANCHO II[7] GARCÉS ABARCA, REY DE PAMPLONA, GARCÍA I[6] SÁNCHEZ, REY DE PAMPLONA, SANCHO I[5] GARCÉS, REY DE PAMPLONA, GARCÍA[4] JIMÉNEZ, PRÍNCIPE DE NAVARRA, JIMENA[3] GARCÍA, GARCÍA[2] JIMÉNEZ, JIMINO[1])* He married JUANA DE VERA Y TORO DE ULLOA, daughter of DIEGO DE HERRERA and JUANA DE VERA Y TORO DE ULLOA.

Child of LUIS MÉNDEZ SOTOMAYOR Y CERRATO and JUANA DE VERA Y TORO DE ULLOA is:
51. i. JUANA[31] DE VERA SOTOMAYOR.

49. MARÍA ROSA[30] DE AVELLANEDA Y LABAYEN *(JUANA[29] DE LABAYEN Y PONCE DE LEÓN, MARÍA[28] PONCE DE LEÓN Y NAVARRO, RODRIGO[27] LÓPEZ DE ALANIS Y VERA GUZMÁN, CATALINA[26] DE VERA Y GUZMÁN E IRALA, ALONSO[25] RIQUELME DE GUZMÁN Y P. DE LEÓN, VIOLANTE[24] PONCE DE LEÓN Y VERA ZURITA, EUTROPO[23] PONCE DE LEÓN Y GONZÁLEZ DE OVIEDO, JUAN[22] PONCE DE LEÓN Y DE AYALA, CONDE, PEDRO[21] PONCE DE LEÓN Y DE HARO, PEDRO[20] PONCE DE LEÓN Y ARAGÓN-XÉRICA, BEATRIZ[19] DE ARAGÓN-XÉRICA, INFANTA DE*

ARAGÓN-X, JAIME II[18] DE ARAGÓN-XÉRICA, REY DE ARAGÓN-X, JAIME I[17], JAIME I[16] "EL CONQUISTADOR" REY DE ARAGÓN, PEDRO II[15] DE ARAGÓN, "EL CATÓLICO" REY DE ARAGÓN, ALFONSO II[14] REY DE ARAGÓN Y 1RO. DE CATALUÑA, PETRONILA[13] DE ARAGÓN, REINA DE ARAGÓN, RAMIRO II[12] SÁNCHEZ, REY DE ARAGÓN, SANCHO V[11] RAMÍREZ, REY DE ARAGÓN, RAMIRO I[10] SÁNCHEZ, REY DE ARAGÓN, SANCHO III[9] GARCÉS "EL GRANDE", REY DE PAMPLONA, GARCÍA II[8] SÁNCHEZ, REY DE PAMPLONA, EL TEMBLÓN, SANCHO II[7] GARCÉS ABARCA, REY DE PAMPLONA, GARCÍA I[6] SÁNCHEZ, REY DE PAMPLONA, SANCHO I[5] GARCÉS, REY DE PAMPLONA, GARCÍA[4] JIMÉNEZ, PRÍNCIPE DE NAVARRA, JIMENA[3] GARCÍA, GARCÍA[2] JIMÉNEZ, JIMINO[1]) She married JUAN DE SAN MARTÍN.

Child of MARÍA DE AVELLANEDA Y LABAYEN and JUAN DE SAN MARTÍN is:
52. i. FRANCISCA JAVIERA[31] DE SAN MARTÍN Y AVELLANEDA.

50. AGUSTINA[30] DE AVELLANEDA Y LABAYEN *(JUANA[29] DE LABAYEN Y PONCE DE LEÓN, MARÍA[28] PONCE DE LEÓN Y NAVARRO, RODRIGO[27] LÓPEZ DE ALANIS Y VERA GUZMÁN, CATALINA[26] DE VERA Y GUZMÁN E IRALA, ALONSO[25] RIQUELME DE GUZMÁN Y P. DE LEÓN, VIOLANTE[24] PONCE DE LEÓN Y VERA ZURITA, EUTROPO[23] PONCE DE LEÓN Y GONZÁLEZ DE OVIEDO, JUAN[22] PONCE DE LEÓN Y DE AYALA, CONDE, PEDRO[21] PONCE DE LEÓN Y DE HARO, PEDRO[20] PONCE DE LEÓN Y ARAGÓN-XÉRICA, BEATRIZ[19] DE ARAGÓN-XÉRICA, INFANTA DE ARAGÓN-X, JAIME II[18] DE ARAGÓN-XÉRICA, REY DE ARAGÓN-X, JAIME I[17], JAIME I[16] "EL CONQUISTADOR" REY DE ARAGÓN, PEDRO II[15] DE ARAGÓN, "EL CATÓLICO" REY DE ARAGÓN, ALFONSO II[14] REY DE ARAGÓN Y 1RO. DE CATALUÑA, PETRONILA[13] DE ARAGÓN, REINA DE ARAGÓN, RAMIRO II[12] SÁNCHEZ, REY DE ARAGÓN, SANCHO V[11] RAMÍREZ, REY DE ARAGÓN, RAMIRO I[10] SÁNCHEZ, REY DE ARAGÓN, SANCHO III[9] GARCÉS "EL GRANDE", REY DE PAMPLONA, GARCÍA II[8] SÁNCHEZ, REY DE PAMPLONA, EL TEMBLÓN, SANCHO II[7] GARCÉS ABARCA, REY DE PAMPLONA, GARCÍA I[6] SÁNCHEZ, REY DE PAMPLONA, SANCHO I[5] GARCÉS, REY DE PAMPLONA, GARCÍA[4] JIMÉNEZ, PRÍNCIPE DE NAVARRA, JIMENA[3] GARCÍA, GARCÍA[2] JIMÉNEZ, JIMINO[1])* She married ANTONIO DE LARRAZÁBAL Y BASUALDO.

Notes for ANTONIO DE LARRAZÁBAL Y BASUALDO:
Don Antonio de Larrazábal y Basualdo era Maestre de Campo.

Children of AGUSTINA DE AVELLANEDA Y LABAYEN and ANTONIO DE LARRAZÁBAL Y BASUALDO are:
53. i. MARCOS JOSÉ[31] DE LARRAZÁBAL Y AVELLANEDA, b. June 25, 1710, Buenos Aires, Argentina; d. 1790, Buenos Aires, Argentina.
54. ii. TOMASA DE LARRAZÁBAL Y AVELLANEDA, b. 1709; d. 1813.

Generation No. 31

51. JUANA[31] DE VERA SOTOMAYOR *(LUIS[30] MÉNDEZ SOTOMAYOR Y CERRATO, ALFONSO[29] FERNÁNDEZ DE SOTOMAYOR FIGUEROA MESSÍA, LUIS[28] MÉNDEZ DE SOTOMAYOR FIGUEROA MESSÍA, GARCI[27] MÉNDEZ DE SOTOMAYOR Y SÁNCHEZ VILLODRE, CATALINA[26] SÁNCHEZ DE VILLODRE Y MANUEL, INÉS[25] SÁNCHEZ MANUEL DE VILLENA, JUAN[24] SÁNCHEZ MANUEL Y GONZÁLEZ DE MANZANEDO, SANCHO[23] MANUEL DE CASTILLA Y LASSO DE LA VEGA, JUAN I[22] MANUEL DE CASTILLA, REY DE CASTILLA LEÓN, JUANA[21] MANUEL DE CASTILLA, BLANCA[20] DE LA CERDA, FERNANDO[19] DE LA CERDA II, FERNANDO[18] DE LA CERDA, VIOLANTE[17] DE ARAGÓN, JAIME I[16] "EL CONQUISTADOR" REY DE ARAGÓN, PEDRO II[15] DE ARAGÓN, "EL CATÓLICO" REY DE ARAGÓN, ALFONSO II[14] REY DE ARAGÓN Y 1RO. DE CATALUÑA, PETRONILA[13] DE ARAGÓN, REINA DE ARAGÓN, RAMIRO II[12] SÁNCHEZ, REY DE ARAGÓN, SANCHO V[11] RAMÍREZ, REY DE ARAGÓN, RAMIRO I[10] SÁNCHEZ, REY DE ARAGÓN, SANCHO III[9] GARCÉS "EL GRANDE", REY DE PAMPLONA, GARCÍA II[8] SÁNCHEZ, REY DE PAMPLONA, EL TEMBLÓN, SANCHO II[7] GARCÉS ABARCA, REY DE PAMPLONA, GARCÍA I[6] SÁNCHEZ, REY DE PAMPLONA, SANCHO I[5] GARCÉS, REY DE PAMPLONA, GARCÍA[4] JIMÉNEZ, PRÍNCIPE DE NAVARRA, JIMENA[3] GARCÍA, GARCÍA[2] JIMÉNEZ, JIMINO[1])* She married GARCIA RAMIRO-CORAJO Y ZÚÑIGA 1620 in Granada, Nicaragua, Virreinato de Guatemala, son of CAPITÁN RAMIRO-CORAJO and FRANCISCA

DE ZÚÑIGA. He was born 1588 in Cartago, Costa Rica, Virreinato de Guatemala, and died October 15, 1639 in Valle de Barva, Costa Rica, Virreinato de Guatemala.

More About GARCIA RAMIRO-CORAJO Y ZÚÑIGA and JUANA DE VERA SOTOMAYOR:
Marriage: 1620, Granada, Nicaragua, Virreinato de Guatemala

Children of JUANA DE VERA SOTOMAYOR and GARCIA RAMIRO-CORAJO Y ZÚÑIGA are:
55. i. JOSEPH FRANCISCO[32] RAMIRO-CORAJO Y VERA SOTOMAYOR.
56. ii. FERNANDO RAMIRO-CORAJO Y VERA SOTOMAYOR.
iii. DIEGO RAMIRO-CORAJO Y VERA SOTOMAYOR.
iv. ANTONIO RAMIRO-CORAJO Y VERA SOTOMAYOR.
v. FRANCISCA RAMIRO-CORAJO Y VERA SOTOMAYOR.
vi. JUANA RAMIRO-CORAJO Y VERA SOTOMAYOR.
vii. MARÍA RAMIRO-CORAJO Y VERA SOTOMAYOR.
viii. MICAELA RAMIRO-CORAJO Y VERA SOTOMAYOR.

52. FRANCISCA JAVIERA[31] DE SAN MARTÍN Y AVELLANEDA *(MARÍA ROSA[30] DE AVELLANEDA Y LABAYEN, JUANA[29] DE LABAYEN Y PONCE DE LEÓN, MARÍA[28] PONCE DE LEÓN Y NAVARRO, RODRIGO[27] LÓPEZ DE ALANIS Y VERA GUZMÁN, CATALINA[26] DE VERA Y GUZMÁN E IRALA, ALONSO[25] RIQUELME DE GUZMÁN Y P. DE LEÓN, VIOLANTE[24] PONCE DE LEÓN Y VERA ZURITA, EUTROPO[23] PONCE DE LEÓN Y GONZÁLEZ DE OVIEDO, JUAN[22] PONCE DE LEÓN Y DE AYALA, CONDE, PEDRO[21] PONCE DE LEÓN Y DE HARO, PEDRO[20] PONCE DE LEÓN Y ARAGÓN-XÉRICA, BEATRIZ[19] DE ARAGÓN-XÉRICA, INFANTA DE ARAGÓN-X, JAIME II[18] DE ARAGÓN-XÉRICA, REY DE ARAGÓN-X, JAIME I[17], JAIME I[16] "EL CONQUISTADOR" REY DE ARAGÓN, PEDRO II[15] DE ARAGÓN, "EL CATÓLICO" REY DE ARAGÓN, ALFONSO II[14] REY DE ARAGÓN Y 1RO. DE CATALUÑA, PETRONILA[13] DE ARAGÓN, REINA DE ARAGÓN, RAMIRO II[12] SÁNCHEZ, REY DE ARAGÓN, SANCHO V[11] RAMÍREZ, REY DE ARAGÓN, RAMIRO I[10] SÁNCHEZ, REY DE ARAGÓN, SANCHO III[9] GARCÉS "EL GRANDE", REY DE PAMPLONA, GARCÍA II[8] SÁNCHEZ, REY DE PAMPLONA, EL TEMBLÓN, SANCHO II[7] GARCÉS ABARCA, REY DE PAMPLONA, GARCÍA I[6] SÁNCHEZ, REY DE PAMPLONA, SANCHO I[5] GARCÉS, REY DE PAMPLONA, GARCÍA[4] JIMÉNEZ, PRÍNCIPE DE NAVARRA, JIMENA[3] GARCÍA, GARCÍA[2] JIMÉNEZ, JIMINO[1])* She married MARIANO DE ZAVALETA.

Children of FRANCISCA DE SAN MARTÍN Y AVELLANEDA and MARIANO DE ZAVALETA are:
i. MARÍA ISABEL[32] DE ZAVALETA Y SAN MARTÍN.
57. ii. MARIANO DE ZAVALETA Y SAN MARTÍN.

53. MARCOS JOSÉ[31] DE LARRAZÁBAL Y AVELLANEDA *(AGUSTINA[30] DE AVELLANEDA Y LABAYEN, JUANA[29] DE LABAYEN Y PONCE DE LEÓN, MARÍA[28] PONCE DE LEÓN Y NAVARRO, RODRIGO[27] LÓPEZ DE ALANIS Y VERA GUZMÁN, CATALINA[26] DE VERA Y GUZMÁN E IRALA, ALONSO[25] RIQUELME DE GUZMÁN Y P. DE LEÓN, VIOLANTE[24] PONCE DE LEÓN Y VERA ZURITA, EUTROPO[23] PONCE DE LEÓN Y GONZÁLEZ DE OVIEDO, JUAN[22] PONCE DE LEÓN Y DE AYALA, CONDE, PEDRO[21] PONCE DE LEÓN Y DE HARO, PEDRO[20] PONCE DE LEÓN Y ARAGÓN-XÉRICA, BEATRIZ[19] DE ARAGÓN-XÉRICA, INFANTA DE ARAGÓN-X, JAIME II[18] DE ARAGÓN-XÉRICA, REY DE ARAGÓN-X, JAIME I[17], JAIME I[16] "EL CONQUISTADOR" REY DE ARAGÓN, PEDRO II[15] DE ARAGÓN, "EL CATÓLICO" REY DE ARAGÓN, ALFONSO II[14] REY DE ARAGÓN Y 1RO. DE CATALUÑA, PETRONILA[13] DE ARAGÓN, REINA DE ARAGÓN, RAMIRO II[12] SÁNCHEZ, REY DE ARAGÓN, SANCHO V[11] RAMÍREZ, REY DE ARAGÓN, RAMIRO I[10] SÁNCHEZ, REY DE ARAGÓN, SANCHO III[9] GARCÉS "EL GRANDE", REY DE PAMPLONA, GARCÍA II[8] SÁNCHEZ, REY DE PAMPLONA, EL TEMBLÓN, SANCHO II[7] GARCÉS ABARCA, REY DE PAMPLONA, GARCÍA I[6] SÁNCHEZ, REY DE PAMPLONA, SANCHO I[5] GARCÉS, REY DE PAMPLONA, GARCÍA[4] JIMÉNEZ, PRÍNCIPE DE NAVARRA, JIMENA[3] GARCÍA, GARCÍA[2] JIMÉNEZ, JIMINO[1])* was born June 25, 1710 in Buenos Aires, Argentina, and died 1790 in Buenos Aires, Argentina. He married JOSEFA LEOCADIA DE LA QUINTANA Y RIGLOS.

More About MARCOS JOSÉ DE LARRAZÁBAL Y AVELLANEDA:
Burial: Buenos Aires, Argentina

Child of MARCOS DE LARRAZÁBAL Y AVELLANEDA and JOSEFA DE LA QUINTANA Y RIGLOS is:
58. i. JUANA MARÍA[32] DE LARRAZÁBAL Y DE LA QUINTANA, b. July 15, 1763, Buenos Aires, Argentina.

54. TOMASA[31] DE LARRAZÁBAL Y AVELLANEDA *(AGUSTINA[30] DE AVELLANEDA Y LABAYEN, JUANA[29] DE LABAYEN Y PONCE DE LEÓN, MARÍA[28] PONCE DE LEÓN Y NAVARRO, RODRIGO[27] LÓPEZ DE ALANIS Y VERA GUZMÁN, CATALINA[26] DE VERA Y GUZMÁN E IRALA, ALONSO[25] RIQUELME DE GUZMÁN Y P. DE LEÓN, VIOLANTE[24] PONCE DE LEÓN Y VERA ZURITA, EUTROPO[23] PONCE DE LEÓN Y GONZÁLEZ DE OVIEDO, JUAN[22]PONCE DE LEÓN Y DE AYALA, CONDE, PEDRO[21] PONCE DE LEÓN Y DE HARO, PEDRO[20] PONCE DE LEÓN Y ARAGÓN-XÉRICA, BEATRIZ[19]DE ARAGÓN-XÉRICA, INFANTA DE ARAGÓN-X, JAIME II[18]DE ARAGÓN-XÉRICA, REY DE ARAGÓN-X, JAIME I[17], JAIME I[16] "EL CONQUISTADOR" REY DE ARAGÓN, PEDRO II[15]DE ARAGÓN, "EL CATÓLICO" REY DE ARAGÓN, ALFONSO II[14] REY DE ARAGÓN Y 1RO. DE CATALUÑA, PETRONILA[13]DE ARAGÓN, REINA DE ARAGÓN, RAMIRO II[12]SÁNCHEZ, REY DE ARAGÓN, SANCHO V[11]RAMÍREZ, REY DE ARAGÓN, RAMIRO I[10]SÁNCHEZ, REY DE ARAGÓN, SANCHO III[9]GARCÉS "EL GRANDE", REY DE PAMPLONA, GARCÍA II[8]SÁNCHEZ, REY DE PAMPLONA, EL TEMBLÓN, SANCHO II[7]GARCÉS ABARCA, REY DE PAMPLONA, GARCÍA I[6]SÁNCHEZ, REY DE PAMPLONA, SANCHO I[5]GARCÉS, REY DE PAMPLONA, GARCÍA[4]JIMÉNEZ, PRÍNCIPE DE NAVARRA, JIMENA[3] GARCÍA, GARCÍA[2] JIMÉNEZ, JIMINO[1])* was born 1709, and died 1813. She married PABLO DE ALOIS.

Children of TOMASA DE LARRAZÁBAL Y AVELLANEDA and PABLO DE ALOIS are:
59. i. JUANA MARÍA[32] DE ALOIS Y LARRAZÁBAL.
60. ii. PETRONILA DE ALOIS Y LARRAZÁBAL.

Generation No. 32

55. JOSEPH FRANCISCO[32] RAMIRO-CORAJO Y VERA SOTOMAYOR *(JUANA[31] DE VERA SOTOMAYOR, LUIS[30] MÉNDEZ SOTOMAYOR Y CERRATO, ALFONSO[29] FERNÁNDEZ DE SOTOMAYOR FIGUEROA MESSÍA, LUIS[28] MÉNDEZ DE SOTOMAYOR FIGUEROA MESSÍA, GARCI[27] MÉNDEZ DE SOTOMAYOR Y SÁNCHEZ VILLODRE, CATALINA[26] SÁNCHEZ DE VILLODRE Y MANUEL, INÉS[25] SÁNCHEZ MANUEL DE VILLENA, JUAN[24] SÁNCHEZ MANUEL Y GONZÁLEZ DE MANZANEDO, SANCHO[23] MANUEL DE CASTILLA Y LASSO DE LA VEGA, JUAN I[22]MANUEL DE CASTILLA, REY DE CASTILLA LEÓN, JUANA[21] MANUEL DE CASTILLA, BLANCA[20] DE LA CERDA, FERNANDO[19] DE LA CERDA II, FERNANDO[18] DE LA CERDA, VIOLANTE[17] DE ARAGÓN, JAIME I[16] "EL CONQUISTADOR" REY DE ARAGÓN, PEDRO II[15]DE ARAGÓN, "EL CATÓLICO" REY DE ARAGÓN, ALFONSO II[14] REY DE ARAGÓN Y 1RO. DE CATALUÑA, PETRONILA[13]DE ARAGÓN, REINA DE ARAGÓN, RAMIRO II[12]SÁNCHEZ, REY DE ARAGÓN, SANCHO V[11]RAMÍREZ, REY DE ARAGÓN, RAMIRO I[10]SÁNCHEZ, REY DE ARAGÓN, SANCHO III[9]GARCÉS "EL GRANDE", REY DE PAMPLONA, GARCÍA II[8]SÁNCHEZ, REY DE PAMPLONA, EL TEMBLÓN, SANCHO II[7]GARCÉS ABARCA, REY DE PAMPLONA, GARCÍA I[6]SÁNCHEZ, REY DE PAMPLONA, SANCHO I[5]GARCÉS, REY DE PAMPLONA, GARCÍA[4]JIMÉNEZ, PRÍNCIPE DE NAVARRA, JIMENA[3] GARCÍA, GARCÍA[2] JIMÉNEZ, JIMINO[1])* He married MARÍA RETES PELÁEZ VÁZQUEZ DE CORONADO, daughter of JERÓNIMO RETES LÓPEZ Y ORTEGA and MARÍA PELÁEZ VÁZQUEZ DE CORONADO.

Child of JOSEPH RAMIRO-CORAJO Y VERA SOTOMAYOR and MARÍA RETES PELÁEZ VÁZQUEZ DE CORONADO is:
61. i. MARÍA ROSA[33] VÁZQUEZ RAMIRO-CORAJO.

56. FERNANDO[32] RAMIRO-CORAJO Y VERA SOTOMAYOR *(JUANA[31] DE VERA SOTOMAYOR,*

LUIS[30] MÉNDEZ SOTOMAYOR Y CERRATO, ALFONSO[29] FERNÁNDEZ DE SOTOMAYOR FIGUEROA MESSÍA, LUIS[28] MÉNDEZ DE SOTOMAYOR FIGUEROA MESSÍA, GARCÍ[27] MÉNDEZ DE SOTOMAYOR Y SÁNCHEZ VILLODRE, CATALINA[26] SÁNCHEZ DE VILLODRE Y MANUEL, INÉS[25] SÁNCHEZ MANUEL DE VILLENA, JUAN[24] SÁNCHEZ MANUEL Y GONZÁLEZ DE MANZANEDO, SANCHO[23] MANUEL DE CASTILLA Y LASSO DE LA VEGA, JUAN I[22]MANUEL DE CASTILLA, REY DE CASTILLA LEÓN, JUANA[21] MANUEL DE CASTILLA, BLANCA[20] DE LA CERDA, FERNANDO[19] DE LA CERDA II, FERNANDO[18] DE LA CERDA, VIOLANTE[17] DE ARAGÓN, JAIME I[16] "EL CONQUISTADOR" REY DE ARAGÓN, PEDRO II[15]DE ARAGÓN, "EL CATÓLICO" REY DE ARAGÓN, ALFONSO II[14] REY DE ARAGÓN Y 1RO. DE CATALUÑA, PETRONILA[13]DE ARAGÓN, REINA DE ARAGÓN, RAMIRO II[12]SÁNCHEZ, REY DE ARAGÓN, SANCHO V[11]RAMÍREZ, REY DE ARAGÓN, RAMIRO I[10]SÁNCHEZ, REY DE ARAGÓN, SANCHO III[9]GARCÉS "EL GRANDE", REY DE PAMPLONA, GARCÍA II[8]SÁNCHEZ, REY DE PAMPLONA, EL TEMBLÓN, SANCHO II[7]GARCÉS ABARCA, REY DE PAMPLONA, GARCÍA I[6]SÁNCHEZ, REY DE PAMPLONA, SANCHO I[5]GARCÉS, REY DE PAMPLONA, GARCÍA[4]JIMÉNEZ, PRÍNCIPE DE NAVARRA, JIMENA[3] GARCÍA, GARCÍA[2] JIMÉNEZ, JIMINO[1]) He married MARÍA ANTONIA ZAPATA DE SALAZAR ECHAVARRÍA, daughter of CRISTÓBAL DE ZAPATA Y SALAZAR ROA and ANA ECHAVARRÍA NAVARRO Y OCAMPO.

Child of FERNANDO RAMIRO-CORAJO Y VERA SOTOMAYOR and MARÍA ZAPATA DE SALAZAR ECHAVARRÍA is:
62. i. ANA MARTA[33] RAMIRO-CORAJO Y ZAPATA.

57. MARIANO[32] DE ZAVALETA Y SAN MARTÍN *(FRANCISCA JAVIERA[31] DE SAN MARTÍN Y AVELLANEDA, MARÍA ROSA[30] DE AVELLANEDA Y LABAYEN, JUANA[29] DE LABAYEN Y PONCE DE LEÓN, MARÍA[28] PONCE DE LEÓN Y NAVARRO, RODRIGO[27] LÓPEZ DE ALANIS Y VERA GUZMÁN, CATALINA[26] DE VERA Y GUZMÁN E IRALA, ALONSO[25] RIQUELME DE GUZMÁN Y P. DE LEÓN, VIOLANTE[24] PONCE DE LEÓN Y VERA ZURITA, EUTROPO[23] PONCE DE LEÓN Y GONZÁLEZ DE OVIEDO, JUAN[22]PONCE DE LEÓN Y DE AYALA, CONDE, PEDRO[21] PONCE DE LEÓN Y DE HARO, PEDRO[20] PONCE DE LEÓN Y ARAGÓN-XÉRICA, BEATRIZ[19]DE ARAGÓN-XÉRICA, INFANTA DE ARAGÓN-X, JAIME II[18]DE ARAGÓN-XÉRICA, REY DE ARAGÓN-X, JAIME I[17], JAIME I[16] "EL CONQUISTADOR" REY DE ARAGÓN, PEDRO II[15]DE ARAGÓN, "EL CATÓLICO" REY DE ARAGÓN, ALFONSO II[14] REY DE ARAGÓN Y 1RO. DE CATALUÑA, PETRONILA[13]DE ARAGÓN, REINA DE ARAGÓN, RAMIRO II[12]SÁNCHEZ, REY DE ARAGÓN, SANCHO V[11]RAMÍREZ, REY DE ARAGÓN, RAMIRO I[10]SÁNCHEZ, REY DE ARAGÓN, SANCHO III[9]GARCÉS "EL GRANDE", REY DE PAMPLONA, GARCÍA II[8]SÁNCHEZ, REY DE PAMPLONA, EL TEMBLÓN, SANCHO II[7]GARCÉS ABARCA, REY DE PAMPLONA, GARCÍA I[6]SÁNCHEZ, REY DE PAMPLONA, SANCHO I[5]GARCÉS, REY DE PAMPLONA, GARCÍA[4]JIMÉNEZ, PRÍNCIPE DE NAVARRA, JIMENA[3] GARCÍA, GARCÍA[2] JIMÉNEZ, JIMINO[1])* He married MARÍA JACINTA FRANCISCA DE RIGLOS.

Child of MARIANO DE ZAVALETA Y SAN MARTÍN and MARÍA DE RIGLOS is:
63. i. MARÍA ISABEL[33] DE ZAVALETA Y RIGLOS, b. 1795; d. January 24, 1883.

58. JUANA MARÍA[32] DE LARRAZÁBAL Y DE LA QUINTANA *(MARCOS JOSÉ[31] DE LARRAZÁBAL Y AVELLANEDA, AGUSTINA[30] DE AVELLANEDA Y LABAYEN, JUANA[29] DE LABAYEN Y PONCE DE LEÓN, MARÍA[28] PONCE DE LEÓN Y NAVARRO, RODRIGO[27] LÓPEZ DE ALANIS Y VERA GUZMÁN, CATALINA[26] DE VERA Y GUZMÁN E IRALA, ALONSO[25] RIQUELME DE GUZMÁN Y P. DE LEÓN, VIOLANTE[24] PONCE DE LEÓN Y VERA ZURITA, EUTROPO[23] PONCE DE LEÓN Y GONZÁLEZ DE OVIEDO, JUAN[22]PONCE DE LEÓN Y DE AYALA, CONDE, PEDRO[21] PONCE DE LEÓN Y DE HARO, PEDRO[20] PONCE DE LEÓN Y ARAGÓN-XÉRICA, BEATRIZ[19]DE ARAGÓN-XÉRICA, INFANTA DE ARAGÓN-X, JAIME II[18]DE ARAGÓN-XÉRICA, REY DE ARAGÓN-X, JAIME I[17], JAIME I[16] "EL CONQUISTADOR" REY DE ARAGÓN, PEDRO II[15]DE ARAGÓN, "EL CATÓLICO" REY DE ARAGÓN, ALFONSO II[14] REY DE ARAGÓN Y 1RO. DE CATALUÑA, PETRONILA[13]DE ARAGÓN, REINA DE ARAGÓN, RAMIRO II[12]SÁNCHEZ, REY DE ARAGÓN, SANCHO V[11]RAMÍREZ, REY DE ARAGÓN, RAMIRO I[10]SÁNCHEZ, REY DE ARAGÓN, SANCHO III[9]GARCÉS "EL GRANDE", REY DE PAMPLONA, GARCÍA II[8]SÁNCHEZ, REY DE PAMPLONA, EL TEMBLÓN, SANCHO II[7]GARCÉS ABARCA, REY DE PAMPLONA, GARCÍA I[6]SÁNCHEZ, REY DE PAMPLONA, SANCHO I[5]GARCÉS, REY DE PAMPLONA,*

GARCÍA[4] JIMÉNEZ, PRÍNCIPE DE NAVARRA, JIMENA[3] GARCÍA, GARCÍA[2] JIMÉNEZ, JIMINO[1]) was born July 15, 1763 in Buenos Aires, Argentina. She married RAFAELDE SOBREMONTE, III MARQUÉS DE SOBREMONTE.

Child of JUANA DE LARRAZÁBAL Y DE LA QUINTANA and RAFAEL DE SOBREMONTE, III MARQUÉS DE SOBREMONTE is:
64. i. JUANA MARÍA[33] DE SOBREMONTE Y LARRAZÁBAL.

59. JUANA MARÍA[32] DE ALOIS Y LARRAZÁBAL *(TOMASA[31] DE LARRAZÁBAL Y AVELLANEDA, AGUSTINA[30] DE AVELLANEDA Y LABAYEN, JUANA[29] DE LABAYEN Y PONCE DE LEÓN, MARÍA[28] PONCE DE LEÓN Y NAVARRO, RODRIGO[27] LÓPEZ DE ALANIS Y VERA GUZMÁN, CATALINA[26] DE VERA Y GUZMÁN E IRALA, ALONSO[25] RIQUELME DE GUZMÁN Y P. DE LEÓN, VIOLANTE[24] PONCE DE LEÓN Y VERA ZURITA, EUTROPO[23] PONCE DE LEÓN Y GONZÁLEZ DE OVIEDO, JUAN[22] PONCE DE LEÓN Y DE AYALA, CONDE, PEDRO[21] PONCE DE LEÓN Y DE HARO, PEDRO[20] PONCE DE LEÓN Y ARAGÓN-XÉRICA, BEATRIZ[19] DE ARAGÓN-XÉRICA, INFANTA DE ARAGÓN-X, JAIME II[18] DE ARAGÓN-XÉRICA, REY DE ARAGÓN-X, JAIME I[17], JAIME I[16] "EL CONQUISTADOR" REY DE ARAGÓN, PEDRO II[15] DE ARAGÓN, "EL CATÓLICO" REY DE ARAGÓN, ALFONSO II[14] REY DE ARAGÓN Y 1RO. DE CATALUÑA, PETRONILA[13] DE ARAGÓN, REINA DE ARAGÓN, RAMIRO II[12] SÁNCHEZ, REY DE ARAGÓN, SANCHO V[11] RAMÍREZ, REY DE ARAGÓN, RAMIRO I[10] SÁNCHEZ, REY DE ARAGÓN, SANCHO III[9] GARCÉS "EL GRANDE", REY DE PAMPLONA, GARCÍA II[8] SÁNCHEZ, REY DE PAMPLONA, EL TEMBLÓN, SANCHO II[7] GARCÉS ABARCA, REY DE PAMPLONA, GARCÍA I[6] SÁNCHEZ, REY DE PAMPLONA, SANCHO I[5] GARCÉS, REY DE PAMPLONA, GARCÍA[4] JIMÉNEZ, PRÍNCIPE DE NAVARRA, JIMENA[3] GARCÍA, GARCÍA[2] JIMÉNEZ, JIMINO[1])* She married JERÓNIMO DE OTALORA.

Child of JUANA DE ALOIS Y LARRAZÁBAL and JERÓNIMO DE OTALORA is:
65. i. JOSÉ ANTONIO[33] DE OTALORA Y ALOIS.

60. PETRONILA[32] DE ALOIS Y LARRAZÁBAL *(TOMASA[31] DE LARRAZÁBAL Y AVELLANEDA, AGUSTINA[30] DE AVELLANEDA Y LABAYEN, JUANA[29] DE LABAYEN Y PONCE DE LEÓN, MARÍA[28] PONCE DE LEÓN Y NAVARRO, RODRIGO[27] LÓPEZ DE ALANIS Y VERA GUZMÁN, CATALINA[26] DE VERA Y GUZMÁN E IRALA, ALONSO[25] RIQUELME DE GUZMÁN Y P. DE LEÓN, VIOLANTE[24] PONCE DE LEÓN Y VERA ZURITA, EUTROPO[23] PONCE DE LEÓN Y GONZÁLEZ DE OVIEDO, JUAN[22] PONCE DE LEÓN Y DE AYALA, CONDE, PEDRO[21] PONCE DE LEÓN Y DE HARO, PEDRO[20] PONCE DE LEÓN Y ARAGÓN-XÉRICA, BEATRIZ[19] DE ARAGÓN-XÉRICA, INFANTA DE ARAGÓN-X, JAIME II[18] DE ARAGÓN-XÉRICA, REY DE ARAGÓN-X, JAIME I[17], JAIME I[16] "EL CONQUISTADOR" REY DE ARAGÓN, PEDRO II[15] DE ARAGÓN, "EL CATÓLICO" REY DE ARAGÓN, ALFONSO II[14] REY DE ARAGÓN Y 1RO. DE CATALUÑA, PETRONILA[13] DE ARAGÓN, REINA DE ARAGÓN, RAMIRO II[12] SÁNCHEZ, REY DE ARAGÓN, SANCHO V[11] RAMÍREZ, REY DE ARAGÓN, RAMIRO I[10] SÁNCHEZ, REY DE ARAGÓN, SANCHO III[9] GARCÉS "EL GRANDE", REY DE PAMPLONA, GARCÍA II[8] SÁNCHEZ, REY DE PAMPLONA, EL TEMBLÓN, SANCHO II[7] GARCÉS ABARCA, REY DE PAMPLONA, GARCÍA I[6] SÁNCHEZ, REY DE PAMPLONA, SANCHO I[5] GARCÉS, REY DE PAMPLONA, GARCÍA[4] JIMÉNEZ, PRÍNCIPE DE NAVARRA, JIMENA[3] GARCÍA, GARCÍA[2] JIMÉNEZ, JIMINO[1])* She married JOSÉ IGNACIO DE LA QUINTANA.

Child of PETRONILA DE ALOIS Y LARRAZÁBAL and JOSÉ DE LA QUINTANA is:
66. i. TOMASA[33] DE LA QUINTANA Y ALOIS, b. 1766, Buenos Aires, Argentina; d. Buenos Aires, Argentina.

Generation No. 33

61. MARÍA ROSA[33] VÁZQUEZ RAMIRO-CORAJO *(JOSEPH FRANCISCO[32] RAMIRO-CORAJO Y VERA SOTOMAYOR, JUANA[31] DE VERA SOTOMAYOR, LUIS[30] MÉNDEZ SOTOMAYOR Y CERRATO,*

ALFONSO[29] FERNÁNDEZ DE SOTOMAYOR FIGUEROA MESSÍA, LUIS[28] MÉNDEZ DE SOTOMAYOR FIGUEROA MESSÍA, GARCÍ[27] MÉNDEZ DE SOTOMAYOR Y SÁNCHEZ VILLODRE, CATALINA[26] SÁNCHEZ DE VILLODRE Y MANUEL, INÉS[25] SÁNCHEZ MANUEL DE VILLENA, JUAN[24] SÁNCHEZ MANUEL Y GONZÁLEZ DE MANZANEDO, SANCHO[23] MANUEL DE CASTILLA Y LASSO DE LA VEGA, JUAN I[22] MANUEL DE CASTILLA, REY DE CASTILLA LEÓN, JUANA[21] MANUEL DE CASTILLA, BLANCA[20] DE LA CERDA, FERNANDO[19] DE LA CERDA II, FERNANDO[18] DE LA CERDA, VIOLANTE[17] DE ARAGÓN, JAIME I[16] "EL CONQUISTADOR" REY DE ARAGÓN, PEDRO II[15] DE ARAGÓN, "EL CATÓLICO" REY DE ARAGÓN, ALFONSO II[14] REY DE ARAGÓN Y 1RO. DE CATALUÑA, PETRONILA[13] DE ARAGÓN, REINA DE ARAGÓN, RAMIRO II[12] SÁNCHEZ, REY DE ARAGÓN, SANCHO V[11] RAMÍREZ, REY DE ARAGÓN, RAMIRO I[10] SÁNCHEZ, REY DE ARAGÓN, SANCHO III[9] GARCÉS "EL GRANDE", REY DE PAMPLONA, GARCÍA II[8] SÁNCHEZ, REY DE PAMPLONA, EL TEMBLÓN, SANCHO II[7] GARCÉS ABARCA, REY DE PAMPLONA, GARCÍA I[6] SÁNCHEZ, REY DE PAMPLONA, SANCHO I[5] GARCÉS, REY DE PAMPLONA, GARCÍA[4] JIMÉNEZ, PRÍNCIPE DE NAVARRA, JIMENA[3] GARCÍA, GARCÍA[2] JIMÉNEZ, JIMINO[1]) She married PEDRO JOSÉ ANTONIO SÁENZ LANINI, son of JUAN SÁENZ VÁZQUEZ DE QUINTANILLA and BÁRBARA LANINI PRIAMI. He was born June 29, 1670.

Child of MARÍA VÁZQUEZ RAMIRO-CORAJO and PEDRO SÁENZ LANINI is:
67. i. MANUEL[34] SÁENZ VÁZQUEZ Y RAMIRO-CORAJO.

62. ANA MARTA[33] RAMIRO-CORAJO Y ZAPATA *(FERNANDO[32] RAMIRO-CORAJO Y VERA SOTOMAYOR, JUANA[31] DE VERA SOTOMAYOR, LUIS[30] MÉNDEZ SOTOMAYOR Y CERRATO, ALFONSO[29] FERNÁNDEZ DE SOTOMAYOR FIGUEROA MESSÍA, LUIS[28] MÉNDEZ DE SOTOMAYOR FIGUEROA MESSÍA, GARCÍ[27] MÉNDEZ DE SOTOMAYOR Y SÁNCHEZ VILLODRE, CATALINA[26] SÁNCHEZ DE VILLODRE Y MANUEL, INÉS[25] SÁNCHEZ MANUEL DE VILLENA, JUAN[24] SÁNCHEZ MANUEL Y GONZÁLEZ DE MANZANEDO, SANCHO[23] MANUEL DE CASTILLA Y LASSO DE LA VEGA, JUAN I[22] MANUEL DE CASTILLA, REY DE CASTILLA LEÓN, JUANA[21] MANUEL DE CASTILLA, BLANCA[20] DE LA CERDA, FERNANDO[19] DE LA CERDA II, FERNANDO[18] DE LA CERDA, VIOLANTE[17] DE ARAGÓN, JAIME I[16] "EL CONQUISTADOR" REY DE ARAGÓN, PEDRO II[15] DE ARAGÓN, "EL CATÓLICO" REY DE ARAGÓN, ALFONSO II[14] REY DE ARAGÓN Y 1RO. DE CATALUÑA, PETRONILA[13] DE ARAGÓN, REINA DE ARAGÓN, RAMIRO II[12] SÁNCHEZ, REY DE ARAGÓN, SANCHO V[11] RAMÍREZ, REY DE ARAGÓN, RAMIRO I[10] SÁNCHEZ, REY DE ARAGÓN, SANCHO III[9] GARCÉS "EL GRANDE", REY DE PAMPLONA, GARCÍA II[8] SÁNCHEZ, REY DE PAMPLONA, EL TEMBLÓN, SANCHO II[7] GARCÉS ABARCA, REY DE PAMPLONA, GARCÍA I[6] SÁNCHEZ, REY DE PAMPLONA, SANCHO I[5] GARCÉS, REY DE PAMPLONA, GARCÍA[4] JIMÉNEZ, PRÍNCIPE DE NAVARRA, JIMENA[3] GARCÍA, GARCÍA[2] JIMÉNEZ, JIMINO[1])* She married FRANCISCO ANTONIO AYERDI.

Child of ANA RAMIRO-CORAJO Y ZAPATA and FRANCISCO AYERDI is:
68. i. PEDRO MANUEL[34] AYERDI RAMIRO-CORAJO.

63. MARÍA ISABEL[33] DE ZAVALETA Y RIGLOS *(MARIANO[32] DE ZAVALETA Y SAN MARTÍN, FRANCISCA JAVIERA[31] DE SAN MARTÍN Y AVELLANEDA, MARÍA ROSA[30] DE AVELLANEDA Y LABAYEN, JUANA[29] DE LABAYEN Y PONCE DE LEÓN, MARÍA[28] PONCE DE LEÓN Y NAVARRO, RODRIGO[27] LÓPEZ DE ALANIS Y VERA GUZMÁN, CATALINA[26] DE VERA Y GUZMÁN E IRALA, ALONSO[25] RIQUELME DE GUZMÁN Y P. DE LEÓN, VIOLANTE[24] PONCE DE LEÓN Y VERA ZURITA, EUTROPO[23] PONCE DE LEÓN Y GONZÁLEZ DE OVIEDO, JUAN[22] PONCE DE LEÓN Y DE AYALA, CONDE, PEDRO[21] PONCE DE LEÓN Y DE HARO, PEDRO[20] PONCE DE LEÓN Y ARAGÓN-XÉRICA, BEATRIZ[19] DE ARAGÓN-XÉRICA, INFANTA DE ARAGÓN-X, JAIME II[18] DE ARAGÓN-XÉRICA, REY DE ARAGÓN-X, JAIME I[17], JAIME I[16] "EL CONQUISTADOR" REY DE ARAGÓN, PEDRO II[15] DE ARAGÓN, "EL CATÓLICO" REY DE ARAGÓN, ALFONSO II[14] REY DE ARAGÓN Y 1RO. DE CATALUÑA, PETRONILA[13] DE ARAGÓN, REINA DE ARAGÓN, RAMIRO II[12] SÁNCHEZ, REY DE ARAGÓN, SANCHO V[11] RAMÍREZ, REY DE ARAGÓN, RAMIRO I[10] SÁNCHEZ, REY DE ARAGÓN, SANCHO III[9] GARCÉS "EL GRANDE", REY DE PAMPLONA, GARCÍA II[8] SÁNCHEZ, REY DE PAMPLONA, EL TEMBLÓN,*

SANCHO II[7] GARCÉS ABARCA, REY DE PAMPLONA, GARCÍA I[6] SÁNCHEZ, REY DE PAMPLONA, SANCHO I[5] GARCÉS, REY DE PAMPLONA, GARCÍA[4] JIMÉNEZ, PRÍNCIPE DE NAVARRA, JIMENA[3] GARCÍA, GARCÍA[2] JIMÉNEZ, JIMINO[1]) was born 1795, and died January 24, 1883. She married PATRICIO JULIÁN LYNCH Y ROO, son of JUSTO LYNCH Y GALAYN and ANA ROO Y CABEZAS. He was born 1789, and died May 20, 1869.

Children of MARÍA DE ZAVALETA Y RIGLOS and PATRICIO LYNCH Y ROO are:

69. i. FCO. DE PAULA EUSTAQUI[34] LYNCH ZAVALETA, b. 1817, Buenos Aires, Argentina; d. March 25, 1886, Buenos Aires, Argentina.
- ii. JULIÁN LYNCH ZAVALETA.
- iii. CARLOS LYNCH ZAVALETA.
- iv. DEMETRIA LYNCH ZAVALETA.
- v. FÉLIX FLORO LYNCH ZAVALETA.
- vi. PATRICIO LYNCH ZAVALETA.
- vii. ENRIQUE LYNCH ZAVALETA.
- viii. MARÍA DEL ROSARIO LYNCH ZAVALETA.
- ix. VENTURA LYNCH ZAVALETA.
- x. ANA ISABEL LYNCH ZAVALETA.
- xi. JUSTINIANO LYNCH ZAVALETA.

64. JUANA MARÍA[33] DE SOBREMONTE Y LARRAZÁBAL *(JUANA MARÍA[32] DE LARRAZÁBAL Y DE LA QUINTANA, MARCOS JOSÉ[31] DE LARRAZÁBAL Y AVELLANEDA, AGUSTINA[30] DE AVELLANEDA Y LABAYEN, JUANA[29] DE LABAYEN Y PONCE DE LEÓN, MARÍA[28] PONCE DE LEÓN Y NAVARRO, RODRIGO[27] LÓPEZ DE ALANIS Y VERA GUZMÁN, CATALINA[26] DE VERA Y GUZMÁN E IRALA, ALONSO[25] RIQUELME DE GUZMÁN Y P. DE LEÓN, VIOLANTE[24] PONCE DE LEÓN Y VERA ZURITA, EUTROPO[23] PONCE DE LEÓN Y GONZÁLEZ DE OVIEDO, JUAN[22] PONCE DE LEÓN Y DE AYALA, CONDE, PEDRO[21] PONCE DE LEÓN Y DE HARO, PEDRO[20] PONCE DE LEÓN Y ARAGÓN-XÉRICA, BEATRIZ[19] DE ARAGÓN-XÉRICA, INFANTA DE ARAGÓN-X, JAIME II[18] DE ARAGÓN-XÉRICA, REY DE ARAGÓN-X, JAIME I[17], JAIME I[16] "EL CONQUISTADOR" REY DE ARAGÓN, PEDRO II[15] DE ARAGÓN, "EL CATÓLICO" REY DE ARAGÓN, ALFONSO II[14] REY DE ARAGÓN Y 1RO. DE CATALUÑA, PETRONILA[13] DE ARAGÓN, REINA DE ARAGÓN, RAMIRO II[12] SÁNCHEZ, REY DE ARAGÓN, SANCHO V[11] RAMÍREZ, REY DE ARAGÓN, RAMIRO I[10] SÁNCHEZ, REY DE ARAGÓN, SANCHO III[9] GARCÉS "EL GRANDE", REY DE PAMPLONA, GARCÍA II[8] SÁNCHEZ, REY DE PAMPLONA, EL TEMBLÓN, SANCHO II[7] GARCÉS ABARCA, REY DE PAMPLONA, GARCÍA I[6] SÁNCHEZ, REY DE PAMPLONA, SANCHO I[5] GARCÉS, REY DE PAMPLONA, GARCÍA[4] JIMÉNEZ, PRÍNCIPE DE NAVARRA, JIMENA[3] GARCÍA, GARCÍA[2] JIMÉNEZ, JIMINO[1])* She married JOSÉ JOAQUÍN PRIMO DE RIVERA Y ORTÍZ DE PINEDO. He was born 1777 in Algeciras, España, and died July 25, 1853 in Algeciras, España.

More About JOSÉ JOAQUÍN PRIMO DE RIVERA Y ORTÍZ DE PINEDO:
Burial: Algeciras, España

Children of JUANA DE SOBREMONTE Y LARRAZÁBAL and JOSÉ PRIMO DE RIVERA Y ORTÍZ DE PINEDO are:

70. i. MIGUEL[34] PRIMO DE RIVERA Y SOBREMONTE.
- ii. FERNANDO PRIMO DE RIVERA Y SOBREMONTE, b. 1831; d. 1921.

65. JOSÉ ANTONIO[33] DE OTALORA Y ALOIS *(JUANA MARÍA[32] DE ALOIS Y LARRAZÁBAL, TOMASA[31] DE LARRAZÁBAL Y AVELLANEDA, AGUSTINA[30] DE AVELLANEDA Y LABAYEN, JUANA[29] DE LABAYEN Y PONCE DE LEÓN, MARÍA[28] PONCE DE LEÓN Y NAVARRO, RODRIGO[27] LÓPEZ DE ALANIS Y VERA GUZMÁN, CATALINA[26] DE VERA Y GUZMÁN E IRALA, ALONSO[25] RIQUELME DE GUZMÁN Y P. DE LEÓN, VIOLANTE[24] PONCE DE LEÓN Y VERA ZURITA, EUTROPO[23] PONCE DE LEÓN Y GONZÁLEZ DE OVIEDO, JUAN[22] PONCE DE LEÓN Y DE AYALA, CONDE, PEDRO[21] PONCE DE LEÓN Y DE HARO, PEDRO[20] PONCE DE LEÓN Y ARAGÓN-XÉRICA, BEATRIZ[19] DE ARAGÓN-*

XÉRICA, INFANTA DE ARAGÓN-X, JAIME II[18] DE ARAGÓN-XÉRICA, REY DE ARAGÓN-X, JAIME I[17], JAIME I[16] "EL CONQUISTADOR" REY DE ARAGÓN, PEDRO II[15] DE ARAGÓN, "EL CATÓLICO" REY DE ARAGÓN, ALFONSO II[14] REY DE ARAGÓN Y 1RO. DE CATALUÑA, PETRONILA[13] DE ARAGÓN, REINA DE ARAGÓN, RAMIRO II[12] SÁNCHEZ, REY DE ARAGÓN, SANCHO V[11] RAMÍREZ, REY DE ARAGÓN, RAMIRO I[10] SÁNCHEZ, REY DE ARAGÓN, SANCHO III[9] GARCÉS "EL GRANDE", REY DE PAMPLONA, GARCÍA II[8] SÁNCHEZ, REY DE PAMPLONA, EL TEMBLÓN, SANCHO II[7] GARCÉS ABARCA, REY DE PAMPLONA, GARCÍA I[6] SÁNCHEZ, REY DE PAMPLONA, SANCHO I[5] GARCÉS, REY DE PAMPLONA, GARCÍA[4] JIMÉNEZ, PRÍNCIPE DE NAVARRA, JIMENA[3] GARCÍA, GARCÍA[2] JIMÉNEZ, JIMINO[1]) He met SATURNINA APELLIDO DESCONOCIDO.

Child of JOSÉ DE OTALORA Y ALOIS and SATURNINA APELLIDO DESCONOCIDO is:
71. i. SATURNINA BÁRBARA[34] DE OTALORA.

66. TOMASA[33] DE LA QUINTANA Y ALOIS *(PETRONILA[32] DE ALOIS Y LARRAZÁBAL, TOMASA[31] DE LARRAZÁBAL Y AVELLANEDA, AGUSTINA[30] DE AVELLANEDA Y LABAYEN, JUANA[29] DE LABAYEN Y PONCE DE LEÓN, MARÍA[28] PONCE DE LEÓN Y NAVARRO, RODRIGO[27] LÓPEZ DE ALANIS Y VERA GUZMÁN, CATALINA[26] DE VERA Y GUZMÁN E IRALA, ALONSO[25] RIQUELME DE GUZMÁN Y P. DE LEÓN, VIOLANTE[24] PONCE DE LEÓN Y VERA ZURITA, EUTROPO[23] PONCE DE LEÓN Y GONZÁLEZ DE OVIEDO, JUAN[22] PONCE DE LEÓN Y DE AYALA, CONDE, PEDRO[21] PONCE DE LEÓN Y DE HARO, PEDRO[20] PONCE DE LEÓN Y ARAGÓN-XÉRICA, BEATRIZ[19] DE ARAGÓN-XÉRICA, INFANTA DE ARAGÓN-X, JAIME II[18] DE ARAGÓN-XÉRICA, REY DE ARAGÓN-X, JAIME I[17], JAIME I[16] "EL CONQUISTADOR" REY DE ARAGÓN, PEDRO II[15] DE ARAGÓN, "EL CATÓLICO" REY DE ARAGÓN, ALFONSO II[14] REY DE ARAGÓN Y 1RO. DE CATALUÑA, PETRONILA[13] DE ARAGÓN, REINA DE ARAGÓN, RAMIRO II[12] SÁNCHEZ, REY DE ARAGÓN, SANCHO V[11] RAMÍREZ, REY DE ARAGÓN, RAMIRO I[10] SÁNCHEZ, REY DE ARAGÓN, SANCHO III[9] GARCÉS "EL GRANDE", REY DE PAMPLONA, GARCÍA II[8] SÁNCHEZ, REY DE PAMPLONA, EL TEMBLÓN, SANCHO II[7] GARCÉS ABARCA, REY DE PAMPLONA, GARCÍA I[6] SÁNCHEZ, REY DE PAMPLONA, SANCHO I[5] GARCÉS, REY DE PAMPLONA, GARCÍA[4] JIMÉNEZ, PRÍNCIPE DE NAVARRA, JIMENA[3] GARCÍA, GARCÍA[2] JIMÉNEZ, JIMINO[1])* was born 1766 in Buenos Aires, Argentina, and died in Buenos Aires, Argentina. She married ANTONIO JOSÉ DE LA ESCALADA Y SARRIA. He was born 1753 in Buenos Aires, Argentina, and died November 16, 1821 in Buenos Aires, Argentina.

More About TOMASA DE LA QUINTANA Y ALOIS:
Burial: Buenos Aires, Argentina

Notes for ANTONIO JOSÉ DE LA ESCALADA Y SARRIA:
Don Antonio José de la Escalada y Sarria era Regidor del Cabildo de Buenos Aires.

More About ANTONIO JOSÉ DE LA ESCALADA Y SARRIA:
Burial: Buenos Aires, Argentina

Children of TOMASA DE LA QUINTANA Y ALOIS and ANTONIO DE LA ESCALADA Y SARRIA are:
i. MANUEL[34] DE LA ESCALADA Y DE LA QUINTANA.
ii. MARIANO DE LA ESCALADA Y DE LA QUINTANA.
iii. MARÍA NIEVES DE LA ESCALADA Y DE LA QUINTANA.
72. iv. MA. DE LOS REMEDIOS ESCALADA Y QUINTANA.

Generation No. 34

67. MANUEL[34] SÁENZ VÁZQUEZ Y RAMIRO-CORAJO *(MARÍA ROSA[33] VÁZQUEZ RAMIRO-CORAJO, JOSEPH FRANCISCO[32] RAMIRO-CORAJO Y VERA SOTOMAYOR, JUANA[31] DE VERA SOTOMAYOR, LUIS[30] MÉNDEZ SOTOMAYOR Y CERRATO, ALFONSO[29] FERNÁNDEZ DE SOTOMAYOR FIGUEROA MESSÍA, LUIS[28] MÉNDEZ DE SOTOMAYOR FIGUEROA MESSÍA, GARCÍ[27]*

MÉNDEZ DE SOTOMAYOR Y SÁNCHEZ VILLODRE, CATALINA[26] SÁNCHEZ DE VILLODRE Y MANUEL, INÉS[25] SÁNCHEZ MANUEL DE VILLENA, JUAN[24] SÁNCHEZ MANUEL Y GONZÁLEZ DE MANZANEDO, SANCHO[23] MANUEL DE CASTILLA Y LASSO DE LA VEGA, JUAN I[22] MANUEL DE CASTILLA, REY DE CASTILLA LEÓN, JUANA[21] MANUEL DE CASTILLA, BLANCA[20] DE LA CERDA, FERNANDO[19] DE LA CERDA II, FERNANDO[18] DE LA CERDA, VIOLANTE[17] DE ARAGÓN, JAIME I[16] "EL CONQUISTADOR" REY DE ARAGÓN, PEDRO II[15] DE ARAGÓN, "EL CATÓLICO" REY DE ARAGÓN, ALFONSO II[14] REY DE ARAGÓN Y 1RO. DE CATALUÑA, PETRONILA[13] DE ARAGÓN, REINA DE ARAGÓN, RAMIRO II[12] SÁNCHEZ, REY DE ARAGÓN, SANCHO V[11] RAMÍREZ, REY DE ARAGÓN, RAMIRO I[10] SÁNCHEZ, REY DE ARAGÓN, SANCHO III[9] GARCÉS "EL GRANDE", REY DE PAMPLONA, GARCÍA II[8] SÁNCHEZ, REY DE PAMPLONA, EL TEMBLÓN, SANCHO II[7] GARCÉS ABARCA, REY DE PAMPLONA, GARCÍA I[6] SÁNCHEZ, REY DE PAMPLONA, SANCHO I[5] GARCÉS, REY DE PAMPLONA, GARCÍA[4] JIMÉNEZ, PRÍNCIPE DE NAVARRA, JIMENA[3] GARCÍA, GARCÍA[2] JIMÉNEZ, JIMINO[1]) He married ANA ANTONIA BONILLA ASTÚA, daughter of JUAN DE BONILLA PEREIRA and FRANCISCA ASTÚA CHÁVEZ.

Child of MANUEL SÁENZ VÁZQUEZ Y RAMIRO-CORAJO and ANA BONILLA ASTÚA is:
73. i. BÁRBARA ANTONIA[35] SÁENZ BONILLA.

68. PEDRO MANUEL[34] AYERDI RAMIRO-CORAJO *(ANA MARTA[33] RAMIRO-CORAJO Y ZAPATA, FERNANDO[32] RAMIRO-CORAJO Y VERA SOTOMAYOR, JUANA[31] DE VERA SOTOMAYOR, LUIS[30] MÉNDEZ SOTOMAYOR Y CERRATO, ALFONSO[29] FERNÁNDEZ DE SOTOMAYOR FIGUEROA MESSÍA, LUIS[28] MÉNDEZ DE SOTOMAYOR FIGUEROA MESSÍA, GARCI[27] MÉNDEZ DE SOTOMAYOR Y SÁNCHEZ VILLODRE, CATALINA[26] SÁNCHEZ DE VILLODRE Y MANUEL, INÉS[25] SÁNCHEZ MANUEL DE VILLENA, JUAN[24] SÁNCHEZ MANUEL Y GONZÁLEZ DE MANZANEDO, SANCHO[23] MANUEL DE CASTILLA Y LASSO DE LA VEGA, JUAN I[22] MANUEL DE CASTILLA, REY DE CASTILLA LEÓN, JUANA[21] MANUEL DE CASTILLA, BLANCA[20] DE LA CERDA, FERNANDO[19] DE LA CERDA II, FERNANDO[18] DE LA CERDA, VIOLANTE[17] DE ARAGÓN, JAIME I[16] "EL CONQUISTADOR" REY DE ARAGÓN, PEDRO II[15] DE ARAGÓN, "EL CATÓLICO" REY DE ARAGÓN, ALFONSO II[14] REY DE ARAGÓN Y 1RO. DE CATALUÑA, PETRONILA[13] DE ARAGÓN, REINA DE ARAGÓN, RAMIRO II[12] SÁNCHEZ, REY DE ARAGÓN, SANCHO V[11] RAMÍREZ, REY DE ARAGÓN, RAMIRO I[10] SÁNCHEZ, REY DE ARAGÓN, SANCHO III[9] GARCÉS "EL GRANDE", REY DE PAMPLONA, GARCÍA II[8] SÁNCHEZ, REY DE PAMPLONA, EL TEMBLÓN, SANCHO II[7] GARCÉS ABARCA, REY DE PAMPLONA, GARCÍA I[6] SÁNCHEZ, REY DE PAMPLONA, SANCHO I[5] GARCÉS, REY DE PAMPLONA, GARCÍA[4] JIMÉNEZ, PRÍNCIPE DE NAVARRA, JIMENA[3] GARCÍA, GARCÍA[2] JIMÉNEZ, JIMINO[1])* He married MANUELA ZÁRATE BARBOSA, daughter of MANUEL DE ZÁRATE and UBALDA BARBOSA.

Child of PEDRO AYERDI RAMIRO-CORAJO and MANUELA ZÁRATE BARBOSA is:
74. i. MARÍA MANUELA[35] AYERDI ZÁRATE, b. León, Nicaragua; d. August 05, 1845, León, Nicaragua.

69. FCO. DE PAULA EUSTAQUI[34] LYNCH ZAVALETA *(MARÍA ISABEL[33] DE ZAVALETA Y RIGLOS, MARIANO[32] DE ZAVALETA Y SAN MARTÍN, FRANCISCA JAVIERA[31] DE SAN MARTÍN Y AVELLANEDA, MARÍA ROSA[30] DE AVELLANEDA Y LABAYEN, JUANA[29] DE LABAYEN Y PONCE DE LEÓN, MARÍA[28] PONCE DE LEÓN Y NAVARRO, RODRIGO[27] LÓPEZ DE ALANIS Y VERA GUZMÁN, CATALINA[26] DE VERA Y GUZMÁN E IRALA, ALONSO[25] RIQUELME DE GUZMÁN Y P. DE LEÓN, VIOLANTE[24] PONCE DE LEÓN Y VERA ZURITA, EUTROPO[23] PONCE DE LEÓN Y GONZÁLEZ DE OVIEDO, JUAN[22] PONCE DE LEÓN Y DE AYALA, CONDE, PEDRO[21] PONCE DE LEÓN Y DE HARO, PEDRO[20] PONCE DE LEÓN Y ARAGÓN-XÉRICA, BEATRIZ[19] DE ARAGÓN-XÉRICA, INFANTA DE ARAGÓN-X, JAIME II[18] DE ARAGÓN-XÉRICA, REY DE ARAGÓN-X, JAIME I[17], JAIME I[16] "EL CONQUISTADOR" REY DE ARAGÓN, PEDRO II[15] DE ARAGÓN, "EL CATÓLICO" REY DE ARAGÓN, ALFONSO II[14] REY DE ARAGÓN Y 1RO. DE CATALUÑA, PETRONILA[13] DE ARAGÓN, REINA DE ARAGÓN, RAMIRO II[12] SÁNCHEZ, REY DE ARAGÓN, SANCHO V[11] RAMÍREZ, REY DE ARAGÓN, RAMIRO I[10] SÁNCHEZ, REY DE ARAGÓN, SANCHO III[9] GARCÉS "EL GRANDE", REY DE PAMPLONA,*

GARCÍA II[8] SÁNCHEZ, REY DE PAMPLONA, EL TEMBLÓN, SANCHO II[7] GARCÉS ABARCA, REY DE PAMPLONA, GARCÍA I[6] SÁNCHEZ, REY DE PAMPLONA, SANCHO I[5] GARCÉS, REY DE PAMPLONA, GARCÍA[4] JIMÉNEZ, PRÍNCIPE DE NAVARRA, JIMENA[3] GARCÍA, GARCÍA[2] JIMÉNEZ, JIMINO[1]) was born 1817 in Buenos Aires, Argentina, and died March 25, 1886 in Buenos Aires, Argentina. He married ELOÍSA ORTÍZ.

More About FCO. DE PAULA EUSTAQUI LYNCH ZAVALETA:
Burial: Buenos Aires, Argentina

Children of FCO. LYNCH ZAVALETA and ELOÍSA ORTÍZ are:
i. FRANCISCO[35] LYNCH ORTÍZ.
ii. MATÍAS LYNCH ORTÍZ.
iii. FEDERICO LYNCH ORTÍZ.
75. iv. ANA LYNCH ORTÍZ, b. Perú; d. Buenos Aires, Argentina.
v. BENJAMÍN LYNCH ORTÍZ.
vi. EDUARDO LYNCH ORTÍZ.
vii. CARLOS LYNCH ORTÍZ.
viii. GUILLERMO LYNCH ORTÍZ.
ix. MARÍA LUISA LYNCH ORTÍZ.
x. ELOÍSA LYNCH ORTÍZ.
xi. ALFREDO LYNCH ORTÍZ.
xii. MARTINA LYNCH ORTÍZ.

70. MIGUEL[34] PRIMO DE RIVERA Y SOBREMONTE *(JUANA MARÍA[33] DE SOBREMONTE Y LARRAZÁBAL, JUANA MARÍA[32] DE LARRAZÁBAL Y DE LA QUINTANA, MARCOS JOSÉ[31] DE LARRAZÁBAL Y AVELLANEDA, AGUSTINA[30] DE AVELLANEDA Y LABAYEN, JUANA[29] DE LABAYEN Y PONCE DE LEÓN, MARÍA[28] PONCE DE LEÓN Y NAVARRO, RODRIGO[27] LÓPEZ DE ALANIS Y VERA GUZMÁN, CATALINA[26] DE VERA Y GUZMÁN E IRALA, ALONSO[25] RIQUELME DE GUZMÁN Y P. DE LEÓN, VIOLANTE[24] PONCE DE LEÓN Y VERA ZURITA, EUTROPO[23] PONCE DE LEÓN Y GONZÁLEZ DE OVIEDO, JUAN[22] PONCE DE LEÓN Y DE AYALA, CONDE, PEDRO[21] PONCE DE LEÓN Y DE HARO, PEDRO[20] PONCE DE LEÓN Y ARAGÓN-XÉRICA, BEATRIZ[19] DE ARAGÓN-XÉRICA, INFANTA DE ARAGÓN-X, JAIME II[18] DE ARAGÓN-XÉRICA, REY DE ARAGÓN-X, JAIME I[17], JAIME I[16] "EL CONQUISTADOR" REY DE ARAGÓN, PEDRO II[15] DE ARAGÓN, "EL CATÓLICO" REY DE ARAGÓN, ALFONSO II[14] REY DE ARAGÓN Y 1RO. DE CATALUÑA, PETRONILA[13] DE ARAGÓN, REINA DE ARAGÓN, RAMIRO II[12] SÁNCHEZ, REY DE ARAGÓN, SANCHO V[11] RAMÍREZ, REY DE ARAGÓN, RAMIRO I[10] SÁNCHEZ, REY DE ARAGÓN, SANCHO III[9] GARCÉS "EL GRANDE", REY DE PAMPLONA, GARCÍA II[8] SÁNCHEZ, REY DE PAMPLONA, EL TEMBLÓN, SANCHO II[7] GARCÉS ABARCA, REY DE PAMPLONA, GARCÍA I[6] SÁNCHEZ, REY DE PAMPLONA, SANCHO I[5] GARCÉS, REY DE PAMPLONA, GARCÍA[4] JIMÉNEZ, PRÍNCIPE DE NAVARRA, JIMENA[3] GARCÍA, GARCÍA[2] JIMÉNEZ, JIMINO[1])* He married INÉS DE ORBANEJA.

Child of MIGUEL PRIMO DE RIVERA Y SOBREMONTE and INÉS DE ORBANEJA is:
76. i. MIGUEL[35] PRIMO DE RIVERA Y DE ORBANEJA.

71. SATURNINA BÁRBARA[34] DE OTALORA *(JOSÉ ANTONIO[33] DE OTALORA Y ALOIS, JUANA MARÍA[32] DE ALOIS Y LARRAZÁBAL, TOMASA[31] DE LARRAZÁBAL Y AVELLANEDA, AGUSTINA[30] DE AVELLANEDA Y LABAYEN, JUANA[29] DE LABAYEN Y PONCE DE LEÓN, MARÍA[28] PONCE DE LEÓN Y NAVARRO, RODRIGO[27] LÓPEZ DE ALANIS Y VERA GUZMÁN, CATALINA[26] DE VERA Y GUZMÁN E IRALA, ALONSO[25] RIQUELME DE GUZMÁN Y P. DE LEÓN, VIOLANTE[24] PONCE DE LEÓN Y VERA ZURITA, EUTROPO[23] PONCE DE LEÓN Y GONZÁLEZ DE OVIEDO, JUAN[22] PONCE DE LEÓN Y DE AYALA, CONDE, PEDRO[21] PONCE DE LEÓN Y DE HARO, PEDRO[20] PONCE DE LEÓN Y ARAGÓN-XÉRICA, BEATRIZ[19] DE ARAGÓN-XÉRICA, INFANTA DE ARAGÓN-X, JAIME II[18] DE ARAGÓN-XÉRICA, REY DE ARAGÓN-X, JAIME I[17], JAIME I[16] "EL CONQUISTADOR" REY DE ARAGÓN, PEDRO II[15] DE ARAGÓN, "EL CATÓLICO" REY DE ARAGÓN, ALFONSO II[14] REY DE ARAGÓN Y 1RO.*

DE CATALUÑA, PETRONILA[13]DE ARAGÓN, REINA DE ARAGÓN, RAMIRO II[12]SÁNCHEZ, REY DE ARAGÓN, SANCHO V[11]RAMÍREZ, REY DE ARAGÓN, RAMIRO I[10]SÁNCHEZ, REY DE ARAGÓN, SANCHO III[9]GARCÉS "EL GRANDE", REY DE PAMPLONA, GARCÍA II[8]SÁNCHEZ, REY DE PAMPLONA, EL TEMBLÓN, SANCHO II[7]GARCÉS ABARCA, REY DE PAMPLONA, GARCÍA I[6]SÁNCHEZ, REY DE PAMPLONA, SANCHO I[5]GARCÉS, REY DE PAMPLONA, GARCÍA[4]JIMÉNEZ, PRÍNCIPE DE NAVARRA, JIMENA[3] GARCÍA, GARCÍA[2] JIMÉNEZ, JIMINO[1]) She married CORNELIO SAAVEDRA.

Child of SATURNINA DE OTALORA and CORNELIO SAAVEDRA is:
77. i. MARIANO EUSEBIO[35] SAAVEDRA.

72. MA. DE LOS REMEDIOS[34] ESCALADA Y QUINTANA *(TOMASA[33] DE LA QUINTANA Y ALOIS, PETRONILA[32] DE ALOIS Y LARRAZÁBAL, TOMASA[31] DE LARRAZÁBAL Y AVELLANEDA, AGUSTINA[30] DE AVELLANEDA Y LABAYEN, JUANA[29] DE LABAYEN Y PONCE DE LEÓN, MARÍA[28] PONCE DE LEÓN Y NAVARRO, RODRIGO[27] LÓPEZ DE ALANIS Y VERA GUZMÁN, CATALINA[26] DE VERA Y GUZMÁN E IRALA, ALONSO[25] RIQUELME DE GUZMÁN Y P. DE LEÓN, VIOLANTE[24] PONCE DE LEÓN Y VERA ZURITA, EUTROPO[23] PONCE DE LEÓN Y GONZÁLEZ DE OVIEDO, JUAN[22]PONCE DE LEÓN Y DE AYALA, CONDE, PEDRO[21] PONCE DE LEÓN Y DE HARO, PEDRO[20] PONCE DE LEÓN Y ARAGÓN-XÉRICA, BEATRIZ[19]DE ARAGÓN-XÉRICA, INFANTA DE ARAGÓN-X, JAIME II[18]DE ARAGÓN-XÉRICA, REY DE ARAGÓN-X, JAIME I[17], JAIME I[16] "EL CONQUISTADOR" REY DE ARAGÓN, PEDRO II[15]DE ARAGÓN, "EL CATÓLICO" REY DE ARAGÓN, ALFONSO II[14] REY DE ARAGÓN Y 1RO. DE CATALUÑA, PETRONILA[13]DE ARAGÓN, REINA DE ARAGÓN, RAMIRO II[12]SÁNCHEZ, REY DE ARAGÓN, SANCHO V[11]RAMÍREZ, REY DE ARAGÓN, RAMIRO I[10]SÁNCHEZ, REY DE ARAGÓN, SANCHO III[9]GARCÉS "EL GRANDE", REY DE PAMPLONA, GARCÍA II[8]SÁNCHEZ, REY DE PAMPLONA, EL TEMBLÓN, SANCHO II[7]GARCÉS ABARCA, REY DE PAMPLONA, GARCÍA I[6]SÁNCHEZ, REY DE PAMPLONA, SANCHO I[5]GARCÉS, REY DE PAMPLONA, GARCÍA[4]JIMÉNEZ, PRÍNCIPE DE NAVARRA, JIMENA[3] GARCÍA, GARCÍA[2] JIMÉNEZ, JIMINO[1])* She married FCO. JOSÉ DE SAN MARTÍN September 12, 1812 in Catedral de Buenos Aires, Argentina, son of JUAN DE SAN MARTÍN and GREGORIA MATORRAS. He was born February 25, 1778 in Nta. Sra. Reyes Magos de Yapeyú, Corrientes, Argentina, and died August 17, 1851 in Boulogne-sur-Mer, Francia.

Notes for FCO. JOSÉ DE SAN MARTÍN:
El Gral. Francisco José de San Martín conoció a quien sería su esposa, María de los Remedios de la Escalada, en una fiesta realizada en la residencia de Da. Mariquita Sánchez de Thompson; cuando apenas tenía la edad de catorce años, quien fue pedida, con el tiempo, en matrimonio, hasta que en Septiembre 12, 1812 contrajeron matrimonio. El Gral. San Martín tuvo otras relaciones, que según los historiadores y genealogistas argentinos, afirman que tuvo descendencia en Ecuador y en el Perú.

More About FCO. DE SAN MARTÍN and MA. ESCALADA Y QUINTANA:
Marriage: September 12, 1812, Catedral de Buenos Aires, Argentina

Child of MA. ESCALADA Y QUINTANA and FCO. DE SAN MARTÍN is:
78. i. MERCEDES TOMASA[35] DE SAN MARTÍN ESCALADA, b. August 29, 1816, Mendoza, Argentina, Virreinato del Río de la Plata.

Generation No. 35

73. BÁRBARA ANTONIA[35] SÁENZ BONILLA *(MANUEL[34] SÁENZ VÁZQUEZ Y RAMIRO-CORAJO, MARÍA ROSA[33] VÁZQUEZ RAMIRO-CORAJO, JOSEPH FRANCISCO[32] RAMIRO-CORAJO Y VERA SOTOMAYOR, JUANA[31] DE VERA SOTOMAYOR, LUIS[30] MÉNDEZ SOTOMAYOR Y CERRATO, ALFONSO[29] FERNÁNDEZ DE SOTOMAYOR FIGUEROA MESSÍA, LUIS[28] MÉNDEZ DE SOTOMAYOR FIGUEROA MESSÍA, GARCI[27] MÉNDEZ DE SOTOMAYOR Y SÁNCHEZ VILLODRE, CATALINA[26] SÁNCHEZ DE VILLODRE Y MANUEL, INÉS[25] SÁNCHEZ MANUEL DE VILLENA, JUAN[24] SÁNCHEZ MANUEL Y GONZÁLEZ DE MANZANEDO, SANCHO[23] MANUEL DE CASTILLA Y LASSO DE LA*

VEGA, JUAN I[22] *MANUEL DE CASTILLA, REY DE CASTILLA LEÓN, JUANA*[21] *MANUEL DE CASTILLA, BLANCA*[20] *DE LA CERDA, FERNANDO*[19] *DE LA CERDA II, FERNANDO*[18] *DE LA CERDA, VIOLANTE*[17] *DE ARAGÓN, JAIME I*[16] *"EL CONQUISTADOR" REY DE ARAGÓN, PEDRO II*[15] *DE ARAGÓN, "EL CATÓLICO" REY DE ARAGÓN, ALFONSO II*[14] *REY DE ARAGÓN Y 1RO. DE CATALUÑA, PETRONILA*[13] *DE ARAGÓN, REINA DE ARAGÓN, RAMIRO II*[12] *SÁNCHEZ, REY DE ARAGÓN, SANCHO V*[11] *RAMÍREZ, REY DE ARAGÓN, RAMIRO I*[10] *SÁNCHEZ, REY DE ARAGÓN, SANCHO III*[9] *GARCÉS "EL GRANDE", REY DE PAMPLONA, GARCÍA II*[8] *SÁNCHEZ, REY DE PAMPLONA, EL TEMBLÓN, SANCHO II*[7] *GARCÉS ABARCA, REY DE PAMPLONA, GARCÍA I*[6] *SÁNCHEZ, REY DE PAMPLONA, SANCHO I*[5] *GARCÉS, REY DE PAMPLONA, GARCÍA*[4] *JIMÉNEZ, PRÍNCIPE DE NAVARRA, JIMENA*[3] *GARCÍA, GARCÍA*[2] *JIMÉNEZ, JIMINO*[1]*)* She married CECILIO ANTONIO ROMERO PARAJALES. He was born 1730 in Cartago, Costa Rica, Virreinato de Guatemala.

Child of BÁRBARA SÁENZ BONILLA and CECILIO ROMERO PARAJALES is:

79. i. MANUELA CASIMIRA[36] ROMERO SÁENZ, b. 1760, Cartago, Costa Rica, Virreinato de Guatemala.

74. MARÍA MANUELA[35] AYERDI ZÁRATE *(PEDRO MANUEL*[34] *AYERDI RAMIRO-CORAJO, ANA MARTA*[33] *RAMIRO-CORAJO Y ZAPATA, FERNANDO*[32] *RAMIRO-CORAJO Y VERA SOTOMAYOR, JUANA*[31] *DE VERA SOTOMAYOR, LUIS*[30] *MÉNDEZ SOTOMAYOR Y CERRATO, ALFONSO*[29] *FERNÁNDEZ DE SOTOMAYOR FIGUEROA MESSÍA, LUIS*[28] *MÉNDEZ DE SOTOMAYOR FIGUEROA MESSÍA, GARCI*[27] *MÉNDEZ DE SOTOMAYOR Y SÁNCHEZ VILLODRE, CATALINA*[26] *SÁNCHEZ DE VILLODRE Y MANUEL, INÉS*[25] *SÁNCHEZ MANUEL DE VILLENA, JUAN*[24] *SÁNCHEZ MANUEL Y GONZÁLEZ DE MANZANEDO, SANCHO*[23] *MANUEL DE CASTILLA Y LASSO DE LA VEGA, JUAN I*[22] *MANUEL DE CASTILLA, REY DE CASTILLA LEÓN, JUANA*[21] *MANUEL DE CASTILLA, BLANCA*[20] *DE LA CERDA, FERNANDO*[19] *DE LA CERDA II, FERNANDO*[18] *DE LA CERDA, VIOLANTE*[17] *DE ARAGÓN, JAIME I*[16] *"EL CONQUISTADOR" REY DE ARAGÓN, PEDRO II*[15] *DE ARAGÓN, "EL CATÓLICO" REY DE ARAGÓN, ALFONSO II*[14] *REY DE ARAGÓN Y 1RO. DE CATALUÑA, PETRONILA*[13] *DE ARAGÓN, REINA DE ARAGÓN, RAMIRO II*[12] *SÁNCHEZ, REY DE ARAGÓN, SANCHO V*[11] *RAMÍREZ, REY DE ARAGÓN, RAMIRO I*[10] *SÁNCHEZ, REY DE ARAGÓN, SANCHO III*[9] *GARCÉS "EL GRANDE", REY DE PAMPLONA, GARCÍA II*[8] *SÁNCHEZ, REY DE PAMPLONA, EL TEMBLÓN, SANCHO II*[7] *GARCÉS ABARCA, REY DE PAMPLONA, GARCÍA I*[6] *SÁNCHEZ, REY DE PAMPLONA, SANCHO I*[5] *GARCÉS, REY DE PAMPLONA, GARCÍA*[4] *JIMÉNEZ, PRÍNCIPE DE NAVARRA, JIMENA*[3] *GARCÍA, GARCÍA*[2] *JIMÉNEZ, JIMINO*[1]*)* was born in León, Nicaragua, and died August 05, 1845 in León, Nicaragua. She married JUAN LORENZO CARDENAL LOINAZ 1798 in Catedral de León, León, Nicaragua, son of JOSÉ CARDENAL MALAYNA and MARÍA DE LOINAZ. He was born August 10, 1766 in Tolosa, España, and died April 09, 1828 in San Miguel, El Salvador.

More About MARÍA MANUELA AYERDI ZÁRATE:
Burial: León, Nicaragua

More About JUAN LORENZO CARDENAL LOINAZ:
Burial: San Miguel, El Salvador

More About JUAN CARDENAL LOINAZ and MARÍA AYERDI ZÁRATE:
Marriage: 1798, Catedral de León, León, Nicaragua

Children of MARÍA AYERDI ZÁRATE and JUAN CARDENAL LOINAZ are:

80. i. PEDRO[36] CARDENAL AYERDI, b. July 01, 1817, León, Nicaragua; d. February 17, 1875, Finca Coyotepe, San Francisco del Carnicero, León, Nicaragua.
ii. JUAN JOSÉ CARDENAL AYERDI, b. 1800.
iii. MARÍA DOLORES CARDENAL AYERDI, b. March 07, 1815, León, Nicaragua.
81. iv. MANUEL SILVESTRE CARDENAL AYERDI, d. 1871, León, Nicaragua.
v. JOSÉ MARÍA CARDENAL AYERDI.
vi. LORENZO CARDENAL AYERDI.
vii. FRANCISCO XAVIER CARDENAL AYERDI, b. Guatemala de la Asunción, Virreinato de

Guatemala.

viii. MANUEL ANTONIO CARDENAL AYERDI, m. EVARISTA HERNÁNDEZ.
ix. ANA MARÍA CARDENAL AYERDI, m. JUAN PARAJÓN.
x. FELIPA CARDENAL AYERDI.
xi. MARÍA JOSEFA CARDENAL AYERDI, d. 1847.

75. ANA[35] LYNCH ORTÍZ *(FCO. DE PAULA EUSTAQUI[34] LYNCH ZAVALETA, MARÍA ISABEL[33] DE ZAVALETA Y RIGLOS, MARIANO[32] DE ZAVALETA Y SAN MARTÍN, FRANCISCA JAVIERA[31] DE SAN MARTÍN Y AVELLANEDA, MARÍA ROSA[30] DE AVELLANEDA Y LABAYEN, JUANA[29] DE LABAYEN Y PONCE DE LEÓN, MARÍA[28] PONCE DE LEÓN Y NAVARRO, RODRIGO[27] LÓPEZ DE ALANIS Y VERA GUZMÁN, CATALINA[26] DE VERA Y GUZMÁN E IRALA, ALONSO[25] RIQUELME DE GUZMÁN Y P. DE LEÓN, VIOLANTE[24] PONCE DE LEÓN Y VERA ZURITA, EUTROPO[23] PONCE DE LEÓN Y GONZÁLEZ DE OVIEDO, JUAN[22] PONCE DE LEÓN Y DE AYALA, CONDE, PEDRO[21] PONCE DE LEÓN Y DE HARO, PEDRO[20] PONCE DE LEÓN Y ARAGÓN-XÉRICA, BEATRIZ[19] DE ARAGÓN-XÉRICA, INFANTA DE ARAGÓN-X, JAIME II[18] DE ARAGÓN-XÉRICA, REY DE ARAGÓN-X, JAIME I[17], JAIME I[16] "EL CONQUISTADOR" REY DE ARAGÓN, PEDRO II[15] DE ARAGÓN, "EL CATÓLICO" REY DE ARAGÓN, ALFONSO II[14] REY DE ARAGÓN Y 1RO. DE CATALUÑA, PETRONILA[13] DE ARAGÓN, REINA DE ARAGÓN, RAMIRO II[12] SÁNCHEZ, REY DE ARAGÓN, SANCHO V[11] RAMÍREZ, REY DE ARAGÓN, RAMIRO I[10] SÁNCHEZ, REY DE ARAGÓN, SANCHO III[9] GARCÉS "EL GRANDE", REY DE PAMPLONA, GARCÍA II[8] SÁNCHEZ, REY DE PAMPLONA, EL TEMBLÓN, SANCHO II[7] GARCÉS ABARCA, REY DE PAMPLONA, GARCÍA I[6] SÁNCHEZ, REY DE PAMPLONA, SANCHO I[5] GARCÉS, REY DE PAMPLONA, GARCÍA[4] JIMÉNEZ, PRÍNCIPE DE NAVARRA, JIMENA[3] GARCÍA, GARCÍA[2] JIMÉNEZ, JIMINO[1])* was born in Perú, and died in Buenos Aires, Argentina. She married ROBERTO GUEVARA CASTRO. He was born in California, Estados Unidos, and died June 18, 1918 in Buenos Aires, Argentina.

More About ANA LYNCH ORTÍZ:
Burial: Buenos Aires, Argentina

More About ROBERTO GUEVARA CASTRO:
Burial: Buenos Aires, Argentina

Child of ANA LYNCH ORTÍZ and ROBERTO GUEVARA CASTRO is:

82. i. ERNESTO RAFAEL[36] GUEVARA LYNCH, b. February 11, 1900, Buenos Aires, Argentina.

76. MIGUEL[35] PRIMO DE RIVERA Y DE ORBANEJA *(MIGUEL[34] PRIMO DE RIVERA Y SOBREMONTE, JUANA MARÍA[33] DE SOBREMONTE Y LARRAZÁBAL, JUANA MARÍA[32] DE LARRAZÁBAL Y DE LA QUINTANA, MARCOS JOSÉ[31] DE LARRAZÁBAL Y AVELLANEDA, AGUSTINA[30] DE AVELLANEDA Y LABAYEN, JUANA[29] DE LABAYEN Y PONCE DE LEÓN, MARÍA[28] PONCE DE LEÓN Y NAVARRO, RODRIGO[27] LÓPEZ DE ALANIS Y VERA GUZMÁN, CATALINA[26] DE VERA Y GUZMÁN E IRALA, ALONSO[25] RIQUELME DE GUZMÁN Y P. DE LEÓN, VIOLANTE[24] PONCE DE LEÓN Y VERA ZURITA, EUTROPO[23] PONCE DE LEÓN Y GONZÁLEZ DE OVIEDO, JUAN[22] PONCE DE LEÓN Y DE AYALA, CONDE, PEDRO[21] PONCE DE LEÓN Y DE HARO, PEDRO[20] PONCE DE LEÓN Y ARAGÓN-XÉRICA, BEATRIZ[19] DE ARAGÓN-XÉRICA, INFANTA DE ARAGÓN-X, JAIME II[18] DE ARAGÓN-XÉRICA, REY DE ARAGÓN-X, JAIME I[17], JAIME I[16] "EL CONQUISTADOR" REY DE ARAGÓN, PEDRO II[15] DE ARAGÓN, "EL CATÓLICO" REY DE ARAGÓN, ALFONSO II[14] REY DE ARAGÓN Y 1RO. DE CATALUÑA, PETRONILA[13] DE ARAGÓN, REINA DE ARAGÓN, RAMIRO II[12] SÁNCHEZ, REY DE ARAGÓN, SANCHO V[11] RAMÍREZ, REY DE ARAGÓN, RAMIRO I[10] SÁNCHEZ, REY DE ARAGÓN, SANCHO III[9] GARCÉS "EL GRANDE", REY DE PAMPLONA, GARCÍA II[8] SÁNCHEZ, REY DE PAMPLONA, EL TEMBLÓN, SANCHO II[7] GARCÉS ABARCA, REY DE PAMPLONA, GARCÍA I[6] SÁNCHEZ, REY DE PAMPLONA, SANCHO I[5] GARCÉS, REY DE PAMPLONA, GARCÍA[4] JIMÉNEZ, PRÍNCIPE DE NAVARRA, JIMENA[3] GARCÍA, GARCÍA[2] JIMÉNEZ, JIMINO[1])* He married CASILDA SÁENZ DE HEREDIA Y SUÁREZ DE ARGUDÍN.

Notes for MIGUEL PRIMO DE RIVERA Y DE ORBANEJA:
Don Miguel Primo de Rivera y de Orbaneja, fue II Marqués de Estella.

Children of MIGUEL PRIMO DE RIVERA Y DE ORBANEJA and CASILDA SÁENZ DE HEREDIA Y SUÁREZ DE ARGUDÍN are:

i. JOSÉ ANTONIO[36] PRIMO DE RIVERA Y SUÁREZ.
ii. MIGUEL PRIMO DE RIVERA Y SUÁREZ.
iii. MARÍA DEL CARMEN PRIMO DE RIVERA Y SUÁREZ.
iv. PILAR PRIMO DE RIVERA Y SUÁREZ.
v. ANGELA PRIMO DE RIVERA Y SUÁREZ.
vi. FERNANDO PRIMO DE RIVERA Y SUÁREZ.

77. MARIANO EUSEBIO[35] SAAVEDRA *(SATURNINA BÁRBARA[34] DE OTALORA, JOSÉ ANTONIO[33] DE OTALORA Y ALOIS, JUANA MARÍA[32] DE ALOIS Y LARRAZÁBAL, TOMASA[31] DE LARRAZÁBAL Y AVELLANEDA, AGUSTINA[30] DE AVELLANEDA Y LABAYEN, JUANA[29] DE LABAYEN Y PONCE DE LEÓN, MARÍA[28] PONCE DE LEÓN Y NAVARRO, RODRIGO[27] LÓPEZ DE ALANIS Y VERA GUZMÁN, CATALINA[26] DE VERA Y GUZMÁN E IRALA, ALONSO[25] RIQUELME DE GUZMÁN Y P. DE LEÓN, VIOLANTE[24] PONCE DE LEÓN Y VERA ZURITA, EUTROPO[23] PONCE DE LEÓN Y GONZÁLEZ DE OVIEDO, JUAN[22] PONCE DE LEÓN Y DE AYALA, CONDE, PEDRO[21] PONCE DE LEÓN Y DE HARO, PEDRO[20] PONCE DE LEÓN Y ARAGÓN-XÉRICA, BEATRIZ[19] DE ARAGÓN-XÉRICA, INFANTA DE ARAGÓN-X, JAIME II[18] DE ARAGÓN-XÉRICA, REY DE ARAGÓN-X, JAIME I[17], JAIME I[16] "EL CONQUISTADOR" REY DE ARAGÓN, PEDRO II[15] DE ARAGÓN, "EL CATÓLICO" REY DE ARAGÓN, ALFONSO II[14] REY DE ARAGÓN Y 1RO. DE CATALUÑA, PETRONILA[13] DE ARAGÓN, REINA DE ARAGÓN, RAMIRO II[12] SÁNCHEZ, REY DE ARAGÓN, SANCHO V[11] RAMÍREZ, REY DE ARAGÓN, RAMIRO I[10] SÁNCHEZ, REY DE ARAGÓN, SANCHO III[9] GARCÉS "EL GRANDE", REY DE PAMPLONA, GARCÍA II[8] SÁNCHEZ, REY DE PAMPLONA, EL TEMBLÓN, SANCHO II[7] GARCÉS ABARCA, REY DE PAMPLONA, GARCÍA I[6] SÁNCHEZ, REY DE PAMPLONA, SANCHO I[5] GARCÉS, REY DE PAMPLONA, GARCÍA[4] JIMÉNEZ, PRÍNCIPE DE NAVARRA, JIMENA[3] GARCÍA, GARCÍA[2] JIMÉNEZ, JIMINO[1])* He met NOMBRE DESCONOCIDO.

Child of MARIANO SAAVEDRA and NOMBRE DESCONOCIDO is:
83. i. MARIANO[36] SAAVEDRA.

78. MERCEDES TOMASA[35] DE SAN MARTÍN ESCALADA *(MA. DE LOS REMEDIOS[34] ESCALADA Y QUINTANA, TOMASA[33] DE LA QUINTANA Y ALOIS, PETRONILA[32] DE ALOIS Y LARRAZÁBAL, TOMASA[31] DE LARRAZÁBAL Y AVELLANEDA, AGUSTINA[30] DE AVELLANEDA Y LABAYEN, JUANA[29] DE LABAYEN Y PONCE DE LEÓN, MARÍA[28] PONCE DE LEÓN Y NAVARRO, RODRIGO[27] LÓPEZ DE ALANIS Y VERA GUZMÁN, CATALINA[26] DE VERA Y GUZMÁN E IRALA, ALONSO[25] RIQUELME DE GUZMÁN Y P. DE LEÓN, VIOLANTE[24] PONCE DE LEÓN Y VERA ZURITA, EUTROPO[23] PONCE DE LEÓN Y GONZÁLEZ DE OVIEDO, JUAN[22] PONCE DE LEÓN Y DE AYALA, CONDE, PEDRO[21] PONCE DE LEÓN Y DE HARO, PEDRO[20] PONCE DE LEÓN Y ARAGÓN-XÉRICA, BEATRIZ[19] DE ARAGÓN-XÉRICA, INFANTA DE ARAGÓN-X, JAIME II[18] DE ARAGÓN-XÉRICA, REY DE ARAGÓN-X, JAIME I[17], JAIME I[16] "EL CONQUISTADOR" REY DE ARAGÓN, PEDRO II[15] DE ARAGÓN, "EL CATÓLICO" REY DE ARAGÓN, ALFONSO II[14] REY DE ARAGÓN Y 1RO. DE CATALUÑA, PETRONILA[13] DE ARAGÓN, REINA DE ARAGÓN, RAMIRO II[12] SÁNCHEZ, REY DE ARAGÓN, SANCHO V[11] RAMÍREZ, REY DE ARAGÓN, RAMIRO I[10] SÁNCHEZ, REY DE ARAGÓN, SANCHO III[9] GARCÉS "EL GRANDE", REY DE PAMPLONA, GARCÍA II[8] SÁNCHEZ, REY DE PAMPLONA, EL TEMBLÓN, SANCHO II[7] GARCÉS ABARCA, REY DE PAMPLONA, GARCÍA I[6] SÁNCHEZ, REY DE PAMPLONA, SANCHO I[5] GARCÉS, REY DE PAMPLONA, GARCÍA[4] JIMÉNEZ, PRÍNCIPE DE NAVARRA, JIMENA[3] GARCÍA, GARCÍA[2] JIMÉNEZ, JIMINO[1])* was born August 29, 1816 in Mendoza, Argentina, Virreinato del Río de la Plata. She married MARIANO BALCARCE.

Children of MERCEDES DE SAN MARTÍN ESCALADA and MARIANO BALCARCE are:

i. MERCEDES[36] BALCARCE SAN MARTÍN.

ii. JOSEFA BALCARCE SAN MARTÍN.

Generation No. 36

79. MANUELA CASIMIRA[36] ROMERO SÁENZ *(BÁRBARA ANTONIA[35] SÁENZ BONILLA, MANUEL[34] SÁENZ VÁZQUEZ Y RAMIRO-CORAJO, MARÍA ROSA[33] VÁZQUEZ RAMIRO-CORAJO, JOSEPH FRANCISCO[32] RAMIRO-CORAJO Y VERA SOTOMAYOR, JUANA[31] DE VERA SOTOMAYOR, LUIS[30] MÉNDEZ SOTOMAYOR Y CERRATO, ALFONSO[29] FERNÁNDEZ DE SOTOMAYOR FIGUEROA MESSÍA, LUIS[28] MÉNDEZ DE SOTOMAYOR FIGUEROA MESSÍA, GARCÍ[27] MÉNDEZ DE SOTOMAYOR Y SÁNCHEZ VILLODRE, CATALINA[26] SÁNCHEZ DE VILLODRE Y MANUEL, INÉS[25] SÁNCHEZ MANUEL DE VILLENA, JUAN[24] SÁNCHEZ MANUEL Y GONZÁLEZ DE MANZANEDO, SANCHO[23] MANUEL DE CASTILLA Y LASSO DE LA VEGA, JUAN I[22] MANUEL DE CASTILLA, REY DE CASTILLA LEÓN, JUANA[21] MANUEL DE CASTILLA, BLANCA[20] DE LA CERDA, FERNANDO[19] DE LA CERDA II, FERNANDO[18] DE LA CERDA, VIOLANTE[17] DE ARAGÓN, JAIME I[16] "EL CONQUISTADOR" REY DE ARAGÓN, PEDRO II[15] DE ARAGÓN, "EL CATÓLICO" REY DE ARAGÓN, ALFONSO II[14] REY DE ARAGÓN Y 1RO. DE CATALUÑA, PETRONILA[13] DE ARAGÓN, REINA DE ARAGÓN, RAMIRO II[12] SÁNCHEZ, REY DE ARAGÓN, SANCHO V[11] RAMÍREZ, REY DE ARAGÓN, RAMIRO I[10] SÁNCHEZ, REY DE ARAGÓN, SANCHO III[9] GARCÉS "EL GRANDE", REY DE PAMPLONA, GARCÍA II[8] SÁNCHEZ, REY DE PAMPLONA, EL TEMBLÓN, SANCHO II[7] GARCÉS ABARCA, REY DE PAMPLONA, GARCÍA I[6] SÁNCHEZ, REY DE PAMPLONA, SANCHO I[5] GARCÉS, REY DE PAMPLONA, GARCÍA[4] JIMÉNEZ, PRÍNCIPE DE NAVARRA, JIMENA[3] GARCÍA, GARCÍA[2] JIMÉNEZ, JIMINO[1])* was born 1760 in Cartago, Costa Rica, Virreinato de Guatemala. She married MARIANO IGNACIO MONTEALEGRE BALMACEDA. He was born 1753.

Children of MANUELA ROMERO SÁENZ and MARIANO MONTEALEGRE BALMACEDA are:

84. i. MARIANO ANTONIO[37] MONTEALEGRE ROMERO.
85. ii. GERTRUDIS MONTEALEGRE ROMERO.
iii. FRANCISCO MONTEALEGRE ROMERO.
86. iv. CIPRIANA MONTEALEGRE ROMERO.
v. RAFAELA MONTEALEGRE ROMERO, m. JUAN FRANCISCO PARAJÓN.
vi. PAULA MONTEALEGRE ROMERO, m. (1) JOSÉ MANUEL MARTÍNEZ DE SOBRAL; m. (2) BASILIO ZECEÑA FERNÁNDEZ DE CÓRDOBA.
87. vii. FRANCISCA MONTEALEGRE ROMERO.

80. PEDRO[36] CARDENAL AYERDI *(MARÍA MANUELA[35] AYERDI ZÁRATE, PEDRO MANUEL[34] AYERDI RAMIRO-CORAJO, ANA MARTA[33] RAMIRO-CORAJO Y ZAPATA, FERNANDO[32] RAMIRO-CORAJO Y VERA SOTOMAYOR, JUANA[31] DE VERA SOTOMAYOR, LUIS[30] MÉNDEZ SOTOMAYOR Y CERRATO, ALFONSO[29] FERNÁNDEZ DE SOTOMAYOR FIGUEROA MESSÍA, LUIS[28] MÉNDEZ DE SOTOMAYOR FIGUEROA MESSÍA, GARCÍ[27] MÉNDEZ DE SOTOMAYOR Y SÁNCHEZ VILLODRE, CATALINA[26] SÁNCHEZ DE VILLODRE Y MANUEL, INÉS[25] SÁNCHEZ MANUEL DE VILLENA, JUAN[24] SÁNCHEZ MANUEL Y GONZÁLEZ DE MANZANEDO, SANCHO[23] MANUEL DE CASTILLA Y LASSO DE LA VEGA, JUAN I[22] MANUEL DE CASTILLA, REY DE CASTILLA LEÓN, JUANA[21] MANUEL DE CASTILLA, BLANCA[20] DE LA CERDA, FERNANDO[19] DE LA CERDA II, FERNANDO[18] DE LA CERDA, VIOLANTE[17] DE ARAGÓN, JAIME I[16] "EL CONQUISTADOR" REY DE ARAGÓN, PEDRO II[15] DE ARAGÓN, "EL CATÓLICO" REY DE ARAGÓN, ALFONSO II[14] REY DE ARAGÓN Y 1RO. DE CATALUÑA, PETRONILA[13] DE ARAGÓN, REINA DE ARAGÓN, RAMIRO II[12] SÁNCHEZ, REY DE ARAGÓN, SANCHO V[11] RAMÍREZ, REY DE ARAGÓN, RAMIRO I[10] SÁNCHEZ, REY DE ARAGÓN, SANCHO III[9] GARCÉS "EL GRANDE", REY DE PAMPLONA, GARCÍA II[8] SÁNCHEZ, REY DE PAMPLONA, EL TEMBLÓN, SANCHO II[7] GARCÉS ABARCA, REY DE PAMPLONA, GARCÍA I[6] SÁNCHEZ, REY DE PAMPLONA, SANCHO I[5] GARCÉS, REY DE PAMPLONA, GARCÍA[4] JIMÉNEZ, PRÍNCIPE DE NAVARRA, JIMENA[3] GARCÍA, GARCÍA[2] JIMÉNEZ, JIMINO[1])* was born July 01, 1817 in León, Nicaragua, and died February 17, 1875 in Finca Coyotepe, San Francisco del Carnicero, León, Nicaragua. He married MARCELINA SABORÍO BONILLA 1846 in Catedral de León, León, Nicaragua, daughter of JOAQUÍN SABORÍO Y CORONADO DURÁN and REGINA BONILLA CUETO. She was born February 02, 1817 in Cartago, Costa Rica, Virreinato de Guatemala, and died January 16, 1883 in León, Nicaragua.

More About PEDRO CARDENAL AYERDI:
Burial: Cementerio de Guadalupe, León, Nicaragua

More About MARCELINA SABORÍO BONILLA:
Burial: León, Nicaragua

More About PEDRO CARDENAL AYERDI and MARCELINA SABORÍO BONILLA:
Marriage: 1846, Catedral de León, León, Nicaragua

Children of PEDRO CARDENAL AYERDI and MARCELINA SABORÍO BONILLA are:

88. i. JOSÉ FRANCISCO[37] CARDENAL SABORÍO, b. September 25, 1849, León, Nicaragua; d. April 07, 1920, León, Nicaragua.

89. ii. SALVADOR CARDENAL SABORÍO, b. January 01, 1859, León, Nicaragua.

90. iii. PEDRO CARDENAL SABORÍO, b. León, Nicaragua; d. León, Nicaragua.

91. iv. MERCEDES CARDENAL SABORÍO.

v. CARMEN CARDENAL SABORÍO, b. 1852, León, Nicaragua; d. January 07, 1914, León, Nicaragua.

Notes for CARMEN CARDENAL SABORÍO:
La Srita. Carmen Cardenal Saborío fue monja.

More About CARMEN CARDENAL SABORÍO:
Burial: Cementerio de Guadalupe, León, Nicaragua

92. vi. MANUELA CARDENAL SABORÍO.

vii. TRINIDAD CARDENAL SABORÍO, b. 1850, León, Nicaragua; d. 1932, León, Nicaragua.

Notes for TRINIDAD CARDENAL SABORÍO:
La Srita. Trinidad Cardenal Saborío murió virgen y soltera.

More About TRINIDAD CARDENAL SABORÍO:
Burial: Cementerio de Guadalupe, León, Nicaragua

81. MANUEL SILVESTRE[36] CARDENAL AYERDI *(MARÍA MANUELA[35] AYERDI ZÁRATE, PEDRO MANUEL[34] AYERDI RAMIRO-CORAJO, ANA MARTA[33] RAMIRO-CORAJO Y ZAPATA, FERNANDO[32] RAMIRO-CORAJO Y VERA SOTOMAYOR, JUANA[31] DE VERA SOTOMAYOR, LUIS[30] MÉNDEZ SOTOMAYOR Y CERRATO, ALFONSO[29] FERNÁNDEZ DE SOTOMAYOR FIGUEROA MESSÍA, LUIS[28] MÉNDEZ DE SOTOMAYOR FIGUEROA MESSÍA, GARCI[27] MÉNDEZ DE SOTOMAYOR Y SÁNCHEZ VILLODRE, CATALINA[26] SÁNCHEZ DE VILLODRE Y MANUEL, INÉS[25] SÁNCHEZ MANUEL DE VILLENA, JUAN[24] SÁNCHEZ MANUEL Y GONZÁLEZ DE MANZANEDO, SANCHO[23] MANUEL DE CASTILLA Y LASSO DE LA VEGA, JUAN I[22]MANUEL DE CASTILLA, REY DE CASTILLA LEÓN, JUANA[21] MANUEL DE CASTILLA, BLANCA[20] DE LA CERDA, FERNANDO[19] DE LA CERDA II, FERNANDO[18] DE LA CERDA, VIOLANTE[17] DE ARAGÓN, JAIME I[16] "EL CONQUISTADOR" REY DE ARAGÓN, PEDRO II[15]DE ARAGÓN, "EL CATÓLICO" REY DE ARAGÓN, ALFONSO II[14] REY DE ARAGÓN Y 1RO. DE CATALUÑA, PETRONILA[13]DE ARAGÓN, REINA DE ARAGÓN, RAMIRO II[12]SÁNCHEZ, REY DE ARAGÓN, SANCHO V[11]RAMÍREZ, REY DE ARAGÓN, RAMIRO I[10]SÁNCHEZ, REY DE ARAGÓN, SANCHO III[9]GARCÉS "EL GRANDE", REY DE PAMPLONA, GARCÍA II[8]SÁNCHEZ, REY DE PAMPLONA, EL TEMBLÓN, SANCHO II[7]GARCÉS ABARCA, REY DE PAMPLONA, GARCÍA I[6]SÁNCHEZ, REY DE PAMPLONA, SANCHO I[5]GARCÉS, REY DE PAMPLONA, GARCÍA[4]JIMÉNEZ, PRÍNCIPE DE NAVARRA, JIMENA[3] GARCÍA, GARCÍA[2] JIMÉNEZ, JIMINO[1])* died 1871 in León, Nicaragua. He married LUCIANA BONILLA CUETO, daughter of BENITO BONILLA ALVARADO and FRANCISCA CUETO QUINTANA.

Child of MANUEL CARDENAL AYERDI and LUCIANA BONILLA CUETO is:
93. i. ANA MARÍA[37] CARDENAL BONILLA.

82. ERNESTO RAFAEL[36] GUEVARA LYNCH *(ANA[35] LYNCH ORTÍZ, FCO. DE PAULA EUSTAQUI[34] LYNCH ZAVALETA, MARÍA ISABEL[33] DE ZAVALETA Y RIGLOS, MARIANO[32] DE ZAVALETA Y SAN MARTÍN, FRANCISCA JAVIERA[31] DE SAN MARTÍN Y AVELLANEDA, MARÍA ROSA[30] DE AVELLANEDA Y LABAYEN, JUANA[29] DE LABAYEN Y PONCE DE LEÓN, MARÍA[28] PONCE DE LEÓN Y NAVARRO, RODRIGO[27] LÓPEZ DE ALANIS Y VERA GUZMÁN, CATALINA[26] DE VERA Y GUZMÁN E IRALA, ALONSO[25] RIQUELME DE GUZMÁN Y P. DE LEÓN, VIOLANTE[24] PONCE DE LEÓN Y VERA ZURITA, EUTROPO[23] PONCE DE LEÓN Y GONZÁLEZ DE OVIEDO, JUAN[22] PONCE DE LEÓN Y DE AYALA, CONDE, PEDRO[21] PONCE DE LEÓN Y DE HARO, PEDRO[20] PONCE DE LEÓN Y ARAGÓN-XÉRICA, BEATRIZ[19] DE ARAGÓN-XÉRICA, INFANTA DE ARAGÓN-X, JAIME II[18] DE ARAGÓN-XÉRICA, REY DE ARAGÓN-X, JAIME I[17], JAIME I[16] "EL CONQUISTADOR" REY DE ARAGÓN, PEDRO II[15] DE ARAGÓN, "EL CATÓLICO" REY DE ARAGÓN, ALFONSO II[14] REY DE ARAGÓN Y 1RO. DE CATALUÑA, PETRONILA[13] DE ARAGÓN, REINA DE ARAGÓN, RAMIRO II[12] SÁNCHEZ, REY DE ARAGÓN, SANCHO V[11] RAMÍREZ, REY DE ARAGÓN, RAMIRO I[10] SÁNCHEZ, REY DE ARAGÓN, SANCHO III[9] GARCÉS "EL GRANDE", REY DE PAMPLONA, GARCÍA II[8] SÁNCHEZ, REY DE PAMPLONA, EL TEMBLÓN, SANCHO II[7] GARCÉS ABARCA, REY DE PAMPLONA, GARCÍA I[6] SÁNCHEZ, REY DE PAMPLONA, SANCHO I[5] GARCÉS, REY DE PAMPLONA, GARCÍA[4] JIMÉNEZ, PRÍNCIPE DE NAVARRA, JIMENA[3] GARCÍA, GARCÍA[2] JIMÉNEZ, JIMINO[1])* was born February 11, 1900 in Buenos Aires, Argentina. He married (1) ANA MARÍA ERRA. He married (2) CELIA DE LA SERNA Y DE LA LLOSE December 20, 1927.

More About ERNESTO GUEVARA LYNCH and CELIA DE LA SERNA Y DE LA LLOSE:
Marriage: December 20, 1927

Children of ERNESTO GUEVARA LYNCH and CELIA DE LA SERNA Y DE LA LLOSE are:
94. i. ERNESTO[37] GUEVARA DE LA SERNA "CHE", b. June 14, 1928, Rosario, Argentina; d. October 09, 1967, Higueras, Bolivia.
ii. CELIA GUEVARA DE LA SERNA.
iii. ROBERTO GUEVARA DE LA SERNA.
iv. ANA MARÍA GUEVARA DE LA SERNA.
v. JUAN MARTÍN GUEVARA DE LA SERNA.

83. MARIANO[36] SAAVEDRA *(MARIANO EUSEBIO[35], SATURNINA BÁRBARA[34] DE OTALORA, JOSÉ ANTONIO[33] DE OTALORA Y ALOIS, JUANA MARÍA[32] DE ALOIS Y LARRAZÁBAL, TOMASA[31] DE LARRAZÁBAL Y AVELLANEDA, AGUSTINA[30] DE AVELLANEDA Y LABAYEN, JUANA[29] DE LABAYEN Y PONCE DE LEÓN, MARÍA[28] PONCE DE LEÓN Y NAVARRO, RODRIGO[27] LÓPEZ DE ALANIS Y VERA GUZMÁN, CATALINA[26] DE VERA Y GUZMÁN E IRALA, ALONSO[25] RIQUELME DE GUZMÁN Y P. DE LEÓN, VIOLANTE[24] PONCE DE LEÓN Y VERA ZURITA, EUTROPO[23] PONCE DE LEÓN Y GONZÁLEZ DE OVIEDO, JUAN[22] PONCE DE LEÓN Y DE AYALA, CONDE, PEDRO[21] PONCE DE LEÓN Y DE HARO, PEDRO[20] PONCE DE LEÓN Y ARAGÓN-XÉRICA, BEATRIZ[19] DE ARAGÓN-XÉRICA, INFANTA DE ARAGÓN-X, JAIME II[18] DE ARAGÓN-XÉRICA, REY DE ARAGÓN-X, JAIME I[17], JAIME I[16] "EL CONQUISTADOR" REY DE ARAGÓN, PEDRO II[15] DE ARAGÓN, "EL CATÓLICO" REY DE ARAGÓN, ALFONSO II[14] REY DE ARAGÓN Y 1RO. DE CATALUÑA, PETRONILA[13] DE ARAGÓN, REINA DE ARAGÓN, RAMIRO II[12] SÁNCHEZ, REY DE ARAGÓN, SANCHO V[11] RAMÍREZ, REY DE ARAGÓN, RAMIRO I[10] SÁNCHEZ, REY DE ARAGÓN, SANCHO III[9] GARCÉS "EL GRANDE", REY DE PAMPLONA, GARCÍA II[8] SÁNCHEZ, REY DE PAMPLONA, EL TEMBLÓN, SANCHO II[7] GARCÉS ABARCA, REY DE PAMPLONA, GARCÍA I[6] SÁNCHEZ, REY DE PAMPLONA, SANCHO I[5] GARCÉS, REY DE PAMPLONA, GARCÍA[4] JIMÉNEZ, PRÍNCIPE DE NAVARRA, JIMENA[3] GARCÍA, GARCÍA[2] JIMÉNEZ, JIMINO[1])* He met NOMBRE LAMAS.

Child of MARIANO SAAVEDRA and NOMBRE LAMAS is:

i. CARLOS[37] SAAVEDRA LAMAS, m. ROSA SÁENZ PEÑA.

Notes for CARLOS SAAVEDRA LAMAS:
Don Carlos Saavedra Lamas galardonado con el Premio Nóbel de la Paz en 1936.

Notes for ROSA SÁENZ PEÑA:
Doña Rosa Sáenz Peña era hija de Don Roque Sáenz Peña y Lahitte ((1851-1914), Presidente de la Argentina; era hijo de Don Luis Sáenz Peña (1822-1907), también Presidente de la Argentina, y de su esposa Da. Cipriana Lahitte Obes, Da. Cipriana era hija de Don Eduardo Lahitte y Da. Cipriana Obes quien a su vez era hija de Don Miguel Obes y Da. Plácida Alvarez que era hija de Don Manuel Alvarez Bernal y Da. María Bárbara Santos de la Torre que era hija de Don Pablo Santos de la Torre y Márquez quien a su vez era hijo de Don Esteban Santos de la Torre y Da. María Márquez.

Generation No. 37

84. MARIANO ANTONIO[37] MONTEALEGRE ROMERO *(MANUELA CASIMIRA[36] ROMERO SÁENZ, BÁRBARA ANTONIA[35] SÁENZ BONILLA, MANUEL[34] SÁENZ VÁZQUEZ Y RAMIRO-CORAJO, MARÍA ROSA[33] VÁZQUEZ RAMIRO-CORAJO, JOSEPH FRANCISCO[32] RAMIRO-CORAJO Y VERA SOTOMAYOR, JUANA[31] DE VERA SOTOMAYOR, LUIS[30] MÉNDEZ SOTOMAYOR Y CERRATO, ALFONSO[29] FERNÁNDEZ DE SOTOMAYOR FIGUEROA MESSÍA, LUIS[28] MÉNDEZ DE SOTOMAYOR FIGUEROA MESSÍA, GARCÍ[27] MÉNDEZ DE SOTOMAYOR Y SÁNCHEZ VILLODRE, CATALINA[26] SÁNCHEZ DE VILLODRE Y MANUEL, INÉS[25] SÁNCHEZ MANUEL DE VILLENA, JUAN[24] SÁNCHEZ MANUEL Y GONZÁLEZ DE MANZANEDO, SANCHO[23] MANUEL DE CASTILLA Y LASSO DE LA VEGA, JUAN I[22]MANUEL DE CASTILLA, REY DE CASTILLA LEÓN, JUANA[21] MANUEL DE CASTILLA, BLANCA[20] DE LA CERDA, FERNANDO[19] DE LA CERDA II, FERNANDO[18] DE LA CERDA, VIOLANTE[17] DE ARAGÓN, JAIME I[16] "EL CONQUISTADOR" REY DE ARAGÓN, PEDRO II[15]DE ARAGÓN, "EL CATÓLICO" REY DE ARAGÓN, ALFONSO II[14] REY DE ARAGÓN Y 1RO. DE CATALUÑA, PETRONILA[13]DE ARAGÓN, REINA DE ARAGÓN, RAMIRO II[12]SÁNCHEZ, REY DE ARAGÓN, SANCHO V[11]RAMÍREZ, REY DE ARAGÓN, RAMIRO I[10]SÁNCHEZ, REY DE ARAGÓN, SANCHO III[9]GARCÉS "EL GRANDE", REY DE PAMPLONA, GARCÍA II[8]SÁNCHEZ, REY DE PAMPLONA, EL TEMBLÓN, SANCHO II[7]GARCÉS ABARCA, REY DE PAMPLONA, GARCÍA I[6]SÁNCHEZ, REY DE PAMPLONA, SANCHO I[5]GARCÉS, REY DE PAMPLONA, GARCÍA[4]JIMÉNEZ, PRÍNCIPE DE NAVARRA, JIMENA[3] GARCÍA, GARCÍA[2] JIMÉNEZ, JIMINO[1])* He married (1) MARÍA MANUELA BÁRBARA LACAYO AGÜERO, daughter of JOSÉ MARENCO and PILAR AGÜERO LÓPEZ. He married (2) CARMEN FUENTES-SANSÓN. She was born 1805 in León, Nicaragua, and died 1826 in León, Nicaragua. He married (3) ADOPTADO MORAZÁN MONCADA.

More About CARMEN FUENTES-SANSÓN:
Burial: Cementerio Guadalupe, León, Nicaragua

Children of MARIANO MONTEALEGRE ROMERO and MARÍA LACAYO AGÜERO are:

95. i. AUGUSTO CÉSAR[38] MONTEALEGRE LACAYO.
ii. MANUEL IGNACIO"TUCHO" MONTEALEGRE LACAYO, m. NATALIA DELGADO PÁIZ.
iii. CIPRIANA MONTEALEGRE LACAYO, m. JOSÉ MARÍA GASTEAZORO ROBELO.
96. iv. PAULA MONTEALEGRE LACAYO.
v. GERTRUDIS MONTEALEGRE LACAYO, m. BENJAMÍN MIDENCE.
vi. CARMEN MONTEALEGRE LACAYO, m. GABRIEL DUBÓN ECHEVERS.
vii. SAMUEL MONTEALEGRE LACAYO, m. TERESA SEYDEL VENERIO.
97. viii. ABRAHAM MONTEALEGRE LACAYO.
98. ix. ELÍAS MONTEALEGRE LACAYO, b. Chinandega, Chinandega, Nicaragua; d. Honduras.
x. ISAAC MONTEALEGRE LACAYO, m. JULIA GASTEAZORO ROBELO.
xi. ADÁN MONTEALEGRE LACAYO.

Child of MARIANO MONTEALEGRE ROMERO and CARMEN FUENTES-SANSÓN is:
xii. MARIANO[38] MONTEALEGRE FUENTES-SANSÓN, m. DOLORES SACASA SARRIA.

Child of MARIANO MONTEALEGRE ROMERO and ADOPTADO MORAZÁN MONCADA is:
99. xiii. FRANCISCO[38] MORAZÁN MONCADA.

85. GERTRUDIS[37] MONTEALEGRE ROMERO *(MANUELA CASIMIRA[36] ROMERO SÁENZ, BÁRBARA ANTONIA[35] SÁENZ BONILLA, MANUEL[34] SÁENZ VÁZQUEZ Y RAMIRO-CORAJO, MARÍA ROSA[33] VÁZQUEZ RAMIRO-CORAJO, JOSEPH FRANCISCO[32] RAMIRO-CORAJO Y VERA SOTOMAYOR, JUANA[31] DE VERA SOTOMAYOR, LUIS[30] MÉNDEZ SOTOMAYOR Y CERRATO, ALFONSO[29] FERNÁNDEZ DE SOTOMAYOR FIGUEROA MESSÍA, LUIS[28] MÉNDEZ DE SOTOMAYOR FIGUEROA MESSÍA, GARCÍ[27] MÉNDEZ DE SOTOMAYOR Y SÁNCHEZ VILLODRE, CATALINA[26] SÁNCHEZ DE VILLODRE Y MANUEL, INÉS[25] SÁNCHEZ MANUEL DE VILLENA, JUAN[24] SÁNCHEZ MANUEL Y GONZÁLEZ DE MANZANEDO, SANCHO[23] MANUEL DE CASTILLA Y LASSO DE LA VEGA, JUAN I[22] MANUEL DE CASTILLA, REY DE CASTILLA LEÓN, JUANA[21] MANUEL DE CASTILLA, BLANCA[20] DE LA CERDA, FERNANDO[19] DE LA CERDA II, FERNANDO[18] DE LA CERDA, VIOLANTE[17] DE ARAGÓN, JAIME I[16] "EL CONQUISTADOR" REY DE ARAGÓN, PEDRO II[15] DE ARAGÓN, "EL CATÓLICO" REY DE ARAGÓN, ALFONSO II[14] REY DE ARAGÓN Y 1RO. DE CATALUÑA, PETRONILA[13] DE ARAGÓN, REINA DE ARAGÓN, RAMIRO II[12] SÁNCHEZ, REY DE ARAGÓN, SANCHO V[11] RAMÍREZ, REY DE ARAGÓN, RAMIRO I[10] SÁNCHEZ, REY DE ARAGÓN, SANCHO III[9] GARCÉS "EL GRANDE", REY DE PAMPLONA, GARCÍA II[8] SÁNCHEZ, REY DE PAMPLONA, EL TEMBLÓN, SANCHO II[7] GARCÉS ABARCA, REY DE PAMPLONA, GARCÍA I[6] SÁNCHEZ, REY DE PAMPLONA, SANCHO I[5] GARCÉS, REY DE PAMPLONA, GARCÍA[4] JIMÉNEZ, PRÍNCIPE DE NAVARRA, JIMENA[3] GARCÍA, GARCÍA[2] JIMÉNEZ, JIMINO[1])* She married (1) VICENTE SOLÓRZANO PÉREZ DE MIRANDA, son of FRANCISCO SOLÓRZANO VÁZQUEZ DE HINESTROSA and MARÍA PÉREZ DE MIRANDA. She married (2) JOSÉ DEL CARMEN SALAZAR LACAYO February 11, 1809 in León, Nicaragua, son of JOSÉ SALAZAR MOREA and MARÍA LACAYO D'BRIONES MONTIEL. He was born 1774.

More About JOSÉ SALAZAR LACAYO and GERTRUDIS MONTEALEGRE ROMERO:
Marriage: February 11, 1809, León, Nicaragua

Children of GERTRUDIS MONTEALEGRE ROMERO and VICENTE SOLÓRZANO PÉREZ DE MIRANDA are:
100. i. RAMÓN[38] SOLÓRZANO MONTEALEGRE, b. 1800, Granada, Granada, Nicaragua.
101. ii. FRANCISCO SOLÓRZANO MONTEALEGRE.

Children of GERTRUDIS MONTEALEGRE ROMERO and JOSÉ SALAZAR LACAYO are:
102. iii. SALVADORA[38] SALAZAR MONTEALEGRE.
103. iv. MARIANO SALAZAR MONTEALEGRE, b. 1823, León, Nicaragua; d. 1856, Granada, Granada, Nicaragua.
104. v. MERCEDES SALAZAR MONTEALEGRE.
105. vi. PILAR SALAZAR MONTEALEGRE.
106. vii. JOSÉ TRINIDAD SALAZAR MONTEALEGRE.

86. CIPRIANA[37] MONTEALEGRE ROMERO *(MANUELA CASIMIRA[36] ROMERO SÁENZ, BÁRBARA ANTONIA[35] SÁENZ BONILLA, MANUEL[34] SÁENZ VÁZQUEZ Y RAMIRO-CORAJO, MARÍA ROSA[33] VÁZQUEZ RAMIRO-CORAJO, JOSEPH FRANCISCO[32] RAMIRO-CORAJO Y VERA SOTOMAYOR, JUANA[31] DE VERA SOTOMAYOR, LUIS[30] MÉNDEZ SOTOMAYOR Y CERRATO, ALFONSO[29] FERNÁNDEZ DE SOTOMAYOR FIGUEROA MESSÍA, LUIS[28] MÉNDEZ DE SOTOMAYOR FIGUEROA MESSÍA, GARCÍ[27] MÉNDEZ DE SOTOMAYOR Y SÁNCHEZ VILLODRE, CATALINA[26] SÁNCHEZ DE*

VILLODRE Y MANUEL, INÉS[25] SÁNCHEZ MANUEL DE VILLENA, JUAN[24] SÁNCHEZ MANUEL Y GONZÁLEZ DE MANZANEDO, SANCHO[23] MANUEL DE CASTILLA Y LASSO DE LA VEGA, JUAN I[22]MANUEL DE CASTILLA, REY DE CASTILLA LEÓN, JUANA[21] MANUEL DE CASTILLA, BLANCA[20] DE LA CERDA, FERNANDO[19] DE LA CERDA II, FERNANDO[18] DE LA CERDA, VIOLANTE[17] DE ARAGÓN, JAIME I[16] "EL CONQUISTADOR" REY DE ARAGÓN, PEDRO II[15]DE ARAGÓN, "EL CATÓLICO" REY DE ARAGÓN, ALFONSO II[14] REY DE ARAGÓN Y 1RO. DE CATALUÑA, PETRONILA[13]DE ARAGÓN, REINA DE ARAGÓN, RAMIRO II[12]SÁNCHEZ, REY DE ARAGÓN, SANCHO V[11]RAMÍREZ, REY DE ARAGÓN, RAMIRO I[10]SÁNCHEZ, REY DE ARAGÓN, SANCHO III[9]GARCÉS "EL GRANDE", REY DE PAMPLONA, GARCÍA II[8]SÁNCHEZ, REY DE PAMPLONA, EL TEMBLÓN, SANCHO II[7]GARCÉS ABARCA, REY DE PAMPLONA, GARCÍA I[6]SÁNCHEZ, REY DE PAMPLONA, SANCHO I[5]GARCÉS, REY DE PAMPLONA, GARCÍA[4]JIMÉNEZ, PRÍNCIPE DE NAVARRA, JIMENA[3] GARCÍA, GARCÍA[2] JIMÉNEZ, JIMINO[1]) She married CORNELIO RAMÍREZ AREAS.

Children of CIPRIANA MONTEALEGRE ROMERO and CORNELIO RAMÍREZ AREAS are:

107. i. MARGARITA[38] RAMÍREZ MONTEALEGRE.
 ii. NORBERTO RAMÍREZ MONTEALEGRE.

87. FRANCISCA[37] MONTEALEGRE ROMERO *(MANUELA CASIMIRA[36] ROMERO SÁENZ, BÁRBARA ANTONIA[35] SÁENZ BONILLA, MANUEL[34] SÁENZ VÁZQUEZ Y RAMIRO-CORAJO, MARÍA ROSA[33] VÁZQUEZ RAMIRO-CORAJO, JOSEPH FRANCISCO[32] RAMIRO-CORAJO Y VERA SOTOMAYOR, JUANA[31] DE VERA SOTOMAYOR, LUIS[30] MÉNDEZ SOTOMAYOR Y CERRATO, ALFONSO[29] FERNÁNDEZ DE SOTOMAYOR FIGUEROA MESSÍA, LUIS[28] MÉNDEZ DE SOTOMAYOR FIGUEROA MESSÍA, GARCI[27] MÉNDEZ DE SOTOMAYOR Y SÁNCHEZ VILLODRE, CATALINA[26] SÁNCHEZ DE VILLODRE Y MANUEL, INÉS[25] SÁNCHEZ MANUEL DE VILLENA, JUAN[24] SÁNCHEZ MANUEL Y GONZÁLEZ DE MANZANEDO, SANCHO[23] MANUEL DE CASTILLA Y LASSO DE LA VEGA, JUAN I[22]MANUEL DE CASTILLA, REY DE CASTILLA LEÓN, JUANA[21] MANUEL DE CASTILLA, BLANCA[20] DE LA CERDA, FERNANDO[19] DE LA CERDA II, FERNANDO[18] DE LA CERDA, VIOLANTE[17] DE ARAGÓN, JAIME I[16] "EL CONQUISTADOR" REY DE ARAGÓN, PEDRO II[15]DE ARAGÓN, "EL CATÓLICO" REY DE ARAGÓN, ALFONSO II[14] REY DE ARAGÓN Y 1RO. DE CATALUÑA, PETRONILA[13]DE ARAGÓN, REINA DE ARAGÓN, RAMIRO II[12]SÁNCHEZ, REY DE ARAGÓN, SANCHO V[11]RAMÍREZ, REY DE ARAGÓN, RAMIRO I[10]SÁNCHEZ, REY DE ARAGÓN, SANCHO III[9]GARCÉS "EL GRANDE", REY DE PAMPLONA, GARCÍA II[8]SÁNCHEZ, REY DE PAMPLONA, EL TEMBLÓN, SANCHO II[7]GARCÉS ABARCA, REY DE PAMPLONA, GARCÍA I[6]SÁNCHEZ, REY DE PAMPLONA, SANCHO I[5]GARCÉS, REY DE PAMPLONA, GARCÍA[4]JIMÉNEZ, PRÍNCIPE DE NAVARRA, JIMENA[3] GARCÍA, GARCÍA[2] JIMÉNEZ, JIMINO[1])* She married RAMÓN DE SARRIA Y REYES.

Children of FRANCISCA MONTEALEGRE ROMERO and RAMÓN DE SARRIA Y REYES are:

108. i. CASIMIRA[38] SARRIA MONTEALEGRE.
 ii. EULOGIA SARRIA MONTEALEGRE, m. JUAN FRANCISCO AGUILAR SACASA.
 iii. RAMÓN SARRIA MONTEALEGRE, m. EULALIA SACASA SARRIA.
 iv. PEDRO SARRIA MONTEALEGRE.
 v. TRINIDAD SARRIA MONTEALEGRE.
 vi. JOSÉ MARÍA SARRIA MONTEALEGRE.
 vii. CONCEPCIÓN SARRIA MONTEALEGRE.

88. JOSÉ FRANCISCO[37] CARDENAL SABORÍO *(PEDRO[36] CARDENAL AYERDI, MARÍA MANUELA[35] AYERDI ZÁRATE, PEDRO MANUEL[34] AYERDI RAMIRO-CORAJO, ANA MARTA[33] RAMIRO-CORAJO Y ZAPATA, FERNANDO[32] RAMIRO-CORAJO Y VERA SOTOMAYOR, JUANA[31] DE VERA SOTOMAYOR, LUIS[30] MÉNDEZ SOTOMAYOR Y CERRATO, ALFONSO[29] FERNÁNDEZ DE SOTOMAYOR FIGUEROA MESSÍA, LUIS[28] MÉNDEZ DE SOTOMAYOR FIGUEROA MESSÍA, GARCI[27] MÉNDEZ DE SOTOMAYOR Y SÁNCHEZ VILLODRE, CATALINA[26] SÁNCHEZ DE VILLODRE Y MANUEL, INÉS[25] SÁNCHEZ MANUEL DE VILLENA, JUAN[24] SÁNCHEZ MANUEL Y GONZÁLEZ DE MANZANEDO, SANCHO[23] MANUEL DE CASTILLA Y LASSO DE LA VEGA, JUAN I[22]MANUEL DE*

CASTILLA, REY DE CASTILLA LEÓN, JUANA[21] MANUEL DE CASTILLA, BLANCA[20] DE LA CERDA, FERNANDO[19] DE LA CERDA II, FERNANDO[18] DE LA CERDA, VIOLANTE[17] DE ARAGÓN, JAIME I[16] "EL CONQUISTADOR" REY DE ARAGÓN, PEDRO II[15] DE ARAGÓN, "EL CATÓLICO" REY DE ARAGÓN, ALFONSO II[14] REY DE ARAGÓN Y 1RO. DE CATALUÑA, PETRONILA[13] DE ARAGÓN, REINA DE ARAGÓN, RAMIRO II[12] SÁNCHEZ, REY DE ARAGÓN, SANCHO V[11] RAMÍREZ, REY DE ARAGÓN, RAMIRO I[10] SÁNCHEZ, REY DE ARAGÓN, SANCHO III[9] GARCÉS "EL GRANDE", REY DE PAMPLONA, GARCÍA II[8] SÁNCHEZ, REY DE PAMPLONA, EL TEMBLÓN, SANCHO II[7] GARCÉS ABARCA, REY DE PAMPLONA, GARCÍA I[6] SÁNCHEZ, REY DE PAMPLONA, SANCHO I[5] GARCÉS, REY DE PAMPLONA, GARCÍA[4] JIMÉNEZ, PRÍNCIPE DE NAVARRA, JIMENA[3] GARCÍA, GARCÍA[2] JIMÉNEZ, JIMINO[1]) was born September 25, 1849 in León, Nicaragua, and died April 07, 1920 in León, Nicaragua. He married MERCEDES TERÁN SOLÍS, daughter of SIMÓN TERÁN BALLADARES and SALVADORA SOLÍS SALAZAR. She was born 1872 in León, Nicaragua, and died July 19, 1937 in León, Nicaragua.

More About JOSÉ FRANCISCO CARDENAL SABORÍO:
Burial: León, Nicaragua

More About MERCEDES TERÁN SOLÍS:
Burial: León, Nicaragua

Children of JOSÉ CARDENAL SABORÍO and MERCEDES TERÁN SOLÍS are:

109. i. JOSÉ ALFONSO[38] CARDENAL TERÁN, b. November 26, 1910, León, Nicaragua; d. October 05, 1979, Managua, Nicaragua.
110. ii. MANUELA CARDENAL TERÁN.
111. iii. ADELA CARDENAL TERÁN.
112. iv. MARÍA CARDENAL TERÁN.
113. v. MATILDE CARDENAL TERÁN.
vi. JOSÉ FRANCISCO CARDENAL TERÁN.

Notes for JOSÉ FRANCISCO CARDENAL TERÁN:
José Francisco Cardenal Terán fue un poeta, desconocido en Nicaragua, sus poemas son de gran valor. Murió muy joven, a la edad de 23 años.

vii. TRINIDAD CARDENAL TERÁN, m. JULIO ARGÜELLO BARRETO.

Notes for TRINIDAD CARDENAL TERÁN:
Da. Trinidad Cardenal Terán, es la mayor de todos sus hermanos.

89. SALVADOR[37] CARDENAL SABORÍO *(PEDRO[36] CARDENAL AYERDI, MARÍA MANUELA[35] AYERDI ZÁRATE, PEDRO MANUEL[34] AYERDI RAMIRO-CORAJO, ANA MARTA[33] RAMIRO-CORAJO Y ZAPATA, FERNANDO[32] RAMIRO-CORAJO Y VERA SOTOMAYOR, JUANA[31] DE VERA SOTOMAYOR, LUIS[30] MÉNDEZ SOTOMAYOR Y CERRATO, ALFONSO[29] FERNÁNDEZ DE SOTOMAYOR FIGUEROA MESSÍA, LUIS[28] MÉNDEZ DE SOTOMAYOR FIGUEROA MESSÍA, GARCÍ[27] MÉNDEZ DE SOTOMAYOR Y SÁNCHEZ VILLODRE, CATALINA[26] SÁNCHEZ DE VILLODRE Y MANUEL, INÉS[25] SÁNCHEZ MANUEL DE VILLENA, JUAN[24] SÁNCHEZ MANUEL Y GONZÁLEZ DE MANZANEDO, SANCHO[23] MANUEL DE CASTILLA Y LASSO DE LA VEGA, JUAN I[22] MANUEL DE CASTILLA, REY DE CASTILLA LEÓN, JUANA[21] MANUEL DE CASTILLA, BLANCA[20] DE LA CERDA, FERNANDO[19] DE LA CERDA II, FERNANDO[18] DE LA CERDA, VIOLANTE[17] DE ARAGÓN, JAIME I[16] "EL CONQUISTADOR" REY DE ARAGÓN, PEDRO II[15] DE ARAGÓN, "EL CATÓLICO" REY DE ARAGÓN, ALFONSO II[14] REY DE ARAGÓN Y 1RO. DE CATALUÑA, PETRONILA[13] DE ARAGÓN, REINA DE ARAGÓN, RAMIRO II[12] SÁNCHEZ, REY DE ARAGÓN, SANCHO V[11] RAMÍREZ, REY DE ARAGÓN, RAMIRO I[10] SÁNCHEZ, REY DE ARAGÓN, SANCHO III[9] GARCÉS "EL GRANDE", REY DE PAMPLONA, GARCÍA II[8] SÁNCHEZ, REY DE PAMPLONA, EL TEMBLÓN, SANCHO II[7] GARCÉS ABARCA, REY DE PAMPLONA, GARCÍA I[6] SÁNCHEZ, REY DE PAMPLONA, SANCHO I[5] GARCÉS, REY DE PAMPLONA, GARCÍA[4] JIMÉNEZ, PRÍNCIPE DE NAVARRA, JIMENA[3] GARCÍA, GARCÍA[2] JIMÉNEZ, JIMINO[1])* was born January 01, 1859 in León, Nicaragua. He married ISABEL FERMINA ARGÜELLO PRADO September 08, 1883 in Catedral de León, León, Nicaragua. She was born May 07, 1866 in León, Nicaragua, and died July 18, 1953 in León, Nicaragua.

More About ISABEL FERMINA ARGÜELLO PRADO:
Burial: León, Nicaragua

More About SALVADOR CARDENAL SABORÍO and ISABEL ARGÜELLO PRADO:
Marriage: September 08, 1883, Catedral de León, León, Nicaragua

Children of SALVADOR CARDENAL SABORÍO and ISABEL ARGÜELLO PRADO are:

i. SALVADOR[38] CARDENAL ARGÜELLO.

Notes for SALVADOR CARDENAL ARGÜELLO:
Salvador Cardenal Argüello fue sacerdote de la Compañía de Jesús, S.J.

ii. MARCELINA CARDENAL ARGÜELLO.

Notes for MARCELINA CARDENAL ARGÜELLO:
Marcelina Cardenal Argüello fue monja de la Orden de la Asunción.

114. iii. MERCEDES CARDENAL ARGÜELLO, b. August 04, 1889, León, Nicaragua; d. January 02, 1979, Granada, Granada, Nicaragua.
115. iv. JULIO CARDENAL ARGÜELLO, b. September 03, 1887, León, Nicaragua; d. July 26, 1926, Granada, Granada, Nicaragua.
116. v. ISABEL CARDENAL ARGÜELLO.
117. vi. CARMEN CARDENAL ARGÜELLO.
118. vii. RODOLFO CARDENAL ARGÜELLO.
viii. ISABEL C. CARDENAL ARGÜELLO.
119. ix. MARGARITA CARDENAL ARGÜELLO, b. January 09, 1900, León, Nicaragua.
120. x. CARLOS CARDENAL ARGÜELLO.

90. PEDRO[37] CARDENAL SABORÍO *(PEDRO[36] CARDENAL AYERDI, MARÍA MANUELA[35] AYERDI ZÁRATE, PEDRO MANUEL[34] AYERDI RAMIRO-CORAJO, ANA MARTA[33] RAMIRO-CORAJO Y ZAPATA, FERNANDO[32] RAMIRO-CORAJO Y VERA SOTOMAYOR, JUANA[31] DE VERA SOTOMAYOR, LUIS[30] MÉNDEZ SOTOMAYOR Y CERRATO, ALFONSO[29] FERNÁNDEZ DE SOTOMAYOR FIGUEROA MESSÍA, LUIS[28] MÉNDEZ DE SOTOMAYOR FIGUEROA MESSÍA, GARCÍ[27] MÉNDEZ DE SOTOMAYOR Y SÁNCHEZ VILLODRE, CATALINA[26] SÁNCHEZ DE VILLODRE Y MANUEL, INÉS[25] SÁNCHEZ MANUEL DE VILLENA, JUAN[24] SÁNCHEZ MANUEL Y GONZÁLEZ DE MANZANEDO, SANCHO[23] MANUEL DE CASTILLA Y LASSO DE LA VEGA, JUAN I[22]MANUEL DE CASTILLA, REY DE CASTILLA LEÓN, JUANA[21] MANUEL DE CASTILLA, BLANCA[20] DE LA CERDA, FERNANDO[19] DE LA CERDA II, FERNANDO[18] DE LA CERDA, VIOLANTE[17] DE ARAGÓN, JAIME I[16] "EL CONQUISTADOR" REY DE ARAGÓN, PEDRO II[15]DE ARAGÓN, "EL CATÓLICO" REY DE ARAGÓN, ALFONSO II[14] REY DE ARAGÓN Y 1RO. DE CATALUÑA, PETRONILA[13]DE ARAGÓN, REINA DE ARAGÓN, RAMIRO II[12]SÁNCHEZ, REY DE ARAGÓN, SANCHO V[11]RAMÍREZ, REY DE ARAGÓN, RAMIRO I[10]SÁNCHEZ, REY DE ARAGÓN, SANCHO III[9]GARCÉS "EL GRANDE", REY DE PAMPLONA, GARCÍA II[8]SÁNCHEZ, REY DE PAMPLONA, EL TEMBLÓN, SANCHO II[7]GARCÉS ABARCA, REY DE PAMPLONA, GARCÍA I[6]SÁNCHEZ, REY DE PAMPLONA, SANCHO I[5]GARCÉS, REY DE PAMPLONA, GARCÍA[4]JIMÉNEZ, PRÍNCIPE DE NAVARRA, JIMENA[3] GARCÍA, GARCÍA[2] JIMÉNEZ, JIMINO[1])* was born in León, Nicaragua, and died in León, Nicaragua. He married (1) PAZ RAMÍREZ MURILLO. He met (2) FRANCISCA CARÍAS VDA. DE MONTENEGRO in Honduras, Centro América.

Notes for PEDRO CARDENAL SABORÍO:
Don Pedro Cardenal Saborío murió ahogado en el baneario de Poneloya, en el Departamento de León, Nicaragua. Tenía mas o menos la edad de 50 años; a pesar de ser excelente nadador, tal parece que se tomó

unos tragos de licor y se metió al mar, con las consecuencias mortales.

More About PEDRO CARDENAL SABORÍO:
Burial: León, Nicaragua

Notes for PAZ RAMÍREZ MURILLO:
El nombre completo es María de la Paz Ramírez Murillo, nació en la ciudad colonial de León Santiago de los Caballeros, en el Departamento de León, Nicaragua. Sus padres fueron Don Norberto Ramírez Areas, que fue Jefe de Estado de Nicaragua, y su esposa Da. Javiera Murillo Galarza.

More About PEDRO CARDENAL SABORÍO and FRANCISCA CARÍAS VDA. DE MONTENEGRO:
Partners: Honduras, Centro América

Child of PEDRO CARDENAL SABORÍO and PAZ RAMÍREZ MURILLO is:
121. i. PEDRO[38] CARDENAL RAMÍREZ, b. León, Nicaragua; d. León, Nicaragua.

Child of PEDRO CARDENAL SABORÍO and FRANCISCA CARÍAS VDA. DE MONTENEGRO is:
ii. MAXIMILIANO "MAX"[38] CARÍAS CARDENAL.

91. MERCEDES[37] CARDENAL SABORÍO *(PEDRO[36] CARDENAL AYERDI, MARÍA MANUELA[35] AYERDI ZÁRATE, PEDRO MANUEL[34] AYERDI RAMIRO-CORAJO, ANA MARTA[33] RAMIRO-CORAJO Y ZAPATA, FERNANDO[32] RAMIRO-CORAJO Y VERA SOTOMAYOR, JUANA[31] DE VERA SOTOMAYOR, LUIS[30] MÉNDEZ SOTOMAYOR Y CERRATO, ALFONSO[29] FERNÁNDEZ DE SOTOMAYOR FIGUEROA MESSÍA, LUIS[28] MÉNDEZ DE SOTOMAYOR FIGUEROA MESSÍA, GARCI[27] MÉNDEZ DE SOTOMAYOR Y SÁNCHEZ VILLODRE, CATALINA[26] SÁNCHEZ DE VILLODRE Y MANUEL, INÉS[25] SÁNCHEZ MANUEL DE VILLENA, JUAN[24] SÁNCHEZ MANUEL Y GONZÁLEZ DE MANZANEDO, SANCHO[23] MANUEL DE CASTILLA Y LASSO DE LA VEGA, JUAN I[22] MANUEL DE CASTILLA, REY DE CASTILLA LEÓN, JUANA[21] MANUEL DE CASTILLA, BLANCA[20] DE LA CERDA, FERNANDO[19] DE LA CERDA II, FERNANDO[18] DE LA CERDA, VIOLANTE[17] DE ARAGÓN, JAIME I[16] "EL CONQUISTADOR" REY DE ARAGÓN, PEDRO II[15] DE ARAGÓN, "EL CATÓLICO" REY DE ARAGÓN, ALFONSO II[14] REY DE ARAGÓN Y 1RO. DE CATALUÑA, PETRONILA[13] DE ARAGÓN, REINA DE ARAGÓN, RAMIRO II[12] SÁNCHEZ, REY DE ARAGÓN, SANCHO V[11] RAMÍREZ, REY DE ARAGÓN, RAMIRO I[10] SÁNCHEZ, REY DE ARAGÓN, SANCHO III[9] GARCÉS "EL GRANDE", REY DE PAMPLONA, GARCÍA II[8] SÁNCHEZ, REY DE PAMPLONA, EL TEMBLÓN, SANCHO II[7] GARCÉS ABARCA, REY DE PAMPLONA, GARCÍA I[6] SÁNCHEZ, REY DE PAMPLONA, SANCHO I[5] GARCÉS, REY DE PAMPLONA, GARCÍA[4] JIMÉNEZ, PRÍNCIPE DE NAVARRA, JIMENA[3] GARCÍA, GARCÍA[2] JIMÉNEZ, JIMINO[1])* She married DR. GRAL. JUAN JOSÉ SAMAYOA Y MURILLO.

Children of MERCEDES CARDENAL SABORÍO and DR. SAMAYOA Y MURILLO are:
122. i. MERCEDES[38] SAMAYOA CARDENAL.
ii. JUAN JOSÉ SAMAYOA CARDENAL.
iii. PEDRO SAMAYOA CARDENAL.
iv. LORENZO SAMAYOA CARDENAL.

92. MANUELA[37] CARDENAL SABORÍO *(PEDRO[36] CARDENAL AYERDI, MARÍA MANUELA[35] AYERDI ZÁRATE, PEDRO MANUEL[34] AYERDI RAMIRO-CORAJO, ANA MARTA[33] RAMIRO-CORAJO Y ZAPATA, FERNANDO[32] RAMIRO-CORAJO Y VERA SOTOMAYOR, JUANA[31] DE VERA SOTOMAYOR, LUIS[30] MÉNDEZ SOTOMAYOR Y CERRATO, ALFONSO[29] FERNÁNDEZ DE SOTOMAYOR FIGUEROA MESSÍA, LUIS[28] MÉNDEZ DE SOTOMAYOR FIGUEROA MESSÍA, GARCI[27] MÉNDEZ DE SOTOMAYOR Y SÁNCHEZ VILLODRE, CATALINA[26] SÁNCHEZ DE VILLODRE Y MANUEL, INÉS[25] SÁNCHEZ MANUEL DE VILLENA, JUAN[24] SÁNCHEZ MANUEL Y GONZÁLEZ DE MANZANEDO, SANCHO[23] MANUEL DE CASTILLA Y LASSO DE LA VEGA, JUAN I[22] MANUEL DE CASTILLA, REY DE CASTILLA LEÓN, JUANA[21] MANUEL DE CASTILLA, BLANCA[20] DE LA CERDA, FERNANDO[19] DE LA*

CERDA II, FERNANDO[18] *DE LA CERDA, VIOLANTE*[17] *DE ARAGÓN, JAIME I*[16] *"EL CONQUISTADOR" REY DE ARAGÓN, PEDRO II*[15] *DE ARAGÓN, "EL CATÓLICO" REY DE ARAGÓN, ALFONSO II*[14] *REY DE ARAGÓN Y 1RO. DE CATALUÑA, PETRONILA*[13] *DE ARAGÓN, REINA DE ARAGÓN, RAMIRO II*[12] *SÁNCHEZ, REY DE ARAGÓN, SANCHO V*[11] *RAMÍREZ, REY DE ARAGÓN, RAMIRO I*[10] *SÁNCHEZ, REY DE ARAGÓN, SANCHO III*[9] *GARCÉS "EL GRANDE", REY DE PAMPLONA, GARCÍA II*[8] *SÁNCHEZ, REY DE PAMPLONA, EL TEMBLÓN, SANCHO II*[7] *GARCÉS ABARCA, REY DE PAMPLONA, GARCÍA I*[6] *SÁNCHEZ, REY DE PAMPLONA, SANCHO I*[5] *GARCÉS, REY DE PAMPLONA, GARCÍA*[4] *JIMÉNEZ, PRÍNCIPE DE NAVARRA, JIMENA*[3] *GARCÍA, GARCÍA*[2] *JIMÉNEZ, JIMINO*[1]*)* She married FERNANDO PORTOCARRERO BALLADARES, son of PEDRO PORTOCARRERO AYCINENA and MARÍA BALLADARES SARRIA.

Children of MANUELA CARDENAL SABORÍO and FERNANDO PORTOCARRERO BALLADARES are:

123. i. ERNESTO[38] PORTOCARRERO CARDENAL.
124. ii. SAMUEL PORTOCARRERO CARDENAL.
125. iii. SARA PORTOCARRERO CARDENAL, b. León, Nicaragua; d. León, Nicaragua.
iv. BERNABÉ PORTOCARRERO CARDENAL, m. DAYSI LACAYO RIVAS.
v. RENÉ PORTOCARRERO CARDENAL, m. JOSEFA SANDOVAL.
126. vi. TRINIDAD PORTOCARRERO CARDENAL, b. May 25, 1902, León, Nicaragua; d. January 26, 1933, León, Nicaragua.
vii. JUAN JOSÉ PORTOCARRERO CARDENAL.
viii. FERNANDO PORTOCARRERO CARDENAL.

93. ANA MARÍA[37] CARDENAL BONILLA *(MANUEL SILVESTRE*[36] *CARDENAL AYERDI, MARÍA MANUELA*[35] *AYERDI ZÁRATE, PEDRO MANUEL*[34] *AYERDI RAMIRO-CORAJO, ANA MARTA*[33] *RAMIRO-CORAJO Y ZAPATA, FERNANDO*[32] *RAMIRO-CORAJO Y VERA SOTOMAYOR, JUANA*[31] *DE VERA SOTOMAYOR, LUIS*[30] *MÉNDEZ SOTOMAYOR Y CERRATO, ALFONSO*[29] *FERNÁNDEZ DE SOTOMAYOR FIGUEROA MESSÍA, LUIS*[28] *MÉNDEZ DE SOTOMAYOR FIGUEROA MESSÍA, GARCI*[27] *MÉNDEZ DE SOTOMAYOR Y SÁNCHEZ VILLODRE, CATALINA*[26] *SÁNCHEZ DE VILLODRE Y MANUEL, INÉS*[25] *SÁNCHEZ MANUEL DE VILLENA, JUAN*[24] *SÁNCHEZ MANUEL Y GONZÁLEZ DE MANZANEDO, SANCHO*[23] *MANUEL DE CASTILLA Y LASSO DE LA VEGA, JUAN I*[22] *MANUEL DE CASTILLA, REY DE CASTILLA LEÓN, JUANA*[21] *MANUEL DE CASTILLA, BLANCA*[20] *DE LA CERDA, FERNANDO*[19] *DE LA CERDA II, FERNANDO*[18] *DE LA CERDA, VIOLANTE*[17] *DE ARAGÓN, JAIME I*[16] *"EL CONQUISTADOR" REY DE ARAGÓN, PEDRO II*[15] *DE ARAGÓN, "EL CATÓLICO" REY DE ARAGÓN, ALFONSO II*[14] *REY DE ARAGÓN Y 1RO. DE CATALUÑA, PETRONILA*[13] *DE ARAGÓN, REINA DE ARAGÓN, RAMIRO II*[12] *SÁNCHEZ, REY DE ARAGÓN, SANCHO V*[11] *RAMÍREZ, REY DE ARAGÓN, RAMIRO I*[10] *SÁNCHEZ, REY DE ARAGÓN, SANCHO III*[9] *GARCÉS "EL GRANDE", REY DE PAMPLONA, GARCÍA II*[8] *SÁNCHEZ, REY DE PAMPLONA, EL TEMBLÓN, SANCHO II*[7] *GARCÉS ABARCA, REY DE PAMPLONA, GARCÍA I*[6] *SÁNCHEZ, REY DE PAMPLONA, SANCHO I*[5] *GARCÉS, REY DE PAMPLONA, GARCÍA*[4] *JIMÉNEZ, PRÍNCIPE DE NAVARRA, JIMENA*[3] *GARCÍA, GARCÍA*[2] *JIMÉNEZ, JIMINO*[1]*)* She married FERNANDO PORTOCARRERO BALLADARES, son of PEDRO PORTOCARRERO AYCINENA and MARÍA BALLADARES SARRIA.

Children of ANA CARDENAL BONILLA and FERNANDO PORTOCARRERO BALLADARES are:

127. i. RAMONA[38] PORTOCARRERO CARDENAL.
128. ii. ADELA PORTOCARRERO CARDENAL.

94. ERNESTO[37] GUEVARA DE LA SERNA "CHE" *(ERNESTO RAFAEL*[36] *GUEVARA LYNCH, ANA*[35] *LYNCH ORTÍZ, FCO. DE PAULA EUSTAQUI*[34] *LYNCH ZAVALETA, MARÍA ISABEL*[33] *DE ZAVALETA Y RIGLOS, MARIANO*[32] *DE ZAVALETA Y SAN MARTÍN, FRANCISCA JAVIERA*[31] *DE SAN MARTÍN Y AVELLANEDA, MARÍA ROSA*[30] *DE AVELLANEDA Y LABAYEN, JUANA*[29] *DE LABAYEN Y PONCE DE LEÓN, MARÍA*[28] *PONCE DE LEÓN Y NAVARRO, RODRIGO*[27] *LÓPEZ DE ALANIS Y VERA GUZMÁN, CATALINA*[26] *DE VERA Y GUZMÁN E IRALA, ALONSO*[25] *RIQUELME DE GUZMÁN Y P. DE LEÓN, VIOLANTE*[24] *PONCE DE LEÓN Y VERA ZURITA, EUTROPO*[23] *PONCE DE LEÓN Y GONZÁLEZ DE*

OVIEDO, JUAN[22]PONCE DE LEÓN Y DE AYALA, CONDE, PEDRO[21] PONCE DE LEÓN Y DE HARO, PEDRO[20] PONCE DE LEÓN Y ARAGÓN-XÉRICA, BEATRIZ[19]DE ARAGÓN-XÉRICA, INFANTA DE ARAGÓN-X, JAIME II[18]DE ARAGÓN-XÉRICA, REY DE ARAGÓN-X, JAIME I[17], JAIME I[16] "EL CONQUISTADOR" REY DE ARAGÓN, PEDRO II[15]DE ARAGÓN, "EL CATÓLICO" REY DE ARAGÓN, ALFONSO II[14] REY DE ARAGÓN Y 1RO. DE CATALUÑA, PETRONILA[13]DE ARAGÓN, REINA DE ARAGÓN, RAMIRO II[12]SÁNCHEZ, REY DE ARAGÓN, SANCHO V[11]RAMÍREZ, REY DE ARAGÓN, RAMIRO I[10]SÁNCHEZ, REY DE ARAGÓN, SANCHO III[9]GARCÉS "EL GRANDE", REY DE PAMPLONA, GARCÍA II[8]SÁNCHEZ, REY DE PAMPLONA, EL TEMBLÓN, SANCHO II[7]GARCÉS ABARCA, REY DE PAMPLONA, GARCÍA I[6]SÁNCHEZ, REY DE PAMPLONA, SANCHO I[5]GARCÉS, REY DE PAMPLONA, GARCÍA[4]JIMÉNEZ, PRÍNCIPE DE NAVARRA, JIMENA[3] GARCÍA, GARCÍA[2] JIMÉNEZ, JIMINO[1]) was born June 14, 1928 in Rosario, Argentina, and died October 09, 1967 in Higueras, Bolivia. He married (1) HILDA GADEA. He married (2) ALEIDA MARCH TORRES. He married (3) LIDIA ROSA LÓPEZ.

More About ERNESTO GUEVARA DE LA SERNA "CHE":
Burial: Santa Clara, Cuba

Child of ERNESTO GUEVARA DE LA SERNA "CHE" and HILDA GADEA is:

i. HILDA BEATRIZ[38] GUEVARA GADEA, b. February 15, 1956, México, D.F., México.

Children of ERNESTO GUEVARA DE LA SERNA "CHE" and ALEIDA MARCH TORRES are:

ii. ALEIDA[38] GUEVARA MARCH, b. November 17, 1960, La Habana, Cuba.
iii. CAMILO GUEVARA MARCH, b. May 20, 1962, La Habana, Cuba.
iv. CELIA GUEVARA MARCH, b. June 14, 1963, La Habana, Cuba.
v. ERNESTO GUEVARA MARCH, b. 1965, La Habana, Cuba.

Child of ERNESTO GUEVARA DE LA SERNA "CHE" and LIDIA LÓPEZ is:

vi. OMAR[38] GUEVARA LÓPEZ "OMAR PÉREZ", b. March 19, 1964, La Habana, Cuba.

Generation No. 38

95. AUGUSTO CÉSAR[38] MONTEALEGRE LACAYO *(MARIANO ANTONIO[37] MONTEALEGRE ROMERO, MANUELA CASIMIRA[36] ROMERO SÁENZ, BÁRBARA ANTONIA[35] SÁENZ BONILLA, MANUEL[34] SÁENZ VÁZQUEZ Y RAMIRO-CORAJO, MARÍA ROSA[33] VÁZQUEZ RAMIRO-CORAJO, JOSEPH FRANCISCO[32] RAMIRO-CORAJO Y VERA SOTOMAYOR, JUANA[31] DE VERA SOTOMAYOR, LUIS[30] MÉNDEZ SOTOMAYOR Y CERRATO, ALFONSO[29] FERNÁNDEZ DE SOTOMAYOR FIGUEROA MESSÍA, LUIS[28] MÉNDEZ DE SOTOMAYOR FIGUEROA MESSÍA, GARCÍ[27] MÉNDEZ DE SOTOMAYOR Y SÁNCHEZ VILLODRE, CATALINA[26] SÁNCHEZ DE VILLODRE Y MANUEL, INÉS[25] SÁNCHEZ MANUEL DE VILLENA, JUAN[24] SÁNCHEZ MANUEL Y GONZÁLEZ DE MANZANEDO, SANCHO[23] MANUEL DE CASTILLA Y LASSO DE LA VEGA, JUAN I[22]MANUEL DE CASTILLA, REY DE CASTILLA LEÓN, JUANA[21] MANUEL DE CASTILLA, BLANCA[20] DE LA CERDA, FERNANDO[19] DE LA CERDA II, FERNANDO[18] DE LA CERDA, VIOLANTE[17] DE ARAGÓN, JAIME I[16] "EL CONQUISTADOR" REY DE ARAGÓN, PEDRO II[15]DE ARAGÓN, "EL CATÓLICO" REY DE ARAGÓN, ALFONSO II[14] REY DE ARAGÓN Y 1RO. DE CATALUÑA, PETRONILA[13]DE ARAGÓN, REINA DE ARAGÓN, RAMIRO II[12]SÁNCHEZ, REY DE ARAGÓN, SANCHO V[11]RAMÍREZ, REY DE ARAGÓN, RAMIRO I[10]SÁNCHEZ, REY DE ARAGÓN, SANCHO III[9]GARCÉS "EL GRANDE", REY DE PAMPLONA, GARCÍA II[8]SÁNCHEZ, REY DE PAMPLONA, EL TEMBLÓN, SANCHO II[7]GARCÉS ABARCA, REY DE PAMPLONA, GARCÍA I[6]SÁNCHEZ, REY DE PAMPLONA, SANCHO I[5]GARCÉS, REY DE PAMPLONA, GARCÍA[4]JIMÉNEZ, PRÍNCIPE DE NAVARRA, JIMENA[3] GARCÍA, GARCÍA[2] JIMÉNEZ, JIMINO[1])* He married ISABEL SALVATIERRA RICARTE FÁBREGA, daughter of BRUNO SALVATIERRA FÁBREGA and MANUELA RICARTE RAMÍREZ.

Children of AUGUSTO MONTEALEGRE LACAYO and ISABEL SALVATIERRA RICARTE FÁBREGA are:

129. i. AUGUSTO CÉSAR[39] MONTEALEGRE SALVATIERRA.
ii. ERNESTO MONTEALEGRE SALVATIERRA, m. MODESTA TÁBORA GÓMEZ.
iii. PAULA MONTEALEGRE SALVATIERRA, m. JACINTO SERRANO.
iv. ABRAHAM MONTEALEGRE SALVATIERRA, m. PRISCILA TÁBORA.
v. MARÍA DEL CARMEN MONTEALEGRE SALVATIERRA, d. January 19, 1959, Chinandega, Chinandega, Nicaragua; m. ELISEO VENERIO PLAZAOLA; d. July 13, 1963, Chinandega, Chinandega, Nicaragua.

More About MARÍA DEL CARMEN MONTEALEGRE SALVATIERRA:
Burial: Chinandega, Chinandega, Nicaragua

More About ELISEO VENERIO PLAZAOLA:
Burial: Chinandega, Chinandega, Nicaragua

130. vi. HUMBERTO "PIN" MONTEALEGRE SALVATIERRA.
vii. AUGUSTA MONTEALEGRE SALVATIERRA, m. JOHN ALEX COLSTON CROSS.
viii. MANUELA MONTEALEGRE SALVATIERRA, m. (1) FELIPE ALTAMIRANO CALLEJAS; m. (2) FRANCISCO ALFREDO SANDOVAL FUENTES.
ix. BERTA MONTEALEGRE SALVATIERRA, b. Chinandega, Chinandega, Nicaragua; d. Guatemala de la Asunción, Guatemala; m. LOUIS COLVIN.

96. PAULA[38] MONTEALEGRE LACAYO *(MARIANO ANTONIO[37] MONTEALEGRE ROMERO, MANUELA CASIMIRA[36] ROMERO SÁENZ, BÁRBARA ANTONIA[35] SÁENZ BONILLA, MANUEL[34] SÁENZ VÁZQUEZ Y RAMIRO-CORAJO, MARÍA ROSA[33] VÁZQUEZ RAMIRO-CORAJO, JOSEPH FRANCISCO[32] RAMIRO-CORAJO Y VERA SOTOMAYOR, JUANA[31] DE VERA SOTOMAYOR, LUIS[30] MÉNDEZ SOTOMAYOR Y CERRATO, ALFONSO[29] FERNÁNDEZ DE SOTOMAYOR FIGUEROA MESSÍA, LUIS[28] MÉNDEZ DE SOTOMAYOR FIGUEROA MESSÍA, GARCÍ[27] MÉNDEZ DE SOTOMAYOR Y SÁNCHEZ VILLODRE, CATALINA[26] SÁNCHEZ DE VILLODRE Y MANUEL, INÉS[25] SÁNCHEZ MANUEL DE VILLENA, JUAN[24] SÁNCHEZ MANUEL Y GONZÁLEZ DE MANZANEDO, SANCHO[23] MANUEL DE CASTILLA Y LASSO DE LA VEGA, JUAN I[22] MANUEL DE CASTILLA, REY DE CASTILLA LEÓN, JUANA[21] MANUEL DE CASTILLA, BLANCA[20] DE LA CERDA, FERNANDO[19] DE LA CERDA II, FERNANDO[18] DE LA CERDA, VIOLANTE[17] DE ARAGÓN, JAIME I[16] "EL CONQUISTADOR" REY DE ARAGÓN, PEDRO II[15] DE ARAGÓN, "EL CATÓLICO" REY DE ARAGÓN, ALFONSO II[14] REY DE ARAGÓN Y 1RO. DE CATALUÑA, PETRONILA[13] DE ARAGÓN, REINA DE ARAGÓN, RAMIRO II[12] SÁNCHEZ, REY DE ARAGÓN, SANCHO V[11] RAMÍREZ, REY DE ARAGÓN, RAMIRO I[10] SÁNCHEZ, REY DE ARAGÓN, SANCHO III[9] GARCÉS "EL GRANDE", REY DE PAMPLONA, GARCÍA II[8] SÁNCHEZ, REY DE PAMPLONA, EL TEMBLÓN, SANCHO II[7] GARCÉS ABARCA, REY DE PAMPLONA, GARCÍA I[6] SÁNCHEZ, REY DE PAMPLONA, SANCHO I[5] GARCÉS, REY DE PAMPLONA, GARCÍA[4] JIMÉNEZ, PRÍNCIPE DE NAVARRA, JIMENA[3] GARCÍA, GARCÍA[2] JIMÉNEZ, JIMINO[1])* She married MANUEL BALLADARES TERÁN.

Children of PAULA MONTEALEGRE LACAYO and MANUEL BALLADARES TERÁN are:
131. i. ANGÉLICA[39] BALLADARES MONTEALEGRE.
132. ii. MANUEL BALLADARES MONTEALEGRE.
133. iii. MARIANA BALLADARES MONTEALEGRE.

97. ABRAHAM[38] MONTEALEGRE LACAYO *(MARIANO ANTONIO[37] MONTEALEGRE ROMERO, MANUELA CASIMIRA[36] ROMERO SÁENZ, BÁRBARA ANTONIA[35] SÁENZ BONILLA, MANUEL[34] SÁENZ VÁZQUEZ Y RAMIRO-CORAJO, MARÍA ROSA[33] VÁZQUEZ RAMIRO-CORAJO, JOSEPH FRANCISCO[32] RAMIRO-CORAJO Y VERA SOTOMAYOR, JUANA[31] DE VERA SOTOMAYOR, LUIS[30] MÉNDEZ SOTOMAYOR Y CERRATO, ALFONSO[29] FERNÁNDEZ DE SOTOMAYOR FIGUEROA MESSÍA, LUIS[28] MÉNDEZ DE SOTOMAYOR FIGUEROA MESSÍA, GARCÍ[27] MÉNDEZ DE SOTOMAYOR Y SÁNCHEZ VILLODRE, CATALINA[26] SÁNCHEZ DE VILLODRE Y MANUEL, INÉS[25] SÁNCHEZ MANUEL DE VILLENA, JUAN[24] SÁNCHEZ MANUEL Y GONZÁLEZ DE MANZANEDO,*

SANCHO[23] MANUEL DE CASTILLA Y LASSO DE LA VEGA, JUAN I[22] MANUEL DE CASTILLA, REY DE CASTILLA LEÓN, JUANA[21] MANUEL DE CASTILLA, BLANCA[20] DE LA CERDA, FERNANDO[19] DE LA CERDA II, FERNANDO[18] DE LA CERDA, VIOLANTE[17] DE ARAGÓN, JAIME I[16] "EL CONQUISTADOR" REY DE ARAGÓN, PEDRO II[15] DE ARAGÓN, "EL CATÓLICO" REY DE ARAGÓN, ALFONSO II[14] REY DE ARAGÓN Y 1RO. DE CATALUÑA, PETRONILA[13] DE ARAGÓN, REINA DE ARAGÓN, RAMIRO II[12] SÁNCHEZ, REY DE ARAGÓN, SANCHO V[11] RAMÍREZ, REY DE ARAGÓN, RAMIRO I[10] SÁNCHEZ, REY DE ARAGÓN, SANCHO III[9] GARCÉS "EL GRANDE", REY DE PAMPLONA, GARCÍA II[8] SÁNCHEZ, REY DE PAMPLONA, EL TEMBLÓN, SANCHO II[7] GARCÉS ABARCA, REY DE PAMPLONA, GARCÍA I[6] SÁNCHEZ, REY DE PAMPLONA, SANCHO I[5] GARCÉS, REY DE PAMPLONA, GARCÍA[4] JIMÉNEZ, PRÍNCIPE DE NAVARRA, JIMENA[3] GARCÍA, GARCÍA[2] JIMÉNEZ, JIMINO[1]) He married (1) VICTORIA CALLEJAS SANSÓN. He married (2) MARÍA DE LA PAZ TRONCOSSO. He married (3) MARÍA TRINIDAD VANPOVEDT POVEDA. He married (4) SARAH GARAY.

Child of ABRAHAM MONTEALEGRE LACAYO and MARÍA VANPOVEDT POVEDA is:
134. i. DOMINGO[39] MONTEALEGRE VANPOVEDT.

98. ELÍAS[38] MONTEALEGRE LACAYO *(MARIANO ANTONIO[37] MONTEALEGRE ROMERO, MANUELA CASIMIRA[36] ROMERO SÁENZ, BÁRBARA ANTONIA[35] SÁENZ BONILLA, MANUEL[34] SÁENZ VÁZQUEZ Y RAMIRO-CORAJO, MARÍA ROSA[33] VÁZQUEZ RAMIRO-CORAJO, JOSEPH FRANCISCO[32] RAMIRO-CORAJO Y VERA SOTOMAYOR, JUANA[31] DE VERA SOTOMAYOR, LUIS[30] MÉNDEZ SOTOMAYOR Y CERRATO, ALFONSO[29] FERNÁNDEZ DE SOTOMAYOR FIGUEROA MESSÍA, LUIS[28] MÉNDEZ DE SOTOMAYOR FIGUEROA MESSÍA, GARCI[27] MÉNDEZ DE SOTOMAYOR Y SÁNCHEZ VILLODRE, CATALINA[26] SÁNCHEZ DE VILLODRE Y MANUEL, INÉS[25] SÁNCHEZ MANUEL DE VILLENA, JUAN[24] SÁNCHEZ MANUEL Y GONZÁLEZ DE MANZANEDO, SANCHO[23] MANUEL DE CASTILLA Y LASSO DE LA VEGA, JUAN I[22] MANUEL DE CASTILLA, REY DE CASTILLA LEÓN, JUANA[21] MANUEL DE CASTILLA, BLANCA[20] DE LA CERDA, FERNANDO[19] DE LA CERDA II, FERNANDO[18] DE LA CERDA, VIOLANTE[17] DE ARAGÓN, JAIME I[16] "EL CONQUISTADOR" REY DE ARAGÓN, PEDRO II[15] DE ARAGÓN, "EL CATÓLICO" REY DE ARAGÓN, ALFONSO II[14] REY DE ARAGÓN Y 1RO. DE CATALUÑA, PETRONILA[13] DE ARAGÓN, REINA DE ARAGÓN, RAMIRO II[12] SÁNCHEZ, REY DE ARAGÓN, SANCHO V[11] RAMÍREZ, REY DE ARAGÓN, RAMIRO I[10] SÁNCHEZ, REY DE ARAGÓN, SANCHO III[9] GARCÉS "EL GRANDE", REY DE PAMPLONA, GARCÍA II[8] SÁNCHEZ, REY DE PAMPLONA, EL TEMBLÓN, SANCHO II[7] GARCÉS ABARCA, REY DE PAMPLONA, GARCÍA I[6] SÁNCHEZ, REY DE PAMPLONA, SANCHO I[5] GARCÉS, REY DE PAMPLONA, GARCÍA[4] JIMÉNEZ, PRÍNCIPE DE NAVARRA, JIMENA[3] GARCÍA, GARCÍA[2] JIMÉNEZ, JIMINO[1])* was born in Chinandega, Chinandega, Nicaragua, and died in Honduras. He married JULIA GASTEAZORO ROBELO. She was born March 16, 1849 in Chinandega, Chinandega, Nicaragua, and died May 10, 1927 in Chinandega, Chinandega, Nicaragua.

More About JULIA GASTEAZORO ROBELO:
Burial: Chinandega, Chinandega, Nicaragua

Children of ELÍAS MONTEALEGRE LACAYO and JULIA GASTEAZORO ROBELO are:
i. ELÍAS[39] MONTEALEGRE GASTEAZORO.
135. ii. MARIANO MONTEALEGRE GASTEAZORO, b. December 06, 1876, Chinandega, Chinandega, Nicaragua; d. April 20, 1963, Chinandega, Chinandega, Nicaragua.
iii. MANUELA "YAYITA" MONTEALEGRE GASTEAZORO, b. October 19, 1893, Chinandega, Chinandega, Nicaragua; d. Chinandega, Chinandega, Nicaragua.

More About MANUELA "YAYITA" MONTEALEGRE GASTEAZORO:
Burial: Chinandega, Chinandega, Nicaragua

99. FRANCISCO[38] MORAZÁN MONCADA *(MARIANO ANTONIO[37] MONTEALEGRE ROMERO, MANUELA CASIMIRA[36] ROMERO SÁENZ, BÁRBARA ANTONIA[35] SÁENZ BONILLA, MANUEL[34] SÁENZ VÁZQUEZ Y RAMIRO-CORAJO, MARÍA ROSA[33] VÁZQUEZ RAMIRO-CORAJO, JOSEPH*

FRANCISCO[32] RAMIRO-CORAJO Y VERA SOTOMAYOR, JUANA[31] DE VERA SOTOMAYOR, LUIS[30] MÉNDEZ SOTOMAYOR Y CERRATO, ALFONSO[29] FERNÁNDEZ DE SOTOMAYOR FIGUEROA MESSÍA, LUIS[28] MÉNDEZ DE SOTOMAYOR FIGUEROA MESSÍA, GARCÍ[27] MÉNDEZ DE SOTOMAYOR Y SÁNCHEZ VILLODRE, CATALINA[26] SÁNCHEZ DE VILLODRE Y MANUEL, INÉS[25] SÁNCHEZ MANUEL DE VILLENA, JUAN[24] SÁNCHEZ MANUEL Y GONZÁLEZ DE MANZANEDO, SANCHO[23] MANUEL DE CASTILLA Y LASSO DE LA VEGA, JUAN I[22] MANUEL DE CASTILLA, REY DE CASTILLA LEÓN, JUANA[21] MANUEL DE CASTILLA, BLANCA[20] DE LA CERDA, FERNANDO[19] DE LA CERDA II, FERNANDO[18] DE LA CERDA, VIOLANTE[17] DE ARAGÓN, JAIME I[16] "EL CONQUISTADOR" REY DE ARAGÓN, PEDRO II[15] DE ARAGÓN, "EL CATÓLICO" REY DE ARAGÓN, ALFONSO II[14] REY DE ARAGÓN Y 1RO. DE CATALUÑA, PETRONILA[13] DE ARAGÓN, REINA DE ARAGÓN, RAMIRO II[12] SÁNCHEZ, REY DE ARAGÓN, SANCHO V[11] RAMÍREZ, REY DE ARAGÓN, RAMIRO I[10] SÁNCHEZ, REY DE ARAGÓN, SANCHO III[9] GARCÉS "EL GRANDE", REY DE PAMPLONA, GARCÍA II[8] SÁNCHEZ, REY DE PAMPLONA, EL TEMBLÓN, SANCHO II[7] GARCÉS ABARCA, REY DE PAMPLONA, GARCÍA I[6] SÁNCHEZ, REY DE PAMPLONA, SANCHO I[5] GARCÉS, REY DE PAMPLONA, GARCÍA[4] JIMÉNEZ, PRÍNCIPE DE NAVARRA, JIMENA[3] GARCÍA, GARCÍA[2] JIMÉNEZ, JIMINO[1]) He married CARMEN VENERIO GASTEAZORO.

Notes for FRANCISCO MORAZÁN MONCADA:
Don Francisco Morazán Moncada es hijo fuera de matrimonio del Gral. Francisco Morazán Quesada, Presidente de Centro América, y de Da. Francisca Moncada. El Gral. Francisco Morazán era muy amigo de la familia Montealegre de Costa Rica y Nicaragua; y en los momentos en que es capturado por las autoridades en Costa Rica, estaba viviendo en esta provincia de Centro América, Don Mariano Montealegre Romero, que en esos momentos era un joven todavía, resultando en el fusilamiento del Gral. Morazán, pero, antes de ser fusilado le pidió a Don Mariano Montealegre Romero que por favor se hiciese cargo de su hijo que en esos momentos lo acompañaba en Costa Rica. Después que el Gral. Morazán fuese fusilado, Don Mariano Montealegre Romero consideró conveniente trasladarse a Nicaragua con el hijo del Gral. Morazán, siendo así que cuando ya creció, contrajo matrimonio con una jovencita de la Villa de El Viejo, en Chinandega, Nicaragua, de nombre Carmen Venerio Gasteazoro, con extensa descendencia en Nicaragua, que entroncan con la misma familia Montealegre.

More About FRANCISCO MORAZÁN MONCADA:
Burial: Cementerio de Chinandega, Chinandega, Nicaragua

More About CARMEN VENERIO GASTEAZORO:
Burial: Cementerio de Chinandega, Chinandega, Nicaragua

Children of FRANCISCO MORAZÁN MONCADA and CARMEN VENERIO GASTEAZORO are:
136. i. MERCEDES[39] MORAZÁN VENERIO.
137. ii. FRANCISCO MORAZÁN VENERIO.
138. iii. CARMEN MORAZÁN VENERIO.

100. RAMÓN[38] SOLÓRZANO MONTEALEGRE *(GERTRUDIS[37] MONTEALEGRE ROMERO, MANUELA CASIMIRA[36] ROMERO SÁENZ, BÁRBARA ANTONIA[35] SÁENZ BONILLA, MANUEL[34] SÁENZ VÁZQUEZ Y RAMIRO-CORAJO, MARÍA ROSA[33] VÁZQUEZ RAMIRO-CORAJO, JOSEPH FRANCISCO[32] RAMIRO-CORAJO Y VERA SOTOMAYOR, JUANA[31] DE VERA SOTOMAYOR, LUIS[30] MÉNDEZ SOTOMAYOR Y CERRATO, ALFONSO[29] FERNÁNDEZ DE SOTOMAYOR FIGUEROA MESSÍA, LUIS[28] MÉNDEZ DE SOTOMAYOR FIGUEROA MESSÍA, GARCÍ[27] MÉNDEZ DE SOTOMAYOR Y SÁNCHEZ VILLODRE, CATALINA[26] SÁNCHEZ DE VILLODRE Y MANUEL, INÉS[25] SÁNCHEZ MANUEL DE VILLENA, JUAN[24] SÁNCHEZ MANUEL Y GONZÁLEZ DE MANZANEDO, SANCHO[23] MANUEL DE CASTILLA Y LASSO DE LA VEGA, JUAN I[22] MANUEL DE CASTILLA, REY DE CASTILLA LEÓN, JUANA[21] MANUEL DE CASTILLA, BLANCA[20] DE LA CERDA, FERNANDO[19] DE LA CERDA II, FERNANDO[18] DE LA CERDA, VIOLANTE[17] DE ARAGÓN, JAIME I[16] "EL CONQUISTADOR" REY DE ARAGÓN, PEDRO II[15] DE ARAGÓN, "EL CATÓLICO" REY DE ARAGÓN, ALFONSO II[14] REY DE ARAGÓN Y 1RO. DE CATALUÑA, PETRONILA[13] DE ARAGÓN, REINA DE ARAGÓN, RAMIRO II[12] SÁNCHEZ, REY DE ARAGÓN, SANCHO V[11] RAMÍREZ, REY DE ARAGÓN,*

RAMIRO I[10] SÁNCHEZ, REY DE ARAGÓN, SANCHO III[9] GARCÉS "EL GRANDE", REY DE PAMPLONA, GARCÍA II[8] SÁNCHEZ, REY DE PAMPLONA, EL TEMBLÓN, SANCHO II[7] GARCÉS ABARCA, REY DE PAMPLONA, GARCÍA I[6] SÁNCHEZ, REY DE PAMPLONA, SANCHO I[5] GARCÉS, REY DE PAMPLONA, GARCÍA[4] JIMÉNEZ, PRÍNCIPE DE NAVARRA, JIMENA[3] GARCÍA, GARCÍA[2] JIMÉNEZ, JIMINO[1]) was born 1800 in Granada, Granada, Nicaragua. He married (1) MERCEDES TORRIALBA OSORNO. He married (2) MÓNICA CARDOZA. He married (3) JUANA REYES ROBIRA. He married (4) JACOBA CUCALÓN GUERRERO.

Child of RAMÓN SOLÓRZANO MONTEALEGRE and MERCEDES TORRIALBA OSORNO is:
i. DOLORES[39] SOLÓRZANO TORRIALBA.

Child of RAMÓN SOLÓRZANO MONTEALEGRE and MÓNICA CARDOZA is:
139. ii. ENRIQUE[39] SOLÓRZANO CARDOZA.

Child of RAMÓN SOLÓRZANO MONTEALEGRE and JUANA REYES ROBIRA is:
140. iii. FEDERICO[39] SOLÓRZANO REYES.

Child of RAMÓN SOLÓRZANO MONTEALEGRE and JACOBA CUCALÓN GUERRERO is:
iv. RAMONA[39] SOLÓRZANO CUCALÓN.

101. FRANCISCO[38] SOLÓRZANO MONTEALEGRE *(GERTRUDIS[37] MONTEALEGRE ROMERO, MANUELA CASIMIRA[36] ROMERO SÁENZ, BÁRBARA ANTONIA[35] SÁENZ BONILLA, MANUEL[34] SÁENZ VÁZQUEZ Y RAMIRO-CORAJO, MARÍA ROSA[33] VÁZQUEZ RAMIRO-CORAJO, JOSEPH FRANCISCO[32] RAMIRO-CORAJO Y VERA SOTOMAYOR, JUANA[31] DE VERA SOTOMAYOR, LUIS[30] MÉNDEZ SOTOMAYOR Y CERRATO, ALFONSO[29] FERNÁNDEZ DE SOTOMAYOR FIGUEROA MESSÍA, LUIS[28] MÉNDEZ DE SOTOMAYOR FIGUEROA MESSÍA, GARCI[27] MÉNDEZ DE SOTOMAYOR Y SÁNCHEZ VILLODRE, CATALINA[26] SÁNCHEZ DE VILLODRE Y MANUEL, INÉS[25] SÁNCHEZ MANUEL DE VILLENA, JUAN[24] SÁNCHEZ MANUEL Y GONZÁLEZ DE MANZANEDO, SANCHO[23] MANUEL DE CASTILLA Y LASSO DE LA VEGA, JUAN I[22] MANUEL DE CASTILLA, REY DE CASTILLA LEÓN, JUANA[21] MANUEL DE CASTILLA, BLANCA[20] DE LA CERDA, FERNANDO[19] DE LA CERDA II, FERNANDO[18] DE LA CERDA, VIOLANTE[17] DE ARAGÓN, JAIME I[16] "EL CONQUISTADOR" REY DE ARAGÓN, PEDRO II[15] DE ARAGÓN, "EL CATÓLICO" REY DE ARAGÓN, ALFONSO II[14] REY DE ARAGÓN Y 1RO. DE CATALUÑA, PETRONILA[13] DE ARAGÓN, REINA DE ARAGÓN, RAMIRO II[12] SÁNCHEZ, REY DE ARAGÓN, SANCHO V[11] RAMÍREZ, REY DE ARAGÓN, RAMIRO I[10] SÁNCHEZ, REY DE ARAGÓN, SANCHO III[9] GARCÉS "EL GRANDE", REY DE PAMPLONA, GARCÍA II[8] SÁNCHEZ, REY DE PAMPLONA, EL TEMBLÓN, SANCHO II[7] GARCÉS ABARCA, REY DE PAMPLONA, GARCÍA I[6] SÁNCHEZ, REY DE PAMPLONA, SANCHO I[5] GARCÉS, REY DE PAMPLONA, GARCÍA[4] JIMÉNEZ, PRÍNCIPE DE NAVARRA, JIMENA[3] GARCÍA, GARCÍA[2] JIMÉNEZ, JIMINO[1])* He married (1) FELIPA DOLORES ZAVALA UZCOLA. He married (2) JUANA REYES ROBIRA. He married (3) NOMBRE BERMÚDEZ.

Children of FRANCISCO SOLÓRZANO MONTEALEGRE and FELIPA ZAVALA UZCOLA are:
i. RAMÓN[39] SOLÓRZANO ZAVALA, m. ANGELA REÑAZCO RIVAS.

Notes for RAMÓN SOLÓRZANO ZAVALA:
Don Ramón Solórzano Zavala fue Alcalde de Managua en 1849.

ii. VICENTE SOLÓRZANO ZAVALA, m. PAULA REYES GÁMEZ.
iii. JOAQUÍN SOLÓRZANO ZAVALA, m. DOLORES ZAVALA GARCÍA.
iv. SALVADOR SOLÓRZANO ZAVALA, m. PASTORA ROBLETO ALVARADO.
141. v. ANA JOAQUINA SOLÓRZANO ZAVALA.
vi. CARMEN SOLÓRZANO ZAVALA, m. DOLORES CUADRA LEAL.

vii. JOSÉ ANTONIO SOLÓRZANO ZAVALA, m. (1) ISABEL ARGEÑAL; m. (2) GENOVEVA LEZAMA DOÑA.
142. viii. FRANCISCO SOLÓRZANO ZAVALA.
ix. GERTRUDIS SOLÓRZANO ZAVALA, m. TOMÁS MARTÍNEZ GUERRERO; b. Nagarote, Departamento de León, Nicaragua; d. March 17, 1873, León, Departamento de León, Nicaragua.

More About TOMÁS MARTÍNEZ GUERRERO:
Burial: Cementerio de Guadalupe, León, Nicaragua

Child of FRANCISCO SOLÓRZANO MONTEALEGRE and JUANA REYES ROBIRA is:
143. x. HELIODORO[39] SOLÓRZANO REYES.

Child of FRANCISCO SOLÓRZANO MONTEALEGRE and NOMBRE BERMÚDEZ is:
xi. MARCOS[39] BERMÚDEZ SOLÓRZANO, m. (1) ONECIFERA LÓPEZ; m. (2) SEÑORA CHAVARRÍA.

102. SALVADORA[38] SALAZAR MONTEALEGRE *(GERTRUDIS[37] MONTEALEGRE ROMERO, MANUELA CASIMIRA[36] ROMERO SÁENZ, BÁRBARA ANTONIA[35] SÁENZ BONILLA, MANUEL[34] SÁENZ VÁZQUEZ Y RAMIRO-CORAJO, MARÍA ROSA[33] VÁZQUEZ RAMIRO-CORAJO, JOSEPH FRANCISCO[32] RAMIRO-CORAJO Y VERA SOTOMAYOR, JUANA[31] DE VERA SOTOMAYOR, LUIS[30] MÉNDEZ SOTOMAYOR Y CERRATO, ALFONSO[29] FERNÁNDEZ DE SOTOMAYOR FIGUEROA MESSÍA, LUIS[28] MÉNDEZ DE SOTOMAYOR FIGUEROA MESSÍA, GARCÍ[27] MÉNDEZ DE SOTOMAYOR Y SÁNCHEZ VILLODRE, CATALINA[26] SÁNCHEZ DE VILLODRE Y MANUEL, INÉS[25] SÁNCHEZ MANUEL DE VILLENA, JUAN[24] SÁNCHEZ MANUEL Y GONZÁLEZ DE MANZANEDO, SANCHO[23] MANUEL DE CASTILLA Y LASSO DE LA VEGA, JUAN I[22]MANUEL DE CASTILLA, REY DE CASTILLA LEÓN, JUANA[21] MANUEL DE CASTILLA, BLANCA[20] DE LA CERDA, FERNANDO[19] DE LA CERDA II, FERNANDO[18] DE LA CERDA, VIOLANTE[17] DE ARAGÓN, JAIME I[16] "EL CONQUISTADOR" REY DE ARAGÓN, PEDRO II[15]DE ARAGÓN, "EL CATÓLICO" REY DE ARAGÓN, ALFONSO II[14] REY DE ARAGÓN Y 1RO. DE CATALUÑA, PETRONILA[13]DE ARAGÓN, REINA DE ARAGÓN, RAMIRO II[12]SÁNCHEZ, REY DE ARAGÓN, SANCHO V[11]RAMÍREZ, REY DE ARAGÓN, RAMIRO I[10]SÁNCHEZ, REY DE ARAGÓN, SANCHO III[9]GARCÉS "EL GRANDE", REY DE PAMPLONA, GARCÍA II[8]SÁNCHEZ, REY DE PAMPLONA, EL TEMBLÓN, SANCHO II[7]GARCÉS ABARCA, REY DE PAMPLONA, GARCÍA I[6]SÁNCHEZ, REY DE PAMPLONA, SANCHO I[5]GARCÉS, REY DE PAMPLONA, GARCÍA[4]JIMÉNEZ, PRÍNCIPE DE NAVARRA, JIMENA[3] GARCÍA, GARCÍA[2] JIMÉNEZ, JIMINO[1])* She married PEDRO SOLÍS TERÁN.

Children of SALVADORA SALAZAR MONTEALEGRE and PEDRO SOLÍS TERÁN are:
144. i. SALVADORA[39] SOLÍS SALAZAR.
ii. PEDRO SOLÍS SALAZAR.
iii. CRISANTO SOLÍS SALAZAR.
iv. JOAQUÍN SOLÍS SALAZAR.
v. TRINIDAD SOLÍS SALAZAR, m. BERNABÉ PORTOCARRERO BACA.
vi. JOSEFANA SOLÍS SALAZAR.

103. MARIANO[38] SALAZAR MONTEALEGRE *(GERTRUDIS[37] MONTEALEGRE ROMERO, MANUELA CASIMIRA[36] ROMERO SÁENZ, BÁRBARA ANTONIA[35] SÁENZ BONILLA, MANUEL[34] SÁENZ VÁZQUEZ Y RAMIRO-CORAJO, MARÍA ROSA[33] VÁZQUEZ RAMIRO-CORAJO, JOSEPH FRANCISCO[32] RAMIRO-CORAJO Y VERA SOTOMAYOR, JUANA[31] DE VERA SOTOMAYOR, LUIS[30] MÉNDEZ SOTOMAYOR Y CERRATO, ALFONSO[29] FERNÁNDEZ DE SOTOMAYOR FIGUEROA MESSÍA, LUIS[28] MÉNDEZ DE SOTOMAYOR FIGUEROA MESSÍA, GARCÍ[27] MÉNDEZ DE SOTOMAYOR Y SÁNCHEZ VILLODRE, CATALINA[26] SÁNCHEZ DE VILLODRE Y MANUEL, INÉS[25]*

SÁNCHEZ MANUEL DE VILLENA, JUAN[24] SÁNCHEZ MANUEL Y GONZÁLEZ DE MANZANEDO, SANCHO[23] MANUEL DE CASTILLA Y LASSO DE LA VEGA, JUAN I[22] MANUEL DE CASTILLA, REY DE CASTILLA LEÓN, JUANA[21] MANUEL DE CASTILLA, BLANCA[20] DE LA CERDA, FERNANDO[19] DE LA CERDA II, FERNANDO[18] DE LA CERDA, VIOLANTE[17] DE ARAGÓN, JAIME I[16] "EL CONQUISTADOR" REY DE ARAGÓN, PEDRO II[15] DE ARAGÓN, "EL CATÓLICO" REY DE ARAGÓN, ALFONSO II[14] REY DE ARAGÓN Y 1RO. DE CATALUÑA, PETRONILA[13] DE ARAGÓN, REINA DE ARAGÓN, RAMIRO II[12] SÁNCHEZ, REY DE ARAGÓN, SANCHO V[11] RAMÍREZ, REY DE ARAGÓN, RAMIRO I[10] SÁNCHEZ, REY DE ARAGÓN, SANCHO III[9] GARCÉS "EL GRANDE", REY DE PAMPLONA, GARCÍA II[8] SÁNCHEZ, REY DE PAMPLONA, EL TEMBLÓN, SANCHO II[7] GARCÉS ABARCA, REY DE PAMPLONA, GARCÍA I[6] SÁNCHEZ, REY DE PAMPLONA, SANCHO I[5] GARCÉS, REY DE PAMPLONA, GARCÍA[4] JIMÉNEZ, PRÍNCIPE DE NAVARRA, JIMENA[3] GARCÍA, GARCÍA[2] JIMÉNEZ, JIMINO[1]) was born 1823 in León, Nicaragua, and died 1856 in Granada, Granada, Nicaragua. He married ESMERALDA CASTELLÓN JERÉZ.

Child of MARIANO SALAZAR MONTEALEGRE and ESMERALDA CASTELLÓN JERÉZ is:
145. i. MARIANO[39] SALAZAR CASTELLÓN.

104. MERCEDES[38] SALAZAR MONTEALEGRE *(GERTRUDIS[37] MONTEALEGRE ROMERO, MANUELA CASIMIRA[36] ROMERO SÁENZ, BÁRBARA ANTONIA[35] SÁENZ BONILLA, MANUEL[34] SÁENZ VÁZQUEZ Y RAMIRO-CORAJO, MARÍA ROSA[33] VÁZQUEZ RAMIRO-CORAJO, JOSEPH FRANCISCO[32] RAMIRO-CORAJO Y VERA SOTOMAYOR, JUANA[31] DE VERA SOTOMAYOR, LUIS[30] MÉNDEZ SOTOMAYOR Y CERRATO, ALFONSO[29] FERNÁNDEZ DE SOTOMAYOR FIGUEROA MESSÍA, LUIS[28] MÉNDEZ DE SOTOMAYOR FIGUEROA MESSÍA, GARCÍ[27] MÉNDEZ DE SOTOMAYOR Y SÁNCHEZ VILLODRE, CATALINA[26] SÁNCHEZ DE VILLODRE Y MANUEL, INÉS[25] SÁNCHEZ MANUEL DE VILLENA, JUAN[24] SÁNCHEZ MANUEL Y GONZÁLEZ DE MANZANEDO, SANCHO[23] MANUEL DE CASTILLA Y LASSO DE LA VEGA, JUAN I[22] MANUEL DE CASTILLA, REY DE CASTILLA LEÓN, JUANA[21] MANUEL DE CASTILLA, BLANCA[20] DE LA CERDA, FERNANDO[19] DE LA CERDA II, FERNANDO[18] DE LA CERDA, VIOLANTE[17] DE ARAGÓN, JAIME I[16] "EL CONQUISTADOR" REY DE ARAGÓN, PEDRO II[15] DE ARAGÓN, "EL CATÓLICO" REY DE ARAGÓN, ALFONSO II[14] REY DE ARAGÓN Y 1RO. DE CATALUÑA, PETRONILA[13] DE ARAGÓN, REINA DE ARAGÓN, RAMIRO II[12] SÁNCHEZ, REY DE ARAGÓN, SANCHO V[11] RAMÍREZ, REY DE ARAGÓN, RAMIRO I[10] SÁNCHEZ, REY DE ARAGÓN, SANCHO III[9] GARCÉS "EL GRANDE", REY DE PAMPLONA, GARCÍA II[8] SÁNCHEZ, REY DE PAMPLONA, EL TEMBLÓN, SANCHO II[7] GARCÉS ABARCA, REY DE PAMPLONA, GARCÍA I[6] SÁNCHEZ, REY DE PAMPLONA, SANCHO I[5] GARCÉS, REY DE PAMPLONA, GARCÍA[4] JIMÉNEZ, PRÍNCIPE DE NAVARRA, JIMENA[3] GARCÍA, GARCÍA[2] JIMÉNEZ, JIMINO[1])* She married CRISANTO MEDINA SACASA.

Children of MERCEDES SALAZAR MONTEALEGRE and CRISANTO MEDINA SACASA are:
i. PERFECTO[39] MEDINA SALAZAR.
ii. CARMEN MEDINA SALAZAR.
iii. ADELA MEDINA SALAZAR.
146. iv. CRISANTO MEDINA SALAZAR.
147. v. JOSÉ FRANCISCO MEDINA SALAZAR.

105. PILAR[38] SALAZAR MONTEALEGRE *(GERTRUDIS[37] MONTEALEGRE ROMERO, MANUELA CASIMIRA[36] ROMERO SÁENZ, BÁRBARA ANTONIA[35] SÁENZ BONILLA, MANUEL[34] SÁENZ VÁZQUEZ Y RAMIRO-CORAJO, MARÍA ROSA[33] VÁZQUEZ RAMIRO-CORAJO, JOSEPH FRANCISCO[32] RAMIRO-CORAJO Y VERA SOTOMAYOR, JUANA[31] DE VERA SOTOMAYOR, LUIS[30] MÉNDEZ SOTOMAYOR Y CERRATO, ALFONSO[29] FERNÁNDEZ DE SOTOMAYOR FIGUEROA MESSÍA, LUIS[28] MÉNDEZ DE SOTOMAYOR FIGUEROA MESSÍA, GARCÍ[27] MÉNDEZ DE SOTOMAYOR Y SÁNCHEZ VILLODRE, CATALINA[26] SÁNCHEZ DE VILLODRE Y MANUEL, INÉS[25] SÁNCHEZ MANUEL DE VILLENA, JUAN[24] SÁNCHEZ MANUEL Y GONZÁLEZ DE MANZANEDO, SANCHO[23] MANUEL DE CASTILLA Y LASSO DE LA VEGA, JUAN I[22] MANUEL DE CASTILLA, REY DE CASTILLA LEÓN, JUANA[21] MANUEL DE CASTILLA, BLANCA[20] DE LA CERDA, FERNANDO[19] DE LA CERDA II, FERNANDO[18] DE LA CERDA,*

VIOLANTE[17] DE ARAGÓN, JAIME I[16] "EL CONQUISTADOR" REY DE ARAGÓN, PEDRO II[15] DE ARAGÓN, "EL CATÓLICO" REY DE ARAGÓN, ALFONSO II[14] REY DE ARAGÓN Y 1RO. DE CATALUÑA, PETRONILA[13] DE ARAGÓN, REINA DE ARAGÓN, RAMIRO II[12] SÁNCHEZ, REY DE ARAGÓN, SANCHO V[11] RAMÍREZ, REY DE ARAGÓN, RAMIRO I[10] SÁNCHEZ, REY DE ARAGÓN, SANCHO III[9] GARCÉS "EL GRANDE", REY DE PAMPLONA, GARCÍA II[8] SÁNCHEZ, REY DE PAMPLONA, EL TEMBLÓN, SANCHO II[7] GARCÉS ABARCA, REY DE PAMPLONA, GARCÍA I[6] SÁNCHEZ, REY DE PAMPLONA, SANCHO I[5] GARCÉS, REY DE PAMPLONA, GARCÍA[4] JIMÉNEZ, PRÍNCIPE DE NAVARRA, JIMENA[3] GARCÍA, GARCÍA[2] JIMÉNEZ, JIMINO[1]) She married JOSÉ ANTONIO ARIZA.

Children of PILAR SALAZAR MONTEALEGRE and JOSÉ ARIZA are:

i. JOSÉ ANTONIO[39] ARIZA SALAZAR.
ii. CARMEN ARIZA SALAZAR.

106. JOSÉ TRINIDAD[38] SALAZAR MONTEALEGRE *(GERTRUDIS[37] MONTEALEGRE ROMERO, MANUELA CASIMIRA[36] ROMERO SÁENZ, BÁRBARA ANTONIA[35] SÁENZ BONILLA, MANUEL[34] SÁENZ VÁZQUEZ Y RAMIRO-CORAJO, MARÍA ROSA[33] VÁZQUEZ RAMIRO-CORAJO, JOSEPH FRANCISCO[32] RAMIRO-CORAJO Y VERA SOTOMAYOR, JUANA[31] DE VERA SOTOMAYOR, LUIS[30] MÉNDEZ SOTOMAYOR Y CERRATO, ALFONSO[29] FERNÁNDEZ DE SOTOMAYOR FIGUEROA MESSÍA, LUIS[28] MÉNDEZ DE SOTOMAYOR FIGUEROA MESSÍA, GARCI[27] MÉNDEZ DE SOTOMAYOR Y SÁNCHEZ VILLODRE, CATALINA[26] SÁNCHEZ DE VILLODRE Y MANUEL, INÉS[25] SÁNCHEZ MANUEL DE VILLENA, JUAN[24] SÁNCHEZ MANUEL Y GONZÁLEZ DE MANZANEDO, SANCHO[23] MANUEL DE CASTILLA Y LASSO DE LA VEGA, JUAN I[22] MANUEL DE CASTILLA, REY DE CASTILLA LEÓN, JUANA[21] MANUEL DE CASTILLA, BLANCA[20] DE LA CERDA, FERNANDO[19] DE LA CERDA II, FERNANDO[18] DE LA CERDA, VIOLANTE[17] DE ARAGÓN, JAIME I[16] "EL CONQUISTADOR" REY DE ARAGÓN, PEDRO II[15] DE ARAGÓN, "EL CATÓLICO" REY DE ARAGÓN, ALFONSO II[14] REY DE ARAGÓN Y 1RO. DE CATALUÑA, PETRONILA[13] DE ARAGÓN, REINA DE ARAGÓN, RAMIRO II[12] SÁNCHEZ, REY DE ARAGÓN, SANCHO V[11] RAMÍREZ, REY DE ARAGÓN, RAMIRO I[10] SÁNCHEZ, REY DE ARAGÓN, SANCHO III[9] GARCÉS "EL GRANDE", REY DE PAMPLONA, GARCÍA II[8] SÁNCHEZ, REY DE PAMPLONA, EL TEMBLÓN, SANCHO II[7] GARCÉS ABARCA, REY DE PAMPLONA, GARCÍA I[6] SÁNCHEZ, REY DE PAMPLONA, SANCHO I[5] GARCÉS, REY DE PAMPLONA, GARCÍA[4] JIMÉNEZ, PRÍNCIPE DE NAVARRA, JIMENA[3] GARCÍA, GARCÍA[2] JIMÉNEZ, JIMINO[1])* He married LORENZA SELVA, daughter of BUENAVENTURA SELVA SACASA and NOMBRE DESCONOCIDO.

Children of JOSÉ SALAZAR MONTEALEGRE and LORENZA SELVA are:

148. i. ALFONSO[39] SALAZAR SELVA.
149. ii. ALEJANDRO SALAZAR SELVA.
iii. ALBERTO SALAZAR SELVA.

107. MARGARITA[38] RAMÍREZ MONTEALEGRE *(CIPRIANA[37] MONTEALEGRE ROMERO, MANUELA CASIMIRA[36] ROMERO SÁENZ, BÁRBARA ANTONIA[35] SÁENZ BONILLA, MANUEL[34] SÁENZ VÁZQUEZ Y RAMIRO-CORAJO, MARÍA ROSA[33] VÁZQUEZ RAMIRO-CORAJO, JOSEPH FRANCISCO[32] RAMIRO-CORAJO Y VERA SOTOMAYOR, JUANA[31] DE VERA SOTOMAYOR, LUIS[30] MÉNDEZ SOTOMAYOR Y CERRATO, ALFONSO[29] FERNÁNDEZ DE SOTOMAYOR FIGUEROA MESSÍA, LUIS[28] MÉNDEZ DE SOTOMAYOR FIGUEROA MESSÍA, GARCI[27] MÉNDEZ DE SOTOMAYOR Y SÁNCHEZ VILLODRE, CATALINA[26] SÁNCHEZ DE VILLODRE Y MANUEL, INÉS[25] SÁNCHEZ MANUEL DE VILLENA, JUAN[24] SÁNCHEZ MANUEL Y GONZÁLEZ DE MANZANEDO, SANCHO[23] MANUEL DE CASTILLA Y LASSO DE LA VEGA, JUAN I[22] MANUEL DE CASTILLA, REY DE CASTILLA LEÓN, JUANA[21] MANUEL DE CASTILLA, BLANCA[20] DE LA CERDA, FERNANDO[19] DE LA CERDA II, FERNANDO[18] DE LA CERDA, VIOLANTE[17] DE ARAGÓN, JAIME I[16] "EL CONQUISTADOR" REY DE ARAGÓN, PEDRO II[15] DE ARAGÓN, "EL CATÓLICO" REY DE ARAGÓN, ALFONSO II[14] REY DE ARAGÓN Y 1RO. DE CATALUÑA, PETRONILA[13] DE ARAGÓN, REINA DE ARAGÓN, RAMIRO II[12] SÁNCHEZ, REY DE ARAGÓN, SANCHO V[11] RAMÍREZ, REY DE ARAGÓN,*

RAMIRO I[10]SÁNCHEZ, REY DE ARAGÓN, SANCHO III[9]GARCÉS "EL GRANDE", REY DE PAMPLONA, GARCÍA II[8]SÁNCHEZ, REY DE PAMPLONA, EL TEMBLÓN, SANCHO II[7]GARCÉS ABARCA, REY DE PAMPLONA, GARCÍA I[6]SÁNCHEZ, REY DE PAMPLONA, SANCHO I[5]GARCÉS, REY DE PAMPLONA, GARCÍA[4]JIMÉNEZ, PRÍNCIPE DE NAVARRA, JIMENA[3] GARCÍA, GARCÍA[2] JIMÉNEZ, JIMINO[1]) She married RAFAEL SALINAS BARQUERO.

Children of MARGARITA RAMÍREZ MONTEALEGRE and RAFAEL SALINAS BARQUERO are:

i. NORBERTO[39] SALINAS RAMÍREZ, m. (1) JOSEFINA AGUILAR LACAYO; m. (2) ANA DIONISIA AGUILAR LACAYO; m. (3) ROSAURA BONILLA TUZO.

ii. RAFAEL SALINAS RAMÍREZ, m. ERCILIA LACAYO CASTELLÓN.

108. CASIMIRA[38] SARRIA MONTEALEGRE *(FRANCISCA[37] MONTEALEGRE ROMERO, MANUELA CASIMIRA[36] ROMERO SÁENZ, BÁRBARA ANTONIA[35] SÁENZ BONILLA, MANUEL[34] SÁENZ VÁZQUEZ Y RAMIRO-CORAJO, MARÍA ROSA[33] VÁZQUEZ RAMIRO-CORAJO, JOSEPH FRANCISCO[32] RAMIRO-CORAJO Y VERA SOTOMAYOR, JUANA[31] DE VERA SOTOMAYOR, LUIS[30] MÉNDEZ SOTOMAYOR Y CERRATO, ALFONSO[29] FERNÁNDEZ DE SOTOMAYOR FIGUEROA MESSÍA, LUIS[28] MÉNDEZ DE SOTOMAYOR FIGUEROA MESSÍA, GARCÍ[27] MÉNDEZ DE SOTOMAYOR Y SÁNCHEZ VILLODRE, CATALINA[26] SÁNCHEZ DE VILLODRE Y MANUEL, INÉS[25] SÁNCHEZ MANUEL DE VILLENA, JUAN[24] SÁNCHEZ MANUEL Y GONZÁLEZ DE MANZANEDO, SANCHO[23] MANUEL DE CASTILLA Y LASSO DE LA VEGA, JUAN I[22]MANUEL DE CASTILLA, REY DE CASTILLA LEÓN, JUANA[21] MANUEL DE CASTILLA, BLANCA[20] DE LA CERDA, FERNANDO[19] DE LA CERDA II, FERNANDO[18] DE LA CERDA, VIOLANTE[17] DE ARAGÓN, JAIME I[16] "EL CONQUISTADOR" REY DE ARAGÓN, PEDRO II[15]DE ARAGÓN, "EL CATÓLICO" REY DE ARAGÓN, ALFONSO II[14] REY DE ARAGÓN Y 1RO. DE CATALUÑA, PETRONILA[13]DE ARAGÓN, REINA DE ARAGÓN, RAMIRO II[12]SÁNCHEZ, REY DE ARAGÓN, SANCHO V[11]RAMÍREZ, REY DE ARAGÓN, RAMIRO I[10]SÁNCHEZ, REY DE ARAGÓN, SANCHO III[9]GARCÉS "EL GRANDE", REY DE PAMPLONA, GARCÍA II[8]SÁNCHEZ, REY DE PAMPLONA, EL TEMBLÓN, SANCHO II[7]GARCÉS ABARCA, REY DE PAMPLONA, GARCÍA I[6]SÁNCHEZ, REY DE PAMPLONA, SANCHO I[5]GARCÉS, REY DE PAMPLONA, GARCÍA[4]JIMÉNEZ, PRÍNCIPE DE NAVARRA, JIMENA[3] GARCÍA, GARCÍA[2] JIMÉNEZ, JIMINO[1])* She married JUAN BAUTISTA SACASA MÉNDEZ.

Child of CASIMIRA SARRIA MONTEALEGRE and JUAN SACASA MÉNDEZ is:

150. i. ROBERTO[39] SACASA SARRIA.

109. JOSÉ ALFONSO[38] CARDENAL TERÁN *(JOSÉ FRANCISCO[37] CARDENAL SABORÍO, PEDRO[36] CARDENAL AYERDI, MARÍA MANUELA[35] AYERDI ZÁRATE, PEDRO MANUEL[34] AYERDI RAMIRO-CORAJO, ANA MARTA[33] RAMIRO-CORAJO Y ZAPATA, FERNANDO[32] RAMIRO-CORAJO Y VERA SOTOMAYOR, JUANA[31] DE VERA SOTOMAYOR, LUIS[30] MÉNDEZ SOTOMAYOR Y CERRATO, ALFONSO[29] FERNÁNDEZ DE SOTOMAYOR FIGUEROA MESSÍA, LUIS[28] MÉNDEZ DE SOTOMAYOR FIGUEROA MESSÍA, GARCÍ[27] MÉNDEZ DE SOTOMAYOR Y SÁNCHEZ VILLODRE, CATALINA[26] SÁNCHEZ DE VILLODRE Y MANUEL, INÉS[25] SÁNCHEZ MANUEL DE VILLENA, JUAN[24] SÁNCHEZ MANUEL Y GONZÁLEZ DE MANZANEDO, SANCHO[23] MANUEL DE CASTILLA Y LASSO DE LA VEGA, JUAN I[22]MANUEL DE CASTILLA, REY DE CASTILLA LEÓN, JUANA[21] MANUEL DE CASTILLA, BLANCA[20] DE LA CERDA, FERNANDO[19] DE LA CERDA II, FERNANDO[18] DE LA CERDA, VIOLANTE[17] DE ARAGÓN, JAIME I[16] "EL CONQUISTADOR" REY DE ARAGÓN, PEDRO II[15]DE ARAGÓN, "EL CATÓLICO" REY DE ARAGÓN, ALFONSO II[14] REY DE ARAGÓN Y 1RO. DE CATALUÑA, PETRONILA[13]DE ARAGÓN, REINA DE ARAGÓN, RAMIRO II[12]SÁNCHEZ, REY DE ARAGÓN, SANCHO V[11]RAMÍREZ, REY DE ARAGÓN, RAMIRO I[10]SÁNCHEZ, REY DE ARAGÓN, SANCHO III[9]GARCÉS "EL GRANDE", REY DE PAMPLONA, GARCÍA II[8]SÁNCHEZ, REY DE PAMPLONA, EL TEMBLÓN, SANCHO II[7]GARCÉS ABARCA, REY DE PAMPLONA, GARCÍA I[6]SÁNCHEZ, REY DE PAMPLONA, SANCHO I[5]GARCÉS, REY DE PAMPLONA, GARCÍA[4]JIMÉNEZ, PRÍNCIPE DE NAVARRA, JIMENA[3] GARCÍA, GARCÍA[2] JIMÉNEZ, JIMINO[1])* was born November 26, 1910 in León, Nicaragua, and died October 05, 1979 in Managua, Nicaragua. He married MARÍA MERCEDES TELLERÍA MUÑOZ March 20, 1936 in Catedral de León, León, Nicaragua. She was born

September 25, 1918 in León, Nicaragua, and died July 26, 1973 in Managua, Nicaragua.

More About JOSÉ CARDENAL TERÁN and MARÍA TELLERÍA MUÑOZ:
Marriage: March 20, 1936, Catedral de León, León, Nicaragua

Children of JOSÉ CARDENAL TERÁN and MARÍA TELLERÍA MUÑOZ are:

- i. JOSÉ FRANCISCO[39] CARDENAL TELLERÍA, m. (1) OLGA NAVAS; m. (2) DORIS DELGADO.
- 151. ii. ALFONSO CARDENAL TELLERÍA.
- iii. MARÍA MERCEDES CARDENAL TELLERÍA, m. FERNANDO ROBELO CALLEJAS.
- 152. iv. MARCO ANTONIO CARDENAL TELLERÍA.
- 153. v. MARTA CARDENAL TELLERÍA.
- 154. vi. REGINA CARDENAL TELLERÍA.
- vii. MILAGROS CARDENAL TELLERÍA, m. ALFREDO MARTÍNEZ.
- 155. viii. ROBERTO CARDENAL TELLERÍA.
- ix. EMILIO CARDENAL TELLERÍA, m. LYDIA ORTÍZ.

110. MANUELA[38] CARDENAL TERÁN *(JOSÉ FRANCISCO[37] CARDENAL SABORÍO, PEDRO[36] CARDENAL AYERDI, MARÍA MANUELA[35] AYERDI ZÁRATE, PEDRO MANUEL[34] AYERDI RAMIRO-CORAJO, ANA MARTA[33] RAMIRO-CORAJO Y ZAPATA, FERNANDO[32] RAMIRO-CORAJO Y VERA SOTOMAYOR, JUANA[31] DE VERA SOTOMAYOR, LUIS[30] MÉNDEZ SOTOMAYOR Y CERRATO, ALFONSO[29] FERNÁNDEZ DE SOTOMAYOR FIGUEROA MESSÍA, LUIS[28] MÉNDEZ DE SOTOMAYOR FIGUEROA MESSÍA, GARCÍ[27] MÉNDEZ DE SOTOMAYOR Y SÁNCHEZ VILLODRE, CATALINA[26] SÁNCHEZ DE VILLODRE Y MANUEL, INÉS[25] SÁNCHEZ MANUEL DE VILLENA, JUAN[24] SÁNCHEZ MANUEL Y GONZÁLEZ DE MANZANEDO, SANCHO[23] MANUEL DE CASTILLA Y LASSO DE LA VEGA, JUAN I[22]MANUEL DE CASTILLA, REY DE CASTILLA LEÓN, JUANA[21] MANUEL DE CASTILLA, BLANCA[20] DE LA CERDA, FERNANDO[19] DE LA CERDA II, FERNANDO[18] DE LA CERDA, VIOLANTE[17] DE ARAGÓN, JAIME I[16] "EL CONQUISTADOR" REY DE ARAGÓN, PEDRO II[15]DE ARAGÓN, "EL CATÓLICO" REY DE ARAGÓN, ALFONSO II[14] REY DE ARAGÓN Y 1RO. DE CATALUÑA, PETRONILA[13]DE ARAGÓN, REINA DE ARAGÓN, RAMIRO II[12]SÁNCHEZ, REY DE ARAGÓN, SANCHO V[11]RAMÍREZ, REY DE ARAGÓN, RAMIRO I[10]SÁNCHEZ, REY DE ARAGÓN, SANCHO III[9]GARCÉS "EL GRANDE", REY DE PAMPLONA, GARCÍA II[8]SÁNCHEZ, REY DE PAMPLONA, EL TEMBLÓN, SANCHO II[7]GARCÉS ABARCA, REY DE PAMPLONA, GARCÍA I[6]SÁNCHEZ, REY DE PAMPLONA, SANCHO I[5]GARCÉS, REY DE PAMPLONA, GARCÍA[4]JIMÉNEZ, PRÍNCIPE DE NAVARRA, JIMENA[3] GARCÍA, GARCÍA[2] JIMÉNEZ, JIMINO[1])* She married CANUTO REYES ICAZA, son of SALVADOR REYES BALLADARES and ROSARIO ICAZA TERÁN.

Notes for MANUELA CARDENAL TERÁN:
Da. María Manuela Cardenal Terán, conocida en su familia como "Nella", nació en la ciudad colonial de León Santiago de los Caballeros, Departamento de León, Nicaragua.

Children of MANUELA CARDENAL TERÁN and CANUTO REYES ICAZA are:

- i. NYDIA[39] REYES CARDENAL, m. JORGE ARGÜELLO.
- ii. VIOLETA REYES CARDENAL, m. MAX PADILLA.
- iii. JOSÉ RAMIRO REYES CARDENAL, m. RUTH LACAYO.
- iv. NORA REYES CARDENAL, m. (1) "TECHE" TEFEL; m. (2) OCTAVIO LOVO.
- v. ARMANDO REYES CARDENAL.

111. ADELA[38] CARDENAL TERÁN *(JOSÉ FRANCISCO[37] CARDENAL SABORÍO, PEDRO[36] CARDENAL AYERDI, MARÍA MANUELA[35] AYERDI ZÁRATE, PEDRO MANUEL[34] AYERDI RAMIRO-CORAJO, ANA MARTA[33] RAMIRO-CORAJO Y ZAPATA, FERNANDO[32] RAMIRO-CORAJO Y VERA SOTOMAYOR, JUANA[31] DE VERA SOTOMAYOR, LUIS[30] MÉNDEZ SOTOMAYOR Y CERRATO, ALFONSO[29] FERNÁNDEZ DE SOTOMAYOR FIGUEROA MESSÍA, LUIS[28] MÉNDEZ DE SOTOMAYOR FIGUEROA MESSÍA, GARCÍ[27] MÉNDEZ DE SOTOMAYOR Y SÁNCHEZ VILLODRE, CATALINA[26]*

SÁNCHEZ DE VILLODRE Y MANUEL, INÉS[25] SÁNCHEZ MANUEL DE VILLENA, JUAN[24] SÁNCHEZ MANUEL Y GONZÁLEZ DE MANZANEDO, SANCHO[23] MANUEL DE CASTILLA Y LASSO DE LA VEGA, JUAN I[22] MANUEL DE CASTILLA, REY DE CASTILLA LEÓN, JUANA[21] MANUEL DE CASTILLA, BLANCA[20] DE LA CERDA, FERNANDO[19] DE LA CERDA II, FERNANDO[18] DE LA CERDA, VIOLANTE[17] DE ARAGÓN, JAIME I[16] "EL CONQUISTADOR" REY DE ARAGÓN, PEDRO II[15] DE ARAGÓN, "EL CATÓLICO" REY DE ARAGÓN, ALFONSO II[14] REY DE ARAGÓN Y 1RO. DE CATALUÑA, PETRONILA[13] DE ARAGÓN, REINA DE ARAGÓN, RAMIRO II[12] SÁNCHEZ, REY DE ARAGÓN, SANCHO V[11] RAMÍREZ, REY DE ARAGÓN, RAMIRO I[10] SÁNCHEZ, REY DE ARAGÓN, SANCHO III[9] GARCÉS "EL GRANDE", REY DE PAMPLONA, GARCÍA II[8] SÁNCHEZ, REY DE PAMPLONA, EL TEMBLÓN, SANCHO II[7] GARCÉS ABARCA, REY DE PAMPLONA, GARCÍA I[6] SÁNCHEZ, REY DE PAMPLONA, SANCHO I[5] GARCÉS, REY DE PAMPLONA, GARCÍA[4] JIMÉNEZ, PRÍNCIPE DE NAVARRA, JIMENA[3] GARCÍA, GARCÍA[2] JIMÉNEZ, JIMINO[1]) She married DAVID STADTHAGEN CANTARERO.

Children of ADELA CARDENAL TERÁN and DAVID STADTHAGEN CANTARERO are:
156. i. DAVID[39] STADTHAGEN CARDENAL.
157. ii. ADELA STADTHAGEN CARDENAL.

112. MARÍA[38] CARDENAL TERÁN *(JOSÉ FRANCISCO[37] CARDENAL SABORÍO, PEDRO[36] CARDENAL AYERDI, MARÍA MANUELA[35] AYERDI ZÁRATE, PEDRO MANUEL[34] AYERDI RAMIRO-CORAJO, ANA MARTA[33] RAMIRO-CORAJO Y ZAPATA, FERNANDO[32] RAMIRO-CORAJO Y VERA SOTOMAYOR, JUANA[31] DE VERA SOTOMAYOR, LUIS[30] MÉNDEZ SOTOMAYOR Y CERRATO, ALFONSO[29] FERNÁNDEZ DE SOTOMAYOR FIGUEROA MESSÍA, LUIS[28] MÉNDEZ DE SOTOMAYOR FIGUEROA MESSÍA, GARCI[27] MÉNDEZ DE SOTOMAYOR Y SÁNCHEZ VILLODRE, CATALINA[26] SÁNCHEZ DE VILLODRE Y MANUEL, INÉS[25] SÁNCHEZ MANUEL DE VILLENA, JUAN[24] SÁNCHEZ MANUEL Y GONZÁLEZ DE MANZANEDO, SANCHO[23] MANUEL DE CASTILLA Y LASSO DE LA VEGA, JUAN I[22] MANUEL DE CASTILLA, REY DE CASTILLA LEÓN, JUANA[21] MANUEL DE CASTILLA, BLANCA[20] DE LA CERDA, FERNANDO[19] DE LA CERDA II, FERNANDO[18] DE LA CERDA, VIOLANTE[17] DE ARAGÓN, JAIME I[16] "EL CONQUISTADOR" REY DE ARAGÓN, PEDRO II[15] DE ARAGÓN, "EL CATÓLICO" REY DE ARAGÓN, ALFONSO II[14] REY DE ARAGÓN Y 1RO. DE CATALUÑA, PETRONILA[13] DE ARAGÓN, REINA DE ARAGÓN, RAMIRO II[12] SÁNCHEZ, REY DE ARAGÓN, SANCHO V[11] RAMÍREZ, REY DE ARAGÓN, RAMIRO I[10] SÁNCHEZ, REY DE ARAGÓN, SANCHO III[9] GARCÉS "EL GRANDE", REY DE PAMPLONA, GARCÍA II[8] SÁNCHEZ, REY DE PAMPLONA, EL TEMBLÓN, SANCHO II[7] GARCÉS ABARCA, REY DE PAMPLONA, GARCÍA I[6] SÁNCHEZ, REY DE PAMPLONA, SANCHO I[5] GARCÉS, REY DE PAMPLONA, GARCÍA[4] JIMÉNEZ, PRÍNCIPE DE NAVARRA, JIMENA[3] GARCÍA, GARCÍA[2] JIMÉNEZ, JIMINO[1])* She married JOSÉ ARGÜELLO CERVANTES.

Children of MARÍA CARDENAL TERÁN and JOSÉ ARGÜELLO CERVANTES are:
i. MAURICIO[39] ARGÜELLO CARDENAL.
ii. JOSÉ ARGÜELLO CARDENAL, m. MARÍA ESPERANZA LACAYO.
iii. GLORIA ARGÜELLO CARDENAL, m. CARLOS RIVAS OPSTAELE.
iv. SILVIO ARGÜELLO CARDENAL, m. MARTA HERDOCIA.
v. NÉSTOR ARGÜELLO CARDENAL, m. CHRISTINE GUILMORE CROSS.
vi. LYLA ARGÜELLO CARDENAL, m. GERÓNIMO RAMÍREZ.

113. MATILDE[38] CARDENAL TERÁN *(JOSÉ FRANCISCO[37] CARDENAL SABORÍO, PEDRO[36] CARDENAL AYERDI, MARÍA MANUELA[35] AYERDI ZÁRATE, PEDRO MANUEL[34] AYERDI RAMIRO-CORAJO, ANA MARTA[33] RAMIRO-CORAJO Y ZAPATA, FERNANDO[32] RAMIRO-CORAJO Y VERA SOTOMAYOR, JUANA[31] DE VERA SOTOMAYOR, LUIS[30] MÉNDEZ SOTOMAYOR Y CERRATO, ALFONSO[29] FERNÁNDEZ DE SOTOMAYOR FIGUEROA MESSÍA, LUIS[28] MÉNDEZ DE SOTOMAYOR FIGUEROA MESSÍA, GARCI[27] MÉNDEZ DE SOTOMAYOR Y SÁNCHEZ VILLODRE, CATALINA[26] SÁNCHEZ DE VILLODRE Y MANUEL, INÉS[25] SÁNCHEZ MANUEL DE VILLENA, JUAN[24] SÁNCHEZ MANUEL Y GONZÁLEZ DE MANZANEDO, SANCHO[23] MANUEL DE CASTILLA Y LASSO DE LA*

VEGA, JUAN I[22] MANUEL DE CASTILLA, REY DE CASTILLA LEÓN, JUANA[21] MANUEL DE CASTILLA, BLANCA[20] DE LA CERDA, FERNANDO[19] DE LA CERDA II, FERNANDO[18] DE LA CERDA, VIOLANTE[17] DE ARAGÓN, JAIME I[16] "EL CONQUISTADOR" REY DE ARAGÓN, PEDRO II[15] DE ARAGÓN, "EL CATÓLICO" REY DE ARAGÓN, ALFONSO II[14] REY DE ARAGÓN Y 1RO. DE CATALUÑA, PETRONILA[13] DE ARAGÓN, REINA DE ARAGÓN, RAMIRO II[12] SÁNCHEZ, REY DE ARAGÓN, SANCHO V[11] RAMÍREZ, REY DE ARAGÓN, RAMIRO I[10] SÁNCHEZ, REY DE ARAGÓN, SANCHO III[9] GARCÉS "EL GRANDE", REY DE PAMPLONA, GARCÍA II[8] SÁNCHEZ, REY DE PAMPLONA, EL TEMBLÓN, SANCHO II[7] GARCÉS ABARCA, REY DE PAMPLONA, GARCÍA I[6] SÁNCHEZ, REY DE PAMPLONA, SANCHO I[5] GARCÉS, REY DE PAMPLONA, GARCÍA[4] JIMÉNEZ, PRÍNCIPE DE NAVARRA, JIMENA[3] GARCÍA, GARCÍA[2] JIMÉNEZ, JIMINO[1]) She married GUSTAVO LACAYO PALLAIS.

Children of MATILDE CARDENAL TERÁN and GUSTAVO LACAYO PALLAIS are:

i. LEANA[39] LACAYO CARDENAL, m. JAIME MONTEALEGRE MONTEALEGRE.
ii. HAROLDO LACAYO CARDENAL.
iii. ALVARO LACAYO CARDENAL, m. ILEANA ROBELO CALLEJAS.
iv. NUBIA LACAYO CARDENAL, m. GLAUCO MAYORGA.
v. MARÍA MERCEDES LACAYO CARDENAL, m. FEDERICO ARGÜELLO.
vi. ISOLDA LACAYO CARDENAL, m. ROLANDO MAYORGA.
vii. BEATRIZ LACAYO CARDENAL, m. OSCAR ZAMORA.
viii. GUSTAVO LACAYO CARDENAL, m. JULIA MARGARITA REYES PORTOCARRERO.
ix. ROLANDO LACAYO CARDENAL, m. ALINA AVALOS.

114. MERCEDES[38] CARDENAL ARGÜELLO *(SALVADOR[37] CARDENAL SABORÍO, PEDRO[36] CARDENAL AYERDI, MARÍA MANUELA[35] AYERDI ZÁRATE, PEDRO MANUEL[34] AYERDI RAMIRO-CORAJO, ANA MARTA[33] RAMIRO-CORAJO Y ZAPATA, FERNANDO[32] RAMIRO-CORAJO Y VERA SOTOMAYOR, JUANA[31] DE VERA SOTOMAYOR, LUIS[30] MÉNDEZ SOTOMAYOR Y CERRATO, ALFONSO[29] FERNÁNDEZ DE SOTOMAYOR FIGUEROA MESSÍA, LUIS[28] MÉNDEZ DE SOTOMAYOR FIGUEROA MESSÍA, GARCI[27] MÉNDEZ DE SOTOMAYOR Y SÁNCHEZ VILLODRE, CATALINA[26] SÁNCHEZ DE VILLODRE Y MANUEL, INÉS[25] SÁNCHEZ MANUEL DE VILLENA, JUAN[24] SÁNCHEZ MANUEL Y GONZÁLEZ DE MANZANEDO, SANCHO[23] MANUEL DE CASTILLA Y LASSO DE LA VEGA, JUAN I[22] MANUEL DE CASTILLA, REY DE CASTILLA LEÓN, JUANA[21] MANUEL DE CASTILLA, BLANCA[20] DE LA CERDA, FERNANDO[19] DE LA CERDA II, FERNANDO[18] DE LA CERDA, VIOLANTE[17] DE ARAGÓN, JAIME I[16] "EL CONQUISTADOR" REY DE ARAGÓN, PEDRO II[15] DE ARAGÓN, "EL CATÓLICO" REY DE ARAGÓN, ALFONSO II[14] REY DE ARAGÓN Y 1RO. DE CATALUÑA, PETRONILA[13] DE ARAGÓN, REINA DE ARAGÓN, RAMIRO II[12] SÁNCHEZ, REY DE ARAGÓN, SANCHO V[11] RAMÍREZ, REY DE ARAGÓN, RAMIRO I[10] SÁNCHEZ, REY DE ARAGÓN, SANCHO III[9] GARCÉS "EL GRANDE", REY DE PAMPLONA, GARCÍA II[8] SÁNCHEZ, REY DE PAMPLONA, EL TEMBLÓN, SANCHO II[7] GARCÉS ABARCA, REY DE PAMPLONA, GARCÍA I[6] SÁNCHEZ, REY DE PAMPLONA, SANCHO I[5] GARCÉS, REY DE PAMPLONA, GARCÍA[4] JIMÉNEZ, PRÍNCIPE DE NAVARRA, JIMENA[3] GARCÍA, GARCÍA[2] JIMÉNEZ, JIMINO[1])* was born August 04, 1889 in León, Nicaragua, and died January 02, 1979 in Granada, Granada, Nicaragua. She married CARLOS CUADRA PASOS January 07, 1912 in León, Nicaragua, son of JOSÉ DE LA QUADRA LUGO and VIRGINIA PASOS ARELLANO. He was born April 20, 1879 in Granada, Granada, Nicaragua, and died January 29, 1964 in Granada, Granada, Nicaragua.

Notes for CARLOS CUADRA PASOS:
El Dr. Carlos Cuadra Pasos fue un orador, abogado, ensayista e historiador. Fue un destacado politico perteneciente al Partido Conservador de Nicaragua. Su especialidad fue el Derecho Constitucional e Internacional. Estudió en la Universidad de Oriente, en Granada. También fue catedrático en su alma mater, en la Facultad de Derecho, enseñando oratoria forense. En 1911 fue diputado constituyente; desde el año 1924 hasta 1930 se desempeñó como Senador de la República. Participó en la comisión que redactó las reformas constitucionales realixadas en 1939, fue también diputado a partir de 1939 hasta 1945. Anteriormente, en el año 1923 y 1928 había ejercido el cargo de Ministro Relaciones Exteriores. En el año

1928, junto con varios intelectuales, fundó la Academia Nicaragüense de la Lengua, de la que fue Director. Fue Miembro de la Real Academia de Artes y Letras de San Fernando de Cádiz, del Instituto de Derecho Internacional Americano, del Tribunal de Justicia Internacional de La Haya, Director de la Academia de Geografía e Historia de la ciudad de Granada y miembro de la Academia de Geografía e Historia de Nicaragua. Recibió las condecoraciones de Alfonso X El Sabio, la Orden de San Silvestre, que en esos tiempos la otorgaba el Papa Juan XXIII, recibió la Orden de Isabel La Católica.

More About CARLOS CUADRA PASOS:
Burial: Granada, Granada, Nicaragua

More About CARLOS CUADRA PASOS and MERCEDES CARDENAL ARGÜELLO:
Marriage: January 07, 1912, León, Nicaragua

Children of MERCEDES CARDENAL ARGÜELLO and CARLOS CUADRA PASOS are:
158. i. PABLO ANTONIO[39] CUADRA CARDENAL, b. November 04, 1912, Granada, Granada, Nicaragua; d. January 02, 2002, Managua, Nicaragua.
159. ii. CARLOS CUADRA CARDENAL, b. 1916.
160. iii. MARTA CUADRA CARDENAL, b. 1922.
161. iv. LEONOR CUADRA CARDENAL, b. 1923.
162. v. JOSÉ JOAQUIN CUADRA CARDENAL, b. 1925, Granada, Granada, Nicaragua.

115. JULIO[38] CARDENAL ARGÜELLO *(SALVADOR[37] CARDENAL SABORÍO, PEDRO[36] CARDENAL AYERDI, MARÍA MANUELA[35] AYERDI ZÁRATE, PEDRO MANUEL[34] AYERDI RAMIRO-CORAJO, ANA MARTA[33] RAMIRO-CORAJO Y ZAPATA, FERNANDO[32] RAMIRO-CORAJO Y VERA SOTOMAYOR, JUANA[31] DE VERA SOTOMAYOR, LUIS[30] MÉNDEZ SOTOMAYOR Y CERRATO, ALFONSO[29] FERNÁNDEZ DE SOTOMAYOR FIGUEROA MESSÍA, LUIS[28] MÉNDEZ DE SOTOMAYOR FIGUEROA MESSÍA, GARCÍ[27] MÉNDEZ DE SOTOMAYOR Y SÁNCHEZ VILLODRE, CATALINA[26] SÁNCHEZ DE VILLODRE Y MANUEL, INÉS[25] SÁNCHEZ MANUEL DE VILLENA, JUAN[24] SÁNCHEZ MANUEL Y GONZÁLEZ DE MANZANEDO, SANCHO[23] MANUEL DE CASTILLA Y LASSO DE LA VEGA, JUAN I[22] MANUEL DE CASTILLA, REY DE CASTILLA LEÓN, JUANA[21] MANUEL DE CASTILLA, BLANCA[20] DE LA CERDA, FERNANDO[19] DE LA CERDA II, FERNANDO[18] DE LA CERDA, VIOLANTE[17] DE ARAGÓN, JAIME I[16] "EL CONQUISTADOR" REY DE ARAGÓN, PEDRO II[15] DE ARAGÓN, "EL CATÓLICO" REY DE ARAGÓN, ALFONSO II[14] REY DE ARAGÓN Y 1RO. DE CATALUÑA, PETRONILA[13] DE ARAGÓN, REINA DE ARAGÓN, RAMIRO II[12] SÁNCHEZ, REY DE ARAGÓN, SANCHO V[11] RAMÍREZ, REY DE ARAGÓN, RAMIRO I[10] SÁNCHEZ, REY DE ARAGÓN, SANCHO III[9] GARCÉS "EL GRANDE", REY DE PAMPLONA, GARCÍA II[8] SÁNCHEZ, REY DE PAMPLONA, EL TEMBLÓN, SANCHO II[7] GARCÉS ABARCA, REY DE PAMPLONA, GARCÍA I[6] SÁNCHEZ, REY DE PAMPLONA, SANCHO I[5] GARCÉS, REY DE PAMPLONA, GARCÍA[4] JIMÉNEZ, PRÍNCIPE DE NAVARRA, JIMENA[3] GARCÍA, GARCÍA[2] JIMÉNEZ, JIMINO[1])* was born September 03, 1887 in León, Nicaragua, and died July 26, 1926 in Granada, Granada, Nicaragua. He married (1) MARÍA LUISA CHAMORRO ZELAYA, daughter of PEDRO CHAMORRO BOLAÑOS and DOMINGA ZELAYA BOLAÑOS. He married (2) ADELA ARGÜELLO CERVANTES 1912 in León, Nicaragua, daughter of JOSÉ ARGÜELLO PEÑALBA and MARÍA CERVANTES MONTALVÁN. She was born 1895 in León, Nicaragua.

More About JULIO CARDENAL ARGÜELLO:
Burial: July 27, 1926, Granada, Granada, Nicaragua

More About JULIO CARDENAL ARGÜELLO and ADELA ARGÜELLO CERVANTES:
Marriage: 1912, León, Nicaragua

Children of JULIO CARDENAL ARGÜELLO and MARÍA CHAMORRO ZELAYA are:
163. i. ROBERTO BELARMINO[39] CARDENAL CHAMORRO.
164. ii. MIREYA CARDENAL CHAMORRO.
165. iii. ENRIQUE CARDENAL CHAMORRO.
166. iv. TERESA CARDENAL CHAMORRO, b. Granada, Granada, Nicaragua.

167. v. RAMIRO CARDENAL CHAMORRO.

Children of JULIO CARDENAL ARGÜELLO and ADELA ARGÜELLO CERVANTES are:
168. vi. SALVADOR[39] CARDENAL ARGÜELLO.
169. vii. JULIO CARDENAL ARGÜELLO.
170. viii. BEATRIZ CARDENAL ARGÜELLO, b. León, Nicaragua.
171. ix. JOSÉ CARDENAL ARGÜELLO, b. León, Nicaragua.
172. x. ADELA CARDENAL ARGÜELLO, b. León, Nicaragua.
173. xi. PEDRO CARDENAL ARGÜELLO, b. 1923, Granada, Granada, Nicaragua; d. 1978, Managua, Nicaragua.
174. xii. MARÍA ISABEL CARDENAL ARGÜELLO, b. January 22, 1924, Granada, Granada, Nicaragua.
175. xiii. LUIS GONZAGA CARDENAL ARGÜELLO, b. March 28, 1925, Granada, Granada, Nicaragua.

116. ISABEL[38] CARDENAL ARGÜELLO *(SALVADOR[37] CARDENAL SABORÍO, PEDRO[36] CARDENAL AYERDI, MARÍA MANUELA[35] AYERDI ZÁRATE, PEDRO MANUEL[34] AYERDI RAMIRO-CORAJO, ANA MARTA[33] RAMIRO-CORAJO Y ZAPATA, FERNANDO[32] RAMIRO-CORAJO Y VERA SOTOMAYOR, JUANA[31] DE VERA SOTOMAYOR, LUIS[30] MÉNDEZ SOTOMAYOR Y CERRATO, ALFONSO[29] FERNÁNDEZ DE SOTOMAYOR FIGUEROA MESSÍA, LUIS[28] MÉNDEZ DE SOTOMAYOR FIGUEROA MESSÍA, GARCI[27] MÉNDEZ DE SOTOMAYOR Y SÁNCHEZ VILLODRE, CATALINA[26] SÁNCHEZ DE VILLODRE Y MANUEL, INÉS[25] SÁNCHEZ MANUEL DE VILLENA, JUAN[24] SÁNCHEZ MANUEL Y GONZÁLEZ DE MANZANEDO, SANCHO[23] MANUEL DE CASTILLA Y LASSO DE LA VEGA, JUAN I[22]MANUEL DE CASTILLA, REY DE CASTILLA LEÓN, JUANA[21] MANUEL DE CASTILLA, BLANCA[20] DE LA CERDA, FERNANDO[19] DE LA CERDA II, FERNANDO[18] DE LA CERDA, VIOLANTE[17] DE ARAGÓN, JAIME I[16] "EL CONQUISTADOR" REY DE ARAGÓN, PEDRO II[15]DE ARAGÓN, "EL CATÓLICO" REY DE ARAGÓN, ALFONSO II[14] REY DE ARAGÓN Y 1RO. DE CATALUÑA, PETRONILA[13]DE ARAGÓN, REINA DE ARAGÓN, RAMIRO II[12]SÁNCHEZ, REY DE ARAGÓN, SANCHO V[11]RAMÍREZ, REY DE ARAGÓN, RAMIRO I[10]SÁNCHEZ, REY DE ARAGÓN, SANCHO III[9]GARCÉS "EL GRANDE", REY DE PAMPLONA, GARCÍA II[8]SÁNCHEZ, REY DE PAMPLONA, EL TEMBLÓN, SANCHO II[7]GARCÉS ABARCA, REY DE PAMPLONA, GARCÍA I[6]SÁNCHEZ, REY DE PAMPLONA, SANCHO I[5]GARCÉS, REY DE PAMPLONA, GARCÍA[4]JIMÉNEZ, PRÍNCIPE DE NAVARRA, JIMENA[3] GARCÍA, GARCÍA[2] JIMÉNEZ, JIMINO[1])* She married ALBERTO CUADRA SANTOS, son of PABLO CUADRA PASOS and JOSEFA SANTOS. He was born 1892 in Granada, Granada, Nicaragua.

Notes for ISABEL CARDENAL ARGÜELLO:
Isabel Cardenal Argüello falleció antes de cumplir un año de vida.

Children of ISABEL CARDENAL ARGÜELLO and ALBERTO CUADRA SANTOS are:
176. i. ISABEL[39] CUADRA CARDENAL.
177. ii. RUTH CUADRA CARDENAL, b. Granada, Granada, Nicaragua.

117. CARMEN[38] CARDENAL ARGÜELLO *(SALVADOR[37] CARDENAL SABORÍO, PEDRO[36] CARDENAL AYERDI, MARÍA MANUELA[35] AYERDI ZÁRATE, PEDRO MANUEL[34] AYERDI RAMIRO-CORAJO, ANA MARTA[33] RAMIRO-CORAJO Y ZAPATA, FERNANDO[32] RAMIRO-CORAJO Y VERA SOTOMAYOR, JUANA[31] DE VERA SOTOMAYOR, LUIS[30] MÉNDEZ SOTOMAYOR Y CERRATO, ALFONSO[29] FERNÁNDEZ DE SOTOMAYOR FIGUEROA MESSÍA, LUIS[28] MÉNDEZ DE SOTOMAYOR FIGUEROA MESSÍA, GARCI[27] MÉNDEZ DE SOTOMAYOR Y SÁNCHEZ VILLODRE, CATALINA[26] SÁNCHEZ DE VILLODRE Y MANUEL, INÉS[25] SÁNCHEZ MANUEL DE VILLENA, JUAN[24] SÁNCHEZ MANUEL Y GONZÁLEZ DE MANZANEDO, SANCHO[23] MANUEL DE CASTILLA Y LASSO DE LA VEGA, JUAN I[22]MANUEL DE CASTILLA, REY DE CASTILLA LEÓN, JUANA[21] MANUEL DE CASTILLA, BLANCA[20] DE LA CERDA, FERNANDO[19] DE LA CERDA II, FERNANDO[18] DE LA CERDA,*

VIOLANTE[17] DE ARAGÓN, JAIME I[16] "EL CONQUISTADOR" REY DE ARAGÓN, PEDRO II[15] DE ARAGÓN, "EL CATÓLICO" REY DE ARAGÓN, ALFONSO II[14] REY DE ARAGÓN Y 1RO. DE CATALUÑA, PETRONILA[13] DE ARAGÓN, REINA DE ARAGÓN, RAMIRO II[12] SÁNCHEZ, REY DE ARAGÓN, SANCHO V[11] RAMÍREZ, REY DE ARAGÓN, RAMIRO I[10] SÁNCHEZ, REY DE ARAGÓN, SANCHO III[9] GARCÉS "EL GRANDE", REY DE PAMPLONA, GARCÍA II[8] SÁNCHEZ, REY DE PAMPLONA, EL TEMBLÓN, SANCHO II[7] GARCÉS ABARCA, REY DE PAMPLONA, GARCÍA I[6] SÁNCHEZ, REY DE PAMPLONA, SANCHO I[5] GARCÉS, REY DE PAMPLONA, GARCÍA[4] JIMÉNEZ, PRÍNCIPE DE NAVARRA, JIMENA[3] GARCÍA, GARCÍA[2] JIMÉNEZ, JIMINO[1]) She married JOSÉ OYANGUREN LÓPEZ DE ARÉCHAGA, son of EUGENIO OYANGUREN and MICAELA LÓPEZ DE ARÉCHAGA. He was born 1891.

Children of CARMEN CARDENAL ARGÜELLO and JOSÉ OYANGUREN LÓPEZ DE ARÉCHAGA are:

178. i. PIEDAD[39] OYANGUREN CARDENAL, b. 1918, Granada, Granada, Nicaragua.
ii. JAIME OYANGUREN CARDENAL.
179. iii. MARINA OYANGUREN CARDENAL.
180. iv. SILVIA OYANGUREN CARDENAL, b. January 22, 1925.
181. v. JOSÉ OYANGUREN CARDENAL.

118. RODOLFO[38] CARDENAL ARGÜELLO *(SALVADOR[37] CARDENAL SABORÍO, PEDRO[36] CARDENAL AYERDI, MARÍA MANUELA[35] AYERDI ZÁRATE, PEDRO MANUEL[34] AYERDI RAMIRO-CORAJO, ANA MARTA[33] RAMIRO-CORAJO Y ZAPATA, FERNANDO[32] RAMIRO-CORAJO Y VERA SOTOMAYOR, JUANA[31] DE VERA SOTOMAYOR, LUIS[30] MÉNDEZ SOTOMAYOR Y CERRATO, ALFONSO[29] FERNÁNDEZ DE SOTOMAYOR FIGUEROA MESSÍA, LUIS[28] MÉNDEZ DE SOTOMAYOR FIGUEROA MESSÍA, GARCI[27] MÉNDEZ DE SOTOMAYOR Y SÁNCHEZ VILLODRE, CATALINA[26] SÁNCHEZ DE VILLODRE Y MANUEL, INÉS[25] SÁNCHEZ MANUEL DE VILLENA, JUAN[24] SÁNCHEZ MANUEL Y GONZÁLEZ DE MANZANEDO, SANCHO[23] MANUEL DE CASTILLA Y LASSO DE LA VEGA, JUAN I[22] MANUEL DE CASTILLA, REY DE CASTILLA LEÓN, JUANA[21] MANUEL DE CASTILLA, BLANCA[20] DE LA CERDA, FERNANDO[19] DE LA CERDA II, FERNANDO[18] DE LA CERDA, VIOLANTE[17] DE ARAGÓN, JAIME I[16] "EL CONQUISTADOR" REY DE ARAGÓN, PEDRO II[15] DE ARAGÓN, "EL CATÓLICO" REY DE ARAGÓN, ALFONSO II[14] REY DE ARAGÓN Y 1RO. DE CATALUÑA, PETRONILA[13] DE ARAGÓN, REINA DE ARAGÓN, RAMIRO II[12] SÁNCHEZ, REY DE ARAGÓN, SANCHO V[11] RAMÍREZ, REY DE ARAGÓN, RAMIRO I[10] SÁNCHEZ, REY DE ARAGÓN, SANCHO III[9] GARCÉS "EL GRANDE", REY DE PAMPLONA, GARCÍA II[8] SÁNCHEZ, REY DE PAMPLONA, EL TEMBLÓN, SANCHO II[7] GARCÉS ABARCA, REY DE PAMPLONA, GARCÍA I[6] SÁNCHEZ, REY DE PAMPLONA, SANCHO I[5] GARCÉS, REY DE PAMPLONA, GARCÍA[4] JIMÉNEZ, PRÍNCIPE DE NAVARRA, JIMENA[3] GARCÍA, GARCÍA[2] JIMÉNEZ, JIMINO[1])* He married ESMERALDA MARTÍNEZ URTECHO, daughter of ERNESTO MARTÍNEZ MOYA and AGUSTINA URTECHO AVILÉS.

Children of RODOLFO CARDENAL ARGÜELLO and ESMERALDA MARTÍNEZ URTECHO are:

182. i. RODOLFO[39] CARDENAL MARTÍNEZ.
ii. ERNESTO CARDENAL MARTÍNEZ S.J..

Notes for ERNESTO CARDENAL MARTÍNEZ S.J.:
Ernesto Cardenal Matínez es poeta, traductor, ensayista y crítico. Nació en Granada el 25 de Enero de 1925. Inició sus estudios primarios en León, luego pasó al Colegio Centroamérica y se integra a la Cofradía del Taller San Lucas. Se bachilleró en 1943, viaja a México inmediatamente para cursar la carrera de Filosofía y Letras en la Universidad Nacional Autónoma de México, presentando la tesis "Ansias y lenguas...." sobre la poesía de Nicaragua, realizando un panorama crítico que sirvió de introducción (ya corregido y aumentado) a su libro antológico intitulado "Nueva Poesía Nicaragüense". Pasa unas breves vaciones en Nicaragua, y, en 1947, viaja a Nueva York para estudiar literatura inglesa en la Universidad de Columbia. En 1949 viaja a Francia y España, becado. En 1959 se encuentra en Nicaragua dirigiendo la Editorial El Hilo Azul y la librería Nuestro Tiempo. En 1957 es

aceptado en la monasterio trapense de Our Lady (Gethsemany, de Kentucky, Estados Unidos), en donde permanece dos años. Por razones de salud se traslada al monasterio benedictino de Santa María de la Resurrección, en Cuernavaca, México, en donde termina sus estudios de seminarista. Realiza estudios de Teología en el seminario para vocaciones tardías "Cristo Sacerdote" en La Ceja, Antioquia, Colombia. Es ordenado sacerdote en Managua, Nicaragua, el 15 de Agosto de 1965. Se comprometió con la lucha política del FSLN y a partir de 1979 fue Ministro de Cultura hasta 1988. Ha sido propuesto varias veces al Premio Nóbel de Literatura, ha sido traducido a más de treinta idiomas; ha recibido numerosos reconocimientos por su carrera literaria. Su obra literaria es extensa.

iii. FERNANDO CARDENAL MARTÍNEZ S.J..
183. iv. ESMERALDA CARDENAL MARTÍNEZ.
v. MARUCA CARDENAL MARTÍNEZ.
184. vi. GONZALO CARDENAL MARTÍNEZ.
185. vii. RODRIGO CARDENAL MARTÍNEZ, b. Managua, Nicaragua.
186. viii. MARÍA TERESA CARDENAL MARTÍNEZ.

119. MARGARITA[38] CARDENAL ARGÜELLO *(SALVADOR[37] CARDENAL SABORÍO, PEDRO[36] CARDENAL AYERDI, MARÍA MANUELA[35] AYERDI ZÁRATE, PEDRO MANUEL[34] AYERDI RAMIRO-CORAJO, ANA MARTA[33] RAMIRO-CORAJO Y ZAPATA, FERNANDO[32] RAMIRO-CORAJO Y VERA SOTOMAYOR, JUANA[31] DE VERA SOTOMAYOR, LUIS[30] MÉNDEZ SOTOMAYOR Y CERRATO, ALFONSO[29] FERNÁNDEZ DE SOTOMAYOR FIGUEROA MESSÍA, LUIS[28] MÉNDEZ DE SOTOMAYOR FIGUEROA MESSÍA, GARCÍ[27] MÉNDEZ DE SOTOMAYOR Y SÁNCHEZ VILLODRE, CATALINA[26] SÁNCHEZ DE VILLODRE Y MANUEL, INÉS[25] SÁNCHEZ MANUEL DE VILLENA, JUAN[24] SÁNCHEZ MANUEL Y GONZÁLEZ DE MANZANEDO, SANCHO[23] MANUEL DE CASTILLA Y LASSO DE LA VEGA, JUAN I[22] MANUEL DE CASTILLA, REY DE CASTILLA LEÓN, JUANA[21] MANUEL DE CASTILLA, BLANCA[20] DE LA CERDA, FERNANDO[19] DE LA CERDA II, FERNANDO[18] DE LA CERDA, VIOLANTE[17] DE ARAGÓN, JAIME I[16] "EL CONQUISTADOR" REY DE ARAGÓN, PEDRO II[15] DE ARAGÓN, "EL CATÓLICO" REY DE ARAGÓN, ALFONSO II[14] REY DE ARAGÓN Y 1RO. DE CATALUÑA, PETRONILA[13] DE ARAGÓN, REINA DE ARAGÓN, RAMIRO II[12] SÁNCHEZ, REY DE ARAGÓN, SANCHO V[11] RAMÍREZ, REY DE ARAGÓN, RAMIRO I[10] SÁNCHEZ, REY DE ARAGÓN, SANCHO III[9] GARCÉS "EL GRANDE", REY DE PAMPLONA, GARCÍA II[8] SÁNCHEZ, REY DE PAMPLONA, EL TEMBLÓN, SANCHO II[7] GARCÉS ABARCA, REY DE PAMPLONA, GARCÍA I[6] SÁNCHEZ, REY DE PAMPLONA, SANCHO I[5] GARCÉS, REY DE PAMPLONA, GARCÍA[4] JIMÉNEZ, PRÍNCIPE DE NAVARRA, JIMENA[3] GARCÍA, GARCÍA[2] JIMÉNEZ, JIMINO[1])* was born January 09, 1900 in León, Nicaragua. She married PEDRO JOAQUÍN CHAMORRO ZELAYA December 24, 1923 in Granada, Nicaragua, son of PEDRO CHAMORRO BOLAÑOS and DOMINGA ZELAYA BOLAÑOS.

More About PEDRO CHAMORRO ZELAYA and MARGARITA CARDENAL ARGÜELLO:
Marriage: December 24, 1923, Granada, Nicaragua

Children of MARGARITA CARDENAL ARGÜELLO and PEDRO CHAMORRO ZELAYA are:
187. i. PEDRO JOAQUÍN[39] CHAMORRO CARDENAL, d. January 22, 1978, Managua, Nicaragua.
188. ii. ANA MARÍA CHAMORRO CARDENAL, d. 1988, Managua, Nicaragua.
iii. LIGIA CHAMORRO CARDENAL, m. SAMUEL BARRETO ARGÜELLO.
189. iv. XAVIER CHAMORRO CARDENAL.
190. v. JAIME CHAMORRO CARDENAL.

120. CARLOS[38] CARDENAL ARGÜELLO *(SALVADOR[37] CARDENAL SABORÍO, PEDRO[36] CARDENAL AYERDI, MARÍA MANUELA[35] AYERDI ZÁRATE, PEDRO MANUEL[34] AYERDI RAMIRO-CORAJO, ANA MARTA[33] RAMIRO-CORAJO Y ZAPATA, FERNANDO[32] RAMIRO-CORAJO Y VERA SOTOMAYOR, JUANA[31] DE VERA SOTOMAYOR, LUIS[30] MÉNDEZ SOTOMAYOR Y CERRATO, ALFONSO[29] FERNÁNDEZ DE SOTOMAYOR FIGUEROA MESSÍA, LUIS[28] MÉNDEZ DE SOTOMAYOR*

FIGUEROA MESSÍA, GARCÍ[27] MÉNDEZ DE SOTOMAYOR Y SÁNCHEZ VILLODRE, CATALINA[26] SÁNCHEZ DE VILLODRE Y MANUEL, INÉS[25] SÁNCHEZ MANUEL DE VILLENA, JUAN[24] SÁNCHEZ MANUEL Y GONZÁLEZ DE MANZANEDO, SANCHO[23] MANUEL DE CASTILLA Y LASSO DE LA VEGA, JUAN I[22] MANUEL DE CASTILLA, REY DE CASTILLA LEÓN, JUANA[21] MANUEL DE CASTILLA, BLANCA[20] DE LA CERDA, FERNANDO[19] DE LA CERDA II, FERNANDO[18] DE LA CERDA, VIOLANTE[17] DE ARAGÓN, JAIME I[16] "EL CONQUISTADOR" REY DE ARAGÓN, PEDRO II[15] DE ARAGÓN, "EL CATÓLICO" REY DE ARAGÓN, ALFONSO II[14] REY DE ARAGÓN Y 1RO. DE CATALUÑA, PETRONILA[13] DE ARAGÓN, REINA DE ARAGÓN, RAMIRO II[12] SÁNCHEZ, REY DE ARAGÓN, SANCHO V[11] RAMÍREZ, REY DE ARAGÓN, RAMIRO I[10] SÁNCHEZ, REY DE ARAGÓN, SANCHO III[9] GARCÉS "EL GRANDE", REY DE PAMPLONA, GARCÍA II[8] SÁNCHEZ, REY DE PAMPLONA, EL TEMBLÓN, SANCHO II[7] GARCÉS ABARCA, REY DE PAMPLONA, GARCÍA I[6] SÁNCHEZ, REY DE PAMPLONA, SANCHO I[5] GARCÉS, REY DE PAMPLONA, GARCÍA[4] JIMÉNEZ, PRÍNCIPE DE NAVARRA, JIMENA[3] GARCÍA, GARCÍA[2] JIMÉNEZ, JIMINO[1]) He married NORA MARTÍNEZ SANTOS, daughter of NICASIO MARTÍNEZ SANZ and MARTHA SANTOS GUTIÉRREZ. She was born in Jinotepe, Carazo.

Children of CARLOS CARDENAL ARGÜELLO and NORA MARTÍNEZ SANTOS are:

191. i. CARLOS[39] CARDENAL MARTÍNEZ.
192. ii. NORA CARDENAL MARTÍNEZ.
193. iii. MANUEL CARDENAL MARTÍNEZ, b. September 24, 1937.
194. iv. EDUARDO CARDENAL MARTÍNEZ.
v. ALVARO CARDENAL MARTÍNEZ.

121. PEDRO[38] CARDENAL RAMÍREZ *(PEDRO[37] CARDENAL SABORÍO, PEDRO[36] CARDENAL AYERDI, MARÍA MANUELA[35] AYERDI ZÁRATE, PEDRO MANUEL[34] AYERDI RAMIRO-CORAJO, ANA MARTA[33] RAMIRO-CORAJO Y ZAPATA, FERNANDO[32] RAMIRO-CORAJO Y VERA SOTOMAYOR, JUANA[31] DE VERA SOTOMAYOR, LUIS[30] MÉNDEZ SOTOMAYOR Y CERRATO, ALFONSO[29] FERNÁNDEZ DE SOTOMAYOR FIGUEROA MESSÍA, LUIS[28] MÉNDEZ DE SOTOMAYOR FIGUEROA MESSÍA, GARCÍ[27] MÉNDEZ DE SOTOMAYOR Y SÁNCHEZ VILLODRE, CATALINA[26] SÁNCHEZ DE VILLODRE Y MANUEL, INÉS[25] SÁNCHEZ MANUEL DE VILLENA, JUAN[24] SÁNCHEZ MANUEL Y GONZÁLEZ DE MANZANEDO, SANCHO[23] MANUEL DE CASTILLA Y LASSO DE LA VEGA, JUAN I[22] MANUEL DE CASTILLA, REY DE CASTILLA LEÓN, JUANA[21] MANUEL DE CASTILLA, BLANCA[20] DE LA CERDA, FERNANDO[19] DE LA CERDA II, FERNANDO[18] DE LA CERDA, VIOLANTE[17] DE ARAGÓN, JAIME I[16] "EL CONQUISTADOR" REY DE ARAGÓN, PEDRO II[15] DE ARAGÓN, "EL CATÓLICO" REY DE ARAGÓN, ALFONSO II[14] REY DE ARAGÓN Y 1RO. DE CATALUÑA, PETRONILA[13] DE ARAGÓN, REINA DE ARAGÓN, RAMIRO II[12] SÁNCHEZ, REY DE ARAGÓN, SANCHO V[11] RAMÍREZ, REY DE ARAGÓN, RAMIRO I[10] SÁNCHEZ, REY DE ARAGÓN, SANCHO III[9] GARCÉS "EL GRANDE", REY DE PAMPLONA, GARCÍA II[8] SÁNCHEZ, REY DE PAMPLONA, EL TEMBLÓN, SANCHO II[7] GARCÉS ABARCA, REY DE PAMPLONA, GARCÍA I[6] SÁNCHEZ, REY DE PAMPLONA, SANCHO I[5] GARCÉS, REY DE PAMPLONA, GARCÍA[4] JIMÉNEZ, PRÍNCIPE DE NAVARRA, JIMENA[3] GARCÍA, GARCÍA[2] JIMÉNEZ, JIMINO[1])* was born in León, Nicaragua, and died in León, Nicaragua. He met SEÑORA AVENDAÑO.

More About PEDRO CARDENAL RAMÍREZ:
Burial: León, Nicaragua

Child of PEDRO CARDENAL RAMÍREZ and SEÑORA AVENDAÑO is:

i. MERCEDES[39] AVENDAÑO CARDENAL.

122. MERCEDES[38] SAMAYOA CARDENAL *(MERCEDES[37] CARDENAL SABORÍO, PEDRO[36] CARDENAL AYERDI, MARÍA MANUELA[35] AYERDI ZÁRATE, PEDRO MANUEL[34] AYERDI RAMIRO-CORAJO, ANA MARTA[33] RAMIRO-CORAJO Y ZAPATA, FERNANDO[32] RAMIRO-CORAJO Y VERA SOTOMAYOR, JUANA[31] DE VERA SOTOMAYOR, LUIS[30] MÉNDEZ SOTOMAYOR Y CERRATO, ALFONSO[29] FERNÁNDEZ DE SOTOMAYOR FIGUEROA MESSÍA, LUIS[28] MÉNDEZ DE SOTOMAYOR*

FIGUEROA MESSÍA, GARCÍ[27] MÉNDEZ DE SOTOMAYOR Y SÁNCHEZ VILLODRE, CATALINA[26] SÁNCHEZ DE VILLODRE Y MANUEL, INÉS[25] SÁNCHEZ MANUEL DE VILLENA, JUAN[24] SÁNCHEZ MANUEL Y GONZÁLEZ DE MANZANEDO, SANCHO[23] MANUEL DE CASTILLA Y LASSO DE LA VEGA, JUAN I[22] MANUEL DE CASTILLA, REY DE CASTILLA LEÓN, JUANA[21] MANUEL DE CASTILLA, BLANCA[20] DE LA CERDA, FERNANDO[19] DE LA CERDA II, FERNANDO[18] DE LA CERDA, VIOLANTE[17] DE ARAGÓN, JAIME I[16] "EL CONQUISTADOR" REY DE ARAGÓN, PEDRO II[15] DE ARAGÓN, "EL CATÓLICO" REY DE ARAGÓN, ALFONSO II[14] REY DE ARAGÓN Y 1RO. DE CATALUÑA, PETRONILA[13] DE ARAGÓN, REINA DE ARAGÓN, RAMIRO II[12] SÁNCHEZ, REY DE ARAGÓN, SANCHO V[11] RAMÍREZ, REY DE ARAGÓN, RAMIRO I[10] SÁNCHEZ, REY DE ARAGÓN, SANCHO III[9] GARCÉS "EL GRANDE", REY DE PAMPLONA, GARCÍA II[8] SÁNCHEZ, REY DE PAMPLONA, EL TEMBLÓN, SANCHO II[7] GARCÉS ABARCA, REY DE PAMPLONA, GARCÍA I[6] SÁNCHEZ, REY DE PAMPLONA, SANCHO I[5] GARCÉS, REY DE PAMPLONA, GARCÍA[4] JIMÉNEZ, PRÍNCIPE DE NAVARRA, JIMENA[3] GARCÍA, GARCÍA[2] JIMÉNEZ, JIMINO[1]) She married FEDERICO DERBYSHIRE. He was born in Jamaica, Caribe.

Children of MERCEDES SAMAYOA CARDENAL and FEDERICO DERBYSHIRE are:

i. JUAN JOSÉ[39] DERBYSHIRE CARDENAL.
ii. ROBERTO DERBYSHIRE CARDENAL.
iii. JOSEFINA DERBYSHIRE CARDENAL.

123. ERNESTO[38] PORTOCARRERO CARDENAL *(MANUELA[37] CARDENAL SABORÍO, PEDRO[36] CARDENAL AYERDI, MARÍA MANUELA[35] AYERDI ZÁRATE, PEDRO MANUEL[34] AYERDI RAMIRO-CORAJO, ANA MARTA[33] RAMIRO-CORAJO Y ZAPATA, FERNANDO[32] RAMIRO-CORAJO Y VERA SOTOMAYOR, JUANA[31] DE VERA SOTOMAYOR, LUIS[30] MÉNDEZ SOTOMAYOR Y CERRATO, ALFONSO[29] FERNÁNDEZ DE SOTOMAYOR FIGUEROA MESSÍA, LUIS[28] MÉNDEZ DE SOTOMAYOR FIGUEROA MESSÍA, GARCÍ[27] MÉNDEZ DE SOTOMAYOR Y SÁNCHEZ VILLODRE, CATALINA[26] SÁNCHEZ DE VILLODRE Y MANUEL, INÉS[25] SÁNCHEZ MANUEL DE VILLENA, JUAN[24] SÁNCHEZ MANUEL Y GONZÁLEZ DE MANZANEDO, SANCHO[23] MANUEL DE CASTILLA Y LASSO DE LA VEGA, JUAN I[22] MANUEL DE CASTILLA, REY DE CASTILLA LEÓN, JUANA[21] MANUEL DE CASTILLA, BLANCA[20] DE LA CERDA, FERNANDO[19] DE LA CERDA II, FERNANDO[18] DE LA CERDA, VIOLANTE[17] DE ARAGÓN, JAIME I[16] "EL CONQUISTADOR" REY DE ARAGÓN, PEDRO II[15] DE ARAGÓN, "EL CATÓLICO" REY DE ARAGÓN, ALFONSO II[14] REY DE ARAGÓN Y 1RO. DE CATALUÑA, PETRONILA[13] DE ARAGÓN, REINA DE ARAGÓN, RAMIRO II[12] SÁNCHEZ, REY DE ARAGÓN, SANCHO V[11] RAMÍREZ, REY DE ARAGÓN, RAMIRO I[10] SÁNCHEZ, REY DE ARAGÓN, SANCHO III[9] GARCÉS "EL GRANDE", REY DE PAMPLONA, GARCÍA II[8] SÁNCHEZ, REY DE PAMPLONA, EL TEMBLÓN, SANCHO II[7] GARCÉS ABARCA, REY DE PAMPLONA, GARCÍA I[6] SÁNCHEZ, REY DE PAMPLONA, SANCHO I[5] GARCÉS, REY DE PAMPLONA, GARCÍA[4] JIMÉNEZ, PRÍNCIPE DE NAVARRA, JIMENA[3] GARCÍA, GARCÍA[2] JIMÉNEZ, JIMINO[1])* He married FRANCHESCA DE PORTOCARRERO.

Children of ERNESTO PORTOCARRERO CARDENAL and FRANCHESCA DE PORTOCARRERO are:

i. ERNESTO[39] PORTOCARRERO.
ii. ANDRÉS PORTOCARRERO.
iii. ENRIQUE PORTOCARRERO.
iv. MARÍA HELENA PORTOCARRERO.

124. SAMUEL[38] PORTOCARRERO CARDENAL *(MANUELA[37] CARDENAL SABORÍO, PEDRO[36] CARDENAL AYERDI, MARÍA MANUELA[35] AYERDI ZÁRATE, PEDRO MANUEL[34] AYERDI RAMIRO-CORAJO, ANA MARTA[33] RAMIRO-CORAJO Y ZAPATA, FERNANDO[32] RAMIRO-CORAJO Y VERA SOTOMAYOR, JUANA[31] DE VERA SOTOMAYOR, LUIS[30] MÉNDEZ SOTOMAYOR Y CERRATO, ALFONSO[29] FERNÁNDEZ DE SOTOMAYOR FIGUEROA MESSÍA, LUIS[28] MÉNDEZ DE SOTOMAYOR FIGUEROA MESSÍA, GARCÍ[27] MÉNDEZ DE SOTOMAYOR Y SÁNCHEZ VILLODRE, CATALINA[26] SÁNCHEZ DE VILLODRE Y MANUEL, INÉS[25] SÁNCHEZ MANUEL DE VILLENA, JUAN[24] SÁNCHEZ*

MANUEL Y GONZÁLEZ DE MANZANEDO, SANCHO[23] *MANUEL DE CASTILLA Y LASSO DE LA VEGA, JUAN I*[22]*MANUEL DE CASTILLA, REY DE CASTILLA LEÓN, JUANA*[21] *MANUEL DE CASTILLA, BLANCA*[20] *DE LA CERDA, FERNANDO*[19] *DE LA CERDA II, FERNANDO*[18] *DE LA CERDA, VIOLANTE*[17] *DE ARAGÓN, JAIME I*[16] *"EL CONQUISTADOR" REY DE ARAGÓN, PEDRO II*[15]*DE ARAGÓN, "EL CATÓLICO" REY DE ARAGÓN, ALFONSO II*[14] *REY DE ARAGÓN Y 1RO. DE CATALUÑA, PETRONILA*[13]*DE ARAGÓN, REINA DE ARAGÓN, RAMIRO II*[12]*SÁNCHEZ, REY DE ARAGÓN, SANCHO V*[11]*RAMÍREZ, REY DE ARAGÓN, RAMIRO I*[10]*SÁNCHEZ, REY DE ARAGÓN, SANCHO III*[9]*GARCÉS "EL GRANDE", REY DE PAMPLONA, GARCÍA II*[8]*SÁNCHEZ, REY DE PAMPLONA, EL TEMBLÓN, SANCHO II*[7]*GARCÉS ABARCA, REY DE PAMPLONA, GARCÍA I*[6]*SÁNCHEZ, REY DE PAMPLONA, SANCHO I*[5]*GARCÉS, REY DE PAMPLONA, GARCÍA*[4]*JIMÉNEZ, PRÍNCIPE DE NAVARRA, JIMENA*[3] *GARCÍA, GARCÍA*[2] *JIMÉNEZ, JIMINO*[1]*)* He married (1) BERTILDA AYÓN DUBÓN, daughter of ALFONSO AYÓN LÓPEZ and DOLORES DUBÓN PORTOCARRERO. He married (2) HAYDÉE MARTÍNEZ SOLÓRZANO, daughter of TOMÁS MARTÍNEZ SOLÓRZANO and ISABEL SOLÓRZANO GUTIÉRREZ.

Child of SAMUEL PORTOCARRERO CARDENAL and HAYDÉE MARTÍNEZ SOLÓRZANO is:
195. i. HAYDEÉ[39] PORTOCARRERO MARTÍNEZ.

125. SARA[38] PORTOCARRERO CARDENAL *(MANUELA*[37] *CARDENAL SABORÍO, PEDRO*[36] *CARDENAL AYERDI, MARÍA MANUELA*[35] *AYERDI ZÁRATE, PEDRO MANUEL*[34] *AYERDI RAMIRO-CORAJO, ANA MARTA*[33] *RAMIRO-CORAJO Y ZAPATA, FERNANDO*[32] *RAMIRO-CORAJO Y VERA SOTOMAYOR, JUANA*[31] *DE VERA SOTOMAYOR, LUIS*[30] *MÉNDEZ SOTOMAYOR Y CERRATO, ALFONSO*[29] *FERNÁNDEZ DE SOTOMAYOR FIGUEROA MESSÍA, LUIS*[28] *MÉNDEZ DE SOTOMAYOR FIGUEROA MESSÍA, GARCI*[27] *MÉNDEZ DE SOTOMAYOR Y SÁNCHEZ VILLODRE, CATALINA*[26] *SÁNCHEZ DE VILLODRE Y MANUEL, INÉS*[25] *SÁNCHEZ MANUEL DE VILLENA, JUAN*[24] *SÁNCHEZ MANUEL Y GONZÁLEZ DE MANZANEDO, SANCHO*[23] *MANUEL DE CASTILLA Y LASSO DE LA VEGA, JUAN I*[22]*MANUEL DE CASTILLA, REY DE CASTILLA LEÓN, JUANA*[21] *MANUEL DE CASTILLA, BLANCA*[20] *DE LA CERDA, FERNANDO*[19] *DE LA CERDA II, FERNANDO*[18] *DE LA CERDA, VIOLANTE*[17] *DE ARAGÓN, JAIME I*[16] *"EL CONQUISTADOR" REY DE ARAGÓN, PEDRO II*[15]*DE ARAGÓN, "EL CATÓLICO" REY DE ARAGÓN, ALFONSO II*[14] *REY DE ARAGÓN Y 1RO. DE CATALUÑA, PETRONILA*[13]*DE ARAGÓN, REINA DE ARAGÓN, RAMIRO II*[12]*SÁNCHEZ, REY DE ARAGÓN, SANCHO V*[11]*RAMÍREZ, REY DE ARAGÓN, RAMIRO I*[10]*SÁNCHEZ, REY DE ARAGÓN, SANCHO III*[9]*GARCÉS "EL GRANDE", REY DE PAMPLONA, GARCÍA II*[8]*SÁNCHEZ, REY DE PAMPLONA, EL TEMBLÓN, SANCHO II*[7]*GARCÉS ABARCA, REY DE PAMPLONA, GARCÍA I*[6]*SÁNCHEZ, REY DE PAMPLONA, SANCHO I*[5]*GARCÉS, REY DE PAMPLONA, GARCÍA*[4]*JIMÉNEZ, PRÍNCIPE DE NAVARRA, JIMENA*[3] *GARCÍA, GARCÍA*[2] *JIMÉNEZ, JIMINO*[1]*)* was born in León, Nicaragua, and died in León, Nicaragua. She married BERNABÉ PORTOCARRERO SOLÍS, son of BERNABÉ PORTOCARRERO BACA and TRINIDAD SOLÍS SALAZAR. He was born in León, Nicaragua, and died in León, Nicaragua.

More About SARA PORTOCARRERO CARDENAL:
Burial: León, Nicaragua

More About BERNABÉ PORTOCARRERO SOLÍS:
Burial: León, Nicaragua

Children of SARA PORTOCARRERO CARDENAL and BERNABÉ PORTOCARRERO SOLÍS are:
196. i. MARÍA[39] PORTOCARRERO PORTOCARRERO, d. 1944, Managua, Nicaragua.
197. ii. GUSTAVO PORTOCARRERO PORTOCARRERO, b. León, Departamento de León, Nicaragua.
198. iii. BERNABÉ PORTOCARRERO PORTOCARRERO, b. January 08, 1908, León, Departamento de León, Nicaragua; d. April 28, 1985, Managua, Nicaragua.
199. iv. TRINIDAD PORTOCARRERO PORTOCARRERO, b. May 25, 1902, León, Nicaragua; d. January 26, 1933, León, Nicaragua.
200. v. RENÉ PORTOCARRERO PORTOCARRERO, b. León, Departamento de León, Nicaragua.

201. vi. GRACIELA PORTOCARRERO PORTOCARRERO.
vii. MARGARITA PORTOCARRERO PORTOCARRERO.

126. TRINIDAD[38] PORTOCARRERO CARDENAL *(MANUELA[37] CARDENAL SABORÍO, PEDRO[36] CARDENAL AYERDI, MARÍA MANUELA[35] AYERDI ZÁRATE, PEDRO MANUEL[34] AYERDI RAMIRO-CORAJO, ANA MARTA[33] RAMIRO-CORAJO Y ZAPATA, FERNANDO[32] RAMIRO-CORAJO Y VERA SOTOMAYOR, JUANA[31] DE VERA SOTOMAYOR, LUIS[30] MÉNDEZ SOTOMAYOR Y CERRATO, ALFONSO[29] FERNÁNDEZ DE SOTOMAYOR FIGUEROA MESSÍA, LUIS[28] MÉNDEZ DE SOTOMAYOR FIGUEROA MESSÍA, GARCÍ[27] MÉNDEZ DE SOTOMAYOR Y SÁNCHEZ VILLODRE, CATALINA[26] SÁNCHEZ DE VILLODRE Y MANUEL, INÉS[25] SÁNCHEZ MANUEL DE VILLENA, JUAN[24] SÁNCHEZ MANUEL Y GONZÁLEZ DE MANZANEDO, SANCHO[23] MANUEL DE CASTILLA Y LASSO DE LA VEGA, JUAN I[22] MANUEL DE CASTILLA, REY DE CASTILLA LEÓN, JUANA[21] MANUEL DE CASTILLA, BLANCA[20] DE LA CERDA, FERNANDO[19] DE LA CERDA II, FERNANDO[18] DE LA CERDA, VIOLANTE[17] DE ARAGÓN, JAIME I[16] "EL CONQUISTADOR" REY DE ARAGÓN, PEDRO II[15] DE ARAGÓN, "EL CATÓLICO" REY DE ARAGÓN, ALFONSO II[14] REY DE ARAGÓN Y 1RO. DE CATALUÑA, PETRONILA[13] DE ARAGÓN, REINA DE ARAGÓN, RAMIRO II[12] SÁNCHEZ, REY DE ARAGÓN, SANCHO V[11] RAMÍREZ, REY DE ARAGÓN, RAMIRO I[10] SÁNCHEZ, REY DE ARAGÓN, SANCHO III[9] GARCÉS "EL GRANDE", REY DE PAMPLONA, GARCÍA II[8] SÁNCHEZ, REY DE PAMPLONA, EL TEMBLÓN, SANCHO II[7] GARCÉS ABARCA, REY DE PAMPLONA, GARCÍA I[6] SÁNCHEZ, REY DE PAMPLONA, SANCHO I[5] GARCÉS, REY DE PAMPLONA, GARCÍA[4] JIMÉNEZ, PRÍNCIPE DE NAVARRA, JIMENA[3] GARCÍA, GARCÍA[2] JIMÉNEZ, JIMINO[1])* was born May 25, 1902 in León, Nicaragua, and died January 26, 1933 in León, Nicaragua. She married LUIS ALBERTO ICAZA REYES, son of FRANCISCO ICAZA TERÁN and CARMEN REYES BALLADARES. He was born March 06, 1896 in León, Nicaragua, and died May 06, 1969 in León, Nicaragua.

More About LUIS ALBERTO ICAZA REYES:
Burial: León, Nicaragua

Children of TRINIDAD PORTOCARRERO CARDENAL and LUIS ICAZA REYES are:
i. LUIS[39] ICAZA PORTOCARRERO.
ii. ARMANDO ICAZA PORTOCARRERO.
iii. MARÍA LOURDES ICAZA PORTOCARRERO.
iv. GUILLERMO ICAZA PORTOCARRERO.

127. RAMONA[38] PORTOCARRERO CARDENAL *(ANA MARÍA[37] CARDENAL BONILLA, MANUEL SILVESTRE[36] CARDENAL AYERDI, MARÍA MANUELA[35] AYERDI ZÁRATE, PEDRO MANUEL[34] AYERDI RAMIRO-CORAJO, ANA MARTA[33] RAMIRO-CORAJO Y ZAPATA, FERNANDO[32] RAMIRO-CORAJO Y VERA SOTOMAYOR, JUANA[31] DE VERA SOTOMAYOR, LUIS[30] MÉNDEZ SOTOMAYOR Y CERRATO, ALFONSO[29] FERNÁNDEZ DE SOTOMAYOR FIGUEROA MESSÍA, LUIS[28] MÉNDEZ DE SOTOMAYOR FIGUEROA MESSÍA, GARCÍ[27] MÉNDEZ DE SOTOMAYOR Y SÁNCHEZ VILLODRE, CATALINA[26] SÁNCHEZ DE VILLODRE Y MANUEL, INÉS[25] SÁNCHEZ MANUEL DE VILLENA, JUAN[24] SÁNCHEZ MANUEL Y GONZÁLEZ DE MANZANEDO, SANCHO[23] MANUEL DE CASTILLA Y LASSO DE LA VEGA, JUAN I[22] MANUEL DE CASTILLA, REY DE CASTILLA LEÓN, JUANA[21] MANUEL DE CASTILLA, BLANCA[20] DE LA CERDA, FERNANDO[19] DE LA CERDA II, FERNANDO[18] DE LA CERDA, VIOLANTE[17] DE ARAGÓN, JAIME I[16] "EL CONQUISTADOR" REY DE ARAGÓN, PEDRO II[15] DE ARAGÓN, "EL CATÓLICO" REY DE ARAGÓN, ALFONSO II[14] REY DE ARAGÓN Y 1RO. DE CATALUÑA, PETRONILA[13] DE ARAGÓN, REINA DE ARAGÓN, RAMIRO II[12] SÁNCHEZ, REY DE ARAGÓN, SANCHO V[11] RAMÍREZ, REY DE ARAGÓN, RAMIRO I[10] SÁNCHEZ, REY DE ARAGÓN, SANCHO III[9] GARCÉS "EL GRANDE", REY DE PAMPLONA, GARCÍA II[8] SÁNCHEZ, REY DE PAMPLONA, EL TEMBLÓN, SANCHO II[7] GARCÉS ABARCA, REY DE PAMPLONA, GARCÍA I[6] SÁNCHEZ, REY DE PAMPLONA, SANCHO I[5] GARCÉS, REY DE PAMPLONA, GARCÍA[4] JIMÉNEZ, PRÍNCIPE DE NAVARRA, JIMENA[3] GARCÍA, GARCÍA[2] JIMÉNEZ, JIMINO[1])* She married PEDRO PABLO ARGÜELLO DEL CASTILLO, son of JOSÉ ARGÜELLO ALVARADO and PETRONILA DEL CASTILLO.

Children of RAMONA PORTOCARRERO CARDENAL and PEDRO ARGÜELLO DEL CASTILLO are:
202. i. PEDRO PABLO[39] ARGÜELLO PORTOCARRERO.
203. ii. AMANDA ARGÜELLO PORTOCARRERO.
204. iii. SOLEDAD ARGÜELLO PORTOCARRERO.
205. iv. OSCAR ARGÜELLO PORTOCARRERO.

128. ADELA[38] PORTOCARRERO CARDENAL *(ANA MARÍA[37] CARDENAL BONILLA, MANUEL SILVESTRE[36] CARDENAL AYERDI, MARÍA MANUELA[35] AYERDI ZÁRATE, PEDRO MANUEL[34] AYERDI RAMIRO-CORAJO, ANA MARTA[33] RAMIRO-CORAJO Y ZAPATA, FERNANDO[32] RAMIRO-CORAJO Y VERA SOTOMAYOR, JUANA[31] DE VERA SOTOMAYOR, LUIS[30] MÉNDEZ SOTOMAYOR Y CERRATO, ALFONSO[29] FERNÁNDEZ DE SOTOMAYOR FIGUEROA MESSÍA, LUIS[28] MÉNDEZ DE SOTOMAYOR FIGUEROA MESSÍA, GARCI[27] MÉNDEZ DE SOTOMAYOR Y SÁNCHEZ VILLODRE, CATALINA[26] SÁNCHEZ DE VILLODRE Y MANUEL, INÉS[25] SÁNCHEZ MANUEL DE VILLENA, JUAN[24] SÁNCHEZ MANUEL Y GONZÁLEZ DE MANZANEDO, SANCHO[23] MANUEL DE CASTILLA Y LASSO DE LA VEGA, JUAN I[22] MANUEL DE CASTILLA, REY DE CASTILLA LEÓN, JUANA[21] MANUEL DE CASTILLA, BLANCA[20] DE LA CERDA, FERNANDO[19] DE LA CERDA II, FERNANDO[18] DE LA CERDA, VIOLANTE[17] DE ARAGÓN, JAIME I[16] "EL CONQUISTADOR" REY DE ARAGÓN, PEDRO II[15] DE ARAGÓN, "EL CATÓLICO" REY DE ARAGÓN, ALFONSO II[14] REY DE ARAGÓN Y 1RO. DE CATALUÑA, PETRONILA[13] DE ARAGÓN, REINA DE ARAGÓN, RAMIRO II[12] SÁNCHEZ, REY DE ARAGÓN, SANCHO V[11] RAMÍREZ, REY DE ARAGÓN, RAMIRO I[10] SÁNCHEZ, REY DE ARAGÓN, SANCHO III[9] GARCÉS "EL GRANDE", REY DE PAMPLONA, GARCÍA II[8] SÁNCHEZ, REY DE PAMPLONA, EL TEMBLÓN, SANCHO II[7] GARCÉS ABARCA, REY DE PAMPLONA, GARCÍA I[6] SÁNCHEZ, REY DE PAMPLONA, SANCHO I[5] GARCÉS, REY DE PAMPLONA, GARCÍA[4] JIMÉNEZ, PRÍNCIPE DE NAVARRA, JIMENA[3] GARCÍA, GARCÍA[2] JIMÉNEZ, JIMINO[1])* She married RAMÓN OCHOMOGO DÁVILA.

Children of ADELA PORTOCARRERO CARDENAL and RAMÓN OCHOMOGO DÁVILA are:
206. i. ELBA[39] OCHOMOGO PORTOCARRERO.
ii. AGUINALDO OCHOMOGO PORTOCARRERO.
iii. RAFAEL OCHOMOGO PORTOCARRERO.
iv. EDMUNDO OCHOMOGO PORTOCARRERO, m. SOLEDAD SALINAS GÓMEZ.

Generation No. 39

129. AUGUSTO CÉSAR[39] MONTEALEGRE SALVATIERRA *(AUGUSTO CÉSAR[38] MONTEALEGRE LACAYO, MARIANO ANTONIO[37] MONTEALEGRE ROMERO, MANUELA CASIMIRA[36] ROMERO SÁENZ, BÁRBARA ANTONIA[35] SÁENZ BONILLA, MANUEL[34] SÁENZ VÁZQUEZ Y RAMIRO-CORAJO, MARÍA ROSA[33] VÁZQUEZ RAMIRO-CORAJO, JOSEPH FRANCISCO[32] RAMIRO-CORAJO Y VERA SOTOMAYOR, JUANA[31] DE VERA SOTOMAYOR, LUIS[30] MÉNDEZ SOTOMAYOR Y CERRATO, ALFONSO[29] FERNÁNDEZ DE SOTOMAYOR FIGUEROA MESSÍA, LUIS[28] MÉNDEZ DE SOTOMAYOR FIGUEROA MESSÍA, GARCI[27] MÉNDEZ DE SOTOMAYOR Y SÁNCHEZ VILLODRE, CATALINA[26] SÁNCHEZ DE VILLODRE Y MANUEL, INÉS[25] SÁNCHEZ MANUEL DE VILLENA, JUAN[24] SÁNCHEZ MANUEL Y GONZÁLEZ DE MANZANEDO, SANCHO[23] MANUEL DE CASTILLA Y LASSO DE LA VEGA, JUAN I[22] MANUEL DE CASTILLA, REY DE CASTILLA LEÓN, JUANA[21] MANUEL DE CASTILLA, BLANCA[20] DE LA CERDA, FERNANDO[19] DE LA CERDA II, FERNANDO[18] DE LA CERDA, VIOLANTE[17] DE ARAGÓN, JAIME I[16] "EL CONQUISTADOR" REY DE ARAGÓN, PEDRO II[15] DE ARAGÓN, "EL CATÓLICO" REY DE ARAGÓN, ALFONSO II[14] REY DE ARAGÓN Y 1RO. DE CATALUÑA, PETRONILA[13] DE ARAGÓN, REINA DE ARAGÓN, RAMIRO II[12] SÁNCHEZ, REY DE ARAGÓN, SANCHO V[11] RAMÍREZ, REY DE ARAGÓN, RAMIRO I[10] SÁNCHEZ, REY DE ARAGÓN, SANCHO III[9] GARCÉS "EL GRANDE", REY DE PAMPLONA, GARCÍA II[8] SÁNCHEZ, REY DE PAMPLONA, EL TEMBLÓN, SANCHO II[7] GARCÉS ABARCA, REY DE PAMPLONA, GARCÍA I[6] SÁNCHEZ, REY DE PAMPLONA, SANCHO I[5] GARCÉS, REY DE PAMPLONA, GARCÍA[4] JIMÉNEZ, PRÍNCIPE DE NAVARRA, JIMENA[3] GARCÍA, GARCÍA[2] JIMÉNEZ, JIMINO[1])* He married MARÍA

CRISTINA ZAPATA MALLIÉ.

Children of AUGUSTO MONTEALEGRE SALVATIERRA and MARÍA ZAPATA MALLIÉ are:

207. i. ILÚ[40] MONTEALEGRE ZAPATA, b. December 29, 1921.
208. ii. AMÉRICA AUGUSTA MONTEALEGRE ZAPATA, b. Chinandega, Chinandega, Nicaragua; d. San Salvador, El Salvador.
209. iii. NOEL SALVADOR MONTEALEGRE ZAPATA.
210. iv. SERGIO MARIO MONTEALEGRE ZAPATA, b. July 27, 1919, Chinandega, Chinandega, Nicaragua.

130. HUMBERTO "PIN"[39] MONTEALEGRE SALVATIERRA *(AUGUSTO CÉSAR[38] MONTEALEGRE LACAYO, MARIANO ANTONIO[37] MONTEALEGRE ROMERO, MANUELA CASIMIRA[36] ROMERO SÁENZ, BÁRBARA ANTONIA[35] SÁENZ BONILLA, MANUEL[34] SÁENZ VÁZQUEZ Y RAMIRO-CORAJO, MARÍA ROSA[33] VÁZQUEZ RAMIRO-CORAJO, JOSEPH FRANCISCO[32] RAMIRO-CORAJO Y VERA SOTOMAYOR, JUANA[31] DE VERA SOTOMAYOR, LUIS[30] MÉNDEZ SOTOMAYOR Y CERRATO, ALFONSO[29] FERNÁNDEZ DE SOTOMAYOR FIGUEROA MESSÍA, LUIS[28] MÉNDEZ DE SOTOMAYOR FIGUEROA MESSÍA, GARCÍ[27] MÉNDEZ DE SOTOMAYOR Y SÁNCHEZ VILLODRE, CATALINA[26] SÁNCHEZ DE VILLODRE Y MANUEL, INÉS[25] SÁNCHEZ MANUEL DE VILLENA, JUAN[24] SÁNCHEZ MANUEL Y GONZÁLEZ DE MANZANEDO, SANCHO[23] MANUEL DE CASTILLA Y LASSO DE LA VEGA, JUAN I[22]MANUEL DE CASTILLA, REY DE CASTILLA LEÓN, JUANA[21] MANUEL DE CASTILLA, BLANCA[20] DE LA CERDA, FERNANDO[19] DE LA CERDA II, FERNANDO[18] DE LA CERDA, VIOLANTE[17] DE ARAGÓN, JAIME I[16] "EL CONQUISTADOR" REY DE ARAGÓN, PEDRO II[15]DE ARAGÓN, "EL CATÓLICO" REY DE ARAGÓN, ALFONSO II[14] REY DE ARAGÓN Y 1RO. DE CATALUÑA, PETRONILA[13]DE ARAGÓN, REINA DE ARAGÓN, RAMIRO II[12]SÁNCHEZ, REY DE ARAGÓN, SANCHO V[11]RAMÍREZ, REY DE ARAGÓN, RAMIRO I[10]SÁNCHEZ, REY DE ARAGÓN, SANCHO III[9]GARCÉS "EL GRANDE", REY DE PAMPLONA, GARCÍA II[8]SÁNCHEZ, REY DE PAMPLONA, EL TEMBLÓN, SANCHO II[7]GARCÉS ABARCA, REY DE PAMPLONA, GARCÍA I[6]SÁNCHEZ, REY DE PAMPLONA, SANCHO I[5]GARCÉS, REY DE PAMPLONA, GARCÍA[4]JIMÉNEZ, PRÍNCIPE DE NAVARRA, JIMENA[3] GARCÍA, GARCÍA[2] JIMÉNEZ, JIMINO[1])* He married (1) PASTORA PLAZAOLA. He married (2) CELIA MONDRAGÓN.

Notes for HUMBERTO "PIN" MONTEALEGRE SALVATIERRA:
Don Humberto Serafín "Pin" Montealegre Salvatierra, contrajo matrimonio tres veces, la última con una señora de apellido Manzanares, en Costa Rica.

Child of HUMBERTO MONTEALEGRE SALVATIERRA and PASTORA PLAZAOLA is:

211. i. BLANCA CLARA[40] MONTEALEGRE PLAZAOLA.

131. ANGÉLICA[39] BALLADARES MONTEALEGRE *(PAULA[38] MONTEALEGRE LACAYO, MARIANO ANTONIO[37] MONTEALEGRE ROMERO, MANUELA CASIMIRA[36] ROMERO SÁENZ, BÁRBARA ANTONIA[35] SÁENZ BONILLA, MANUEL[34] SÁENZ VÁZQUEZ Y RAMIRO-CORAJO, MARÍA ROSA[33] VÁZQUEZ RAMIRO-CORAJO, JOSEPH FRANCISCO[32] RAMIRO-CORAJO Y VERA SOTOMAYOR, JUANA[31] DE VERA SOTOMAYOR, LUIS[30] MÉNDEZ SOTOMAYOR Y CERRATO, ALFONSO[29] FERNÁNDEZ DE SOTOMAYOR FIGUEROA MESSÍA, LUIS[28] MÉNDEZ DE SOTOMAYOR FIGUEROA MESSÍA, GARCÍ[27] MÉNDEZ DE SOTOMAYOR Y SÁNCHEZ VILLODRE, CATALINA[26] SÁNCHEZ DE VILLODRE Y MANUEL, INÉS[25] SÁNCHEZ MANUEL DE VILLENA, JUAN[24] SÁNCHEZ MANUEL Y GONZÁLEZ DE MANZANEDO, SANCHO[23] MANUEL DE CASTILLA Y LASSO DE LA VEGA, JUAN I[22]MANUEL DE CASTILLA, REY DE CASTILLA LEÓN, JUANA[21] MANUEL DE CASTILLA, BLANCA[20] DE LA CERDA, FERNANDO[19] DE LA CERDA II, FERNANDO[18] DE LA CERDA, VIOLANTE[17] DE ARAGÓN, JAIME I[16] "EL CONQUISTADOR" REY DE ARAGÓN, PEDRO II[15]DE ARAGÓN, "EL CATÓLICO" REY DE ARAGÓN, ALFONSO II[14] REY DE ARAGÓN Y 1RO. DE CATALUÑA, PETRONILA[13]DE ARAGÓN, REINA DE ARAGÓN, RAMIRO II[12]SÁNCHEZ, REY DE ARAGÓN, SANCHO V[11]RAMÍREZ, REY DE ARAGÓN, RAMIRO I[10]SÁNCHEZ, REY DE ARAGÓN, SANCHO III[9]GARCÉS "EL GRANDE", REY DE PAMPLONA, GARCÍA II[8]SÁNCHEZ, REY DE PAMPLONA, EL TEMBLÓN,*

SANCHO II[7]GARCÉS ABARCA, REY DE PAMPLONA, GARCÍA I[6]SÁNCHEZ, REY DE PAMPLONA, SANCHO I[5]GARCÉS, REY DE PAMPLONA, GARCÍA[4]JIMÉNEZ, PRÍNCIPE DE NAVARRA, JIMENA[3] GARCÍA, GARCÍA[2] JIMÉNEZ, JIMINO[1]) She married (1) ENRIQUE CASTILLO DEL CASTILLO. She married (2) GUILLERMO ARGÜELLO VARGAS.

Children of ANGÉLICA BALLADARES MONTEALEGRE and ENRIQUE CASTILLO DEL CASTILLO are:

i. GUILLERMINA[40] CASTILLO BALLADARES.
ii. ENRIQUE CASTILLO BALLADARES.
iii. MARGARITA CASTILLO BALLADARES.
iv. ANGÉLICA CASTILLO BALLADARES.
v. JOSÉ CASTILLO BALLADARES.

Child of ANGÉLICA BALLADARES MONTEALEGRE and GUILLERMO ARGÜELLO VARGAS is:

vi. MARTA[40] ARGÜELLO BALLADARES.

132. MANUEL[39] BALLADARES MONTEALEGRE *(PAULA[38] MONTEALEGRE LACAYO, MARIANO ANTONIO[37] MONTEALEGRE ROMERO, MANUELA CASIMIRA[36] ROMERO SÁENZ, BÁRBARA ANTONIA[35] SÁENZ BONILLA, MANUEL[34] SÁENZ VÁZQUEZ Y RAMIRO-CORAJO, MARÍA ROSA[33] VÁZQUEZ RAMIRO-CORAJO, JOSEPH FRANCISCO[32] RAMIRO-CORAJO Y VERA SOTOMAYOR, JUANA[31] DE VERA SOTOMAYOR, LUIS[30] MÉNDEZ SOTOMAYOR Y CERRATO, ALFONSO[29] FERNÁNDEZ DE SOTOMAYOR FIGUEROA MESSÍA, LUIS[28] MÉNDEZ DE SOTOMAYOR FIGUEROA MESSÍA, GARCI[27] MÉNDEZ DE SOTOMAYOR Y SÁNCHEZ VILLODRE, CATALINA[26] SÁNCHEZ DE VILLODRE Y MANUEL, INÉS[25] SÁNCHEZ MANUEL DE VILLENA, JUAN[24] SÁNCHEZ MANUEL Y GONZÁLEZ DE MANZANEDO, SANCHO[23] MANUEL DE CASTILLA Y LASSO DE LA VEGA, JUAN I[22]MANUEL DE CASTILLA, REY DE CASTILLA LEÓN, JUANA[21] MANUEL DE CASTILLA, BLANCA[20] DE LA CERDA, FERNANDO[19] DE LA CERDA II, FERNANDO[18] DE LA CERDA, VIOLANTE[17] DE ARAGÓN, JAIME I[16] "EL CONQUISTADOR" REY DE ARAGÓN, PEDRO II[15]DE ARAGÓN, "EL CATÓLICO" REY DE ARAGÓN, ALFONSO II[14] REY DE ARAGÓN Y 1RO. DE CATALUÑA, PETRONILA[13]DE ARAGÓN, REINA DE ARAGÓN, RAMIRO II[12]SÁNCHEZ, REY DE ARAGÓN, SANCHO V[11]RAMÍREZ, REY DE ARAGÓN, RAMIRO I[10]SÁNCHEZ, REY DE ARAGÓN, SANCHO III[9]GARCÉS "EL GRANDE", REY DE PAMPLONA, GARCÍA II[8]SÁNCHEZ, REY DE PAMPLONA, EL TEMBLÓN, SANCHO II[7]GARCÉS ABARCA, REY DE PAMPLONA, GARCÍA I[6]SÁNCHEZ, REY DE PAMPLONA, SANCHO I[5]GARCÉS, REY DE PAMPLONA, GARCÍA[4]JIMÉNEZ, PRÍNCIPE DE NAVARRA, JIMENA[3] GARCÍA, GARCÍA[2] JIMÉNEZ, JIMINO[1])* He married LUCILA PORTOCARRERO MARÍN.

Children of MANUEL BALLADARES MONTEALEGRE and LUCILA PORTOCARRERO MARÍN are:

i. LUCILA[40] BALLADARES PORTOCARRERO.
ii. MANUEL BALLADARES PORTOCARRERO.

133. MARIANA[39] BALLADARES MONTEALEGRE *(PAULA[38] MONTEALEGRE LACAYO, MARIANO ANTONIO[37] MONTEALEGRE ROMERO, MANUELA CASIMIRA[36] ROMERO SÁENZ, BÁRBARA ANTONIA[35] SÁENZ BONILLA, MANUEL[34] SÁENZ VÁZQUEZ Y RAMIRO-CORAJO, MARÍA ROSA[33] VÁZQUEZ RAMIRO-CORAJO, JOSEPH FRANCISCO[32] RAMIRO-CORAJO Y VERA SOTOMAYOR, JUANA[31] DE VERA SOTOMAYOR, LUIS[30] MÉNDEZ SOTOMAYOR Y CERRATO, ALFONSO[29] FERNÁNDEZ DE SOTOMAYOR FIGUEROA MESSÍA, LUIS[28] MÉNDEZ DE SOTOMAYOR FIGUEROA MESSÍA, GARCI[27] MÉNDEZ DE SOTOMAYOR Y SÁNCHEZ VILLODRE, CATALINA[26] SÁNCHEZ DE VILLODRE Y MANUEL, INÉS[25] SÁNCHEZ MANUEL DE VILLENA, JUAN[24] SÁNCHEZ MANUEL Y GONZÁLEZ DE MANZANEDO, SANCHO[23] MANUEL DE CASTILLA Y LASSO DE LA VEGA, JUAN I[22]MANUEL DE CASTILLA, REY DE CASTILLA LEÓN, JUANA[21] MANUEL DE CASTILLA, BLANCA[20] DE LA CERDA, FERNANDO[19] DE LA CERDA II, FERNANDO[18] DE LA CERDA, VIOLANTE[17] DE ARAGÓN, JAIME I[16] "EL CONQUISTADOR" REY DE ARAGÓN, PEDRO II[15]DE ARAGÓN, "EL CATÓLICO" REY DE ARAGÓN, ALFONSO II[14] REY DE ARAGÓN Y 1RO. DE CATALUÑA,*

PETRONILA[13] DE ARAGÓN, REINA DE ARAGÓN, RAMIRO II[12] SÁNCHEZ, REY DE ARAGÓN, SANCHO V[11] RAMÍREZ, REY DE ARAGÓN, RAMIRO I[10] SÁNCHEZ, REY DE ARAGÓN, SANCHO III[9] GARCÉS "EL GRANDE", REY DE PAMPLONA, GARCÍA II[8] SÁNCHEZ, REY DE PAMPLONA, EL TEMBLÓN, SANCHO II[7] GARCÉS ABARCA, REY DE PAMPLONA, GARCÍA I[6] SÁNCHEZ, REY DE PAMPLONA, SANCHO I[5] GARCÉS, REY DE PAMPLONA, GARCÍA[4] JIMÉNEZ, PRÍNCIPE DE NAVARRA, JIMENA[3] GARCÍA, GARCÍA[2] JIMÉNEZ, JIMINO[1]) She married JOAQUÍN SANSÓN ESCOTO.

Child of MARIANA BALLADARES MONTEALEGRE and JOAQUÍN SANSÓN ESCOTO is:
212. i. JOAQUÍN[40] SANSÓN BALLADARES.

134. DOMINGO[39] MONTEALEGRE VANPOVEDT *(ABRAHAM[38] MONTEALEGRE LACAYO, MARIANO ANTONIO[37] MONTEALEGRE ROMERO, MANUELA CASIMIRA[36] ROMERO SÁENZ, BÁRBARA ANTONIA[35] SÁENZ BONILLA, MANUEL[34] SÁENZ VÁZQUEZ Y RAMIRO-CORAJO, MARÍA ROSA[33] VÁZQUEZ RAMIRO-CORAJO, JOSEPH FRANCISCO[32] RAMIRO-CORAJO Y VERA SOTOMAYOR, JUANA[31] DE VERA SOTOMAYOR, LUIS[30] MÉNDEZ SOTOMAYOR Y CERRATO, ALFONSO[29] FERNÁNDEZ DE SOTOMAYOR FIGUEROA MESSÍA, LUIS[28] MÉNDEZ DE SOTOMAYOR FIGUEROA MESSÍA, GARCI[27] MÉNDEZ DE SOTOMAYOR Y SÁNCHEZ VILLODRE, CATALINA[26] SÁNCHEZ DE VILLODRE Y MANUEL, INÉS[25] SÁNCHEZ MANUEL DE VILLENA, JUAN[24] SÁNCHEZ MANUEL Y GONZÁLEZ DE MANZANEDO, SANCHO[23] MANUEL DE CASTILLA Y LASSO DE LA VEGA, JUAN I[22] MANUEL DE CASTILLA, REY DE CASTILLA LEÓN, JUANA[21] MANUEL DE CASTILLA, BLANCA[20] DE LA CERDA, FERNANDO[19] DE LA CERDA II, FERNANDO[18] DE LA CERDA, VIOLANTE[17] DE ARAGÓN, JAIME I[16] "EL CONQUISTADOR" REY DE ARAGÓN, PEDRO II[15] DE ARAGÓN, "EL CATÓLICO" REY DE ARAGÓN, ALFONSO II[14] REY DE ARAGÓN Y 1RO. DE CATALUÑA, PETRONILA[13] DE ARAGÓN, REINA DE ARAGÓN, RAMIRO II[12] SÁNCHEZ, REY DE ARAGÓN, SANCHO V[11] RAMÍREZ, REY DE ARAGÓN, RAMIRO I[10] SÁNCHEZ, REY DE ARAGÓN, SANCHO III[9] GARCÉS "EL GRANDE", REY DE PAMPLONA, GARCÍA II[8] SÁNCHEZ, REY DE PAMPLONA, EL TEMBLÓN, SANCHO II[7] GARCÉS ABARCA, REY DE PAMPLONA, GARCÍA I[6] SÁNCHEZ, REY DE PAMPLONA, SANCHO I[5] GARCÉS, REY DE PAMPLONA, GARCÍA[4] JIMÉNEZ, PRÍNCIPE DE NAVARRA, JIMENA[3] GARCÍA, GARCÍA[2] JIMÉNEZ, JIMINO[1])* He married MARÍA VICTORIA HERNÁNDEZ GASTEAZORO.

Children of DOMINGO MONTEALEGRE VANPOVEDT and MARÍA HERNÁNDEZ GASTEAZORO are:
213. i. ABRAHAM[40] MONTEALEGRE HERNÁNDEZ.
214. ii. NELA MONTEALEGRE HERNÁNDEZ.
215. iii. MARÍA VICTORIA MONTEALEGRE HERNÁNDEZ.
216. iv. DOMINGO MONTEALEGRE HERNÁNDEZ.
217. v. ALBERTO RAMÓN MONTEALEGRE HERNÁNDEZ.
218. vi. MARÍA TRINIDAD MONTEALEGRE HERNÁNDEZ.

135. MARIANO[39] MONTEALEGRE GASTEAZORO *(ELÍAS[38] MONTEALEGRE LACAYO, MARIANO ANTONIO[37] MONTEALEGRE ROMERO, MANUELA CASIMIRA[36] ROMERO SÁENZ, BÁRBARA ANTONIA[35] SÁENZ BONILLA, MANUEL[34] SÁENZ VÁZQUEZ Y RAMIRO-CORAJO, MARÍA ROSA[33] VÁZQUEZ RAMIRO-CORAJO, JOSEPH FRANCISCO[32] RAMIRO-CORAJO Y VERA SOTOMAYOR, JUANA[31] DE VERA SOTOMAYOR, LUIS[30] MÉNDEZ SOTOMAYOR Y CERRATO, ALFONSO[29] FERNÁNDEZ DE SOTOMAYOR FIGUEROA MESSÍA, LUIS[28] MÉNDEZ DE SOTOMAYOR FIGUEROA MESSÍA, GARCI[27] MÉNDEZ DE SOTOMAYOR Y SÁNCHEZ VILLODRE, CATALINA[26] SÁNCHEZ DE VILLODRE Y MANUEL, INÉS[25] SÁNCHEZ MANUEL DE VILLENA, JUAN[24] SÁNCHEZ MANUEL Y GONZÁLEZ DE MANZANEDO, SANCHO[23] MANUEL DE CASTILLA Y LASSO DE LA VEGA, JUAN I[22] MANUEL DE CASTILLA, REY DE CASTILLA LEÓN, JUANA[21] MANUEL DE CASTILLA, BLANCA[20] DE LA CERDA, FERNANDO[19] DE LA CERDA II, FERNANDO[18] DE LA CERDA, VIOLANTE[17] DE ARAGÓN, JAIME I[16] "EL CONQUISTADOR" REY DE ARAGÓN, PEDRO II[15] DE ARAGÓN, "EL CATÓLICO" REY DE ARAGÓN, ALFONSO II[14] REY DE ARAGÓN Y 1RO. DE CATALUÑA, PETRONILA[13] DE ARAGÓN, REINA DE ARAGÓN, RAMIRO II[12] SÁNCHEZ, REY DE ARAGÓN, SANCHO*

V[11] RAMÍREZ, REY DE ARAGÓN, RAMIRO I[10] SÁNCHEZ, REY DE ARAGÓN, SANCHO III[9] GARCÉS "EL GRANDE", REY DE PAMPLONA, GARCÍA II[8] SÁNCHEZ, REY DE PAMPLONA, EL TEMBLÓN, SANCHO II[7] GARCÉS ABARCA, REY DE PAMPLONA, GARCÍA I[6] SÁNCHEZ, REY DE PAMPLONA, SANCHO I[5] GARCÉS, REY DE PAMPLONA, GARCÍA[4] JIMÉNEZ, PRÍNCIPE DE NAVARRA, JIMENA[3] GARCÍA, GARCÍA[2] JIMÉNEZ, JIMINO[1]) was born December 06, 1876 in Chinandega, Chinandega, Nicaragua, and died April 20, 1963 in Chinandega, Chinandega, Nicaragua. He married (1) AMELIA MAYORGA AREAS. He married (2) BERTA "LA CHIRAGUA" MELÉNDEZ.

Notes for MARIANO MONTEALEGRE GASTEAZORO:
Don Mariano Montealegre Gasteazoro era llamado por su familia como "Papa Mariano".

More About MARIANO MONTEALEGRE GASTEAZORO:
Burial: Chinandega, Chinandega, Nicaragua

Children of MARIANO MONTEALEGRE GASTEAZORO and AMELIA MAYORGA AREAS are:
- i. ELÍAS[40] MONTEALEGRE MAYORGA, m. (1) MARÍA MERCEDES ALEMÁN MAYORGA; m. (2) MARÍA TERESA VELÁZQUEZ.
- ii. MARÍA MONTEALEGRE MAYORGA, m. ALBERTO VOGL BALDIZÓN.
- iii. JOSÉ MONTEALEGRE MAYORGA, m. ANA CARRIÓN.
- iv. MANUEL MONTEALEGRE MAYORGA, m. MERCEDES JARA.

Child of MARIANO MONTEALEGRE GASTEAZORO and BERTA MELÉNDEZ is:
219. v. MARÍA ALBA[40] MONTEALEGRE MELÉNDEZ, b. December 06, 1945.

136. MERCEDES[39] MORAZÁN VENERIO *(FRANCISCO[38] MORAZÁN MONCADA, MARIANO ANTONIO[37] MONTEALEGRE ROMERO, MANUELA CASIMIRA[36] ROMERO SÁENZ, BÁRBARA ANTONIA[35] SÁENZ BONILLA, MANUEL[34] SÁENZ VÁZQUEZ Y RAMIRO-CORAJO, MARÍA ROSA[33] VÁZQUEZ RAMIRO-CORAJO, JOSEPH FRANCISCO[32] RAMIRO-CORAJO Y VERA SOTOMAYOR, JUANA[31] DE VERA SOTOMAYOR, LUIS[30] MÉNDEZ SOTOMAYOR Y CERRATO, ALFONSO[29] FERNÁNDEZ DE SOTOMAYOR FIGUEROA MESSÍA, LUIS[28] MÉNDEZ DE SOTOMAYOR FIGUEROA MESSÍA, GARCI[27] MÉNDEZ DE SOTOMAYOR Y SÁNCHEZ VILLODRE, CATALINA[26] SÁNCHEZ DE VILLODRE Y MANUEL, INÉS[25] SÁNCHEZ MANUEL DE VILLENA, JUAN[24] SÁNCHEZ MANUEL Y GONZÁLEZ DE MANZANEDO, SANCHO[23] MANUEL DE CASTILLA Y LASSO DE LA VEGA, JUAN I[22] MANUEL DE CASTILLA, REY DE CASTILLA LEÓN, JUANA[21] MANUEL DE CASTILLA, BLANCA[20] DE LA CERDA, FERNANDO[19] DE LA CERDA II, FERNANDO[18] DE LA CERDA, VIOLANTE[17] DE ARAGÓN, JAIME I[16] "EL CONQUISTADOR" REY DE ARAGÓN, PEDRO II[15] DE ARAGÓN, "EL CATÓLICO" REY DE ARAGÓN, ALFONSO II[14] REY DE ARAGÓN Y 1RO. DE CATALUÑA, PETRONILA[13] DE ARAGÓN, REINA DE ARAGÓN, RAMIRO II[12] SÁNCHEZ, REY DE ARAGÓN, SANCHO V[11] RAMÍREZ, REY DE ARAGÓN, RAMIRO I[10] SÁNCHEZ, REY DE ARAGÓN, SANCHO III[9] GARCÉS "EL GRANDE", REY DE PAMPLONA, GARCÍA II[8] SÁNCHEZ, REY DE PAMPLONA, EL TEMBLÓN, SANCHO II[7] GARCÉS ABARCA, REY DE PAMPLONA, GARCÍA I[6] SÁNCHEZ, REY DE PAMPLONA, SANCHO I[5] GARCÉS, REY DE PAMPLONA, GARCÍA[4] JIMÉNEZ, PRÍNCIPE DE NAVARRA, JIMENA[3] GARCÍA, GARCÍA[2] JIMÉNEZ, JIMINO[1])* She married RAFAEL INFANTE.

Child of MERCEDES MORAZÁN VENERIO and RAFAEL INFANTE is:
220. i. JOSEFA[40] INFANTE MORAZÁN.

137. FRANCISCO[39] MORAZÁN VENERIO *(FRANCISCO[38] MORAZÁN MONCADA, MARIANO ANTONIO[37] MONTEALEGRE ROMERO, MANUELA CASIMIRA[36] ROMERO SÁENZ, BÁRBARA ANTONIA[35] SÁENZ BONILLA, MANUEL[34] SÁENZ VÁZQUEZ Y RAMIRO-CORAJO, MARÍA ROSA[33] VÁZQUEZ RAMIRO-CORAJO, JOSEPH FRANCISCO[32] RAMIRO-CORAJO Y VERA SOTOMAYOR, JUANA[31] DE VERA SOTOMAYOR, LUIS[30] MÉNDEZ SOTOMAYOR Y CERRATO, ALFONSO[29] FERNÁNDEZ DE SOTOMAYOR FIGUEROA MESSÍA, LUIS[28] MÉNDEZ DE SOTOMAYOR FIGUEROA*

MESSÍA, GARCÍ[27] MÉNDEZ DE SOTOMAYOR Y SÁNCHEZ VILLODRE, CATALINA[26] SÁNCHEZ DE VILLODRE Y MANUEL, INÉS[25] SÁNCHEZ MANUEL DE VILLENA, JUAN[24] SÁNCHEZ MANUEL Y GONZÁLEZ DE MANZANEDO, SANCHO[23] MANUEL DE CASTILLA Y LASSO DE LA VEGA, JUAN I[22]MANUEL DE CASTILLA, REY DE CASTILLA LEÓN, JUANA[21] MANUEL DE CASTILLA, BLANCA[20] DE LA CERDA, FERNANDO[19] DE LA CERDA II, FERNANDO[18] DE LA CERDA, VIOLANTE[17] DE ARAGÓN, JAIME I[16] "EL CONQUISTADOR" REY DE ARAGÓN, PEDRO II[15]DE ARAGÓN, "EL CATÓLICO" REY DE ARAGÓN, ALFONSO II[14] REY DE ARAGÓN Y 1RO. DE CATALUÑA, PETRONILA[13]DE ARAGÓN, REINA DE ARAGÓN, RAMIRO II[12]SÁNCHEZ, REY DE ARAGÓN, SANCHO V[11]RAMÍREZ, REY DE ARAGÓN, RAMIRO I[10]SÁNCHEZ, REY DE ARAGÓN, SANCHO III[9]GARCÉS "EL GRANDE", REY DE PAMPLONA, GARCÍA II[8]SÁNCHEZ, REY DE PAMPLONA, EL TEMBLÓN, SANCHO II[7]GARCÉS ABARCA, REY DE PAMPLONA, GARCÍA I[6]SÁNCHEZ, REY DE PAMPLONA, SANCHO I[5]GARCÉS, REY DE PAMPLONA, GARCÍA[4]JIMÉNEZ, PRÍNCIPE DE NAVARRA, JIMENA[3] GARCÍA, GARCÍA[2] JIMÉNEZ, JIMINO[1]) He married (1) GERTRUDIS CALLEJAS SANSÓN. He married (2) ESTER RODRÍGUEZ REYES.

Child of FRANCISCO MORAZÁN VENERIO and ESTER RODRÍGUEZ REYES is:

i. MANUELA[40] MORAZÁN RODRÍGUEZ.

Notes for MANUELA MORAZÁN RODRÍGUEZ:
Manuela Morazán Rodríguez, monja, profesó en la Orden religiosa de la Asunción.

138. CARMEN[39] MORAZÁN VENERIO *(FRANCISCO[38] MORAZÁN MONCADA, MARIANO ANTONIO[37] MONTEALEGRE ROMERO, MANUELA CASIMIRA[36] ROMERO SÁENZ, BÁRBARA ANTONIA[35] SÁENZ BONILLA, MANUEL[34] SÁENZ VÁZQUEZ Y RAMIRO-CORAJO, MARÍA ROSA[33] VÁZQUEZ RAMIRO-CORAJO, JOSEPH FRANCISCO[32] RAMIRO-CORAJO Y VERA SOTOMAYOR, JUANA[31] DE VERA SOTOMAYOR, LUIS[30] MÉNDEZ SOTOMAYOR Y CERRATO, ALFONSO[29] FERNÁNDEZ DE SOTOMAYOR FIGUEROA MESSÍA, LUIS[28] MÉNDEZ DE SOTOMAYOR FIGUEROA MESSÍA, GARCÍ[27] MÉNDEZ DE SOTOMAYOR Y SÁNCHEZ VILLODRE, CATALINA[26] SÁNCHEZ DE VILLODRE Y MANUEL, INÉS[25] SÁNCHEZ MANUEL DE VILLENA, JUAN[24] SÁNCHEZ MANUEL Y GONZÁLEZ DE MANZANEDO, SANCHO[23] MANUEL DE CASTILLA Y LASSO DE LA VEGA, JUAN I[22]MANUEL DE CASTILLA, REY DE CASTILLA LEÓN, JUANA[21] MANUEL DE CASTILLA, BLANCA[20] DE LA CERDA, FERNANDO[19] DE LA CERDA II, FERNANDO[18] DE LA CERDA, VIOLANTE[17] DE ARAGÓN, JAIME I[16] "EL CONQUISTADOR" REY DE ARAGÓN, PEDRO II[15]DE ARAGÓN, "EL CATÓLICO" REY DE ARAGÓN, ALFONSO II[14] REY DE ARAGÓN Y 1RO. DE CATALUÑA, PETRONILA[13]DE ARAGÓN, REINA DE ARAGÓN, RAMIRO II[12]SÁNCHEZ, REY DE ARAGÓN, SANCHO V[11]RAMÍREZ, REY DE ARAGÓN, RAMIRO I[10]SÁNCHEZ, REY DE ARAGÓN, SANCHO III[9]GARCÉS "EL GRANDE", REY DE PAMPLONA, GARCÍA II[8]SÁNCHEZ, REY DE PAMPLONA, EL TEMBLÓN, SANCHO II[7]GARCÉS ABARCA, REY DE PAMPLONA, GARCÍA I[6]SÁNCHEZ, REY DE PAMPLONA, SANCHO I[5]GARCÉS, REY DE PAMPLONA, GARCÍA[4]JIMÉNEZ, PRÍNCIPE DE NAVARRA, JIMENA[3] GARCÍA, GARCÍA[2] JIMÉNEZ, JIMINO[1])* She married EDUARDO DESHON CARTÍN.

Children of CARMEN MORAZÁN VENERIO and EDUARDO DESHON CARTÍN are:

i. MARÍA DEL CARMEN[40] DESHON MORAZÁN.
ii. EMMA DESHON MORAZÁN.
221. iii. ESTER DESHON MORAZÁN.
iv. JUAN DESHON MORAZÁN, m. MITA OSMAN.
222. v. ADELA DESHON MORAZÁN.
223. vi. EDUARDO DESHON MORAZÁN.
224. vii. ELENA DESHON MORAZÁN.
225. viii. ROBERTO DESHON MORAZÁN.
226. ix. EVA DESHON MORAZÁN.
x. MARÍA ELSA DESHON MORAZÁN.
227. xi. ANGELINA DESHON MORAZÁN.
xii. ELISA DESHON MORAZÁN.

139. ENRIQUE[39] SOLÓRZANO CARDOZA *(RAMÓN[38] SOLÓRZANO MONTEALEGRE, GERTRUDIS[37] MONTEALEGRE ROMERO, MANUELA CASIMIRA[36] ROMERO SÁENZ, BÁRBARA ANTONIA[35] SÁENZ BONILLA, MANUEL[34] SÁENZ VÁZQUEZ Y RAMIRO-CORAJO, MARÍA ROSA[33] VÁZQUEZ RAMIRO-CORAJO, JOSEPH FRANCISCO[32] RAMIRO-CORAJO Y VERA SOTOMAYOR, JUANA[31] DE VERA SOTOMAYOR, LUIS[30] MÉNDEZ SOTOMAYOR Y CERRATO, ALFONSO[29] FERNÁNDEZ DE SOTOMAYOR FIGUEROA MESSÍA, LUIS[28] MÉNDEZ DE SOTOMAYOR FIGUEROA MESSÍA, GARCÍ[27] MÉNDEZ DE SOTOMAYOR Y SÁNCHEZ VILLODRE, CATALINA[26] SÁNCHEZ DE VILLODRE Y MANUEL, INÉS[25] SÁNCHEZ MANUEL DE VILLENA, JUAN[24] SÁNCHEZ MANUEL Y GONZÁLEZ DE MANZANEDO, SANCHO[23] MANUEL DE CASTILLA Y LASSO DE LA VEGA, JUAN I[22] MANUEL DE CASTILLA, REY DE CASTILLA LEÓN, JUANA[21] MANUEL DE CASTILLA, BLANCA[20] DE LA CERDA, FERNANDO[19] DE LA CERDA II, FERNANDO[18] DE LA CERDA, VIOLANTE[17] DE ARAGÓN, JAIME I[16] "EL CONQUISTADOR" REY DE ARAGÓN, PEDRO II[15] DE ARAGÓN, "EL CATÓLICO" REY DE ARAGÓN, ALFONSO II[14] REY DE ARAGÓN Y 1RO. DE CATALUÑA, PETRONILA[13] DE ARAGÓN, REINA DE ARAGÓN, RAMIRO II[12] SÁNCHEZ, REY DE ARAGÓN, SANCHO V[11] RAMÍREZ, REY DE ARAGÓN, RAMIRO I[10] SÁNCHEZ, REY DE ARAGÓN, SANCHO III[9] GARCÉS "EL GRANDE", REY DE PAMPLONA, GARCÍA II[8] SÁNCHEZ, REY DE PAMPLONA, EL TEMBLÓN, SANCHO II[7] GARCÉS ABARCA, REY DE PAMPLONA, GARCÍA I[6] SÁNCHEZ, REY DE PAMPLONA, SANCHO I[5] GARCÉS, REY DE PAMPLONA, GARCÍA[4] JIMÉNEZ, PRÍNCIPE DE NAVARRA, JIMENA[3] GARCÍA, GARCÍA[2] JIMÉNEZ, JIMINO[1])* He married (1) MERCEDES AVILÉZ. He married (2) LUZ VASCONCELOS.

Child of ENRIQUE SOLÓRZANO CARDOZA and MERCEDES AVILÉZ is:
228. i. JOSÉ[40] SOLÓRZANO AVILÉZ, b. January 20, 1861; d. June 05, 1906.

Children of ENRIQUE SOLÓRZANO CARDOZA and LUZ VASCONCELOS are:
ii. DOLORES[40] SOLÓRZANO VASCONCELOS, m. ALEJANDRO CANTÓN.
iii. ENRIQUE SOLÓRZANO VASCONCELOS.
229. iv. CARMELA SOLÓRZANO VASCONCELOS.
v. ARNOLDO SOLÓRZANO VASCONCELOS.
vi. ENRIQUETA SOLÓRZANO VASCONCELOS, m. NICOLÁS ROMERO.
vii. MARINA SOLÓRZANO VASCONCELOS, m. FERNANDO ABAÚNZA.
viii. ESMERALDA SOLÓRZANO VASCONCELOS.
ix. RAMÓN SOLÓRZANO VASCONCELOS.

140. FEDERICO[39] SOLÓRZANO REYES *(RAMÓN[38] SOLÓRZANO MONTEALEGRE, GERTRUDIS[37] MONTEALEGRE ROMERO, MANUELA CASIMIRA[36] ROMERO SÁENZ, BÁRBARA ANTONIA[35] SÁENZ BONILLA, MANUEL[34] SÁENZ VÁZQUEZ Y RAMIRO-CORAJO, MARÍA ROSA[33] VÁZQUEZ RAMIRO-CORAJO, JOSEPH FRANCISCO[32] RAMIRO-CORAJO Y VERA SOTOMAYOR, JUANA[31] DE VERA SOTOMAYOR, LUIS[30] MÉNDEZ SOTOMAYOR Y CERRATO, ALFONSO[29] FERNÁNDEZ DE SOTOMAYOR FIGUEROA MESSÍA, LUIS[28] MÉNDEZ DE SOTOMAYOR FIGUEROA MESSÍA, GARCÍ[27] MÉNDEZ DE SOTOMAYOR Y SÁNCHEZ VILLODRE, CATALINA[26] SÁNCHEZ DE VILLODRE Y MANUEL, INÉS[25] SÁNCHEZ MANUEL DE VILLENA, JUAN[24] SÁNCHEZ MANUEL Y GONZÁLEZ DE MANZANEDO, SANCHO[23] MANUEL DE CASTILLA Y LASSO DE LA VEGA, JUAN I[22] MANUEL DE CASTILLA, REY DE CASTILLA LEÓN, JUANA[21] MANUEL DE CASTILLA, BLANCA[20] DE LA CERDA, FERNANDO[19] DE LA CERDA II, FERNANDO[18] DE LA CERDA, VIOLANTE[17] DE ARAGÓN, JAIME I[16] "EL CONQUISTADOR" REY DE ARAGÓN, PEDRO II[15] DE ARAGÓN, "EL CATÓLICO" REY DE ARAGÓN, ALFONSO II[14] REY DE ARAGÓN Y 1RO. DE CATALUÑA, PETRONILA[13] DE ARAGÓN, REINA DE ARAGÓN, RAMIRO II[12] SÁNCHEZ, REY DE ARAGÓN, SANCHO V[11] RAMÍREZ, REY DE ARAGÓN, RAMIRO I[10] SÁNCHEZ, REY DE ARAGÓN, SANCHO III[9] GARCÉS "EL GRANDE", REY DE PAMPLONA, GARCÍA II[8] SÁNCHEZ, REY DE PAMPLONA, EL TEMBLÓN, SANCHO II[7] GARCÉS ABARCA, REY DE PAMPLONA, GARCÍA I[6] SÁNCHEZ, REY DE PAMPLONA, SANCHO I[5] GARCÉS, REY DE PAMPLONA, GARCÍA[4] JIMÉNEZ, PRÍNCIPE DE NAVARRA, JIMENA[3] GARCÍA, GARCÍA[2] JIMÉNEZ, JIMINO[1])* He married (1) JUANA ALANIZ. He married (2) ADELA MONTIEL MALESPÍN. He married (3) ROSA GUTIÉRREZ RIVAS 1867.

More About FEDERICO SOLÓRZANO REYES and ROSA GUTIÉRREZ RIVAS:
Marriage: 1867

Child of FEDERICO SOLÓRZANO REYES and JUANA ALANIZ is:
230. i. RAMÓN[40] SOLÓRZANO ALANIZ.

Children of FEDERICO SOLÓRZANO REYES and ADELA MONTIEL MALESPÍN are:
ii. GUSTAVO[40] SOLÓRZANO MONTIEL.
iii. FEDERICO SOLÓRZANO MONTIEL, m. (1) CARMEN CASTILLO; m. (2) ANA CASTILLO.

Notes for FEDERICO SOLÓRZANO MONTIEL:
Don Federico Solórzano Montiel fue Alcalde de Managua en 1912.

iv. ADELINA SOLÓRZANO MONTIEL, m. JUAN JOSÉ FERRETI BOITANO.

Children of FEDERICO SOLÓRZANO REYES and ROSA GUTIÉRREZ RIVAS are:
v. CARLOS[40] SOLÓRZANO GUTIÉRREZ, b. January 17, 1860, Managua, Nicaragua; d. April 30, 1936, San José, Costa Rica; m. LEONOR RIVAS SOLÓRZANO.

Notes for CARLOS SOLÓRZANO GUTIÉRREZ:
Don Carlos José Solórzano Gutiérrez fue Presidente de Nicaragua en el perido comprendido entre Enero de 1925 a Octubre de 1925. Sufre un golpe de estado por parte de los conservadores encabezados por el Gral. Emiliano Chamorro Vargas, quien gobernó de facto, pero no fue reconocido por el gobierno norteamericano, factor muy importante en esos tiempos, hasta hoy, para ejercer el poder en Nicaragua.

More About CARLOS SOLÓRZANO GUTIÉRREZ:
Burial: May 09, 1936, Managua, Nicaragua

vi. ISABEL SOLÓRZANO GUTIÉRREZ, m. TOMÁS MARTÍNEZ SOLÓRZANO.
vii. FERNANDO SOLÓRZANO GUTIÉRREZ, m. (1) FRANCISCA AMELIA LACAYO LACAYO; m. (2) FRANCISCA MONTEALEGRE SACASA.

Notes for FERNANDO SOLÓRZANO GUTIÉRREZ:
Don Fernando Solórzano Gutiérrez ostentó el rango de Mayor General, fue vice-Presidente de Nicaragua entre 1913 y 1917. Esta familia sufrió los abusos innumerables por parte del dictador liberal Gral. José Santos Zelaya López. Los descendientes del Mayor General Don Fernando Solórzano Gutiérrez, en la generación de sus bisnietos, sirvieron como funcionarios del gobierno del delincuente Dr. Arnoldo Alemán Lacayo, del Partido Liberal Constitucionalista (PLC), secuestrado por una pandilla de rateros, narcotraficantes y terroristas; quienes terminaron de destruir la economia de Nicaragua, después que los gobiernos del FSLN y de Da. Violeta Barrios Torres vda. de Chamorro Cardenal, le robaran a la nación, miles de millones de dólares.

viii. EMILIA SOLÓRZANO GUTIÉRREZ, m. ROSENDO CHAMORRO OREAMUNO.
231. ix. ROSA SOLÓRZANO GUTIÉRREZ.
x. FEDERICO SOLÓRZANO GUTIÉRREZ.
232. xi. MATILDE SOLÓRZANO GUTIÉRREZ.
xii. MARIANO SOLÓRZANO GUTIÉRREZ, m. EMILIA NÚÑEZ DOWOON.

141. ANA JOAQUINA[39] SOLÓRZANO ZAVALA *(FRANCISCO[38] SOLÓRZANO MONTEALEGRE,*

GERTRUDIS[37] MONTEALEGRE ROMERO, MANUELA CASIMIRA[36] ROMERO SÁENZ, BÁRBARA ANTONIA[35] SÁENZ BONILLA, MANUEL[34] SÁENZ VÁZQUEZ Y RAMIRO-CORAJO, MARÍA ROSA[33] VÁZQUEZ RAMIRO-CORAJO, JOSEPH FRANCISCO[32] RAMIRO-CORAJO Y VERA SOTOMAYOR, JUANA[31] DE VERA SOTOMAYOR, LUIS[30] MÉNDEZ SOTOMAYOR Y CERRATO, ALFONSO[29] FERNÁNDEZ DE SOTOMAYOR FIGUEROA MESSÍA, LUIS[28] MÉNDEZ DE SOTOMAYOR FIGUEROA MESSÍA, GARCI[27] MÉNDEZ DE SOTOMAYOR Y SÁNCHEZ VILLODRE, CATALINA[26] SÁNCHEZ DE VILLODRE Y MANUEL, INÉS[25] SÁNCHEZ MANUEL DE VILLENA, JUAN[24] SÁNCHEZ MANUEL Y GONZÁLEZ DE MANZANEDO, SANCHO[23] MANUEL DE CASTILLA Y LASSO DE LA VEGA, JUAN I[22] MANUEL DE CASTILLA, REY DE CASTILLA LEÓN, JUANA[21] MANUEL DE CASTILLA, BLANCA[20] DE LA CERDA, FERNANDO[19] DE LA CERDA II, FERNANDO[18] DE LA CERDA, VIOLANTE[17] DE ARAGÓN, JAIME I[16] "EL CONQUISTADOR" REY DE ARAGÓN, PEDRO II[15] DE ARAGÓN, "EL CATÓLICO" REY DE ARAGÓN, ALFONSO II[14] REY DE ARAGÓN Y 1RO. DE CATALUÑA, PETRONILA[13] DE ARAGÓN, REINA DE ARAGÓN, RAMIRO II[12] SÁNCHEZ, REY DE ARAGÓN, SANCHO V[11] RAMÍREZ, REY DE ARAGÓN, RAMIRO I[10] SÁNCHEZ, REY DE ARAGÓN, SANCHO III[9] GARCÉS "EL GRANDE", REY DE PAMPLONA, GARCÍA II[8] SÁNCHEZ, REY DE PAMPLONA, EL TEMBLÓN, SANCHO II[7] GARCÉS ABARCA, REY DE PAMPLONA, GARCÍA I[6] SÁNCHEZ, REY DE PAMPLONA, SANCHO I[5] GARCÉS, REY DE PAMPLONA, GARCÍA[4] JIMÉNEZ, PRÍNCIPE DE NAVARRA, JIMENA[3] GARCÍA, GARCÍA[2] JIMÉNEZ, JIMINO[1]) She married HELIODORO RIVAS FITORIA.

Child of ANA SOLÓRZANO ZAVALA and HELIODORO RIVAS FITORIA is:

i. LEONOR[40] RIVAS SOLÓRZANO, m. CARLOS SOLÓRZANO GUTIÉRREZ.

Notes for CARLOS SOLÓRZANO GUTIÉRREZ:
Don Carlos Solórzano Gutiérrez fue Presidente de Nicaragua, durante un año, sufrió un golpe de estado por parte de los mismos conservadores. Este hecho es conocido como "el lomazo", ejecutado por su propio cuñado.

142. FRANCISCO[39] SOLÓRZANO ZAVALA *(FRANCISCO[38] SOLÓRZANO MONTEALEGRE, GERTRUDIS[37] MONTEALEGRE ROMERO, MANUELA CASIMIRA[36] ROMERO SÁENZ, BÁRBARA ANTONIA[35] SÁENZ BONILLA, MANUEL[34] SÁENZ VÁZQUEZ Y RAMIRO-CORAJO, MARÍA ROSA[33] VÁZQUEZ RAMIRO-CORAJO, JOSEPH FRANCISCO[32] RAMIRO-CORAJO Y VERA SOTOMAYOR, JUANA[31] DE VERA SOTOMAYOR, LUIS[30] MÉNDEZ SOTOMAYOR Y CERRATO, ALFONSO[29] FERNÁNDEZ DE SOTOMAYOR FIGUEROA MESSÍA, LUIS[28] MÉNDEZ DE SOTOMAYOR FIGUEROA MESSÍA, GARCI[27] MÉNDEZ DE SOTOMAYOR Y SÁNCHEZ VILLODRE, CATALINA[26] SÁNCHEZ DE VILLODRE Y MANUEL, INÉS[25] SÁNCHEZ MANUEL DE VILLENA, JUAN[24] SÁNCHEZ MANUEL Y GONZÁLEZ DE MANZANEDO, SANCHO[23] MANUEL DE CASTILLA Y LASSO DE LA VEGA, JUAN I[22] MANUEL DE CASTILLA, REY DE CASTILLA LEÓN, JUANA[21] MANUEL DE CASTILLA, BLANCA[20] DE LA CERDA, FERNANDO[19] DE LA CERDA II, FERNANDO[18] DE LA CERDA, VIOLANTE[17] DE ARAGÓN, JAIME I[16] "EL CONQUISTADOR" REY DE ARAGÓN, PEDRO II[15] DE ARAGÓN, "EL CATÓLICO" REY DE ARAGÓN, ALFONSO II[14] REY DE ARAGÓN Y 1RO. DE CATALUÑA, PETRONILA[13] DE ARAGÓN, REINA DE ARAGÓN, RAMIRO II[12] SÁNCHEZ, REY DE ARAGÓN, SANCHO V[11] RAMÍREZ, REY DE ARAGÓN, RAMIRO I[10] SÁNCHEZ, REY DE ARAGÓN, SANCHO III[9] GARCÉS "EL GRANDE", REY DE PAMPLONA, GARCÍA II[8] SÁNCHEZ, REY DE PAMPLONA, EL TEMBLÓN, SANCHO II[7] GARCÉS ABARCA, REY DE PAMPLONA, GARCÍA I[6] SÁNCHEZ, REY DE PAMPLONA, SANCHO I[5] GARCÉS, REY DE PAMPLONA, GARCÍA[4] JIMÉNEZ, PRÍNCIPE DE NAVARRA, JIMENA[3] GARCÍA, GARCÍA[2] JIMÉNEZ, JIMINO[1])* He married NATALIA LACAYO ARGÜELLO.

Children of FRANCISCO SOLÓRZANO ZAVALA and NATALIA LACAYO ARGÜELLO are:

i. FRANCISCO "CHICO PELÓN"[40] SOLÓRZANO LACAYO, m. (1) ANGELA MURILLO RIVAS; m. (2) PAZ VALERIO; m. (3) ESTHER MAYORGA.
ii. NATALIA SOLÓRZANO LACAYO.
iii. RICARDO SOLÓRZANO LACAYO, m. MERCEDES TEJADA ABAÚNZA.
iv. MARÍA LUISA SOLÓRZANO LACAYO, m. ENRIQUE DÍAZ RECINOS.
v. CAMILO SOLÓRZANO LACAYO.

143. HELIODORO[39] SOLÓRZANO REYES *(FRANCISCO[38] SOLÓRZANO MONTEALEGRE, GERTRUDIS[37] MONTEALEGRE ROMERO, MANUELA CASIMIRA[36] ROMERO SÁENZ, BÁRBARA ANTONIA[35] SÁENZ BONILLA, MANUEL[34] SÁENZ VÁZQUEZ Y RAMIRO-CORAJO, MARÍA ROSA[33] VÁZQUEZ RAMIRO-CORAJO, JOSEPH FRANCISCO[32] RAMIRO-CORAJO Y VERA SOTOMAYOR, JUANA[31] DE VERA SOTOMAYOR, LUIS[30] MÉNDEZ SOTOMAYOR Y CERRATO, ALFONSO[29] FERNÁNDEZ DE SOTOMAYOR FIGUEROA MESSÍA, LUIS[28] MÉNDEZ DE SOTOMAYOR FIGUEROA MESSÍA, GARCI[27] MÉNDEZ DE SOTOMAYOR Y SÁNCHEZ VILLODRE, CATALINA[26] SÁNCHEZ DE VILLODRE Y MANUEL, INÉS[25] SÁNCHEZ MANUEL DE VILLENA, JUAN[24] SÁNCHEZ MANUEL Y GONZÁLEZ DE MANZANEDO, SANCHO[23] MANUEL DE CASTILLA Y LASSO DE LA VEGA, JUAN I[22] MANUEL DE CASTILLA, REY DE CASTILLA LEÓN, JUANA[21] MANUEL DE CASTILLA, BLANCA[20] DE LA CERDA, FERNANDO[19] DE LA CERDA II, FERNANDO[18] DE LA CERDA, VIOLANTE[17] DE ARAGÓN, JAIME I[16] "EL CONQUISTADOR" REY DE ARAGÓN, PEDRO II[15] DE ARAGÓN, "EL CATÓLICO" REY DE ARAGÓN, ALFONSO II[14] REY DE ARAGÓN Y 1RO. DE CATALUÑA, PETRONILA[13] DE ARAGÓN, REINA DE ARAGÓN, RAMIRO II[12] SÁNCHEZ, REY DE ARAGÓN, SANCHO V[11] RAMÍREZ, REY DE ARAGÓN, RAMIRO I[10] SÁNCHEZ, REY DE ARAGÓN, SANCHO III[9] GARCÉS "EL GRANDE", REY DE PAMPLONA, GARCÍA II[8] SÁNCHEZ, REY DE PAMPLONA, EL TEMBLÓN, SANCHO II[7] GARCÉS ABARCA, REY DE PAMPLONA, GARCÍA I[6] SÁNCHEZ, REY DE PAMPLONA, SANCHO I[5] GARCÉS, REY DE PAMPLONA, GARCÍA[4] JIMÉNEZ, PRÍNCIPE DE NAVARRA, JIMENA[3] GARCÍA, GARCÍA[2] JIMÉNEZ, JIMINO[1])* He married JACOBA GUTIÉRREZ RIVAS.

Notes for HELIODORO SOLÓRZANO REYES:
El General Heliodoro Solórzano Reyes tuvo activa participación en la vida nacional de Nicaragua.

Children of HELIODORO SOLÓRZANO REYES and JACOBA GUTIÉRREZ RIVAS are:

i. ALFONSO[40] SOLÓRZANO GUTIÉRREZ.
ii. JUANITA SOLÓRZANO GUTIÉRREZ.
iii. DOLORES "LOLA" SOLÓRZANO GUTIÉRREZ.
iv. HELIODORO SOLÓRZANO GUTIÉRREZ.
v. JOAQUÍN SOLÓRZANO GUTIÉRREZ.
vi. JOSEFINA SOLÓRZANO GUTIÉRREZ.

144. SALVADORA[39] SOLÍS SALAZAR *(SALVADORA[38] SALAZAR MONTEALEGRE, GERTRUDIS[37] MONTEALEGRE ROMERO, MANUELA CASIMIRA[36] ROMERO SÁENZ, BÁRBARA ANTONIA[35] SÁENZ BONILLA, MANUEL[34] SÁENZ VÁZQUEZ Y RAMIRO-CORAJO, MARÍA ROSA[33] VÁZQUEZ RAMIRO-CORAJO, JOSEPH FRANCISCO[32] RAMIRO-CORAJO Y VERA SOTOMAYOR, JUANA[31] DE VERA SOTOMAYOR, LUIS[30] MÉNDEZ SOTOMAYOR Y CERRATO, ALFONSO[29] FERNÁNDEZ DE SOTOMAYOR FIGUEROA MESSÍA, LUIS[28] MÉNDEZ DE SOTOMAYOR FIGUEROA MESSÍA, GARCI[27] MÉNDEZ DE SOTOMAYOR Y SÁNCHEZ VILLODRE, CATALINA[26] SÁNCHEZ DE VILLODRE Y MANUEL, INÉS[25] SÁNCHEZ MANUEL DE VILLENA, JUAN[24] SÁNCHEZ MANUEL Y GONZÁLEZ DE MANZANEDO, SANCHO[23] MANUEL DE CASTILLA Y LASSO DE LA VEGA, JUAN I[22] MANUEL DE CASTILLA, REY DE CASTILLA LEÓN, JUANA[21] MANUEL DE CASTILLA, BLANCA[20] DE LA CERDA, FERNANDO[19] DE LA CERDA II, FERNANDO[18] DE LA CERDA, VIOLANTE[17] DE ARAGÓN, JAIME I[16] "EL CONQUISTADOR" REY DE ARAGÓN, PEDRO II[15] DE ARAGÓN, "EL CATÓLICO" REY DE ARAGÓN, ALFONSO II[14] REY DE ARAGÓN Y 1RO. DE CATALUÑA, PETRONILA[13] DE ARAGÓN, REINA DE ARAGÓN, RAMIRO II[12] SÁNCHEZ, REY DE ARAGÓN, SANCHO V[11] RAMÍREZ, REY DE ARAGÓN, RAMIRO I[10] SÁNCHEZ, REY DE ARAGÓN, SANCHO III[9] GARCÉS "EL GRANDE", REY DE PAMPLONA, GARCÍA II[8] SÁNCHEZ, REY DE PAMPLONA, EL TEMBLÓN, SANCHO II[7] GARCÉS ABARCA, REY DE PAMPLONA, GARCÍA I[6] SÁNCHEZ, REY DE PAMPLONA, SANCHO I[5] GARCÉS, REY DE PAMPLONA, GARCÍA[4] JIMÉNEZ, PRÍNCIPE DE NAVARRA, JIMENA[3] GARCÍA, GARCÍA[2] JIMÉNEZ, JIMINO[1])* She married SIMÓN TERÁN BALLADARES.

Children of SALVADORA SOLÍS SALAZAR and SIMÓN TERÁN BALLADARES are:

233. i. MERCEDES[40] TERÁN SOLÍS, b. León, Nicaragua; d. León, Nicaragua.
ii. ADELA TERÁN SOLÍS.

iii. SIMÓN TERÁN SOLÍS.

145. MARIANO[39] SALAZAR CASTELLÓN *(MARIANO[38] SALAZAR MONTEALEGRE, GERTRUDIS[37] MONTEALEGRE ROMERO, MANUELA CASIMIRA[36] ROMERO SÁENZ, BÁRBARA ANTONIA[35] SÁENZ BONILLA, MANUEL[34] SÁENZ VÁZQUEZ Y RAMIRO-CORAJO, MARÍA ROSA[33] VÁZQUEZ RAMIRO-CORAJO, JOSEPH FRANCISCO[32] RAMIRO-CORAJO Y VERA SOTOMAYOR, JUANA[31] DE VERA SOTOMAYOR, LUIS[30] MÉNDEZ SOTOMAYOR Y CERRATO, ALFONSO[29] FERNÁNDEZ DE SOTOMAYOR FIGUEROA MESSÍA, LUIS[28] MÉNDEZ DE SOTOMAYOR FIGUEROA MESSÍA, GARCÍ[27] MÉNDEZ DE SOTOMAYOR Y SÁNCHEZ VILLODRE, CATALINA[26] SÁNCHEZ DE VILLODRE Y MANUEL, INÉS[25] SÁNCHEZ MANUEL DE VILLENA, JUAN[24] SÁNCHEZ MANUEL Y GONZÁLEZ DE MANZANEDO, SANCHO[23] MANUEL DE CASTILLA Y LASSO DE LA VEGA, JUAN I[22] MANUEL DE CASTILLA, REY DE CASTILLA LEÓN, JUANA[21] MANUEL DE CASTILLA, BLANCA[20] DE LA CERDA, FERNANDO[19] DE LA CERDA II, FERNANDO[18] DE LA CERDA, VIOLANTE[17] DE ARAGÓN, JAIME I[16] "EL CONQUISTADOR" REY DE ARAGÓN, PEDRO II[15] DE ARAGÓN, "EL CATÓLICO" REY DE ARAGÓN, ALFONSO II[14] REY DE ARAGÓN Y 1RO. DE CATALUÑA, PETRONILA[13] DE ARAGÓN, REINA DE ARAGÓN, RAMIRO II[12] SÁNCHEZ, REY DE ARAGÓN, SANCHO V[11] RAMÍREZ, REY DE ARAGÓN, RAMIRO I[10] SÁNCHEZ, REY DE ARAGÓN, SANCHO III[9] GARCÉS "EL GRANDE", REY DE PAMPLONA, GARCÍA II[8] SÁNCHEZ, REY DE PAMPLONA, EL TEMBLÓN, SANCHO II[7] GARCÉS ABARCA, REY DE PAMPLONA, GARCÍA I[6] SÁNCHEZ, REY DE PAMPLONA, SANCHO I[5] GARCÉS, REY DE PAMPLONA, GARCÍA[4] JIMÉNEZ, PRÍNCIPE DE NAVARRA, JIMENA[3] GARCÍA, GARCÍA[2] JIMÉNEZ, JIMINO[1])* He married SARAH MANNING ALONSO, daughter of THOMAS MANNING and EMIGDIA ALONSO JERÉZ.

Children of MARIANO SALAZAR CASTELLÓN and SARAH MANNING ALONSO are:

234. i. SALVADORA[40] SALAZAR MANNING.
ii. PAULINA SALAZAR MANNING.
iii. CAMILA SALAZAR MANNING.
iv. LUCILA SALAZAR MANNING.
v. MARIANO SALAZAR MANNING.
vi. MARGARITA SALAZAR MANNING, m. FRANCISCO MONTALBÁN.

146. CRISANTO[39] MEDINA SALAZAR *(MERCEDES[38] SALAZAR MONTEALEGRE, GERTRUDIS[37] MONTEALEGRE ROMERO, MANUELA CASIMIRA[36] ROMERO SÁENZ, BÁRBARA ANTONIA[35] SÁENZ BONILLA, MANUEL[34] SÁENZ VÁZQUEZ Y RAMIRO-CORAJO, MARÍA ROSA[33] VÁZQUEZ RAMIRO-CORAJO, JOSEPH FRANCISCO[32] RAMIRO-CORAJO Y VERA SOTOMAYOR, JUANA[31] DE VERA SOTOMAYOR, LUIS[30] MÉNDEZ SOTOMAYOR Y CERRATO, ALFONSO[29] FERNÁNDEZ DE SOTOMAYOR FIGUEROA MESSÍA, LUIS[28] MÉNDEZ DE SOTOMAYOR FIGUEROA MESSÍA, GARCÍ[27] MÉNDEZ DE SOTOMAYOR Y SÁNCHEZ VILLODRE, CATALINA[26] SÁNCHEZ DE VILLODRE Y MANUEL, INÉS[25] SÁNCHEZ MANUEL DE VILLENA, JUAN[24] SÁNCHEZ MANUEL Y GONZÁLEZ DE MANZANEDO, SANCHO[23] MANUEL DE CASTILLA Y LASSO DE LA VEGA, JUAN I[22] MANUEL DE CASTILLA, REY DE CASTILLA LEÓN, JUANA[21] MANUEL DE CASTILLA, BLANCA[20] DE LA CERDA, FERNANDO[19] DE LA CERDA II, FERNANDO[18] DE LA CERDA, VIOLANTE[17] DE ARAGÓN, JAIME I[16] "EL CONQUISTADOR" REY DE ARAGÓN, PEDRO II[15] DE ARAGÓN, "EL CATÓLICO" REY DE ARAGÓN, ALFONSO II[14] REY DE ARAGÓN Y 1RO. DE CATALUÑA, PETRONILA[13] DE ARAGÓN, REINA DE ARAGÓN, RAMIRO II[12] SÁNCHEZ, REY DE ARAGÓN, SANCHO V[11] RAMÍREZ, REY DE ARAGÓN, RAMIRO I[10] SÁNCHEZ, REY DE ARAGÓN, SANCHO III[9] GARCÉS "EL GRANDE", REY DE PAMPLONA, GARCÍA II[8] SÁNCHEZ, REY DE PAMPLONA, EL TEMBLÓN, SANCHO II[7] GARCÉS ABARCA, REY DE PAMPLONA, GARCÍA I[6] SÁNCHEZ, REY DE PAMPLONA, SANCHO I[5] GARCÉS, REY DE PAMPLONA, GARCÍA[4] JIMÉNEZ, PRÍNCIPE DE NAVARRA, JIMENA[3] GARCÍA, GARCÍA[2] JIMÉNEZ, JIMINO[1])* He married CLEMENCIA DEBAYAN. She was born in Francia.

Children of CRISANTO MEDINA SALAZAR and CLEMENCIA DEBAYAN are:

i. CLEMENCIA[40] MEDINA DEBAYAN.
ii. CELIA MEDINA DEBAYAN, m. ALLAN DE KERNANDEC.

iii. CAMILA MEDINA DEBAYAN.

147. JOSÉ FRANCISCO[39] MEDINA SALAZAR *(MERCEDES[38] SALAZAR MONTEALEGRE, GERTRUDIS[37] MONTEALEGRE ROMERO, MANUELA CASIMIRA[36] ROMERO SÁENZ, BÁRBARA ANTONIA[35] SÁENZ BONILLA, MANUEL[34] SÁENZ VÁZQUEZ Y RAMIRO-CORAJO, MARÍA ROSA[33] VÁZQUEZ RAMIRO-CORAJO, JOSEPH FRANCISCO[32] RAMIRO-CORAJO Y VERA SOTOMAYOR, JUANA[31] DE VERA SOTOMAYOR, LUIS[30] MÉNDEZ SOTOMAYOR Y CERRATO, ALFONSO[29] FERNÁNDEZ DE SOTOMAYOR FIGUEROA MESSÍA, LUIS[28] MÉNDEZ DE SOTOMAYOR FIGUEROA MESSÍA, GARCÍ[27] MÉNDEZ DE SOTOMAYOR Y SÁNCHEZ VILLODRE, CATALINA[26] SÁNCHEZ DE VILLODRE Y MANUEL, INÉS[25] SÁNCHEZ MANUEL DE VILLENA, JUAN[24] SÁNCHEZ MANUEL Y GONZÁLEZ DE MANZANEDO, SANCHO[23] MANUEL DE CASTILLA Y LASSO DE LA VEGA, JUAN I[22] MANUEL DE CASTILLA, REY DE CASTILLA LEÓN, JUANA[21] MANUEL DE CASTILLA, BLANCA[20] DE LA CERDA, FERNANDO[19] DE LA CERDA II, FERNANDO[18] DE LA CERDA, VIOLANTE[17] DE ARAGÓN, JAIME I[16] "EL CONQUISTADOR" REY DE ARAGÓN, PEDRO II[15] DE ARAGÓN, "EL CATÓLICO" REY DE ARAGÓN, ALFONSO II[14] REY DE ARAGÓN Y 1RO. DE CATALUÑA, PETRONILA[13] DE ARAGÓN, REINA DE ARAGÓN, RAMIRO II[12] SÁNCHEZ, REY DE ARAGÓN, SANCHO V[11] RAMÍREZ, REY DE ARAGÓN, RAMIRO I[10] SÁNCHEZ, REY DE ARAGÓN, SANCHO III[9] GARCÉS "EL GRANDE", REY DE PAMPLONA, GARCÍA II[8] SÁNCHEZ, REY DE PAMPLONA, EL TEMBLÓN, SANCHO II[7] GARCÉS ABARCA, REY DE PAMPLONA, GARCÍA I[6] SÁNCHEZ, REY DE PAMPLONA, SANCHO I[5] GARCÉS, REY DE PAMPLONA, GARCÍA[4] JIMÉNEZ, PRÍNCIPE DE NAVARRA, JIMENA[3] GARCÍA, GARCÍA[2] JIMÉNEZ, JIMINO[1])* He married ANITA WHEELOCK.

Child of JOSÉ MEDINA SALAZAR and ANITA WHEELOCK is:
235. i. TOMÁS[40] MEDINA WHEELOCK.

148. ALFONSO[39] SALAZAR SELVA *(JOSÉ TRINIDAD[38] SALAZAR MONTEALEGRE, GERTRUDIS[37] MONTEALEGRE ROMERO, MANUELA CASIMIRA[36] ROMERO SÁENZ, BÁRBARA ANTONIA[35] SÁENZ BONILLA, MANUEL[34] SÁENZ VÁZQUEZ Y RAMIRO-CORAJO, MARÍA ROSA[33] VÁZQUEZ RAMIRO-CORAJO, JOSEPH FRANCISCO[32] RAMIRO-CORAJO Y VERA SOTOMAYOR, JUANA[31] DE VERA SOTOMAYOR, LUIS[30] MÉNDEZ SOTOMAYOR Y CERRATO, ALFONSO[29] FERNÁNDEZ DE SOTOMAYOR FIGUEROA MESSÍA, LUIS[28] MÉNDEZ DE SOTOMAYOR FIGUEROA MESSÍA, GARCÍ[27] MÉNDEZ DE SOTOMAYOR Y SÁNCHEZ VILLODRE, CATALINA[26] SÁNCHEZ DE VILLODRE Y MANUEL, INÉS[25] SÁNCHEZ MANUEL DE VILLENA, JUAN[24] SÁNCHEZ MANUEL Y GONZÁLEZ DE MANZANEDO, SANCHO[23] MANUEL DE CASTILLA Y LASSO DE LA VEGA, JUAN I[22] MANUEL DE CASTILLA, REY DE CASTILLA LEÓN, JUANA[21] MANUEL DE CASTILLA, BLANCA[20] DE LA CERDA, FERNANDO[19] DE LA CERDA II, FERNANDO[18] DE LA CERDA, VIOLANTE[17] DE ARAGÓN, JAIME I[16] "EL CONQUISTADOR" REY DE ARAGÓN, PEDRO II[15] DE ARAGÓN, "EL CATÓLICO" REY DE ARAGÓN, ALFONSO II[14] REY DE ARAGÓN Y 1RO. DE CATALUÑA, PETRONILA[13] DE ARAGÓN, REINA DE ARAGÓN, RAMIRO II[12] SÁNCHEZ, REY DE ARAGÓN, SANCHO V[11] RAMÍREZ, REY DE ARAGÓN, RAMIRO I[10] SÁNCHEZ, REY DE ARAGÓN, SANCHO III[9] GARCÉS "EL GRANDE", REY DE PAMPLONA, GARCÍA II[8] SÁNCHEZ, REY DE PAMPLONA, EL TEMBLÓN, SANCHO II[7] GARCÉS ABARCA, REY DE PAMPLONA, GARCÍA I[6] SÁNCHEZ, REY DE PAMPLONA, SANCHO I[5] GARCÉS, REY DE PAMPLONA, GARCÍA[4] JIMÉNEZ, PRÍNCIPE DE NAVARRA, JIMENA[3] GARCÍA, GARCÍA[2] JIMÉNEZ, JIMINO[1])* He married (1) LEONA AGUILAR CONTRERAS. He married (2) BLASA LEIVA ANGULO.

Children of ALFONSO SALAZAR SELVA and LEONA AGUILAR CONTRERAS are:
i. ALFONSO[40] SALAZAR AGUILAR, m. EMILIA CÉSPEDES DUKE.
ii. ANGELINA SALAZAR AGUILAR.

Child of ALFONSO SALAZAR SELVA and BLASA LEIVA ANGULO is:
iii. ANGÉLICA[40] SALAZAR LEIVA.

149. ALEJANDRO[39] SALAZAR SELVA *(JOSÉ TRINIDAD[38] SALAZAR MONTEALEGRE, GERTRUDIS[37] MONTEALEGRE ROMERO, MANUELA CASIMIRA[36] ROMERO SÁENZ, BÁRBARA ANTONIA[35] SÁENZ BONILLA, MANUEL[34] SÁENZ VÁZQUEZ Y RAMIRO-CORAJO, MARÍA ROSA[33] VÁZQUEZ RAMIRO-CORAJO, JOSEPH FRANCISCO[32] RAMIRO-CORAJO Y VERA SOTOMAYOR, JUANA[31] DE VERA SOTOMAYOR, LUIS[30] MÉNDEZ SOTOMAYOR Y CERRATO, ALFONSO[29] FERNÁNDEZ DE SOTOMAYOR FIGUEROA MESSÍA, LUIS[28] MÉNDEZ DE SOTOMAYOR FIGUEROA MESSÍA, GARCI[27] MÉNDEZ DE SOTOMAYOR Y SÁNCHEZ VILLODRE, CATALINA[26] SÁNCHEZ DE VILLODRE Y MANUEL, INÉS[25] SÁNCHEZ MANUEL DE VILLENA, JUAN[24] SÁNCHEZ MANUEL Y GONZÁLEZ DE MANZANEDO, SANCHO[23] MANUEL DE CASTILLA Y LASSO DE LA VEGA, JUAN I[22] MANUEL DE CASTILLA, REY DE CASTILLA LEÓN, JUANA[21] MANUEL DE CASTILLA, BLANCA[20] DE LA CERDA, FERNANDO[19] DE LA CERDA II, FERNANDO[18] DE LA CERDA, VIOLANTE[17] DE ARAGÓN, JAIME I[16] "EL CONQUISTADOR" REY DE ARAGÓN, PEDRO II[15] DE ARAGÓN, "EL CATÓLICO" REY DE ARAGÓN, ALFONSO II[14] REY DE ARAGÓN Y 1RO. DE CATALUÑA, PETRONILA[13] DE ARAGÓN, REINA DE ARAGÓN, RAMIRO II[12] SÁNCHEZ, REY DE ARAGÓN, SANCHO V[11] RAMÍREZ, REY DE ARAGÓN, RAMIRO I[10] SÁNCHEZ, REY DE ARAGÓN, SANCHO III[9] GARCÉS "EL GRANDE", REY DE PAMPLONA, GARCÍA II[8] SÁNCHEZ, REY DE PAMPLONA, EL TEMBLÓN, SANCHO II[7] GARCÉS ABARCA, REY DE PAMPLONA, GARCÍA I[6] SÁNCHEZ, REY DE PAMPLONA, SANCHO I[5] GARCÉS, REY DE PAMPLONA, GARCÍA[4] JIMÉNEZ, PRÍNCIPE DE NAVARRA, JIMENA[3] GARCÍA, GARCÍA[2] JIMÉNEZ, JIMINO[1])* He married (1) MARGARITA BALDIOSEDA. He married (2) JUANA LEIVA ANGULO.

Children of ALEJANDRO SALAZAR SELVA and MARGARITA BALDIOSEDA are:

i. MARÍA[40] SALAZAR BALDIOSEDA, m. EDUARDO ARATA RUÍZ.
ii. ALFONSO SALAZAR BALDIOSEDA, m. PAULINA BRENES DE LA SPRIELLA.
iii. PAULINA SALAZAR BALDIOSEDA, m. ADRIANO URBINA GUTIÉRREZ.
iv. MARGARITA SALAZAR BALDIOSEDA, m. RAFAEL FERNÁNDEZ JIMÉNEZ.
v. ROSA SALAZAR BALDIOSEDA, m. OTTO MADRIGAL ANTILLÓN.
vi. CARLOS ALBERTO SALAZAR BALDIOSEDA, m. MARÍA DEL SOCORRO FALLAS.
vii. CARMEN SALAZAR BALDIOSEDA, m. CLAUDIO CASTRO HERRERA.
viii. MARIANO SALAZAR BALDIOSEDA, m. LUCÍA CASORLA PEREIRA.
ix. MERCEDES SALAZAR BALDIOSEDA, m. RICARDO MADRIGAL ANTILLÓN.

Child of ALEJANDRO SALAZAR SELVA and JUANA LEIVA ANGULO is:

x. VIRGILIO[40] SALAZAR LEIVA, m. (1) DULIA SOLÓRZANO MAYORGA; m. (2) NOMBRE CÁCERES.

150. ROBERTO[39] SACASA SARRIA *(CASIMIRA[38] SARRIA MONTEALEGRE, FRANCISCA[37] MONTEALEGRE ROMERO, MANUELA CASIMIRA[36] ROMERO SÁENZ, BÁRBARA ANTONIA[35] SÁENZ BONILLA, MANUEL[34] SÁENZ VÁZQUEZ Y RAMIRO-CORAJO, MARÍA ROSA[33] VÁZQUEZ RAMIRO-CORAJO, JOSEPH FRANCISCO[32] RAMIRO-CORAJO Y VERA SOTOMAYOR, JUANA[31] DE VERA SOTOMAYOR, LUIS[30] MÉNDEZ SOTOMAYOR Y CERRATO, ALFONSO[29] FERNÁNDEZ DE SOTOMAYOR FIGUEROA MESSÍA, LUIS[28] MÉNDEZ DE SOTOMAYOR FIGUEROA MESSÍA, GARCI[27] MÉNDEZ DE SOTOMAYOR Y SÁNCHEZ VILLODRE, CATALINA[26] SÁNCHEZ DE VILLODRE Y MANUEL, INÉS[25] SÁNCHEZ MANUEL DE VILLENA, JUAN[24] SÁNCHEZ MANUEL Y GONZÁLEZ DE MANZANEDO, SANCHO[23] MANUEL DE CASTILLA Y LASSO DE LA VEGA, JUAN I[22] MANUEL DE CASTILLA, REY DE CASTILLA LEÓN, JUANA[21] MANUEL DE CASTILLA, BLANCA[20] DE LA CERDA, FERNANDO[19] DE LA CERDA II, FERNANDO[18] DE LA CERDA, VIOLANTE[17] DE ARAGÓN, JAIME I[16] "EL CONQUISTADOR" REY DE ARAGÓN, PEDRO II[15] DE ARAGÓN, "EL CATÓLICO" REY DE ARAGÓN, ALFONSO II[14] REY DE ARAGÓN Y 1RO. DE CATALUÑA, PETRONILA[13] DE ARAGÓN, REINA DE ARAGÓN, RAMIRO II[12] SÁNCHEZ, REY DE ARAGÓN, SANCHO V[11] RAMÍREZ, REY DE ARAGÓN, RAMIRO I[10] SÁNCHEZ, REY DE ARAGÓN, SANCHO III[9] GARCÉS "EL GRANDE", REY DE PAMPLONA, GARCÍA II[8] SÁNCHEZ, REY DE PAMPLONA, EL TEMBLÓN, SANCHO II[7] GARCÉS ABARCA, REY DE PAMPLONA, GARCÍA I[6] SÁNCHEZ, REY DE PAMPLONA, SANCHO I[5] GARCÉS, REY*

DE PAMPLONA, GARCÍA[4]JIMÉNEZ, PRÍNCIPE DE NAVARRA, JIMENA[3] GARCÍA, GARCÍA[2] JIMÉNEZ, JIMINO[1]) He married ANGELA SACASA CUADRA.

Child of ROBERTO SACASA SARRIA and ANGELA SACASA CUADRA is:
236. i. TRÁNSITO[40] SACASA SACASA.

151. ALFONSO[39] CARDENAL TELLERÍA *(JOSÉ ALFONSO[38] CARDENAL TERÁN, JOSÉ FRANCISCO[37] CARDENAL SABORÍO, PEDRO[36] CARDENAL AYERDI, MARÍA MANUELA[35] AYERDI ZÁRATE, PEDRO MANUEL[34] AYERDI RAMIRO-CORAJO, ANA MARTA[33] RAMIRO-CORAJO Y ZAPATA, FERNANDO[32] RAMIRO-CORAJO Y VERA SOTOMAYOR, JUANA[31] DE VERA SOTOMAYOR, LUIS[30] MÉNDEZ SOTOMAYOR Y CERRATO, ALFONSO[29] FERNÁNDEZ DE SOTOMAYOR FIGUEROA MESSÍA, LUIS[28] MÉNDEZ DE SOTOMAYOR FIGUEROA MESSÍA, GARCI[27] MÉNDEZ DE SOTOMAYOR Y SÁNCHEZ VILLODRE, CATALINA[26] SÁNCHEZ DE VILLODRE Y MANUEL, INÉS[25] SÁNCHEZ MANUEL DE VILLENA, JUAN[24] SÁNCHEZ MANUEL Y GONZÁLEZ DE MANZANEDO, SANCHO[23] MANUEL DE CASTILLA Y LASSO DE LA VEGA, JUAN I[22]MANUEL DE CASTILLA, REY DE CASTILLA LEÓN, JUANA[21] MANUEL DE CASTILLA, BLANCA[20] DE LA CERDA, FERNANDO[19] DE LA CERDA II, FERNANDO[18] DE LA CERDA, VIOLANTE[17] DE ARAGÓN, JAIME I[16] "EL CONQUISTADOR" REY DE ARAGÓN, PEDRO II[15]DE ARAGÓN, "EL CATÓLICO" REY DE ARAGÓN, ALFONSO II[14] REY DE ARAGÓN Y 1RO. DE CATALUÑA, PETRONILA[13]DE ARAGÓN, REINA DE ARAGÓN, RAMIRO II[12]SÁNCHEZ, REY DE ARAGÓN, SANCHO V[11]RAMÍREZ, REY DE ARAGÓN, RAMIRO I[10]SÁNCHEZ, REY DE ARAGÓN, SANCHO III[9]GARCÉS "EL GRANDE", REY DE PAMPLONA, GARCÍA II[8]SÁNCHEZ, REY DE PAMPLONA, EL TEMBLÓN, SANCHO II[7]GARCÉS ABARCA, REY DE PAMPLONA, GARCÍA I[6]SÁNCHEZ, REY DE PAMPLONA, SANCHO I[5]GARCÉS, REY DE PAMPLONA, GARCÍA[4]JIMÉNEZ, PRÍNCIPE DE NAVARRA, JIMENA[3] GARCÍA, GARCÍA[2] JIMÉNEZ, JIMINO[1])* He married (1) NORMA DÍAZ. He married (2) NOMBRE DESCONOCIDO.

Children of ALFONSO CARDENAL TELLERÍA and NORMA DÍAZ are:
- i. ALFONSO JOSÉ[40] CARDENAL DÍAZ.
- ii. NORMA CARDENAL DÍAZ, d. 2000.
- iii. VICTORIA EUGENIA CARDENAL DÍAZ.
- iv. MARÍA JOSÉ CARDENAL DÍAZ.

Children of ALFONSO CARDENAL TELLERÍA and NOMBRE DESCONOCIDO are:
- v. MARÍA NELLA[40] CARDENAL.
- vi. MARÍA JOSÉ CARDENAL.

152. MARCO ANTONIO[39] CARDENAL TELLERÍA *(JOSÉ ALFONSO[38] CARDENAL TERÁN, JOSÉ FRANCISCO[37] CARDENAL SABORÍO, PEDRO[36] CARDENAL AYERDI, MARÍA MANUELA[35] AYERDI ZÁRATE, PEDRO MANUEL[34] AYERDI RAMIRO-CORAJO, ANA MARTA[33] RAMIRO-CORAJO Y ZAPATA, FERNANDO[32] RAMIRO-CORAJO Y VERA SOTOMAYOR, JUANA[31] DE VERA SOTOMAYOR, LUIS[30] MÉNDEZ SOTOMAYOR Y CERRATO, ALFONSO[29] FERNÁNDEZ DE SOTOMAYOR FIGUEROA MESSÍA, LUIS[28] MÉNDEZ DE SOTOMAYOR FIGUEROA MESSÍA, GARCI[27] MÉNDEZ DE SOTOMAYOR Y SÁNCHEZ VILLODRE, CATALINA[26] SÁNCHEZ DE VILLODRE Y MANUEL, INÉS[25] SÁNCHEZ MANUEL DE VILLENA, JUAN[24] SÁNCHEZ MANUEL Y GONZÁLEZ DE MANZANEDO, SANCHO[23] MANUEL DE CASTILLA Y LASSO DE LA VEGA, JUAN I[22]MANUEL DE CASTILLA, REY DE CASTILLA LEÓN, JUANA[21] MANUEL DE CASTILLA, BLANCA[20] DE LA CERDA, FERNANDO[19] DE LA CERDA II, FERNANDO[18] DE LA CERDA, VIOLANTE[17] DE ARAGÓN, JAIME I[16] "EL CONQUISTADOR" REY DE ARAGÓN, PEDRO II[15]DE ARAGÓN, "EL CATÓLICO" REY DE ARAGÓN, ALFONSO II[14] REY DE ARAGÓN Y 1RO. DE CATALUÑA, PETRONILA[13]DE ARAGÓN, REINA DE ARAGÓN, RAMIRO II[12]SÁNCHEZ, REY DE ARAGÓN, SANCHO V[11]RAMÍREZ, REY DE ARAGÓN, RAMIRO I[10]SÁNCHEZ, REY DE ARAGÓN, SANCHO III[9]GARCÉS "EL GRANDE", REY DE PAMPLONA, GARCÍA II[8]SÁNCHEZ, REY DE PAMPLONA, EL TEMBLÓN, SANCHO II[7]GARCÉS ABARCA, REY DE*

PAMPLONA, GARCÍA I[6]SÁNCHEZ, REY DE PAMPLONA, SANCHO I[5]GARCÉS, REY DE PAMPLONA, GARCÍA[4]JIMÉNEZ, PRÍNCIPE DE NAVARRA, JIMENA[3] GARCÍA, GARCÍA[2] JIMÉNEZ, JIMINO[1]) He married (1) ANA CECILIA REYES. He married (2) SEÑORA BLANCO.

Children of MARCO CARDENAL TELLERÍA and ANA REYES are:
- i. ANA CECILIA[40] CARDENAL REYES.
- ii. FRANCISCO MARCO CARDENAL REYES.

Child of MARCO CARDENAL TELLERÍA and SEÑORA BLANCO is:
- iii. MARIO JOSÉ[40] CARDENAL BLANCO.

153. MARTA[39] CARDENAL TELLERÍA *(JOSÉ ALFONSO[38] CARDENAL TERÁN, JOSÉ FRANCISCO[37] CARDENAL SABORÍO, PEDRO[36] CARDENAL AYERDI, MARÍA MANUELA[35] AYERDI ZÁRATE, PEDRO MANUEL[34] AYERDI RAMIRO-CORAJO, ANA MARTA[33] RAMIRO-CORAJO Y ZAPATA, FERNANDO[32] RAMIRO-CORAJO Y VERA SOTOMAYOR, JUANA[31] DE VERA SOTOMAYOR, LUIS[30] MÉNDEZ SOTOMAYOR Y CERRATO, ALFONSO[29] FERNÁNDEZ DE SOTOMAYOR FIGUEROA MESSÍA, LUIS[28] MÉNDEZ DE SOTOMAYOR FIGUEROA MESSÍA, GARCÍ[27] MÉNDEZ DE SOTOMAYOR Y SÁNCHEZ VILLODRE, CATALINA[26] SÁNCHEZ DE VILLODRE Y MANUEL, INÉS[25] SÁNCHEZ MANUEL DE VILLENA, JUAN[24] SÁNCHEZ MANUEL Y GONZÁLEZ DE MANZANEDO, SANCHO[23] MANUEL DE CASTILLA Y LASSO DE LA VEGA, JUAN I[22]MANUEL DE CASTILLA, REY DE CASTILLA LEÓN, JUANA[21] MANUEL DE CASTILLA, BLANCA[20] DE LA CERDA, FERNANDO[19] DE LA CERDA II, FERNANDO[18] DE LA CERDA, VIOLANTE[17] DE ARAGÓN, JAIME I[16] "EL CONQUISTADOR" REY DE ARAGÓN, PEDRO II[15]DE ARAGÓN, "EL CATÓLICO" REY DE ARAGÓN, ALFONSO II[14] REY DE ARAGÓN Y 1RO. DE CATALUÑA, PETRONILA[13]DE ARAGÓN, REINA DE ARAGÓN, RAMIRO II[12]SÁNCHEZ, REY DE ARAGÓN, SANCHO V[11]RAMÍREZ, REY DE ARAGÓN, RAMIRO I[10]SÁNCHEZ, REY DE ARAGÓN, SANCHO III[9]GARCÉS "EL GRANDE", REY DE PAMPLONA, GARCÍA II[8]SÁNCHEZ, REY DE PAMPLONA, EL TEMBLÓN, SANCHO II[7]GARCÉS ABARCA, REY DE PAMPLONA, GARCÍA I[6]SÁNCHEZ, REY DE PAMPLONA, SANCHO I[5]GARCÉS, REY DE PAMPLONA, GARCÍA[4]JIMÉNEZ, PRÍNCIPE DE NAVARRA, JIMENA[3] GARCÍA, GARCÍA[2] JIMÉNEZ, JIMINO[1])* She married LUIS VARELA.

Children of MARTA CARDENAL TELLERÍA and LUIS VARELA are:
- i. MARTA[40] VARELA CARDENAL.
- ii. EDUARDO VARELA CARDENAL.
- iii. CARLOS EDUARDO VARELA CARDENAL.
- iv. ENRIQUE VARELA CARDENAL.
- v. JOSÉ MANUEL VARELA CARDENAL.
- vi. LUCÍA VARELA CARDENAL.
- vii. JUAN IGNACIO VARELA CARDENAL, b. 1980; d. 2000, Managua, Nicaragua.

154. REGINA[39] CARDENAL TELLERÍA *(JOSÉ ALFONSO[38] CARDENAL TERÁN, JOSÉ FRANCISCO[37] CARDENAL SABORÍO, PEDRO[36] CARDENAL AYERDI, MARÍA MANUELA[35] AYERDI ZÁRATE, PEDRO MANUEL[34] AYERDI RAMIRO-CORAJO, ANA MARTA[33] RAMIRO-CORAJO Y ZAPATA, FERNANDO[32] RAMIRO-CORAJO Y VERA SOTOMAYOR, JUANA[31] DE VERA SOTOMAYOR, LUIS[30] MÉNDEZ SOTOMAYOR Y CERRATO, ALFONSO[29] FERNÁNDEZ DE SOTOMAYOR FIGUEROA MESSÍA, LUIS[28] MÉNDEZ DE SOTOMAYOR FIGUEROA MESSÍA, GARCÍ[27] MÉNDEZ DE SOTOMAYOR Y SÁNCHEZ VILLODRE, CATALINA[26] SÁNCHEZ DE VILLODRE Y MANUEL, INÉS[25] SÁNCHEZ MANUEL DE VILLENA, JUAN[24] SÁNCHEZ MANUEL Y GONZÁLEZ DE MANZANEDO, SANCHO[23] MANUEL DE CASTILLA Y LASSO DE LA VEGA, JUAN I[22]MANUEL DE CASTILLA, REY DE CASTILLA LEÓN, JUANA[21] MANUEL DE CASTILLA, BLANCA[20] DE LA CERDA, FERNANDO[19] DE LA CERDA II, FERNANDO[18] DE LA CERDA, VIOLANTE[17] DE ARAGÓN, JAIME I[16] "EL CONQUISTADOR" REY DE ARAGÓN, PEDRO II[15]DE ARAGÓN, "EL CATÓLICO" REY DE ARAGÓN, ALFONSO II[14] REY DE ARAGÓN Y 1RO. DE CATALUÑA, PETRONILA[13]DE ARAGÓN, REINA DE*

ARAGÓN, RAMIRO II[12]SÁNCHEZ, REY DE ARAGÓN, SANCHO V[11]RAMÍREZ, REY DE ARAGÓN, RAMIRO I[10]SÁNCHEZ, REY DE ARAGÓN, SANCHO III[9]GARCÉS "EL GRANDE", REY DE PAMPLONA, GARCÍA II[8]SÁNCHEZ, REY DE PAMPLONA, EL TEMBLÓN, SANCHO II[7]GARCÉS ABARCA, REY DE PAMPLONA, GARCÍA I[6]SÁNCHEZ, REY DE PAMPLONA, SANCHO I[5]GARCÉS, REY DE PAMPLONA, GARCÍA[4]JIMÉNEZ, PRÍNCIPE DE NAVARRA, JIMENA[3] GARCÍA, GARCÍA[2] JIMÉNEZ, JIMINO[1]) She met NOMBRE DESCONOCIDO.

Child of REGINA CARDENAL TELLERÍA and NOMBRE DESCONOCIDO is:

i. MAURICIO[40] CARDENAL.

155. ROBERTO[39] CARDENAL TELLERÍA *(JOSÉ ALFONSO[38] CARDENAL TERÁN, JOSÉ FRANCISCO[37] CARDENAL SABORÍO, PEDRO[36] CARDENAL AYERDI, MARÍA MANUELA[35] AYERDI ZÁRATE, PEDRO MANUEL[34] AYERDI RAMIRO-CORAJO, ANA MARTA[33] RAMIRO-CORAJO Y ZAPATA, FERNANDO[32] RAMIRO-CORAJO Y VERA SOTOMAYOR, JUANA[31] DE VERA SOTOMAYOR, LUIS[30] MÉNDEZ SOTOMAYOR Y CERRATO, ALFONSO[29] FERNÁNDEZ DE SOTOMAYOR FIGUEROA MESSÍA, LUIS[28] MÉNDEZ DE SOTOMAYOR FIGUEROA MESSÍA, GARCI[27] MÉNDEZ DE SOTOMAYOR Y SÁNCHEZ VILLODRE, CATALINA[26] SÁNCHEZ DE VILLODRE Y MANUEL, INÉS[25] SÁNCHEZ MANUEL DE VILLENA, JUAN[24] SÁNCHEZ MANUEL Y GONZÁLEZ DE MANZANEDO, SANCHO[23] MANUEL DE CASTILLA Y LASSO DE LA VEGA, JUAN I[22]MANUEL DE CASTILLA, REY DE CASTILLA LEÓN, JUANA[21] MANUEL DE CASTILLA, BLANCA[20] DE LA CERDA, FERNANDO[19] DE LA CERDA II, FERNANDO[18] DE LA CERDA, VIOLANTE[17] DE ARAGÓN, JAIME I[16] "EL CONQUISTADOR" REY DE ARAGÓN, PEDRO II[15]DE ARAGÓN, "EL CATÓLICO" REY DE ARAGÓN, ALFONSO II[14] REY DE ARAGÓN Y 1RO. DE CATALUÑA, PETRONILA[13]DE ARAGÓN, REINA DE ARAGÓN, RAMIRO II[12]SÁNCHEZ, REY DE ARAGÓN, SANCHO V[11]RAMÍREZ, REY DE ARAGÓN, RAMIRO I[10]SÁNCHEZ, REY DE ARAGÓN, SANCHO III[9]GARCÉS "EL GRANDE", REY DE PAMPLONA, GARCÍA II[8]SÁNCHEZ, REY DE PAMPLONA, EL TEMBLÓN, SANCHO II[7]GARCÉS ABARCA, REY DE PAMPLONA, GARCÍA I[6]SÁNCHEZ, REY DE PAMPLONA, SANCHO I[5]GARCÉS, REY DE PAMPLONA, GARCÍA[4]JIMÉNEZ, PRÍNCIPE DE NAVARRA, JIMENA[3] GARCÍA, GARCÍA[2] JIMÉNEZ, JIMINO[1])* He married MARTA LORENA TELLERÍA GURDIÁN.

Children of ROBERTO CARDENAL TELLERÍA and MARTA TELLERÍA GURDIÁN are:

237. i. MARÍA MARTA[40] CARDENAL TELLERÍA, b. January 11, 1973, León, Nicaragua.

ii. KARLA CLARISSA CARDENAL TELLERÍA, b. November 30, 1975, Managua, Nicaragua; m. JAIME ANTONIO SAAVEDRA; b. November 28, 1975, Miami, Florida.

iii. ROBERTO EUGENIO CARDENAL TELLERÍA, b. June 12, 1981.

156. DAVID[39] STADTHAGEN CARDENAL *(ADELA[38] CARDENAL TERÁN, JOSÉ FRANCISCO[37] CARDENAL SABORÍO, PEDRO[36] CARDENAL AYERDI, MARÍA MANUELA[35] AYERDI ZÁRATE, PEDRO MANUEL[34] AYERDI RAMIRO-CORAJO, ANA MARTA[33] RAMIRO-CORAJO Y ZAPATA, FERNANDO[32] RAMIRO-CORAJO Y VERA SOTOMAYOR, JUANA[31] DE VERA SOTOMAYOR, LUIS[30] MÉNDEZ SOTOMAYOR Y CERRATO, ALFONSO[29] FERNÁNDEZ DE SOTOMAYOR FIGUEROA MESSÍA, LUIS[28] MÉNDEZ DE SOTOMAYOR FIGUEROA MESSÍA, GARCI[27] MÉNDEZ DE SOTOMAYOR Y SÁNCHEZ VILLODRE, CATALINA[26] SÁNCHEZ DE VILLODRE Y MANUEL, INÉS[25] SÁNCHEZ MANUEL DE VILLENA, JUAN[24] SÁNCHEZ MANUEL Y GONZÁLEZ DE MANZANEDO, SANCHO[23] MANUEL DE CASTILLA Y LASSO DE LA VEGA, JUAN I[22]MANUEL DE CASTILLA, REY DE CASTILLA LEÓN, JUANA[21] MANUEL DE CASTILLA, BLANCA[20] DE LA CERDA, FERNANDO[19] DE LA CERDA II, FERNANDO[18] DE LA CERDA, VIOLANTE[17] DE ARAGÓN, JAIME I[16] "EL CONQUISTADOR" REY DE ARAGÓN, PEDRO II[15]DE ARAGÓN, "EL CATÓLICO" REY DE ARAGÓN, ALFONSO II[14] REY DE ARAGÓN Y 1RO. DE CATALUÑA, PETRONILA[13]DE ARAGÓN, REINA DE ARAGÓN, RAMIRO II[12]SÁNCHEZ, REY DE ARAGÓN, SANCHO V[11]RAMÍREZ, REY DE ARAGÓN, RAMIRO I[10]SÁNCHEZ, REY DE ARAGÓN, SANCHO III[9]GARCÉS "EL GRANDE", REY DE PAMPLONA, GARCÍA II[8]SÁNCHEZ, REY DE PAMPLONA, EL TEMBLÓN, SANCHO II[7]GARCÉS ABARCA, REY DE PAMPLONA, GARCÍA I[6]SÁNCHEZ, REY DE PAMPLONA, SANCHO I[5]GARCÉS, REY DE PAMPLONA, GARCÍA[4]JIMÉNEZ, PRÍNCIPE DE NAVARRA, JIMENA[3] GARCÍA, GARCÍA[2] JIMÉNEZ, JIMINO[1])* He married SANDRA

GONZÁLEZ.

Children of DAVID STADTHAGEN CARDENAL and SANDRA GONZÁLEZ are:

i. DAVID[40] STADTHAGEN GONZÁLEZ.
ii. EMMA STADTHAGEN GONZÁLEZ.
iii. SANDRA STADTHAGEN GONZÁLEZ.

157. ADELA[39] STADTHAGEN CARDENAL *(ADELA[38] CARDENAL TERÁN, JOSÉ FRANCISCO[37] CARDENAL SABORÍO, PEDRO[36] CARDENAL AYERDI, MARÍA MANUELA[35] AYERDI ZÁRATE, PEDRO MANUEL[34] AYERDI RAMIRO-CORAJO, ANA MARTA[33] RAMIRO-CORAJO Y ZAPATA, FERNANDO[32] RAMIRO-CORAJO Y VERA SOTOMAYOR, JUANA[31] DE VERA SOTOMAYOR, LUIS[30] MÉNDEZ SOTOMAYOR Y CERRATO, ALFONSO[29] FERNÁNDEZ DE SOTOMAYOR FIGUEROA MESSÍA, LUIS[28] MÉNDEZ DE SOTOMAYOR FIGUEROA MESSÍA, GARCÍ[27] MÉNDEZ DE SOTOMAYOR Y SÁNCHEZ VILLODRE, CATALINA[26] SÁNCHEZ DE VILLODRE Y MANUEL, INÉS[25] SÁNCHEZ MANUEL DE VILLENA, JUAN[24] SÁNCHEZ MANUEL Y GONZÁLEZ DE MANZANEDO, SANCHO[23] MANUEL DE CASTILLA Y LASSO DE LA VEGA, JUAN I[22] MANUEL DE CASTILLA, REY DE CASTILLA LEÓN, JUANA[21] MANUEL DE CASTILLA, BLANCA[20] DE LA CERDA, FERNANDO[19] DE LA CERDA II, FERNANDO[18] DE LA CERDA, VIOLANTE[17] DE ARAGÓN, JAIME I[16] "EL CONQUISTADOR" REY DE ARAGÓN, PEDRO II[15] DE ARAGÓN, "EL CATÓLICO" REY DE ARAGÓN, ALFONSO II[14] REY DE ARAGÓN Y 1RO. DE CATALUÑA, PETRONILA[13] DE ARAGÓN, REINA DE ARAGÓN, RAMIRO II[12] SÁNCHEZ, REY DE ARAGÓN, SANCHO V[11] RAMÍREZ, REY DE ARAGÓN, RAMIRO I[10] SÁNCHEZ, REY DE ARAGÓN, SANCHO III[9] GARCÉS "EL GRANDE", REY DE PAMPLONA, GARCÍA II[8] SÁNCHEZ, REY DE PAMPLONA, EL TEMBLÓN, SANCHO II[7] GARCÉS ABARCA, REY DE PAMPLONA, GARCÍA I[6] SÁNCHEZ, REY DE PAMPLONA, SANCHO I[5] GARCÉS, REY DE PAMPLONA, GARCÍA[4] JIMÉNEZ, PRÍNCIPE DE NAVARRA, JIMENA[3] GARCÍA, GARCÍA[2] JIMÉNEZ, JIMINO[1])* She married MAURICIO PIERSON.

Children of ADELA STADTHAGEN CARDENAL and MAURICIO PIERSON are:

i. MAURICIO[40] PIERSON STADTHAGEN.
ii. ADELA PIERSON STADTHAGEN.
iii. MARCOS PIERSON STADTHAGEN.
iv. CARLA PIERSON STADTHAGEN.

158. PABLO ANTONIO[39] CUADRA CARDENAL *(MERCEDES[38] CARDENAL ARGÜELLO, SALVADOR[37] CARDENAL SABORÍO, PEDRO[36] CARDENAL AYERDI, MARÍA MANUELA[35] AYERDI ZÁRATE, PEDRO MANUEL[34] AYERDI RAMIRO-CORAJO, ANA MARTA[33] RAMIRO-CORAJO Y ZAPATA, FERNANDO[32] RAMIRO-CORAJO Y VERA SOTOMAYOR, JUANA[31] DE VERA SOTOMAYOR, LUIS[30] MÉNDEZ SOTOMAYOR Y CERRATO, ALFONSO[29] FERNÁNDEZ DE SOTOMAYOR FIGUEROA MESSÍA, LUIS[28] MÉNDEZ DE SOTOMAYOR FIGUEROA MESSÍA, GARCÍ[27] MÉNDEZ DE SOTOMAYOR Y SÁNCHEZ VILLODRE, CATALINA[26] SÁNCHEZ DE VILLODRE Y MANUEL, INÉS[25] SÁNCHEZ MANUEL DE VILLENA, JUAN[24] SÁNCHEZ MANUEL Y GONZÁLEZ DE MANZANEDO, SANCHO[23] MANUEL DE CASTILLA Y LASSO DE LA VEGA, JUAN I[22] MANUEL DE CASTILLA, REY DE CASTILLA LEÓN, JUANA[21] MANUEL DE CASTILLA, BLANCA[20] DE LA CERDA, FERNANDO[19] DE LA CERDA II, FERNANDO[18] DE LA CERDA, VIOLANTE[17] DE ARAGÓN, JAIME I[16] "EL CONQUISTADOR" REY DE ARAGÓN, PEDRO II[15] DE ARAGÓN, "EL CATÓLICO" REY DE ARAGÓN, ALFONSO II[14] REY DE ARAGÓN Y 1RO. DE CATALUÑA, PETRONILA[13] DE ARAGÓN, REINA DE ARAGÓN, RAMIRO II[12] SÁNCHEZ, REY DE ARAGÓN, SANCHO V[11] RAMÍREZ, REY DE ARAGÓN, RAMIRO I[10] SÁNCHEZ, REY DE ARAGÓN, SANCHO III[9] GARCÉS "EL GRANDE", REY DE PAMPLONA, GARCÍA II[8] SÁNCHEZ, REY DE PAMPLONA, EL TEMBLÓN, SANCHO II[7] GARCÉS ABARCA, REY DE PAMPLONA, GARCÍA I[6] SÁNCHEZ, REY DE PAMPLONA, SANCHO I[5] GARCÉS, REY DE PAMPLONA, GARCÍA[4] JIMÉNEZ, PRÍNCIPE DE NAVARRA, JIMENA[3] GARCÍA, GARCÍA[2] JIMÉNEZ, JIMINO[1])* was born November 04, 1912 in Granada, Granada, Nicaragua, and died January 02, 2002 in Managua, Nicaragua. He married ADILIA BENDAÑA RAMÍREZ, daughter of ALEJANDRO BENDAÑA and FELIPA RAMÍREZ.

More About PABLO ANTONIO CUADRA CARDENAL:
Burial: Granada, Granada, Nicaragua

Children of PABLO CUADRA CARDENAL and ADILIA BENDAÑA RAMÍREZ are:
238. i. PABLO ANTONIO[40] CUADRA BENDAÑA.
239. ii. MARÍA ARGENTINA CUADRA BENDAÑA.
240. iii. MILAGROS CUADRA BENDAÑA.
241. iv. STELLA CUADRA BENDAÑA.
v. RUY CUADRA BENDAÑA, m. SANDRA RODDY CUADRA.

159. CARLOS[39] CUADRA CARDENAL *(MERCEDES[38] CARDENAL ARGÜELLO, SALVADOR[37] CARDENAL SABORÍO, PEDRO[36] CARDENAL AYERDI, MARÍA MANUELA[35] AYERDI ZÁRATE, PEDRO MANUEL[34] AYERDI RAMIRO-CORAJO, ANA MARTA[33] RAMIRO-CORAJO Y ZAPATA, FERNANDO[32] RAMIRO-CORAJO Y VERA SOTOMAYOR, JUANA[31] DE VERA SOTOMAYOR, LUIS[30] MÉNDEZ SOTOMAYOR Y CERRATO, ALFONSO[29] FERNÁNDEZ DE SOTOMAYOR FIGUEROA MESSÍA, LUIS[28] MÉNDEZ DE SOTOMAYOR FIGUEROA MESSÍA, GARCÍ[27] MÉNDEZ DE SOTOMAYOR Y SÁNCHEZ VILLODRE, CATALINA[26] SÁNCHEZ DE VILLODRE Y MANUEL, INÉS[25] SÁNCHEZ MANUEL DE VILLENA, JUAN[24] SÁNCHEZ MANUEL Y GONZÁLEZ DE MANZANEDO, SANCHO[23] MANUEL DE CASTILLA Y LASSO DE LA VEGA, JUAN I[22] MANUEL DE CASTILLA, REY DE CASTILLA LEÓN, JUANA[21] MANUEL DE CASTILLA, BLANCA[20] DE LA CERDA, FERNANDO[19] DE LA CERDA II, FERNANDO[18] DE LA CERDA, VIOLANTE[17] DE ARAGÓN, JAIME I[16] "EL CONQUISTADOR" REY DE ARAGÓN, PEDRO II[15] DE ARAGÓN, "EL CATÓLICO" REY DE ARAGÓN, ALFONSO II[14] REY DE ARAGÓN Y 1RO. DE CATALUÑA, PETRONILA[13] DE ARAGÓN, REINA DE ARAGÓN, RAMIRO II[12] SÁNCHEZ, REY DE ARAGÓN, SANCHO V[11] RAMÍREZ, REY DE ARAGÓN, RAMIRO I[10] SÁNCHEZ, REY DE ARAGÓN, SANCHO III[9] GARCÉS "EL GRANDE", REY DE PAMPLONA, GARCÍA II[8] SÁNCHEZ, REY DE PAMPLONA, EL TEMBLÓN, SANCHO II[7] GARCÉS ABARCA, REY DE PAMPLONA, GARCÍA I[6] SÁNCHEZ, REY DE PAMPLONA, SANCHO I[5] GARCÉS, REY DE PAMPLONA, GARCÍA[4] JIMÉNEZ, PRÍNCIPE DE NAVARRA, JIMENA[3] GARCÍA, GARCÍA[2] JIMÉNEZ, JIMINO[1])* was born 1916. He married OLGA CUADRA SANDINO, daughter of LUIS CUADRA LACAYO and TOMASA SANDINO.

Children of CARLOS CUADRA CARDENAL and OLGA CUADRA SANDINO are:
i. MARÍA MERCEDES[40] CUADRA CUADRA.
ii. OLGA MARÍA CUADRA CUADRA.
iii. CARLOS DOMINGO CUADRA CUADRA.
iv. VIRGINIA CUADRA CUADRA.
v. LEONOR EDUVIGES CUADRA CUADRA.
vi. CARMEN MARÍA CUADRA CUADRA.
vii. ANA MARÍA CUADRA CUADRA.
viii. MILAGROS DE MARÍA CUADRA CUADRA.

160. MARTA[39] CUADRA CARDENAL *(MERCEDES[38] CARDENAL ARGÜELLO, SALVADOR[37] CARDENAL SABORÍO, PEDRO[36] CARDENAL AYERDI, MARÍA MANUELA[35] AYERDI ZÁRATE, PEDRO MANUEL[34] AYERDI RAMIRO-CORAJO, ANA MARTA[33] RAMIRO-CORAJO Y ZAPATA, FERNANDO[32] RAMIRO-CORAJO Y VERA SOTOMAYOR, JUANA[31] DE VERA SOTOMAYOR, LUIS[30] MÉNDEZ SOTOMAYOR Y CERRATO, ALFONSO[29] FERNÁNDEZ DE SOTOMAYOR FIGUEROA MESSÍA, LUIS[28] MÉNDEZ DE SOTOMAYOR FIGUEROA MESSÍA, GARCÍ[27] MÉNDEZ DE SOTOMAYOR Y SÁNCHEZ VILLODRE, CATALINA[26] SÁNCHEZ DE VILLODRE Y MANUEL, INÉS[25] SÁNCHEZ MANUEL DE VILLENA, JUAN[24] SÁNCHEZ MANUEL Y GONZÁLEZ DE MANZANEDO, SANCHO[23] MANUEL DE CASTILLA Y LASSO DE LA VEGA, JUAN I[22] MANUEL DE CASTILLA, REY DE CASTILLA LEÓN, JUANA[21] MANUEL DE CASTILLA, BLANCA[20] DE LA CERDA, FERNANDO[19] DE LA CERDA II, FERNANDO[18] DE LA CERDA, VIOLANTE[17] DE ARAGÓN, JAIME I[16] "EL CONQUISTADOR" REY DE ARAGÓN, PEDRO II[15] DE ARAGÓN, "EL CATÓLICO" REY DE ARAGÓN, ALFONSO II[14] REY DE ARAGÓN Y 1RO. DE CATALUÑA, PETRONILA[13] DE ARAGÓN, REINA DE ARAGÓN, RAMIRO*

II[12]SÁNCHEZ, REY DE ARAGÓN, SANCHO V[11]RAMÍREZ, REY DE ARAGÓN, RAMIRO I[10]SÁNCHEZ, REY DE ARAGÓN, SANCHO III[9]GARCÉS "EL GRANDE", REY DE PAMPLONA, GARCÍA II[8]SÁNCHEZ, REY DE PAMPLONA, EL TEMBLÓN, SANCHO II[7]GARCÉS ABARCA, REY DE PAMPLONA, GARCÍA I[6]SÁNCHEZ, REY DE PAMPLONA, SANCHO I[5]GARCÉS, REY DE PAMPLONA, GARCÍA[4]JIMÉNEZ, PRÍNCIPE DE NAVARRA, JIMENA[3] GARCÍA, GARCÍA[2] JIMÉNEZ, JIMINO[1]) was born 1922. She married LUIS ROMÁN.

Children of MARTA CUADRA CARDENAL and LUIS ROMÁN are:
242. i. MARITZA[40] ROMÁN CUADRA.
243. ii. RAQUEL ROMÁN CUADRA.
244. iii. CELIA ROMÁN CUADRA.
iv. MARTA EUGENIA ROMÁN CUADRA.
v. LUIS DOMINGO ROMÁN CUADRA.

161. LEONOR[39] CUADRA CARDENAL *(MERCEDES[38] CARDENAL ARGÜELLO, SALVADOR[37] CARDENAL SABORÍO, PEDRO[36] CARDENAL AYERDI, MARÍA MANUELA[35] AYERDI ZÁRATE, PEDRO MANUEL[34] AYERDI RAMIRO-CORAJO, ANA MARTA[33] RAMIRO-CORAJO Y ZAPATA, FERNANDO[32] RAMIRO-CORAJO Y VERA SOTOMAYOR, JUANA[31] DE VERA SOTOMAYOR, LUIS[30] MÉNDEZ SOTOMAYOR Y CERRATO, ALFONSO[29] FERNÁNDEZ DE SOTOMAYOR FIGUEROA MESSÍA, LUIS[28] MÉNDEZ DE SOTOMAYOR FIGUEROA MESSÍA, GARCÍ[27] MÉNDEZ DE SOTOMAYOR Y SÁNCHEZ VILLODRE, CATALINA[26] SÁNCHEZ DE VILLODRE Y MANUEL, INÉS[25] SÁNCHEZ MANUEL DE VILLENA, JUAN[24] SÁNCHEZ MANUEL Y GONZÁLEZ DE MANZANEDO, SANCHO[23] MANUEL DE CASTILLA Y LASSO DE LA VEGA, JUAN I[22]MANUEL DE CASTILLA, REY DE CASTILLA LEÓN, JUANA[21] MANUEL DE CASTILLA, BLANCA[20] DE LA CERDA, FERNANDO[19] DE LA CERDA II, FERNANDO[18] DE LA CERDA, VIOLANTE[17] DE ARAGÓN, JAIME I[16] "EL CONQUISTADOR" REY DE ARAGÓN, PEDRO II[15]DE ARAGÓN, "EL CATÓLICO" REY DE ARAGÓN, ALFONSO II[14] REY DE ARAGÓN Y 1RO. DE CATALUÑA, PETRONILA[13]DE ARAGÓN, REINA DE ARAGÓN, RAMIRO II[12]SÁNCHEZ, REY DE ARAGÓN, SANCHO V[11]RAMÍREZ, REY DE ARAGÓN, RAMIRO I[10]SÁNCHEZ, REY DE ARAGÓN, SANCHO III[9]GARCÉS "EL GRANDE", REY DE PAMPLONA, GARCÍA II[8]SÁNCHEZ, REY DE PAMPLONA, EL TEMBLÓN, SANCHO II[7]GARCÉS ABARCA, REY DE PAMPLONA, GARCÍA I[6]SÁNCHEZ, REY DE PAMPLONA, SANCHO I[5]GARCÉS, REY DE PAMPLONA, GARCÍA[4]JIMÉNEZ, PRÍNCIPE DE NAVARRA, JIMENA[3] GARCÍA, GARCÍA[2] JIMÉNEZ, JIMINO[1])* was born 1923. She married FERNANDO CRUZ ROMÁN.

Child of LEONOR CUADRA CARDENAL and FERNANDO CRUZ ROMÁN is:
i. CARLOS FERNANDO[40] CRUZ CUADRA, m. MARÍA ELENA VANDER LEAT.

162. JOSÉ JOAQUIN[39] CUADRA CARDENAL *(MERCEDES[38] CARDENAL ARGÜELLO, SALVADOR[37] CARDENAL SABORÍO, PEDRO[36] CARDENAL AYERDI, MARÍA MANUELA[35] AYERDI ZÁRATE, PEDRO MANUEL[34] AYERDI RAMIRO-CORAJO, ANA MARTA[33] RAMIRO-CORAJO Y ZAPATA, FERNANDO[32] RAMIRO-CORAJO Y VERA SOTOMAYOR, JUANA[31] DE VERA SOTOMAYOR, LUIS[30] MÉNDEZ SOTOMAYOR Y CERRATO, ALFONSO[29] FERNÁNDEZ DE SOTOMAYOR FIGUEROA MESSÍA, LUIS[28] MÉNDEZ DE SOTOMAYOR FIGUEROA MESSÍA, GARCÍ[27] MÉNDEZ DE SOTOMAYOR Y SÁNCHEZ VILLODRE, CATALINA[26] SÁNCHEZ DE VILLODRE Y MANUEL, INÉS[25] SÁNCHEZ MANUEL DE VILLENA, JUAN[24] SÁNCHEZ MANUEL Y GONZÁLEZ DE MANZANEDO, SANCHO[23] MANUEL DE CASTILLA Y LASSO DE LA VEGA, JUAN I[22]MANUEL DE CASTILLA, REY DE CASTILLA LEÓN, JUANA[21] MANUEL DE CASTILLA, BLANCA[20] DE LA CERDA, FERNANDO[19] DE LA CERDA II, FERNANDO[18] DE LA CERDA, VIOLANTE[17] DE ARAGÓN, JAIME I[16] "EL CONQUISTADOR" REY DE ARAGÓN, PEDRO II[15]DE ARAGÓN, "EL CATÓLICO" REY DE ARAGÓN, ALFONSO II[14] REY DE ARAGÓN Y 1RO. DE CATALUÑA, PETRONILA[13]DE ARAGÓN, REINA DE ARAGÓN, RAMIRO II[12]SÁNCHEZ, REY DE ARAGÓN, SANCHO V[11]RAMÍREZ, REY DE ARAGÓN, RAMIRO I[10]SÁNCHEZ, REY DE ARAGÓN, SANCHO III[9]GARCÉS "EL GRANDE", REY DE PAMPLONA, GARCÍA II[8]SÁNCHEZ, REY DE PAMPLONA, EL TEMBLÓN, SANCHO II[7]GARCÉS ABARCA, REY DE PAMPLONA, GARCÍA I[6]SÁNCHEZ, REY DE PAMPLONA, SANCHO I[5]GARCÉS, REY DE PAMPLONA, GARCÍA[4]JIMÉNEZ,*

PRÍNCIPE DE NAVARRA, JIMENA[3] GARCÍA, GARCÍA[2] JIMÉNEZ, JIMINO[1]) was born 1925 in Granada, Granada, Nicaragua. He married GLADYS SANDINO MUÑOZ, daughter of MIGUEL SANDINO RAMÍREZ and MARY MUÑOZ VIVAS. She was born in Granada, Granada, Nicaragua.

Children of JOSÉ CUADRA CARDENAL and GLADYS SANDINO MUÑOZ are:

i. MARY[40] CUADRA SANDINO.
ii. JOSÉ JOAQUÍN CUADRA SANDINO.
iii. GLADYS CUADRA SANDINO.
iv. XIOMARA CUADRA SANDINO.
v. RUTH CUADRA SANDINO.
vi. MARÍA ISABEL CUADRA SANDINO, b. Granada, Granada, Nicaragua; m. LUIS ALBERTO ALFARO.
vii. MIGUEL CUADRA SANDINO, b. Granada, Granada, Nicaragua.
viii. XAVIER CUADRA SANDINO.
ix. CARLA OMEGA CUADRA SANDINO, b. Granada, Granada, Nicaragua; m. RAFAEL QUESADA.

163. ROBERTO BELARMINO[39] CARDENAL CHAMORRO *(JULIO[38] CARDENAL ARGÜELLO, SALVADOR[37] CARDENAL SABORÍO, PEDRO[36] CARDENAL AYERDI, MARÍA MANUELA[35] AYERDI ZÁRATE, PEDRO MANUEL[34] AYERDI RAMIRO-CORAJO, ANA MARTA[33] RAMIRO-CORAJO Y ZAPATA, FERNANDO[32] RAMIRO-CORAJO Y VERA SOTOMAYOR, JUANA[31] DE VERA SOTOMAYOR, LUIS[30] MÉNDEZ SOTOMAYOR Y CERRATO, ALFONSO[29] FERNÁNDEZ DE SOTOMAYOR FIGUEROA MESSÍA, LUIS[28] MÉNDEZ DE SOTOMAYOR FIGUEROA MESSÍA, GARCI[27] MÉNDEZ DE SOTOMAYOR Y SÁNCHEZ VILLODRE, CATALINA[26] SÁNCHEZ DE VILLODRE Y MANUEL, INÉS[25] SÁNCHEZ MANUEL DE VILLENA, JUAN[24] SÁNCHEZ MANUEL Y GONZÁLEZ DE MANZANEDO, SANCHO[23] MANUEL DE CASTILLA Y LASSO DE LA VEGA, JUAN I[22] MANUEL DE CASTILLA, REY DE CASTILLA LEÓN, JUANA[21] MANUEL DE CASTILLA, BLANCA[20] DE LA CERDA, FERNANDO[19] DE LA CERDA II, FERNANDO[18] DE LA CERDA, VIOLANTE[17] DE ARAGÓN, JAIME I[16] "EL CONQUISTADOR" REY DE ARAGÓN, PEDRO II[15] DE ARAGÓN, "EL CATÓLICO" REY DE ARAGÓN, ALFONSO II[14] REY DE ARAGÓN Y 1RO. DE CATALUÑA, PETRONILA[13] DE ARAGÓN, REINA DE ARAGÓN, RAMIRO II[12] SÁNCHEZ, REY DE ARAGÓN, SANCHO V[11] RAMÍREZ, REY DE ARAGÓN, RAMIRO I[10] SÁNCHEZ, REY DE ARAGÓN, SANCHO III[9] GARCÉS "EL GRANDE", REY DE PAMPLONA, GARCÍA II[8] SÁNCHEZ, REY DE PAMPLONA, EL TEMBLÓN, SANCHO II[7] GARCÉS ABARCA, REY DE PAMPLONA, GARCÍA I[6] SÁNCHEZ, REY DE PAMPLONA, SANCHO I[5] GARCÉS, REY DE PAMPLONA, GARCÍA[4] JIMÉNEZ, PRÍNCIPE DE NAVARRA, JIMENA[3] GARCÍA, GARCÍA[2] JIMÉNEZ, JIMINO[1])* He married JOSEFINA LAGOS. She was born in Chile.

Children of ROBERTO CARDENAL CHAMORRO and JOSEFINA LAGOS are:

i. MARÍA JOSEFINA[40] CARDENAL LAGOS.
ii. DANIELA CARDENAL LAGOS.

164. MIREYA[39] CARDENAL CHAMORRO *(JULIO[38] CARDENAL ARGÜELLO, SALVADOR[37] CARDENAL SABORÍO, PEDRO[36] CARDENAL AYERDI, MARÍA MANUELA[35] AYERDI ZÁRATE, PEDRO MANUEL[34] AYERDI RAMIRO-CORAJO, ANA MARTA[33] RAMIRO-CORAJO Y ZAPATA, FERNANDO[32] RAMIRO-CORAJO Y VERA SOTOMAYOR, JUANA[31] DE VERA SOTOMAYOR, LUIS[30] MÉNDEZ SOTOMAYOR Y CERRATO, ALFONSO[29] FERNÁNDEZ DE SOTOMAYOR FIGUEROA MESSÍA, LUIS[28] MÉNDEZ DE SOTOMAYOR FIGUEROA MESSÍA, GARCI[27] MÉNDEZ DE SOTOMAYOR Y SÁNCHEZ VILLODRE, CATALINA[26] SÁNCHEZ DE VILLODRE Y MANUEL, INÉS[25] SÁNCHEZ MANUEL DE VILLENA, JUAN[24] SÁNCHEZ MANUEL Y GONZÁLEZ DE MANZANEDO, SANCHO[23] MANUEL DE CASTILLA Y LASSO DE LA VEGA, JUAN I[22] MANUEL DE CASTILLA, REY DE CASTILLA LEÓN, JUANA[21] MANUEL DE CASTILLA, BLANCA[20] DE LA CERDA, FERNANDO[19] DE LA CERDA II, FERNANDO[18] DE LA CERDA, VIOLANTE[17] DE ARAGÓN, JAIME I[16] "EL CONQUISTADOR" REY DE ARAGÓN, PEDRO II[15] DE ARAGÓN, "EL CATÓLICO" REY DE ARAGÓN, ALFONSO II[14] REY DE ARAGÓN Y 1RO. DE CATALUÑA, PETRONILA[13] DE ARAGÓN, REINA DE ARAGÓN, RAMIRO*

II[12]SÁNCHEZ, REY DE ARAGÓN, SANCHO V[11]RAMÍREZ, REY DE ARAGÓN, RAMIRO I[10]SÁNCHEZ, REY DE ARAGÓN, SANCHO III[9]GARCÉS "EL GRANDE", REY DE PAMPLONA, GARCÍA II[8]SÁNCHEZ, REY DE PAMPLONA, EL TEMBLÓN, SANCHO II[7]GARCÉS ABARCA, REY DE PAMPLONA, GARCÍA I[6]SÁNCHEZ, REY DE PAMPLONA, SANCHO I[5]GARCÉS, REY DE PAMPLONA, GARCÍA[4]JIMÉNEZ, PRÍNCIPE DE NAVARRA, JIMENA[3] GARCÍA, GARCÍA[2] JIMÉNEZ, JIMINO[1]) She married RONALD ABAÚNZA CABEZAS, son of CARLOS ABAÚNZA ESPINOZA and LIDIA CABEZAS ROSALES.

Children of MIREYA CARDENAL CHAMORRO and RONALD ABAÚNZA CABEZAS are:

i. LIDIA CECILIA[40] ABAÚNZA CARDENAL, b. 1954.
ii. RONALD BOSCO ABAÚNZA CARDENAL, m. BRIDGET MOTHEU BAUDET.
iii. MIREYA EUGENIA ABAÚNZA CARDENAL.
iv. EDUARDO ABAÚNZA CARDENAL.
v. CARLA MARÍA ABAÚNZA CARDENAL.

165. ENRIQUE[39] CARDENAL CHAMORRO *(JULIO[38] CARDENAL ARGÜELLO, SALVADOR[37] CARDENAL SABORÍO, PEDRO[36] CARDENAL AYERDI, MARÍA MANUELA[35] AYERDI ZÁRATE, PEDRO MANUEL[34] AYERDI RAMIRO-CORAJO, ANA MARTA[33] RAMIRO-CORAJO Y ZAPATA, FERNANDO[32] RAMIRO-CORAJO Y VERA SOTOMAYOR, JUANA[31] DE VERA SOTOMAYOR, LUIS[30] MÉNDEZ SOTOMAYOR Y CERRATO, ALFONSO[29] FERNÁNDEZ DE SOTOMAYOR FIGUEROA MESSÍA, LUIS[28] MÉNDEZ DE SOTOMAYOR FIGUEROA MESSÍA, GARCI[27] MÉNDEZ DE SOTOMAYOR Y SÁNCHEZ VILLODRE, CATALINA[26] SÁNCHEZ DE VILLODRE Y MANUEL, INÉS[25] SÁNCHEZ MANUEL DE VILLENA, JUAN[24] SÁNCHEZ MANUEL Y GONZÁLEZ DE MANZANEDO, SANCHO[23] MANUEL DE CASTILLA Y LASSO DE LA VEGA, JUAN I[22]MANUEL DE CASTILLA, REY DE CASTILLA LEÓN, JUANA[21] MANUEL DE CASTILLA, BLANCA[20] DE LA CERDA, FERNANDO[19] DE LA CERDA II, FERNANDO[18] DE LA CERDA, VIOLANTE[17] DE ARAGÓN, JAIME I[16] "EL CONQUISTADOR" REY DE ARAGÓN, PEDRO II[15]DE ARAGÓN, "EL CATÓLICO" REY DE ARAGÓN, ALFONSO II[14] REY DE ARAGÓN Y 1RO. DE CATALUÑA, PETRONILA[13]DE ARAGÓN, REINA DE ARAGÓN, RAMIRO II[12]SÁNCHEZ, REY DE ARAGÓN, SANCHO V[11]RAMÍREZ, REY DE ARAGÓN, RAMIRO I[10]SÁNCHEZ, REY DE ARAGÓN, SANCHO III[9]GARCÉS "EL GRANDE", REY DE PAMPLONA, GARCÍA II[8]SÁNCHEZ, REY DE PAMPLONA, EL TEMBLÓN, SANCHO II[7]GARCÉS ABARCA, REY DE PAMPLONA, GARCÍA I[6]SÁNCHEZ, REY DE PAMPLONA, SANCHO I[5]GARCÉS, REY DE PAMPLONA, GARCÍA[4]JIMÉNEZ, PRÍNCIPE DE NAVARRA, JIMENA[3] GARCÍA, GARCÍA[2] JIMÉNEZ, JIMINO[1])* He married MARTHA ROSA GURDIÁN MÁNTICA, daughter of FÉLIX GURDIÁN TERÁN and JOSEFINA MÁNTICA BERIO.

Children of ENRIQUE CARDENAL CHAMORRO and MARTHA GURDIÁN MÁNTICA are:

i. MARÍA LUISA[40] CARDENAL GURDIÁN.
ii. ANA CLEMENCIA CARDENAL GURDIÁN.
iii. ROBERTO CARDENAL GURDIÁN.
iv. ENRIQUE CARDENAL GURDIÁN.
v. MARÍA JOSEFINA CARDENAL GURDIÁN.
vi. CLAUDIA CARDENAL GURDIÁN.
vii. CAROLINA CARDENAL GURDIÁN.
viii. PABLO CARDENAL GURDIÁN.

166. TERESA[39] CARDENAL CHAMORRO *(JULIO[38] CARDENAL ARGÜELLO, SALVADOR[37] CARDENAL SABORÍO, PEDRO[36] CARDENAL AYERDI, MARÍA MANUELA[35] AYERDI ZÁRATE, PEDRO MANUEL[34] AYERDI RAMIRO-CORAJO, ANA MARTA[33] RAMIRO-CORAJO Y ZAPATA, FERNANDO[32] RAMIRO-CORAJO Y VERA SOTOMAYOR, JUANA[31] DE VERA SOTOMAYOR, LUIS[30] MÉNDEZ SOTOMAYOR Y CERRATO, ALFONSO[29] FERNÁNDEZ DE SOTOMAYOR FIGUEROA MESSÍA, LUIS[28] MÉNDEZ DE SOTOMAYOR FIGUEROA MESSÍA, GARCI[27] MÉNDEZ DE SOTOMAYOR Y SÁNCHEZ VILLODRE, CATALINA[26] SÁNCHEZ DE VILLODRE Y MANUEL, INÉS[25] SÁNCHEZ MANUEL DE VILLENA, JUAN[24] SÁNCHEZ MANUEL Y GONZÁLEZ DE MANZANEDO, SANCHO[23] MANUEL DE CASTILLA Y LASSO DE LA VEGA, JUAN I[22]MANUEL DE CASTILLA, REY DE CASTILLA LEÓN,*

JUANA[21] MANUEL DE CASTILLA, BLANCA[20] DE LA CERDA, FERNANDO[19] DE LA CERDA II, FERNANDO[18] DE LA CERDA, VIOLANTE[17] DE ARAGÓN, JAIME I[16] "EL CONQUISTADOR" REY DE ARAGÓN, PEDRO II[15] DE ARAGÓN, "EL CATÓLICO" REY DE ARAGÓN, ALFONSO II[14] REY DE ARAGÓN Y 1RO. DE CATALUÑA, PETRONILA[13] DE ARAGÓN, REINA DE ARAGÓN, RAMIRO II[12] SÁNCHEZ, REY DE ARAGÓN, SANCHO V[11] RAMÍREZ, REY DE ARAGÓN, RAMIRO I[10] SÁNCHEZ, REY DE ARAGÓN, SANCHO III[9] GARCÉS "EL GRANDE", REY DE PAMPLONA, GARCÍA II[8] SÁNCHEZ, REY DE PAMPLONA, EL TEMBLÓN, SANCHO II[7] GARCÉS ABARCA, REY DE PAMPLONA, GARCÍA I[6] SÁNCHEZ, REY DE PAMPLONA, SANCHO I[5] GARCÉS, REY DE PAMPLONA, GARCÍA[4] JIMÉNEZ, PRÍNCIPE DE NAVARRA, JIMENA[3] GARCÍA, GARCÍA[2] JIMÉNEZ, JIMINO[1]) was born in Granada, Granada, Nicaragua. She married CÉSAR DELGADILLO MACHADO, son of JULIO DELGADILLO SILVA and NELA MACHADO SACASA.

Children of TERESA CARDENAL CHAMORRO and CÉSAR DELGADILLO MACHADO are:

i. LUISA TERESA[40] DELGADILLO CARDENAL.
ii. NELA MARÍA DELGADILLO CARDENAL.
iii. CÉSAR ANTONIO DELGADILLO CARDENAL.
iv. ROSSANA DEL CARMEN DELGADILLO CARDENAL.
v. JULIO EDUARDO DELGADILLO CARDENAL.
vi. ALVARO FRANCISCO DELGADILLO CARDENAL.
vii. ALEJANDRO DELGADILLO CARDENAL.

167. RAMIRO[39] CARDENAL CHAMORRO *(JULIO[38] CARDENAL ARGÜELLO, SALVADOR[37] CARDENAL SABORÍO, PEDRO[36] CARDENAL AYERDI, MARÍA MANUELA[35] AYERDI ZÁRATE, PEDRO MANUEL[34] AYERDI RAMIRO-CORAJO, ANA MARTA[33] RAMIRO-CORAJO Y ZAPATA, FERNANDO[32] RAMIRO-CORAJO Y VERA SOTOMAYOR, JUANA[31] DE VERA SOTOMAYOR, LUIS[30] MÉNDEZ SOTOMAYOR Y CERRATO, ALFONSO[29] FERNÁNDEZ DE SOTOMAYOR FIGUEROA MESSÍA, LUIS[28] MÉNDEZ DE SOTOMAYOR FIGUEROA MESSÍA, GARCI[27] MÉNDEZ DE SOTOMAYOR Y SÁNCHEZ VILLODRE, CATALINA[26] SÁNCHEZ DE VILLODRE Y MANUEL, INÉS[25] SÁNCHEZ MANUEL DE VILLENA, JUAN[24] SÁNCHEZ MANUEL Y GONZÁLEZ DE MANZANEDO, SANCHO[23] MANUEL DE CASTILLA Y LASSO DE LA VEGA, JUAN I[22] MANUEL DE CASTILLA, REY DE CASTILLA LEÓN, JUANA[21] MANUEL DE CASTILLA, BLANCA[20] DE LA CERDA, FERNANDO[19] DE LA CERDA II, FERNANDO[18] DE LA CERDA, VIOLANTE[17] DE ARAGÓN, JAIME I[16] "EL CONQUISTADOR" REY DE ARAGÓN, PEDRO II[15] DE ARAGÓN, "EL CATÓLICO" REY DE ARAGÓN, ALFONSO II[14] REY DE ARAGÓN Y 1RO. DE CATALUÑA, PETRONILA[13] DE ARAGÓN, REINA DE ARAGÓN, RAMIRO II[12] SÁNCHEZ, REY DE ARAGÓN, SANCHO V[11] RAMÍREZ, REY DE ARAGÓN, RAMIRO I[10] SÁNCHEZ, REY DE ARAGÓN, SANCHO III[9] GARCÉS "EL GRANDE", REY DE PAMPLONA, GARCÍA II[8] SÁNCHEZ, REY DE PAMPLONA, EL TEMBLÓN, SANCHO II[7] GARCÉS ABARCA, REY DE PAMPLONA, GARCÍA I[6] SÁNCHEZ, REY DE PAMPLONA, SANCHO I[5] GARCÉS, REY DE PAMPLONA, GARCÍA[4] JIMÉNEZ, PRÍNCIPE DE NAVARRA, JIMENA[3] GARCÍA, GARCÍA[2] JIMÉNEZ, JIMINO[1])* He married MERCEDES LACAYO GIL, daughter of MANUEL LACAYO TERÁN and ELISA GIL PORTOCARRERO.

Children of RAMIRO CARDENAL CHAMORRO and MERCEDES LACAYO GIL are:

245. i. ELISA MERCEDES[40] CARDENAL LACAYO, b. Managua, Nicaragua.
246. ii. MARÍA FERNANDA CARDENAL LACAYO.
247. iii. MANUEL CARDENAL LACAYO.
iv. MARÍA GABRIELA CARDENAL LACAYO.

168. SALVADOR[39] CARDENAL ARGÜELLO *(JULIO[38], SALVADOR[37] CARDENAL SABORÍO, PEDRO[36] CARDENAL AYERDI, MARÍA MANUELA[35] AYERDI ZÁRATE, PEDRO MANUEL[34] AYERDI RAMIRO-CORAJO, ANA MARTA[33] RAMIRO-CORAJO Y ZAPATA, FERNANDO[32] RAMIRO-CORAJO Y VERA SOTOMAYOR, JUANA[31] DE VERA SOTOMAYOR, LUIS[30] MÉNDEZ SOTOMAYOR Y CERRATO, ALFONSO[29] FERNÁNDEZ DE SOTOMAYOR FIGUEROA MESSÍA, LUIS[28] MÉNDEZ DE SOTOMAYOR FIGUEROA MESSÍA, GARCI[27] MÉNDEZ DE SOTOMAYOR Y SÁNCHEZ VILLODRE, CATALINA[26] SÁNCHEZ DE VILLODRE Y MANUEL, INÉS[25] SÁNCHEZ MANUEL DE VILLENA, JUAN[24] SÁNCHEZ*

MANUEL Y GONZÁLEZ DE MANZANEDO, SANCHO[23] MANUEL DE CASTILLA Y LASSO DE LA VEGA, JUAN I[22] MANUEL DE CASTILLA, REY DE CASTILLA LEÓN, JUANA[21] MANUEL DE CASTILLA, BLANCA[20] DE LA CERDA, FERNANDO[19] DE LA CERDA II, FERNANDO[18] DE LA CERDA, VIOLANTE[17] DE ARAGÓN, JAIME I[16] "EL CONQUISTADOR" REY DE ARAGÓN, PEDRO II[15] DE ARAGÓN, "EL CATÓLICO" REY DE ARAGÓN, ALFONSO II[14] REY DE ARAGÓN Y 1RO. DE CATALUÑA, PETRONILA[13] DE ARAGÓN, REINA DE ARAGÓN, RAMIRO II[12] SÁNCHEZ, REY DE ARAGÓN, SANCHO V[11] RAMÍREZ, REY DE ARAGÓN, RAMIRO I[10] SÁNCHEZ, REY DE ARAGÓN, SANCHO III[9] GARCÉS "EL GRANDE", REY DE PAMPLONA, GARCÍA II[8] SÁNCHEZ, REY DE PAMPLONA, EL TEMBLÓN, SANCHO II[7] GARCÉS ABARCA, REY DE PAMPLONA, GARCÍA I[6] SÁNCHEZ, REY DE PAMPLONA, SANCHO I[5] GARCÉS, REY DE PAMPLONA, GARCÍA[4] JIMÉNEZ, PRÍNCIPE DE NAVARRA, JIMENA[3] GARCÍA, GARCÍA[2] JIMÉNEZ, JIMINO[1]) He married OFELIA VARGAS.

Children of SALVADOR CARDENAL ARGÜELLO and OFELIA VARGAS are:

i. MERCEDES[40] CARDENAL VARGAS, m. ALFONSO LLANES.
ii. LORENZO CARDENAL VARGAS, m. NADINE SEVILLA B..
iii. BEATRIZ CARDENAL VARGAS.
iv. MARÍA OFELIA CARDENAL VARGAS, m. FRANCISCO GUERRA M..
v. SALVADOR CARDENAL VARGAS, m. LOYLA BARQUERO.
vi. ADELA CARDENAL VARGAS, m. ROBERTO STADTHAGEN.
vii. FLOR DE MARÍA CARDENAL VARGAS, m. OTTO LUNA.
viii. JUAN DE LA CRUZ CARDENAL VARGAS.
ix. MARÍA DOLORES CARDENAL VARGAS, m. ARNOLDO ALEMÁN LACAYO.
x. MARGARITA CARDENAL VARGAS, m. LUIS VELÁZQUEZ.

169. JULIO[39] CARDENAL ARGÜELLO *(JULIO[38], SALVADOR[37] CARDENAL SABORÍO, PEDRO[36] CARDENAL AYERDI, MARÍA MANUELA[35] AYERDI ZÁRATE, PEDRO MANUEL[34] AYERDI RAMIRO-CORAJO, ANA MARTA[33] RAMIRO-CORAJO Y ZAPATA, FERNANDO[32] RAMIRO-CORAJO Y VERA SOTOMAYOR, JUANA[31] DE VERA SOTOMAYOR, LUIS[30] MÉNDEZ SOTOMAYOR Y CERRATO, ALFONSO[29] FERNÁNDEZ DE SOTOMAYOR FIGUEROA MESSÍA, LUIS[28] MÉNDEZ DE SOTOMAYOR FIGUEROA MESSÍA, GARCI[27] MÉNDEZ DE SOTOMAYOR Y SÁNCHEZ VILLODRE, CATALINA[26] SÁNCHEZ DE VILLODRE Y MANUEL, INÉS[25] SÁNCHEZ MANUEL DE VILLENA, JUAN[24] SÁNCHEZ MANUEL Y GONZÁLEZ DE MANZANEDO, SANCHO[23] MANUEL DE CASTILLA Y LASSO DE LA VEGA, JUAN I[22] MANUEL DE CASTILLA, REY DE CASTILLA LEÓN, JUANA[21] MANUEL DE CASTILLA, BLANCA[20] DE LA CERDA, FERNANDO[19] DE LA CERDA II, FERNANDO[18] DE LA CERDA, VIOLANTE[17] DE ARAGÓN, JAIME I[16] "EL CONQUISTADOR" REY DE ARAGÓN, PEDRO II[15] DE ARAGÓN, "EL CATÓLICO" REY DE ARAGÓN, ALFONSO II[14] REY DE ARAGÓN Y 1RO. DE CATALUÑA, PETRONILA[13] DE ARAGÓN, REINA DE ARAGÓN, RAMIRO II[12] SÁNCHEZ, REY DE ARAGÓN, SANCHO V[11] RAMÍREZ, REY DE ARAGÓN, RAMIRO I[10] SÁNCHEZ, REY DE ARAGÓN, SANCHO III[9] GARCÉS "EL GRANDE", REY DE PAMPLONA, GARCÍA II[8] SÁNCHEZ, REY DE PAMPLONA, EL TEMBLÓN, SANCHO II[7] GARCÉS ABARCA, REY DE PAMPLONA, GARCÍA I[6] SÁNCHEZ, REY DE PAMPLONA, SANCHO I[5] GARCÉS, REY DE PAMPLONA, GARCÍA[4] JIMÉNEZ, PRÍNCIPE DE NAVARRA, JIMENA[3] GARCÍA, GARCÍA[2] JIMÉNEZ, JIMINO[1])* He married INDIANA CALDERA LACAYO.

Children of JULIO CARDENAL ARGÜELLO and INDIANA CALDERA LACAYO are:

i. LUCÍA[40] CARDENAL CALDERA, m. JORGE SALAZAR ARGÜELLO.
248. ii. JULIO CARDENAL CALDERA, b. 1941, Managua, Nicaragua; d. July 1992, Managua, Nicaragua.
249. iii. INDIANA CARDENAL CALDERA, b. 1943, Managua, Nicaragua.
250. iv. ALEJANDRO VICENTE CARDENAL CALDERA, b. April 04, 1944, Managua, Nicaragua.
251. v. MARÍA ISABEL CARDENAL CALDERA, b. 1946, Managua, Nicaragua.
252. vi. CARMEN CECILIA CARDENAL CALDERA, b. 1948.
253. vii. PATRICIA CARDENAL CALDERA, b. 1949, Managua, Nicaragua.

254. viii. ANTONIO CARDENAL CALDERA, b. 1951, Managua, Nicaragua.
ix. GABRIEL CARDENAL CALDERA.

Notes for GABRIEL CARDENAL CALDERA:
Gabriel Cardenal Caldera murió muy joven, antes de cumplir los 25 años, asesinado por la Guardia Nacional, cuando transportaba armas en una camioneta, fue descubierto y muerto a balazos, por pertenecer al FSLN.

255. x. VIRGINIA CARDENAL CALDERA, b. 1952, Managua, Nicaragua.

170. BEATRIZ[39] CARDENAL ARGÜELLO *(JULIO[38], SALVADOR[37] CARDENAL SABORÍO, PEDRO[36] CARDENAL AYERDI, MARÍA MANUELA[35] AYERDI ZÁRATE, PEDRO MANUEL[34] AYERDI RAMIRO-CORAJO, ANA MARTA[33] RAMIRO-CORAJO Y ZAPATA, FERNANDO[32] RAMIRO-CORAJO Y VERA SOTOMAYOR, JUANA[31] DE VERA SOTOMAYOR, LUIS[30] MÉNDEZ SOTOMAYOR Y CERRATO, ALFONSO[29] FERNÁNDEZ DE SOTOMAYOR FIGUEROA MESSÍA, LUIS[28] MÉNDEZ DE SOTOMAYOR FIGUEROA MESSÍA, GARCÍ[27] MÉNDEZ DE SOTOMAYOR Y SÁNCHEZ VILLODRE, CATALINA[26] SÁNCHEZ DE VILLODRE Y MANUEL, INÉS[25] SÁNCHEZ MANUEL DE VILLENA, JUAN[24] SÁNCHEZ MANUEL Y GONZÁLEZ DE MANZANEDO, SANCHO[23] MANUEL DE CASTILLA Y LASSO DE LA VEGA, JUAN I[22]MANUEL DE CASTILLA, REY DE CASTILLA LEÓN, JUANA[21] MANUEL DE CASTILLA, BLANCA[20] DE LA CERDA, FERNANDO[19] DE LA CERDA II, FERNANDO[18] DE LA CERDA, VIOLANTE[17] DE ARAGÓN, JAIME I[16] "EL CONQUISTADOR" REY DE ARAGÓN, PEDRO II[15]DE ARAGÓN, "EL CATÓLICO" REY DE ARAGÓN, ALFONSO II[14] REY DE ARAGÓN Y 1RO. DE CATALUÑA, PETRONILA[13]DE ARAGÓN, REINA DE ARAGÓN, RAMIRO II[12]SÁNCHEZ, REY DE ARAGÓN, SANCHO V[11]RAMÍREZ, REY DE ARAGÓN, RAMIRO I[10]SÁNCHEZ, REY DE ARAGÓN, SANCHO III[9]GARCÉS "EL GRANDE", REY DE PAMPLONA, GARCÍA II[8]SÁNCHEZ, REY DE PAMPLONA, EL TEMBLÓN, SANCHO II[7]GARCÉS ABARCA, REY DE PAMPLONA, GARCÍA I[6]SÁNCHEZ, REY DE PAMPLONA, SANCHO I[5]GARCÉS, REY DE PAMPLONA, GARCÍA[4]JIMÉNEZ, PRÍNCIPE DE NAVARRA, JIMENA[3] GARCÍA, GARCÍA[2] JIMÉNEZ, JIMINO[1])* was born in León, Nicaragua. She married FERNANDO JOSÉ FUENTES SOLÓRZANO, son of ALCIBÍADES FUENTES SÁENZ and AMELIA SOLÓRZANO LACAYO. He was born in Managua, Nicaragua.

Children of BEATRIZ CARDENAL ARGÜELLO and FERNANDO FUENTES SOLÓRZANO are:
i. CLAUDIA[40] FUENTES CARDENAL.
ii. AMALIA FUENTES CARDENAL.
iii. MARÍA ELENA FUENTES CARDENAL.
iv. FERNANDO JOSÉ FUENTES CARDENAL.
v. ROBERTO ARTURO FUENTES CARDENAL.

171. JOSÉ[39] CARDENAL ARGÜELLO *(JULIO[38], SALVADOR[37] CARDENAL SABORÍO, PEDRO[36] CARDENAL AYERDI, MARÍA MANUELA[35] AYERDI ZÁRATE, PEDRO MANUEL[34] AYERDI RAMIRO-CORAJO, ANA MARTA[33] RAMIRO-CORAJO Y ZAPATA, FERNANDO[32] RAMIRO-CORAJO Y VERA SOTOMAYOR, JUANA[31] DE VERA SOTOMAYOR, LUIS[30] MÉNDEZ SOTOMAYOR Y CERRATO, ALFONSO[29] FERNÁNDEZ DE SOTOMAYOR FIGUEROA MESSÍA, LUIS[28] MÉNDEZ DE SOTOMAYOR FIGUEROA MESSÍA, GARCÍ[27] MÉNDEZ DE SOTOMAYOR Y SÁNCHEZ VILLODRE, CATALINA[26] SÁNCHEZ DE VILLODRE Y MANUEL, INÉS[25] SÁNCHEZ MANUEL DE VILLENA, JUAN[24] SÁNCHEZ MANUEL Y GONZÁLEZ DE MANZANEDO, SANCHO[23] MANUEL DE CASTILLA Y LASSO DE LA VEGA, JUAN I[22]MANUEL DE CASTILLA, REY DE CASTILLA LEÓN, JUANA[21] MANUEL DE CASTILLA, BLANCA[20] DE LA CERDA, FERNANDO[19] DE LA CERDA II, FERNANDO[18] DE LA CERDA, VIOLANTE[17] DE ARAGÓN, JAIME I[16] "EL CONQUISTADOR" REY DE ARAGÓN, PEDRO II[15]DE ARAGÓN, "EL CATÓLICO" REY DE ARAGÓN, ALFONSO II[14] REY DE ARAGÓN Y 1RO. DE CATALUÑA, PETRONILA[13]DE ARAGÓN, REINA DE ARAGÓN, RAMIRO II[12]SÁNCHEZ, REY DE ARAGÓN, SANCHO V[11]RAMÍREZ, REY DE ARAGÓN, RAMIRO I[10]SÁNCHEZ, REY DE ARAGÓN, SANCHO III[9]GARCÉS "EL GRANDE", REY DE PAMPLONA, GARCÍA II[8]SÁNCHEZ, REY DE PAMPLONA, EL TEMBLÓN, SANCHO II[7]GARCÉS ABARCA, REY DE PAMPLONA, GARCÍA*

I[6]SÁNCHEZ, REY DE PAMPLONA, SANCHO I[5]GARCÉS, REY DE PAMPLONA, GARCÍA[4]JIMÉNEZ, PRÍNCIPE DE NAVARRA, JIMENA[3] GARCÍA, GARCÍA[2] JIMÉNEZ, JIMINO[1]) was born in León, Nicaragua. He married VIOLETA VIVAS CHAMORRO, daughter of RODOLFO VIVAS DEMARTINI and EMILIA CHAMORRO SOLÓRZANO. She was born in Granada, Granada, Nicaragua.

Children of JOSÉ CARDENAL ARGÜELLO and VIOLETA VIVAS CHAMORRO are:

i. JOSÉ[40] CARDENAL VIVAS.
ii. JORGE CARDENAL VIVAS.
iii. JAVIER CARDENAL VIVAS.
iv. JUAN IGNACIO CARDENAL VIVAS.

172. ADELA[39] CARDENAL ARGÜELLO *(JULIO[38], SALVADOR[37] CARDENAL SABORÍO, PEDRO[36] CARDENAL AYERDI, MARÍA MANUELA[35] AYERDI ZÁRATE, PEDRO MANUEL[34] AYERDI RAMIRO-CORAJO, ANA MARTA[33] RAMIRO-CORAJO Y ZAPATA, FERNANDO[32] RAMIRO-CORAJO Y VERA SOTOMAYOR, JUANA[31] DE VERA SOTOMAYOR, LUIS[30] MÉNDEZ SOTOMAYOR Y CERRATO, ALFONSO[29] FERNÁNDEZ DE SOTOMAYOR FIGUEROA MESSÍA, LUIS[28] MÉNDEZ DE SOTOMAYOR FIGUEROA MESSÍA, GARCI[27] MÉNDEZ DE SOTOMAYOR Y SÁNCHEZ VILLODRE, CATALINA[26] SÁNCHEZ DE VILLODRE Y MANUEL, INÉS[25] SÁNCHEZ MANUEL DE VILLENA, JUAN[24] SÁNCHEZ MANUEL Y GONZÁLEZ DE MANZANEDO, SANCHO[23] MANUEL DE CASTILLA Y LASSO DE LA VEGA, JUAN I[22]MANUEL DE CASTILLA, REY DE CASTILLA LEÓN, JUANA[21] MANUEL DE CASTILLA, BLANCA[20] DE LA CERDA, FERNANDO[19] DE LA CERDA II, FERNANDO[18] DE LA CERDA, VIOLANTE[17] DE ARAGÓN, JAIME I[16] "EL CONQUISTADOR" REY DE ARAGÓN, PEDRO II[15]DE ARAGÓN, "EL CATÓLICO" REY DE ARAGÓN, ALFONSO II[14] REY DE ARAGÓN Y 1RO. DE CATALUÑA, PETRONILA[13]DE ARAGÓN, REINA DE ARAGÓN, RAMIRO II[12]SÁNCHEZ, REY DE ARAGÓN, SANCHO V[11]RAMÍREZ, REY DE ARAGÓN, RAMIRO I[10]SÁNCHEZ, REY DE ARAGÓN, SANCHO III[9]GARCÉS "EL GRANDE", REY DE PAMPLONA, GARCÍA II[8]SÁNCHEZ, REY DE PAMPLONA, EL TEMBLÓN, SANCHO II[7]GARCÉS ABARCA, REY DE PAMPLONA, GARCÍA I[6]SÁNCHEZ, REY DE PAMPLONA, SANCHO I[5]GARCÉS, REY DE PAMPLONA, GARCÍA[4]JIMÉNEZ, PRÍNCIPE DE NAVARRA, JIMENA[3] GARCÍA, GARCÍA[2] JIMÉNEZ, JIMINO[1])* was born in León, Nicaragua. She married JOSÉ MARENCO VARGAS, son of CONSTANTINO MARENCO ABAÚNZA and BERTHA VARGAS ESPINOZA. He was born in Granada, Granada, Nicaragua, and died in Granada, Granada, Nicaragua.

More About JOSÉ MARENCO VARGAS:
Burial: Granada, Granada, Nicaragua

Children of ADELA CARDENAL ARGÜELLO and JOSÉ MARENCO VARGAS are:

i. BERTHA[40] MARENCO CARDENAL.
ii. JOSÉ MARENCO CARDENAL, b. April 08, 1948.
iii. ALFREDO MARENCO CARDENAL.

173. PEDRO[39] CARDENAL ARGÜELLO *(JULIO[38], SALVADOR[37] CARDENAL SABORÍO, PEDRO[36] CARDENAL AYERDI, MARÍA MANUELA[35] AYERDI ZÁRATE, PEDRO MANUEL[34] AYERDI RAMIRO-CORAJO, ANA MARTA[33] RAMIRO-CORAJO Y ZAPATA, FERNANDO[32] RAMIRO-CORAJO Y VERA SOTOMAYOR, JUANA[31] DE VERA SOTOMAYOR, LUIS[30] MÉNDEZ SOTOMAYOR Y CERRATO, ALFONSO[29] FERNÁNDEZ DE SOTOMAYOR FIGUEROA MESSÍA, LUIS[28] MÉNDEZ DE SOTOMAYOR FIGUEROA MESSÍA, GARCI[27] MÉNDEZ DE SOTOMAYOR Y SÁNCHEZ VILLODRE, CATALINA[26] SÁNCHEZ DE VILLODRE Y MANUEL, INÉS[25] SÁNCHEZ MANUEL DE VILLENA, JUAN[24] SÁNCHEZ MANUEL Y GONZÁLEZ DE MANZANEDO, SANCHO[23] MANUEL DE CASTILLA Y LASSO DE LA VEGA, JUAN I[22]MANUEL DE CASTILLA, REY DE CASTILLA LEÓN, JUANA[21] MANUEL DE CASTILLA, BLANCA[20] DE LA CERDA, FERNANDO[19] DE LA CERDA II, FERNANDO[18] DE LA CERDA, VIOLANTE[17] DE ARAGÓN, JAIME I[16] "EL CONQUISTADOR" REY DE ARAGÓN, PEDRO II[15]DE ARAGÓN, "EL CATÓLICO" REY DE ARAGÓN, ALFONSO II[14] REY DE ARAGÓN Y 1RO. DE CATALUÑA, PETRONILA[13]DE ARAGÓN, REINA DE ARAGÓN, RAMIRO II[12]SÁNCHEZ, REY DE*

ARAGÓN, SANCHO V[11] RAMÍREZ, REY DE ARAGÓN, RAMIRO I[10] SÁNCHEZ, REY DE ARAGÓN, SANCHO III[9] GARCÉS "EL GRANDE", REY DE PAMPLONA, GARCÍA II[8] SÁNCHEZ, REY DE PAMPLONA, EL TEMBLÓN, SANCHO II[7] GARCÉS ABARCA, REY DE PAMPLONA, GARCÍA I[6] SÁNCHEZ, REY DE PAMPLONA, SANCHO I[5] GARCÉS, REY DE PAMPLONA, GARCÍA[4] JIMÉNEZ, PRÍNCIPE DE NAVARRA, JIMENA[3] GARCÍA, GARCÍA[2] JIMÉNEZ, JIMINO[1]) was born 1923 in Granada, Granada, Nicaragua, and died 1978 in Managua, Nicaragua. He married OLGA DOWNING URTECHO, daughter of LUIS DOWNING SELVA and ANTONINA URTECHO AVILÉS.

Children of PEDRO CARDENAL ARGÜELLO and OLGA DOWNING URTECHO are:
i. ALFREDO[40] CARDENAL DOWNING, b. 1947, Managua, Nicaragua; d. 1976, Managua, Nicaragua.
ii. OLGA MARÍA CARDENAL DOWNING, b. Managua, Nicaragua.
iii. GLORIA CARDENAL DOWNING, b. Managua, Nicaragua.

174. MARÍA ISABEL[39] CARDENAL ARGÜELLO *(JULIO[38], SALVADOR[37] CARDENAL SABORÍO, PEDRO[36] CARDENAL AYERDI, MARÍA MANUELA[35] AYERDI ZÁRATE, PEDRO MANUEL[34] AYERDI RAMIRO-CORAJO, ANA MARTA[33] RAMIRO-CORAJO Y ZAPATA, FERNANDO[32] RAMIRO-CORAJO Y VERA SOTOMAYOR, JUANA[31] DE VERA SOTOMAYOR, LUIS[30] MÉNDEZ SOTOMAYOR Y CERRATO, ALFONSO[29] FERNÁNDEZ DE SOTOMAYOR FIGUEROA MESSÍA, LUIS[28] MÉNDEZ DE SOTOMAYOR FIGUEROA MESSÍA, GARCÍ[27] MÉNDEZ DE SOTOMAYOR Y SÁNCHEZ VILLODRE, CATALINA[26] SÁNCHEZ DE VILLODRE Y MANUEL, INÉS[25] SÁNCHEZ MANUEL DE VILLENA, JUAN[24] SÁNCHEZ MANUEL Y GONZÁLEZ DE MANZANEDO, SANCHO[23] MANUEL DE CASTILLA Y LASSO DE LA VEGA, JUAN I[22] MANUEL DE CASTILLA, REY DE CASTILLA LEÓN, JUANA[21] MANUEL DE CASTILLA, BLANCA[20] DE LA CERDA, FERNANDO[19] DE LA CERDA II, FERNANDO[18] DE LA CERDA, VIOLANTE[17] DE ARAGÓN, JAIME I[16] "EL CONQUISTADOR" REY DE ARAGÓN, PEDRO II[15] DE ARAGÓN, "EL CATÓLICO" REY DE ARAGÓN, ALFONSO II[14] REY DE ARAGÓN Y 1RO. DE CATALUÑA, PETRONILA[13] DE ARAGÓN, REINA DE ARAGÓN, RAMIRO II[12] SÁNCHEZ, REY DE ARAGÓN, SANCHO V[11] RAMÍREZ, REY DE ARAGÓN, RAMIRO I[10] SÁNCHEZ, REY DE ARAGÓN, SANCHO III[9] GARCÉS "EL GRANDE", REY DE PAMPLONA, GARCÍA II[8] SÁNCHEZ, REY DE PAMPLONA, EL TEMBLÓN, SANCHO II[7] GARCÉS ABARCA, REY DE PAMPLONA, GARCÍA I[6] SÁNCHEZ, REY DE PAMPLONA, SANCHO I[5] GARCÉS, REY DE PAMPLONA, GARCÍA[4] JIMÉNEZ, PRÍNCIPE DE NAVARRA, JIMENA[3] GARCÍA, GARCÍA[2] JIMÉNEZ, JIMINO[1])* was born January 22, 1924 in Granada, Granada, Nicaragua. She married NORMAN CALDERA LACAYO September 22, 1945 in Granada, Nicaragua, son of JUAN CALDERA MOLINA and LUCILA LACAYO SACASA. He was born November 21, 1921 in Managua, Nicaragua.

More About NORMAN CALDERA LACAYO and MARÍA CARDENAL ARGÜELLO:
Marriage: September 22, 1945, Granada, Nicaragua

Children of MARÍA CARDENAL ARGÜELLO and NORMAN CALDERA LACAYO are:
i. NORMAN JOSÉ[40] CALDERA CARDENAL, b. October 21, 1946.
ii. ALVARO JOSÉ CALDERA CARDENAL, b. September 18, 1949.
iii. MILTON JOSÉ CALDERA CARDENAL, b. August 12, 1951.
iv. ANA ISABEL CALDERA CARDENAL, b. July 11, 1953.
v. MAURICIO SALVADOR CALDERA CARDENAL, b. September 12, 1945.
vi. SYLVIA MARÍA CALDERA CARDENAL, b. January 03, 1963.

175. LUIS GONZAGA[39] CARDENAL ARGÜELLO *(JULIO[38], SALVADOR[37] CARDENAL SABORÍO, PEDRO[36] CARDENAL AYERDI, MARÍA MANUELA[35] AYERDI ZÁRATE, PEDRO MANUEL[34] AYERDI RAMIRO-CORAJO, ANA MARTA[33] RAMIRO-CORAJO Y ZAPATA, FERNANDO[32] RAMIRO-CORAJO Y VERA SOTOMAYOR, JUANA[31] DE VERA SOTOMAYOR, LUIS[30] MÉNDEZ SOTOMAYOR Y CERRATO, ALFONSO[29] FERNÁNDEZ DE SOTOMAYOR FIGUEROA MESSÍA, LUIS[28] MÉNDEZ DE SOTOMAYOR FIGUEROA MESSÍA, GARCÍ[27] MÉNDEZ DE SOTOMAYOR Y SÁNCHEZ VILLODRE, CATALINA[26] SÁNCHEZ DE VILLODRE Y MANUEL, INÉS[25] SÁNCHEZ MANUEL DE VILLENA, JUAN[24] SÁNCHEZ*

MANUEL Y GONZÁLEZ DE MANZANEDO, SANCHO[23] MANUEL DE CASTILLA Y LASSO DE LA VEGA, JUAN I[22]MANUEL DE CASTILLA, REY DE CASTILLA LEÓN, JUANA[21] MANUEL DE CASTILLA, BLANCA[20] DE LA CERDA, FERNANDO[19] DE LA CERDA II, FERNANDO[18] DE LA CERDA, VIOLANTE[17] DE ARAGÓN, JAIME I[16] "EL CONQUISTADOR" REY DE ARAGÓN, PEDRO II[15]DE ARAGÓN, "EL CATÓLICO" REY DE ARAGÓN, ALFONSO II[14] REY DE ARAGÓN Y 1RO. DE CATALUÑA, PETRONILA[13]DE ARAGÓN, REINA DE ARAGÓN, RAMIRO II[12]SÁNCHEZ, REY DE ARAGÓN, SANCHO V[11]RAMÍREZ, REY DE ARAGÓN, RAMIRO I[10]SÁNCHEZ, REY DE ARAGÓN, SANCHO III[9]GARCÉS "EL GRANDE", REY DE PAMPLONA, GARCÍA II[8]SÁNCHEZ, REY DE PAMPLONA, EL TEMBLÓN, SANCHO II[7]GARCÉS ABARCA, REY DE PAMPLONA, GARCÍA I[6]SÁNCHEZ, REY DE PAMPLONA, SANCHO I[5]GARCÉS, REY DE PAMPLONA, GARCÍA[4]JIMÉNEZ, PRÍNCIPE DE NAVARRA, JIMENA[3] GARCÍA, GARCÍA[2] JIMÉNEZ, JIMINO[1]) was born March 28, 1925 in Granada, Granada, Nicaragua. He married (1) LYANA DEBAYLE LAGOS, daughter of LEÓN DEBAYLE SACASA and HENA LAGOS SALAVERRÍA. She was born October 21, 1933. He married (2) MARTHA SALINAS PASOS, daughter of OTILIO SALINAS AGUILAR and ADELA PASOS ALVAREZ. She was born September 28, 1946. He married (3) MARTHA GONZÁLEZ LACAYO 1951, daughter of FERNANDO GONZÁLEZ and JULIETA LACAYO BERMÚDEZ.

More About LUIS CARDENAL ARGÜELLO and MARTHA GONZÁLEZ LACAYO:
Marriage: 1951

Children of LUIS CARDENAL ARGÜELLO and LYANA DEBAYLE LAGOS are:

i. LUIS GONZAGA[40] CARDENAL DEBAYLE, b. January 17, 1955.
ii. HENA MARISSA CARDENAL DEBAYLE, b. March 02, 1956.
iii. RAÚL ERNESTO CARDENAL DEBAYLE, b. May 06, 1957.
iv. RHINA CARDENAL DEBAYLE, b. August 29, 1958.
v. TERESA CARDENAL DEBAYLE, b. January 17, 1962.

Child of LUIS CARDENAL ARGÜELLO and MARTHA SALINAS PASOS is:

vi. GERARDO[40] CARDENAL SALINAS, b. December 28, 1979, Miami, Florida, Estados Unidos.

Child of LUIS CARDENAL ARGÜELLO and MARTHA GONZÁLEZ LACAYO is:

vii. MARTHA CECILIA[40] CARDENAL GONZÁLEZ, b. November 19, 1949.

176. ISABEL[39] CUADRA CARDENAL *(ISABEL[38] CARDENAL ARGÜELLO, SALVADOR[37] CARDENAL SABORÍO, PEDRO[36] CARDENAL AYERDI, MARÍA MANUELA[35] AYERDI ZÁRATE, PEDRO MANUEL[34] AYERDI RAMIRO-CORAJO, ANA MARTA[33] RAMIRO-CORAJO Y ZAPATA, FERNANDO[32] RAMIRO-CORAJO Y VERA SOTOMAYOR, JUANA[31] DE VERA SOTOMAYOR, LUIS[30] MÉNDEZ SOTOMAYOR Y CERRATO, ALFONSO[29] FERNÁNDEZ DE SOTOMAYOR FIGUEROA MESSÍA, LUIS[28] MÉNDEZ DE SOTOMAYOR FIGUEROA MESSÍA, GARCÍ[27] MÉNDEZ DE SOTOMAYOR Y SÁNCHEZ VILLODRE, CATALINA[26] SÁNCHEZ DE VILLODRE Y MANUEL, INÉS[25] SÁNCHEZ MANUEL DE VILLENA, JUAN[24] SÁNCHEZ MANUEL Y GONZÁLEZ DE MANZANEDO, SANCHO[23] MANUEL DE CASTILLA Y LASSO DE LA VEGA, JUAN I[22]MANUEL DE CASTILLA, REY DE CASTILLA LEÓN, JUANA[21] MANUEL DE CASTILLA, BLANCA[20] DE LA CERDA, FERNANDO[19] DE LA CERDA II, FERNANDO[18] DE LA CERDA, VIOLANTE[17] DE ARAGÓN, JAIME I[16] "EL CONQUISTADOR" REY DE ARAGÓN, PEDRO II[15]DE ARAGÓN, "EL CATÓLICO" REY DE ARAGÓN, ALFONSO II[14] REY DE ARAGÓN Y 1RO. DE CATALUÑA, PETRONILA[13]DE ARAGÓN, REINA DE ARAGÓN, RAMIRO II[12]SÁNCHEZ, REY DE ARAGÓN, SANCHO V[11]RAMÍREZ, REY DE ARAGÓN, RAMIRO I[10]SÁNCHEZ, REY DE ARAGÓN, SANCHO III[9]GARCÉS "EL GRANDE", REY DE PAMPLONA, GARCÍA II[8]SÁNCHEZ, REY DE PAMPLONA, EL TEMBLÓN, SANCHO II[7]GARCÉS ABARCA, REY DE PAMPLONA, GARCÍA I[6]SÁNCHEZ, REY DE PAMPLONA, SANCHO I[5]GARCÉS, REY DE PAMPLONA, GARCÍA[4]JIMÉNEZ, PRÍNCIPE DE NAVARRA, JIMENA[3] GARCÍA, GARCÍA[2] JIMÉNEZ, JIMINO[1])* She married ALEJANDRO CHAMORRO SOLÓRZANO, son of ROSENDO CHAMORRO OREAMUNO and

EMILIA SOLÓRZANO GUTIÉRREZ.

Children of ISABEL CUADRA CARDENAL and ALEJANDRO CHAMORRO SOLÓRZANO are:
256. i. CARLOS JOSÉ[40] CHAMORRO CUADRA.
ii. LUIS ALBERTO CHAMORRO CUADRA, m. CLAUDIA BALTODANO CANTARERO; b. Jinotepe, Carazo.
iii. JORGE CHAMORRO CUADRA, m. CAROLINA ESPINOZA RAMÍREZ.
iv. BERNARDO CHAMORRO CUADRA.
v. EDGAR CHAMORRO CUADRA.
vi. NOEL CHAMORRO CUADRA.
vii. MILONGA CHAMORRO CUADRA, b. 1947.
viii. MARÍA AUXILIADORA CHAMORRO CUADRA.
ix. MARÍA ISABEL CHAMORRO CUADRA.
x. FEDERICO CHAMORRO CUADRA.

177. RUTH[39] CUADRA CARDENAL *(ISABEL[38] CARDENAL ARGÜELLO, SALVADOR[37] CARDENAL SABORÍO, PEDRO[36] CARDENAL AYERDI, MARÍA MANUELA[35] AYERDI ZÁRATE, PEDRO MANUEL[34] AYERDI RAMIRO-CORAJO, ANA MARTA[33] RAMIRO-CORAJO Y ZAPATA, FERNANDO[32] RAMIRO-CORAJO Y VERA SOTOMAYOR, JUANA[31] DE VERA SOTOMAYOR, LUIS[30] MÉNDEZ SOTOMAYOR Y CERRATO, ALFONSO[29] FERNÁNDEZ DE SOTOMAYOR FIGUEROA MESSÍA, LUIS[28] MÉNDEZ DE SOTOMAYOR FIGUEROA MESSÍA, GARCI[27] MÉNDEZ DE SOTOMAYOR Y SÁNCHEZ VILLODRE, CATALINA[26] SÁNCHEZ DE VILLODRE Y MANUEL, INÉS[25] SÁNCHEZ MANUEL DE VILLENA, JUAN[24] SÁNCHEZ MANUEL Y GONZÁLEZ DE MANZANEDO, SANCHO[23] MANUEL DE CASTILLA Y LASSO DE LA VEGA, JUAN I[22] MANUEL DE CASTILLA, REY DE CASTILLA LEÓN, JUANA[21] MANUEL DE CASTILLA, BLANCA[20] DE LA CERDA, FERNANDO[19] DE LA CERDA II, FERNANDO[18] DE LA CERDA, VIOLANTE[17] DE ARAGÓN, JAIME I[16] "EL CONQUISTADOR" REY DE ARAGÓN, PEDRO II[15] DE ARAGÓN, "EL CATÓLICO" REY DE ARAGÓN, ALFONSO II[14] REY DE ARAGÓN Y 1RO. DE CATALUÑA, PETRONILA[13] DE ARAGÓN, REINA DE ARAGÓN, RAMIRO II[12] SÁNCHEZ, REY DE ARAGÓN, SANCHO V[11] RAMÍREZ, REY DE ARAGÓN, RAMIRO I[10] SÁNCHEZ, REY DE ARAGÓN, SANCHO III[9] GARCÉS "EL GRANDE", REY DE PAMPLONA, GARCÍA II[8] SÁNCHEZ, REY DE PAMPLONA, EL TEMBLÓN, SANCHO II[7] GARCÉS ABARCA, REY DE PAMPLONA, GARCÍA I[6] SÁNCHEZ, REY DE PAMPLONA, SANCHO I[5] GARCÉS, REY DE PAMPLONA, GARCÍA[4] JIMÉNEZ, PRÍNCIPE DE NAVARRA, JIMENA[3] GARCÍA, GARCÍA[2] JIMÉNEZ, JIMINO[1])* was born in Granada, Granada, Nicaragua. She married ALCIBÍADES FUENTES SOLÓRZANO, son of ALCIBÍADES FUENTES SÁENZ and AMELIA SOLÓRZANO LACAYO. He was born 1915 in Managua, Nicaragua.

Child of RUTH CUADRA CARDENAL and ALCIBÍADES FUENTES SOLÓRZANO is:
i. ALCIBÍADES[40] FUENTES CUADRA.

178. PIEDAD[39] OYANGUREN CARDENAL *(CARMEN[38] CARDENAL ARGÜELLO, SALVADOR[37] CARDENAL SABORÍO, PEDRO[36] CARDENAL AYERDI, MARÍA MANUELA[35] AYERDI ZÁRATE, PEDRO MANUEL[34] AYERDI RAMIRO-CORAJO, ANA MARTA[33] RAMIRO-CORAJO Y ZAPATA, FERNANDO[32] RAMIRO-CORAJO Y VERA SOTOMAYOR, JUANA[31] DE VERA SOTOMAYOR, LUIS[30] MÉNDEZ SOTOMAYOR Y CERRATO, ALFONSO[29] FERNÁNDEZ DE SOTOMAYOR FIGUEROA MESSÍA, LUIS[28] MÉNDEZ DE SOTOMAYOR FIGUEROA MESSÍA, GARCI[27] MÉNDEZ DE SOTOMAYOR Y SÁNCHEZ VILLODRE, CATALINA[26] SÁNCHEZ DE VILLODRE Y MANUEL, INÉS[25] SÁNCHEZ MANUEL DE VILLENA, JUAN[24] SÁNCHEZ MANUEL Y GONZÁLEZ DE MANZANEDO, SANCHO[23] MANUEL DE CASTILLA Y LASSO DE LA VEGA, JUAN I[22] MANUEL DE CASTILLA, REY DE CASTILLA LEÓN, JUANA[21] MANUEL DE CASTILLA, BLANCA[20] DE LA CERDA, FERNANDO[19] DE LA CERDA II, FERNANDO[18] DE LA CERDA, VIOLANTE[17] DE ARAGÓN, JAIME I[16] "EL CONQUISTADOR" REY DE ARAGÓN, PEDRO II[15] DE ARAGÓN, "EL CATÓLICO" REY DE ARAGÓN, ALFONSO II[14] REY DE ARAGÓN Y 1RO. DE CATALUÑA, PETRONILA[13] DE ARAGÓN, REINA DE ARAGÓN, RAMIRO II[12] SÁNCHEZ, REY DE ARAGÓN, SANCHO V[11] RAMÍREZ, REY DE ARAGÓN, RAMIRO I[10] SÁNCHEZ, REY DE ARAGÓN, SANCHO III[9] GARCÉS "EL GRANDE", REY DE PAMPLONA, GARCÍA II[8] SÁNCHEZ,*

REY DE PAMPLONA, EL TEMBLÓN, SANCHO II[7] GARCÉS ABARCA, REY DE PAMPLONA, GARCÍA I[6] SÁNCHEZ, REY DE PAMPLONA, SANCHO I[5] GARCÉS, REY DE PAMPLONA, GARCÍA[4] JIMÉNEZ, PRÍNCIPE DE NAVARRA, JIMENA[3] GARCÍA, GARCÍA[2] JIMÉNEZ, JIMINO[1]) was born 1918 in Granada, Granada, Nicaragua. She married CONSTANTINO LACAYO FIALLOS, son of CONSTANTINO LACAYO LACAYO and MARÍA FIALLOS OTERO. He was born 1906 in Managua, Nicaragua.

Children of PIEDAD OYANGUREN CARDENAL and CONSTANTINO LACAYO FIALLOS are:

i. MARÍA ERNESTINA[40] LACAYO OYANGUREN, m. ADOLFO CALERO PORTOCARRERO.
ii. MARÍA JOSÉ LACAYO OYANGUREN, b. 1941, Managua, Nicaragua; m. JULIÁN VELASCO ARBOLEDA; b. Colombia.
iii. CONSTANTINO LACAYO OYANGUREN, b. 1943, Managua, Nicaragua; m. MILONGA CHAMORRO CUADRA.
iv. PIA LACAYO OYANGUREN, b. 1945, Managua, Nicaragua; m. GERARDO ALVIRA LARA.
v. ANA CECILIA LACAYO OYANGUREN, b. 1948; m. EDUARDO URIBE URIBE; b. Colombia.
vi. REGINA LACAYO OYANGUREN, b. 1951, Managua, Nicaragua; m. CLAUDIO PICASSO ARDITO.
257. vii. MARCELA LACAYO OYANGUREN, b. 1954, Managua, Nicaragua.

179. MARINA[39] OYANGUREN CARDENAL *(CARMEN[38] CARDENAL ARGÜELLO, SALVADOR[37] CARDENAL SABORÍO, PEDRO[36] CARDENAL AYERDI, MARÍA MANUELA[35] AYERDI ZÁRATE, PEDRO MANUEL[34] AYERDI RAMIRO-CORAJO, ANA MARTA[33] RAMIRO-CORAJO Y ZAPATA, FERNANDO[32] RAMIRO-CORAJO Y VERA SOTOMAYOR, JUANA[31] DE VERA SOTOMAYOR, LUIS[30] MÉNDEZ SOTOMAYOR Y CERRATO, ALFONSO[29] FERNÁNDEZ DE SOTOMAYOR FIGUEROA MESSÍA, LUIS[28] MÉNDEZ DE SOTOMAYOR FIGUEROA MESSÍA, GARCI[27] MÉNDEZ DE SOTOMAYOR Y SÁNCHEZ VILLODRE, CATALINA[26] SÁNCHEZ DE VILLODRE Y MANUEL, INÉS[25] SÁNCHEZ MANUEL DE VILLENA, JUAN[24] SÁNCHEZ MANUEL Y GONZÁLEZ DE MANZANEDO, SANCHO[23] MANUEL DE CASTILLA Y LASSO DE LA VEGA, JUAN I[22] MANUEL DE CASTILLA, REY DE CASTILLA LEÓN, JUANA[21] MANUEL DE CASTILLA, BLANCA[20] DE LA CERDA, FERNANDO[19] DE LA CERDA II, FERNANDO[18] DE LA CERDA, VIOLANTE[17] DE ARAGÓN, JAIME I[16] "EL CONQUISTADOR" REY DE ARAGÓN, PEDRO II[15] DE ARAGÓN, "EL CATÓLICO" REY DE ARAGÓN, ALFONSO II[14] REY DE ARAGÓN Y 1RO. DE CATALUÑA, PETRONILA[13] DE ARAGÓN, REINA DE ARAGÓN, RAMIRO II[12] SÁNCHEZ, REY DE ARAGÓN, SANCHO V[11] RAMÍREZ, REY DE ARAGÓN, RAMIRO I[10] SÁNCHEZ, REY DE ARAGÓN, SANCHO III[9] GARCÉS "EL GRANDE", REY DE PAMPLONA, GARCÍA II[8] SÁNCHEZ, REY DE PAMPLONA, EL TEMBLÓN, SANCHO II[7] GARCÉS ABARCA, REY DE PAMPLONA, GARCÍA I[6] SÁNCHEZ, REY DE PAMPLONA, SANCHO I[5] GARCÉS, REY DE PAMPLONA, GARCÍA[4] JIMÉNEZ, PRÍNCIPE DE NAVARRA, JIMENA[3] GARCÍA, GARCÍA[2] JIMÉNEZ, JIMINO[1])* She married ALEJANDRO "ALY" ARGÜELLO GÓMEZ, son of ALEJANDRO ARGÜELLO SEQUEIRA and JOSEFA GÓMEZ ROUHAUD. He was born October 12, 1919.

Children of MARINA OYANGUREN CARDENAL and ALEJANDRO ARGÜELLO GÓMEZ are:

i. ALINA[40] ARGÜELLO OYANGUREN.
ii. LORENA ARGÜELLO OYANGUREN, m. MARIANO CORREA.
iii. ALEJANDRO ARGÜELLO OYANGUREN, m. JANINE ARÉVALO PEGNEAUT.

180. SILVIA[39] OYANGUREN CARDENAL *(CARMEN[38] CARDENAL ARGÜELLO, SALVADOR[37] CARDENAL SABORÍO, PEDRO[36] CARDENAL AYERDI, MARÍA MANUELA[35] AYERDI ZÁRATE, PEDRO MANUEL[34] AYERDI RAMIRO-CORAJO, ANA MARTA[33] RAMIRO-CORAJO Y ZAPATA, FERNANDO[32] RAMIRO-CORAJO Y VERA SOTOMAYOR, JUANA[31] DE VERA SOTOMAYOR, LUIS[30] MÉNDEZ SOTOMAYOR Y CERRATO, ALFONSO[29] FERNÁNDEZ DE SOTOMAYOR FIGUEROA MESSÍA, LUIS[28] MÉNDEZ DE SOTOMAYOR FIGUEROA MESSÍA, GARCI[27] MÉNDEZ DE SOTOMAYOR Y SÁNCHEZ VILLODRE, CATALINA[26] SÁNCHEZ DE VILLODRE Y MANUEL, INÉS[25] SÁNCHEZ MANUEL DE*

VILLENA, JUAN[24] SÁNCHEZ MANUEL Y GONZÁLEZ DE MANZANEDO, SANCHO[23] MANUEL DE CASTILLA Y LASSO DE LA VEGA, JUAN I[22] MANUEL DE CASTILLA, REY DE CASTILLA LEÓN, JUANA[21] MANUEL DE CASTILLA, BLANCA[20] DE LA CERDA, FERNANDO[19] DE LA CERDA II, FERNANDO[18] DE LA CERDA, VIOLANTE[17] DE ARAGÓN, JAIME I[16] "EL CONQUISTADOR" REY DE ARAGÓN, PEDRO II[15] DE ARAGÓN, "EL CATÓLICO" REY DE ARAGÓN, ALFONSO II[14] REY DE ARAGÓN Y 1RO. DE CATALUÑA, PETRONILA[13] DE ARAGÓN, REINA DE ARAGÓN, RAMIRO II[12] SÁNCHEZ, REY DE ARAGÓN, SANCHO V[11] RAMÍREZ, REY DE ARAGÓN, RAMIRO I[10] SÁNCHEZ, REY DE ARAGÓN, SANCHO III[9] GARCÉS "EL GRANDE", REY DE PAMPLONA, GARCÍA II[8] SÁNCHEZ, REY DE PAMPLONA, EL TEMBLÓN, SANCHO II[7] GARCÉS ABARCA, REY DE PAMPLONA, GARCÍA I[6] SÁNCHEZ, REY DE PAMPLONA, SANCHO I[5] GARCÉS, REY DE PAMPLONA, GARCÍA[4] JIMÉNEZ, PRÍNCIPE DE NAVARRA, JIMENA[3] GARCÍA, GARCÍA[2] JIMÉNEZ, JIMINO[1]) was born January 22, 1925. She married JOSÉ FRANCISCO ANTONIO LACAYO FIALLOS, son of CONSTANTINO LACAYO LACAYO and MARÍA FIALLOS OTERO. He was born 1918 in Managua, Nicaragua.

Children of SILVIA OYANGUREN CARDENAL and JOSÉ LACAYO FIALLOS are:

- i. ANTONIO TOMÁS[40] LACAYO FIALLOS.
- ii. VERÓNICA LACAYO FIALLOS.
- iii. BERNARDO LACAYO FIALLOS.
- iv. SILVIA LACAYO FIALLOS.
- v. DIEGO LACAYO FIALLOS.
- vi. GONZALO LACAYO FIALLOS.
- vii. CAROLINA LACAYO FIALLOS.
- viii. MARÍA LACAYO FIALLOS, d. 1966.

181. JOSÉ[39] OYANGUREN CARDENAL *(CARMEN[38] CARDENAL ARGÜELLO, SALVADOR[37] CARDENAL SABORÍO, PEDRO[36] CARDENAL AYERDI, MARÍA MANUELA[35] AYERDI ZÁRATE, PEDRO MANUEL[34] AYERDI RAMIRO-CORAJO, ANA MARTA[33] RAMIRO-CORAJO Y ZAPATA, FERNANDO[32] RAMIRO-CORAJO Y VERA SOTOMAYOR, JUANA[31] DE VERA SOTOMAYOR, LUIS[30] MÉNDEZ SOTOMAYOR Y CERRATO, ALFONSO[29] FERNÁNDEZ DE SOTOMAYOR FIGUEROA MESSÍA, LUIS[28] MÉNDEZ DE SOTOMAYOR FIGUEROA MESSÍA, GARCÍ[27] MÉNDEZ DE SOTOMAYOR Y SÁNCHEZ VILLODRE, CATALINA[26] SÁNCHEZ DE VILLODRE Y MANUEL, INÉS[25] SÁNCHEZ MANUEL DE VILLENA, JUAN[24] SÁNCHEZ MANUEL Y GONZÁLEZ DE MANZANEDO, SANCHO[23] MANUEL DE CASTILLA Y LASSO DE LA VEGA, JUAN I[22] MANUEL DE CASTILLA, REY DE CASTILLA LEÓN, JUANA[21] MANUEL DE CASTILLA, BLANCA[20] DE LA CERDA, FERNANDO[19] DE LA CERDA II, FERNANDO[18] DE LA CERDA, VIOLANTE[17] DE ARAGÓN, JAIME I[16] "EL CONQUISTADOR" REY DE ARAGÓN, PEDRO II[15] DE ARAGÓN, "EL CATÓLICO" REY DE ARAGÓN, ALFONSO II[14] REY DE ARAGÓN Y 1RO. DE CATALUÑA, PETRONILA[13] DE ARAGÓN, REINA DE ARAGÓN, RAMIRO II[12] SÁNCHEZ, REY DE ARAGÓN, SANCHO V[11] RAMÍREZ, REY DE ARAGÓN, RAMIRO I[10] SÁNCHEZ, REY DE ARAGÓN, SANCHO III[9] GARCÉS "EL GRANDE", REY DE PAMPLONA, GARCÍA II[8] SÁNCHEZ, REY DE PAMPLONA, EL TEMBLÓN, SANCHO II[7] GARCÉS ABARCA, REY DE PAMPLONA, GARCÍA I[6] SÁNCHEZ, REY DE PAMPLONA, SANCHO I[5] GARCÉS, REY DE PAMPLONA, GARCÍA[4] JIMÉNEZ, PRÍNCIPE DE NAVARRA, JIMENA[3] GARCÍA, GARCÍA[2] JIMÉNEZ, JIMINO[1])* He married ERNESTINA "TINA" CASTILLO MARTÍNEZ, daughter of EDUARDO CASTILLO RAMÍREZ and AGUSTINA MARTÍNEZ URTECHO.

Children of JOSÉ OYANGUREN CARDENAL and ERNESTINA CASTILLO MARTÍNEZ are:

- i. REGINA[40] OYANGUREN CASTILLO.
- ii. XIMENA OYANGUREN CASTILLO.
- iii. CARMEN OYANGUREN CASTILLO, m. (1) ALVARO BALTODANO CANTARERO; m. (2) ROBERT ZABRINSKY.
- iv. JOSÉ OYANGUREN CASTILLO.

182. RODOLFO[39] CARDENAL MARTÍNEZ *(RODOLFO[38] CARDENAL ARGÜELLO, SALVADOR[37] CARDENAL SABORÍO, PEDRO[36] CARDENAL AYERDI, MARÍA MANUELA[35] AYERDI ZÁRATE, PEDRO*

MANUEL[34] AYERDI RAMIRO-CORAJO, ANA MARTA[33] RAMIRO-CORAJO Y ZAPATA, FERNANDO[32] RAMIRO-CORAJO Y VERA SOTOMAYOR, JUANA[31] DE VERA SOTOMAYOR, LUIS[30] MÉNDEZ SOTOMAYOR Y CERRATO, ALFONSO[29] FERNÁNDEZ DE SOTOMAYOR FIGUEROA MESSÍA, LUIS[28] MÉNDEZ DE SOTOMAYOR FIGUEROA MESSÍA, GARCÍ[27] MÉNDEZ DE SOTOMAYOR Y SÁNCHEZ VILLODRE, CATALINA[26] SÁNCHEZ DE VILLODRE Y MANUEL, INÉS[25] SÁNCHEZ MANUEL DE VILLENA, JUAN[24] SÁNCHEZ MANUEL Y GONZÁLEZ DE MANZANEDO, SANCHO[23] MANUEL DE CASTILLA Y LASSO DE LA VEGA, JUAN I[22] MANUEL DE CASTILLA, REY DE CASTILLA LEÓN, JUANA[21] MANUEL DE CASTILLA, BLANCA[20] DE LA CERDA, FERNANDO[19] DE LA CERDA II, FERNANDO[18] DE LA CERDA, VIOLANTE[17] DE ARAGÓN, JAIME I[16] "EL CONQUISTADOR" REY DE ARAGÓN, PEDRO II[15] DE ARAGÓN, "EL CATÓLICO" REY DE ARAGÓN, ALFONSO II[14] REY DE ARAGÓN Y 1RO. DE CATALUÑA, PETRONILA[13] DE ARAGÓN, REINA DE ARAGÓN, RAMIRO II[12] SÁNCHEZ, REY DE ARAGÓN, SANCHO V[11] RAMÍREZ, REY DE ARAGÓN, RAMIRO I[10] SÁNCHEZ, REY DE ARAGÓN, SANCHO III[9] GARCÉS "EL GRANDE", REY DE PAMPLONA, GARCÍA II[8] SÁNCHEZ, REY DE PAMPLONA, EL TEMBLÓN, SANCHO II[7] GARCÉS ABARCA, REY DE PAMPLONA, GARCÍA I[6] SÁNCHEZ, REY DE PAMPLONA, SANCHO I[5] GARCÉS, REY DE PAMPLONA, GARCÍA[4] JIMÉNEZ, PRÍNCIPE DE NAVARRA, JIMENA[3] GARCÍA, GARCÍA[2] JIMÉNEZ, JIMINO[1]) He married MARÍA JESÚS CHAMORRO CARAZO, daughter of ENRIQUE CHAMORRO SOLÓRZANO and MARÍA CARAZO MORALES.

Children of RODOLFO CARDENAL MARTÍNEZ and MARÍA CHAMORRO CARAZO are:

i. RODOLFO[40] CARDENAL CHAMORRO.
ii. MARIO CARDENAL CHAMORRO.
iii. MARÍA JESÚS CARDENAL CHAMORRO.
iv. BERNARDO CARDENAL CHAMORRO.

183. ESMERALDA[39] CARDENAL MARTÍNEZ *(RODOLFO[38] CARDENAL ARGÜELLO, SALVADOR[37] CARDENAL SABORÍO, PEDRO[36] CARDENAL AYERDI, MARÍA MANUELA[35] AYERDI ZÁRATE, PEDRO MANUEL[34] AYERDI RAMIRO-CORAJO, ANA MARTA[33] RAMIRO-CORAJO Y ZAPATA, FERNANDO[32] RAMIRO-CORAJO Y VERA SOTOMAYOR, JUANA[31] DE VERA SOTOMAYOR, LUIS[30] MÉNDEZ SOTOMAYOR Y CERRATO, ALFONSO[29] FERNÁNDEZ DE SOTOMAYOR FIGUEROA MESSÍA, LUIS[28] MÉNDEZ DE SOTOMAYOR FIGUEROA MESSÍA, GARCÍ[27] MÉNDEZ DE SOTOMAYOR Y SÁNCHEZ VILLODRE, CATALINA[26] SÁNCHEZ DE VILLODRE Y MANUEL, INÉS[25] SÁNCHEZ MANUEL DE VILLENA, JUAN[24] SÁNCHEZ MANUEL Y GONZÁLEZ DE MANZANEDO, SANCHO[23] MANUEL DE CASTILLA Y LASSO DE LA VEGA, JUAN I[22] MANUEL DE CASTILLA, REY DE CASTILLA LEÓN, JUANA[21] MANUEL DE CASTILLA, BLANCA[20] DE LA CERDA, FERNANDO[19] DE LA CERDA II, FERNANDO[18] DE LA CERDA, VIOLANTE[17] DE ARAGÓN, JAIME I[16] "EL CONQUISTADOR" REY DE ARAGÓN, PEDRO II[15] DE ARAGÓN, "EL CATÓLICO" REY DE ARAGÓN, ALFONSO II[14] REY DE ARAGÓN Y 1RO. DE CATALUÑA, PETRONILA[13] DE ARAGÓN, REINA DE ARAGÓN, RAMIRO II[12] SÁNCHEZ, REY DE ARAGÓN, SANCHO V[11] RAMÍREZ, REY DE ARAGÓN, RAMIRO I[10] SÁNCHEZ, REY DE ARAGÓN, SANCHO III[9] GARCÉS "EL GRANDE", REY DE PAMPLONA, GARCÍA II[8] SÁNCHEZ, REY DE PAMPLONA, EL TEMBLÓN, SANCHO II[7] GARCÉS ABARCA, REY DE PAMPLONA, GARCÍA I[6] SÁNCHEZ, REY DE PAMPLONA, SANCHO I[5] GARCÉS, REY DE PAMPLONA, GARCÍA[4] JIMÉNEZ, PRÍNCIPE DE NAVARRA, JIMENA[3] GARCÍA, GARCÍA[2] JIMÉNEZ, JIMINO[1])* She married (1) OCTAVIO LOVO PAGUAGA, son of OCTAVIO LOVO MONCADA and ELENA PAGUAGA. She married (2) NOMBRE GOLDSMITH.

Child of ESMERALDA CARDENAL MARTÍNEZ and NOMBRE GOLDSMITH is:

i. MAURICIO[40] GOLDSMITH CARDENAL.

184. GONZALO[39] CARDENAL MARTÍNEZ *(RODOLFO[38] CARDENAL ARGÜELLO, SALVADOR[37] CARDENAL SABORÍO, PEDRO[36] CARDENAL AYERDI, MARÍA MANUELA[35] AYERDI ZÁRATE, PEDRO MANUEL[34] AYERDI RAMIRO-CORAJO, ANA MARTA[33] RAMIRO-CORAJO Y ZAPATA, FERNANDO[32] RAMIRO-CORAJO Y VERA SOTOMAYOR, JUANA[31] DE VERA SOTOMAYOR, LUIS[30] MÉNDEZ SOTOMAYOR Y CERRATO, ALFONSO[29] FERNÁNDEZ DE SOTOMAYOR FIGUEROA MESSÍA, LUIS[28]*

MÉNDEZ DE SOTOMAYOR FIGUEROA MESSÍA, GARCI[27] MÉNDEZ DE SOTOMAYOR Y SÁNCHEZ VILLODRE, CATALINA[26] SÁNCHEZ DE VILLODRE Y MANUEL, INÉS[25] SÁNCHEZ MANUEL DE VILLENA, JUAN[24] SÁNCHEZ MANUEL Y GONZÁLEZ DE MANZANEDO, SANCHO[23] MANUEL DE CASTILLA Y LASSO DE LA VEGA, JUAN I[22]MANUEL DE CASTILLA, REY DE CASTILLA LEÓN, JUANA[21] MANUEL DE CASTILLA, BLANCA[20] DE LA CERDA, FERNANDO[19] DE LA CERDA II, FERNANDO[18] DE LA CERDA, VIOLANTE[17] DE ARAGÓN, JAIME I[16] "EL CONQUISTADOR" REY DE ARAGÓN, PEDRO II[15]DE ARAGÓN, "EL CATÓLICO" REY DE ARAGÓN, ALFONSO II[14] REY DE ARAGÓN Y 1RO. DE CATALUÑA, PETRONILA[13]DE ARAGÓN, REINA DE ARAGÓN, RAMIRO II[12]SÁNCHEZ, REY DE ARAGÓN, SANCHO V[11]RAMÍREZ, REY DE ARAGÓN, RAMIRO I[10]SÁNCHEZ, REY DE ARAGÓN, SANCHO III[9]GARCÉS "EL GRANDE", REY DE PAMPLONA, GARCÍA II[8]SÁNCHEZ, REY DE PAMPLONA, EL TEMBLÓN, SANCHO II[7]GARCÉS ABARCA, REY DE PAMPLONA, GARCÍA I[6]SÁNCHEZ, REY DE PAMPLONA, SANCHO I[5]GARCÉS, REY DE PAMPLONA, GARCÍA[4]JIMÉNEZ, PRÍNCIPE DE NAVARRA, JIMENA[3] GARCÍA, GARCÍA[2] JIMÉNEZ, JIMINO[1]) He married FANNY ALVARADO AGUIRRE.

Children of GONZALO CARDENAL MARTÍNEZ and FANNY ALVARADO AGUIRRE are:

i. GONZALO[40] CARDENAL ALVARADO.
ii. VERÓNICA CARDENAL ALVARADO.
iii. ESMERALDA CARDENAL ALVARADO.

185. RODRIGO[39] CARDENAL MARTÍNEZ *(RODOLFO[38] CARDENAL ARGÜELLO, SALVADOR[37] CARDENAL SABORÍO, PEDRO[36] CARDENAL AYERDI, MARÍA MANUELA[35] AYERDI ZÁRATE, PEDRO MANUEL[34] AYERDI RAMIRO-CORAJO, ANA MARTA[33] RAMIRO-CORAJO Y ZAPATA, FERNANDO[32] RAMIRO-CORAJO Y VERA SOTOMAYOR, JUANA[31] DE VERA SOTOMAYOR, LUIS[30] MÉNDEZ SOTOMAYOR Y CERRATO, ALFONSO[29] FERNÁNDEZ DE SOTOMAYOR FIGUEROA MESSÍA, LUIS[28] MÉNDEZ DE SOTOMAYOR FIGUEROA MESSÍA, GARCI[27] MÉNDEZ DE SOTOMAYOR Y SÁNCHEZ VILLODRE, CATALINA[26] SÁNCHEZ DE VILLODRE Y MANUEL, INÉS[25] SÁNCHEZ MANUEL DE VILLENA, JUAN[24] SÁNCHEZ MANUEL Y GONZÁLEZ DE MANZANEDO, SANCHO[23] MANUEL DE CASTILLA Y LASSO DE LA VEGA, JUAN I[22]MANUEL DE CASTILLA, REY DE CASTILLA LEÓN, JUANA[21] MANUEL DE CASTILLA, BLANCA[20] DE LA CERDA, FERNANDO[19] DE LA CERDA II, FERNANDO[18] DE LA CERDA, VIOLANTE[17] DE ARAGÓN, JAIME I[16] "EL CONQUISTADOR" REY DE ARAGÓN, PEDRO II[15]DE ARAGÓN, "EL CATÓLICO" REY DE ARAGÓN, ALFONSO II[14] REY DE ARAGÓN Y 1RO. DE CATALUÑA, PETRONILA[13]DE ARAGÓN, REINA DE ARAGÓN, RAMIRO II[12]SÁNCHEZ, REY DE ARAGÓN, SANCHO V[11]RAMÍREZ, REY DE ARAGÓN, RAMIRO I[10]SÁNCHEZ, REY DE ARAGÓN, SANCHO III[9]GARCÉS "EL GRANDE", REY DE PAMPLONA, GARCÍA II[8]SÁNCHEZ, REY DE PAMPLONA, EL TEMBLÓN, SANCHO II[7]GARCÉS ABARCA, REY DE PAMPLONA, GARCÍA I[6]SÁNCHEZ, REY DE PAMPLONA, SANCHO I[5]GARCÉS, REY DE PAMPLONA, GARCÍA[4]JIMÉNEZ, PRÍNCIPE DE NAVARRA, JIMENA[3] GARCÍA, GARCÍA[2] JIMÉNEZ, JIMINO[1])* was born in Managua, Nicaragua. He married MARÍA MARGARITA CÓRDOBA ALVAREZ, daughter of RAFAEL CÓRDOBA RIVAS and MARGARITA ALVAREZ CHAMORRO. She was born in Managua, Nicaragua.

Children of RODRIGO CARDENAL MARTÍNEZ and MARÍA CÓRDOBA ALVAREZ are:

i. FERNANDO[40] CARDENAL CÓRDOBA.
ii. MARGARITA CARDENAL CÓRDOBA.
iii. ERNESTO CARDENAL CÓRDOBA.
iv. RODRIGO CARDENAL CÓRDOBA.
v. MARÍA AGUSTINA CARDENAL CÓRDOBA.

186. MARÍA TERESA[39] CARDENAL MARTÍNEZ *(RODOLFO[38] CARDENAL ARGÜELLO, SALVADOR[37] CARDENAL SABORÍO, PEDRO[36] CARDENAL AYERDI, MARÍA MANUELA[35] AYERDI ZÁRATE, PEDRO MANUEL[34] AYERDI RAMIRO-CORAJO, ANA MARTA[33] RAMIRO-CORAJO Y ZAPATA, FERNANDO[32] RAMIRO-CORAJO Y VERA SOTOMAYOR, JUANA[31] DE VERA SOTOMAYOR, LUIS[30] MÉNDEZ SOTOMAYOR Y CERRATO, ALFONSO[29] FERNÁNDEZ DE SOTOMAYOR FIGUEROA MESSÍA, LUIS[28] MÉNDEZ DE SOTOMAYOR FIGUEROA MESSÍA, GARCI[27] MÉNDEZ DE*

SOTOMAYOR Y SÁNCHEZ VILLODRE, CATALINA[26] SÁNCHEZ DE VILLODRE Y MANUEL, INÉS[25] SÁNCHEZ MANUEL DE VILLENA, JUAN[24] SÁNCHEZ MANUEL Y GONZÁLEZ DE MANZANEDO, SANCHO[23] MANUEL DE CASTILLA Y LASSO DE LA VEGA, JUAN I[22] MANUEL DE CASTILLA, REY DE CASTILLA LEÓN, JUANA[21] MANUEL DE CASTILLA, BLANCA[20] DE LA CERDA, FERNANDO[19] DE LA CERDA II, FERNANDO[18] DE LA CERDA, VIOLANTE[17] DE ARAGÓN, JAIME I[16] "EL CONQUISTADOR" REY DE ARAGÓN, PEDRO II[15] DE ARAGÓN, "EL CATÓLICO" REY DE ARAGÓN, ALFONSO II[14] REY DE ARAGÓN Y 1RO. DE CATALUÑA, PETRONILA[13] DE ARAGÓN, REINA DE ARAGÓN, RAMIRO II[12] SÁNCHEZ, REY DE ARAGÓN, SANCHO V[11] RAMÍREZ, REY DE ARAGÓN, RAMIRO I[10] SÁNCHEZ, REY DE ARAGÓN, SANCHO III[9] GARCÉS "EL GRANDE", REY DE PAMPLONA, GARCÍA II[8] SÁNCHEZ, REY DE PAMPLONA, EL TEMBLÓN, SANCHO II[7] GARCÉS ABARCA, REY DE PAMPLONA, GARCÍA I[6] SÁNCHEZ, REY DE PAMPLONA, SANCHO I[5] GARCÉS, REY DE PAMPLONA, GARCÍA[4] JIMÉNEZ, PRÍNCIPE DE NAVARRA, JIMENA[3] GARCÍA, GARCÍA[2] JIMÉNEZ, JIMINO[1]) She married HARRY CORDÚA KELLY.

Children of MARÍA CARDENAL MARTÍNEZ and HARRY CORDÚA KELLY are:

i. REGINA[40] CORDÚA CARDENAL.
ii. ANA MARÍA CORDÚA CARDENAL.

187. PEDRO JOAQUÍN[39] CHAMORRO CARDENAL *(MARGARITA[38] CARDENAL ARGÜELLO, SALVADOR[37] CARDENAL SABORÍO, PEDRO[36] CARDENAL AYERDI, MARÍA MANUELA[35] AYERDI ZÁRATE, PEDRO MANUEL[34] AYERDI RAMIRO-CORAJO, ANA MARTA[33] RAMIRO-CORAJO Y ZAPATA, FERNANDO[32] RAMIRO-CORAJO Y VERA SOTOMAYOR, JUANA[31] DE VERA SOTOMAYOR, LUIS[30] MÉNDEZ SOTOMAYOR Y CERRATO, ALFONSO[29] FERNÁNDEZ DE SOTOMAYOR FIGUEROA MESSÍA, LUIS[28] MÉNDEZ DE SOTOMAYOR FIGUEROA MESSÍA, GARCI[27] MÉNDEZ DE SOTOMAYOR Y SÁNCHEZ VILLODRE, CATALINA[26] SÁNCHEZ DE VILLODRE Y MANUEL, INÉS[25] SÁNCHEZ MANUEL DE VILLENA, JUAN[24] SÁNCHEZ MANUEL Y GONZÁLEZ DE MANZANEDO, SANCHO[23] MANUEL DE CASTILLA Y LASSO DE LA VEGA, JUAN I[22] MANUEL DE CASTILLA, REY DE CASTILLA LEÓN, JUANA[21] MANUEL DE CASTILLA, BLANCA[20] DE LA CERDA, FERNANDO[19] DE LA CERDA II, FERNANDO[18] DE LA CERDA, VIOLANTE[17] DE ARAGÓN, JAIME I[16] "EL CONQUISTADOR" REY DE ARAGÓN, PEDRO II[15] DE ARAGÓN, "EL CATÓLICO" REY DE ARAGÓN, ALFONSO II[14] REY DE ARAGÓN Y 1RO. DE CATALUÑA, PETRONILA[13] DE ARAGÓN, REINA DE ARAGÓN, RAMIRO II[12] SÁNCHEZ, REY DE ARAGÓN, SANCHO V[11] RAMÍREZ, REY DE ARAGÓN, RAMIRO I[10] SÁNCHEZ, REY DE ARAGÓN, SANCHO III[9] GARCÉS "EL GRANDE", REY DE PAMPLONA, GARCÍA II[8] SÁNCHEZ, REY DE PAMPLONA, EL TEMBLÓN, SANCHO II[7] GARCÉS ABARCA, REY DE PAMPLONA, GARCÍA I[6] SÁNCHEZ, REY DE PAMPLONA, SANCHO I[5] GARCÉS, REY DE PAMPLONA, GARCÍA[4] JIMÉNEZ, PRÍNCIPE DE NAVARRA, JIMENA[3] GARCÍA, GARCÍA[2] JIMÉNEZ, JIMINO[1])* died January 22, 1978 in Managua, Nicaragua. He married VIOLETA BARRIOS TORRES, daughter of CARLOS BARRIOS SACASA and AMALIA TORRES HURTADO. She was born in Rivas, Rivas, Nicaragua.

Children of PEDRO CHAMORRO CARDENAL and VIOLETA BARRIOS TORRES are:

i. PEDRO JOAQUÍN[40] CHAMORRO BARRIOS, b. 1951.
ii. CLAUDIA LUCÍA CHAMORRO BARRIOS.
iii. CRISTIANA CHAMORRO BARRIOS, b. 1954.
iv. CARLOS FERNANDO CHAMORRO BARRIOS.
v. MARÍA DE LOS MILAGROS CHAMORRO BARRIOS, b. Managua, Nicaragua.

Notes for MARÍA DE LOS MILAGROS CHAMORRO BARRIOS:
María de los Milagros Chamorro Barrios nació muerta.

188. ANA MARÍA[39] CHAMORRO CARDENAL *(MARGARITA[38] CARDENAL ARGÜELLO, SALVADOR[37] CARDENAL SABORÍO, PEDRO[36] CARDENAL AYERDI, MARÍA MANUELA[35] AYERDI ZÁRATE, PEDRO MANUEL[34] AYERDI RAMIRO-CORAJO, ANA MARTA[33] RAMIRO-CORAJO Y ZAPATA, FERNANDO[32] RAMIRO-CORAJO Y VERA SOTOMAYOR, JUANA[31] DE VERA SOTOMAYOR,*

LUIS[30] MÉNDEZ SOTOMAYOR Y CERRATO, ALFONSO[29] FERNÁNDEZ DE SOTOMAYOR FIGUEROA MESSÍA, LUIS[28] MÉNDEZ DE SOTOMAYOR FIGUEROA MESSÍA, GARCÍ[27] MÉNDEZ DE SOTOMAYOR Y SÁNCHEZ VILLODRE, CATALINA[26] SÁNCHEZ DE VILLODRE Y MANUEL, INÉS[25] SÁNCHEZ MANUEL DE VILLENA, JUAN[24] SÁNCHEZ MANUEL Y GONZÁLEZ DE MANZANEDO, SANCHO[23] MANUEL DE CASTILLA Y LASSO DE LA VEGA, JUAN I[22] MANUEL DE CASTILLA, REY DE CASTILLA LEÓN, JUANA[21] MANUEL DE CASTILLA, BLANCA[20] DE LA CERDA, FERNANDO[19] DE LA CERDA II, FERNANDO[18] DE LA CERDA, VIOLANTE[17] DE ARAGÓN, JAIME I[16] "EL CONQUISTADOR" REY DE ARAGÓN, PEDRO II[15] DE ARAGÓN, "EL CATÓLICO" REY DE ARAGÓN, ALFONSO II[14] REY DE ARAGÓN Y 1RO. DE CATALUÑA, PETRONILA[13] DE ARAGÓN, REINA DE ARAGÓN, RAMIRO II[12] SÁNCHEZ, REY DE ARAGÓN, SANCHO V[11] RAMÍREZ, REY DE ARAGÓN, RAMIRO I[10] SÁNCHEZ, REY DE ARAGÓN, SANCHO III[9] GARCÉS "EL GRANDE", REY DE PAMPLONA, GARCÍA II[8] SÁNCHEZ, REY DE PAMPLONA, EL TEMBLÓN, SANCHO II[7] GARCÉS ABARCA, REY DE PAMPLONA, GARCÍA I[6] SÁNCHEZ, REY DE PAMPLONA, SANCHO I[5] GARCÉS, REY DE PAMPLONA, GARCÍA[4] JIMÉNEZ, PRÍNCIPE DE NAVARRA, JIMENA[3] GARCÍA, GARCÍA[2] JIMÉNEZ, JIMINO[1]) died 1988 in Managua, Nicaragua. She married CARLOS HOLLMAN THOMPSON, son of EDGARD HOLLMANN REINEKE and CAROLINA THOMPSON GUTIÉRREZ.

Children of ANA CHAMORRO CARDENAL and CARLOS HOLLMAN THOMPSON are:

i. EDUARDO[40] HOLLMAN CHAMORRO.
ii. VERÓNICA HOLLMAN CHAMORRO.
iii. HUGO HOLLMAN CHAMORRO.
iv. ANA CAROLINA HOLLMAN CHAMORRO.
v. HUGO HOLLMAN CHAMORRO.
vi. BRUNO HOLLMAN CHAMORRO.
vii. ERICKA HOLLMAN CHAMORRO.
viii. JUAN LORENZO HOLLMAN CHAMORRO.

189. XAVIER[39] CHAMORRO CARDENAL *(MARGARITA[38] CARDENAL ARGÜELLO, SALVADOR[37] CARDENAL SABORÍO, PEDRO[36] CARDENAL AYERDI, MARÍA MANUELA[35] AYERDI ZÁRATE, PEDRO MANUEL[34] AYERDI RAMIRO-CORAJO, ANA MARTA[33] RAMIRO-CORAJO Y ZAPATA, FERNANDO[32] RAMIRO-CORAJO Y VERA SOTOMAYOR, JUANA[31] DE VERA SOTOMAYOR, LUIS[30] MÉNDEZ SOTOMAYOR Y CERRATO, ALFONSO[29] FERNÁNDEZ DE SOTOMAYOR FIGUEROA MESSÍA, LUIS[28] MÉNDEZ DE SOTOMAYOR FIGUEROA MESSÍA, GARCÍ[27] MÉNDEZ DE SOTOMAYOR Y SÁNCHEZ VILLODRE, CATALINA[26] SÁNCHEZ DE VILLODRE Y MANUEL, INÉS[25] SÁNCHEZ MANUEL DE VILLENA, JUAN[24] SÁNCHEZ MANUEL Y GONZÁLEZ DE MANZANEDO, SANCHO[23] MANUEL DE CASTILLA Y LASSO DE LA VEGA, JUAN I[22] MANUEL DE CASTILLA, REY DE CASTILLA LEÓN, JUANA[21] MANUEL DE CASTILLA, BLANCA[20] DE LA CERDA, FERNANDO[19] DE LA CERDA II, FERNANDO[18] DE LA CERDA, VIOLANTE[17] DE ARAGÓN, JAIME I[16] "EL CONQUISTADOR" REY DE ARAGÓN, PEDRO II[15] DE ARAGÓN, "EL CATÓLICO" REY DE ARAGÓN, ALFONSO II[14] REY DE ARAGÓN Y 1RO. DE CATALUÑA, PETRONILA[13] DE ARAGÓN, REINA DE ARAGÓN, RAMIRO II[12] SÁNCHEZ, REY DE ARAGÓN, SANCHO V[11] RAMÍREZ, REY DE ARAGÓN, RAMIRO I[10] SÁNCHEZ, REY DE ARAGÓN, SANCHO III[9] GARCÉS "EL GRANDE", REY DE PAMPLONA, GARCÍA II[8] SÁNCHEZ, REY DE PAMPLONA, EL TEMBLÓN, SANCHO II[7] GARCÉS ABARCA, REY DE PAMPLONA, GARCÍA I[6] SÁNCHEZ, REY DE PAMPLONA, SANCHO I[5] GARCÉS, REY DE PAMPLONA, GARCÍA[4] JIMÉNEZ, PRÍNCIPE DE NAVARRA, JIMENA[3] GARCÍA, GARCÍA[2] JIMÉNEZ, JIMINO[1])* He married SONIA GARCÍA CÓRDOBA.

Children of XAVIER CHAMORRO CARDENAL and SONIA GARCÍA CÓRDOBA are:

i. FRANCISCO XAVIER[40] CHAMORRO GARCÍA.
ii. CARMEN MARGARITA CHAMORRO GARCÍA.
iii. GABRIEL CHAMORRO GARCÍA.
iv. ANA MARÍA CHAMORRO GARCÍA.
v. JUAN SEBASTIÁN CHAMORRO GARCÍA.

190. JAIME[39] CHAMORRO CARDENAL *(MARGARITA[38] CARDENAL ARGÜELLO, SALVADOR[37] CARDENAL SABORÍO, PEDRO[36] CARDENAL AYERDI, MARÍA MANUELA[35] AYERDI ZÁRATE, PEDRO MANUEL[34] AYERDI RAMIRO-CORAJO, ANA MARTA[33] RAMIRO-CORAJO Y ZAPATA, FERNANDO[32] RAMIRO-CORAJO Y VERA SOTOMAYOR, JUANA[31] DE VERA SOTOMAYOR, LUIS[30] MÉNDEZ SOTOMAYOR Y CERRATO, ALFONSO[29] FERNÁNDEZ DE SOTOMAYOR FIGUEROA MESSÍA, LUIS[28] MÉNDEZ DE SOTOMAYOR FIGUEROA MESSÍA, GARCÍ[27] MÉNDEZ DE SOTOMAYOR Y SÁNCHEZ VILLODRE, CATALINA[26] SÁNCHEZ DE VILLODRE Y MANUEL, INÉS[25] SÁNCHEZ MANUEL DE VILLENA, JUAN[24] SÁNCHEZ MANUEL Y GONZÁLEZ DE MANZANEDO, SANCHO[23] MANUEL DE CASTILLA Y LASSO DE LA VEGA, JUAN I[22]MANUEL DE CASTILLA, REY DE CASTILLA LEÓN, JUANA[21] MANUEL DE CASTILLA, BLANCA[20] DE LA CERDA, FERNANDO[19] DE LA CERDA II, FERNANDO[18] DE LA CERDA, VIOLANTE[17] DE ARAGÓN, JAIME I[16] "EL CONQUISTADOR" REY DE ARAGÓN, PEDRO II[15]DE ARAGÓN, "EL CATÓLICO" REY DE ARAGÓN, ALFONSO II[14] REY DE ARAGÓN Y 1RO. DE CATALUÑA, PETRONILA[13]DE ARAGÓN, REINA DE ARAGÓN, RAMIRO II[12]SÁNCHEZ, REY DE ARAGÓN, SANCHO V[11]RAMÍREZ, REY DE ARAGÓN, RAMIRO I[10]SÁNCHEZ, REY DE ARAGÓN, SANCHO III[9]GARCÉS "EL GRANDE", REY DE PAMPLONA, GARCÍA II[8]SÁNCHEZ, REY DE PAMPLONA, EL TEMBLÓN, SANCHO II[7]GARCÉS ABARCA, REY DE PAMPLONA, GARCÍA I[6]SÁNCHEZ, REY DE PAMPLONA, SANCHO I[5]GARCÉS, REY DE PAMPLONA, GARCÍA[4]JIMÉNEZ, PRÍNCIPE DE NAVARRA, JIMENA[3] GARCÍA, GARCÍA[2] JIMÉNEZ, JIMINO[1])* He married HILDA ARGEÑAL PALMA, daughter of ELÍAS ARGEÑAL OTERO and HILDA PALMA LACAYO.

Children of JAIME CHAMORRO CARDENAL and HILDA ARGEÑAL PALMA are:

i. JAIME MARTÍN[40] CHAMORRO ARGEÑAL.
ii. ALONSO CHAMORRO ARGEÑAL, m. HANNIA GARCÍA.
iii. FELIPE CHAMORRO ARGEÑAL.
iv. MARÍA DEL SAGRARIO CHAMORRO ARGEÑAL, m. MARK HABID NAVAS.

191. CARLOS[39] CARDENAL MARTÍNEZ *(CARLOS[38] CARDENAL ARGÜELLO, SALVADOR[37] CARDENAL SABORÍO, PEDRO[36] CARDENAL AYERDI, MARÍA MANUELA[35] AYERDI ZÁRATE, PEDRO MANUEL[34] AYERDI RAMIRO-CORAJO, ANA MARTA[33] RAMIRO-CORAJO Y ZAPATA, FERNANDO[32] RAMIRO-CORAJO Y VERA SOTOMAYOR, JUANA[31] DE VERA SOTOMAYOR, LUIS[30] MÉNDEZ SOTOMAYOR Y CERRATO, ALFONSO[29] FERNÁNDEZ DE SOTOMAYOR FIGUEROA MESSÍA, LUIS[28] MÉNDEZ DE SOTOMAYOR FIGUEROA MESSÍA, GARCÍ[27] MÉNDEZ DE SOTOMAYOR Y SÁNCHEZ VILLODRE, CATALINA[26] SÁNCHEZ DE VILLODRE Y MANUEL, INÉS[25] SÁNCHEZ MANUEL DE VILLENA, JUAN[24] SÁNCHEZ MANUEL Y GONZÁLEZ DE MANZANEDO, SANCHO[23] MANUEL DE CASTILLA Y LASSO DE LA VEGA, JUAN I[22]MANUEL DE CASTILLA, REY DE CASTILLA LEÓN, JUANA[21] MANUEL DE CASTILLA, BLANCA[20] DE LA CERDA, FERNANDO[19] DE LA CERDA II, FERNANDO[18] DE LA CERDA, VIOLANTE[17] DE ARAGÓN, JAIME I[16] "EL CONQUISTADOR" REY DE ARAGÓN, PEDRO II[15]DE ARAGÓN, "EL CATÓLICO" REY DE ARAGÓN, ALFONSO II[14] REY DE ARAGÓN Y 1RO. DE CATALUÑA, PETRONILA[13]DE ARAGÓN, REINA DE ARAGÓN, RAMIRO II[12]SÁNCHEZ, REY DE ARAGÓN, SANCHO V[11]RAMÍREZ, REY DE ARAGÓN, RAMIRO I[10]SÁNCHEZ, REY DE ARAGÓN, SANCHO III[9]GARCÉS "EL GRANDE", REY DE PAMPLONA, GARCÍA II[8]SÁNCHEZ, REY DE PAMPLONA, EL TEMBLÓN, SANCHO II[7]GARCÉS ABARCA, REY DE PAMPLONA, GARCÍA I[6]SÁNCHEZ, REY DE PAMPLONA, SANCHO I[5]GARCÉS, REY DE PAMPLONA, GARCÍA[4]JIMÉNEZ, PRÍNCIPE DE NAVARRA, JIMENA[3] GARCÍA, GARCÍA[2] JIMÉNEZ, JIMINO[1])* He married CATALINA MENDIETA MENDIETA, daughter of ORLANDO MENDIETA BALTODANO and MARÍA MENDIETA.

Children of CARLOS CARDENAL MARTÍNEZ and CATALINA MENDIETA MENDIETA are:

i. JAIME JAVIER[40] CARDENAL MENDIETA.
ii. CARLOS RAFAEL CARDENAL MENDIETA.

192. NORA[39] CARDENAL MARTÍNEZ *(CARLOS[38] CARDENAL ARGÜELLO, SALVADOR[37] CARDENAL SABORÍO, PEDRO[36] CARDENAL AYERDI, MARÍA MANUELA[35] AYERDI ZÁRATE, PEDRO MANUEL[34] AYERDI RAMIRO-CORAJO, ANA MARTA[33] RAMIRO-CORAJO Y ZAPATA, FERNANDO[32]*

RAMIRO-CORAJO Y VERA SOTOMAYOR, JUANA[31] DE VERA SOTOMAYOR, LUIS[30] MÉNDEZ SOTOMAYOR Y CERRATO, ALFONSO[29] FERNÁNDEZ DE SOTOMAYOR FIGUEROA MESSÍA, LUIS[28] MÉNDEZ DE SOTOMAYOR FIGUEROA MESSÍA, GARCÍ[27] MÉNDEZ DE SOTOMAYOR Y SÁNCHEZ VILLODRE, CATALINA[26] SÁNCHEZ DE VILLODRE Y MANUEL, INÉS[25] SÁNCHEZ MANUEL DE VILLENA, JUAN[24] SÁNCHEZ MANUEL Y GONZÁLEZ DE MANZANEDO, SANCHO[23] MANUEL DE CASTILLA Y LASSO DE LA VEGA, JUAN I[22]MANUEL DE CASTILLA, REY DE CASTILLA LEÓN, JUANA[21] MANUEL DE CASTILLA, BLANCA[20] DE LA CERDA, FERNANDO[19] DE LA CERDA II, FERNANDO[18] DE LA CERDA, VIOLANTE[17] DE ARAGÓN, JAIME I[16] "EL CONQUISTADOR" REY DE ARAGÓN, PEDRO II[15]DE ARAGÓN, "EL CATÓLICO" REY DE ARAGÓN, ALFONSO II[14] REY DE ARAGÓN Y 1RO. DE CATALUÑA, PETRONILA[13]DE ARAGÓN, REINA DE ARAGÓN, RAMIRO II[12]SÁNCHEZ, REY DE ARAGÓN, SANCHO V[11]RAMÍREZ, REY DE ARAGÓN, RAMIRO I[10]SÁNCHEZ, REY DE ARAGÓN, SANCHO III[9]GARCÉS "EL GRANDE", REY DE PAMPLONA, GARCÍA II[8]SÁNCHEZ, REY DE PAMPLONA, EL TEMBLÓN, SANCHO II[7]GARCÉS ABARCA, REY DE PAMPLONA, GARCÍA I[6]SÁNCHEZ, REY DE PAMPLONA, SANCHO I[5]GARCÉS, REY DE PAMPLONA, GARCÍA[4]JIMÉNEZ, PRÍNCIPE DE NAVARRA, JIMENA[3] GARCÍA, GARCÍA[2] JIMÉNEZ, JIMINO[1]) She married FRANCISCO CASTRO MOLIERI, son of FRANCISCO CASTRO SANTIAGO and ANGELA MOLIERI OROZCO.

Children of NORA CARDENAL MARTÍNEZ and FRANCISCO CASTRO MOLIERI are:

i. VANESSA[40] CASTRO CARDENAL.
ii. KARINA CASTRO CARDENAL.
iii. FIORELLA CASTRO CARDENAL, m. JOSÉ LEÓN ROMÁN.
iv. LESLIE CASTRO CARDENAL.
v. FRANCISCO FIDEL CASTRO CARDENAL.

193. MANUEL[39] CARDENAL MARTÍNEZ *(CARLOS[38] CARDENAL ARGÜELLO, SALVADOR[37] CARDENAL SABORÍO, PEDRO[36] CARDENAL AYERDI, MARÍA MANUELA[35] AYERDI ZÁRATE, PEDRO MANUEL[34] AYERDI RAMIRO-CORAJO, ANA MARTA[33] RAMIRO-CORAJO Y ZAPATA, FERNANDO[32] RAMIRO-CORAJO Y VERA SOTOMAYOR, JUANA[31] DE VERA SOTOMAYOR, LUIS[30] MÉNDEZ SOTOMAYOR Y CERRATO, ALFONSO[29] FERNÁNDEZ DE SOTOMAYOR FIGUEROA MESSÍA, LUIS[28] MÉNDEZ DE SOTOMAYOR FIGUEROA MESSÍA, GARCÍ[27] MÉNDEZ DE SOTOMAYOR Y SÁNCHEZ VILLODRE, CATALINA[26] SÁNCHEZ DE VILLODRE Y MANUEL, INÉS[25] SÁNCHEZ MANUEL DE VILLENA, JUAN[24] SÁNCHEZ MANUEL Y GONZÁLEZ DE MANZANEDO, SANCHO[23] MANUEL DE CASTILLA Y LASSO DE LA VEGA, JUAN I[22]MANUEL DE CASTILLA, REY DE CASTILLA LEÓN, JUANA[21] MANUEL DE CASTILLA, BLANCA[20] DE LA CERDA, FERNANDO[19] DE LA CERDA II, FERNANDO[18] DE LA CERDA, VIOLANTE[17] DE ARAGÓN, JAIME I[16] "EL CONQUISTADOR" REY DE ARAGÓN, PEDRO II[15]DE ARAGÓN, "EL CATÓLICO" REY DE ARAGÓN, ALFONSO II[14] REY DE ARAGÓN Y 1RO. DE CATALUÑA, PETRONILA[13]DE ARAGÓN, REINA DE ARAGÓN, RAMIRO II[12]SÁNCHEZ, REY DE ARAGÓN, SANCHO V[11]RAMÍREZ, REY DE ARAGÓN, RAMIRO I[10]SÁNCHEZ, REY DE ARAGÓN, SANCHO III[9]GARCÉS "EL GRANDE", REY DE PAMPLONA, GARCÍA II[8]SÁNCHEZ, REY DE PAMPLONA, EL TEMBLÓN, SANCHO II[7]GARCÉS ABARCA, REY DE PAMPLONA, GARCÍA I[6]SÁNCHEZ, REY DE PAMPLONA, SANCHO I[5]GARCÉS, REY DE PAMPLONA, GARCÍA[4]JIMÉNEZ, PRÍNCIPE DE NAVARRA, JIMENA[3] GARCÍA, GARCÍA[2] JIMÉNEZ, JIMINO[1])* was born September 24, 1937. He married SONIA MARTÍNEZ ROMÁN March 12, 1962 in Managua, Nicaragua, daughter of NICASIO MARTÍNEZ SANTOS and OFELIA ROMÁN SOLANO. She was born April 06, 1938 in Jinotepe, Carazo, Nicaragua.

More About MANUEL CARDENAL MARTÍNEZ and SONIA MARTÍNEZ ROMÁN:
Marriage: March 12, 1962, Managua, Nicaragua

Children of MANUEL CARDENAL MARTÍNEZ and SONIA MARTÍNEZ ROMÁN are:

i. RÓGER[40] CARDENAL MARTÍNEZ, b. December 04, 1962, Managua, Nicaragua.
ii. FRANCO CARDENAL MARTÍNEZ, b. October 24, 1963, Managua, Nicaragua; m. EDITH ARGÜELLO LACAYO, 1995, Managua, Nicaragua.

More About FRANCO CARDENAL MARTÍNEZ and EDITH ARGÜELLO LACAYO:

Marriage: 1995, Managua, Nicaragua

iii. CAIRO CARDENAL MARTÍNEZ, b. October 14, 1967, Managua, Nicaragua.
iv. MANOLO CARDENAL MARTÍNEZ, b. December 07, 1971, Managua, Nicaragua.
v. SONIA CARDENAL MARTÍNEZ, b. July 16, 1977, Managua, Nicaragua.

194. EDUARDO[39] CARDENAL MARTÍNEZ *(CARLOS[38] CARDENAL ARGÜELLO, SALVADOR[37] CARDENAL SABORÍO, PEDRO[36] CARDENAL AYERDI, MARÍA MANUELA[35] AYERDI ZÁRATE, PEDRO MANUEL[34] AYERDI RAMIRO-CORAJO, ANA MARTA[33] RAMIRO-CORAJO Y ZAPATA, FERNANDO[32] RAMIRO-CORAJO Y VERA SOTOMAYOR, JUANA[31] DE VERA SOTOMAYOR, LUIS[30] MÉNDEZ SOTOMAYOR Y CERRATO, ALFONSO[29] FERNÁNDEZ DE SOTOMAYOR FIGUEROA MESSÍA, LUIS[28] MÉNDEZ DE SOTOMAYOR FIGUEROA MESSÍA, GARCI[27] MÉNDEZ DE SOTOMAYOR Y SÁNCHEZ VILLODRE, CATALINA[26] SÁNCHEZ DE VILLODRE Y MANUEL, INÉS[25] SÁNCHEZ MANUEL DE VILLENA, JUAN[24] SÁNCHEZ MANUEL Y GONZÁLEZ DE MANZANEDO, SANCHO[23] MANUEL DE CASTILLA Y LASSO DE LA VEGA, JUAN I[22] MANUEL DE CASTILLA, REY DE CASTILLA LEÓN, JUANA[21] MANUEL DE CASTILLA, BLANCA[20] DE LA CERDA, FERNANDO[19] DE LA CERDA II, FERNANDO[18] DE LA CERDA, VIOLANTE[17] DE ARAGÓN, JAIME I[16] "EL CONQUISTADOR" REY DE ARAGÓN, PEDRO II[15] DE ARAGÓN, "EL CATÓLICO" REY DE ARAGÓN, ALFONSO II[14] REY DE ARAGÓN Y 1RO. DE CATALUÑA, PETRONILA[13] DE ARAGÓN, REINA DE ARAGÓN, RAMIRO II[12] SÁNCHEZ, REY DE ARAGÓN, SANCHO V[11] RAMÍREZ, REY DE ARAGÓN, RAMIRO I[10] SÁNCHEZ, REY DE ARAGÓN, SANCHO III[9] GARCÉS "EL GRANDE", REY DE PAMPLONA, GARCÍA II[8] SÁNCHEZ, REY DE PAMPLONA, EL TEMBLÓN, SANCHO II[7] GARCÉS ABARCA, REY DE PAMPLONA, GARCÍA I[6] SÁNCHEZ, REY DE PAMPLONA, SANCHO I[5] GARCÉS, REY DE PAMPLONA, GARCÍA[4] JIMÉNEZ, PRÍNCIPE DE NAVARRA, JIMENA[3] GARCÍA, GARCÍA[2] JIMÉNEZ, JIMINO[1])* He married OLGA DOWNING.

Children of EDUARDO CARDENAL MARTÍNEZ and OLGA DOWNING are:

i. MARÍA JOSÉ[40] CARDENAL DOWNING, m. DANILO FONSECA.
ii. STELLA CARDENAL DOWNING, m. IBRAHIM RODRÍGUEZ.
iii. EDUARDO CARDENAL DOWNING.
iv. ALEJANDRA CARDENAL DOWNING.

195. HAYDEÉ[39] PORTOCARRERO MARTÍNEZ *(SAMUEL[38] PORTOCARRERO CARDENAL, MANUELA[37] CARDENAL SABORÍO, PEDRO[36] CARDENAL AYERDI, MARÍA MANUELA[35] AYERDI ZÁRATE, PEDRO MANUEL[34] AYERDI RAMIRO-CORAJO, ANA MARTA[33] RAMIRO-CORAJO Y ZAPATA, FERNANDO[32] RAMIRO-CORAJO Y VERA SOTOMAYOR, JUANA[31] DE VERA SOTOMAYOR, LUIS[30] MÉNDEZ SOTOMAYOR Y CERRATO, ALFONSO[29] FERNÁNDEZ DE SOTOMAYOR FIGUEROA MESSÍA, LUIS[28] MÉNDEZ DE SOTOMAYOR FIGUEROA MESSÍA, GARCI[27] MÉNDEZ DE SOTOMAYOR Y SÁNCHEZ VILLODRE, CATALINA[26] SÁNCHEZ DE VILLODRE Y MANUEL, INÉS[25] SÁNCHEZ MANUEL DE VILLENA, JUAN[24] SÁNCHEZ MANUEL Y GONZÁLEZ DE MANZANEDO, SANCHO[23] MANUEL DE CASTILLA Y LASSO DE LA VEGA, JUAN I[22] MANUEL DE CASTILLA, REY DE CASTILLA LEÓN, JUANA[21] MANUEL DE CASTILLA, BLANCA[20] DE LA CERDA, FERNANDO[19] DE LA CERDA II, FERNANDO[18] DE LA CERDA, VIOLANTE[17] DE ARAGÓN, JAIME I[16] "EL CONQUISTADOR" REY DE ARAGÓN, PEDRO II[15] DE ARAGÓN, "EL CATÓLICO" REY DE ARAGÓN, ALFONSO II[14] REY DE ARAGÓN Y 1RO. DE CATALUÑA, PETRONILA[13] DE ARAGÓN, REINA DE ARAGÓN, RAMIRO II[12] SÁNCHEZ, REY DE ARAGÓN, SANCHO V[11] RAMÍREZ, REY DE ARAGÓN, RAMIRO I[10] SÁNCHEZ, REY DE ARAGÓN, SANCHO III[9] GARCÉS "EL GRANDE", REY DE PAMPLONA, GARCÍA II[8] SÁNCHEZ, REY DE PAMPLONA, EL TEMBLÓN, SANCHO II[7] GARCÉS ABARCA, REY DE PAMPLONA, GARCÍA I[6] SÁNCHEZ, REY DE PAMPLONA, SANCHO I[5] GARCÉS, REY DE PAMPLONA, GARCÍA[4] JIMÉNEZ, PRÍNCIPE DE NAVARRA, JIMENA[3] GARCÍA, GARCÍA[2] JIMÉNEZ, JIMINO[1])* She married (1) ENRIQUE CASTILLO BALLADARES, son of ENRIQUE CASTILLO CASTILLO and ANGÉLICA BALLADARES MONTEALEGRE. She married (2) RAMÓN ENRÍQUEZ MATUS, son of EVARISTO ENRÍQUEZ and MAGDALENA MATUS. She married (3) ALFREDO VELÁZQUEZ A..

Child of HAYDEÉ PORTOCARRERO MARTÍNEZ and ENRIQUE CASTILLO BALLADARES is:
258. i. ENRIQUE[40] CASTILLO PORTOCARRERO.

196. MARÍA[39] PORTOCARRERO PORTOCARRERO *(SARA[38] PORTOCARRERO CARDENAL, MANUELA[37] CARDENAL SABORÍO, PEDRO[36] CARDENAL AYERDI, MARÍA MANUELA[35] AYERDI ZÁRATE, PEDRO MANUEL[34] AYERDI RAMIRO-CORAJO, ANA MARTA[33] RAMIRO-CORAJO Y ZAPATA, FERNANDO[32] RAMIRO-CORAJO Y VERA SOTOMAYOR, JUANA[31] DE VERA SOTOMAYOR, LUIS[30] MÉNDEZ SOTOMAYOR Y CERRATO, ALFONSO[29] FERNÁNDEZ DE SOTOMAYOR FIGUEROA MESSÍA, LUIS[28] MÉNDEZ DE SOTOMAYOR FIGUEROA MESSÍA, GARCI[27] MÉNDEZ DE SOTOMAYOR Y SÁNCHEZ VILLODRE, CATALINA[26] SÁNCHEZ DE VILLODRE Y MANUEL, INÉS[25] SÁNCHEZ MANUEL DE VILLENA, JUAN[24] SÁNCHEZ MANUEL Y GONZÁLEZ DE MANZANEDO, SANCHO[23] MANUEL DE CASTILLA Y LASSO DE LA VEGA, JUAN I[22]MANUEL DE CASTILLA, REY DE CASTILLA LEÓN, JUANA[21] MANUEL DE CASTILLA, BLANCA[20] DE LA CERDA, FERNANDO[19] DE LA CERDA II, FERNANDO[18] DE LA CERDA, VIOLANTE[17] DE ARAGÓN, JAIME I[16] "EL CONQUISTADOR" REY DE ARAGÓN, PEDRO II[15]DE ARAGÓN, "EL CATÓLICO" REY DE ARAGÓN, ALFONSO II[14] REY DE ARAGÓN Y 1RO. DE CATALUÑA, PETRONILA[13]DE ARAGÓN, REINA DE ARAGÓN, RAMIRO II[12]SÁNCHEZ, REY DE ARAGÓN, SANCHO V[11]RAMÍREZ, REY DE ARAGÓN, RAMIRO I[10]SÁNCHEZ, REY DE ARAGÓN, SANCHO III[9]GARCÉS "EL GRANDE", REY DE PAMPLONA, GARCÍA II[8]SÁNCHEZ, REY DE PAMPLONA, EL TEMBLÓN, SANCHO II[7]GARCÉS ABARCA, REY DE PAMPLONA, GARCÍA I[6]SÁNCHEZ, REY DE PAMPLONA, SANCHO I[5]GARCÉS, REY DE PAMPLONA, GARCÍA[4]JIMÉNEZ, PRÍNCIPE DE NAVARRA, JIMENA[3] GARCÍA, GARCÍA[2] JIMÉNEZ, JIMINO[1])* died 1944 in Managua, Nicaragua. She married ADOLFO CALERO OROZCO December 28, 1927. He was born February 19, 1899 in Managua, Nicaragua, and died September 25, 1980 in Managua, Nicaragua.

More About MARÍA PORTOCARRERO PORTOCARRERO:
Burial: Managua, Nicaragua

Notes for ADOLFO CALERO OROZCO:
Don Adolfo Calero Orozco, fue poeta, narrador y novelista. Se graduó en el Instituto Pedagógico de Managua como maestro y bachiller, en el año 1917. Durante dos años ejerció como maestro, luego viajó a Estados Unidos en donde estuvo por dos años estudiando y aprendiendo inglés en la Academia Militar de Claxon Roint y en la Universidad Católica de Washington. A su regreso volvió a ejercere el magisterio en el Instituto Pedagógico de Managua (La Salle) y trabaja en algunos diarios de Managua, y en 1923 dirige la revista "Faces y Facetas". Perteneció al Partido Conservador y como tal fue el secretario privado del Gral. Emiliano Chamorro. En 1924 obtiene uno de los premios en los Juegos Florales realizados en Managua, y en 1926 es nombrado oficial mayor del Ministerio de Gobernación. En 1933 trabajó por algunos meses en el Diario La Prensa, entrevistanto al Gral. Augusto C. Sandino. Durante el gobierno del presidente Juan Bautista Sacasa Sacasa, es llamado por el Dr. Vicente Vita, gerente del Banco Nacional, para colaborar en dicho banco, este cargo lo ejerce durante tres años, cuando el presidente Sacasa sufre el golpe de estado realizado por el Gral. Anastacio Somoza García. Se dedica a la publicidad, en esos tiempos somete a concurso el nombre de un ron que la Nicaragua Sugar States sacaría a la producción y es lo que hoy se conoce como Ron Flor de Caña. En 1938 ingresó a la empresa "Hetch, Levis and Kahm", experiencia que lo llevó a conocer la región del Río Coco. En 1944 gana un premio en el concurso llamado de Nuevos Horizontes, en ese mismo año, 1944, queda viudo. En 1945, al cerrar las operaciones la compañía productora de hule, le obsequia un viaje a Estados Unidos. En 1946 es aceptado por la Academia Nicaragüense de la Lengua, y, en 1956 viaja a Madrid, España, al segundo congreso de todas las academias de la lengua castellana. En 1956 está dirigiendo el diario La Prensa, cuando sucede la ejecución del Gral. Anastacio Somoza García. En 1966 obtiene un premio de periodismo en la ciudad de Sevilla. En 1969 recibe el premio las Palmas Académicas de parte del gobierno de Francia. Escribió varias novelas, entre ellas, Sangre Santa, Eramos cuatro, La falda pantalón, Cuentos pinoleros, Cuentos nicaragüenses, Cuentos de aquí nomás, entre otras.

More About ADOLFO CALERO OROZCO:
Burial: Managua, Nicaragua

More About ADOLFO CALERO OROZCO and MARÍA PORTOCARRERO PORTOCARRERO:
Marriage: December 28, 1927

Children of MARÍA PORTOCARRERO PORTOCARRERO and ADOLFO CALERO OROZCO are:

i. MARIO[40] CALERO PORTOCARRERO, m. MIRIAM DE CALERO PORTOCARRERO.
259. ii. MARÍA LORENA CALERO PORTOCARRERO, b. Managua, Nicaragua.
260. iii. ADOLFO CALERO PORTOCARRERO, b. 1931, Managua, Nicaragua.
iv. MARÍA LORENA CALERO PORTOCARRERO.

197. GUSTAVO[39] PORTOCARRERO PORTOCARRERO *(SARA[38] PORTOCARRERO CARDENAL, MANUELA[37] CARDENAL SABORÍO, PEDRO[36] CARDENAL AYERDI, MARÍA MANUELA[35] AYERDI ZÁRATE, PEDRO MANUEL[34] AYERDI RAMIRO-CORAJO, ANA MARTA[33] RAMIRO-CORAJO Y ZAPATA, FERNANDO[32] RAMIRO-CORAJO Y VERA SOTOMAYOR, JUANA[31] DE VERA SOTOMAYOR, LUIS[30] MÉNDEZ SOTOMAYOR Y CERRATO, ALFONSO[29] FERNÁNDEZ DE SOTOMAYOR FIGUEROA MESSÍA, LUIS[28] MÉNDEZ DE SOTOMAYOR FIGUEROA MESSÍA, GARCI[27] MÉNDEZ DE SOTOMAYOR Y SÁNCHEZ VILLODRE, CATALINA[26] SÁNCHEZ DE VILLODRE Y MANUEL, INÉS[25] SÁNCHEZ MANUEL DE VILLENA, JUAN[24] SÁNCHEZ MANUEL Y GONZÁLEZ DE MANZANEDO, SANCHO[23] MANUEL DE CASTILLA Y LASSO DE LA VEGA, JUAN I[22] MANUEL DE CASTILLA, REY DE CASTILLA LEÓN, JUANA[21] MANUEL DE CASTILLA, BLANCA[20] DE LA CERDA, FERNANDO[19] DE LA CERDA II, FERNANDO[18] DE LA CERDA, VIOLANTE[17] DE ARAGÓN, JAIME I[16] "EL CONQUISTADOR" REY DE ARAGÓN, PEDRO II[15] DE ARAGÓN, "EL CATÓLICO" REY DE ARAGÓN, ALFONSO II[14] REY DE ARAGÓN Y 1RO. DE CATALUÑA, PETRONILA[13] DE ARAGÓN, REINA DE ARAGÓN, RAMIRO II[12] SÁNCHEZ, REY DE ARAGÓN, SANCHO V[11] RAMÍREZ, REY DE ARAGÓN, RAMIRO I[10] SÁNCHEZ, REY DE ARAGÓN, SANCHO III[9] GARCÉS "EL GRANDE", REY DE PAMPLONA, GARCÍA II[8] SÁNCHEZ, REY DE PAMPLONA, EL TEMBLÓN, SANCHO II[7] GARCÉS ABARCA, REY DE PAMPLONA, GARCÍA I[6] SÁNCHEZ, REY DE PAMPLONA, SANCHO I[5] GARCÉS, REY DE PAMPLONA, GARCÍA[4] JIMÉNEZ, PRÍNCIPE DE NAVARRA, JIMENA[3] GARCÍA, GARCÍA[2] JIMÉNEZ, JIMINO[1])* was born in León, Departamento de León, Nicaragua. He married (1) ALICIA APARICIO. He married (2) ELDA MENDIETA. He married (3) CARLOTA MARENCO LACAYO, daughter of ALEJANDRO MARENCO ABAÚNZA and CARLOTA LACAYO DELGADO. She was born in Granada, Granada, Nicaragua.

Children of GUSTAVO PORTOCARRERO PORTOCARRERO and ALICIA APARICIO are:

i. GUSTAVO[40] PORTOCARRERO APARICIO.
ii. ALEJANDRO PORTOCARRERO APARICIO.

Children of GUSTAVO PORTOCARRERO PORTOCARRERO and ELDA MENDIETA are:

iii. AUXILIADORA[40] PORTOCARRERO MENDIETA.
iv. MARÍA ELENA PORTOCARRERO MENDIETA.
v. SAMUEL PORTOCARRERO MENDIETA.

Children of GUSTAVO PORTOCARRERO PORTOCARRERO and CARLOTA MARENCO LACAYO are:

vi. MARITZA[40] PORTOCARRERO MARENCO, m. RÓGER GRIMM BONILLA; b. Managua, Nicaragua.
vii. MARIO PORTOCARRERO MARENCO.
viii. NORMAN PORTOCARRERO MARENCO.
ix. JORGE PORTOCARRERO MARENCO.

198. BERNABÉ[39] PORTOCARRERO PORTOCARRERO *(SARA[38] PORTOCARRERO CARDENAL, MANUELA[37] CARDENAL SABORÍO, PEDRO[36] CARDENAL AYERDI, MARÍA MANUELA[35] AYERDI ZÁRATE, PEDRO MANUEL[34] AYERDI RAMIRO-CORAJO, ANA MARTA[33] RAMIRO-CORAJO Y*

ZAPATA, FERNANDO[32] RAMIRO-CORAJO Y VERA SOTOMAYOR, JUANA[31] DE VERA SOTOMAYOR, LUIS[30] MÉNDEZ SOTOMAYOR Y CERRATO, ALFONSO[29] FERNÁNDEZ DE SOTOMAYOR FIGUEROA MESSÍA, LUIS[28] MÉNDEZ DE SOTOMAYOR FIGUEROA MESSÍA, GARCÍ[27] MÉNDEZ DE SOTOMAYOR Y SÁNCHEZ VILLODRE, CATALINA[26] SÁNCHEZ DE VILLODRE Y MANUEL, INÉS[25] SÁNCHEZ MANUEL DE VILLENA, JUAN[24] SÁNCHEZ MANUEL Y GONZÁLEZ DE MANZANEDO, SANCHO[23] MANUEL DE CASTILLA Y LASSO DE LA VEGA, JUAN I[22] MANUEL DE CASTILLA, REY DE CASTILLA LEÓN, JUANA[21] MANUEL DE CASTILLA, BLANCA[20] DE LA CERDA, FERNANDO[19] DE LA CERDA II, FERNANDO[18] DE LA CERDA, VIOLANTE[17] DE ARAGÓN, JAIME I[16] "EL CONQUISTADOR" REY DE ARAGÓN, PEDRO II[15] DE ARAGÓN, "EL CATÓLICO" REY DE ARAGÓN, ALFONSO II[14] REY DE ARAGÓN Y 1RO. DE CATALUÑA, PETRONILA[13] DE ARAGÓN, REINA DE ARAGÓN, RAMIRO II[12] SÁNCHEZ, REY DE ARAGÓN, SANCHO V[11] RAMÍREZ, REY DE ARAGÓN, RAMIRO I[10] SÁNCHEZ, REY DE ARAGÓN, SANCHO III[9] GARCÉS "EL GRANDE", REY DE PAMPLONA, GARCÍA II[8] SÁNCHEZ, REY DE PAMPLONA, EL TEMBLÓN, SANCHO II[7] GARCÉS ABARCA, REY DE PAMPLONA, GARCÍA I[6] SÁNCHEZ, REY DE PAMPLONA, SANCHO I[5] GARCÉS, REY DE PAMPLONA, GARCÍA[4] JIMÉNEZ, PRÍNCIPE DE NAVARRA, JIMENA[3] GARCÍA, GARCÍA[2] JIMÉNEZ, JIMINO[1]) was born January 08, 1908 in León, Departamento de León, Nicaragua, and died April 28, 1985 in Managua, Nicaragua. He married DAYSI LACAYO RIVAS, daughter of FEDERICO LACAYO SOLÓRZANO and JOSEFA RIVAS AVILÉS. She was born September 15, 1911 in Managua, Nicaragua.

More About BERNABÉ PORTOCARRERO PORTOCARRERO:
Burial: Managua, Nicaragua

Children of BERNABÉ PORTOCARRERO PORTOCARRERO and DAYSI LACAYO RIVAS are:

i. IVANIA[40] PORTOCARRERO LACAYO.
ii. SARITA PORTOCARRERO LACAYO.
iii. BERNABÉ PORTOCARRERO LACAYO.
iv. ROBERTO PORTOCARRERO LACAYO.
v. MARÍA DEL CARMEN PORTOCARRERO LACAYO, b. September 08, 1952.
vi. DAISY PORTOCARRERO LACAYO, b. 1954.

199. TRINIDAD[39] PORTOCARRERO PORTOCARRERO *(SARA[38] PORTOCARRERO CARDENAL, MANUELA[37] CARDENAL SABORÍO, PEDRO[36] CARDENAL AYERDI, MARÍA MANUELA[35] AYERDI ZÁRATE, PEDRO MANUEL[34] AYERDI RAMIRO-CORAJO, ANA MARTA[33] RAMIRO-CORAJO Y ZAPATA, FERNANDO[32] RAMIRO-CORAJO Y VERA SOTOMAYOR, JUANA[31] DE VERA SOTOMAYOR, LUIS[30] MÉNDEZ SOTOMAYOR Y CERRATO, ALFONSO[29] FERNÁNDEZ DE SOTOMAYOR FIGUEROA MESSÍA, LUIS[28] MÉNDEZ DE SOTOMAYOR FIGUEROA MESSÍA, GARCÍ[27] MÉNDEZ DE SOTOMAYOR Y SÁNCHEZ VILLODRE, CATALINA[26] SÁNCHEZ DE VILLODRE Y MANUEL, INÉS[25] SÁNCHEZ MANUEL DE VILLENA, JUAN[24] SÁNCHEZ MANUEL Y GONZÁLEZ DE MANZANEDO, SANCHO[23] MANUEL DE CASTILLA Y LASSO DE LA VEGA, JUAN I[22] MANUEL DE CASTILLA, REY DE CASTILLA LEÓN, JUANA[21] MANUEL DE CASTILLA, BLANCA[20] DE LA CERDA, FERNANDO[19] DE LA CERDA II, FERNANDO[18] DE LA CERDA, VIOLANTE[17] DE ARAGÓN, JAIME I[16] "EL CONQUISTADOR" REY DE ARAGÓN, PEDRO II[15] DE ARAGÓN, "EL CATÓLICO" REY DE ARAGÓN, ALFONSO II[14] REY DE ARAGÓN Y 1RO. DE CATALUÑA, PETRONILA[13] DE ARAGÓN, REINA DE ARAGÓN, RAMIRO II[12] SÁNCHEZ, REY DE ARAGÓN, SANCHO V[11] RAMÍREZ, REY DE ARAGÓN, RAMIRO I[10] SÁNCHEZ, REY DE ARAGÓN, SANCHO III[9] GARCÉS "EL GRANDE", REY DE PAMPLONA, GARCÍA II[8] SÁNCHEZ, REY DE PAMPLONA, EL TEMBLÓN, SANCHO II[7] GARCÉS ABARCA, REY DE PAMPLONA, GARCÍA I[6] SÁNCHEZ, REY DE PAMPLONA, SANCHO I[5] GARCÉS, REY DE PAMPLONA, GARCÍA[4] JIMÉNEZ, PRÍNCIPE DE NAVARRA, JIMENA[3] GARCÍA, GARCÍA[2] JIMÉNEZ, JIMINO[1])* was born May 25, 1902 in León, Nicaragua, and died January 26, 1933 in León, Nicaragua. She married LUIS ALBERTO ICAZA REYES, son of FRANCISCO ICAZA TERÁN and CARMEN REYES BALLADARES. He was born March 06, 1896 in León, Nicaragua, and died May 06, 1969 in León, Nicaragua.

More About TRINIDAD PORTOCARRERO PORTOCARRERO:
Burial: León, Nicaragua

More About LUIS ALBERTO ICAZA REYES:
Burial: León, Nicaragua

Children of TRINIDAD PORTOCARRERO PORTOCARRERO and LUIS ICAZA REYES are:
i. LUIS[40] ICAZA PORTOCARRERO.
ii. ARMANDO ICAZA PORTOCARRERO.
iii. MARÍA LOURDES ICAZA PORTOCARRERO, b. September 11, 1928.
iv. GUILLERMO ICAZA PORTOCARRERO, m. JENNY GOSSENBRUCH HERDOCIA; b. León, Nicaragua.

200. RENÉ[39] PORTOCARRERO PORTOCARRERO *(SARA[38] PORTOCARRERO CARDENAL, MANUELA[37] CARDENAL SABORÍO, PEDRO[36] CARDENAL AYERDI, MARÍA MANUELA[35] AYERDI ZÁRATE, PEDRO MANUEL[34] AYERDI RAMIRO-CORAJO, ANA MARTA[33] RAMIRO-CORAJO Y ZAPATA, FERNANDO[32] RAMIRO-CORAJO Y VERA SOTOMAYOR, JUANA[31] DE VERA SOTOMAYOR, LUIS[30] MÉNDEZ SOTOMAYOR Y CERRATO, ALFONSO[29] FERNÁNDEZ DE SOTOMAYOR FIGUEROA MESSÍA, LUIS[28] MÉNDEZ DE SOTOMAYOR FIGUEROA MESSÍA, GARCI[27] MÉNDEZ DE SOTOMAYOR Y SÁNCHEZ VILLODRE, CATALINA[26] SÁNCHEZ DE VILLODRE Y MANUEL, INÉS[25] SÁNCHEZ MANUEL DE VILLENA, JUAN[24] SÁNCHEZ MANUEL Y GONZÁLEZ DE MANZANEDO, SANCHO[23] MANUEL DE CASTILLA Y LASSO DE LA VEGA, JUAN I[22] MANUEL DE CASTILLA, REY DE CASTILLA LEÓN, JUANA[21] MANUEL DE CASTILLA, BLANCA[20] DE LA CERDA, FERNANDO[19] DE LA CERDA II, FERNANDO[18] DE LA CERDA, VIOLANTE[17] DE ARAGÓN, JAIME I[16] "EL CONQUISTADOR" REY DE ARAGÓN, PEDRO II[15] DE ARAGÓN, "EL CATÓLICO" REY DE ARAGÓN, ALFONSO II[14] REY DE ARAGÓN Y 1RO. DE CATALUÑA, PETRONILA[13] DE ARAGÓN, REINA DE ARAGÓN, RAMIRO II[12] SÁNCHEZ, REY DE ARAGÓN, SANCHO V[11] RAMÍREZ, REY DE ARAGÓN, RAMIRO I[10] SÁNCHEZ, REY DE ARAGÓN, SANCHO III[9] GARCÉS "EL GRANDE", REY DE PAMPLONA, GARCÍA II[8] SÁNCHEZ, REY DE PAMPLONA, EL TEMBLÓN, SANCHO II[7] GARCÉS ABARCA, REY DE PAMPLONA, GARCÍA I[6] SÁNCHEZ, REY DE PAMPLONA, SANCHO I[5] GARCÉS, REY DE PAMPLONA, GARCÍA[4] JIMÉNEZ, PRÍNCIPE DE NAVARRA, JIMENA[3] GARCÍA, GARCÍA[2] JIMÉNEZ, JIMINO[1])* was born in León, Departamento de León, Nicaragua. He married JOSEFA SANDOVAL.

Children of RENÉ PORTOCARRERO PORTOCARRERO and JOSEFA SANDOVAL are:
i. RENÉ[40] PORTOCARRERO SANDOVAL.
ii. MARÍA PORTOCARRERO SANDOVAL.
iii. LIGIA PORTOCARRERO SANDOVAL.

201. GRACIELA[39] PORTOCARRERO PORTOCARRERO *(SARA[38] PORTOCARRERO CARDENAL, MANUELA[37] CARDENAL SABORÍO, PEDRO[36] CARDENAL AYERDI, MARÍA MANUELA[35] AYERDI ZÁRATE, PEDRO MANUEL[34] AYERDI RAMIRO-CORAJO, ANA MARTA[33] RAMIRO-CORAJO Y ZAPATA, FERNANDO[32] RAMIRO-CORAJO Y VERA SOTOMAYOR, JUANA[31] DE VERA SOTOMAYOR, LUIS[30] MÉNDEZ SOTOMAYOR Y CERRATO, ALFONSO[29] FERNÁNDEZ DE SOTOMAYOR FIGUEROA MESSÍA, LUIS[28] MÉNDEZ DE SOTOMAYOR FIGUEROA MESSÍA, GARCI[27] MÉNDEZ DE SOTOMAYOR Y SÁNCHEZ VILLODRE, CATALINA[26] SÁNCHEZ DE VILLODRE Y MANUEL, INÉS[25] SÁNCHEZ MANUEL DE VILLENA, JUAN[24] SÁNCHEZ MANUEL Y GONZÁLEZ DE MANZANEDO, SANCHO[23] MANUEL DE CASTILLA Y LASSO DE LA VEGA, JUAN I[22] MANUEL DE CASTILLA, REY DE CASTILLA LEÓN, JUANA[21] MANUEL DE CASTILLA, BLANCA[20] DE LA CERDA, FERNANDO[19] DE LA CERDA II, FERNANDO[18] DE LA CERDA, VIOLANTE[17] DE ARAGÓN, JAIME I[16] "EL CONQUISTADOR" REY DE ARAGÓN, PEDRO II[15] DE ARAGÓN, "EL CATÓLICO" REY DE ARAGÓN, ALFONSO II[14] REY DE ARAGÓN Y 1RO. DE CATALUÑA, PETRONILA[13] DE ARAGÓN, REINA DE ARAGÓN, RAMIRO II[12] SÁNCHEZ, REY DE ARAGÓN, SANCHO V[11] RAMÍREZ, REY DE ARAGÓN, RAMIRO I[10] SÁNCHEZ, REY DE ARAGÓN, SANCHO III[9] GARCÉS "EL GRANDE", REY DE PAMPLONA, GARCÍA II[8] SÁNCHEZ, REY DE PAMPLONA, EL TEMBLÓN, SANCHO II[7] GARCÉS ABARCA, REY DE PAMPLONA, GARCÍA I[6] SÁNCHEZ, REY DE PAMPLONA, SANCHO I[5] GARCÉS, REY DE PAMPLONA, GARCÍA[4] JIMÉNEZ, PRÍNCIPE DE NAVARRA, JIMENA[3] GARCÍA, GARCÍA[2] JIMÉNEZ, JIMINO[1])* She married JOSÉ MARÍA FALLA BLEN, son of JOSÉ FALLA LACAYO and MARÍA BLEN MUÑOZ. He was born in Managua, Nicaragua.

Children of GRACIELA PORTOCARRERO PORTOCARRERO and JOSÉ FALLA BLEN are:

i. JOSÉ MARÍA[40] FALLA PORTOCARRERO.
ii. NYDIA FALLA PORTOCARRERO.
iii. MARITZA FALLA PORTOCARRERO, m. SILVIO SÁNCHEZ.
iv. JAIME FALLA PORTOCARRERO.

202. PEDRO PABLO[39] ARGÜELLO PORTOCARRERO *(RAMONA[38] PORTOCARRERO CARDENAL, ANA MARÍA[37] CARDENAL BONILLA, MANUEL SILVESTRE[36] CARDENAL AYERDI, MARÍA MANUELA[35] AYERDI ZÁRATE, PEDRO MANUEL[34] AYERDI RAMIRO-CORAJO, ANA MARTA[33] RAMIRO-CORAJO Y ZAPATA, FERNANDO[32] RAMIRO-CORAJO Y VERA SOTOMAYOR, JUANA[31] DE VERA SOTOMAYOR, LUIS[30] MÉNDEZ SOTOMAYOR Y CERRATO, ALFONSO[29] FERNÁNDEZ DE SOTOMAYOR FIGUEROA MESSÍA, LUIS[28] MÉNDEZ DE SOTOMAYOR FIGUEROA MESSÍA, GARCÍ[27] MÉNDEZ DE SOTOMAYOR Y SÁNCHEZ VILLODRE, CATALINA[26] SÁNCHEZ DE VILLODRE Y MANUEL, INÉS[25] SÁNCHEZ MANUEL DE VILLENA, JUAN[24] SÁNCHEZ MANUEL Y GONZÁLEZ DE MANZANEDO, SANCHO[23] MANUEL DE CASTILLA Y LASSO DE LA VEGA, JUAN I[22] MANUEL DE CASTILLA, REY DE CASTILLA LEÓN, JUANA[21] MANUEL DE CASTILLA, BLANCA[20] DE LA CERDA, FERNANDO[19] DE LA CERDA II, FERNANDO[18] DE LA CERDA, VIOLANTE[17] DE ARAGÓN, JAIME I[16] "EL CONQUISTADOR" REY DE ARAGÓN, PEDRO II[15] DE ARAGÓN, "EL CATÓLICO" REY DE ARAGÓN, ALFONSO II[14] REY DE ARAGÓN Y 1RO. DE CATALUÑA, PETRONILA[13] DE ARAGÓN, REINA DE ARAGÓN, RAMIRO II[12] SÁNCHEZ, REY DE ARAGÓN, SANCHO V[11] RAMÍREZ, REY DE ARAGÓN, RAMIRO I[10] SÁNCHEZ, REY DE ARAGÓN, SANCHO III[9] GARCÉS "EL GRANDE", REY DE PAMPLONA, GARCÍA II[8] SÁNCHEZ, REY DE PAMPLONA, EL TEMBLÓN, SANCHO II[7] GARCÉS ABARCA, REY DE PAMPLONA, GARCÍA I[6] SÁNCHEZ, REY DE PAMPLONA, SANCHO I[5] GARCÉS, REY DE PAMPLONA, GARCÍA[4] JIMÉNEZ, PRÍNCIPE DE NAVARRA, JIMENA[3] GARCÍA, GARCÍA[2] JIMÉNEZ, JIMINO[1])* He married MARÍA JESÚS CASTRILLO.

Children of PEDRO ARGÜELLO PORTOCARRERO and MARÍA CASTRILLO are:

i. JOSÉ ANTONIO[40] ARGÜELLO CASTRILLO.
ii. MARÍA LOURDES ARGÜELLO CASTRILLO.
iii. PEDRO PABLO ARGÜELLO CASTRILLO.
iv. JOSEFINA ARGÜELLO CASTRILLO.
v. SOCORRO ARGÜELLO CASTRILLO.
vi. MYRIAM ARGÜELLO CASTRILLO.

203. AMANDA[39] ARGÜELLO PORTOCARRERO *(RAMONA[38] PORTOCARRERO CARDENAL, ANA MARÍA[37] CARDENAL BONILLA, MANUEL SILVESTRE[36] CARDENAL AYERDI, MARÍA MANUELA[35] AYERDI ZÁRATE, PEDRO MANUEL[34] AYERDI RAMIRO-CORAJO, ANA MARTA[33] RAMIRO-CORAJO Y ZAPATA, FERNANDO[32] RAMIRO-CORAJO Y VERA SOTOMAYOR, JUANA[31] DE VERA SOTOMAYOR, LUIS[30] MÉNDEZ SOTOMAYOR Y CERRATO, ALFONSO[29] FERNÁNDEZ DE SOTOMAYOR FIGUEROA MESSÍA, LUIS[28] MÉNDEZ DE SOTOMAYOR FIGUEROA MESSÍA, GARCÍ[27] MÉNDEZ DE SOTOMAYOR Y SÁNCHEZ VILLODRE, CATALINA[26] SÁNCHEZ DE VILLODRE Y MANUEL, INÉS[25] SÁNCHEZ MANUEL DE VILLENA, JUAN[24] SÁNCHEZ MANUEL Y GONZÁLEZ DE MANZANEDO, SANCHO[23] MANUEL DE CASTILLA Y LASSO DE LA VEGA, JUAN I[22] MANUEL DE CASTILLA, REY DE CASTILLA LEÓN, JUANA[21] MANUEL DE CASTILLA, BLANCA[20] DE LA CERDA, FERNANDO[19] DE LA CERDA II, FERNANDO[18] DE LA CERDA, VIOLANTE[17] DE ARAGÓN, JAIME I[16] "EL CONQUISTADOR" REY DE ARAGÓN, PEDRO II[15] DE ARAGÓN, "EL CATÓLICO" REY DE ARAGÓN, ALFONSO II[14] REY DE ARAGÓN Y 1RO. DE CATALUÑA, PETRONILA[13] DE ARAGÓN, REINA DE ARAGÓN, RAMIRO II[12] SÁNCHEZ, REY DE ARAGÓN, SANCHO V[11] RAMÍREZ, REY DE ARAGÓN, RAMIRO I[10] SÁNCHEZ, REY DE ARAGÓN, SANCHO III[9] GARCÉS "EL GRANDE", REY DE PAMPLONA, GARCÍA II[8] SÁNCHEZ, REY DE PAMPLONA, EL TEMBLÓN, SANCHO II[7] GARCÉS ABARCA, REY DE PAMPLONA, GARCÍA I[6] SÁNCHEZ, REY DE PAMPLONA, SANCHO I[5] GARCÉS, REY DE PAMPLONA,*

GARCÍA[4] JIMÉNEZ, PRÍNCIPE DE NAVARRA, JIMENA[3] GARCÍA, GARCÍA[2] JIMÉNEZ, JIMINO[1]) She married CLEMENTE CUADRA SANTOS, son of PABLO CUADRA PASOS and JOSEFA SANTOS RUÍZ.

Children of AMANDA ARGÜELLO PORTOCARRERO and CLEMENTE CUADRA SANTOS are:

i. CLEMENTE[40] CUADRA ARGÜELLO.
ii. INÉS CUADRA ARGÜELLO.
iii. URIEL CUADRA ARGÜELLO.
iv. TERESA CUADRA ARGÜELLO.
v. ALBERTO CUADRA ARGÜELLO.

204. SOLEDAD[39] ARGÜELLO PORTOCARRERO *(RAMONA[38] PORTOCARRERO CARDENAL, ANA MARÍA[37] CARDENAL BONILLA, MANUEL SILVESTRE[36] CARDENAL AYERDI, MARÍA MANUELA[35] AYERDI ZÁRATE, PEDRO MANUEL[34] AYERDI RAMIRO-CORAJO, ANA MARTA[33] RAMIRO-CORAJO Y ZAPATA, FERNANDO[32] RAMIRO-CORAJO Y VERA SOTOMAYOR, JUANA[31] DE VERA SOTOMAYOR, LUIS[30] MÉNDEZ SOTOMAYOR Y CERRATO, ALFONSO[29] FERNÁNDEZ DE SOTOMAYOR FIGUEROA MESSÍA, LUIS[28] MÉNDEZ DE SOTOMAYOR FIGUEROA MESSÍA, GARCI[27] MÉNDEZ DE SOTOMAYOR Y SÁNCHEZ VILLODRE, CATALINA[26] SÁNCHEZ DE VILLODRE Y MANUEL, INÉS[25] SÁNCHEZ MANUEL DE VILLENA, JUAN[24] SÁNCHEZ MANUEL Y GONZÁLEZ DE MANZANEDO, SANCHO[23] MANUEL DE CASTILLA Y LASSO DE LA VEGA, JUAN I[22] MANUEL DE CASTILLA, REY DE CASTILLA LEÓN, JUANA[21] MANUEL DE CASTILLA, BLANCA[20] DE LA CERDA, FERNANDO[19] DE LA CERDA II, FERNANDO[18] DE LA CERDA, VIOLANTE[17] DE ARAGÓN, JAIME I[16] "EL CONQUISTADOR" REY DE ARAGÓN, PEDRO II[15] DE ARAGÓN, "EL CATÓLICO" REY DE ARAGÓN, ALFONSO II[14] REY DE ARAGÓN Y 1RO. DE CATALUÑA, PETRONILA[13] DE ARAGÓN, REINA DE ARAGÓN, RAMIRO II[12] SÁNCHEZ, REY DE ARAGÓN, SANCHO V[11] RAMÍREZ, REY DE ARAGÓN, RAMIRO I[10] SÁNCHEZ, REY DE ARAGÓN, SANCHO III[9] GARCÉS "EL GRANDE", REY DE PAMPLONA, GARCÍA II[8] SÁNCHEZ, REY DE PAMPLONA, EL TEMBLÓN, SANCHO II[7] GARCÉS ABARCA, REY DE PAMPLONA, GARCÍA I[6] SÁNCHEZ, REY DE PAMPLONA, SANCHO I[5] GARCÉS, REY DE PAMPLONA, GARCÍA[4] JIMÉNEZ, PRÍNCIPE DE NAVARRA, JIMENA[3] GARCÍA, GARCÍA[2] JIMÉNEZ, JIMINO[1])* She married ARTURO PORTOCARRERO SOLÍS, son of BERNABÉ PORTOCARRERO BACA and TRINIDAD SOLÍS SALAZAR.

Children of SOLEDAD ARGÜELLO PORTOCARRERO and ARTURO PORTOCARRERO SOLÍS are:

i. ARTURO[40] PORTOCARRERO ARGÜELLO.
ii. SAMUEL PORTOCARRERO ARGÜELLO.
iii. ALFONSO PORTOCARRERO ARGÜELLO.
iv. RODRIGO PORTOCARRERO ARGÜELLO.
v. THELMA PORTOCARRERO ARGÜELLO.

205. OSCAR[39] ARGÜELLO PORTOCARRERO *(RAMONA[38] PORTOCARRERO CARDENAL, ANA MARÍA[37] CARDENAL BONILLA, MANUEL SILVESTRE[36] CARDENAL AYERDI, MARÍA MANUELA[35] AYERDI ZÁRATE, PEDRO MANUEL[34] AYERDI RAMIRO-CORAJO, ANA MARTA[33] RAMIRO-CORAJO Y ZAPATA, FERNANDO[32] RAMIRO-CORAJO Y VERA SOTOMAYOR, JUANA[31] DE VERA SOTOMAYOR, LUIS[30] MÉNDEZ SOTOMAYOR Y CERRATO, ALFONSO[29] FERNÁNDEZ DE SOTOMAYOR FIGUEROA MESSÍA, LUIS[28] MÉNDEZ DE SOTOMAYOR FIGUEROA MESSÍA, GARCI[27] MÉNDEZ DE SOTOMAYOR Y SÁNCHEZ VILLODRE, CATALINA[26] SÁNCHEZ DE VILLODRE Y MANUEL, INÉS[25] SÁNCHEZ MANUEL DE VILLENA, JUAN[24] SÁNCHEZ MANUEL Y GONZÁLEZ DE MANZANEDO, SANCHO[23] MANUEL DE CASTILLA Y LASSO DE LA VEGA, JUAN I[22] MANUEL DE CASTILLA, REY DE CASTILLA LEÓN, JUANA[21] MANUEL DE CASTILLA, BLANCA[20] DE LA CERDA, FERNANDO[19] DE LA CERDA II, FERNANDO[18] DE LA CERDA, VIOLANTE[17] DE ARAGÓN, JAIME I[16] "EL CONQUISTADOR" REY DE ARAGÓN, PEDRO II[15] DE ARAGÓN, "EL CATÓLICO" REY DE ARAGÓN, ALFONSO II[14] REY DE ARAGÓN Y 1RO. DE CATALUÑA, PETRONILA[13] DE ARAGÓN, REINA DE ARAGÓN, RAMIRO II[12] SÁNCHEZ, REY DE ARAGÓN, SANCHO V[11] RAMÍREZ, REY DE ARAGÓN, RAMIRO I[10] SÁNCHEZ, REY DE ARAGÓN, SANCHO III[9] GARCÉS "EL GRANDE", REY DE PAMPLONA,*

GARCÍA II[8]SÁNCHEZ, REY DE PAMPLONA, EL TEMBLÓN, SANCHO II[7]GARCÉS ABARCA, REY DE PAMPLONA, GARCÍA I[6]SÁNCHEZ, REY DE PAMPLONA, SANCHO I[5]GARCÉS, REY DE PAMPLONA, GARCÍA[4]JIMÉNEZ, PRÍNCIPE DE NAVARRA, JIMENA[3] GARCÍA, GARCÍA[2] JIMÉNEZ, JIMINO[1]) He married DOLORES DOÑA CUADRA.

Children of OSCAR ARGÜELLO PORTOCARRERO and DOLORES DOÑA CUADRA are:

i. MARÍA LOURDES[40] ARGÜELLO DOÑA.
261. ii. OSCAR ARGÜELLO DOÑA.
262. iii. GIOCONDA ARGÜELLO DOÑA.
iv. ORLANDO ARGÜELLO DOÑA.
263. v. ROBERTO ARGÜELLO DOÑA.
264. vi. MARÍA ANTONIETA ARGÜELLO DOÑA.
265. vii. NUBIA ARGÜELLO DOÑA.
viii. GLORIA ARGÜELLO DOÑA, m. ARTHUR RAGAN.

206. ELBA[39] OCHOMOGO PORTOCARRERO *(ADELA[38] PORTOCARRERO CARDENAL, ANA MARÍA[37] CARDENAL BONILLA, MANUEL SILVESTRE[36] CARDENAL AYERDI, MARÍA MANUELA[35] AYERDI ZÁRATE, PEDRO MANUEL[34] AYERDI RAMIRO-CORAJO, ANA MARTA[33] RAMIRO-CORAJO Y ZAPATA, FERNANDO[32] RAMIRO-CORAJO Y VERA SOTOMAYOR, JUANA[31] DE VERA SOTOMAYOR, LUIS[30] MÉNDEZ SOTOMAYOR Y CERRATO, ALFONSO[29] FERNÁNDEZ DE SOTOMAYOR FIGUEROA MESSÍA, LUIS[28] MÉNDEZ DE SOTOMAYOR FIGUEROA MESSÍA, GARCÍ[27] MÉNDEZ DE SOTOMAYOR Y SÁNCHEZ VILLODRE, CATALINA[26] SÁNCHEZ DE VILLODRE Y MANUEL, INÉS[25] SÁNCHEZ MANUEL DE VILLENA, JUAN[24] SÁNCHEZ MANUEL Y GONZÁLEZ DE MANZANEDO, SANCHO[23] MANUEL DE CASTILLA Y LASSO DE LA VEGA, JUAN I[22]MANUEL DE CASTILLA, REY DE CASTILLA LEÓN, JUANA[21] MANUEL DE CASTILLA, BLANCA[20] DE LA CERDA, FERNANDO[19] DE LA CERDA II, FERNANDO[18] DE LA CERDA, VIOLANTE[17] DE ARAGÓN, JAIME I[16] "EL CONQUISTADOR" REY DE ARAGÓN, PEDRO II[15]DE ARAGÓN, "EL CATÓLICO" REY DE ARAGÓN, ALFONSO II[14] REY DE ARAGÓN Y 1RO. DE CATALUÑA, PETRONILA[13]DE ARAGÓN, REINA DE ARAGÓN, RAMIRO II[12]SÁNCHEZ, REY DE ARAGÓN, SANCHO V[11]RAMÍREZ, REY DE ARAGÓN, RAMIRO I[10]SÁNCHEZ, REY DE ARAGÓN, SANCHO III[9]GARCÉS "EL GRANDE", REY DE PAMPLONA, GARCÍA II[8]SÁNCHEZ, REY DE PAMPLONA, EL TEMBLÓN, SANCHO II[7]GARCÉS ABARCA, REY DE PAMPLONA, GARCÍA I[6]SÁNCHEZ, REY DE PAMPLONA, SANCHO I[5]GARCÉS, REY DE PAMPLONA, GARCÍA[4]JIMÉNEZ, PRÍNCIPE DE NAVARRA, JIMENA[3] GARCÍA, GARCÍA[2] JIMÉNEZ, JIMINO[1])* She married JUSTO HERNÁNDEZ BERMÚDEZ.

Children of ELBA OCHOMOGO PORTOCARRERO and JUSTO HERNÁNDEZ BERMÚDEZ are:

i. SERGIO[40] HERNÁNDEZ OCHOMOGO.
ii. HUGO HERNÁNDEZ OCHOMOGO, m. NINA MONTOYA ROURKE.
iii. OLGA HERNÁNDEZ OCHOMOGO.
iv. MIREYA HERNÁNDEZ OCHOMOGO.

Generation No. 40

207. ILÚ[40] MONTEALEGRE ZAPATA *(AUGUSTO CÉSAR[39] MONTEALEGRE SALVATIERRA, AUGUSTO CÉSAR[38] MONTEALEGRE LACAYO, MARIANO ANTONIO[37] MONTEALEGRE ROMERO, MANUELA CASIMIRA[36] ROMERO SÁENZ, BÁRBARA ANTONIA[35] SÁENZ BONILLA, MANUEL[34] SÁENZ VÁZQUEZ Y RAMIRO-CORAJO, MARÍA ROSA[33] VÁZQUEZ RAMIRO-CORAJO, JOSEPH FRANCISCO[32] RAMIRO-CORAJO Y VERA SOTOMAYOR, JUANA[31] DE VERA SOTOMAYOR, LUIS[30] MÉNDEZ SOTOMAYOR Y CERRATO, ALFONSO[29] FERNÁNDEZ DE SOTOMAYOR FIGUEROA MESSÍA, LUIS[28] MÉNDEZ DE SOTOMAYOR FIGUEROA MESSÍA, GARCÍ[27] MÉNDEZ DE SOTOMAYOR Y SÁNCHEZ VILLODRE, CATALINA[26] SÁNCHEZ DE VILLODRE Y MANUEL, INÉS[25] SÁNCHEZ MANUEL DE VILLENA, JUAN[24] SÁNCHEZ MANUEL Y GONZÁLEZ DE MANZANEDO, SANCHO[23] MANUEL DE CASTILLA Y LASSO DE LA VEGA, JUAN I[22]MANUEL DE CASTILLA, REY DE CASTILLA LEÓN, JUANA[21] MANUEL DE CASTILLA, BLANCA[20] DE LA CERDA, FERNANDO[19] DE LA*

CERDA II, FERNANDO[18] DE LA CERDA, VIOLANTE[17] DE ARAGÓN, JAIME I[16] "EL CONQUISTADOR" REY DE ARAGÓN, PEDRO II[15] DE ARAGÓN, "EL CATÓLICO" REY DE ARAGÓN, ALFONSO II[14] REY DE ARAGÓN Y 1RO. DE CATALUÑA, PETRONILA[13] DE ARAGÓN, REINA DE ARAGÓN, RAMIRO II[12] SÁNCHEZ, REY DE ARAGÓN, SANCHO V[11] RAMÍREZ, REY DE ARAGÓN, RAMIRO I[10] SÁNCHEZ, REY DE ARAGÓN, SANCHO III[9] GARCÉS "EL GRANDE", REY DE PAMPLONA, GARCÍA II[8] SÁNCHEZ, REY DE PAMPLONA, EL TEMBLÓN, SANCHO II[7] GARCÉS ABARCA, REY DE PAMPLONA, GARCÍA I[6] SÁNCHEZ, REY DE PAMPLONA, SANCHO I[5] GARCÉS, REY DE PAMPLONA, GARCÍA[4] JIMÉNEZ, PRÍNCIPE DE NAVARRA, JIMENA[3] GARCÍA, GARCÍA[2] JIMÉNEZ, JIMINO[1]) was born December 29, 1921. She married JOSÉ SANTOS RIVERA SILES, son of JOSÉ RIVERA ZELEDÓN and ANGELA SILES ZELAYA. He was born November 17, 1922.

Notes for JOSÉ SANTOS RIVERA SILES:
Don José Santos Rivera Siles, fue antes que nada poeta, fue maestro de castellano, literatura universal y preceptiva literaria. Sus padres fueron el Coronel del EDSN, diputado liberal y maestro, don José Santos Rivera Zeledón y la profesora doña Angela Siles Zelaya quien presta su nombre a la escuela primaria de San Rafael del Norte, Jinotega. Don José Santos Rivera Zeledón fue hijo de don Nativida Rivera Rodríguez y Da. Jesús Zeledón Zeledón. Don Natividad fue hijo de Don Asención Rivera López, natural de La Concordia, Jinotega, y de Da. Francisca Rodríguez Pineda (hija de don Encarnación Rodríguez y Da. Urbana Pineda), nacida en Estelí, Nicaragua. Los padres de don Asención Rivera fueron don Manuel Rivera, natural de La Concordia, Jinotega, y Da. María López, natural también de La Concordia. La familia Rivera (o de Ribera), llegó de Costa Rica, fueron cuatro hermanos. El linaje de Ribera es de muy antigua existencia, los documentos en España constatan que este apellido fue usado, por lo menos, desde los inicios del siglo VII después de Cristo. Del primero que se tiene conocimiento fue Don Perafán de Ribera, uno de sus descendientes del mismo nombre fue conquistador en Costa Rica, conocido como Pero Afán de Ribera y Gómez (1492-1577), Toledo, Castilla La Nueva; y con él llegaron muchos otros españoles. El estudio del linaje Rivera está pendiente de investigación, linaje que debe llevarnos hasta la España medioeval del siglo VII. El hermano del conquistador Pero Afán de Ribera y Gómez era el Duque de Alcalá, Marqués de Tarifa y Virrey de Nápoles que viene a ser el padre del presbítero Payo Enríquez de Ribera, que llevó la primera imprenta en Centro América, desde México a Guatemala. Don Pero Afán de Ribera llegó a Honduras en 1527, fue Teniente de Gobernador en el Puerto de Truxillo (Trujillo), en el mismo en donde siglos después se fusilara a William Walker; también fue Encomendero del mismo puerto. Después de los ataques realizados por los piratas ingleses, el puerto de Trujillo decalló, por tal motivo tuvo que emigrar y fue nombrado por el Rey, en 1566, Gobernador de Costa Rica, sustituyendo a Juan Vázquez de Coronado y Anaya. Fue fundador de la villa de "Aranjuez y Puerto de la Ribera", llegó a Cartago en Marzo de 1568. En 1573 se trasladó a Guatemala, siendo alcalde de Zapotitlán en 1574, vuelve a ciudad Guatemala en 1575; en 1577 viaja a México, en donde muere en ese mismo año. Sus hijos con Da. Petronila de Paz, fueron los siguientes: Diego López de Ribera, Pero Afán de Ribera "El Mozo" y Rodrigo "Ruy" López de Ribera. Unasobrina de Don Juan López de Ortega contrajo matrimonio con Don Perafán de Ribera y Troche hijo del Gobernador muerto en 1607.

Children of ILÚ MONTEALEGRE ZAPATA and JOSÉ RIVERA SILES are:

266. i. JOSÉ AUGUSTO[41] RIVERA MONTEALEGRE, b. November 13, 1948, Jinotega, Jinotega, Nicaragua.

ii. ROMÁN RIVERA MONTEALEGRE.

267. iii. FLAVIO CÉSAR RIVERA MONTEALEGRE, b. December 17, 1951, San Rafael del Norte, Jinotega, Nicaragua.

268. iv. JOSÉ SANTOS RIVERA MONTEALEGRE, b. December 24, 1956, Chinandega, Chinandega, Nicaragua.

v. JOSÉ EUSTACIO RIVERA MONTEALEGRE, b. July 29, 1963, Managua, Nicaragua.

208. AMÉRICA AUGUSTA[40] MONTEALEGRE ZAPATA *(AUGUSTO CÉSAR[39] MONTEALEGRE SALVATIERRA, AUGUSTO CÉSAR[38] MONTEALEGRE LACAYO, MARIANO ANTONIO[37] MONTEALEGRE ROMERO, MANUELA CASIMIRA[36] ROMERO SÁENZ, BÁRBARA ANTONIA[35] SÁENZ BONILLA, MANUEL[34] SÁENZ VÁZQUEZ Y RAMIRO-CORAJO, MARÍA ROSA[33] VÁZQUEZ RAMIRO-CORAJO, JOSEPH FRANCISCO[32] RAMIRO-CORAJO Y VERA SOTOMAYOR, JUANA[31] DE VERA*

SOTOMAYOR, LUIS[30] MÉNDEZ SOTOMAYOR Y CERRATO, ALFONSO[29] FERNÁNDEZ DE SOTOMAYOR FIGUEROA MESSÍA, LUIS[28] MÉNDEZ DE SOTOMAYOR FIGUEROA MESSÍA, GARCÍ[27] MÉNDEZ DE SOTOMAYOR Y SÁNCHEZ VILLODRE, CATALINA[26] SÁNCHEZ DE VILLODRE Y MANUEL, INÉS[25] SÁNCHEZ MANUEL DE VILLENA, JUAN[24] SÁNCHEZ MANUEL Y GONZÁLEZ DE MANZANEDO, SANCHO[23] MANUEL DE CASTILLA Y LASSO DE LA VEGA, JUAN I[22] MANUEL DE CASTILLA, REY DE CASTILLA LEÓN, JUANA[21] MANUEL DE CASTILLA, BLANCA[20] DE LA CERDA, FERNANDO[19] DE LA CERDA II, FERNANDO[18] DE LA CERDA, VIOLANTE[17] DE ARAGÓN, JAIME I[16] "EL CONQUISTADOR" REY DE ARAGÓN, PEDRO II[15] DE ARAGÓN, "EL CATÓLICO" REY DE ARAGÓN, ALFONSO II[14] REY DE ARAGÓN Y 1RO. DE CATALUÑA, PETRONILA[13] DE ARAGÓN, REINA DE ARAGÓN, RAMIRO II[12] SÁNCHEZ, REY DE ARAGÓN, SANCHO V[11] RAMÍREZ, REY DE ARAGÓN, RAMIRO I[10] SÁNCHEZ, REY DE ARAGÓN, SANCHO III[9] GARCÉS "EL GRANDE", REY DE PAMPLONA, GARCÍA II[8] SÁNCHEZ, REY DE PAMPLONA, EL TEMBLÓN, SANCHO II[7] GARCÉS ABARCA, REY DE PAMPLONA, GARCÍA I[6] SÁNCHEZ, REY DE PAMPLONA, SANCHO I[5] GARCÉS, REY DE PAMPLONA, GARCÍA[4] JIMÉNEZ, PRÍNCIPE DE NAVARRA, JIMENA[3] GARCÍA, GARCÍA[2] JIMÉNEZ, JIMINO[1]) was born in Chinandega, Chinandega, Nicaragua, and died in San Salvador, El Salvador. She married TOMÁS PERALTA MAZA. He was born in El Salvador, and died in El Salvador.

More About AMÉRICA AUGUSTA MONTEALEGRE ZAPATA:
Burial: San Salvador, El Salvador

More About TOMÁS PERALTA MAZA:
Burial: San Salvador, El Salvador

Children of AMÉRICA MONTEALEGRE ZAPATA and TOMÁS PERALTA MAZA are:

i. MARÍA AUGUSTA[41] PERALTA MONTEALEGRE, m. JOSÉ ANTONIO FERNÁNDEZ VÁZQUEZ.

ii. CARMEN ELENA PERALTA MONTEALEGRE, m. JOSÉ ANTONIO ACEVEDO PERALTA.

209. NOEL SALVADOR[40] MONTEALEGRE ZAPATA *(AUGUSTO CÉSAR[39] MONTEALEGRE SALVATIERRA, AUGUSTO CÉSAR[38] MONTEALEGRE LACAYO, MARIANO ANTONIO[37] MONTEALEGRE ROMERO, MANUELA CASIMIRA[36] ROMERO SÁENZ, BÁRBARA ANTONIA[35] SÁENZ BONILLA, MANUEL[34] SÁENZ VÁZQUEZ Y RAMIRO-CORAJO, MARÍA ROSA[33] VÁZQUEZ RAMIRO-CORAJO, JOSEPH FRANCISCO[32] RAMIRO-CORAJO Y VERA SOTOMAYOR, JUANA[31] DE VERA SOTOMAYOR, LUIS[30] MÉNDEZ SOTOMAYOR Y CERRATO, ALFONSO[29] FERNÁNDEZ DE SOTOMAYOR FIGUEROA MESSÍA, LUIS[28] MÉNDEZ DE SOTOMAYOR FIGUEROA MESSÍA, GARCÍ[27] MÉNDEZ DE SOTOMAYOR Y SÁNCHEZ VILLODRE, CATALINA[26] SÁNCHEZ DE VILLODRE Y MANUEL, INÉS[25] SÁNCHEZ MANUEL DE VILLENA, JUAN[24] SÁNCHEZ MANUEL Y GONZÁLEZ DE MANZANEDO, SANCHO[23] MANUEL DE CASTILLA Y LASSO DE LA VEGA, JUAN I[22] MANUEL DE CASTILLA, REY DE CASTILLA LEÓN, JUANA[21] MANUEL DE CASTILLA, BLANCA[20] DE LA CERDA, FERNANDO[19] DE LA CERDA II, FERNANDO[18] DE LA CERDA, VIOLANTE[17] DE ARAGÓN, JAIME I[16] "EL CONQUISTADOR" REY DE ARAGÓN, PEDRO II[15] DE ARAGÓN, "EL CATÓLICO" REY DE ARAGÓN, ALFONSO II[14] REY DE ARAGÓN Y 1RO. DE CATALUÑA, PETRONILA[13] DE ARAGÓN, REINA DE ARAGÓN, RAMIRO II[12] SÁNCHEZ, REY DE ARAGÓN, SANCHO V[11] RAMÍREZ, REY DE ARAGÓN, RAMIRO I[10] SÁNCHEZ, REY DE ARAGÓN, SANCHO III[9] GARCÉS "EL GRANDE", REY DE PAMPLONA, GARCÍA II[8] SÁNCHEZ, REY DE PAMPLONA, EL TEMBLÓN, SANCHO II[7] GARCÉS ABARCA, REY DE PAMPLONA, GARCÍA I[6] SÁNCHEZ, REY DE PAMPLONA, SANCHO I[5] GARCÉS, REY DE PAMPLONA, GARCÍA[4] JIMÉNEZ, PRÍNCIPE DE NAVARRA, JIMENA[3] GARCÍA, GARCÍA[2] JIMÉNEZ, JIMINO[1])* He married MARÍA ELSA VALLE.

Children of NOEL MONTEALEGRE ZAPATA and MARÍA VALLE are:

269. i. MARÍA CRISTINA[41] MONTEALEGRE VALLE, b. December 17, 1942.

270. ii. AUGUSTO CÉSAR MONTEALEGRE VALLE, b. October 14, 1946, Chinandega, Chinandega, Nicaragua.

271. iii. ROSARIO MONTEALEGRE VALLE, b. July 16, 1951.

272. iv. MARÍA ELSA MONTEALEGRE VALLE, b. March 29, 1953.
v. CLAUDIA MONTEALEGRE VALLE, b. March 04, 1956.
273. vi. FÁTIMA MONTEALEGRE VALLE, b. April 15, 1958.
274. vii. MARÍA AUGUSTA MONTEALEGRE VALLE, b. October 08, 1960.

210. SERGIO MARIO[40] MONTEALEGRE ZAPATA *(AUGUSTO CÉSAR[39] MONTEALEGRE SALVATIERRA, AUGUSTO CÉSAR[38] MONTEALEGRE LACAYO, MARIANO ANTONIO[37] MONTEALEGRE ROMERO, MANUELA CASIMIRA[36] ROMERO SÁENZ, BÁRBARA ANTONIA[35] SÁENZ BONILLA, MANUEL[34] SÁENZ VÁZQUEZ Y RAMIRO-CORAJO, MARÍA ROSA[33] VÁZQUEZ RAMIRO-CORAJO, JOSEPH FRANCISCO[32] RAMIRO-CORAJO Y VERA SOTOMAYOR, JUANA[31] DE VERA SOTOMAYOR, LUIS[30] MÉNDEZ SOTOMAYOR Y CERRATO, ALFONSO[29] FERNÁNDEZ DE SOTOMAYOR FIGUEROA MESSÍA, LUIS[28] MÉNDEZ DE SOTOMAYOR FIGUEROA MESSÍA, GARCÍ[27] MÉNDEZ DE SOTOMAYOR Y SÁNCHEZ VILLODRE, CATALINA[26] SÁNCHEZ DE VILLODRE Y MANUEL, INÉS[25] SÁNCHEZ MANUEL DE VILLENA, JUAN[24] SÁNCHEZ MANUEL Y GONZÁLEZ DE MANZANEDO, SANCHO[23] MANUEL DE CASTILLA Y LASSO DE LA VEGA, JUAN I[22] MANUEL DE CASTILLA, REY DE CASTILLA LEÓN, JUANA[21] MANUEL DE CASTILLA, BLANCA[20] DE LA CERDA, FERNANDO[19] DE LA CERDA II, FERNANDO[18] DE LA CERDA, VIOLANTE[17] DE ARAGÓN, JAIME I[16] "EL CONQUISTADOR" REY DE ARAGÓN, PEDRO II[15] DE ARAGÓN, "EL CATÓLICO" REY DE ARAGÓN, ALFONSO II[14] REY DE ARAGÓN Y 1RO. DE CATALUÑA, PETRONILA[13] DE ARAGÓN, REINA DE ARAGÓN, RAMIRO II[12] SÁNCHEZ, REY DE ARAGÓN, SANCHO V[11] RAMÍREZ, REY DE ARAGÓN, RAMIRO I[10] SÁNCHEZ, REY DE ARAGÓN, SANCHO III[9] GARCÉS "EL GRANDE", REY DE PAMPLONA, GARCÍA II[8] SÁNCHEZ, REY DE PAMPLONA, EL TEMBLÓN, SANCHO II[7] GARCÉS ABARCA, REY DE PAMPLONA, GARCÍA I[6] SÁNCHEZ, REY DE PAMPLONA, SANCHO I[5] GARCÉS, REY DE PAMPLONA, GARCÍA[4] JIMÉNEZ, PRÍNCIPE DE NAVARRA, JIMENA[3] GARCÍA, GARCÍA[2] JIMÉNEZ, JIMINO[1])* was born July 27, 1919 in Chinandega, Chinandega, Nicaragua. He married CONNIE ALVAREZ PADILLA. She was born 1916 in Miami, Arizona, Estados Unidos de América, and died October 21, 1988 in Tegucigalpa, Honduras.

More About CONNIE ALVAREZ PADILLA:
Burial: Managua, Nicaragua

Children of SERGIO MONTEALEGRE ZAPATA and CONNIE ALVAREZ PADILLA are:
i. SERGIO MARIO[41] MONTEALEGRE ALVAREZ.
ii. ROBERTO FELIPE MONTEALEGRE ALVAREZ, m. (1) PATRICIA SPITALE REALE; m. (2) GABRIELA RAYA CLOUTHIER.
iii. LAURA LYNN MONTEALEGRE ALVAREZ.

211. BLANCA CLARA[40] MONTEALEGRE PLAZAOLA *(HUMBERTO "PIN"[39] MONTEALEGRE SALVATIERRA, AUGUSTO CÉSAR[38] MONTEALEGRE LACAYO, MARIANO ANTONIO[37] MONTEALEGRE ROMERO, MANUELA CASIMIRA[36] ROMERO SÁENZ, BÁRBARA ANTONIA[35] SÁENZ BONILLA, MANUEL[34] SÁENZ VÁZQUEZ Y RAMIRO-CORAJO, MARÍA ROSA[33] VÁZQUEZ RAMIRO-CORAJO, JOSEPH FRANCISCO[32] RAMIRO-CORAJO Y VERA SOTOMAYOR, JUANA[31] DE VERA SOTOMAYOR, LUIS[30] MÉNDEZ SOTOMAYOR Y CERRATO, ALFONSO[29] FERNÁNDEZ DE SOTOMAYOR FIGUEROA MESSÍA, LUIS[28] MÉNDEZ DE SOTOMAYOR FIGUEROA MESSÍA, GARCÍ[27] MÉNDEZ DE SOTOMAYOR Y SÁNCHEZ VILLODRE, CATALINA[26] SÁNCHEZ DE VILLODRE Y MANUEL, INÉS[25] SÁNCHEZ MANUEL DE VILLENA, JUAN[24] SÁNCHEZ MANUEL Y GONZÁLEZ DE MANZANEDO, SANCHO[23] MANUEL DE CASTILLA Y LASSO DE LA VEGA, JUAN I[22] MANUEL DE CASTILLA, REY DE CASTILLA LEÓN, JUANA[21] MANUEL DE CASTILLA, BLANCA[20] DE LA CERDA, FERNANDO[19] DE LA CERDA II, FERNANDO[18] DE LA CERDA, VIOLANTE[17] DE ARAGÓN, JAIME I[16] "EL CONQUISTADOR" REY DE ARAGÓN, PEDRO II[15] DE ARAGÓN, "EL CATÓLICO" REY DE ARAGÓN, ALFONSO II[14] REY DE ARAGÓN Y 1RO. DE CATALUÑA, PETRONILA[13] DE ARAGÓN, REINA DE ARAGÓN, RAMIRO II[12] SÁNCHEZ, REY DE ARAGÓN, SANCHO V[11] RAMÍREZ, REY DE ARAGÓN, RAMIRO I[10] SÁNCHEZ, REY DE ARAGÓN, SANCHO III[9] GARCÉS "EL GRANDE", REY DE PAMPLONA, GARCÍA II[8] SÁNCHEZ, REY DE PAMPLONA, EL TEMBLÓN, SANCHO II[7] GARCÉS*

ABARCA, REY DE PAMPLONA, GARCÍA I[6]SÁNCHEZ, REY DE PAMPLONA, SANCHO I[5]GARCÉS, REY DE PAMPLONA, GARCÍA[4]JIMÉNEZ, PRÍNCIPE DE NAVARRA, JIMENA[3] GARCÍA, GARCÍA[2] JIMÉNEZ, JIMINO[1]) She met (1) MAX MARADIAGA GUTIÉRREZ. She met (2) BAYARDO CALDERA. She met (3) OSCAR GARCÍA.

Child of BLANCA MONTEALEGRE PLAZAOLA and MAX MARADIAGA GUTIÉRREZ is:
275. i. ENRIQUE[41] MONTEALEGRE MARADIAGA, b. December 23, 1957.

Children of BLANCA MONTEALEGRE PLAZAOLA and BAYARDO CALDERA are:
ii. ALEJANDRO[41] MONTEALEGRE CALDERA.
iii. ERVIN MONTEALEGRE CALDERA, m. OLGA MARÍA VÁZQUEZ.

Child of BLANCA MONTEALEGRE PLAZAOLA and OSCAR GARCÍA is:
iv. EVELISE[41] GARCÍA MONTEALEGRE, m. CARLOS SÁNCHEZ; b. Costa Rica.

212. JOAQUÍN[40] SANSÓN BALLADARES *(MARIANA[39] BALLADARES MONTEALEGRE, PAULA[38] MONTEALEGRE LACAYO, MARIANO ANTONIO[37] MONTEALEGRE ROMERO, MANUELA CASIMIRA[36] ROMERO SÁENZ, BÁRBARA ANTONIA[35] SÁENZ BONILLA, MANUEL[34] SÁENZ VÁZQUEZ Y RAMIRO-CORAJO, MARÍA ROSA[33] VÁZQUEZ RAMIRO-CORAJO, JOSEPH FRANCISCO[32] RAMIRO-CORAJO Y VERA SOTOMAYOR, JUANA[31] DE VERA SOTOMAYOR, LUIS[30] MÉNDEZ SOTOMAYOR Y CERRATO, ALFONSO[29] FERNÁNDEZ DE SOTOMAYOR FIGUEROA MESSÍA, LUIS[28] MÉNDEZ DE SOTOMAYOR FIGUEROA MESSÍA, GARCI[27] MÉNDEZ DE SOTOMAYOR Y SÁNCHEZ VILLODRE, CATALINA[26] SÁNCHEZ DE VILLODRE Y MANUEL, INÉS[25] SÁNCHEZ MANUEL DE VILLENA, JUAN[24] SÁNCHEZ MANUEL Y GONZÁLEZ DE MANZANEDO, SANCHO[23] MANUEL DE CASTILLA Y LASSO DE LA VEGA, JUAN I[22]MANUEL DE CASTILLA, REY DE CASTILLA LEÓN, JUANA[21] MANUEL DE CASTILLA, BLANCA[20] DE LA CERDA, FERNANDO[19] DE LA CERDA II, FERNANDO[18] DE LA CERDA, VIOLANTE[17] DE ARAGÓN, JAIME I[16] "EL CONQUISTADOR" REY DE ARAGÓN, PEDRO II[15]DE ARAGÓN, "EL CATÓLICO" REY DE ARAGÓN, ALFONSO II[14] REY DE ARAGÓN Y 1RO. DE CATALUÑA, PETRONILA[13]DE ARAGÓN, REINA DE ARAGÓN, RAMIRO II[12]SÁNCHEZ, REY DE ARAGÓN, SANCHO V[11]RAMÍREZ, REY DE ARAGÓN, RAMIRO I[10]SÁNCHEZ, REY DE ARAGÓN, SANCHO III[9]GARCÉS "EL GRANDE", REY DE PAMPLONA, GARCÍA II[8]SÁNCHEZ, REY DE PAMPLONA, EL TEMBLÓN, SANCHO II[7]GARCÉS ABARCA, REY DE PAMPLONA, GARCÍA I[6]SÁNCHEZ, REY DE PAMPLONA, SANCHO I[5]GARCÉS, REY DE PAMPLONA, GARCÍA[4]JIMÉNEZ, PRÍNCIPE DE NAVARRA, JIMENA[3] GARCÍA, GARCÍA[2] JIMÉNEZ, JIMINO[1])* He married EVANGELINA ARGÜELLO PRADO.

Children of JOAQUÍN SANSÓN BALLADARES and EVANGELINA ARGÜELLO PRADO are:
i. JOAQUÍN[41] SANSÓN ARGÜELLO.
ii. MARIANA SANSÓN ARGÜELLO.
iii. ESPERANZA SANSÓN ARGÜELLO.

213. ABRAHAM[40] MONTEALEGRE HERNÁNDEZ *(DOMINGO[39] MONTEALEGRE VANPOVEDT, ABRAHAM[38] MONTEALEGRE LACAYO, MARIANO ANTONIO[37] MONTEALEGRE ROMERO, MANUELA CASIMIRA[36] ROMERO SÁENZ, BÁRBARA ANTONIA[35] SÁENZ BONILLA, MANUEL[34] SÁENZ VÁZQUEZ Y RAMIRO-CORAJO, MARÍA ROSA[33] VÁZQUEZ RAMIRO-CORAJO, JOSEPH FRANCISCO[32] RAMIRO-CORAJO Y VERA SOTOMAYOR, JUANA[31] DE VERA SOTOMAYOR, LUIS[30] MÉNDEZ SOTOMAYOR Y CERRATO, ALFONSO[29] FERNÁNDEZ DE SOTOMAYOR FIGUEROA MESSÍA, LUIS[28] MÉNDEZ DE SOTOMAYOR FIGUEROA MESSÍA, GARCI[27] MÉNDEZ DE SOTOMAYOR Y SÁNCHEZ VILLODRE, CATALINA[26] SÁNCHEZ DE VILLODRE Y MANUEL, INÉS[25] SÁNCHEZ MANUEL DE VILLENA, JUAN[24] SÁNCHEZ MANUEL Y GONZÁLEZ DE MANZANEDO, SANCHO[23] MANUEL DE CASTILLA Y LASSO DE LA VEGA, JUAN I[22]MANUEL DE CASTILLA, REY DE CASTILLA LEÓN, JUANA[21] MANUEL DE CASTILLA, BLANCA[20] DE LA CERDA, FERNANDO[19] DE LA*

CERDA II, FERNANDO[18] DE LA CERDA, VIOLANTE[17] DE ARAGÓN, JAIME I[16] "EL CONQUISTADOR" REY DE ARAGÓN, PEDRO II[15] DE ARAGÓN, "EL CATÓLICO" REY DE ARAGÓN, ALFONSO II[14] REY DE ARAGÓN Y 1RO. DE CATALUÑA, PETRONILA[13] DE ARAGÓN, REINA DE ARAGÓN, RAMIRO II[12] SÁNCHEZ, REY DE ARAGÓN, SANCHO V[11] RAMÍREZ, REY DE ARAGÓN, RAMIRO I[10] SÁNCHEZ, REY DE ARAGÓN, SANCHO III[9] GARCÉS "EL GRANDE", REY DE PAMPLONA, GARCÍA II[8] SÁNCHEZ, REY DE PAMPLONA, EL TEMBLÓN, SANCHO II[7] GARCÉS ABARCA, REY DE PAMPLONA, GARCÍA I[6] SÁNCHEZ, REY DE PAMPLONA, SANCHO I[5] GARCÉS, REY DE PAMPLONA, GARCÍA[4] JIMÉNEZ, PRÍNCIPE DE NAVARRA, JIMENA[3] GARCÍA, GARCÍA[2] JIMÉNEZ, JIMINO[1]) He married JUANITA FAJARDO FLORES.

Children of ABRAHAM MONTEALEGRE HERNÁNDEZ and JUANITA FAJARDO FLORES are:
276. i. JAIME[41] MONTEALEGRE FAJARDO.
277. ii. DOMINGO MONTEALEGRE FAJARDO.
278. iii. ENRIQUE MONTEALEGRE FAJARDO.
279. iv. ABRAHAM MONTEALEGRE FAJARDO.
v. CARLOS MONTEALEGRE FAJARDO.

214. NELA[40] MONTEALEGRE HERNÁNDEZ *(DOMINGO[39] MONTEALEGRE VANPOVEDT, ABRAHAM[38] MONTEALEGRE LACAYO, MARIANO ANTONIO[37] MONTEALEGRE ROMERO, MANUELA CASIMIRA[36] ROMERO SÁENZ, BÁRBARA ANTONIA[35] SÁENZ BONILLA, MANUEL[34] SÁENZ VÁZQUEZ Y RAMIRO-CORAJO, MARÍA ROSA[33] VÁZQUEZ RAMIRO-CORAJO, JOSEPH FRANCISCO[32] RAMIRO-CORAJO Y VERA SOTOMAYOR, JUANA[31] DE VERA SOTOMAYOR, LUIS[30] MÉNDEZ SOTOMAYOR Y CERRATO, ALFONSO[29] FERNÁNDEZ DE SOTOMAYOR FIGUEROA MESSÍA, LUIS[28] MÉNDEZ DE SOTOMAYOR FIGUEROA MESSÍA, GARCI[27] MÉNDEZ DE SOTOMAYOR Y SÁNCHEZ VILLODRE, CATALINA[26] SÁNCHEZ DE VILLODRE Y MANUEL, INÉS[25] SÁNCHEZ MANUEL DE VILLENA, JUAN[24] SÁNCHEZ MANUEL Y GONZÁLEZ DE MANZANEDO, SANCHO[23] MANUEL DE CASTILLA Y LASSO DE LA VEGA, JUAN I[22] MANUEL DE CASTILLA, REY DE CASTILLA LEÓN, JUANA[21] MANUEL DE CASTILLA, BLANCA[20] DE LA CERDA, FERNANDO[19] DE LA CERDA II, FERNANDO[18] DE LA CERDA, VIOLANTE[17] DE ARAGÓN, JAIME I[16] "EL CONQUISTADOR" REY DE ARAGÓN, PEDRO II[15] DE ARAGÓN, "EL CATÓLICO" REY DE ARAGÓN, ALFONSO II[14] REY DE ARAGÓN Y 1RO. DE CATALUÑA, PETRONILA[13] DE ARAGÓN, REINA DE ARAGÓN, RAMIRO II[12] SÁNCHEZ, REY DE ARAGÓN, SANCHO V[11] RAMÍREZ, REY DE ARAGÓN, RAMIRO I[10] SÁNCHEZ, REY DE ARAGÓN, SANCHO III[9] GARCÉS "EL GRANDE", REY DE PAMPLONA, GARCÍA II[8] SÁNCHEZ, REY DE PAMPLONA, EL TEMBLÓN, SANCHO II[7] GARCÉS ABARCA, REY DE PAMPLONA, GARCÍA I[6] SÁNCHEZ, REY DE PAMPLONA, SANCHO I[5] GARCÉS, REY DE PAMPLONA, GARCÍA[4] JIMÉNEZ, PRÍNCIPE DE NAVARRA, JIMENA[3] GARCÍA, GARCÍA[2] JIMÉNEZ, JIMINO[1])* She married ERNESTO SOMOZA BALLADARES.

Children of NELA MONTEALEGRE HERNÁNDEZ and ERNESTO SOMOZA BALLADARES are:
280. i. ERNESTO[41] SOMOZA MONTEALEGRE.
ii. EDGAR FRANCISCO SOMOZA MONTEALEGRE.
281. iii. FRANCISCO SOMOZA MONTEALEGRE.
282. iv. MARÍA GUADALUPE SOMOZA MONTEALEGRE.
283. v. MARÍA LOURDES SOMOZA MONTEALEGRE.

215. MARÍA VICTORIA[40] MONTEALEGRE HERNÁNDEZ *(DOMINGO[39] MONTEALEGRE VANPOVEDT, ABRAHAM[38] MONTEALEGRE LACAYO, MARIANO ANTONIO[37] MONTEALEGRE ROMERO, MANUELA CASIMIRA[36] ROMERO SÁENZ, BÁRBARA ANTONIA[35] SÁENZ BONILLA, MANUEL[34] SÁENZ VÁZQUEZ Y RAMIRO-CORAJO, MARÍA ROSA[33] VÁZQUEZ RAMIRO-CORAJO, JOSEPH FRANCISCO[32] RAMIRO-CORAJO Y VERA SOTOMAYOR, JUANA[31] DE VERA SOTOMAYOR, LUIS[30] MÉNDEZ SOTOMAYOR Y CERRATO, ALFONSO[29] FERNÁNDEZ DE SOTOMAYOR FIGUEROA MESSÍA, LUIS[28] MÉNDEZ DE SOTOMAYOR FIGUEROA MESSÍA, GARCI[27] MÉNDEZ DE SOTOMAYOR Y SÁNCHEZ VILLODRE, CATALINA[26] SÁNCHEZ DE VILLODRE Y MANUEL, INÉS[25] SÁNCHEZ MANUEL DE VILLENA, JUAN[24] SÁNCHEZ MANUEL Y GONZÁLEZ DE MANZANEDO,*

SANCHO[23] MANUEL DE CASTILLA Y LASSO DE LA VEGA, JUAN I[22] MANUEL DE CASTILLA, REY DE CASTILLA LEÓN, JUANA[21] MANUEL DE CASTILLA, BLANCA[20] DE LA CERDA, FERNANDO[19] DE LA CERDA II, FERNANDO[18] DE LA CERDA, VIOLANTE[17] DE ARAGÓN, JAIME I[16] "EL CONQUISTADOR" REY DE ARAGÓN, PEDRO II[15] DE ARAGÓN, "EL CATÓLICO" REY DE ARAGÓN, ALFONSO II[14] REY DE ARAGÓN Y 1RO. DE CATALUÑA, PETRONILA[13] DE ARAGÓN, REINA DE ARAGÓN, RAMIRO II[12] SÁNCHEZ, REY DE ARAGÓN, SANCHO V[11] RAMÍREZ, REY DE ARAGÓN, RAMIRO I[10] SÁNCHEZ, REY DE ARAGÓN, SANCHO III[9] GARCÉS "EL GRANDE", REY DE PAMPLONA, GARCÍA II[8] SÁNCHEZ, REY DE PAMPLONA, EL TEMBLÓN, SANCHO II[7] GARCÉS ABARCA, REY DE PAMPLONA, GARCÍA I[6] SÁNCHEZ, REY DE PAMPLONA, SANCHO I[5] GARCÉS, REY DE PAMPLONA, GARCÍA[4] JIMÉNEZ, PRÍNCIPE DE NAVARRA, JIMENA[3] GARCÍA, GARCÍA[2] JIMÉNEZ, JIMINO[1]) She married JUAN MUNGUÍA NOVOA.

Child of MARÍA MONTEALEGRE HERNÁNDEZ and JUAN MUNGUÍA NOVOA is:
284. i. JUAN ERNESTO[41] MUNGUÍA MONTEALEGRE.

216. DOMINGO[40] MONTEALEGRE HERNÁNDEZ *(DOMINGO[39] MONTEALEGRE VANPOVEDT, ABRAHAM[38] MONTEALEGRE LACAYO, MARIANO ANTONIO[37] MONTEALEGRE ROMERO, MANUELA CASIMIRA[36] ROMERO SÁENZ, BÁRBARA ANTONIA[35] SÁENZ BONILLA, MANUEL[34] SÁENZ VÁZQUEZ Y RAMIRO-CORAJO, MARÍA ROSA[33] VÁZQUEZ RAMIRO-CORAJO, JOSEPH FRANCISCO[32] RAMIRO-CORAJO Y VERA SOTOMAYOR, JUANA[31] DE VERA SOTOMAYOR, LUIS[30] MÉNDEZ SOTOMAYOR Y CERRATO, ALFONSO[29] FERNÁNDEZ DE SOTOMAYOR FIGUEROA MESSÍA, LUIS[28] MÉNDEZ DE SOTOMAYOR FIGUEROA MESSÍA, GARCI[27] MÉNDEZ DE SOTOMAYOR Y SÁNCHEZ VILLODRE, CATALINA[26] SÁNCHEZ DE VILLODRE Y MANUEL, INÉS[25] SÁNCHEZ MANUEL DE VILLENA, JUAN[24] SÁNCHEZ MANUEL Y GONZÁLEZ DE MANZANEDO, SANCHO[23] MANUEL DE CASTILLA Y LASSO DE LA VEGA, JUAN I[22] MANUEL DE CASTILLA, REY DE CASTILLA LEÓN, JUANA[21] MANUEL DE CASTILLA, BLANCA[20] DE LA CERDA, FERNANDO[19] DE LA CERDA II, FERNANDO[18] DE LA CERDA, VIOLANTE[17] DE ARAGÓN, JAIME I[16] "EL CONQUISTADOR" REY DE ARAGÓN, PEDRO II[15] DE ARAGÓN, "EL CATÓLICO" REY DE ARAGÓN, ALFONSO II[14] REY DE ARAGÓN Y 1RO. DE CATALUÑA, PETRONILA[13] DE ARAGÓN, REINA DE ARAGÓN, RAMIRO II[12] SÁNCHEZ, REY DE ARAGÓN, SANCHO V[11] RAMÍREZ, REY DE ARAGÓN, RAMIRO I[10] SÁNCHEZ, REY DE ARAGÓN, SANCHO III[9] GARCÉS "EL GRANDE", REY DE PAMPLONA, GARCÍA II[8] SÁNCHEZ, REY DE PAMPLONA, EL TEMBLÓN, SANCHO II[7] GARCÉS ABARCA, REY DE PAMPLONA, GARCÍA I[6] SÁNCHEZ, REY DE PAMPLONA, SANCHO I[5] GARCÉS, REY DE PAMPLONA, GARCÍA[4] JIMÉNEZ, PRÍNCIPE DE NAVARRA, JIMENA[3] GARCÍA, GARCÍA[2] JIMÉNEZ, JIMINO[1])* He married RHINA MILENA CHÁVEZ BALLADARES.

Children of DOMINGO MONTEALEGRE HERNÁNDEZ and RHINA CHÁVEZ BALLADARES are:
285. i. ALEJANDRO JOSÉ[41] MONTEALEGRE CHÁVEZ.
286. ii. REYNA ELENA TERESA MONTEALEGRE CHÁVEZ.
287. iii. MARÍA JOSÉ MONTEALEGRE CHÁVEZ.
288. iv. LUIS ALFONSO MONTEALEGRE CHÁVEZ.

217. ALBERTO RAMÓN[40] MONTEALEGRE HERNÁNDEZ *(DOMINGO[39] MONTEALEGRE VANPOVEDT, ABRAHAM[38] MONTEALEGRE LACAYO, MARIANO ANTONIO[37] MONTEALEGRE ROMERO, MANUELA CASIMIRA[36] ROMERO SÁENZ, BÁRBARA ANTONIA[35] SÁENZ BONILLA, MANUEL[34] SÁENZ VÁZQUEZ Y RAMIRO-CORAJO, MARÍA ROSA[33] VÁZQUEZ RAMIRO-CORAJO, JOSEPH FRANCISCO[32] RAMIRO-CORAJO Y VERA SOTOMAYOR, JUANA[31] DE VERA SOTOMAYOR, LUIS[30] MÉNDEZ SOTOMAYOR Y CERRATO, ALFONSO[29] FERNÁNDEZ DE SOTOMAYOR FIGUEROA MESSÍA, LUIS[28] MÉNDEZ DE SOTOMAYOR FIGUEROA MESSÍA, GARCI[27] MÉNDEZ DE SOTOMAYOR Y SÁNCHEZ VILLODRE, CATALINA[26] SÁNCHEZ DE VILLODRE Y MANUEL, INÉS[25] SÁNCHEZ MANUEL DE VILLENA, JUAN[24] SÁNCHEZ MANUEL Y GONZÁLEZ DE MANZANEDO, SANCHO[23] MANUEL DE CASTILLA Y LASSO DE LA VEGA, JUAN I[22] MANUEL DE CASTILLA, REY DE CASTILLA LEÓN, JUANA[21] MANUEL DE CASTILLA, BLANCA[20] DE LA CERDA, FERNANDO[19] DE LA CERDA II, FERNANDO[18] DE LA CERDA, VIOLANTE[17] DE ARAGÓN, JAIME I[16] "EL*

CONQUISTADOR" REY DE ARAGÓN, PEDRO II[15] DE ARAGÓN, "EL CATÓLICO" REY DE ARAGÓN, ALFONSO II[14] REY DE ARAGÓN Y 1RO. DE CATALUÑA, PETRONILA[13] DE ARAGÓN, REINA DE ARAGÓN, RAMIRO II[12] SÁNCHEZ, REY DE ARAGÓN, SANCHO V[11] RAMÍREZ, REY DE ARAGÓN, RAMIRO I[10] SÁNCHEZ, REY DE ARAGÓN, SANCHO III[9] GARCÉS "EL GRANDE", REY DE PAMPLONA, GARCÍA II[8] SÁNCHEZ, REY DE PAMPLONA, EL TEMBLÓN, SANCHO II[7] GARCÉS ABARCA, REY DE PAMPLONA, GARCÍA I[6] SÁNCHEZ, REY DE PAMPLONA, SANCHO I[5] GARCÉS, REY DE PAMPLONA, GARCÍA[4] JIMÉNEZ, PRÍNCIPE DE NAVARRA, JIMENA[3] GARCÍA, GARCÍA[2] JIMÉNEZ, JIMINO[1]) He married CORINA SOMOZA BALLADARES.

Children of ALBERTO MONTEALEGRE HERNÁNDEZ and CORINA SOMOZA BALLADARES are:
289. i. MARÍA MILAGROS[41] MONTEALEGRE SOMOZA.
290. ii. JORGE ALBERTO MONTEALEGRE SOMOZA.
291. iii. CLAUDIA LISSETH MONTEALEGRE SOMOZA.

218. MARÍA TRINIDAD[40] MONTEALEGRE HERNÁNDEZ *(DOMINGO[39] MONTEALEGRE VANPOVEDT, ABRAHAM[38] MONTEALEGRE LACAYO, MARIANO ANTONIO[37] MONTEALEGRE ROMERO, MANUELA CASIMIRA[36] ROMERO SÁENZ, BÁRBARA ANTONIA[35] SÁENZ BONILLA, MANUEL[34] SÁENZ VÁZQUEZ Y RAMIRO-CORAJO, MARÍA ROSA[33] VÁZQUEZ RAMIRO-CORAJO, JOSEPH FRANCISCO[32] RAMIRO-CORAJO Y VERA SOTOMAYOR, JUANA[31] DE VERA SOTOMAYOR, LUIS[30] MÉNDEZ SOTOMAYOR Y CERRATO, ALFONSO[29] FERNÁNDEZ DE SOTOMAYOR FIGUEROA MESSÍA, LUIS[28] MÉNDEZ DE SOTOMAYOR FIGUEROA MESSÍA, GARCÍ[27] MÉNDEZ DE SOTOMAYOR Y SÁNCHEZ VILLODRE, CATALINA[26] SÁNCHEZ DE VILLODRE Y MANUEL, INÉS[25] SÁNCHEZ MANUEL DE VILLENA, JUAN[24] SÁNCHEZ MANUEL Y GONZÁLEZ DE MANZANEDO, SANCHO[23] MANUEL DE CASTILLA Y LASSO DE LA VEGA, JUAN I[22] MANUEL DE CASTILLA, REY DE CASTILLA LEÓN, JUANA[21] MANUEL DE CASTILLA, BLANCA[20] DE LA CERDA, FERNANDO[19] DE LA CERDA II, FERNANDO[18] DE LA CERDA, VIOLANTE[17] DE ARAGÓN, JAIME I[16] "EL CONQUISTADOR" REY DE ARAGÓN, PEDRO II[15] DE ARAGÓN, "EL CATÓLICO" REY DE ARAGÓN, ALFONSO II[14] REY DE ARAGÓN Y 1RO. DE CATALUÑA, PETRONILA[13] DE ARAGÓN, REINA DE ARAGÓN, RAMIRO II[12] SÁNCHEZ, REY DE ARAGÓN, SANCHO V[11] RAMÍREZ, REY DE ARAGÓN, RAMIRO I[10] SÁNCHEZ, REY DE ARAGÓN, SANCHO III[9] GARCÉS "EL GRANDE", REY DE PAMPLONA, GARCÍA II[8] SÁNCHEZ, REY DE PAMPLONA, EL TEMBLÓN, SANCHO II[7] GARCÉS ABARCA, REY DE PAMPLONA, GARCÍA I[6] SÁNCHEZ, REY DE PAMPLONA, SANCHO I[5] GARCÉS, REY DE PAMPLONA, GARCÍA[4] JIMÉNEZ, PRÍNCIPE DE NAVARRA, JIMENA[3] GARCÍA, GARCÍA[2] JIMÉNEZ, JIMINO[1])* She married HUGO ASTACIO CABRERA.

Children of MARÍA MONTEALEGRE HERNÁNDEZ and HUGO ASTACIO CABRERA are:
292. i. ISTMANIA[41] ASTACIO MONTEALEGRE.
293. ii. HUGO NILS ASTACIO MONTEALEGRE.
294. iii. ROMMEL ASTACIO MONTEALEGRE.
295. iv. MAURO ASTACIO MONTEALEGRE.
296. v. LINCOLN ASTACIO MONTEALEGRE.
297. vi. EDGARD ASTACIO MONTEALEGRE.
298. vii. YERALA ASTACIO MONTEALEGRE.
299. viii. NILSA DARIANA ASTACIO MONTEALEGRE.
ix. ALEXIS ASTACIO MONTEALEGRE.

219. MARÍA ALBA[40] MONTEALEGRE MELÉNDEZ *(MARIANO[39] MONTEALEGRE GASTEAZORO, ELÍAS[38] MONTEALEGRE LACAYO, MARIANO ANTONIO[37] MONTEALEGRE ROMERO, MANUELA CASIMIRA[36] ROMERO SÁENZ, BÁRBARA ANTONIA[35] SÁENZ BONILLA, MANUEL[34] SÁENZ VÁZQUEZ Y RAMIRO-CORAJO, MARÍA ROSA[33] VÁZQUEZ RAMIRO-CORAJO, JOSEPH FRANCISCO[32] RAMIRO-CORAJO Y VERA SOTOMAYOR, JUANA[31] DE VERA SOTOMAYOR, LUIS[30] MÉNDEZ SOTOMAYOR Y CERRATO, ALFONSO[29] FERNÁNDEZ DE SOTOMAYOR FIGUEROA MESSÍA, LUIS[28] MÉNDEZ DE SOTOMAYOR FIGUEROA MESSÍA, GARCÍ[27] MÉNDEZ DE SOTOMAYOR Y SÁNCHEZ VILLODRE, CATALINA[26] SÁNCHEZ DE VILLODRE Y MANUEL, INÉS[25] SÁNCHEZ MANUEL DE VILLENA, JUAN[24]*

SÁNCHEZ MANUEL Y GONZÁLEZ DE MANZANEDO, SANCHO[23] MANUEL DE CASTILLA Y LASSO DE LA VEGA, JUAN I[22] MANUEL DE CASTILLA, REY DE CASTILLA LEÓN, JUANA[21] MANUEL DE CASTILLA, BLANCA[20] DE LA CERDA, FERNANDO[19] DE LA CERDA II, FERNANDO[18] DE LA CERDA, VIOLANTE[17] DE ARAGÓN, JAIME I[16] "EL CONQUISTADOR" REY DE ARAGÓN, PEDRO II[15] DE ARAGÓN, "EL CATÓLICO" REY DE ARAGÓN, ALFONSO II[14] REY DE ARAGÓN Y 1RO. DE CATALUÑA, PETRONILA[13] DE ARAGÓN, REINA DE ARAGÓN, RAMIRO II[12] SÁNCHEZ, REY DE ARAGÓN, SANCHO V[11] RAMÍREZ, REY DE ARAGÓN, RAMIRO I[10] SÁNCHEZ, REY DE ARAGÓN, SANCHO III[9] GARCÉS "EL GRANDE", REY DE PAMPLONA, GARCÍA II[8] SÁNCHEZ, REY DE PAMPLONA, EL TEMBLÓN, SANCHO II[7] GARCÉS ABARCA, REY DE PAMPLONA, GARCÍA I[6] SÁNCHEZ, REY DE PAMPLONA, SANCHO I[5] GARCÉS, REY DE PAMPLONA, GARCÍA[4] JIMÉNEZ, PRÍNCIPE DE NAVARRA, JIMENA[3] GARCÍA, GARCÍA[2] JIMÉNEZ, JIMINO[1]) was born December 06, 1945. She married NOEL LINDO ESPINOZA.

Children of MARÍA MONTEALEGRE MELÉNDEZ and NOEL LINDO ESPINOZA are:

i. NOELIA MARÍA[41] LINDO MONTEALEGRE.
ii. WALKI MARIELA LINDO MONTEALEGRE.

220. JOSEFA[40] INFANTE MORAZÁN *(MERCEDES[39] MORAZÁN VENERIO, FRANCISCO[38] MORAZÁN MONCADA, MARIANO ANTONIO[37] MONTEALEGRE ROMERO, MANUELA CASIMIRA[36] ROMERO SÁENZ, BÁRBARA ANTONIA[35] SÁENZ BONILLA, MANUEL[34] SÁENZ VÁZQUEZ Y RAMIRO-CORAJO, MARÍA ROSA[33] VÁZQUEZ RAMIRO-CORAJO, JOSEPH FRANCISCO[32] RAMIRO-CORAJO Y VERA SOTOMAYOR, JUANA[31] DE VERA SOTOMAYOR, LUIS[30] MÉNDEZ SOTOMAYOR Y CERRATO, ALFONSO[29] FERNÁNDEZ DE SOTOMAYOR FIGUEROA MESSÍA, LUIS[28] MÉNDEZ DE SOTOMAYOR FIGUEROA MESSÍA, GARCÍ[27] MÉNDEZ DE SOTOMAYOR Y SÁNCHEZ VILLODRE, CATALINA[26] SÁNCHEZ DE VILLODRE Y MANUEL, INÉS[25] SÁNCHEZ MANUEL DE VILLENA, JUAN[24] SÁNCHEZ MANUEL Y GONZÁLEZ DE MANZANEDO, SANCHO[23] MANUEL DE CASTILLA Y LASSO DE LA VEGA, JUAN I[22] MANUEL DE CASTILLA, REY DE CASTILLA LEÓN, JUANA[21] MANUEL DE CASTILLA, BLANCA[20] DE LA CERDA, FERNANDO[19] DE LA CERDA II, FERNANDO[18] DE LA CERDA, VIOLANTE[17] DE ARAGÓN, JAIME I[16] "EL CONQUISTADOR" REY DE ARAGÓN, PEDRO II[15] DE ARAGÓN, "EL CATÓLICO" REY DE ARAGÓN, ALFONSO II[14] REY DE ARAGÓN Y 1RO. DE CATALUÑA, PETRONILA[13] DE ARAGÓN, REINA DE ARAGÓN, RAMIRO II[12] SÁNCHEZ, REY DE ARAGÓN, SANCHO V[11] RAMÍREZ, REY DE ARAGÓN, RAMIRO I[10] SÁNCHEZ, REY DE ARAGÓN, SANCHO III[9] GARCÉS "EL GRANDE", REY DE PAMPLONA, GARCÍA II[8] SÁNCHEZ, REY DE PAMPLONA, EL TEMBLÓN, SANCHO II[7] GARCÉS ABARCA, REY DE PAMPLONA, GARCÍA I[6] SÁNCHEZ, REY DE PAMPLONA, SANCHO I[5] GARCÉS, REY DE PAMPLONA, GARCÍA[4] JIMÉNEZ, PRÍNCIPE DE NAVARRA, JIMENA[3] GARCÍA, GARCÍA[2] JIMÉNEZ, JIMINO[1])* She married GUSTAVO MONTEALEGRE SEYDEL, son of SAMUEL MONTEALEGRE LACAYO and TERESA SEYDEL VENERIO.

Children of JOSEFA INFANTE MORAZÁN and GUSTAVO MONTEALEGRE SEYDEL are:

300. i. MÉLIDA[41] MONTEALEGRE INFANTE.
ii. GUSTAVO MONTEALEGRE INFANTE.
iii. JOSÉ MONTEALEGRE INFANTE.
iv. MARÍA ELSA MONTEALEGRE INFANTE.
v. ENRIQUE MONTEALEGRE INFANTE.
vi. GONZALO MONTEALEGRE INFANTE.
301. vii. MÉLIDA MONTEALEGRE INFANTE.

221. ESTER[40] DESHON MORAZÁN *(CARMEN[39] MORAZÁN VENERIO, FRANCISCO[38] MORAZÁN MONCADA, MARIANO ANTONIO[37] MONTEALEGRE ROMERO, MANUELA CASIMIRA[36] ROMERO SÁENZ, BÁRBARA ANTONIA[35] SÁENZ BONILLA, MANUEL[34] SÁENZ VÁZQUEZ Y RAMIRO-CORAJO, MARÍA ROSA[33] VÁZQUEZ RAMIRO-CORAJO, JOSEPH FRANCISCO[32] RAMIRO-CORAJO Y VERA SOTOMAYOR, JUANA[31] DE VERA SOTOMAYOR, LUIS[30] MÉNDEZ SOTOMAYOR Y CERRATO, ALFONSO[29] FERNÁNDEZ DE SOTOMAYOR FIGUEROA MESSÍA, LUIS[28] MÉNDEZ DE SOTOMAYOR*

FIGUEROA MESSÍA, GARCÍ[27] MÉNDEZ DE SOTOMAYOR Y SÁNCHEZ VILLODRE, CATALINA[26] SÁNCHEZ DE VILLODRE Y MANUEL, INÉS[25] SÁNCHEZ MANUEL DE VILLENA, JUAN[24] SÁNCHEZ MANUEL Y GONZÁLEZ DE MANZANEDO, SANCHO[23] MANUEL DE CASTILLA Y LASSO DE LA VEGA, JUAN I[22] MANUEL DE CASTILLA, REY DE CASTILLA LEÓN, JUANA[21] MANUEL DE CASTILLA, BLANCA[20] DE LA CERDA, FERNANDO[19] DE LA CERDA II, FERNANDO[18] DE LA CERDA, VIOLANTE[17] DE ARAGÓN, JAIME I[16] "EL CONQUISTADOR" REY DE ARAGÓN, PEDRO II[15] DE ARAGÓN, "EL CATÓLICO" REY DE ARAGÓN, ALFONSO II[14] REY DE ARAGÓN Y 1RO. DE CATALUÑA, PETRONILA[13] DE ARAGÓN, REINA DE ARAGÓN, RAMIRO II[12] SÁNCHEZ, REY DE ARAGÓN, SANCHO V[11] RAMÍREZ, REY DE ARAGÓN, RAMIRO I[10] SÁNCHEZ, REY DE ARAGÓN, SANCHO III[9] GARCÉS "EL GRANDE", REY DE PAMPLONA, GARCÍA II[8] SÁNCHEZ, REY DE PAMPLONA, EL TEMBLÓN, SANCHO II[7] GARCÉS ABARCA, REY DE PAMPLONA, GARCÍA I[6] SÁNCHEZ, REY DE PAMPLONA, SANCHO I[5] GARCÉS, REY DE PAMPLONA, GARCÍA[4] JIMÉNEZ, PRÍNCIPE DE NAVARRA, JIMENA[3] GARCÍA, GARCÍA[2] JIMÉNEZ, JIMINO[1]) She married SAMUEL MONTEALEGRE SEYDEL.

Children of ESTER DESHON MORAZÁN and SAMUEL MONTEALEGRE SEYDEL are:

- i. ANGELA[41] MONTEALEGRE DESHON, m. ROBERT STEINBRIDGE.
- 302. ii. ESTER MONTEALEGRE DESHON.
- iii. SAMUEL MONTEALEGRE DESHON.
- 303. iv. CARLOS MONTEALEGRE DESHON, b. November 15, 1914, Chinandega, Chinandega, Nicaragua.
- v. GUILLERMO MONTEALEGRE DESHON, m. FRANCISCA GUTIÉRREZ.
- vi. NOEL MONTEALEGRE DESHON.
- vii. ROBERTO "BOBBY" MONTEALEGRE DESHON, m. MARÍA GARCÍA MAYORGA.
- 304. viii. OSCAR RAMIRO MONTEALEGRE DESHON.
- ix. FRANCISCO JOSÉ MONTEALEGRE DESHON, m. MARÍA IDIS CALLEJAS SARAVIA.

222. ADELA[40] DESHON MORAZÁN *(CARMEN[39] MORAZÁN VENERIO, FRANCISCO[38] MORAZÁN MONCADA, MARIANO ANTONIO[37] MONTEALEGRE ROMERO, MANUELA CASIMIRA[36] ROMERO SÁENZ, BÁRBARA ANTONIA[35] SÁENZ BONILLA, MANUEL[34] SÁENZ VÁZQUEZ Y RAMIRO-CORAJO, MARÍA ROSA[33] VÁZQUEZ RAMIRO-CORAJO, JOSEPH FRANCISCO[32] RAMIRO-CORAJO Y VERA SOTOMAYOR, JUANA[31] DE VERA SOTOMAYOR, LUIS[30] MÉNDEZ SOTOMAYOR Y CERRATO, ALFONSO[29] FERNÁNDEZ DE SOTOMAYOR FIGUEROA MESSÍA, LUIS[28] MÉNDEZ DE SOTOMAYOR FIGUEROA MESSÍA, GARCÍ[27] MÉNDEZ DE SOTOMAYOR Y SÁNCHEZ VILLODRE, CATALINA[26] SÁNCHEZ DE VILLODRE Y MANUEL, INÉS[25] SÁNCHEZ MANUEL DE VILLENA, JUAN[24] SÁNCHEZ MANUEL Y GONZÁLEZ DE MANZANEDO, SANCHO[23] MANUEL DE CASTILLA Y LASSO DE LA VEGA, JUAN I[22] MANUEL DE CASTILLA, REY DE CASTILLA LEÓN, JUANA[21] MANUEL DE CASTILLA, BLANCA[20] DE LA CERDA, FERNANDO[19] DE LA CERDA II, FERNANDO[18] DE LA CERDA, VIOLANTE[17] DE ARAGÓN, JAIME I[16] "EL CONQUISTADOR" REY DE ARAGÓN, PEDRO II[15] DE ARAGÓN, "EL CATÓLICO" REY DE ARAGÓN, ALFONSO II[14] REY DE ARAGÓN Y 1RO. DE CATALUÑA, PETRONILA[13] DE ARAGÓN, REINA DE ARAGÓN, RAMIRO II[12] SÁNCHEZ, REY DE ARAGÓN, SANCHO V[11] RAMÍREZ, REY DE ARAGÓN, RAMIRO I[10] SÁNCHEZ, REY DE ARAGÓN, SANCHO III[9] GARCÉS "EL GRANDE", REY DE PAMPLONA, GARCÍA II[8] SÁNCHEZ, REY DE PAMPLONA, EL TEMBLÓN, SANCHO II[7] GARCÉS ABARCA, REY DE PAMPLONA, GARCÍA I[6] SÁNCHEZ, REY DE PAMPLONA, SANCHO I[5] GARCÉS, REY DE PAMPLONA, GARCÍA[4] JIMÉNEZ, PRÍNCIPE DE NAVARRA, JIMENA[3] GARCÍA, GARCÍA[2] JIMÉNEZ, JIMINO[1])* She married RICARDO FRIZELL.

Children of ADELA DESHON MORAZÁN and RICARDO FRIZELL are:

- i. LEONIE[41] FRIZELL DESHON.
- ii. CARMEN FRIZELL DESHON.
- iii. RICARDO FRIZELL DESHON.
- iv. MERCEDES FRIZELL DESHON.
- v. ADELA FRIZELL DESHON.

vi. TERESA FRIZELL DESHON.

223. EDUARDO[40] DESHON MORAZÁN *(CARMEN[39] MORAZÁN VENERIO, FRANCISCO[38] MORAZÁN MONCADA, MARIANO ANTONIO[37] MONTEALEGRE ROMERO, MANUELA CASIMIRA[36] ROMERO SÁENZ, BÁRBARA ANTONIA[35] SÁENZ BONILLA, MANUEL[34] SÁENZ VÁZQUEZ Y RAMIRO-CORAJO, MARÍA ROSA[33] VÁZQUEZ RAMIRO-CORAJO, JOSEPH FRANCISCO[32] RAMIRO-CORAJO Y VERA SOTOMAYOR, JUANA[31] DE VERA SOTOMAYOR, LUIS[30] MÉNDEZ SOTOMAYOR Y CERRATO, ALFONSO[29] FERNÁNDEZ DE SOTOMAYOR FIGUEROA MESSÍA, LUIS[28] MÉNDEZ DE SOTOMAYOR FIGUEROA MESSÍA, GARCÍ[27] MÉNDEZ DE SOTOMAYOR Y SÁNCHEZ VILLODRE, CATALINA[26] SÁNCHEZ DE VILLODRE Y MANUEL, INÉS[25] SÁNCHEZ MANUEL DE VILLENA, JUAN[24] SÁNCHEZ MANUEL Y GONZÁLEZ DE MANZANEDO, SANCHO[23] MANUEL DE CASTILLA Y LASSO DE LA VEGA, JUAN I[22] MANUEL DE CASTILLA, REY DE CASTILLA LEÓN, JUANA[21] MANUEL DE CASTILLA, BLANCA[20] DE LA CERDA, FERNANDO[19] DE LA CERDA II, FERNANDO[18] DE LA CERDA, VIOLANTE[17] DE ARAGÓN, JAIME I[16] "EL CONQUISTADOR" REY DE ARAGÓN, PEDRO II[15] DE ARAGÓN, "EL CATÓLICO" REY DE ARAGÓN, ALFONSO II[14] REY DE ARAGÓN Y 1RO. DE CATALUÑA, PETRONILA[13] DE ARAGÓN, REINA DE ARAGÓN, RAMIRO II[12] SÁNCHEZ, REY DE ARAGÓN, SANCHO V[11] RAMÍREZ, REY DE ARAGÓN, RAMIRO I[10] SÁNCHEZ, REY DE ARAGÓN, SANCHO III[9] GARCÉS "EL GRANDE", REY DE PAMPLONA, GARCÍA II[8] SÁNCHEZ, REY DE PAMPLONA, EL TEMBLÓN, SANCHO II[7] GARCÉS ABARCA, REY DE PAMPLONA, GARCÍA I[6] SÁNCHEZ, REY DE PAMPLONA, SANCHO I[5] GARCÉS, REY DE PAMPLONA, GARCÍA[4] JIMÉNEZ, PRÍNCIPE DE NAVARRA, JIMENA[3] GARCÍA, GARCÍA[2] JIMÉNEZ, JIMINO[1])* He married BERTA MONTEALEGRE GASTEAZORO, daughter of ISAAC MONTEALEGRE LACAYO and JULIA GASTEAZORO ROBELO.

Children of EDUARDO DESHON MORAZÁN and BERTA MONTEALEGRE GASTEAZORO are:

i. EDMUNDO[41] DESHON MONTEALEGRE, m. MARÍA LUISA LÓPEZ.
305. ii. BERTA DESHON MONTEALEGRE.
306. iii. EDUARDO DESHON MONTEALEGRE.
iv. MARIO DESHON MONTEALEGRE.

224. ELENA[40] DESHON MORAZÁN *(CARMEN[39] MORAZÁN VENERIO, FRANCISCO[38] MORAZÁN MONCADA, MARIANO ANTONIO[37] MONTEALEGRE ROMERO, MANUELA CASIMIRA[36] ROMERO SÁENZ, BÁRBARA ANTONIA[35] SÁENZ BONILLA, MANUEL[34] SÁENZ VÁZQUEZ Y RAMIRO-CORAJO, MARÍA ROSA[33] VÁZQUEZ RAMIRO-CORAJO, JOSEPH FRANCISCO[32] RAMIRO-CORAJO Y VERA SOTOMAYOR, JUANA[31] DE VERA SOTOMAYOR, LUIS[30] MÉNDEZ SOTOMAYOR Y CERRATO, ALFONSO[29] FERNÁNDEZ DE SOTOMAYOR FIGUEROA MESSÍA, LUIS[28] MÉNDEZ DE SOTOMAYOR FIGUEROA MESSÍA, GARCÍ[27] MÉNDEZ DE SOTOMAYOR Y SÁNCHEZ VILLODRE, CATALINA[26] SÁNCHEZ DE VILLODRE Y MANUEL, INÉS[25] SÁNCHEZ MANUEL DE VILLENA, JUAN[24] SÁNCHEZ MANUEL Y GONZÁLEZ DE MANZANEDO, SANCHO[23] MANUEL DE CASTILLA Y LASSO DE LA VEGA, JUAN I[22] MANUEL DE CASTILLA, REY DE CASTILLA LEÓN, JUANA[21] MANUEL DE CASTILLA, BLANCA[20] DE LA CERDA, FERNANDO[19] DE LA CERDA II, FERNANDO[18] DE LA CERDA, VIOLANTE[17] DE ARAGÓN, JAIME I[16] "EL CONQUISTADOR" REY DE ARAGÓN, PEDRO II[15] DE ARAGÓN, "EL CATÓLICO" REY DE ARAGÓN, ALFONSO II[14] REY DE ARAGÓN Y 1RO. DE CATALUÑA, PETRONILA[13] DE ARAGÓN, REINA DE ARAGÓN, RAMIRO II[12] SÁNCHEZ, REY DE ARAGÓN, SANCHO V[11] RAMÍREZ, REY DE ARAGÓN, RAMIRO I[10] SÁNCHEZ, REY DE ARAGÓN, SANCHO III[9] GARCÉS "EL GRANDE", REY DE PAMPLONA, GARCÍA II[8] SÁNCHEZ, REY DE PAMPLONA, EL TEMBLÓN, SANCHO II[7] GARCÉS ABARCA, REY DE PAMPLONA, GARCÍA I[6] SÁNCHEZ, REY DE PAMPLONA, SANCHO I[5] GARCÉS, REY DE PAMPLONA, GARCÍA[4] JIMÉNEZ, PRÍNCIPE DE NAVARRA, JIMENA[3] GARCÍA, GARCÍA[2] JIMÉNEZ, JIMINO[1])* She married CAMILO BARBERENA ANZOÁTEGUI.

Children of ELENA DESHON MORAZÁN and CAMILO BARBERENA ANZOÁTEGUI are:

i. ELENA[41] BARBERENA DESHON.
ii. MIRIAM BARBERENA DESHON.

iii. CAMILO JOSÉ BARBERENA DESHON.
iv. EDUARDO BARBERENA DESHON.

225. ROBERTO[40] DESHON MORAZÁN *(CARMEN[39] MORAZÁN VENERIO, FRANCISCO[38] MORAZÁN MONCADA, MARIANO ANTONIO[37] MONTEALEGRE ROMERO, MANUELA CASIMIRA[36] ROMERO SÁENZ, BÁRBARA ANTONIA[35] SÁENZ BONILLA, MANUEL[34] SÁENZ VÁZQUEZ Y RAMIRO-CORAJO, MARÍA ROSA[33] VÁZQUEZ RAMIRO-CORAJO, JOSEPH FRANCISCO[32] RAMIRO-CORAJO Y VERA SOTOMAYOR, JUANA[31] DE VERA SOTOMAYOR, LUIS[30] MÉNDEZ SOTOMAYOR Y CERRATO, ALFONSO[29] FERNÁNDEZ DE SOTOMAYOR FIGUEROA MESSÍA, LUIS[28] MÉNDEZ DE SOTOMAYOR FIGUEROA MESSÍA, GARCI[27] MÉNDEZ DE SOTOMAYOR Y SÁNCHEZ VILLODRE, CATALINA[26] SÁNCHEZ DE VILLODRE Y MANUEL, INÉS[25] SÁNCHEZ MANUEL DE VILLENA, JUAN[24] SÁNCHEZ MANUEL Y GONZÁLEZ DE MANZANEDO, SANCHO[23] MANUEL DE CASTILLA Y LASSO DE LA VEGA, JUAN I[22] MANUEL DE CASTILLA, REY DE CASTILLA LEÓN, JUANA[21] MANUEL DE CASTILLA, BLANCA[20] DE LA CERDA, FERNANDO[19] DE LA CERDA II, FERNANDO[18] DE LA CERDA, VIOLANTE[17] DE ARAGÓN, JAIME I[16] "EL CONQUISTADOR" REY DE ARAGÓN, PEDRO II[15] DE ARAGÓN, "EL CATÓLICO" REY DE ARAGÓN, ALFONSO II[14] REY DE ARAGÓN Y 1RO. DE CATALUÑA, PETRONILA[13] DE ARAGÓN, REINA DE ARAGÓN, RAMIRO II[12] SÁNCHEZ, REY DE ARAGÓN, SANCHO V[11] RAMÍREZ, REY DE ARAGÓN, RAMIRO I[10] SÁNCHEZ, REY DE ARAGÓN, SANCHO III[9] GARCÉS "EL GRANDE", REY DE PAMPLONA, GARCÍA II[8] SÁNCHEZ, REY DE PAMPLONA, EL TEMBLÓN, SANCHO II[7] GARCÉS ABARCA, REY DE PAMPLONA, GARCÍA I[6] SÁNCHEZ, REY DE PAMPLONA, SANCHO I[5] GARCÉS, REY DE PAMPLONA, GARCÍA[4] JIMÉNEZ, PRÍNCIPE DE NAVARRA, JIMENA[3] GARCÍA, GARCÍA[2] JIMÉNEZ, JIMINO[1])* He married (1) ERNESTINA GONZÁLEZ. He married (2) LUCRECIA DESHON BOQUÍN.

Children of ROBERTO DESHON MORAZÁN and LUCRECIA DESHON BOQUÍN are:
i. ROBERTO[41] DESHON DESHON.
ii. GLORIA DESHON DESHON.
iii. JUAN DESHON DESHON.
iv. EDUARDO DESHON DESHON.

226. EVA[40] DESHON MORAZÁN *(CARMEN[39] MORAZÁN VENERIO, FRANCISCO[38] MORAZÁN MONCADA, MARIANO ANTONIO[37] MONTEALEGRE ROMERO, MANUELA CASIMIRA[36] ROMERO SÁENZ, BÁRBARA ANTONIA[35] SÁENZ BONILLA, MANUEL[34] SÁENZ VÁZQUEZ Y RAMIRO-CORAJO, MARÍA ROSA[33] VÁZQUEZ RAMIRO-CORAJO, JOSEPH FRANCISCO[32] RAMIRO-CORAJO Y VERA SOTOMAYOR, JUANA[31] DE VERA SOTOMAYOR, LUIS[30] MÉNDEZ SOTOMAYOR Y CERRATO, ALFONSO[29] FERNÁNDEZ DE SOTOMAYOR FIGUEROA MESSÍA, LUIS[28] MÉNDEZ DE SOTOMAYOR FIGUEROA MESSÍA, GARCI[27] MÉNDEZ DE SOTOMAYOR Y SÁNCHEZ VILLODRE, CATALINA[26] SÁNCHEZ DE VILLODRE Y MANUEL, INÉS[25] SÁNCHEZ MANUEL DE VILLENA, JUAN[24] SÁNCHEZ MANUEL Y GONZÁLEZ DE MANZANEDO, SANCHO[23] MANUEL DE CASTILLA Y LASSO DE LA VEGA, JUAN I[22] MANUEL DE CASTILLA, REY DE CASTILLA LEÓN, JUANA[21] MANUEL DE CASTILLA, BLANCA[20] DE LA CERDA, FERNANDO[19] DE LA CERDA II, FERNANDO[18] DE LA CERDA, VIOLANTE[17] DE ARAGÓN, JAIME I[16] "EL CONQUISTADOR" REY DE ARAGÓN, PEDRO II[15] DE ARAGÓN, "EL CATÓLICO" REY DE ARAGÓN, ALFONSO II[14] REY DE ARAGÓN Y 1RO. DE CATALUÑA, PETRONILA[13] DE ARAGÓN, REINA DE ARAGÓN, RAMIRO II[12] SÁNCHEZ, REY DE ARAGÓN, SANCHO V[11] RAMÍREZ, REY DE ARAGÓN, RAMIRO I[10] SÁNCHEZ, REY DE ARAGÓN, SANCHO III[9] GARCÉS "EL GRANDE", REY DE PAMPLONA, GARCÍA II[8] SÁNCHEZ, REY DE PAMPLONA, EL TEMBLÓN, SANCHO II[7] GARCÉS ABARCA, REY DE PAMPLONA, GARCÍA I[6] SÁNCHEZ, REY DE PAMPLONA, SANCHO I[5] GARCÉS, REY DE PAMPLONA, GARCÍA[4] JIMÉNEZ, PRÍNCIPE DE NAVARRA, JIMENA[3] GARCÍA, GARCÍA[2] JIMÉNEZ, JIMINO[1])* She married ABEL NAVARRO.

Children of EVA DESHON MORAZÁN and ABEL NAVARRO are:
i. MARÍA DEL CARMEN[41] NAVARRO DESHON.
ii. EMILIA NAVARRO DESHON.

iii. EVA NAVARRO DESHON.
iv. BLANCA NAVARRO DESHON.
v. LIDIA NAVARRO DESHON.
vi. ANGEL JOSÉ NAVARRO DESHON.

227. ANGELINA[40] DESHON MORAZÁN *(CARMEN[39] MORAZÁN VENERIO, FRANCISCO[38] MORAZÁN MONCADA, MARIANO ANTONIO[37] MONTEALEGRE ROMERO, MANUELA CASIMIRA[36] ROMERO SÁENZ, BÁRBARA ANTONIA[35] SÁENZ BONILLA, MANUEL[34] SÁENZ VÁZQUEZ Y RAMIRO-CORAJO, MARÍA ROSA[33] VÁZQUEZ RAMIRO-CORAJO, JOSEPH FRANCISCO[32] RAMIRO-CORAJO Y VERA SOTOMAYOR, JUANA[31] DE VERA SOTOMAYOR, LUIS[30] MÉNDEZ SOTOMAYOR Y CERRATO, ALFONSO[29] FERNÁNDEZ DE SOTOMAYOR FIGUEROA MESSÍA, LUIS[28] MÉNDEZ DE SOTOMAYOR FIGUEROA MESSÍA, GARCÍ[27] MÉNDEZ DE SOTOMAYOR Y SÁNCHEZ VILLODRE, CATALINA[26] SÁNCHEZ DE VILLODRE Y MANUEL, INÉS[25] SÁNCHEZ MANUEL DE VILLENA, JUAN[24] SÁNCHEZ MANUEL Y GONZÁLEZ DE MANZANEDO, SANCHO[23] MANUEL DE CASTILLA Y LASSO DE LA VEGA, JUAN I[22] MANUEL DE CASTILLA, REY DE CASTILLA LEÓN, JUANA[21] MANUEL DE CASTILLA, BLANCA[20] DE LA CERDA, FERNANDO[19] DE LA CERDA II, FERNANDO[18] DE LA CERDA, VIOLANTE[17] DE ARAGÓN, JAIME I[16] "EL CONQUISTADOR" REY DE ARAGÓN, PEDRO II[15] DE ARAGÓN, "EL CATÓLICO" REY DE ARAGÓN, ALFONSO II[14] REY DE ARAGÓN Y 1RO. DE CATALUÑA, PETRONILA[13] DE ARAGÓN, REINA DE ARAGÓN, RAMIRO II[12] SÁNCHEZ, REY DE ARAGÓN, SANCHO V[11] RAMÍREZ, REY DE ARAGÓN, RAMIRO I[10] SÁNCHEZ, REY DE ARAGÓN, SANCHO III[9] GARCÉS "EL GRANDE", REY DE PAMPLONA, GARCÍA II[8] SÁNCHEZ, REY DE PAMPLONA, EL TEMBLÓN, SANCHO II[7] GARCÉS ABARCA, REY DE PAMPLONA, GARCÍA I[6] SÁNCHEZ, REY DE PAMPLONA, SANCHO I[5] GARCÉS, REY DE PAMPLONA, GARCÍA[4] JIMÉNEZ, PRÍNCIPE DE NAVARRA, JIMENA[3] GARCÍA, GARCÍA[2] JIMÉNEZ, JIMINO[1])* She married ALFONSO CALLEJAS MAYORGA.

Children of ANGELINA DESHON MORAZÁN and ALFONSO CALLEJAS MAYORGA are:
i. ALFONSO[41] CALLEJAS DESHON.
ii. ANGELINA CALLEJAS DESHON.
iii. MARÍA DEL CARMEN CALLEJAS DESHON.
iv. ESPERANZA CALLEJAS DESHON.
v. EDUARDO CALLEJAS DESHON.
vi. AZUCENA ELISA CALLEJAS DESHON.

228. JOSÉ[40] SOLÓRZANO AVILÉZ *(ENRIQUE[39] SOLÓRZANO CARDOZA, RAMÓN[38] SOLÓRZANO MONTEALEGRE, GERTRUDIS[37] MONTEALEGRE ROMERO, MANUELA CASIMIRA[36] ROMERO SÁENZ, BÁRBARA ANTONIA[35] SÁENZ BONILLA, MANUEL[34] SÁENZ VÁZQUEZ Y RAMIRO-CORAJO, MARÍA ROSA[33] VÁZQUEZ RAMIRO-CORAJO, JOSEPH FRANCISCO[32] RAMIRO-CORAJO Y VERA SOTOMAYOR, JUANA[31] DE VERA SOTOMAYOR, LUIS[30] MÉNDEZ SOTOMAYOR Y CERRATO, ALFONSO[29] FERNÁNDEZ DE SOTOMAYOR FIGUEROA MESSÍA, LUIS[28] MÉNDEZ DE SOTOMAYOR FIGUEROA MESSÍA, GARCÍ[27] MÉNDEZ DE SOTOMAYOR Y SÁNCHEZ VILLODRE, CATALINA[26] SÁNCHEZ DE VILLODRE Y MANUEL, INÉS[25] SÁNCHEZ MANUEL DE VILLENA, JUAN[24] SÁNCHEZ MANUEL Y GONZÁLEZ DE MANZANEDO, SANCHO[23] MANUEL DE CASTILLA Y LASSO DE LA VEGA, JUAN I[22] MANUEL DE CASTILLA, REY DE CASTILLA LEÓN, JUANA[21] MANUEL DE CASTILLA, BLANCA[20] DE LA CERDA, FERNANDO[19] DE LA CERDA II, FERNANDO[18] DE LA CERDA, VIOLANTE[17] DE ARAGÓN, JAIME I[16] "EL CONQUISTADOR" REY DE ARAGÓN, PEDRO II[15] DE ARAGÓN, "EL CATÓLICO" REY DE ARAGÓN, ALFONSO II[14] REY DE ARAGÓN Y 1RO. DE CATALUÑA, PETRONILA[13] DE ARAGÓN, REINA DE ARAGÓN, RAMIRO II[12] SÁNCHEZ, REY DE ARAGÓN, SANCHO V[11] RAMÍREZ, REY DE ARAGÓN, RAMIRO I[10] SÁNCHEZ, REY DE ARAGÓN, SANCHO III[9] GARCÉS "EL GRANDE", REY DE PAMPLONA, GARCÍA II[8] SÁNCHEZ, REY DE PAMPLONA, EL TEMBLÓN, SANCHO II[7] GARCÉS ABARCA, REY DE PAMPLONA, GARCÍA I[6] SÁNCHEZ, REY DE PAMPLONA, SANCHO I[5] GARCÉS, REY DE PAMPLONA, GARCÍA[4] JIMÉNEZ, PRÍNCIPE DE NAVARRA, JIMENA[3] GARCÍA, GARCÍA[2] JIMÉNEZ, JIMINO[1])* was born January 20, 1861, and died June 05, 1906. He married HELENA DÍAZ RECINOS. She was born May 13, 1864, and died

October 08, 1957.

Children of JOSÉ SOLÓRZANO AVILÉZ and HELENA DÍAZ RECINOS are:

i. JOSÉ[41] SOLÓRZANO DÍAZ.
307. ii. ERNESTO SOLÓRZANO DÍAZ.
iii. HELENA SOLÓRZANO DÍAZ.
iv. ENRIQUE SOLÓRZANO DÍAZ.
v. ALBERTO SOLÓRZANO DÍAZ.
vi. EDMUNDO SOLÓRZANO DÍAZ.
vii. ADOLFO SOLÓRZANO DÍAZ.

229. CARMELA[40] SOLÓRZANO VASCONCELOS *(ENRIQUE[39] SOLÓRZANO CARDOZA, RAMÓN[38] SOLÓRZANO MONTEALEGRE, GERTRUDIS[37] MONTEALEGRE ROMERO, MANUELA CASIMIRA[36] ROMERO SÁENZ, BÁRBARA ANTONIA[35] SÁENZ BONILLA, MANUEL[34] SÁENZ VÁZQUEZ Y RAMIRO-CORAJO, MARÍA ROSA[33] VÁZQUEZ RAMIRO-CORAJO, JOSEPH FRANCISCO[32] RAMIRO-CORAJO Y VERA SOTOMAYOR, JUANA[31] DE VERA SOTOMAYOR, LUIS[30] MÉNDEZ SOTOMAYOR Y CERRATO, ALFONSO[29] FERNÁNDEZ DE SOTOMAYOR FIGUEROA MESSÍA, LUIS[28] MÉNDEZ DE SOTOMAYOR FIGUEROA MESSÍA, GARCI[27] MÉNDEZ DE SOTOMAYOR Y SÁNCHEZ VILLODRE, CATALINA[26] SÁNCHEZ DE VILLODRE Y MANUEL, INÉS[25] SÁNCHEZ MANUEL DE VILLENA, JUAN[24] SÁNCHEZ MANUEL Y GONZÁLEZ DE MANZANEDO, SANCHO[23] MANUEL DE CASTILLA Y LASSO DE LA VEGA, JUAN I[22] MANUEL DE CASTILLA, REY DE CASTILLA LEÓN, JUANA[21] MANUEL DE CASTILLA, BLANCA[20] DE LA CERDA, FERNANDO[19] DE LA CERDA II, FERNANDO[18] DE LA CERDA, VIOLANTE[17] DE ARAGÓN, JAIME I[16] "EL CONQUISTADOR" REY DE ARAGÓN, PEDRO II[15] DE ARAGÓN, "EL CATÓLICO" REY DE ARAGÓN, ALFONSO II[14] REY DE ARAGÓN Y 1RO. DE CATALUÑA, PETRONILA[13] DE ARAGÓN, REINA DE ARAGÓN, RAMIRO II[12] SÁNCHEZ, REY DE ARAGÓN, SANCHO V[11] RAMÍREZ, REY DE ARAGÓN, RAMIRO I[10] SÁNCHEZ, REY DE ARAGÓN, SANCHO III[9] GARCÉS "EL GRANDE", REY DE PAMPLONA, GARCÍA II[8] SÁNCHEZ, REY DE PAMPLONA, EL TEMBLÓN, SANCHO II[7] GARCÉS ABARCA, REY DE PAMPLONA, GARCÍA I[6] SÁNCHEZ, REY DE PAMPLONA, SANCHO I[5] GARCÉS, REY DE PAMPLONA, GARCÍA[4] JIMÉNEZ, PRÍNCIPE DE NAVARRA, JIMENA[3] GARCÍA, GARCÍA[2] JIMÉNEZ, JIMINO[1])* She married MARIANO ZELAYA.

Children of CARMELA SOLÓRZANO VASCONCELOS and MARIANO ZELAYA are:

i. ANA[41] ZELAYA SOLÓRZANO.
ii. FERNANDO ZELAYA SOLÓRZANO.
iii. ENRIQUE ZELAYA SOLÓRZANO.

230. RAMÓN[40] SOLÓRZANO ALANIZ *(FEDERICO[39] SOLÓRZANO REYES, RAMÓN[38] SOLÓRZANO MONTEALEGRE, GERTRUDIS[37] MONTEALEGRE ROMERO, MANUELA CASIMIRA[36] ROMERO SÁENZ, BÁRBARA ANTONIA[35] SÁENZ BONILLA, MANUEL[34] SÁENZ VÁZQUEZ Y RAMIRO-CORAJO, MARÍA ROSA[33] VÁZQUEZ RAMIRO-CORAJO, JOSEPH FRANCISCO[32] RAMIRO-CORAJO Y VERA SOTOMAYOR, JUANA[31] DE VERA SOTOMAYOR, LUIS[30] MÉNDEZ SOTOMAYOR Y CERRATO, ALFONSO[29] FERNÁNDEZ DE SOTOMAYOR FIGUEROA MESSÍA, LUIS[28] MÉNDEZ DE SOTOMAYOR FIGUEROA MESSÍA, GARCI[27] MÉNDEZ DE SOTOMAYOR Y SÁNCHEZ VILLODRE, CATALINA[26] SÁNCHEZ DE VILLODRE Y MANUEL, INÉS[25] SÁNCHEZ MANUEL DE VILLENA, JUAN[24] SÁNCHEZ MANUEL Y GONZÁLEZ DE MANZANEDO, SANCHO[23] MANUEL DE CASTILLA Y LASSO DE LA VEGA, JUAN I[22] MANUEL DE CASTILLA, REY DE CASTILLA LEÓN, JUANA[21] MANUEL DE CASTILLA, BLANCA[20] DE LA CERDA, FERNANDO[19] DE LA CERDA II, FERNANDO[18] DE LA CERDA, VIOLANTE[17] DE ARAGÓN, JAIME I[16] "EL CONQUISTADOR" REY DE ARAGÓN, PEDRO II[15] DE ARAGÓN, "EL CATÓLICO" REY DE ARAGÓN, ALFONSO II[14] REY DE ARAGÓN Y 1RO. DE CATALUÑA, PETRONILA[13] DE ARAGÓN, REINA DE ARAGÓN, RAMIRO II[12] SÁNCHEZ, REY DE ARAGÓN, SANCHO V[11] RAMÍREZ, REY DE ARAGÓN, RAMIRO I[10] SÁNCHEZ, REY DE ARAGÓN, SANCHO III[9] GARCÉS "EL GRANDE", REY DE PAMPLONA, GARCÍA II[8] SÁNCHEZ, REY DE PAMPLONA, EL TEMBLÓN, SANCHO II[7] GARCÉS ABARCA, REY DE PAMPLONA, GARCÍA*

I[6]SÁNCHEZ, REY DE PAMPLONA, SANCHO I[5]GARCÉS, REY DE PAMPLONA, GARCÍA[4]JIMÉNEZ, PRÍNCIPE DE NAVARRA, JIMENA[3] GARCÍA, GARCÍA[2] JIMÉNEZ, JIMINO[1]) He married MERCEDES HANGER.

Children of RAMÓN SOLÓRZANO ALANIZ and MERCEDES HANGER are:

i. RAMÓN[41] SOLÓRZANO HANGER.
ii. GUILLERMO SOLÓRZANO HANGER.
iii. ARMANDO SOLÓRZANO HANGER.
iv. GUILLERMINA SOLÓRZANO HANGER.
v. MERCEDES SOLÓRZANO HANGER.
vi. MARÍA SOLÓRZANO HANGER.
vii. BERTA SOLÓRZANO HANGER.
viii. LEONOR SOLÓRZANO HANGER.
ix. OCTAVIO SOLÓRZANO HANGER.

231. ROSA[40] SOLÓRZANO GUTIÉRREZ *(FEDERICO[39] SOLÓRZANO REYES, RAMÓN[38] SOLÓRZANO MONTEALEGRE, GERTRUDIS[37] MONTEALEGRE ROMERO, MANUELA CASIMIRA[36] ROMERO SÁENZ, BÁRBARA ANTONIA[35] SÁENZ BONILLA, MANUEL[34] SÁENZ VÁZQUEZ Y RAMIRO-CORAJO, MARÍA ROSA[33] VÁZQUEZ RAMIRO-CORAJO, JOSEPH FRANCISCO[32] RAMIRO-CORAJO Y VERA SOTOMAYOR, JUANA[31] DE VERA SOTOMAYOR, LUIS[30] MÉNDEZ SOTOMAYOR Y CERRATO, ALFONSO[29] FERNÁNDEZ DE SOTOMAYOR FIGUEROA MESSÍA, LUIS[28] MÉNDEZ DE SOTOMAYOR FIGUEROA MESSÍA, GARCI[27] MÉNDEZ DE SOTOMAYOR Y SÁNCHEZ VILLODRE, CATALINA[26] SÁNCHEZ DE VILLODRE Y MANUEL, INÉS[25] SÁNCHEZ MANUEL DE VILLENA, JUAN[24] SÁNCHEZ MANUEL Y GONZÁLEZ DE MANZANEDO, SANCHO[23] MANUEL DE CASTILLA Y LASSO DE LA VEGA, JUAN I[22]MANUEL DE CASTILLA, REY DE CASTILLA LEÓN, JUANA[21] MANUEL DE CASTILLA, BLANCA[20] DE LA CERDA, FERNANDO[19] DE LA CERDA II, FERNANDO[18] DE LA CERDA, VIOLANTE[17] DE ARAGÓN, JAIME I[16] "EL CONQUISTADOR" REY DE ARAGÓN, PEDRO II[15]DE ARAGÓN, "EL CATÓLICO" REY DE ARAGÓN, ALFONSO II[14] REY DE ARAGÓN Y 1RO. DE CATALUÑA, PETRONILA[13]DE ARAGÓN, REINA DE ARAGÓN, RAMIRO II[12]SÁNCHEZ, REY DE ARAGÓN, SANCHO V[11]RAMÍREZ, REY DE ARAGÓN, RAMIRO I[10]SÁNCHEZ, REY DE ARAGÓN, SANCHO III[9]GARCÉS "EL GRANDE", REY DE PAMPLONA, GARCÍA II[8]SÁNCHEZ, REY DE PAMPLONA, EL TEMBLÓN, SANCHO II[7]GARCÉS ABARCA, REY DE PAMPLONA, GARCÍA I[6]SÁNCHEZ, REY DE PAMPLONA, SANCHO I[5]GARCÉS, REY DE PAMPLONA, GARCÍA[4]JIMÉNEZ, PRÍNCIPE DE NAVARRA, JIMENA[3] GARCÍA, GARCÍA[2] JIMÉNEZ, JIMINO[1])* She married LISÍMACO LACAYO ARGÜELLO.

Children of ROSA SOLÓRZANO GUTIÉRREZ and LISÍMACO LACAYO ARGÜELLO are:

308. i. LISÍMACO[41] LACAYO SOLÓRZANO.
309. ii. FEDERICO LACAYO SOLÓRZANO.
iii. RAÚL LACAYO SOLÓRZANO, m. MERCEDES CABEZAS.
iv. OFELIA LACAYO SOLÓRZANO, m. OCTAVIO HERNÁNDEZ DÍAZ.
v. YELBA LACAYO SOLÓRZANO, m. EARL ROBERTO MACGUIRE.
vi. LIDIA LACAYO SOLÓRZANO, m. JUSTINO LEOPOLDO SALAZAR ARTOLA.

232. MATILDE[40] SOLÓRZANO GUTIÉRREZ *(FEDERICO[39] SOLÓRZANO REYES, RAMÓN[38] SOLÓRZANO MONTEALEGRE, GERTRUDIS[37] MONTEALEGRE ROMERO, MANUELA CASIMIRA[36] ROMERO SÁENZ, BÁRBARA ANTONIA[35] SÁENZ BONILLA, MANUEL[34] SÁENZ VÁZQUEZ Y RAMIRO-CORAJO, MARÍA ROSA[33] VÁZQUEZ RAMIRO-CORAJO, JOSEPH FRANCISCO[32] RAMIRO-CORAJO Y VERA SOTOMAYOR, JUANA[31] DE VERA SOTOMAYOR, LUIS[30] MÉNDEZ SOTOMAYOR Y CERRATO, ALFONSO[29] FERNÁNDEZ DE SOTOMAYOR FIGUEROA MESSÍA, LUIS[28] MÉNDEZ DE SOTOMAYOR FIGUEROA MESSÍA, GARCI[27] MÉNDEZ DE SOTOMAYOR Y SÁNCHEZ VILLODRE, CATALINA[26] SÁNCHEZ DE VILLODRE Y MANUEL, INÉS[25] SÁNCHEZ MANUEL DE VILLENA, JUAN[24] SÁNCHEZ MANUEL Y GONZÁLEZ DE MANZANEDO, SANCHO[23] MANUEL DE CASTILLA Y LASSO DE LA VEGA, JUAN I[22]MANUEL DE CASTILLA, REY DE CASTILLA LEÓN, JUANA[21] MANUEL DE CASTILLA,*

BLANCA[20] DE LA CERDA, FERNANDO[19] DE LA CERDA II, FERNANDO[18] DE LA CERDA, VIOLANTE[17] DE ARAGÓN, JAIME I[16] "EL CONQUISTADOR" REY DE ARAGÓN, PEDRO II[15] DE ARAGÓN, "EL CATÓLICO" REY DE ARAGÓN, ALFONSO II[14] REY DE ARAGÓN Y 1RO. DE CATALUÑA, PETRONILA[13] DE ARAGÓN, REINA DE ARAGÓN, RAMIRO II[12] SÁNCHEZ, REY DE ARAGÓN, SANCHO V[11] RAMÍREZ, REY DE ARAGÓN, RAMIRO I[10] SÁNCHEZ, REY DE ARAGÓN, SANCHO III[9] GARCÉS "EL GRANDE", REY DE PAMPLONA, GARCÍA II[8] SÁNCHEZ, REY DE PAMPLONA, EL TEMBLÓN, SANCHO II[7] GARCÉS ABARCA, REY DE PAMPLONA, GARCÍA I[6] SÁNCHEZ, REY DE PAMPLONA, SANCHO I[5] GARCÉS, REY DE PAMPLONA, GARCÍA[4] JIMÉNEZ, PRÍNCIPE DE NAVARRA, JIMENA[3] GARCÍA, GARCÍA[2] JIMÉNEZ, JIMINO[1]) She married JULIO BONILLA OBREGÓN.

Children of MATILDE SOLÓRZANO GUTIÉRREZ and JULIO BONILLA OBREGÓN are:
310. i. MARÍA HAYDÉE[41] BONILLA SOLÓRZANO.
311. ii. JULIO CÉSAR BONILLA SOLÓRZANO.
312. iii. MATILDE BONILLA SOLÓRZANO.
313. iv. CARLOS GUILLERMO BONILLA SOLÓRZANO.
314. v. MARINA BONILLA SOLÓRZANO.

233. MERCEDES[40] TERÁN SOLÍS *(SALVADORA[39] SOLÍS SALAZAR, SALVADORA[38] SALAZAR MONTEALEGRE, GERTRUDIS[37] MONTEALEGRE ROMERO, MANUELA CASIMIRA[36] ROMERO SÁENZ, BÁRBARA ANTONIA[35] SÁENZ BONILLA, MANUEL[34] SÁENZ VÁZQUEZ Y RAMIRO-CORAJO, MARÍA ROSA[33] VÁZQUEZ RAMIRO-CORAJO, JOSEPH FRANCISCO[32] RAMIRO-CORAJO Y VERA SOTOMAYOR, JUANA[31] DE VERA SOTOMAYOR, LUIS[30] MÉNDEZ SOTOMAYOR Y CERRATO, ALFONSO[29] FERNÁNDEZ DE SOTOMAYOR FIGUEROA MESSÍA, LUIS[28] MÉNDEZ DE SOTOMAYOR FIGUEROA MESSÍA, GARCI[27] MÉNDEZ DE SOTOMAYOR Y SÁNCHEZ VILLODRE, CATALINA[26] SÁNCHEZ DE VILLODRE Y MANUEL, INÉS[25] SÁNCHEZ MANUEL DE VILLENA, JUAN[24] SÁNCHEZ MANUEL Y GONZÁLEZ DE MANZANEDO, SANCHO[23] MANUEL DE CASTILLA Y LASSO DE LA VEGA, JUAN I[22] MANUEL DE CASTILLA, REY DE CASTILLA LEÓN, JUANA[21] MANUEL DE CASTILLA, BLANCA[20] DE LA CERDA, FERNANDO[19] DE LA CERDA II, FERNANDO[18] DE LA CERDA, VIOLANTE[17] DE ARAGÓN, JAIME I[16] "EL CONQUISTADOR" REY DE ARAGÓN, PEDRO II[15] DE ARAGÓN, "EL CATÓLICO" REY DE ARAGÓN, ALFONSO II[14] REY DE ARAGÓN Y 1RO. DE CATALUÑA, PETRONILA[13] DE ARAGÓN, REINA DE ARAGÓN, RAMIRO II[12] SÁNCHEZ, REY DE ARAGÓN, SANCHO V[11] RAMÍREZ, REY DE ARAGÓN, RAMIRO I[10] SÁNCHEZ, REY DE ARAGÓN, SANCHO III[9] GARCÉS "EL GRANDE", REY DE PAMPLONA, GARCÍA II[8] SÁNCHEZ, REY DE PAMPLONA, EL TEMBLÓN, SANCHO II[7] GARCÉS ABARCA, REY DE PAMPLONA, GARCÍA I[6] SÁNCHEZ, REY DE PAMPLONA, SANCHO I[5] GARCÉS, REY DE PAMPLONA, GARCÍA[4] JIMÉNEZ, PRÍNCIPE DE NAVARRA, JIMENA[3] GARCÍA, GARCÍA[2] JIMÉNEZ, JIMINO[1])* was born in León, Nicaragua, and died in León, Nicaragua. She married FRANCISCO CARDENAL SABORÍO in León, Nicaragua. He was born September 25, 1849 in León, Nicaragua, and died April 07, 1920 in León, Nicaragua.

More About FRANCISCO CARDENAL SABORÍO and MERCEDES TERÁN SOLÍS:
Marriage: León, Nicaragua

Children of MERCEDES TERÁN SOLÍS and FRANCISCO CARDENAL SABORÍO are:
i. TRINIDAD[41] CARDENAL TERÁN.
ii. MANUELA CARDENAL TERÁN.
iii. ADELA CARDENAL TERÁN.
iv. MARÍA CARDENAL TERÁN.
v. MATILDE CARDENAL TERÁN.
vi. JOSÉ FRANCISCO CARDENAL TERÁN.

Notes for JOSÉ FRANCISCO CARDENAL TERÁN:
Don José Francisco Cardenal Terán fue poeta y murió a la edad de 23 años. Sus poemas son de excelente calidad, pero, desgraciadamente poco conocidos en Nicaragua, solamente las

personas allegadas a su familia y que interesados en la literatura, han tenido conocimiento de su obra literaria, que aún permanece inédita.

315. vii. ALFONSO CARDENAL TERÁN.

234. SALVADORA[40] SALAZAR MANNING *(MARIANO[39] SALAZAR CASTELLÓN, MARIANO[38] SALAZAR MONTEALEGRE, GERTRUDIS[37] MONTEALEGRE ROMERO, MANUELA CASIMIRA[36] ROMERO SÁENZ, BÁRBARA ANTONIA[35] SÁENZ BONILLA, MANUEL[34] SÁENZ VÁZQUEZ Y RAMIRO-CORAJO, MARÍA ROSA[33] VÁZQUEZ RAMIRO-CORAJO, JOSEPH FRANCISCO[32] RAMIRO-CORAJO Y VERA SOTOMAYOR, JUANA[31] DE VERA SOTOMAYOR, LUIS[30] MÉNDEZ SOTOMAYOR Y CERRATO, ALFONSO[29] FERNÁNDEZ DE SOTOMAYOR FIGUEROA MESSÍA, LUIS[28] MÉNDEZ DE SOTOMAYOR FIGUEROA MESSÍA, GARCÍ[27] MÉNDEZ DE SOTOMAYOR Y SÁNCHEZ VILLODRE, CATALINA[26] SÁNCHEZ DE VILLODRE Y MANUEL, INÉS[25] SÁNCHEZ MANUEL DE VILLENA, JUAN[24] SÁNCHEZ MANUEL Y GONZÁLEZ DE MANZANEDO, SANCHO[23] MANUEL DE CASTILLA Y LASSO DE LA VEGA, JUAN I[22]MANUEL DE CASTILLA, REY DE CASTILLA LEÓN, JUANA[21] MANUEL DE CASTILLA, BLANCA[20] DE LA CERDA, FERNANDO[19] DE LA CERDA II, FERNANDO[18] DE LA CERDA, VIOLANTE[17] DE ARAGÓN, JAIME I[16] "EL CONQUISTADOR" REY DE ARAGÓN, PEDRO II[15]DE ARAGÓN, "EL CATÓLICO" REY DE ARAGÓN, ALFONSO II[14] REY DE ARAGÓN Y 1RO. DE CATALUÑA, PETRONILA[13]DE ARAGÓN, REINA DE ARAGÓN, RAMIRO II[12]SÁNCHEZ, REY DE ARAGÓN, SANCHO V[11]RAMÍREZ, REY DE ARAGÓN, RAMIRO I[10]SÁNCHEZ, REY DE ARAGÓN, SANCHO III[9]GARCÉS "EL GRANDE", REY DE PAMPLONA, GARCÍA II[8]SÁNCHEZ, REY DE PAMPLONA, EL TEMBLÓN, SANCHO II[7]GARCÉS ABARCA, REY DE PAMPLONA, GARCÍA I[6]SÁNCHEZ, REY DE PAMPLONA, SANCHO I[5]GARCÉS, REY DE PAMPLONA, GARCÍA[4]JIMÉNEZ, PRÍNCIPE DE NAVARRA, JIMENA[3] GARCÍA, GARCÍA[2] JIMÉNEZ, JIMINO[1])* She married SEBASTIÁN SALINAS GUERRERO.

Children of SALVADORA SALAZAR MANNING and SEBASTIÁN SALINAS GUERRERO are:

i. JOSÉ[41] SALINAS SALAZAR.
316. ii. PAULINA SALINAS SALAZAR.
317. iii. CAMILA SALINAS SALAZAR.
iv. LUCILA SALINAS SALAZAR.
v. CLEMENTINA SALINAS SALAZAR.
vi. SARA SALINAS SALAZAR.
vii. CARLOS SALINAS SALAZAR.

235. TOMÁS[40] MEDINA WHEELOCK *(JOSÉ FRANCISCO[39] MEDINA SALAZAR, MERCEDES[38] SALAZAR MONTEALEGRE, GERTRUDIS[37] MONTEALEGRE ROMERO, MANUELA CASIMIRA[36] ROMERO SÁENZ, BÁRBARA ANTONIA[35] SÁENZ BONILLA, MANUEL[34] SÁENZ VÁZQUEZ Y RAMIRO-CORAJO, MARÍA ROSA[33] VÁZQUEZ RAMIRO-CORAJO, JOSEPH FRANCISCO[32] RAMIRO-CORAJO Y VERA SOTOMAYOR, JUANA[31] DE VERA SOTOMAYOR, LUIS[30] MÉNDEZ SOTOMAYOR Y CERRATO, ALFONSO[29] FERNÁNDEZ DE SOTOMAYOR FIGUEROA MESSÍA, LUIS[28] MÉNDEZ DE SOTOMAYOR FIGUEROA MESSÍA, GARCÍ[27] MÉNDEZ DE SOTOMAYOR Y SÁNCHEZ VILLODRE, CATALINA[26] SÁNCHEZ DE VILLODRE Y MANUEL, INÉS[25] SÁNCHEZ MANUEL DE VILLENA, JUAN[24] SÁNCHEZ MANUEL Y GONZÁLEZ DE MANZANEDO, SANCHO[23] MANUEL DE CASTILLA Y LASSO DE LA VEGA, JUAN I[22]MANUEL DE CASTILLA, REY DE CASTILLA LEÓN, JUANA[21] MANUEL DE CASTILLA, BLANCA[20] DE LA CERDA, FERNANDO[19] DE LA CERDA II, FERNANDO[18] DE LA CERDA, VIOLANTE[17] DE ARAGÓN, JAIME I[16] "EL CONQUISTADOR" REY DE ARAGÓN, PEDRO II[15]DE ARAGÓN, "EL CATÓLICO" REY DE ARAGÓN, ALFONSO II[14] REY DE ARAGÓN Y 1RO. DE CATALUÑA, PETRONILA[13]DE ARAGÓN, REINA DE ARAGÓN, RAMIRO II[12]SÁNCHEZ, REY DE ARAGÓN, SANCHO V[11]RAMÍREZ, REY DE ARAGÓN, RAMIRO I[10]SÁNCHEZ, REY DE ARAGÓN, SANCHO III[9]GARCÉS "EL GRANDE", REY DE PAMPLONA, GARCÍA II[8]SÁNCHEZ, REY DE PAMPLONA, EL TEMBLÓN, SANCHO II[7]GARCÉS ABARCA, REY DE PAMPLONA, GARCÍA I[6]SÁNCHEZ, REY DE PAMPLONA, SANCHO I[5]GARCÉS, REY DE PAMPLONA, GARCÍA[4]JIMÉNEZ, PRÍNCIPE DE NAVARRA, JIMENA[3] GARCÍA, GARCÍA[2] JIMÉNEZ, JIMINO[1])* He married IVONNE

LAUVIERRE.

Children of TOMÁS MEDINA WHEELOCK and IVONNE LAUVIERRE are:
i. FRANK[41] MEDINA LAUVIERRE.
ii. CECILIA MEDINA LAUVIERRE.
iii. BEATRIZ MEDINA LAUVIERRE.
iv. LILLIAM MEDINA LAUVIERRE.
v. MYRIAM MEDINA LAUVIERRE.
vi. GLADYS MEDINA LAUVIERRE.
vii. MARÍA TERESA MEDINA LAUVIERRE.

236. TRÁNSITO[40] SACASA SACASA *(ROBERTO[39] SACASA SARRIA, CASIMIRA[38] SARRIA MONTEALEGRE, FRANCISCA[37] MONTEALEGRE ROMERO, MANUELA CASIMIRA[36] ROMERO SÁENZ, BÁRBARA ANTONIA[35] SÁENZ BONILLA, MANUEL[34] SÁENZ VÁZQUEZ Y RAMIRO-CORAJO, MARÍA ROSA[33] VÁZQUEZ RAMIRO-CORAJO, JOSEPH FRANCISCO[32] RAMIRO-CORAJO Y VERA SOTOMAYOR, JUANA[31] DE VERA SOTOMAYOR, LUIS[30] MÉNDEZ SOTOMAYOR Y CERRATO, ALFONSO[29] FERNÁNDEZ DE SOTOMAYOR FIGUEROA MESSÍA, LUIS[28] MÉNDEZ DE SOTOMAYOR FIGUEROA MESSÍA, GARCI[27] MÉNDEZ DE SOTOMAYOR Y SÁNCHEZ VILLODRE, CATALINA[26] SÁNCHEZ DE VILLODRE Y MANUEL, INÉS[25] SÁNCHEZ MANUEL DE VILLENA, JUAN[24] SÁNCHEZ MANUEL Y GONZÁLEZ DE MANZANEDO, SANCHO[23] MANUEL DE CASTILLA Y LASSO DE LA VEGA, JUAN I[22]MANUEL DE CASTILLA, REY DE CASTILLA LEÓN, JUANA[21] MANUEL DE CASTILLA, BLANCA[20] DE LA CERDA, FERNANDO[19] DE LA CERDA II, FERNANDO[18] DE LA CERDA, VIOLANTE[17] DE ARAGÓN, JAIME I[16] "EL CONQUISTADOR" REY DE ARAGÓN, PEDRO II[15]DE ARAGÓN, "EL CATÓLICO" REY DE ARAGÓN, ALFONSO II[14] REY DE ARAGÓN Y 1RO. DE CATALUÑA, PETRONILA[13]DE ARAGÓN, REINA DE ARAGÓN, RAMIRO II[12]SÁNCHEZ, REY DE ARAGÓN, SANCHO V[11]RAMÍREZ, REY DE ARAGÓN, RAMIRO I[10]SÁNCHEZ, REY DE ARAGÓN, SANCHO III[9]GARCÉS "EL GRANDE", REY DE PAMPLONA, GARCÍA II[8]SÁNCHEZ, REY DE PAMPLONA, EL TEMBLÓN, SANCHO II[7]GARCÉS ABARCA, REY DE PAMPLONA, GARCÍA I[6]SÁNCHEZ, REY DE PAMPLONA, SANCHO I[5]GARCÉS, REY DE PAMPLONA, GARCÍA[4]JIMÉNEZ, PRÍNCIPE DE NAVARRA, JIMENA[3] GARCÍA, GARCÍA[2] JIMÉNEZ, JIMINO[1])* She married RODOLFO HERDOCIA BACA.

Child of TRÁNSITO SACASA SACASA and RODOLFO HERDOCIA BACA is:
318. i. MERCEDES[41] HERDOCIA SACASA.

237. MARÍA MARTA[40] CARDENAL TELLERÍA *(ROBERTO[39], JOSÉ ALFONSO[38] CARDENAL TERÁN, JOSÉ FRANCISCO[37] CARDENAL SABORÍO, PEDRO[36] CARDENAL AYERDI, MARÍA MANUELA[35] AYERDI ZÁRATE, PEDRO MANUEL[34] AYERDI RAMIRO-CORAJO, ANA MARTA[33] RAMIRO-CORAJO Y ZAPATA, FERNANDO[32] RAMIRO-CORAJO Y VERA SOTOMAYOR, JUANA[31] DE VERA SOTOMAYOR, LUIS[30] MÉNDEZ SOTOMAYOR Y CERRATO, ALFONSO[29] FERNÁNDEZ DE SOTOMAYOR FIGUEROA MESSÍA, LUIS[28] MÉNDEZ DE SOTOMAYOR FIGUEROA MESSÍA, GARCI[27] MÉNDEZ DE SOTOMAYOR Y SÁNCHEZ VILLODRE, CATALINA[26] SÁNCHEZ DE VILLODRE Y MANUEL, INÉS[25] SÁNCHEZ MANUEL DE VILLENA, JUAN[24] SÁNCHEZ MANUEL Y GONZÁLEZ DE MANZANEDO, SANCHO[23] MANUEL DE CASTILLA Y LASSO DE LA VEGA, JUAN I[22]MANUEL DE CASTILLA, REY DE CASTILLA LEÓN, JUANA[21] MANUEL DE CASTILLA, BLANCA[20] DE LA CERDA, FERNANDO[19] DE LA CERDA II, FERNANDO[18] DE LA CERDA, VIOLANTE[17] DE ARAGÓN, JAIME I[16] "EL CONQUISTADOR" REY DE ARAGÓN, PEDRO II[15]DE ARAGÓN, "EL CATÓLICO" REY DE ARAGÓN, ALFONSO II[14] REY DE ARAGÓN Y 1RO. DE CATALUÑA, PETRONILA[13]DE ARAGÓN, REINA DE ARAGÓN, RAMIRO II[12]SÁNCHEZ, REY DE ARAGÓN, SANCHO V[11]RAMÍREZ, REY DE ARAGÓN, RAMIRO I[10]SÁNCHEZ, REY DE ARAGÓN, SANCHO III[9]GARCÉS "EL GRANDE", REY DE PAMPLONA, GARCÍA II[8]SÁNCHEZ, REY DE PAMPLONA, EL TEMBLÓN, SANCHO II[7]GARCÉS ABARCA, REY DE PAMPLONA, GARCÍA I[6]SÁNCHEZ, REY DE PAMPLONA, SANCHO I[5]GARCÉS, REY DE PAMPLONA, GARCÍA[4]JIMÉNEZ, PRÍNCIPE DE NAVARRA, JIMENA[3] GARCÍA, GARCÍA[2] JIMÉNEZ, JIMINO[1])* was born January 11, 1973 in León, Nicaragua. She married JORGE LUIS

SOTUYO MONTEAGUDO. He was born February 16, 1968 in Miami, Florida.

Child of MARÍA CARDENAL TELLERÍA and JORGE SOTUYO MONTEAGUDO is:

i. SOPHIA MARÍA[41] SOTUYO CARDENAL, b. November 21, 2003.

238. PABLO ANTONIO[40] CUADRA BENDAÑA *(PABLO ANTONIO[39] CUADRA CARDENAL, MERCEDES[38] CARDENAL ARGÜELLO, SALVADOR[37] CARDENAL SABORÍO, PEDRO[36] CARDENAL AYERDI, MARÍA MANUELA[35] AYERDI ZÁRATE, PEDRO MANUEL[34] AYERDI RAMIRO-CORAJO, ANA MARTA[33] RAMIRO-CORAJO Y ZAPATA, FERNANDO[32] RAMIRO-CORAJO Y VERA SOTOMAYOR, JUANA[31] DE VERA SOTOMAYOR, LUIS[30] MÉNDEZ SOTOMAYOR Y CERRATO, ALFONSO[29] FERNÁNDEZ DE SOTOMAYOR FIGUEROA MESSÍA, LUIS[28] MÉNDEZ DE SOTOMAYOR FIGUEROA MESSÍA, GARCI[27] MÉNDEZ DE SOTOMAYOR Y SÁNCHEZ VILLODRE, CATALINA[26] SÁNCHEZ DE VILLODRE Y MANUEL, INÉS[25] SÁNCHEZ MANUEL DE VILLENA, JUAN[24] SÁNCHEZ MANUEL Y GONZÁLEZ DE MANZANEDO, SANCHO[23] MANUEL DE CASTILLA Y LASSO DE LA VEGA, JUAN I[22]MANUEL DE CASTILLA, REY DE CASTILLA LEÓN, JUANA[21] MANUEL DE CASTILLA, BLANCA[20] DE LA CERDA, FERNANDO[19] DE LA CERDA II, FERNANDO[18] DE LA CERDA, VIOLANTE[17] DE ARAGÓN, JAIME I[16] "EL CONQUISTADOR" REY DE ARAGÓN, PEDRO II[15]DE ARAGÓN, "EL CATÓLICO" REY DE ARAGÓN, ALFONSO II[14] REY DE ARAGÓN Y 1RO. DE CATALUÑA, PETRONILA[13]DE ARAGÓN, REINA DE ARAGÓN, RAMIRO II[12]SÁNCHEZ, REY DE ARAGÓN, SANCHO V[11]RAMÍREZ, REY DE ARAGÓN, RAMIRO I[10]SÁNCHEZ, REY DE ARAGÓN, SANCHO III[9]GARCÉS "EL GRANDE", REY DE PAMPLONA, GARCÍA II[8]SÁNCHEZ, REY DE PAMPLONA, EL TEMBLÓN, SANCHO II[7]GARCÉS ABARCA, REY DE PAMPLONA, GARCÍA I[6]SÁNCHEZ, REY DE PAMPLONA, SANCHO I[5]GARCÉS, REY DE PAMPLONA, GARCÍA[4]JIMÉNEZ, PRÍNCIPE DE NAVARRA, JIMENA[3] GARCÍA, GARCÍA[2] JIMÉNEZ, JIMINO[1])* He married ANITA MIRANDA.

Children of PABLO CUADRA BENDAÑA and ANITA MIRANDA are:

i. AMADYLIA[41] CUADRA MIRANDA.
ii. PABLO ANTONIO CUADRA MIRANDA.
iii. EULOGIO CUADRA MIRANDA.
iv. EDGAR CUADRA MIRANDA.
v. MARCELA CUADRA MIRANDA.

239. MARÍA ARGENTINA[40] CUADRA BENDAÑA *(PABLO ANTONIO[39] CUADRA CARDENAL, MERCEDES[38] CARDENAL ARGÜELLO, SALVADOR[37] CARDENAL SABORÍO, PEDRO[36] CARDENAL AYERDI, MARÍA MANUELA[35] AYERDI ZÁRATE, PEDRO MANUEL[34] AYERDI RAMIRO-CORAJO, ANA MARTA[33] RAMIRO-CORAJO Y ZAPATA, FERNANDO[32] RAMIRO-CORAJO Y VERA SOTOMAYOR, JUANA[31] DE VERA SOTOMAYOR, LUIS[30] MÉNDEZ SOTOMAYOR Y CERRATO, ALFONSO[29] FERNÁNDEZ DE SOTOMAYOR FIGUEROA MESSÍA, LUIS[28] MÉNDEZ DE SOTOMAYOR FIGUEROA MESSÍA, GARCI[27] MÉNDEZ DE SOTOMAYOR Y SÁNCHEZ VILLODRE, CATALINA[26] SÁNCHEZ DE VILLODRE Y MANUEL, INÉS[25] SÁNCHEZ MANUEL DE VILLENA, JUAN[24] SÁNCHEZ MANUEL Y GONZÁLEZ DE MANZANEDO, SANCHO[23] MANUEL DE CASTILLA Y LASSO DE LA VEGA, JUAN I[22]MANUEL DE CASTILLA, REY DE CASTILLA LEÓN, JUANA[21] MANUEL DE CASTILLA, BLANCA[20] DE LA CERDA, FERNANDO[19] DE LA CERDA II, FERNANDO[18] DE LA CERDA, VIOLANTE[17] DE ARAGÓN, JAIME I[16] "EL CONQUISTADOR" REY DE ARAGÓN, PEDRO II[15]DE ARAGÓN, "EL CATÓLICO" REY DE ARAGÓN, ALFONSO II[14] REY DE ARAGÓN Y 1RO. DE CATALUÑA, PETRONILA[13]DE ARAGÓN, REINA DE ARAGÓN, RAMIRO II[12]SÁNCHEZ, REY DE ARAGÓN, SANCHO V[11]RAMÍREZ, REY DE ARAGÓN, RAMIRO I[10]SÁNCHEZ, REY DE ARAGÓN, SANCHO III[9]GARCÉS "EL GRANDE", REY DE PAMPLONA, GARCÍA II[8]SÁNCHEZ, REY DE PAMPLONA, EL TEMBLÓN, SANCHO II[7]GARCÉS ABARCA, REY DE PAMPLONA, GARCÍA I[6]SÁNCHEZ, REY DE PAMPLONA, SANCHO I[5]GARCÉS, REY DE PAMPLONA, GARCÍA[4]JIMÉNEZ, PRÍNCIPE DE NAVARRA, JIMENA[3] GARCÍA, GARCÍA[2] JIMÉNEZ, JIMINO[1])* She married HUMBERTO SANDINO.

Children of MARÍA CUADRA BENDAÑA and HUMBERTO SANDINO are:

i. CARLOS HUMBERTO[41] SANDINO CUADRA.

ii. SERGIO SANDINO CUADRA.

240. MILAGROS[40] CUADRA BENDAÑA *(PABLO ANTONIO[39] CUADRA CARDENAL, MERCEDES[38] CARDENAL ARGÜELLO, SALVADOR[37] CARDENAL SABORÍO, PEDRO[36] CARDENAL AYERDI, MARÍA MANUELA[35] AYERDI ZÁRATE, PEDRO MANUEL[34] AYERDI RAMIRO-CORAJO, ANA MARTA[33] RAMIRO-CORAJO Y ZAPATA, FERNANDO[32] RAMIRO-CORAJO Y VERA SOTOMAYOR, JUANA[31] DE VERA SOTOMAYOR, LUIS[30] MÉNDEZ SOTOMAYOR Y CERRATO, ALFONSO[29] FERNÁNDEZ DE SOTOMAYOR FIGUEROA MESSÍA, LUIS[28] MÉNDEZ DE SOTOMAYOR FIGUEROA MESSÍA, GARCÍ[27] MÉNDEZ DE SOTOMAYOR Y SÁNCHEZ VILLODRE, CATALINA[26] SÁNCHEZ DE VILLODRE Y MANUEL, INÉS[25] SÁNCHEZ MANUEL DE VILLENA, JUAN[24] SÁNCHEZ MANUEL Y GONZÁLEZ DE MANZANEDO, SANCHO[23] MANUEL DE CASTILLA Y LASSO DE LA VEGA, JUAN I[22] MANUEL DE CASTILLA, REY DE CASTILLA LEÓN, JUANA[21] MANUEL DE CASTILLA, BLANCA[20] DE LA CERDA, FERNANDO[19] DE LA CERDA II, FERNANDO[18] DE LA CERDA, VIOLANTE[17] DE ARAGÓN, JAIME I[16] "EL CONQUISTADOR" REY DE ARAGÓN, PEDRO II[15] DE ARAGÓN, "EL CATÓLICO" REY DE ARAGÓN, ALFONSO II[14] REY DE ARAGÓN Y 1RO. DE CATALUÑA, PETRONILA[13] DE ARAGÓN, REINA DE ARAGÓN, RAMIRO II[12] SÁNCHEZ, REY DE ARAGÓN, SANCHO V[11] RAMÍREZ, REY DE ARAGÓN, RAMIRO I[10] SÁNCHEZ, REY DE ARAGÓN, SANCHO III[9] GARCÉS "EL GRANDE", REY DE PAMPLONA, GARCÍA II[8] SÁNCHEZ, REY DE PAMPLONA, EL TEMBLÓN, SANCHO II[7] GARCÉS ABARCA, REY DE PAMPLONA, GARCÍA I[6] SÁNCHEZ, REY DE PAMPLONA, SANCHO I[5] GARCÉS, REY DE PAMPLONA, GARCÍA[4] JIMÉNEZ, PRÍNCIPE DE NAVARRA, JIMENA[3] GARCÍA, GARCÍA[2] JIMÉNEZ, JIMINO[1])* She married ORLANDO RIVERS.

Children of MILAGROS CUADRA BENDAÑA and ORLANDO RIVERS are:

i. ORLANDO EUGENIO[41] RIVERS CUADRA.
ii. MILAGROS RIVERS CUADRA.
iii. JUAN CARLOS RIVERS CUADRA.
iv. FEDERICO RIVERS CUADRA.

241. STELLA[40] CUADRA BENDAÑA *(PABLO ANTONIO[39] CUADRA CARDENAL, MERCEDES[38] CARDENAL ARGÜELLO, SALVADOR[37] CARDENAL SABORÍO, PEDRO[36] CARDENAL AYERDI, MARÍA MANUELA[35] AYERDI ZÁRATE, PEDRO MANUEL[34] AYERDI RAMIRO-CORAJO, ANA MARTA[33] RAMIRO-CORAJO Y ZAPATA, FERNANDO[32] RAMIRO-CORAJO Y VERA SOTOMAYOR, JUANA[31] DE VERA SOTOMAYOR, LUIS[30] MÉNDEZ SOTOMAYOR Y CERRATO, ALFONSO[29] FERNÁNDEZ DE SOTOMAYOR FIGUEROA MESSÍA, LUIS[28] MÉNDEZ DE SOTOMAYOR FIGUEROA MESSÍA, GARCÍ[27] MÉNDEZ DE SOTOMAYOR Y SÁNCHEZ VILLODRE, CATALINA[26] SÁNCHEZ DE VILLODRE Y MANUEL, INÉS[25] SÁNCHEZ MANUEL DE VILLENA, JUAN[24] SÁNCHEZ MANUEL Y GONZÁLEZ DE MANZANEDO, SANCHO[23] MANUEL DE CASTILLA Y LASSO DE LA VEGA, JUAN I[22] MANUEL DE CASTILLA, REY DE CASTILLA LEÓN, JUANA[21] MANUEL DE CASTILLA, BLANCA[20] DE LA CERDA, FERNANDO[19] DE LA CERDA II, FERNANDO[18] DE LA CERDA, VIOLANTE[17] DE ARAGÓN, JAIME I[16] "EL CONQUISTADOR" REY DE ARAGÓN, PEDRO II[15] DE ARAGÓN, "EL CATÓLICO" REY DE ARAGÓN, ALFONSO II[14] REY DE ARAGÓN Y 1RO. DE CATALUÑA, PETRONILA[13] DE ARAGÓN, REINA DE ARAGÓN, RAMIRO II[12] SÁNCHEZ, REY DE ARAGÓN, SANCHO V[11] RAMÍREZ, REY DE ARAGÓN, RAMIRO I[10] SÁNCHEZ, REY DE ARAGÓN, SANCHO III[9] GARCÉS "EL GRANDE", REY DE PAMPLONA, GARCÍA II[8] SÁNCHEZ, REY DE PAMPLONA, EL TEMBLÓN, SANCHO II[7] GARCÉS ABARCA, REY DE PAMPLONA, GARCÍA I[6] SÁNCHEZ, REY DE PAMPLONA, SANCHO I[5] GARCÉS, REY DE PAMPLONA, GARCÍA[4] JIMÉNEZ, PRÍNCIPE DE NAVARRA, JIMENA[3] GARCÍA, GARCÍA[2] JIMÉNEZ, JIMINO[1])* She married PEDRO SOLÍS.

Children of STELLA CUADRA BENDAÑA and PEDRO SOLÍS are:

i. PEDRO XAVIER[41] SOLÍS CUADRA.
ii. VERÓNICA SOLÍS CUADRA.
iii. FERNANDO SOLÍS CUADRA.

242. MARITZA[40] ROMÁN CUADRA *(MARTA[39] CUADRA CARDENAL, MERCEDES[38] CARDENAL ARGÜELLO, SALVADOR[37] CARDENAL SABORÍO, PEDRO[36] CARDENAL AYERDI, MARÍA MANUELA[35] AYERDI ZÁRATE, PEDRO MANUEL[34] AYERDI RAMIRO-CORAJO, ANA MARTA[33] RAMIRO-CORAJO Y ZAPATA, FERNANDO[32] RAMIRO-CORAJO Y VERA SOTOMAYOR, JUANA[31] DE VERA SOTOMAYOR, LUIS[30] MÉNDEZ SOTOMAYOR Y CERRATO, ALFONSO[29] FERNÁNDEZ DE SOTOMAYOR FIGUEROA MESSÍA, LUIS[28] MÉNDEZ DE SOTOMAYOR FIGUEROA MESSÍA, GARCÍ[27] MÉNDEZ DE SOTOMAYOR Y SÁNCHEZ VILLODRE, CATALINA[26] SÁNCHEZ DE VILLODRE Y MANUEL, INÉS[25] SÁNCHEZ MANUEL DE VILLENA, JUAN[24] SÁNCHEZ MANUEL Y GONZÁLEZ DE MANZANEDO, SANCHO[23] MANUEL DE CASTILLA Y LASSO DE LA VEGA, JUAN I[22]MANUEL DE CASTILLA, REY DE CASTILLA LEÓN, JUANA[21] MANUEL DE CASTILLA, BLANCA[20] DE LA CERDA, FERNANDO[19] DE LA CERDA II, FERNANDO[18] DE LA CERDA, VIOLANTE[17] DE ARAGÓN, JAIME I[16] "EL CONQUISTADOR" REY DE ARAGÓN, PEDRO II[15]DE ARAGÓN, "EL CATÓLICO" REY DE ARAGÓN, ALFONSO II[14] REY DE ARAGÓN Y 1RO. DE CATALUÑA, PETRONILA[13]DE ARAGÓN, REINA DE ARAGÓN, RAMIRO II[12]SÁNCHEZ, REY DE ARAGÓN, SANCHO V[11]RAMÍREZ, REY DE ARAGÓN, RAMIRO I[10]SÁNCHEZ, REY DE ARAGÓN, SANCHO III[9]GARCÉS "EL GRANDE", REY DE PAMPLONA, GARCÍA II[8]SÁNCHEZ, REY DE PAMPLONA, EL TEMBLÓN, SANCHO II[7]GARCÉS ABARCA, REY DE PAMPLONA, GARCÍA I[6]SÁNCHEZ, REY DE PAMPLONA, SANCHO I[5]GARCÉS, REY DE PAMPLONA, GARCÍA[4]JIMÉNEZ, PRÍNCIPE DE NAVARRA, JIMENA[3] GARCÍA, GARCÍA[2] JIMÉNEZ, JIMINO[1])* She married JACINTO PÉREZ.

Children of MARITZA ROMÁN CUADRA and JACINTO PÉREZ are:

i. JOSÉ MANUEL[41] PÉREZ ROMÁN.
ii. LUIS JACINTO PÉREZ ROMÁN.
iii. MARITZA PÉREZ ROMÁN.
iv. CARLOS MARTÍN PÉREZ ROMÁN.

243. RAQUEL[40] ROMÁN CUADRA *(MARTA[39] CUADRA CARDENAL, MERCEDES[38] CARDENAL ARGÜELLO, SALVADOR[37] CARDENAL SABORÍO, PEDRO[36] CARDENAL AYERDI, MARÍA MANUELA[35] AYERDI ZÁRATE, PEDRO MANUEL[34] AYERDI RAMIRO-CORAJO, ANA MARTA[33] RAMIRO-CORAJO Y ZAPATA, FERNANDO[32] RAMIRO-CORAJO Y VERA SOTOMAYOR, JUANA[31] DE VERA SOTOMAYOR, LUIS[30] MÉNDEZ SOTOMAYOR Y CERRATO, ALFONSO[29] FERNÁNDEZ DE SOTOMAYOR FIGUEROA MESSÍA, LUIS[28] MÉNDEZ DE SOTOMAYOR FIGUEROA MESSÍA, GARCÍ[27] MÉNDEZ DE SOTOMAYOR Y SÁNCHEZ VILLODRE, CATALINA[26] SÁNCHEZ DE VILLODRE Y MANUEL, INÉS[25] SÁNCHEZ MANUEL DE VILLENA, JUAN[24] SÁNCHEZ MANUEL Y GONZÁLEZ DE MANZANEDO, SANCHO[23] MANUEL DE CASTILLA Y LASSO DE LA VEGA, JUAN I[22]MANUEL DE CASTILLA, REY DE CASTILLA LEÓN, JUANA[21] MANUEL DE CASTILLA, BLANCA[20] DE LA CERDA, FERNANDO[19] DE LA CERDA II, FERNANDO[18] DE LA CERDA, VIOLANTE[17] DE ARAGÓN, JAIME I[16] "EL CONQUISTADOR" REY DE ARAGÓN, PEDRO II[15]DE ARAGÓN, "EL CATÓLICO" REY DE ARAGÓN, ALFONSO II[14] REY DE ARAGÓN Y 1RO. DE CATALUÑA, PETRONILA[13]DE ARAGÓN, REINA DE ARAGÓN, RAMIRO II[12]SÁNCHEZ, REY DE ARAGÓN, SANCHO V[11]RAMÍREZ, REY DE ARAGÓN, RAMIRO I[10]SÁNCHEZ, REY DE ARAGÓN, SANCHO III[9]GARCÉS "EL GRANDE", REY DE PAMPLONA, GARCÍA II[8]SÁNCHEZ, REY DE PAMPLONA, EL TEMBLÓN, SANCHO II[7]GARCÉS ABARCA, REY DE PAMPLONA, GARCÍA I[6]SÁNCHEZ, REY DE PAMPLONA, SANCHO I[5]GARCÉS, REY DE PAMPLONA, GARCÍA[4]JIMÉNEZ, PRÍNCIPE DE NAVARRA, JIMENA[3] GARCÍA, GARCÍA[2] JIMÉNEZ, JIMINO[1])* She married JULIO LINARES.

Children of RAQUEL ROMÁN CUADRA and JULIO LINARES are:

i. MARÍA JOSÉ[41] LINARES ROMÁN.
ii. RAQUEL EUGENIA LINARES ROMÁN.

244. CELIA[40] ROMÁN CUADRA *(MARTA[39] CUADRA CARDENAL, MERCEDES[38] CARDENAL ARGÜELLO, SALVADOR[37] CARDENAL SABORÍO, PEDRO[36] CARDENAL AYERDI, MARÍA MANUELA[35] AYERDI ZÁRATE, PEDRO MANUEL[34] AYERDI RAMIRO-CORAJO, ANA MARTA[33] RAMIRO-CORAJO Y ZAPATA, FERNANDO[32] RAMIRO-CORAJO Y VERA SOTOMAYOR, JUANA[31] DE*

VERA SOTOMAYOR, LUIS[30] MÉNDEZ SOTOMAYOR Y CERRATO, ALFONSO[29] FERNÁNDEZ DE SOTOMAYOR FIGUEROA MESSÍA, LUIS[28] MÉNDEZ DE SOTOMAYOR FIGUEROA MESSÍA, GARCÍ[27] MÉNDEZ DE SOTOMAYOR Y SÁNCHEZ VILLODRE, CATALINA[26] SÁNCHEZ DE VILLODRE Y MANUEL, INÉS[25] SÁNCHEZ MANUEL DE VILLENA, JUAN[24] SÁNCHEZ MANUEL Y GONZÁLEZ DE MANZANEDO, SANCHO[23] MANUEL DE CASTILLA Y LASSO DE LA VEGA, JUAN I[22] MANUEL DE CASTILLA, REY DE CASTILLA LEÓN, JUANA[21] MANUEL DE CASTILLA, BLANCA[20] DE LA CERDA, FERNANDO[19] DE LA CERDA II, FERNANDO[18] DE LA CERDA, VIOLANTE[17] DE ARAGÓN, JAIME I[16] "EL CONQUISTADOR" REY DE ARAGÓN, PEDRO II[15] DE ARAGÓN, "EL CATÓLICO" REY DE ARAGÓN, ALFONSO II[14] REY DE ARAGÓN Y 1RO. DE CATALUÑA, PETRONILA[13] DE ARAGÓN, REINA DE ARAGÓN, RAMIRO II[12] SÁNCHEZ, REY DE ARAGÓN, SANCHO V[11] RAMÍREZ, REY DE ARAGÓN, RAMIRO I[10] SÁNCHEZ, REY DE ARAGÓN, SANCHO III[9] GARCÉS "EL GRANDE", REY DE PAMPLONA, GARCÍA II[8] SÁNCHEZ, REY DE PAMPLONA, EL TEMBLÓN, SANCHO II[7] GARCÉS ABARCA, REY DE PAMPLONA, GARCÍA I[6] SÁNCHEZ, REY DE PAMPLONA, SANCHO I[5] GARCÉS, REY DE PAMPLONA, GARCÍA[4] JIMÉNEZ, PRÍNCIPE DE NAVARRA, JIMENA[3] GARCÍA, GARCÍA[2] JIMÉNEZ, JIMINO[1]) She married OSCAR FLORES.

Child of CELIA ROMÁN CUADRA and OSCAR FLORES is:

i. MARÍA CELIA[41] FLORES ROMÁN.

245. ELISA MERCEDES[40] CARDENAL LACAYO *(RAMIRO[39] CARDENAL CHAMORRO, JULIO[38] CARDENAL ARGÜELLO, SALVADOR[37] CARDENAL SABORÍO, PEDRO[36] CARDENAL AYERDI, MARÍA MANUELA[35] AYERDI ZÁRATE, PEDRO MANUEL[34] AYERDI RAMIRO-CORAJO, ANA MARTA[33] RAMIRO-CORAJO Y ZAPATA, FERNANDO[32] RAMIRO-CORAJO Y VERA SOTOMAYOR, JUANA[31] DE VERA SOTOMAYOR, LUIS[30] MÉNDEZ SOTOMAYOR Y CERRATO, ALFONSO[29] FERNÁNDEZ DE SOTOMAYOR FIGUEROA MESSÍA, LUIS[28] MÉNDEZ DE SOTOMAYOR FIGUEROA MESSÍA, GARCÍ[27] MÉNDEZ DE SOTOMAYOR Y SÁNCHEZ VILLODRE, CATALINA[26] SÁNCHEZ DE VILLODRE Y MANUEL, INÉS[25] SÁNCHEZ MANUEL DE VILLENA, JUAN[24] SÁNCHEZ MANUEL Y GONZÁLEZ DE MANZANEDO, SANCHO[23] MANUEL DE CASTILLA Y LASSO DE LA VEGA, JUAN I[22] MANUEL DE CASTILLA, REY DE CASTILLA LEÓN, JUANA[21] MANUEL DE CASTILLA, BLANCA[20] DE LA CERDA, FERNANDO[19] DE LA CERDA II, FERNANDO[18] DE LA CERDA, VIOLANTE[17] DE ARAGÓN, JAIME I[16] "EL CONQUISTADOR" REY DE ARAGÓN, PEDRO II[15] DE ARAGÓN, "EL CATÓLICO" REY DE ARAGÓN, ALFONSO II[14] REY DE ARAGÓN Y 1RO. DE CATALUÑA, PETRONILA[13] DE ARAGÓN, REINA DE ARAGÓN, RAMIRO II[12] SÁNCHEZ, REY DE ARAGÓN, SANCHO V[11] RAMÍREZ, REY DE ARAGÓN, RAMIRO I[10] SÁNCHEZ, REY DE ARAGÓN, SANCHO III[9] GARCÉS "EL GRANDE", REY DE PAMPLONA, GARCÍA II[8] SÁNCHEZ, REY DE PAMPLONA, EL TEMBLÓN, SANCHO II[7] GARCÉS ABARCA, REY DE PAMPLONA, GARCÍA I[6] SÁNCHEZ, REY DE PAMPLONA, SANCHO I[5] GARCÉS, REY DE PAMPLONA, GARCÍA[4] JIMÉNEZ, PRÍNCIPE DE NAVARRA, JIMENA[3] GARCÍA, GARCÍA[2] JIMÉNEZ, JIMINO[1])* was born in Managua, Nicaragua. She married JAVIER CUADRA NAVARRO, son of MIGUEL CUADRA VENERIO and DORA NAVARRO GASTEAZORO. He was born in Chinandega, Chinandega, Nicaragua.

Children of ELISA CARDENAL LACAYO and JAVIER CUADRA NAVARRO are:

i. JAVIER IGNACIO[41] CUADRA CARDENAL, b. Miami, Florida, Estados Unidos.
ii. ALEJANDRA MARÍA CUADRA CARDENAL, b. Miami, Florida, Estados Unidos.
iii. CAROLINA MARÍA CUADRA CARDENAL, b. Miami, Florida, Estados Unidos.
iv. EDUARDO ANTONIO CUADRA CARDENAL, b. Miami, Florida, Estados Unidos.

246. MARÍA FERNANDA[40] CARDENAL LACAYO *(RAMIRO[39] CARDENAL CHAMORRO, JULIO[38] CARDENAL ARGÜELLO, SALVADOR[37] CARDENAL SABORÍO, PEDRO[36] CARDENAL AYERDI, MARÍA MANUELA[35] AYERDI ZÁRATE, PEDRO MANUEL[34] AYERDI RAMIRO-CORAJO, ANA MARTA[33] RAMIRO-CORAJO Y ZAPATA, FERNANDO[32] RAMIRO-CORAJO Y VERA SOTOMAYOR, JUANA[31] DE VERA SOTOMAYOR, LUIS[30] MÉNDEZ SOTOMAYOR Y CERRATO, ALFONSO[29] FERNÁNDEZ DE SOTOMAYOR FIGUEROA MESSÍA, LUIS[28] MÉNDEZ DE SOTOMAYOR FIGUEROA MESSÍA, GARCÍ[27] MÉNDEZ DE SOTOMAYOR Y SÁNCHEZ VILLODRE, CATALINA[26] SÁNCHEZ DE VILLODRE Y*

MANUEL, INÉS[25] SÁNCHEZ MANUEL DE VILLENA, JUAN[24] SÁNCHEZ MANUEL Y GONZÁLEZ DE MANZANEDO, SANCHO[23] MANUEL DE CASTILLA Y LASSO DE LA VEGA, JUAN I[22]MANUEL DE CASTILLA, REY DE CASTILLA LEÓN, JUANA[21] MANUEL DE CASTILLA, BLANCA[20] DE LA CERDA, FERNANDO[19] DE LA CERDA II, FERNANDO[18] DE LA CERDA, VIOLANTE[17] DE ARAGÓN, JAIME I[16] "EL CONQUISTADOR" REY DE ARAGÓN, PEDRO II[15]DE ARAGÓN, "EL CATÓLICO" REY DE ARAGÓN, ALFONSO II[14] REY DE ARAGÓN Y 1RO. DE CATALUÑA, PETRONILA[13]DE ARAGÓN, REINA DE ARAGÓN, RAMIRO II[12]SÁNCHEZ, REY DE ARAGÓN, SANCHO V[11]RAMÍREZ, REY DE ARAGÓN, RAMIRO I[10]SÁNCHEZ, REY DE ARAGÓN, SANCHO III[9]GARCÉS "EL GRANDE", REY DE PAMPLONA, GARCÍA II[8]SÁNCHEZ, REY DE PAMPLONA, EL TEMBLÓN, SANCHO II[7]GARCÉS ABARCA, REY DE PAMPLONA, GARCÍA I[6]SÁNCHEZ, REY DE PAMPLONA, SANCHO I[5]GARCÉS, REY DE PAMPLONA, GARCÍA[4]JIMÉNEZ, PRÍNCIPE DE NAVARRA, JIMENA[3] GARCÍA, GARCÍA[2] JIMÉNEZ, JIMINO[1]) She married MARIANO JUNCADELLA.

Children of MARÍA CARDENAL LACAYO and MARIANO JUNCADELLA are:

i. ANDREA MARÍA[41] JUNCADELLA CARDENAL, b. Miami, Florida, Estados Unidos.
ii. DANIELA MARÍA JUNCADELLA CARDENAL, b. Miami, Florida, Estados Unidos.
iii. FELIPE MARIANO JUNCADELLA CARDENAL, b. Miami, Florida, Estados Unidos.
iv. CAMILA ENMANUELA JUNCADELLA CARDENAL, b. Miami, Florida, Estados Unidos.

247. MANUEL[40] CARDENAL LACAYO *(RAMIRO[39] CARDENAL CHAMORRO, JULIO[38] CARDENAL ARGÜELLO, SALVADOR[37] CARDENAL SABORÍO, PEDRO[36] CARDENAL AYERDI, MARÍA MANUELA[35] AYERDI ZÁRATE, PEDRO MANUEL[34] AYERDI RAMIRO-CORAJO, ANA MARTA[33] RAMIRO-CORAJO Y ZAPATA, FERNANDO[32] RAMIRO-CORAJO Y VERA SOTOMAYOR, JUANA[31] DE VERA SOTOMAYOR, LUIS[30] MÉNDEZ SOTOMAYOR Y CERRATO, ALFONSO[29] FERNÁNDEZ DE SOTOMAYOR FIGUEROA MESSÍA, LUIS[28] MÉNDEZ DE SOTOMAYOR FIGUEROA MESSÍA, GARCI[27] MÉNDEZ DE SOTOMAYOR Y SÁNCHEZ VILLODRE, CATALINA[26] SÁNCHEZ DE VILLODRE Y MANUEL, INÉS[25] SÁNCHEZ MANUEL DE VILLENA, JUAN[24] SÁNCHEZ MANUEL Y GONZÁLEZ DE MANZANEDO, SANCHO[23] MANUEL DE CASTILLA Y LASSO DE LA VEGA, JUAN I[22]MANUEL DE CASTILLA, REY DE CASTILLA LEÓN, JUANA[21] MANUEL DE CASTILLA, BLANCA[20] DE LA CERDA, FERNANDO[19] DE LA CERDA II, FERNANDO[18] DE LA CERDA, VIOLANTE[17] DE ARAGÓN, JAIME I[16] "EL CONQUISTADOR" REY DE ARAGÓN, PEDRO II[15]DE ARAGÓN, "EL CATÓLICO" REY DE ARAGÓN, ALFONSO II[14] REY DE ARAGÓN Y 1RO. DE CATALUÑA, PETRONILA[13]DE ARAGÓN, REINA DE ARAGÓN, RAMIRO II[12]SÁNCHEZ, REY DE ARAGÓN, SANCHO V[11]RAMÍREZ, REY DE ARAGÓN, RAMIRO I[10]SÁNCHEZ, REY DE ARAGÓN, SANCHO III[9]GARCÉS "EL GRANDE", REY DE PAMPLONA, GARCÍA II[8]SÁNCHEZ, REY DE PAMPLONA, EL TEMBLÓN, SANCHO II[7]GARCÉS ABARCA, REY DE PAMPLONA, GARCÍA I[6]SÁNCHEZ, REY DE PAMPLONA, SANCHO I[5]GARCÉS, REY DE PAMPLONA, GARCÍA[4]JIMÉNEZ, PRÍNCIPE DE NAVARRA, JIMENA[3] GARCÍA, GARCÍA[2] JIMÉNEZ, JIMINO[1])* He married IVONNE HERNÁNDEZ.

Children of MANUEL CARDENAL LACAYO and IVONNE HERNÁNDEZ are:

i. ALFONSO[41] CARDENAL HERNÁNDEZ, b. Miami, Florida, Estados Unidos.
ii. NATHAALIE CRISTINE CARDENAL HERNÁNDEZ, b. Miami, Florida, Estados Unidos.

248. JULIO[40] CARDENAL CALDERA *(JULIO[39] CARDENAL ARGÜELLO, JULIO[38], SALVADOR[37] CARDENAL SABORÍO, PEDRO[36] CARDENAL AYERDI, MARÍA MANUELA[35] AYERDI ZÁRATE, PEDRO MANUEL[34] AYERDI RAMIRO-CORAJO, ANA MARTA[33] RAMIRO-CORAJO Y ZAPATA, FERNANDO[32] RAMIRO-CORAJO Y VERA SOTOMAYOR, JUANA[31] DE VERA SOTOMAYOR, LUIS[30] MÉNDEZ SOTOMAYOR Y CERRATO, ALFONSO[29] FERNÁNDEZ DE SOTOMAYOR FIGUEROA MESSÍA, LUIS[28] MÉNDEZ DE SOTOMAYOR FIGUEROA MESSÍA, GARCI[27] MÉNDEZ DE SOTOMAYOR Y SÁNCHEZ VILLODRE, CATALINA[26] SÁNCHEZ DE VILLODRE Y MANUEL, INÉS[25] SÁNCHEZ MANUEL DE VILLENA, JUAN[24] SÁNCHEZ MANUEL Y GONZÁLEZ DE MANZANEDO, SANCHO[23] MANUEL DE CASTILLA Y LASSO DE LA VEGA, JUAN I[22]MANUEL DE CASTILLA, REY DE CASTILLA LEÓN, JUANA[21] MANUEL DE CASTILLA, BLANCA[20] DE LA CERDA, FERNANDO[19] DE LA CERDA II,*

FERNANDO[18] DE LA CERDA, VIOLANTE[17] DE ARAGÓN, JAIME I[16] "EL CONQUISTADOR" REY DE ARAGÓN, PEDRO II[15] DE ARAGÓN, "EL CATÓLICO" REY DE ARAGÓN, ALFONSO II[14] REY DE ARAGÓN Y 1RO. DE CATALUÑA, PETRONILA[13] DE ARAGÓN, REINA DE ARAGÓN, RAMIRO II[12] SÁNCHEZ, REY DE ARAGÓN, SANCHO V[11] RAMÍREZ, REY DE ARAGÓN, RAMIRO I[10] SÁNCHEZ, REY DE ARAGÓN, SANCHO III[9] GARCÉS "EL GRANDE", REY DE PAMPLONA, GARCÍA II[8] SÁNCHEZ, REY DE PAMPLONA, EL TEMBLÓN, SANCHO II[7] GARCÉS ABARCA, REY DE PAMPLONA, GARCÍA I[6] SÁNCHEZ, REY DE PAMPLONA, SANCHO I[5] GARCÉS, REY DE PAMPLONA, GARCÍA[4] JIMÉNEZ, PRÍNCIPE DE NAVARRA, JIMENA[3] GARCÍA, GARCÍA[2] JIMÉNEZ, JIMINO[1]) was born 1941 in Managua, Nicaragua, and died July 1992 in Managua, Nicaragua. He married (1) MARÍA ISABEL REYES PORTOCARRERO, daughter of RODRIGO REYES DUQUESTRADA and JULIA PORTOCARRERO LACAYO. He married (2) MARÍA LUCÍA LACAYO RENNER, daughter of ARLES LACAYO MACRAE and SEÑORA RENNER.

More About JULIO CARDENAL CALDERA:
Burial: Managua, Nicaragua

Children of JULIO CARDENAL CALDERA and MARÍA REYES PORTOCARRERO are:

i. JULIO CARLOS[41] CARDENAL REYES, m. SANDRA DEL CARMEN CARDENAL LACAYO.
ii. FEDERICO CARDENAL REYES.
iii. IGNACIO CARDENAL REYES.
iv. MARGARITA LUCÍA CARDENAL REYES, m. FRANCISCO URCUYO MORICE, September 01, 1995; b. Rivas, Rivas, Nicaragua.

More About FRANCISCO URCUYO MORICE and MARGARITA CARDENAL REYES:
Marriage: September 01, 1995

249. INDIANA[40] CARDENAL CALDERA *(JULIO[39] CARDENAL ARGÜELLO, JULIO[38], SALVADOR[37] CARDENAL SABORÍO, PEDRO[36] CARDENAL AYERDI, MARÍA MANUELA[35] AYERDI ZÁRATE, PEDRO MANUEL[34] AYERDI RAMIRO-CORAJO, ANA MARTA[33] RAMIRO-CORAJO Y ZAPATA, FERNANDO[32] RAMIRO-CORAJO Y VERA SOTOMAYOR, JUANA[31] DE VERA SOTOMAYOR, LUIS[30] MÉNDEZ SOTOMAYOR Y CERRATO, ALFONSO[29] FERNÁNDEZ DE SOTOMAYOR FIGUEROA MESSÍA, LUIS[28] MÉNDEZ DE SOTOMAYOR FIGUEROA MESSÍA, GARCI[27] MÉNDEZ DE SOTOMAYOR Y SÁNCHEZ VILLODRE, CATALINA[26] SÁNCHEZ DE VILLODRE Y MANUEL, INÉS[25] SÁNCHEZ MANUEL DE VILLENA, JUAN[24] SÁNCHEZ MANUEL Y GONZÁLEZ DE MANZANEDO, SANCHO[23] MANUEL DE CASTILLA Y LASSO DE LA VEGA, JUAN I[22] MANUEL DE CASTILLA, REY DE CASTILLA LEÓN, JUANA[21] MANUEL DE CASTILLA, BLANCA[20] DE LA CERDA, FERNANDO[19] DE LA CERDA II, FERNANDO[18] DE LA CERDA, VIOLANTE[17] DE ARAGÓN, JAIME I[16] "EL CONQUISTADOR" REY DE ARAGÓN, PEDRO II[15] DE ARAGÓN, "EL CATÓLICO" REY DE ARAGÓN, ALFONSO II[14] REY DE ARAGÓN Y 1RO. DE CATALUÑA, PETRONILA[13] DE ARAGÓN, REINA DE ARAGÓN, RAMIRO II[12] SÁNCHEZ, REY DE ARAGÓN, SANCHO V[11] RAMÍREZ, REY DE ARAGÓN, RAMIRO I[10] SÁNCHEZ, REY DE ARAGÓN, SANCHO III[9] GARCÉS "EL GRANDE", REY DE PAMPLONA, GARCÍA II[8] SÁNCHEZ, REY DE PAMPLONA, EL TEMBLÓN, SANCHO II[7] GARCÉS ABARCA, REY DE PAMPLONA, GARCÍA I[6] SÁNCHEZ, REY DE PAMPLONA, SANCHO I[5] GARCÉS, REY DE PAMPLONA, GARCÍA[4] JIMÉNEZ, PRÍNCIPE DE NAVARRA, JIMENA[3] GARCÍA, GARCÍA[2] JIMÉNEZ, JIMINO[1])* was born 1943 in Managua, Nicaragua. She married ALFONSO ROBELO CALLEJAS, son of CÉSAR ROBELO BALLADARES and ELISA CALLEJAS MAYORGA.

Children of INDIANA CARDENAL CALDERA and ALFONSO ROBELO CALLEJAS are:

i. INDIANA[41] ROBELO CARDENAL.
ii. ELISA ROBELO CARDENAL.
iii. ALEJANDRA ROBELO CARDENAL.

250. ALEJANDRO VICENTE[40] CARDENAL CALDERA *(JULIO[39] CARDENAL ARGÜELLO, JULIO[38],*

SALVADOR[37] CARDENAL SABORÍO, PEDRO[36] CARDENAL AYERDI, MARÍA MANUELA[35] AYERDI ZÁRATE, PEDRO MANUEL[34] AYERDI RAMIRO-CORAJO, ANA MARTA[33] RAMIRO-CORAJO Y ZAPATA, FERNANDO[32] RAMIRO-CORAJO Y VERA SOTOMAYOR, JUANA[31] DE VERA SOTOMAYOR, LUIS[30] MÉNDEZ SOTOMAYOR Y CERRATO, ALFONSO[29] FERNÁNDEZ DE SOTOMAYOR FIGUEROA MESSÍA, LUIS[28] MÉNDEZ DE SOTOMAYOR FIGUEROA MESSÍA, GARCÍ[27] MÉNDEZ DE SOTOMAYOR Y SÁNCHEZ VILLODRE, CATALINA[26] SÁNCHEZ DE VILLODRE Y MANUEL, INÉS[25] SÁNCHEZ MANUEL DE VILLENA, JUAN[24] SÁNCHEZ MANUEL Y GONZÁLEZ DE MANZANEDO, SANCHO[23] MANUEL DE CASTILLA Y LASSO DE LA VEGA, JUAN I[22] MANUEL DE CASTILLA, REY DE CASTILLA LEÓN, JUANA[21] MANUEL DE CASTILLA, BLANCA[20] DE LA CERDA, FERNANDO[19] DE LA CERDA II, FERNANDO[18] DE LA CERDA, VIOLANTE[17] DE ARAGÓN, JAIME I[16] "EL CONQUISTADOR" REY DE ARAGÓN, PEDRO II[15] DE ARAGÓN, "EL CATÓLICO" REY DE ARAGÓN, ALFONSO II[14] REY DE ARAGÓN Y 1RO. DE CATALUÑA, PETRONILA[13] DE ARAGÓN, REINA DE ARAGÓN, RAMIRO II[12] SÁNCHEZ, REY DE ARAGÓN, SANCHO V[11] RAMÍREZ, REY DE ARAGÓN, RAMIRO I[10] SÁNCHEZ, REY DE ARAGÓN, SANCHO III[9] GARCÉS "EL GRANDE", REY DE PAMPLONA, GARCÍA II[8] SÁNCHEZ, REY DE PAMPLONA, EL TEMBLÓN, SANCHO II[7] GARCÉS ABARCA, REY DE PAMPLONA, GARCÍA I[6] SÁNCHEZ, REY DE PAMPLONA, SANCHO I[5] GARCÉS, REY DE PAMPLONA, GARCÍA[4] JIMÉNEZ, PRÍNCIPE DE NAVARRA, JIMENA[3] GARCÍA, GARCÍA[2] JIMÉNEZ, JIMINO[1]) was born April 04, 1944 in Managua, Nicaragua. He married VERÓNICA TERÁN LACAYO, daughter of JOSÉ TERÁN CALLEJAS and VIOLETA LACAYO RIVAS.

Children of ALEJANDRO CARDENAL CALDERA and VERÓNICA TERÁN LACAYO are:

i. VERÓNICA ALEJANDRA[41] CARDENAL TERÁN.
ii. ALEJANDRO CARDENAL TERÁN.
iii. PATRICIA CARDENAL TERÁN.

251. MARÍA ISABEL[40] CARDENAL CALDERA *(JULIO[39] CARDENAL ARGÜELLO, JULIO[38], SALVADOR[37] CARDENAL SABORÍO, PEDRO[36] CARDENAL AYERDI, MARÍA MANUELA[35] AYERDI ZÁRATE, PEDRO MANUEL[34] AYERDI RAMIRO-CORAJO, ANA MARTA[33] RAMIRO-CORAJO Y ZAPATA, FERNANDO[32] RAMIRO-CORAJO Y VERA SOTOMAYOR, JUANA[31] DE VERA SOTOMAYOR, LUIS[30] MÉNDEZ SOTOMAYOR Y CERRATO, ALFONSO[29] FERNÁNDEZ DE SOTOMAYOR FIGUEROA MESSÍA, LUIS[28] MÉNDEZ DE SOTOMAYOR FIGUEROA MESSÍA, GARCÍ[27] MÉNDEZ DE SOTOMAYOR Y SÁNCHEZ VILLODRE, CATALINA[26] SÁNCHEZ DE VILLODRE Y MANUEL, INÉS[25] SÁNCHEZ MANUEL DE VILLENA, JUAN[24] SÁNCHEZ MANUEL Y GONZÁLEZ DE MANZANEDO, SANCHO[23] MANUEL DE CASTILLA Y LASSO DE LA VEGA, JUAN I[22] MANUEL DE CASTILLA, REY DE CASTILLA LEÓN, JUANA[21] MANUEL DE CASTILLA, BLANCA[20] DE LA CERDA, FERNANDO[19] DE LA CERDA II, FERNANDO[18] DE LA CERDA, VIOLANTE[17] DE ARAGÓN, JAIME I[16] "EL CONQUISTADOR" REY DE ARAGÓN, PEDRO II[15] DE ARAGÓN, "EL CATÓLICO" REY DE ARAGÓN, ALFONSO II[14] REY DE ARAGÓN Y 1RO. DE CATALUÑA, PETRONILA[13] DE ARAGÓN, REINA DE ARAGÓN, RAMIRO II[12] SÁNCHEZ, REY DE ARAGÓN, SANCHO V[11] RAMÍREZ, REY DE ARAGÓN, RAMIRO I[10] SÁNCHEZ, REY DE ARAGÓN, SANCHO III[9] GARCÉS "EL GRANDE", REY DE PAMPLONA, GARCÍA II[8] SÁNCHEZ, REY DE PAMPLONA, EL TEMBLÓN, SANCHO II[7] GARCÉS ABARCA, REY DE PAMPLONA, GARCÍA I[6] SÁNCHEZ, REY DE PAMPLONA, SANCHO I[5] GARCÉS, REY DE PAMPLONA, GARCÍA[4] JIMÉNEZ, PRÍNCIPE DE NAVARRA, JIMENA[3] GARCÍA, GARCÍA[2] JIMÉNEZ, JIMINO[1])* was born 1946 in Managua, Nicaragua. She married (1) RODRIGO REYES PORTOCARRERO, son of RODRIGO REYES DUQUESTRADA and JULIA PORTOCARRERO LACAYO. He was born in Managua, Nicaragua. She married (2) JOHNNY PEÑA.

Children of MARÍA CARDENAL CALDERA and RODRIGO REYES PORTOCARRERO are:

i. RODRIGO IGNACIO[41] REYES CARDENAL.
ii. MARÍA ISABEL REYES CARDENAL.

252. CARMEN CECILIA[40] CARDENAL CALDERA *(JULIO[39] CARDENAL ARGÜELLO, JULIO[38], SALVADOR[37] CARDENAL SABORÍO, PEDRO[36] CARDENAL AYERDI, MARÍA MANUELA[35] AYERDI ZÁRATE, PEDRO MANUEL[34] AYERDI RAMIRO-CORAJO, ANA MARTA[33] RAMIRO-CORAJO Y*

ZAPATA, FERNANDO[32] RAMIRO-CORAJO Y VERA SOTOMAYOR, JUANA[31] DE VERA SOTOMAYOR, LUIS[30] MÉNDEZ SOTOMAYOR Y CERRATO, ALFONSO[29] FERNÁNDEZ DE SOTOMAYOR FIGUEROA MESSÍA, LUIS[28] MÉNDEZ DE SOTOMAYOR FIGUEROA MESSÍA, GARCÍ[27] MÉNDEZ DE SOTOMAYOR Y SÁNCHEZ VILLODRE, CATALINA[26] SÁNCHEZ DE VILLODRE Y MANUEL, INÉS[25] SÁNCHEZ MANUEL DE VILLENA, JUAN[24] SÁNCHEZ MANUEL Y GONZÁLEZ DE MANZANEDO, SANCHO[23] MANUEL DE CASTILLA Y LASSO DE LA VEGA, JUAN I[22] MANUEL DE CASTILLA, REY DE CASTILLA LEÓN, JUANA[21] MANUEL DE CASTILLA, BLANCA[20] DE LA CERDA, FERNANDO[19] DE LA CERDA II, FERNANDO[18] DE LA CERDA, VIOLANTE[17] DE ARAGÓN, JAIME I[16] "EL CONQUISTADOR" REY DE ARAGÓN, PEDRO II[15] DE ARAGÓN, "EL CATÓLICO" REY DE ARAGÓN, ALFONSO II[14] REY DE ARAGÓN Y 1RO. DE CATALUÑA, PETRONILA[13] DE ARAGÓN, REINA DE ARAGÓN, RAMIRO II[12] SÁNCHEZ, REY DE ARAGÓN, SANCHO V[11] RAMÍREZ, REY DE ARAGÓN, RAMIRO I[10] SÁNCHEZ, REY DE ARAGÓN, SANCHO III[9] GARCÉS "EL GRANDE", REY DE PAMPLONA, GARCÍA II[8] SÁNCHEZ, REY DE PAMPLONA, EL TEMBLÓN, SANCHO II[7] GARCÉS ABARCA, REY DE PAMPLONA, GARCÍA I[6] SÁNCHEZ, REY DE PAMPLONA, SANCHO I[5] GARCÉS, REY DE PAMPLONA, GARCÍA[4] JIMÉNEZ, PRÍNCIPE DE NAVARRA, JIMENA[3] GARCÍA, GARCÍA[2] JIMÉNEZ, JIMINO[1]) was born 1948. She married GERARDO KENNETT LACAYO, son of RAYMONDO KENNETT and THELMA LACAYO PASOS.

Children of CARMEN CARDENAL CALDERA and GERARDO KENNETT LACAYO are:

i. GERARDO JAY[41] KENNETT CARDENAL.
ii. KARELA KENNETT CARDENAL.

253. PATRICIA[40] CARDENAL CALDERA *(JULIO[39] CARDENAL ARGÜELLO, JULIO[38], SALVADOR[37] CARDENAL SABORÍO, PEDRO[36] CARDENAL AYERDI, MARÍA MANUELA[35] AYERDI ZÁRATE, PEDRO MANUEL[34] AYERDI RAMIRO-CORAJO, ANA MARTA[33] RAMIRO-CORAJO Y ZAPATA, FERNANDO[32] RAMIRO-CORAJO Y VERA SOTOMAYOR, JUANA[31] DE VERA SOTOMAYOR, LUIS[30] MÉNDEZ SOTOMAYOR Y CERRATO, ALFONSO[29] FERNÁNDEZ DE SOTOMAYOR FIGUEROA MESSÍA, LUIS[28] MÉNDEZ DE SOTOMAYOR FIGUEROA MESSÍA, GARCÍ[27] MÉNDEZ DE SOTOMAYOR Y SÁNCHEZ VILLODRE, CATALINA[26] SÁNCHEZ DE VILLODRE Y MANUEL, INÉS[25] SÁNCHEZ MANUEL DE VILLENA, JUAN[24] SÁNCHEZ MANUEL Y GONZÁLEZ DE MANZANEDO, SANCHO[23] MANUEL DE CASTILLA Y LASSO DE LA VEGA, JUAN I[22] MANUEL DE CASTILLA, REY DE CASTILLA LEÓN, JUANA[21] MANUEL DE CASTILLA, BLANCA[20] DE LA CERDA, FERNANDO[19] DE LA CERDA II, FERNANDO[18] DE LA CERDA, VIOLANTE[17] DE ARAGÓN, JAIME I[16] "EL CONQUISTADOR" REY DE ARAGÓN, PEDRO II[15] DE ARAGÓN, "EL CATÓLICO" REY DE ARAGÓN, ALFONSO II[14] REY DE ARAGÓN Y 1RO. DE CATALUÑA, PETRONILA[13] DE ARAGÓN, REINA DE ARAGÓN, RAMIRO II[12] SÁNCHEZ, REY DE ARAGÓN, SANCHO V[11] RAMÍREZ, REY DE ARAGÓN, RAMIRO I[10] SÁNCHEZ, REY DE ARAGÓN, SANCHO III[9] GARCÉS "EL GRANDE", REY DE PAMPLONA, GARCÍA II[8] SÁNCHEZ, REY DE PAMPLONA, EL TEMBLÓN, SANCHO II[7] GARCÉS ABARCA, REY DE PAMPLONA, GARCÍA I[6] SÁNCHEZ, REY DE PAMPLONA, SANCHO I[5] GARCÉS, REY DE PAMPLONA, GARCÍA[4] JIMÉNEZ, PRÍNCIPE DE NAVARRA, JIMENA[3] GARCÍA, GARCÍA[2] JIMÉNEZ, JIMINO[1])* was born 1949 in Managua, Nicaragua. She married JORGE RODRÍGUEZ FERNÁNDEZ. He was born in Cuba.

Children of PATRICIA CARDENAL CALDERA and JORGE RODRÍGUEZ FERNÁNDEZ are:

i. PATRICIA[41] RODRÍGUEZ CARDENAL.
ii. DIEGO RODRÍGUEZ CARDENAL.

254. ANTONIO[40] CARDENAL CALDERA *(JULIO[39] CARDENAL ARGÜELLO, JULIO[38], SALVADOR[37] CARDENAL SABORÍO, PEDRO[36] CARDENAL AYERDI, MARÍA MANUELA[35] AYERDI ZÁRATE, PEDRO MANUEL[34] AYERDI RAMIRO-CORAJO, ANA MARTA[33] RAMIRO-CORAJO Y ZAPATA, FERNANDO[32] RAMIRO-CORAJO Y VERA SOTOMAYOR, JUANA[31] DE VERA SOTOMAYOR, LUIS[30] MÉNDEZ SOTOMAYOR Y CERRATO, ALFONSO[29] FERNÁNDEZ DE SOTOMAYOR FIGUEROA MESSÍA, LUIS[28] MÉNDEZ DE SOTOMAYOR FIGUEROA MESSÍA, GARCÍ[27] MÉNDEZ DE SOTOMAYOR Y SÁNCHEZ VILLODRE, CATALINA[26] SÁNCHEZ DE VILLODRE Y MANUEL, INÉS[25] SÁNCHEZ MANUEL DE VILLENA, JUAN[24] SÁNCHEZ MANUEL Y GONZÁLEZ DE MANZANEDO, SANCHO[23] MANUEL DE*

CASTILLA Y LASSO DE LA VEGA, JUAN I[22]MANUEL DE CASTILLA, REY DE CASTILLA LEÓN, JUANA[21] MANUEL DE CASTILLA, BLANCA[20] DE LA CERDA, FERNANDO[19] DE LA CERDA II, FERNANDO[18] DE LA CERDA, VIOLANTE[17] DE ARAGÓN, JAIME I[16] "EL CONQUISTADOR" REY DE ARAGÓN, PEDRO II[15]DE ARAGÓN, "EL CATÓLICO" REY DE ARAGÓN, ALFONSO II[14] REY DE ARAGÓN Y 1RO. DE CATALUÑA, PETRONILA[13]DE ARAGÓN, REINA DE ARAGÓN, RAMIRO II[12]SÁNCHEZ, REY DE ARAGÓN, SANCHO V[11]RAMÍREZ, REY DE ARAGÓN, RAMIRO I[10]SÁNCHEZ, REY DE ARAGÓN, SANCHO III[9]GARCÉS "EL GRANDE", REY DE PAMPLONA, GARCÍA II[8]SÁNCHEZ, REY DE PAMPLONA, EL TEMBLÓN, SANCHO II[7]GARCÉS ABARCA, REY DE PAMPLONA, GARCÍA I[6]SÁNCHEZ, REY DE PAMPLONA, SANCHO I[5]GARCÉS, REY DE PAMPLONA, GARCÍA[4]JIMÉNEZ, PRÍNCIPE DE NAVARRA, JIMENA[3] GARCÍA, GARCÍA[2] JIMÉNEZ, JIMINO[1]) was born 1951 in Managua, Nicaragua. He married ANA ORLICH. She was born in San José, Costa Rica.

Child of ANTONIO CARDENAL CALDERA and ANA ORLICH is:

i. GABRIEL ANTONIO[41] CARDENAL ORLICH.

255. VIRGINIA[40] CARDENAL CALDERA *(JULIO[39] CARDENAL ARGÜELLO, JULIO[38], SALVADOR[37] CARDENAL SABORÍO, PEDRO[36] CARDENAL AYERDI, MARÍA MANUELA[35] AYERDI ZÁRATE, PEDRO MANUEL[34] AYERDI RAMIRO-CORAJO, ANA MARTA[33] RAMIRO-CORAJO Y ZAPATA, FERNANDO[32] RAMIRO-CORAJO Y VERA SOTOMAYOR, JUANA[31] DE VERA SOTOMAYOR, LUIS[30] MÉNDEZ SOTOMAYOR Y CERRATO, ALFONSO[29] FERNÁNDEZ DE SOTOMAYOR FIGUEROA MESSÍA, LUIS[28] MÉNDEZ DE SOTOMAYOR FIGUEROA MESSÍA, GARCI[27] MÉNDEZ DE SOTOMAYOR Y SÁNCHEZ VILLODRE, CATALINA[26] SÁNCHEZ DE VILLODRE Y MANUEL, INÉS[25] SÁNCHEZ MANUEL DE VILLENA, JUAN[24] SÁNCHEZ MANUEL Y GONZÁLEZ DE MANZANEDO, SANCHO[23] MANUEL DE CASTILLA Y LASSO DE LA VEGA, JUAN I[22]MANUEL DE CASTILLA, REY DE CASTILLA LEÓN, JUANA[21] MANUEL DE CASTILLA, BLANCA[20] DE LA CERDA, FERNANDO[19] DE LA CERDA II, FERNANDO[18] DE LA CERDA, VIOLANTE[17] DE ARAGÓN, JAIME I[16] "EL CONQUISTADOR" REY DE ARAGÓN, PEDRO II[15]DE ARAGÓN, "EL CATÓLICO" REY DE ARAGÓN, ALFONSO II[14] REY DE ARAGÓN Y 1RO. DE CATALUÑA, PETRONILA[13]DE ARAGÓN, REINA DE ARAGÓN, RAMIRO II[12]SÁNCHEZ, REY DE ARAGÓN, SANCHO V[11]RAMÍREZ, REY DE ARAGÓN, RAMIRO I[10]SÁNCHEZ, REY DE ARAGÓN, SANCHO III[9]GARCÉS "EL GRANDE", REY DE PAMPLONA, GARCÍA II[8]SÁNCHEZ, REY DE PAMPLONA, EL TEMBLÓN, SANCHO II[7]GARCÉS ABARCA, REY DE PAMPLONA, GARCÍA I[6]SÁNCHEZ, REY DE PAMPLONA, SANCHO I[5]GARCÉS, REY DE PAMPLONA, GARCÍA[4]JIMÉNEZ, PRÍNCIPE DE NAVARRA, JIMENA[3] GARCÍA, GARCÍA[2] JIMÉNEZ, JIMINO[1])* was born 1952 in Managua, Nicaragua. She married GILBERTO GUZMÁN CUADRA, son of HORACIO GUZMÁN BENARD and AMALIA CUADRA LACAYO. He was born in Granada, Granada, Nicaragua.

Children of VIRGINIA CARDENAL CALDERA and GILBERTO GUZMÁN CUADRA are:

i. GILBERTO[41] GUZMÁN CARDENAL.
ii. GINA GUZMÁN CARDENAL.
iii. GRETTA GUZMÁN CARDENAL.
iv. GABRIEL GUZMÁN CARDENAL.

256. CARLOS JOSÉ[40] CHAMORRO CUADRA *(ISABEL[39] CUADRA CARDENAL, ISABEL[38] CARDENAL ARGÜELLO, SALVADOR[37] CARDENAL SABORÍO, PEDRO[36] CARDENAL AYERDI, MARÍA MANUELA[35] AYERDI ZÁRATE, PEDRO MANUEL[34] AYERDI RAMIRO-CORAJO, ANA MARTA[33] RAMIRO-CORAJO Y ZAPATA, FERNANDO[32] RAMIRO-CORAJO Y VERA SOTOMAYOR, JUANA[31] DE VERA SOTOMAYOR, LUIS[30] MÉNDEZ SOTOMAYOR Y CERRATO, ALFONSO[29] FERNÁNDEZ DE SOTOMAYOR FIGUEROA MESSÍA, LUIS[28] MÉNDEZ DE SOTOMAYOR FIGUEROA MESSÍA, GARCI[27] MÉNDEZ DE SOTOMAYOR Y SÁNCHEZ VILLODRE, CATALINA[26] SÁNCHEZ DE VILLODRE Y MANUEL, INÉS[25] SÁNCHEZ MANUEL DE VILLENA, JUAN[24] SÁNCHEZ MANUEL Y GONZÁLEZ DE MANZANEDO, SANCHO[23] MANUEL DE CASTILLA Y LASSO DE LA VEGA, JUAN I[22]MANUEL DE CASTILLA, REY DE CASTILLA LEÓN, JUANA[21] MANUEL DE CASTILLA, BLANCA[20] DE LA CERDA, FERNANDO[19] DE LA CERDA II, FERNANDO[18] DE LA CERDA, VIOLANTE[17] DE ARAGÓN, JAIME I[16] "EL CONQUISTADOR" REY DE ARAGÓN, PEDRO II[15]DE ARAGÓN, "EL CATÓLICO" REY DE*

ARAGÓN, ALFONSO II[14] REY DE ARAGÓN Y 1RO. DE CATALUÑA, PETRONILA[13] DE ARAGÓN, REINA DE ARAGÓN, RAMIRO II[12] SÁNCHEZ, REY DE ARAGÓN, SANCHO V[11] RAMÍREZ, REY DE ARAGÓN, RAMIRO I[10] SÁNCHEZ, REY DE ARAGÓN, SANCHO III[9] GARCÉS "EL GRANDE", REY DE PAMPLONA, GARCÍA II[8] SÁNCHEZ, REY DE PAMPLONA, EL TEMBLÓN, SANCHO II[7] GARCÉS ABARCA, REY DE PAMPLONA, GARCÍA I[6] SÁNCHEZ, REY DE PAMPLONA, SANCHO I[5] GARCÉS, REY DE PAMPLONA, GARCÍA[4] JIMÉNEZ, PRÍNCIPE DE NAVARRA, JIMENA[3] GARCÍA, GARCÍA[2] JIMÉNEZ, JIMINO[1]) He married JEANI BUTLER.

Child of CARLOS CHAMORRO CUADRA and JEANI BUTLER is:
i. CARLOS JOSÉ[41] CHAMORRO BUTLER.

257. MARCELA[40] LACAYO OYANGUREN *(PIEDAD[39] OYANGUREN CARDENAL, CARMEN[38] CARDENAL ARGÜELLO, SALVADOR[37] CARDENAL SABORÍO, PEDRO[36] CARDENAL AYERDI, MARÍA MANUELA[35] AYERDI ZÁRATE, PEDRO MANUEL[34] AYERDI RAMIRO-CORAJO, ANA MARTA[33] RAMIRO-CORAJO Y ZAPATA, FERNANDO[32] RAMIRO-CORAJO Y VERA SOTOMAYOR, JUANA[31] DE VERA SOTOMAYOR, LUIS[30] MÉNDEZ SOTOMAYOR Y CERRATO, ALFONSO[29] FERNÁNDEZ DE SOTOMAYOR FIGUEROA MESSÍA, LUIS[28] MÉNDEZ DE SOTOMAYOR FIGUEROA MESSÍA, GARCÍ[27] MÉNDEZ DE SOTOMAYOR Y SÁNCHEZ VILLODRE, CATALINA[26] SÁNCHEZ DE VILLODRE Y MANUEL, INÉS[25] SÁNCHEZ MANUEL DE VILLENA, JUAN[24] SÁNCHEZ MANUEL Y GONZÁLEZ DE MANZANEDO, SANCHO[23] MANUEL DE CASTILLA Y LASSO DE LA VEGA, JUAN I[22] MANUEL DE CASTILLA, REY DE CASTILLA LEÓN, JUANA[21] MANUEL DE CASTILLA, BLANCA[20] DE LA CERDA, FERNANDO[19] DE LA CERDA II, FERNANDO[18] DE LA CERDA, VIOLANTE[17] DE ARAGÓN, JAIME I[16] "EL CONQUISTADOR" REY DE ARAGÓN, PEDRO II[15] DE ARAGÓN, "EL CATÓLICO" REY DE ARAGÓN, ALFONSO II[14] REY DE ARAGÓN Y 1RO. DE CATALUÑA, PETRONILA[13] DE ARAGÓN, REINA DE ARAGÓN, RAMIRO II[12] SÁNCHEZ, REY DE ARAGÓN, SANCHO V[11] RAMÍREZ, REY DE ARAGÓN, RAMIRO I[10] SÁNCHEZ, REY DE ARAGÓN, SANCHO III[9] GARCÉS "EL GRANDE", REY DE PAMPLONA, GARCÍA II[8] SÁNCHEZ, REY DE PAMPLONA, EL TEMBLÓN, SANCHO II[7] GARCÉS ABARCA, REY DE PAMPLONA, GARCÍA I[6] SÁNCHEZ, REY DE PAMPLONA, SANCHO I[5] GARCÉS, REY DE PAMPLONA, GARCÍA[4] JIMÉNEZ, PRÍNCIPE DE NAVARRA, JIMENA[3] GARCÍA, GARCÍA[2] JIMÉNEZ, JIMINO[1])* was born 1954 in Managua, Nicaragua. She married RODRIGO CANTARERO DREW.

Children of MARCELA LACAYO OYANGUREN and RODRIGO CANTARERO DREW are:
i. ANDREA[41] CANTARERO LACAYO, b. 1981.
ii. GABRIELA CANTARERO LACAYO, b. 1984.
iii. NICOLÁS CANTARERO LACAYO, b. 1986.

258. ENRIQUE[40] CASTILLO PORTOCARRERO *(HAYDEÉ[39] PORTOCARRERO MARTÍNEZ, SAMUEL[38] PORTOCARRERO CARDENAL, MANUELA[37] CARDENAL SABORÍO, PEDRO[36] CARDENAL AYERDI, MARÍA MANUELA[35] AYERDI ZÁRATE, PEDRO MANUEL[34] AYERDI RAMIRO-CORAJO, ANA MARTA[33] RAMIRO-CORAJO Y ZAPATA, FERNANDO[32] RAMIRO-CORAJO Y VERA SOTOMAYOR, JUANA[31] DE VERA SOTOMAYOR, LUIS[30] MÉNDEZ SOTOMAYOR Y CERRATO, ALFONSO[29] FERNÁNDEZ DE SOTOMAYOR FIGUEROA MESSÍA, LUIS[28] MÉNDEZ DE SOTOMAYOR FIGUEROA MESSÍA, GARCÍ[27] MÉNDEZ DE SOTOMAYOR Y SÁNCHEZ VILLODRE, CATALINA[26] SÁNCHEZ DE VILLODRE Y MANUEL, INÉS[25] SÁNCHEZ MANUEL DE VILLENA, JUAN[24] SÁNCHEZ MANUEL Y GONZÁLEZ DE MANZANEDO, SANCHO[23] MANUEL DE CASTILLA Y LASSO DE LA VEGA, JUAN I[22] MANUEL DE CASTILLA, REY DE CASTILLA LEÓN, JUANA[21] MANUEL DE CASTILLA, BLANCA[20] DE LA CERDA, FERNANDO[19] DE LA CERDA II, FERNANDO[18] DE LA CERDA, VIOLANTE[17] DE ARAGÓN, JAIME I[16] "EL CONQUISTADOR" REY DE ARAGÓN, PEDRO II[15] DE ARAGÓN, "EL CATÓLICO" REY DE ARAGÓN, ALFONSO II[14] REY DE ARAGÓN Y 1RO. DE CATALUÑA, PETRONILA[13] DE ARAGÓN, REINA DE ARAGÓN, RAMIRO II[12] SÁNCHEZ, REY DE ARAGÓN, SANCHO V[11] RAMÍREZ, REY DE ARAGÓN, RAMIRO I[10] SÁNCHEZ, REY DE ARAGÓN, SANCHO III[9] GARCÉS "EL GRANDE", REY DE PAMPLONA, GARCÍA II[8] SÁNCHEZ, REY DE PAMPLONA, EL TEMBLÓN, SANCHO II[7] GARCÉS ABARCA, REY DE PAMPLONA, GARCÍA I[6] SÁNCHEZ, REY DE PAMPLONA,*

SANCHO I[5] GARCÉS, REY DE PAMPLONA, GARCÍA[4] JIMÉNEZ, PRÍNCIPE DE NAVARRA, JIMENA[3] GARCÍA, GARCÍA[2] JIMÉNEZ, JIMINO[1]) He married ENA ALVARADO.

Children of ENRIQUE CASTILLO PORTOCARRERO and ENA ALVARADO are:
- i. HAYDEÉ CONCEPCIÓN[41] CASTILLO ALVARADO.
- ii. ENA BEATRIZ CASTILLO ALVARADO.

259. MARÍA LORENA[40] CALERO PORTOCARRERO *(MARÍA[39] PORTOCARRERO PORTOCARRERO, SARA[38] PORTOCARRERO CARDENAL, MANUELA[37] CARDENAL SABORÍO, PEDRO[36] CARDENAL AYERDI, MARÍA MANUELA[35] AYERDI ZÁRATE, PEDRO MANUEL[34] AYERDI RAMIRO-CORAJO, ANA MARTA[33] RAMIRO-CORAJO Y ZAPATA, FERNANDO[32] RAMIRO-CORAJO Y VERA SOTOMAYOR, JUANA[31] DE VERA SOTOMAYOR, LUIS[30] MÉNDEZ SOTOMAYOR Y CERRATO, ALFONSO[29] FERNÁNDEZ DE SOTOMAYOR FIGUEROA MESSÍA, LUIS[28] MÉNDEZ DE SOTOMAYOR FIGUEROA MESSÍA, GARCI[27] MÉNDEZ DE SOTOMAYOR Y SÁNCHEZ VILLODRE, CATALINA[26] SÁNCHEZ DE VILLODRE Y MANUEL, INÉS[25] SÁNCHEZ MANUEL DE VILLENA, JUAN[24] SÁNCHEZ MANUEL Y GONZÁLEZ DE MANZANEDO, SANCHO[23] MANUEL DE CASTILLA Y LASSO DE LA VEGA, JUAN I[22] MANUEL DE CASTILLA, REY DE CASTILLA LEÓN, JUANA[21] MANUEL DE CASTILLA, BLANCA[20] DE LA CERDA, FERNANDO[19] DE LA CERDA II, FERNANDO[18] DE LA CERDA, VIOLANTE[17] DE ARAGÓN, JAIME I[16] "EL CONQUISTADOR" REY DE ARAGÓN, PEDRO II[15] DE ARAGÓN, "EL CATÓLICO" REY DE ARAGÓN, ALFONSO II[14] REY DE ARAGÓN Y 1RO. DE CATALUÑA, PETRONILA[13] DE ARAGÓN, REINA DE ARAGÓN, RAMIRO II[12] SÁNCHEZ, REY DE ARAGÓN, SANCHO V[11] RAMÍREZ, REY DE ARAGÓN, RAMIRO I[10] SÁNCHEZ, REY DE ARAGÓN, SANCHO III[9] GARCÉS "EL GRANDE", REY DE PAMPLONA, GARCÍA II[8] SÁNCHEZ, REY DE PAMPLONA, EL TEMBLÓN, SANCHO II[7] GARCÉS ABARCA, REY DE PAMPLONA, GARCÍA I[6] SÁNCHEZ, REY DE PAMPLONA, SANCHO I[5] GARCÉS, REY DE PAMPLONA, GARCÍA[4] JIMÉNEZ, PRÍNCIPE DE NAVARRA, JIMENA[3] GARCÍA, GARCÍA[2] JIMÉNEZ, JIMINO[1])* was born in Managua, Nicaragua. She married ENRIQUE SÁNCHEZ HERDOCIA, son of FERNANDO SÁNCHEZ SALINAS and CONCEPCIÓN HERDOCIA REYES. He was born in León, Nicaragua.

Child of MARÍA CALERO PORTOCARRERO and ENRIQUE SÁNCHEZ HERDOCIA is:
- i. ENRIQUE[41] SÁNCHEZ CALERO.

260. ADOLFO[40] CALERO PORTOCARRERO *(MARÍA[39] PORTOCARRERO PORTOCARRERO, SARA[38] PORTOCARRERO CARDENAL, MANUELA[37] CARDENAL SABORÍO, PEDRO[36] CARDENAL AYERDI, MARÍA MANUELA[35] AYERDI ZÁRATE, PEDRO MANUEL[34] AYERDI RAMIRO-CORAJO, ANA MARTA[33] RAMIRO-CORAJO Y ZAPATA, FERNANDO[32] RAMIRO-CORAJO Y VERA SOTOMAYOR, JUANA[31] DE VERA SOTOMAYOR, LUIS[30] MÉNDEZ SOTOMAYOR Y CERRATO, ALFONSO[29] FERNÁNDEZ DE SOTOMAYOR FIGUEROA MESSÍA, LUIS[28] MÉNDEZ DE SOTOMAYOR FIGUEROA MESSÍA, GARCI[27] MÉNDEZ DE SOTOMAYOR Y SÁNCHEZ VILLODRE, CATALINA[26] SÁNCHEZ DE VILLODRE Y MANUEL, INÉS[25] SÁNCHEZ MANUEL DE VILLENA, JUAN[24] SÁNCHEZ MANUEL Y GONZÁLEZ DE MANZANEDO, SANCHO[23] MANUEL DE CASTILLA Y LASSO DE LA VEGA, JUAN I[22] MANUEL DE CASTILLA, REY DE CASTILLA LEÓN, JUANA[21] MANUEL DE CASTILLA, BLANCA[20] DE LA CERDA, FERNANDO[19] DE LA CERDA II, FERNANDO[18] DE LA CERDA, VIOLANTE[17] DE ARAGÓN, JAIME I[16] "EL CONQUISTADOR" REY DE ARAGÓN, PEDRO II[15] DE ARAGÓN, "EL CATÓLICO" REY DE ARAGÓN, ALFONSO II[14] REY DE ARAGÓN Y 1RO. DE CATALUÑA, PETRONILA[13] DE ARAGÓN, REINA DE ARAGÓN, RAMIRO II[12] SÁNCHEZ, REY DE ARAGÓN, SANCHO V[11] RAMÍREZ, REY DE ARAGÓN, RAMIRO I[10] SÁNCHEZ, REY DE ARAGÓN, SANCHO III[9] GARCÉS "EL GRANDE", REY DE PAMPLONA, GARCÍA II[8] SÁNCHEZ, REY DE PAMPLONA, EL TEMBLÓN, SANCHO II[7] GARCÉS ABARCA, REY DE PAMPLONA, GARCÍA I[6] SÁNCHEZ, REY DE PAMPLONA, SANCHO I[5] GARCÉS, REY DE PAMPLONA, GARCÍA[4] JIMÉNEZ, PRÍNCIPE DE NAVARRA, JIMENA[3] GARCÍA, GARCÍA[2] JIMÉNEZ, JIMINO[1])* was born 1931 in Managua, Nicaragua. He married MARÍA ERNESTINA LACAYO OYANGUREN, daughter of CONSTANTINO LACAYO FIALLOS and PIEDAD OYANGUREN CARDENAL. She was born 1938 in Managua, Nicaragua.

Children of ADOLFO CALERO PORTOCARRERO and MARÍA LACAYO OYANGUREN are:

i. MARÍA LORENA[41] CALERO LACAYO, b. 1958, Managua, Nicaragua.

ii. ADOLFO CALERO LACAYO, b. 1960, Managua, Nicaragua.

261. OSCAR[40] ARGÜELLO DOÑA *(OSCAR[39] ARGÜELLO PORTOCARRERO, RAMONA[38] PORTOCARRERO CARDENAL, ANA MARÍA[37] CARDENAL BONILLA, MANUEL SILVESTRE[36] CARDENAL AYERDI, MARÍA MANUELA[35] AYERDI ZÁRATE, PEDRO MANUEL[34] AYERDI RAMIRO-CORAJO, ANA MARTA[33] RAMIRO-CORAJO Y ZAPATA, FERNANDO[32] RAMIRO-CORAJO Y VERA SOTOMAYOR, JUANA[31] DE VERA SOTOMAYOR, LUIS[30] MÉNDEZ SOTOMAYOR Y CERRATO, ALFONSO[29] FERNÁNDEZ DE SOTOMAYOR FIGUEROA MESSÍA, LUIS[28] MÉNDEZ DE SOTOMAYOR FIGUEROA MESSÍA, GARCI[27] MÉNDEZ DE SOTOMAYOR Y SÁNCHEZ VILLODRE, CATALINA[26] SÁNCHEZ DE VILLODRE Y MANUEL, INÉS[25] SÁNCHEZ MANUEL DE VILLENA, JUAN[24] SÁNCHEZ MANUEL Y GONZÁLEZ DE MANZANEDO, SANCHO[23] MANUEL DE CASTILLA Y LASSO DE LA VEGA, JUAN I[22] MANUEL DE CASTILLA, REY DE CASTILLA LEÓN, JUANA[21] MANUEL DE CASTILLA, BLANCA[20] DE LA CERDA, FERNANDO[19] DE LA CERDA II, FERNANDO[18] DE LA CERDA, VIOLANTE[17] DE ARAGÓN, JAIME I[16] "EL CONQUISTADOR" REY DE ARAGÓN, PEDRO II[15] DE ARAGÓN, "EL CATÓLICO" REY DE ARAGÓN, ALFONSO II[14] REY DE ARAGÓN Y 1RO. DE CATALUÑA, PETRONILA[13] DE ARAGÓN, REINA DE ARAGÓN, RAMIRO II[12] SÁNCHEZ, REY DE ARAGÓN, SANCHO V[11] RAMÍREZ, REY DE ARAGÓN, RAMIRO I[10] SÁNCHEZ, REY DE ARAGÓN, SANCHO III[9] GARCÉS "EL GRANDE", REY DE PAMPLONA, GARCÍA II[8] SÁNCHEZ, REY DE PAMPLONA, EL TEMBLÓN, SANCHO II[7] GARCÉS ABARCA, REY DE PAMPLONA, GARCÍA I[6] SÁNCHEZ, REY DE PAMPLONA, SANCHO I[5] GARCÉS, REY DE PAMPLONA, GARCÍA[4] JIMÉNEZ, PRÍNCIPE DE NAVARRA, JIMENA[3] GARCÍA, GARCÍA[2] JIMÉNEZ, JIMINO[1])* He married NORMA REÑAZCO GUERRERO.

Children of OSCAR ARGÜELLO DOÑA and NORMA REÑAZCO GUERRERO are:

i. MARÍA LOURDES[41] ARGÜELLO REÑAZCO.

ii. MARCIA ARGÜELLO REÑAZCO.

iii. MIRNA ARGÜELLO REÑAZCO.

262. GIOCONDA[40] ARGÜELLO DOÑA *(OSCAR[39] ARGÜELLO PORTOCARRERO, RAMONA[38] PORTOCARRERO CARDENAL, ANA MARÍA[37] CARDENAL BONILLA, MANUEL SILVESTRE[36] CARDENAL AYERDI, MARÍA MANUELA[35] AYERDI ZÁRATE, PEDRO MANUEL[34] AYERDI RAMIRO-CORAJO, ANA MARTA[33] RAMIRO-CORAJO Y ZAPATA, FERNANDO[32] RAMIRO-CORAJO Y VERA SOTOMAYOR, JUANA[31] DE VERA SOTOMAYOR, LUIS[30] MÉNDEZ SOTOMAYOR Y CERRATO, ALFONSO[29] FERNÁNDEZ DE SOTOMAYOR FIGUEROA MESSÍA, LUIS[28] MÉNDEZ DE SOTOMAYOR FIGUEROA MESSÍA, GARCI[27] MÉNDEZ DE SOTOMAYOR Y SÁNCHEZ VILLODRE, CATALINA[26] SÁNCHEZ DE VILLODRE Y MANUEL, INÉS[25] SÁNCHEZ MANUEL DE VILLENA, JUAN[24] SÁNCHEZ MANUEL Y GONZÁLEZ DE MANZANEDO, SANCHO[23] MANUEL DE CASTILLA Y LASSO DE LA VEGA, JUAN I[22] MANUEL DE CASTILLA, REY DE CASTILLA LEÓN, JUANA[21] MANUEL DE CASTILLA, BLANCA[20] DE LA CERDA, FERNANDO[19] DE LA CERDA II, FERNANDO[18] DE LA CERDA, VIOLANTE[17] DE ARAGÓN, JAIME I[16] "EL CONQUISTADOR" REY DE ARAGÓN, PEDRO II[15] DE ARAGÓN, "EL CATÓLICO" REY DE ARAGÓN, ALFONSO II[14] REY DE ARAGÓN Y 1RO. DE CATALUÑA, PETRONILA[13] DE ARAGÓN, REINA DE ARAGÓN, RAMIRO II[12] SÁNCHEZ, REY DE ARAGÓN, SANCHO V[11] RAMÍREZ, REY DE ARAGÓN, RAMIRO I[10] SÁNCHEZ, REY DE ARAGÓN, SANCHO III[9] GARCÉS "EL GRANDE", REY DE PAMPLONA, GARCÍA II[8] SÁNCHEZ, REY DE PAMPLONA, EL TEMBLÓN, SANCHO II[7] GARCÉS ABARCA, REY DE PAMPLONA, GARCÍA I[6] SÁNCHEZ, REY DE PAMPLONA, SANCHO I[5] GARCÉS, REY DE PAMPLONA, GARCÍA[4] JIMÉNEZ, PRÍNCIPE DE NAVARRA, JIMENA[3] GARCÍA, GARCÍA[2] JIMÉNEZ, JIMINO[1])* She married PEDRO JOSÉ CHAMORRO POESSY, son of PEDRO CHAMORRO ZELAYA and CARMEN POESSY MONTIEL.

Children of GIOCONDA ARGÜELLO DOÑA and PEDRO CHAMORRO POESSY are:

i. PEDRO JOSÉ[41] CHAMORRO ARGÜELLO.

ii. FRUTO CHAMORRO ARGÜELLO.
iii. GUILLERMO CHAMORRO ARGÜELLO.

263. ROBERTO[40] ARGÜELLO DOÑA *(OSCAR[39] ARGÜELLO PORTOCARRERO, RAMONA[38] PORTOCARRERO CARDENAL, ANA MARÍA[37] CARDENAL BONILLA, MANUEL SILVESTRE[36] CARDENAL AYERDI, MARÍA MANUELA[35] AYERDI ZÁRATE, PEDRO MANUEL[34] AYERDI RAMIRO-CORAJO, ANA MARTA[33] RAMIRO-CORAJO Y ZAPATA, FERNANDO[32] RAMIRO-CORAJO Y VERA SOTOMAYOR, JUANA[31] DE VERA SOTOMAYOR, LUIS[30] MÉNDEZ SOTOMAYOR Y CERRATO, ALFONSO[29] FERNÁNDEZ DE SOTOMAYOR FIGUEROA MESSÍA, LUIS[28] MÉNDEZ DE SOTOMAYOR FIGUEROA MESSÍA, GARCI[27] MÉNDEZ DE SOTOMAYOR Y SÁNCHEZ VILLODRE, CATALINA[26] SÁNCHEZ DE VILLODRE Y MANUEL, INÉS[25] SÁNCHEZ MANUEL DE VILLENA, JUAN[24] SÁNCHEZ MANUEL Y GONZÁLEZ DE MANZANEDO, SANCHO[23] MANUEL DE CASTILLA Y LASSO DE LA VEGA, JUAN I[22] MANUEL DE CASTILLA, REY DE CASTILLA LEÓN, JUANA[21] MANUEL DE CASTILLA, BLANCA[20] DE LA CERDA, FERNANDO[19] DE LA CERDA II, FERNANDO[18] DE LA CERDA, VIOLANTE[17] DE ARAGÓN, JAIME I[16] "EL CONQUISTADOR" REY DE ARAGÓN, PEDRO II[15] DE ARAGÓN, "EL CATÓLICO" REY DE ARAGÓN, ALFONSO II[14] REY DE ARAGÓN Y 1RO. DE CATALUÑA, PETRONILA[13] DE ARAGÓN, REINA DE ARAGÓN, RAMIRO II[12] SÁNCHEZ, REY DE ARAGÓN, SANCHO V[11] RAMÍREZ, REY DE ARAGÓN, RAMIRO I[10] SÁNCHEZ, REY DE ARAGÓN, SANCHO III[9] GARCÉS "EL GRANDE", REY DE PAMPLONA, GARCÍA II[8] SÁNCHEZ, REY DE PAMPLONA, EL TEMBLÓN, SANCHO II[7] GARCÉS ABARCA, REY DE PAMPLONA, GARCÍA I[6] SÁNCHEZ, REY DE PAMPLONA, SANCHO I[5] GARCÉS, REY DE PAMPLONA, GARCÍA[4] JIMÉNEZ, PRÍNCIPE DE NAVARRA, JIMENA[3] GARCÍA, GARCÍA[2] JIMÉNEZ, JIMINO[1])* He married BERTHA MANZANARES.

Children of ROBERTO ARGÜELLO DOÑA and BERTHA MANZANARES are:
i. JOSÉ ESTEBAN[41] ARGÜELLO MANZANARES.
ii. OSCAR ARGÜELLO MANZANARES.
iii. ROBERTO ARGÜELLO MANZANARES.
iv. PEDRO PABLO ARGÜELLO MANZANARES.

264. MARÍA ANTONIETA[40] ARGÜELLO DOÑA *(OSCAR[39] ARGÜELLO PORTOCARRERO, RAMONA[38] PORTOCARRERO CARDENAL, ANA MARÍA[37] CARDENAL BONILLA, MANUEL SILVESTRE[36] CARDENAL AYERDI, MARÍA MANUELA[35] AYERDI ZÁRATE, PEDRO MANUEL[34] AYERDI RAMIRO-CORAJO, ANA MARTA[33] RAMIRO-CORAJO Y ZAPATA, FERNANDO[32] RAMIRO-CORAJO Y VERA SOTOMAYOR, JUANA[31] DE VERA SOTOMAYOR, LUIS[30] MÉNDEZ SOTOMAYOR Y CERRATO, ALFONSO[29] FERNÁNDEZ DE SOTOMAYOR FIGUEROA MESSÍA, LUIS[28] MÉNDEZ DE SOTOMAYOR FIGUEROA MESSÍA, GARCI[27] MÉNDEZ DE SOTOMAYOR Y SÁNCHEZ VILLODRE, CATALINA[26] SÁNCHEZ DE VILLODRE Y MANUEL, INÉS[25] SÁNCHEZ MANUEL DE VILLENA, JUAN[24] SÁNCHEZ MANUEL Y GONZÁLEZ DE MANZANEDO, SANCHO[23] MANUEL DE CASTILLA Y LASSO DE LA VEGA, JUAN I[22] MANUEL DE CASTILLA, REY DE CASTILLA LEÓN, JUANA[21] MANUEL DE CASTILLA, BLANCA[20] DE LA CERDA, FERNANDO[19] DE LA CERDA II, FERNANDO[18] DE LA CERDA, VIOLANTE[17] DE ARAGÓN, JAIME I[16] "EL CONQUISTADOR" REY DE ARAGÓN, PEDRO II[15] DE ARAGÓN, "EL CATÓLICO" REY DE ARAGÓN, ALFONSO II[14] REY DE ARAGÓN Y 1RO. DE CATALUÑA, PETRONILA[13] DE ARAGÓN, REINA DE ARAGÓN, RAMIRO II[12] SÁNCHEZ, REY DE ARAGÓN, SANCHO V[11] RAMÍREZ, REY DE ARAGÓN, RAMIRO I[10] SÁNCHEZ, REY DE ARAGÓN, SANCHO III[9] GARCÉS "EL GRANDE", REY DE PAMPLONA, GARCÍA II[8] SÁNCHEZ, REY DE PAMPLONA, EL TEMBLÓN, SANCHO II[7] GARCÉS ABARCA, REY DE PAMPLONA, GARCÍA I[6] SÁNCHEZ, REY DE PAMPLONA, SANCHO I[5] GARCÉS, REY DE PAMPLONA, GARCÍA[4] JIMÉNEZ, PRÍNCIPE DE NAVARRA, JIMENA[3] GARCÍA, GARCÍA[2] JIMÉNEZ, JIMINO[1])* She married FREDDY DÍAZ LACAYO, son of ADOLFO DÍAZ SOLÓRZANO and ODILIE LACAYO RIVAS.

Children of MARÍA ARGÜELLO DOÑA and FREDDY DÍAZ LACAYO are:
i. ODILIE[41] DÍAZ ARGÜELLO.
ii. ALVARO DÍAZ ARGÜELLO.

iii. FREDDY DÍAZ ARGÜELLO.
iv. ALDO DÍAZ ARGÜELLO.
v. AROLDO DÍAZ ARGÜELLO.
vi. IVANIA DÍAZ ARGÜELLO.
vii. RÓGER DÍAZ ARGÜELLO.
viii. MARÍA ANTONIETA DÍAZ ARGÜELLO.
ix. RITA DÍAZ ARGÜELLO.
x. GLORIA DÍAZ ARGÜELLO.
xi. MARIO DÍAZ ARGÜELLO.
xii. NUBIA DÍAZ ARGÜELLO.

265. NUBIA[40] ARGÜELLO DOÑA *(OSCAR[39] ARGÜELLO PORTOCARRERO, RAMONA[38] PORTOCARRERO CARDENAL, ANA MARÍA[37] CARDENAL BONILLA, MANUEL SILVESTRE[36] CARDENAL AYERDI, MARÍA MANUELA[35] AYERDI ZÁRATE, PEDRO MANUEL[34] AYERDI RAMIRO-CORAJO, ANA MARTA[33] RAMIRO-CORAJO Y ZAPATA, FERNANDO[32] RAMIRO-CORAJO Y VERA SOTOMAYOR, JUANA[31] DE VERA SOTOMAYOR, LUIS[30] MÉNDEZ SOTOMAYOR Y CERRATO, ALFONSO[29] FERNÁNDEZ DE SOTOMAYOR FIGUEROA MESSÍA, LUIS[28] MÉNDEZ DE SOTOMAYOR FIGUEROA MESSÍA, GARCI[27] MÉNDEZ DE SOTOMAYOR Y SÁNCHEZ VILLODRE, CATALINA[26] SÁNCHEZ DE VILLODRE Y MANUEL, INÉS[25] SÁNCHEZ MANUEL DE VILLENA, JUAN[24] SÁNCHEZ MANUEL Y GONZÁLEZ DE MANZANEDO, SANCHO[23] MANUEL DE CASTILLA Y LASSO DE LA VEGA, JUAN I[22]MANUEL DE CASTILLA, REY DE CASTILLA LEÓN, JUANA[21] MANUEL DE CASTILLA, BLANCA[20] DE LA CERDA, FERNANDO[19] DE LA CERDA II, FERNANDO[18] DE LA CERDA, VIOLANTE[17] DE ARAGÓN, JAIME I[16] "EL CONQUISTADOR" REY DE ARAGÓN, PEDRO II[15]DE ARAGÓN, "EL CATÓLICO" REY DE ARAGÓN, ALFONSO II[14] REY DE ARAGÓN Y 1RO. DE CATALUÑA, PETRONILA[13]DE ARAGÓN, REINA DE ARAGÓN, RAMIRO II[12]SÁNCHEZ, REY DE ARAGÓN, SANCHO V[11]RAMÍREZ, REY DE ARAGÓN, RAMIRO I[10]SÁNCHEZ, REY DE ARAGÓN, SANCHO III[9]GARCÉS "EL GRANDE", REY DE PAMPLONA, GARCÍA II[8]SÁNCHEZ, REY DE PAMPLONA, EL TEMBLÓN, SANCHO II[7]GARCÉS ABARCA, REY DE PAMPLONA, GARCÍA I[6]SÁNCHEZ, REY DE PAMPLONA, SANCHO I[5]GARCÉS, REY DE PAMPLONA, GARCÍA[4]JIMÉNEZ, PRÍNCIPE DE NAVARRA, JIMENA[3] GARCÍA, GARCÍA[2] JIMÉNEZ, JIMINO[1])* She married HUBERT GORDILLO.

Children of NUBIA ARGÜELLO DOÑA and HUBERT GORDILLO are:
i. NUBIA[41] GORDILLO ARGÜELLO.
ii. MARÍA LOURDES GORDILLO ARGÜELLO.

Generation No. 41

266. JOSÉ AUGUSTO[41] RIVERA MONTEALEGRE *(ILÚ[40] MONTEALEGRE ZAPATA, AUGUSTO CÉSAR[39] MONTEALEGRE SALVATIERRA, AUGUSTO CÉSAR[38] MONTEALEGRE LACAYO, MARIANO ANTONIO[37] MONTEALEGRE ROMERO, MANUELA CASIMIRA[36] ROMERO SÁENZ, BÁRBARA ANTONIA[35] SÁENZ BONILLA, MANUEL[34] SÁENZ VÁZQUEZ Y RAMIRO-CORAJO, MARÍA ROSA[33] VÁZQUEZ RAMIRO-CORAJO, JOSEPH FRANCISCO[32] RAMIRO-CORAJO Y VERA SOTOMAYOR, JUANA[31] DE VERA SOTOMAYOR, LUIS[30] MÉNDEZ SOTOMAYOR Y CERRATO, ALFONSO[29] FERNÁNDEZ DE SOTOMAYOR FIGUEROA MESSÍA, LUIS[28] MÉNDEZ DE SOTOMAYOR FIGUEROA MESSÍA, GARCI[27] MÉNDEZ DE SOTOMAYOR Y SÁNCHEZ VILLODRE, CATALINA[26] SÁNCHEZ DE VILLODRE Y MANUEL, INÉS[25] SÁNCHEZ MANUEL DE VILLENA, JUAN[24] SÁNCHEZ MANUEL Y GONZÁLEZ DE MANZANEDO, SANCHO[23] MANUEL DE CASTILLA Y LASSO DE LA VEGA, JUAN I[22]MANUEL DE CASTILLA, REY DE CASTILLA LEÓN, JUANA[21] MANUEL DE CASTILLA, BLANCA[20] DE LA CERDA, FERNANDO[19] DE LA CERDA II, FERNANDO[18] DE LA CERDA, VIOLANTE[17] DE ARAGÓN, JAIME I[16] "EL CONQUISTADOR" REY DE ARAGÓN, PEDRO II[15]DE ARAGÓN, "EL CATÓLICO" REY DE ARAGÓN, ALFONSO II[14] REY DE ARAGÓN Y 1RO. DE CATALUÑA, PETRONILA[13]DE ARAGÓN, REINA DE ARAGÓN, RAMIRO II[12]SÁNCHEZ, REY DE ARAGÓN, SANCHO V[11]RAMÍREZ, REY DE ARAGÓN, RAMIRO I[10]SÁNCHEZ, REY DE ARAGÓN, SANCHO III[9]GARCÉS "EL*

GRANDE", REY DE PAMPLONA, GARCÍA II[8] SÁNCHEZ, REY DE PAMPLONA, EL TEMBLÓN, SANCHO II[7] GARCÉS ABARCA, REY DE PAMPLONA, GARCÍA I[6] SÁNCHEZ, REY DE PAMPLONA, SANCHO I[5] GARCÉS, REY DE PAMPLONA, GARCÍA[4] JIMÉNEZ, PRÍNCIPE DE NAVARRA, JIMENA[3] GARCÍA, GARCÍA[2] JIMÉNEZ, JIMINO[1]) was born November 13, 1948 in Jinotega, Jinotega, Nicaragua. He married (1) ROSA COLLIN ORENDAY. She was born in México, D.F., México. He married (2) MARÍA HELENA HERNÁNDEZ. She was born in México, D.F., México. He married (3) MARGARITA PÉREZ FONSECA.

Children of JOSÉ RIVERA MONTEALEGRE and ROSA COLLIN ORENDAY are:

i. JOSÉ AUGUSTO[42] RIVERA COLLIN.
ii. CARLA ERIKA RIVERA COLLIN.
iii. ERIKA CAROLINA RIVERA COLLIN.

Children of JOSÉ RIVERA MONTEALEGRE and MARÍA HERNÁNDEZ are:

iv. CLAUDIA VERÓNICA[42] RIVERA HERNÁNDEZ.
v. ILEANA RIVERA HERNÁNDEZ.
vi. FLAVIO JULIÁN RIVERA HERNÁNDEZ.
vii. MARÍA AUGUSTO RIVERA HERNÁNDEZ.

267. FLAVIO CÉSAR[41] RIVERA MONTEALEGRE *(ILÚ[40] MONTEALEGRE ZAPATA, AUGUSTO CÉSAR[39] MONTEALEGRE SALVATIERRA, AUGUSTO CÉSAR[38] MONTEALEGRE LACAYO, MARIANO ANTONIO[37] MONTEALEGRE ROMERO, MANUELA CASIMIRA[36] ROMERO SÁENZ, BÁRBARA ANTONIA[35] SÁENZ BONILLA, MANUEL[34] SÁENZ VÁZQUEZ Y RAMIRO-CORAJO, MARÍA ROSA[33] VÁZQUEZ RAMIRO-CORAJO, JOSEPH FRANCISCO[32] RAMIRO-CORAJO Y VERA SOTOMAYOR, JUANA[31] DE VERA SOTOMAYOR, LUIS[30] MÉNDEZ SOTOMAYOR Y CERRATO, ALFONSO[29] FERNÁNDEZ DE SOTOMAYOR FIGUEROA MESSÍA, LUIS[28] MÉNDEZ DE SOTOMAYOR FIGUEROA MESSÍA, GARCI[27] MÉNDEZ DE SOTOMAYOR Y SÁNCHEZ VILLODRE, CATALINA[26] SÁNCHEZ DE VILLODRE Y MANUEL, INÉS[25] SÁNCHEZ MANUEL DE VILLENA, JUAN[24] SÁNCHEZ MANUEL Y GONZÁLEZ DE MANZANEDO, SANCHO[23] MANUEL DE CASTILLA Y LASSO DE LA VEGA, JUAN I[22] MANUEL DE CASTILLA, REY DE CASTILLA LEÓN, JUANA[21] MANUEL DE CASTILLA, BLANCA[20] DE LA CERDA, FERNANDO[19] DE LA CERDA II, FERNANDO[18] DE LA CERDA, VIOLANTE[17] DE ARAGÓN, JAIME I[16] "EL CONQUISTADOR" REY DE ARAGÓN, PEDRO II[15] DE ARAGÓN, "EL CATÓLICO" REY DE ARAGÓN, ALFONSO II[14] REY DE ARAGÓN Y 1RO. DE CATALUÑA, PETRONILA[13] DE ARAGÓN, REINA DE ARAGÓN, RAMIRO II[12] SÁNCHEZ, REY DE ARAGÓN, SANCHO V[11] RAMÍREZ, REY DE ARAGÓN, RAMIRO I[10] SÁNCHEZ, REY DE ARAGÓN, SANCHO III[9] GARCÉS "EL GRANDE", REY DE PAMPLONA, GARCÍA II[8] SÁNCHEZ, REY DE PAMPLONA, EL TEMBLÓN, SANCHO II[7] GARCÉS ABARCA, REY DE PAMPLONA, GARCÍA I[6] SÁNCHEZ, REY DE PAMPLONA, SANCHO I[5] GARCÉS, REY DE PAMPLONA, GARCÍA[4] JIMÉNEZ, PRÍNCIPE DE NAVARRA, JIMENA[3] GARCÍA, GARCÍA[2] JIMÉNEZ, JIMINO[1])* was born December 17, 1951 in San Rafael del Norte, Jinotega, Nicaragua. He married LIGIA ASUNCIÓN BERMÚDEZ VARELA March 16, 1974 in Iglesia El Carmen, Managua, Nicaragua, daughter of CARLOS BERMÚDEZ LANZA and ANGELA VARELA MENDIOLA. She was born August 15, 1950 in Managua, Nicaragua.

More About FLAVIO RIVERA MONTEALEGRE and LIGIA BERMÚDEZ VARELA:
Marriage: March 16, 1974, Iglesia El Carmen, Managua, Nicaragua

Children of FLAVIO RIVERA MONTEALEGRE and LIGIA BERMÚDEZ VARELA are:

i. ILÚ DE LOS ANGELES[42] RIVERA BERMÚDEZ, b. September 13, 1974, Managua, Nicaragua.
319. ii. FLAVIA ILÚ RIVERA BERMÚDEZ, b. May 25, 1979, Managua, Nicaragua.

268. JOSÉ SANTOS[41] RIVERA MONTEALEGRE *(ILÚ[40] MONTEALEGRE ZAPATA, AUGUSTO CÉSAR[39] MONTEALEGRE SALVATIERRA, AUGUSTO CÉSAR[38] MONTEALEGRE LACAYO, MARIANO*

ANTONIO[37] MONTEALEGRE ROMERO, MANUELA CASIMIRA[36] ROMERO SÁENZ, BÁRBARA ANTONIA[35] SÁENZ BONILLA, MANUEL[34] SÁENZ VÁZQUEZ Y RAMIRO-CORAJO, MARÍA ROSA[33] VÁZQUEZ RAMIRO-CORAJO, JOSEPH FRANCISCO[32] RAMIRO-CORAJO Y VERA SOTOMAYOR, JUANA[31] DE VERA SOTOMAYOR, LUIS[30] MÉNDEZ SOTOMAYOR Y CERRATO, ALFONSO[29] FERNÁNDEZ DE SOTOMAYOR FIGUEROA MESSÍA, LUIS[28] MÉNDEZ DE SOTOMAYOR FIGUEROA MESSÍA, GARCÍ[27] MÉNDEZ DE SOTOMAYOR Y SÁNCHEZ VILLODRE, CATALINA[26] SÁNCHEZ DE VILLODRE Y MANUEL, INÉS[25] SÁNCHEZ MANUEL DE VILLENA, JUAN[24] SÁNCHEZ MANUEL Y GONZÁLEZ DE MANZANEDO, SANCHO[23] MANUEL DE CASTILLA Y LASSO DE LA VEGA, JUAN I[22]MANUEL DE CASTILLA, REY DE CASTILLA LEÓN, JUANA[21] MANUEL DE CASTILLA, BLANCA[20] DE LA CERDA, FERNANDO[19] DE LA CERDA II, FERNANDO[18] DE LA CERDA, VIOLANTE[17] DE ARAGÓN, JAIME I[16] "EL CONQUISTADOR" REY DE ARAGÓN, PEDRO II[15]DE ARAGÓN, "EL CATÓLICO" REY DE ARAGÓN, ALFONSO II[14] REY DE ARAGÓN Y 1RO. DE CATALUÑA, PETRONILA[13]DE ARAGÓN, REINA DE ARAGÓN, RAMIRO II[12]SÁNCHEZ, REY DE ARAGÓN, SANCHO V[11]RAMÍREZ, REY DE ARAGÓN, RAMIRO I[10]SÁNCHEZ, REY DE ARAGÓN, SANCHO III[9]GARCÉS "EL GRANDE", REY DE PAMPLONA, GARCÍA II[8]SÁNCHEZ, REY DE PAMPLONA, EL TEMBLÓN, SANCHO II[7]GARCÉS ABARCA, REY DE PAMPLONA, GARCÍA I[6]SÁNCHEZ, REY DE PAMPLONA, SANCHO I[5]GARCÉS, REY DE PAMPLONA, GARCÍA[4]JIMÉNEZ, PRÍNCIPE DE NAVARRA, JIMENA[3] GARCÍA, GARCÍA[2] JIMÉNEZ, JIMINO[1]) was born December 24, 1956 in Chinandega, Chinandega, Nicaragua. He married MÓNICA RODRÍGUEZ HELÚ. She was born in México, D.F., México.

Children of JOSÉ RIVERA MONTEALEGRE and MÓNICA RODRÍGUEZ HELÚ are:

i. NOELIA[42] RIVERA RODRÍGUEZ.
ii. JOSÉ SANTOS RIVERA RODRÍGUEZ.

269. MARÍA CRISTINA[41] MONTEALEGRE VALLE *(NOEL SALVADOR[40] MONTEALEGRE ZAPATA, AUGUSTO CÉSAR[39] MONTEALEGRE SALVATIERRA, AUGUSTO CÉSAR[38] MONTEALEGRE LACAYO, MARIANO ANTONIO[37] MONTEALEGRE ROMERO, MANUELA CASIMIRA[36] ROMERO SÁENZ, BÁRBARA ANTONIA[35] SÁENZ BONILLA, MANUEL[34] SÁENZ VÁZQUEZ Y RAMIRO-CORAJO, MARÍA ROSA[33] VÁZQUEZ RAMIRO-CORAJO, JOSEPH FRANCISCO[32] RAMIRO-CORAJO Y VERA SOTOMAYOR, JUANA[31] DE VERA SOTOMAYOR, LUIS[30] MÉNDEZ SOTOMAYOR Y CERRATO, ALFONSO[29] FERNÁNDEZ DE SOTOMAYOR FIGUEROA MESSÍA, LUIS[28] MÉNDEZ DE SOTOMAYOR FIGUEROA MESSÍA, GARCÍ[27] MÉNDEZ DE SOTOMAYOR Y SÁNCHEZ VILLODRE, CATALINA[26] SÁNCHEZ DE VILLODRE Y MANUEL, INÉS[25] SÁNCHEZ MANUEL DE VILLENA, JUAN[24] SÁNCHEZ MANUEL Y GONZÁLEZ DE MANZANEDO, SANCHO[23] MANUEL DE CASTILLA Y LASSO DE LA VEGA, JUAN I[22]MANUEL DE CASTILLA, REY DE CASTILLA LEÓN, JUANA[21] MANUEL DE CASTILLA, BLANCA[20] DE LA CERDA, FERNANDO[19] DE LA CERDA II, FERNANDO[18] DE LA CERDA, VIOLANTE[17] DE ARAGÓN, JAIME I[16] "EL CONQUISTADOR" REY DE ARAGÓN, PEDRO II[15]DE ARAGÓN, "EL CATÓLICO" REY DE ARAGÓN, ALFONSO II[14] REY DE ARAGÓN Y 1RO. DE CATALUÑA, PETRONILA[13]DE ARAGÓN, REINA DE ARAGÓN, RAMIRO II[12]SÁNCHEZ, REY DE ARAGÓN, SANCHO V[11]RAMÍREZ, REY DE ARAGÓN, RAMIRO I[10]SÁNCHEZ, REY DE ARAGÓN, SANCHO III[9]GARCÉS "EL GRANDE", REY DE PAMPLONA, GARCÍA II[8]SÁNCHEZ, REY DE PAMPLONA, EL TEMBLÓN, SANCHO II[7]GARCÉS ABARCA, REY DE PAMPLONA, GARCÍA I[6]SÁNCHEZ, REY DE PAMPLONA, SANCHO I[5]GARCÉS, REY DE PAMPLONA, GARCÍA[4]JIMÉNEZ, PRÍNCIPE DE NAVARRA, JIMENA[3] GARCÍA, GARCÍA[2] JIMÉNEZ, JIMINO[1])* was born December 17, 1942. She married MANUEL IGNACIO TERÁN GONZÁLEZ. He was born July 31, 1942 in Chichigalpa, Chinandega, Nicaragua.

Children of MARÍA MONTEALEGRE VALLE and MANUEL TERÁN GONZÁLEZ are:

i. MARTA YOVANNA[42] TERÁN MONTEALEGRE, b. July 30, 1967.
ii. IGNACIO TERÁN MONTEALEGRE, b. November 23, 1968.
iii. MARÍA PAOLA TERÁN MONTEALEGRE, b. April 05, 1975.

270. AUGUSTO CÉSAR[41] MONTEALEGRE VALLE *(NOEL SALVADOR[40] MONTEALEGRE ZAPATA, AUGUSTO CÉSAR[39] MONTEALEGRE SALVATIERRA, AUGUSTO CÉSAR[38] MONTEALEGRE LACAYO,*

MARIANO ANTONIO[37] MONTEALEGRE ROMERO, MANUELA CASIMIRA[36] ROMERO SÁENZ, BÁRBARA ANTONIA[35] SÁENZ BONILLA, MANUEL[34] SÁENZ VÁZQUEZ Y RAMIRO-CORAJO, MARÍA ROSA[33] VÁZQUEZ RAMIRO-CORAJO, JOSEPH FRANCISCO[32] RAMIRO-CORAJO Y VERA SOTOMAYOR, JUANA[31] DE VERA SOTOMAYOR, LUIS[30] MÉNDEZ SOTOMAYOR Y CERRATO, ALFONSO[29] FERNÁNDEZ DE SOTOMAYOR FIGUEROA MESSÍA, LUIS[28] MÉNDEZ DE SOTOMAYOR FIGUEROA MESSÍA, GARCÍ[27] MÉNDEZ DE SOTOMAYOR Y SÁNCHEZ VILLODRE, CATALINA[26] SÁNCHEZ DE VILLODRE Y MANUEL, INÉS[25] SÁNCHEZ MANUEL DE VILLENA, JUAN[24] SÁNCHEZ MANUEL Y GONZÁLEZ DE MANZANEDO, SANCHO[23] MANUEL DE CASTILLA Y LASSO DE LA VEGA, JUAN I[22]MANUEL DE CASTILLA, REY DE CASTILLA LEÓN, JUANA[21] MANUEL DE CASTILLA, BLANCA[20] DE LA CERDA, FERNANDO[19] DE LA CERDA II, FERNANDO[18] DE LA CERDA, VIOLANTE[17] DE ARAGÓN, JAIME I[16] "EL CONQUISTADOR" REY DE ARAGÓN, PEDRO II[15]DE ARAGÓN, "EL CATÓLICO" REY DE ARAGÓN, ALFONSO II[14] REY DE ARAGÓN Y 1RO. DE CATALUÑA, PETRONILA[13]DE ARAGÓN, REINA DE ARAGÓN, RAMIRO II[12]SÁNCHEZ, REY DE ARAGÓN, SANCHO V[11]RAMÍREZ, REY DE ARAGÓN, RAMIRO I[10]SÁNCHEZ, REY DE ARAGÓN, SANCHO III[9]GARCÉS "EL GRANDE", REY DE PAMPLONA, GARCÍA II[8]SÁNCHEZ, REY DE PAMPLONA, EL TEMBLÓN, SANCHO II[7]GARCÉS ABARCA, REY DE PAMPLONA, GARCÍA I[6]SÁNCHEZ, REY DE PAMPLONA, SANCHO I[5]GARCÉS, REY DE PAMPLONA, GARCÍA[4]JIMÉNEZ, PRÍNCIPE DE NAVARRA, JIMENA[3] GARCÍA, GARCÍA[2] JIMÉNEZ, JIMINO[1]) was born October 14, 1946 in Chinandega, Chinandega, Nicaragua. He married (1) MAYDA DENUEDA SOMARRIBA. He married (2) LOURDES CHAMORRO SANDINO. He married (3) PATRICIA FRECH ZABLAH. He married (4) MARÍA JOSÉ CORONEL NOVOA.

Children of AUGUSTO MONTEALEGRE VALLE and MAYDA DENUEDA SOMARRIBA are:

320. i. MARÍA AUGUSTA[42] MONTEALEGRE DENUEDA.

ii. NOEL SALVADOR MONTEALEGRE DENUEDA.

iii. TRACY MAYDA MONTEALEGRE DENUEDA, m. ALDO RAPPACCIOLI.

iv. VALERIA JOSÉ MONTEALEGRE DENUEDA.

Child of AUGUSTO MONTEALEGRE VALLE and PATRICIA FRECH ZABLAH is:

v. ADRIANA MARÍA[42] MONTEALEGRE FRECH.

271. ROSARIO[41] MONTEALEGRE VALLE *(NOEL SALVADOR[40] MONTEALEGRE ZAPATA, AUGUSTO CÉSAR[39] MONTEALEGRE SALVATIERRA, AUGUSTO CÉSAR[38] MONTEALEGRE LACAYO, MARIANO ANTONIO[37] MONTEALEGRE ROMERO, MANUELA CASIMIRA[36] ROMERO SÁENZ, BÁRBARA ANTONIA[35] SÁENZ BONILLA, MANUEL[34] SÁENZ VÁZQUEZ Y RAMIRO-CORAJO, MARÍA ROSA[33] VÁZQUEZ RAMIRO-CORAJO, JOSEPH FRANCISCO[32] RAMIRO-CORAJO Y VERA SOTOMAYOR, JUANA[31] DE VERA SOTOMAYOR, LUIS[30] MÉNDEZ SOTOMAYOR Y CERRATO, ALFONSO[29] FERNÁNDEZ DE SOTOMAYOR FIGUEROA MESSÍA, LUIS[28] MÉNDEZ DE SOTOMAYOR FIGUEROA MESSÍA, GARCÍ[27] MÉNDEZ DE SOTOMAYOR Y SÁNCHEZ VILLODRE, CATALINA[26] SÁNCHEZ DE VILLODRE Y MANUEL, INÉS[25] SÁNCHEZ MANUEL DE VILLENA, JUAN[24] SÁNCHEZ MANUEL Y GONZÁLEZ DE MANZANEDO, SANCHO[23] MANUEL DE CASTILLA Y LASSO DE LA VEGA, JUAN I[22]MANUEL DE CASTILLA, REY DE CASTILLA LEÓN, JUANA[21] MANUEL DE CASTILLA, BLANCA[20] DE LA CERDA, FERNANDO[19] DE LA CERDA II, FERNANDO[18] DE LA CERDA, VIOLANTE[17] DE ARAGÓN, JAIME I[16] "EL CONQUISTADOR" REY DE ARAGÓN, PEDRO II[15]DE ARAGÓN, "EL CATÓLICO" REY DE ARAGÓN, ALFONSO II[14] REY DE ARAGÓN Y 1RO. DE CATALUÑA, PETRONILA[13]DE ARAGÓN, REINA DE ARAGÓN, RAMIRO II[12]SÁNCHEZ, REY DE ARAGÓN, SANCHO V[11]RAMÍREZ, REY DE ARAGÓN, RAMIRO I[10]SÁNCHEZ, REY DE ARAGÓN, SANCHO III[9]GARCÉS "EL GRANDE", REY DE PAMPLONA, GARCÍA II[8]SÁNCHEZ, REY DE PAMPLONA, EL TEMBLÓN, SANCHO II[7]GARCÉS ABARCA, REY DE PAMPLONA, GARCÍA I[6]SÁNCHEZ, REY DE PAMPLONA, SANCHO I[5]GARCÉS, REY DE PAMPLONA, GARCÍA[4]JIMÉNEZ, PRÍNCIPE DE NAVARRA, JIMENA[3] GARCÍA, GARCÍA[2] JIMÉNEZ, JIMINO[1])* was born July 16, 1951. She married (1) ISAAC TRAVERS ZELEDÓN. She married (2) ARIEL ARGÜELLO PAGUAGA. She met (3) BERNARDO OROZCO MATAMOROS.

Child of ROSARIO MONTEALEGRE VALLE and ISAAC TRAVERS ZELEDÓN is:
i. MARÍA MAYELA[42] TRAVERS MONTEALEGRE.

Children of ROSARIO MONTEALEGRE VALLE and ARIEL ARGÜELLO PAGUAGA are:
ii. ARIEL SUZETTE[42] ARGÜELLO MONTEALEGRE.
iii. ARIEL NOEL ARGÜELLO MONTEALEGRE.

Child of ROSARIO MONTEALEGRE VALLE and BERNARDO OROZCO MATAMOROS is:
iv. MARTA GABRIELA[42] OROZCO MONTEALEGRE.

272. MARÍA ELSA[41] MONTEALEGRE VALLE *(NOEL SALVADOR[40] MONTEALEGRE ZAPATA, AUGUSTO CÉSAR[39] MONTEALEGRE SALVATIERRA, AUGUSTO CÉSAR[38] MONTEALEGRE LACAYO, MARIANO ANTONIO[37] MONTEALEGRE ROMERO, MANUELA CASIMIRA[36] ROMERO SÁENZ, BÁRBARA ANTONIA[35] SÁENZ BONILLA, MANUEL[34] SÁENZ VÁZQUEZ Y RAMIRO-CORAJO, MARÍA ROSA[33] VÁZQUEZ RAMIRO-CORAJO, JOSEPH FRANCISCO[32] RAMIRO-CORAJO Y VERA SOTOMAYOR, JUANA[31] DE VERA SOTOMAYOR, LUIS[30] MÉNDEZ SOTOMAYOR Y CERRATO, ALFONSO[29] FERNÁNDEZ DE SOTOMAYOR FIGUEROA MESSÍA, LUIS[28] MÉNDEZ DE SOTOMAYOR FIGUEROA MESSÍA, GARCÍ[27] MÉNDEZ DE SOTOMAYOR Y SÁNCHEZ VILLODRE, CATALINA[26] SÁNCHEZ DE VILLODRE Y MANUEL, INÉS[25] SÁNCHEZ MANUEL DE VILLENA, JUAN[24] SÁNCHEZ MANUEL Y GONZÁLEZ DE MANZANEDO, SANCHO[23] MANUEL DE CASTILLA Y LASSO DE LA VEGA, JUAN I[22] MANUEL DE CASTILLA, REY DE CASTILLA LEÓN, JUANA[21] MANUEL DE CASTILLA, BLANCA[20] DE LA CERDA, FERNANDO[19] DE LA CERDA II, FERNANDO[18] DE LA CERDA, VIOLANTE[17] DE ARAGÓN, JAIME I[16] "EL CONQUISTADOR" REY DE ARAGÓN, PEDRO II[15] DE ARAGÓN, "EL CATÓLICO" REY DE ARAGÓN, ALFONSO II[14] REY DE ARAGÓN Y 1RO. DE CATALUÑA, PETRONILA[13] DE ARAGÓN, REINA DE ARAGÓN, RAMIRO II[12] SÁNCHEZ, REY DE ARAGÓN, SANCHO V[11] RAMÍREZ, REY DE ARAGÓN, RAMIRO I[10] SÁNCHEZ, REY DE ARAGÓN, SANCHO III[9] GARCÉS "EL GRANDE", REY DE PAMPLONA, GARCÍA II[8] SÁNCHEZ, REY DE PAMPLONA, EL TEMBLÓN, SANCHO II[7] GARCÉS ABARCA, REY DE PAMPLONA, GARCÍA I[6] SÁNCHEZ, REY DE PAMPLONA, SANCHO I[5] GARCÉS, REY DE PAMPLONA, GARCÍA[4] JIMÉNEZ, PRÍNCIPE DE NAVARRA, JIMENA[3] GARCÍA, GARCÍA[2] JIMÉNEZ, JIMINO[1])* was born March 29, 1953. She met (1) WILLIAM MONTEALEGRE GARCÍA. She met (2) GUSTAVO ZAPATA QUIÑONES. She met (3) ADOLFO GARCÍA PEREIRA. She met (4) ALFREDO PÉREZ CASTELLÓN.

Child of MARÍA MONTEALEGRE VALLE and WILLIAM MONTEALEGRE GARCÍA is:
i. MARÍA ALEJANDRA[42] MONTEALEGRE MONTEALEGRE.

Child of MARÍA MONTEALEGRE VALLE and GUSTAVO ZAPATA QUIÑONES is:
ii. MARIANO ROMÁN[42] MONTEALEGRE ZAPATA.

Child of MARÍA MONTEALEGRE VALLE and ADOLFO GARCÍA PEREIRA is:
iii. ANA XIMENA[42] MONTEALEGRE GARCÍA.

Child of MARÍA MONTEALEGRE VALLE and ALFREDO PÉREZ CASTELLÓN is:
iv. AUGUSTO CÉSAR[42] MONTEALEGRE PÉREZ.

273. FÁTIMA[41] MONTEALEGRE VALLE *(NOEL SALVADOR[40] MONTEALEGRE ZAPATA, AUGUSTO CÉSAR[39] MONTEALEGRE SALVATIERRA, AUGUSTO CÉSAR[38] MONTEALEGRE LACAYO, MARIANO ANTONIO[37] MONTEALEGRE ROMERO, MANUELA CASIMIRA[36] ROMERO SÁENZ, BÁRBARA ANTONIA[35] SÁENZ BONILLA, MANUEL[34] SÁENZ VÁZQUEZ Y RAMIRO-CORAJO, MARÍA*

ROSA[33] VÁZQUEZ RAMIRO-CORAJO, JOSEPH FRANCISCO[32] RAMIRO-CORAJO Y VERA SOTOMAYOR, JUANA[31] DE VERA SOTOMAYOR, LUIS[30] MÉNDEZ SOTOMAYOR Y CERRATO, ALFONSO[29] FERNÁNDEZ DE SOTOMAYOR FIGUEROA MESSÍA, LUIS[28] MÉNDEZ DE SOTOMAYOR FIGUEROA MESSÍA, GARCÍ[27] MÉNDEZ DE SOTOMAYOR Y SÁNCHEZ VILLODRE, CATALINA[26] SÁNCHEZ DE VILLODRE Y MANUEL, INÉS[25] SÁNCHEZ MANUEL DE VILLENA, JUAN[24] SÁNCHEZ MANUEL Y GONZÁLEZ DE MANZANEDO, SANCHO[23] MANUEL DE CASTILLA Y LASSO DE LA VEGA, JUAN I[22] MANUEL DE CASTILLA, REY DE CASTILLA LEÓN, JUANA[21] MANUEL DE CASTILLA, BLANCA[20] DE LA CERDA, FERNANDO[19] DE LA CERDA II, FERNANDO[18] DE LA CERDA, VIOLANTE[17] DE ARAGÓN, JAIME I[16] "EL CONQUISTADOR" REY DE ARAGÓN, PEDRO II[15] DE ARAGÓN, "EL CATÓLICO" REY DE ARAGÓN, ALFONSO II[14] REY DE ARAGÓN Y 1RO. DE CATALUÑA, PETRONILA[13] DE ARAGÓN, REINA DE ARAGÓN, RAMIRO II[12] SÁNCHEZ, REY DE ARAGÓN, SANCHO V[11] RAMÍREZ, REY DE ARAGÓN, RAMIRO I[10] SÁNCHEZ, REY DE ARAGÓN, SANCHO III[9] GARCÉS "EL GRANDE", REY DE PAMPLONA, GARCÍA II[8] SÁNCHEZ, REY DE PAMPLONA, EL TEMBLÓN, SANCHO II[7] GARCÉS ABARCA, REY DE PAMPLONA, GARCÍA I[6] SÁNCHEZ, REY DE PAMPLONA, SANCHO I[5] GARCÉS, REY DE PAMPLONA, GARCÍA[4] JIMÉNEZ, PRÍNCIPE DE NAVARRA, JIMENA[3] GARCÍA, GARCÍA[2] JIMÉNEZ, JIMINO[1]) was born April 15, 1958. She married ALFREDO SÁLOMON BENITEZ.

Child of FÁTIMA MONTEALEGRE VALLE and ALFREDO SÁLOMON BENITEZ is:

i. ALFREDO[42] SÁLOMON MONTEALEGRE.

274. MARÍA AUGUSTA[41] MONTEALEGRE VALLE *(NOEL SALVADOR[40] MONTEALEGRE ZAPATA, AUGUSTO CÉSAR[39] MONTEALEGRE SALVATIERRA, AUGUSTO CÉSAR[38] MONTEALEGRE LACAYO, MARIANO ANTONIO[37] MONTEALEGRE ROMERO, MANUELA CASIMIRA[36] ROMERO SÁENZ, BÁRBARA ANTONIA[35] SÁENZ BONILLA, MANUEL[34] SÁENZ VÁZQUEZ Y RAMIRO-CORAJO, MARÍA ROSA[33] VÁZQUEZ RAMIRO-CORAJO, JOSEPH FRANCISCO[32] RAMIRO-CORAJO Y VERA SOTOMAYOR, JUANA[31] DE VERA SOTOMAYOR, LUIS[30] MÉNDEZ SOTOMAYOR Y CERRATO, ALFONSO[29] FERNÁNDEZ DE SOTOMAYOR FIGUEROA MESSÍA, LUIS[28] MÉNDEZ DE SOTOMAYOR FIGUEROA MESSÍA, GARCÍ[27] MÉNDEZ DE SOTOMAYOR Y SÁNCHEZ VILLODRE, CATALINA[26] SÁNCHEZ DE VILLODRE Y MANUEL, INÉS[25] SÁNCHEZ MANUEL DE VILLENA, JUAN[24] SÁNCHEZ MANUEL Y GONZÁLEZ DE MANZANEDO, SANCHO[23] MANUEL DE CASTILLA Y LASSO DE LA VEGA, JUAN I[22] MANUEL DE CASTILLA, REY DE CASTILLA LEÓN, JUANA[21] MANUEL DE CASTILLA, BLANCA[20] DE LA CERDA, FERNANDO[19] DE LA CERDA II, FERNANDO[18] DE LA CERDA, VIOLANTE[17] DE ARAGÓN, JAIME I[16] "EL CONQUISTADOR" REY DE ARAGÓN, PEDRO II[15] DE ARAGÓN, "EL CATÓLICO" REY DE ARAGÓN, ALFONSO II[14] REY DE ARAGÓN Y 1RO. DE CATALUÑA, PETRONILA[13] DE ARAGÓN, REINA DE ARAGÓN, RAMIRO II[12] SÁNCHEZ, REY DE ARAGÓN, SANCHO V[11] RAMÍREZ, REY DE ARAGÓN, RAMIRO I[10] SÁNCHEZ, REY DE ARAGÓN, SANCHO III[9] GARCÉS "EL GRANDE", REY DE PAMPLONA, GARCÍA II[8] SÁNCHEZ, REY DE PAMPLONA, EL TEMBLÓN, SANCHO II[7] GARCÉS ABARCA, REY DE PAMPLONA, GARCÍA I[6] SÁNCHEZ, REY DE PAMPLONA, SANCHO I[5] GARCÉS, REY DE PAMPLONA, GARCÍA[4] JIMÉNEZ, PRÍNCIPE DE NAVARRA, JIMENA[3] GARCÍA, GARCÍA[2] JIMÉNEZ, JIMINO[1])* was born October 08, 1960. She married RAFAEL VALLECILLO SOMARRIBA.

Children of MARÍA MONTEALEGRE VALLE and RAFAEL VALLECILLO SOMARRIBA are:

i. SOFANA YAOSKA[42] VALLECILLO MONTEALEGRE.
ii. CLAUDIA CECILIA VALLECILLO MONTEALEGRE.
iii. RÓGER PASCUAL VALLECILLO MONTEALEGRE.

275. ENRIQUE[41] MONTEALEGRE MARADIAGA *(BLANCA CLARA[40] MONTEALEGRE PLAZAOLA, HUMBERTO "PIN"[39] MONTEALEGRE SALVATIERRA, AUGUSTO CÉSAR[38] MONTEALEGRE LACAYO, MARIANO ANTONIO[37] MONTEALEGRE ROMERO, MANUELA CASIMIRA[36] ROMERO SÁENZ, BÁRBARA ANTONIA[35] SÁENZ BONILLA, MANUEL[34] SÁENZ VÁZQUEZ Y RAMIRO-CORAJO, MARÍA ROSA[33] VÁZQUEZ RAMIRO-CORAJO, JOSEPH FRANCISCO[32] RAMIRO-CORAJO Y VERA SOTOMAYOR, JUANA[31] DE VERA SOTOMAYOR, LUIS[30] MÉNDEZ SOTOMAYOR Y CERRATO,*

ALFONSO[29] FERNÁNDEZ DE SOTOMAYOR FIGUEROA MESSÍA, LUIS[28] MÉNDEZ DE SOTOMAYOR FIGUEROA MESSÍA, GARCÍ[27] MÉNDEZ DE SOTOMAYOR Y SÁNCHEZ VILLODRE, CATALINA[26] SÁNCHEZ DE VILLODRE Y MANUEL, INÉS[25] SÁNCHEZ MANUEL DE VILLENA, JUAN[24] SÁNCHEZ MANUEL Y GONZÁLEZ DE MANZANEDO, SANCHO[23] MANUEL DE CASTILLA Y LASSO DE LA VEGA, JUAN I[22] MANUEL DE CASTILLA, REY DE CASTILLA LEÓN, JUANA[21] MANUEL DE CASTILLA, BLANCA[20] DE LA CERDA, FERNANDO[19] DE LA CERDA II, FERNANDO[18] DE LA CERDA, VIOLANTE[17] DE ARAGÓN, JAIME I[16] "EL CONQUISTADOR" REY DE ARAGÓN, PEDRO II[15] DE ARAGÓN, "EL CATÓLICO" REY DE ARAGÓN, ALFONSO II[14] REY DE ARAGÓN Y 1RO. DE CATALUÑA, PETRONILA[13] DE ARAGÓN, REINA DE ARAGÓN, RAMIRO II[12] SÁNCHEZ, REY DE ARAGÓN, SANCHO V[11] RAMÍREZ, REY DE ARAGÓN, RAMIRO I[10] SÁNCHEZ, REY DE ARAGÓN, SANCHO III[9] GARCÉS "EL GRANDE", REY DE PAMPLONA, GARCÍA II[8] SÁNCHEZ, REY DE PAMPLONA, EL TEMBLÓN, SANCHO II[7] GARCÉS ABARCA, REY DE PAMPLONA, GARCÍA I[6] SÁNCHEZ, REY DE PAMPLONA, SANCHO I[5] GARCÉS, REY DE PAMPLONA, GARCÍA[4] JIMÉNEZ, PRÍNCIPE DE NAVARRA, JIMENA[3] GARCÍA, GARCÍA[2] JIMÉNEZ, JIMINO[1]) was born December 23, 1957. He married BERNARDA DEL SOCORRO QUINTERO TIJERINO.

Children of ENRIQUE MONTEALEGRE MARADIAGA and BERNARDA QUINTERO TIJERINO are:

i. GUADALUPE DEL SOCORRO[42] MONTEALEGRE QUINTERO.
ii. ENRIQUE JOSÉ MONTEALEGRE QUINTERO.

276. JAIME[41] MONTEALEGRE FAJARDO *(ABRAHAM[40] MONTEALEGRE HERNÁNDEZ, DOMINGO[39] MONTEALEGRE VANPOVEDT, ABRAHAM[38] MONTEALEGRE LACAYO, MARIANO ANTONIO[37] MONTEALEGRE ROMERO, MANUELA CASIMIRA[36] ROMERO SÁENZ, BÁRBARA ANTONIA[35] SÁENZ BONILLA, MANUEL[34] SÁENZ VÁZQUEZ Y RAMIRO-CORAJO, MARÍA ROSA[33] VÁZQUEZ RAMIRO-CORAJO, JOSEPH FRANCISCO[32] RAMIRO-CORAJO Y VERA SOTOMAYOR, JUANA[31] DE VERA SOTOMAYOR, LUIS[30] MÉNDEZ SOTOMAYOR Y CERRATO, ALFONSO[29] FERNÁNDEZ DE SOTOMAYOR FIGUEROA MESSÍA, LUIS[28] MÉNDEZ DE SOTOMAYOR FIGUEROA MESSÍA, GARCÍ[27] MÉNDEZ DE SOTOMAYOR Y SÁNCHEZ VILLODRE, CATALINA[26] SÁNCHEZ DE VILLODRE Y MANUEL, INÉS[25] SÁNCHEZ MANUEL DE VILLENA, JUAN[24] SÁNCHEZ MANUEL Y GONZÁLEZ DE MANZANEDO, SANCHO[23] MANUEL DE CASTILLA Y LASSO DE LA VEGA, JUAN I[22] MANUEL DE CASTILLA, REY DE CASTILLA LEÓN, JUANA[21] MANUEL DE CASTILLA, BLANCA[20] DE LA CERDA, FERNANDO[19] DE LA CERDA II, FERNANDO[18] DE LA CERDA, VIOLANTE[17] DE ARAGÓN, JAIME I[16] "EL CONQUISTADOR" REY DE ARAGÓN, PEDRO II[15] DE ARAGÓN, "EL CATÓLICO" REY DE ARAGÓN, ALFONSO II[14] REY DE ARAGÓN Y 1RO. DE CATALUÑA, PETRONILA[13] DE ARAGÓN, REINA DE ARAGÓN, RAMIRO II[12] SÁNCHEZ, REY DE ARAGÓN, SANCHO V[11] RAMÍREZ, REY DE ARAGÓN, RAMIRO I[10] SÁNCHEZ, REY DE ARAGÓN, SANCHO III[9] GARCÉS "EL GRANDE", REY DE PAMPLONA, GARCÍA II[8] SÁNCHEZ, REY DE PAMPLONA, EL TEMBLÓN, SANCHO II[7] GARCÉS ABARCA, REY DE PAMPLONA, GARCÍA I[6] SÁNCHEZ, REY DE PAMPLONA, SANCHO I[5] GARCÉS, REY DE PAMPLONA, GARCÍA[4] JIMÉNEZ, PRÍNCIPE DE NAVARRA, JIMENA[3] GARCÍA, GARCÍA[2] JIMÉNEZ, JIMINO[1])* He married (1) CARMEN NEGRÓN RODRÍGUEZ. He married (2) TATIANA JERÉZ MAYORGA, daughter of JOSÉ JERÉZ VALLADARES and MARÍA MAYORGA CASTRO.

Child of JAIME MONTEALEGRE FAJARDO and CARMEN NEGRÓN RODRÍGUEZ is:

321. i. JAIME[42] MONTEALEGRE NEGRÓN.

Children of JAIME MONTEALEGRE FAJARDO and TATIANA JERÉZ MAYORGA are:

322. ii. TATIANA VICTORIA[42] MONTEALEGRE JERÉZ.
iii. MARIANELA MONTEALEGRE JERÉZ.
iv. LORENA ERNESTINA MONTEALEGRE JERÉZ.

277. DOMINGO[41] MONTEALEGRE FAJARDO *(ABRAHAM[40] MONTEALEGRE HERNÁNDEZ, DOMINGO[39] MONTEALEGRE VANPOVEDT, ABRAHAM[38] MONTEALEGRE LACAYO, MARIANO*

ANTONIO[37] MONTEALEGRE ROMERO, MANUELA CASIMIRA[36] ROMERO SÁENZ, BÁRBARA ANTONIA[35] SÁENZ BONILLA, MANUEL[34] SÁENZ VÁZQUEZ Y RAMIRO-CORAJO, MARÍA ROSA[33] VÁZQUEZ RAMIRO-CORAJO, JOSEPH FRANCISCO[32] RAMIRO-CORAJO Y VERA SOTOMAYOR, JUANA[31] DE VERA SOTOMAYOR, LUIS[30] MÉNDEZ SOTOMAYOR Y CERRATO, ALFONSO[29] FERNÁNDEZ DE SOTOMAYOR FIGUEROA MESSÍA, LUIS[28] MÉNDEZ DE SOTOMAYOR FIGUEROA MESSÍA, GARCÍ[27] MÉNDEZ DE SOTOMAYOR Y SÁNCHEZ VILLODRE, CATALINA[26] SÁNCHEZ DE VILLODRE Y MANUEL, INÉS[25] SÁNCHEZ MANUEL DE VILLENA, JUAN[24] SÁNCHEZ MANUEL Y GONZÁLEZ DE MANZANEDO, SANCHO[23] MANUEL DE CASTILLA Y LASSO DE LA VEGA, JUAN I[22]MANUEL DE CASTILLA, REY DE CASTILLA LEÓN, JUANA[21] MANUEL DE CASTILLA, BLANCA[20] DE LA CERDA, FERNANDO[19] DE LA CERDA II, FERNANDO[18] DE LA CERDA, VIOLANTE[17] DE ARAGÓN, JAIME I[16] "EL CONQUISTADOR" REY DE ARAGÓN, PEDRO II[15]DE ARAGÓN, "EL CATÓLICO" REY DE ARAGÓN, ALFONSO II[14] REY DE ARAGÓN Y 1RO. DE CATALUÑA, PETRONILA[13]DE ARAGÓN, REINA DE ARAGÓN, RAMIRO II[12]SÁNCHEZ, REY DE ARAGÓN, SANCHO V[11]RAMÍREZ, REY DE ARAGÓN, RAMIRO I[10]SÁNCHEZ, REY DE ARAGÓN, SANCHO III[9]GARCÉS "EL GRANDE", REY DE PAMPLONA, GARCÍA II[8]SÁNCHEZ, REY DE PAMPLONA, EL TEMBLÓN, SANCHO II[7]GARCÉS ABARCA, REY DE PAMPLONA, GARCÍA I[6]SÁNCHEZ, REY DE PAMPLONA, SANCHO I[5]GARCÉS, REY DE PAMPLONA, GARCÍA[4]JIMÉNEZ, PRÍNCIPE DE NAVARRA, JIMENA[3] GARCÍA, GARCÍA[2] JIMÉNEZ, JIMINO[1]) He married LEANA NOGUERA VASSALLI.

Child of DOMINGO MONTEALEGRE FAJARDO and LEANA NOGUERA VASSALLI is:

i. MARÍA GABRIELA[42] MONTEALEGRE NOGUERA.

278. ENRIQUE[41] MONTEALEGRE FAJARDO *(ABRAHAM[40] MONTEALEGRE HERNÁNDEZ, DOMINGO[39] MONTEALEGRE VANPOVEDT, ABRAHAM[38] MONTEALEGRE LACAYO, MARIANO ANTONIO[37] MONTEALEGRE ROMERO, MANUELA CASIMIRA[36] ROMERO SÁENZ, BÁRBARA ANTONIA[35] SÁENZ BONILLA, MANUEL[34] SÁENZ VÁZQUEZ Y RAMIRO-CORAJO, MARÍA ROSA[33] VÁZQUEZ RAMIRO-CORAJO, JOSEPH FRANCISCO[32] RAMIRO-CORAJO Y VERA SOTOMAYOR, JUANA[31] DE VERA SOTOMAYOR, LUIS[30] MÉNDEZ SOTOMAYOR Y CERRATO, ALFONSO[29] FERNÁNDEZ DE SOTOMAYOR FIGUEROA MESSÍA, LUIS[28] MÉNDEZ DE SOTOMAYOR FIGUEROA MESSÍA, GARCÍ[27] MÉNDEZ DE SOTOMAYOR Y SÁNCHEZ VILLODRE, CATALINA[26] SÁNCHEZ DE VILLODRE Y MANUEL, INÉS[25] SÁNCHEZ MANUEL DE VILLENA, JUAN[24] SÁNCHEZ MANUEL Y GONZÁLEZ DE MANZANEDO, SANCHO[23] MANUEL DE CASTILLA Y LASSO DE LA VEGA, JUAN I[22]MANUEL DE CASTILLA, REY DE CASTILLA LEÓN, JUANA[21] MANUEL DE CASTILLA, BLANCA[20] DE LA CERDA, FERNANDO[19] DE LA CERDA II, FERNANDO[18] DE LA CERDA, VIOLANTE[17] DE ARAGÓN, JAIME I[16] "EL CONQUISTADOR" REY DE ARAGÓN, PEDRO II[15]DE ARAGÓN, "EL CATÓLICO" REY DE ARAGÓN, ALFONSO II[14] REY DE ARAGÓN Y 1RO. DE CATALUÑA, PETRONILA[13]DE ARAGÓN, REINA DE ARAGÓN, RAMIRO II[12]SÁNCHEZ, REY DE ARAGÓN, SANCHO V[11]RAMÍREZ, REY DE ARAGÓN, RAMIRO I[10]SÁNCHEZ, REY DE ARAGÓN, SANCHO III[9]GARCÉS "EL GRANDE", REY DE PAMPLONA, GARCÍA II[8]SÁNCHEZ, REY DE PAMPLONA, EL TEMBLÓN, SANCHO II[7]GARCÉS ABARCA, REY DE PAMPLONA, GARCÍA I[6]SÁNCHEZ, REY DE PAMPLONA, SANCHO I[5]GARCÉS, REY DE PAMPLONA, GARCÍA[4]JIMÉNEZ, PRÍNCIPE DE NAVARRA, JIMENA[3] GARCÍA, GARCÍA[2] JIMÉNEZ, JIMINO[1])* He married GLORIA MONDRAGÓN ROCHA.

Children of ENRIQUE MONTEALEGRE FAJARDO and GLORIA MONDRAGÓN ROCHA are:

i. LISSETH[42] MONTEALEGRE MONDRAGÓN.
ii. ENRIQUE MONTEALEGRE MONDRAGÓN.
iii. KARLA MONTEALEGRE MONDRAGÓN.
iv. HUGO MONTEALEGRE MONDRAGÓN.
v. ABRAHAM ISAAC MONTEALEGRE MONDRAGÓN.

279. ABRAHAM[41] MONTEALEGRE FAJARDO *(ABRAHAM[40] MONTEALEGRE HERNÁNDEZ, DOMINGO[39] MONTEALEGRE VANPOVEDT, ABRAHAM[38] MONTEALEGRE LACAYO, MARIANO ANTONIO[37] MONTEALEGRE ROMERO, MANUELA CASIMIRA[36] ROMERO SÁENZ, BÁRBARA ANTONIA[35] SÁENZ BONILLA, MANUEL[34] SÁENZ VÁZQUEZ Y RAMIRO-CORAJO, MARÍA ROSA[33]*

VÁZQUEZ RAMIRO-CORAJO, JOSEPH FRANCISCO[32] RAMIRO-CORAJO Y VERA SOTOMAYOR, JUANA[31] DE VERA SOTOMAYOR, LUIS[30] MÉNDEZ SOTOMAYOR Y CERRATO, ALFONSO[29] FERNÁNDEZ DE SOTOMAYOR FIGUEROA MESSÍA, LUIS[28] MÉNDEZ DE SOTOMAYOR FIGUEROA MESSÍA, GARCÍ[27] MÉNDEZ DE SOTOMAYOR Y SÁNCHEZ VILLODRE, CATALINA[26] SÁNCHEZ DE VILLODRE Y MANUEL, INÉS[25] SÁNCHEZ MANUEL DE VILLENA, JUAN[24] SÁNCHEZ MANUEL Y GONZÁLEZ DE MANZANEDO, SANCHO[23] MANUEL DE CASTILLA Y LASSO DE LA VEGA, JUAN I[22] MANUEL DE CASTILLA, REY DE CASTILLA LEÓN, JUANA[21] MANUEL DE CASTILLA, BLANCA[20] DE LA CERDA, FERNANDO[19] DE LA CERDA II, FERNANDO[18] DE LA CERDA, VIOLANTE[17] DE ARAGÓN, JAIME I[16] "EL CONQUISTADOR" REY DE ARAGÓN, PEDRO II[15] DE ARAGÓN, "EL CATÓLICO" REY DE ARAGÓN, ALFONSO II[14] REY DE ARAGÓN Y 1RO. DE CATALUÑA, PETRONILA[13] DE ARAGÓN, REINA DE ARAGÓN, RAMIRO II[12] SÁNCHEZ, REY DE ARAGÓN, SANCHO V[11] RAMÍREZ, REY DE ARAGÓN, RAMIRO I[10] SÁNCHEZ, REY DE ARAGÓN, SANCHO III[9] GARCÉS "EL GRANDE", REY DE PAMPLONA, GARCÍA II[8] SÁNCHEZ, REY DE PAMPLONA, EL TEMBLÓN, SANCHO II[7] GARCÉS ABARCA, REY DE PAMPLONA, GARCÍA I[6] SÁNCHEZ, REY DE PAMPLONA, SANCHO I[5] GARCÉS, REY DE PAMPLONA, GARCÍA[4] JIMÉNEZ, PRÍNCIPE DE NAVARRA, JIMENA[3] GARCÍA, GARCÍA[2] JIMÉNEZ, JIMINO[1]) He married MARÍA AUXILIADORA LÓPEZ ROMÁN.

Children of ABRAHAM MONTEALEGRE FAJARDO and MARÍA LÓPEZ ROMÁN are:

i. ENRIQUE ISAÍAS[42] MONTEALEGRE LÓPEZ.
ii. JOSÉ ABRAHAM MONTEALEGRE LÓPEZ.

280. ERNESTO[41] SOMOZA MONTEALEGRE *(NELA[40] MONTEALEGRE HERNÁNDEZ, DOMINGO[39] MONTEALEGRE VANPOVEDT, ABRAHAM[38] MONTEALEGRE LACAYO, MARIANO ANTONIO[37] MONTEALEGRE ROMERO, MANUELA CASIMIRA[36] ROMERO SÁENZ, BÁRBARA ANTONIA[35] SÁENZ BONILLA, MANUEL[34] SÁENZ VÁZQUEZ Y RAMIRO-CORAJO, MARÍA ROSA[33] VÁZQUEZ RAMIRO-CORAJO, JOSEPH FRANCISCO[32] RAMIRO-CORAJO Y VERA SOTOMAYOR, JUANA[31] DE VERA SOTOMAYOR, LUIS[30] MÉNDEZ SOTOMAYOR Y CERRATO, ALFONSO[29] FERNÁNDEZ DE SOTOMAYOR FIGUEROA MESSÍA, LUIS[28] MÉNDEZ DE SOTOMAYOR FIGUEROA MESSÍA, GARCÍ[27] MÉNDEZ DE SOTOMAYOR Y SÁNCHEZ VILLODRE, CATALINA[26] SÁNCHEZ DE VILLODRE Y MANUEL, INÉS[25] SÁNCHEZ MANUEL DE VILLENA, JUAN[24] SÁNCHEZ MANUEL Y GONZÁLEZ DE MANZANEDO, SANCHO[23] MANUEL DE CASTILLA Y LASSO DE LA VEGA, JUAN I[22] MANUEL DE CASTILLA, REY DE CASTILLA LEÓN, JUANA[21] MANUEL DE CASTILLA, BLANCA[20] DE LA CERDA, FERNANDO[19] DE LA CERDA II, FERNANDO[18] DE LA CERDA, VIOLANTE[17] DE ARAGÓN, JAIME I[16] "EL CONQUISTADOR" REY DE ARAGÓN, PEDRO II[15] DE ARAGÓN, "EL CATÓLICO" REY DE ARAGÓN, ALFONSO II[14] REY DE ARAGÓN Y 1RO. DE CATALUÑA, PETRONILA[13] DE ARAGÓN, REINA DE ARAGÓN, RAMIRO II[12] SÁNCHEZ, REY DE ARAGÓN, SANCHO V[11] RAMÍREZ, REY DE ARAGÓN, RAMIRO I[10] SÁNCHEZ, REY DE ARAGÓN, SANCHO III[9] GARCÉS "EL GRANDE", REY DE PAMPLONA, GARCÍA II[8] SÁNCHEZ, REY DE PAMPLONA, EL TEMBLÓN, SANCHO II[7] GARCÉS ABARCA, REY DE PAMPLONA, GARCÍA I[6] SÁNCHEZ, REY DE PAMPLONA, SANCHO I[5] GARCÉS, REY DE PAMPLONA, GARCÍA[4] JIMÉNEZ, PRÍNCIPE DE NAVARRA, JIMENA[3] GARCÍA, GARCÍA[2] JIMÉNEZ, JIMINO[1])* He married LILLIAM QUINTANILLA SUGRAÑÉZ.

Children of ERNESTO SOMOZA MONTEALEGRE and LILLIAM QUINTANILLA SUGRAÑÉZ are:

i. MANUEL[42] SOMOZA QUINTANILLA.
ii. EDGAR SOMOZA QUINTANILLA.
iii. MIGUEL SOMOZA QUINTANILLA.
iv. GABRIEL SOMOZA QUINTANILLA.

281. FRANCISCO[41] SOMOZA MONTEALEGRE *(NELA[40] MONTEALEGRE HERNÁNDEZ, DOMINGO[39] MONTEALEGRE VANPOVEDT, ABRAHAM[38] MONTEALEGRE LACAYO, MARIANO ANTONIO[37] MONTEALEGRE ROMERO, MANUELA CASIMIRA[36] ROMERO SÁENZ, BÁRBARA ANTONIA[35] SÁENZ BONILLA, MANUEL[34] SÁENZ VÁZQUEZ Y RAMIRO-CORAJO, MARÍA ROSA[33] VÁZQUEZ RAMIRO-CORAJO, JOSEPH FRANCISCO[32] RAMIRO-CORAJO Y VERA SOTOMAYOR, JUANA[31] DE VERA SOTOMAYOR, LUIS[30] MÉNDEZ SOTOMAYOR Y CERRATO, ALFONSO[29]*

FERNÁNDEZ DE SOTOMAYOR FIGUEROA MESSÍA, LUIS[28] MÉNDEZ DE SOTOMAYOR FIGUEROA MESSÍA, GARCÍ[27] MÉNDEZ DE SOTOMAYOR Y SÁNCHEZ VILLODRE, CATALINA[26] SÁNCHEZ DE VILLODRE Y MANUEL, INÉS[25] SÁNCHEZ MANUEL DE VILLENA, JUAN[24] SÁNCHEZ MANUEL Y GONZÁLEZ DE MANZANEDO, SANCHO[23] MANUEL DE CASTILLA Y LASSO DE LA VEGA, JUAN I[22] MANUEL DE CASTILLA, REY DE CASTILLA LEÓN, JUANA[21] MANUEL DE CASTILLA, BLANCA[20] DE LA CERDA, FERNANDO[19] DE LA CERDA II, FERNANDO[18] DE LA CERDA, VIOLANTE[17] DE ARAGÓN, JAIME I[16] "EL CONQUISTADOR" REY DE ARAGÓN, PEDRO II[15] DE ARAGÓN, "EL CATÓLICO" REY DE ARAGÓN, ALFONSO II[14] REY DE ARAGÓN Y 1RO. DE CATALUÑA, PETRONILA[13] DE ARAGÓN, REINA DE ARAGÓN, RAMIRO II[12] SÁNCHEZ, REY DE ARAGÓN, SANCHO V[11] RAMÍREZ, REY DE ARAGÓN, RAMIRO I[10] SÁNCHEZ, REY DE ARAGÓN, SANCHO III[9] GARCÉS "EL GRANDE", REY DE PAMPLONA, GARCÍA II[8] SÁNCHEZ, REY DE PAMPLONA, EL TEMBLÓN, SANCHO II[7] GARCÉS ABARCA, REY DE PAMPLONA, GARCÍA I[6] SÁNCHEZ, REY DE PAMPLONA, SANCHO I[5] GARCÉS, REY DE PAMPLONA, GARCÍA[4] JIMÉNEZ, PRÍNCIPE DE NAVARRA, JIMENA[3] GARCÍA, GARCÍA[2] JIMÉNEZ, JIMINO[1]) He married MARÍA MERCEDES DUQUESTRADA GURDIÁN.

Children of FRANCISCO SOMOZA MONTEALEGRE and MARÍA DUQUESTRADA GURDIÁN are:

i. FRANCISCO[42] SOMOZA DUQUESTRADA.
ii. MARIANELA SOMOZA DUQUESTRADA.

282. MARÍA GUADALUPE[41] SOMOZA MONTEALEGRE *(NELA[40] MONTEALEGRE HERNÁNDEZ, DOMINGO[39] MONTEALEGRE VANPOVEDT, ABRAHAM[38] MONTEALEGRE LACAYO, MARIANO ANTONIO[37] MONTEALEGRE ROMERO, MANUELA CASIMIRA[36] ROMERO SÁENZ, BÁRBARA ANTONIA[35] SÁENZ BONILLA, MANUEL[34] SÁENZ VÁZQUEZ Y RAMIRO-CORAJO, MARÍA ROSA[33] VÁZQUEZ RAMIRO-CORAJO, JOSEPH FRANCISCO[32] RAMIRO-CORAJO Y VERA SOTOMAYOR, JUANA[31] DE VERA SOTOMAYOR, LUIS[30] MÉNDEZ SOTOMAYOR Y CERRATO, ALFONSO[29] FERNÁNDEZ DE SOTOMAYOR FIGUEROA MESSÍA, LUIS[28] MÉNDEZ DE SOTOMAYOR FIGUEROA MESSÍA, GARCÍ[27] MÉNDEZ DE SOTOMAYOR Y SÁNCHEZ VILLODRE, CATALINA[26] SÁNCHEZ DE VILLODRE Y MANUEL, INÉS[25] SÁNCHEZ MANUEL DE VILLENA, JUAN[24] SÁNCHEZ MANUEL Y GONZÁLEZ DE MANZANEDO, SANCHO[23] MANUEL DE CASTILLA Y LASSO DE LA VEGA, JUAN I[22] MANUEL DE CASTILLA, REY DE CASTILLA LEÓN, JUANA[21] MANUEL DE CASTILLA, BLANCA[20] DE LA CERDA, FERNANDO[19] DE LA CERDA II, FERNANDO[18] DE LA CERDA, VIOLANTE[17] DE ARAGÓN, JAIME I[16] "EL CONQUISTADOR" REY DE ARAGÓN, PEDRO II[15] DE ARAGÓN, "EL CATÓLICO" REY DE ARAGÓN, ALFONSO II[14] REY DE ARAGÓN Y 1RO. DE CATALUÑA, PETRONILA[13] DE ARAGÓN, REINA DE ARAGÓN, RAMIRO II[12] SÁNCHEZ, REY DE ARAGÓN, SANCHO V[11] RAMÍREZ, REY DE ARAGÓN, RAMIRO I[10] SÁNCHEZ, REY DE ARAGÓN, SANCHO III[9] GARCÉS "EL GRANDE", REY DE PAMPLONA, GARCÍA II[8] SÁNCHEZ, REY DE PAMPLONA, EL TEMBLÓN, SANCHO II[7] GARCÉS ABARCA, REY DE PAMPLONA, GARCÍA I[6] SÁNCHEZ, REY DE PAMPLONA, SANCHO I[5] GARCÉS, REY DE PAMPLONA, GARCÍA[4] JIMÉNEZ, PRÍNCIPE DE NAVARRA, JIMENA[3] GARCÍA, GARCÍA[2] JIMÉNEZ, JIMINO[1])* She married (1) DANILO ACEVEDO LUNA. She married (2) CARLOS MUÑIZ BERMÚDEZ.

Child of MARÍA SOMOZA MONTEALEGRE and DANILO ACEVEDO LUNA is:

323. i. BERNA GUADALUPE[42] ACEVEDO SOMOZA.

Children of MARÍA SOMOZA MONTEALEGRE and CARLOS MUÑIZ BERMÚDEZ are:

ii. JUAN CARLOS[42] MUÑIZ SOMOZA.
iii. MARÍA FERNANDA MUÑIZ SOMOZA.

283. MARÍA LOURDES[41] SOMOZA MONTEALEGRE *(NELA[40] MONTEALEGRE HERNÁNDEZ, DOMINGO[39] MONTEALEGRE VANPOVEDT, ABRAHAM[38] MONTEALEGRE LACAYO, MARIANO ANTONIO[37] MONTEALEGRE ROMERO, MANUELA CASIMIRA[36] ROMERO SÁENZ, BÁRBARA ANTONIA[35] SÁENZ BONILLA, MANUEL[34] SÁENZ VÁZQUEZ Y RAMIRO-CORAJO, MARÍA ROSA[33]*

VÁZQUEZ RAMIRO-CORAJO, JOSEPH FRANCISCO[32] RAMIRO-CORAJO Y VERA SOTOMAYOR, JUANA[31] DE VERA SOTOMAYOR, LUIS[30] MÉNDEZ SOTOMAYOR Y CERRATO, ALFONSO[29] FERNÁNDEZ DE SOTOMAYOR FIGUEROA MESSÍA, LUIS[28] MÉNDEZ DE SOTOMAYOR FIGUEROA MESSÍA, GARCI[27] MÉNDEZ DE SOTOMAYOR Y SÁNCHEZ VILLODRE, CATALINA[26] SÁNCHEZ DE VILLODRE Y MANUEL, INÉS[25] SÁNCHEZ MANUEL DE VILLENA, JUAN[24] SÁNCHEZ MANUEL Y GONZÁLEZ DE MANZANEDO, SANCHO[23] MANUEL DE CASTILLA Y LASSO DE LA VEGA, JUAN I[22]MANUEL DE CASTILLA, REY DE CASTILLA LEÓN, JUANA[21] MANUEL DE CASTILLA, BLANCA[20] DE LA CERDA, FERNANDO[19] DE LA CERDA II, FERNANDO[18] DE LA CERDA, VIOLANTE[17] DE ARAGÓN, JAIME I[16] "EL CONQUISTADOR" REY DE ARAGÓN, PEDRO II[15]DE ARAGÓN, "EL CATÓLICO" REY DE ARAGÓN, ALFONSO II[14] REY DE ARAGÓN Y 1RO. DE CATALUÑA, PETRONILA[13]DE ARAGÓN, REINA DE ARAGÓN, RAMIRO II[12]SÁNCHEZ, REY DE ARAGÓN, SANCHO V[11]RAMÍREZ, REY DE ARAGÓN, RAMIRO I[10]SÁNCHEZ, REY DE ARAGÓN, SANCHO III[9]GARCÉS "EL GRANDE", REY DE PAMPLONA, GARCÍA II[8]SÁNCHEZ, REY DE PAMPLONA, EL TEMBLÓN, SANCHO II[7]GARCÉS ABARCA, REY DE PAMPLONA, GARCÍA I[6]SÁNCHEZ, REY DE PAMPLONA, SANCHO I[5]GARCÉS, REY DE PAMPLONA, GARCÍA[4]JIMÉNEZ, PRÍNCIPE DE NAVARRA, JIMENA[3] GARCÍA, GARCÍA[2] JIMÉNEZ, JIMINO[1]) She married MARIO CALDERA MALIAÑO.

Children of MARÍA SOMOZA MONTEALEGRE and MARIO CALDERA MALIAÑO are:

i. MARIO ALBERTO[42] CALDERA SOMOZA.
ii. VICTORIA EUGENIA CALDERA SOMOZA.
iii. MARÍA LOURDES CALDERA SOMOZA.

284. JUAN ERNESTO[41] MUNGUÍA MONTEALEGRE *(MARÍA VICTORIA[40] MONTEALEGRE HERNÁNDEZ, DOMINGO[39] MONTEALEGRE VANPOVEDT, ABRAHAM[38] MONTEALEGRE LACAYO, MARIANO ANTONIO[37] MONTEALEGRE ROMERO, MANUELA CASIMIRA[36] ROMERO SÁENZ, BÁRBARA ANTONIA[35] SÁENZ BONILLA, MANUEL[34] SÁENZ VÁZQUEZ Y RAMIRO-CORAJO, MARÍA ROSA[33] VÁZQUEZ RAMIRO-CORAJO, JOSEPH FRANCISCO[32] RAMIRO-CORAJO Y VERA SOTOMAYOR, JUANA[31] DE VERA SOTOMAYOR, LUIS[30] MÉNDEZ SOTOMAYOR Y CERRATO, ALFONSO[29] FERNÁNDEZ DE SOTOMAYOR FIGUEROA MESSÍA, LUIS[28] MÉNDEZ DE SOTOMAYOR FIGUEROA MESSÍA, GARCI[27] MÉNDEZ DE SOTOMAYOR Y SÁNCHEZ VILLODRE, CATALINA[26] SÁNCHEZ DE VILLODRE Y MANUEL, INÉS[25] SÁNCHEZ MANUEL DE VILLENA, JUAN[24] SÁNCHEZ MANUEL Y GONZÁLEZ DE MANZANEDO, SANCHO[23] MANUEL DE CASTILLA Y LASSO DE LA VEGA, JUAN I[22]MANUEL DE CASTILLA, REY DE CASTILLA LEÓN, JUANA[21] MANUEL DE CASTILLA, BLANCA[20] DE LA CERDA, FERNANDO[19] DE LA CERDA II, FERNANDO[18] DE LA CERDA, VIOLANTE[17] DE ARAGÓN, JAIME I[16] "EL CONQUISTADOR" REY DE ARAGÓN, PEDRO II[15]DE ARAGÓN, "EL CATÓLICO" REY DE ARAGÓN, ALFONSO II[14] REY DE ARAGÓN Y 1RO. DE CATALUÑA, PETRONILA[13]DE ARAGÓN, REINA DE ARAGÓN, RAMIRO II[12]SÁNCHEZ, REY DE ARAGÓN, SANCHO V[11]RAMÍREZ, REY DE ARAGÓN, RAMIRO I[10]SÁNCHEZ, REY DE ARAGÓN, SANCHO III[9]GARCÉS "EL GRANDE", REY DE PAMPLONA, GARCÍA II[8]SÁNCHEZ, REY DE PAMPLONA, EL TEMBLÓN, SANCHO II[7]GARCÉS ABARCA, REY DE PAMPLONA, GARCÍA I[6]SÁNCHEZ, REY DE PAMPLONA, SANCHO I[5]GARCÉS, REY DE PAMPLONA, GARCÍA[4]JIMÉNEZ, PRÍNCIPE DE NAVARRA, JIMENA[3] GARCÍA, GARCÍA[2] JIMÉNEZ, JIMINO[1])* He married EMMA TIRADO LOZANO.

Children of JUAN MUNGUÍA MONTEALEGRE and EMMA TIRADO LOZANO are:

i. JUAN ERNESTO[42] MUNGUÍA TIRADO.
ii. ARTURO MUNGUÍA TIRADO.

285. ALEJANDRO JOSÉ[41] MONTEALEGRE CHÁVEZ *(DOMINGO[40] MONTEALEGRE HERNÁNDEZ, DOMINGO[39] MONTEALEGRE VANPOVEDT, ABRAHAM[38] MONTEALEGRE LACAYO, MARIANO ANTONIO[37] MONTEALEGRE ROMERO, MANUELA CASIMIRA[36] ROMERO SÁENZ, BÁRBARA ANTONIA[35] SÁENZ BONILLA, MANUEL[34] SÁENZ VÁZQUEZ Y RAMIRO-CORAJO, MARÍA ROSA[33] VÁZQUEZ RAMIRO-CORAJO, JOSEPH FRANCISCO[32] RAMIRO-CORAJO Y VERA SOTOMAYOR, JUANA[31] DE VERA SOTOMAYOR, LUIS[30] MÉNDEZ SOTOMAYOR Y CERRATO, ALFONSO[29]*

FERNÁNDEZ DE SOTOMAYOR FIGUEROA MESSÍA, LUIS[28] MÉNDEZ DE SOTOMAYOR FIGUEROA MESSÍA, GARCÍ[27] MÉNDEZ DE SOTOMAYOR Y SÁNCHEZ VILLODRE, CATALINA[26] SÁNCHEZ DE VILLODRE Y MANUEL, INÉS[25] SÁNCHEZ MANUEL DE VILLENA, JUAN[24] SÁNCHEZ MANUEL Y GONZÁLEZ DE MANZANEDO, SANCHO[23] MANUEL DE CASTILLA Y LASSO DE LA VEGA, JUAN I[22] MANUEL DE CASTILLA, REY DE CASTILLA LEÓN, JUANA[21] MANUEL DE CASTILLA, BLANCA[20] DE LA CERDA, FERNANDO[19] DE LA CERDA II, FERNANDO[18] DE LA CERDA, VIOLANTE[17] DE ARAGÓN, JAIME I[16] "EL CONQUISTADOR" REY DE ARAGÓN, PEDRO II[15] DE ARAGÓN, "EL CATÓLICO" REY DE ARAGÓN, ALFONSO II[14] REY DE ARAGÓN Y 1RO. DE CATALUÑA, PETRONILA[13] DE ARAGÓN, REINA DE ARAGÓN, RAMIRO II[12] SÁNCHEZ, REY DE ARAGÓN, SANCHO V[11] RAMÍREZ, REY DE ARAGÓN, RAMIRO I[10] SÁNCHEZ, REY DE ARAGÓN, SANCHO III[9] GARCÉS "EL GRANDE", REY DE PAMPLONA, GARCÍA II[8] SÁNCHEZ, REY DE PAMPLONA, EL TEMBLÓN, SANCHO II[7] GARCÉS ABARCA, REY DE PAMPLONA, GARCÍA I[6] SÁNCHEZ, REY DE PAMPLONA, SANCHO I[5] GARCÉS, REY DE PAMPLONA, GARCÍA[4] JIMÉNEZ, PRÍNCIPE DE NAVARRA, JIMENA[3] GARCÍA, GARCÍA[2] JIMÉNEZ, JIMINO[1]) He married CARMEN MARÍA NAVARRO GASTEAZORO.

Children of ALEJANDRO MONTEALEGRE CHÁVEZ and CARMEN NAVARRO GASTEAZORO are:

i. ALEJANDRO JOSÉ[42] MONTEALEGRE NAVARRO.
ii. DOMINGO JOSÉ MONTEALEGRE NAVARRO.
iii. FEDERICO ALBERTO MONTEALEGRE NAVARRO.

286. REYNA ELENA TERESA[41] MONTEALEGRE CHÁVEZ *(DOMINGO[40] MONTEALEGRE HERNÁNDEZ, DOMINGO[39] MONTEALEGRE VANPOVEDT, ABRAHAM[38] MONTEALEGRE LACAYO, MARIANO ANTONIO[37] MONTEALEGRE ROMERO, MANUELA CASIMIRA[36] ROMERO SÁENZ, BÁRBARA ANTONIA[35] SÁENZ BONILLA, MANUEL[34] SÁENZ VÁZQUEZ Y RAMIRO-CORAJO, MARÍA ROSA[33] VÁZQUEZ RAMIRO-CORAJO, JOSEPH FRANCISCO[32] RAMIRO-CORAJO Y VERA SOTOMAYOR, JUANA[31] DE VERA SOTOMAYOR, LUIS[30] MÉNDEZ SOTOMAYOR Y CERRATO, ALFONSO[29] FERNÁNDEZ DE SOTOMAYOR FIGUEROA MESSÍA, LUIS[28] MÉNDEZ DE SOTOMAYOR FIGUEROA MESSÍA, GARCÍ[27] MÉNDEZ DE SOTOMAYOR Y SÁNCHEZ VILLODRE, CATALINA[26] SÁNCHEZ DE VILLODRE Y MANUEL, INÉS[25] SÁNCHEZ MANUEL DE VILLENA, JUAN[24] SÁNCHEZ MANUEL Y GONZÁLEZ DE MANZANEDO, SANCHO[23] MANUEL DE CASTILLA Y LASSO DE LA VEGA, JUAN I[22] MANUEL DE CASTILLA, REY DE CASTILLA LEÓN, JUANA[21] MANUEL DE CASTILLA, BLANCA[20] DE LA CERDA, FERNANDO[19] DE LA CERDA II, FERNANDO[18] DE LA CERDA, VIOLANTE[17] DE ARAGÓN, JAIME I[16] "EL CONQUISTADOR" REY DE ARAGÓN, PEDRO II[15] DE ARAGÓN, "EL CATÓLICO" REY DE ARAGÓN, ALFONSO II[14] REY DE ARAGÓN Y 1RO. DE CATALUÑA, PETRONILA[13] DE ARAGÓN, REINA DE ARAGÓN, RAMIRO II[12] SÁNCHEZ, REY DE ARAGÓN, SANCHO V[11] RAMÍREZ, REY DE ARAGÓN, RAMIRO I[10] SÁNCHEZ, REY DE ARAGÓN, SANCHO III[9] GARCÉS "EL GRANDE", REY DE PAMPLONA, GARCÍA II[8] SÁNCHEZ, REY DE PAMPLONA, EL TEMBLÓN, SANCHO II[7] GARCÉS ABARCA, REY DE PAMPLONA, GARCÍA I[6] SÁNCHEZ, REY DE PAMPLONA, SANCHO I[5] GARCÉS, REY DE PAMPLONA, GARCÍA[4] JIMÉNEZ, PRÍNCIPE DE NAVARRA, JIMENA[3] GARCÍA, GARCÍA[2] JIMÉNEZ, JIMINO[1])* She married ENRIQUE BARAJAS MARTÍNEZ.

Child of REYNA MONTEALEGRE CHÁVEZ and ENRIQUE BARAJAS MARTÍNEZ is:

i. ENRIQUE[42] BARAJAS MONTEALEGRE.

287. MARÍA JOSÉ[41] MONTEALEGRE CHÁVEZ *(DOMINGO[40] MONTEALEGRE HERNÁNDEZ, DOMINGO[39] MONTEALEGRE VANPOVEDT, ABRAHAM[38] MONTEALEGRE LACAYO, MARIANO ANTONIO[37] MONTEALEGRE ROMERO, MANUELA CASIMIRA[36] ROMERO SÁENZ, BÁRBARA ANTONIA[35] SÁENZ BONILLA, MANUEL[34] SÁENZ VÁZQUEZ Y RAMIRO-CORAJO, MARÍA ROSA[33] VÁZQUEZ RAMIRO-CORAJO, JOSEPH FRANCISCO[32] RAMIRO-CORAJO Y VERA SOTOMAYOR, JUANA[31] DE VERA SOTOMAYOR, LUIS[30] MÉNDEZ SOTOMAYOR Y CERRATO, ALFONSO[29] FERNÁNDEZ DE SOTOMAYOR FIGUEROA MESSÍA, LUIS[28] MÉNDEZ DE SOTOMAYOR FIGUEROA MESSÍA, GARCÍ[27] MÉNDEZ DE SOTOMAYOR Y SÁNCHEZ VILLODRE, CATALINA[26] SÁNCHEZ DE VILLODRE Y MANUEL, INÉS[25] SÁNCHEZ MANUEL DE VILLENA, JUAN[24] SÁNCHEZ MANUEL Y*

GONZÁLEZ DE MANZANEDO, SANCHO[23] MANUEL DE CASTILLA Y LASSO DE LA VEGA, JUAN I[22] MANUEL DE CASTILLA, REY DE CASTILLA LEÓN, JUANA[21] MANUEL DE CASTILLA, BLANCA[20] DE LA CERDA, FERNANDO[19] DE LA CERDA II, FERNANDO[18] DE LA CERDA, VIOLANTE[17] DE ARAGÓN, JAIME I[16] "EL CONQUISTADOR" REY DE ARAGÓN, PEDRO II[15] DE ARAGÓN, "EL CATÓLICO" REY DE ARAGÓN, ALFONSO II[14] REY DE ARAGÓN Y 1RO. DE CATALUÑA, PETRONILA[13] DE ARAGÓN, REINA DE ARAGÓN, RAMIRO II[12] SÁNCHEZ, REY DE ARAGÓN, SANCHO V[11] RAMÍREZ, REY DE ARAGÓN, RAMIRO I[10] SÁNCHEZ, REY DE ARAGÓN, SANCHO III[9] GARCÉS "EL GRANDE", REY DE PAMPLONA, GARCÍA II[8] SÁNCHEZ, REY DE PAMPLONA, EL TEMBLÓN, SANCHO II[7] GARCÉS ABARCA, REY DE PAMPLONA, GARCÍA I[6] SÁNCHEZ, REY DE PAMPLONA, SANCHO I[5] GARCÉS, REY DE PAMPLONA, GARCÍA[4] JIMÉNEZ, PRÍNCIPE DE NAVARRA, JIMENA[3] GARCÍA, GARCÍA[2] JIMÉNEZ, JIMINO[1]) She married ISIDORO JAIME GÓMEZ CALLEJAS.

Children of MARÍA MONTEALEGRE CHÁVEZ and ISIDORO GÓMEZ CALLEJAS are:

i. MARÍA JOSÉ[42] GÓMEZ MONTEALEGRE.
ii. JUAN CARLOS GÓMEZ MONTEALEGRE.
iii. JOSÉ ANTONIO GÓMEZ MONTEALEGRE.

288. LUIS ALFONSO[41] MONTEALEGRE CHÁVEZ *(DOMINGO[40] MONTEALEGRE HERNÁNDEZ, DOMINGO[39] MONTEALEGRE VANPOVEDT, ABRAHAM[38] MONTEALEGRE LACAYO, MARIANO ANTONIO[37] MONTEALEGRE ROMERO, MANUELA CASIMIRA[36] ROMERO SÁENZ, BÁRBARA ANTONIA[35] SÁENZ BONILLA, MANUEL[34] SÁENZ VÁZQUEZ Y RAMIRO-CORAJO, MARÍA ROSA[33] VÁZQUEZ RAMIRO-CORAJO, JOSEPH FRANCISCO[32] RAMIRO-CORAJO Y VERA SOTOMAYOR, JUANA[31] DE VERA SOTOMAYOR, LUIS[30] MÉNDEZ SOTOMAYOR Y CERRATO, ALFONSO[29] FERNÁNDEZ DE SOTOMAYOR FIGUEROA MESSÍA, LUIS[28] MÉNDEZ DE SOTOMAYOR FIGUEROA MESSÍA, GARCI[27] MÉNDEZ DE SOTOMAYOR Y SÁNCHEZ VILLODRE, CATALINA[26] SÁNCHEZ DE VILLODRE Y MANUEL, INÉS[25] SÁNCHEZ MANUEL DE VILLENA, JUAN[24] SÁNCHEZ MANUEL Y GONZÁLEZ DE MANZANEDO, SANCHO[23] MANUEL DE CASTILLA Y LASSO DE LA VEGA, JUAN I[22] MANUEL DE CASTILLA, REY DE CASTILLA LEÓN, JUANA[21] MANUEL DE CASTILLA, BLANCA[20] DE LA CERDA, FERNANDO[19] DE LA CERDA II, FERNANDO[18] DE LA CERDA, VIOLANTE[17] DE ARAGÓN, JAIME I[16] "EL CONQUISTADOR" REY DE ARAGÓN, PEDRO II[15] DE ARAGÓN, "EL CATÓLICO" REY DE ARAGÓN, ALFONSO II[14] REY DE ARAGÓN Y 1RO. DE CATALUÑA, PETRONILA[13] DE ARAGÓN, REINA DE ARAGÓN, RAMIRO II[12] SÁNCHEZ, REY DE ARAGÓN, SANCHO V[11] RAMÍREZ, REY DE ARAGÓN, RAMIRO I[10] SÁNCHEZ, REY DE ARAGÓN, SANCHO III[9] GARCÉS "EL GRANDE", REY DE PAMPLONA, GARCÍA II[8] SÁNCHEZ, REY DE PAMPLONA, EL TEMBLÓN, SANCHO II[7] GARCÉS ABARCA, REY DE PAMPLONA, GARCÍA I[6] SÁNCHEZ, REY DE PAMPLONA, SANCHO I[5] GARCÉS, REY DE PAMPLONA, GARCÍA[4] JIMÉNEZ, PRÍNCIPE DE NAVARRA, JIMENA[3] GARCÍA, GARCÍA[2] JIMÉNEZ, JIMINO[1])* He married (1) LEOCADIA NOGUEIRA DE OLIVEIRA. He married (2) MARÍA GABRIELA IRÍAS RIVAS.

Child of LUIS MONTEALEGRE CHÁVEZ and LEOCADIA NOGUEIRA DE OLIVEIRA is:

i. YURI[42] MONTEALEGRE NOGUEIRA.

Children of LUIS MONTEALEGRE CHÁVEZ and MARÍA IRÍAS RIVAS are:

ii. LUIS GABRIEL[42] MONTEALEGRE IRÍAS.
iii. JUAN PABLO MONTEALEGRE IRÍAS.

289. MARÍA MILAGROS[41] MONTEALEGRE SOMOZA *(ALBERTO RAMÓN[40] MONTEALEGRE HERNÁNDEZ, DOMINGO[39] MONTEALEGRE VANPOVEDT, ABRAHAM[38] MONTEALEGRE LACAYO, MARIANO ANTONIO[37] MONTEALEGRE ROMERO, MANUELA CASIMIRA[36] ROMERO SÁENZ, BÁRBARA ANTONIA[35] SÁENZ BONILLA, MANUEL[34] SÁENZ VÁZQUEZ Y RAMIRO-CORAJO, MARÍA ROSA[33] VÁZQUEZ RAMIRO-CORAJO, JOSEPH FRANCISCO[32] RAMIRO-CORAJO Y VERA SOTOMAYOR, JUANA[31] DE VERA SOTOMAYOR, LUIS[30] MÉNDEZ SOTOMAYOR Y CERRATO, ALFONSO[29] FERNÁNDEZ DE SOTOMAYOR FIGUEROA MESSÍA, LUIS[28] MÉNDEZ DE SOTOMAYOR*

FIGUEROA MESSÍA, GARCÍ[27] MÉNDEZ DE SOTOMAYOR Y SÁNCHEZ VILLODRE, CATALINA[26] SÁNCHEZ DE VILLODRE Y MANUEL, INÉS[25] SÁNCHEZ MANUEL DE VILLENA, JUAN[24] SÁNCHEZ MANUEL Y GONZÁLEZ DE MANZANEDO, SANCHO[23] MANUEL DE CASTILLA Y LASSO DE LA VEGA, JUAN I[22] MANUEL DE CASTILLA, REY DE CASTILLA LEÓN, JUANA[21] MANUEL DE CASTILLA, BLANCA[20] DE LA CERDA, FERNANDO[19] DE LA CERDA II, FERNANDO[18] DE LA CERDA, VIOLANTE[17] DE ARAGÓN, JAIME I[16] "EL CONQUISTADOR" REY DE ARAGÓN, PEDRO II[15] DE ARAGÓN, "EL CATÓLICO" REY DE ARAGÓN, ALFONSO II[14] REY DE ARAGÓN Y 1RO. DE CATALUÑA, PETRONILA[13] DE ARAGÓN, REINA DE ARAGÓN, RAMIRO II[12] SÁNCHEZ, REY DE ARAGÓN, SANCHO V[11] RAMÍREZ, REY DE ARAGÓN, RAMIRO I[10] SÁNCHEZ, REY DE ARAGÓN, SANCHO III[9] GARCÉS "EL GRANDE", REY DE PAMPLONA, GARCÍA II[8] SÁNCHEZ, REY DE PAMPLONA, EL TEMBLÓN, SANCHO II[7] GARCÉS ABARCA, REY DE PAMPLONA, GARCÍA I[6] SÁNCHEZ, REY DE PAMPLONA, SANCHO I[5] GARCÉS, REY DE PAMPLONA, GARCÍA[4] JIMÉNEZ, PRÍNCIPE DE NAVARRA, JIMENA[3] GARCÍA, GARCÍA[2] JIMÉNEZ, JIMINO[1]) She married (1) ALFREDO GÓMEZ URCUYO. She married (2) VÍCTOR SCARPANTIER.

Children of MARÍA MONTEALEGRE SOMOZA and ALFREDO GÓMEZ URCUYO are:
324. i. SARA MARÍA[42] GÓMEZ MONTEALEGRE.
325. ii. MARÍA MONZERRAT GÓMEZ MONTEALEGRE.

290. JORGE ALBERTO[41] MONTEALEGRE SOMOZA *(ALBERTO RAMÓN[40] MONTEALEGRE HERNÁNDEZ, DOMINGO[39] MONTEALEGRE VANPOVEDT, ABRAHAM[38] MONTEALEGRE LACAYO, MARIANO ANTONIO[37] MONTEALEGRE ROMERO, MANUELA CASIMIRA[36] ROMERO SÁENZ, BÁRBARA ANTONIA[35] SÁENZ BONILLA, MANUEL[34] SÁENZ VÁZQUEZ Y RAMIRO-CORAJO, MARÍA ROSA[33] VÁZQUEZ RAMIRO-CORAJO, JOSEPH FRANCISCO[32] RAMIRO-CORAJO Y VERA SOTOMAYOR, JUANA[31] DE VERA SOTOMAYOR, LUIS[30] MÉNDEZ SOTOMAYOR Y CERRATO, ALFONSO[29] FERNÁNDEZ DE SOTOMAYOR FIGUEROA MESSÍA, LUIS[28] MÉNDEZ DE SOTOMAYOR FIGUEROA MESSÍA, GARCÍ[27] MÉNDEZ DE SOTOMAYOR Y SÁNCHEZ VILLODRE, CATALINA[26] SÁNCHEZ DE VILLODRE Y MANUEL, INÉS[25] SÁNCHEZ MANUEL DE VILLENA, JUAN[24] SÁNCHEZ MANUEL Y GONZÁLEZ DE MANZANEDO, SANCHO[23] MANUEL DE CASTILLA Y LASSO DE LA VEGA, JUAN I[22] MANUEL DE CASTILLA, REY DE CASTILLA LEÓN, JUANA[21] MANUEL DE CASTILLA, BLANCA[20] DE LA CERDA, FERNANDO[19] DE LA CERDA II, FERNANDO[18] DE LA CERDA, VIOLANTE[17] DE ARAGÓN, JAIME I[16] "EL CONQUISTADOR" REY DE ARAGÓN, PEDRO II[15] DE ARAGÓN, "EL CATÓLICO" REY DE ARAGÓN, ALFONSO II[14] REY DE ARAGÓN Y 1RO. DE CATALUÑA, PETRONILA[13] DE ARAGÓN, REINA DE ARAGÓN, RAMIRO II[12] SÁNCHEZ, REY DE ARAGÓN, SANCHO V[11] RAMÍREZ, REY DE ARAGÓN, RAMIRO I[10] SÁNCHEZ, REY DE ARAGÓN, SANCHO III[9] GARCÉS "EL GRANDE", REY DE PAMPLONA, GARCÍA II[8] SÁNCHEZ, REY DE PAMPLONA, EL TEMBLÓN, SANCHO II[7] GARCÉS ABARCA, REY DE PAMPLONA, GARCÍA I[6] SÁNCHEZ, REY DE PAMPLONA, SANCHO I[5] GARCÉS, REY DE PAMPLONA, GARCÍA[4] JIMÉNEZ, PRÍNCIPE DE NAVARRA, JIMENA[3] GARCÍA, GARCÍA[2] JIMÉNEZ, JIMINO[1])* He married MARTHA LORENA GONZÁLEZ LANZA.

Children of JORGE MONTEALEGRE SOMOZA and MARTHA GONZÁLEZ LANZA are:
i. JORGE ALBERTO[42] MONTEALEGRE GONZÁLEZ.
326. ii. CORA EUGENIA MONTEALEGRE GONZÁLEZ.
iii. LUIS ERNESTO MONTEALEGRE GONZÁLEZ.

291. CLAUDIA LISSETH[41] MONTEALEGRE SOMOZA *(ALBERTO RAMÓN[40] MONTEALEGRE HERNÁNDEZ, DOMINGO[39] MONTEALEGRE VANPOVEDT, ABRAHAM[38] MONTEALEGRE LACAYO, MARIANO ANTONIO[37] MONTEALEGRE ROMERO, MANUELA CASIMIRA[36] ROMERO SÁENZ, BÁRBARA ANTONIA[35] SÁENZ BONILLA, MANUEL[34] SÁENZ VÁZQUEZ Y RAMIRO-CORAJO, MARÍA ROSA[33] VÁZQUEZ RAMIRO-CORAJO, JOSEPH FRANCISCO[32] RAMIRO-CORAJO Y VERA SOTOMAYOR, JUANA[31] DE VERA SOTOMAYOR, LUIS[30] MÉNDEZ SOTOMAYOR Y CERRATO, ALFONSO[29] FERNÁNDEZ DE SOTOMAYOR FIGUEROA MESSÍA, LUIS[28] MÉNDEZ DE SOTOMAYOR FIGUEROA MESSÍA, GARCÍ[27] MÉNDEZ DE SOTOMAYOR Y SÁNCHEZ VILLODRE, CATALINA[26]*

SÁNCHEZ DE VILLODRE Y MANUEL, INÉS[25] SÁNCHEZ MANUEL DE VILLENA, JUAN[24] SÁNCHEZ MANUEL Y GONZÁLEZ DE MANZANEDO, SANCHO[23] MANUEL DE CASTILLA Y LASSO DE LA VEGA, JUAN I[22] MANUEL DE CASTILLA, REY DE CASTILLA LEÓN, JUANA[21] MANUEL DE CASTILLA, BLANCA[20] DE LA CERDA, FERNANDO[19] DE LA CERDA II, FERNANDO[18] DE LA CERDA, VIOLANTE[17] DE ARAGÓN, JAIME I[16] "EL CONQUISTADOR" REY DE ARAGÓN, PEDRO II[15] DE ARAGÓN, "EL CATÓLICO" REY DE ARAGÓN, ALFONSO II[14] REY DE ARAGÓN Y 1RO. DE CATALUÑA, PETRONILA[13] DE ARAGÓN, REINA DE ARAGÓN, RAMIRO II[12] SÁNCHEZ, REY DE ARAGÓN, SANCHO V[11] RAMÍREZ, REY DE ARAGÓN, RAMIRO I[10] SÁNCHEZ, REY DE ARAGÓN, SANCHO III[9] GARCÉS "EL GRANDE", REY DE PAMPLONA, GARCÍA II[8] SÁNCHEZ, REY DE PAMPLONA, EL TEMBLÓN, SANCHO II[7] GARCÉS ABARCA, REY DE PAMPLONA, GARCÍA I[6] SÁNCHEZ, REY DE PAMPLONA, SANCHO I[5] GARCÉS, REY DE PAMPLONA, GARCÍA[4] JIMÉNEZ, PRÍNCIPE DE NAVARRA, JIMENA[3] GARCÍA, GARCÍA[2] JIMÉNEZ, JIMINO[1]) She married MARCELO DAMIANI.

Children of CLAUDIA MONTEALEGRE SOMOZA and MARCELO DAMIANI are:

i. NATALIA[42] DAMIANI MONTEALEGRE.
ii. CLAUDIA VICTORIA DAMIANI MONTEALEGRE.
iii. MARCELO ALBERTO DAMIANI MONTEALEGRE.

292. ISTMANIA[41] ASTACIO MONTEALEGRE *(MARÍA TRINIDAD[40] MONTEALEGRE HERNÁNDEZ, DOMINGO[39] MONTEALEGRE VANPOVEDT, ABRAHAM[38] MONTEALEGRE LACAYO, MARIANO ANTONIO[37] MONTEALEGRE ROMERO, MANUELA CASIMIRA[36] ROMERO SÁENZ, BÁRBARA ANTONIA[35] SÁENZ BONILLA, MANUEL[34] SÁENZ VÁZQUEZ Y RAMIRO-CORAJO, MARÍA ROSA[33] VÁZQUEZ RAMIRO-CORAJO, JOSEPH FRANCISCO[32] RAMIRO-CORAJO Y VERA SOTOMAYOR, JUANA[31] DE VERA SOTOMAYOR, LUIS[30] MÉNDEZ SOTOMAYOR Y CERRATO, ALFONSO[29] FERNÁNDEZ DE SOTOMAYOR FIGUEROA MESSÍA, LUIS[28] MÉNDEZ DE SOTOMAYOR FIGUEROA MESSÍA, GARCI[27] MÉNDEZ DE SOTOMAYOR Y SÁNCHEZ VILLODRE, CATALINA[26] SÁNCHEZ DE VILLODRE Y MANUEL, INÉS[25] SÁNCHEZ MANUEL DE VILLENA, JUAN[24] SÁNCHEZ MANUEL Y GONZÁLEZ DE MANZANEDO, SANCHO[23] MANUEL DE CASTILLA Y LASSO DE LA VEGA, JUAN I[22] MANUEL DE CASTILLA, REY DE CASTILLA LEÓN, JUANA[21] MANUEL DE CASTILLA, BLANCA[20] DE LA CERDA, FERNANDO[19] DE LA CERDA II, FERNANDO[18] DE LA CERDA, VIOLANTE[17] DE ARAGÓN, JAIME I[16] "EL CONQUISTADOR" REY DE ARAGÓN, PEDRO II[15] DE ARAGÓN, "EL CATÓLICO" REY DE ARAGÓN, ALFONSO II[14] REY DE ARAGÓN Y 1RO. DE CATALUÑA, PETRONILA[13] DE ARAGÓN, REINA DE ARAGÓN, RAMIRO II[12] SÁNCHEZ, REY DE ARAGÓN, SANCHO V[11] RAMÍREZ, REY DE ARAGÓN, RAMIRO I[10] SÁNCHEZ, REY DE ARAGÓN, SANCHO III[9] GARCÉS "EL GRANDE", REY DE PAMPLONA, GARCÍA II[8] SÁNCHEZ, REY DE PAMPLONA, EL TEMBLÓN, SANCHO II[7] GARCÉS ABARCA, REY DE PAMPLONA, GARCÍA I[6] SÁNCHEZ, REY DE PAMPLONA, SANCHO I[5] GARCÉS, REY DE PAMPLONA, GARCÍA[4] JIMÉNEZ, PRÍNCIPE DE NAVARRA, JIMENA[3] GARCÍA, GARCÍA[2] JIMÉNEZ, JIMINO[1])* She married CAMIL COTE BEAUDET.

Children of ISTMANIA ASTACIO MONTEALEGRE and CAMIL COTE BEAUDET are:

i. ELEANE[42] COTE ASTACIO, m. GERARDO ANTONIO BARRETO GUTIÉRREZ.
327. ii. MICHELE COTE ASTACIO.
iii. JEAN PHILIPPE COTE ASTACIO.

293. HUGO NILS[41] ASTACIO MONTEALEGRE *(MARÍA TRINIDAD[40] MONTEALEGRE HERNÁNDEZ, DOMINGO[39] MONTEALEGRE VANPOVEDT, ABRAHAM[38] MONTEALEGRE LACAYO, MARIANO ANTONIO[37] MONTEALEGRE ROMERO, MANUELA CASIMIRA[36] ROMERO SÁENZ, BÁRBARA ANTONIA[35] SÁENZ BONILLA, MANUEL[34] SÁENZ VÁZQUEZ Y RAMIRO-CORAJO, MARÍA ROSA[33] VÁZQUEZ RAMIRO-CORAJO, JOSEPH FRANCISCO[32] RAMIRO-CORAJO Y VERA SOTOMAYOR, JUANA[31] DE VERA SOTOMAYOR, LUIS[30] MÉNDEZ SOTOMAYOR Y CERRATO, ALFONSO[29] FERNÁNDEZ DE SOTOMAYOR FIGUEROA MESSÍA, LUIS[28] MÉNDEZ DE SOTOMAYOR FIGUEROA MESSÍA, GARCI[27] MÉNDEZ DE SOTOMAYOR Y SÁNCHEZ VILLODRE, CATALINA[26] SÁNCHEZ DE VILLODRE Y MANUEL, INÉS[25] SÁNCHEZ MANUEL DE VILLENA, JUAN[24] SÁNCHEZ*

MANUEL Y GONZÁLEZ DE MANZANEDO, SANCHO[23] MANUEL DE CASTILLA Y LASSO DE LA VEGA, JUAN I[22] MANUEL DE CASTILLA, REY DE CASTILLA LEÓN, JUANA[21] MANUEL DE CASTILLA, BLANCA[20] DE LA CERDA, FERNANDO[19] DE LA CERDA II, FERNANDO[18] DE LA CERDA, VIOLANTE[17] DE ARAGÓN, JAIME I[16] "EL CONQUISTADOR" REY DE ARAGÓN, PEDRO II[15] DE ARAGÓN, "EL CATÓLICO" REY DE ARAGÓN, ALFONSO II[14] REY DE ARAGÓN Y 1RO. DE CATALUÑA, PETRONILA[13] DE ARAGÓN, REINA DE ARAGÓN, RAMIRO II[12] SÁNCHEZ, REY DE ARAGÓN, SANCHO V[11] RAMÍREZ, REY DE ARAGÓN, RAMIRO I[10] SÁNCHEZ, REY DE ARAGÓN, SANCHO III[9] GARCÉS "EL GRANDE", REY DE PAMPLONA, GARCÍA II[8] SÁNCHEZ, REY DE PAMPLONA, EL TEMBLÓN, SANCHO II[7] GARCÉS ABARCA, REY DE PAMPLONA, GARCÍA I[6] SÁNCHEZ, REY DE PAMPLONA, SANCHO I[5] GARCÉS, REY DE PAMPLONA, GARCÍA[4] JIMÉNEZ, PRÍNCIPE DE NAVARRA, JIMENA[3] GARCÍA, GARCÍA[2] JIMÉNEZ, JIMINO[1]) He married ROSSANA MORICE MONTEALEGRE.

Children of HUGO ASTACIO MONTEALEGRE and ROSSANA MORICE MONTEALEGRE are:

i. MARITRINY[42] ASTACIO MORICE.
ii. ROSSANA ASTACIO MORICE.
iii. EDDA ASTACIO MORICE.
iv. HUGO NILS ASTACIO MORICE.
v. VICTORIA ALEJANDRA ASTACIO MORICE.

294. ROMMEL[41] ASTACIO MONTEALEGRE *(MARÍA TRINIDAD[40] MONTEALEGRE HERNÁNDEZ, DOMINGO[39] MONTEALEGRE VANPOVEDT, ABRAHAM[38] MONTEALEGRE LACAYO, MARIANO ANTONIO[37] MONTEALEGRE ROMERO, MANUELA CASIMIRA[36] ROMERO SÁENZ, BÁRBARA ANTONIA[35] SÁENZ BONILLA, MANUEL[34] SÁENZ VÁZQUEZ Y RAMIRO-CORAJO, MARÍA ROSA[33] VÁZQUEZ RAMIRO-CORAJO, JOSEPH FRANCISCO[32] RAMIRO-CORAJO Y VERA SOTOMAYOR, JUANA[31] DE VERA SOTOMAYOR, LUIS[30] MÉNDEZ SOTOMAYOR Y CERRATO, ALFONSO[29] FERNÁNDEZ DE SOTOMAYOR FIGUEROA MESSÍA, LUIS[28] MÉNDEZ DE SOTOMAYOR FIGUEROA MESSÍA, GARCI[27] MÉNDEZ DE SOTOMAYOR Y SÁNCHEZ VILLODRE, CATALINA[26] SÁNCHEZ DE VILLODRE Y MANUEL, INÉS[25] SÁNCHEZ MANUEL DE VILLENA, JUAN[24] SÁNCHEZ MANUEL Y GONZÁLEZ DE MANZANEDO, SANCHO[23] MANUEL DE CASTILLA Y LASSO DE LA VEGA, JUAN I[22] MANUEL DE CASTILLA, REY DE CASTILLA LEÓN, JUANA[21] MANUEL DE CASTILLA, BLANCA[20] DE LA CERDA, FERNANDO[19] DE LA CERDA II, FERNANDO[18] DE LA CERDA, VIOLANTE[17] DE ARAGÓN, JAIME I[16] "EL CONQUISTADOR" REY DE ARAGÓN, PEDRO II[15] DE ARAGÓN, "EL CATÓLICO" REY DE ARAGÓN, ALFONSO II[14] REY DE ARAGÓN Y 1RO. DE CATALUÑA, PETRONILA[13] DE ARAGÓN, REINA DE ARAGÓN, RAMIRO II[12] SÁNCHEZ, REY DE ARAGÓN, SANCHO V[11] RAMÍREZ, REY DE ARAGÓN, RAMIRO I[10] SÁNCHEZ, REY DE ARAGÓN, SANCHO III[9] GARCÉS "EL GRANDE", REY DE PAMPLONA, GARCÍA II[8] SÁNCHEZ, REY DE PAMPLONA, EL TEMBLÓN, SANCHO II[7] GARCÉS ABARCA, REY DE PAMPLONA, GARCÍA I[6] SÁNCHEZ, REY DE PAMPLONA, SANCHO I[5] GARCÉS, REY DE PAMPLONA, GARCÍA[4] JIMÉNEZ, PRÍNCIPE DE NAVARRA, JIMENA[3] GARCÍA, GARCÍA[2] JIMÉNEZ, JIMINO[1])* He married MILAGROS GARCÍA TORREZ.

Child of ROMMEL ASTACIO MONTEALEGRE and MILAGROS GARCÍA TORREZ is:

i. JOSEFINA[42] ASTACIO GARCÍA.

295. MAURO[41] ASTACIO MONTEALEGRE *(MARÍA TRINIDAD[40] MONTEALEGRE HERNÁNDEZ, DOMINGO[39] MONTEALEGRE VANPOVEDT, ABRAHAM[38] MONTEALEGRE LACAYO, MARIANO ANTONIO[37] MONTEALEGRE ROMERO, MANUELA CASIMIRA[36] ROMERO SÁENZ, BÁRBARA ANTONIA[35] SÁENZ BONILLA, MANUEL[34] SÁENZ VÁZQUEZ Y RAMIRO-CORAJO, MARÍA ROSA[33] VÁZQUEZ RAMIRO-CORAJO, JOSEPH FRANCISCO[32] RAMIRO-CORAJO Y VERA SOTOMAYOR, JUANA[31] DE VERA SOTOMAYOR, LUIS[30] MÉNDEZ SOTOMAYOR Y CERRATO, ALFONSO[29] FERNÁNDEZ DE SOTOMAYOR FIGUEROA MESSÍA, LUIS[28] MÉNDEZ DE SOTOMAYOR FIGUEROA MESSÍA, GARCI[27] MÉNDEZ DE SOTOMAYOR Y SÁNCHEZ VILLODRE, CATALINA[26] SÁNCHEZ DE VILLODRE Y MANUEL, INÉS[25] SÁNCHEZ MANUEL DE VILLENA, JUAN[24] SÁNCHEZ MANUEL Y GONZÁLEZ DE MANZANEDO, SANCHO[23] MANUEL DE CASTILLA Y LASSO DE LA VEGA, JUAN*

I[22] MANUEL DE CASTILLA, REY DE CASTILLA LEÓN, JUANA[21] MANUEL DE CASTILLA, BLANCA[20] DE LA CERDA, FERNANDO[19] DE LA CERDA II, FERNANDO[18] DE LA CERDA, VIOLANTE[17] DE ARAGÓN, JAIME I[16] "EL CONQUISTADOR" REY DE ARAGÓN, PEDRO II[15] DE ARAGÓN, "EL CATÓLICO" REY DE ARAGÓN, ALFONSO II[14] REY DE ARAGÓN Y 1RO. DE CATALUÑA, PETRONILA[13] DE ARAGÓN, REINA DE ARAGÓN, RAMIRO II[12] SÁNCHEZ, REY DE ARAGÓN, SANCHO V[11] RAMÍREZ, REY DE ARAGÓN, RAMIRO I[10] SÁNCHEZ, REY DE ARAGÓN, SANCHO III[9] GARCÉS "EL GRANDE", REY DE PAMPLONA, GARCÍA II[8] SÁNCHEZ, REY DE PAMPLONA, EL TEMBLÓN, SANCHO II[7] GARCÉS ABARCA, REY DE PAMPLONA, GARCÍA I[6] SÁNCHEZ, REY DE PAMPLONA, SANCHO I[5] GARCÉS, REY DE PAMPLONA, GARCÍA[4] JIMÉNEZ, PRÍNCIPE DE NAVARRA, JIMENA[3] GARCÍA, GARCÍA[2] JIMÉNEZ, JIMINO[1]) He married MADALENA COHELIO DE SAINT MARTÍN.

Children of MAURO ASTACIO MONTEALEGRE and MADALENA DE SAINT MARTÍN are:

i. GUIS[42] ASTACIO DE SAINT MARTÍN.
ii. NORA ASTACIO DE SAINT MARTÍN.

296. LINCOLN[41] ASTACIO MONTEALEGRE *(MARÍA TRINIDAD[40] MONTEALEGRE HERNÁNDEZ, DOMINGO[39] MONTEALEGRE VANPOVEDT, ABRAHAM[38] MONTEALEGRE LACAYO, MARIANO ANTONIO[37] MONTEALEGRE ROMERO, MANUELA CASIMIRA[36] ROMERO SÁENZ, BÁRBARA ANTONIA[35] SÁENZ BONILLA, MANUEL[34] SÁENZ VÁZQUEZ Y RAMIRO-CORAJO, MARÍA ROSA[33] VÁZQUEZ RAMIRO-CORAJO, JOSEPH FRANCISCO[32] RAMIRO-CORAJO Y VERA SOTOMAYOR, JUANA[31] DE VERA SOTOMAYOR, LUIS[30] MÉNDEZ SOTOMAYOR Y CERRATO, ALFONSO[29] FERNÁNDEZ DE SOTOMAYOR FIGUEROA MESSÍA, LUIS[28] MÉNDEZ DE SOTOMAYOR FIGUEROA MESSÍA, GARCI[27] MÉNDEZ DE SOTOMAYOR Y SÁNCHEZ VILLODRE, CATALINA[26] SÁNCHEZ DE VILLODRE Y MANUEL, INÉS[25] SÁNCHEZ MANUEL DE VILLENA, JUAN[24] SÁNCHEZ MANUEL Y GONZÁLEZ DE MANZANEDO, SANCHO[23] MANUEL DE CASTILLA Y LASSO DE LA VEGA, JUAN I[22] MANUEL DE CASTILLA, REY DE CASTILLA LEÓN, JUANA[21] MANUEL DE CASTILLA, BLANCA[20] DE LA CERDA, FERNANDO[19] DE LA CERDA II, FERNANDO[18] DE LA CERDA, VIOLANTE[17] DE ARAGÓN, JAIME I[16] "EL CONQUISTADOR" REY DE ARAGÓN, PEDRO II[15] DE ARAGÓN, "EL CATÓLICO" REY DE ARAGÓN, ALFONSO II[14] REY DE ARAGÓN Y 1RO. DE CATALUÑA, PETRONILA[13] DE ARAGÓN, REINA DE ARAGÓN, RAMIRO II[12] SÁNCHEZ, REY DE ARAGÓN, SANCHO V[11] RAMÍREZ, REY DE ARAGÓN, RAMIRO I[10] SÁNCHEZ, REY DE ARAGÓN, SANCHO III[9] GARCÉS "EL GRANDE", REY DE PAMPLONA, GARCÍA II[8] SÁNCHEZ, REY DE PAMPLONA, EL TEMBLÓN, SANCHO II[7] GARCÉS ABARCA, REY DE PAMPLONA, GARCÍA I[6] SÁNCHEZ, REY DE PAMPLONA, SANCHO I[5] GARCÉS, REY DE PAMPLONA, GARCÍA[4] JIMÉNEZ, PRÍNCIPE DE NAVARRA, JIMENA[3] GARCÍA, GARCÍA[2] JIMÉNEZ, JIMINO[1])* He married MYRIAM URBINA.

Children of LINCOLN ASTACIO MONTEALEGRE and MYRIAM URBINA are:

i. JUAN CARLOS[42] ASTACIO URBINA.
ii. LINCOLN ASTACIO URBINA.

297. EDGARD[41] ASTACIO MONTEALEGRE *(MARÍA TRINIDAD[40] MONTEALEGRE HERNÁNDEZ, DOMINGO[39] MONTEALEGRE VANPOVEDT, ABRAHAM[38] MONTEALEGRE LACAYO, MARIANO ANTONIO[37] MONTEALEGRE ROMERO, MANUELA CASIMIRA[36] ROMERO SÁENZ, BÁRBARA ANTONIA[35] SÁENZ BONILLA, MANUEL[34] SÁENZ VÁZQUEZ Y RAMIRO-CORAJO, MARÍA ROSA[33] VÁZQUEZ RAMIRO-CORAJO, JOSEPH FRANCISCO[32] RAMIRO-CORAJO Y VERA SOTOMAYOR, JUANA[31] DE VERA SOTOMAYOR, LUIS[30] MÉNDEZ SOTOMAYOR Y CERRATO, ALFONSO[29] FERNÁNDEZ DE SOTOMAYOR FIGUEROA MESSÍA, LUIS[28] MÉNDEZ DE SOTOMAYOR FIGUEROA MESSÍA, GARCI[27] MÉNDEZ DE SOTOMAYOR Y SÁNCHEZ VILLODRE, CATALINA[26] SÁNCHEZ DE VILLODRE Y MANUEL, INÉS[25] SÁNCHEZ MANUEL DE VILLENA, JUAN[24] SÁNCHEZ MANUEL Y GONZÁLEZ DE MANZANEDO, SANCHO[23] MANUEL DE CASTILLA Y LASSO DE LA VEGA, JUAN I[22] MANUEL DE CASTILLA, REY DE CASTILLA LEÓN, JUANA[21] MANUEL DE CASTILLA, BLANCA[20] DE LA CERDA, FERNANDO[19] DE LA CERDA II, FERNANDO[18] DE LA CERDA, VIOLANTE[17] DE ARAGÓN, JAIME I[16] "EL CONQUISTADOR" REY DE ARAGÓN, PEDRO II[15] DE ARAGÓN, "EL CATÓLICO" REY DE ARAGÓN, ALFONSO II[14] REY DE ARAGÓN Y 1RO. DE CATALUÑA,*

PETRONILA[13] DE ARAGÓN, REINA DE ARAGÓN, RAMIRO II[12] SÁNCHEZ, REY DE ARAGÓN, SANCHO V[11] RAMÍREZ, REY DE ARAGÓN, RAMIRO I[10] SÁNCHEZ, REY DE ARAGÓN, SANCHO III[9] GARCÉS "EL GRANDE", REY DE PAMPLONA, GARCÍA II[8] SÁNCHEZ, REY DE PAMPLONA, EL TEMBLÓN, SANCHO II[7] GARCÉS ABARCA, REY DE PAMPLONA, GARCÍA I[6] SÁNCHEZ, REY DE PAMPLONA, SANCHO I[5] GARCÉS, REY DE PAMPLONA, GARCÍA[4] JIMÉNEZ, PRÍNCIPE DE NAVARRA, JIMENA[3] GARCÍA, GARCÍA[2] JIMÉNEZ, JIMINO[1]) He married (1) MARLIN BERRIOS BATRES. He married (2) MARÍA ELENA ALTAMIRANO.

Children of EDGARD ASTACIO MONTEALEGRE and MARLIN BERRIOS BATRES are:

i. MARLIN DARIANA[42] ASTACIO BERRIOS.
ii. EDGARD ASTACIO BERRIOS.

Child of EDGARD ASTACIO MONTEALEGRE and MARÍA ALTAMIRANO is:

iii. HUGO KELVIN[42] ASTACIO ALTAMIRANO.

298. YERALA[41] ASTACIO MONTEALEGRE *(MARÍA TRINIDAD[40] MONTEALEGRE HERNÁNDEZ, DOMINGO[39] MONTEALEGRE VANPOVEDT, ABRAHAM[38] MONTEALEGRE LACAYO, MARIANO ANTONIO[37] MONTEALEGRE ROMERO, MANUELA CASIMIRA[36] ROMERO SÁENZ, BÁRBARA ANTONIA[35] SÁENZ BONILLA, MANUEL[34] SÁENZ VÁZQUEZ Y RAMIRO-CORAJO, MARÍA ROSA[33] VÁZQUEZ RAMIRO-CORAJO, JOSEPH FRANCISCO[32] RAMIRO-CORAJO Y VERA SOTOMAYOR, JUANA[31] DE VERA SOTOMAYOR, LUIS[30] MÉNDEZ SOTOMAYOR Y CERRATO, ALFONSO[29] FERNÁNDEZ DE SOTOMAYOR FIGUEROA MESSÍA, LUIS[28] MÉNDEZ DE SOTOMAYOR FIGUEROA MESSÍA, GARCI[27] MÉNDEZ DE SOTOMAYOR Y SÁNCHEZ VILLODRE, CATALINA[26] SÁNCHEZ DE VILLODRE Y MANUEL, INÉS[25] SÁNCHEZ MANUEL DE VILLENA, JUAN[24] SÁNCHEZ MANUEL Y GONZÁLEZ DE MANZANEDO, SANCHO[23] MANUEL DE CASTILLA Y LASSO DE LA VEGA, JUAN I[22] MANUEL DE CASTILLA, REY DE CASTILLA LEÓN, JUANA[21] MANUEL DE CASTILLA, BLANCA[20] DE LA CERDA, FERNANDO[19] DE LA CERDA II, FERNANDO[18] DE LA CERDA, VIOLANTE[17] DE ARAGÓN, JAIME I[16] "EL CONQUISTADOR" REY DE ARAGÓN, PEDRO II[15] DE ARAGÓN, "EL CATÓLICO" REY DE ARAGÓN, ALFONSO II[14] REY DE ARAGÓN Y 1RO. DE CATALUÑA, PETRONILA[13] DE ARAGÓN, REINA DE ARAGÓN, RAMIRO II[12] SÁNCHEZ, REY DE ARAGÓN, SANCHO V[11] RAMÍREZ, REY DE ARAGÓN, RAMIRO I[10] SÁNCHEZ, REY DE ARAGÓN, SANCHO III[9] GARCÉS "EL GRANDE", REY DE PAMPLONA, GARCÍA II[8] SÁNCHEZ, REY DE PAMPLONA, EL TEMBLÓN, SANCHO II[7] GARCÉS ABARCA, REY DE PAMPLONA, GARCÍA I[6] SÁNCHEZ, REY DE PAMPLONA, SANCHO I[5] GARCÉS, REY DE PAMPLONA, GARCÍA[4] JIMÉNEZ, PRÍNCIPE DE NAVARRA, JIMENA[3] GARCÍA, GARCÍA[2] JIMÉNEZ, JIMINO[1])* She married ALBERTO GUERRA LINARES.

Child of YERALA ASTACIO MONTEALEGRE and ALBERTO GUERRA LINARES is:

i. ALBERTO ERNESTO[42] GUERRA ASTACIO.

299. NILSA DARIANA[41] ASTACIO MONTEALEGRE *(MARÍA TRINIDAD[40] MONTEALEGRE HERNÁNDEZ, DOMINGO[39] MONTEALEGRE VANPOVEDT, ABRAHAM[38] MONTEALEGRE LACAYO, MARIANO ANTONIO[37] MONTEALEGRE ROMERO, MANUELA CASIMIRA[36] ROMERO SÁENZ, BÁRBARA ANTONIA[35] SÁENZ BONILLA, MANUEL[34] SÁENZ VÁZQUEZ Y RAMIRO-CORAJO, MARÍA ROSA[33] VÁZQUEZ RAMIRO-CORAJO, JOSEPH FRANCISCO[32] RAMIRO-CORAJO Y VERA SOTOMAYOR, JUANA[31] DE VERA SOTOMAYOR, LUIS[30] MÉNDEZ SOTOMAYOR Y CERRATO, ALFONSO[29] FERNÁNDEZ DE SOTOMAYOR FIGUEROA MESSÍA, LUIS[28] MÉNDEZ DE SOTOMAYOR FIGUEROA MESSÍA, GARCI[27] MÉNDEZ DE SOTOMAYOR Y SÁNCHEZ VILLODRE, CATALINA[26] SÁNCHEZ DE VILLODRE Y MANUEL, INÉS[25] SÁNCHEZ MANUEL DE VILLENA, JUAN[24] SÁNCHEZ MANUEL Y GONZÁLEZ DE MANZANEDO, SANCHO[23] MANUEL DE CASTILLA Y LASSO DE LA VEGA, JUAN I[22] MANUEL DE CASTILLA, REY DE CASTILLA LEÓN, JUANA[21] MANUEL DE CASTILLA, BLANCA[20] DE LA CERDA, FERNANDO[19] DE LA CERDA II, FERNANDO[18] DE LA CERDA, VIOLANTE[17] DE ARAGÓN, JAIME I[16] "EL CONQUISTADOR" REY DE ARAGÓN, PEDRO II[15] DE ARAGÓN, "EL CATÓLICO" REY DE ARAGÓN, ALFONSO II[14] REY DE ARAGÓN Y 1RO. DE*

CATALUÑA, PETRONILA[13] DE ARAGÓN, REINA DE ARAGÓN, RAMIRO II[12] SÁNCHEZ, REY DE ARAGÓN, SANCHO V[11] RAMÍREZ, REY DE ARAGÓN, RAMIRO I[10] SÁNCHEZ, REY DE ARAGÓN, SANCHO III[9] GARCÉS "EL GRANDE", REY DE PAMPLONA, GARCÍA II[8] SÁNCHEZ, REY DE PAMPLONA, EL TEMBLÓN, SANCHO II[7] GARCÉS ABARCA, REY DE PAMPLONA, GARCÍA I[6] SÁNCHEZ, REY DE PAMPLONA, SANCHO I[5] GARCÉS, REY DE PAMPLONA, GARCÍA[4] JIMÉNEZ, PRÍNCIPE DE NAVARRA, JIMENA[3] GARCÍA, GARCÍA[2] JIMÉNEZ, JIMINO[1]) She married MARCELO GONZÁLEZ VALLADARES.

Child of NILSA ASTACIO MONTEALEGRE and MARCELO GONZÁLEZ VALLADARES is:
i. MARCELO[42] GONZÁLEZ ASTACIO.

300. MÉLIDA[41] MONTEALEGRE INFANTE *(JOSEFA[40] INFANTE MORAZÁN, MERCEDES[39] MORAZÁN VENERIO, FRANCISCO[38] MORAZÁN MONCADA, MARIANO ANTONIO[37] MONTEALEGRE ROMERO, MANUELA CASIMIRA[36] ROMERO SÁENZ, BÁRBARA ANTONIA[35] SÁENZ BONILLA, MANUEL[34] SÁENZ VÁZQUEZ Y RAMIRO-CORAJO, MARÍA ROSA[33] VÁZQUEZ RAMIRO-CORAJO, JOSEPH FRANCISCO[32] RAMIRO-CORAJO Y VERA SOTOMAYOR, JUANA[31] DE VERA SOTOMAYOR, LUIS[30] MÉNDEZ SOTOMAYOR Y CERRATO, ALFONSO[29] FERNÁNDEZ DE SOTOMAYOR FIGUEROA MESSÍA, LUIS[28] MÉNDEZ DE SOTOMAYOR FIGUEROA MESSÍA, GARCÍ[27] MÉNDEZ DE SOTOMAYOR Y SÁNCHEZ VILLODRE, CATALINA[26] SÁNCHEZ DE VILLODRE Y MANUEL, INÉS[25] SÁNCHEZ MANUEL DE VILLENA, JUAN[24] SÁNCHEZ MANUEL Y GONZÁLEZ DE MANZANEDO, SANCHO[23] MANUEL DE CASTILLA Y LASSO DE LA VEGA, JUAN I[22] MANUEL DE CASTILLA, REY DE CASTILLA LEÓN, JUANA[21] MANUEL DE CASTILLA, BLANCA[20] DE LA CERDA, FERNANDO[19] DE LA CERDA II, FERNANDO[18] DE LA CERDA, VIOLANTE[17] DE ARAGÓN, JAIME I[16] "EL CONQUISTADOR" REY DE ARAGÓN, PEDRO II[15] DE ARAGÓN, "EL CATÓLICO" REY DE ARAGÓN, ALFONSO II[14] REY DE ARAGÓN Y 1RO. DE CATALUÑA, PETRONILA[13] DE ARAGÓN, REINA DE ARAGÓN, RAMIRO II[12] SÁNCHEZ, REY DE ARAGÓN, SANCHO V[11] RAMÍREZ, REY DE ARAGÓN, RAMIRO I[10] SÁNCHEZ, REY DE ARAGÓN, SANCHO III[9] GARCÉS "EL GRANDE", REY DE PAMPLONA, GARCÍA II[8] SÁNCHEZ, REY DE PAMPLONA, EL TEMBLÓN, SANCHO II[7] GARCÉS ABARCA, REY DE PAMPLONA, GARCÍA I[6] SÁNCHEZ, REY DE PAMPLONA, SANCHO I[5] GARCÉS, REY DE PAMPLONA, GARCÍA[4] JIMÉNEZ, PRÍNCIPE DE NAVARRA, JIMENA[3] GARCÍA, GARCÍA[2] JIMÉNEZ, JIMINO[1])* She married ALBERTO AVILÉS GARCÍA.

Child of MÉLIDA MONTEALEGRE INFANTE and ALBERTO AVILÉS GARCÍA is:
328. i. JOSEFA "CHEPITA"[42] AVILÉS MONTEALEGRE.

301. MÉLIDA[41] MONTEALEGRE INFANTE *(JOSEFA[40] INFANTE MORAZÁN, MERCEDES[39] MORAZÁN VENERIO, FRANCISCO[38] MORAZÁN MONCADA, MARIANO ANTONIO[37] MONTEALEGRE ROMERO, MANUELA CASIMIRA[36] ROMERO SÁENZ, BÁRBARA ANTONIA[35] SÁENZ BONILLA, MANUEL[34] SÁENZ VÁZQUEZ Y RAMIRO-CORAJO, MARÍA ROSA[33] VÁZQUEZ RAMIRO-CORAJO, JOSEPH FRANCISCO[32] RAMIRO-CORAJO Y VERA SOTOMAYOR, JUANA[31] DE VERA SOTOMAYOR, LUIS[30] MÉNDEZ SOTOMAYOR Y CERRATO, ALFONSO[29] FERNÁNDEZ DE SOTOMAYOR FIGUEROA MESSÍA, LUIS[28] MÉNDEZ DE SOTOMAYOR FIGUEROA MESSÍA, GARCÍ[27] MÉNDEZ DE SOTOMAYOR Y SÁNCHEZ VILLODRE, CATALINA[26] SÁNCHEZ DE VILLODRE Y MANUEL, INÉS[25] SÁNCHEZ MANUEL DE VILLENA, JUAN[24] SÁNCHEZ MANUEL Y GONZÁLEZ DE MANZANEDO, SANCHO[23] MANUEL DE CASTILLA Y LASSO DE LA VEGA, JUAN I[22] MANUEL DE CASTILLA, REY DE CASTILLA LEÓN, JUANA[21] MANUEL DE CASTILLA, BLANCA[20] DE LA CERDA, FERNANDO[19] DE LA CERDA II, FERNANDO[18] DE LA CERDA, VIOLANTE[17] DE ARAGÓN, JAIME I[16] "EL CONQUISTADOR" REY DE ARAGÓN, PEDRO II[15] DE ARAGÓN, "EL CATÓLICO" REY DE ARAGÓN, ALFONSO II[14] REY DE ARAGÓN Y 1RO. DE CATALUÑA, PETRONILA[13] DE ARAGÓN, REINA DE ARAGÓN, RAMIRO II[12] SÁNCHEZ, REY DE ARAGÓN, SANCHO V[11] RAMÍREZ, REY DE ARAGÓN, RAMIRO I[10] SÁNCHEZ, REY DE ARAGÓN, SANCHO III[9] GARCÉS "EL GRANDE", REY DE PAMPLONA, GARCÍA II[8] SÁNCHEZ, REY DE PAMPLONA, EL TEMBLÓN, SANCHO II[7] GARCÉS ABARCA, REY DE PAMPLONA, GARCÍA I[6] SÁNCHEZ, REY DE PAMPLONA, SANCHO I[5] GARCÉS, REY DE PAMPLONA, GARCÍA[4] JIMÉNEZ, PRÍNCIPE DE NAVARRA, JIMENA[3] GARCÍA, GARCÍA[2] JIMÉNEZ, JIMINO[1])* She married ALBERTO AVILÉS.

Children of MÉLIDA MONTEALEGRE INFANTE and ALBERTO AVILÉS are:

i. JOSEFA[42] AVILÉS MONTEALEGRE.
ii. ALBERTO JOSÉ AVILÉS MONTEALEGRE.
iii. MERCEDES AVILÉS MONTEALEGRE.

302. ESTER[41] MONTEALEGRE DESHON *(ESTER[40] DESHON MORAZÁN, CARMEN[39] MORAZÁN VENERIO, FRANCISCO[38] MORAZÁN MONCADA, MARIANO ANTONIO[37] MONTEALEGRE ROMERO, MANUELA CASIMIRA[36] ROMERO SÁENZ, BÁRBARA ANTONIA[35] SÁENZ BONILLA, MANUEL[34] SÁENZ VÁZQUEZ Y RAMIRO-CORAJO, MARÍA ROSA[33] VÁZQUEZ RAMIRO-CORAJO, JOSEPH FRANCISCO[32] RAMIRO-CORAJO Y VERA SOTOMAYOR, JUANA[31] DE VERA SOTOMAYOR, LUIS[30] MÉNDEZ SOTOMAYOR Y CERRATO, ALFONSO[29] FERNÁNDEZ DE SOTOMAYOR FIGUEROA MESSÍA, LUIS[28] MÉNDEZ DE SOTOMAYOR FIGUEROA MESSÍA, GARCÍ[27] MÉNDEZ DE SOTOMAYOR Y SÁNCHEZ VILLODRE, CATALINA[26] SÁNCHEZ DE VILLODRE Y MANUEL, INÉS[25] SÁNCHEZ MANUEL DE VILLENA, JUAN[24] SÁNCHEZ MANUEL Y GONZÁLEZ DE MANZANEDO, SANCHO[23] MANUEL DE CASTILLA Y LASSO DE LA VEGA, JUAN I[22]MANUEL DE CASTILLA, REY DE CASTILLA LEÓN, JUANA[21] MANUEL DE CASTILLA, BLANCA[20] DE LA CERDA, FERNANDO[19] DE LA CERDA II, FERNANDO[18] DE LA CERDA, VIOLANTE[17] DE ARAGÓN, JAIME I[16] "EL CONQUISTADOR" REY DE ARAGÓN, PEDRO II[15]DE ARAGÓN, "EL CATÓLICO" REY DE ARAGÓN, ALFONSO II[14] REY DE ARAGÓN Y 1RO. DE CATALUÑA, PETRONILA[13]DE ARAGÓN, REINA DE ARAGÓN, RAMIRO II[12]SÁNCHEZ, REY DE ARAGÓN, SANCHO V[11]RAMÍREZ, REY DE ARAGÓN, RAMIRO I[10]SÁNCHEZ, REY DE ARAGÓN, SANCHO III[9]GARCÉS "EL GRANDE", REY DE PAMPLONA, GARCÍA II[8]SÁNCHEZ, REY DE PAMPLONA, EL TEMBLÓN, SANCHO II[7]GARCÉS ABARCA, REY DE PAMPLONA, GARCÍA I[6]SÁNCHEZ, REY DE PAMPLONA, SANCHO I[5]GARCÉS, REY DE PAMPLONA, GARCÍA[4]JIMÉNEZ, PRÍNCIPE DE NAVARRA, JIMENA[3] GARCÍA, GARCÍA[2] JIMÉNEZ, JIMINO[1])* She married JORGE GALLI COHEN.

Children of ESTER MONTEALEGRE DESHON and JORGE COHEN are:

i. NELA[42] COHEN MONTEALEGRE.
ii. CARLOS COHEN MONTEALEGRE.
iii. JORGE COHEN MONTEALEGRE.
iv. PIETRO COHEN MONTEALEGRE.

303. CARLOS[41] MONTEALEGRE DESHON *(ESTER[40] DESHON MORAZÁN, CARMEN[39] MORAZÁN VENERIO, FRANCISCO[38] MORAZÁN MONCADA, MARIANO ANTONIO[37] MONTEALEGRE ROMERO, MANUELA CASIMIRA[36] ROMERO SÁENZ, BÁRBARA ANTONIA[35] SÁENZ BONILLA, MANUEL[34] SÁENZ VÁZQUEZ Y RAMIRO-CORAJO, MARÍA ROSA[33] VÁZQUEZ RAMIRO-CORAJO, JOSEPH FRANCISCO[32] RAMIRO-CORAJO Y VERA SOTOMAYOR, JUANA[31] DE VERA SOTOMAYOR, LUIS[30] MÉNDEZ SOTOMAYOR Y CERRATO, ALFONSO[29] FERNÁNDEZ DE SOTOMAYOR FIGUEROA MESSÍA, LUIS[28] MÉNDEZ DE SOTOMAYOR FIGUEROA MESSÍA, GARCÍ[27] MÉNDEZ DE SOTOMAYOR Y SÁNCHEZ VILLODRE, CATALINA[26] SÁNCHEZ DE VILLODRE Y MANUEL, INÉS[25] SÁNCHEZ MANUEL DE VILLENA, JUAN[24] SÁNCHEZ MANUEL Y GONZÁLEZ DE MANZANEDO, SANCHO[23] MANUEL DE CASTILLA Y LASSO DE LA VEGA, JUAN I[22]MANUEL DE CASTILLA, REY DE CASTILLA LEÓN, JUANA[21] MANUEL DE CASTILLA, BLANCA[20] DE LA CERDA, FERNANDO[19] DE LA CERDA II, FERNANDO[18] DE LA CERDA, VIOLANTE[17] DE ARAGÓN, JAIME I[16] "EL CONQUISTADOR" REY DE ARAGÓN, PEDRO II[15]DE ARAGÓN, "EL CATÓLICO" REY DE ARAGÓN, ALFONSO II[14] REY DE ARAGÓN Y 1RO. DE CATALUÑA, PETRONILA[13]DE ARAGÓN, REINA DE ARAGÓN, RAMIRO II[12]SÁNCHEZ, REY DE ARAGÓN, SANCHO V[11]RAMÍREZ, REY DE ARAGÓN, RAMIRO I[10]SÁNCHEZ, REY DE ARAGÓN, SANCHO III[9]GARCÉS "EL GRANDE", REY DE PAMPLONA, GARCÍA II[8]SÁNCHEZ, REY DE PAMPLONA, EL TEMBLÓN, SANCHO II[7]GARCÉS ABARCA, REY DE PAMPLONA, GARCÍA I[6]SÁNCHEZ, REY DE PAMPLONA, SANCHO I[5]GARCÉS, REY DE PAMPLONA, GARCÍA[4]JIMÉNEZ, PRÍNCIPE DE NAVARRA, JIMENA[3] GARCÍA, GARCÍA[2] JIMÉNEZ, JIMINO[1])* was born November 15, 1914 in Chinandega, Chinandega, Nicaragua. He married ELIA "ELITA"

GASTEAZORO RIVAS. She was born January 18, 1919 in Chinandega, Chinandega, Nicaragua.

Children of CARLOS MONTEALEGRE DESHON and ELIA GASTEAZORO RIVAS are:

i. SILVIA[42] MONTEALEGRE GASTEAZORO, m. ALFREDO OSORIO PETERS.
ii. SAMUEL "SAMO" MONTEALEGRE GASTEAZORO, d. September 13, 1963.
iii. CARLOS MONTEALEGRE GASTEAZORO, d. September 29, 1978.
iv. NOEL MONTEALEGRE GASTEAZORO.
v. ORLANDO MONTEALEGRE GASTEAZORO.
vi. JULIO CÉSAR MONTEALEGRE GASTEAZORO.
vii. ELIANA MONTEALEGRE GASTEAZORO, m. DIEGO VARGAS GUZMÁN.
viii. ARTURO MONTEALEGRE GASTEAZORO.
ix. MIGUEL MONTEALEGRE GASTEAZORO.

304. OSCAR RAMIRO[41] MONTEALEGRE DESHON *(ESTER[40] DESHON MORAZÁN, CARMEN[39] MORAZÁN VENERIO, FRANCISCO[38] MORAZÁN MONCADA, MARIANO ANTONIO[37] MONTEALEGRE ROMERO, MANUELA CASIMIRA[36] ROMERO SÁENZ, BÁRBARA ANTONIA[35] SÁENZ BONILLA, MANUEL[34] SÁENZ VÁZQUEZ Y RAMIRO-CORAJO, MARÍA ROSA[33] VÁZQUEZ RAMIRO-CORAJO, JOSEPH FRANCISCO[32] RAMIRO-CORAJO Y VERA SOTOMAYOR, JUANA[31] DE VERA SOTOMAYOR, LUIS[30] MÉNDEZ SOTOMAYOR Y CERRATO, ALFONSO[29] FERNÁNDEZ DE SOTOMAYOR FIGUEROA MESSÍA, LUIS[28] MÉNDEZ DE SOTOMAYOR FIGUEROA MESSÍA, GARCI[27] MÉNDEZ DE SOTOMAYOR Y SÁNCHEZ VILLODRE, CATALINA[26] SÁNCHEZ DE VILLODRE Y MANUEL, INÉS[25] SÁNCHEZ MANUEL DE VILLENA, JUAN[24] SÁNCHEZ MANUEL Y GONZÁLEZ DE MANZANEDO, SANCHO[23] MANUEL DE CASTILLA Y LASSO DE LA VEGA, JUAN I[22]MANUEL DE CASTILLA, REY DE CASTILLA LEÓN, JUANA[21] MANUEL DE CASTILLA, BLANCA[20] DE LA CERDA, FERNANDO[19] DE LA CERDA II, FERNANDO[18] DE LA CERDA, VIOLANTE[17] DE ARAGÓN, JAIME I[16] "EL CONQUISTADOR" REY DE ARAGÓN, PEDRO II[15] DE ARAGÓN, "EL CATÓLICO" REY DE ARAGÓN, ALFONSO II[14] REY DE ARAGÓN Y 1RO. DE CATALUÑA, PETRONILA[13] DE ARAGÓN, REINA DE ARAGÓN, RAMIRO II[12]SÁNCHEZ, REY DE ARAGÓN, SANCHO V[11]RAMÍREZ, REY DE ARAGÓN, RAMIRO I[10]SÁNCHEZ, REY DE ARAGÓN, SANCHO III[9]GARCÉS "EL GRANDE", REY DE PAMPLONA, GARCÍA II[8]SÁNCHEZ, REY DE PAMPLONA, EL TEMBLÓN, SANCHO II[7]GARCÉS ABARCA, REY DE PAMPLONA, GARCÍA I[6]SÁNCHEZ, REY DE PAMPLONA, SANCHO I[5]GARCÉS, REY DE PAMPLONA, GARCÍA[4]JIMÉNEZ, PRÍNCIPE DE NAVARRA, JIMENA[3] GARCÍA, GARCÍA[2] JIMÉNEZ, JIMINO[1])* He married AMANDA SANSÓN BALLADARES.

Children of OSCAR MONTEALEGRE DESHON and AMANDA SANSÓN BALLADARES are:

i. NORMA[42] MONTEALEGRE SANSÓN.
ii. RAMIRO MONTEALEGRE SANSÓN.
iii. MITA MONTEALEGRE SANSÓN.
iv. RICARDO MONTEALEGRE SANSÓN.
v. MARÍA ESTHER MONTEALEGRE SANSÓN.
vi. MARTA MONTEALEGRE SANSÓN.
vii. ALDO MONTEALEGRE SANSÓN.
viii. MARISOL MONTEALEGRE SANSÓN.
ix. ROMEL MONTEALEGRE SANSÓN.
x. AMANDA MONTEALEGRE SANSÓN.

305. BERTA[41] DESHON MONTEALEGRE *(EDUARDO[40] DESHON MORAZÁN, CARMEN[39] MORAZÁN VENERIO, FRANCISCO[38] MORAZÁN MONCADA, MARIANO ANTONIO[37] MONTEALEGRE ROMERO, MANUELA CASIMIRA[36] ROMERO SÁENZ, BÁRBARA ANTONIA[35] SÁENZ BONILLA, MANUEL[34] SÁENZ VÁZQUEZ Y RAMIRO-CORAJO, MARÍA ROSA[33] VÁZQUEZ RAMIRO-CORAJO, JOSEPH FRANCISCO[32] RAMIRO-CORAJO Y VERA SOTOMAYOR, JUANA[31] DE VERA SOTOMAYOR, LUIS[30] MÉNDEZ SOTOMAYOR Y CERRATO, ALFONSO[29] FERNÁNDEZ DE SOTOMAYOR FIGUEROA MESSÍA, LUIS[28] MÉNDEZ DE SOTOMAYOR FIGUEROA MESSÍA, GARCI[27] MÉNDEZ DE SOTOMAYOR Y SÁNCHEZ VILLODRE, CATALINA[26] SÁNCHEZ DE VILLODRE Y MANUEL, INÉS[25]*

SÁNCHEZ MANUEL DE VILLENA, JUAN[24] SÁNCHEZ MANUEL Y GONZÁLEZ DE MANZANEDO, SANCHO[23] MANUEL DE CASTILLA Y LASSO DE LA VEGA, JUAN I[22] MANUEL DE CASTILLA, REY DE CASTILLA LEÓN, JUANA[21] MANUEL DE CASTILLA, BLANCA[20] DE LA CERDA, FERNANDO[19] DE LA CERDA II, FERNANDO[18] DE LA CERDA, VIOLANTE[17] DE ARAGÓN, JAIME I[16] "EL CONQUISTADOR" REY DE ARAGÓN, PEDRO II[15] DE ARAGÓN, "EL CATÓLICO" REY DE ARAGÓN, ALFONSO II[14] REY DE ARAGÓN Y 1RO. DE CATALUÑA, PETRONILA[13] DE ARAGÓN, REINA DE ARAGÓN, RAMIRO II[12] SÁNCHEZ, REY DE ARAGÓN, SANCHO V[11] RAMÍREZ, REY DE ARAGÓN, RAMIRO I[10] SÁNCHEZ, REY DE ARAGÓN, SANCHO III[9] GARCÉS "EL GRANDE", REY DE PAMPLONA, GARCÍA II[8] SÁNCHEZ, REY DE PAMPLONA, EL TEMBLÓN, SANCHO II[7] GARCÉS ABARCA, REY DE PAMPLONA, GARCÍA I[6] SÁNCHEZ, REY DE PAMPLONA, SANCHO I[5] GARCÉS, REY DE PAMPLONA, GARCÍA[4] JIMÉNEZ, PRÍNCIPE DE NAVARRA, JIMENA[3] GARCÍA, GARCÍA[2] JIMÉNEZ, JIMINO[1]) She married CARLOS IRIGOYEN GUTIÉRREZ, son of LUIS IRIGOYEN VIDAURRE and SARA GUTIÉRREZ MARTÍNEZ. He was born May 19, 1901 in Chinandega, Chinandega, Nicaragua, and died September 26, 1965 in Chinandega, Chinandega, Nicaragua.

More About CARLOS IRIGOYEN GUTIÉRREZ:
Burial: Chinandega, Chinandega, Nicaragua

Children of BERTA DESHON MONTEALEGRE and CARLOS IRIGOYEN GUTIÉRREZ are:

329. i. ANGELA[42] IRIGOYEN DESHON, b. December 02, 1932, Chinandega, Chinandega, Nicaragua.
330. ii. BERTA ANTONIA IRIGOYEN DESHON, b. January 30, 1934, Chinandega, Chinandega, Nicaragua.
331. iii. CARLOS EDUARDO IRIGOYEN DESHON, b. October 05, 1936.
332. iv. CARMEN IRIGOYEN DESHON, b. July 16, 1930, Chinandega, Chinandega, Nicaragua.
333. v. LUIS ROOSEVELT IRIGOYEN DESHON, b. January 30, 1942.
334. vi. JORGE HIPÓLITO IRIGOYEN DESHON.
335. vii. EDUARDO JOSÉ IRIGOYEN DESHON, b. March 28, 1947.

306. EDUARDO[41] DESHON MONTEALEGRE *(EDUARDO[40] DESHON MORAZÁN, CARMEN[39] MORAZÁN VENERIO, FRANCISCO[38] MORAZÁN MONCADA, MARIANO ANTONIO[37] MONTEALEGRE ROMERO, MANUELA CASIMIRA[36] ROMERO SÁENZ, BÁRBARA ANTONIA[35] SÁENZ BONILLA, MANUEL[34] SÁENZ VÁZQUEZ Y RAMIRO-CORAJO, MARÍA ROSA[33] VÁZQUEZ RAMIRO-CORAJO, JOSEPH FRANCISCO[32] RAMIRO-CORAJO Y VERA SOTOMAYOR, JUANA[31] DE VERA SOTOMAYOR, LUIS[30] MÉNDEZ SOTOMAYOR Y CERRATO, ALFONSO[29] FERNÁNDEZ DE SOTOMAYOR FIGUEROA MESSÍA, LUIS[28] MÉNDEZ DE SOTOMAYOR FIGUEROA MESSÍA, GARCI[27] MÉNDEZ DE SOTOMAYOR Y SÁNCHEZ VILLODRE, CATALINA[26] SÁNCHEZ DE VILLODRE Y MANUEL, INÉS[25] SÁNCHEZ MANUEL DE VILLENA, JUAN[24] SÁNCHEZ MANUEL Y GONZÁLEZ DE MANZANEDO, SANCHO[23] MANUEL DE CASTILLA Y LASSO DE LA VEGA, JUAN I[22] MANUEL DE CASTILLA, REY DE CASTILLA LEÓN, JUANA[21] MANUEL DE CASTILLA, BLANCA[20] DE LA CERDA, FERNANDO[19] DE LA CERDA II, FERNANDO[18] DE LA CERDA, VIOLANTE[17] DE ARAGÓN, JAIME I[16] "EL CONQUISTADOR" REY DE ARAGÓN, PEDRO II[15] DE ARAGÓN, "EL CATÓLICO" REY DE ARAGÓN, ALFONSO II[14] REY DE ARAGÓN Y 1RO. DE CATALUÑA, PETRONILA[13] DE ARAGÓN, REINA DE ARAGÓN, RAMIRO II[12] SÁNCHEZ, REY DE ARAGÓN, SANCHO V[11] RAMÍREZ, REY DE ARAGÓN, RAMIRO I[10] SÁNCHEZ, REY DE ARAGÓN, SANCHO III[9] GARCÉS "EL GRANDE", REY DE PAMPLONA, GARCÍA II[8] SÁNCHEZ, REY DE PAMPLONA, EL TEMBLÓN, SANCHO II[7] GARCÉS ABARCA, REY DE PAMPLONA, GARCÍA I[6] SÁNCHEZ, REY DE PAMPLONA, SANCHO I[5] GARCÉS, REY DE PAMPLONA, GARCÍA[4] JIMÉNEZ, PRÍNCIPE DE NAVARRA, JIMENA[3] GARCÍA, GARCÍA[2] JIMÉNEZ, JIMINO[1])* He married JUANA CABRERA.

Child of EDUARDO DESHON MONTEALEGRE and JUANA CABRERA is:

i. MAGDA[42] DESHON CABRERA.

307. ERNESTO[41] SOLÓRZANO DÍAZ *(JOSÉ[40] SOLÓRZANO AVILÉZ, ENRIQUE[39] SOLÓRZANO*

CARDOZA, RAMÓN[38] SOLÓRZANO MONTEALEGRE, GERTRUDIS[37] MONTEALEGRE ROMERO, MANUELA CASIMIRA[36] ROMERO SÁENZ, BÁRBARA ANTONIA[35] SÁENZ BONILLA, MANUEL[34] SÁENZ VÁZQUEZ Y RAMIRO-CORAJO, MARÍA ROSA[33] VÁZQUEZ RAMIRO-CORAJO, JOSEPH FRANCISCO[32] RAMIRO-CORAJO Y VERA SOTOMAYOR, JUANA[31] DE VERA SOTOMAYOR, LUIS[30] MÉNDEZ SOTOMAYOR Y CERRATO, ALFONSO[29] FERNÁNDEZ DE SOTOMAYOR FIGUEROA MESSÍA, LUIS[28] MÉNDEZ DE SOTOMAYOR FIGUEROA MESSÍA, GARCÍ[27] MÉNDEZ DE SOTOMAYOR Y SÁNCHEZ VILLODRE, CATALINA[26] SÁNCHEZ DE VILLODRE Y MANUEL, INÉS[25] SÁNCHEZ MANUEL DE VILLENA, JUAN[24] SÁNCHEZ MANUEL Y GONZÁLEZ DE MANZANEDO, SANCHO[23] MANUEL DE CASTILLA Y LASSO DE LA VEGA, JUAN I[22] MANUEL DE CASTILLA, REY DE CASTILLA LEÓN, JUANA[21] MANUEL DE CASTILLA, BLANCA[20] DE LA CERDA, FERNANDO[19] DE LA CERDA II, FERNANDO[18] DE LA CERDA, VIOLANTE[17] DE ARAGÓN, JAIME I[16] "EL CONQUISTADOR" REY DE ARAGÓN, PEDRO II[15] DE ARAGÓN, "EL CATÓLICO" REY DE ARAGÓN, ALFONSO II[14] REY DE ARAGÓN Y 1RO. DE CATALUÑA, PETRONILA[13] DE ARAGÓN, REINA DE ARAGÓN, RAMIRO II[12] SÁNCHEZ, REY DE ARAGÓN, SANCHO V[11] RAMÍREZ, REY DE ARAGÓN, RAMIRO I[10] SÁNCHEZ, REY DE ARAGÓN, SANCHO III[9] GARCÉS "EL GRANDE", REY DE PAMPLONA, GARCÍA II[8] SÁNCHEZ, REY DE PAMPLONA, EL TEMBLÓN, SANCHO II[7] GARCÉS ABARCA, REY DE PAMPLONA, GARCÍA I[6] SÁNCHEZ, REY DE PAMPLONA, SANCHO I[5] GARCÉS, REY DE PAMPLONA, GARCÍA[4] JIMÉNEZ, PRÍNCIPE DE NAVARRA, JIMENA[3] GARCÍA, GARCÍA[2] JIMÉNEZ, JIMINO[1]) He married DORA THOMPSON GUTIÉRREZ. She died August 29, 1970.

Child of ERNESTO SOLÓRZANO DÍAZ and DORA THOMPSON GUTIÉRREZ is:
336. i. ARNOLDO[42] SOLÓRZANO THOMPSON, b. November 05, 1918; d. March 23, 1970.

308. LISÍMACO[41] LACAYO SOLÓRZANO *(ROSA[40] SOLÓRZANO GUTIÉRREZ, FEDERICO[39] SOLÓRZANO REYES, RAMÓN[38] SOLÓRZANO MONTEALEGRE, GERTRUDIS[37] MONTEALEGRE ROMERO, MANUELA CASIMIRA[36] ROMERO SÁENZ, BÁRBARA ANTONIA[35] SÁENZ BONILLA, MANUEL[34] SÁENZ VÁZQUEZ Y RAMIRO-CORAJO, MARÍA ROSA[33] VÁZQUEZ RAMIRO-CORAJO, JOSEPH FRANCISCO[32] RAMIRO-CORAJO Y VERA SOTOMAYOR, JUANA[31] DE VERA SOTOMAYOR, LUIS[30] MÉNDEZ SOTOMAYOR Y CERRATO, ALFONSO[29] FERNÁNDEZ DE SOTOMAYOR FIGUEROA MESSÍA, LUIS[28] MÉNDEZ DE SOTOMAYOR FIGUEROA MESSÍA, GARCÍ[27] MÉNDEZ DE SOTOMAYOR Y SÁNCHEZ VILLODRE, CATALINA[26] SÁNCHEZ DE VILLODRE Y MANUEL, INÉS[25] SÁNCHEZ MANUEL DE VILLENA, JUAN[24] SÁNCHEZ MANUEL Y GONZÁLEZ DE MANZANEDO, SANCHO[23] MANUEL DE CASTILLA Y LASSO DE LA VEGA, JUAN I[22] MANUEL DE CASTILLA, REY DE CASTILLA LEÓN, JUANA[21] MANUEL DE CASTILLA, BLANCA[20] DE LA CERDA, FERNANDO[19] DE LA CERDA II, FERNANDO[18] DE LA CERDA, VIOLANTE[17] DE ARAGÓN, JAIME I[16] "EL CONQUISTADOR" REY DE ARAGÓN, PEDRO II[15] DE ARAGÓN, "EL CATÓLICO" REY DE ARAGÓN, ALFONSO II[14] REY DE ARAGÓN Y 1RO. DE CATALUÑA, PETRONILA[13] DE ARAGÓN, REINA DE ARAGÓN, RAMIRO II[12] SÁNCHEZ, REY DE ARAGÓN, SANCHO V[11] RAMÍREZ, REY DE ARAGÓN, RAMIRO I[10] SÁNCHEZ, REY DE ARAGÓN, SANCHO III[9] GARCÉS "EL GRANDE", REY DE PAMPLONA, GARCÍA II[8] SÁNCHEZ, REY DE PAMPLONA, EL TEMBLÓN, SANCHO II[7] GARCÉS ABARCA, REY DE PAMPLONA, GARCÍA I[6] SÁNCHEZ, REY DE PAMPLONA, SANCHO I[5] GARCÉS, REY DE PAMPLONA, GARCÍA[4] JIMÉNEZ, PRÍNCIPE DE NAVARRA, JIMENA[3] GARCÍA, GARCÍA[2] JIMÉNEZ, JIMINO[1])* He married BERTHA LACAYO SACASA.

Children of LISÍMACO LACAYO SOLÓRZANO and BERTHA LACAYO SACASA are:
i. CHESTER[42] LACAYO LACAYO.
ii. WILLIAM LACAYO LACAYO, m. GRACIELA AVILÉZ.

309. FEDERICO[41] LACAYO SOLÓRZANO *(ROSA[40] SOLÓRZANO GUTIÉRREZ, FEDERICO[39] SOLÓRZANO REYES, RAMÓN[38] SOLÓRZANO MONTEALEGRE, GERTRUDIS[37] MONTEALEGRE ROMERO, MANUELA CASIMIRA[36] ROMERO SÁENZ, BÁRBARA ANTONIA[35] SÁENZ BONILLA, MANUEL[34] SÁENZ VÁZQUEZ Y RAMIRO-CORAJO, MARÍA ROSA[33] VÁZQUEZ RAMIRO-CORAJO, JOSEPH FRANCISCO[32] RAMIRO-CORAJO Y VERA SOTOMAYOR, JUANA[31] DE VERA SOTOMAYOR, LUIS[30] MÉNDEZ SOTOMAYOR Y CERRATO, ALFONSO[29] FERNÁNDEZ DE SOTOMAYOR FIGUEROA*

MESSÍA, LUIS[28] MÉNDEZ DE SOTOMAYOR FIGUEROA MESSÍA, GARCÍ[27] MÉNDEZ DE SOTOMAYOR Y SÁNCHEZ VILLODRE, CATALINA[26] SÁNCHEZ DE VILLODRE Y MANUEL, INÉS[25] SÁNCHEZ MANUEL DE VILLENA, JUAN[24] SÁNCHEZ MANUEL Y GONZÁLEZ DE MANZANEDO, SANCHO[23] MANUEL DE CASTILLA Y LASSO DE LA VEGA, JUAN I[22] MANUEL DE CASTILLA, REY DE CASTILLA LEÓN, JUANA[21] MANUEL DE CASTILLA, BLANCA[20] DE LA CERDA, FERNANDO[19] DE LA CERDA II, FERNANDO[18] DE LA CERDA, VIOLANTE[17] DE ARAGÓN, JAIME I[16] "EL CONQUISTADOR" REY DE ARAGÓN, PEDRO II[15] DE ARAGÓN, "EL CATÓLICO" REY DE ARAGÓN, ALFONSO II[14] REY DE ARAGÓN Y 1RO. DE CATALUÑA, PETRONILA[13] DE ARAGÓN, REINA DE ARAGÓN, RAMIRO II[12] SÁNCHEZ, REY DE ARAGÓN, SANCHO V[11] RAMÍREZ, REY DE ARAGÓN, RAMIRO I[10] SÁNCHEZ, REY DE ARAGÓN, SANCHO III[9] GARCÉS "EL GRANDE", REY DE PAMPLONA, GARCÍA II[8] SÁNCHEZ, REY DE PAMPLONA, EL TEMBLÓN, SANCHO II[7] GARCÉS ABARCA, REY DE PAMPLONA, GARCÍA I[6] SÁNCHEZ, REY DE PAMPLONA, SANCHO I[5] GARCÉS, REY DE PAMPLONA, GARCÍA[4] JIMÉNEZ, PRÍNCIPE DE NAVARRA, JIMENA[3] GARCÍA, GARCÍA[2] JIMÉNEZ, JIMINO[1]) He married JOSEFA RIVAS AVILÉZ.

Children of FEDERICO LACAYO SOLÓRZANO and JOSEFA RIVAS AVILÉZ are:

i. EFRAÍM[42] LACAYO RIVAS, m. MAGDALENA ALVAREZ ENRÍQUEZ.
337. ii. ODILIE LACAYO RIVAS.
338. iii. DAISY LACAYO RIVAS.
iv. YOLANDA LACAYO RIVAS, m. GREGG TAPIA LACAYO.
v. FEDERICO LACAYO RIVAS.
vi. VIOLETA LACAYO RIVAS.
vii. VILMA LACAYO RIVAS.

310. MARÍA HAYDÉE[41] BONILLA SOLÓRZANO *(MATILDE[40] SOLÓRZANO GUTIÉRREZ, FEDERICO[39] SOLÓRZANO REYES, RAMÓN[38] SOLÓRZANO MONTEALEGRE, GERTRUDIS[37] MONTEALEGRE ROMERO, MANUELA CASIMIRA[36] ROMERO SÁENZ, BÁRBARA ANTONIA[35] SÁENZ BONILLA, MANUEL[34] SÁENZ VÁZQUEZ Y RAMIRO-CORAJO, MARÍA ROSA[33] VÁZQUEZ RAMIRO-CORAJO, JOSEPH FRANCISCO[32] RAMIRO-CORAJO Y VERA SOTOMAYOR, JUANA[31] DE VERA SOTOMAYOR, LUIS[30] MÉNDEZ SOTOMAYOR Y CERRATO, ALFONSO[29] FERNÁNDEZ DE SOTOMAYOR FIGUEROA MESSÍA, LUIS[28] MÉNDEZ DE SOTOMAYOR FIGUEROA MESSÍA, GARCÍ[27] MÉNDEZ DE SOTOMAYOR Y SÁNCHEZ VILLODRE, CATALINA[26] SÁNCHEZ DE VILLODRE Y MANUEL, INÉS[25] SÁNCHEZ MANUEL DE VILLENA, JUAN[24] SÁNCHEZ MANUEL Y GONZÁLEZ DE MANZANEDO, SANCHO[23] MANUEL DE CASTILLA Y LASSO DE LA VEGA, JUAN I[22] MANUEL DE CASTILLA, REY DE CASTILLA LEÓN, JUANA[21] MANUEL DE CASTILLA, BLANCA[20] DE LA CERDA, FERNANDO[19] DE LA CERDA II, FERNANDO[18] DE LA CERDA, VIOLANTE[17] DE ARAGÓN, JAIME I[16] "EL CONQUISTADOR" REY DE ARAGÓN, PEDRO II[15] DE ARAGÓN, "EL CATÓLICO" REY DE ARAGÓN, ALFONSO II[14] REY DE ARAGÓN Y 1RO. DE CATALUÑA, PETRONILA[13] DE ARAGÓN, REINA DE ARAGÓN, RAMIRO II[12] SÁNCHEZ, REY DE ARAGÓN, SANCHO V[11] RAMÍREZ, REY DE ARAGÓN, RAMIRO I[10] SÁNCHEZ, REY DE ARAGÓN, SANCHO III[9] GARCÉS "EL GRANDE", REY DE PAMPLONA, GARCÍA II[8] SÁNCHEZ, REY DE PAMPLONA, EL TEMBLÓN, SANCHO II[7] GARCÉS ABARCA, REY DE PAMPLONA, GARCÍA I[6] SÁNCHEZ, REY DE PAMPLONA, SANCHO I[5] GARCÉS, REY DE PAMPLONA, GARCÍA[4] JIMÉNEZ, PRÍNCIPE DE NAVARRA, JIMENA[3] GARCÍA, GARCÍA[2] JIMÉNEZ, JIMINO[1])* She married EUGENIO GRIMM.

Children of MARÍA BONILLA SOLÓRZANO and EUGENIO GRIMM are:

i. EUGENIO[42] GRIMM BONILLA.
ii. RÓGER GRIMM BONILLA.
iii. DANILO GRIMM BONILLA.
iv. VILMA GRIMM BONILLA.
v. SONIA GRIMM BONILLA.
vi. MARY GRIMM BONILLA.

311. JULIO CÉSAR[41] BONILLA SOLÓRZANO *(MATILDE[40] SOLÓRZANO GUTIÉRREZ, FEDERICO[39]*

SOLÓRZANO REYES, RAMÓN[38] SOLÓRZANO MONTEALEGRE, GERTRUDIS[37] MONTEALEGRE ROMERO, MANUELA CASIMIRA[36] ROMERO SÁENZ, BÁRBARA ANTONIA[35] SÁENZ BONILLA, MANUEL[34] SÁENZ VÁZQUEZ Y RAMIRO-CORAJO, MARÍA ROSA[33] VÁZQUEZ RAMIRO-CORAJO, JOSEPH FRANCISCO[32] RAMIRO-CORAJO Y VERA SOTOMAYOR, JUANA[31] DE VERA SOTOMAYOR, LUIS[30] MÉNDEZ SOTOMAYOR Y CERRATO, ALFONSO[29] FERNÁNDEZ DE SOTOMAYOR FIGUEROA MESSÍA, LUIS[28] MÉNDEZ DE SOTOMAYOR FIGUEROA MESSÍA, GARCÍ[27] MÉNDEZ DE SOTOMAYOR Y SÁNCHEZ VILLODRE, CATALINA[26] SÁNCHEZ DE VILLODRE Y MANUEL, INÉS[25] SÁNCHEZ MANUEL DE VILLENA, JUAN[24] SÁNCHEZ MANUEL Y GONZÁLEZ DE MANZANEDO, SANCHO[23] MANUEL DE CASTILLA Y LASSO DE LA VEGA, JUAN I[22] MANUEL DE CASTILLA, REY DE CASTILLA LEÓN, JUANA[21] MANUEL DE CASTILLA, BLANCA[20] DE LA CERDA, FERNANDO[19] DE LA CERDA II, FERNANDO[18] DE LA CERDA, VIOLANTE[17] DE ARAGÓN, JAIME I[16] "EL CONQUISTADOR" REY DE ARAGÓN, PEDRO II[15] DE ARAGÓN, "EL CATÓLICO" REY DE ARAGÓN, ALFONSO II[14] REY DE ARAGÓN Y 1RO. DE CATALUÑA, PETRONILA[13] DE ARAGÓN, REINA DE ARAGÓN, RAMIRO II[12] SÁNCHEZ, REY DE ARAGÓN, SANCHO V[11] RAMÍREZ, REY DE ARAGÓN, RAMIRO I[10] SÁNCHEZ, REY DE ARAGÓN, SANCHO III[9] GARCÉS "EL GRANDE", REY DE PAMPLONA, GARCÍA II[8] SÁNCHEZ, REY DE PAMPLONA, EL TEMBLÓN, SANCHO II[7] GARCÉS ABARCA, REY DE PAMPLONA, GARCÍA I[6] SÁNCHEZ, REY DE PAMPLONA, SANCHO I[5] GARCÉS, REY DE PAMPLONA, GARCÍA[4] JIMÉNEZ, PRÍNCIPE DE NAVARRA, JIMENA[3] GARCÍA, GARCÍA[2] JIMÉNEZ, JIMINO[1]) He married ARGENTINA PALMA LACAYO.

Children of JULIO BONILLA SOLÓRZANO and ARGENTINA PALMA LACAYO are:

i. JULIO[42] BONILLA PALMA, m. CORALIA DELGADO.
ii. RITA BONILLA PALMA.

312. MATILDE[41] BONILLA SOLÓRZANO *(MATILDE[40] SOLÓRZANO GUTIÉRREZ, FEDERICO[39] SOLÓRZANO REYES, RAMÓN[38] SOLÓRZANO MONTEALEGRE, GERTRUDIS[37] MONTEALEGRE ROMERO, MANUELA CASIMIRA[36] ROMERO SÁENZ, BÁRBARA ANTONIA[35] SÁENZ BONILLA, MANUEL[34] SÁENZ VÁZQUEZ Y RAMIRO-CORAJO, MARÍA ROSA[33] VÁZQUEZ RAMIRO-CORAJO, JOSEPH FRANCISCO[32] RAMIRO-CORAJO Y VERA SOTOMAYOR, JUANA[31] DE VERA SOTOMAYOR, LUIS[30] MÉNDEZ SOTOMAYOR Y CERRATO, ALFONSO[29] FERNÁNDEZ DE SOTOMAYOR FIGUEROA MESSÍA, LUIS[28] MÉNDEZ DE SOTOMAYOR FIGUEROA MESSÍA, GARCÍ[27] MÉNDEZ DE SOTOMAYOR Y SÁNCHEZ VILLODRE, CATALINA[26] SÁNCHEZ DE VILLODRE Y MANUEL, INÉS[25] SÁNCHEZ MANUEL DE VILLENA, JUAN[24] SÁNCHEZ MANUEL Y GONZÁLEZ DE MANZANEDO, SANCHO[23] MANUEL DE CASTILLA Y LASSO DE LA VEGA, JUAN I[22] MANUEL DE CASTILLA, REY DE CASTILLA LEÓN, JUANA[21] MANUEL DE CASTILLA, BLANCA[20] DE LA CERDA, FERNANDO[19] DE LA CERDA II, FERNANDO[18] DE LA CERDA, VIOLANTE[17] DE ARAGÓN, JAIME I[16] "EL CONQUISTADOR" REY DE ARAGÓN, PEDRO II[15] DE ARAGÓN, "EL CATÓLICO" REY DE ARAGÓN, ALFONSO II[14] REY DE ARAGÓN Y 1RO. DE CATALUÑA, PETRONILA[13] DE ARAGÓN, REINA DE ARAGÓN, RAMIRO II[12] SÁNCHEZ, REY DE ARAGÓN, SANCHO V[11] RAMÍREZ, REY DE ARAGÓN, RAMIRO I[10] SÁNCHEZ, REY DE ARAGÓN, SANCHO III[9] GARCÉS "EL GRANDE", REY DE PAMPLONA, GARCÍA II[8] SÁNCHEZ, REY DE PAMPLONA, EL TEMBLÓN, SANCHO II[7] GARCÉS ABARCA, REY DE PAMPLONA, GARCÍA I[6] SÁNCHEZ, REY DE PAMPLONA, SANCHO I[5] GARCÉS, REY DE PAMPLONA, GARCÍA[4] JIMÉNEZ, PRÍNCIPE DE NAVARRA, JIMENA[3] GARCÍA, GARCÍA[2] JIMÉNEZ, JIMINO[1])* She married LUIS MANUEL DEBAYLE SACASA.

Child of MATILDE BONILLA SOLÓRZANO and LUIS DEBAYLE SACASA is:

339. i. JOSÉ[42] DEBAYLE BONILLA.

313. CARLOS GUILLERMO[41] BONILLA SOLÓRZANO *(MATILDE[40] SOLÓRZANO GUTIÉRREZ, FEDERICO[39] SOLÓRZANO REYES, RAMÓN[38] SOLÓRZANO MONTEALEGRE, GERTRUDIS[37] MONTEALEGRE ROMERO, MANUELA CASIMIRA[36] ROMERO SÁENZ, BÁRBARA ANTONIA[35] SÁENZ BONILLA, MANUEL[34] SÁENZ VÁZQUEZ Y RAMIRO-CORAJO, MARÍA ROSA[33] VÁZQUEZ RAMIRO-CORAJO, JOSEPH FRANCISCO[32] RAMIRO-CORAJO Y VERA SOTOMAYOR, JUANA[31] DE VERA SOTOMAYOR, LUIS[30] MÉNDEZ SOTOMAYOR Y CERRATO, ALFONSO[29] FERNÁNDEZ DE*

SOTOMAYOR FIGUEROA MESSÍA, LUIS[28] *MÉNDEZ DE SOTOMAYOR FIGUEROA MESSÍA, GARCÍ*[27] *MÉNDEZ DE SOTOMAYOR Y SÁNCHEZ VILLODRE, CATALINA*[26] *SÁNCHEZ DE VILLODRE Y MANUEL, INÉS*[25] *SÁNCHEZ MANUEL DE VILLENA, JUAN*[24] *SÁNCHEZ MANUEL Y GONZÁLEZ DE MANZANEDO, SANCHO*[23] *MANUEL DE CASTILLA Y LASSO DE LA VEGA, JUAN I*[22]*MANUEL DE CASTILLA, REY DE CASTILLA LEÓN, JUANA*[21] *MANUEL DE CASTILLA, BLANCA*[20] *DE LA CERDA, FERNANDO*[19] *DE LA CERDA II, FERNANDO*[18] *DE LA CERDA, VIOLANTE*[17] *DE ARAGÓN, JAIME I*[16] *"EL CONQUISTADOR" REY DE ARAGÓN, PEDRO II*[15]*DE ARAGÓN, "EL CATÓLICO" REY DE ARAGÓN, ALFONSO II*[14] *REY DE ARAGÓN Y 1RO. DE CATALUÑA, PETRONILA*[13]*DE ARAGÓN, REINA DE ARAGÓN, RAMIRO II*[12]*SÁNCHEZ, REY DE ARAGÓN, SANCHO V*[11]*RAMÍREZ, REY DE ARAGÓN, RAMIRO I*[10]*SÁNCHEZ, REY DE ARAGÓN, SANCHO III*[9]*GARCÉS "EL GRANDE", REY DE PAMPLONA, GARCÍA II*[8]*SÁNCHEZ, REY DE PAMPLONA, EL TEMBLÓN, SANCHO II*[7]*GARCÉS ABARCA, REY DE PAMPLONA, GARCÍA I*[6]*SÁNCHEZ, REY DE PAMPLONA, SANCHO I*[5]*GARCÉS, REY DE PAMPLONA, GARCÍA*[4]*JIMÉNEZ, PRÍNCIPE DE NAVARRA, JIMENA*[3] *GARCÍA, GARCÍA*[2] *JIMÉNEZ, JIMINO*[1]*)* He married RAYMUNDA LAPRADE. She was born in Francia, and died in Miami, Florida, Estados Unidos.

Children of CARLOS BONILLA SOLÓRZANO and RAYMUNDA LAPRADE are:
340. i. DANIEL[42] BONILLA LAPRADE.
341. ii. CARLOS GUILLERMO BONILLA LAPRADE.

314. MARINA[41] BONILLA SOLÓRZANO *(MATILDE*[40] *SOLÓRZANO GUTIÉRREZ, FEDERICO*[39] *SOLÓRZANO REYES, RAMÓN*[38] *SOLÓRZANO MONTEALEGRE, GERTRUDIS*[37] *MONTEALEGRE ROMERO, MANUELA CASIMIRA*[36] *ROMERO SÁENZ, BÁRBARA ANTONIA*[35] *SÁENZ BONILLA, MANUEL*[34] *SÁENZ VÁZQUEZ Y RAMIRO-CORAJO, MARÍA ROSA*[33] *VÁZQUEZ RAMIRO-CORAJO, JOSEPH FRANCISCO*[32] *RAMIRO-CORAJO Y VERA SOTOMAYOR, JUANA*[31] *DE VERA SOTOMAYOR, LUIS*[30] *MÉNDEZ SOTOMAYOR Y CERRATO, ALFONSO*[29] *FERNÁNDEZ DE SOTOMAYOR FIGUEROA MESSÍA, LUIS*[28] *MÉNDEZ DE SOTOMAYOR FIGUEROA MESSÍA, GARCÍ*[27] *MÉNDEZ DE SOTOMAYOR Y SÁNCHEZ VILLODRE, CATALINA*[26] *SÁNCHEZ DE VILLODRE Y MANUEL, INÉS*[25] *SÁNCHEZ MANUEL DE VILLENA, JUAN*[24] *SÁNCHEZ MANUEL Y GONZÁLEZ DE MANZANEDO, SANCHO*[23] *MANUEL DE CASTILLA Y LASSO DE LA VEGA, JUAN I*[22]*MANUEL DE CASTILLA, REY DE CASTILLA LEÓN, JUANA*[21] *MANUEL DE CASTILLA, BLANCA*[20] *DE LA CERDA, FERNANDO*[19] *DE LA CERDA II, FERNANDO*[18] *DE LA CERDA, VIOLANTE*[17] *DE ARAGÓN, JAIME I*[16] *"EL CONQUISTADOR" REY DE ARAGÓN, PEDRO II*[15]*DE ARAGÓN, "EL CATÓLICO" REY DE ARAGÓN, ALFONSO II*[14] *REY DE ARAGÓN Y 1RO. DE CATALUÑA, PETRONILA*[13]*DE ARAGÓN, REINA DE ARAGÓN, RAMIRO II*[12]*SÁNCHEZ, REY DE ARAGÓN, SANCHO V*[11]*RAMÍREZ, REY DE ARAGÓN, RAMIRO I*[10]*SÁNCHEZ, REY DE ARAGÓN, SANCHO III*[9]*GARCÉS "EL GRANDE", REY DE PAMPLONA, GARCÍA II*[8]*SÁNCHEZ, REY DE PAMPLONA, EL TEMBLÓN, SANCHO II*[7]*GARCÉS ABARCA, REY DE PAMPLONA, GARCÍA I*[6]*SÁNCHEZ, REY DE PAMPLONA, SANCHO I*[5]*GARCÉS, REY DE PAMPLONA, GARCÍA*[4]*JIMÉNEZ, PRÍNCIPE DE NAVARRA, JIMENA*[3] *GARCÍA, GARCÍA*[2] *JIMÉNEZ, JIMINO*[1]*)* She married GUILLERMO TÜNNERMAN BERNHEIM.

Child of MARINA BONILLA SOLÓRZANO and GUILLERMO TÜNNERMAN BERNHEIM is:
342. i. GUILLERMO[42] TÜNNERMAN BONILLA.

315. ALFONSO[41] CARDENAL TERÁN *(MERCEDES*[40] *TERÁN SOLÍS, SALVADORA*[39] *SOLÍS SALAZAR, SALVADORA*[38] *SALAZAR MONTEALEGRE, GERTRUDIS*[37] *MONTEALEGRE ROMERO, MANUELA CASIMIRA*[36] *ROMERO SÁENZ, BÁRBARA ANTONIA*[35] *SÁENZ BONILLA, MANUEL*[34] *SÁENZ VÁZQUEZ Y RAMIRO-CORAJO, MARÍA ROSA*[33] *VÁZQUEZ RAMIRO-CORAJO, JOSEPH FRANCISCO*[32] *RAMIRO-CORAJO Y VERA SOTOMAYOR, JUANA*[31] *DE VERA SOTOMAYOR, LUIS*[30] *MÉNDEZ SOTOMAYOR Y CERRATO, ALFONSO*[29] *FERNÁNDEZ DE SOTOMAYOR FIGUEROA MESSÍA, LUIS*[28] *MÉNDEZ DE SOTOMAYOR FIGUEROA MESSÍA, GARCÍ*[27] *MÉNDEZ DE SOTOMAYOR Y SÁNCHEZ VILLODRE, CATALINA*[26] *SÁNCHEZ DE VILLODRE Y MANUEL, INÉS*[25] *SÁNCHEZ MANUEL DE VILLENA, JUAN*[24] *SÁNCHEZ MANUEL Y GONZÁLEZ DE MANZANEDO, SANCHO*[23] *MANUEL DE CASTILLA Y LASSO DE LA VEGA, JUAN I*[22]*MANUEL DE CASTILLA, REY DE*

CASTILLA LEÓN, JUANA[21] MANUEL DE CASTILLA, BLANCA[20] DE LA CERDA, FERNANDO[19] DE LA CERDA II, FERNANDO[18] DE LA CERDA, VIOLANTE[17] DE ARAGÓN, JAIME I[16] "EL CONQUISTADOR" REY DE ARAGÓN, PEDRO II[15] DE ARAGÓN, "EL CATÓLICO" REY DE ARAGÓN, ALFONSO II[14] REY DE ARAGÓN Y 1RO. DE CATALUÑA, PETRONILA[13] DE ARAGÓN, REINA DE ARAGÓN, RAMIRO II[12] SÁNCHEZ, REY DE ARAGÓN, SANCHO V[11] RAMÍREZ, REY DE ARAGÓN, RAMIRO I[10] SÁNCHEZ, REY DE ARAGÓN, SANCHO III[9] GARCÉS "EL GRANDE", REY DE PAMPLONA, GARCÍA II[8] SÁNCHEZ, REY DE PAMPLONA, EL TEMBLÓN, SANCHO II[7] GARCÉS ABARCA, REY DE PAMPLONA, GARCÍA I[6] SÁNCHEZ, REY DE PAMPLONA, SANCHO I[5] GARCÉS, REY DE PAMPLONA, GARCÍA[4] JIMÉNEZ, PRÍNCIPE DE NAVARRA, JIMENA[3] GARCÍA, GARCÍA[2] JIMÉNEZ, JIMINO[1]) He married MARÍA TELLERÍA MUÑOZ.

Children of ALFONSO CARDENAL TERÁN and MARÍA TELLERÍA MUÑOZ are:
- i. MARÍA MERCEDES[42] CARDENAL TELLERÍA.
- ii. MILAGROS CARDENAL TELLERÍA.
- iii. ALFONSO CARDENAL TELLERÍA.
- iv. JOSÉ FRANCISCO CARDENAL TELLERÍA.
- v. MARÍA MERCEDES CARDENAL TELLERÍA.
- vi. MARCO ANTONIO CARDENAL TELLERÍA.
- vii. MARTA CARDENAL TELLERÍA.
- viii. MILAGROS CARDENAL TELLERÍA.
- ix. ROBERTO CARDENAL TELLERÍA.
- x. EMILIO CARDENAL TELLERÍA.
- xi. REGINA CARDENAL TELLERÍA.

316. PAULINA[41] SALINAS SALAZAR *(SALVADORA[40] SALAZAR MANNING, MARIANO[39] SALAZAR CASTELLÓN, MARIANO[38] SALAZAR MONTEALEGRE, GERTRUDIS[37] MONTEALEGRE ROMERO, MANUELA CASIMIRA[36] ROMERO SÁENZ, BÁRBARA ANTONIA[35] SÁENZ BONILLA, MANUEL[34] SÁENZ VÁZQUEZ Y RAMIRO-CORAJO, MARÍA ROSA[33] VÁZQUEZ RAMIRO-CORAJO, JOSEPH FRANCISCO[32] RAMIRO-CORAJO Y VERA SOTOMAYOR, JUANA[31] DE VERA SOTOMAYOR, LUIS[30] MÉNDEZ SOTOMAYOR Y CERRATO, ALFONSO[29] FERNÁNDEZ DE SOTOMAYOR FIGUEROA MESSÍA, LUIS[28] MÉNDEZ DE SOTOMAYOR FIGUEROA MESSÍA, GARCI[27] MÉNDEZ DE SOTOMAYOR Y SÁNCHEZ VILLODRE, CATALINA[26] SÁNCHEZ DE VILLODRE Y MANUEL, INÉS[25] SÁNCHEZ MANUEL DE VILLENA, JUAN[24] SÁNCHEZ MANUEL Y GONZÁLEZ DE MANZANEDO, SANCHO[23] MANUEL DE CASTILLA Y LASSO DE LA VEGA, JUAN I[22] MANUEL DE CASTILLA, REY DE CASTILLA LEÓN, JUANA[21] MANUEL DE CASTILLA, BLANCA[20] DE LA CERDA, FERNANDO[19] DE LA CERDA II, FERNANDO[18] DE LA CERDA, VIOLANTE[17] DE ARAGÓN, JAIME I[16] "EL CONQUISTADOR" REY DE ARAGÓN, PEDRO II[15] DE ARAGÓN, "EL CATÓLICO" REY DE ARAGÓN, ALFONSO II[14] REY DE ARAGÓN Y 1RO. DE CATALUÑA, PETRONILA[13] DE ARAGÓN, REINA DE ARAGÓN, RAMIRO II[12] SÁNCHEZ, REY DE ARAGÓN, SANCHO V[11] RAMÍREZ, REY DE ARAGÓN, RAMIRO I[10] SÁNCHEZ, REY DE ARAGÓN, SANCHO III[9] GARCÉS "EL GRANDE", REY DE PAMPLONA, GARCÍA II[8] SÁNCHEZ, REY DE PAMPLONA, EL TEMBLÓN, SANCHO II[7] GARCÉS ABARCA, REY DE PAMPLONA, GARCÍA I[6] SÁNCHEZ, REY DE PAMPLONA, SANCHO I[5] GARCÉS, REY DE PAMPLONA, GARCÍA[4] JIMÉNEZ, PRÍNCIPE DE NAVARRA, JIMENA[3] GARCÍA, GARCÍA[2] JIMÉNEZ, JIMINO[1])* She married CARLO PÉREZ ALONSO.

Child of PAULINA SALINAS SALAZAR and CARLO PÉREZ ALONSO is:
- i. CARLOS[42] PÉREZ SALINAS.

317. CAMILA[41] SALINAS SALAZAR *(SALVADORA[40] SALAZAR MANNING, MARIANO[39] SALAZAR CASTELLÓN, MARIANO[38] SALAZAR MONTEALEGRE, GERTRUDIS[37] MONTEALEGRE ROMERO, MANUELA CASIMIRA[36] ROMERO SÁENZ, BÁRBARA ANTONIA[35] SÁENZ BONILLA, MANUEL[34] SÁENZ VÁZQUEZ Y RAMIRO-CORAJO, MARÍA ROSA[33] VÁZQUEZ RAMIRO-CORAJO, JOSEPH FRANCISCO[32] RAMIRO-CORAJO Y VERA SOTOMAYOR, JUANA[31] DE VERA SOTOMAYOR, LUIS[30] MÉNDEZ SOTOMAYOR Y CERRATO, ALFONSO[29] FERNÁNDEZ DE SOTOMAYOR FIGUEROA*

MESSÍA, LUIS[28] MÉNDEZ DE SOTOMAYOR FIGUEROA MESSÍA, GARCI[27] MÉNDEZ DE SOTOMAYOR Y SÁNCHEZ VILLODRE, CATALINA[26] SÁNCHEZ DE VILLODRE Y MANUEL, INÉS[25] SÁNCHEZ MANUEL DE VILLENA, JUAN[24] SÁNCHEZ MANUEL Y GONZÁLEZ DE MANZANEDO, SANCHO[23] MANUEL DE CASTILLA Y LASSO DE LA VEGA, JUAN I[22] MANUEL DE CASTILLA, REY DE CASTILLA LEÓN, JUANA[21] MANUEL DE CASTILLA, BLANCA[20] DE LA CERDA, FERNANDO[19] DE LA CERDA II, FERNANDO[18] DE LA CERDA, VIOLANTE[17] DE ARAGÓN, JAIME I[16] "EL CONQUISTADOR" REY DE ARAGÓN, PEDRO II[15] DE ARAGÓN, "EL CATÓLICO" REY DE ARAGÓN, ALFONSO II[14] REY DE ARAGÓN Y 1RO. DE CATALUÑA, PETRONILA[13] DE ARAGÓN, REINA DE ARAGÓN, RAMIRO II[12] SÁNCHEZ, REY DE ARAGÓN, SANCHO V[11] RAMÍREZ, REY DE ARAGÓN, RAMIRO I[10] SÁNCHEZ, REY DE ARAGÓN, SANCHO III[9] GARCÉS "EL GRANDE", REY DE PAMPLONA, GARCÍA II[8] SÁNCHEZ, REY DE PAMPLONA, EL TEMBLÓN, SANCHO II[7] GARCÉS ABARCA, REY DE PAMPLONA, GARCÍA I[6] SÁNCHEZ, REY DE PAMPLONA, SANCHO I[5] GARCÉS, REY DE PAMPLONA, GARCÍA[4] JIMÉNEZ, PRÍNCIPE DE NAVARRA, JIMENA[3] GARCÍA, GARCÍA[2] JIMÉNEZ, JIMINO[1]) She met NOMBRE DESCONOCIDO.

Child of CAMILA SALINAS SALAZAR and NOMBRE DESCONOCIDO is:
i. ALCIRA[42] SALAZAR, b. Costa Rica; m. NOMBRE SOMARRIBA; b. Costa Rica.

318. MERCEDES[41] HERDOCIA SACASA *(TRÁNSITO[40] SACASA SACASA, ROBERTO[39] SACASA SARRIA, CASIMIRA[38] SARRIA MONTEALEGRE, FRANCISCA[37] MONTEALEGRE ROMERO, MANUELA CASIMIRA[36] ROMERO SÁENZ, BÁRBARA ANTONIA[35] SÁENZ BONILLA, MANUEL[34] SÁENZ VÁZQUEZ Y RAMIRO-CORAJO, MARÍA ROSA[33] VÁZQUEZ RAMIRO-CORAJO, JOSEPH FRANCISCO[32] RAMIRO-CORAJO Y VERA SOTOMAYOR, JUANA[31] DE VERA SOTOMAYOR, LUIS[30] MÉNDEZ SOTOMAYOR Y CERRATO, ALFONSO[29] FERNÁNDEZ DE SOTOMAYOR FIGUEROA MESSÍA, LUIS[28] MÉNDEZ DE SOTOMAYOR FIGUEROA MESSÍA, GARCI[27] MÉNDEZ DE SOTOMAYOR Y SÁNCHEZ VILLODRE, CATALINA[26] SÁNCHEZ DE VILLODRE Y MANUEL, INÉS[25] SÁNCHEZ MANUEL DE VILLENA, JUAN[24] SÁNCHEZ MANUEL Y GONZÁLEZ DE MANZANEDO, SANCHO[23] MANUEL DE CASTILLA Y LASSO DE LA VEGA, JUAN I[22] MANUEL DE CASTILLA, REY DE CASTILLA LEÓN, JUANA[21] MANUEL DE CASTILLA, BLANCA[20] DE LA CERDA, FERNANDO[19] DE LA CERDA II, FERNANDO[18] DE LA CERDA, VIOLANTE[17] DE ARAGÓN, JAIME I[16] "EL CONQUISTADOR" REY DE ARAGÓN, PEDRO II[15] DE ARAGÓN, "EL CATÓLICO" REY DE ARAGÓN, ALFONSO II[14] REY DE ARAGÓN Y 1RO. DE CATALUÑA, PETRONILA[13] DE ARAGÓN, REINA DE ARAGÓN, RAMIRO II[12] SÁNCHEZ, REY DE ARAGÓN, SANCHO V[11] RAMÍREZ, REY DE ARAGÓN, RAMIRO I[10] SÁNCHEZ, REY DE ARAGÓN, SANCHO III[9] GARCÉS "EL GRANDE", REY DE PAMPLONA, GARCÍA II[8] SÁNCHEZ, REY DE PAMPLONA, EL TEMBLÓN, SANCHO II[7] GARCÉS ABARCA, REY DE PAMPLONA, GARCÍA I[6] SÁNCHEZ, REY DE PAMPLONA, SANCHO I[5] GARCÉS, REY DE PAMPLONA, GARCÍA[4] JIMÉNEZ, PRÍNCIPE DE NAVARRA, JIMENA[3] GARCÍA, GARCÍA[2] JIMÉNEZ, JIMINO[1])* She married ROBERTO ZAMORA.

Child of MERCEDES HERDOCIA SACASA and ROBERTO ZAMORA is:
343. i. JUSTO PASTOR[42] ZAMORA HERDOCIA.

Generation No. 42

319. FLAVIA ILÚ[42] RIVERA BERMÚDEZ *(FLAVIO CÉSAR[41] RIVERA MONTEALEGRE, ILÚ[40] MONTEALEGRE ZAPATA, AUGUSTO CÉSAR[39] MONTEALEGRE SALVATIERRA, AUGUSTO CÉSAR[38] MONTEALEGRE LACAYO, MARIANO ANTONIO[37] MONTEALEGRE ROMERO, MANUELA CASIMIRA[36] ROMERO SÁENZ, BÁRBARA ANTONIA[35] SÁENZ BONILLA, MANUEL[34] SÁENZ VÁZQUEZ Y RAMIRO-CORAJO, MARÍA ROSA[33] VÁZQUEZ RAMIRO-CORAJO, JOSEPH FRANCISCO[32] RAMIRO-CORAJO Y VERA SOTOMAYOR, JUANA[31] DE VERA SOTOMAYOR, LUIS[30] MÉNDEZ SOTOMAYOR Y CERRATO, ALFONSO[29] FERNÁNDEZ DE SOTOMAYOR FIGUEROA MESSÍA, LUIS[28] MÉNDEZ DE SOTOMAYOR FIGUEROA MESSÍA, GARCI[27] MÉNDEZ DE SOTOMAYOR Y SÁNCHEZ VILLODRE, CATALINA[26] SÁNCHEZ DE VILLODRE Y MANUEL, INÉS[25] SÁNCHEZ MANUEL DE VILLENA, JUAN[24] SÁNCHEZ MANUEL Y GONZÁLEZ DE MANZANEDO, SANCHO[23] MANUEL DE CASTILLA Y LASSO*

DE LA VEGA, JUAN I[22] MANUEL DE CASTILLA, REY DE CASTILLA LEÓN, JUANA[21] MANUEL DE CASTILLA, BLANCA[20] DE LA CERDA, FERNANDO[19] DE LA CERDA II, FERNANDO[18] DE LA CERDA, VIOLANTE[17] DE ARAGÓN, JAIME I[16] "EL CONQUISTADOR" REY DE ARAGÓN, PEDRO II[15] DE ARAGÓN, "EL CATÓLICO" REY DE ARAGÓN, ALFONSO II[14] REY DE ARAGÓN Y 1RO. DE CATALUÑA, PETRONILA[13] DE ARAGÓN, REINA DE ARAGÓN, RAMIRO II[12] SÁNCHEZ, REY DE ARAGÓN, SANCHO V[11] RAMÍREZ, REY DE ARAGÓN, RAMIRO I[10] SÁNCHEZ, REY DE ARAGÓN, SANCHO III[9] GARCÉS "EL GRANDE", REY DE PAMPLONA, GARCÍA II[8] SÁNCHEZ, REY DE PAMPLONA, EL TEMBLÓN, SANCHO II[7] GARCÉS ABARCA, REY DE PAMPLONA, GARCÍA I[6] SÁNCHEZ, REY DE PAMPLONA, SANCHO I[5] GARCÉS, REY DE PAMPLONA, GARCÍA[4] JIMÉNEZ, PRÍNCIPE DE NAVARRA, JIMENA[3] GARCÍA, GARCÍA[2] JIMÉNEZ, JIMINO[1]) was born May 25, 1979 in Managua, Nicaragua. She married SHAUNN TORRENTE THOMPSON. He was born August 13, 1978 in Miami, Florida.

Child of FLAVIA RIVERA BERMÚDEZ and SHAUNN TORRENTE THOMPSON is:
i. ISABELLA ANGELA[43] TORRENTE RIVERA, b. February 20, 2005, Miami Florida, Baptist Hospital.

320. MARÍA AUGUSTA[42] MONTEALEGRE DENUEDA *(AUGUSTO CÉSAR[41] MONTEALEGRE VALLE, NOEL SALVADOR[40] MONTEALEGRE ZAPATA, AUGUSTO CÉSAR[39] MONTEALEGRE SALVATIERRA, AUGUSTO CÉSAR[38] MONTEALEGRE LACAYO, MARIANO ANTONIO[37] MONTEALEGRE ROMERO, MANUELA CASIMIRA[36] ROMERO SÁENZ, BÁRBARA ANTONIA[35] SÁENZ BONILLA, MANUEL[34] SÁENZ VÁZQUEZ Y RAMIRO-CORAJO, MARÍA ROSA[33] VÁZQUEZ RAMIRO-CORAJO, JOSEPH FRANCISCO[32] RAMIRO-CORAJO Y VERA SOTOMAYOR, JUANA[31] DE VERA SOTOMAYOR, LUIS[30] MÉNDEZ SOTOMAYOR Y CERRATO, ALFONSO[29] FERNÁNDEZ DE SOTOMAYOR FIGUEROA MESSÍA, LUIS[28] MÉNDEZ DE SOTOMAYOR FIGUEROA MESSÍA, GARCÍ[27] MÉNDEZ DE SOTOMAYOR Y SÁNCHEZ VILLODRE, CATALINA[26] SÁNCHEZ DE VILLODRE Y MANUEL, INÉS[25] SÁNCHEZ MANUEL DE VILLENA, JUAN[24] SÁNCHEZ MANUEL Y GONZÁLEZ DE MANZANEDO, SANCHO[23] MANUEL DE CASTILLA Y LASSO DE LA VEGA, JUAN I[22] MANUEL DE CASTILLA, REY DE CASTILLA LEÓN, JUANA[21] MANUEL DE CASTILLA, BLANCA[20] DE LA CERDA, FERNANDO[19] DE LA CERDA II, FERNANDO[18] DE LA CERDA, VIOLANTE[17] DE ARAGÓN, JAIME I[16] "EL CONQUISTADOR" REY DE ARAGÓN, PEDRO II[15] DE ARAGÓN, "EL CATÓLICO" REY DE ARAGÓN, ALFONSO II[14] REY DE ARAGÓN Y 1RO. DE CATALUÑA, PETRONILA[13] DE ARAGÓN, REINA DE ARAGÓN, RAMIRO II[12] SÁNCHEZ, REY DE ARAGÓN, SANCHO V[11] RAMÍREZ, REY DE ARAGÓN, RAMIRO I[10] SÁNCHEZ, REY DE ARAGÓN, SANCHO III[9] GARCÉS "EL GRANDE", REY DE PAMPLONA, GARCÍA II[8] SÁNCHEZ, REY DE PAMPLONA, EL TEMBLÓN, SANCHO II[7] GARCÉS ABARCA, REY DE PAMPLONA, GARCÍA I[6] SÁNCHEZ, REY DE PAMPLONA, SANCHO I[5] GARCÉS, REY DE PAMPLONA, GARCÍA[4] JIMÉNEZ, PRÍNCIPE DE NAVARRA, JIMENA[3] GARCÍA, GARCÍA[2] JIMÉNEZ, JIMINO[1])* She married DOMINGO MELÉNDEZ.

Child of MARÍA MONTEALEGRE DENUEDA and DOMINGO MELÉNDEZ is:
i. MARÍA AUGUSTA[43] MELÉNDEZ MONTEALEGRE.

321. JAIME[42] MONTEALEGRE NEGRÓN *(JAIME[41] MONTEALEGRE FAJARDO, ABRAHAM[40] MONTEALEGRE HERNÁNDEZ, DOMINGO[39] MONTEALEGRE VANPOVEDT, ABRAHAM[38] MONTEALEGRE LACAYO, MARIANO ANTONIO[37] MONTEALEGRE ROMERO, MANUELA CASIMIRA[36] ROMERO SÁENZ, BÁRBARA ANTONIA[35] SÁENZ BONILLA, MANUEL[34] SÁENZ VÁZQUEZ Y RAMIRO-CORAJO, MARÍA ROSA[33] VÁZQUEZ RAMIRO-CORAJO, JOSEPH FRANCISCO[32] RAMIRO-CORAJO Y VERA SOTOMAYOR, JUANA[31] DE VERA SOTOMAYOR, LUIS[30] MÉNDEZ SOTOMAYOR Y CERRATO, ALFONSO[29] FERNÁNDEZ DE SOTOMAYOR FIGUEROA MESSÍA, LUIS[28] MÉNDEZ DE SOTOMAYOR FIGUEROA MESSÍA, GARCÍ[27] MÉNDEZ DE SOTOMAYOR Y SÁNCHEZ VILLODRE, CATALINA[26] SÁNCHEZ DE VILLODRE Y MANUEL, INÉS[25] SÁNCHEZ MANUEL DE VILLENA, JUAN[24] SÁNCHEZ MANUEL Y GONZÁLEZ DE MANZANEDO, SANCHO[23] MANUEL DE CASTILLA Y LASSO DE LA VEGA, JUAN I[22] MANUEL DE CASTILLA, REY DE CASTILLA LEÓN, JUANA[21] MANUEL DE CASTILLA, BLANCA[20] DE LA CERDA, FERNANDO[19] DE LA CERDA II, FERNANDO[18] DE LA CERDA,*

VIOLANTE[17] DE ARAGÓN, JAIME I[16] "EL CONQUISTADOR" REY DE ARAGÓN, PEDRO II[15] DE ARAGÓN, "EL CATÓLICO" REY DE ARAGÓN, ALFONSO II[14] REY DE ARAGÓN Y 1RO. DE CATALUÑA, PETRONILA[13] DE ARAGÓN, REINA DE ARAGÓN, RAMIRO II[12] SÁNCHEZ, REY DE ARAGÓN, SANCHO V[11] RAMÍREZ, REY DE ARAGÓN, RAMIRO I[10] SÁNCHEZ, REY DE ARAGÓN, SANCHO III[9] GARCÉS "EL GRANDE", REY DE PAMPLONA, GARCÍA II[8] SÁNCHEZ, REY DE PAMPLONA, EL TEMBLÓN, SANCHO II[7] GARCÉS ABARCA, REY DE PAMPLONA, GARCÍA I[6] SÁNCHEZ, REY DE PAMPLONA, SANCHO I[5] GARCÉS, REY DE PAMPLONA, GARCÍA[4] JIMÉNEZ, PRÍNCIPE DE NAVARRA, JIMENA[3] GARCÍA, GARCÍA[2] JIMÉNEZ, JIMINO[1]) He married HEATHER HUNTINGTON.

Children of JAIME MONTEALEGRE NEGRÓN and HEATHER HUNTINGTON are:

i. JIMMY[43] MONTEALEGRE HUNTINGTON.
ii. JENIFFER MONTEALEGRE HUNTINGTON.
iii. JOHN MICHAEL MONTEALEGRE HUNTINGTON.

322. TATIANA VICTORIA[42] MONTEALEGRE JERÉZ *(JAIME[41] MONTEALEGRE FAJARDO, ABRAHAM[40] MONTEALEGRE HERNÁNDEZ, DOMINGO[39] MONTEALEGRE VANPOVEDT, ABRAHAM[38] MONTEALEGRE LACAYO, MARIANO ANTONIO[37] MONTEALEGRE ROMERO, MANUELA CASIMIRA[36] ROMERO SÁENZ, BÁRBARA ANTONIA[35] SÁENZ BONILLA, MANUEL[34] SÁENZ VÁZQUEZ Y RAMIRO-CORAJO, MARÍA ROSA[33] VÁZQUEZ RAMIRO-CORAJO, JOSEPH FRANCISCO[32] RAMIRO-CORAJO Y VERA SOTOMAYOR, JUANA[31] DE VERA SOTOMAYOR, LUIS[30] MÉNDEZ SOTOMAYOR Y CERRATO, ALFONSO[29] FERNÁNDEZ DE SOTOMAYOR FIGUEROA MESSÍA, LUIS[28] MÉNDEZ DE SOTOMAYOR FIGUEROA MESSÍA, GARCI[27] MÉNDEZ DE SOTOMAYOR Y SÁNCHEZ VILLODRE, CATALINA[26] SÁNCHEZ DE VILLODRE Y MANUEL, INÉS[25] SÁNCHEZ MANUEL DE VILLENA, JUAN[24] SÁNCHEZ MANUEL Y GONZÁLEZ DE MANZANEDO, SANCHO[23] MANUEL DE CASTILLA Y LASSO DE LA VEGA, JUAN I[22] MANUEL DE CASTILLA, REY DE CASTILLA LEÓN, JUANA[21] MANUEL DE CASTILLA, BLANCA[20] DE LA CERDA, FERNANDO[19] DE LA CERDA II, FERNANDO[18] DE LA CERDA, VIOLANTE[17] DE ARAGÓN, JAIME I[16] "EL CONQUISTADOR" REY DE ARAGÓN, PEDRO II[15] DE ARAGÓN, "EL CATÓLICO" REY DE ARAGÓN, ALFONSO II[14] REY DE ARAGÓN Y 1RO. DE CATALUÑA, PETRONILA[13] DE ARAGÓN, REINA DE ARAGÓN, RAMIRO II[12] SÁNCHEZ, REY DE ARAGÓN, SANCHO V[11] RAMÍREZ, REY DE ARAGÓN, RAMIRO I[10] SÁNCHEZ, REY DE ARAGÓN, SANCHO III[9] GARCÉS "EL GRANDE", REY DE PAMPLONA, GARCÍA II[8] SÁNCHEZ, REY DE PAMPLONA, EL TEMBLÓN, SANCHO II[7] GARCÉS ABARCA, REY DE PAMPLONA, GARCÍA I[6] SÁNCHEZ, REY DE PAMPLONA, SANCHO I[5] GARCÉS, REY DE PAMPLONA, GARCÍA[4] JIMÉNEZ, PRÍNCIPE DE NAVARRA, JIMENA[3] GARCÍA, GARCÍA[2] JIMÉNEZ, JIMINO[1])* She married IGNACIO BENDAÑA MENDIETA.

Child of TATIANA MONTEALEGRE JERÉZ and IGNACIO BENDAÑA MENDIETA is:

i. FAVIO IGNACIO[43] BENDAÑA MONTEALEGRE.

323. BERNA GUADALUPE[42] ACEVEDO SOMOZA *(MARÍA GUADALUPE[41] SOMOZA MONTEALEGRE, NELA[40] MONTEALEGRE HERNÁNDEZ, DOMINGO[39] MONTEALEGRE VANPOVEDT, ABRAHAM[38] MONTEALEGRE LACAYO, MARIANO ANTONIO[37] MONTEALEGRE ROMERO, MANUELA CASIMIRA[36] ROMERO SÁENZ, BÁRBARA ANTONIA[35] SÁENZ BONILLA, MANUEL[34] SÁENZ VÁZQUEZ Y RAMIRO-CORAJO, MARÍA ROSA[33] VÁZQUEZ RAMIRO-CORAJO, JOSEPH FRANCISCO[32] RAMIRO-CORAJO Y VERA SOTOMAYOR, JUANA[31] DE VERA SOTOMAYOR, LUIS[30] MÉNDEZ SOTOMAYOR Y CERRATO, ALFONSO[29] FERNÁNDEZ DE SOTOMAYOR FIGUEROA MESSÍA, LUIS[28] MÉNDEZ DE SOTOMAYOR FIGUEROA MESSÍA, GARCI[27] MÉNDEZ DE SOTOMAYOR Y SÁNCHEZ VILLODRE, CATALINA[26] SÁNCHEZ DE VILLODRE Y MANUEL, INÉS[25] SÁNCHEZ MANUEL DE VILLENA, JUAN[24] SÁNCHEZ MANUEL Y GONZÁLEZ DE MANZANEDO, SANCHO[23] MANUEL DE CASTILLA Y LASSO DE LA VEGA, JUAN I[22] MANUEL DE CASTILLA, REY DE CASTILLA LEÓN, JUANA[21] MANUEL DE CASTILLA, BLANCA[20] DE LA CERDA, FERNANDO[19] DE LA CERDA II, FERNANDO[18] DE LA CERDA, VIOLANTE[17] DE ARAGÓN, JAIME I[16] "EL CONQUISTADOR" REY DE ARAGÓN, PEDRO II[15] DE ARAGÓN, "EL CATÓLICO" REY DE ARAGÓN,*

ALFONSO II[14] REY DE ARAGÓN Y 1RO. DE CATALUÑA, PETRONILA[13] DE ARAGÓN, REINA DE ARAGÓN, RAMIRO II[12] SÁNCHEZ, REY DE ARAGÓN, SANCHO V[11] RAMÍREZ, REY DE ARAGÓN, RAMIRO I[10] SÁNCHEZ, REY DE ARAGÓN, SANCHO III[9] GARCÉS "EL GRANDE", REY DE PAMPLONA, GARCÍA II[8] SÁNCHEZ, REY DE PAMPLONA, EL TEMBLÓN, SANCHO II[7] GARCÉS ABARCA, REY DE PAMPLONA, GARCÍA I[6] SÁNCHEZ, REY DE PAMPLONA, SANCHO I[5] GARCÉS, REY DE PAMPLONA, GARCÍA[4] JIMÉNEZ, PRÍNCIPE DE NAVARRA, JIMENA[3] GARCÍA, GARCÍA[2] JIMÉNEZ, JIMINO[1]) She married MARCELO MONTALVÁN PALLAIS.

Child of BERNA ACEVEDO SOMOZA and MARCELO MONTALVÁN PALLAIS is:
i. MARCELO[43] MONTALVÁN ACEVEDO.

324. SARA MARÍA[42] GÓMEZ MONTEALEGRE *(MARÍA MILAGROS[41] MONTEALEGRE SOMOZA, ALBERTO RAMÓN[40] MONTEALEGRE HERNÁNDEZ, DOMINGO[39] MONTEALEGRE VANPOVEDT, ABRAHAM[38] MONTEALEGRE LACAYO, MARIANO ANTONIO[37] MONTEALEGRE ROMERO, MANUELA CASIMIRA[36] ROMERO SÁENZ, BÁRBARA ANTONIA[35] SÁENZ BONILLA, MANUEL[34] SÁENZ VÁZQUEZ Y RAMIRO-CORAJO, MARÍA ROSA[33] VÁZQUEZ RAMIRO-CORAJO, JOSEPH FRANCISCO[32] RAMIRO-CORAJO Y VERA SOTOMAYOR, JUANA[31] DE VERA SOTOMAYOR, LUIS[30] MÉNDEZ SOTOMAYOR Y CERRATO, ALFONSO[29] FERNÁNDEZ DE SOTOMAYOR FIGUEROA MESSÍA, LUIS[28] MÉNDEZ DE SOTOMAYOR FIGUEROA MESSÍA, GARCI[27] MÉNDEZ DE SOTOMAYOR Y SÁNCHEZ VILLODRE, CATALINA[26] SÁNCHEZ DE VILLODRE Y MANUEL, INÉS[25] SÁNCHEZ MANUEL DE VILLENA, JUAN[24] SÁNCHEZ MANUEL Y GONZÁLEZ DE MANZANEDO, SANCHO[23] MANUEL DE CASTILLA Y LASSO DE LA VEGA, JUAN I[22] MANUEL DE CASTILLA, REY DE CASTILLA LEÓN, JUANA[21] MANUEL DE CASTILLA, BLANCA[20] DE LA CERDA, FERNANDO[19] DE LA CERDA II, FERNANDO[18] DE LA CERDA, VIOLANTE[17] DE ARAGÓN, JAIME I[16] "EL CONQUISTADOR" REY DE ARAGÓN, PEDRO II[15] DE ARAGÓN, "EL CATÓLICO" REY DE ARAGÓN, ALFONSO II[14] REY DE ARAGÓN Y 1RO. DE CATALUÑA, PETRONILA[13] DE ARAGÓN, REINA DE ARAGÓN, RAMIRO II[12] SÁNCHEZ, REY DE ARAGÓN, SANCHO V[11] RAMÍREZ, REY DE ARAGÓN, RAMIRO I[10] SÁNCHEZ, REY DE ARAGÓN, SANCHO III[9] GARCÉS "EL GRANDE", REY DE PAMPLONA, GARCÍA II[8] SÁNCHEZ, REY DE PAMPLONA, EL TEMBLÓN, SANCHO II[7] GARCÉS ABARCA, REY DE PAMPLONA, GARCÍA I[6] SÁNCHEZ, REY DE PAMPLONA, SANCHO I[5] GARCÉS, REY DE PAMPLONA, GARCÍA[4] JIMÉNEZ, PRÍNCIPE DE NAVARRA, JIMENA[3] GARCÍA, GARCÍA[2] JIMÉNEZ, JIMINO[1])* She married EDMON PALLAIS ARGÜELLO.

Child of SARA GÓMEZ MONTEALEGRE and EDMON PALLAIS ARGÜELLO is:
i. SILVANA[43] PALLAIS GÓMEZ.

325. MARÍA MONZERRAT[42] GÓMEZ MONTEALEGRE *(MARÍA MILAGROS[41] MONTEALEGRE SOMOZA, ALBERTO RAMÓN[40] MONTEALEGRE HERNÁNDEZ, DOMINGO[39] MONTEALEGRE VANPOVEDT, ABRAHAM[38] MONTEALEGRE LACAYO, MARIANO ANTONIO[37] MONTEALEGRE ROMERO, MANUELA CASIMIRA[36] ROMERO SÁENZ, BÁRBARA ANTONIA[35] SÁENZ BONILLA, MANUEL[34] SÁENZ VÁZQUEZ Y RAMIRO-CORAJO, MARÍA ROSA[33] VÁZQUEZ RAMIRO-CORAJO, JOSEPH FRANCISCO[32] RAMIRO-CORAJO Y VERA SOTOMAYOR, JUANA[31] DE VERA SOTOMAYOR, LUIS[30] MÉNDEZ SOTOMAYOR Y CERRATO, ALFONSO[29] FERNÁNDEZ DE SOTOMAYOR FIGUEROA MESSÍA, LUIS[28] MÉNDEZ DE SOTOMAYOR FIGUEROA MESSÍA, GARCI[27] MÉNDEZ DE SOTOMAYOR Y SÁNCHEZ VILLODRE, CATALINA[26] SÁNCHEZ DE VILLODRE Y MANUEL, INÉS[25] SÁNCHEZ MANUEL DE VILLENA, JUAN[24] SÁNCHEZ MANUEL Y GONZÁLEZ DE MANZANEDO, SANCHO[23] MANUEL DE CASTILLA Y LASSO DE LA VEGA, JUAN I[22] MANUEL DE CASTILLA, REY DE CASTILLA LEÓN, JUANA[21] MANUEL DE CASTILLA, BLANCA[20] DE LA CERDA, FERNANDO[19] DE LA CERDA II, FERNANDO[18] DE LA CERDA, VIOLANTE[17] DE ARAGÓN, JAIME I[16] "EL CONQUISTADOR" REY DE ARAGÓN, PEDRO II[15] DE ARAGÓN, "EL CATÓLICO" REY DE ARAGÓN, ALFONSO II[14] REY DE ARAGÓN Y 1RO. DE CATALUÑA, PETRONILA[13] DE ARAGÓN, REINA DE ARAGÓN, RAMIRO II[12] SÁNCHEZ, REY DE ARAGÓN, SANCHO V[11] RAMÍREZ, REY DE ARAGÓN, RAMIRO I[10] SÁNCHEZ, REY DE ARAGÓN, SANCHO III[9] GARCÉS "EL GRANDE", REY DE PAMPLONA, GARCÍA II[8] SÁNCHEZ, REY DE PAMPLONA, EL TEMBLÓN, SANCHO II[7] GARCÉS ABARCA, REY DE*

PAMPLONA, GARCÍA I[6] SÁNCHEZ, REY DE PAMPLONA, SANCHO I[5] GARCÉS, REY DE PAMPLONA, GARCÍA[4] JIMÉNEZ, PRÍNCIPE DE NAVARRA, JIMENA[3] GARCÍA, GARCÍA[2] JIMÉNEZ, JIMINO[1]) She married MICHAEL SIGLER.

Child of MARÍA GÓMEZ MONTEALEGRE and MICHAEL SIGLER is:
i. AISLYNN[43] SIGLER GÓMEZ.

326. CORA EUGENIA[42] MONTEALEGRE GONZÁLEZ *(JORGE ALBERTO[41] MONTEALEGRE SOMOZA, ALBERTO RAMÓN[40] MONTEALEGRE HERNÁNDEZ, DOMINGO[39] MONTEALEGRE VANPOVEDT, ABRAHAM[38] MONTEALEGRE LACAYO, MARIANO ANTONIO[37] MONTEALEGRE ROMERO, MANUELA CASIMIRA[36] ROMERO SÁENZ, BÁRBARA ANTONIA[35] SÁENZ BONILLA, MANUEL[34] SÁENZ VÁZQUEZ Y RAMIRO-CORAJO, MARÍA ROSA[33] VÁZQUEZ RAMIRO-CORAJO, JOSEPH FRANCISCO[32] RAMIRO-CORAJO Y VERA SOTOMAYOR, JUANA[31] DE VERA SOTOMAYOR, LUIS[30] MÉNDEZ SOTOMAYOR Y CERRATO, ALFONSO[29] FERNÁNDEZ DE SOTOMAYOR FIGUEROA MESSÍA, LUIS[28] MÉNDEZ DE SOTOMAYOR FIGUEROA MESSÍA, GARCI[27] MÉNDEZ DE SOTOMAYOR Y SÁNCHEZ VILLODRE, CATALINA[26] SÁNCHEZ DE VILLODRE Y MANUEL, INÉS[25] SÁNCHEZ MANUEL DE VILLENA, JUAN[24] SÁNCHEZ MANUEL Y GONZÁLEZ DE MANZANEDO, SANCHO[23] MANUEL DE CASTILLA Y LASSO DE LA VEGA, JUAN I[22] MANUEL DE CASTILLA, REY DE CASTILLA LEÓN, JUANA[21] MANUEL DE CASTILLA, BLANCA[20] DE LA CERDA, FERNANDO[19] DE LA CERDA II, FERNANDO[18] DE LA CERDA, VIOLANTE[17] DE ARAGÓN, JAIME I[16] "EL CONQUISTADOR" REY DE ARAGÓN, PEDRO II[15] DE ARAGÓN, "EL CATÓLICO" REY DE ARAGÓN, ALFONSO II[14] REY DE ARAGÓN Y 1RO. DE CATALUÑA, PETRONILA[13] DE ARAGÓN, REINA DE ARAGÓN, RAMIRO II[12] SÁNCHEZ, REY DE ARAGÓN, SANCHO V[11] RAMÍREZ, REY DE ARAGÓN, RAMIRO I[10] SÁNCHEZ, REY DE ARAGÓN, SANCHO III[9] GARCÉS "EL GRANDE", REY DE PAMPLONA, GARCÍA II[8] SÁNCHEZ, REY DE PAMPLONA, EL TEMBLÓN, SANCHO II[7] GARCÉS ABARCA, REY DE PAMPLONA, GARCÍA I[6] SÁNCHEZ, REY DE PAMPLONA, SANCHO I[5] GARCÉS, REY DE PAMPLONA, GARCÍA[4] JIMÉNEZ, PRÍNCIPE DE NAVARRA, JIMENA[3] GARCÍA, GARCÍA[2] JIMÉNEZ, JIMINO[1])* She married CARLOS SANTOS PULLES RODRÍGUEZ. He was born in Cubano, Miami, Florida.

Child of CORA MONTEALEGRE GONZÁLEZ and CARLOS PULLES RODRÍGUEZ is:
i. ELIZABETH MARIE[43] PULLES MONTEALEGRE.

327. MICHELE[42] COTE ASTACIO *(ISTMANIA[41] ASTACIO MONTEALEGRE, MARÍA TRINIDAD[40] MONTEALEGRE HERNÁNDEZ, DOMINGO[39] MONTEALEGRE VANPOVEDT, ABRAHAM[38] MONTEALEGRE LACAYO, MARIANO ANTONIO[37] MONTEALEGRE ROMERO, MANUELA CASIMIRA[36] ROMERO SÁENZ, BÁRBARA ANTONIA[35] SÁENZ BONILLA, MANUEL[34] SÁENZ VÁZQUEZ Y RAMIRO-CORAJO, MARÍA ROSA[33] VÁZQUEZ RAMIRO-CORAJO, JOSEPH FRANCISCO[32] RAMIRO-CORAJO Y VERA SOTOMAYOR, JUANA[31] DE VERA SOTOMAYOR, LUIS[30] MÉNDEZ SOTOMAYOR Y CERRATO, ALFONSO[29] FERNÁNDEZ DE SOTOMAYOR FIGUEROA MESSÍA, LUIS[28] MÉNDEZ DE SOTOMAYOR FIGUEROA MESSÍA, GARCI[27] MÉNDEZ DE SOTOMAYOR Y SÁNCHEZ VILLODRE, CATALINA[26] SÁNCHEZ DE VILLODRE Y MANUEL, INÉS[25] SÁNCHEZ MANUEL DE VILLENA, JUAN[24] SÁNCHEZ MANUEL Y GONZÁLEZ DE MANZANEDO, SANCHO[23] MANUEL DE CASTILLA Y LASSO DE LA VEGA, JUAN I[22] MANUEL DE CASTILLA, REY DE CASTILLA LEÓN, JUANA[21] MANUEL DE CASTILLA, BLANCA[20] DE LA CERDA, FERNANDO[19] DE LA CERDA II, FERNANDO[18] DE LA CERDA, VIOLANTE[17] DE ARAGÓN, JAIME I[16] "EL CONQUISTADOR" REY DE ARAGÓN, PEDRO II[15] DE ARAGÓN, "EL CATÓLICO" REY DE ARAGÓN, ALFONSO II[14] REY DE ARAGÓN Y 1RO. DE CATALUÑA, PETRONILA[13] DE ARAGÓN, REINA DE ARAGÓN, RAMIRO II[12] SÁNCHEZ, REY DE ARAGÓN, SANCHO V[11] RAMÍREZ, REY DE ARAGÓN, RAMIRO I[10] SÁNCHEZ, REY DE ARAGÓN, SANCHO III[9] GARCÉS "EL GRANDE", REY DE PAMPLONA, GARCÍA II[8] SÁNCHEZ, REY DE PAMPLONA, EL TEMBLÓN, SANCHO II[7] GARCÉS ABARCA, REY DE PAMPLONA, GARCÍA I[6] SÁNCHEZ, REY DE PAMPLONA, SANCHO I[5] GARCÉS, REY DE PAMPLONA, GARCÍA[4] JIMÉNEZ, PRÍNCIPE DE NAVARRA, JIMENA[3] GARCÍA, GARCÍA[2] JIMÉNEZ, JIMINO[1])* She married MARC PAQUIN ST. PIERRE.

Child of MICHELE COTE ASTACIO and MARC PAQUIN ST. PIERRE is:
i. ADRIANE[43] PAQUIN COTE.

328. JOSEFA "CHEPITA"[42] AVILÉS MONTEALEGRE *(MÉLIDA[41] MONTEALEGRE INFANTE, JOSEFA[40] INFANTE MORAZÁN, MERCEDES[39] MORAZÁN VENERIO, FRANCISCO[38] MORAZÁN MONCADA, MARIANO ANTONIO[37] MONTEALEGRE ROMERO, MANUELA CASIMIRA[36] ROMERO SÁENZ, BÁRBARA ANTONIA[35] SÁENZ BONILLA, MANUEL[34] SÁENZ VÁZQUEZ Y RAMIRO-CORAJO, MARÍA ROSA[33] VÁZQUEZ RAMIRO-CORAJO, JOSEPH FRANCISCO[32] RAMIRO-CORAJO Y VERA SOTOMAYOR, JUANA[31] DE VERA SOTOMAYOR, LUIS[30] MÉNDEZ SOTOMAYOR Y CERRATO, ALFONSO[29] FERNÁNDEZ DE SOTOMAYOR FIGUEROA MESSÍA, LUIS[28] MÉNDEZ DE SOTOMAYOR FIGUEROA MESSÍA, GARCI[27] MÉNDEZ DE SOTOMAYOR Y SÁNCHEZ VILLODRE, CATALINA[26] SÁNCHEZ DE VILLODRE Y MANUEL, INÉS[25] SÁNCHEZ MANUEL DE VILLENA, JUAN[24] SÁNCHEZ MANUEL Y GONZÁLEZ DE MANZANEDO, SANCHO[23] MANUEL DE CASTILLA Y LASSO DE LA VEGA, JUAN I[22] MANUEL DE CASTILLA, REY DE CASTILLA LEÓN, JUANA[21] MANUEL DE CASTILLA, BLANCA[20] DE LA CERDA, FERNANDO[19] DE LA CERDA II, FERNANDO[18] DE LA CERDA, VIOLANTE[17] DE ARAGÓN, JAIME I[16] "EL CONQUISTADOR" REY DE ARAGÓN, PEDRO II[15] DE ARAGÓN, "EL CATÓLICO" REY DE ARAGÓN, ALFONSO II[14] REY DE ARAGÓN Y 1RO. DE CATALUÑA, PETRONILA[13] DE ARAGÓN, REINA DE ARAGÓN, RAMIRO II[12] SÁNCHEZ, REY DE ARAGÓN, SANCHO V[11] RAMÍREZ, REY DE ARAGÓN, RAMIRO I[10] SÁNCHEZ, REY DE ARAGÓN, SANCHO III[9] GARCÉS "EL GRANDE", REY DE PAMPLONA, GARCÍA II[8] SÁNCHEZ, REY DE PAMPLONA, EL TEMBLÓN, SANCHO II[7] GARCÉS ABARCA, REY DE PAMPLONA, GARCÍA I[6] SÁNCHEZ, REY DE PAMPLONA, SANCHO I[5] GARCÉS, REY DE PAMPLONA, GARCÍA[4] JIMÉNEZ, PRÍNCIPE DE NAVARRA, JIMENA[3] GARCÍA, GARCÍA[2] JIMÉNEZ, JIMINO[1])* She married ERNESTO MÁNTICA SOLÓRZANO, son of ERNESTO MÁNTICA BERIO and EMELINA SOLÓRZANO RAMÍREZ.

Children of JOSEFA AVILÉS MONTEALEGRE and ERNESTO MÁNTICA SOLÓRZANO are:
i. ERNESTO[43] MÁNTICA AVILÉS.
ii. ALBERTO MÁNTICA AVILÉS.
iii. MARÍA JOSÉ MÁNTICA AVILÉS.

329. ANGELA[42] IRIGOYEN DESHON *(BERTA[41] DESHON MONTEALEGRE, EDUARDO[40] DESHON MORAZÁN, CARMEN[39] MORAZÁN VENERIO, FRANCISCO[38] MORAZÁN MONCADA, MARIANO ANTONIO[37] MONTEALEGRE ROMERO, MANUELA CASIMIRA[36] ROMERO SÁENZ, BÁRBARA ANTONIA[35] SÁENZ BONILLA, MANUEL[34] SÁENZ VÁZQUEZ Y RAMIRO-CORAJO, MARÍA ROSA[33] VÁZQUEZ RAMIRO-CORAJO, JOSEPH FRANCISCO[32] RAMIRO-CORAJO Y VERA SOTOMAYOR, JUANA[31] DE VERA SOTOMAYOR, LUIS[30] MÉNDEZ SOTOMAYOR Y CERRATO, ALFONSO[29] FERNÁNDEZ DE SOTOMAYOR FIGUEROA MESSÍA, LUIS[28] MÉNDEZ DE SOTOMAYOR FIGUEROA MESSÍA, GARCI[27] MÉNDEZ DE SOTOMAYOR Y SÁNCHEZ VILLODRE, CATALINA[26] SÁNCHEZ DE VILLODRE Y MANUEL, INÉS[25] SÁNCHEZ MANUEL DE VILLENA, JUAN[24] SÁNCHEZ MANUEL Y GONZÁLEZ DE MANZANEDO, SANCHO[23] MANUEL DE CASTILLA Y LASSO DE LA VEGA, JUAN I[22] MANUEL DE CASTILLA, REY DE CASTILLA LEÓN, JUANA[21] MANUEL DE CASTILLA, BLANCA[20] DE LA CERDA, FERNANDO[19] DE LA CERDA II, FERNANDO[18] DE LA CERDA, VIOLANTE[17] DE ARAGÓN, JAIME I[16] "EL CONQUISTADOR" REY DE ARAGÓN, PEDRO II[15] DE ARAGÓN, "EL CATÓLICO" REY DE ARAGÓN, ALFONSO II[14] REY DE ARAGÓN Y 1RO. DE CATALUÑA, PETRONILA[13] DE ARAGÓN, REINA DE ARAGÓN, RAMIRO II[12] SÁNCHEZ, REY DE ARAGÓN, SANCHO V[11] RAMÍREZ, REY DE ARAGÓN, RAMIRO I[10] SÁNCHEZ, REY DE ARAGÓN, SANCHO III[9] GARCÉS "EL GRANDE", REY DE PAMPLONA, GARCÍA II[8] SÁNCHEZ, REY DE PAMPLONA, EL TEMBLÓN, SANCHO II[7] GARCÉS ABARCA, REY DE PAMPLONA, GARCÍA I[6] SÁNCHEZ, REY DE PAMPLONA, SANCHO I[5] GARCÉS, REY DE PAMPLONA, GARCÍA[4] JIMÉNEZ, PRÍNCIPE DE NAVARRA, JIMENA[3] GARCÍA, GARCÍA[2] JIMÉNEZ, JIMINO[1])* was born December 02, 1932 in Chinandega, Chinandega, Nicaragua. She married LEONEL ARGÜELLO RAMÍREZ.

Children of ANGELA IRIGOYEN DESHON and LEONEL ARGÜELLO RAMÍREZ are:

i. ANA ISABEL[43] ARGÜELLO IRIGOYEN, m. HORACIO ROCHA.
ii. CARLOS LEONEL ARGÜELLO IRIGOYEN, m. GRACIELA APELLIDO DESCONOCIDO; b. Cuba.
iii. LEOPOLDO ARGÜELLO IRIGOYEN.
iv. MARÍA DE LOS ANGELES ARGÜELLO IRIGOYEN, m. CARLOS BUSTAMANTE.
v. LEONI ARGÜELLO IRIGOYEN, m. CARLOS BARRIOS.
vi. GABRIELA ARGÜELLO IRIGOYEN.

330. BERTA ANTONIA[42] IRIGOYEN DESHON *(BERTA[41] DESHON MONTEALEGRE, EDUARDO[40] DESHON MORAZÁN, CARMEN[39] MORAZÁN VENERIO, FRANCISCO[38] MORAZÁN MONCADA, MARIANO ANTONIO[37] MONTEALEGRE ROMERO, MANUELA CASIMIRA[36] ROMERO SÁENZ, BÁRBARA ANTONIA[35] SÁENZ BONILLA, MANUEL[34] SÁENZ VÁZQUEZ Y RAMIRO-CORAJO, MARÍA ROSA[33] VÁZQUEZ RAMIRO-CORAJO, JOSEPH FRANCISCO[32] RAMIRO-CORAJO Y VERA SOTOMAYOR, JUANA[31] DE VERA SOTOMAYOR, LUIS[30] MÉNDEZ SOTOMAYOR Y CERRATO, ALFONSO[29] FERNÁNDEZ DE SOTOMAYOR FIGUEROA MESSÍA, LUIS[28] MÉNDEZ DE SOTOMAYOR FIGUEROA MESSÍA, GARCI[27] MÉNDEZ DE SOTOMAYOR Y SÁNCHEZ VILLODRE, CATALINA[26] SÁNCHEZ DE VILLODRE Y MANUEL, INÉS[25] SÁNCHEZ MANUEL DE VILLENA, JUAN[24] SÁNCHEZ MANUEL Y GONZÁLEZ DE MANZANEDO, SANCHO[23] MANUEL DE CASTILLA Y LASSO DE LA VEGA, JUAN I[22] MANUEL DE CASTILLA, REY DE CASTILLA LEÓN, JUANA[21] MANUEL DE CASTILLA, BLANCA[20] DE LA CERDA, FERNANDO[19] DE LA CERDA II, FERNANDO[18] DE LA CERDA, VIOLANTE[17] DE ARAGÓN, JAIME I[16] "EL CONQUISTADOR" REY DE ARAGÓN, PEDRO II[15] DE ARAGÓN, "EL CATÓLICO" REY DE ARAGÓN, ALFONSO II[14] REY DE ARAGÓN Y 1RO. DE CATALUÑA, PETRONILA[13] DE ARAGÓN, REINA DE ARAGÓN, RAMIRO II[12] SÁNCHEZ, REY DE ARAGÓN, SANCHO V[11] RAMÍREZ, REY DE ARAGÓN, RAMIRO I[10] SÁNCHEZ, REY DE ARAGÓN, SANCHO III[9] GARCÉS "EL GRANDE", REY DE PAMPLONA, GARCÍA II[8] SÁNCHEZ, REY DE PAMPLONA, EL TEMBLÓN, SANCHO II[7] GARCÉS ABARCA, REY DE PAMPLONA, GARCÍA I[6] SÁNCHEZ, REY DE PAMPLONA, SANCHO I[5] GARCÉS, REY DE PAMPLONA, GARCÍA[4] JIMÉNEZ, PRÍNCIPE DE NAVARRA, JIMENA[3] GARCÍA, GARCÍA[2] JIMÉNEZ, JIMINO[1])* was born January 30, 1934 in Chinandega, Chinandega, Nicaragua. She married JULIO JOSÉ MENDOZA LÓPEZ. He was born March 19, 1923 in Managua, Nicaragua.

Children of BERTA IRIGOYEN DESHON and JULIO MENDOZA LÓPEZ are:
i. BERTA ANTONIA[43] MENDOZA IRIGOYEN, m. MARIO BROCKMAN MOREIRA.
ii. CLAUDIA MENDOZA IRIGOYEN, m. LUIS A. SCHIEBEL SEVILLA.
iii. JULIO CÉSAR MENDOZA IRIGOYEN, m. GUISELLE PRASLIN SANTOS.
iv. ALEJANDRO JOSÉ MENDOZA IRIGOYEN, m. ILEANA BALTODANO.
v. RICARDO MENDOZA IRIGOYEN.

331. CARLOS EDUARDO[42] IRIGOYEN DESHON *(BERTA[41] DESHON MONTEALEGRE, EDUARDO[40] DESHON MORAZÁN, CARMEN[39] MORAZÁN VENERIO, FRANCISCO[38] MORAZÁN MONCADA, MARIANO ANTONIO[37] MONTEALEGRE ROMERO, MANUELA CASIMIRA[36] ROMERO SÁENZ, BÁRBARA ANTONIA[35] SÁENZ BONILLA, MANUEL[34] SÁENZ VÁZQUEZ Y RAMIRO-CORAJO, MARÍA ROSA[33] VÁZQUEZ RAMIRO-CORAJO, JOSEPH FRANCISCO[32] RAMIRO-CORAJO Y VERA SOTOMAYOR, JUANA[31] DE VERA SOTOMAYOR, LUIS[30] MÉNDEZ SOTOMAYOR Y CERRATO, ALFONSO[29] FERNÁNDEZ DE SOTOMAYOR FIGUEROA MESSÍA, LUIS[28] MÉNDEZ DE SOTOMAYOR FIGUEROA MESSÍA, GARCI[27] MÉNDEZ DE SOTOMAYOR Y SÁNCHEZ VILLODRE, CATALINA[26] SÁNCHEZ DE VILLODRE Y MANUEL, INÉS[25] SÁNCHEZ MANUEL DE VILLENA, JUAN[24] SÁNCHEZ MANUEL Y GONZÁLEZ DE MANZANEDO, SANCHO[23] MANUEL DE CASTILLA Y LASSO DE LA VEGA, JUAN I[22] MANUEL DE CASTILLA, REY DE CASTILLA LEÓN, JUANA[21] MANUEL DE CASTILLA, BLANCA[20] DE LA CERDA, FERNANDO[19] DE LA CERDA II, FERNANDO[18] DE LA CERDA, VIOLANTE[17] DE ARAGÓN, JAIME I[16] "EL CONQUISTADOR" REY DE ARAGÓN, PEDRO II[15] DE ARAGÓN, "EL CATÓLICO" REY DE ARAGÓN, ALFONSO II[14] REY DE ARAGÓN Y 1RO. DE CATALUÑA, PETRONILA[13] DE ARAGÓN, REINA DE ARAGÓN, RAMIRO II[12] SÁNCHEZ, REY DE ARAGÓN, SANCHO V[11] RAMÍREZ, REY DE ARAGÓN, RAMIRO I[10] SÁNCHEZ, REY DE ARAGÓN,*

SANCHO III[9] GARCÉS "EL GRANDE", REY DE PAMPLONA, GARCÍA II[8] SÁNCHEZ, REY DE PAMPLONA, EL TEMBLÓN, SANCHO II[7] GARCÉS ABARCA, REY DE PAMPLONA, GARCÍA I[6] SÁNCHEZ, REY DE PAMPLONA, SANCHO I[5] GARCÉS, REY DE PAMPLONA, GARCÍA[4] JIMÉNEZ, PRÍNCIPE DE NAVARRA, JIMENA[3] GARCÍA, GARCÍA[2] JIMÉNEZ, JIMINO[1]) was born October 05, 1936. He married MIRNA OCAMPO.

Children of CARLOS IRIGOYEN DESHON and MIRNA OCAMPO are:

i. REBECA[43] IRIGOYEN OCAMPO.
ii. CARLOS EDUARDO IRIGOYEN OCAMPO.
iii. TAMI IRIGOYEN OCAMPO.

332. CARMEN[42] IRIGOYEN DESHON *(BERTA[41] DESHON MONTEALEGRE, EDUARDO[40] DESHON MORAZÁN, CARMEN[39] MORAZÁN VENERIO, FRANCISCO[38] MORAZÁN MONCADA, MARIANO ANTONIO[37] MONTEALEGRE ROMERO, MANUELA CASIMIRA[36] ROMERO SÁENZ, BÁRBARA ANTONIA[35] SÁENZ BONILLA, MANUEL[34] SÁENZ VÁZQUEZ Y RAMIRO-CORAJO, MARÍA ROSA[33] VÁZQUEZ RAMIRO-CORAJO, JOSEPH FRANCISCO[32] RAMIRO-CORAJO Y VERA SOTOMAYOR, JUANA[31] DE VERA SOTOMAYOR, LUIS[30] MÉNDEZ SOTOMAYOR Y CERRATO, ALFONSO[29] FERNÁNDEZ DE SOTOMAYOR FIGUEROA MESSÍA, LUIS[28] MÉNDEZ DE SOTOMAYOR FIGUEROA MESSÍA, GARCÍ[27] MÉNDEZ DE SOTOMAYOR Y SÁNCHEZ VILLODRE, CATALINA[26] SÁNCHEZ DE VILLODRE Y MANUEL, INÉS[25] SÁNCHEZ MANUEL DE VILLENA, JUAN[24] SÁNCHEZ MANUEL Y GONZÁLEZ DE MANZANEDO, SANCHO[23] MANUEL DE CASTILLA Y LASSO DE LA VEGA, JUAN I[22] MANUEL DE CASTILLA, REY DE CASTILLA LEÓN, JUANA[21] MANUEL DE CASTILLA, BLANCA[20] DE LA CERDA, FERNANDO[19] DE LA CERDA II, FERNANDO[18] DE LA CERDA, VIOLANTE[17] DE ARAGÓN, JAIME I[16] "EL CONQUISTADOR" REY DE ARAGÓN, PEDRO II[15] DE ARAGÓN, "EL CATÓLICO" REY DE ARAGÓN, ALFONSO II[14] REY DE ARAGÓN Y 1RO. DE CATALUÑA, PETRONILA[13] DE ARAGÓN, REINA DE ARAGÓN, RAMIRO II[12] SÁNCHEZ, REY DE ARAGÓN, SANCHO V[11] RAMÍREZ, REY DE ARAGÓN, RAMIRO I[10] SÁNCHEZ, REY DE ARAGÓN, SANCHO III[9] GARCÉS "EL GRANDE", REY DE PAMPLONA, GARCÍA II[8] SÁNCHEZ, REY DE PAMPLONA, EL TEMBLÓN, SANCHO II[7] GARCÉS ABARCA, REY DE PAMPLONA, GARCÍA I[6] SÁNCHEZ, REY DE PAMPLONA, SANCHO I[5] GARCÉS, REY DE PAMPLONA, GARCÍA[4] JIMÉNEZ, PRÍNCIPE DE NAVARRA, JIMENA[3] GARCÍA, GARCÍA[2] JIMÉNEZ, JIMINO[1])* was born July 16, 1930 in Chinandega, Chinandega, Nicaragua. She married HERNÁN ALVARADO RAMÍREZ.

Child of CARMEN IRIGOYEN DESHON and HERNÁN ALVARADO RAMÍREZ is:

i. CARMEN CECILIA[43] ALVARADO IRIGOYEN, m. GERARDO GUTIÉRREZ.

333. LUIS ROOSEVELT[42] IRIGOYEN DESHON *(BERTA[41] DESHON MONTEALEGRE, EDUARDO[40] DESHON MORAZÁN, CARMEN[39] MORAZÁN VENERIO, FRANCISCO[38] MORAZÁN MONCADA, MARIANO ANTONIO[37] MONTEALEGRE ROMERO, MANUELA CASIMIRA[36] ROMERO SÁENZ, BÁRBARA ANTONIA[35] SÁENZ BONILLA, MANUEL[34] SÁENZ VÁZQUEZ Y RAMIRO-CORAJO, MARÍA ROSA[33] VÁZQUEZ RAMIRO-CORAJO, JOSEPH FRANCISCO[32] RAMIRO-CORAJO Y VERA SOTOMAYOR, JUANA[31] DE VERA SOTOMAYOR, LUIS[30] MÉNDEZ SOTOMAYOR Y CERRATO, ALFONSO[29] FERNÁNDEZ DE SOTOMAYOR FIGUEROA MESSÍA, LUIS[28] MÉNDEZ DE SOTOMAYOR FIGUEROA MESSÍA, GARCÍ[27] MÉNDEZ DE SOTOMAYOR Y SÁNCHEZ VILLODRE, CATALINA[26] SÁNCHEZ DE VILLODRE Y MANUEL, INÉS[25] SÁNCHEZ MANUEL DE VILLENA, JUAN[24] SÁNCHEZ MANUEL Y GONZÁLEZ DE MANZANEDO, SANCHO[23] MANUEL DE CASTILLA Y LASSO DE LA VEGA, JUAN I[22] MANUEL DE CASTILLA, REY DE CASTILLA LEÓN, JUANA[21] MANUEL DE CASTILLA, BLANCA[20] DE LA CERDA, FERNANDO[19] DE LA CERDA II, FERNANDO[18] DE LA CERDA, VIOLANTE[17] DE ARAGÓN, JAIME I[16] "EL CONQUISTADOR" REY DE ARAGÓN, PEDRO II[15] DE ARAGÓN, "EL CATÓLICO" REY DE ARAGÓN, ALFONSO II[14] REY DE ARAGÓN Y 1RO. DE CATALUÑA, PETRONILA[13] DE ARAGÓN, REINA DE ARAGÓN, RAMIRO II[12] SÁNCHEZ, REY DE ARAGÓN, SANCHO V[11] RAMÍREZ, REY DE ARAGÓN, RAMIRO I[10] SÁNCHEZ, REY DE ARAGÓN, SANCHO III[9] GARCÉS "EL GRANDE", REY DE PAMPLONA, GARCÍA II[8] SÁNCHEZ, REY DE PAMPLONA, EL TEMBLÓN, SANCHO II[7] GARCÉS ABARCA, REY DE PAMPLONA, GARCÍA*

I[6]SÁNCHEZ, REY DE PAMPLONA, SANCHO I[5]GARCÉS, REY DE PAMPLONA, GARCÍA[4]JIMÉNEZ, PRÍNCIPE DE NAVARRA, JIMENA[3] GARCÍA, GARCÍA[2] JIMÉNEZ, JIMINO[1]) was born January 30, 1942. He married MIREYA CUADRA VENERIO. She was born December 24, 1945.

Children of LUIS IRIGOYEN DESHON and MIREYA CUADRA VENERIO are:

i. LUIS ROBERTO[43] IRIGOYEN CUADRA, b. June 19, 1971.
ii. MIGUEL JERÓNIMO IRIGOYEN CUADRA, b. June 01, 1973.
iii. JUAN CARLOS IRIGOYEN CUADRA, b. January 15, 1976.
iv. MIREYA IRIGOYEN CUADRA, b. June 26, 1978.

334. JORGE HIPÓLITO[42] IRIGOYEN DESHON *(BERTA[41] DESHON MONTEALEGRE, EDUARDO[40] DESHON MORAZÁN, CARMEN[39] MORAZÁN VENERIO, FRANCISCO[38] MORAZÁN MONCADA, MARIANO ANTONIO[37] MONTEALEGRE ROMERO, MANUELA CASIMIRA[36] ROMERO SÁENZ, BÁRBARA ANTONIA[35] SÁENZ BONILLA, MANUEL[34] SÁENZ VÁZQUEZ Y RAMIRO-CORAJO, MARÍA ROSA[33] VÁZQUEZ RAMIRO-CORAJO, JOSEPH FRANCISCO[32] RAMIRO-CORAJO Y VERA SOTOMAYOR, JUANA[31] DE VERA SOTOMAYOR, LUIS[30] MÉNDEZ SOTOMAYOR Y CERRATO, ALFONSO[29] FERNÁNDEZ DE SOTOMAYOR FIGUEROA MESSÍA, LUIS[28] MÉNDEZ DE SOTOMAYOR FIGUEROA MESSÍA, GARCI[27] MÉNDEZ DE SOTOMAYOR Y SÁNCHEZ VILLODRE, CATALINA[26] SÁNCHEZ DE VILLODRE Y MANUEL, INÉS[25] SÁNCHEZ MANUEL DE VILLENA, JUAN[24] SÁNCHEZ MANUEL Y GONZÁLEZ DE MANZANEDO, SANCHO[23] MANUEL DE CASTILLA Y LASSO DE LA VEGA, JUAN I[22]MANUEL DE CASTILLA, REY DE CASTILLA LEÓN, JUANA[21] MANUEL DE CASTILLA, BLANCA[20] DE LA CERDA, FERNANDO[19] DE LA CERDA II, FERNANDO[18] DE LA CERDA, VIOLANTE[17] DE ARAGÓN, JAIME I[16] "EL CONQUISTADOR" REY DE ARAGÓN, PEDRO II[15]DE ARAGÓN, "EL CATÓLICO" REY DE ARAGÓN, ALFONSO II[14] REY DE ARAGÓN Y 1RO. DE CATALUÑA, PETRONILA[13]DE ARAGÓN, REINA DE ARAGÓN, RAMIRO II[12]SÁNCHEZ, REY DE ARAGÓN, SANCHO V[11]RAMÍREZ, REY DE ARAGÓN, RAMIRO I[10]SÁNCHEZ, REY DE ARAGÓN, SANCHO III[9]GARCÉS "EL GRANDE", REY DE PAMPLONA, GARCÍA II[8]SÁNCHEZ, REY DE PAMPLONA, EL TEMBLÓN, SANCHO II[7]GARCÉS ABARCA, REY DE PAMPLONA, GARCÍA I[6]SÁNCHEZ, REY DE PAMPLONA, SANCHO I[5]GARCÉS, REY DE PAMPLONA, GARCÍA[4]JIMÉNEZ, PRÍNCIPE DE NAVARRA, JIMENA[3] GARCÍA, GARCÍA[2] JIMÉNEZ, JIMINO[1])* He married CARMEN INDIANA GUTIÉRREZ GARCÍA.

Children of JORGE IRIGOYEN DESHON and CARMEN GUTIÉRREZ GARCÍA are:

i. ROSANA[43] IRIGOYEN GUTIÉRREZ.
ii. EUGENIA IRIGOYEN GUTIÉRREZ.
iii. JORGE EDUARDO IRIGOYEN GUTIÉRREZ.

335. EDUARDO JOSÉ[42] IRIGOYEN DESHON *(BERTA[41] DESHON MONTEALEGRE, EDUARDO[40] DESHON MORAZÁN, CARMEN[39] MORAZÁN VENERIO, FRANCISCO[38] MORAZÁN MONCADA, MARIANO ANTONIO[37] MONTEALEGRE ROMERO, MANUELA CASIMIRA[36] ROMERO SÁENZ, BÁRBARA ANTONIA[35] SÁENZ BONILLA, MANUEL[34] SÁENZ VÁZQUEZ Y RAMIRO-CORAJO, MARÍA ROSA[33] VÁZQUEZ RAMIRO-CORAJO, JOSEPH FRANCISCO[32] RAMIRO-CORAJO Y VERA SOTOMAYOR, JUANA[31] DE VERA SOTOMAYOR, LUIS[30] MÉNDEZ SOTOMAYOR Y CERRATO, ALFONSO[29] FERNÁNDEZ DE SOTOMAYOR FIGUEROA MESSÍA, LUIS[28] MÉNDEZ DE SOTOMAYOR FIGUEROA MESSÍA, GARCI[27] MÉNDEZ DE SOTOMAYOR Y SÁNCHEZ VILLODRE, CATALINA[26] SÁNCHEZ DE VILLODRE Y MANUEL, INÉS[25] SÁNCHEZ MANUEL DE VILLENA, JUAN[24] SÁNCHEZ MANUEL Y GONZÁLEZ DE MANZANEDO, SANCHO[23] MANUEL DE CASTILLA Y LASSO DE LA VEGA, JUAN I[22]MANUEL DE CASTILLA, REY DE CASTILLA LEÓN, JUANA[21] MANUEL DE CASTILLA, BLANCA[20] DE LA CERDA, FERNANDO[19] DE LA CERDA II, FERNANDO[18] DE LA CERDA, VIOLANTE[17] DE ARAGÓN, JAIME I[16] "EL CONQUISTADOR" REY DE ARAGÓN, PEDRO II[15]DE ARAGÓN, "EL CATÓLICO" REY DE ARAGÓN, ALFONSO II[14] REY DE ARAGÓN Y 1RO. DE CATALUÑA, PETRONILA[13]DE ARAGÓN, REINA DE ARAGÓN, RAMIRO II[12]SÁNCHEZ, REY DE ARAGÓN, SANCHO V[11]RAMÍREZ, REY DE ARAGÓN, RAMIRO I[10]SÁNCHEZ, REY DE ARAGÓN, SANCHO III[9]GARCÉS "EL GRANDE", REY DE PAMPLONA, GARCÍA II[8]SÁNCHEZ, REY DE*

PAMPLONA, EL TEMBLÓN, SANCHO II[7]GARCÉS ABARCA, REY DE PAMPLONA, GARCÍA I[6]SÁNCHEZ, REY DE PAMPLONA, SANCHO I[5]GARCÉS, REY DE PAMPLONA, GARCÍA[4]JIMÉNEZ, PRÍNCIPE DE NAVARRA, JIMENA[3] GARCÍA, GARCÍA[2] JIMÉNEZ, JIMINO[1]) was born March 28, 1947. He married LORENA GURDIÁN LÓPEZ, daughter of ENRIQUE GURDIÁN CASTRO and HILDA LÓPEZ RIVERA.

Children of EDUARDO IRIGOYEN DESHON and LORENA GURDIÁN LÓPEZ are:

i. EDUARDO[43] IRIGOYEN GURDIÁN.
ii. ALVARO IRIGOYEN GURDIÁN.
iii. LORENA IRIGOYEN GURDIÁN.

336. ARNOLDO[42] SOLÓRZANO THOMPSON *(ERNESTO[41] SOLÓRZANO DÍAZ, JOSÉ[40] SOLÓRZANO AVILÉZ, ENRIQUE[39] SOLÓRZANO CARDOZA, RAMÓN[38] SOLÓRZANO MONTEALEGRE, GERTRUDIS[37] MONTEALEGRE ROMERO, MANUELA CASIMIRA[36] ROMERO SÁENZ, BÁRBARA ANTONIA[35] SÁENZ BONILLA, MANUEL[34] SÁENZ VÁZQUEZ Y RAMIRO-CORAJO, MARÍA ROSA[33] VÁZQUEZ RAMIRO-CORAJO, JOSEPH FRANCISCO[32] RAMIRO-CORAJO Y VERA SOTOMAYOR, JUANA[31] DE VERA SOTOMAYOR, LUIS[30] MÉNDEZ SOTOMAYOR Y CERRATO, ALFONSO[29] FERNÁNDEZ DE SOTOMAYOR FIGUEROA MESSÍA, LUIS[28] MÉNDEZ DE SOTOMAYOR FIGUEROA MESSÍA, GARCI[27] MÉNDEZ DE SOTOMAYOR Y SÁNCHEZ VILLODRE, CATALINA[26] SÁNCHEZ DE VILLODRE Y MANUEL, INÉS[25] SÁNCHEZ MANUEL DE VILLENA, JUAN[24] SÁNCHEZ MANUEL Y GONZÁLEZ DE MANZANEDO, SANCHO[23] MANUEL DE CASTILLA Y LASSO DE LA VEGA, JUAN I[22]MANUEL DE CASTILLA, REY DE CASTILLA LEÓN, JUANA[21] MANUEL DE CASTILLA, BLANCA[20] DE LA CERDA, FERNANDO[19] DE LA CERDA II, FERNANDO[18] DE LA CERDA, VIOLANTE[17] DE ARAGÓN, JAIME I[16] "EL CONQUISTADOR" REY DE ARAGÓN, PEDRO II[15]DE ARAGÓN, "EL CATÓLICO" REY DE ARAGÓN, ALFONSO II[14] REY DE ARAGÓN Y 1RO. DE CATALUÑA, PETRONILA[13]DE ARAGÓN, REINA DE ARAGÓN, RAMIRO II[12]SÁNCHEZ, REY DE ARAGÓN, SANCHO V[11]RAMÍREZ, REY DE ARAGÓN, RAMIRO I[10]SÁNCHEZ, REY DE ARAGÓN, SANCHO III[9]GARCÉS "EL GRANDE", REY DE PAMPLONA, GARCÍA II[8]SÁNCHEZ, REY DE PAMPLONA, EL TEMBLÓN, SANCHO II[7]GARCÉS ABARCA, REY DE PAMPLONA, GARCÍA I[6]SÁNCHEZ, REY DE PAMPLONA, SANCHO I[5]GARCÉS, REY DE PAMPLONA, GARCÍA[4]JIMÉNEZ, PRÍNCIPE DE NAVARRA, JIMENA[3] GARCÍA, GARCÍA[2] JIMÉNEZ, JIMINO[1])* was born November 05, 1918, and died March 23, 1970. He married ROSA PELLAS CHAMORRO. She was born June 15, 1921.

Children of ARNOLDO SOLÓRZANO THOMPSON and ROSA PELLAS CHAMORRO are:

i. ADELA[43] SOLÓRZANO PELLAS, b. April 19, 1948.
ii. ROSA ARGENTINA SOLÓRZANO PELLAS, b. June 26, 1949.
iii. ARNOLDO SOLÓRZANO PELLAS, b. January 11, 1951.
iv. SILVIO SOLÓRZANO PELLAS, b. May 03, 1952.
v. SILVANA SOLÓRZANO PELLAS, b. May 03, 1952.
vi. ERNESTO SOLÓRZANO PELLAS, b. November 27, 1958.
vii. CONSUELO SOLÓRZANO PELLAS, b. November 27, 1958.
viii. ALFREDO SOLÓRZANO PELLAS, b. August 01, 1961.

337. ODILIE[42] LACAYO RIVAS *(FEDERICO[41] LACAYO SOLÓRZANO, ROSA[40] SOLÓRZANO GUTIÉRREZ, FEDERICO[39] SOLÓRZANO REYES, RAMÓN[38] SOLÓRZANO MONTEALEGRE, GERTRUDIS[37] MONTEALEGRE ROMERO, MANUELA CASIMIRA[36] ROMERO SÁENZ, BÁRBARA ANTONIA[35] SÁENZ BONILLA, MANUEL[34] SÁENZ VÁZQUEZ Y RAMIRO-CORAJO, MARÍA ROSA[33] VÁZQUEZ RAMIRO-CORAJO, JOSEPH FRANCISCO[32] RAMIRO-CORAJO Y VERA SOTOMAYOR, JUANA[31] DE VERA SOTOMAYOR, LUIS[30] MÉNDEZ SOTOMAYOR Y CERRATO, ALFONSO[29] FERNÁNDEZ DE SOTOMAYOR FIGUEROA MESSÍA, LUIS[28] MÉNDEZ DE SOTOMAYOR FIGUEROA MESSÍA, GARCI[27] MÉNDEZ DE SOTOMAYOR Y SÁNCHEZ VILLODRE, CATALINA[26] SÁNCHEZ DE VILLODRE Y MANUEL, INÉS[25] SÁNCHEZ MANUEL DE VILLENA, JUAN[24] SÁNCHEZ MANUEL Y GONZÁLEZ DE MANZANEDO, SANCHO[23] MANUEL DE CASTILLA Y LASSO DE LA VEGA, JUAN I[22]MANUEL DE CASTILLA, REY DE CASTILLA LEÓN, JUANA[21] MANUEL DE CASTILLA, BLANCA[20]*

DE LA CERDA, FERNANDO[19] DE LA CERDA II, FERNANDO[18] DE LA CERDA, VIOLANTE[17] DE ARAGÓN, JAIME I[16] "EL CONQUISTADOR" REY DE ARAGÓN, PEDRO II[15] DE ARAGÓN, "EL CATÓLICO" REY DE ARAGÓN, ALFONSO II[14] REY DE ARAGÓN Y 1RO. DE CATALUÑA, PETRONILA[13] DE ARAGÓN, REINA DE ARAGÓN, RAMIRO II[12] SÁNCHEZ, REY DE ARAGÓN, SANCHO V[11] RAMÍREZ, REY DE ARAGÓN, RAMIRO I[10] SÁNCHEZ, REY DE ARAGÓN, SANCHO III[9] GARCÉS "EL GRANDE", REY DE PAMPLONA, GARCÍA II[8] SÁNCHEZ, REY DE PAMPLONA, EL TEMBLÓN, SANCHO II[7] GARCÉS ABARCA, REY DE PAMPLONA, GARCÍA I[6] SÁNCHEZ, REY DE PAMPLONA, SANCHO I[5] GARCÉS, REY DE PAMPLONA, GARCÍA[4] JIMÉNEZ, PRÍNCIPE DE NAVARRA, JIMENA[3] GARCÍA, GARCÍA[2] JIMÉNEZ, JIMINO[1]) She married ADOLFO DÍAZ SOLÓRZANO.

Children of ODILIE LACAYO RIVAS and ADOLFO DÍAZ SOLÓRZANO are:

i. RITA[43] DÍAZ LACAYO.
ii. ENRIQUE DÍAZ LACAYO.
iii. ENNIO DÍAZ LACAYO.
iv. ALDO DÍAZ LACAYO.
v. FREDDY DÍAZ LACAYO.
vi. ADOLFO DÍAZ LACAYO.
vii. DOLORES DÍAZ LACAYO.
viii. ELGIN DÍAZ LACAYO.
ix. MARVIN DÍAZ LACAYO.

338. DAISY[42] LACAYO RIVAS *(FEDERICO[41] LACAYO SOLÓRZANO, ROSA[40] SOLÓRZANO GUTIÉRREZ, FEDERICO[39] SOLÓRZANO REYES, RAMÓN[38] SOLÓRZANO MONTEALEGRE, GERTRUDIS[37] MONTEALEGRE ROMERO, MANUELA CASIMIRA[36] ROMERO SÁENZ, BÁRBARA ANTONIA[35] SÁENZ BONILLA, MANUEL[34] SÁENZ VÁZQUEZ Y RAMIRO-CORAJO, MARÍA ROSA[33] VÁZQUEZ RAMIRO-CORAJO, JOSEPH FRANCISCO[32] RAMIRO-CORAJO Y VERA SOTOMAYOR, JUANA[31] DE VERA SOTOMAYOR, LUIS[30] MÉNDEZ SOTOMAYOR Y CERRATO, ALFONSO[29] FERNÁNDEZ DE SOTOMAYOR FIGUEROA MESSÍA, LUIS[28] MÉNDEZ DE SOTOMAYOR FIGUEROA MESSÍA, GARCI[27] MÉNDEZ DE SOTOMAYOR Y SÁNCHEZ VILLODRE, CATALINA[26] SÁNCHEZ DE VILLODRE Y MANUEL, INÉS[25] SÁNCHEZ MANUEL DE VILLENA, JUAN[24] SÁNCHEZ MANUEL Y GONZÁLEZ DE MANZANEDO, SANCHO[23] MANUEL DE CASTILLA Y LASSO DE LA VEGA, JUAN I[22] MANUEL DE CASTILLA, REY DE CASTILLA LEÓN, JUANA[21] MANUEL DE CASTILLA, BLANCA[20] DE LA CERDA, FERNANDO[19] DE LA CERDA II, FERNANDO[18] DE LA CERDA, VIOLANTE[17] DE ARAGÓN, JAIME I[16] "EL CONQUISTADOR" REY DE ARAGÓN, PEDRO II[15] DE ARAGÓN, "EL CATÓLICO" REY DE ARAGÓN, ALFONSO II[14] REY DE ARAGÓN Y 1RO. DE CATALUÑA, PETRONILA[13] DE ARAGÓN, REINA DE ARAGÓN, RAMIRO II[12] SÁNCHEZ, REY DE ARAGÓN, SANCHO V[11] RAMÍREZ, REY DE ARAGÓN, RAMIRO I[10] SÁNCHEZ, REY DE ARAGÓN, SANCHO III[9] GARCÉS "EL GRANDE", REY DE PAMPLONA, GARCÍA II[8] SÁNCHEZ, REY DE PAMPLONA, EL TEMBLÓN, SANCHO II[7] GARCÉS ABARCA, REY DE PAMPLONA, GARCÍA I[6] SÁNCHEZ, REY DE PAMPLONA, SANCHO I[5] GARCÉS, REY DE PAMPLONA, GARCÍA[4] JIMÉNEZ, PRÍNCIPE DE NAVARRA, JIMENA[3] GARCÍA, GARCÍA[2] JIMÉNEZ, JIMINO[1])* She married BERNABÉ PORTOCARRERO PORTOCARRERO.

Children of DAISY LACAYO RIVAS and BERNABÉ PORTOCARRERO PORTOCARRERO are:

i. IVANIA[43] PORTOCARRERO LACAYO.
ii. SARITA PORTOCARRERO LACAYO.
iii. BERNABÉ PORTOCARRERO LACAYO.
iv. MARÍA DEL CARMEN PORTOCARRERO LACAYO.
v. DAYSI PORTOCARRERO LACAYO.

339. JOSÉ[42] DEBAYLE BONILLA *(MATILDE[41] BONILLA SOLÓRZANO, MATILDE[40] SOLÓRZANO GUTIÉRREZ, FEDERICO[39] SOLÓRZANO REYES, RAMÓN[38] SOLÓRZANO MONTEALEGRE, GERTRUDIS[37] MONTEALEGRE ROMERO, MANUELA CASIMIRA[36] ROMERO SÁENZ, BÁRBARA ANTONIA[35] SÁENZ BONILLA, MANUEL[34] SÁENZ VÁZQUEZ Y RAMIRO-CORAJO, MARÍA ROSA[33]*

VÁZQUEZ RAMIRO-CORAJO, JOSEPH FRANCISCO[32] RAMIRO-CORAJO Y VERA SOTOMAYOR, JUANA[31] DE VERA SOTOMAYOR, LUIS[30] MÉNDEZ SOTOMAYOR Y CERRATO, ALFONSO[29] FERNÁNDEZ DE SOTOMAYOR FIGUEROA MESSÍA, LUIS[28] MÉNDEZ DE SOTOMAYOR FIGUEROA MESSÍA, GARCÍ[27] MÉNDEZ DE SOTOMAYOR Y SÁNCHEZ VILLODRE, CATALINA[26] SÁNCHEZ DE VILLODRE Y MANUEL, INÉS[25] SÁNCHEZ MANUEL DE VILLENA, JUAN[24] SÁNCHEZ MANUEL Y GONZÁLEZ DE MANZANEDO, SANCHO[23] MANUEL DE CASTILLA Y LASSO DE LA VEGA, JUAN I[22] MANUEL DE CASTILLA, REY DE CASTILLA LEÓN, JUANA[21] MANUEL DE CASTILLA, BLANCA[20] DE LA CERDA, FERNANDO[19] DE LA CERDA II, FERNANDO[18] DE LA CERDA, VIOLANTE[17] DE ARAGÓN, JAIME I[16] "EL CONQUISTADOR" REY DE ARAGÓN, PEDRO II[15] DE ARAGÓN, "EL CATÓLICO" REY DE ARAGÓN, ALFONSO II[14] REY DE ARAGÓN Y 1RO. DE CATALUÑA, PETRONILA[13] DE ARAGÓN, REINA DE ARAGÓN, RAMIRO II[12] SÁNCHEZ, REY DE ARAGÓN, SANCHO V[11] RAMÍREZ, REY DE ARAGÓN, RAMIRO I[10] SÁNCHEZ, REY DE ARAGÓN, SANCHO III[9] GARCÉS "EL GRANDE", REY DE PAMPLONA, GARCÍA II[8] SÁNCHEZ, REY DE PAMPLONA, EL TEMBLÓN, SANCHO II[7] GARCÉS ABARCA, REY DE PAMPLONA, GARCÍA I[6] SÁNCHEZ, REY DE PAMPLONA, SANCHO I[5] GARCÉS, REY DE PAMPLONA, GARCÍA[4] JIMÉNEZ, PRÍNCIPE DE NAVARRA, JIMENA[3] GARCÍA, GARCÍA[2] JIMÉNEZ, JIMINO[1]) He married MAYRA SEVILLA LANGSHWAGER.

Children of JOSÉ DEBAYLE BONILLA and MAYRA SEVILLA LANGSHWAGER are:

i. LUIS MANUEL[43] DEBAYLE SEVILLA.
ii. EDUARDO DEBAYLE SEVILLA.

340. DANIEL[42] BONILLA LAPRADE *(CARLOS GUILLERMO[41] BONILLA SOLÓRZANO, MATILDE[40] SOLÓRZANO GUTIÉRREZ, FEDERICO[39] SOLÓRZANO REYES, RAMÓN[38] SOLÓRZANO MONTEALEGRE, GERTRUDIS[37] MONTEALEGRE ROMERO, MANUELA CASIMIRA[36] ROMERO SÁENZ, BÁRBARA ANTONIA[35] SÁENZ BONILLA, MANUEL[34] SÁENZ VÁZQUEZ Y RAMIRO-CORAJO, MARÍA ROSA[33] VÁZQUEZ RAMIRO-CORAJO, JOSEPH FRANCISCO[32] RAMIRO-CORAJO Y VERA SOTOMAYOR, JUANA[31] DE VERA SOTOMAYOR, LUIS[30] MÉNDEZ SOTOMAYOR Y CERRATO, ALFONSO[29] FERNÁNDEZ DE SOTOMAYOR FIGUEROA MESSÍA, LUIS[28] MÉNDEZ DE SOTOMAYOR FIGUEROA MESSÍA, GARCÍ[27] MÉNDEZ DE SOTOMAYOR Y SÁNCHEZ VILLODRE, CATALINA[26] SÁNCHEZ DE VILLODRE Y MANUEL, INÉS[25] SÁNCHEZ MANUEL DE VILLENA, JUAN[24] SÁNCHEZ MANUEL Y GONZÁLEZ DE MANZANEDO, SANCHO[23] MANUEL DE CASTILLA Y LASSO DE LA VEGA, JUAN I[22] MANUEL DE CASTILLA, REY DE CASTILLA LEÓN, JUANA[21] MANUEL DE CASTILLA, BLANCA[20] DE LA CERDA, FERNANDO[19] DE LA CERDA II, FERNANDO[18] DE LA CERDA, VIOLANTE[17] DE ARAGÓN, JAIME I[16] "EL CONQUISTADOR" REY DE ARAGÓN, PEDRO II[15] DE ARAGÓN, "EL CATÓLICO" REY DE ARAGÓN, ALFONSO II[14] REY DE ARAGÓN Y 1RO. DE CATALUÑA, PETRONILA[13] DE ARAGÓN, REINA DE ARAGÓN, RAMIRO II[12] SÁNCHEZ, REY DE ARAGÓN, SANCHO V[11] RAMÍREZ, REY DE ARAGÓN, RAMIRO I[10] SÁNCHEZ, REY DE ARAGÓN, SANCHO III[9] GARCÉS "EL GRANDE", REY DE PAMPLONA, GARCÍA II[8] SÁNCHEZ, REY DE PAMPLONA, EL TEMBLÓN, SANCHO II[7] GARCÉS ABARCA, REY DE PAMPLONA, GARCÍA I[6] SÁNCHEZ, REY DE PAMPLONA, SANCHO I[5] GARCÉS, REY DE PAMPLONA, GARCÍA[4] JIMÉNEZ, PRÍNCIPE DE NAVARRA, JIMENA[3] GARCÍA, GARCÍA[2] JIMÉNEZ, JIMINO[1])* He married NORA ROSALES SOLÓRZANO, daughter of FERNANDO ROSALES CABEZAS and MERCEDES SOLÓRZANO HANGER.

Children of DANIEL BONILLA LAPRADE and NORA ROSALES SOLÓRZANO are:

i. DANIEL[43] BONILLA ROSALES.
ii. NORA BONILLA ROSALES.
iii. JAIME BONILLA ROSALES.
iv. DONALD BONILLA ROSALES.
v. MARINA BONILLA ROSALES.

341. CARLOS GUILLERMO[42] BONILLA LAPRADE *(CARLOS GUILLERMO[41] BONILLA SOLÓRZANO, MATILDE[40] SOLÓRZANO GUTIÉRREZ, FEDERICO[39] SOLÓRZANO REYES, RAMÓN[38] SOLÓRZANO MONTEALEGRE, GERTRUDIS[37] MONTEALEGRE ROMERO, MANUELA CASIMIRA[36]*

ROMERO SÁENZ, BÁRBARA ANTONIA[35] SÁENZ BONILLA, MANUEL[34] SÁENZ VÁZQUEZ Y RAMIRO-CORAJO, MARÍA ROSA[33] VÁZQUEZ RAMIRO-CORAJO, JOSEPH FRANCISCO[32] RAMIRO-CORAJO Y VERA SOTOMAYOR, JUANA[31] DE VERA SOTOMAYOR, LUIS[30] MÉNDEZ SOTOMAYOR Y CERRATO, ALFONSO[29] FERNÁNDEZ DE SOTOMAYOR FIGUEROA MESSÍA, LUIS[28] MÉNDEZ DE SOTOMAYOR FIGUEROA MESSÍA, GARCÍ[27] MÉNDEZ DE SOTOMAYOR Y SÁNCHEZ VILLODRE, CATALINA[26] SÁNCHEZ DE VILLODRE Y MANUEL, INÉS[25] SÁNCHEZ MANUEL DE VILLENA, JUAN[24] SÁNCHEZ MANUEL Y GONZÁLEZ DE MANZANEDO, SANCHO[23] MANUEL DE CASTILLA Y LASSO DE LA VEGA, JUAN I[22]MANUEL DE CASTILLA, REY DE CASTILLA LEÓN, JUANA[21] MANUEL DE CASTILLA, BLANCA[20] DE LA CERDA, FERNANDO[19] DE LA CERDA II, FERNANDO[18] DE LA CERDA, VIOLANTE[17] DE ARAGÓN, JAIME I[16] "EL CONQUISTADOR" REY DE ARAGÓN, PEDRO II[15]DE ARAGÓN, "EL CATÓLICO" REY DE ARAGÓN, ALFONSO II[14] REY DE ARAGÓN Y 1RO. DE CATALUÑA, PETRONILA[13]DE ARAGÓN, REINA DE ARAGÓN, RAMIRO II[12]SÁNCHEZ, REY DE ARAGÓN, SANCHO V[11]RAMÍREZ, REY DE ARAGÓN, RAMIRO I[10]SÁNCHEZ, REY DE ARAGÓN, SANCHO III[9]GARCÉS "EL GRANDE", REY DE PAMPLONA, GARCÍA II[8]SÁNCHEZ, REY DE PAMPLONA, EL TEMBLÓN, SANCHO II[7]GARCÉS ABARCA, REY DE PAMPLONA, GARCÍA I[6]SÁNCHEZ, REY DE PAMPLONA, SANCHO I[5]GARCÉS, REY DE PAMPLONA, GARCÍA[4]JIMÉNEZ, PRÍNCIPE DE NAVARRA, JIMENA[3] GARCÍA, GARCÍA[2] JIMÉNEZ, JIMINO[1]) He married (1) BRENDA BROCKMAN SOLÍS. He married (2) CARLA DONKIN. He married (3) MAGDA RAUTH PASTORA. He married (4) ANA MARÍA BETETA. He married (5) SYLVIA MUÑOZ. He married (6) MARTHA BLANDINO SOLÓRZANO.

Child of CARLOS BONILLA LAPRADE and CARLA DONKIN is:
i. CARLA[43] BONILLA DONKIN.

Child of CARLOS BONILLA LAPRADE and ANA BETETA is:
ii. ANA MARÍA[43] BONILLA BETETA.

Children of CARLOS BONILLA LAPRADE and SYLVIA MUÑOZ are:
iii. CARLOS MANUEL[43] BONILLA MUÑOZ.
iv. JOSÉ DANIEL BONILLA MUÑOZ.

Child of CARLOS BONILLA LAPRADE and MARTHA BLANDINO SOLÓRZANO is:
v. JUAN CARLOS[43] BONILLA BLANDINO.

342. GUILLERMO[42] TÜNNERMAN BONILLA *(MARINA[41] BONILLA SOLÓRZANO, MATILDE[40] SOLÓRZANO GUTIÉRREZ, FEDERICO[39] SOLÓRZANO REYES, RAMÓN[38] SOLÓRZANO MONTEALEGRE, GERTRUDIS[37] MONTEALEGRE ROMERO, MANUELA CASIMIRA[36] ROMERO SÁENZ, BÁRBARA ANTONIA[35] SÁENZ BONILLA, MANUEL[34] SÁENZ VÁZQUEZ Y RAMIRO-CORAJO, MARÍA ROSA[33] VÁZQUEZ RAMIRO-CORAJO, JOSEPH FRANCISCO[32] RAMIRO-CORAJO Y VERA SOTOMAYOR, JUANA[31] DE VERA SOTOMAYOR, LUIS[30] MÉNDEZ SOTOMAYOR Y CERRATO, ALFONSO[29] FERNÁNDEZ DE SOTOMAYOR FIGUEROA MESSÍA, LUIS[28] MÉNDEZ DE SOTOMAYOR FIGUEROA MESSÍA, GARCÍ[27] MÉNDEZ DE SOTOMAYOR Y SÁNCHEZ VILLODRE, CATALINA[26] SÁNCHEZ DE VILLODRE Y MANUEL, INÉS[25] SÁNCHEZ MANUEL DE VILLENA, JUAN[24] SÁNCHEZ MANUEL Y GONZÁLEZ DE MANZANEDO, SANCHO[23] MANUEL DE CASTILLA Y LASSO DE LA VEGA, JUAN I[22]MANUEL DE CASTILLA, REY DE CASTILLA LEÓN, JUANA[21] MANUEL DE CASTILLA, BLANCA[20] DE LA CERDA, FERNANDO[19] DE LA CERDA II, FERNANDO[18] DE LA CERDA, VIOLANTE[17] DE ARAGÓN, JAIME I[16] "EL CONQUISTADOR" REY DE ARAGÓN, PEDRO II[15]DE ARAGÓN, "EL CATÓLICO" REY DE ARAGÓN, ALFONSO II[14] REY DE ARAGÓN Y 1RO. DE CATALUÑA, PETRONILA[13]DE ARAGÓN, REINA DE ARAGÓN, RAMIRO II[12]SÁNCHEZ, REY DE ARAGÓN, SANCHO V[11]RAMÍREZ, REY DE ARAGÓN, RAMIRO I[10]SÁNCHEZ, REY DE ARAGÓN, SANCHO III[9]GARCÉS "EL GRANDE", REY DE PAMPLONA, GARCÍA II[8]SÁNCHEZ, REY DE PAMPLONA, EL TEMBLÓN, SANCHO II[7]GARCÉS ABARCA, REY DE PAMPLONA, GARCÍA*

I[6]SÁNCHEZ, REY DE PAMPLONA, SANCHO I[5]GARCÉS, REY DE PAMPLONA, GARCÍA[4]JIMÉNEZ, PRÍNCIPE DE NAVARRA, JIMENA[3] GARCÍA, GARCÍA[2] JIMÉNEZ, JIMINO[1]) He married NOMBRE DESCONOCIDO.

Notes for GUILLERMO TÜNNERMAN BONILLA:
Guillermo Tünnerman Bonilla vivió en Managua, antes del terremoto de 1972, en la casa que estaba junto a la Casa Lillian, hacia el sur, hacia la Iglesia del Perpetuo Socorro. Después de 1979 se trasladó a vivir en Estados Unidos, en donde se suicidó.

Child of GUILLERMO TÜNNERMAN BONILLA and NOMBRE DESCONOCIDO is:

i. ERIKA[43] TÜNNERMAN.

343. JUSTO PASTOR[42] ZAMORA HERDOCIA *(MERCEDES[41] HERDOCIA SACASA, TRÁNSITO[40] SACASA SACASA, ROBERTO[39] SACASA SARRIA, CASIMIRA[38] SARRIA MONTEALEGRE, FRANCISCA[37] MONTEALEGRE ROMERO, MANUELA CASIMIRA[36] ROMERO SÁENZ, BÁRBARA ANTONIA[35] SÁENZ BONILLA, MANUEL[34] SÁENZ VÁZQUEZ Y RAMIRO-CORAJO, MARÍA ROSA[33] VÁZQUEZ RAMIRO-CORAJO, JOSEPH FRANCISCO[32] RAMIRO-CORAJO Y VERA SOTOMAYOR, JUANA[31] DE VERA SOTOMAYOR, LUIS[30] MÉNDEZ SOTOMAYOR Y CERRATO, ALFONSO[29] FERNÁNDEZ DE SOTOMAYOR FIGUEROA MESSÍA, LUIS[28] MÉNDEZ DE SOTOMAYOR FIGUEROA MESSÍA, GARCI[27] MÉNDEZ DE SOTOMAYOR Y SÁNCHEZ VILLODRE, CATALINA[26] SÁNCHEZ DE VILLODRE Y MANUEL, INÉS[25] SÁNCHEZ MANUEL DE VILLENA, JUAN[24] SÁNCHEZ MANUEL Y GONZÁLEZ DE MANZANEDO, SANCHO[23] MANUEL DE CASTILLA Y LASSO DE LA VEGA, JUAN I[22]MANUEL DE CASTILLA, REY DE CASTILLA LEÓN, JUANA[21] MANUEL DE CASTILLA, BLANCA[20] DE LA CERDA, FERNANDO[19] DE LA CERDA II, FERNANDO[18] DE LA CERDA, VIOLANTE[17] DE ARAGÓN, JAIME I[16] "EL CONQUISTADOR" REY DE ARAGÓN, PEDRO II[15]DE ARAGÓN, "EL CATÓLICO" REY DE ARAGÓN, ALFONSO II[14] REY DE ARAGÓN Y 1RO. DE CATALUÑA, PETRONILA[13]DE ARAGÓN, REINA DE ARAGÓN, RAMIRO II[12]SÁNCHEZ, REY DE ARAGÓN, SANCHO V[11]RAMÍREZ, REY DE ARAGÓN, RAMIRO I[10]SÁNCHEZ, REY DE ARAGÓN, SANCHO III[9]GARCÉS "EL GRANDE", REY DE PAMPLONA, GARCÍA II[8]SÁNCHEZ, REY DE PAMPLONA, EL TEMBLÓN, SANCHO II[7]GARCÉS ABARCA, REY DE PAMPLONA, GARCÍA I[6]SÁNCHEZ, REY DE PAMPLONA, SANCHO I[5]GARCÉS, REY DE PAMPLONA, GARCÍA[4]JIMÉNEZ, PRÍNCIPE DE NAVARRA, JIMENA[3] GARCÍA, GARCÍA[2] JIMÉNEZ, JIMINO[1])* He married CARMEN LLANES.

Children of JUSTO ZAMORA HERDOCIA and CARMEN LLANES are:

i. ROBERTO[43] ZAMORA LLANES, m. MARÍA JOSEFINA TERÁN BENDAÑA.
ii. MARTHA ZAMORA LLANES.
iii. LORENA ZAMORA LLANES.
iv. ENRIQUE ZAMORA LLANES.

Una familia.

El Legado de los Conquistadores : el poder en manos de sus descendientes

"Solitarios entre los indios a quienes subyugaron y a quienes por ende temían, los hidalgos españoles que poblaron la América Central hace casi cinco siglos, se asociaron únicamente entre sí y casaron a sus hijos con los hijos de sus amigos. Sus descendientes siguen mandando y Samuel Stone ha trazado sus árboles genealógicos para demostrarlo. El empeño de estas familias por mantener su control ayuda a comprender porqué Centro América se encuentra hoy en un desorden político, económico y cultural" (The Economist)

Investigación realizada por: Flavio Rivera Montealegre*

"El Legado de los Conquistadores" es el título del libro de Samuel Stone, sociólogo, historiador y genealogista costarricense, que después de muchos años de investigación, se ha editado en 1990 y en 1993 en inglés y en español, por la University of Nebraska Press y Editorial Universidad Estatal a Distancia-Costa Rica, respectivamente.
Hace algunos años, cuando el caballito del frentismo era jineteado por sus nueve jinetes apocalípticos, salió a luz otro libro titulado "Nicaragua: Revolution in the family", su autora, Shirley Christian, editado en Nueva York por Random House en 1985; este libro planteaba algo similar, pero con la ausencia de las relaciones familiares, realmente, de los gobernantes descendientes de los Conquistadores. Este aspecto, el genealógico, fue abordado muy tangencialmente, si acaso, por las relaciones familiares entre los miembros de la cúpula frentista con empresarios privados.
Con la cantidad de información genealógica y los análisis expuestos por Stone, podemos hacernos nuevos planteamientos en la búsqueda de las razones por las que Nicaragua ha llegado a la situación de miseria, de crisis moral en la sociedad y

en sus instituciones. Posiblemente nos de la clave de los antecedentes del clímax al que hemos llegado, en nuestro constante retroceso cultural, económico y politico. Claro está, que hay algunas lagunas por llenar, referente a otros datos genealógicos no abordados por Stone, pero que nos toca a los nicaragüenses completar. Gracias a la vocación de algunas personas, por la genealogia, se ha podido reunir una cantidad de datos confiables que relacionados con nuestro pasado y presente histórico, explican ampliamente el actuar y el rumbo de nuestra vida nacional.
Stone plantea y demuestra que muchos gobernantes de la América Central, tienen en común a los conquistadores españoles. Costa Rica es el pais, en Centro América, que mejor ha sabido apreciar y conservar los documentos que atestiguan nuestro reciente pasado. En Nicaragua, con mucha dificultad se han logrado conservar en el Archivo Histórico Diocesano de León. Nuestros gobernantes, por ignorancia o falta de interés en el aspecto cultural, se dedican exclusivamente a sus propios intereses financieros.
México, es uno de los pocos paises que han sabido convertir su historia y su cultura, en una importante fuente de divisas, claro está, combinada con la construcción de infraestructura y la explotación inteligente del turismo.
Volviendo a nuestro tema, los conquistadores, a continuación quiero compartir los cuadros genealógicos brindados por Samuel Stone, en los que relaciona a nuestros gobernantes con Juan Vázquez de Coronado y Anaya, Cristóbal de Alfaro y Jorge de Alvarado Contreras.
Siendo que Centroamérica era el territorio en el que se movian los conquistadores, los que se casaban entre los amigos y familiares cercanos. Además, que por razones raciales y de intereses económicos no se mezclaban con los nativos. Por otro lado la Iglesia, en esa época, ejercía una fuerte presión inquisitoria, la corona no otorgaba privilegios a los conquistadores o nobles mezclados con nativos. Nicaragua no se escapó a esas costumbres. Maxime que las únicas poblaciones importantes eran León y Granada, en donde se establecieron las familias españolas en Nicaragua. La otra ciudad importante era Cartago, en Costa Rica, en donde radicaron muchas familias importantes de la conquista y la colonia. Y, en Guatemala, indudablemente fue la ciudad conocida como Antigua y que fue la capital del Reino de Guatemala o Capitanía General de Guatemala.
Breve reseña histórica de Juan Vázquez de Coronado y Anaya.
Conquistador. Nació en Salamanca, España, en el año 1523 y era hijo de don Gonzalo Vázquez de Coronado y doña Catalina de Anaya, ambos de distinguida nobleza. En 1540 emigró a México, donde su hermano Francisco era Gobernador de Nueva Galicia. Después de prestar sus servicios en el Virreinato, se trasladó en 1550 a la ciudad de Guatemala, en la que fue Alcalde Ordinario de la Santa Hermandad y Procurador, contrajo matrimonio con doña Isabel Arias Dávila. Desempeñó con distinción la Alcaldia Mayor de El Salvador y la de Honduras, y en 1559 fue con el Lic. Pedro Ramírez de Quiñones a la famosa jornada de Lacandón. En abril de 1561 la Audiencia le nombró Alcalde Mayor de Nicaragua en lugar del Lic. Juan de Cavallón y Arboleda (n.1524-m. 1565), ocupado en la

conquista de Costa Rica, y cuando éste la abandonó fue designado para continuarla en abril de 1562.
Con gran actividad, salió de la ciudad de León en agosto de 1562 con ochenta hombres para Nicoya, en donde hizo llevar por tierra ganado vacuno y caballar a la villa de Los Reyes, así como ropas y provisiones por mar al puerto de Landecho, en el que desembarcó en los primeros dias de noviembre de 1562, llegando el 10 de noviembre a la villa de Los Reyes.
En la ciudad de Garcimuñoz tomó posesión el 20 de noviembre de 1562, del cargo de Alcalde Mayor de la provincia de Nueva Cartago y Costa Rica.
En 1565, salió embarcado desde Panamá hacia España, siendo muy bien recibido por el Rey Felipe II de España, quien en abril de 1565, le concedió el título hereditario de Adelantado de Costa Rica y de Gobernador de esta provincia.
De regreso, se embarca en el Puerto de Sanlúcar, en la nave de Nao San Josepe de la armada de don Cristóbal de Erazo. Una borrasca la obligó a refugiarse en Cádiz, al continuar en el viaje la nave desapareció, pereciendo en ella el Adelantado de Costa Rica con 52 caballeros distinguidos de Salamanca y toda la tripulación.

Genealogia del Jefe de Estado Manuel Antonio de la Cerda Taborga (1825-1829):
1) Juan Vázquez de Coronado y Anaya, nació en
Salamanca en 1523, casó con
Isabel Arias Dávila, prima hermana de Pedro Arias
De Avila o Pedrarias Dávila.
2) Gonzalo Vázquez de Coronado Arias casó con
Ana Rodriguez del Padrón.
3) Diego Vázquez de Coronado Rodriguez casó con
Francisca del Castillo Hoces.
4) Gertrudis Vázquez de Coronado y del Castillo cc
Pedro Ocón y Trillo.
5) Maria Ocón y Trillo Vázquez de Coronado cc
Diego Vázquez de Montiel.
6) Diego Vázquez Ocón y Trillo casó con
Sebastiana Echavarria Navarro.
7) Micaela Vázquez de Montiel y Echavarria casó con
Simón Lacayo de Briones y Pomar, hijo de el
Capitán Mayor José Antonio Lacayo de Briones y
Palacios con Bárbara Pomar Villegas.
8) Gabriel Lacayo Vázquez casó con
Manuela Marenco Alarcón y Guerrero.
9) Francisca Lacayo Marenco casó con
Blas de la Cerda Aguilar.
10) Cayetano de la Cerda Lacayo casó con
Maria de Jesús Taborga.
11) Manuel Antonio de la Cerda Taborga.

(Jefe de Estado en 1825-1829).
El mismo orígen tiene quien fuera presidente de Nicaragua, Evaristo Carazo Aranda, a continuación su genealogia:
1) Juan Vázquez de Coronado y Anaya casó con Isabel Arias Dávila.
2) Gonzalo Vázquez de Coronado Arias casó con Ana Rodriguez del Padrón.
3) Andrea Vázquez de Coronado Rodriguez, hermana de Diego Vázquez de Coronado Rodriguez, casó con Diego Peláez de Lermos.
4) Antonia Peláez Vázquez de Coronado cc Sebastián Pereira Cardoso.
5) Isabel Pereira Peláez cc José Sandoval Ocampo.
6) Inés Sandoval Pereira cc José Guevara Maldonado.
7) Alvaro Guevara Sandoval cc Ma. Sáenz Vázquez
8) Angela Guevara Sáenz cc Pedro Alvarado Vidamartel.
9) Pedro Alvarado Guevara cc Manuela Baeza Baroto.
10) Jacoba Alvarado Baeza cc Fco. Carazo Soto.
11) Lorenzo Carazo Alvarado cc Ma. del Rosario Aranda Muñoz.
12) Evaristo Carazo Aranda (n.en Rivas, muere el 1 Agosto de 1889) (Presidente en 1887-1889). cc Engracia Hurtado.
Genealogia de Roberto Martínez Lacayo, descendiente de Juan Vázquez de Coronado y Anaya. Comenzando con un hermano de Francisca Lacayo Marenco, abuela de Manuel Antonio de la Cerda Taborga:
9) José Antonio Lacayo Marenco casó con Pilar Agüero López (padres de la tatarabuela del autor del presente artículo, Bárbara Lacayo Agüero cc Mariano Montealegre Romero).
10) Fernando Lacayo Agüero casó con Pastora Bermúdez de la Cerda.
11) Daniel Lacayo Bermúdez casó con Encarnación Sacasa Cuadra, hija de Salvador Sacasa Méndez y Manuela de la Cuadra Lugo (prima hermana y cuñada de Roberto Sacasa Sarria cc Angela Sacasa Cuadra, bisabuelos de los Somoza-Debayle).
12) Emelina Lacayo Sacasa (hermana del presidente Benjamín Lacayo Sacasa) casó con Roberto Martínez Moya.
13) Roberto Martínez Lacayo (Triunviro en los años

de 1972, después del terremoto) cc
Dolores Abaunza Espinoza (tía de Lila Abaunza
Abaunza, esposa del Vice-Presidente, 1997-2002,
Enrique Bolaños Geyer, de la administración del Dr. Arnoldo Alemán Lacayo).

Genealogia del presidente Carlos Solórzano Gutiérrez, como descendiente del conquistador Juan Vázquez de Coronado y Anaya:

4) Maria Peláez Vázquez de Coronado (hermana de Antonia y Gertrudis Peláez Vázquez de Coronado) casó con Jerónimo Retes López y Ortega.
5) Maria Retes Peláez y Vázquez de Coronado cc Francisco Ramiro Corajo.
6) Maria Ramiro Retes, bautizada como Maria Vázquez Ramiro casó con Pedro José Sáenz.
7) Manuel Sáenz Vázquez cc Antonia Bonilla Astúa.
8) Bárbara Sáenz Bonilla casó con Cecilio Antonio Romero Parajeles.
9) Casimira Romero Sáenz casó con Mariano Ignacio Montealegre Balmaceda (padres del tatarabuelo del Canciller Eduardo Montealegre Rivas, Mauricio Montealegre Zepeda y el Comisionado Franco Montealegre Callejas).
10) Gertrudis Montealegre Romero casó con Vicente Solórzano Pérez de Miranda (hermano del Presbítero Camilo Solórzano Pérez de Miranda quien tuvo un hijo con Rosa Guzmán, siendo los padres de Fernando Guzmán Solórzano, presidente de Nicaragua en el período 1867-1871).
11) Ramón Solórzano Montealegre casó con Juana Reyes Robira (mexicana, hija del Gral. Doroteo Alfonso Reyes, exiliado en Nicaragua).
12) Federico Solórzano Reyes casó con Rosa Gutiérrez Rivas.
13) Carlos Solórzano Gutiérrez, presidente de Nicaragua
en el período Enero 1925-Enero 1926, casó con Leonor Rivas Solórzano, su prima en segundo grado,
nieta de Francisco Solórzano Montealegre y Felipa Zavala Uscola.

Genealogia de los presidentes Roberto Sacasa Sarria, Juan Bautista Sacasa Sacasa, de los hermanos Luis y Anastacio Somoza Debayle; como descendientes de Juan Vázquez de Coronado y Anaya, comenzando con Casimira Romero Sáenz y Mariano Ignacio Montealegre Balmaceda:

9) Casimira Romero Sáenz casó con
Mariano Ignacio Montealegre Balmaceda.
10) Francisca Montealegre Romero casó con
Ramón de Sarria y Reyes.
11) Casimira Sarria Montealegre casó con
Juan Bautista Sacasa Méndez.
12) Roberto Sacasa Sarria, presidente de Nicaragua
en el período 1889-1893, casó con su prima
hermana
Angela Sacasa Cuadra.

----

13) Juan Bautista Sacasa Sacasa, presidente de
Nicaragua en el período 1933-1936, casó con
Maria Argüello Manning.
13) Su hermana, Casimira Sacasa Sacasa casó con
Luis H. Debayle Pallais.

----

14) Salvadora Debayle Sacasa casó con
Anastacio Somoza Garcia, presidente de
Nicaragua en el período 1937-1949.
14) Blanca Debayle Sacasa, una de las mujeres más
bellas de Nicaragua, casó con
Néstor Portocarrero Gross.

----

15) Anastacio Somoza Debayle, presidente en el
período de 1974-1979, cc su prima hermana
Hope Portocarrero Debayle.
(Da. Hope casó en segundas nupcias con
Archie Baldochie, salvadoreño, viudo de
la Sra. Dueñas, descendiente del presidente
Francisco Dueñas, de El Salvador)
15) Luis Anastacio Somoza Debayle, presidente
en el perido 1957-1963, casó con
Isabel Urcuyo Rodriguez.

----

16) Anastacio Somoza Portocarrero cc
Alicia Chelasco Obelholzer.
(salvadoreña)

Siendo el estudio de la genealogia un aspecto sumamente interesante de la historia, complementándola, Stone nos brinda por ese medio otras relaciones familiares entre los gobernantes, que siendo descendientes de los conquistadores, y que por la ignorancia total de muchos de ellos, no se ha documentado debidamente este aspecto, ni en los textos de historia, ni en ningún otro impreso que se exponga al servicio de la culturización del pueblo.
Es así que, los presidentes Benjamín Lacayo Sacasa, Juan Bautista Sacasa Sacasa, Anastacio y Luis Somoza Debayle, Vicente Cuadra Lugo (1871-1875); el ex-Director General del Ejército Joaquin Cuadra Lacayo, Alvaro Guzmán Cuadra, entre otros, tienen a un antepasado en común,
llamado Antonio de la Quadra, a continuación una breve genealogia de sus descendientes:
Genealogia de los descendientes de Antonio de la Quadra:
1) Antonio de la Quadra casó con
Sebastiana de Gutiérrez.
2) Santiago de la Quadra Gutiérrez casó con
Gregoria Sánchez.
3) José Miguel de la Quadra Sánchez casó con
Juana Agustina de Montenegro.
4) Dionisio de la Quadra Montenegro
casó con Ana Norberta Roy Lugo.

----

5) J. Vicente de la Quadra Lugo (presidente en el
período 1871-1875).
5) Manuela de la Quadra Lugo casó con
Salvador Sacasa Méndez.

----

6) Angela Sacasa Cuadra casó con
Roberto Sacasa Sarria.
6) Encarnación Sacasa Cuadra casó con
Daniel Lacayo Bermúdez.

----

7) Juan Bautista Sacasa Sacasa
cc Maria Argüello Manning.
7) Casimira Sacasa Sacasa casó con
Luis H. Debayle Pallais.
7) Benjamín Lacayo Sacasa, presidente en 1947,
fue soltero, tuvo hijos reconocidos.

----

8) Salvadora Debayle Sacasa casó con
Anastacio Somoza Garcia. Padres de
Luis y Anastacio Somoza Debayle.

Otros gobernantes que aunque no eran descendientes de los conquistadores, estaban emparentados con la familia Somoza Garcia. Ellos fueron el Gral. José Maria Moncada Tapia, tío de Somoza Garcia, hijo de Zoila Tapia Somoza; Victor Manuel Román y Reyes tío de Anastacio Somoza Garcia; Adolfo Díaz Recinos era primo tercero con Somoza Garcia; Manuel Cordero y Reyes primo segundo de Anastacio Somoza Garcia.
Por otro lado, hubo personas del frentismo que se integraron en matrimonio con descendientes de los conquistadores, entre ellos están los siguientes:
1) Carlos Nuñez Telles cc Berta Lucia Cuadra Lacayo.
2) Hugo Torres cc Maria Lucia Cuadra Lacayo.
3) Luis Carrión Cruz cc Patricia Lacayo Gabuardi.
Siendo los Carrión, descendientes por vía ilegítima, de los Lacayo.
4) Jaime Wheelock Román cc Vanessa Castro Cardenal.
Muchos presidentes de Costa Rica son descendientes directos, también, de los conquistadores Juan Vázquez de Coronado y Anaya, Jorge de Alvarado Contreras y de Critóbal de Alfaro, siendo ellos los siguientes:
Julio Acosta Garcia, Oscar Arias Sánchez, Rodrigo Carazo Odio, José Maria Castro Madriz, Mario Echandi Jiménez,
Aniceto Esquivel Sáenz, Manuel Fernández Chacón,
Próspero Fernández Oreamuno, Rafael Gallegos Alvarado,
Cleto González Víquez, Jesús Jiménez Zamora, Ricardo Jiménez Oreamuno, Joaquin Lizano Gutiérrez, Juan Rafael Mora Porras, José Maria Montealegre Fernández, Daniel Oduber Quirós, Francisco Oreamuno Bonilla, Francisco Orlich Bolmarcich, Juan Bautista Quirós Segura, Bernardo Soto Alfaro, Federico Tinoco Granados, José J. Trejos Fernández, Demetrio Yglesias Llorente, Rafael Yglesias Castro, José Rodriguez Zeledón, Bruno Carranza Ramírez, Luis Alberto Monge Alvarez y Otilio Ulate Blanco.
De tal manera que todos ellos están emparentados, por ser descendientes directos de los conquistadores ya mencionados, tanto los presidentes de Nicaragua como los de Costa Rica, algunos de El Salvador, Honduras y Guatemala.
Los gobernantes descendientes de Juan Vázquez de Coronado y Anaya, prácticamente son los mismos que son descendientes de Cristóbal de Alfaro. A continuación las genealogias de algunos de ellos.
Genealogia del presidente Evaristo Carazo Aranda, como descendiente de Cristóbal de Alfaro:
1) Cristóbal de Alfaro casó con
Catalina Gutiérrez Xaramillo.
2) Maria de Alfaro casó con Cristóbal de Cháves.
3) Ana Cháves de Alfaro casó con
Diego López de Ortega.
4) Juana de Ortega cc Juan de Vidamartel.
5) Catalina de Vidamartel y Ortega casó con

Pedro de Alvarado y Vera.
6) Pedro de Alvarado Vidamartel cc
Angela de Guevara.
7) Pedro de Alvarado Guevara cc
Manuela de Baeza.
8) Jacoba Alvarado Baeza cc Francisco Carazo Soto.
9) Lorenzo Carazo Alvarado cc
Maria del Rosario Aranda.
10) Evaristo Carazo Aranda, presidente 1887-1889,
cc Engracia Hurtado.

Nota: Los antepasados de Pedro de Alvarado, llegaron a México, siendo ellos los siguientes:
0) Jorge de Alvarado Contreras cc
Luisa Estrada Gutiérrez.
1) Jorge Alvarado Estrada
(n.1528-m.1563, en México)
cc Catalina Carvajal Villafañe, en 1553.
2) Jorge Alvarado Carvajal (n.en Ciudad México en
1555-muere en 1625 en Guatemala) casó con
Brianda Quiñonez, en 1580.
3) Jorge Alvarado Quiñonez (n. en México en 1581)
cc Juana Nicolasa de Benavides.
4) Gil de Alvarado cc Juana de Vera Sotomayor.
5) Pedro de Alvarado Vera Sotomayor cc
Catalina de Vidamartel.
Genealogia de Juan Bautista Sacasa, Roberto Sacasa Sarria, Carlos Solórzano G., los Somoza, como descendientes de Cristóbal de Alfaro, y otros que ingresan a la familia, siendo ellos, el Gral. Tomás Martínez Guerrero y Adán Cárdenas del Castillo, y la esposa del actual Vice-Presidente, Enrique Bolaños Geyer:
1) Cristóbal de Alfaro casó con
Catalina Gutiérrez Xaramillo.

PRIMERA GENERACION

---

2) Maria de Alfaro cc Cristóbal de Cháves

SEGUNDA GENERACION

---

3) Ana Cháves de Alfaro cc en primeras nupcias con
Juan Astúa. (en 2as.nup. con Juan de Vidamartel).

TERCERA GENERACION

---

4) Francisca Astúa Cháves de Alfaro cc
Juan Bonilla Pereira.

CUARTA GENERACION

---

5) Ana Antonia Bonilla Astúa cc
Manuel Sáenz Vázquez.
QUINTA GENERACION

---

6) Bárbara Sáenz Bonilla cc
Cecilio Antonio Romero Parajeles.

SEXTA GENERACION

---

7) Casimira Romero Sáenz cc
Mariano Ignacio Montealegre Balmaceda.
SEPTIMA GENERACION

---

8) Francisca Montealegre Romero cc
Ramón de Sarria y Reyes.
8) Gertrudis Montealegre Romero cc
Vicente Solórzano Pérez de Miranda.
8) Mariano Antonio Montealegre Romero cc
Carmen Fuentes Sansón, en primeras nupcias, y, en segundas nupcias con María Manuela Bárbara Lacayo Agüero.
OCTAVA GENERACION

---

9) Casimira Sarria Montealegre cc
Juan Bautista Sacasa Méndez.
9) Ramón Solórzano Montealegre cc
cc Juana Reyes Robira.
(*) cc Mónica Cardoze.
9) Francisco Solórzano Montealegre cc
Felipa Zavala Uscola.
9) Lic. Augusto César Montealegre Lacayo cc
Isabel Salvatierra Ricarte y Fábrega.

NOVENA GENERACION

---

10) Roberto Sacasa Sarria (Presidente 1889-1893)
cc Angela Sacasa Cuadra. (primos hermanos).
10) Federico Solórzano Reyes cc Rosa Gutiérrez R.

10) Gertrudis Solórzano Zavala cc
Gral. Tomás Martínez Guerrero.
(Presidente 1859-1867)
10)(*) Enrique Solórzano Cardoza cc
Luz Vasconcelos.
10) Dr. Augusto César Montealegre Salvatierra cc
María Cristina Zapata Malliè, maestra, periodista y poetisa.

DECIMA GENERACION

----

11) Juan Bautista Sacasa Sacasa
(Presidente 1933-1936)
cc Maria Argüello Manning.
11) Casimira Sacasa Sacasa cc Luis H. Debayle P.
11) Carlos Solórzano Gutiérrez
(Presidente Enero 1925-Enero 1926)
cc Leonor Rivas Solórzano.
11) Gertrudis Martínez Solórzano cc
Adán Cárdenas del Castillo.(Presidente 1883-87)
11)(*) Marina Solórzano Vasconcelos cc
Fernando Abaunza Cuadra.
11) Prof. Ilú Montealegre Zapata cc Prof. José Santos Rivera Siles,
hijo de José Santos Rivera Zeledón y Angela Siles Zelaya.

ONCEAVA GENERACION

----

12) Salvadora Debayle Sacasa cc
Anastacio Somoza Garcia.
(Presidente 1937-1947 y de 1951-1956)
12) Blanca Debeyle Sacasa cc
Néstor Portocarrero Gross.
12)(*) Esmeralda Abaunza Solórzano
cc su primo hermano
Alejandro Abaunza Espinoza (hijo de
Carlos Abunza Cuadra y Dolores Espinoza).
12) Arquitecto Flavio César Rivera Montealegre cc
Ligia A. Bermúdez Varela, hija de Carlos Bermúdez Lanzas y
Angela Varela Salmerón (realmente Angela Mendiola Varela)

DOCEAVA GENERACION

----

13) Luis Anastacio Somoza Debayle
(Presidente 1957-1963) cc

Isabel Urcuyo Rodriguez.
13) Anastacio Somoza Debayle
(Presidente 1974-1979)
Hope Portocarrero Debayle.
13)(*) Lila Abaunza Espinoza cc
Enrique Bolaños Geyer (Vice-Presidente en el periodo 1996-2001 y Presidente en el 2002-2007)
13) Ilú de los Angeles Rivera Bermúdez y Flavia Ilú Rivera Bermúdez

La familia Lacayo es una de las más numerosas en Nicaragua, de quien se tiene conocimiento es el fundador de esta familia, es el Capitán Mayor José Antonio Lacayo de Briones y Palacios, quien contrajo nupcias en dos ocasiones, la primera con Hermenegilda Velarde,
la segunda con Bárbara Rosa del Pomar y Villegas, nació en Granada. Con esta familia están relacionadas, y son descendientes, en Nicaragua: los Chamorro, los Pellas Chamorro, los Montealegre, los Argüello, los Solórzano Pellas, los Cardenal, los Rizo Castellón, los Salazar, los Rivera Montealegre, los Alemán Lacayo y muchas familias más, que prácticamente cubren las principales ciudades de Nicaragua, como Granada, León, Managua, Jinotega, Chinandega, Matagalpa y Estelí.
Es asi que en los gobiernos de los últimos cincuenta años, sobre todo en el actual y en el pasado, el nepotísmo se ha practicado a su máxima expresión, muchos de los funcionarios ni siquieran saben que tienen tales relaciones familiares. Por otro lado los gobernantes están emparentados con elementos relevantes de la empresa privada. El caso más notorio es la relación familiar del actual presidente y su esposa.
Genealogia de algunos descendientes del Capitán Mayor
José Antonio Lacayo de Briones y Palacios:
1) José Antonio Lacayo de Briones y Palacios cc
(**) a) Hermenegilda Velarde
(*) b) Bárbara Rosa del Pomar y Villegas.

PRIMERA GENERACION (Hermanos)
----
2)(**) Maria Josefa Lacayo de Briones Velarde cc
Pedro Agüero.
2) Gregoria Lacayo de Briones Pomar cc
Diego Chamorro Sotomayor y Murga
(fundador de los Chamorro en Nicaragua).
2)(*) Simón Lacayo de Briones Pomar cc
Micaela Montiel Echavarria.
SEGUNDA GENERACION (Primos hermanos)
----

3)(**) Vicente Agüero Lacayo cc
Sra. López del Corral.
3) Fernando Chamorro Lacayo (+1785) cc
Bárbara Nicolasa Argüello del Castillo.
3)(*) Coronel Gabriel Lacayo Montiel cc
Manuela Marenco Guerrero.
TERCERA GENERACION (Primos segundos)
----
4)(**) Joaquín Agüero López cc
Dolores Marín.
4) Pedro José Chamorro Argüello cc
Josefa Margarita Alfaro Monterroso.
4)(*) José Antonio Lacayo Marenco cc
Pilar Agüero López.
CUARTA GENERACION (Primos terceros)
----
5)(**) Nicolasa Agüero Marín cc
Ramón Machado Ponteverde.
5)(*) José Domingo Lacayo Agüero (n. 12 Mayo 1819) cc
Asunción Jeréz Quiñones
5) Pedro Joaquín Chamorro Alfaro
(Presidente 1871-1879) casó con
Maria de la Luz Bolaños Bendaña.
5) Maria Manuel Bárbara Lacayo Agüero cc
Mariano Antonio Montealegre Romero.
5) José Antonio Lacayo Agüero cc
Ana Dionisia Sacasa Méndez.

QUINTA GENERACION (Primos cuartos)
----
6)(**) Mercedes Machado Agüero cc
Salvador Moncada Irias.
6)(*) José Domingo Lacayo Jeréz cc
Mercedes Torrealba.
6) Diego Manuel Chamorro Bendaña
(Presidente 1921-1923) casó con
Dolores Bolaños Chamorro.
6) Augusto César Montealegre Lacayo cc
Isabel Salvatierra Ricarte y Fábrega.
6) Isaac Montealegre Lacayo cc
Julia Gasteazoro Robelo.
6) Roberto Lacayo Sacasa cc

Rosa Delfina Lacayo Bermúdez.
6) Juan Fernando Lacayo Bermúdez (1841-1924)
cc
Julia Victoria Lacayo Argüello.

SEXTA GENERACION (Primos quintos)
----
7)(**) Elisa Moncada Machado cc
Ramón Lovo Vallecillo.
7)(*) Amelia Lacayo Torrealba tuvo una hija
con el sacerdote José Antonio Villalta Bone, son los padres
de la madre del Dr. Arnoldo Alemán Lacayo y hermanos.
7) Filadelfo Chamorro Bolaños cc
Bertha Benard Vivas.
7) Augusto César Montealegre Salvatierra cc
Maria Cristina Zapata Malliè.
7) Eduardo Montealegre Gasteazoro cc
Celia Callejas Obregón.
7) Ernestina Lacayo Lacayo cc
Horacio Lacayo Sacasa.
7) Cristina Lacayo Lacayo cc
Dionisio Gallo Wassmer.

SEPTIMA GENERACION (Primos sextos)
----
8)(**) Maria Jesús Lovo Moncada cc
Carlos Flores Vega.
8)(*) Maria Antonieta Lacayo Villalta cc
Agustín Alemán Sandoval.
8) Adela Chamorro Benard cc
Carlos Pellas Vivas (n.1-08-1887).
8) Ilú Montealegre Zapata cc
José Santos Rivera Siles.
8) Eduardo Montealegre Callejas cc
Maria Amanda Rivas Navas (descendiente de
Gertrudis Montealegre Romero y Vicente
Solórzano Pérez de Miranda).
8) Donoso Montealegre Callejas cc
Teresa Zepeda López.
8) Constantino Lacayo Lacayo cc
Maria Josefa Fiallos Otero.
8) Benjamín Gallo Lacayo cc
Maria Mercedes Aguilar Trujillo (es tataranieta de

Francisca Montealegre Romero y Ramón de
Sarria y Reyes).

OCTAVA GENERACION (Primos séptimos)
----

9)(**) Antonio Flores Lovo cc
Norma Lanzas (su abuelo era hermano de la abuela del Coronel Enrique Bermúdez Varela, 3-80, que era Da. Anita Lanzas, madre de Dn. Carlos Bermúdez Lanzas).
9)(*) Arnoldo Alemán Lacayo cc
Maria Fernanda Flores Lovo.
9) Francisco Alfredo Pellas Chamorro (primo hermano de Pedro J. Chamorro Cardenal) cc Carmen Chamorro Benard.
9) Rosa Blanca Pellas Chamorro cc
Arnoldo Solórzano Thompson (tataranieto de Ramón Solórzano Montealegre).
9) Adela Victoria Pellas Chamorro cc
Carlos José Solórzano Rivas (bisnieto de Ramón Solórzano Montealegre).
9) Flavio César Rivera Montealegre cc
Ligia Bermúdez Varela (hermana del Cnel. Enrique Bermúdez Varela, Cmte.3-80)
9) José Augusto Rivera Montealegre cc
Margarita Pérez Fonseca (hija del Gral. Reynaldo Pérez Vega).
9) Eduardo Montealegre Rivas (Canciller) cc
Eliza McGregor Raskosky.
9) Mauricio Montealegre Zepeda (CSE) cc
Adela Argüello Guzmán.
9) Constantino Lacayo Fiallos cc
Piedad Oyanguren Cardenal.

NOVENA GENERACION (Primos octavos)
----

10)(**) Maria Fernanda Flores Lovo cc
(*) Arnoldo Alemán Lacayo (Presidente).
10) Maria Ernestina Lacayo Oyanguren cc
Adolfo Calero Portocarrero.
10) Ilú de los Angeles Rivera Bermúdez
Flavia Ilú Rivera Bermúdez
(sobrinas del Cnel. Enrique Bermúdez V.,

conocido como Comdte. 3-80).

De lo anterior podemos deducir que el hijo que espera el presidente Arnoldo Alemán, será también sobrino , siendo que su esposa es sobrina, pues es primo en séptimo grado de consanguinidad de su suegro.
Aparte quisiera ilustrar la relación familiar, por Lacayo, de dos personas claves en la administración actual, y que están emparentados de manera muy cercana con la Primera Dama, por dos líneas, la de los tatarabuelos que eran hermanos casados con dos hermanas, los Machado-Agüero con Irías-Calderón, descendientes del Capitán Mayor José Antonio Lacayo de Briones y Palacios:
1) José Antonio Lacayo de Briones y Palacios
casó en primeras nupcias con
Hermenegilda Velarde (peruana).

PRIMERA GENERACION
----
2) Maria Josefa Lacayo de Briones Velarde
cc Pedro Agüero.
SEGUNDA GENERACION
----
3) Vicente Agüero Lacayo cc en segundas nupcias
con Sra. López del Corral.
TERCERA GENERACION
----
4) Joaquín Agüero López cc
Dolores Isabel Marín Salvador.
CUARTA GENERACION
----
5) Nicolasa Agüero Marín cc
Ramón Machado Ponteverde.
QUINTA GENERACION
(Hermanos por Machado-Agüero)

6a) Carmen Machado Agüero cc
Benito Irías Calderón.
6b) Nicolasa Machado Agüero cc
Próspero Moncada Irías.
6c) Mercedes Machado Aguero cc
Salvador Moncada Irías.
SEXTA GENERACION (Primos Hermanos)

7a) Esther Irías Machado cc
Trinidad Castellón Castellón.
7b) Lucinda Moncada Machado cc
Ramón Lovo Moncada
7c) Elisa Moncada Machado cc
Ramón Lovo Vallecillo.
SEPTIMA GENERACION (Primos segundos)

8a) Pastora Castellón Irías cc
Simeón Rizo Gadea.
8b) Gloria Lovo Moncada cc
Carlos Briceño
8c) Maria Jesús Lovo Moncada cc
Carlos Flores Vega.

OCTAVA GENERACION (Primos terceros)

9a) José Rizo Castellón (INIFOM)
cc Maria Eugenia Zavala Navarro
cc Cristina Massu (chilena)
9b) Carlos Briceño Lovo cc
Maria Desiree Montealegre Lacayo
(hermana de Haroldo Montealegre Lacayo)
9c) Antonio Flores Lovo cc
Norma Lanzas Somoza. (suegros del presidente
Arnoldo Alemán Lacayo).
Nota: Esta generación son primos en tercer grado de consanguinidad, por la línea Machado-Agüero .

NOVENA GENERACION

10a) Maria Fernanda Flores Lanzas cc
Arnoldo Alemán Lacayo
(Presidente en el período 1996-2001)
Todavía hay interesantes datos en las relaciones familiares de los candidatos para la Alcaldia, Lic. Pedro Solórzano Castillo que ha sido inhibido; el Lic. William Báez Sacasa con el Ministro de Hacienda y Crédito Público, el Ing. Esteban Duquestrada Sacasa; con el Embajador en Washington, Lic. Francisco Javier Aguirre Sacasa; y con el Dr. Pedro J. Chamorro Cardenal.
Genealogia del Lic. Pedro Solórzano Castillo y el Lic. William Báez Sacasa:
1) Casimira Romero Sáenz (descendiente del
conquistador Juan Vázquez de Coronado) cc

Mariano Montealegre Balmaceda.

PRIMERA GENERACION (Hermanos)
----
2) Francisca Montealegre Romero cc
Ramón de Sarria y Reyes.
2) Gertrudis Montealegre Romero cc
Vicente Solórzano Pérez de Miranda.

SEGUNDA GENERACION (Primos hermanos)
----
3) Casimira Sarria Montealegre cc
Juan Bautista Sacasa Méndez.
3) Ramón Solórzano Montealegre cc
Juana Reyes Robira.

TERCERA GENERACION (Primos segundos)
----
4) Roberto Sacasa Sarria (ex-Presidente) cc
Angela Sacasa Cuadra.
4) Federico Solórzano Reyes (ex-Alcalde de Managua) cc
Rosa Gutiérrez Rivas.

CUARTA GENERACION (Primos terceros)
----
5) Rafael Sacasa Sacasa cc
Maria Luisa Salinas.
5) Fernando Solórzano Gutiérrez cc en segundas nupcias con Francisca Montealegre Sacasa (hija de Mariano Montealegre Fuentes-Sansón y Dolores Sacasa Sarria-Montealegre)

QUINTA GENERACION (Primos cuartos)
----
6) Lylliam Sacasa Salinas cc
William Báez Diaz.
6) Gladys Sacasa Salinas cc
Francisco Aguirre Baca
6) Maria Luisa Sacasa Salinas cc
Carlos Duquestrada
6) Fernando Solórzano Montealegre cc
Cecilia Chamorro Zelaya

hermana de:
6) Pedro Joaquin Chamorro Zelaya cc
Margarita Cardenal Argüello

SEXTA GENERACION (Primos quintos)
----
7) William Báez Sacasa (candidato a Alcalde) cc
Regina Oyanguren Castillo
7) Francisco Javier Aguirre Sacasa (Embajador en Washington)cc
Maria de los Angeles Sacasa Gómez
7) Esteban Duquestrada Sacasa (Ministro de HCP) cc
Emma Argüello Vivas
7) Pedro José Solórzano Chamorro cc
Adela Castillo Martínez
7) Pedro Joaquín Chamorro Cardenal cc
Violeta Barrios Torres
(ex-Presidenta 1990-1996).

SEPTIMA GENERACION (Primos sextos)
----
8) Pedro José Solórzano Castillo
(candidato inhibido a la Alcaldia de Managua)
Carla Martínez Cuadra (4 Septiembre 1967)
(nieta del Triunviro Roberto Martínez Lacayo)
8) Pedro Joaquín Chamorro Barrios
(ex-Ministro de Defensa y Turismo)
8) Carlos Fernando Chamorro Barrios
("Confidencial")
Nota: Esta generación son primos segundos, por parte de los hermanos Pedro J. y Cecilia Chamorro Zelaya.
Los brazos de la familia, como hemos visto, son sumamente largos, de relaciones intrincadas, en las que fácilmente el historiador se puede perder si no recurre a la importante rama auxiliar de la genealogia. Rama desechada y menospreciada, normalmente por la sociedad, por considerarla una disciplina muy clasísta y fuera de época, prácticamente es considerada una materia arcaica.
Para finalizar y como conclusión, podemos deducir que la historia y la genealogia, indudablemente están íntimamente ligadas. Que la falta de interés por parte de nuestros gobernantes y sus funcionarios, que por ignorancia o por falta de interés en documentar nuestra historia, la cultura expresada y testimoniada de muchas formas, se ha ido perdiendo inexorablemente.

*el autor es Arquitecto, genealogísta aficionado, natural de San Rafael del Norte, Jinotega.
PD: Cualquier error en estas relaciones genealógicas, es involuntario.
Aportaciones son bienvenidas. Gracias.

Fuentes Bibliográficas:

1.-"El Legado de los Conquistadores", Samuel Stone
2.-"Mis Cuatro Abuelos", Rafael Sevilla Sacasa
3.-"Los descendientes del General (Capitán Mayor) Don José Antonio Lacayo de Briones y Palacios", Norman José Caldera Cardenal
4.-"Genealogia de la familia Solórzano", José Solórzano Martínez
5.- "Chinandega", Ramón Romero
6.- "Genealogia de la familia Chamorro" Revista conservadora del pensamiento centroamericano.
7.- "Historia de Managua", Gratus Halftelmeyer
8.- "Revista de la Academia Costarricense de Ciencias Genealógicas"(enviada gentilmente por el Arq. Eduardo Chamberlain Gallegos, de Costa Rica)
9.- "Genealogia de la familia Montealegre", Eduardo Chamberlain Gallegos y Betsy Montealegre Castellanos de Dalliès-Fabre.
10.- Correspondencia entre Don Norberto Castro (Costa Rica), Don Edgar Juan Aparicio (Guatemala), Gral. Volio (Costa Rica) y mi bisabuelo Don Augusto C. Montealegre Lacayo, mi abuelo Don Augusto C. Montealegre Salvatierra. Suministradas por Don Guillermo Castro Echeverria. Relativas a la familia Montealegre.(suministrada gentilmente por el Arq. Eduardo Chamberlain Gallegos, desde Costa Rica.)
11.- "Luis H. Debayle", Maria Cristina Zapata Malliè.
12.- Información suministrada por el Arq. Eduardo Chamberlain Gallegos, desde Costa Rica.

Emperador Carlomagno

Genealogía de la familia Montealegre

Descendientes de Julio César, de Marco Antonio, de Carlomagno, de los Plantagenêt, de Alfonso X "El Sabio", de Fernando III "El Santo", en Nicaragua y Costa Rica

Investigación realizada por: Flavio Rivera Montealegre*

Juan Vázquez de Coronado y Anaya

Por la ausencia de documentos y de las instalaciones que los conserven adecuadamente, en Nicaragua, la historia tiene muy poco sentido y credibilidad. Prácticamente nuestra historia comienza con la llegada de los españoles, con la documentación que de los conquistadores hemos sabido qué sucedió en esos tiempos y cómo era la vida de los habitantes autóctonos de la América, mismos que en su gran mayoría se conservan en España, y una mínima parte en Nicaragua, superándonos en mucho Guatemala y Costa Rica. Además de los hallazgos esporádicos realizados por extranjeros y nacionales.

La labor realizada por las Academias Costarricense de Ciencias Genealógicas y la de Guatemala, son de suma importancia y merecedoras de una especial mención.

Ellos conservan y divulgan gran parte de la historia de Nicaragua y de nuestros antepasados. La valorizan mucho mejor que nosotros. Labor desfavorecida por la corrupción sistemática en Nicaragua.

En Nicaragua, el acceso a tal documentación es un misterio. Menos aún, que tal información se divulgue, y mucho menos aún es obtener financiamiento para tal divulgación. Es por eso que vivimos en la ignorancia y de lo que dicen y hacen otros paises, en los que se interesan mucho más por la conservación, divulgación y enriquecimiento de la cultura.

Con dificultad y de manera muy limitada, sin mucha documentación, se ha logrado editar y divulgar nuestra historia a partir de la independencia. En los últimos años, por razones comprensibles, la documentación que testifique de los hechos que en un futuro serán nuestra historia, se ocultan o se destruyen de manera sistemática. Es por eso que en Nicaragua vivimos del cuento.

Dicho lo anterior, lo que a continuación quiero exponer al lector, será motivo de sonrisas burlonas y de aptitudes escépticas, otros dirán que esta información es producto de la mente de una persona demente. Esta actitud es comprensible en una sociedad concentrada en la búsqueda de la diaria sobrevivencia alimenticia, y consecuentemente, de su ignorancia.

Desde muy joven, siempre tuve la curiosidad de conocer la identidad de mis antepasados, sus orígenes, sus fotos, su historia y sus familias.
Esta curiosidad se materializa en 1994, cuando por fin decido dar inicio a la obtención de los nombres de los miembros de la familia, pudiendo establecer una interesante recopilación de documentos en los que se aglutinan los descendientes de mi tatarabuelo y todas sus hermanas. Desde los años 1750 hasta nuestros dias.

Información facilitada por mi entrañable abuelo, Dr. Augusto César Montealegre Salvatierra, al distinguido abogado e historiador del Gral. Augusto C. Sandino, y Director de la Biblioteca Nacional, Dr. Don Ramón Romero autor del libro titulado "Chinandega", editado en 1952.

Pero esta investigación despertó mucho más mi curiosidad al encontrar otros datos genealógicos que me llevaron hasta los conquistadores de la América Central, en Costa Rica, por los antepasados de la madre de mi tatarabuelo, Da. Casimira Romero Sáenz, descendiente de Juan Vázquez de Coronado y Anaya, de Cristóbal de Alfaro y de Jorge de Alvarado (hermano de Pedro de Alvarado, el conquistador de México, junto con Hernán Cortés). Esta información fue obtenida por mi pariente, por el lado de la familia Lacayo, el Lic. Norman Caldera Cardenal, quien a su vez la obtuvo de la mundialmente conocida Iglesia de los Santos de los Últimos Días, la Iglesia Mormona y de otra investigación realizada en los

Archivos de Indias por el ya difunto Don Carlos Molina Argüello y que sirvió de base para ampliar todas las ramas de las que existe información amplia en el sitio de internet de la Universidad de Hull.

Un dato que me llamó la atención fue un artículo publicado en un diario de la ciudad de México, conservado por mi tío ya difunto, el Dr. Sergio Mario Montealegre Zapata, en la sección de "Blasones", dedicada al apellido Montealegre, en donde se plantea que este apellido es muy antiguo y desde entonces relacionado con Fernando III "El Santo", Rey de Castilla en 1217, por la progenie de su hijo el Infante Don Manuel y su nieto el Infante Don Juan Manuel llamado El Escritor. En este mísmo artículo se menciona a una hermana de mi tatarabuelo, Da. Paula Montealegre Romero, de quien se dice textualmente lo siguiente: " natural y originaria de León (Nicaragua), hizo demostración de pureza de sangre, ante las autoridades castrenses españolas, con el objeto de contraer matrimonio en 1823, con don José Manuel Martínez de Sobral, Ayudante Mayor de Milicias de Infanteria en Nicaragua".

Este matrimonio se estableció posteriormente en Guatemala, en donde hay una extensa descendencia, investigada por don Luis Maldonado de la Cerda, descendiente de Da. Paula Montealegre Romero, en Guatemala, cuya información se la facilitó gentilmente al Lic. Norman Caldera Cardenal, poseedor de un extensa base de datos.

Por otro lado, investigando en la Biblioteca Central del Condado de Dade, en la ciudad de Miami, me encontré un libro escrito por el Teniente Coronel W.H. Turton, titulado "The Plantagenêt Ancestry", editado por Genealogical Publishing Co. Inc., 1993. En este libro se exponen los descendientes, en toda Europa, de Elizabeth de York Plantagenet, hija de Eduardo IV, Rey de Inglaterra entre 1471 a 1483; y esposa de Enrique VII Lancaster, Rey de Inglaterra entre 1485 a 1509, y que son los padres del famoso Enrique VIII Tudor, quien contrajo nupcias seis veces.

En este libro aparecen los Montealegre y los Ribera o Rivera, como descendientes en España, de los franceses que tomaron como apellido el símbolo usado en su escudo, la planta de Ginestra (Plantagenêt, en francés genêt significa ginestra o bloom, en inglés). Relacionados con Fernando III "El Santo" y sus antepasados que fueron Sancho "El Grande" (fallecido en 1035) y sus hijos a quienes heredó a cada uno los siguientes reinos o dominios: a Garcia le heredó Navarra; a Fernando le heredó Castilla y a su hijo ilegítimo, Ramiro, le heredó Aragón. Orígen de lo que hoy conocemos como España.

Al continuar con mis investigaciones mediante documentos y el contacto con personas con el mísmo interés, establecí contacto a través de la internet, con el

Arq. Eduardo Chamberlain Gallegos, por el intermedio de mi parienta costarricense, Da. Betsy Montealegre Castellanos de Dalliè, quienes investigan la genealogia de la familia Montealegre en Centro América, junto con don Luis Maldonado de la Cerda.

Siendo el Arq. Chamberlain Gallegos quien me envia dos revistas publicadas por la Academia Costarricense de Ciencias Genealógicas, en una de ellas aparece un artículo titulado: ¿Descendientes de Augusto, Julio César y Carlomagno en Costa Rica?, coincidiendo en gran parte con lo investigado por mi persona, de manera independiente y por diferentes fuentes, enriqueciendo la investigación con documentos obtenidos y consultados en Europa, que lo llevan hasta Julio César, pasando por Augusto y Carlomagno, Emperadores de la Roma Imperial.

El autor de esa relación genealógica es el Arq. Carlos Hernán Segura Rodriguez, Académico de Número de la ACCG, quien además se remonta hasta el Profeta Mahoma, antepasado de la princesa mora, Zaida, mejor conocida como Isabel de Sevilla, hija del Emir de Sevilla Abd ul-Kásim Muhammad ben Abed (fallecido en 1095, en Aghmar, Marruecos). Zaida casó con Alfonso VI (1030-1109), Rey de León y de Castilla entre 1035 a 1065. Esto está documentado en La Crónica General de Alfonso "El Sabio".

Aclaradas las fuentes y pormenores de nuestro quehacer cotidiano, en la búsqueda de nuestros antepasados, y que para disfrute y conocimiento de nuestros descendientes y de futuras generaciones en Nicaragua y fuera de ella, a continuación quiero compartir con todos aquéllos que se interesan en el tema, la genealogia investigada en Costa Rica por el Arq. Carlos Hernán Segura Rodríguez y otros ya mencionados. Para facilidad, la fragmentaré por pais de orígen, Italia, Francia, Inglaterra y España.

ITALIA (Roma)
Descendientes de SEXTO JULIO CESAR

Generación I
Sexto Julio César, se desconoce el nombre de su esposa,
su hijo:
Generación II
Lucio Julio César, se desconoce el nombre de su esposa,
su hijo:
Generación III
Caio Julio César casó con Marcia,
su hijo:
Generación IV
Caio Julio César (muere en 84 a.Cristo) casó con Aurelia,

fueron padres también de Julio César, el célebre dictador y general romano. Su hija:

Generación V

Julia, la Menor, (muere en 52 antes de Cristo) casó con Marco Atio Balbo, la hija de ambos:

Generación VI

Atia o Acia, (muere en 43 a. Cristo) casó con César Caio Octavio, Senador y Pretor (61a.Cristo), Gobernador de Macedonia, el hijo de ambos:

Generación VII

Caio Julio César Octaviano, más conocido con el nombre de **AUGUSTO**, (63a.C.-14d.Cristo). Tenía apenas quince años de edad cuando fallece su padre. Su abuelo se hace cargo de su formación. Fue Cónsul y Triunviro, de hecho, el primer Emperador de Roma. El Senado de Roma abdicó sus poderes, al mismo tiempo que otorgaba al nuevo gobernante el título de **Augusto**. Caio Julio César Octavio acababa de vencer a Antonio y Cleopatra, después de haber vengado el asesinato de su progenitor y antecesor, César Caio Octavio, asesinado por un grupo de conjurados, entre los que se encontraron a Bruto y Casio. Con Caio Julio César Octavio (el Emperador Augusto), el Imperio romano llegaba a la madurez y punto álgido de su grandeza. Y el nuevo hombre de Estado, primer Emperador de Roma, quedaría como uno de los más hábiles y lúcidos de su historia. Pero el imperio se había estado forjando desde muchos siglos antes, siendo la sabiduría de Caio Julio César Octavio el lógico resultado de la experiencia de sus antecesores, inteligentemente asimilada por él. De hecho, Roma existe desde el año 753 antes de Jesucristo. El 21 de Abril, exactamente, es la fecha en la que la actual capital de Italia celebra anualmente su fundación. Augusto muere el 19 de Agosto del año 14 después de Cristo. Otra hija de ambos (Atia y César Caio Octavio) fue Octavia, que fue la madre de César Claudio Marcelo y de Marco Antonio; Octavia, fue la tatarabuela de Nerón.
Casó, Augusto, en segundas nupcias con Escribonia, hermana de Escribonio Libo, la que fue repudiada en 38 d.Cristo, la hija de ambos fue:

Generación VIII

Julia, la Primera, (39a.C.-14d.C.). Casó en segundas nupcias, el 21 a.de Cristo, con Marco Vespasiano Agripa, (63a.C.-12a.C.), General y hombre de estado romano. En terceras nupcias casó con Tiberio, pero como llevase una vida de exceso y libertinaje, su propio hemano la desterró a la isla de Pandataria y, su marido, al ascender al trono imperial, le condenó a morir de hambre. La hija de ambos:

Generación IX

Agripina, la Madre, (14a.C.-33d.C.). Casó con Druso Nerón GERMANICO César, (ca.16a.C.-10d.C.). Cónsul, hijo de Claudio Nerón DRUSO Germánico (muere 9d.C.) y de Antonia, la Joven (muere 37d.C.), quien a su vez, fue la hija de Marco

Antonio (Cónsul y Triunviro) y de Octavia (muere 11a.C.), su tercera esposa y hermana de Augusto. Octavia fue repudiada en el año 32a.C. por Marco Antonio para casar con Cleopatra. Agripina y Germánico también fueron padres de Calígula.
Su hija:
Generación X
Agripina, la Joven, (15d.C.-59d.C.). Fue su tercer marido el propio tío suyo, Claudio Augusto Germánico Druso, conocido como CLAUDIO I, (10a.C.-54d.C.), Emperador, hijo de Claudio Nerón Druso Germánico y de Antonia, la Joven. Fue asesinada por su hijo Nerón, habido con su segundo esposo Dominico Enobarbo. La hija de Agripina y Dominico:

LOS BRETONES
Generación XI
Genissa, (ca.50d.C.). Casó con Aviragus, Rey de los Bretones, hijo de Cunobelin, asesinado por un romano llamado Hanno. El hijo de Genissa y Aviragus fue:
Generación XII
Mario, Rey de los Bretones, (año 125). Casó con Julia, hija de Boudicea, Reina de los Iceneos, hijo de ellos fue:
Generación XIII
Coilo, Rey de los Bretones (año 140d.C.),
su hija:

LOS FRANCOS
Generación XIV
Athilde, casó con Marcomir IV, Rey de los Francos (año 149), hijo de Odomir, los Francos fueron tribus germanas ubicadas al este y oeste del bajo del rio Rhin, el hijo de ambos fue:
Generación XV
Clodomiro IV, Rey de los Francos (año 166), casó con Hasilda, su hijo:
Generación XVI
Fariberto, Rey de los Francos (año 186), se desconoce el nombre de su esposa, su hijo:
Generación XVII
Hunno, Rey de los Francos (año 213), se desconoce el nombre de su esposa, su hijo:
Generación XVIII
Hilderico, Rey de los Francos (año 253) se desconoce el nombre de su esposa, su hijo:
Generación XIX

Barthero, Rey de los Francos (año 272), se desconoce el nombre de su esposa, su hijo:

Generación XX

Clodio III, Rey de los Francos Orientales (año 298), su hijo:

Generación XXI

Walter, Rey de los Francos Orientales (año 306) su hijo:

Generación XXII

Dagoberto, Rey de los Francos (año 317) su hijo:

Generación XXIII

Genebaldo, Duque de los Francos (año 358) su hijo:

Generación XXIV

Dagoberto, Duque de los Francos Orientales (año 379) su hijo:

Generación XXV

Clodio I, Duque de los Francos Orientales (año 398) su hijo:

Generación XXVI

Marcomir I, Duque de los Francos Orientales (años 347- 404) su hijo:

Generación XXVII

Faramundo, Rey de los Francos Sálicos. Casó con Argotha, hija de Genebaldo, Duque de los Francos Sálicos, tuvieron dos hijos Clodius y Adalbert. El hijo de ambos, Clodius V:

Generación XXVIII

Clodión o Clodius V, el de los Largos Cabellos, Rey de los Francos Sálicos, nace en el 395(reina en el año 428-448). Durante su mandato se redactó la Ley Sálica. Casó con Basina, hija de Wedelfo, Rey de los Turingios, su hijo:

Generación XXIX

Meroveo, Rey de los Francos (año 458). Se supone que iba al frente del ejército franco que derrotó a Atila en los Campos Cataláunicos en el año 452, el hijo de ambos fue:

Generación XXX

Childerico (Hilde-ritz), Rey de los Francos, (años 436-481). Luchó contra los Romanos, los Sajones y contra los Alemanes. Casó en el año 445 con Basina, quien fuera la esposa de Basin, Rey de Turingia, que fue traicionado por su amigo Childerico, el Hijo de Childerico y Basina, fue:

FRANCIA.

Descendientes de Sexto Julio César: los merovingios

Generación XXXI
Clodoveo (Ilo-wing), Rey de los Francos (años 461-511).
Se considera como el fundador de la Monarquia Francesa.
Casó con Santa Clotilde (Chrotechilde)(475-545), quien convirtió a su esposo al Cristianísmo, junto con 3,000 de sus soldados. Santa Clotilde fue hija de Chilperico, Rey de los Borgoñones, y su esposa Caretana. A su vez, Chilperico era hijo de Clotario I, Rey de los Francos (n.497-m.561) y de su esposa Radegond de Thuringia.

El Reino de los Francos duró desde 290 hasta 752, se inicia con Dagoberto I, Rey de los Francos del Este, que muere en el 317, tuvo dos hijos que le sucedieron en el reinado: Genebald, Duque de los Francos del Este (n.262-m.358) y Clodomir. Su ubicación fue en el bajo Rhin, a ambos lados. Los francos se dividian en dos grupos: Salios y Ripuarios. Los Salios fueron gobernados por la dinastía de los Merovingios. Clodio fue hijo de Meroveo, invadió el Artois, su tumba se encontró en Tournai en 1653. Clodoveo, hijo de Childerico unió al reino, dividido desde la muerte de Clotario, en los siguientes reinos: Austrasia, cuya capital era Metz, eran teutónicos. Neustrasia, capital era Soissons, eran galo-romanos.
Borgoña, fue unida a Neustrasia.
El hijo de Clodoveo y Santa Clotilde fue:

Generación XXXII
Clotario I, Rey de Soissons, de Orleans, de Borgoña, de Austrasia y de París (años 497-561). Casó en primeras nupcias con Gondeoca, viuda de Clodomiro, Rey de Orleans.
La hija de Clotario I y Gondeoca fue:

Generación XXXIII
Blitilde (año 545). Casó con Ansberto (años 523-570), hijo de Ansberto Ferreol, Margrave de Schelde; y de su esposa Deuteria.
El hijo de Blitilde y Ansberto fue:

Generación XXXIV
Arnoldo, Obispo de Metz (601-611). Casó con Oda de Suabia.
La hija de ambos fue:

Generación XXXV
Doda, religiosa en Trèves. Casó con San Arnulfo, Obispo de Metz, hijo de Bodogisel, Embajador de Bizancio en 589 (descendiente de Clodius V y su esposa Basina), y de su esposa Crodoara (Santa Oda), Abadesa de Amay, el hijo de ambos fue:

Generación XXXVI
Ansegisel (año 662), Jefe de Palacio de Austrasia. Casó con

Santa Begga (ca. 613-698), hija de Pipino de Landen, Jefe de Palacio de Austrasia y de su esposa Itta. Santa Begga fue fundadora del Monasterio de Nivelles. El hijo de ambos fue:

Generación XXXVII

Pipino de Heristal (ca.633-714), Jefe de Palacio de Austrasia en 680, de Neustria y de Borgoña en 687. Duque de los Austrasianos. Casó con Alpaida "la Hermosa", hija del Conde Childebrando. Alpaida fue su segunda esposa, el hijo de ambos fue:

Generación XXXVIII

Carlos Martel (676-741), Duque de los Austrasianos en 715, Jefe de Palacio de Austrasia en 716 y de Neustria y Borgoña en 719. Inició una campaña contra los Sarracenos a quienes derrotó en la batalla de Poitiers en 732, victoria que le valió el título de Martel (Martillo), la cual posiblemente cambió la historia de Europa. Casó con Rotrude, hija de San Lièvin, Obispo de Trèves y de su esposa Willigarda, los hijos de ambos fue:

Generación XXXIX

1.- Auda Martel quien contrajo nupcias con Makhir-Theodoric I David, exilarca, nasi o príncipe de Francia, consul de Narbona y príncipe de Septimania (730-796) hijo de Haninai o Habibai, descendientes de Jehoiakim, Rey de Judá, del linaje de la Casa de David. De esta y otros enlaces matrimoniales, es que las casas reales de Europa llevan en sus venas la sangre judía, que luego pasa al Nuevo Continente a partir de su descubrimiento en 1492. Este linaje se establece en Narbona y en Toulouse, al sur de Francia, que luego pasa a unirse matrimonialmente con las Casas Reales de España, en Navarra, en Pamplona, en Provenza, en Asturias, en Castilla, en Aragón y en León. Existe extensa descendencia.

2.- Carloman

3.- Pipino "El Breve" (715-768), Jefe de Palacio de Neustria y de Borgoña, Duque de Austrasia, primer Rey de los Francos de la dinastía Carolingia. Casó en 740 con Bertrade de Laón (Rotrude), "la del Pie Largo", hija de Cariberto Hardrad (fallecido en 762 aprox.), Conde de Laón en Francia, y de Gisela, su esposa. El hijo de Pipino El Breve y Bertrade fue:

SACRO IMPERIO ROMANO o ALEMANIA

Descendientes de Sexto Julio César: los carolingios

Generación XL

CARLOMAGNO (742-814), Rey de los Francos en 768, Rey de los Lombardos en 774, Emperador de Occidente en el año 800. Fue la personalidad más insigne de la Edad Media. Casó en terceras nupcias con Hildegarda de Suabia (758-783), hija de Geroldo, Conde de Suabia y de su esposa Imma. El hijo de Carlomagno e Hildegarda fue:

Generación XLI

Luis "El Piadoso" o Ludovico (778-840), Rey de Aquitania, Emperador de Occidente en 814. Casó en segundas nupcias en 772 con Judith de Baviera, hija

de Welfo, Conde de Baviera y de Rivenberg-Altdorf y de su esposa Helwige de Sajonia. Hija de ambos fue:
Generación XLII
Gísela de Aquitania (ca.820-874). Casó con Eberardo de Friul, Marqués de Friul, hijo de Unruoch de Barcelona, el hijo de ambos:
Generación XLIII
Berengario I (ca.842-924), Rey de Italia, Emperador Carolingio. Casó con Bertila de Spoletto, hija de Suppon II, Duque de Spoletto, Primer Ministro de Carlos II, Emperador. La hija de ambos fue:
Generación XLIV
Gísela (ca.882). Fue la primera esposa de Adalberto (muere en 925), fue el Segundo Marqués de Ivrea, hijo de Anscario, Marqués de Ivrea. El hijo de Gísela y Adalberto fue:
Generación XLV
Berengario II (ca.900-966), Marqués de Ivrea, Rey de Italia. Casó con Willa, hija de Bosón, Marqués de Toscana y de Willa de Borgoña siendo el hijo de ambos:
Generación XLVI
Adalberto II (muere en 972), Duque de Lombardía, Marqués de Ivrea, Rey de Italia en 950-951. Casó con Gerberga de Châlón y Maçon, hija de Lamberto, Conde de Châlón-Sur-Saóne y de su esposa Adelaida de Vermandois. El hijo de Gerberga, cuyo padre genético y verdadero fue ENRIQUE o HENRI de BORGOÑA, fue adoptado como su hijo propio por el segundo esposo de Gerberga, Adalberto II de Ivrea y Rey de Italia, ese hijo fue:
Generación XLVII
Otto-Guillermo (ca.974-1027), Conde de Borgoña, Conde de Maçon. Casó con Ermentruda Adelaida de Reims y Roucy, hija de Reinaldo, Conde de Reims y Roucy, y de su esposa Alberada de Lotharingen. El hijo de Otto-Guillermo y Ermentruda fue:
Generación XLVIII
Reinaldo I o Renaud I de Ivrea (muere en 1075), Conde de Borgoña. Casó antes del año 1023 con Judith Alicia (Adelaida de Normandía), hija de Ricardo II, Duque de Normandía y de Judith de Bretaña, su segunda esposa. El hijo de Reinaldo y Adelaida fue:
Generación XLIX
Guillermo "El Grande" o Guillermo I de Borgoña (muere en 1087), Conde de Borgoña.
Casó con Estefanía de Longwy (hija de Adalberto de Longwy, Duque del Alto Lorraine), los hijos de ambos fueron:
Generación L
1.- Etienne I "Tete-Hardi", Conde de Maçon, fue asesinado en Askalon en el 1102. Contrajo matrimonio cerca de 1090 con Da. Beatrix, el hijo de ambos en la siguiente Generación LI.

2.- Raimundo de Borgoña (muere en 1107), Conde de Amans, de Galicia y de Coimbra. Casó en terceras nupcias con Urraca de Castilla-Borgoña, Condesa de Castilla, hija de Alfonso VI, Rey de León y de Castilla, y de su esposa Constanza de Borgoña, el hijo de Raimundo y Urraca fue:

ESPAñA
Descendientes de Alfonso VI, Rey de León y de Castilla, por el casamiento de su hija Urraca con Raimundo de Borgoña. Su hijo:

Generación LI
El hijo de Don Raimundo de Borgoña y Da. URRACA de Castilla-Borgoña, fue el siguiente:
Alfonso VII "El Emperador" (1106-1157), Rey de Castilla y de León, Rey de Galicia, Conde de Galicia. Casó en primeras nupcias en 1128 con Berenguela de Barcelona, hija de Ramón Berenguer III, "El Grande" (1082-1148), Conde de Barcelona y de su esposa Dulce Berenguer, Condesa de Provenza. El hijo de Alfonso VII y Berenguela, en la siguiente Generación LII.

El hijo de Etienne I "Tete-Hardi", Conde de Maçon, y su esposa Da. Beatrix, fue:
1.- Don Guillermo III, Conde de Maçon, de Auxonne y Auxerre. Contrajo matrimonio con Da. Ponce de Traves, Señora de Traves, hija de Don Renaud de Traves. El hijo de este matrimonio en la siguiente Generación LII.

Generación LII
El hijo de Alfonso VII El Emperador y su esposa Da. Berenguela Berenguer de Barcelona, fue el siguiente:
Fernando II (ca.1145-1188), Rey de León en 1157. Casó en 1165 con Urraca Alfonso (1151-1188), hija de Alfonso I (1110-1185),
Rey de Portugal y de su esposa Matilde de Saboya, hija de Amadeus III Saboya, Conde de Saboya (m.1157). A su vez, Alfonso I Rey de Portugal era hijo de Enrique de Burgundy, Conde de Portugal (m.1112) y su esposa Teresa de Castilla (n.1070-m.1130) hija natural de Alfonso VI Rey de Castilla. El hijo de Fernando II y Urraca Alfonso, en la siguiente Generación LIII.

El hijo del matrimonio formado por Don Guillermo II y su esposa Da. Ponce de Traves, fue:
1.- Geraud I de Borgoña, Conde de Maçon y de Vienne (muere en el 1184). Contrajo matrimonio con Da. Guyonne-Maurette de Salins, Señora de Salins, hija de Don Gaucher III de Salins. El hijo de ambos en la siguiente Generación LIII.

Generación LIII
El hijo de Don Fernando II y su esposa Da. Urraca Alfonso de Portugal, fue el siguiente:

Alfonso IX (1156-1124), Rey de León en 1158. Casó en segundas nupcias en 1197 con Berenguela de Castilla (1180-1246), Reina de Castilla, hija de Alfonso VIII, Rey de Castilla y de León en 1126 y de su esposa Leonor Plantagenet, Princesa de Inglaterra, hija de Enrique II Curtmantle, Rey de Inglaterra y de Eleanor o Leonor de Aquitania; nieta de Matilda de Inglaterra y de Godofredo V Plantagenet (1113-1151), Duque de Anjou y de Normandía; bisnieta de Enrique I de Inglaterra y de Matilda, hija de Malcolm III de Escocia. El hijo de Alfonso IX y de Berenguela de Castilla, en la siguiente Generación LIV.

La hija del matrimonio formado por Don Geraud I de Borgoña y su esposa Da. Guyonne-Maurette de Salins, fue:
1.- Doña Beatriz de Maçon y Salins, contrajo matrimonio con Humberto III de Saboya (muere en 1189), hijo de Amadeus III de Saboya. Sus descendientes, por la parte femenina, contraen matrimonio con los descendientes de Don Alfonso IX y Da. Berenguela de Castilla: como Beatrice de Saboya casada con Juan Manuel de Castilla que era hijo de Don Fernando III El Santo.
El hijo de Da. Beatriz y su esposo Don Humberto III de Saboya en la siguiente Generación LIV.

Generación LIV
El hijo de Don Alfonso IX y Da. Berenguela de Castilla fue:
Fernando III "El Santo" (1199-1252), Rey de Castilla en 1217 y de León en 1230. Fue canonizado en 1671 por el Papa Clemente X, se le conoce como San Fernando.
Casó en primeras nupcias en el año 1219 con Beatriz de Suabia, princesa alemana (conocida como Beatrice von Hohenstaufen), hija de Felipe Hohenstaufen (1178-1206), Marqués de Toscana en 1195, Duque de Suabia en 1196, Emperador del Sacro Imperio Romano, y de su esposa Irene de Bizancio, Princesa de Constantinopla (Bizancio). El hijo de Fernando III "El Santo" y de su esposa Beatriz de Suabia, en la siguiente Generación LV.

El hijo de Da. Beatriz y su esposo Don Humberto III de Saboya, fue:
1.- Thomas I de Saboya (muere en 1233).

Generación LV
El hijo de Thomas I de Saboya fue:
1.- Amadeus IV de Saboya, Conde de Saboya, Duque de Aosta y Príncipe de Piamonte. Su hija fue Beatriz de Saboya que contrajo matrimonio con Don Juan Manuel de Castilla, hijo de Fernando III El Santo y su esposa Da. Elizabeth Hohenstauffen.

El hijo de Don Fernando III El Santo y su esposa Da. Beatriz de Suabia o Elizabeth Hohenstauffen, fue:
1.- Juan Manuel de Castilla (muere en 1283), Infante de Castilla, Señor de Escalona, Señor de Peñafiel y de Villena, Alférez Mayor de Castilla. Casó en segundas nupcias en 1274 con Beatriz de Saboya y de Baux-Grange, hija de Amadeo IV (1157-1253), Conde de Saboya, Duque de Aosta y Príncipe de Piamonte (nieto de Humberto III de Saboya), y de su esposa Cecilia de Baux.

El hijo de Don Manuel, Infante de Castilla, y su esposa Beatriz de Saboya fue:

Generación LVI
Sancho MANUEL de Castilla (1283-ca.1325), Conde de Carrión, Ricohombre de Castilla, Teniente Alcaide del Castillo de Murcia y Teniente de Adelantado Mayor del Reino de Murcia.
Casó cerca de 1315 con Da. María Rodríguez de Castañeda, hija de Ruy González de Castañeda, Ricohombre de Castilla, Señor de
Hornazas y Santa Olalla de León, y de su esposa Da. Elvira Lasso de la Vega. El hijo de Sancho Manuel y Da. María Rodríguez fue:

Generación LVII
Juan SáNCHEZ MANUEL (ca.1320-1390), 2do. Conde de Carrión, Ricohombre de Castilla en 1368. Contrajo matrimonio cerca del año 1350 con Da. Juana de Aragón-Xérica, hija de Pedro de Aragón (fallecido cerca de 1336), Señor de la Baronía de Xérica, y de su esposa Buenaventura de Arbórea. La hija de ambos fue:

Generación LVIII
Inés MANUEL DE VILLENA. Casó con Garcí Fernández de VILLODRE, Señor de las Salinas de Monteagudo, en Albacete, Reino de Murcia. La hija de ambos fue:

Generación LVIX
Catalina SANCHEZ MANUEL de VILLODRE casó con Don Luis MéNDEZ de SOTOMAYOR (fallecido en 1395), 5o. Señor de El Carpio, Señor de Morente y de otras villas, hijo de Garcí Méndez de Sotomayor y de Da. Juana Ruiz de Baeza. El hijo de ambos fue:

Nota: Antes de continuar con los siguientes descendientes, es necesario hacer, en este punto, una aclaración muy importante.
Desde la generación LV, con Juan Manuel de Castilla, sus descendientes contraen matrimonio con los descendientes de su hermano, Alfonso X "El Sabio". De la siguiente manera, presentada en forma simplificada:

1.- **Fernando III "El Santo"** contrajo nupcias con **Beatrice von Hohenstaufen**, princesa alemana. Fernando III "El Santo" le imprime un significado más abstracto que preciso al titularse en ciertas cartas "el Emperador de las tres religiones", con lo que demuestra un deseo de Concordia interior y un liberalismo que no se romperá por su culpa, sino por la de sus sucesores. No deja de ser curioso observar, a este respecto que el ejemplo de la tolerancia con los musulmanes y los judíos, lo diese uno de los santos más grandes de la España medieval. Fernando III "El Santo" hizo traducir al idioma vulgar el "Fuero Juzgo", visigótico, que hasta los umbrales del siglo XIX sería el código universal y fundamental de España.
El hijo de ambos, Fernando III y Beatrice, fue:
2.- **Alfonso X "El Sabio"** contrajo nupcias con
Yolanda de Aragón.
El Rey Alfonso X "El Sabio" (1221-1284) fue el protagonista principal en la labor difusora de los conocimientos científicos orientales en Occidente.
España, durante este período, hace el papel de eslabón entre ambas culturas, facilitando a la cultura europea el logro de niveles científicos desconocidos hasta entonces. En política exterior aspiró a la corona imperial alemana, aunque sin éxito; su actuación en política interna, llena de sinsabores, está impulsada por un intento unificador en todos los campos: lengua, derecho, historia y juegos. Este moncarca fue uno de los soberanos más ilustrados de su tiempo. A él se deben, entre otras altas empresas culturales, el establecimiento definitivo de la Universidad de Salamanca, que llegaría a ser una de las primeras del mundo, y la composición de las célebres "Tablas alfonsinas" que modificaron el sistema astronómico de Ptolomeo, y en las que trabajaron cuatro años, los más ilustres cosmógrafos, entre ellos dos judíos, Al Cabit y Aben Ragel, que habían sido sus precptores. Gracias a la mayor rapidez de cálculo y a las notaciones más precisas que permitían las nuevas tablas, la iniciativa del rey sabio, Alfonso X, facilitaría el reconocimiento de un punto en alta mar, con lo que contribuiría muy eficazmente a preparar los viajes de Cristóbal Colón y el descubrimiento de América. Alfonso X hizo redactar la primera "Crónica General de España", publicó un Código Jurídico, compuso obras en prosa y verso, mandó traducir al castellano la Biblia, el Talmud y la Cábala, también desarrolló una vida política y social realmente adelantada sobre la de las demás naciones. Alfonso X redactó de su propia mano las "Partidas", breviario constitucional de sorprendentes detalles que, al combinar la ley romana y el espíritu cristiano, fijó las bases de un derecho público nuevo El hijo de Alfonso X y Yolanda de Aragón fue:
3.- Fernando de la Cerda (1256-1275) contrajo nupcias con Blanche de Francia (hija de Luis IX Capeto,El Santo, Rey de Francia), su hijo
4.- Fernando de la Cerda II cc Juana Nuñez de Lara, su hija:

5.- Blanca de la Cerda y de Lara cc Juan Manuel de Castilla "El Escritor, Señor de Villena y de Escalona, autor de la obra conocida como "El Conde Lucanor" o "Libro de Patronio" composición que la terminó de escribir en 1335.
Don Juan Manuel nació en el año 1282 y falleció en 1348. (hijo de Juan Manuel de Castilla con Beatrice de Saboya, y sobrino de Alfonso X "El Sabio", y sobrino de Enrique II, Rey de Castilla), su hija:
6.- Juana Manuel de Castilla cc su primo en tercer grado de consanguinidad Enrique II Rey de Castilla, hijo de Alfonso XI de Castilla. Su hijo:
7.- Juan Manuel I de Castilla, Rey de Castilla cc Inés de Castañeda Laso de la Vega, su hijo:
8.- Sancho Manuel de Castilla cc Leonor González de Manzanedo.
Casó también con Da. María Rodríguez de Castañeda, su hijo:
9.- Juan Sánchez Manuel cc Juana de Aragón-Xérica, su hija:
10.- Inés MANUEL DE VILLENA cc Garcí Fernández Villodre, su hija:
11.- Catalina SáNCHEZ MANUEL de VILLODRE cc Luis Méndez de Sotomayor.

Continuando con la generación LIX y el No.11 de la nota anterior, y aclarada las relaciones familiares en este núcleo, el hijo del matrimonio de Catalina Sánchez Manuel de Villodre y Luis Méndez de Sotomayor fue:

Generación LX
Garcí MéNDEZ de SOTOMAYOR (1439), 6to. Señor de El Carpio y Señor de Morente y de otras villas. Casó en primeras nupcias con Da. María de Figueroa y Messía, hija de Lorenzo Suárez de Figueroa, Maestre de Santiago, y de su esposa Da. Isabel de Messía. Su hijo:

Generación LXI
Luis MéNDEZ de SOTOMAYOR y FIGUEROA MESSIA, 7o. Señor de El Carpio, Señor de Morente y de otras villas; Consejero del Rey Don Juan II. Tuvo sucesión con Da. Inés Méndez, siendo de la misma condición social, el hijo de ambos fue:

Generación LXII
Garcí MéNDEZ de SOTOMAYOR (fallece en 1569). Casó con Da. Marina Fernández de Córdoba (llamada también Da. Maria de Solier y Fernández de Córdoba), abriéndose su testamento , in scriptis, el 21 de julio de 1569. Fue Señora del Cortijo de Pero Carrillo; hija de Don Alfonso Fernández de

Córdoba, IV Señor de Los Humeros, "deudo muy cercano de los Marqueses de Priego", y de su esposa Da. Mayor Venegas. El hijo de Garcí Méndez de Sotomayor y Da. Marina Fernández fue:

Generación LXIII
Alonso FERNáNDEZ de CóRDOBA y MéNDEZ de SOTOMAYOR.
Nació en Montilla, Córdoba, España. Testó en la ciudad de Granada, Nicaragua, el 15 de marzo de 1564. Casó con Da. Inés Cerrato, hija del Dr. Juan López Cerrato y Da. María de Contreras. El Dr. Juan López Cerrato era natural de Mengabril, Badajoz, España. Cabe mencionar que Da. Inés Cerrato casó en segundas nupcias con Don Alonso Anguciana de Gamboa, Gobernador de la Provincia de Costa Rica. El hijo de Don Alonso Fernández y Da. Inés Cerrato fue:

Generación LXIV
Luis MéNDEZ de SOTOMAYOR, nació en 1560 en Granada, Nicaragua. Fue Capitán Encomendero de Masaya. Casó con Da. Juana de VERA y HERRERA (nace cerca de 1566), hija de Diego de Herrera y Da. Juana de Vera y Toro de Ulloa. Don Diego de Herrera era natural de Xeréz de la Frontera, Alcaide de San Lúcar de Barrameda. La familia Vera son descendientes de rey Don Ramiro, y por esa línea son descendientes de Da. Maria de Vera que era nieta catorce del rey Don Ramiro, y que contrajo nupcias con Don Diego Gómez de Mendoza, natural de Guadalajara, España, y que son los padres de Don Pedro de Vera (muere en 1498) casado con Beatriz de Hinojosa. Don Pedro de Vera era natural de Jeréz de la Frontera, España; fue conquistador, gobernador y capitán de las Canarias de 1480 a 1489.

Los hijos de Don Luis Méndez de Sotomayor y Da. Juana de Vera y Herrera, cuya descendencia se pueden encontrar en Costa Rica y Nicaragua, fueron los siguientes:

AMéRICA CENTRAL
Descendientes de Sexto Julio César, Carlomagno, Fernando III El Santo y de Alfonso X El Sabio.
Generación LXV
LXV-1
Alfonso Méndez de Sotomayor cc María Calderón, sus hijos fueron:

a) José Méndez de Sotomayor cc Juana de Zúñiga, hermana de Francisca de Zúñiga
b) Isabel Méndez de Sotomayor, bautizada en Cartago en 1620.
c) Clara Méndez de Sotomayor, bautizada en Cartago en 1621.

LXV-2
Juana de Vera y Sotomayor (1590-1657) cc García Ramiro Corajo, hijo del Capitán Francisco Ramiro Corajo y de Da. Francisca de Zúñiga (hermana de Da. Juana de Zúñiga).
Los hijos de García Ramiro Corajo y Juana de Vera son:

a) Capitán Francisco Ramiro de Vera y Sotomayor, casó con Da. Maria de Retes-Peláez y Vázquez de Coronado descendiente de Juan Vázquez de Coronado y Anaya, Conquistador de Costa Rica.
b) Capitán Diego Ramiro de Vera y Sotomayor.
c) Alférez Fernando Ramiro de Vera y Sotomayor, casó con Da. Antonia Zapata, hija de Cristóbal de Zapata y de Da. Ana de Echavarría Ocampo.
d) Da. Juana de Vera Ramiro, casó con el Alférez Gil de Alvarado, hijo de Jorge de Alvarado y de Da. Juana de Benavides.
e) Da. Francisca de Zúñiga, casó con el Alférez Francisco de Cháves, hijo de Cristóbal de Cháves y de Da. María de Alfaro.
f) Da. María Ramiro de Vera y Sotomayor, casó con José de Sandoval Ocampo, hijo del Capitán Francisco de Ocampo.
g) Da. Micaela Ramiro de Vera y Sotomayor.

Generación LXVI
Capitán Francisco Ramiro-Corajo de Vera y Sotomayor casó con María Retes-Peláez y Vázquez de Coronado, hija de María Peláez Vázquez de Coronado y Jerónimo Retes López y Ortega. La hija de Francisco Ramiro-Corajo y Maria Rosa Retes Peláez fue:

Generación LXVII
María Rosa Vázquez de Coronado y Ramiro-Corajo casó con Pedro José Sáenz Lanini, hijo de Juan Francisco Sáenz Vázquez de Quintanilla y Sendín de Sotomayor (ver Datos Biográficos) y de su esposa Da. Bárbara Lanini Priamo. Su hijo fue:

Generación LXVIII
Sargento Mayor Manuel Sáenz Vázquez de Coronado casó con Ana Antonia Bonilla Astúa, hija de Alonso de Bonilla Chacón y Juana Benita Calvo Pereira de Astúa. Su hija fue:

Generación LXIX

Bárbara Antonia Sáenz Bonilla (ya era viuda de Dn. Manuel Saborío) casó con Cecilio Antonio Romero Parajales, natural de Andalucía, España; hijo de Mateo Romero y Ana Parajales, quienes contrajeron matrimonio en San José, Costa Rica el 24 de Mayo de 1762. Don Mateo Romero era natural de España. La hija de Cecilio Romero y Bárbara Sáenz fue:

Generación LXX
Manuela Casimira Romero Sáenz casó con Mariano Ignacio Montealegre Balmaceda, hijo de Mariano Montealegre, el nombre de la madre no se conoce. Los Montealegre son originarios de Valladolid, España. Sus orígenes se remontan al Reino de Murcia y son descendientes del Infante Don Juan Manuel de Castilla. Don Mariano Ignacio Montealegre antes de casar con Da. Manuela Casimira Romero, fue padre de dos hijos, uno con Isidora Rueda, Juan Montealegre Rueda, con descendencia en Guatemala; el otro con Josefa Bustamante, Mariano Montealegre Bustamante con descendencia en Costa Rica. Los hijos de Mariano Ignacio Montealegre Balmaceda y Manuela Casimira Romero Sáenz fueron los siguientes:

Generación LXXI
1) Francisco Montealegre Romero, sin descendencia.
2) Cipriana Montealegre Romero casó con Cornelio Ramírez Areas, hermano del Jefe de Estado, Don Norberto Ramírez Areas.
3) Rafaela Montealegre Romero casó con Juan Francisco Parajón, son los padres del Gral. Francisco Parajón, liberal.
4) Gertrudis Montealegre Romero casó en primeras nupcias con Vicente Solórzano Pérez de Miranda. De este primer matrimonio desciende el presidente Carlos Solórzano Gutiérrez y el candidato inhibido, a la Alcaldia de Managua, Pedro Solórzano.
En segundas nupcias casó con José del Carmen Salazar Lacayo.
De este segundo matrimonio descienden Mariano Salazar Montealegre, fusilado por William Walker, y compañero de luchas del Gral. Máximo Jeréz. También desciende Jorge Salazar, asesinado en tiempos apocalípticos del frentismo. Los hermanos Cardenal Tellería son descendientes de este matrimonio: Alfonso, Francisco "Chicano", Marco Antonio, Roberto y sus hermanas, todos Cardenal Tellería.
5) Paula Montealegre Romero casó en primeras nupcias con José Manuel Martínez de Sobral. En segundas nupcias con Basilio Zeceña. Sus descendientes se encuentran en Guatemala.
6) Francisca Montealegre Romero casó con Ramón de Sarria y Reyes. De este matrimonio descienden los presidentes Roberto

Sacasa Sarria, Juan Bautista Sacasa Sacasa, los hermanos Luis y Anastasio Somoza Debayle, Benjamín Lacayo Sacasa y todos los funcionarios de la administración de Alemán y de Bolaños, que llevan el Sacasa.

7) Mariano Montealegre Romero casó en primeras nupcias con Carmen Fuentes-Sansón, originaria de León, procrearon solamente un hijo, Mariano Montealegre Fuentes-Sansón, sus restos descansan en la Catedral de León, junto con los de su esposa Dolores Sacasa Sarria, su sobrina, hay extensa descendencia.
De este matrimonio desciende Federico Argüello Solórzano, S.J.
En segundas nupcias casó con María Manuela Bárbara Lacayo Agüero, hija de José Antonio Lacayo Marenco (+23 de Febrero de 1826) y Pilar Agüero López (+ 30 de Enero de 1895).

Los hijos del segundo matrimonio fueron los siguientes:

7a) Manuel Ignacio Montealegre Lacayo cc Natalia Delgado Páiz.
7b) Cipriana Montealegre Lacayo cc José María Gasteazoro Robelo.
7c) Paula Montealegre Lacayo cc Manuel Balladares Terán.
7d) Gertrudis Montealegre Lacayo cc Benjamín Midence.
7e) Carmen Montealegre Lacayo cc Gabriel Dubón Echevers.
7f) Samuel Montealegre Lacayo cc Teresa Seydel Venerio.
7g) Abraham Montealegre Lacayo cc Victoria Callejas Sansón.
7h) Elías Montealegre Lacayo cc Julia Gasteazoro Robelo
7i) Isaac Montealegre Lacayo cc Julia Gasteazoro Robelo, viuda de Elías Montealegre Lacayo, compañero de lucha con el Gral. Máximo Jeréz y Mariano Salazar Montealegre.
7j) Augusto César Montealegre Lacayo cc Isabel Salvatierra Ricarte y Fábrega. Tuvo hijos con Francisca Cigú.
7k) Adán Montealegre Lacayo, sin descendencia.

También crió al hijo del Gral. Francisco Morazán, quien era su amigo, del mismo nombre: Francisco Morazán Moncada quien contrajo nupcias con la dama de El Viejo, Carmen Venerio Gasteazoro, cuyos descendientes casaron con los descendientes de Mariano Montealegre Romero.

De todos ellos existe extensa descendencia en Nicaragua y fuera de Nicaragua. A partir de esta generación, existe una investigación completa de la familia Montealegre en Nicaragua, Costa Rica y Guatemala, que se extiende a Colombia, Chile, Estados Unidos, Inglaterra y otras naciones a las que han emigrado muchos de sus miembros.

Datos biográficos de algunos miembros de esta genealogía, y que fueron Gobernadores de
Costa Rica:

JUAN FRANCISCO SAENZ VAZQUEZ DE QUINTANILLA Y SENDIN DE SOTOMAYOR, Maestre de Campo.
Nació en Madrid, fue bautizado el 22 de Julio de 1620 en Madrid.
San Martín, Bautísmos, Libro Núm. 8, folio 365.
Sus padres fueron Francisco Sáenz Vázquez de Quintanilla y Fajardo Xirón, bautizado en Madrid el 6 de Julio de 1598 y de Angela Sendín de Sotomayor y Almeda, nacida en Madrid.

Casó en 1650 con María Díaz Quijano, nacida en Cobreces, Burgos. Casó en segundas nupcias el 10 de Marzo de 1664 en Madrid con Bárbara Lanini y Priami Segredo, quien nació hacia 1645 en Madrid y murió el 28 de Marzo de 1708 en Cartago, Costa Rica; era hija legítima de Jacinto Lanini López de Andrade y María Priami Segredo naturales de Madrid.

Fue Gobernador de Costa Rica , nombrado el 22 de Febrero de 1673, ejerció el cargo desde el 27 de Abril 1674 hasta el 24 de Julio de 1681.

Murió en Enero de 1686 en la travesía de Portobelo/Panamá a Cartagena de Indias/Colombia.

Sus hijos fueron los siguientes:
1) Alfonso Sáenz Díaz, nacido en 1651, de su primer matrimonio.
2) Juan Martín Sáenz Lanini, nacido el 18 de Julio de 1664 en Madrid y muere en 1704. Fue Capitán. Casó con Margarita
Escalante Paniagua Vida Martel, hija legítima de José Escalante Viveros y Paniagua y de su esposa Manuela Vida Martel Ortega.
3) Pedro José Antonio Sáenz Díaz, nacido el 29 de Junio de 1670, muere en Heredia el 15 de Agosto de 1752. Fue Gobernador Interino.
Casó con Maria Rosa Vázquez de Coronado Ramiro Corajo el 29 de Abril de 1690.
4) Angela Sáenz Díaz cc Francisco Ramírez Rodado.
5) María Sáenz Díaz cc Capt. Alvaro Guevara Sandoval Ocampo.
6) Josefa Rosa Sáenz Díaz cc Blas González Coronel y Luque.
7) Manuela Maria Josefa Sáenz Díaz cc Manuel de Moya Alvarado.

GARCIA RAMIRO CORAJO Y ZUÑIGA, Sargento Mayor.
Nació hacia 1588 en Cartago, Costa Rica. Sus padres fueron Don Francisco Ramiro Corajo y García (nació en Trujillo,
Extremadura) y Da. Francisca de Zúñiga (nació en Badajoz, Extremadura).

Casó en 1620 en Granada, Nicaragua con Juana de Vera y Sotomayor, quien muere el 27 de Diciembre de 1657 en Cartago.
(Ver Testamento del 5 de Diciembre de 1657 ante Juan Cascante de Rojas), hija legítima de Luis Méndez de Sotomayor y Cerrato y de su esposa Juana de Vera y Herrera (quien nació en Jeréz de la Frontera, Cádiz) casados un 23 de Noviembre de 1592 en Santiago de Guatemala.
Murió, García Ramiro Corajo y Zúñiga, el 15 de Octubre de 1639 en el Valle de Barva.

Ocupó cargos importantes, entre ellos, Teniente Gobernador en 1625, Alcalde Ordinario de Cartago en 1625. Fue Sargento Mayor.

Sus hijos fueron los siguientes:

1) Francisco Ramiro-Corajo de Vera y Sotomayor, Capitán, nació en Cartago, muere el 4 de Agosto de 1663. Casó en Noviembre de 1646 con Maria de Retes Vázquez de Coronado.
2) Diego Ramiro-Corajo de Vera y Sotomayor, murió el 6 de Noviembre de 1672, en Barva.
3) Fernando Ramiro-Corajo de Vera y Sotomayor, Alférez, cc Juana Zapata Echavarria, hija legítima de Cristóbal Zapata y Salazar de Roa (nació en Madrid) y de Ana de Echavarría Navarro y Ocampo (muere antes de 1665).
4) Antonio Ramiro-Corajo de Vera y Sotomayor.
5) Juana de Vera y Sotomayor Ramiro-Corajo, murió el 8 de Julio de 1684 en Cartago. Casó en Febrero de 1636 con el Alférez Gil de Alvarado y Benavides, nació hacia 1605 en Santiago de Guatemala, muere el 17 de Septiembre 1670, en Barva.
6) Francisca de Zúñiga, casó en 1637, en Cartago, con el Alférez Francisco de Cháves Alfaro.
7) Maria Ramiro-Corajo de Vera Sotomayor, casó en Noviembre 1651 con José de Sandoval Ocampo, en Cartago.
8) Micaela Ramiro-Corajo de Vera Sotomayor.
9) Juan Ramiro-Corajo de la Cruz, hijo natural con Francisca de la Cruz. Casó el 29 de Abril de 1652, en Santiago de Guatemala con María de Concepción Ramírez de Vargas y Gómez.

Por la importancia de esta relación genealógica, es de suma necesidad dar a conocer las fuentes de información que el Arquitecto Carlos Hernán Segura

Rodríguez, consultó para lograr relacionar a personas de España, Francia, Roma y Centroamérica. Siendo esas fuentes las siguientes:
1) Investigaciones realizadas por el Prof. Dr. Herbert Stoyan, Director del Instituto de Inteligencia Artificial de la Universidad Friedich Alexander, de Erlangen, Nüremberg, Alemania, disponibles en la www de internet.
2) Investigaciones del Dr. Bryan C. Tompset, Jefe del Departamento de Ciencias de Computación de la Universidad de Hull, en Inglaterra, disponibles en la www de internet.
3) Ancient Genealogies, del Historiador y Genealogísta Eward Pawlicki, disponible en la www de internet.
4) Les Ancêtres de Charlemagne, de Christian Settipani, reconocido como una de las máximas autoridades en la genealogía del Emperador, libro me le fuera obsequiado al Arq. Hernán Segura R., por el Dr. D. Ives de Ménorval.
5) Estudio Histórico de algunas familias españolas, de D. Alfonso de Figueroa y Melgar.
6) Investigaciones realizadas por el Arq. Segura Rodríguez en el Archivo General de Indias, en Sevilla, España.

Fuentes complementaria, consultadas por Flavio Rivera Montealegre:
7) Base de datos de la Iglesia de los Mormones, disponible en Internet.
8) Revista de la ACCG, No.37, San José, Costa Rica, Junio 2000.
9) Base de datos del Lic. Norman Caldera Cardenal.
10) The Mammoth Book of Brithish Kings and Queens, de Mike Ashley, Carroll and Graf Publisher, Inc. New York.
11) The Forgotten Monarchy of Scotland, de su HRH Príncipe Michael de Albania, Cabeza de la Casa Real de Stewart, Editado por "Element Book Limited.
12) La España del Siglo de Oro, François Piétri, Ediciones Guadarrama, entre otros.

RELACIÓN GENEALÓGICAS DE LA FAMILIA

JUAN VÁZQUEZ DE CORONADO Y ANAYA

Por Roberto Cardenal Tellería

Nace en Salamanca, España el 15-08-1523 y fallece el 08-10-1565. En 1540, año del Señor, a la edad de 17 años es llamado por su tío Francisco Vázquez de Coronado, quien era Gobernador de Nueva Galicia, México, a prestar sus servicios en el recién fundado Virreinato de México, donde estuvo aproximadamente ocho años. Luego se traslada a la ciudad de Antigua Guatemala en 1548, llegando a ser Alcalde Ordinario de La Santa Hermandad (cargo otorgado cada año en los pueblos para que conociera de los delitos y excesos cometidos en el campo) y Diputado del Cabildo .

Casó alrededor del año 1550 en Antigua Guatemala con:

ISABEL Arias Dávila y Poblete, nacida en España y fallecida entre 1566 y 1569 en Santiago de los Caballeros, Guatemala.

Hija de:

POBLETE: Linaje castellano, de las montañas de León.

Su escudo de armas: De oro con un pino.

HOZ: Apellido oriundo de Cantabria.

Su escudo de armas: Una hoz de plata en un fondo rojo.

JUANA de Poblete nacida en Ciudad Real, y del Capitán GASPAR Arias Dávila y González de la Hoz, nacido en Segovia, España, fallecido hacia 1543 en Santiago, Guatemala. Alcalde Ordinario de Guatemala en 1552, 1554 y 1558. Primo hermano del Conquistador, Capitán General y Gobernador de Panamá y luego de

Nicaragua: PEDRO Arias de Ávila, "Pedrarias". También tiene una hija de nombre Isabel que c .c.

el Adelantado de la Florida, Gobernador de Cuba y Alcalde de León de Nic., Hernando de Soto.

Juan Vázquez de Coronado se traslada poco después a El Salvador donde es nombrado en 1549

Alcalde Mayor de San Salvador, pasando luego a Honduras a ocupar también el cargo de Alcalde Mayor. En 1559 acompaña al Lic. Pedro Ramírez Quiñones de

Guatemala a la famosa jornada de conquista del territorio de los valientes indios Lacandón.
Se traslada a León de Nicaragua en 1560, y en abril del año 1561 es nombrado por la Audiencia de Guatemala Alcalde Mayor de dicha provincial en sustitución del Lic. Juan de Cavallón, quien se encontraba a cargo de la Conquista de Costa Rica. El 08-08-1562, en pleno periodo de lluvias.
Juan realiza dos viajes a Costa Rica.
El primero sale de Granada y el segundo sale de León, acompañado de 80 soldados, algunos vecinos de la ciudad y muchos indígenas, llevando ganado vacuno y herramientas agrícolas, llegando después de más de dos inclementes meses, un 10 de noviembre a Nicoya, donde permanece en la aldea de Garcímuñoz donde toma posesión del cargo de Alcalde Mayor de la Provincia de Nueva Cartago, (Territorio de la Antigua Veragua dado en Gobernación al Capitán Diego Gutiérrez). Cartago fue incorporada por algunos años a Nicaragua y Costa Rica. Este territorio estaba bajo la jurisdicción del Obispado de Nicaragua desde 1545. En esa fecha da comienzo a la pacificación de los bravos indios "guetares" y otros caciques que estaban en rebeldía, logrando su pacificación, con mucho acierto en su cometido, por sus nobles atributos humanitarios y su bondadosa conducta. Nicaragua, que le sirvió de base para la conquista y población de Costa Rica, también contribuyo
al proveerle de unos fondos que estaban inactivos en las cajas reales, provenientes de bienes de difuntos, cuyo monto ascendía a más de mil trescientos pesos.
Sin embargo, para realizar esta empresa y poder dotar de adecuados suministros y víveres a quienes les acompañaban, contrae grandes deudas tanto en Guatemala como en Nicaragua.
En el mes de diciembre de 1562, confesó que estaba muy endeudado, ya que había gastado unos mil duros de su propio peculio y nos dice:
"...porque yo he gastado doce mil pesos sin que se me haya proveído de cosa alguna y gestare lo mas que pudiere hasta que V.M. de la orden que convenga a su servicio..."
Tres años más tarde, ya organizado el Cabildo, el pueblo de Cartago acordó que Vázquez de Coronado debía ir a España a pedir al Rey Felipe II la recompensa que merecía por sus trabajos, fatigas y gastos. Salió por tierra con algunos compañeros para Panamá donde se embarcó para
España. El Rey Felipe II queriendo premiar sus esfuerzos y comprendiendo que no era posible dicha conquista sin tener por base a Nicaragua, por Cédula Real firmada en Aranjuez el 08-04-1565, le nombra con él título vitalicio y hereditario de "Adelantado de Costa Rica", y con la misma fecha expide otras dos cedulas reales por tres años, nombrándolo Gobernador de Nicaragua, con un sueldo de 3000 pesos oro de mina y además Gobernador de Cartago o Costa Rica.
En el viaje de regreso a Nicaragua el 08-10-1565 en la Nao 'San Joseph', una borrasca los hace naufragar cerca de las costas de Cádiz. Venía acompañado de numerosos y principales caballeros de Salamanca, y trabajadores del campo.

Desafortunadamente muriendo todos los tripulantes y pasajeros. Como vemos, el conquistador Don Juan Vázquez de Coronado y Anaya sabía manejar las relaciones humanas con gran nobleza, ganándose el amor y la lealtad de sus soldados y el
respeto de los aborígenes, como lo confirman sus cartas con la Audiencia y con el mismo Rey.
Al morir este insigne y valeroso conquistador, Pedro Vanegas de los Ríos, Tesorero de la
Provincia de Nicaragua quien estaba fungiendo como Alcalde Mayor Interino, ejerció el gobierno provisionalmente hasta que el nuevo propietario de la gubernatura tomara posesión, cargo que recayó en Pero Afán de Rivera y Gómez en 1566. En 1573 el Rey Felipe II, da por concluido la Conquista de Costa Rica, dando comienzo al periodo colonial. A su vez separa el territorio de Costa Rica de la Provincia de Nicaragua de la que había formado un solo cuerpo político.
Primero bajo unos mismos Alcaldes mayores y después bajo y Gobernadores y Capitanes Generales.
En Costa Rica descienden del Adelantado más de 20 Jefes de Estados y alrededor de 300
Diputados y los siguientes Jefes de Estado de Nicaragua:
Manuel Antonio de la Cerda Aguilar. Jefe de Estado de Nicaragua 1825
Evaristo Carazo Aranda. Presidente de Nicaragua 1887-1889
Roberto Sacasa Sarria. Presidente de Nicaragua 1889-1893
Carlos Solórzano Gutiérrez. Presidente de Nicaragua 1925-1926
Juan B. Sacasa Sacasa. Presidente de Nicaragua 1933-1936
Luis Somoza Debayle Presidente de Nicaragua 1956-1963
Anastasio Somoza Debayle Presidente de Nicaragua 1967-72,74-79
Miembro de Junta de Gobierno Roberto Martínez Lacayo.
Vice-Presidente Silvio Argüello Cardenal.

Don Mariano Montealegre Romero
(Retrato al óleo realizado por el artista nicaragüense Carlos Bermúdez)

GENEALOGÍA MONTEALEGRE BALMACEDA-- ROMERO SÁENZ

VIII. JOSÉ del Carmen Salazar Lacayo.
Casó con:
GERTRUDIS (Tula) Montealegre Romero Vda. de Vicente Solórzano Pérez.
Hija de:
MARIANO Ignacio Montealegre Balmaceda y MANUELA Casimira Romero y Sáenz.
Hermanos de GERTRUDIS Montealegre Romero:
Francisco soltero, Rafaela c.c. Juan Francisco Parajón, Francisca c.c. Ramón de Sarria y Reyes, de donde descienden los Presidentes Roberto Sacasa Sarria, Juan Bautista Sacasa Sacasa, Luis Somoza Debayle y Anastasio Somoza Debayle, Cipriana c.c. Cornelio Ramírez Areas (hermano de Norberto Ramírez Areas, ver pg. 228) y Paula de Montealegre y Romero, natural de León, capital de la Provincia de Nicaragua, quien hizo demostración de pureza de sangre, ante las autoridades castrenses españolas, con el propósito de contraer nupcias con el Mayor de Infantería, Don José Manuel Martínez de Sobral, Mariano, quien un viernes 18 de junio de 1823 es enviado por Nicaragua como embajador Plenipotenciario y Extraordinario para ultimar la firma en San José de Costa Rica del Tratado "Jiménez-Montealegre" que permitiría la construcción de un Canal Interoceánico en el Rio San Juan, c.c. Carmen Fuentes Sansón y luego con María M. Lacayo Agüero. José María Montealegre Fernández, Presidente de Costa Rica, hijo de Mariano Montealegre Bustamante.
MONTEALEGRE: Apellido castellano, originario del lugar de su nombre, en la provincia de Valladolid, España, que al decir de algunos genealogistas, procede del Infante don Manuel, hijo de Fernando III "el Santo" Rey de Castilla y León y de Elizabeth de Suabia. Con líneas que se establecieron en otros puntos de Castilla, Andalucía, Guatemala y México. El nombre de la familia Montealegre se detecta por primera vez, en un documento de ALFONSO VIII "el de las Navas", "el Bueno", fechado en 1171, en referencia a un señorío que pertenecía a Don Alonso Téllez de Montealegre, originarios de Valladolid, España.
Su escudo de armas: De oro con un águila negra, coronada de oro, que lleva entre sus garras una llave azul; la parte superior es azul con tres flores de lis de oro.
ROMERO: Linaje de origen aragonés, muy extendido por toda la Península y América. Probó su nobleza en diferentes Órdenes Militares y Reales Chancillerías.
Su escudo de armas: De gules, tres palos de oro, terrazado del mismo metal y atados por una cadena de azur, puesta en faja.
Mariano Ignacio Montealegre Balmaceda nace hacia 1742 en Granada, España, y fallece el 2 de febrero de 1803 en León, Nicaragua. Siendo un joven llega a Guatemala, donde transcurrido un tiempo, lo vemos nombrado por el gobierno español un lunes 20 de junio de 1796, como Fiel [Tabaco] de Almacenes.
Casó con:

MANUELA Casimira Romero Sáenz, en la ciudad de León en 1796, oriunda de Cartago. Hija de:
CECILIO Antonio Romero Parájales, de Andalucía, España.
Hijo a su vez de:
MATEO Romero y ANA Parájales.
Casó con:
BARBARÁ Antonia Sáenz Bonilla, natural de Cartago el 25-06-1763 (ver pg.133). Hija de:
ANA Antonia Bonilla Astúa, fallecida el 27-07-1733 en Cartago y MANUEL Sáenz Vázquez
Ramiro, nacido el 31-07-1702 en Cartago, testa el 09-01-1761, al enviudar de Ana, toma los hábitos sacerdotales en 1735. Sus hermanos: MARÍA Sáenz c.c. ALVARO Guevara Sandoval (pg. 37) y MANUELA c.c. JOSÉ Bonilla Astúa, hermano a su vez de su esposa ANA Antonia. Hija de:
FRANCISCA Astúa Cháves y JUAN Bonilla Pereira (ver pg. 43). Su padre el Gobernador:

PEDRO JOSÉ SÁENZ LANINI
Nace el 29-06-1670, bautizado el 9 de julio de ese mismo año, en la parroquia de El Sagrario en ciudad Real de Chiapas, México y fallece el 15-08-1752 en Cartago. Casó el 29-06-1690 con:
SÁENZ: Linaje oriundo de la región de La Rioja. Probó su nobleza en distintas Órdenes Militares y Reales Chancillerías. Sáenz y Sainz, son del mismo linaje, con distinta grafía.
Su escudo de armas: escudo partido: 1°, de oro, un árbol de sinople; 2°, de gules, tres bandas de oro. Bordura de plata, cargada de ocho armiños de sable.
MARÍA Rosa Vázquez de Coronado Ramiro Corajo, fallecida el 24-07-1738 en Cartago (ver pg. 38 y 132). Su madre: MARÍA Retes Peláez Vázquez de Coronado. Hija de: JERÓNIMO de Retes y López de Ortega y MARÍA Peláez Vázquez de Coronado, hija a su vez de ANDREA V. de C. y R. Su padre: FRANCISCO Ramiro Corajo y Vera, bautizado el 05-10-1620 y fallecido el 04-08-1633 en Cartago. Alcalde Ordinario de Cartago de 1714 a 1716, Teniente General de Cartago de 1724 a
1727, en 1734 y 1735, Teniente General de Barva de 1729 a 1731, y de San José de 1735 al 36.
Teniente Gobernador de Costa Rica durante la ausencia de Valderrama del 22-11-1731 a enero
de 1732, se casó con María Retes, en noviembre de 1646.
Hijo del Gobernador de Costa Rica (ver pg. 38 y 71):
JUAN FRANCISCO SÁENZ VÁZQUEZ DE QUINTANILLA Y SENDIN DE SOTOMAYOR
Hijo a su vez de: FRANCISCO Sáenz Vázquez de Quintanilla y Fajardo Xirón, nacido en Madrid, bautizado el 06-07-1598, en Madrid, testo el 12-11-1667, en

Nofuentes, Escribano de la Real Casa del Tesoro, titular del Mayorazgo de Sáenz-Vázquez, remontaba su origen a Lope Sáenz. Casado con: ANGELA Sendín de Sotomayor y Alameda, natural de Madrid. Sirvió en el ejército español desde 1638 y participo en numerosas acciones de armas, a partir de la batalla de Fuenterrabía. Sirvió en el Principado de Cataluña y también participo en diversos combates en Italia. En 1669 con licencia del Duque de Veragua, Capitán General de la Armada, se traslado al Reino de Guatemala, donde su hermano Agustín, desempeñaba el cargo de Alcalde Mayor de Chiapas. El 22-02-1673 fue nombrado por la reina regente Mariana de Austria, gobernador de Costa Rica, donde tomo posesión de su cargo el 27-04-1674.
Casó JUAN Francisco en (II) nupcias el 10-03-1664 en Madrid con:
BARBARÁ Lanini y Priami Segredo, nacida hacia 1645 en Madrid, testo el 28-11-1690 y
fallecida el 28-03-1708 en Cartago (ver pg. 71). Hija de los madrileños:
JACINTO Lanini López de Andrade y MARÍA Priami y Segredo, de ascendencia italiana.
Volviendo a JOSÉ del Carmen Salazar Lacayo y GERTRUDIS Montealegre Romero. Su hija:

IX. SALVADORA Salazar Montealegre
Casó con: PEDRO Solís Terán (ver pg.168).
Hijo de:
PEDRO Solís Ayesta y TORIBIA Terán Balladares.
Su hija:

X. SALVADORA Solís Salazar
Nace a las cinco de la mañana del sábado 01-11-1845 en la ciudad de León y fallece
a las doce y media de la tarde del sábado 12-05-1877 en dicha ciudad.
Casó con:
SIMÓN Terán Balladares. Hijo de: SIMÓN Terán Prado e ISABEL Balladares.
Su hija:
PRADO: Linaje con casa solar en Galicia, descendiente de un Infante de León que, según la
leyenda, tuvo un hijo natural con una doncella en un prado. Al saberlo, este hijo adoptó dicha denominación por apellido.
Su escudo de armas: En campo de oro, un león rampante de sable.

XI. MERCEDES Terán Solís
Nace en 1872 y fallece el lunes 19-07-1937 en la ciudad de León (ver pg.169).
Casó con:

FRANCISCO Cardenal Saborío, nacido un martes 25-09-1849 en León, y fallecido de un paro
cardiaco un miércoles 07-04-1920 en dicha ciudad.
Hijo de (ver pg. 72):
PEDRO Cardenal Ayerdi y MARCELINA Saborío Bonilla. Descendiente de JORGE de Alvarado Contreras.

Doña Mercedes Terán Solís de Cardenal Saborío y Don Francisco Cardenal Saborío

Apéndice

CORRESPONDENCIA Y PAPELES VARIOS DE DON NORBERTO de CASTRO Y TOSI , SUMINISTRADOS POR DON GUILLERMO CASTRO ECHEVERRIA, RELATIVOS A LA FAMILIA MONTEALEGRE

El primer documento es un resumen de uno de los testamentos de doña Jerónima Fernández, fechado el 12 de agosto de 1857, difícil de leer, pero fácil de comparar con el documento original en los Archivos Nacionales.

Carta a don José Montealegre Infante, del 5 de junio de 1944:

Primera nota de don Norberto a Nicaragua en que le informa de los datos con que cuenta y pide mayor información. Explica Castro que los datos provienen de don Cleto González Víquez y son los siguientes:

"Mariano Montealegre Bustamante, fundador de la casa de su apellido en Costa Rica, hijo bastardo de Don Ignacio Montealegre y Ana de Bustamante, vino recién nacido a Costa Rica, siendo criado en la casa del Coronel Don Félix Fernández y Tenorio, con cuya hija se casó."

Añade luego que Don Ignacio al mismo tiempo había tenido un hijo legítimo con su mujer llamado Mariano, y que la indignación de su esposa porque el bastardo se llamara igual que el legítimo motivó que lo enviaran a Costa Rica.

Extracto de los "Datos de la Familia Montealegre" recopilados por Don Augusto César Montealegre, hijo. Enviados al General Volio, Director de los Archivos Nacionales de Costa Rica, hacia octubre de 1945.

Extracto realizado por don Norberto Castro.

De la Antigua Guatemala salieron dos Marianos Montealegre, tío y sobrino, el primero casó con Casimira Romero, de 18 años y ya viuda de un octogenario. Hijos de este matrimonio:

1. Doña Francisca c.c. Licenciado Don Ramón de Sarria (h.l. de Don Joaquín de Sarria y de doña Manuela Balladares).
2. Doña Gertrudis c.c. Don Miguel Martínez del Sobral.
3. Doña Rafaela c.c. Don Vicente Solórzano, originario de Nagarote y en 2as nupcias con Don Juan Parajón.
4. Doña Cipriana c.c. Don Cornelio Ramírez (h. de Don Norberto Ramirez) y en 2as nupcias con Don Carmen Salazar.
5. Don Mariano, póstumo, n. León, Nicaragua, el 4 de abril de 1803, f. en Chinandega el 20 de abril de 1884, Cónsul de Costa Rica en Chinandega,

dueño de las haciendas San Bernardo, República de Honduras y Campuzon, Chinandega, Senador de la República de Nicaragua en 1869, Ministro Plenipotenciario de Nicaragua ante la Santa Sede, donde adquirió la reliquia Santa de Lignum Crucis que legóa a la Iglesia Parroquial de Chinandega.

Contrajo legítimas nupcias (1821) con Doña Carmen Sánson Fuentes. Hijos:

1. Don Mariano c.c. Doña Dolores Sacasa Sarría (h.l. del Licenciado Don Juan Bautista Sacasa y Doña --- Sarría y Montealegre, su deuda.
2. Don Rafael, f. soltero
3. Doña Gertrudis, f. soltera
4. Don Rafael Ignacio c.c. Doña Pastora Veneria.
5. Don Salvador c.c. Doña Debora Montealegre.
6. Doña Francisca c.c. Don Fernando Solórzano (h.l. de Don Federico Solórzano y Montealegre y de Doña Rosa Gutierrez) su deuda.
7. Doña Cipriana, f. soltera.

Contrajo segundas nupcias con Doña Manuela Lacayo (1840) h.l. de Don Marco Antonio Lacayo y Pomares y de Doña Pilar Agüero y Machado. Hijos:

8. Don Manuel Ignacio c.c. Doña Natalia Delgado
9. Doña Paula c.c. Don Manuel Ballades T.
10. Doña Cipriana c.c. Don José María Gasteazoro
11. Doña Carmen c.c. Don Gabriel Dubón.
12. Don Abraham c.c. 1) Doña Victoria Callejas y 2) Doña Sara Garaya
13. Don Adán, f. soltero.
14. Don Elías c.c. Don Julián Gasteazoro Robelo [sic]
15. Don Augusto César c.c. Doña Isabel Salvatierra R.
16. Don Samuel c.c. Doña Teresa Seydel Venerio
17. Don Isaac c.c. Doña Julia Gasteazoro Robelo.
18. Doña Gertrudis c.c. Don Benjamín Midena.

Termina el estudio con una nota que advierte que algunos datos se han rectificado por lo que debe confrontarse con lo consignado en el Armorial General.

Carta a don Augusto César Montealegre, del 15 de octubre de 1945:

Se refiere al estudio que remitió don Augusto al General Volio sobre la familia Montealegre. Llama la atención en el punto de que ambos fundadores de la familia Montealegre, el de Nicaragua y el de Costa Rica, procedieran de Antigua, Guatemala. Explica que tenia a doña Josefa Bustamante como originaria de Antigua, pero a don Rafael Ignacio Montealegre como vecino y natural de Nicaragua.

Sigue su carta comunicándole varios datos de la ascendencia de doña Cecilia Romero.

Da la fecha del matrimonio de don Mariano Antonio Montealegre y Bustamante con doña Jerónima Fernández Chacón, el 8 de marzo de 1815. Ella hija del Coronel don Félix Fernández y Tenorio y doña Petronila Chacón y Aguilar. El hijo natural, según la partida de matrimonio, de don Ignacio Montealgre y de doña Josefa Bustamante. Basado en un documento de agosto de 1819 donde don Mariano declara tener 33 años y en otro de julio de 1818 en el que se declara de 36, se tiene que debió hacer nacido entre 1782 y 1785.

Le pide a don Augusto información sobre la descendencia masculina de los Montealgre en Nicaragua, así como el nombre del primer marido de doña Casimira Romero y datos sobre la familia Salazar Aguado.

Carta de don Augusto Cesar Montealegre a don Norberto, fechada en Chinandega, Nicaragua el 21 de octubre de 1945:

Le contesta la consulta sobre el primer marido de doña Casimira diciéndole lo siguiente:

"mi padre Augusto César Montealegre Lacayo, me refería, que ella a los 18 años había contraído matrimonio, con un señor octigenario [sic], por disposición de su familia y que falleció a los seis meses del matrimonio y ya viuda, contrajo segundas nupcias con el padre de mi abuelo don Mariano Montealegre, oriundo de Guatemala."

Apunta que su abuelo nació en 1800 en León, Nicaragua y fue hijo póstumo de don Mariano, por lo que sus cuatro hermanas nacieron entre 1780 y 1800 en Cartago, y que su primer matrimonio debió ocurrir entre 1760 y 1780.

Dice que adjunta datos de la rama de su abuela Cipriana Montealegre Romero, esposa de don Carmen Salazar, acotando que en Costa Rica existen descendientes de la familia Salazar de Nicaragua. Así mismo dice que manda los datos de la familia de su abuelo Don Mariano Montealegre Romero, a quien dice llamaban "Tatita". Lamentablemente no se incluye la copia de estos datos.
También dice que por separado envía copia de la certificación de la partida de defunción de Mariano Montealegre Romero y copia del epitafio de la tumba de doña Casimira Romero en el Cementerio de León. Recuerda que un retrato de esta señora se quemó en el incendio que arrasó León del 6 al 8 de febrero de 1927 en la Guerra Civil.

Solicita a don Norberto conseguirle una copia del periódico La Tribuna del domingo 19 de diciembre de 1943 que se dedica a la memoria de don Mariano Montealegre Bustamante.

Carta de don Augusto Cesar Montealegre a don Norberto, fechada en Chinandega, Nicaragua el 12 de noviembre de 1945:

Rectifica la información que envió referente al primer matrimonio de su bisabuela doña Casimira Romero y Sáenz, diciendo que la que era viuda antes de casarse [casada 6 meses con un octogenario] era doña Bárbara Antonia Sáenz, no su hija.

Se refiere al libro Pasajeros de Indias de los Siglos XVI-XVII y XVIII y dice que allí se puede encontrar la salida del primer Montealegre de España que fundó familia en Antigua, Guatemala.

Carta a don Augusto Cesar Montealegre, del 16 de noviembre de 1945:

Concuerda don Norberto con el hecho de que doña Casimira no fuera casada anteriormente a su matrimonio con don Mariano y de seguido da varios datos referentes a don Juan Manuel Saborido, primer esposo de doña Bárbara Sáenz, quien había casado anteriormente con Petronila de Quesada y Jiménez. Aprovecha para pedir datos de la familia Saborío en León.

Le cuenta que ya registró en el Armorial General de Costa Rica los datos de la familia Montealegre de Nicaragua, pero que le parece que le hace falta la rama primogénita: los hijos de Rafael Ignacio de Montealegre y Sacasa y de doña Pastora Venerio, aunque reconoce que se cita a un Horacio Montealegre Venerio que presume es hijo de estos.

Se lamenta de no tener el último tomo del libro Pasajeros a Indias y le pide que le envíe los datos referentes a su publicación para tratar de conseguirlo.

Le solicita la siguiente información:

- Los padres de Carmén Sansón Fuentes
- Los padres de Pastora Venerio
- Información acerca de la rama ilegítima Montealegre Xigaud para ver si gozan de la misma reputación que las legítimas y así poderla incluir en la genealogía (en el aspecto nobiliario).

Explica que la familia Salazar de Costa Rica fue fundada por don Juan de Salazar y Lacayo de Briones que vino de Nicaragua casado con doña Mariano Aguado de Mendoza y Croker. Supone que sí está relacionada con don Carmen Salazar.

La carta termina con un Post Scriptum muy interesante que dice así:

"El epitafio de Doña Casimira Romero es de sumo interés, como también la partida de defunción de Don Mariano, su hijo. En cuanto a los denominados Molina que entroncaron con una hija natural de Don Mariano, siempre han sido tenidos aquí por de vil origen y de clase muy humilde, pues eran artesanos, y discípulos de San Crispino."

Carta de don Augusto Cesar Montealegre a don Norberto, fechada en Chinandega, Nicaragua el 16 de noviembre de 1945:

Felicita a don Norberto por un artículo publicado en la Revista de los Archivos Nacionales, acerca de la familia Lacayo y dice que su padre, don Augusto César Montealegre Lacayo era nieto legítimo de don Marco Antonio Lacayo de Briones y Pomares. Le indica que le envía varios datos sobre esta familia.

Carta a don Augusto Cesar Montealegre, del 25 de noviembre de 1945:

Don Norberto agradece los datos de la familia Lacayo que le envió y le hace varios comentarios al respecto, que siguen:

I. Marcos Lacayo de Briones, vecino de la ciudad de Viana, en el Reino de Navarra, y descendiente de la casa de su apellido sita en la villa de Briones, en la Rioja, Reino de Castilla, con casa solariega en el arrabal de Cuartango, debajo de la puerta del Sol y a surco de otras de Francisco Ruiz de Valdivieso y de herederos de Ysabel Guaite, viuda de Martín Merino, en la fachada de la cual ostentábase una piedra armera a las armas de Lacayo de Briones, contrajo legítimas nupcias con María García de Aragón, Hijos:
   - Don Baltasar, pasó al Reino del Perú hacía el año de 1662.
   - Don Marcos, pasó al Perú hacia el año 1666.
   - R.P. Fray Don Esteban, sacerdote, Lector en Teología, pasó al Perú hacia 1682.
   - Don Manuel, Licenciado, Abogado de los Reales Consejos, vecino de Viana.

II. Don Josef, Licenciado, Abogado de los Reales Consejos, vecino de Viana y Estella, en el Reino de Navarra, contrajo legítimas nupcias en la Villa de Mondavia con Doña Theresa Palacios (h.l. de Francisco Palacios y Petronila de Amesqua, vecinos y naturales de dicha villa) deuda de Don Joseph de Amesqua, Nuncio titulado de la Inquisición del Reino de Navarra (1696). Hijos:
   - Don Pedro Antonio, clérigo, presbítero, Licenciado en cánones.

- Don Faustino Remón (o Raimundo), uno de los 12 Abogados de los Reales Consejos de la Villa y Corte de Madrid.
- Don Marcos Antonio
- Don Thomas Antonio
- Don Miguel Antonio, Bachiller.

III. Don Josef Antonio, bautizado en la ciudad de Viana a 13 de Agosto de 1679, en la Iglesia parroquial de San Pedro, pasó al reino del Perú hacia el año de 1696, en compañía de Don Benito de Santalla, secretario del Conde de Cañete de Las Cabezas, Virrey de dicho reino, Gobernador y Capitán General de Costa Rica (1713-1716) pasó a radicarse en la ciudad de Granada de Nicaragua donde conveló en legítimas nupcias con Doña Bárbara Rosa de Pomar y Villegas. Entre sus hijos:

- Don José Antonio, clérigo presbítero, Licenciado en cánones, Comisario del Santo Oficio de la Inquisición, Cura Rector ynsolidum por el Real Patronato de la Santa Iglesia Parroquial de Granada, Vicario Provincial y Juez eclesiástico en ella, Capellán servidor de la capellanía que fundó en Costa Rica, Luis Cascante de Rojas.

IV. Don Simón Lacayo de Briones y Pomar, quien contrajo legítimas nupcias con Doña Micaela Vásquez de Montiel, Coronado, Hoces y Vega, (h.l. de Don Diego Vásquez de Montiel Coronado, Hoces y Vega y Ocón-y-trillo, V Adelantado de Costa Rica y de Doña Sebastiana de Echavarría-Navarro y Muñoz-Hidalgo). Hijos (entre otros):

V. General Don Gabriel Lacayo de Briones y Vázquez de Montiel.

Le aclara que Marcos, Baltazar y Esteban pasaron a radicarse a Perú, pero sus hermanos Manuel y Josef no viniero a Costa Rica, como dice don Norberto que lo apunta don Augusto César, sino que vivieron en España, el primero en Viana y el otro en Estella, y de este segundo fue hijo don Josef Antonio, que pasó primero a Perú y luego a Nicaragua, y que estuvo en Costa Rica únicamente el tiempo en que fue su Gobernador y Capitán General interino, apunta que además sirvió otros cargos y que consta que en 1748 era Maese de Campo, Alcalde Provincial de la Santa Hermandad y Regidor perpetuo de la ciudad de Granada, Comandante del Batallón de Milicias en ella, y posteriormente llegó al grado de General.

Responde que no tiene información sobre un Dr José Antonio Lacayo ni de un General Joseph Antonio Lacayo de Ugarrio.

Pide que le esclarezca varios aspectos del escudo nobiliario que utilizaba su bisabuelo para tratar de dilucidar varias interrogantes sobre el origen de este linaje.

Termina refiriéndose a los Saborio, diciendo que el cree que Félix Saborio Sáenz y Félix Sáenz Saborio son la misma perosna, pues era corriente anteponer el apellido materno, siendo hijo de Juan Manuel de Saborío y de doña Bárbara Antonia Sáenz, es decir medio hermano de Casimira Romero.

Carta a don Augusto Cesar Montealegre, del 16 de diciembre de 1945:

Le transcribe un segmento de una carta que recibió del señor Aparicio de Guatemala:

"Sobre los Montealegre que a Ud. Tanto interesa, los he buscado en los libros parroquiales de esta capital pero sin ningún resultado favorable. Tal vez serían vecinos de Antigua Guatemala, ya que los Bustamante -Ruiz de Bustamante- sus últimas generaciones si eran antigueños, así es que en la primera oportunidad que tenga iré allí a buscarlos. Don Rafael Sánchez, que ha revisado todos los protocolos correspondientes a esa población, tampoco me pudo dar ningún dato, pero falta aún ver en los libros de las tres parroquias que tiene. En todas mis genealogías solamente tengo a Doña Paula Montealegre, casada con Don Manuel Martínez del Sobral, este señor nacido aquí en 1781, y según informe dado por un descendiente, esta señora era nicaragüense, también tengo a una Doña Paula pero esta no casó aunque si tuvo hijos bastardos de apellido Zeceña, y a doña Pilar Salazar y Montealegre, casada en esta Catedral en 1828 con Don José Antonio de Ariza y Labayru, y en cuya partida no da los nombres de los padres ni el origen de esta señora, y a la que yo siempre creí también nicaragüense por ser sus dos apellidos de familias de allí."

"Los últimos miembros de la casa de Ruiz de Bustamante fueron Don Pedro, Don Cayetano y Doña María Josefa Bustamante, esta si pudo ser la madre del Señor Montealegre. Fueron hijos de Don Matías Antonio Ruiz de Bustamante y Goicoechea, que testó ante el escribano Sebastián González en 1773."

Plantea don Norberto la posibilidad de que el origen haya que buscarlo en León y no en Antigua, ya que pudo haber sido que la familia sólo radicara temporalmente en Guatemala, donde don Rafael Ignacio conociera a doña Josefa Bustamante, que si tiene por cierto que era guatemalteca, naciendo don Mariano Antonio.

Le ruega remitirle los datos que le había pedido sobre el libro de Pasajeros a Indias y; termina preguntando sobre el origen de la familia Somoza, ya que en Costa Rica se cita a un Somoza en 1707 y quiere saber si no será este el fundador de la familia nicaragüense.

Carta de don Augusto Cesar Montealegre a don Norberto, fechada en Chinandega, Nicaragua el 29 de diciembre de 1945:

Aclara varia confusiones que tenía respecto a su familia Montealegre, especificando los vínculos correctos de la siguiente manera:

- Vicente Solorzano casó con Gertrudis Montealegre Romero (hermana de su abuelo Mariano Montealegre Romero) y no Rafaela Montealegre Romero como había indicado anteriormente.
- Manuel Martínez del Sobral, de Guatemala casó con Paula Montealegre Romero (hermana de su abuelo Mariano Montealegre Romero) y no con Gertrudis.

De seguido le confiesa una confidencia que literalmente dice:

"Me refería mi padre don Augusto César Montealegre Lacayo, hijo de don Mariano Montealegre Romero, y nieto de doña Casimira Romero de Cartago, de que, había un secreto de familia en los Montealegre de Costa Rica, que él sabía, por referencias que le había hecho su padre don Mariano Montealegre Romero, y es el siguiente: Que don Mariano Montealegre, antigüeño, tuvo un hijo natural con su esclava doña Paula, que era de color, á quien adoptó por hijo suyo, su hermano don Ignacio Montealegre, esposo de doña Josefa Bustamante y para eludir las sanciones que imponían las leyes de partida y la sociedad de aquel entonces, tuvieron que emigrar para San José de Costa Rica, donde tuvieron ambos sus nupcias - el hijo ilegítimo con doña Jerónima Fernández Chacón, y el papá verdadero con doña Casimira Romero de Cartago - Me refería mi padre, que por el año de 1824, llegó mi abuelo a San José de Guatemala y se dirigió á la Antigua para conocer á doña Paula y al efecto la encontró y al verlo: lo abrazó y le dijo - que parecido tan exacto á mi amo don Mariano! Por esta razón, me decía mi padre, q.p.d., los Montealegre de Costa Rica, tienen el pelo atracado y los pies, muy grandes, lo contrario de los Montealegre de Nicaragua, tienen el pelo rubio lasio y el pie pequeño arqueado con estatura baja, y que, sin dudad: por este motivo le llamaron al Dr. y Gral José María Montealegre, el africano. No tenga ninguna duda de que en la Antigua Guatemala, 30 años antes y quizás, más de la independencia o sea de 1760 a 1800 se hayen allá todos los datos de descendencia con los cuales quedaremos en claro sobre el origen de ambas familias."

De seguido se refiere a la descendencia ilegítima de su padre, explica que los hijos de don Augusto César Montealegre Lacayo tuvo con doña Francisca Sigaud a: Abel, Arón, Debora, Renato y Hermisenda, todos de apellido Montealegre. La madre de doña Francisca se llamaba Pantaleona Morales, una india pequeñita de Diriomo, Departamento de Masaya y su padre, don Francisco Sigaud, un Provenzano (francés), mecánico, "ambos de humilde cuna". Abel fue músico y casó con Carmen Corea Vasquez, de este enlace nació Lucho, músico casado en Managua; José Manuel, estudiante de derecho, que casó en San José, Costa Rica; Erlinda; Angela y Abel.

Acusa recibo de varias certificaciones de su bisabuelo Mariano Montealegre. Luego señala que en San José deben encontrarse las partidas de nacimiento de sus tías abuelas Francisca, Paula, Gertrudis y Cipriana, "quienes fueron trasladadas aquí á Nicaragua en zurrones sobre aparejos en mulas."

Al pie de página aparece una nota escrita por don Norberto que dice: "Consérvese el secreto de esta carta y en ningún caso se haga cita o alusión a ella. Enero 2 de 1945." Luego rubrica la nota. [Por ser fecha tan próxima al cambio de año se equivoca don Norberto, en realidad el año es 1946]

Carta a don Augusto César Montealegre, del 2 de enero de 1946:

Agradece su anterior carta al tiempo que reconoce que la información contenida en ella es de máxima importancia y se compromete a guardar el secreto.

Copiamos parte de esta carta:

"Aquí existía una tradición muy similar, y que corría en nuestra familia, pues como ha indicado descendemos de un hermano de doña Jerónima Fernández, mujer en segundas nupcias de Don Mariano Montealegre Bustamante, y en esta no hay ningún secreto pues Don Cleto González Víquez, dos veces Presidente de esta República, y distinguido genealogista, la estampó en letras de molde en un artículo que publicó en la Revista de los Archivos Nacionales de C.R., Año I, Num. 5-6. La tradición que recogió el citado autor era que Don Rafael Ignacio de Montealegre, fué el padre de Don Mariano de Montealegre (el casado con Doña Casimira Romero) de legítimas nupcias, pero que el mismo tiempo concibió en Josefa Bustamante a Don Mariano (el casado con Doña Jerónima Fernández) y que la esposa legítima indignada de que se hubiese atrevido a poner el mismo nombre de pila al legítimo y al bastardo, exigió que este fuera mandado a Costa Rica, y que por razones de amistad lo recogió el Coronel Don Félix Fernández, mi cuarto abuelo, llegando a casarse con su hija del modo que luego referiré.

La versión que Ud. Me manda es mucho más verosímil y presenta la gran ventaja de acordarse con las fechas pues ya había notado que no era posible que ambos Marianos fuesen hermanos y mucho menos de la misma edad.

También sabíamos aquí que la madre de Don Mariano (el casado con Doña Jerónima) era negra o mulata, cosa que público y notorio aquí y que dicha familia ha hecho inútiles esfuerzos para desvirtuar.

Como en la partida de matrimonio de Don Mariano con Doña Jerónima, dícese hijo natural de Don Ignacio y de Doña Josefa Bustamante, teníamos a la dicha Doña Josefa por ser la esclava.

Mas ahora confrontando los datos que me manda Ud.. los que me ha mandado Don Edgar Juan Aparicio, y los que aquí tengo, opino que en dicha partida, (de la cual he mandado que se saque copia) debió haber dicho hijo adoptivo, y que muy posiblemente Doña Josefa de Bustamante (que en los diversos documentos aparece cargando la "Doña" cosa que antes sólo disfrutaban los nobles), es la misma Doña María Josefa (Ruiz de) Bustamante, de que habla el Señor Aparicio, pues no hay razón para no creer que Don Rafael Ignacio casara conforme a su calidad."

Más adelante agrega:

"Otra cosa que se me ocurre y que se debe investigar detalladamente es, sí la Doña Paula Montealegre, que dice el Señor Aparicio tuvo hijos bastardos de apellido Zeceña, no es justamente la negra Paula, de que Ud. Me habla y es posible que Don Mariano aparezca en su partida de bautismo con otro apellido, a lo mejor el de Zeceña.

Y ahora confidencialmente otro secreto acerca de los Montealegre de aquí: Don Mariano Montealegre Bustamante, según la tradición fue criado, como dije antes, en casa de mi cuarto abuelo Don Félix Fernández y Tenorio, Teniente Coronel del Batallón de milicias provinciales, bajo la monarquía y luego retirado con grado de Coronel de la República (sistema que admitió con tibieza, pues fue partidario del Imperio Mexicano y Gainza lo nombró en los albores de la Independencia, en nombre de la Regencia, por Gobernador y Jefe Político de la Provincia, como a quien tocaba de derecho siendo reconocido en Heredia y Guanacaste, que se habían unido a León, pero desconocido, por la junta que en aquel tiempo y con tendencias separatistas en muchos de sus miembros, se había arrogado el mando supremo de la provincia, sin por eso atreverse por largo tiempo a desconocer la Regencia ni posteriormente al Emperador) según los documentos que le remití consta que estuvo en las factorías de San Salvador y Nicaragua antes de que con carácter de interventor entrara en la de Costa Rica, el yéndose luego a factor interino y factor propietario, desempeñando al mismo tiempo la administración general de correos. Contrajo primeras nupcias Don Félix con Doña Petronila Chacón y Aguilar descendiente de la casa de Alarcón Chacón, procedente de Antequera en España, tuvo dos hijos: Don Manuel, Vice Presidente de la República (del cual desciendo, por mi abuela paterna Doña Rosalía Fernández Güell) y doña Jerónima quien casó en primeras nupcias con Don Félix Fernández Carranza, de diferente casa que la suya, oriunda de la Villa de Pesa en España.

Doña Jerónima era mujer de mucho talento y algo superior a las preocupaciones burguesas y por esta razón (y creo que viviendo aún su marido) tuvo amores con Don Mariano Montealegre Bustamante sujeto también de talento, pues así consta no sólo por su brillante actuación política antes y después de la Independencia, sino que también del juicio de sus superiores de la Real Renta de Tabaco, como habrá visto Ud. en uno de los documentos que le remití y adonde se le recomienda en términos muy elogiosos.

Y compruébese este hecho pues la partida de matrimonio de Doña Jerónima con Don Mariano está inscrita en San José a 8 de Marzo de 1815, y la partida de bautismo de su hijo primogénito, el después Doctor y Presidente Don José María, en la parroquia del Carmen de esta misma ciudad al 30 de julio de 1815.

Aunque la familia Fernández vió con malos ojos este enlace, pues era una de las primeras del país, limpia y noble, procedente de la villa de Sedano, Montañas de Burgos, fuerza fué reparar el daño en la única forma posible. El hecho de que se tardara tanto a celebrar el matrimonio es lo que me hace presumir, juntamente con la tradición, que vivía aun su legítimo esposo Don Félix Fernández Carranza."

Le aclara a don Augusto César que el Mariano que antecedió a don Mariano Montealegre Bustamante en la Factoría de Tabacos no era el padre de este, sino que se trataba de don Mariano Valenzuela. Pero aprovecha para pedirle información sobre esta familia.

Al final refiriéndose a las características físicas de los Montealegre, comenta:

"En lo que Ud. refiere acerca de lo que le decía su padre del aspecto de los Montealegre de Costa Rica, tiene perfectamente razón, pues la mayor parte son pasusos, aunque algunos debidos a los enlaces que han contraído con casas de notoria limpieza se han blanqueado."

Los párrafos transcritos llevan una línea al margen, y al pie de la última página de la carta, escrito a mano, dice: "Consérvese el secreto de esta carta por lo que va indicado con raya al margen." Y rubrica Norberto Castro.

Carta de don Augusto Cesar Montealegre a don Norberto, fechada en Chinandega, Nicaragua el 20 de enero de 1946:

Cuenta que su bisabuelo don Mariano Montealegre falleció en León, Nicaragua en 1800 (3 meses antes de que naciera su hijo, el abuelo de don Augusto César), 43 años antes de que falleciera don Mariano Montealegre Bustamante en la madrugada del 18 de noviembre de 1843. Este señor era el padre de don Mariano Antonio Montealegre Romero y de doña Paula Montealegre Romero, esta última esposa de don Manuel Martínez del Sobral, fue la madre de la descendencia Zeceña.

Luego hace los siguientes cálculos:

"De aquí, que suponiendo: que don Mariano Antonio, falleciera de 80 años este debe haber nacido en la Antigua por el año de 1720 antes o después - y don Mariano Montealegre Bustamante por el año de 1737 - lo que hace suponer que don Mariano Antonio lo engendró de 17 á 18 años de edad, o de 20 años, si don Mariano Antonio naciera en 1718. Por esas fechas es bueno buscarlas y también se podrá averiguar los padres de él, pues mi padre don Augusto César Montealegre Lacayo, me decía que su abuelo y bisabuelo se llamaban Mariano y que los hermanos de este eran Rafael, Gertrudis, Paula, etc."

"De modo que la versión que huelga sobre Doña Josefa Bustamante, esta errada, porque don Mariano Antonio Montealegre, al casarse con doña Casimira Romero en Cartago tenía de edad mas ó menos 60 años, para proceder la presunción de que Bustamante fuera su hijo bastardo. En fin los datos de Guatemala darán la verdadera luz sobre el particular. En San José, [en Guatemala] existe actualmente una libreria de don Mariano Montealegre y no sería malo que don Edgar de Aparicio se informara con él, repspecto a su genealogía y de allí combinarla con la que perseguimos."

Más abajo dice:

"Parece que don Mariano Antonio era hijo de una señora Valanezuela con don Mariano Montealegre - tengo una ligera remembranza de las leyendas que me refería mi padre. Veremos.-"

Termina solicitándole la genealogía de su bisabuela Doña Casimira Romero, para juntarla con sus estudios de los Montealegre en Nicaragua. Dice que desea estudiar la razas que poblaron España para conocer la procedencia de sus ancestros y señala que sus bisabuelos maternos eran de Barcelona, de Castilla y los paternos de Estela de Viana en el Reino de Aragón.

Carta de don Augusto Cesar Montealegre a don Norberto, fechada en Chinandega, Nicaragua el 8 de marzo de 1946:

Indica que le envía una foto de su abuelo don Mariano Montealegre Romero, tomada de otra foto que su abuelo trajo de Inglaterra en 1869, captada en Londres cuando participó en la Comisión Plenipotenciaria de Nicaragua ante la Santa Sede durante el pontificado de Pio IX.

Le pide que le solicite al señor Aparicio de Guatemala investigar en los libros parroquiales de Antigua sobre sus antepasados, y se vuelve a referir a ellos en estos términos:

"mi padre me habló de los Valenzuela y puede ser que su madre se haya llamado Mariana Valenzuela".

Vuelve a mencionar a los hermanos de don Mariano Antonio: "Rafael Ignacio, Paula, Gertrudis, Cipriana, Paula, etc."

Carta de don Augusto Cesar Montealegre a don Norberto, fechada en Chinandega, Nicaragua el 20 de marzo de 1946:

Le envía una foto suya que dice "me hice tomar unos de estos días que iba al Juzgado en asuntos de mi profesión de Notario Público."

Le menciona que le manda un resumen de la historia de las razas que poblaron España. Además cuenta que sigue tras la pista de los Saborio, que viven en León.

Le insiste en escribir al señor Aparicio para que hable con el Montealegre de la librería de Guatemala, para obtener la genealogía de ellos y "seguir la pista de Don Mariano Antonio Montealegre, hermano legítimo de Don Rafael Ignacio de quien se afirma ser el padre de don Mariano Montealegre Bustamante".

Al final viene una posdata que dice: "Don Marco Antonio Lacayo de Briones, Gobernador de Nicaragua, principios de siglo XVII, residente en León, fué el abuelo de Marco Antonio Lacayo de Briones y Pomar, bisabuelo mio. (año de 1741 fué Gobernador) Vale".

Carta a don Augusto César Montealegre, del 22 de marzo de 1946:

Le contesta sus últimas tres cartas excusándose en que esperaba noticias del señor Aparicio, las cuales finalmente llegaron, pero este a su vez se excusa por estar sufriendo de padecimientos de salud que lo han obligado a alejarse de sus actividades, no obstante le manda unos datos sobre los Martínez del Sobral que se transcriben:

"MARTINEZ DEL SOBRAL: Hoy día se apellidan Martínez del Sobral, uniéndose estos dos apellidos por el matrimonio de Don Manuel Martínez con Doña francisca del Sobral y de la Bárcena, el natural de la ciudad de Nájera, en el obispado de Calahorra y ella de la ciudad de Santiago de los Caballeros de Guatemala. Fueron padres de cuatro hijos siendo el mayor: Don Manuel José Julián Martínez del Sobral, que nació en la Nueva Guatemala de la Asunción en

1781 y contrajo matrimonio con Doña Paula Montealegre que la hizo madre de tres hijos llamados: Manuel Bartolomé, que sigue, la línea, Doña Gertrudis y Doña María Josefa."

"Don Manuel Martínez del Sobral y Montealegre, nació en San Miguel del Salvador el año de 1823 y casó en Guatemala don Doña Francisca Márquez. ¿No será el origen de los Montealegre en San Miguel pues aquí no aparecen hasta ahora? De este enlace nació a saberse:"

"Don Enrique Martínez Sobral y Marquez, que fué abogado y político. Casó con Doña María Beteta y Zeceña. Según un papel, año de 1875 se refieren a las dispensas por ser parientes en segundo grado (archivo del Sagrario). Así es que Doña María fué hija del General Don Luis Beteta y de Doña Teresa Zeceña y Montealegre. Fueron padres de varios hijos, entre ellos: el abogado Don Enrique Martínez del Sobral que casó con Doña María Teresa Sinibaldi."

"Yo supongo que Doña Paula Montealegre, ya viuda de Martínez tuvo descendencia con Don Basilio Zeceña, quien después se ordenó sacerdote y procrearon a saberse Doña Teresa, ya citada, y Don Mariano que casó con Doña María Beteta y Ramírez, con descendencia y aunque hijos naturales llevaron el apellido paterno."

"Yo ví en casa del Lic. Manuel Zeceña Beteta un retrato grande de Don Basilio vestido de sacerdote y el me dijo que era su abuelo. El dato de que Don Manuel Bartolomé nació en San Miguel lo tomé de su Información matrimonial en el Palacio Arzobispal."

Hasta aquí las líneas de Aparicio.

Comenta don Norberto que es posible que los Montealegre hayan sido originarios de San Miguel, ya que de ahí procedían los Ruiz de Bustamante, y Don Mariano Montealegre Bustamante fue primero ocupado en la Factoría de Tabacos de San Miguel.

Le comenta acerca de los Lacayo de esta forma: "Yo supongo que el Marco Antonio Lacayo de Briones, abuelo de su bisabuelo Don Marco Antonio Lacayo de Briones y Pomares por las fechas, era hijo del Gobernador de Costa Rica Don José Antonio Lacayo de Briones y Palacio y de Doña Bárbara de Pomar y Villegas, su legítima mujer y natural esta de Nicaragua."

Agradece el envío de la fotografía de Don Mariano Montealegre Romero y revela que: "le ha permitido comprobar que los Montealegre de aquí adjudicaron dicha fotografía a su antecesor el Mariano Montealegre Bustamante, cuya sustitución no logro explicarme, pero que así fué no cabe la menor duda pues la publicaron en el número de La Tribuna que Ud. cita."

Sobre el artículo de la Tribuna, del que don Augusto César quiere copia, dice que le enviará los datos que contiene pero añade que el artículo es de "escaso valor histórico y lleno de falsedades, como aquello de que Don Mariano era partidario de la independencia siendo todo lo contrario."

Termina la carta con el siguiente párrafo:

"Aplaudo mucho su idea de publicar la genealogía de los Montealegre y le sugiero que añada la de Costa Rica, que pronto le remitiré, pues siempre he impulsado a la formación de libros de familia, poderoso medio de impedir la desvinculación de las familias."

Un Post Scriptum señala que la esposa de Don Félix Saborío se llamaba Cecilia Durán y no Cirila.

Carta de don Augusto César Montealegre a don Norberto, fechada en Chinandega, Nicaragua el 18 de abril de 1946:

Empieza diciendo:

"Los datos que deseamos obtener de la familia Montealegre, datan del siglo XVII porque mi abuelo don Mariano Montealegre Romero nació en León de Nicaragua en 1800, año en que falleció su padre don Mariano Antonio Romero, esposos de doña Casimira Romero de Cartago. De modo que en la Antigua Guatemala de 1720 en adelante deben existir las partidas de nacimiento de la familia Montealegre que es única."

"Doña Paula Montealegre Romero, que casó con don Manuel Martínez del Sobral, se fué a radicar a Guatemala por el año de 1820 y esa familia es, como Ud. dice, está vinculada con la Zeceña y Beteta. De modo que esa línea es colateral de don Mariano Montealegre Romero. Mi abuelo paterno."

Rectifica la presunción del origen de los Montealegre que hacía Castro diciendo:

"De San Miguel nunca han procedido los Montealegre y aunque existió allí la familia Ruiz de Bustamante, esta es descendiente de la de Guatemala, La Antigua, según existen datos de ella."

Acusa recibo de la información de la familia Lacayo, agregando que doña Bárbara de Pomar y Villegas era natural de León, Nicaragua. Solicita le mande la genealogía de los Montealegre de Costa Rica para publicarla junto con la de los de Nicaragua.

Carta a don Augusto César Montealegre, del 4 de julio de 1946:

Le comunica que ya establecieron el contacto con Don José Montealegre, el dueño de la librería en Guatemala, pero que no pudo aportar información acerca de la procedencia de los Montealegre, aunque dijo que los actuales proceden de Costa Rica con lo que don Norberto difiere. Le cuenta que se comunicará de nuevo con él para que le amplíe más datos.

Le aclara que la información que le ha enviado se refiere a Don Mariano Montealegre Bustamante y no a su padre, con excepción de uno rotulado C.C. 4803. Añade que él cree que la familia se trasladó a Nicaragua hacia 1791 porque doña Casimira compró una casa en San José el 1 de marzo de 1790 a don Pablo Reyes y la vende el 17 de agosto de 1791.

Se refiere a un poder dado en San José el 2 de noviembre de 1840, por el General Carlos Salazar al Doctor Basilio Zeceña, Cura de San Juan de Sacatepeque, Guatemala y Ministro de ese gobierno.

Advierte que en la partida de matrimonio de Don Mariano Montealegre Bustamante y en la fé de bautismo de su primer hijo se le llama al padre del primero y al abuelo del segundo Don Ignacio Montealegre, mientras que en las partidas de bautizo de sus siguientes dos hijos, se le denomina al abuelo de estos hijos, Don Mariano Ignacio y no Rafael Ignacio, como lo llama don Augusto César, lo cual le aumenta su confusión.

Pregunta que si Don Carmen Salazar, segundo esposo de doña Cipriana Montealegre es el mismo Don José Carmen Salazar, Intendente de León, derrocado el 4 de mayo de 1824 por Pablo Meléndez.

Confirma el error de la familia Montealegre de Costa Rica al confundir las fotos de Don Mariano Montealegre Bustamante con Don Mariano Montealegre Romero añadiendo que "sus parecidos son tales que pudiesen llamar idénticos, sino fuese que una fotografía parece algo más viejo; esto me ha sido confirmado hoy pues Don Claudio Montealegre con quien conversaba, me aseguró que dicha fotografía fué traída de Londres."

Le envía los datos de la primera generación de la familia Montealegre:

"Don Mariano Montealegre y Bustamante contrajo legítimas nupcias el 8 de mayo de 1815, en la Parroquia del Carmen, de la Ciudad de San José, con Doña Jerónima Fernández, viuda de Don Félix Fernández y Carranza, descendiente de la casa de su apellido oriunda de la Villa de Pesa, en los Reinos de España, e hija legítima del Coronel Don Félix José Fernández y Tenorio, Teniente de Gobernador del Valle Hermoso y Población del Señor San José (1787), Alcalde Primero de la Ciudad de San José (1817), Teniente Coronel de I Capitán de la Cuarta Compañía de Infantería del Batallón de Milicias Disciplinadas de la Provincia de Costa Rica, Teniente General del mismo batallón (Real Título de 6 de febrero de 1716), Gobernador y Comandante de la Armas de la Provincia de Costa Rica, (Nombramiento del 21 de noviembre de 1821, por Gainza, puesto de que no se hizo cargo, por oposición e intrigas de la Junta Gubernativa, reconocido en Heredia), Coronel retirado del Batallón de milicias disciplinadas del Estado de Costa Rica, con carácter retirado y goce de fuero y uniforme, y de Doña Petronila (de Alarcón-) Chacón y Aguilar, descendiente él de la casa de su apellido oriunda de la villa y honor de Sedano, Obispado de Burgos, y ella de la casa de Alarcón, de la Villa de Antequera, en los Reinos de España. Hijos:

1. Don José María, baut. en el Carmen, S.J., 1 de Julio de 1815.
2. Don Mariano de Jesús, baut. en el Carmen, S.J., 29 de Julio de 1816.
3. Don Francisco de Paula de Jesús, baut. Carmen, S.J. Abril 3 de 1818, n. el 2.
4. Doña María, soltera.
5. Doña Margarita Jerónima c.c. Bruno Carranza, Presidente de la República.
6. Doña Sara, c.c. Don Rafael Gallegos Sáenz.
7. Doña Leonor, soltera.
8. Doña Aurelia c.c. Don Concepción Pinto y (Rodríguez de) Castro.
9. Don Leopoldo c.c. Doña Hermida Quiros Flores.
10. Doña Julia c.c. Juan de Dios Gallegos Sáenz.

Don José María Montealegre y Fernández c.c. Doña Ana María de Mora (Salado y Porras) en 2as. Nupcias con Doña Josefa Joy.

Don Mariano Montealegre Fernández c.c. Doña Guadalupe de Gallegos y Sáenz.

Se despide advirtiéndole que no está seguro del orden de los hijos, fuera de los primeros tres y dice que espera enviarle el resto de la genealogía en un futuro próximo.

Carta a don Edgar Juan Aparicio, del 30 de julio de 1946:

Contesta a don Edgar Juan dos cartas de principios de este mes en que le envió una serie de datos los cuales agradece y sobre los que comenta:

"Es muy posible que la partida del JOSÉ MARIANO, de padres no conocidos, sea del fundador de la casa aquí pues yo calculaba que naciera en 1782 o 1783 y es fuera de duda que Don Pedro Montealegre c.c. Doña Trinidad Valenzuela sean los abuelos, y padres de Don Mariano el casado con Doña Casimira Romero y Don Rafael Ignacio c.c. Doña Josefa Bustamante, pues César Augusto Montealegre ya me había escrito que había oído decir q sus antecesores que la madre era de apellido Valenzuela."

"Con respecto a este apellido de Valenzuela, parece que la dicha Doña Trinidad fuese deuda de los que aquí pasaron también procedentes de Guatemala, llamándose Don José Mariano (Factor de la Renta Real de Tabacos de Costa Rica y luego de León de Nicaragua) y Don José Anastacio, hijos legítimos de Don Joaquín Valenzuela y Doña María Josefa Sanabria. Don José Mariano parece haber casado con guatemalteca, su mujer se llamaba Doña Rosa Paulina Morales hija de Don José María Morales y de Doña Cecilia Dardon. Hermana también de las anteriores Valenzuelas parece haber sido Doña Gregoria Valenzuela."

Luego le solicita información del linaje Morales y del apellido Pinagel. Al tiempo que le envía una serie de datos que al parecer Aparcio había pedido acerca de don Saturnino Tinoco y sobre la familia Nanne.

Termina contándole que está próximo a salir de viaje hacia España.

Carta a don Augusto César Montealegre, sin fecha, posiblemente del 30 de julio de 1946:

Habla de las averiguaciones del señor Aparicio en Antigua Guatemala, que le transmite en carta del 2 de julio de 1946.

Cita a Aparicio:

En la Gaceta de Guatemala, año de 1834 hay un acta celebrada en la Antigua en que se proponía al General Carrera presidente vitalicio y allí figura un Don José Mariano Montealegre como Teniente General y Comandante General del Departamento, lo que me hace suponer había en esa época todavía descendientes de alguna importancia en Antigua de esa familia.

Dice que de otros datos suministrados por Aparicio tenemos que los padres de don Mariano y don Ignacio Montealegre fueron don Pedro Montealegre y doña Trinidad Valenzuela.

Presume don Norberto que don José Mariano Valenzuela, el Factor de Tábacos primero en San José y luego trasladado a León, quien procedía de Guatemala, tal vez era pariente de doña Trinidad.

Aclara que los Montealegres actuales de Antigua, provienen de Costa Rica en la persona de don Jorge Montealegre Quirós casado con doña María Osborne.

Carta de don Augusto César Montealegre a don Norberto, fechada en Chinandega, Nicaragua el 19 de marzo de 1947:

Le informa que no le había escrito antes porque su sobrino Alejandro Lacayo Montealegre le había comunicado que salía de viaje.

Le comenta los datos de Aparicio de la siguiente manera:

"Refiriéndome a su amable última debo decirle: 1°- Que el padre de mi abuelo don Mariano Montealegre Romero, que falleció en León el año de 1800, debió haber nacido el año de 1720 en La Antigua Guatemala o siguiendo hasta 1725, pues debe haber fallecido de 75 a 80 años."

"Como don Mariano Montealegre Bustamante falleció en 1843. Considerando su avanzada edad de 80 años también, debió haber nacido el año de 1763.

"De modo que, este don José Mariano Montealegre Teniente Coronel y Comandante General del Departamento, debe haber sido sin duda primo hermano de mi abuelo é hijo de don Ignacio Montealegre, quien adoptó como hijo a don Mariano Montealegre Bustamante."

"Respecto de que los padres de don Mariano Montealegre y de don Ignacio hayan sido don Pedro Montealegre y doña Trinidad Valenzuela, es completamente seguro. Esa partida de bautismo de don Mariano Montealegre debe indicar la fecha y concordar del año 1720 en adelante unos cinco años."

No está de acuerdo con que la familia Montealegre de Guatemala provenga de alguna rama de la de Costa Rica. Sin embargo parece que se refiere a las primeras generacioncs no a los Montealegres más recientes.

Al pie una nota de don Norberto que indica que recibió esta carta en Sevilla el 18 de febrero de 1948 por lo cual quedó sin contestación.

Carta a don Augusto César Montealegre, fechada en Madrid, España, el 31 de diciembre de 1947:

Dice que se ha percatado que no ha recibido contestación a una carta que le escribió desde Dublín el 28 de abril de 1947. Y le pide le comunique si le llegó para mandarle una copia en caso contrario.

Está ahora en Madrid, listo para salir hacia Sevilla a investigar en el Archivo de Indias.

Le recuerda la información que le había solicitado sobre los Saborido de León. Luego explica las armas de la familia Montealegre y las compara con las descritas por García Carraffa.

Carta de don Augusto César Montealegre a don Norberto, fechada en Chinandega, Nicaragua el 22 de enero de 1948:

Acusa recibo de la carta desde Madrid y la enviada desde Dublín, pero sobre esta dice que la recibió seis meses después de escrita.

Resume la información que tiene de los Montealegre de esta forma:

"don Mariano Montealegre, esposo de doña Casimira Romero y Sáenz era hijo de doña Paula Balmaceda, esposa de don Mariano Montealegre, oriundo este de México y fueron los padres don Ignacio Montealegre, esposo de doña Josefa Bustamante y de don Pedro Antonio de Montealegre, esposo de doña Trinidad Valenzuela de la época más o menos de 1744, radicados en la antigua Guatemala".

"También está confirmado por toda la familia que don Mariano Montealegre Bustamante, era hijo bastardo de don Mariano Montealegre con una morena esclava de su casa llamada Paula y que don Ignacio Montealegre con su esposa Doña Josefa Bustamante lo reconocieron como hijo y lo remitieron al Teniente Coronel Fernández y Tenorio para su educación, de manera pues, que don Mariano Montealegre Balmaceda fue el padre de don Mariano Montealegre Bustamante y esposo de doña Casimira Romero fundador de la familia Montealegre en Nicaragua con asiento en Chinandega."

"A mi juicio la familia Montealegre salió de España del Puerto de Cádiz con dirección a Veracruz y de allí pasaron a Guatemala antes de 1744."

Al margen aparecen notas de don Norberto donde dice que esta historia le parece la más verosímil. Al final hay otra nota en que dice que se modificará lo escrito en el Armorial General de acuerdo a lo aquí expuesto, pero advirtiendo: "hasta que se aclare del todo esta genealogía".

Iconografía de la familia MONTEALEGRE en Nicaragua y sus descendientes

Don Mariano Montealegre Romero
Fundador de la familia Montealegre en la ciudad de
Chinandega, Chinandega, Nicaragua.
Sus restos descansan en paz en el Cementerio Central de Chinandega,
junto con los de su segunda esposa Doña María Manuela Bárbara Lacayo Agüero

Don Augusto César Montealegre Lacayo
Hijo de Don Mariano Montealegre Romero y de su segunda esposa
Doña María Manuela Bárbara Lacayo Agüero.
Contrajo nupcias con Doña Isabel Salvatierra Ricarte y Fábrega.

Doña Isabel Salvatierra Ricarte y Fábrega de Montealegre Lacayo
Hija de Don Bruno Salvatierra Fábrega y de su esposa
Doña Manuela Ricarte Ramírez.
Contrajo nupcias con el Lic. Augusto César Montealegre Lacayo

Dr. Don Augusto César Montealegre Salvatierra
Hijo del Lic. Don Augusto César Montealegre Lacayo y su esposa
Doña Isabel Salvatierra Ricarte y Fábrega

Doña María Cristina Zapata Malliè de Montealegre Salvatierra
Patricia del Liberalismo
Hija del Dr. Don Román Zapata y de su esposa
Doña Marie Louise Malliè de Zapata

Nota: Gracias a las gestiones ante el Congreso Nacional de Nicaragua, de tres damas liberales: Prof. Josefa "Chepita" Toledo de Aguirre, Doña Angélica Balladares Montealegre y Doña María Cristina Zapata Malliè de Montealegre, para legislar en materia de reconocer los derechos civiles de la mujer nicaragüense, el Congreso Nacional aprobó la ley que permitiría a la mujer ejercer su pleno derecho al voto para elecciones municipales y nacionales.

Doña Angélica Balladares Montealegre de Argüello
Primera Dama del Liberalismo
Hija del General Don Manuel Balladares Terán y de su esposa
Doña Paula Montealegre Lacayo.

Doña María Cristina Zapata Malliè de Montealegre Salvatierra
Ostentando la medalla "Patricia del Liberalismo" que le concediera el Partido Libera Nacionalista, en manos del Ing. Don Luis Somoza Debayle, Presidente de la República de Nicaragua

Ing. Luis Somoza Debayle, Presidente de Nicaragua,
Da. María Cristina Zapata Mallié de Montealegre, al centro, y
Da. Isabel Urcuyo Rodriguez de Somoza Debayle.
Entrega de la medalla "Patricia del Liberalismo" de
manos del Presidente de Nicaragua.

Foto que muestra la entrega de la medalla "Patricia del Liberalismo" a Doña María Cristina Zapata de Montealegre Salvatierra, como reconocimiento a los años de pertenecer al Partido Liberal Nacionalista y por sus servicios prestados tanto al PLN como a su pueblo.
En la foto aparece el Ing. Luis Somoza Debayle, Presidente de la República, y su esposa, Doña Isabel Urcuyo Rodríguez de Somoza Debayle, Primera Dama de la República.
De perfil, a la derecha, apenas se ve el rostro de Doña Cony Álvarez de Montealegre Zapata, nuera de Doña María Cristina Zapata, y esposa del Dr. Don Sergio Mario Montealegre Zapata.
(Foto propiedad de mi prima hermana, Arquitecta Laura Montealegre Álvarez)

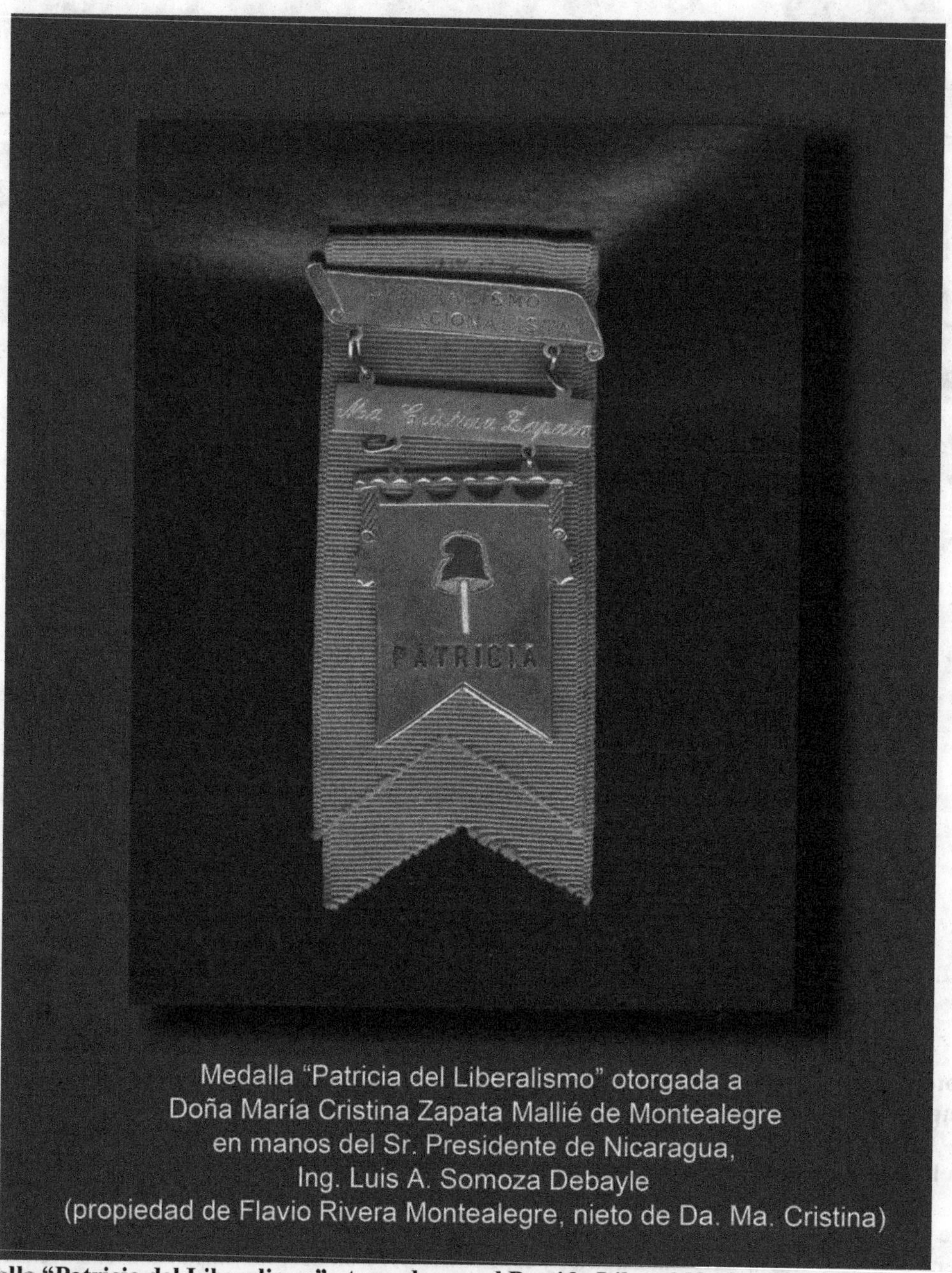

Medalla "Patricia del Liberalismo" otorgada por el Partido Liberal Nacionalista a Doña María Cristina Zapata de Montealegre Salvatierra, en manos del Ing. Don Luis A. Somoza Debayle, Presidente de la República de Nicaragua.

Tumba en donde descansan los restos mortales de
Don Mariano Montealegre Romero y su segunda esposa
Doña María Manuela Bárbara Lacayo Agüero
y otros miembros de la familia.

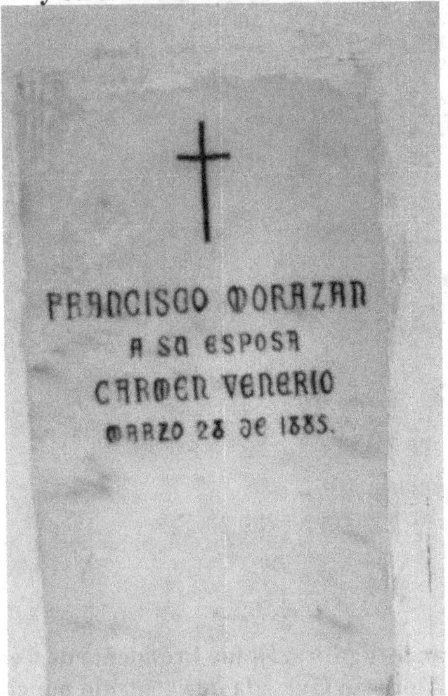

Placa en la tumba donde descansan los restos de
Don Francisco Morazán Moncada, hijo del
Gral. Don Francisco Morazán Quesada; y su esposa
Doña Carmen Venerio Gasteazoro.
Ubicada frente a la tumba de Don Mariano Montealegre Romero

El General Francisco Morazán fue Presidente de Centro América.
Es el padre de Don Francisco Morazán Quesada que contrajo nupcias con Doña Carmen Venerio Gasteazoro, y son los antepasados de la familia Montealegre Deshon, Yrigoyen Deshon, Mendoza Yrigoyen, Montealegre Infante, Barberena Deshon, Navarro Deshon y Callejas Deshon, entre otros. De todos ellos existe extensa descendencia en Nicaragua.
(Retrato al óleo realizado por el artista nicaragüense Antonio Sarria y propiedad de Flavio Rivera Montealegre, autor del presente libro)

Doña Eulogia Sarria Montealegre de Aguilar Sacasa
Hija de Don Ramón de Sarria y Reyes y de su esposa
Doña Francisca Montealegre Romero.
Casada con Don Juan Francisco Aguilar Sacasa
(Fineza de Don Pedro Ramírez Sierra, descendiente de los Montealegre)

Don Juan Francisco Aguilar Sacasa
Foto que se encuentra en El Salvador, es propiedad de sus descendientes.
(Foto gentilmente compartida por Don Pedro Ramírez Sierra, nuestro pariente muy cercano, descendiente de los Montealegre Romero, por la rama femenina)

DOÑA LILY MONTEALEGRE SEYDEL

Doña Lily Montealegre Seydel de Montealegre Lacayo
(Foto gentilmente suministrada por mi primo Juan Carlos Montealegre Lacayo)

Doña Leticia Montealegre Venerio
Contrajo nupacias con Don Gilberto Herdocia Castellón
Hija de Don Rafael Montealegre Sacasa y de su esposa
Doña Pastora Venerio Olivares.
Nieta de Don Mariano Montealegre Fuentes-Sansón y
Doña Dolores Sacasa Sarria.
Bisnieta de Don Mariano Montealegre Romero
y de su primera esposa
Doña Carmen Fuentes-Sansón

FAMILIA MONTEALEGRE-LACAYO

Foto de la familia Montealegre-Lacayo.
Casamiento de mi distinguido y estimable primo, Jaime Montealegre Lacayo con Desiree Herdocia.
En la foto aparecen todos sus hermanos y hermanas, con sus padres Don Jaime Montealegre Montealegre y Doña Liana Lacayo Cardenal
(Foto gentilmente suministrada por Juan Carlos Montealegre Lacayo)

Lic. Haroldo Montealegre Lacayo

Familia de Pedro Ramírez Sierra, primero de la derecha. Con sus padres y su hermano.

Don Ramón Solórzano Montealegre y Doña Francisca Montealegre (falleció en Managua, en el terremoto de 1931), viuda de Don Fernando Solórzano

Don Federico Solórzano

GENERAL FERNANDO GUZMAN
(DE GUATEMALA)
1867 a 1870

Don Federico Solórzano Zavala y Don Fernando Guzmán

GENERAL TOMAS MARTINEZ
(De la Villa de Nagarote, Departamento de León)
Comenzó a gobernar desde el 11 de Noviembre de 1857, hasta el 1o. de Marzo de 1867

Licenciado Vicente Navas
(Ministro de Gobernación)

Gral. Tomás Martínez Guerrero y Don Vicente Navas

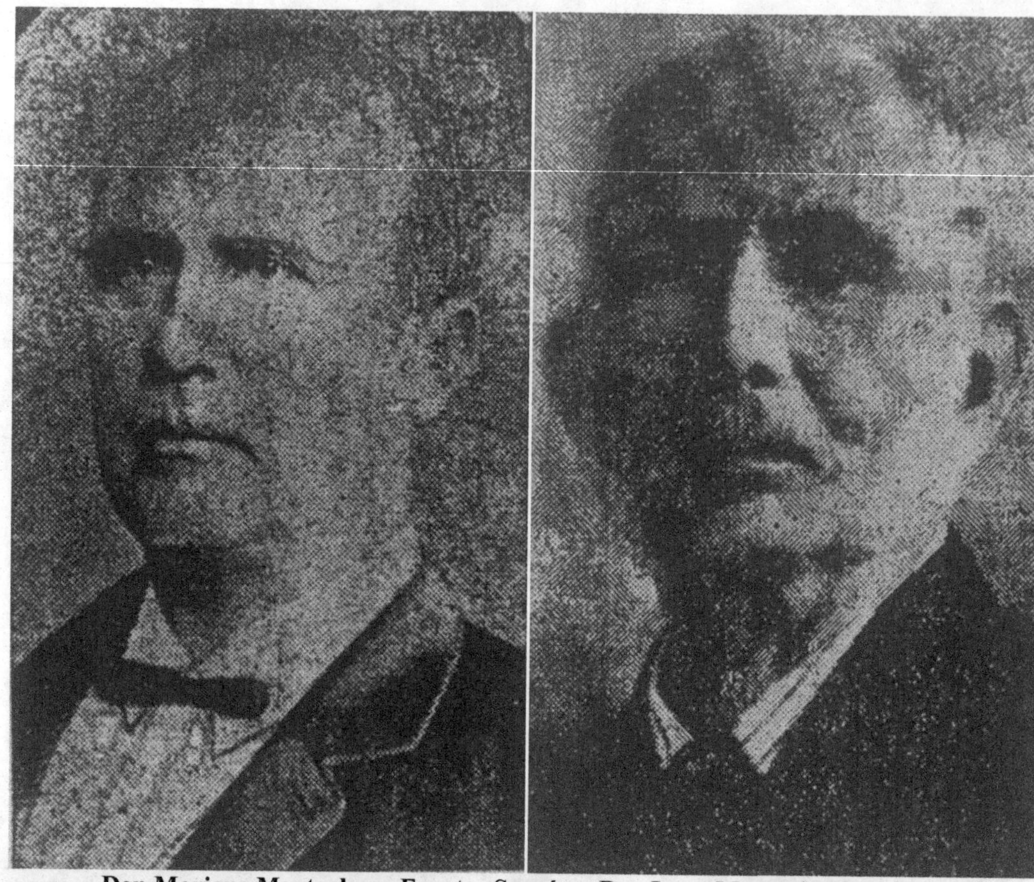

Don Mariano Montealegre Fuentes-Sansón y Don Isaac Montealegre Lacayo

A la izquierda, Don Eduardo Montealegre Gasteazoro y arriba, su nieto Lic. Eduardo Montealegre Rivas.

Lic. Eduardo Montealegre Rivas y su esposa Eliza McGregor Raskosky de Montealegre

Boda Renato Montealegre Cordoba y Gladys Ibarra Rodriguez
15 de Marzo de 1964 San Juan del Rio Coco

Boda de Don Renato Montealegre Córdoba con Da. Gladys Ibarra Rodríguez. En la foto aparecen, a la izquierda, Don Julio Renato Montealegre Tijerino, detrás de Renato hijo, Don Salomón Ibarra Mayorga, autor del Himno Nacional de Nicaragua y Don Miguel Ibarra.

Doña Ilú Montealegre Zapata de Rivera Siles
Hija del Dr. Don Augusto César Montealegre Salvatierra y su esposa
Doña María Cristina Zapata Malliè.
Contrajo matrimonio con Don José Santos Rivera Siles, natural de la ciudad de Jinotega, Nicaragua. Hijo de Don José Santos Rivera Zeledón y de su esposa Doña Ángela Siles Zelaya.

Familia Rivera-Montealegre
Don Santos Rivera Siles y su esposa Doña Ilú Montealegre Zapata.
Sus hijos, de pie a la derecha el Dr. José Augusto Rivera Montealegre.
Sentados, de izquierda a derecha: Arquitecto Flavio Rivera Montealegre, el niño José Eustacio Rivera Montealegre, y, el niño, hoy Lic. José Santos Rivera Montealegre.

Flavio Rivera Montealegre con su distinguido primo

Federico Argüello Solórzano, S.J. hijo de Doña Rosa Solórzano Montealegre

Flavio Rivera Montealegre y su esposa Ligia A. Bermúdez Varela. A la derecha, Flavio Rivera Montealegre con su progenitora Doña Ilú Montealegre Zapata de Rivera

Flavio Rivera Montealegre
Foto de bachillerato del
Instituto Pedagógico de Managua
La Salle – Promoción 1969

La familia Rivera Montealegre, en el año 1995.
De izquierda a derecha: Flavio Rivera Montealegre, José Santos Rivera Montealegre, Doña Ilú Montealegre Zapata, José Eustacio Rivera Montealegre, Don José Santos Rivera Siles y José Augusto Rivera Montealegre. Esta foto fue tomada en ocasión de mi llegada a Managua, después de muchos años de exilio en Miami, Florida, USA.
(Foto tomada por la Lic. Da. Mónica Rodríguez Heliú de Rivera Montealegre, esposa del Lic. José Santos Rivera Montealegre)

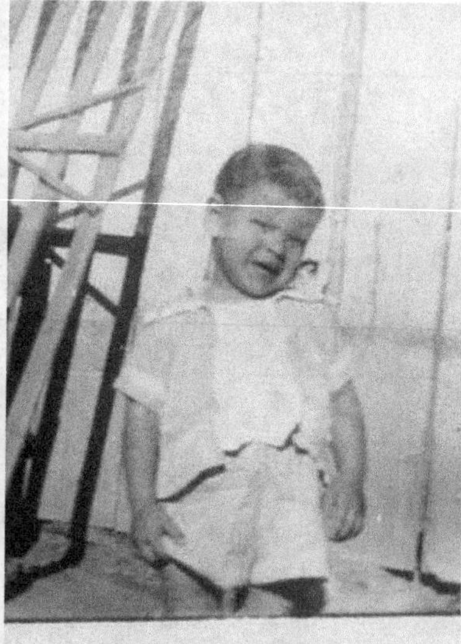

Flavio Rivera Montealegre, leyendo, y mi madre, Ilú Montealegre Zapata de Rivera Siles. En Chinandega. (Foto por J.S.R.S.). En la foto de la derecha, en San Rafael del Norte, Jinotega, lugar de nacimiento.

Flavio Rivera Montealegre, tocando la batería en una fiesta en Managua.
El conjunto se llamó "The Youngsteres".
A la derecha, el grupo completo:
Orlando Castilloa, bajo eléctrico
Eduardo Zarruk Salaverri, segunda guitarra y teclados
Rafael Ortega Ayón, primera guitarra o requinto y teclados
Flavio Rivera Montealegre, bateriísta

El conjunto musical "The Youngsters", integrado por, de izquierda a derecha: Orlando Castillo Estrada, bajo; Rafael Ortega Ayón, requinto o guitarra líder, teclados; Flavio Rivera Montealegre, baterista; y Eduardo Zarruk Salaverri, q.e.p.d., guitarra de acompañamiento y teclados. (Foto propiedad de Flavio Rivera Montealegre)

Una composición de fotos de Flavio Rivera Montealegre con su esposa Ligia Bermúdez Varela, sus hijas Ilú y Flavia, y su nieta Isabella Torrente Rivera

Ilú Rivera Bermúdez, en diferentes etapas de su vida. Cuando niña en México, en Managua foto en la Colonia Dambach. Con su esposo Arq. Raymond Arbesú. Y, su foto de graduación del New World School of the Art, en Miami, Florida.

Ilú Rivera con su esposo Raymond Arbesú, detrás de ellos el mural "Fiesta en América" del artista brasilero Carybé, durante la inauguración de la Terminal Aérea de American Airlines.

Flavia Rivera Bermúdez con su esposo Shaun Torrente Thompson y la hija de ambos Isabella Torrente Rivera. Foto tomada durante unas carreras de lanchas con motor fuera de borda, en la que Shaun ganó el Primer Lugar, fue Campeón Nacional-USA en dos categorías.
Shaun Torrente ha participado en competencias de lanchas rápidas en todo Estados Unidos, en Ukrania, Rusia, Portugal, Georgia, Abudabi y Dubai, entre otros lugares.

Ilú Rivera Bermúdez, posando en el día de su boda, con su sobrina Carolina Owens, nietecita de Doña Mélida Bermúdez Varela de Florito

Ilú Rivera Bermúdez
Foto de graduación del
New World School of the Art

Mi tío, Dr. Noel Salvador Montealegre Zapata, Abogado y Notario Público

Mi primo hermano, Dr. Augusto César Montealegre Valle, a la derecha, posando en la ciudad de México, con el distinguido profesor e intelectual Don Edelberto Torres Espinosa, autor del libro "La Dramática vida de Rubén Darío", al centro, y el Comandante Edén Pastora a la izquierda.

Felicia Montealegre, al centro, con su esposo el famoso compositor y director de orquesta, Leonard Bernstein, junto con María Callas, a la izquierda, y otra distinguida dama.

Felicia Montealegre con una de sus hijas

A la izquierda, la boda de Don Alejandro Colston Montealegre con Da. Lillian Mejía Sánchez, hermana del escritor y poeta Ernesto Mejía Sánchez. A la derecha, los padres de Don Alejandro Colston Montealegre, en el día de su boda: Mr. John Alex Colston Cross y Doña Augusta Montealegre Salvatierra, hija de Don Augusto César Montealegre Lacayo y Doña Isabel Salvatierra Ricarte y Fábrega. Don Alejandro Alejandro Colston Montealegre se estableció en la ciudad colonial de Granada, Nicaragua, en donde procreó a su familia: Daisy, Arlette y Alejandro Colston Mejía. (Fotos gentilmente suministradas por Ivonne Sequeira de Icaza)

Doña Augusta Patria Montealegre Zapata de Peralta Maza. Hija del Dr. Don Augusto César Montealegre Salvatierra y Doña María Cristina Zapata Malliè. Contrajo matrimonio con Don Tomás Peralta Maza, de El Salvador. Procrearon a María Augusta y Carmen Elena.

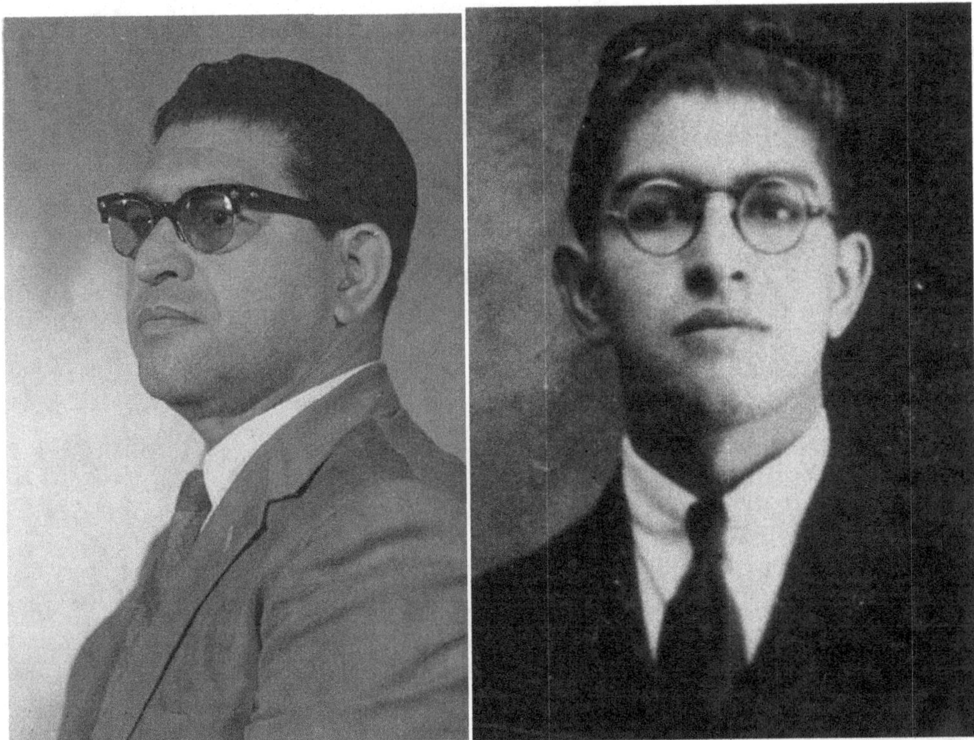

Don José Santos Rivera Siles, en su edad adulta, izquierda; y a la derecha cuando tenía veintidós años de edad. Contrajo matrimonio con Doña Ilú Montealegre Zapata, que son los padres del autor de este libro: Flavio Rivera Montealegre. Fotos de abajo: Doña Ilú Montealegre Zapata.

Doña Ilú Montealegre Zapata de Rivera Siles, hija del Dr. Don Augusto César Montealegre Salvatierra y Doña María Cristina Zapata Malliè, en la ciudad de Chinandega. Al fondo, se ve una casa en donde ella fundó una escuela elemental para niños de escazos recursos y en donde se servía el desayuno gratis para todos esos niños.

Arquitectos Flavio Rivera Montealegre y Jorge Gómez Venerio, en Miami, 2007.

Día en que Flavio Rivera Montealegre contrajo matrimonio con Ligia Bermúdez Varela.
En la foto, de izquierda a derecha:
Da. Ileana Bermúdez Varela
Da. Mélida Bermúdez Lanzas de Molieri
Ligia y Flavio
Coronel Enrique Bermúdez Varela
Da. Elsa Mejía Pitaluga de Bermúdez Varela y
Don Arturo Molieri, que se ve solamente la mitad.
Abajo, Flavio y Ligia

Retrato al óleo del Dr. Don Augusto César Montealegre Salvatierra
(Obra del pintor nicaragüense Carlos Bermúdez, sobrino político del autor de este libro)

Anastasio Somoza García

Coronel Luis Manuel Debayle, G. N., continuador de la obra fecunda de su notable progenitor.

A la izquierda, el General Anastasio Somoza García casado con Doña Salvadora Debayle Sacasa.
El Doctor y Coronel Luis Manuel Debayle Sacasa, hermano de Doña Salvadora Debayle Sacasa. Se le conoció como el Director de Enaluf, y por ello le decía "Tío Luz"

En la foto inferior, la familia del matrimonio formado por el Dr. Luis Henry Debayle Pallais y su esposa Doña Casimira Sacasa Sacasa, con sus hijos-hijas, nietos y nietas, y sus yernos.
En el extremo derecho, de pie, aparece el joven Anastasio Somoza García.
Doña Casimira Sacasa Sacasa era hermana del Presidente de Nicaragua, el Dr. Juan Bautista Sacasa Sacasa, a su vez, ellos eran hijos del ex Presidente de Nicaragua, el Dr. Roberto Sacasa Sarria y su esposa Doña Ángela Sacasa Cuadra, eran primos hermanos. El Dr. Roberto Sacasa Sarria era hijo de Don Juan Bautista Sacasa Méndez y Doña Casimira Sarria Montealegre quien era hija de Doña Francisca Montealegre Romero y Don Ramón de Sarria y Reyes.

El matrimonio Debayle-Sacasa rodeado de sus hijos y nietos.

Ing. Don Luis Somoza Debayle, Presidente de Nicaragua

Br. Luis A. Somoza Urcuyo

Gral. Anastacio Somoza Debayle, Presidente de Nicaragua.
A la derecha, Luis Somoza Urcuyo, foto del bachillerato en el Instituto Pedagógico de Managua – La Salle, Promoción 1969.

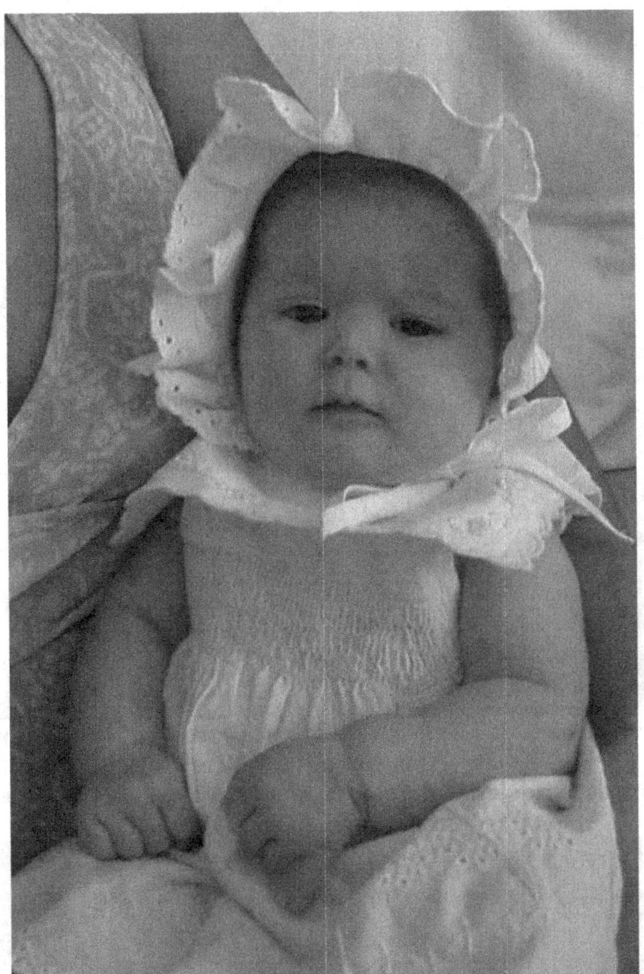

Isabella Torrente Rivera (n. Feb. 2005), hija de Flavia Rivera Bermúdez y Shaun Torrente Thompson. Nieta del Arq. Flavio Rivera Montealegre

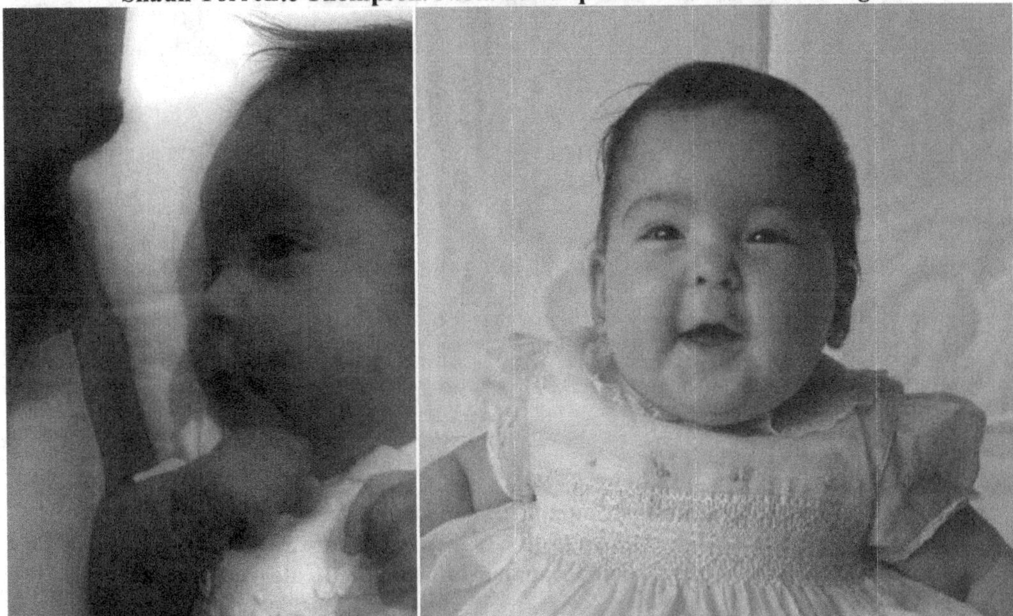

Victoria Arbesú Rivera (n. Feb. 2011) , prima hermana de Isabella Torrente Rivera. Hija de Ilú Rivera Bermúdez y el Arquitecto Raymond Arbesú.

Isabella Torrente Rivera, nieta de Flavio Rivera Montealegre y bisnieta de Doña Ilú Montealegre Zapata y Don José Santos Rivera Siles.
Foto de la izquierda, después de una velada artística de ballet.
A la derecha, aprendiendo a caminar.

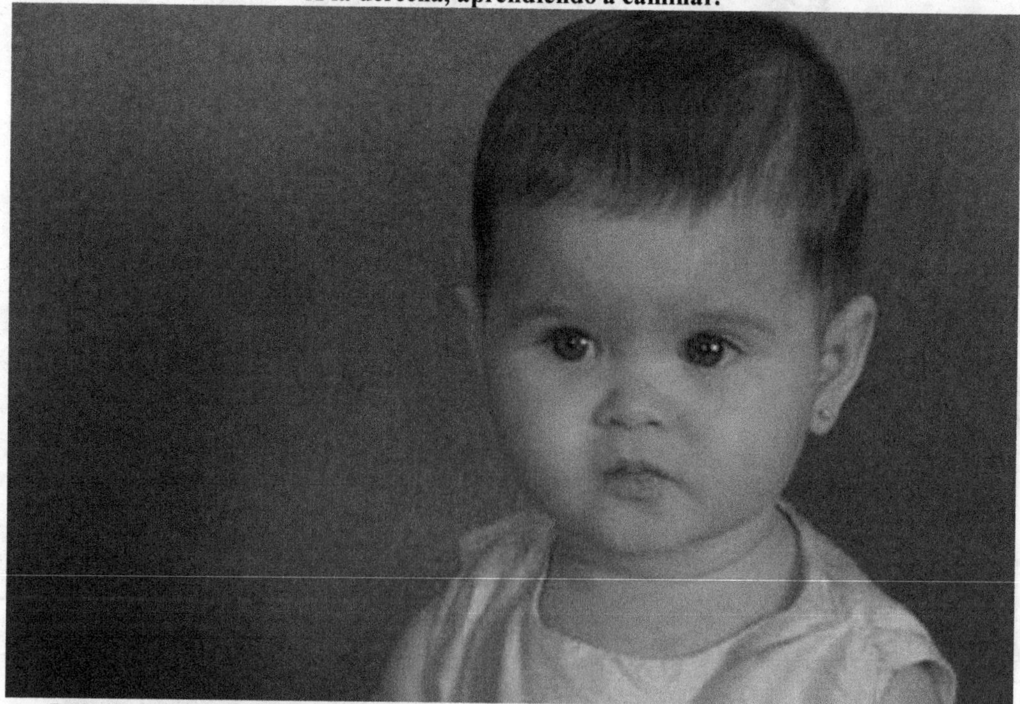

Isabella Torrente Rivera, antes de cumplir un año de edad (nació en Febrero 2005).
Tataranieta del Dr. Don Augusto César Montealegre Salvatierra y
Doña María Cristina Zapata Malliè de Montealegre.

Familia Torrente-Rivera
Flavia Rivera Bermúdez con su esposo Shaun Torrente Thompson con su hija Isabella Torrente Rivera, después de una presentación artística de ballet.

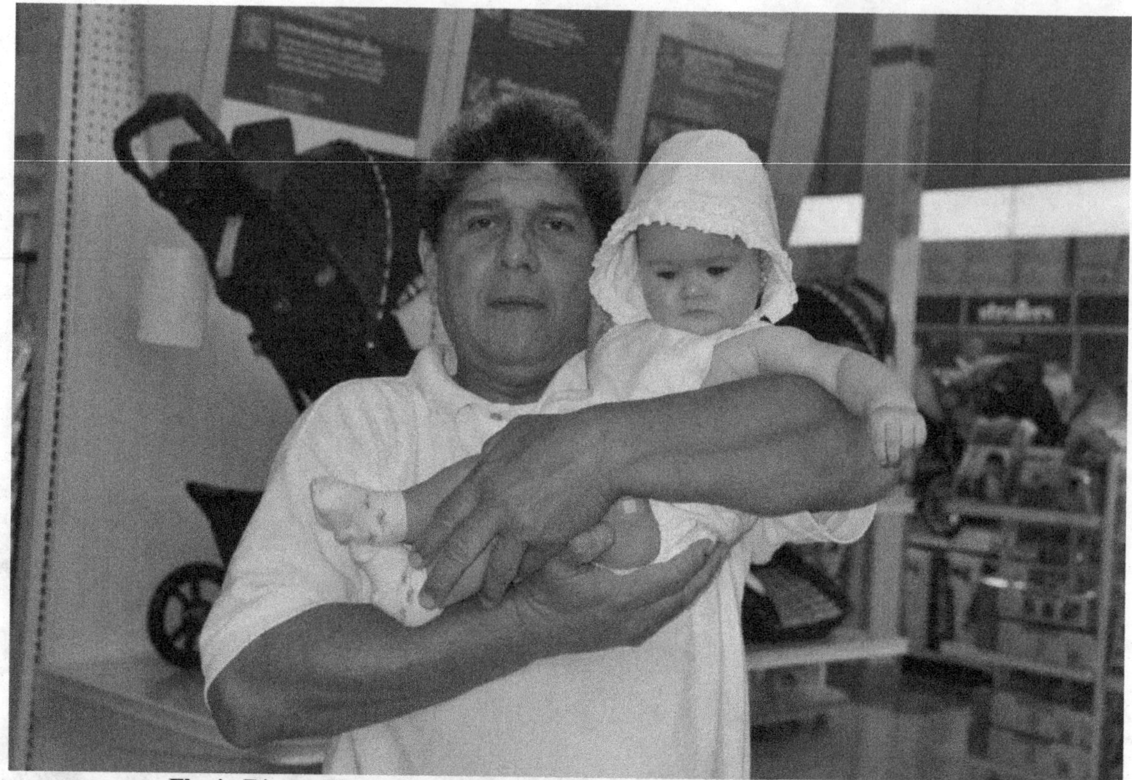

Flavio Rivera Montealegre con su nietecita Isabella Torrente Rivera

Arq. Flavio Rivera Montealegre y su primo Lic. Eduardo Montealegre Rivas. Eduardo ha sido candidato a la Alcaldía de Managua y a la presidencia de la República de Nicaragua, en ambas ocasiones la mafia politiquera le robó las elecciones. Esta foto fue tomada durante su visita de campaña en Miami, Florida, USA.

Don José Santos Rivera Siles y Doña Ilú Montealegre Zapata

Familia del Lic. José Santos Rivera Montealegre
En la foto, de izquierda a derecha: Don José Santos Rivera Siles, Doña Mónica Rodríguez Helú de Rivera Montealegre, Lic. José Santos Rivera Montealegre, Doña Ilú Montealegre Zapata de Rivera Siles, Don Alejandro Colston Mejía (hijo de Don Alejandro Colston Montealegre).
Los niños: Noelia y Daniel Rivera Rodríguez.
(Foto tomada por Flavio Rivera Montealegre, 1995)

Doña Salvadora Debayle Sacasa y su esposo el Gral. Anastasio Somoza García, Presidente de Nicaragua. Doña Salvadora era hija del Dr. Luis H. Debayle Pallais y de su esposa Doña Casimira Sacasa Sacasa. A su vez, Doña Casimira Sacasa Sacasa era hija del Dr. Roberto Sacasa Sarria y de Doña Ángela Sacasa Cuadra. El Dr. Roberto Sacasa Sarria, Presidente de Nicaragua, era hijo de Don Juan Bautista Sacasa Méndez y de Doña Casimira Sarria Montealegre que era hija de Doña Francisca Montealegre Romero y Don Ramón de Sarria y Reyes. Doña Casimira Sacasa Sacasa era hermana del Dr. Juan Bautista Sacasa Sacasa, Presidente de Nicaragua.

Don Benjamín Lacayo Sacasa, Presidente de Nicaragua, a la izquierda. Dr. Roberto Sacasa Sarria, Presidente de Nicaragua.

Doña Casimira Sacasa de Debayle, candorosa y distinguida matrona de la sociedad nicaragüense, compañera digna del Dr. Debayle durante 45 años de su vida.

Dr. LUIS H. DEBAYLE

Doña Casimira Sacasa Sacasa y su esposo el Dr. Luis Henry Debayle Pallais

Entre los dos se establecieron lazos espirituales tan estrechos como permanentes.

Dr. Luis H. Debayle y Doña Casimira Sacasa Sacasa , a la derecha su nieta Lillian Somoza Debayle

Dr. Ramiro Sacasa Guerrero conversando el Don José Santos Rivera Siles

Doña Casimira Sacasa Sacasa de Debayle, Lillian Somoza Debayle y el Gral. Anastacio Somoza Debayle.
Ellos son descendientes de Doña Francisca Montealegre Romero y su esposo Don Ramón de Sarria y Reyes.

Dr. Carlos Solórzano Gutiérrez, Presidente de Nicaragua, izquierda. Coronel Francisco Solórzano Murillo, a la derecha.

Escudo Heráldico de la familia Solórzano

Don Ramón Solórzano Montealegre
Hijo de Don Vicente Solórzano Pérez de Miranda y Doña Gertrudis Montealegre Romero
Entre sus descendientes están las familias Bonilla-Solórzano y Solórzano-Pellas

Doña Rosa Solórzano Montealegre de Argüello

Don Joaquín Solórzano Zavala
Hijo de Don Francisco Solórzano Montealegre y
Doña Felipa Zavala Uscola

Thelma Ocón Solórzano

De izquie4rda a derecha: Celeste López, Eliana y Reina Elena Montealegre

Esperanza López Saravia de Callejas, izquierda, y Doña Salvadora Solís Salazar

Don Salomón Ibarra Mayorga, su hija Da. Gladys Ibarra Rodríguez y su esposo Don Renato Montealegre Córdoba, en el día de su boda celebrada el 15 de Marzo de 1964

Boda de Doña Salvadora Debayle Sacasa, del brazo de su padre el Dr. Luis Henry Debayle Pallais

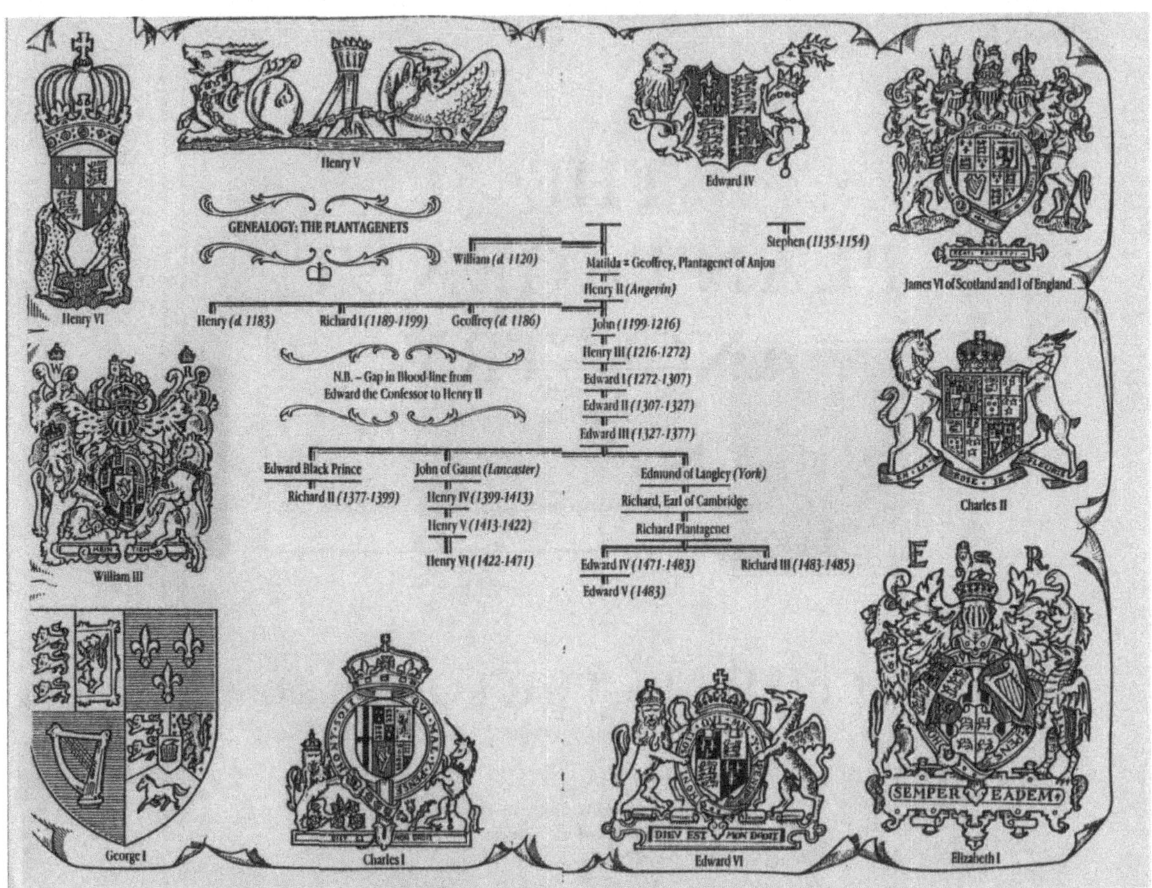

Cuadro genealógico de los Plantagenet y sus respectivos escudos heráldicos Tomado del libro "The Plantagenet Ancestry" by Lt.-Col. W. H. Turton, editado por Genealogical Publishing Co. Inc., 2005, en edición facsimilar. El original fue publicado en 1928, en Londres, Inglaterra.

THE PLANTAGENET ANCESTRY

BY

LT.-COL. W. H. TURTON, D.S.O.
(late Royal Engineers)

being tables showing over 7,000 of
the ancestors of Elizabeth
(daughter of Edward IV. and wife of Henry VII)
THE HEIRESS OF THE PLANTAGENETS
with Preface, Lists, Notes and a complete
Index of about 2,700 entries and
a reference for each

Copia de la portada del libro "The Plantagenet Ancestry"

SPAIN.—*North-Eastern Provinces—continued.*

Flavio, Lain
Gerona, Counts
Hita
Hoces
Lobera
Miranda
Monzon, Counts
Navarre, Kings
Padilla (?)
Pallars, Counts
Rada
Urgel, Counts
Villamayor
Villagera
Zuñiga

Remaining Provinces.

Amaya, Counts
Ansurez
Atranga
Aza
Baticela
Benevivere
Boveda
Buelna
Bureba
Carillo
Cartagena, Counts
Castile, Lords, Kings, and Counts
Castro
Ceballos
Cifontes
Cisneros
Flores
Gaya, Counts
Giron
Guevara
Guzman
Henestrosa
Hordesuela
Lemos
Molino, Counts
Najera
Oñate
Osorio
S. Fagundo
Saavedra
Saboya
Salvadores
Sandoval
Sernado
Sobrado
Sotomayor
Spain, Gothic Kings
Ternes
Torono
Tovar
Trastamare, Counts
Trava
Ulla
Valdes
Valderabamo
Velasco
Vellosa

The Moors.

Albohaçar
Almaravit
Denia, King
Seville, Kings
Spain, Moorish Viceroys

Balearic Isles.

Mujahid, King

Portugal.

Barbosa
Bayam
Braga, Counts
Bragaçon
Cabrera
Coimbra, Counts
Gasco
Gualtar
Gundiaes
Marnelo
Maya
Menéses
Montealegre
Montor
Novelas
Portugal, Kings
Ribera
Riba de Neyra
Riba Duero
Silva
Sousa
Toro
Vello

ITALY.

These are divided into Northern, Central, Southern Italy, Sicily, and Sardinia. None of the early Roman Emperors are included, since the only two descents I have seen from these, those through the Princes of Glamorgan and the Kings of Lethra, are very doubtful. (See notes on these in Index.) Nor can I find a descent from any of the Exarchs of Ravenna, though there is sure to be one.

North.

Aglie
Aldobrandeschi
Angleria, Counts
Bellanti
Belluna
Canavese, Counts
Candiano
Canossa
Ceva, Marq.
Embriacho
Este, Marq.
Fiesco
Friuli, Counts
Genoa, Consul
Grillo
Isola
Ivrea, Marq.
Lavagna
Lecco, Counts
Lombard, Kings
Malpiero
Mataplana
Maurienne, Counts
Milan, Counts
Montferrat, Marq.
Orseolo
Pavia, Marq.
Reggio, Counts
Roselle
Saluzzo, Marq.
Savona
Savoy, Counts
Soano, Counts
Susa, Counts
Turin, Counts
Tuscany, Marq.
Valperga, Counts
Venice, Doges
Ventimiglia, Counts
Vento
Verona
Visconti

Central.

Ariano
Baschi
Celano, Counts
Conservano, Counts
Gaeta, Dukes
Grosseto
Italy, Gothic Kings
Montecelli
Romania, Counts
Rome, Senators
Stendardo
Tolfa, Counts

South.

Acerra, Norman Counts
,, Italian Counts
Acquaviva
Amalfi, Dukes
Andria, Dukes
Apulia, Norman Duke
Aquino
Arco
Atri, Counts
Beneventum, Dukes
Campli
Campece
Capua, Dukes
Caracciolo
Catanzario, Counts
Felluca
Fondi, Dukes
Laurito
Marra
Marsi, Counts
Marsico, Norman Counts
Medania
Mileto, Counts
Molise
Montemarano, Counts
Naples, Dukes and Kings
Nola, Counts
Ogento
S. Severino
Salerno, Princes
Serino
Spoleto, Dukes
Teano
Turgesius

Sicily.

Fortebraccio
Lancia
Ruffo
Sicily, Norman Kings
,, German Kings
,, Spanish Kings

Sardinia.

This was divided into four Provinces, governed by *Judges*, some of whom ruled over the whole Island. I have not been able to find any good book on Sardinian genealogies.

Arborea, Judges
Cagliari, Judges
Gallura, Judges
Gunale
Orrubu
Sardinia
Torres, Judges

x

Página en donde aparecen los descendientes en España de la monarquía Plantagenet. Observar que en la lista de abajo, centro inzquierda, arriba, aparece Montealegre yluego Ribera.

Breve bibliografía:

1.- Base de datos suministrada por el Lic. Norman Caldera Cardenal, que a su vez ha sido el producto de investigaciones de un grupo de personas de la misma familia, que ha recopilado datos en los Archivos de la Capitania General de Guatemala, en el Archivo de Indias en Sevilla, España; en Marruecos y en los archivos de la Academia de Ciencias Genealógicas de Costa Rica.

2.- "El origen judío de las monarquías europeas. El mayor secreto de la Historia", por Joaquín Javaloys, Editorial EDAF.

3.- "Enciclopedia de Historia Universal. Desde la Prehistoria hasta la II Guerra Mundial" por William L. Langer, editado por Alianza Diccionarios, Madrid.

4.- "Así se hizo España" por José Antonio Vaca de Osma, Editorial Espasa-Calpe, Madrid, 1981.

5.- "The Forgotten Monarchy of Scotland" por HRH Príncipe Michael de Albania, Jefe de la Casa Real de los Stewart, Editado por Element Books Inc., Boston, USA, 1998.

6.- "Oxford Illustrated History of the British Monarchy" por John Cannon y Ralph Griffiths, Oxford University Press, 1988.

7.- "The Mammoth Book of British Kings and Queens" por Mike Ashley, editado por Carroll and Graf Publishers, Inc., Nueva York, USA, 1998.

8) Investigaciones realizadas por el Prof. Dr. Herbert Stoyan, Director del Instituto de Inteligencia Artificial de la Universidad Friedich Alexander, de Erlangen, Nüremberg, Alemania, disponibles en la www de internet.

9) Investigaciones del Dr. Bryan C. Tompset, Jefe del Departamento de Ciencias de Computación de la Universidad de Hull, en Inglaterra, disponibles en la www de internet en Genealogias de las familias reales. (www.hulluniversity.com)

10) Ancient Genealogies, del Historiador y Genealogísta Eward Pawlicki, disponible en la www de internet.

11) Les Ancêtres de Charlemagne, de Christian Settipani, reconocido como una de las máximas autoridades en la genealogía del Emperador, libro que le fuera obsequiado al Arq. Hernán Segura R., por el Dr. D. Ives de Ménorval.

12) Estudio Histórico de algunas familias españolas, de D. Alfonso de Figueroa y Melgar.

13) Investigaciones realizadas por el Arq. Segura Rodríguez en el Archivo General de Indias, en Sevilla, España.

14) Base de datos de la Iglesia de los Mormones, disponible en Internet.

15) Revista de la ACCG, No.37, San José, Costa Rica, Junio 2000.

16) La España del Siglo de Oro, François Piétri, Ediciones Guadarrama, entre otros libros y muchos sitios que se pueden acceder en internet en Google.com.

17.-"The Plantagenet Ancestry" by Lt.-Col. W. H. Turton, D.S.O., Genealogies Publishers, Inc., 1993.

18.- "Lines of Succession. Heraldry of the Royal Families of Europe" by Jiri Louda and Michael Maclagan, Barnes and Noble Books, New York, 2002.
19.- "Pedigree and Progress" (1975) and "The Jewish kings or princes of Narbonne", por Anthony Wagner.
20.- "A Jewish princedom in feudal France: 768-900" (1972), por Arthur Zuckerman.

Estatua ecuestre del Cid Campeador, Ruy Díaz de Vivar, antepasado de la familia Montealegre

Este libro ha sido editado totalmente por
Flavio Rivera Montealegre
Miembro Correspondiente de la
Academia Nicaragüense de Ciencias Genealógicas
y Miembro Fundador del
Instituto Nicaragüense de Genealogía e Historia
en la ciudad de Miami, Florida, Estados Unidos de América

Impreso y Distribuido exclusivamente por
Trafford Publishing
Bloomington, Indiana, USA

2012